《中国货币政策执行报告》增刊

中国区域金融运行报告
（2022）

中国人民银行货币政策分析小组

中国金融出版社

责任编辑：黄海清　白子彤
责任校对：李俊英
责任印制：程　颖

图书在版编目（CIP）数据

中国区域金融运行报告. 2022/中国人民银行货币政策分析小组编.—北京：中国金融出版社，2022. 11
ISBN 978-7-5220-1753-2

Ⅰ.①中…　Ⅱ.①中…　Ⅲ.①区域金融—金融运行—研究报告—中国—2022　Ⅳ.①F832. 7

中国版本图书馆CIP数据核字（2022）第171710号

中国区域金融运行报告.2022
ZHONGGUO QUYU JINRONG YUNXING BAOGAO.2022
出版
发行　中国金融出版社
社址　北京市丰台区益泽路2号
市场开发部　（010）66024766，63805472，63439533（传真）
网 上 书 店　www.cfph.cn
（010）66024766，63372837（传真）
读者服务部　（010）66070833，62568380
邮编　100071
经销　新华书店
印刷　河北松源印刷有限公司
尺寸　210毫米×285毫米
印张　41.25
字数　1056千
版次　2022年11月第1版
印次　2022年11月第1次印刷
定价　218.00元
ISBN 978-7-5220-1753-2

本书执笔人

总　纂：刘国强

审　稿：邹　澜　吕　政

统　稿：林振辉

参与此项工作：张双长　程艳芬　邱潮斌　赵晓英　王金明
蔡春春　黄明皓　徐　琨　李　航　时昱旻
李思佳　孙坤鑫　刘生福

主报告执笔：中国人民银行货币政策分析小组
中国人民银行济南分行货币政策分析小组

分报告执笔：中国人民银行上海总部，各分行、营业管理部、
省会（首府）城市中心支行，深圳市中心支行货币政策分析小组

目　录

《中国区域金融运行报告（2022）》主报告

表

图

《中国区域金融运行报告（2022）》分报告

《中国区域金融运行报告（2022）》
主报告

内容摘要

2021年是党和国家历史上具有里程碑意义的一年。面对复杂严峻的国内外形势和诸多风险挑战，在以习近平同志为核心的党中央坚强领导下，各地区统筹疫情防控和经济社会发展，构建新发展格局迈出新步伐，高质量发展取得新成效，实现了"十四五"良好开局。经济发展实现了较高增长、较低通胀、较多就业的优化组合，各地区经济持续稳定恢复，创新能力进一步增强，发展质效稳步提升，经济结构和区域布局继续优化。中国人民银行坚持以习近平新时代中国特色社会主义思想为指导，坚决贯彻落实党中央、国务院决策部署，稳健的货币政策灵活精准、合理适度，强化跨周期调节，增强前瞻性、有效性，努力服务实体经济，有效防控金融风险，持续深化金融改革开放，为经济高质量发展营造了适宜的货币金融环境。

2021年，全国国内生产总值同比增长8.1%，经济增速位居主要经济体前列，东部、中部、西部和东北地区生产总值同比分别增长8.1%、8.7%、7.4%和6.1%。东部地区经济发展保持领先。经济总量稳步增长，产业转型升级加速推进，新产业新业态新模式加速成长，绿色低碳发展质效提升；金融业多项指标增速领先，金融基础设施建设、金融改革开放创新有序推进。中部地区经济快速发展。以湖北为代表的中部地区经济疫情后快速恢复，主要经济指标增速均领先全国，创新动能稳步增强，产业结构持续优化；绿色金融创新发展成效明显，金融生态环境不断改善。西部地区承接产业转移力度加大。持续推进基础设施"补短板"与产业结构优化调整，制造业投资快速增长，产业转型升级取得新成效，高技术制造业和现代服务业加快发展；金融支持绿色低碳发展精准有力，实体经济融资成本下降明显，金融机构资产质量改善。东北地区经济平稳恢复。农业生产现代化水平提升，对全国粮食增产贡献稳定，基础设施投资力度较大，对经济拉动作用明显，金融支持重点领域和薄弱环节力度不断加大。

2021年，区域经济金融运行主要呈现以下特点：一是区域协调发展格局不断优化，绿色低碳转型加快推进。核心区域发展引领作用增强，京津冀、长三角、粤港澳大湾区所在内地省份和成渝双城经济圈对全国经济增长的贡献率达50.3%。区域发展相对差距有所收窄，西部和中部地区居民人均可支配收入增速分别比东部地区快0.3个和0.1个百分点。绿色发展加快推进，单位GDP能耗、规模以上工业单位增加值能耗下降，天然气、水电等清洁能源消费占比提高，长江、黄河流域生态环境持续改善。二是固定资产投资稳定增长，制造业投资增长较快。固定资产投资同比增长4.9%，东部、中部、西部和东北地区分别增长6.4%、10.2%、3.9%和5.7%。制造业投资增速快于全部投资增速8.6个百分点，其中高技术制造业投资增速快于全部投资增速17.3个百分点，东部、中部和西部地区制造业投资分别增长14.2%、16.0%和16.8%。三是消费结构优化升级，外资外贸高速增长。消费市场规模稳步扩大，线上消费增长较快，升级类消费需求持续释放，餐饮消费加快恢复，其中中部地区消费市场快速恢复，消费增速比上年提高20.1个百分点。内外需共同拉动进出口大幅增长21.4%，增速比上年提高19.5个百分点，东部地区进口增速最快，达22.7%，中部地区出口增速最快，达28.8%。实际使用外资首次突破万亿元，增长14.9%。引资结构进一步优化，高技术产业实际使用外资增长17.1%，占比提升至30.2%。四是三次产业协同发展，新动能支撑作用强劲。三次产业增加值分别增长7.1%、8.2%和8.2%，分别拉动经济增长0.5个、3.1个和4.5个百分点。新动能支撑有力，创新驱动作用增强，装备制造业和高技术制造业增加值分别增长12.9%和18.2%。中部地区第三产业增加值增速最快，为9.3%。五是财政收入明显改善，财政支出对民生领域保障有力。一般公共预算收入同比增长 10.7%，增速比上年回升 14.6 个百分点，东部、中部、西部地区收入增速均超 10.0%。财政支出增速有所放缓，但对基层和重点领域保障有力，对养老、义务教育、基本医疗、基本住房等基本民生支出超过 1.9 万亿元。六是货币供应量与社会融资规模合理增长，金融对实体经济支持力度稳固。2021 年末，广义货币（M2）和社会融资规模存量同比分别增长 9.0% 和 10.3%，与名义经济增速基本匹配。各项贷款持续同比多增，东部、中部、西部和东北地区本外币各项贷款增速分别为 12.8%、12.0%、11.3% 和 4.7%。七是信贷结构稳步优化，积极助力高质量发展。2021 年末，普惠小微贷款余额 19.2 万亿元，同比增长 27.3%。金融资源向制造业、乡村振兴和绿色领域聚集，制造业中长期贷款增速为 31.8%，其中高技术制造业中长期贷款增速达 32.8%。东部地区制造业中长期贷款和绿色贷款增速均高于全国，中部、西部和东北地区涉农贷款增速比上年末分别高 0.1 个、0.8 个和 3.1 个百分点。八是持续深化利率市场化改革，有效支持实体经济发展。2021 年全年企业贷款加权平均利率为 4.61%，比 2020 年下降 0.1 个百分点，比 2019 年下降 0.69 个百分点，是有统计以来的低点。2021 年 12 月，东部、中部、西部和东北地区企业贷款加权平均利率分别为 4.46%、4.82%、4.78% 和 4.67%，同比分别下降 0.09 个、0.11 个、0.04 个和 0.44 个百分点。九是区域金融改革创新不断深化，金融对外开放积极推进。区域金融改革布局持续优化，绿色金融改革质效提升，普惠金融改革创新纵深推进，科创金融体系加快完善，金融科技加快发展。金融业对外开放有序扩大，各地持续推进跨境人民币业务创新，全年跨境人民币收付金额合计 36.6 万亿元，同比增长 29.0%。十是金融机构资本实力增强，资产质量改善。2021 年末，全国商业银行资本充足率比上年末提升 0.4 个百分点，服务实体经济能力进一步增强。东部、中部和西部地区金融机构不良贷款率比上年末分别下降 0.13 个、0.04 个和 0.32 个百分点。

2022 年是党的二十大召开之年，是党和国家事业发展进程中十分重要的一年。近期，新冠肺炎疫情和乌克兰危机导致风险挑战增多，我国经济发展环境的复杂性、严峻性、不确定性上升。但我国经济韧性强，长期向好的基本面没有变，构建新发展格局的有利条件没有变。全国各地区将在以习近平同志为核心的党中央坚强领导下，坚持稳中求进工作总基调，加快构建新发展格局，统筹疫情防控和经济社会发展，不断增强区域发展的平衡性协调性，以京津冀协同发展、长江经济带发展、粤港澳大湾区建设、长三角一体化发展、黄河流域生态保护和高质量发展等区域重大战略为引领，推进西部大开发形成新格局，推动东北振兴取得新突破，开创中部地区崛起新局面，鼓励东部地区加快推进现代化，加快形成优势互补、高质量发展的区域经济布局。中国人民银行将坚持以习近平新时代中国特色社会主义思想为指导，全面贯彻落实党的十九大、十九届历次全会和中央经济工作会议精神，按照党中央、国务院决策部署，坚持稳字当头、稳中求进，加大金融对实体经济的支持力度，继续做好“六稳”“六保”工作，抓紧谋划和推出增量政策措施，支持稳增长、稳就业、稳物价，着力稳定宏观经济大盘。

稳健的货币政策灵活适度，搞好跨周期调节，坚持不搞“大水漫灌”，发挥好货币政策工具的总量和结构双重功能，落实好稳企业保就业各项金融政策措施，聚焦支持小微企业和受疫情影响的困难行业、脆弱群体。用好各类货币政策工具，保持流动性合理充裕，增强信贷总量增长的稳定性，保持货币供应量和社会融资规模增速同名义经济增速基本匹配。结构性货币政策工具积极做好“加法”，用好普惠小微贷款支持工具和科技创新、普惠养老、交通物流等专项再贷款，抓实碳减排支持工具和支持煤炭清洁高效利用专项再贷款运用，综合施策支持区域协调发展，增强平衡性，精准发力加大对小微企业、科技创新、绿色发展等重点领域和薄弱环节的支持力度。深化利率、汇率市场化改革，发挥贷款市场报价利率改革效能，优化存款利率监管，发挥存款利率市场化调整机制作用，稳定银行负债成本，推动降低企业综合融资成本。坚持底线思维，增强系统观念，统筹做好重大金融风险防范化解工作，为稳定宏观经济大盘、保持经济运行在合理区间营造适宜的货币金融环境，以实际行动迎接党的二十大胜利召开。

第一部分　区域经济金融运行概况

2021年，面对百年变局、世纪疫情和纷繁复杂的国内国际形势，各地区认真贯彻落实党中央、国务院决策部署，坚持稳中求进工作总基调，完整、准确、全面贯彻新发展理念，构建新发展格局迈出新步伐，高质量发展取得新成效，实现了“十四五”良好开局。我国经济发展保持全球领先地位，实现了较高增长、较多就业、较低物价的优化组合。各地区经济持续稳定恢复，区域发展协调性、平衡性进一步增强。各地区金融运行平稳，主要金融指标在2020年高基数基础上继续保持有力增长，金融对实体经济支持力度稳固，信贷结构持续优化，综合融资成本稳中有降，金融风险总体收敛，为经济高质量发展营造了适宜的货币金融环境。

一、区域经济运行总体情况

2021年，我国经济发展保持全球领先地位。全年国内生产总值（GDP）[①]114.4万亿元，稳居世界第二位。GDP比上年增长8.1%，两年平均增长5.1%，经济增速位居主要经济体前列。分区域看，东部、中部、西部和东北地区[②]全年地区生产总值分别比上年增长8.1%、8.7%、7.4%和6.1%。

表1　2021年各地区生产总值比重和增长率

地区	占比（%）		增长率（%）	
		比上年增减（个百分点）		比上年增减（个百分点）
东部	52.1	0.2	8.1	5.2
中部	22.0	0.0	8.7	7.4
西部	21.1	0.0	7.4	4.1
东北	4.9	-0.1	6.1	5.0

数据来源：各省（自治区、直辖市）统计局，中国人民银行工作人员计算。

（一）区域协调发展不断优化，绿色低碳发展取得新成效

1. 核心区域发展引领作用突出。2021年，经济圈和城市群对提高资源配置效率、推动经济高质量发展作用依然突出。京津冀、长三角、粤港澳大湾区所在内地省份和成渝地区对全国经济增长的贡献率达到50.3%。京津冀协同发展持续推进，首批7家央企总部迁出北京，中国卫星网络集团等央企总部落地雄安新区，京津冀地区创新动能持续释放，高技术制造业和战略性新兴产业增加值两年平均分别增长52.5%和43.7%；长三角生态绿色一体化发展示范区建设成效显著，在上年取得首批32项制度成果基础上，新推出八大领域41项制度创新成果；粤港澳大湾区建设不断深化，《横琴粤澳深度合作区建设总体方案》《全面深化前海深港现代服务业合作区改革开放方案》印发实施，横琴管理机制实现新突破，珠三角地区生产总值超过10万亿元，发展质量效益进一步提升；《成渝地区双城经济圈建设规划纲要》印发，经济圈建设全面提速，全年推进实施合作共建重大项目67个，完成投资934亿元，川渝汽车、电子两大产业全域配套率达80.0%以上，全国一体化算力网络成渝国家枢纽节点、量子通信网络“成渝干线”等新基建项目加快建设。

2. 区域协调发展稳中向好。2021年，统筹推进京津冀协同发展、长江经济带发展、粤港澳大湾区建设、长三角一体化发展、黄河流域生态保护和高质量发展等区域重大战略，扎实推动西部大开发、东北振兴、中部崛起、东部

---

①国内生产总值、三次产业及相关行业增加值、地区生产总值绝对数按现价计算，增长速度按不变价格计算。

②东部地区包括北京、天津、河北、上海、江苏、浙江、福建、山东、广东、海南10个省（直辖市）；中部地区包括山西、安徽、江西、河南、湖北、湖南6个省；西部地区包括内蒙古、广西、重庆、四川、贵州、云南、西藏、陕西、甘肃、青海、宁夏、新疆12个省（自治区、直辖市）；东北地区包括辽宁、吉林、黑龙江3个省。

率先发展等区域协调发展战略，我国区域发展协调性稳步提升。中部和东北地区对全国经济增长的贡献率分别比近五年平均水平提高1.2个和0.1个百分点。中部和西部地区居民人均可支配收入分别比上年名义增长9.2%和9.4%，分别比东部地区快0.1个和0.3个百分点。东部与中部、西部人均GDP之比下降至1.53、1.68。

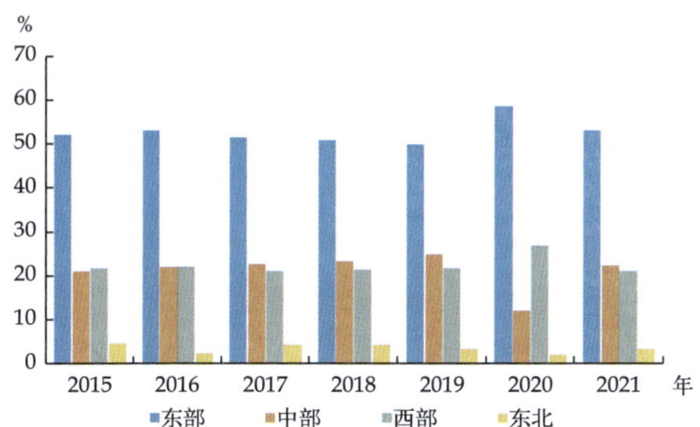

图1　2015—2021年各地区经济增长贡献率

［数据来源：各省（自治区、直辖市）统计局，中国人民银行工作人员计算］

3. 绿色低碳发展取得新成效。2021年，碳达峰、碳中和工作有序推进，国务院印发《2030年前碳达峰行动方案》，出台科技、碳汇、财税、金融等保障措施，形成碳达峰、碳中和“1+N”政策体系。2021年，全国万元国内生产总值能耗比上年下降2.7%，万元国内生产总值二氧化碳排放下降3.8%，规模以上工业单位增加值能耗下降5.6%。天然气、水电等清洁能源消费占能源消费总量的比重比上年提高1.2个百分点，煤炭消费占比比上年下降0.9个百分点。全国339个地级及以上城市平均空气质量优良天数比例为87.5%，比上年提高0.5个百分点。黄河干流全线水质达到Ⅲ类，90.0%以上的断面达到Ⅱ类以上。

（二）内需稳步增长，外需拉动作用增强

1. 固定资产投资稳定增长，制造业、民生等主要领域投资增势较好。2021年，各地区坚定实施扩大内需战略，加大补短板力度，扩大有效投资，全年固定资产投资（不含农户）54.5万亿元，比上年增长4.9%，全年资本形成总额拉动国内生产总值增长1.1个百分点。分区域看，东部、中部、西部和东北地区投资分别比上年增长6.4%、10.2%、3.9%和5.7%。分领域看，制造业投资增速较快，比上年增长13.5%，快于全部投资8.6个百分点，其中高技术制造业投资增长22.2%。东部、中部和西部地区制造业投资分别比上年增长14.2%、16.0%和16.8%，东北地区制造业投资比上年下降3.3%。民生补短板领域投资力度持续加大，农、林、牧、渔业投资比上年增长9.3%，社会领域投资比上年增长10.7%，其中卫生投资和教育投资分别增长24.5%和11.7%。基础设施投资比上年增长0.4%，增速放缓，但东北地区基础设施投资力度较大，增速为9.6%。民间投资增长7.0%，增速高于全部投资2.1个百分点，其中，中部地区民间投资增速为11.3%，实现两位数增长，东部、西部和东北地区民间投资分别增长6.4%、8.7%和2.3%。

表2　2021年各地区固定资产投资加权平均增长率

地区	固定资产投资（%）		基础设施投资（%）		制造业投资（%）		民间投资（%）	
		比上年增减（个百分点）		比上年增减（个百分点）		比上年增减（个百分点）		比上年增减（个百分点）
东部	6.4	2.6	-2.5	-9.5	14.2	15.6	6.4	5.3
中部	10.2	9.5	4.9	5.8	16.0	16.9	11.3	12.0
西部	3.9	-0.5	4.0	-3.6	16.8	14.0	8.7	4.2
东北	5.7	1.4	9.6	5.7	-3.3	-1.3	2.3	-2.2

数据来源：各省（自治区、直辖市）统计局，中国人民银行工作人员计算。

2. 消费持续恢复，结构优化升级。2021年，全国社会消费品零售总额44.1万亿元，比上年增长12.5%，全年最终消费支出拉动国内生产总值提高5.3个百分点。其中，中部地区消费复苏加快，全年增长15.1%，比上年提高20.1个百分点，东部、西部和东北地区消费比上年分别增长11.7%、12.7%和9.3%。餐饮消费加快

恢复，餐饮收入额比上年增长18.6%，但仍未恢复至疫情前水平。线上消费增长较快，网上零售额增长14.1%。升级类消费需求持续释放，限额以上单位文化办公用品类、金银珠宝类和通信器材类商品零售额分别增长18.8%、29.8%和14.6%，增速明显高于全部商品零售平均水平。

表3　2021年各地区社会消费品零售总额比重和增长率

地区	占比（%）		加权平均增长率（%）	
		比上年增减（个百分点）		比上年增减（个百分点）
东部	50.6	-0.4	11.7	14.7
中部	24.0	0.5	15.1	20.1
西部	20.9	0.0	12.7	15.4
东北	4.4	-0.2	9.3	17.5

数据来源：各省（自治区、直辖市）统计局，中国人民银行工作人员计算。

3. 外贸外资快速增长，对外开放不断扩大。2021年，我国超大规模市场优势显现，内需扩大拉动了进口；产业体系健全、生产能力稳定的优势得到发挥，外需拓展促进了出口。全年货物进出口总额39.1万亿元，再创历史新高，比上年增长21.4%，增速比上年提高19.5个百分点，其中出口额增长21.2%，进口额增长21.5%。贸易顺差4.4万亿元，增长20.2%。一般贸易进出口增长24.7%，占进出口总额的61.6%，比上年提高1.6个百分点。分区域看，东部、中部、西部和东北地区货物进出口总额分别增长21.4%、25.8%、20.6%和19.7%。各地区出口总额增速均超过20.0%，中部地区出口增速最高，达28.8%，东部地区进口增速最高，达22.7%。民营企业进出口增长26.7%，占进出口总额的48.6%，比上年提高2.0个百分点。机电产品出口额12.8万亿元，增长20.4%，占出口总额的59.0%，规模和增量均创历史新高。人用疫苗、电动载人汽车出口分别增长2950.3%、148.9%。跨境电商进出口规模达到了1.98万亿元，增长15.0%，外贸综合服务企业超过1500家，海外仓数量超过2000个。

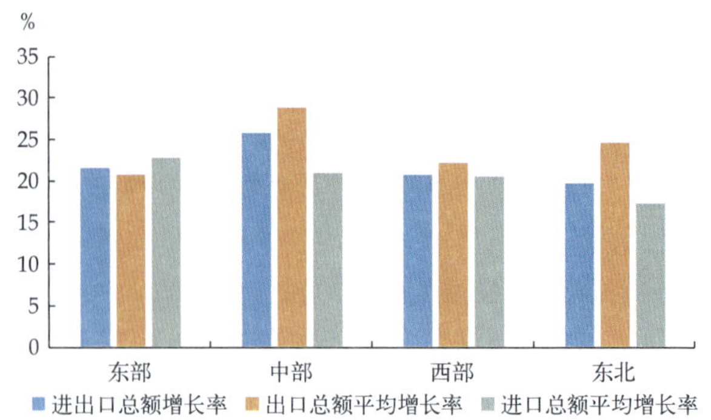

图2　2021年各地区进出口增长率

［数据来源：各省（自治区、直辖市）统计局，中国人民银行工作人员计算］

吸收外资快速增长，对外投资保持平稳。2021年实际使用外资首次突破万亿元，达到1.1万亿元，比上年增长14.9%。引资结构进一步优化，高技术产业实际使用外资增长17.1%，占比提升至30.2%。广东、江苏、上海、山东实际使用外资均超过200亿美元，均实现两位数增长。全年对外直接投资9366.9亿元，比上年增长2.2%。对“一带一路”沿线国家投资增长7.9%，占比提升至14.8%；对欧盟投资增长13.4%。重点行业投资增长较快，对交通运输业、科研服务业、信息技术业投资分别增长80.0%、68.5%和5.0%，合计占比提高3.1个百分点。

（三）产业结构调整优化，创新驱动作用增强

1. 三次产业稳定增长，第二产业比重上升。2021年，三次产业增加值分别比上年增长7.1%、8.2%、8.2%，分别拉动经济增长0.5个、3.1个、4.5个百分点，三次产业占比分别为7.3%、39.4%、53.3%。农业“压舱石”地位更加巩固。粮食总产量6.8亿吨，再创历史新高。东北地区第一产业占当地生产总值的比重最高，为13.4%。工业生产稳定恢复，第二产业比重明显提升。全国规模以上工业增加值增长9.6%，比上年提高6.8个百分点。工业产能利用率为77.5%，比上年提高3.0个百分点，为近年来最高水平。各地区第二产业在地区生产总值中占比均有所上升，东部、中部、西部和

东北地区占比分别比上年提高 1.4 个、0.6 个、1.8 个和 1.5 个百分点。服务业“稳定器”作用明显。全年服务业增加值 61.0 万亿元，比上年增长 8.2%，其中东部、中部、西部、东北地区第三产业占所在地区生产总值的比重分别达到 56.4%、50.0%、49.9% 和 51.4%，中部地区第三产业增加值增速最高，为 9.3%。

表 4　2021 年三次产业的地区分布和各地区三次产业的比重、增长率

单位：%

三次产业	东部	中部	西部	东北	全国
	三次产业的地区分布				
第一产业	32.0	26.0	33.0	9.0	100.0
第二产业	51.8	23.1	20.7	4.4	100.0
第三产业	55.0	20.6	19.7	4.7	100.0
各地区三次产业比重					
第一产业	4.5	8.6	11.4	13.4	7.3
第二产业	39.1	41.3	38.6	35.2	39.4
第三产业	56.4	50.0	49.9	51.4	53.3
合　计	100.0	100.0	100.0	100.0	100.0
	各地区三次产业的加权平均增长率				
第一产业	5.6	8.4	7.4	6.1	7.1
第二产业	9.0	8.2	6.8	4.6	8.2
第三产业	7.8	9.3	7.9	7.0	8.2

数据来源：各省（自治区、直辖市）统计局，中国人民银行工作人员计算。

2. 新动能支撑作用强劲，创新驱动作用增强。2021 年，工业转型升级稳步推进，装备制造业和高技术制造业增加值分别比上年增长 12.9% 和 18.2%，分别高于全部规模以上工业平均水平 3.3 个和 8.6 个百分点。医药制造业、电子及通信设备制造业、计算机及办公设备制造业增加值分别增长 24.8%、18.3% 和 18.0%。新能源汽车产量增长 152.5%，集成电路产量增长 37.5%。服务业新动能持续激发，信息传输、软件和信息技术服务业增加值比上年增长 17.2%。全年全社会研发经费（R&D）支出比上年增长 14.2%，增速提高 4.0 个百分点；研发经费支出占 GDP 的比重为 2.4%，比上年提高 0.03 个百分点。专利授权量比上年增长 26.4%，2021 年末每万人口高价值发明专利拥有量达 7.5 件，比上年提高 1.2 件。国家战略科技力量加快壮大，天问一号探测器成功着陆火星，神舟十二号、神舟十三号载人航天任务相继完成。

3. 房地产市场总体稳定，保障性住房建设扎实推进。2021 年，房地产销售保持增长，商品房销售面积、销售额分别比上年增长 1.9% 和 4.8%，增速分别比上年回落 0.7 个和 3.9 个百分点。地区间房地产销售出现分化，东部和中部地区商品房销售额分别增长 8.0% 和 6.4%，西部和东北地区分别下降 2.8% 和 10.3%。房地产开发投资比上年增长 4.4%，增速比上年回落 2.6 个百分点，其中，中部地区房地产开发投资增长 8.2%，增速分别高于东部和西部地区 4.0 个和 6.0 个百分点，东北地区房地产开发投资比上年下降 0.8%。房价涨幅有所回落，2021 年 12 月 70 个大中城市新建商品住宅和二手住宅销售价格分别上涨 2.0% 和 1.0%，涨幅比 2020 年回落了 1.7 个和 1.1 个百分点。2021 年 12 月，全国 70 个大中城市中，新建商品住宅销售价格同比下降的城市占比 24.3%，比上年扩大 10 个百分点。保障性住房建设扎实推进，全国保障性租赁住房开工建设和筹集 94 万套，各类棚户区改造开工 165 万套，基本建成 205 万套，新开工城镇老旧小区 5.6 万个，惠及居民 965 万户。

表 5　2021 年各地区商品房销售面积、销售额增长率

单位：%

地区	商品房销售面积		商品房销售额	
	增长率	比上年增减（个百分点）	增长率	比上年增减（个百分点）
东部	2.7	-4.4	8.0	-6.1
中部	5.4	7.3	6.4	5.4
西部	-1.7	-4.3	-2.8	-7.9
东北	-6.4	-0.6	-10.3	-8.8

数据来源：国家统计局，中国人民银行工作人员计算。

表6　2021年12月70个大中城市住宅销售价格同比涨幅分布

单位：%

地区	新建商品住宅销售价格指数			二手住宅销售价格指数		
	涨幅5%（含）~10%（不含）	涨幅0（含）~5%（不含）	同比下降城市占比	涨幅5%（含）~10%（不含）	涨幅0（含）~5%（不含）	同比下降城市占比
东部	17.9	67.9	14.3	17.9	67.9	14.3
中部	6.3	68.8	25.0	6.3	50.0	43.8
西部	16.7	44.4	38.9	5.6	38.9	55.6
东北	0.0	75.0	25.0	0.0	37.5	62.5
全国	12.9	62.9	24.3	10.0	52.9	37.1

数据来源：国家统计局，中国人民银行工作人员计算。

（四）财政收入增长较快，重点领域支出得到有力保障

1. 财政收入改善，财政支出增速地区分化明显。2021年，在经济持续稳定恢复和价格上涨带动下，全国一般公共预算收入突破20万亿元，达20.3万亿元，比上年增长10.7%，增速比上年回升14.6个百分点。其中，税收收入17.3万亿元，增长11.9%，占一般公共预算收入的85.3%，比上年提高0.9个百分点。分区域看，东部、中部、西部和东北地区地方财政一般预算收入加权平均增速分别为10.4%、13.8%、11.9%和6.6%，分别比上年提高10.3个、16.8个、11.7个和9.2个百分点。中央和各级政府继续落实“过紧日子”要求，腾出更多资金支持基层和重点领域。全年一般公共预算支出24.6万亿元，比上年增长0.3%，增速比上年回落2.5个百分点，其中教育、科学技术、社会保障和就业支出分别增长3.5%、7.2%和3.4%。分区域看，东部、中部、西部和东北地区一般预算支出加权平均增速分别为5.6%、0.1%、0.8%和0.2%。

表7　2021年各地区地方财政一般预算收入、支出增长率

单位：%

地区	地方财政一般预算收入增长率		地方财政一般预算支出增长率	
		比上年增减（个百分点）		比上年增减（个百分点）
东部	10.4	10.3	5.6	3.0
中部	13.8	16.8	0.1	-3.9
西部	11.9	11.7	0.8	-2.9
东北	6.6	9.2	0.2	-5.8

数据来源：各省（自治区、直辖市）统计局，中国人民银行工作人员计算。

2. 减税降费红利有效落实，惠企利民精准有效。2021年，精准实施减税降费，突出支持制造业升级和中小微企业及个体工商户，全年新增减税降费约1.1万亿元，为制造业中小微企业办理缓缴税费2162亿元，为煤电和供热企业办理“减、退、缓”税271亿元。财政资金直达机制常态化落实，范围继续扩大，全年各地直达资金预算实际支出累计2.7万亿元。其中，直接用于就业方面的资金支出超过510亿元，用于养老、义务教育、基本医疗、基本住房等基本民生的支出超过1.9万亿元，用于支持保市场主体相关直接惠企支出累计超过6000亿元。

（五）CPI温和上涨，PPI涨幅持续走高后略有回落

消费领域价格温和上涨。2021年，CPI上涨0.9%，涨幅比上年回落1.6个百分点，总体运行在合理区间。非食品价格上涨1.4%，涨幅比上年扩大1.0个百分点，推动CPI上涨约1.17个百分点。其中，受国际原油等大宗商品价格上涨影响，能源价格由上年下降5.4%转为上涨8.3%，影响CPI上涨约0.56个百分点，带动了工业消费品价格的上涨。食品价格由上年上涨10.6%转为下降1.4%，影响CPI下降约0.26个百分点，主要是猪肉价格由涨转降带动。猪肉价格由上年上涨49.7%转为下降30.3%，影响

CPI 下降约 0.7 个百分点。按算术平均计算，东部、中部、西部和东北地区 CPI 分别上涨 1.1%、0.8%、0.8% 和 0.8%，涨幅分别比上年回落 1.1 个、1.9 个、1.6 个和 1.5 个百分点。

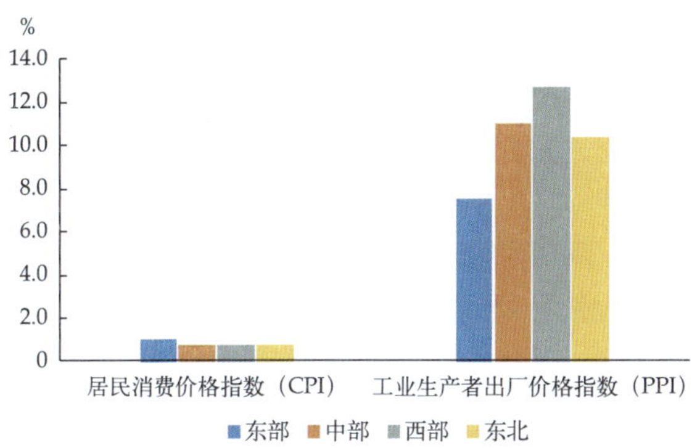

图 3　2021 年各地区 CPI 和 PPI 同比涨幅

［数据来源：各省（自治区、直辖市）统计局，中国人民银行工作人员计算］

生产领域价格涨幅走高，年末略有回落。2021 年，PPI 由上年下降 1.8% 转为上涨 8.1%。分月看，受国际大宗商品价格走高、对比基数走低以及部分能源和原材料供应偏紧影响，PPI 同比涨幅由 1 月的 1.7% 扩大至 10 月的 13.5%。随着各项保供稳价政策措施不断落实，年末 PPI 涨幅高位回落，12 月回落至 10.3%，比全年最高点回落 3.2 个百分点。结构性上涨特征明显。生产资料价格上涨 10.7%，推动 PPI 上涨约 7.97 个百分点；生活资料价格上涨 0.4%，涨幅回落 0.1 个百分点，影响 PPI 上涨约 0.09 个百分点。按算术平均计算，东部、中部、西部和东北地区 PPI 分别上涨 7.6%、11.0%、12.7% 和 10.4%，涨幅分别扩大 9.9 个、12.4 个、15.4 个和 14.0 个百分点。

（六）就业形势保持稳定，重点群体就业改善

2021 年，城镇新增就业 1269 万人，比上年多增 83 万人，超额完成新增就业 1100 万人的预期目标。全年全国城镇调查失业率平均值为 5.1%，比上年下降 0.5 个百分点，低于 5.5% 的宏观调控目标。全年农民工总量 29251 万人，比上年增加 691 万人，增长 2.4%，已恢复至 2019 年水平。随着东部产业持续向中西部转移，中西部地区就业机会和吸引力持续增加，农民工跨省迁移趋势放缓。2021 年，东部地区城镇新增就业人数占全部城镇新增就业人数的 42.9%，比上年下降 1.2 个百分点。西部地区城镇新增就业人数占比由上年的 23.6% 提升至 26.6%。

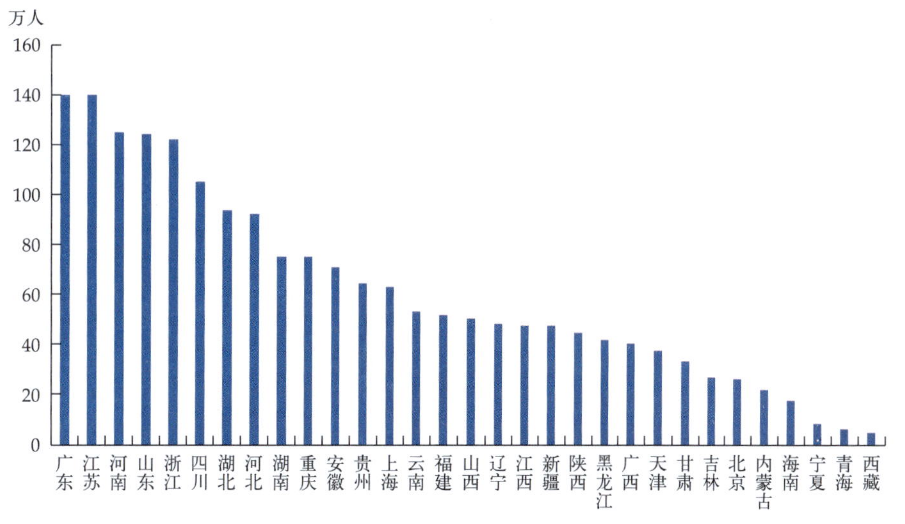

图 4　2021 年各省（自治区、直辖市）城镇新增就业人数

［数据来源：各省（自治区、直辖市）统计局］

二、区域金融运行总体情况

（一）金融支持实体经济力度稳固

1. 社会融资规模合理增长。2021 年末，全国社会融资规模存量为 314.1 万亿元，同比增长 10.3%，与名义经济增速基本匹配；社会融资规模增量为 31.4 万亿元，比上年少 3.4 万亿元，比 2019 年多 5.7 万亿元。分区域看，东部、中部、西部和东北地区社会融资规模增量占全国的比重分别为 62.3%、17.8%、18.7% 和 1.3%。分结构看，表内融资占比明显提升，新增人民币贷款和外币贷款占新增社会融资规模比重比上年提高 6.1 个百分点；表外融资降幅扩大，全年净减少 2.7 万亿元，比上年多减 1.4 万亿元；直接融资同比少增 7466 亿元，东部、中部和西部地区新增直接融资占全国的比重分别为 76.5%、14.7% 和 9.9%；政府债券净融资同比减少 1.3 万亿元，主要原因是上年发行 1 万亿元抗疫特别国债，2021 年政府债券回归常态发行，东部、中部、西部和东北地区政府债券净融资占全国比重分别为 45.4%、22.9%、26.3% 和 5.4%。

表 8　2021 年各地区社会融资规模增量占全国比重

单位：%

项目	东部	中部	西部	东北	合计
地区社会融资规模	62.3	17.8	18.7	1.3	100.0
其中：表内融资	60.1	18.1	19.6	2.3	100.0
表外融资	35.4	22.1	25.6	16.9	100.0
直接融资	76.5	14.7	9.9	-1.1	100.0
政府债券	45.4	22.9	26.3	5.4	100.0

数据来源：中国人民银行，中国人民银行工作人员计算。

表 9　2021 年各地区社会融资规模增量结构分布

单位：%

项目	东部	中部	西部	东北
表内融资	66.9	70.5	72.7	126.6
其中：人民币贷款	65.9	70.3	72.7	128.2
外币贷款（折合人民币）	1.0	0.2	0.0	-1.6
表外融资	-5.4	-11.8	-13.0	-126.9
其中：委托贷款	-0.5	0.2	-0.4	-8.3
信托贷款	-4.4	-7.0	-9.9	-28.4
未贴现的银行承兑汇票	-0.5	-5.0	-2.7	-90.2
直接融资	19.3	13.0	8.4	-13.3
其中：企业债券	14.3	9.6	6.1	-19.4
非金融企业境内股票融资	5.0	3.4	2.2	6.1
政府债券	11.9	21.2	23.0	70.8
其他	7.2	7.2	8.9	42.8
合计	100.0	100.0	100.0	100.0

数据来源：中国人民银行，中国人民银行工作人员计算。

2. 各项贷款稳定增长。2021 年末，全国金融机构本外币贷款余额同比增长 11.3%，比上年末低 1.2 个百分点；比年初增加 20.1 万亿元，在上年高基数的基础上继续同比多增 0.3 万亿元。分区域看，东部、中部、西部和东北地区本外币各项贷款余额同比分别增长 12.8%、12.0%、11.3% 和 4.7%。东部地区本外币各项贷款余额占全国比重比上年末高 0.5 个百分点，连续四年上升，西部和东北地区占比分别比上年末低 0.1 个和 0.3 个百分点，中部地区占比与上年末持平。

居民消费贷款缓中趋稳，企（事）业单位中长期贷款占比上升。2021 年末，全国居民消费贷款余额同比增长 10.7%，比上年末低 2.0 个百分点，同比回落幅度比上年收窄 1.6 个百分点。分区域看，东部、中部、西部和东北地区消费贷款同比分别增长 10.5%、11.9%、12.6% 和 6.9%，分别比上年末低 1.4 个、4.3 个、3.8 个和 4.5 个百分点。企（事）业单位中长期贷款占比上升，全国企（事）业单位中长期贷款年末余额占全部企业贷款余额的 61.4%，比上年高 1.6 个百分点，其中，东部、中部、西部和东北地区企（事）业单位中长期贷款余额占比分别比上年高 1.7 个、1.3 个、0.4 个和 2.3 个百分点。

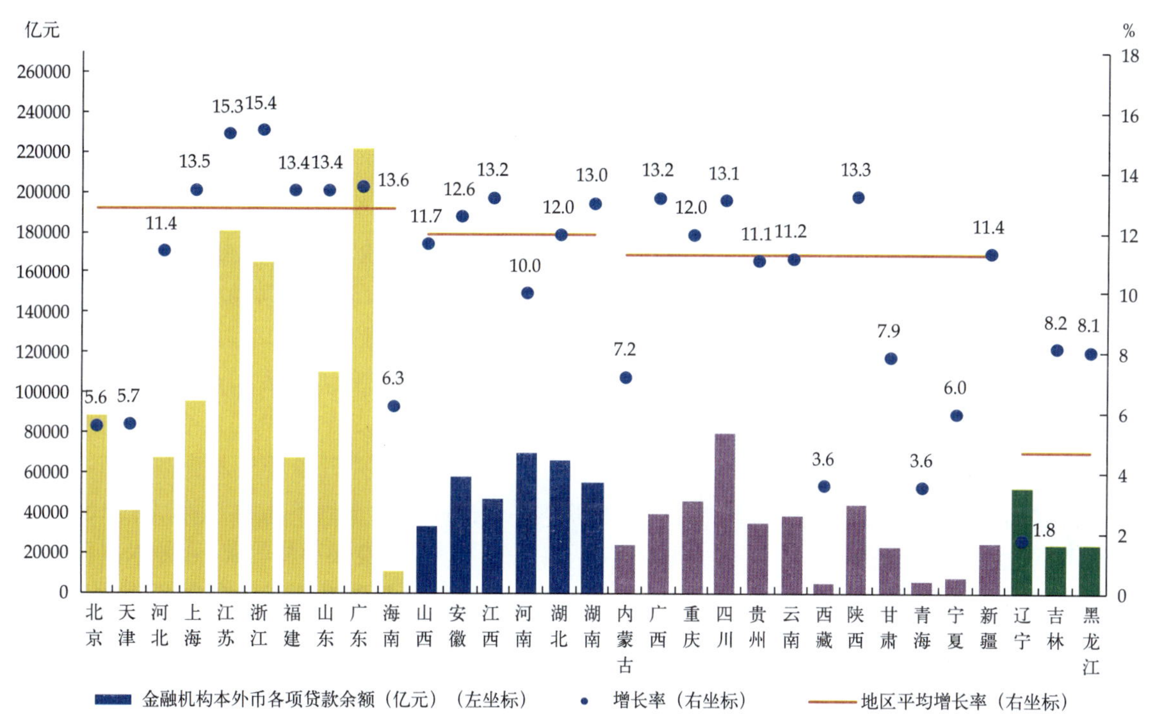

图 5　2021 年末各地区金融机构本外币各项贷款余额及增长率

［数据来源：中国人民银行上海总部、各分行、营业管理部、省会（首府）城市中心支行，中国人民银行工作人员计算］

3. 信贷结构持续优化。

普惠小微企业融资“量增、面扩、价降”。2021 年，人民银行积极发挥再贷款再贴现的精准滴灌和正向激励作用，继续实施普惠小微企业贷款延期支持工具和普惠小微企业信用贷款支持计划两项直达实体经济的货币政策工具，持续支持小微企业发展。深入推进中小微企业金融服务能力提升工程和金融支持个体工商户发展专项行动。年末全国普惠小微贷款余额、授信户数分别为 19.2 万亿元、4456 万户，同比分别增长 27.3%、38.0%。全年新发放的普惠小微企业贷款加权平均利率为 4.93%，比上年下降 0.22 个百分点，比全部企业贷款利率降幅多降 0.12 个百分点。分区域看，东部、中部、西部和东北地区普惠小微贷款余额同比分别增长31.3%、20.8%、22.2%和14.4%，12月普惠小微贷款加权平均利率同比分别下降0.28个、0.39个、0.43个和0.40个百分点。

金融资源向制造业领域倾斜。2021年，人民银行继续引导金融机构加大对制造业中长期融资的支持力度，年末全国制造业中长期贷款余额同比增长31.8%，比全部产业中长期贷款增速高18.1个百分点，其中高技术制造业中长期贷款同比增长32.8%。东部地区制造业中长期贷款增速高于全国4.3个百分点。全国制造业信用贷款余额同比增长21.5%，比上年末高2.7个百分点，西部地区制造业信用贷款增速高于全国12.6个百分点。

做好金融支持巩固脱贫攻坚成果，全面推进乡村振兴工作。2021年，各地区持续推动《关于金融支持巩固拓展脱贫攻坚成果 全面推进乡村振兴的意见》落地见效，推动金融精准扶贫和乡村振兴金融服务有效衔接。2021年末，全国涉农贷款余额43.2万亿元，同比增长10.9%。其中，中部、西部和东北地区涉农贷款同比分别增长11.0%、9.8%和3.0%，比上年末分别高0.1个、0.8个和3.1个百分点。

绿色贷款持续较快增长。2021年，人民银行加快构建绿色金融标准体系，推进绿色金融改革创新试验区建设，指导金融机构试编制环境信息披露报告并探索开展碳核算，组织部分商业银行开展气候风险敏感性压力测试，创设碳减排支持工具，设立支持煤炭清洁高效利用专项再贷款，推动绿色金融快速发展。2021年末，全国绿色贷款余额15.9万亿元，同比增长33.0%，比上年末高12.7个百分点，高于各项贷款增速21.7个百分点。全年绿色贷款增加3.86万亿元，其中投向具有直接和间接碳减排效益项目的贷款合计占绿色贷款的67.0%。分区域看，东部和中部地区绿色贷款增长较快。

4. LPR改革效能持续释放，贷款利率进一步下降。2021年，人民银行通过改革疏通货币政策传导渠道，持续释放贷款市场报价利率（LPR）改革效能，优化存款利率监管，深入推进明示贷款年化利率工作，促进银行负债端成本和资产端定价稳中有降，实际贷款利率在上年大幅度下降的基础上进一步下降。2021年全年企业贷款加权平均利率为4.61%，比上年下降0.1个百分点，比2019年下降0.69个百分点，是改革开放40多年来的最低水平。分区域看，12月，东部、中部、西部和东北地区新发放企业贷款加权平均利率同比分别下降0.09个、0.11个、0.04个和0.44个百分点。下调支农支小再贷款利率0.25个百分点，与LPR改革形成合力，共同促进小微企业综合融资成本下行。12月，东部、中部和东北地区新发放的小微企业贷款加权平均利率同比分别下降0.15个、0.25个和0.21个百分点。

表10　2021年各地区人民币一般贷款加权平均利率

单位：%

时间	东部	中部	西部	东北
3月	5.17	5.56	5.49	5.71
6月	5.10	5.45	5.35	5.56
9月	5.23	5.45	5.45	5.45
12月	5.05	5.40	5.40	5.44

数据来源：中国人民银行上海总部、各分行、营业管理部、省会（首府）城市中心支行，中国人民银行工作人员计算。

5. 金融基础设施建设取得新进展，金融服务便捷性持续提升。

覆盖全社会征信体系建设取得突破。《征信业务管理办法》出台，以网上助贷业务为代表的征信替代数据应用被纳入监管。印发《关于进一步推动地方征信平台建设的指导意见》，推动广东、浙江、江西、广西、甘肃、青海、陕西、深圳等10多个省市陆续建立了省级企业征信平台，全国各地方征信平台共采集8154万户企业的141亿条信息，全年帮助100.1万户企业获得信贷3.59万亿元。推进“长三角征信链”“珠三角征信链”“京津冀征信链”建设，实现涉企信用信息跨区域互联互通与共享应用，支持跨区域的企业融资。二代征信系统应用顺利推广，征信系统同城灾备中心建设完成。全国动产和权利担保统一登记全面实施。

支付与账户服务水平不断提升，移动支付加快发展。专项治理“开户难”，有效满足小微企业和流动就业群体银行账户服务需求，全年市场主体（含个体工商户）新开户数量同比增长21.6%，企业开户用时同比平均压缩60.0%。深入推进涉诈涉赌“资金链”治理，全年月均涉诈单位银行账户数量同比大幅下降。出台《关于降低小微企业和个体工商户支付手续费的通知》，稳步推进支付降费措施，助力小微企业和个体工商户纾困发展。移动支付加快发展，数字人民币应用场景持续丰富。北京积极适应、快速落实冬奥决战决胜阶段和闭环管理新要求，高效完成冬奥支付服务和数字人民币试点各项筹备工作，闭环外冬奥支付环境建设圆满收官。浙江持续深化“移动支付之省”建设，推进银行业移动支付应用，部署推进亚运会支付服务环境建设；河北扎实推动雄安新区数字人民币试点工作，在多个领域实现数字人民币支付；海南启动“三亚大东海旅游区入境游客移动支付示范区”建设，满足全球任意国家入境游客移动支付需求。

（二）金融机构负债保持平稳，各项存款增速总体平稳

1. 各项存款增速总体平稳。2021年末，全国金融机构本外币各项存款余额同比增长9.3%，比上年末低0.9个百分点。其中，东部地区存款增速高于全国0.5个百分点，中部、西部和东北地区存款增速分别低于全国0.5个、1.7个和3.7个百分点。东部地区存款余额占全国的比重比上年末提高0.5个百分点，连续四年提升。西部和东北地区存款余额占全国的比重较上年均下降0.2个百分点，中部地区存款余额占比与上年基本持平。

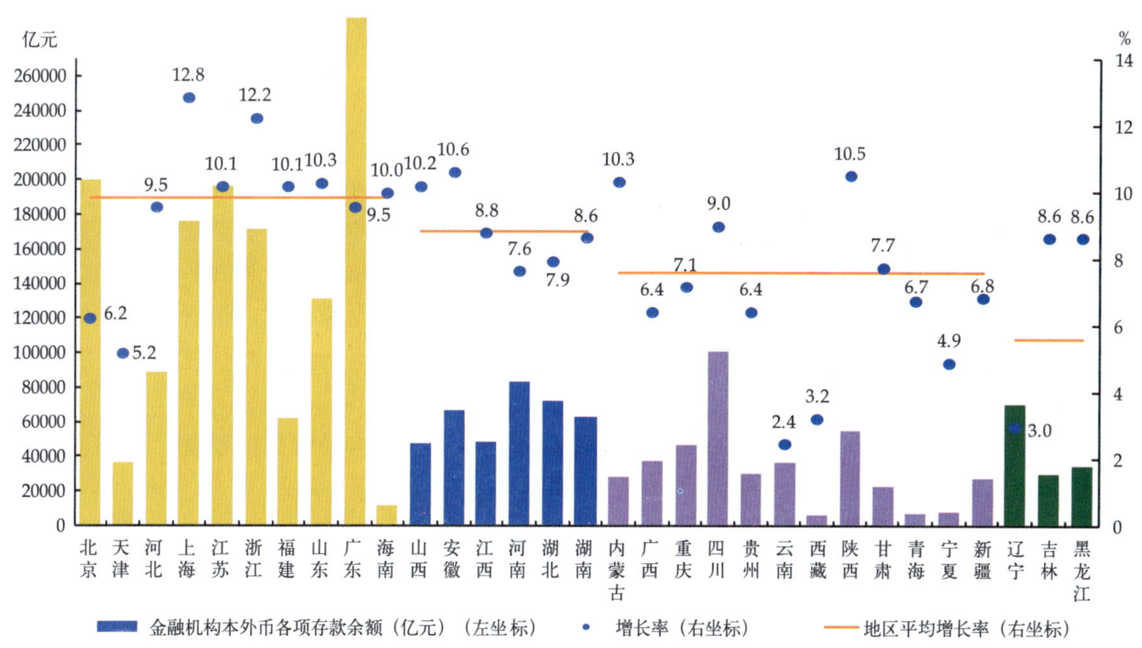

图6　2021年末各地区金融机构本外币各项存款余额及增长率

［数据来源：中国人民银行上海总部、各分行、营业管理部、省会（首府）城市中心支行，中国人民银行工作人员计算］

2. 住户存款占比连续四年提升，中部地区住户存款增长较快。2021年末，住户部门本外币存款余额同比增长10.6%，高于各项存款增速1.3个百分点，增速比上年末低3.2个百分点；占各项存款余额的比重为43.3%，连续四年提升。其中住户定期及其他存款余额同比增长13.7%，

高于活期存款增速 8.8 个百分点。分区域看，中部地区住户存款增长较快，年末增速 12.5%，高于全国平均水平 1.9 个百分点。

3. 非金融企业存款占比下降，东部地区非金融企业存款增长较快。2021 年末，非金融企业本外币存款余额同比增长 6.1%，比上年末低 4.7 个百分点；占各项存款余额的 30.6%，比上年末低 0.9 个百分点。其中，东部地区非金融企业存款增速较快，高于全国平均水平 1.8 个百分点。非金融企业活期存款增速下降较快，同比增长 2.1%，比上年末低 3.4 个百分点，其中，东部地区非金融企业活期存款增速高于全国平均水平 2.0 个百分点，中部、西部和东北地区活期存款增速均低于全国平均水平。

4. 大额存单稳定增长，结构性存款规模明显压降。2021 年，全国金融机构发行大额存单 11.3 万亿元，同比增加 1.6 万亿元。分区域看，东部、中部、西部和东北地区大额存单余额占比分别为 63.0%、15.6%、15.1% 和 6.4%。结构性存款保底收益率纳入利率自律管理，结构性存款余额规模持续下降。分区域看，东部、中部、西部和东北地区结构性存款余额同比分别下降 15.2%、22.3%、19.4% 和 2.9%。

表 11　2021 年末金融机构本外币存款余额占比地区分布

单位：%

项目	东部	中部	西部	东北	地区合计
本外币各项存款余额	59.9	16.7	17.6	5.9	100.0
其中：住户存款	49.7	20.8	20.7	8.7	100.0
结构性存款	55.8	11.7	12.9	19.5	100.0
个人大额存单	58.9	17.4	15.9	7.8	100.0
非金融企业存款	68.6	13.7	14.5	3.3	100.0
非金融企业活期存款	60.3	17.5	18.6	3.7	100.0
结构性存款	81.8	7.3	8.8	2.1	100.0
非金融企业大额存单	73.1	11.1	13.0	2.8	100.0
非银行业金融机构存款	79.6	8.2	9.2	3.0	100.0
其中：外币存款（亿美元）	84.8	6.5	8.3	0.4	100.0

数据来源：中国人民银行上海总部、各分行、营业管理部、省会（首府）城市中心支行，中国人民银行工作人员计算。

（三）金融风险总体收敛，银行业金融机构运行总体稳健

1. 不良贷款率下降，金融资产质量改善。2021 年末，全国商业银行不良贷款余额 2.8 万亿元，较年初增加 1455.5 亿元，增量为 2014 年以来新低。年末不良贷款率 1.73%，比上年末下降 0.11 个百分点，连续两年下降。分区域看，东部、中部和西部地区不良贷款率分别比上年末下降 0.13 个、0.04 个和 0.32 个百分点，东北地区不良贷款率比上年末上升 0.1 个百分点。资产质量下迁压力有所缓解，2021 年末全国商业银行关注类贷款占比 2.31%，比上年末下降 0.26 个百分点，其中，东部、中部和西部地区关注类贷款占比分别比上年末下降 0.51 个、0.22 个和 0.46 个百分点。

2. 防范化解重大金融风险取得重要成果，金融风险总体收敛。宏观杠杆率连续 5 个季度下降，宏观风险得到有效控制。重点集团、大型企业风险处置稳妥推进，“明天系”、华信集团、方正集团等重点集团“精准拆弹”取得积极进展，包商银行破产清算程序顺利终结。推动存量高风险机构持续压降，高风险机构数量明显减少，推进反垄断和防止资本无序扩张。发布国内系统重要性银行名单，附加监管规定落地实施。集中整治金融乱象，P2P 网贷平台全部退出经营。稳妥推进资管业务整改，资管新规过渡期如期结束，资管产品结构不断优化，影子银行风险明显收敛。

3. 金融机构经营总体稳健，服务实体经济能力进一步增强。2021 年末，全国银行业总资产同比增长 7.8%，比上年末回落 2.3 个百分点。其中，商业银行贷款占总资产比重为 57.6%，比上年末提升 2.4 个百分点。做好地方政府专项债券补充中小银行资本工作。2021 年末，全国商业银行资本充足率 15.1%，比上年末提升 0.4 个百分点，银行抵御风险和服务实体经济能力进一步增强。稳步推进金融机构改革，全球系统重要性银行总损失吸收能力管理办法落地实施，制订国家开发银行业务分类分账方案。

（四）金融业对外开放积极推进，跨境人民币业务较快增长

1. 金融业对外开放有序扩大。加快健全境内外债券市场双向互联互通机制，开展内地与香港债券市场互联互通南向合作（“南向通”）；推动中国国债纳入富时世界国债指数（WGBI），全球三大债券指数提供商已全部将中国债券纳入其主要指数。2021 年，在上海自由贸易试验区临港新片区、广东自由贸易试验区南沙新区片区、海南自由贸易港洋浦经济开发区、浙江省宁波市北仑区 4 个区域开展跨境贸易投资高水平开放试点；合格境内机构投资者（QDII）额度常态化发放机制进一步完善，全年共为 57 家机构发放 408 亿美元 QDII 额度，较好地满足了境内居民跨境投资需求；进一步促进跨境投融资便利化，在成都市和重庆市开展异地办理外债登记、非金融企业一次性外债登记等 4 项试点；上海市深化自贸试验区贸易投资便利化改革创新，上线全国首个自贸试验区“离岸通”平台，摩根大通证券作为全国首家外资独资券商落地上海。

2. 跨境人民币业务保持较快增长，融资服务便利度进一步提升。2021 年，全国跨境人民币收付金额合计 36.6 万亿元，同比增长 29.0%。其中，经常项目下跨境人民币收付金额合计 7.9 万亿元，同比增长 16.0%；资本项目下人民币收付金额合计 28.7 万亿元，同比增长 33.0%。人民银行持续优化跨境人民币使用政策，粤港澳大湾区“跨境理财通”业务试点正式落地，与柬埔寨央行签署双边本币合作协议，与印度尼西亚央行正式启动本币结算合作框架，与加拿大、澳大利亚、日本、英国等 11 个国家和地区续签双边本币互换协议，与土耳其央行扩大互换规模。目前，共与 40 个国家和地区签署双边本币互换协议，金额超过 4 万亿元。各地区积极推动人民币跨境贸易投融资便利化取得新进展。浙江推动中国—印度尼西亚双边本币结算和区域市场挂牌交易落地，印度尼西亚卢比已成为全国区域货币交易中最活跃的小币种之一；安徽全年开展跨境人民币贸易投资便利化试点和对外承包工程便利化试点，近 670 家涉外企业进入优质企业名单；江西进一步简化跨境人民币结算流程，建立 53 支跨境人民币金融服务队，为重点企业制订结算、融资、避险等一揽子金融支持方案；广西面向东盟的金融开放门户建设取得务实成效，“跨境人民币使用改革创新”入选全国自贸试验区第四批“最佳实践案例”，供全国借鉴并复制推广，中国—东盟金融城累计入驻 285 家金融机构（企业）；深圳市全国首创“银行 + 外综服企业”模式，拓展银行跨境电商结算，助力 9 万多家企业提升跨境收付效率，人民币“跨境电商直通车”业务全年收款 918.9 亿元，同比增长 81.5%，为电商节约手续费 1.4 亿元。

表 12 2021 年各地区跨境人民币业务分布

单位：%

项目	东部	中部	西部	东北	全国
跨境人民币结算额	95.1	1.9	2.3	0.6	100.0
其中：经常项下结算额	88.3	4.5	5.2	2.1	100.0
资本项下结算额	97.0	1.2	1.5	0.2	100.0
其中：直接投资额	94.2	2.3	2.7	0.8	100.0
其他	77.9	7.1	14.3	0.6	100.0

数据来源：中国人民银行上海总部、各分行、营业管理部、省会（首府）城市中心支行，中国人民银行工作人员计算。

第二部分　各区域板块经济金融运行情况分析

一、东部地区经济金融运行情况

2021年，东部地区经济总量保持领先，对全国经济的引领作用进一步发挥。固定资产投资持续向好，市场需求稳步恢复，进出口高速增长，高新技术产业加快发展。金融业多项指标在2020年高基数基础上继续保持有力增长，信贷结构持续优化，银行业可持续发展能力增强，资产质量保持较高水平，金融改革开放创新有序推进，金融服务质效不断提升，支持实体经济力度稳固。

（一）东部地区经济运行情况

东部地区经济总量保持领先，有力拉动全国经济增长。2021年，东部地区实现地区生产总值59.2万亿元，比上年增长8.1%，拉动全国经济增长4.2个百分点，地区生产总值占全国比重达52.1%，比上年提高0.2个百分点。2021年，东部地区三次产业增加值比例结构为4.5∶39.1∶56.4。第二产业增加值增长较快，全年增速9.0%，高于全国平均水平0.8个百分点，增加值占比较上年提高1.4个百分点。服务业支撑作用持续发挥，第三产业增加值占比达到56.4%，其中北京、上海、海南第三产业增加值占比分别达到81.7%、73.3%和61.5%，名列全国前三。

图7　1999—2021年东部地区经济增长情况

（数据来源：国家统计局，中国人民银行工作人员计算）

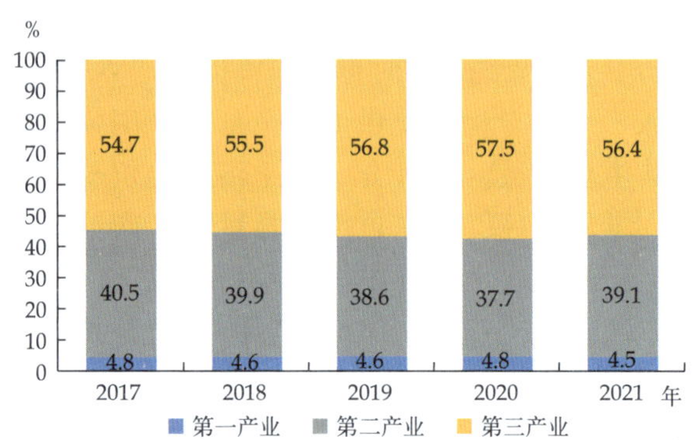

图8　2017—2021年东部地区三次产业结构

［数据来源：各省（自治区、直辖市）统计局，中国人民银行工作人员计算］

固定资产投资持续向好，投资结构进一步优化。2021年，东部地区固定资产投资（不含农户）比上年增长6.4%，高于全国平均水平1.5个百分点。其中，房地产开发投资增长4.2%，制造业投资增长14.2%，基础设施投资下降2.5%。浙江、海南、上海固定资产投资保持较快增长，增速分别为10.8%、10.2%和8.1%。高技术产业投资快速增长。河北信息传输、软件和信息技术服务业投资增长22.8%；福建、天津高技术制造业投资分别增长43.1%、22.5%；广东电子及通信设备制造业投资增长34.4%；深圳计算机及办公设备制造业投资、电子及通信设备制造业投资分别增长34.3%、21.9%。社会领域投资持续增加。北京教育投资增长17.4%；上海卫生和社会工作投资增长59.9%。

市场需求稳步恢复，升级类消费需求持续释放。2021年，东部地区实现社会消费品零售总额22.3万亿元，比上年增长11.7%。线上消费活跃。深圳、江苏、上海限额以上单位网上零售额分别增长44.3%、26.9%和20.8%。新能源汽车销量显著提升。浙江、海南、福建、山东、天津新能源汽车零售额分别增长176.6%、99.6%、95.6%、92%和74.4%。新兴消费规模快速壮大。海南离岛免税经营主体销售额突破600亿元，增长84.0%；浙江可穿戴智能设备、照相器材等数字商品零售额分别增长92.4%、41.9%。

外贸进出口快速增长，利用外资稳中有增。2021年，东部地区货物进出口总额31.1万亿元，比上年增长21.4%，占全国的比重为79.4%。其中，出口总额和进口总额分别为17.1万亿元和14.0万亿元，分别增长20.6%和22.7%。山东、河北对“一带一路”沿线国家和地区进出口分别增长40.8%、19.5%；深圳对区域全面经济伙伴关系协定（RCEP）成员国、“一带一路”沿线国家和地区、中东欧国家进出口规模均为历年新高。2021年东部地区实际使用外资比上年增长14.6%，增速比上年提高5.7个百分点，其中，上海实际使用外资225.5亿美元，比上年增长11.5%，创历史新高；海南自贸港引资实现翻番。跨境人民币业务稳步增长。2021年，东部地区跨境贸易人民币结算金额34.6万亿元，比上年增长29.7%；直接投资项下跨境人民币结算金额5.5万亿元，比上年增长52.7%。

高新技术产业加快发展，工业企业效益持续提升。北京医药制造业比上年增长2.5倍，高技术制造业、战略性新兴产业增加值分别增长112.5%、89.2%；河北城市轨道车辆、天津服务机器人产量分别增长2.4倍、1.7倍；江苏工业机器人、集成电路、传感器和3D打印设备等数字产品产量分别增长62.8%、39.1%、25.5%和64.3%。工业企业效益持续改善。2021年，东部地区规模以上工业企业利润总额比上年增长28.4%，其中，北京、福建和山东分别增长118.6%、24.7%和20.9%；广东规模以上工业企业利润总额首次突破万亿元大关，增长16.1%。

财政收入稳定增长，民生支出保障有力。2021年，东部地区地方财政一般预算收入比上年增长10.4%，财政收入结构持续优化，税收占一般公共预算收入比重超75.0%，其中，浙江、上海分别为86.8%、85.0%；地方财政一般预算支出比上年增长5.6%。民生支出保障有力。福建住房保障、医疗卫生和教育支出分别增长11.0%、8.1%和12.8%；广东教育、社会保障和就业支出分别增长8.0%、18.1%。减税降费政策有效落实。深圳全年累计为市场主体减负703亿元；山东出台免征地方水利建设基金、延长小规模纳税人房产税和城镇土地使用税免征期限等政策，全年新增减税降费700亿元以上；天津坚决落实国家和地区减税降费各项举措，为企业减负超过300亿元。

（二）东部地区金融运行情况

银行业金融机构资产继续增长，可持续发展能力增强。2021年末，东部地区银行业资产总额为176.5万亿元，同比增长9.0%。地方法人金融机构积极利用多种方式拓宽资本补充渠道，资本实力保持较高水平，2021年末资本充足率为14.8%。年末净利润同比增长16.4%，资产利润率为0.8%，可持续发展能力稳步增强。

保险业稳步发展，社会保障水平持续提升。2021年，东部地区保险公司保费收入2.4万亿元，同比增长9.1%。浙江积极开展绿色保险机制创新，提供超五大类20余种绿色保险产品，全年服务企业（群众）超过50万家次（人次），提供风险保障超6000亿元；广东累计为912万名农户提供风险保障2032.29亿元，受益农户123.56万户次；福建出台过渡期脱贫人口产业帮扶保险方案，为1.9万户次脱贫人口提供保障2.9亿元，创新助力防贫产品为71.5万人次临贫、脱贫人员提供保障94亿元。

社会融资规模合理增长，地方政府债券发行保持适度规模。2021年，东部地区社会融资规模增量为17.8万亿元，同比少增2631.8亿元，占全国比重为62.3%，比上年提高2.5个百分点。其中，人民币贷款增加11.7万亿元，比上年多增2574.4亿元；委托贷款、信托贷款和未贴现银行承兑汇票三项表外业务规模合计净减少9574.6亿元，同比多减5209.1亿元；企业债券融资增加2.5万亿元，同比少增4801.4亿元；非金融企业境内股票融资增加8939亿元，同比多增1921.7亿元；地方政府债券发行保持适度规模，全年政府债券净融资 2.1 万亿元，同比多增 1575.9 亿元。

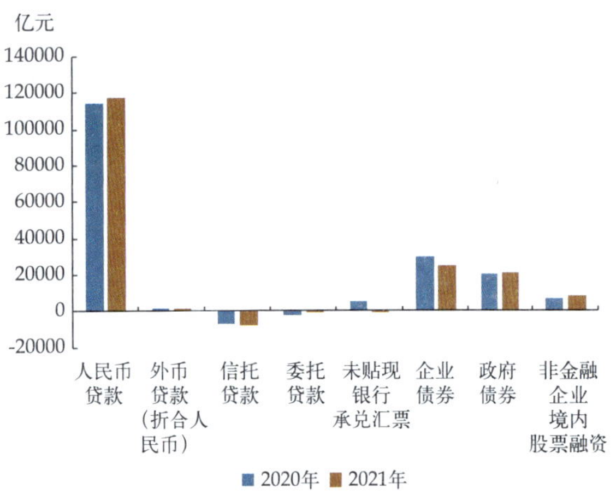

图 9　2020—2021 年东部地区社会融资规模增量

（数据来源：中国人民银行，中国人民银行工作人员计算）

存款增速保持稳定，结构性存款显著回落。 2021 年末，东部地区本外币各项存款余额为 136.4 万亿元，同比增长 9.8%，比全国平均水平高 0.5 个百分点，余额占全国比重为 59.9%，比上年末上升 0.5 个百分点。结构性存款明显回落。2021 年末，东部地区结构性存款余额同比下降 15.2%。

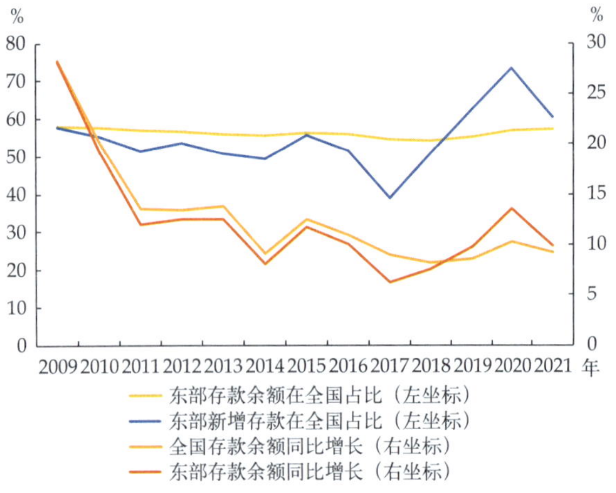

图 10　2009—2021 年东部地区本外币各项存款增长情况

［数据来源：中国人民银行上海总部、各分行、营业管理部、省会（首府）城市中心支行，中国人民银行工作人员计算］

贷款保持有力增长，信贷结构持续优化。 2021 年末，东部地区本外币各项贷款余额为 105.2 万亿元，同比增长 12.8%，高于全国平均水平 1.5 个百分点，比年初增加 12.0 万亿元。在“扩总量”的同时，积极发挥结构性货币政策工具牵引带动作用，信贷结构明显优化。2021 年末，东部地区制造业中长期贷款、普惠小微贷款和涉农贷款余额同比分别增长 36.1%、31.3% 和 12.7%，均高于全国平均水平。

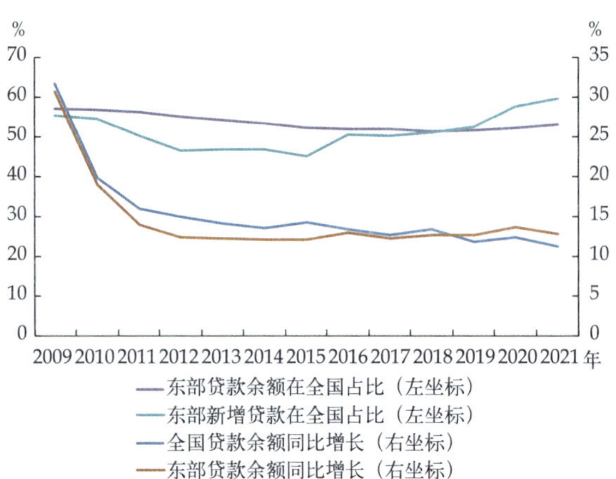

图 11　2009—2021 年东部地区本外币各项贷款增长情况

［数据来源：中国人民银行上海总部、各分行、营业管理部、省会（首府）城市中心支行，中国人民银行工作人员计算］

继续实施好两项直达实体经济的货币政策工具，持续支持小微企业发展。 2021 年，东部地区通过普惠小微企业信用贷款支持计划累计提供优惠资金 1980.5 亿元，直接带动地方法人银行发放普惠小微信用贷款 2.5 万亿元，有效缓解小微企业难以获得信用贷款的问题；2021 年累计实施阶段性延期偿还的贷款本金 5.0 万亿元，惠及 198.3 万户，减轻小微企业阶段性还本付息压力。

利率市场化改革持续推进，实体经济贷款利率明显下降。 2021 年，东部地区稳步推进 LPR 改革，优化存款利率监管，降低银行负债成本，引导金融机构贷款利率下行。2021 年 12 月，东部地区人民币贷款加权平均利率为 5.05%，同比下降 0.11 个百分点；普惠小微贷款加权平均利率5.43%，同比下降0.28个百分点。2021年12月，东部地区执行LPR减点的贷款占全部贷款发生额的比重为26.8%，占全国LPR减点贷款的比重达72.7%。

区域金融风险防控取得积极成效，不良贷款率保持低位。2021年，东部地区积极推进不良贷款处置，资产质量保持较高水平。2021年末，东部地区不良贷款率为1.16%，比上年末下降0.13个百分点，低于全国银行业平均水平0.57个百分点。关注类贷款占比为2.0%，比年初下降0.5个百分点。浙江、山东、天津均实现不良贷款余额和不良贷款率"双降"，其中山东不良贷款率比上年末下降0.69个百分点，实现连续三年"双降"。

金融领域开放创新有序推进，金融活力持续增强。进一步健全多层次资本市场体系，广州期货交易所设立，立足服务实体经济、服务绿色发展，助力粤港澳大湾区和国家"一带一路"建设。北京证券交易所正式开市，打造服务创新型中小企业主阵地。原油期权挂牌上市，成为我国首批以人民币计价并向境外投资者全面开放的期权品种，进一步提升我国大宗商品价格影响力。浙江深化湖州、衢州绿色金融改革创新，两地68家银行机构全部纳入环境信息披露试点范围；深圳在香港顺利发行国内首只离岸人民币地方政府债券及绿色债券，协调保障发债资金跨境调拨及资金收付；济南成立首个以科创金融为主题的金融改革试验区；江苏贸易外汇收支便利化试点业务量达上年的3倍；海南搭建"三位一体"政策框架，自贸港金融改革创新蓬勃展开。

二、中部地区经济金融运行情况

2021年，以湖北为代表的中部地区经济全面快速恢复，主要经济指标增速均领先全国，对全国经济增长贡献率增幅最大，创新动能稳步增强，产业结构持续优化。金融服务实体经济力度进一步加大，融资成本稳中有降，绿色金融创新发展成效明显，金融生态环境不断改善。

（一）中部地区经济运行情况

2021年，中部地区实现地区生产总值25.0万亿元，比上年增长8.7%，增速比上年上升7.4个百分点，高于全国平均水平0.6个百分点。区域经济总量占全国的比重为22.0%，与上年基本持平。

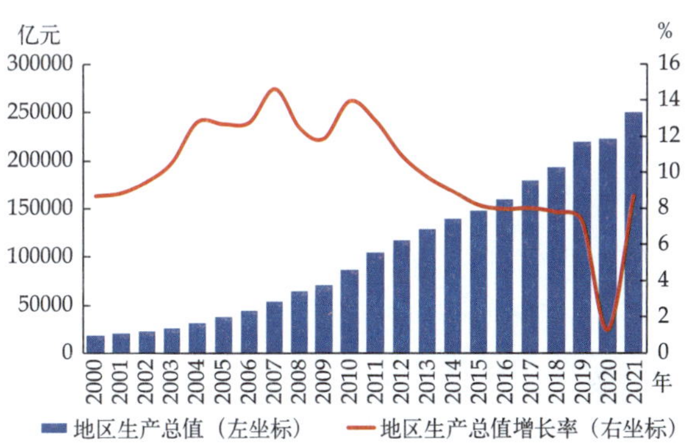

图12　2000—2021年中部地区经济增长情况

（数据来源：国家统计局，中国人民银行工作人员计算）

投资保持稳步增长，投资结构持续优化。2021年，中部地区固定资产投资（不含农户）同比增长10.2%，增速比上年提高9.5个百分点。其中，基础设施投资增长4.9%，房地产开发投资增长8.2%，制造业投资增长16.0%。制造业投资特别是高技术制造业投资增势较好。江西制造业投资同比增长17.1%，较上年提高10.1个百分点，其中高技术制造业投资同比增长27.6%；河南工业投资、高技术制造业投资分别增长11.7%和32.1%，高于全部投资增速7.2个和27.6个百分点。民间投资较为活跃。湖北民间投资增长25.0%，占全省投资比重达62.1%，比上年提高2.3个百分点；湖南民间投资同比增长9.6%，较上年提高6.6个百分点，拉动全部投资增长5.9个百分点。基础设施投资增速小幅回落，除湖北、山西增速高于上年外，安徽、河南、江西和湖南基础设施投资增速分别较上年回落3.2个、1.9个、1.7个和1.0个百分点。

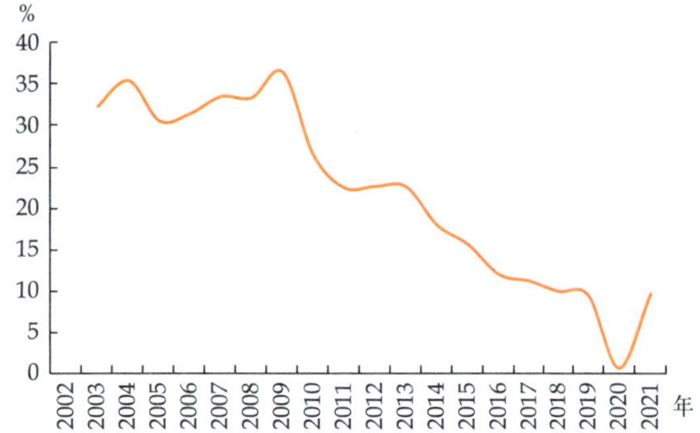

图 13　2002—2021 年中部地区固定资产投资增长情况

（数据来源：国家统计局，中国人民银行工作人员计算）

消费市场持续恢复，网上消费新业态加速培育。2021 年，中部地区实现社会消费品零售总额 10.6 万亿元，比上年增长 15.1%，占全国消费品零售总额的比重为 24.0%，比上年提高 0.5 个百分点。网上消费新业态快速发展。江西网上零售额同比增长 25.5%；湖北限额以上企业网络销售额增长 25.9%，占限额以上商品零售额的比重由上年的 16.5% 提高到 18.2%；在互联网销售持续增长带动下，湖南快递业务量增长 34.4%。升级类消费需求持续释放。安徽限额以上单位通信器材类、金银珠宝类和家用电器类等商品零售额分别增长 33.3%、33.2% 和 14.2%；山西限额以上消费品零售额中，可穿戴智能设备、新能源汽车零售额分别增长 150.0%、98.2%。

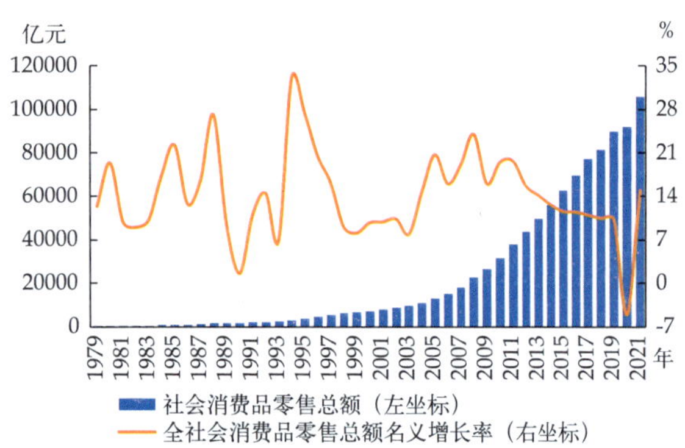

图 14　1979—2021 年中部地区消费增长情况

［数据来源：各省（自治区、直辖市）统计局，中国人民银行工作人员计算］

外贸进出口较快增长，高水平对外开放深入推进。2021 年，中部地区进出口总额 3.4 万亿元，比上年增长 25.8%，高于全国平均水平 4.4 个百分点。其中，出口 2.2 万亿元，增长 28.8%；进口 1.2 万亿元，增长 20.8%。全年实现贸易顺差 10055.4 亿元，比上年扩大 2717.0 亿元。湖北进出口总额达 5374.4 亿元，首次突破 5000 亿元大关；江西进出口总额增长 23.7%，高于全国平均水平 2.3 个百分点，实现 2012 年以来最快增速；湖南机电产品出口增长 23.1%，占全部出口总值的比重达 43.6%；安徽持续深化对外经贸合作，对“一带一路”沿线国家和地区、RCEP 贸易伙伴进出口额分别增长 36.0% 和 14.3%；河南郑欧班列开行稳步增长，全年累计开行班列 1546 班次，货值和货重分别增长 40.1% 和 41.2%。

产业转型升级加速推进，高技术产业发展成效显著。2021 年，山西、湖北、湖南和河南规模以上工业中高技术制造业增加值分别增长 34.2%、30.2%、21.0% 和 20.0%，分别比全国平均水平高 16.0 个、12.0 个、2.8 个和 1.8 个百分点。新业态快速发展，新产品产量增长。安徽推动制造业数字化、网络化、智能化加快发展，培育重点工业互联网平台 53 家，工业互联网综合服务平台“羚羊”上线运行；江西工业机器人、稀土磁性材料、3D 打印设备和新能源汽车产量分别增长 139.8%、61.7%、32.7% 和 29.1%；河南传感器、光纤、工业机器人、服务机器人等产品产量增速均在 25.0% 以上；湖南移动通信基站设备、新能源汽车、集成电路、智能手环和锂离子电池产量分别增长 300%、110%、65.3%、60.4% 和 53.9%；湖北新能源汽车、液晶显示屏、手机和平板电脑产品产量分别增长 380%、290%、76.2% 和 24.6%。

绿色低碳发展质效提升，生态环境持续改善。湖南关闭淘汰落后小煤矿 7 处，淘汰落后煤炭产能 50 万吨，加快储备开发风电、光伏等新能源发电项目，2021 年末新能源和可再生能源发电项目总装机占全口径总发电装机容量比重达 54.0%；河南快速发展清洁能源，全年风能、生物质能和太阳能等清洁能源发电量分别增长137.0%、54.8% 和 20.9%；安徽新增可再生能源发电并网容量 448 万千瓦；山西深入实施“两山七河一流域”① 生态修复治理，全年营造林超过 500 万亩②，黄河沿岸“散乱污”企业实现动态清零。

（二）中部地区金融运行情况

金融机构规模稳健增长，金融服务能力稳步提升。2021 年末，中部地区银行机构网点数量 5.4 万个，银行从业人员 81.3 万人；银行业金融机构资产总额 50.1 万亿元，同比增长 12.5%。不良贷款率 2.01%，比上年下降 0.04 个百分点。证券保险业平稳发展，年末中部地区境内上市公司达 613 家；2021 年，中部地区保险业保费收入和保险赔付支出分别为 9185.5 亿元和 3256.4 亿元。

存款增长相对平稳，结构性存款规模缩减。2021 年末，中部地区本外币各项存款余额 38.0 万亿元，同比增长 8.8%，增速比上年回落 1.7 个百分点。其中，住户存款余额 21.5 万亿元，同比增长 12.5%，增速比上年回落 1.3 个百分点；非金融企业存款余额 9.5 万亿元，同比增长 2.8%，增速比上年回落 4.8 个百分点；结构性存款余额同比下降 22.3%，全年净减少 1288.7 亿元；大额存单余额同比增长 18.1%，全年新增 3659.8 亿元，同比多增 170.8 亿元。

信贷结构持续优化，重点领域支持有力。2021 年，中部地区围绕供给侧结构性改革主线，积极运用再贷款再贴现等结构性货币政策工具，持续加大重点领域和薄弱环节金融支持力度。2021 年末，本外币各项贷款余额 33.3 万亿元，同比增长 12.0%。推动脱贫攻坚与乡村振兴有效衔接，年末涉农贷款同比增长 11.0%，高于上年同期 0.1 个百分点，其中，湖南、安徽、湖北增速达 12.0% 以上。金融支持实体经济力度持续加大，年末小微企业贷款同比增长 15.6%，比上年同期加快 1.6 个百分点，其中普惠小微企业贷款增长 20.8%；制造业中长期贷款和制造业信用贷款分别增长 31.5% 和 17.2%。金融支持绿色低碳发展取得积极成效，绿色贷款增速明显高于中部地区各项贷款增速。

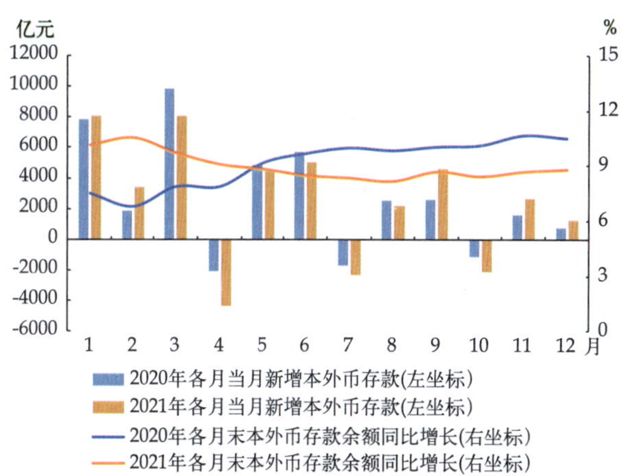

图 15　2020—2021 年中部地区本外币各项存款增长情况

[数据来源：中国人民银行上海总部、各分行、营业管理部、省会（首府）城市中心支行，中国人民银行工作人员计算]

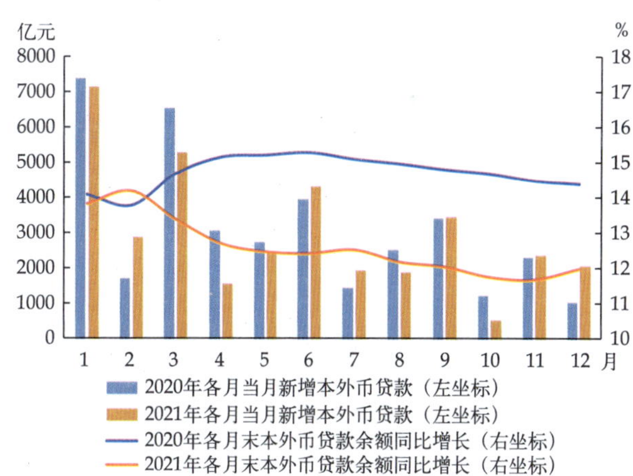

图 16　2020—2021 年中部地区本外币各项贷款增长情况

[数据来源：中国人民银行上海总部、各分行、营业管理部、省会（首府）城市中心支行，中国人民银行工作人员计算]

① “两山”指太行山、吕梁山，“七河”指汾河、桑干河、滹沱河、漳河、沁河、涑水河、大清河，“一流域”指黄河流域。

② 1 万亩≈6.67 平方公里。为行文方便，未统一单位为平方公里。下同。

LPR 改革持续深化，贷款利率稳中有降。2021 年，中部地区稳步推进 LPR 改革，引导地方法人银行加快构建 FTP 机制并将 LPR 内嵌到 FTP 定价体系，推动实体经济贷款利率下行。2021 年 12 月，中部地区金融机构新发放人民币贷款加权平均利率 5.40%，比上年同期下降 0.13 个百分点。小微企业贷款利率明显下行。2021 年 12 月，中部地区新发放小微企业贷款加权平均利率为 5.26%，比上年同期下降 0.25 个百分点，其中新发放普惠小微企业贷款加权平均利率为 5.70%，比上年同期下降 0.39 个百分点，山西、河南、江西、湖南、安徽和湖北降幅分别为 0.67 个、0.60 个、0.48 个、0.37 个、0.17 个和 0.11 个百分点。

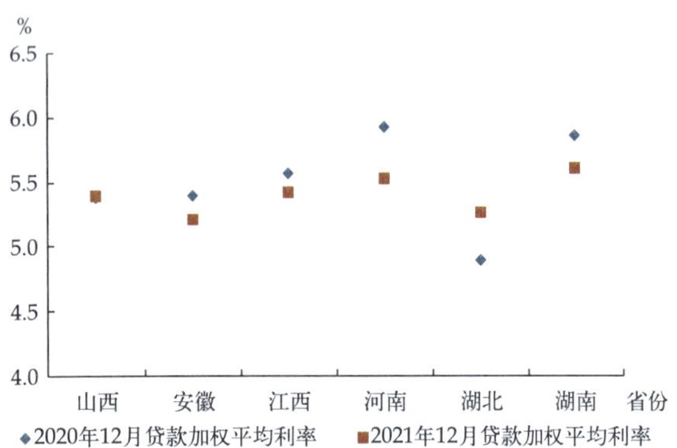

图 17　2020—2021 年中部地区人民币贷款加权平均利率

［数据来源：中国人民银行上海总部、各分行、营业管理部、省会（首府）城市中心支行，中国人民银行工作人员计算］

社会融资规模保持增长，非金融企业境内股票融资占比提升。2021 年，中部地区社会融资规模增量 5.1 万亿元，比上年少 0.4 万亿元。其中，人民币贷款增量 3.6 万亿元，比上年少增 2178.3 亿元，占全部社会融资规模增量的比重比上年提高 1.7 个百分点；委托贷款、信托贷款和未贴现银行承兑汇票 3 项表外业务规模合计净减少 5989.6 亿元，同比多减 2311.6 亿元；企业债券净融资 4856.4 亿元，比上年少 1555.9 亿元，占全部社会融资规模增量的比重比上年下降 2.0 个百分点；非金融企业境内股票融资 1728 亿元，比上年多 706.6 亿元，占全部社会融资规模增量的比重比上年提高 1.5 个百分点；政府债券净融资 1.1 万亿元，比上年多 2281 亿元，占全部社会融资规模增量的比重比上年提高 3.1 个百分点。

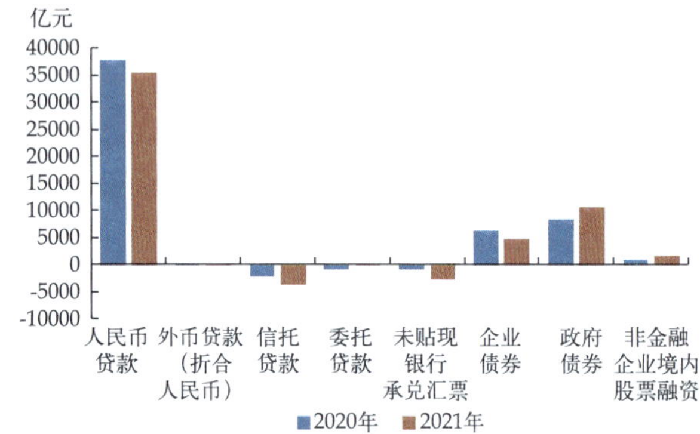

图 18　2020—2021 年中部地区社会融资规模增量

（数据来源：中国人民银行，中国人民银行工作人员计算）

金融风险防控取得进展，资产质量稳固提升。2021 年末，中部地区银行业金融机构不良贷款率为 2.01%，比上年末下降 0.04 个百分点。关注类贷款占比为 2.44%，比上年末下降 0.22 个百分点。山西、安徽、江西、湖北、湖南不良贷款率均较上年末有所下降，其中，安徽和湖北实现不良贷款余额和不良贷款率“双降”。河南不良贷款率较上年末回升 0.6 个百分点，资产质量有所承压。

绿色金融创新发展，区域改革亮点纷呈。2021 年，湖北抢抓全国碳市场注册登记机构落户机遇，全面推进绿色金融创新发展，设立规模 100 亿元的“武汉碳达峰基金”和规模 100 亿元的“碳中和基金”，启动湖北省绿色金融综合服务平台，推动成立武汉清算所，打造碳市场现货及衍生品清算基础平台。江西稳步推进普惠金融改革试点，探索建立农村闲置资源价值评估及收储处置中心，实现农房、农地承包经营权、林地承包经营权、水面养殖权、古村落经营权、农机农具等的有效流转和处置。湖南、安徽、河南不断丰富政策支持体系，强化自贸区金融服务创新，进一步提升涉外交易便利化水平，帮助企业用好国内外“两个市场”金融资源。

三、西部地区经济金融运行情况

2021年，西部地区紧抓新时代西部大开发、长江经济带发展、黄河流域生态保护和高质量发展、成渝地区双城经济圈建设等国家战略部署，深入推进产业结构调整，深化对外开放，经济向高质量发展稳步迈进。金融对实体经济发展的支撑作用持续稳固，重点领域和薄弱环节金融服务质效不断提升，实体经济融资成本稳中有降，金融支持巩固拓展脱贫攻坚成果和乡村振兴有效衔接稳步推进，巩固防范化解金融风险攻坚战成果取得进展。

（一）西部地区经济运行情况

2021年，西部地区实现地区生产总值24.0万亿元，同比增长7.4%，增速比上年上升4.1个百分点。区域经济总量占全国的比重为21.1%，与上年持平。

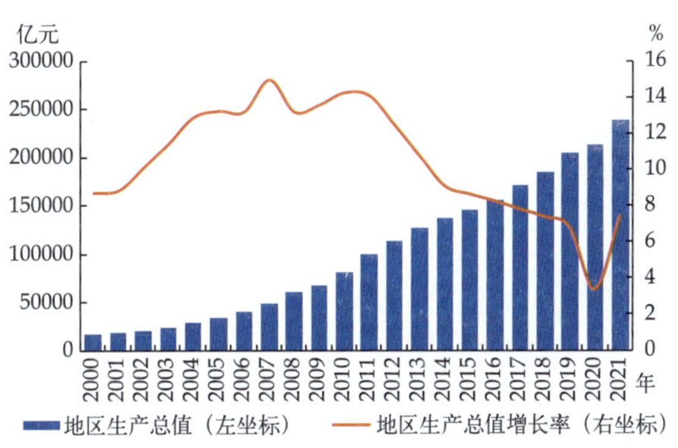

图19　2000—2021年西部地区经济增长情况

（数据来源：国家统计局，中国人民银行工作人员计算）

投资稳中提质，制造业转型升级加力提效。2021年，西部地区固定资产投资（不含农户）同比增长3.9%，比上年下降0.5个百分点。其中，基础设施投资增长4.0%，房地产开发投资增长2.2%。在承接产业转移力度加大背景下，制造业投资快速增长，全年制造业投资增速16.8%，比上年提高14.0个百分点，高于全国平均水平3.3个百分点，其中广西和新疆制造业投资增速分别达到37.4%和36.9%。制造业转型升级加力提效。宁夏工业技术改造投资占工业投资的比重由上年的25.0%提高到28.5%；青海、贵州和内蒙古高技术制造业投资分别增长1.3倍、78.5%和68.9%。市场主体活力增强，民间投资稳中向好，甘肃和新疆民间投资分别增长16.1%和29.7%。

消费持续恢复，新业态、新型消费快速增长。2021年，西部地区社会消费品零售总额为9.2万亿元，比上年增长12.7%，高于全国平均水平0.2个百分点。网上消费带动消费加快增长。四川网络零售额突破7000亿元，比上年增长23.1%，高于限额以上商品零售增速8.1个百分点；新疆网络零售额增长41.3%，增速比上年提高13.7个百分点；云南限额以上商贸单位线上商品零售额比上年增长37.0%。消费场景不断丰富。重庆连续三年排名中国城市夜经济十强榜首，带动重庆2021年餐饮收入增长28.5%；湖南郴州发挥裕后街、欢乐海岸等夜间经济示范区引领作用，打造“夜游”“夜食”“夜娱”“夜购”等多元化夜间经济消费体系，全年夜间经济营业额同比增长28.0%。消费升级加快。贵州新能源汽车类、化妆品类、金银珠宝类消费品均增长40.0%以上；云南可穿戴智能设备、照相器材类商品零售额分别增长86.4%、65.7%。

“一带一路”建设加速推进，国际贸易和对外开放打开新局面。2021年，西部地区“一带一路”建设朝着更高质量发展的方向迈进，全国首个两地合作创立的中欧班列品牌“成渝号”开行，贵州开行中欧班列实现“零突破”，中国老挝共建“一带一路”的标志性工程——中老铁路正式通车。全年西部地区进出口总额3.6万亿元，比上年增长20.6%。其中，出口总额2.1万亿元，增长22.0%；进口总额1.5万亿元，增长20.4%。全年实现贸易顺差5815.5亿元，比上年扩大1188.9亿元。重庆进出口总额突破8000亿元，比上年增长22.8%；四川进出口总额突破9000亿元，创历史新高；西藏、宁夏进出口总额增速分别达到 88.3% 和 73.4%；内蒙古对 RCEP 贸易伙伴进出口总额增长 43.6%。外商直接投资持续向好，广西外商直接投资（FDI）流入 14.3 亿美元，比上年增长 1.3 倍，创近十年新高；四川外商直接投资 33.6 亿美元，比上年增长 32%，增速高于全国 11.8 个百分点。

产业结构进一步优化，高技术制造业和现代服务业加快发展。2021 年西部地区三次产业结构为 11.4：38.6：49.9，分别比上年下降 0.5 个、上升 1.8 个和下降 1.4 个百分点。高技术制造业发展迅速。青海和云南高技术制造业增加值分别增长 43.3% 和 34.9%；四川高新技术企业突破 1 万家、营业收入达 2.1 万亿元；青海建成投产全国首个年产万吨级碳纤维生产基地。现代服务业加快发展。四川建设国家数字经济创新发展试验区，数字经济核心产业增加值增长约 18.0%；广西软件和信息技术服务业营业收入、电信业务总量分别增长 73.6%、34.3%；贵阳大数据科创城启动建设，数字经济占比达 34.0%；重庆建成 5G 基站 7.3 万个，上云企业达到 10.1 万户，软件业务收入增长 24.6%。

供给侧结构性改革持续推进，经济向高质量发展稳步迈进。产业转型升级取得新成效。内蒙古强化能耗“双控”约束，从严遏制“两高”项目盲目发展，全区六大高耗能产业增加值占规模以上工业增加值比重比上年下降 5.2 个百分点；新疆加快推动油气产量稳步增长，加快延伸石油石化产业链，持续做好“减油增化”，推进现代煤化工项目建设，推动铝、铜等有色金属进一步提高就地转化率。新兴行业快速成长。陕西三星闪存芯片二期、奕斯伟硅产业基地、西安吉利汽车、彩虹光电扩产技改等项目正式投产；云南绿色铝硅成长为新千亿级产业，能源工业增加值增长 11.2%；宁夏清洁能源、新型材料等新兴产业增加值增速保持两位数。

生态环境持续改善，绿色低碳发展稳步提升。生态修复成效显著。内蒙古防沙治沙 530 万亩，新建绿色矿山 133 座；宁夏治理水土流失面积 880 平方公里、荒漠化土地 90 万亩；青海新增国土绿化面积 500 余万亩，实现荒漠化、沙化土地“双缩减”；云南洱海流域被纳入全国第二批流域水环境综合治理与可持续发展试点。能源清洁利用能力提高。宁夏正式投产全球最大的电解水制氢项目；青海 1090 万千瓦装机大型风电光伏基地项目落地；四川乌东德、白鹤滩等重大水电工程建成发电，清洁能源装机和发电量占比分别达 85.3%、86.6%；陕西国能锦界电厂二氧化碳捕集与封存全流程示范项目建成投运，63 家发电企业纳入全国碳排放权交易市场。

（二）西部地区金融运行情况

金融改革持续推进，服务实体经济能力增强。2021 年末，西部地区银行业金融机构营业网点个数、从业人数和资产总额分别为 6.0 万个、90.9 万人和 54.5 万亿元。重庆银行 A 股成功上市，成为西部地区首家 A+H 股上市的城商行。中小银行多渠道资本补充力度加大。四川运用地方政府专项债券为 21 家法人机构补充资本 114 亿元，3 家机构通过银行间市场发行 90 亿元二级资本补充工具。

融资总量稳定增长，信贷结构稳步优化。2021 年，西部地区实现社会融资规模增量 5.3 万亿元，金融对实体经济支持力度稳固。分结构看，信贷发挥主要支持作用，全年人民币贷款新增 3.9 万亿元，同比多增 3880.7 亿元；委托贷款、信托贷款和未贴现银行承兑汇票三项表外业务合计净下降 6933.4 亿元，同比多减 6702.8 亿元；股票融资增长加快，全年非金融企业境内股票融资新增 1196.6 亿元，同比多增 438.8 亿元，占社会融资规模增量的比重比上年提升 0.9 个百分点；政府债券净融资增长明显，全年政府债券融资新增 1.2 万亿元，同比多增 469.5 亿元，占社会融资规模比重比上年提升 3.1 个百分点。重点领域和薄弱环节信贷支持稳步增强。金融支持稳企业保就业持续深化，西部地区普惠小微贷款同比增长 22.2%。制造业中长期贷款同比增长 24.4%，高于上年同期 3.8 个百分点；制造业信用贷款同比增长 34.1%，高于全国 12.6 个百分点。金融支持科创企业加快发展，四川启动实施科创金融服务“星辰计划2021—2023”，与财政部门共同出台新版“财政金融互动政策”激励措施20条；陕西创新“科创票链通”支持科创企业票据融资超过45亿元。

金融支持绿色低碳发展精准有力，助力科学有序实现碳达峰碳中和目标。2021年，西部地区绿色贷款保持较快增长，四川在全国首创碳减排票据再贴现专项支持计划（“川碳快贴”），2021年共办理“川碳快贴”639笔、38.5亿元，对应年碳减排量96.1万吨。新疆绿色金融改革试验区实现银行业金融机构绿色专营机构全覆盖，昌吉回族自治州率先落地“工业碳账户”，并完成首批21家试点企业碳核算。

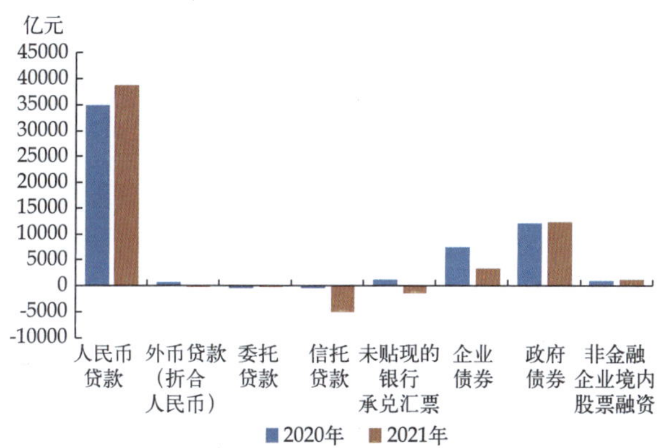

图20 2020—2021年西部地区社会融资规模增量

（数据来源：中国人民银行，中国人民银行工作人员计算）

LPR改革效能持续释放，实体经济贷款利率稳中有降。2021年12月，西部地区人民币一般贷款加权平均利率5.40%，同比下降0.21个百分点，其中普惠小微贷款加权平均利率为5.51%，同比下降0.43个百分点。有效维护存款市场竞争秩序。2021年12月，宁夏、四川金融机构定期存款加权平均利率分别为2.28%、2.30%，同比分别下降0.02个、0.12个百分点。

金融支持巩固拓展脱贫攻坚成果，助力乡村振兴全面推进。2021年末，西部地区涉农贷款余额10.8万亿元，同比增长9.8%，比上年提高0.8个百分点。内蒙古创新“活体质押+”模式，活体牲畜质押贷款余额67.8亿元，支持298家企业，带动支持农牧户2.2万户；陕西发行“革命老区+乡村振兴”双贴标债券，支持乡村振兴质效提升；四川扩大乡村振兴农业产业发展贷款风险补偿金规模，设立基金24.7亿元，撬动发放贷款218.2亿元。农村基础金融服务不断改善。青海建立集惠农服务E终端等多功能的“四维服务驿站”，实现征信查询进村庄；新疆建成农村金融综合示范站326个，实现行政村级支付服务全覆盖。

银行业资产质量明显改善，金融风险总体可控。2021年末，西部地区银行业不良贷款率比上年下降0.32个百分点，资产质量改善幅度较大。西部8个省（自治区）实现不良贷款额与不良贷款率“双降”。青海玉树治多县成为全省首个不良贷款额、不良贷款率“双零信用县”。地方法人金融机构资产质量、流动性水平、资本实力有所提升。2021年末，西部地区地方法人金融机构不良贷款率同比下降0.6个百分点，流动性比率同比上升5.3个百分点，资本充足率同比上升0.4个百分点。其中，四川中小法人机构贷款损失准备余额较年初增长22.1%，拨备覆盖率较年初提高24.2个百分点。重庆法人银行平均资本充足率同比提升0.5个百分点。

证券保险业平稳发展，风险保障能力不断提高。四川持续深入实施“五千五百”上市行动计划，全年首发上市公司19家，创近5年新高；陕西成功组建全国首家省级资本市场服务中心；云南股权交易中心开业运营。2021年，西部地区保费收入和保险赔付支出分别为8677.3亿元和3139.7亿元，同比分别增长0.6%和0.5%。四川政策性农业保险由保农业生产部分成本逐步向保总成本、保收入转变，40个试点县承保落地；重庆落地全国首单专属商业养老保险，实现城市定制型医疗保险一站式结算；青海创新全国首个“城乡居民基本医保经办+大病保险+医疗救助”一体化服务模式，覆盖452.2万个城乡居民；宁夏首单新材料保险为企业提供1.4亿元的新材料质量、责任综合风险保障。

四、东北地区经济金融运行情况

2021年，东北地区深入贯彻落实党中央、国务院部署，按照《东北全面振兴“十四五”实施方案》的总体要求，大力推进基础设施“补短板”，加快推进产业结构优化升级，深入实施创新驱动发展战略，“十四五”实现良好开局。全年地区经济稳定增长，固定资产投资持续向好，市场需求逐步恢复，产业转型升级稳步推进，经济内生动力不断增强。东北地区金融业总体保持平稳运行，金融改革创新有序推进，金融支持国民经济重点领域和薄弱环节力度不断加大，金融风险防控逐步加强。

（一）东北地区经济运行情况

2021年，东北地区GDP同比增长6.1%，增速比上年提高5.0个百分点。区域经济总量占全国的比重为4.9%，比上年回落0.1个百分点。2021年，东北地区三次产业增加值结构为13.4∶35.2∶51.4，分别比上年下降0.8个百分点、提升1.5个百分点、下降0.7个百分点。

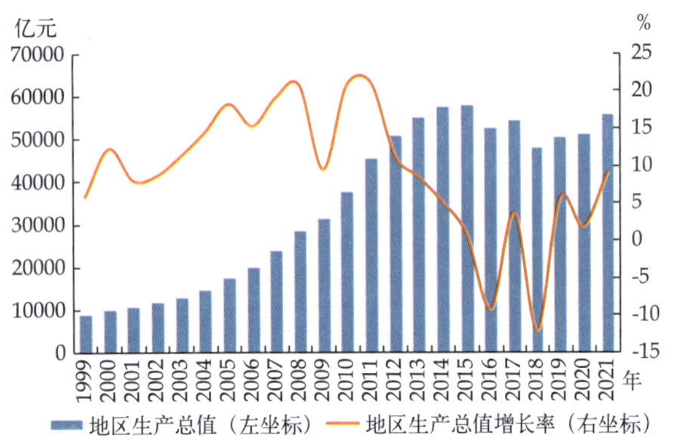

图21　1999—2021年东北地区经济增长情况

（数据来源：国家统计局，中国人民银行工作人员计算）

农业发展优势继续巩固，产业转型升级稳步推进。2021年，东北地区不断深化农业供给侧结构性改革，扎实推进现代农业高质量发展，国家粮食安全“压舱石”地位和产业安全主体功能地位持续巩固提高。全年累计新建高标准农田1903.6万亩，粮食总产量达2889.0亿斤，占全国粮食总产量的21.1%，比上年提高0.7个百分点。其中，黑龙江粮食总产量达到1573.5亿斤，连续11年居全国首位。工业经济提质增效，高技术产业加速发展。2021年，东北地区规模以上工业增加值比上年增长5.0%，增速比上年提高2.3个百分点；规模以上工业企业营业收入比上年增长15.0%，利润总额增长40.5%。高新技术产业加快发展。辽宁、吉林和黑龙江三省高技术制造业增加值分别增长12.9%、21.6%和9.5%。传统产业数字化改造和转型升级加速推进。辽宁加快智能工厂、数字化车间建设，上云企业近9万户，新建5G基站2.5万个；黑龙江新建5G基站1.8万个。

固定资产投资增势良好，基础设施补短板持续发力。2021年，东北地区固定资产投资（不含农户）增长5.7%，比上年同期高1.4个百分点，高于全国平均水平0.8个百分点，其中，基础设施投资增长9.6%，房地产开发投资下降0.8%，制造业投资下降3.3%。在“十四五”规划的重大工程、重点项目加快推进带动下，基础设施投资呈快速增长态势，全年增速高于全国平均水平9.2个百分点，其中辽宁、黑龙江基础设施投资分别增长16.0%、10.3%。辽宁省徐大堡核电二期开工建设；牡佳客专、白敦高铁、朝凌高铁等一批重大基础设施工程竣工投用；哈尔滨机场二期扩建、沈白高铁等项目建设加速推进。工业投资尤其是高技术产业投资增长较快，辽宁、黑龙江高技术制造业投资分别增长71.2%和24.0%。

居民消费稳步恢复，网上零售增势较好。2021年，东北各省持续加大促消费活动力度，积极应对局部多轮疫情反复对消费的不利影响。全年实现社会消费品零售总额2.0万亿元，比上年增长9.3%。消费升级相关产品保持高速增长。黑龙江新能源汽车零售额比上年增长1.6倍，辽宁限额以上体育、娱乐类用品零售额增长60.3%。线上消费新业态继续保持较快增长势头。辽宁、吉林和黑龙江网上零售额分别增长12.4%、23.9%和30.0%。

外贸进出口较快增长，“一带一路”经贸合作稳步提高。2021年，东北地区深度融入共建“一带一路”，对外贸易及对外开放都取得新进展。全年地区进出口总额比上年增长19.7%，其中出口总额增长24.6%，进口总额增长17.2%。与主要贸易伙伴进出口增势良好，外贸新业态加快发展。黑龙江对“一带一路”沿线国家和地区进出口总值增长31.7%，吉林跨境电商进出口总值增长38.1%。对外合作与开放力度进一步加强。辽宁积极推动“东北陆海新通道”建设；吉林举办东北亚博览会、第六届全球吉商大会，长春空港药品进口口岸、珲春陆上边境口岸型国家物流枢纽获批，新增3个国家级外贸转型升级基地；黑龙江深入推进对俄合作，黑河公路大桥、同江铁路大桥全线贯通，黑河、绥芬河互市贸易进口商品加工试点开通。

营商环境不断改善，创新动能加速集聚。 2021年，东北地区不断健全完善市场化机制，持续优化营商环境建设，全力推动创新动能培育，增强东北振兴的内生发展动力。东北各省政府部门持续推进“放管服”改革，以数字政府建设促进服务效能提升，政务服务事项“一网通办”、企业“办照即营业”“码上诚信”等创新改革成果不断推广。国有企业改革步伐加快。辽宁全面启动沈阳区域性国资国企综合改革试验，鞍钢本钢成功重组；吉林启动国有企业“三年扭亏脱困”专项行动，52家企业完成年度扭亏或减亏目标；黑龙江国企改革扎实推进，全省地方国企利润增长176.2%。加大力度推进科技创新和科技成果转化。辽宁25项科研成果获国家科学技术奖；吉林获批全国创新型省份，新建省重点实验室34个、科技创新中心35个、国际科技合作平台15个；黑龙江获批国家新一代人工智能创新发展试验区，高新技术企业净增806家，同比增长41.7%。

绿色低碳发展扎实推进，生态环境持续改善。 2021年，东北地区继续打好污染防治攻坚战，严格落实生态保护红线制度，稳妥有序推进碳达峰碳中和行动。绿色低碳发展理念逐步落实，辽宁推进钢铁、有色、石化、建材等重点行业节能技术改造，“两高”项目盲目发展得到有效遏制；黑龙江成立低碳企业联盟，140家重点企业纳入全国碳市场管理。生态环境修复成效显著，辽宁完成营造林219.3万亩、防沙治沙16.7万亩，治理水土流失87.7万亩；黑龙江全面落实河湖长制，推进实施林长制、田长制，完成营造林155.9万亩，治理侵蚀沟1706条。黑龙江全年重污染天数比上年下降58.3%；辽宁环境空气质量首次达到国家标准，创历史最高水平；吉林地级以上城市空气优良天数比例比上年提高4.2个百分点。

（二）东北地区金融运行情况

银行业稳健发展，金融供给能力有效提升。 2021年末，东北地区银行业金融机构网点数量2.1万个，银行从业人员38.1万人；银行业金融机构资产总额18.0万亿元，同比增长5.8%，其中地方法人金融机构资产总额7.9万亿元，同比增长5.2%。除辽宁因部分中小银行改革化险，资本充足率同比下降外，吉林、黑龙江地方法人金融机构资本充足率分别提高1.3个和1.2个百分点，支持实体经济能力有力提升。

贷款稳定增长，支持区域协调发展货币政策工具效果显著。 2021年末，东北地区本外币各项贷款余额10.2万亿元，同比增长4.7%，增速比上年下降1.4个百分点。其中中长期贷款快速增长，年末余额同比增长7.7%，中长期贷款余额占全部贷款的比重为62.0%，占比连续三年提升。在人民银行加大对信贷增长缓慢地区信贷支持力度的各项政策引导下，3家政策性银行和6家国有商业银行在东北地区贷款投放规模达到近五年新高，全年新增贷款3112.6亿元，增量是上年同期的2.1倍，占东北地区全年新增贷款的三分之二，对稳定东北地区信贷增长发挥了稳盘压舱作用。

信贷结构持续优化，重点领域支持效果显著。 两项直达工具政策激励效果明显，2021年东北地区各银行机构累计为13.6万家普惠小微企业的3457.3亿元贷款提供延期还本付息支持，带动黑龙江、吉林普惠小微企业信用贷款快速增长。2021年末，东北地区普惠小微贷款、制造业中长期贷款余额分别同比增长14.4%、18.1%，分别高于各项贷款增速9.7个和13.4个百分点。科技金融、供应链金融支持力度不断加大。辽宁对获得再贷款支持的科技型企业给予贴息资金补助，累计拨付贴息资金1125万元、支持科技型企业202家。黑龙江开展供应链金融示范行建设，全年供应链贷款余额同比增长23.0%。

LPR改革持续深化，实体经济贷款利率持续下降。在LPR改革红利持续释放和多种货币政策工具支持作用下，东北地区实体经济贷款利率显著下行。2021年12月，东北地区金融机构新发放人民币一般贷款加权平均利率为5.44%，比上年同期下降0.22个百分点。其中，小微企业贷款加权平均利率和普惠小微贷款加权平均利率分别比上年同期下降0.21个和0.40个百分点。

社会融资规模增势有所放缓，政府债券、股票融资保持多增。2021年，受表外业务大规模压降和辽宁地方中小银行改革化险等因素影响，东北地区社会融资规模增势放缓。全年社会融资规模增加3595.4亿元，比上年少增3192.1亿元。其中，人民币贷款增加4609.3亿元，比上年少增1192.7亿元；委托贷款、信托贷款和未贴现银行承兑汇票三项表外业务规模合计净减少4563.6亿元，同比多减1794.1亿元；企业债券融资规模减少698.6亿元，同比多减717.2亿元；非金融企业境内股票融资增加219.6亿元，同比多增93.4亿元；政府债券融资增加2545.7亿元，同比多增332.0亿元。

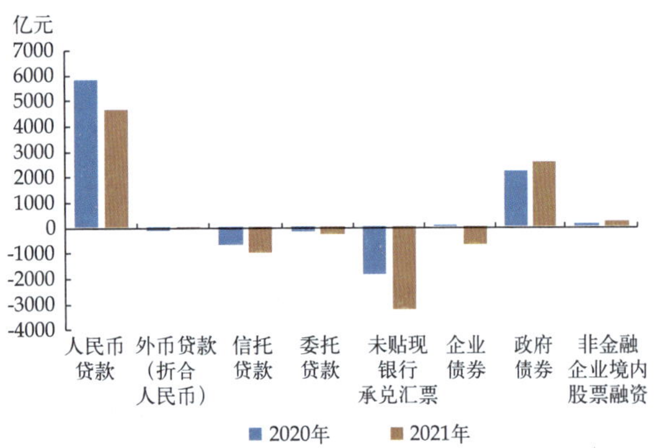

图22　2020—2021年东北地区社会融资规模增量

（数据来源：中国人民银行，中国人民银行工作人员计算）

高风险机构风险化解稳步推进，金融服务水平持续提升。2021年，东北地区紧紧围绕金融供给侧结构性改革要求，持续深化金融改革和金融创新。法人金融机构改革加快推进。辽宁组建省金控集团、辽沈银行，全力推进城商行和农信机构改革化险；黑龙江制订省联社高风险机构处置化解工作方案，高风险法人银行机构数量比上年减少14家。中小银行拓宽资本补充渠道进展良好，法人机构风险抵御能力进一步增强。吉林银行发行40亿元二级资本债并获得40亿元地方政府专项债资金支持，部分农村信用社得到股改注资60亿元，哈尔滨银行、龙江银行发行永续债、二级资本债共计123亿元，16家政府专项债资金到账的法人机构平均资本充足率上升1.16个百分点。金融创新有序推进。辽宁推动全国首批花生价格“保险+期货”项目在郑州商品交易所正式挂牌上市；黑龙江大力开展“保险+期货”业务模式，5个项目实现县域全覆盖，占全国项目数量的四分之一；辽宁成立东北地区首家“首贷中心”，成功发行首单碳中和债、可持续发展挂钩债和办理首单区块链跨境人民币结算业务。

五、主要经济圈与自贸区（港）发展

（一）主要经济圈建设情况

2021年，京津冀、长三角、粤港澳大湾区、成渝地区双城经济圈加速落地区域发展重大战略，高质量发展取得积极进展。京津冀三地持续协同联动，雄安新区和北京城市副中心建设扎实推进，非首都功能疏解成效明显；长三角一体化发展高质量推进，基础设施互联互通、生态环境共保联治、公共服务便利共享取得新进展，推进更高水平协同开放成效显著；粤港澳深化合作破除体制机制障碍，大湾区建设取得重大突破；成渝地区双城经济圈建设扎实推进，科技创新、产业发展协同协作持续向好。

重大战略任务加快落地，区域协同发展纵深推进。天津市服务业扩大开放综合试点获国务院批准；雄安新区产业、交通、生态和民生领域一批重大项目相继进入大规模建设阶段，全年在建项目369个，完成投资额比上年增长22.1%。长三角经济圈扎实推进一体化发展，制订实施《长三角地区一体化发展三年行动计划（2021—2023年）》；建成并运行长三角国家技术创新中心，组建长三角自贸试验区联盟、长三角人工智能产业链联盟；长三角生态绿色一体化发展示范区形成41项制度创新成果。全力推动深圳先行示范区建设，出台22项省级支持措施，深圳综合改革试点首批40项授权事项大部分落地并在全国推广，广深“双城”联动首批27项重点合作项目和7大领域专项合作扎实推进；广州期货交易所、“跨境理财通”业务试点、首批湾区标准目录等重大改革落地见效；《横琴粤澳深度合作区建设总体方案》《全面深化前海深港现代服务业合作区改革开放方案》印发实施，横琴管理机制实现新突破。《成渝地区双城经济圈建设规划纲要》《成渝地区双城经济圈多层次轨道交通规划》《成渝地区双城经济圈共建世界级装备制造业集群实施方案》印发实施；设立300亿元双城经济圈发展基金，实施85项年度重点任务，推进67个重大合作项目；全国一体化算力网络成渝国家枢纽节点、量子通信网络“成渝干线”等加快建设，成都超算中心已纳入国家超算中心体系。

创新能力进一步增强，新动能增长势头强劲。京津冀地区创新动能持续释放，高技术制造业、战略性新兴产业增加值两年平均分别增长52.5%、43.7%；北京不断提升新一代信息技术、医药健康“双引擎”带动作用，累计生产新冠疫苗50亿剂，为全球抗疫作出重要贡献；天津全社会研发投入强度达到3.4%，新一代超级计算机、组分中药国家重点实验室等天津版“国之重器”加快建设；河北省级重点技改项目完成投资3500亿元，新增省级“专精特新”企业596家。长三角经济圈坚持科技创新与产业提升联动推进，以高新技术产业和数字经济为主的新兴动能加速成长。江苏着力强链、固链、补链、延链，软件、物联网等6个产业集群入围国家先进制造业集群，新增国家专精特新“小巨人”企业172家；浙江推进“5G+工业互联网”工程，启动实施36个产业集群新智造和33家“未来工厂”试点，数字经济核心产业增加值增长20.0%；上海聚焦集成电路、生物医药、人工智能三大产业，制造业产值增长18.3%，高端通用图形芯片实现量产。粤港澳大湾区高起点高标准推进科创高地建设，科技基础设施集群效应显现，创新人才、资本、产业、技术加速聚集，一大批关键核心技术攻关取得进展，为高质量发展提供更多创新动能。中国散裂中子源多物理谱仪通过工艺测试；全球首颗100千克0.5米分辨率光学成像卫星——“佛山一号”成功发射；由中国主持的第二个大型中微子实验站——江门中微子实验站即将完成建设。成渝地区推动科技创新要素加快聚集。成渝综合性科学中心启动建设，集中开工40个重大科技项目，合作共建6个重点实验室，组建成渝地区高新区联盟、技术转移联盟和协同创新联盟；制订汽车、电子、装备制造、工业互联网高质量协同发展实施方案，获批共建工业互联网一体化发展示范区和全国一体化算力网络国家枢纽节点，协同推进20个产业合作示范园区建设；两地合作成立50亿元科创母基金，投资重点领域科创企业。

改革开放持续推进，区域协调联动发展水平不断提升。京津冀跨区域要素流动加快，协同发展纵深拓展。2021年，北京流向津冀技术合同成交额350.4亿元，对天津投资占天津利用内资的比重近四成，51家央企在津新设机构173家；河北省全年承接京津转入单位5616家，京津产业活动单位2141家，吸纳京津技术合同成交额超300亿元、增长40.0%以上。长三角经济圈全面推进“一带一路”建设，加快打造改革开放新高地，提高贸易和投资合作水平。江苏高质量推进“一带一路”交汇点建设，中哈物流合作基地、中阿产能合作示范园保持良好发展势头；浙江积极参与共建“一带一路”，“义新欧”中欧班列增长36.0%，宁波舟山港成为全球第三个3000万级集装箱大港；安徽启动首批6个联动创新区建设，对“一带一路”沿线国家和地区进出口增长45.9%，外商直接投资增长20.0%以上。粤港澳大湾区金融市场互联互通再上新台阶。“跨境理财通”业务试点成功落地，全年“跨境理财通”业务资金汇划5855笔，金额4.86亿元。成渝地区在全国首个跨省域新区——高竹新区推动探索行政区与经济区分离改革，经济要素跨省高效流动取得初步突破；成渝地区获批全国首个跨区域外债管理便利化试点，贸易外汇收支便利化试点及川渝两地自贸区内试点互认互惠稳步推进，两地累计办理试点业务超90亿美元。

（二）自贸区（港）建设情况

2021年，全国21个自贸区及海南自贸港充分发挥先行先试优势，不断深化对内改革和对外开放，加快制度创新探索和实践步伐，提升贸易投资自由化便利化水平，推动金融服务深度融合，依托区位优势打造特色业态，为构建新发展格局持续注入新动能。

制度创新成效显著，推进更高水平对外开放。上海自贸区临港新片区在开展体制机制创新、构建开放型产业体系、推进现代化新城建设等方面提出了40条创新措施，着力解决改革创新发展进程中遇到的痛点堵点问题。广东自贸区深圳前海蛇口片区落实《全面深化前海深港现代服务业合作区改革开放方案》14条具体举措，加快打造粤港澳大湾区全面深化改革创新试验平台，建设高水平对外开放门户枢纽。海南自贸港主动推进高水平制度型开放，出台自由化便利化28项措施、放宽市场准入22条措施、“一负两正”零关税清单。山东自贸区青岛片区、浙江自贸区金义片区对标国际高水平经贸规则，积极建设RCEP经贸合作示范区。

贸易投融资便利化水平持续提升，助力营商环境再上台阶。北京自贸区率先开展股权投资和创业投资份额转让试点，合格境内有限合伙人（QDLP）境外投资试点额度增至100亿美元，单家机构外债便利化试点额度提高至1000万美元。上海自贸区上线“离岸通”平台，引入境外的海关报关数据、国际海运数据和港口装卸数据，辅助银行对企业的离岸贸易行为进行真实性判断，推动离岸贸易业务健康发展。江苏自贸区率先落地跨境人民币直通式汇款，在全面提升企业跨境支付效率的同时降低手续费，让更多企业融入全球资金通汇渠道。山东自贸区运用“区块链+金融”新模式，从融资和跨境结算两个方面开展金融创新，有效缓解企业融资难问题。陕西自贸区上线中欧班列“长安号”数字金融综合服务平台，通过“班列+数字金融”模式为企业提供铁路提单融资等业务，截至2021年末，平台入驻企业333家，提供资金支持21.35亿元。四川自贸区推动跨境人民币结算优质企业便利化服务试点，将企业入选的业务规模门槛放宽至3年1000万元，优质企业家数扩大至468家，截至2021年末，为优质企业办理跨境人民币结算超140亿元。云南自贸区推动海关与银行系统互联互通，实现边民、货物、结算等多方数据的全流程自动交互和比对，成功试行全电子化边民互市跨境结算业务，截至2021年末，通过全电子化流程累计办理互市电子化跨境结算18.7万笔，金额16.1亿元。

金融服务深度融合，辐射带动区域协同发展。京津冀三地自贸区共同签署了《京津冀自贸试验区三方战略合作框架协议》，推进产业对接、金融创新、政务服务、数据互联互通等多领域合作，推动形成优势互补、各具特色、共建共享的“一体化”协同发展格局。广东自贸区创新开展跨境人民币缴税和社保，全省推广跨境人民币银联电子缴税入库业务，并于2021年4月在横琴成功试点跨境人民币全程电子缴纳社保费，为港澳居民缴纳境内社保费提供便利。海南自贸港不断丰富自由贸易（FT）账户功能，业务规模明显增长。2021年全年分账核算单元发生收支折合人民币1557.6亿元，是2020年的3.1倍；共办理各项本外币融资折合人民币104.7亿元，是2020年的3.3倍。

区位优势集中显现，打造特色业态集聚高地。浙江自贸区依托“一区四片”发展格局，落地运营跨境电商全球退货中心仓，推出数字自贸地图，率先开展跨港区国际航行船舶供油试点，打造以数字贸易和油品为核心的自贸区。安徽自贸区突出“科创＋产业”优势，率先开展产业化经费股权投资改革，创新利用财政资金参与科技成果转移转化，围绕科创领域探索形成了23项试点经验成果，占全部改革试点经验成果的52.0%。湖北自贸区大力发展以“光、芯、屏、端、网”为核心产业链的新一代信息技术产业，聚集了科技企业16000多家，涵盖光通信、光电显示、无线通信等细分领域。湖南自贸区不断完善中非经贸合作研究会、中非跨境人民币服务中心等对非经贸合作交流长效机制，引进对非经贸合作龙头企业、商协会近百家，着力打造地方对非合作示范高地。黑龙江自贸区强化与俄罗斯“自由港”的融合发展，带动中俄合作海外仓和离岸加工业发展，形成跨境多区联动、多产融合的“单边试验＋嵌入发展”模式。

六、区域金融改革创新与对外开放情况

近年来，人民银行坚持以习近平新时代中国特色社会主义思想为指导，坚决贯彻落实党中央、国务院决策部署，积极推动金融支持国家重大区域发展，不断增强区域发展协调性，形成了错位发展、各具特色的区域金融改革格局。

（一）金融改革布局持续优化

金融全力服务国家重大区域发展，上海出台实施全球资产管理中心、国际绿色金融枢纽、国际再保险中心建设支持政策，深入推进上海国际金融中心建设；金融支持成渝双城经济圈建设稳步推进，金融支持成德眉资[①]同城化发展第一、第二批11个项目进展顺利；京津冀三地人民银行分支机构联合发布“京津冀产业链金融支持计划”，支持产业协同发展。区域特色金融改革创新优化布局，济南创建全国首个科创金融改革试验区，积极探索科技创新与金融融合的新路径、新模式和新机制；昆山两岸产业合作改革创新试验区在深化两岸产业合作改革创新、助推产业发展和转型升级等4个方面提出18项支持意见；临沂作为全国首个普惠金融服务乡村振兴领域试验区，积极探索金融服务乡村振兴路径，成功发行全国首单2亿元乡村振兴债权融资计划。

（二）金融高水平开放不断深化

各地持续推进跨境人民币业务创新，上海推出优质企业跨境人民币结算便利化、境内贸易融资资产跨境转让两项试点，并推广到全市产业链供应链和外贸企业；江苏深入推进全国独有的台资企业集团内部人民币跨境双向借款业务试点；北京率先开展本外币合一银行结算账户体系试点测试；山东全面实施9项助推自贸试验区建设的外汇管理创新举措，促进区内贸易投资便利化水平大幅提升。金融市场双向开放加速推进，粤港澳大湾区“跨境理财通”业务试点正式落地，推进大湾区金融市场互联互通；债券通“南向通”上线，与2017年开通的“北向通”共同促进债券市场高质量双向开放。探索国际金融合作新途径，江苏率先落地对境外银行跨境人民币融资业务，2021年累计对外融资金额145亿元；上海积极参与绿色金融国际交流与合作，支持气候债券倡议组织落户上海；广西搭建首个面向东盟的跨境征信服务平台，深化与东盟金融合作。

（三）绿色金融改革质效提升

2021年，各地纷纷出台金融支持绿色低碳高质量发展政策，北京发布《关于金融支持北京绿色低碳高质量发展的意见》，河北出台《关于促进河北省绿色金融发展的实施意见》，引

①成德眉资指成都市、德阳市、眉山市、资阳市。

导金融机构加大对绿色发展的支持力度。六省（自治区）九地[①]绿色金融改革创新试验区持续推动绿色金融体制机制、产品服务、配套政策等方面创新。碳市场建设加快，上海主动开展银行业金融机构环境信息披露试点，首批6家试点机构已完成2021年中期环境信息披露报告；广州碳排放权交易所碳配额成交量、成交金额分别突破1.97亿吨、45亿元，均排名全国区域碳市场第一位；天津发行全国首单“碳中和”资产支持票据。碳减排支持工具积极落地，北京首批碳减排领域贷款协议签约610亿元，截至2021年末，已落地贷款近百亿元，带动碳减排量约160万吨/年；山东从建立工作推进机制、提升金融服务质效、强化外部激励约束等5个方面提出10条举措，保障碳减排支持工具精准落地。

（四）普惠金融改革创新纵深推进

五省七地[②]普惠金融改革试验区根据自身资源禀赋、经济水平，分类施策、错位发展，试验区建设取得实效。河南兰考为探索解决普惠金融发展的共性问题提供了“一平台四体系”[③]等可复制可推广的经验与做法；福建宁德、龙岩，江西赣州、吉安等革命老区和欠发达地区试验区，提升金融服务覆盖率，推动革命老区振兴发展。截至2021年末，宁德、龙岩分别建有2070个、2143个普惠金融服务点，实现普惠金融服务站村村全覆盖；浙江宁波处于沿海发达地区，试验区建设侧重探索服务民营经济、小微企业发展的有效路径，实施小微金融服务能力提升工程，截至2021年末，全市普惠小微、民营经济贷款同比分别增长36.4%、17.1%；山东临沂在齐鲁股权交易中心（区域性股权交易市场）专设临沂乡村振兴板，已有31家临沂乡村振兴板企业挂牌。

（五）科创金融体系加快完善

湖北出台《关于推进武汉城市圈科技金融改革创新的实施意见》，推动武汉城市圈“1+8”融合、长江中游城市群之间的金融合作，初步形成以“六个专项”[④]为鲜明特点的科技金融改革创新模式——“东湖模式”，相关经验已在全国复制推广；上海、安徽深入推进上海张江、合肥两大综合性国家科学中心“两心共创”，共建长三角国家技术创新中心，开展科技资源共享；江苏泰州进一步优化“凤城合伙人”股债融合融资平台，完善全市国家级高新技术企业、潜在独角兽企业等高新技术“重点培育档案”。

（六）金融科技高质量发展

近年来，金融科技发展加快科技驱动和数据赋能，上海数据交易所挂牌运营，加强数据能力建设；数字人民币冬奥场景试点圆满收官，实现七大场景全覆盖，开展3场大型数字人民币试点活动，落地场景40.3万个，交易金额96亿元；江苏昆山成功实现全国首笔银行柜台数字人民币缴税业务，在全国率先向台湾同胞提供数字人民币服务；广西加强科技赋能跨境区块链平台融资，开展“百强千企聚链”工程，累计为239家企业发放贷款2139笔，融资金额95.2亿元；宁波深化人脸识别线下支付安全应用试点，2021年全年累计交易228万笔，占全国交易总量的59.8%。六市（区）[⑤]金融科技创新监管试点工作稳步推进，上海、杭州金融科技创新监管试点第二批创新应用正式提供服务；深圳首个金融科技创新监管试点创新应用——“百行征信信用普惠服务”正式对外发布。

---

①六省（自治区）九地指广东省广州市，浙江省湖州市、衢州市，江西省赣江新区，贵州省贵安新区，新疆维吾尔自治区哈密市、昌吉回族自治州和克拉玛依市，甘肃省兰州新区。

②五省七地指山东省临沂市，浙江省宁波市，福建省宁德市、龙岩市，河南省兰考县，江西省赣州市、吉安市。

③“一平台”指数字金融综合服务平台，“四体系”指金融服务体系、普惠授信体系、信用信息体系、风险防控体系。

④“六个专项”指专营机构、专营机制、专项产品、信息信用专业平台、直接融资专项措施、专项监管制度。

⑤六市（区）指上海市、重庆市、深圳市、河北省雄安新区、杭州市、苏州市。

第三部分　区域经济金融展望

2022年是党的二十大召开之年，是党和国家事业发展进程中十分重要的一年。近期，新冠肺炎疫情和乌克兰危机导致风险挑战增多，我国经济发展环境的复杂性、严峻性、不确定性上升。但我国经济韧性强，长期向好的基本面没有变，构建新发展格局的有利条件没有变。各地区将坚持稳中求进工作总基调，加快构建新发展格局，全面深化改革开放，坚持创新驱动发展，推动高质量发展，坚持以供给侧结构性改革为主线，统筹疫情防控和经济社会发展，统筹发展和安全，继续做好“六稳”“六保”工作，支持稳增长、稳就业、稳物价，着力稳定宏观经济大盘，保持经济运行在合理区间，迎接党的二十大胜利召开。

中国人民银行将坚持以习近平新时代中国特色社会主义思想为指导，全面贯彻落实党的十九大、十九届历次全会和中央经济工作会议精神，按照党中央、国务院的决策部署，坚持稳字当头、稳中求进，加大金融对实体经济的支持力度。稳健的货币政策灵活适度，搞好跨周期调节，坚持不搞“大水漫灌”，发挥好货币政策工具的总量和结构双重功能，落实好稳企业保就业各项金融政策措施，聚焦支持小微企业和受疫情影响的困难行业、脆弱群体。用好各类货币政策工具，保持流动性合理充裕，增强信贷总量增长的稳定性，保持货币供应量和社会融资规模增速同名义经济增速基本匹配。结构性货币政策工具积极做好“加法”，用好普惠小微贷款支持工具和科技创新、普惠养老、交通物流等专项再贷款，抓实碳减排支持工具和支持煤炭清洁高效利用专项再贷款运用，综合施策支持区域协调发展，精准发力加大对小微企业、科技创新、绿色发展等重点领域和薄弱环节的支持力度。深化利率、汇率市场化改革，发挥贷款市场报价利率改革效能，优化存款利率监管，发挥存款利率市场化调整机制作用，稳定银行负债成本，推动降低企业综合融资成本。坚持底线思维，增强系统观念，统筹做好重大金融风险防范化解工作，为稳定宏观经济大盘、保持经济运行在合理区间营造适宜的货币金融环境。

东部地区是我国经济的“压舱石”、发展的“动力源”、改革的“试验田”。2021年，东部地区展现出更强的创新动能、更足的制造韧性、更好的出口形势、更强的消费能力，带动经济增长稳中向好，率先发展的基础进一步夯实。金融业多项指标增速领先，金融基础设施建设、金融改革开放创新有序推进，为东部地区经济发展和现代化建设提供了有力支撑。展望2022年，第二季度受疫情反复等超预期因素影响，东部部分地区短期经济下行压力加大；近期疫情已得到有效控制，交通物流恢复，经济韧性总体较强，未来将逐步复苏向好。同时，随着北京、上海、粤港澳大湾区建设国际科技创新中心的加快推进，京津冀、长江经济带、粤港澳大湾区、长三角一体化发展等区域重大战略的加快实施，浦东新区社会主义现代化建设引领区的加速发展，深圳中国特色社会主义先行示范区改革事项的加快落地，浙江省共同富裕示范区协同发展的持续推进，东部地区率先建立现代化经济体系的活力将进一步增加。此外，东部地区金融服务实体经济能力不断增强、金融风险防控有序推进、金融改革创新积极推进，都将为经济平稳较快发展营造更加适宜的货币金融环境。

中部地区承东启西，连南接北，资源丰富，交通发达，产业基础较好，是我国重要的粮食生产基地、能源原材料基地、装备制造及高技术产业基地和综合交通运输枢纽。2021年，在湖北经济发展重返“主赛道”带动下，中部地区主要经济指标增速领先全国，对全国经济增长贡献率增幅最大，全年GDP增速排名前十位的省（自治区、直辖市）中，中部地区占四席。创新动能稳步增强，产业结构持续优化。绿色金融创新发展成效明显，金融生态环境不断改善。展望2022年，中部地区有望继续成为区域发展中的亮点。在长江经济带、中部崛起等国家战略推动下，相继落地的创新研发基地将带动中部地区在制造业产业链上向中高端迈进，自贸区与中欧班列的联动也将助推中部地区外向型经济高质量发展，丰富的资源优势将持续吸引新兴产业向区内布局转移，叠加城市群都市圈带动效应的进一步发挥，将有效推动中部地区在促进区域协调发展方面继续发挥中坚作用。金融改革不断深化、金融资源配置效率不断提升也将为中部地区崛起提供全面、精准、有力的金融支持。

西部地区地域广阔，能源、资源丰富，市场潜力巨大，关乎我国总体发展。2021年，西部地区紧抓“一带一路”建设、西部大开发、西部陆海新通道、成渝地区双城经济圈建设等重大战略机遇，巩固拓展脱贫攻坚成果，弥补交通等基础设施短板，强化生态环境保护，大力发展清洁能源，加快发展数字经济，开创高质量发展新格局。金融助力乡村振兴成效显著，金融供给侧结构性改革持续推进，企业融资成本下降明显，银行资产质量改善幅度较大，金融生态环境不断改善。展望2022年，西部大开发战略将深入推进，政策精准性和有效性将进一步提高。西部地区将深入实施重大生态工程，开展重点区域综合治理；积极融入“一带一路”建设，进一步推动陆海双向开放，更高质量、更优水平、更大力度建设西部陆海新通道；集中力量巩固脱贫攻坚成果，弥补教育、医疗卫生等民生领域短板；推动成渝地区双城经济圈和西安都市圈建设，推进西部大开发形成大保护、大开放、高质量发展的新局面。金融业将进一步优化金融资源配置，提升金融支持实体经济能力，巩固拓展脱贫攻坚成果同乡村振兴有效衔接，进一步扩大金融对外开放，加快推动成渝共建西部金融中心，有效提升服务国内国际双循环、共建“一带一路”的能力。

东北地区是我国重要的工业和农业基地，维护国家国防安全、粮食安全、生态安全、能源安全、产业安全的战略地位十分重要。2021年，在农业生产保持稳定、基础设施投资力度较大、消费回升明显以及出口高速增长的带动下，东北地区经济持续恢复。银行业运行平稳，金融对实体经济支持成效明显。展望2022年，随着《东北全面振兴“十四五”实施方案》的贯彻落实，东北地区将持续深入优化营商环境，深化国有企业改革，加快推进新旧动能转换，强化以“沈阳、大连、长春和哈尔滨”为中心的现代化都市圈建设，完善区域基础设施网络，发挥向北开放的“桥头堡”特殊地位，推动拓宽中俄、中蒙、中日韩多边经济合作，构建完善东北亚区域性国际经贸循环体系。金融业将继续深化金融供给侧结构性改革，优化东北金融生态环境，进一步提高金融服务实体经济质效。

第四部分 专 题

专题1 利率市场化改革成效显著

近年来，我国利率市场化改革不断深化，市场化利率形成和传导机制持续健全，为发挥好利率对宏观经济的重要调节功能创造了有利条件。2021年，人民银行持续深化利率市场化改革，进一步发挥贷款市场报价利率（LPR）改革效能，优化存款利率监管，推动贷款利率在2020年大幅降低的基础上进一步下降，企业贷款加权平均利率创有统计以来的低点。

一、利率市场化改革的最新进展

2019年8月，按照国务院常务会议部署，人民银行改革完善LPR形成机制，疏通货币政策传导渠道，推动降低贷款利率。经过两年多的持续推进，LPR改革取得显著成效。目前，我国已形成较为完整的市场化利率体系，中央银行主要通过货币政策工具调节银行体系流动性，释放政策利率信号，在利率走廊机制的作用下，引导市场基准利率以政策利率为中枢运行，并通过银行体系传导至贷款利率，形成市场化的利率形成和传导机制，调节资金供求和资源配置，实现货币政策目标。

2021年，人民银行通过持续强化LPR指导性作用、优化存款利率监管、加强存款利率自律管理、推动明示贷款年化利率等一系列措施，推动利率市场化改革持续深化。各地区积极推动利率市场化改革各项举措落地生效，不断巩固改革成果，促进实际贷款利率进一步下降，有效支持实体经济发展。

二、推进LPR改革的主要做法和配套措施

（一）持续发挥LPR指导性作用

继续推动金融机构在内外部贷款利率定价中运用LPR作为参考基准。外部定价方面，金融机构新发生贷款中LPR运用占比持续保持高水平。2021年末，东部、中部、西部和东北地区新发放贷款中LPR运用占比分别为98.87%、98.65%、99.32%和98.33%，同比分别上升1.43个、0.82个、1.32个和1.98个百分点。内部定价方面，LPR已成为银行内部资金转移定价（FTP）的主要参考基准。截至2021年末，全国性金融机构均建立了FTP相关制度和配套系统。例如，某股份制银行以LPR加点形成存贷款收益率曲线、以市场利率加点形成资金业务收益率曲线，分别用于存贷款和同业业务，根据重定价期限确定浮动利率业务FTP价格。分区域看，东部、中部、西部和东北地区已建立FTP系统的地方法人金融机构占比分别为63.63%、65.82%、53.02%和53.14%；已将LPR内嵌至FTP系统的地方法人金融机构占比分别为53.69%、58.61%、36.73%和36.13%。例如，某城商行根据1年期和5年期以上LPR的点差，计算各期限贷款FTP流动性错配成本点差，形成最终贷款FTP曲线，并跟随LPR变动相应调整。

（二）优化存款利率监管

2021年6月21日，人民银行指导市场利率定价自律机制，将存款利率自律上限由存款基准利率浮动倍数改为加点确定，引导优化定期存款利率期限结构，维护市场有序竞争，促进降低银行负债成本。各省级市场利率定价自律机制加强利率定价自律管理，通过行业自主协商确定本省存款利率自律上限，积极推进系统改造、合同文本修订、客户宣传等工作。广东、江西分别起草、修订《广东省市场利率定价自律机制金融机构利率违规违约行为处理工作指引》《江西省市场利率定价自律机制规范不正当竞争行为指引》等文件，规范金融机构存款市场利率及竞争行为。

（三）加强存款管理

2021 年，人民银行继续加强金融机构存款管理，规范存款利率定价行为，停办地方法人金融机构异地存款，明确要求金融机构停止新办周期付息型存款产品，督促金融机构科学合理定价，维护存款市场竞争秩序。人民银行分支机构加强对金融机构的指导，引导地方法人金融机构有序停办违规存款，多措并举维护辖内存款市场健康发展。利率自律机制组织各省级自律机制建立存款利率监测机制，动态监测金融机构存款违规行为，敦促有关金融机构整改，切实维护存款市场竞争秩序。如人民银行济南分行对所有违规产品配档建表，按月动态监测，逐步压降或限期停售。

（四）推动各类主体明示贷款年化利率

2021 年 3 月 31 日，发布中国人民银行公告〔2021〕第 3 号，要求所有从事贷款业务的机构均应明示贷款年化利率，并明确计算方法。人民银行分支机构积极推动落实明示贷款年化利率工作，联合地方金融监管局等有关部门印发规范贷款年化利率展示的相关文件，督促各类放贷机构整改落实，维护公平、公正贷款利率定价秩序。长沙中心支行加大对农村地区、高校周边、合作商户等重点区域的利率政策宣传力度，推出一系列通俗易懂的专题宣传活动。北京营业管理部针对业务能力较弱的小贷公司进行专门辅导，针对头部互联网金融平台贷款业务一一确认贷款利率出现的位置、字体大小、显示分期金额时必须展示年利率等细节，确保符合公告要求。

三、持续深化 LPR 改革取得的成效

（一）实际贷款利率稳中有降

2021 年，持续深化 LPR 改革取得良好成效，“市场利率＋央行引导→ LPR →贷款利率”的传导渠道不断强化，货币政策传导效率进一步提升。

一是实际贷款利率稳中有降，持续处于较低水平。改革以来，LPR 整体保持稳中有降态势，2021 年 12 月，1 年期 LPR 为 3.8%，5 年期以上 LPR 为 4.65%，分别较改革之初下降 0.45 个和 0.20 个百分点，LPR 下行有效推动实际贷款利率下降，对降低企业融资成本，稳定经济发展发挥了重要作用。2021 年，全国新发放贷款加权平均利率为 5.03%，同比下降 0.12 个百分点，企业贷款加权平均利率为 4.61%，同比下降 0.10 个百分点。调查显示，2021 年 12 月，东部、中部、西部和东北地区一般贷款加权平均利率分别为 5.05%、5.40%、5.40% 和 5.44%，同比分别下降 0.11 个、0.13 个、0.21 个和 0.22 个百分点；企业贷款加权平均利率分别为 4.46%、4.82%、4.78% 和 4.67%，同比分别下降 0.09 个、0.11 个、0.04 个和 0.44 个百分点。

二是贷款利率的隐性下限被完全打破，贷款利率定价的市场化程度明显提高。LPR 改革不断增强金融机构自主定价能力，提高贷款市场竞争性，过去个别银行通过协同行为设定贷款利率隐性下限的现象不复存在。2021 年末，东部、中部、西部和东北地区新发放企业贷款中以 LPR 减点发放的占比分别达到 33.92%、24.40%、30.06% 和 28.79%，较 LPR 改革前大幅提升，贷款利率区间整体下移。

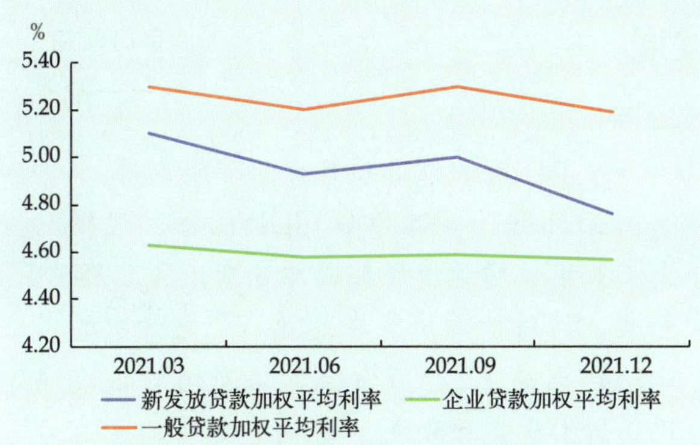

图 23 2021 年全国贷款利率情况

（数据来源：中国人民银行）

（二）存款市场竞争更加有序

过去按照存款基准利率浮动倍数确定的自律上限存在杠杆效应，使中长期定期存款利率偏高，个别银行通过中长期定期存款提前支取靠档计息等所谓的存款“创新”来高息揽存，弱化了存款利率自律的效果。2021年存款利率自律上限优化后，既保障了银行自主定价空间，又有效约束个别银行的非理性竞争行为，实施以来成效显著，中长期定期存款利率明显下降，存款市场竞争更加有序。根据调查，2021 年 12 月，东部、中部、西部和东北地区 3 年期定期存款加权平均利率分别为 3.27%、3.32%、3.27% 和 3.35%，同比分别下降 0.41 个、0.35 个、0.42 个和 0.35 个百分点。对全国 159 家各类型银行的调查显示，2021 年，3 年期大额存单实际利率中位数为 3.88%，同比下降 0.29 个百分点。

（三）金融消费者权益得到有效维护

明示贷款年化利率有利于借款人了解实际借款成本，切实维护金融消费者知情权。目前，银行业金融机构已全部明示贷款年化利率，6000 多家放贷机构以及主要互联网金融平台也已基本完成明示贷款年化利率工作。各类贷款产品均按要求明示了年化利率，网站、移动端、宣传海报等各类线上线下渠道进行营销宣传的贷款产品宣传资料也均明确了年化利率水平，年化利率在线上线下贷款申请页面、申请资料、贷款合同、借款借据中同步突出展示。各类贷款产品均按人民银行公告明确的示例方法计算年化利率，并标示了单利复利计算方法，避免因计算方法的差异出现误导性的年化利率。

总体来看，LPR 改革取得重要成效。下一步，一是要继续深化 LPR 改革，完善 LPR 报价机制，不断提高 LPR 报价质量，使中央银行政策利率通过市场利率向贷款利率和存款利率的传导更加顺畅。二是持续加大对中小银行利率定价机制建设的指导，特别是加大对中小银行 FTP 系统建设和 LPR 嵌入 FTP 系统的培训力度，推动中小银行进一步健全内外部利率定价机制。三是发挥存款利率市场化调整机制的重要作用，着力稳定银行负债成本，推动降低企业综合融资成本。四是引导金融机构差异化经营，中小银行要立足本源，明确定位，充分发挥服务地方经济、市场下沉深度和普惠小微客户风险管理优势，不断提升小微客户贷款可获得性，促进金融资源更多流向小微、民营企业。

专题 2　碳减排支持工具助力绿色低碳发展

2021 年，中国人民银行坚决贯彻党中央、国务院部署，完整、准确、全面贯彻新发展理念，加快推动绿色低碳发展，创设推出碳减排支持工具，以稳步有序、精准直达的方式，引导金融机构为具有显著碳减排效应的重点领域提供优惠利率融资，助力科学有序实现碳达峰碳中和目标。

一、碳减排支持工具成效显现

碳减排支持工具是直达实体经济的结构性货币政策工具，工具设计按照市场化、法治化原则，充分体现公开透明，做到“可操作、可计算、可验证”，确保工具的精准性和直达性。在碳减排支持工具带动下，金融机构对碳减排重点领域的支持力度明显加大，对促进各地区单位 GDP 能耗稳步下降、撬动更多社会资金投向绿色低碳领域发挥了重要作用。

（一）精准支持碳减排重点领域贷款增量、扩面、降价

2021 年 11 月，人民银行印发《关于设立碳减排支持工具有关事宜的通知》，明确碳减排支持工具采取“先贷后借”的直达机制，支持 21 家全国性银行业金融机构在自主决策、自担风险基础上，向清洁能源、节能环保、碳减排技术 3 个领域内具有显著碳减排效应的项目提供优惠利率贷款。对于符合要求的贷款，人民银行按贷款本金的 60.0% 向金融机构提供低成本资金支持，按季操作。碳减排重点领域贷款（以下简称碳减排贷款）实现增量、扩面、降价。初步统计，截至 2022 年 3 月，人民银行向有关金融机构发放碳减排支持工具资金 1385.6 亿元，支持金融机构在 2021 年 7 月至 12 月发放符合要求的碳减排贷款 2309.2 亿元，覆盖全国 31 个省、自治区、直辖市，支持 1969 家次企业的项目建设。

（二）有力促进项目企业节能减排

2021 年，我国单位 GDP 能耗、规模以上工业单位增加值能耗同比分别下降 2.7%、5.6%，清洁能源消费在能源消费总量中的占比同比提高 1.2 个百分点，煤炭消费占比同比下降 0.9 个百分点。碳减排支持工具有力促进了项目企业节能减排。初步统计，金融机构上述碳减排贷款带动项目企业年度碳减排量约 4774 万吨，其中，东部、中部、西部、东北地区每亿元碳减排贷款带动的年度碳减排量分别约 2.9 万吨、2.2 万吨、2.7 万吨和 2.9 万吨。

（三）撬动更多社会资金投向绿色低碳领域

人民银行通过明确碳减排重点领域、强化金融机构对碳减排的信息披露等制度安排，引导金融机构和企业更充分认识绿色转型的重要意义。碳减排支持工具创设以来，金融机构加快建立健全绿色金融重大项目库、创新系列绿色金融产品，加大对整个绿色低碳领域发展的支持力度，推动绿色贷款、绿色债券规模快速增长。2021 年末，全国绿色贷款余额 15.9 万亿元，同比增长 33.0%，增速比上年提高 12.7 个百分点，比各项贷款增速高 21.7 个百分点。其中，投向具有直接和间接碳减排效益项目的贷款分别为 7.3 万亿元和 3.4 万亿元，合计占绿色贷款余额的 67.0%。清洁能源产业、节能环保产业贷款余额同比分别增长 31.7%、46.7%。碳中和债、可持续发展挂钩债等服务碳减排领域的专项产品不断丰富。2021 年末，全国绿色债券余额达到 1.1 万亿元，同比增长 27.9%。

二、推动碳减排支持工具落地的主要举措

碳减排支持工具创设以来，人民银行分支机构加强宣导配套，金融机构积极优化内部机制流程，创新产品服务，合力推动碳减

排支持工具落地见效，有力支持经济社会绿色发展。

（一）加强政策引导，实现精准滴灌

一是建立专项工作机制。如人民银行武汉分行发挥全国碳交易注册登记系统落户湖北的优势，搭建工作专班，会同有关方面共同制定碳减排效益认证评价制度，推动金融机构开展认证评价，夯实对接碳减排支持工具的基础。二是出台专门支持措施。如人民银行济南分行联合政府相关部门出台《关于推动碳减排支持工具落地见效 助力山东省绿色低碳转型的若干措施》，细化碳减排支持工具精准高效落地的具体举措。三是加强政策解读宣讲。如人民银行上海总部、重庆营管部、石家庄中心支行、太原中心支行、呼和浩特中心支行等通过微信公众号等新媒体发布文章《一图看懂碳减排支持工具》，提高政策认知度和普及度。四是明确金融机构环境信息披露标准。人民银行发布《金融机构环境信息披露指南》，对金融机构环境信息披露的形式、频次、应披露的定性及定量信息等提出要求，指导绿色金融改革创新试验区的金融机构编制环境信息披露报告，并探索开展碳核算。

（二）优化信贷服务，提升工作质效

一是完善工作机制流程。如工商银行、交通银行、邮储银行等成立碳减排贷款专项工作组，统筹做好客户营销、项目储备、碳减排贷款信息报送审核等工作。国家开发银行、农业发展银行等将绿色信贷认定、碳排放因素纳入信贷全流程管理，新增碳减排项目领域认定、碳减排效应测算环节。二是推出专项产品服务。如农业银行针对碳减排企业推出“合同能源管理未来收益权质押贷款”“可再生能源补贴确权贷款”“生态修复贷”等创新业务品种。兴业银行推出“绿创贷”“绿色供应链”“绿色经营贷”等新业务，并加大碳排放配额抵（质）押贷款推进力度。招商银行推出碳减排目标挂钩贷款，精准激励企业绿色低碳发展。三是实施授信审批绿色通道。如交通银行提高碳减排贷款放款审批优先级，提升放款效率。邮储银行对碳减排贷款按照“急事急办，特事特办”原则进行审批，纳入绿色通道，限时办结。四是加大内部激励力度。如中国银行、邮储银行、兴业银行对碳减排贷款配置专项信贷额度，实施内部转移定价（FTP）优惠，对贷款增长部分减记经济资本。

（三）强化政策协同，发挥“几家抬”合力

一是强化政银企对接。如人民银行济南分行、广州分行、南京分行、北京营业管理部等联合当地发展改革委、生态环境厅等部门，梳理碳减排重点领域企业项目，组织金融机构做好对接。二是推进碳信息共享。如浙江省依托企业信用信息服务平台建设“碳账户金融”跨场景应用，建立与地方政府碳信息平台对接机制，共享清洁能源项目、重点用能企业能耗、重点排放企业名单及相关碳账户、碳配额等信息。三是推动出台财政支持配套措施。如人民银行成都分行会同当地财政部门针对绿色金融推出专项激励措施，对包括碳减排贷款在内的绿色贷款年度新增额排名靠前的金融机构，给予一定奖励；对生态环保领域支持范围的贷款，给予部分贴息支持。

三、碳减排支持工具助力绿色发展中面临的困难和挑战

（一）碳信息共享机制有待健全

目前金融机构测算贷款的碳减排效应主要参考碳减排项目可行性研究报告、环评报告或市场认可的专业机构出具的评估报告等，而碳信息分散于发展改革、生态环境、统计等多个部门，存在“信息孤岛”，金融机构获取碳信息的机制和渠道有待进一步拓展和畅通。

（二）碳减排支持工具配套政策有待完善

金融支持经济绿色低碳发展具有显著正外部性，但专业性较强的碳核算、环境信息披露等工作增加了金融机构的人力、管理、系统开发、购买第三方服务等成本，目前针对碳减排贷款的财政贴息、奖励等配套政策措施不足，政策协同支持力度有待提高。

（三）金融机构支持绿色发展专业能力有待提升

绿色发展和碳减排相关工作涉及环保、规划、金融等多个专业领域，目前基层金融机构普遍面临绿色领域人才不足的挑战，一线信贷人员专业判断能力亟待提高。

四、下一步工作建议

（一）加快建设碳信息共享机制

充分发挥各类信用信息平台作用，在切实保障信息安全和市场主体权益的前提下，加强企业用水电气、碳排放量、绿色项目名单、绿色投融资、绿色评级等绿色信用信息的整合，推动相关信息与金融机构、第三方专业机构共享共用，有力推动碳减排贷款增量扩面。

（二）丰富配套激励措施

推动财政部门通过贴息、税收减免等措施，对积极投放碳减排贷款的金融机构予以激励，发挥财政资金的杠杆撬动作用。金融管理部门加强碳减排支持工具政策宣传、解读和典型案例推广，丰富绿色金融配套激励，提高金融机构支持绿色发展的积极性。

（三）引导金融机构提升绿色金融服务能力

鼓励商业银行通过完善组织体系、优化业务流程、强化内部考核激励等方式，加强绿色低碳金融产品和服务创新，提升碳减排重点领域项目储备水平和审批效率，扩大碳减排贷款惠及面，提升绿色低碳金融服务能力，助力科学有序实现碳达峰碳中和目标。

专题3　金融有力支持区域协调发展

推进区域协调发展是加快形成新发展格局的重要基础，也是社会和谐、政治稳定和经济可持续发展的重要保障。针对部分地区经济金融循环不畅、信贷增长较为缓慢的问题，人民银行深入贯彻新发展理念，完善区域金融政策体系，引导各类金融机构在管控好风险的前提下，加大对信贷增长缓慢地区的支持力度，为畅通经济金融良性循环、促进区域协调发展提供了有力支撑。2021年，辽宁等10个信贷增长缓慢的省份新增贷款占全国新增贷款的20.6%，同比提升0.9个百分点，其中，3家政策性银行和6家国有大型商业银行在10个省份的贷款增速达到近五年新高，重点地区贷款增长初现扭转态势。

一、多措并举、协同发力，金融助推区域协调发展

（一）有效发挥货币政策工具撬动作用，充分调动地方法人银行积极性

人民银行积极引导地方法人金融机构在管控风险的前提下，加大对相关区域涉农、小微和民营企业等薄弱环节的支持。2021年初，对10个信贷增长缓慢的省份新增2000亿元再贷款额度，并在保障央行资金安全的前提下，适当放宽再贷款发放对象的条件，央行评级8~9级的金融机构也可以申请再贷款资金。2021年末，2000亿元再贷款额度已全部投放完毕，共惠及39.2万户市场主体。2021年，10个省份地方法人银行新增贷款占全国地方法人银行新增贷款的24.2%，同比提升0.9个百分点，货币政策工具有效发挥了对地方法人银行信贷投放的牵引带动作用。

（二）加强信贷政策窗口指导，引导全国性银行补足区域支持短板

一是加大对政策性银行督导力度。要求国家开发银行、中国农业发展银行、中国进出口银行2021年对相关地区新增贷款占本行全部新增贷款的比例不低于2020年，并力争有所提升。二是发挥全国性商业银行尤其是国有大型银行信贷支持"排头兵"的作用。引导银行按照市场化、法治化原则，在管控好风险的前提下，优化内部考核和激励措施，因地制宜增加相关地区信贷投放。三是用好优惠存款准备金率政策。要求中国农业银行三农金融事业部2021年相关地区新增贷款占其新增各项贷款比例应高于2020年。2021年末，3家政策性银行和6家国有大型商业银行在相关地区贷款余额同比增长7.6%和11.7%，增速达到近五年新高；全年在相关地区新增贷款占其全国新增贷款比例分别为29.6%和20.5%，分别较上年提升11.2个和2.1个百分点。农业银行在相关地区县域的新增贷款占其全部县域新增贷款的23.0%，较上年提高2.8个百分点。

（三）推动优化内部管理机制，不断提升金融机构服务区域协调发展能力

一是优化资源配置，加大信贷资源倾斜。国家开发银行阶段性放宽相关地区省分行授信审批权限，开设信贷审批绿色通道，对分行申报的授信业务，按"随到随审"原则及时处理。中国银行在核定各地区信贷规模的基础上，对相关地区额外追加规模。农业发展银行增加黑龙江省300亿元低息贷款规模，定向支持保障国家粮食安全和乡村振兴等领域。

二是实行差异化内部考核和激励措施，引导信贷资源向重点领域和薄弱环节倾斜。农业银行辽宁省分行加大对"三农"、普惠金融业务的绩效考核权重，同时提高相应不良贷款容忍度。

三是积极开展金融创新试点，因地制宜

打造融资新模式。人民银行指导交易商协会推出首批6只碳中和债券，助力华能国际、国家电投募集资金16亿元，用于辽宁、吉林等地的风电光伏发电项目，为金融支持绿色低碳转型发展作出有益探索。人民银行呼和浩特中心支行立足区域禀赋，指导中国银行内蒙古分行落地“可再生能源补贴确权＋碳排放权质押”模式绿色贷款1200万元。

（四）完善金融支持配套措施，发挥“几家抬”政策合力

一是开展多种形式的银企对接。人民银行西安分行指导金融机构设立300多个首贷中心，并会同省工信厅推送核心企业名录3000余家，为小微企业提供全方位融资对接服务。人民银行兰州中心支行结合甘肃实际，创新开展“贷动陇原兴商助农”专项行动，加大对文化旅游、乡村振兴、小微企业等重点群体的金融支持力度，全年累计召开融资对接会500余场，发放贷款近300亿元，惠及近4万户经营主体。

二是科技赋能优化金融服务。河南搭建金融服务数字共享平台，汇集工商税务、社保、信用等21个部门核心数据，免费提供银行授信参考。吉林地方征信平台“吉企银通”累计向金融机构提供查询服务2.51万次，金融超市上线522款信贷产品，成功放款8422笔、金额347.4亿元。广西整合“政务＋商业”信用，上线运行“桂信融”征信融资服务平台，覆盖近80万家活跃企业和关联商业信息数据，授信额度超过800亿元。

三是推进地方奖补政策落地见效。辽宁制定出台科技型企业再贷款贴息政策，2021年通过再贷款引导地方法人银行向科技型企业提供优惠贷款16.3亿元，企业获得财政贴息1125万元。山西将地方法人银行落实再贷款政策纳入风险奖补范围，按照使用再贷款发放小微贷款增量的0.2%给予风险补偿，2021年发放补偿资金5307万元。山东出台金融担保“双十条”政策措施，建立再贷款资金与政策性农业信贷担保、小微企业信贷担保精准对接机制，支持农业信贷担保贷款全年新增529.9亿元。

二、金融支持区域协调发展仍需关注的问题

（一）地区有效信贷需求不足

受地区经济活跃度、地方政府化解隐性债务等因素影响，部分地区项目储备相比于长三角、粤港澳大湾区等区域不占优势，项目落地进展相对缓慢。同时，部分地区一直以来以钢铁、冶金、水泥、煤化工等重工业为主，受产业转型、环保等多重因素影响，传统产业增长受限，而科技创新、绿色发展等新兴产业及重点领域贷款虽然增长较快，但体量有限，难以有效弥补传统产业贷款需求下行的缺口，新动能的培育和发展仍需要一定时间。此外，近两年央国企强化资产负债约束，银行客户提前还款、到期还款后不再续贷等情况增多，一些以央国企为主要客户的银行面临较大的贷款增长压力。

（二）银行信贷投放能力有待提升

商业银行授信权限和额度与利润和风险情况紧密相关，部分地区受经济环境影响，不良贷款存量一直较高，商业银行内部考核降级后直接导致该地区授信额度下降。此外，商业银行以内部资金转移定价（FTP）调配全国资源，经济活跃地区企业结算频度高、数额大，日均存款沉淀高、成本低，银行对优质客户可让利空间大，形成企业融资成本下降与银行效益提升的正循环。而部分经济增长缓慢地区的银行依靠企业结算资金形成低成本负债较为困难，净息差和利润指标低，进一步让利重点客户空间受限。

（三）地区金融生态环境亟待优化

当前部分地区企业及产能过剩行业债务负担较重，虽然整体债务风险可控，但近年来企业债务风险事件增加，部分地区甚至发

生国有企业公开市场债务违约现象，影响了金融机构信贷投放积极性和投资者信心。部分地区在加强社会信用体系建设、净化金融生态环境、缓解银行不敢贷不愿贷的问题上仍有提升空间。

三、下一步工作方向

（一）加大金融政策和工具的支持力度

灵活运用多种货币政策工具，更好发挥货币政策工具的总量和结构双重功能，增强信贷总量增长的稳定性。继续统筹抓好区域金融改革试验区试点，加强区域特色金融改革与创新，选择符合条件的地区推动科创金融、普惠金融、绿色金融等试点，深入探索金融服务实体经济高质量发展的有效途径。

（二）推动银行提高服务区域协调发展的质量和效能

推动金融机构通过加大信贷资源倾斜配置、优化内部资金转移定价和资本占用、实行差异化内部考核和激励措施等，增加对相关地区的信贷投放。推动金融机构继续优化内部政策安排，改进完善贷款尽职免责内部认定标准和流程，充分调动基层信贷投放积极性，进一步健全“敢贷、愿贷、能贷、会贷”长效机制。

（三）完善金融支持配套政策，优化金融生态环境

继续发挥“几家抬”合力，加强与财政、工信、市场监管等部门协调合作，继续强化重点省份贷款风险分担补偿、信用信息共享机制建设。加强政银企对接，构建常态化、便捷化、网络化对接机制，扩展重点省份中小微企业信用信息共享覆盖面，提升服务效率和精准度。推动更好发挥重点省份政府性融资担保作用，加大贷款贴息和奖补力度，为中小微企业融资增信分险。此外，健全债券市场风险预防、预警、处置机制，加强风险隐患摸底排查，牢牢守住不发生区域性、系统性风险的底线，保持良好的地方金融生态和信用环境。

专题 4　金融持续有力支持小微企业发展

2021年，人民银行认真贯彻落实党中央、国务院关于支持中小微企业发展的决策部署和国务院金融委关于推动商业银行建立中小微企业金融服务“敢贷、愿贷、能贷、会贷”机制要求，深入开展中小微企业金融服务能力提升工程，加大对市场主体特别是小微企业纾困帮扶力度，促进商业银行建立健全小微企业金融服务长效机制，取得积极成效。小微企业融资继续呈“量增、面扩、价降”良好态势，年末普惠小微贷款余额19.2万亿元，同比增长27.3%；普惠小微授信户数4456万户，同比增长38.0%；全年新发放普惠小微企业贷款加权平均利率为4.93%，比2020年下降0.22个百分点，降幅大于企业贷款利率整体降幅。

一、金融服务小微企业取得新成效

（一）发挥结构性货币政策工具的精准导向作用，聚焦支持小微企业和受疫情影响的困难行业、脆弱群体

一是发挥好支小再贷款的精准滴灌和正向激励作用，引导地方法人金融机构增加对小微企业信贷投放。2021年9月，国务院常务会议提出新增3000亿元支小再贷款额度后，人民银行迅速行动、加紧落实，推动资金精准高效落地，3000亿元支小再贷款于当年内全部投放完毕，共支持市场主体32.5万户。2021年末，全国支小再贷款余额为12351亿元。

二是继续实施好两项直达实体经济的货币政策工具并稳妥接续转换，持续支持小微企业发展。截至2021年末，人民银行通过“普惠小微企业贷款延期支持工具”累计提供激励资金217亿元，带动地方法人银行对2.17万亿元普惠小微企业贷款实施延期，撬动全国银行业金融机构共对16万亿元贷款本息实施延期，减轻了市场主体阶段性还本付息压力；通过“普惠小微企业信用贷款支持计划”累计提供优惠利率资金3740亿元，直接带动地方法人银行发放普惠小微企业信用贷款1.05万亿元，撬动全国银行业金融机构累计发放普惠小微信用贷款10.3万亿元，有效缓解了小微企业抵押品不足的问题。按照国务院常务会议部署，2021年12月，人民银行采用市场化方式对上述两项直达工具进行接续转换，用更可持续的方式继续做好金融支持小微企业工作。

三是加大对住宿餐饮、批发零售、文化旅游等受疫情影响暂遇困难行业的支持力度。人民银行强化部门联动，创新开展多种形式的政银企对接活动，提高融资对接有效性、精准性。开展“贷动小生意、服务大民生”金融支持个体工商户发展专项行动，通过强化融资信息对接、金融服务窗口前移等形式，解决个体工商户面临的急愁难盼问题。加大对文化旅游、住宿餐饮、零售、外贸等领域企业的金融支持。截至2021年末，共建立包含51.5万家受疫情影响行业企业和供应链核心企业的重点企业名录库，金融机构累计发放贷款8.3万亿元，带动和稳定就业3500万人。

（二）引导商业银行持续优化内部信贷管理机制

2021年7月，人民银行印发《关于深入开展中小微企业金融服务能力提升工程的通知》（银发〔2021〕176号），推动商业银行形成“敢贷、愿贷、能贷、会贷”长效机制。截至2021年末，全国性银行均将普惠金融指标在分支行综合绩效考核中的权重提升至10.0%以上，小微业务考核奖补机制更贴合实际。建设银行、招商银行等机构单列并调增普惠金融信贷专项计划，优先支持小微贷款投放。农业银行、光大银行等机构建立

容错纠错机制，在尽职免责上优化工作流程，明确授信尽职认定标准和免责事由。平安银行、渤海银行等机构配套利润奖补机制，通过利润补贴和营销奖励政策，提高基层机构、从业人员小微贷款展业的积极性。

（三）推动小微企业融资成本稳中有降

健全市场化利率形成和传导机制，继续发挥LPR改革效能，推动金融机构充分利用LPR定价，增强小微企业信贷市场竞争性，实际贷款利率在2020年大幅度下降的基础上进一步下降。中国银行、邮储银行等机构实施差异化利率定价，扩大对普惠型小微企业贷款内部资金转移定价（FTP）优惠力度。2021年全国新发放普惠小微企业贷款平均利率为4.93%，比2020年全年水平下降0.22个百分点。其中，招商银行（3.86%）、中国银行（3.98%）等银行小微企业贷款平均利率低于4.0%。此外，商业银行认真落实减费让利各项政策，减免小微企业和个体工商户支付业务等手续费用，降低小微企业经营成本。截至2021年末，银行等支付服务主体减费让利规模88.2亿元，惠及市场主体超7500万户。

（四）运用科技手段赋能小微企业金融服务

人民银行积极引导商业银行运用互联网、大数据、云计算等信息技术，持续改进评价模型、提高营销获客能力、增进贷款投放效率。人民银行南京分行持续深化"宿易贷"融资服务模式，支持8家银行系统与"宿易贷"系统完成对接，推出"征信E贷""企闪贷"等线上纯信用贷款产品，对2万余户企业"预授信"230亿元。人民银行武汉分行联合相关部门搭建以二维码为标识的线上对接渠道，支持中小微企业和个体工商户扫码向银行提交贷款申请，支持实时查询银行贷款办理进度。2021年末，湖北省全省已有4373户市场主体扫码与银行对接，其中银行授信2765户，发放贷款132.7亿元。工商银行推出"经营快贷"小微企业线上信用类贷款产品，有效覆盖小微企业生产、经营各个环节，涵盖"抗疫贷""开工贷"等383个场景，业务余额超1000亿元。

（五）着力完善小微企业融资服务配套机制

一是不断健全融资担保和风险补偿机制。如人民银行济南分行加强金融与财政、担保等政策的协调联动，推动财政部门设立20亿元省级中小微企业贷款增信分险专项基金，联合山东省农业发展信贷担保有限责任公司、山东省再担保集团建立再贷款资金与政策性农业信贷担保、小微企业信贷担保精准对接机制，为金融机构加大小微信贷投放创造基础条件。2021年，山东省新增农业信贷担保贷款530亿元，担保放大倍数13.6倍，业务规模和放大倍数均居全国第一。

二是搭建信息共享核心平台。如人民银行成都分行联合四川省发展改革委等8个政府部门，搭建信用信息共享基础平台——"天府信用通"，集成"信息聚合、信用画像、融资对接、精准放贷"功能，有效打破银企信息壁垒，助力小微企业融资。截至2021年末，通过平台注册企业超过20万户，其中90.0%为小微企业，累计归集企业信息14.7亿条，实现银企融资对接6万笔、金额5335亿元。

三是构建常态化银企对接机制。如人民银行南京分行联合江苏省地方金融监督管理局大力推广江苏综合金融服务平台，打造常态化、便捷化、网络化的小微企业线上对接平台，上线以来累计帮助16.5万户企业成功获批授信1.66万亿元，其中首贷户4万户，首贷率高达24.0%。

四是做好动产和权利担保统一登记服务。如人民银行杭州中心支行增设62个县级现场服务点，提高服务便利性，支持小微企业通过生物活体、生产设备、民宿经营权等动产和权利担保融资。2021 年，浙江省新增登记达 28.6 万笔。

二、小微企业金融服务面临的困难

（一）从需求端看，经济下行压力加大，市场主体困难增加，有效信贷需求不足

当前我国经济发展面临需求收缩、供给冲击、预期转弱的三重压力，小微企业融资有效需求不足，信贷持续稳定增长面临压力。2021 年第四季度人民银行银行家问卷调查结果显示，贷款总体需求指数为 67.7%，比上一季度下降 0.6 个百分点，比上年同期下降 3.9 个百分点，其中小微企业为 70.5%，比上一季度下降 1.6 个百分点。

（二）从供给端看，信贷资源供给的精准性和匹配度有待进一步提升

2020 年新冠肺炎疫情暴发以来，人民银行出台了普惠小微企业信用贷款支持计划，地方法人银行发放信用贷款积极性有所提高，但出于贷款风险把控考虑，部分银行小微贷款过度依赖抵押担保的情况仍然存在。此外，部分银行机构信贷产品与小微企业及个体工商户“短、小、频、急”融资需求特点的匹配度不高，供应链融资、随借随还贷款等个性化、定制化金融产品供给有待增加。

（三）从环境配套看，融资担保、风险补偿、信息整合等融资支持政策仍需进一步完善

一方面，融资担保增信作用未充分发挥。部分地区政府性融资担保机构实力不足，放大倍数不高，代偿率和覆盖面较低，对初创企业、首贷客户支持力度有限。另一方面，风险分担补偿机制不健全。部分地区由于财力有限，有的未建立小微企业财政贴息机制和贷款风险补偿机制，有的虽然建立了机制，但风险分担比例较低或实际代偿门槛较高。此外，小微企业“信息孤岛”现象仍然存在。部分地区通过建设网上金融服务大厅或信用信息平台，取得了初步成效，但各类涉企信用信息的采集、更新、运用仍有不足。

三、下一步工作思路

（一）继续落实和发挥好结构性货币政策工具的牵引带动作用，稳步扩大小微企业信贷投放，加大市场主体纾困力度

落实好两项直达工具的接续转换工作，推动普惠小微贷款支持工具精准落地，加大对涉农主体、受疫情影响较大的住宿餐饮、批发零售、文化旅游等接触型服务业及其他有前景但受疫情影响暂遇困难行业的支持力度，更好地发挥稳企业保就业的重要作用。发挥再贷款再贴现、碳减排支持工具等货币政策工具的引导作用，突出对科技创新、普惠养老、绿色发展、交通物流、乡村振兴等重点领域中小微企业支持。做好中小银行资本补充工作，支持地方法人银行通过发行永续债等方式多渠道补充资本，提高小微信贷投放能力。健全市场化利率形成和传导机制，持续释放贷款市场报价利率改革效能，优化存款利率监管，发挥存款利率市场化调整机制重要作用，着力稳定银行负债成本，推动金融机构持续向小微企业等市场主体让利。

（二）强化银行内部机制建设，构建小微企业金融服务长效机制

深入推进中小微企业金融服务能力提升工程，推动银行机构持续优化支持中小微企业融资的内部资源配置、绩效考核和尽职免责等安排，增强支持中小微企业的内生动力。强化支持中小微企业发展的“硬科技”和“软环境”，在贷款定价、风险管控、信息挖掘与整合等环节充分运用金融科技手段赋能，提高对中小微企业的信用识别能力，持续提升信用贷款和首贷户比重。

（三）持续完善配套政策，提升小微企业融资服务效能

推动有条件的地方建立完善贷款风险补偿机制，提供中小微企业贷款贴息和奖励，加大政府性融资担保机构资本补充力度。加强中小微企业信用信息共享应用，在搭建平台的基础上，重点强化公共信用信息的归集、共享、公开和开发利用。强化守信联合激励和跨部门多层级失信联合惩戒，严厉打击金融欺诈、恶意逃废债、非法集资等非法金融活动。

专题5 金融支持科技创新的实践和挑战

金融体系综合服务是科技创新企业实现高效成长的重要推动力量。近年来，金融服务科技创新的量、质、效快速提升，支持渠道与配套环境不断优化。不过，初创企业信息不对称明显，信贷风险偏好与科技创新企业“高风险、高收益”特征不匹配等问题给金融支持科技创新带来较大挑战。

一、金融支持科技创新发展的总体情况

一是科技创新企业贷款快速增长。2021年末，全国银行业金融机构科技型企业贷款余额较年初增长23.2%，比当年贷款增速高12.1个百分点[①]。人民银行分支机构调研显示，2021年末，全国高技术产业贷款余额同比增长23.0%，其中，中长期贷款余额同比增长34.9%，计算机、通信和其他电子设备制造业中长期贷款占比达44.3%。

二是债券融资规模稳中有升。截至2021年末，银行间市场战略性新兴产业企业债务融资工具累计发行97449.7亿元，双创专项债务融资工具累计发行817.9亿元，双创金融债累计发行608亿元，创投企业债务融资工具累计发行165.8亿元。2021年3月，首批科创债推出，募集资金重点投入高新技术产业和战略新兴产业。与此同时，沪深交易所多措并举支持科创企业债券融资。截至2021年末，上海证券交易所、深圳证券交易所（以下简称上交所、深交所）累计发行创新创业债超过400亿元[②]。

三是股权市场融资功能持续增强。2021年，北京证券交易所（以下简称北交所）成立，新三板改革不断深化。2021年末，共377家公司登陆科创板，合计总市值约5.63万亿元；1090家公司登陆创业板，合计总市值约14万亿元；82家公司登陆北交所，合计总市值约2722.75亿元。新三板挂牌公司6932家，符合北交所上市财务条件的挂牌公司超千家[③]。

四是风险投资服务科技初创企业效能不断增强。清科研究中心数据显示，2021年中国早期投资、PE/VC投资合计金额1.42万亿元，同比增长60.4%。从行业分布来看，IT、生物技术/医疗健康、半导体及电子设备、互联网四大行业投资集中度超70.0%，科创赛道获资本青睐。从投资地域看，2021年北京、上海、深圳投资案例占比过半，江浙鄂地区增长迅速。

五是保险机构积极创新产品和服务，有力支持“专精特新”领域。截至2021年末，保险资金投资专精特新上市公司余额977.84亿元，投向新材料、集成电路、芯片、5G通信等高新技术相关项目余额552.53亿元[④]。

二、多措并举优化科技创新金融服务

（一）完善政策措施，增强部门合力，创设科技创新再贷款

近年来，人民银行积极加强与各部门和地方政府的协同联动，不断完善金融支持科技创新的政策措施。2022年4月，人民银行联合科技部、工业和信息化部印发《关于设立科技创新再贷款的通知》，支持“高新技术企业”、“专精特新”中小企业、国家技

①数据来源：中国银保监会。

②数据来源：Wind数据库。

③数据来源：全国中小企业股份转让系统。

④数据来源：同花顺财经。

术创新示范企业、制造业单项冠军企业等科技创新企业。科技创新再贷款采取“先贷后借”的直达机制，金融机构自主决策、自担风险向相关领域内的企业发放贷款后，可向人民银行申请低成本再贷款资金支持。人民银行分支机构积极贯彻落实科技创新金融服务政策，如人民银行深圳市中心支行出台《深圳市科技创新金融服务信贷政策导向效果评估方案（2021年）》，强化激励约束机制，引导银行加大对科技创新的支持力度。人民银行济南分行联合地方金融监管局等多部门出台《山东省济南市建设科创金融改革试验区实施意见》，统筹推进济南市科创金融改革试验区建设。

（二）完善组织体系，夯实服务基础

一是完善专业化科创金融服务，引导商业银行设立科技金融专营机构。2021年全国银行业金融机构设立科技支行、科技特色支行、科技金融专营机构共959家，年末家数同比增长14.4%。如人民银行武汉分行指导辖内银行设立专业科技支行，建立以银行为核心、聚合多家投资机构的“投贷联盟”合作平台。

二是完善担保增信机制，建立政府性融资担保机构。通过风险补偿和分担机制，政府为科创企业提供担保，承担金融机构或者投资机构未来风险损失，便利科技创新企业融资。如广东佛山设立融资担保基金，规模8.3亿元，在“国家融资担保基金—省级再担保机构”合作基础上，建立“再担保机制”，进一步分散融资担保机构的业务风险。

三是完善风险定价，设立科技产业股权投资基金。科技创新活动风险高、成功率低，一旦成功社会福利改善明显、经济收入可观。传统的企业估值模型难以对科创企业进行科学评价，因此丰富完善科创金融组织机构，特别是引导设立专业性的股权投资基金及其管理机构显得尤为必要。股权投资基金具有较强的风险偏好和风险承担能力，能够对早期科创企业的融资形成有效支持。深圳市于2015年设立政府投资引导基金，通过与社会资本共同合作设立股权投资子基金的方式，重点引导资金投向创新创业、新兴产业等领域。北京市依托政府投资引导基金设立高精尖产业发展基金、中关村创业投资引导基金、科技创新基金等子基金，有力支持初创企业。

（三）完善产品体系，提升服务质效

一是推广知识产权质押融资。金融机构通过积极开发相关产品、与科技部门合作运用“科技＋金融”方式，拓宽科创企业融资渠道。例如，南京银行与江苏省知识产权局签署战略合作协议，推出了江苏省知识产权金融品牌活动，2021年升级推出“鑫知贷”产品，并自主开发了知识产权在线估值系统，进一步解决评估难题，助力更多轻资产的科创企业“知本”变“资本”。

二是积极推动“股债联动”。银行联合投资机构通过“投资＋贷款”“投资＋认购股权”等开展多种投贷联动模式，与科技型企业建立长期合作关系。如工商银行广州市分行牵头创建广州投贷联盟，对接创投机构，与科学城创投、纳斯特投资、中科科创及凯得创投签署《投贷联动合作协议》，积极推进“他投＋我贷”项目。

三是探索科技保险试点。保险业机构探索创新保险产品，为科技创新企业发展提供风险保障。如苏州科技保险公司先后推出开发产品研发责任险、关键研发设备保险、高管人员和关键研发人员团体健康保险和意外保险等十余种保险产品，承接科技型企业在技术研发、成果转化和产业化过程中存在的风险。

四是强化金融科技赋能。金融系统主动适应金融科技创新，积极运用金融科技拓宽业务范围。如人民银行北京营业管理部创新搭建“创信融”企业融资综合信用服务平台，形成“金融和政务大数据＋金融科技＋地方政府政策配套”三位一体支撑体系；搭建北京市银企对接系统，匹配导入企业特征标签，引导银行主动对接科创企业“无贷户”超5万次，促成融资近200亿元。

三、金融支持科技创新面临的挑战

一是科创企业发展初期信息不对称。科创活动链条长，发展周期久，面临的不确定性因素较多。特别在种子期或初创期，企业主要以创意、想法、思路的形式存在，由于技术的专业性，技术拥有方可能夸大技术的价值、隐藏风险，资金提供方难以准确判断风险。

二是间接融资主导下的金融体系为科创企业发展初期提供的支持力度有限。目前，我国金融体系发展中，间接融资处于主导地位，商业银行作为间接融资的主力军，其信贷风险偏好与科创企业“高风险、高收益”的特点较难匹配。特别是初创期科创企业，其足额抵押物和销售收入较少，有的经营长期处于亏损状态，难以达到商业银行授信准入门槛，而知识产权、专利权等无形资产价值评估和处置交易等环节仍存在堵点，变现能力差，银行往往要求企业主抵押个人房产进行增信，削弱了金融支持空间。

四、应对思路

一是强化顶层设计，完善金融支持科技创新的政策体系。聚焦重点科技创新领域，优化社会融资结构，加强金融服务科技创新能力建设，培育支持科技创新的金融市场生态，强化金融政策与财政政策、科技政策、产业政策协同配合，引导金融资源加大对科技创新特别是硬科技创新的金融支持力度，推动形成科技、产业、金融良性循环。

二是完善债权融资服务，进一步发挥好科技创新再贷款等政策工具的牵引带动作用。积极探索“再贷款＋财政贴息＋风险补偿”模式，支持商业银行对科创企业“敢贷”“愿贷”。加快推动科技创新再贷款落地生效，对符合条件的科技创新贷款提供再贷款支持，引导金融机构加大对企业科技开发、技术改造等的金融支持力度。完善名单共享与信息联动，鼓励金融机构为科技创新、“专精特新”中小企业创设信贷绿色通道，支持金融机构推出更多基于企业应收账款、知识产权、合同订单、设备仪器等动产的融资服务产品。

三是完善股权融资服务，鼓励科创基金“投早投小”。充分利用好各级政府投资基金，重点支持“专精特新”中小企业、科技型中小企业发展壮大。探索建立上市挂牌后备企业资源库，支持符合条件的企业登陆资本市场，充分发挥北交所服务创新型中小企业主阵地作用。推广股债联动模式，鼓励商业银行在依法合规、风险可控的前提下，与创投机构、产业基金等合作创新出多样化的融资模式，为更多初创期、成长期中小科创企业提供服务选择。

四是完善科创金融配套措施，多元化供给金融服务。充分发挥政策性融资担保、再担保、风险补偿资金池的作用，完善科创企业信用信息的归集共享，积极开展金融服务进科技园活动。推动融资租赁公司、商业保理公司等地方金融组织强化对科创企业发展的服务能力，与银行信贷业务形成差异化竞争与合作。

专题 6 地方多措并举释放消费潜力

推动消费持续复苏，是增强内需对经济增长拉动力、畅通国民经济循环的重要举措。2021 年，国内疫情多发散发，居民收入增长受到影响，接触式、服务型消费受到约束，对整体消费复苏造成较大扰动。各地区按照党中央、国务院促进消费工作部署，在精准有效防控疫情基础上，通过提升重点消费能级、加快新型消费发展、优化消费平台载体、合理发挥消费金融作用和完善诚信消费环境等多种举措，激发市场潜力，消费总体恢复性增长，展现出活力和韧性。

一、各地区消费复苏情况

一是全国消费市场稳步恢复，中西部地区消费回升动能较强。2021 年，全国社会消费品零售总额同比增长 12.5%，较上年回升 16.4 个百分点，两年平均增速为 3.9%。全年最终消费支出对经济增长的贡献率达 65.4%，消费重新成为经济增长第一拉动力。在西部大开发新格局加快形成、中部地区高质量发展、脱贫攻坚取得全面胜利等因素带动下，中西部地区人均收入加快改善，2021 年，中部、西部地区一半的省份人均可支配收入增速超 8.0%，居民消费潜力有力释放，社会消费品零售总额两年平均增速分别达 9.4%、6.4%。

二是升级类商品消费需求明显增强。随着居民生活品质的提高，升级类商品消费增长明显。2021 年，全国商品零售同比增长 11.8%，其中限额以上单位金银珠宝、体育娱乐用品和文化办公用品分别增长 29.8%、22.0% 和 18.8%。智能消费增长较快，限额以上单位通信器材零售额增长 14.6%，5G 手机出货量 2.66 亿部，增长 63.5%，占同期手机出货量的 76.0%，部分电商平台智能门锁、智能卫浴、扫地机器人等智能产品销量增长 30.0% 以上。

三是新型消费呈现亮点。全国消费创新驱动特点明显，新技术、新理念在消费领域渗透，体验式、沉浸式、互动式消费新场景涌现，商旅文体、线上线下加快融合。2021 年，全国网上零售额同比增长 14.1%，其中实物商品网上零售额两年平均增长 13.4%，高于线下消费增速。

二、各地区多措并举促进消费的典型做法和成效

（一）抓住重点消费，激发“顶梁柱”消费品类潜力

一是挖掘汽车、家电大宗消费潜力。汽车、家电类消费是消费的“四梁八柱”，各地区积极挖潜汽车、家电消费，优化完善摇号、拍卖等制度，加快推动汽车由购买管理向使用管理转变；开展新一轮汽车下乡，投入财政资金进行奖补，鼓励开展汽车、家电以旧换新；顺应绿色消费升级趋势，促进新能源汽车消费，鼓励绿色智能家电消费，稳住消费基本盘。广东抓住“国Ⅳ”及以下标准老旧汽车进入换购高峰的时机，安排 8 亿元补贴资金，带动汽车消费约 360 亿元。海南开展新能源汽车下乡活动、实施促消费综合奖励，2021 年新能源汽车零售额同比增长 99.6%。

二是鼓励餐饮消费需求加速回升。各地区紧抓餐饮消费“主力军”，积极完善扶持政策，加快培育餐饮主体；因地制宜开展各类线上线下餐饮促消费活动，提升市场人气；鼓励餐饮企业丰富提升菜品，创新优化经营模式。江西积极打造赣菜品牌，发放 3015 万元消费券鼓励餐饮消费，开展赣菜“百城千店”、中国米粉节等活动，2021 年餐饮收入增长 45.5%，餐饮市场规模基本恢复到 2019 年水平。武汉对限额以上餐饮企业，按年度销售额增量的 0.02% 给予奖励，上限可达

200万元。

三是推陈出新激发文旅消费新需求。各地区着力丰富新兴文旅增长点，积极建设集合特色剧场、文创产品、传统工艺等多种业态的文旅消费场所；打造中小型、主题性、特色类文旅消费场景和产品；开发高品质旅游景区、重点路线和特色旅游目的地。北京抓住冬奥会举办契机，乘势而上推出22条冰雪主题旅游线路，带动2021年旅游总收入增长43.0%。

（二）聚焦新型消费，发挥新增长点的引领带动作用

一是支持传统商业加快数字化、智能化、网络化升级，发展商业新模式。各地区推动实体商场、超市、便利店等数字化改造和线下线上协同；鼓励办公楼宇、住宅小区等加快布局配套智慧超市、智慧书店、智慧药房，优化自提柜、云柜等新服务模式，发展无接触交易服务，满足“云生活”等新消费需求；加快建设城乡物流配送和仓储设施体系，完善城乡电商网络。2021年，全国实物商品网上零售额占同期社会消费品零售总额的比重升至24.5%。湖北黄冈建成村级电商服务点2300余个，全年电商网络零售额突破30亿元。

二是提升消费品质，充分满足市场升级消费需求。各地区积极促进品牌消费，鼓励商圈、大型商贸企业引进国内外品牌首店，开展新品首发首秀、品牌秀、创意展等活动；推动老字号创新传统技艺，推出更多富含时尚元素的产品和服务；发挥好进口博览会、消费品博览会等展会平台的作用，扩大优质进口品消费。上海全年引进各类国内外品牌首店1078家，同比增长18.6%，超过3000个国际国内品牌举办首发、首秀、首展活动。海南完善免税政策、丰富商品种类、优化购物服务，2021年全省10家离岛免税店销售额同比增长84.0%。江西举办中国智能家居产业博览会等活动，直接拉动消费超过160亿元。

三是支持新消费场景发展，培育“夜经济”等新消费增长点。各地区鼓励支持因地制宜建设夜间消费集聚区，打造地标性城市夜景名片，推动景区、文创园区、主题公园、特色小镇、博物馆等延长开放时间，丰富夜间餐饮、购物、演艺等服务，发展夜间经济。鼓励将闲置厂房、体育场馆等改造为多功能、综合性新型消费场所，培育定制、体验、时尚、沉浸等消费新业态新模式新场景。西安升级打造大唐不夜城景点，推广盛唐文化沉浸式体验，促进周边餐饮、娱乐、商品销售等消费需求释放。重庆依托“两江四岸”核心区打造“立体山城”“光影江城”“魅力桥都”等不夜重庆地标名片，形成洪崖洞、鎏嘉码头夜间消费中心区域，培育出“夜味、夜养、夜赏、夜玩、夜购”“五夜”新生活消费业态。

（三）优化消费平台载体，提升消费活力

一是持续实施城市商业提升行动，激发消费需求释放。各地区推进消费中心城市培育建设，推动步行街商圈高质量发展，开展智慧商圈示范创建，打造了一批人气旺、特色强、有文化底蕴的特色商圈、特色街区，提升城市消费品质。加快建设一刻钟便民生活圈，推动便利店、菜市场、早餐店、维修点等便民商业设施进社区，健全城市生活商业配套设施。目前，全国共有大中型商圈1万余个、步行街超过2100条。北京升级改造传统大型商圈，丰富消费内容，推动CBD、三里屯、望京商圈夜间消费模式从以往单一的餐饮消费，进阶到文化艺术、体育健身、阅读学习等多元领域。重庆延续街区和老旧厂房的建筑风格及文化脉络，塑造富有山城特色的“后街支巷”名片式消费商圈，相继建成山城巷、十八梯等一批特色文化街区。

二是组织开展促销活动，提升市场消费氛围，财政资金加大撬动引导，促进释放消

费活力。各地区在精准有效防控疫情基础上，常态化组织开展消费促进月、购物节、美食荟等活动；抓住中秋、国庆、元旦、春节等重点节假日，组织开展商旅文体融合、线上线下、城乡区域联动的各类促消费活动。各地财政通过发放消费券、支持商圈消费满减优惠等方式刺激消费。上海高频化举办节日促销活动，全年贯穿劳动节、儿童节、端午节等多个重点节日。武汉开展中秋、国庆等购物节活动，财政分四次投入资金发放零售、餐饮“满减类”消费券，带动消费超过50亿元。

（四）合理发挥金融作用，激活消费引擎

金融机构加强金融科技赋能，深入运用大数据、人工智能等技术，创新线上产品和服务，为居民消费提供便捷金融支持。对全国186家商业银行和52家持牌消费类金融机构的调查显示，2021年末线上消费贷款余额增速高于全部消费贷款增速11.0个百分点。广东某银行针对不同消费场景、客群开发“快贷类”产品，消费者在线申请，审批通过后1分钟左右放款，支持随借随还。金融机构聚焦餐饮、零售等线下消费场景，开展刷卡打折、满减、返现等优惠活动，让利补贴消费者。江西某银行常年开展药房社保卡刷卡优惠、加油站刷卡优惠等活动，2020年以来累计投入资金2.5亿元，拉动消费约130亿元。金融机构发挥重要金融基础设施作用，按照政府部署，搭建平台，助力消费券、消费补贴等数字化、便利化发放。2021年以来，中国银联承接各地政府消费券项目500余个，发放消费券金额近50亿元，承担10个省新能源汽车消费补贴发放工作，累计发放补贴资金超4.5亿元。

同时，各地区金融机构扎实做好“六稳”“六保”工作，依托金融管理部门搭建的大数据平台，精准开展银企融资对接，有效传导各类惠企金融政策，助力商贸文旅企业纾困减压、恢复发展。浙江金融机构通过“贷款码”累计为6.39万家商贸企业提供融资约990亿元。重庆金融机构依托“长江渝融通”大数据平台对接82个市级重点文旅产业项目超500亿元融资需求，发放贷款近100亿元。

（五）完善诚信消费环境，营造敢于消费、放心消费氛围

各地区强化政策保障，加强部门协调联动，通过执法检查、评价评估等各类激励约束措施，推进建设诚信消费企业，维护消费者合法权益，构建良好消费环境。云南对酒店、餐饮、旅行社、旅游汽车公司、景区、租赁汽车公司、涉旅经营户7个业态开展诚信评价，形成由规范指数、品质指数、体验指数构成的诚信指数，截至2021年末，已完成16.89万家涉旅企业的诚信评价工作。海南对7个涉旅消费领域开展综合治理，出动执法检查人员7.15万人次，检查企业4.97万家次，涉旅投诉案件明显下降。北京完善消费类问题“接诉即办”工作机制，2021年接收全国12315互联网平台诉求75.7万件，挽回消费者损失1.3亿元。

三、机遇和挑战

我国有14亿多人口的超大规模内需市场，有世界上规模最大、成长最快的中等收入群体，从中长期看，国内消费持续增长的势头没有改变。但要看到，一方面，当前疫情形势复杂严峻，对部分行业居民收入造成持续影响，削弱消费意愿；同时，住宿餐饮、文化旅游等聚集性、流动性、接触性消费供给持续受到抑制，市场预期偏弱。另一方面，新型消费领域发展存在基础设施不足、服务能力偏弱等短板和问题。企业打造新消费业态、营造新消费场景、供给新消费内容时，简单模仿复制的现象偏多，原创性、差异化、高质量内容供给偏少，难以支撑新型消费持续良性发展；同时，受网络、场所、物流等硬件基础设施制约，部分新消费业态在成本、便利度上的优势尚不明显，影响了新型消费

向客户群体的渗透程度和规模化发展。

消费对经济具有持久拉动力，事关保障和改善民生。对此，需要统筹疫情防控和经济社会发展，协同发力、远近兼顾，努力稳定当前消费，综合施策释放消费潜力。

一是提升传统消费能级，促进消费恢复发展。抓紧把已出台的餐饮、零售、旅游、民航、公路水路铁路运输等特困行业纾困政策落实到位，稳定更多消费服务市场主体。深入落实扶持制造业、小微企业和个体工商户的减税退税降费政策，围绕保市场主体加大助企纾困力度。做好基本消费品保供稳价，保障物流畅通。科学规划建设一批具有综合功能的城郊大仓基地，应急状况下就近调运生活物资。深化汽车流通领域改革，促进新能源汽车消费，进一步激发汽车消费潜力；鼓励开展家电家具以旧换新，深入推动家电下乡。

二是培育新型消费，促进多元化消费供给。加快线上线下消费融合，培育壮大智慧产品和服务等“智慧+”消费。推动技术、管理、商业模式等各类创新，壮大智能、定制、体验、时尚、沉浸等新型消费；加大优质品牌引进力度、推动传统企业创新，促进消费品质提升；倡导简约适度低碳生活方式，培育居民绿色消费习惯，促进绿色消费链条发展。

三是促进城市消费全面升级，扩大重点领域消费。推进消费平台健康持续发展，加快推进国际、区域消费中心城市培育建设。升级消费商圈、店铺功能，丰富消费内容。持续办好进口博览会等交易展会。健全社区商业配套设施，促进医疗健康、养老、托育等消费服务，支持社会力量补齐服务供给短板，提升生活性消费便利度。推动城市乡村消费联动、优势互补，在康养、休闲旅游等领域加大消费供给。引导公园景区、体育文博场馆提升服务质量、延长开放时间。落实带薪休假制度、促进居民文旅消费需求释放。

四是补齐乡村消费短板，挖掘县乡消费潜力。加快县域商业体系建设，完善县域商业网络和县乡村三级物流配送体系，让乡村特产销售更便利、消费品下乡更快捷，促进农民收入和农村消费双提升。引导商贸物流企业、电商平台等向农村延伸，推动品牌品质消费进农村。

五是增加就业收入，提高消费能力。鼓励创业带动就业，增加非全日制就业机会，健全灵活就业用工和社会保障政策。解决好高校毕业生就业问题，稳步提升农民工、城市工薪阶层收入水平。拓宽乡村、特别是脱贫地区农民持续增收渠道。

六是优化消费环境，加强消费者权益保护。推进消费平台健康持续发展。加快推进多行业和多领域放心消费环境建设，加强消费者维权信息化建设，形成线上线下融合的消费者维权服务体系，加强商品质量检查监督，严厉打击假冒伪劣和消费欺诈行为。

中国人民银行济南分行货币政策分析小组

总　　纂：肖龙沧　董龙训

统　　稿：霍成义　杨金栋　郑玉坤　刘旭强　耿　欣

执　　笔：杨德彬　宋　倩　李燕超　翟庆锋　林贞龙　史运昌

提供材料：孙　健　牛玉莲　娄　振　尹　楠　刘建磊　楚晓光　程晋鲁　韩庆潇　张　芳　祁文婷　许　轩　缪　凯

专题及各区域板块经济金融运行部分执笔人（排名不分先后）

福州中心支行货币政策分析小组	黄　宁、缪宇丰
长沙中心支行货币政策分析小组	郭　卉、余　峥
成都分行货币政策分析小组	霍　帅、郑敏闽
哈尔滨中心支行货币政策分析小组	李婷婷、周明佳
南京分行货币政策分析小组	孙常林、张巍瀚、杨馥铭、谢　姗
广州分行货币政策分析小组	吴国兵、唐瑞颖
天津分行货币政策分析小组	魏　莉、韩　菁
重庆营业管理部货币政策分析小组	王志益、吴恒宇、王　红、李　响
深圳市中心支行货币政策分析小组	庞春阳、蓝　天
上海总部货币政策分析小组	向　坚、周芷伊
合肥中心支行货币政策分析小组	王宗鹏、陈科帆
杭州中心支行货币政策分析小组	周　能、杜佳倩
沈阳分行货币政策分析小组	刘承洋、梁　旭
总行营业管理部货币政策分析小组	周　凯、谭任杰

2021 年各地区主要经济金融指标比较表

2021 年各地区主要经济指标比较表（Ⅰ）

地区	地区生产总值（亿元）				固定资产投资额（不含农户）（亿元）		社会消费品零售总额（亿元）	外贸进出口（亿元）				实际使用外资（亿美元）	地方财政收支（亿元）		
		第一产业	第二产业	第三产业		房地产开发投资		总额	进口	出口	差额（出口 - 进口）		差额（收入 - 支出）	一般公共预算收入	一般公共预算支出
北京	40269.6	111.3	7268.6	32889.6	—	4139.0	14867.7	30438.4	24319.9	6118.5	-18201.4	155.6	-1272.8	5932.3	7205.1
天津	15695.1	225.4	5854.3	9615.4	—	2770.0	—	8567.4	4691.8	3875.6	-816.2	53.9	-1009.3	2141.0	3150.3
河北	40391.3	4030.3	16364.2	19996.7	—	5023.9	13509.9	5415.6	2385.9	3029.8	643.9	116.1	-4686.9	4167.6	8854.5
山西	22590.2	1286.9	11213.1	10090.2	—	1945.2	7747.3	2230.3	864.3	1365.9	501.6	17.0	-2213.5	2834.6	5048.1
内蒙古	20514.2	2225.2	9374.2	8914.8	—	1234.1	5060.3	1235.6	757.2	478.4	-278.8	3.2	-2890.2	2349.9	5240.1
辽宁	27584.1	2461.8	10875.2	14247.1	—	2900.7	9783.9	7724.0	4411.4	3312.6	-1098.8	32.0	-3136.6	2764.7	5901.3
吉林	13235.5	1553.8	4768.3	6913.4	—	1540.9	4216.6	1503.8	1150.2	353.5	-796.7	—	-2552.7	1144.0	3696.7
黑龙江	14879.2	3463.0	3975.3	7440.9	—	936.0	5542.9	1995.0	1547.3	447.71	-1099.6	6.0	-3804.0	1300.5	5104.5
上海	43214.9	100.0	11449.3	31665.6	—	5035.2	18079.3	40610.4	24891.7	15718.7	-9173.0	225.5	-659.1	7771.8	8430.9
江苏	116364.2	4722.4	51775.4	59866.4	—	13477.5	42702.6	52130.6	19598.3	32532.3	12934.0	288.5	-4570.8	10015.2	14586.0
浙江	73515.8	2209.1	31188.6	40118.1	—	12389.1	29211.0	41429.1	11307.8	30121.3	18813.5	183.0	-2754.3	8262.6	11016.9
安徽	42959.2	3360.6	17613.2	21985.4	—	7263.2	21471.2	6920.2	2825.4	4094.8	1269.4	193.0	-4092.9	3498.2	7591.1
福建	48810.4	2897.7	22866.3	23046.3	—	6195.6	20373.1	18449.6	7633.1	10816.5	3183.4	—	-1827.5	3383.4	5210.9
江西	29619.7	2334.3	13183.2	14102.2	—	2528.8	12206.7	4980.4	1308.6	3671.8	2363.2	157.8	-3966.2	2812.3	6778.5
山东	83095.9	6029.0	33187.2	43879.7	—	9819.7	33714.5	29304.1	11721.4	17582.7	5861.3	215.2	-4424.6	7284.5	11709.1
河南	58887.4	5620.8	24331.7	28934.9	—	7874.4	24381.7	8208.1	3184	5024.1	1840.1	210.7	-6072.5	4347.4	10419.9
湖北	50012.9	4661.7	18952.9	26398.4	—	6121.9	21561.4	5374.4	1865.1	3509.3	1644.2	124.6	-4654.0	3283.3	7937.3
湖南	46063.1	4322.9	18126.1	23614.1	—	5427.8	18596.9	5988.5	1775.8	4212.7	2436.9	24.1	-5114.1	3250.7	8364.8
广东	124369.7	5003.7	50219.2	69146.8	—	17465.8	44187.7	82680.3	32151.6	50528.7	18377.2	—	-4119.3	14103.4	18222.7
广西	24740.9	4015.5	8187.9	12537.5	—	3733.9	8538.5	5930.6	2991.5	2939.1	-52.4	16.5	-4010.1	1800.1	5810.2
海南	6475.2	1254.4	1238.8	3982.0	—	1379.6	2497.6	1476.8	1144.2	332.6	-811.6	35.2	-1061.7	921.2	1982.8
重庆	27894.0	1922.0	11184.9	14787.1	—	4355.0	13967.7	8000.6	2832.3	5168.3	2336.0	106.7	-2549.7	2285.4	4835.1
四川	53851.0	5661.9	19901.4	28287.6	—	7831.9	24133.2	9513.6	3804.9	5708.7	1903.8	115.4	-6441.3	4774.3	11215.6
贵州	19586.4	2730.9	6984.7	9870.8	—	3383.1	8904.3	654.2	167.1	487.1	320.1	2.4	-3620.6	1969.5	5590.2
云南	27146.8	3870.2	9589.4	13687.2	—	4309.9	10731.8	3143.8	1377.1	1766.7	389.7	8.9	-4356.2	2278.2	6634.4
西藏	2080.2	164.1	757.3	1158.8	—	142.0	810.3	40.2	17.6	22.5	4.9	—	-1811.4	215.6	2027.0
陕西	29801.0	2409.4	13802.5	13589.1	—	4441.0	10250.5	4757.8	2191.7	2566.1	374.4	102.5	-3294.1	2775.3	6069.4
甘肃	10243.3	1364.7	3466.6	5412.0	—	1525.9	4037.1	490.9	394.0	96.9	-297.1	1.1	-3024.1	1001.8	4025.9
青海	3346.6	352.7	1332.6	1661.4	—	442.5	947.8	31.3	14.3	17.0	2.7	0.0	-1525.0	328.8	1853.8
宁夏	4522.3	364.5	2021.6	2136.3	—	467.0	1335.1	214.0	39.2	174.81	135.6	2.9	-968.3	460.0	1428.3
新疆	15983.7	2356.1	5967.4	7660.2	—	1501.4	3584.6	1569.1	296.3	1272.8	976.5	2.4	-3783.4	1618.6	5402.0

数据来源：国家统计局，各省、自治区、直辖市《国民经济和社会发展统计公报》及统计局。

2021 年各地区主要经济指标比较表（Ⅱ）

地区	地区生产总值同比增长（%）				规模以上工业增加值同比增长（%）	固定资产投资（不含农户）同比增长（%）		社会消费品零售总额同比增长（%）	外贸进出口同比增长（%，亿元口径）			实际使用外资金额同比增长（%，美元口径）	地方财政收支同比增长（%）		各类价格指数同比增长（%）		
		第一产业	第二产业	第三产业			房地产开发投资		总额	进口	出口		收入	支出	居民消费价格指数	工业生产者购进价格指数	工业生产者出厂价格指数
北京	8.5	2.7	23.2	5.7	31.0	4.9	5.1	8.4	30.6	30.4	31.2	10.3	8.1	1.2	1.1	3.7	1.1
天津	6.6	2.7	6.5	6.7	8.2	4.8	6.2	5.2	16.3	9.3	26.1	13.8	11.3	—	1.3	14.7	10.9
河北	6.5	6.3	4.8	7.7	4.9	3.0	9.2	6.3	21.5	23.2	20.2	5.3	8.9	4.2	1.0	19.8	16.4
山西	9.1	8.1	10.2	8.3	12.7	8.7	6.3	14.8	48.3	37.1	56.3	0.6	23.4	-1.2	1.0	16.3	30.2
内蒙古	6.3	4.8	6.1	6.7	6.0	9.8	4.9	6.3	17.2	7.4	37.1	4.4	14.6	5.2	0.9	28.0	28.5
辽宁	5.8	5.3	4.2	7.0	4.6	2.6	-2.6	9.2	17.6	12.6	24.9	27.1	4.1	6.0	1.1	15.0	13.6
吉林	6.6	6.4	5.0	7.8	4.6	11.0	5.5	10.3	17.3	16.0	21.5	—	5.4	0.0	0.6	6.2	5.1
黑龙江	6.1	6.6	5.0	6.3	7.3	6.4	-4.8	8.8	29.6	31.2	24.4	10.8	12.8	-6.3	0.6	10.5	12.3
上海	8.1	-6.5	9.4	7.6	11.0	8.1	7.2	13.5	16.5	17.7	14.6	11.5	10.3	4.1	1.2	7.3	2.1
江苏	8.6	3.1	10.1	7.7	12.8	5.8	2.3	15.1	17.1	14.8	18.6	22.7	10.6	6.6	1.6	13.8	6.3
浙江	8.5	2.2	10.2	7.6	12.9	10.8	8.5	9.7	22.4	30.3	19.7	16.2	14.0	9.3	1.5	14.5	6.3
安徽	8.3	7.4	7.9	8.7	8.9	9.4	3.1	17.1	26.9	23.4	29.5	5.4	8.8	1.6	0.9	11.5	7.7
福建	8.0	4.9	7.5	8.8	9.9	6.0	2.8	9.4	30.9	35.7	27.7	—	9.9	7.5	0.7	9.2	4.9
江西	8.8	7.3	8.2	9.5	11.4	10.8	6.3	17.7	23.7	18.3	25.8	8.1	12.2	1.6	0.9	12.3	10.5
山东	8.3	7.5	7.2	9.2	9.6	6.0	3.9	15.3	32.4	29.0	34.8	21.9	11.0	9.5	1.2	9.5	10.3
河南	6.3	6.4	4.1	8.1	6.3	4.5	1.2	8.3	22.9	22.3	23.3	5.0	4.3	0.5	0.9	9.5	7.8
湖北	12.9	11.1	13.6	12.6	14.8	20.4	25.2	19.9	24.8	16.3	29.9	20.3	30.7	-6.0	0.3	8.5	4.1
湖南	7.7	9.3	6.9	7.9	8.4	8.0	11.2	14.4	22.6	12.3	27.5	72.3	8.0	3.4	0.5	8.1	5.9
广东	8.0	7.9	8.7	7.5	9.0	6.3	0.9	9.9	16.7	17.4	16.2	—	9.1	4.2	0.8	8.0	3.4
广西	7.5	8.2	6.7	7.7	8.6	7.6	-2.9	9.0	21.8	38.3	8.6	25.4	4.8	-6.0	0.9	10.7	8.9
海南	11.2	3.9	6.0	15.3	10.3	10.2	2.8	26.5	57.7	73.6	20.1	104.6	12.9	0.5	0.3	16.5	13.5
重庆	8.3	7.8	7.3	9.0	10.7	6.1	0.1	18.5	22.8	21.7	23.4	3.8	9.1	-1.2	0.3	7.2	3.2
四川	8.2	7.0	7.4	8.9	9.8	5.9	7.1	15.9	17.6	10.8	22.7	14.7	12.0	9.0	0.3	7.5	5.9
贵州	8.1	7.7	9.4	7.3	12.9	-3.1	-1.0	13.7	19.7	44.6	13.0	—	10.2	-2.6	0.1	12.0	6.5
云南	7.3	8.4	6.1	7.7	8.8	4.0	-4.3	9.6	16.8	17.3	16.3	17.1	7.6	-4.9	0.2	8.9	10.0
西藏	6.7	7.3	-0.9	11.8	12.9	-14.2	-14.2	8.7	88.3	110.2	74.1	—	-2.4	-8.3	0.9	—	1.5
陕西	6.5	6.3	5.6	7.3	7.6	-3.0	0.8	6.7	25.9	18.6	33.0	21.4	22.9	2.3	1.5	16.3	16.9
甘肃	6.9	10.1	6.4	6.5	8.9	11.1	12.6	11.1	28.4	32.7	13.2	22.3	14.6	-3.3	0.9	18.1	16.4
青海	5.7	4.5	6.5	5.4	9.2	-2.9	5.0	8.0	36.4	33.6	38.9	-87.4	10.3	-4.1	1.3	11.5	14.5
宁夏	6.7	4.7	6.6	7.1	8.0	2.2	7.8	2.6	73.4	6.8	101.7	7.5	9.7	3.7	1.4	20.8	19.9
新疆	7.0	7.9	6.7	6.9	8.8	15.0	19.1	17.0	5.8	-23.1	15.9	9.5	9.6	4.5	1.2	15.0	19.4

数据来源：国家统计局，各省、自治区、直辖市《国民经济和社会发展统计公报》及统计局。

2021 年全国 35 个大中城市新建商品住宅销售价格指数同比增长

单位：%

地区	1月	2月	3月	4月	5月	6月	7月	8月	9月	10月	11月	12月
北京	2.9	3.4	3.6	4.5	4.3	4.9	5.4	4.9	4.5	4.9	5.4	5.1
天津	1.5	2.3	3.2	3.6	3.9	4.2	4.3	4.3	4.1	4	3	2.4
石家庄	2.9	2.7	3	2.8	3.1	2.9	2.8	2.4	2.1	0.8	-0.8	-1.5
太原	-0.8	-0.8	-1.1	-1.1	-1.3	-2.1	-2	-2	-2.2	-2.1	-2.3	-2.9
呼和浩特	4.7	4.5	4.1	3.6	3.1	3.1	2.3	2.1	1.2	0.1	-0.7	-0.9
沈阳	5.8	5.1	5.1	4.9	4.7	4.5	4.2	3.4	3.3	3.1	2.8	2.7
大连	4.7	4.5	5.2	5.4	5.8	6	6.1	6.5	6.1	5.5	5.3	4.7
长春	2.7	2.6	2.1	1.8	1.7	1.2	0.9	0.6	0.7	0.9	0.9	1
哈尔滨	-0.1	0.3	0.3	-0.4	-0.1	-0.2	-0.1	-0.6	-0.7	-1.3	-1.7	-1.8
上海	4.4	5	5.3	4.9	4.5	4.6	4.5	4.3	4	3.8	4	4.2
南京	5	5.7	6.3	5.1	4.6	4.4	4.6	4.8	5	4.5	3.9	4.1
杭州	4.2	4.5	3.5	3.3	3.2	2.6	2.8	3	3.4	3.9	4.7	5.5
宁波	4.3	4.9	5.4	5.9	5	4.8	4.7	4.2	3.9	3.7	3.5	3.3
合肥	4.3	5	5.6	6.8	7.1	6.4	6.1	6	5.7	4.9	4	3.5
福州	5.4	5.1	5.7	5.7	5.8	5.8	5.7	5.7	5.4	5.1	4.2	3.4
厦门	4.7	5.1	5.5	5.6	6.1	5.8	5.5	5.6	5.3	5.4	4.3	3.9
南昌	0.8	0.9	1.6	1.6	1.2	0.9	1	1.3	1.1	1.2	1.2	0.6
济南	-0.4	0.2	1.1	1.9	2.4	3.6	4.2	5.2	5.5	5.2	5	5.1
青岛	2.9	3.4	4.4	4.6	5.1	5.1	5.4	5.4	4.9	5	4.7	4.4
郑州	-0.6	0.3	1.2	1.8	2.7	3.2	3.7	3.1	2.8	2.6	2.4	1.9
武汉	4.6	5	5.5	6.7	7.3	6.7	6.5	6.4	6	5.3	4.3	3.7
长沙	4.9	5.6	5.9	6.3	6.7	6.7	7.1	6.8	6.9	7.1	7.5	7.5
广州	5.9	6.9	8.6	9.9	11.2	11.6	10.9	9.8	9	7.9	6.3	5
深圳	3.7	3.8	3.4	3.9	3.7	3.5	3.3	3.9	3.8	3.4	3.4	3.3
南宁	5	5.5	6.1	6	5.9	5.4	4.9	3.7	2.7	2.1	2.1	1.7
海口	3.2	3.8	4.1	4.6	5.4	5.8	6.5	5.8	5.6	5.4	4.5	4
重庆	4.9	5.7	6.2	6.7	8	8	8.3	8.8	8.3	8	8	7.9
成都	6.9	6.5	6.5	6.6	6.2	5.7	4.8	4.2	3.6	2.8	2.6	2.4
贵阳	3.4	3.2	3.7	5	5.2	4.7	4.9	4.2	3.7	2.9	1.1	0.2
昆明	5.6	6.5	7.5	7.5	6.8	4.7	3.8	2.4	1.5	0	-0.2	-0.6
西安	6.5	7.4	7.8	8	8	8.2	8.1	7.7	7.5	7.4	7.4	6.3
兰州	4.9	5.6	6.6	6.7	6.6	6.7	6.7	5.9	5.1	4.5	3.5	2.6
西宁	9	9.1	8.2	8	7.9	7.8	8.6	8	7.6	6.6	5.5	3.7
银川	13.9	14.9	14.1	13.7	12.4	11.2	10	8.5	8	7.9	7.7	6.7
乌鲁木齐	3.4	4.6	5.1	4.5	4.7	3.7	3.5	4.3	4.2	3.3	2.6	2.8

数据来源：国家统计局。

2021 年末各省、自治区、直辖市主要存贷款指标

地区	本外币						人民币							
	金融机构各项存款		金融机构各项贷款				金融机构各项存款				金融机构各项贷款			
	余额（亿元）	比年初（亿元）	余额（亿元）	短期	中长期	比年初（亿元）	余额（亿元）	住户存款	非金融企业存款	比年初（亿元）	余额（亿元）	个人消费贷款	房地产贷款	比年初（亿元）
北京	199741.5	11659.9	89032.9	26187.4	56189.6	4724.1	192104.3	47184.3	65955.0	10998.7	86077.5	17526.9	18527.5	5042.3
天津	35903.1	1758.1	41054.2	7846.4	25316.2	2194.8	34700.9	16244.1	12863.5	1663.3	40043.4	9685.3	9720.0	2353.0
河北	89019.5	7724.2	67962.8	20004.9	44681.8	6969.2	88589.5	60086.1	16299.3	7694.3	67610.4	19570.3	20165.6	7004.9
山西	46813.9	4316.8	34214.9	9917.6	20999.3	3574.0	46353.0	28459.9	11455.7	4279.5	33917.5	5211.3	5250.5	3543.9
内蒙古	27646.2	2579.6	25017.0	6509.9	17063.2	1689.3	27534.0	17145.2	5737.9	2564.1	24965.0	4752.6	5365.0	1715.8
辽宁	69995.5	2007.3	53134.8	13899.4	33612.3	925.5	69129.9	46337.7	11864.2	1942.5	52504.5	11044.3	2634.4	1005.8
吉林	29596.3	2349.8	24609.8	7249.6	16370.0	1858.7	29461.8	19096.3	5730.1	2342.1	24594.7	5894.7	5893.6	1854.9
黑龙江	34319.9	2709.3	24409.5	9062.0	13362.2	1823.6	34162.3	24012.3	4633.6	2709.7	24307.8	4854.9	5364.0	1825.4
上海	175831.1	19966.5	96032.1	20829.8	59888.3	11390.7	163819.5	41150.4	64209.3	18492.3	88260.1	23875.3	25798.5	10270.7
江苏	196016.3	18038.3	180538.7	51678.9	117049.6	23961.3	189433.1	74361.9	68703.9	16852.9	177970.1	51552.7	55726.9	23446.8
浙江	170816.0	18582.5	165755.7	56085.9	100410.0	22144.1	165372.5	66876.5	59503.5	17705.6	164042.7	44688.3	42825.2	21916.7
安徽	66868.5	6400.2	58669.8	14225.8	40175.5	6542.1	66271.9	34329.8	17312.7	6374.1	58151.0	18933.3	19908.4	6627.7
福建	62091.5	5704.6	67894.6	19736.6	42790.3	8034.9	60557.3	26248.2	17894.4	5396.8	65920.3	23527.2	19337.8	7330.8
江西	47756.0	3843.1	47173.4	12227.5	31506.6	5505.7	47455.7	25454.7	13688.1	3847.6	46920.7	12676.4	14096.5	5511.5
山东	130482.1	12132.7	111035.4	34539.3	68398.4	13154.8	127871.8	72255.3	37601.8	11716.5	108436.8	30864.9	33518.3	13025.2
河南	83456.2	5903.6	70540.8	18935.5	47473.0	6425.5	82430.2	51767.0	17235.1	5984.0	69444.6	22900.1	23865.6	6577.9
湖北	72476.7	5317.3	67038.0	11425.0	48636.4	7166.1	71638.1	38526.2	18961.9	5282.4	65553.8	16838.4	20777.5	7075.2
湖南	62891.0	4979.0	55845.0	11770.6	41801.4	6442.2	62339.8	35423.8	13446.9	4859.9	55508.7	15483.8	16341.4	6343.0
广东	293169.2	25531.0	222234.3	47468.8	157965.1	26553.7	282489.3	96634.1	104492.7	24637.7	215784.2	73454.5	72449.6	25981.8
广西	36879.4	2213.9	39851.1	7149.9	30626.7	4654.4	36706.2	20949.8	9225.7	2190.7	39325.3	11953.8	11680.5	4586.3
海南	11338.7	1026.2	10607.1	1443.8	8371.7	625.3	11187.9	5516.2	3521.3	1036.4	9926.0	2598.7	3424.0	695.8
重庆	45908.0	3053.7	46927.6	8236.3	34698.6	5018.7	44270.2	22239.9	11358.2	3000.0	46043.2	16017.2	15282.4	5082.6
四川	100077.3	8241.5	80340.4	14080.1	63061.8	9314.8	98645.1	54849.2	23215.9	8294.7	78963.9	20342.0	22360.4	9459.3
贵州	30123.4	1798.8	35890.2	5860.0	29271.0	3590.8	30048.1	14210.9	8284.7	1771.8	35829.4	7733.2	8664.8	3593.6
云南	36520.0	867.2	38977.9	7383.3	27872.1	3925.8	36357.7	19275.0	8218.6	853.4	38646.5	9377.4	9344.0	3928.5
西藏	5596.4	173.0	5135.3	614.1	3962.9	178.2	5591.9	1151.3	1167.1	173.8	5135.1	572.5	338.7	178.2
陕西	54625.1	5176.5	44379.3	7849.8	33619.7	5193.6	54130.1	29177.3	15641.6	5039.9	44053.7	10950.3	12069.6	5148.3
甘肃	22614.6	1621.9	23905.3	5275.5	16761.9	1745.9	22546.4	13544.6	4759.5	1608.1	23730.4	3940.6	4857.2	1794.8
青海	6737.0	423.0	6856.4	1178.0	4804.0	235.6	6728.8	2967.7	1374.7	426.0	6818.4	909.1	968.5	240.2
宁夏	7483.6	347.4	8461.3	2091.1	5326.4	479.4	7465.8	4269.3	1463.0	344.5	8284.3	1729.5	1768.0	501.7
新疆	26662.1	1697.1	25508.6	6728.8	15937.8	2602.7	26559.4	13241.3	6500.3	1734.8	25074.0	3802.1	4399.6	2696.4

数据来源：中国人民银行各分行、营业管理部、省会（首府）城市中心支行。

《中国区域金融运行报告（2022）》
分报告

北京市金融运行报告（2022）

中国人民银行营业管理部货币政策分析小组

[内容摘要] 2021年，北京市坚持以习近平新时代中国特色社会主义思想为指导，全面贯彻党的十九大和十九届历次全会精神，坚持稳中求进工作总基调，完整、准确、全面贯彻新发展理念，坚持以首都发展为统领，统筹推进疫情防控和经济社会发展，主动服务和融入新发展格局，经济持续稳定恢复，民生保障坚实有力，首都高质量发展迈上新台阶，实现了“十四五”良好开局。北京市金融业保持平稳运行，有效落实稳健的货币政策，着力完善金融支持实体经济的体制机制，持续加大对普惠小微、科技创新、绿色低碳、文化产业等重点领域和薄弱环节的支持力度，金融服务亮点纷呈，为首都“十四五”开局和经济高质量发展提供了有力支撑。

经济运行主要呈现以下特点：一是经济持续恢复。全年实现地区生产总值40269.6亿元，按不变价格计算，同比增长8.5%，两年平均增长4.7%。固定资产投资同比增长4.9%，其中制造业投资在医药、电子行业带动下大幅增长68.3%。市场消费稳步恢复，社会消费品零售总额同比增长8.4%；新消费模式快速发展，限额以上批发零售业、住宿餐饮业网上零售额同比增长19.0%，占全市社会消费品零售总额的比重超过三分之一。进出口总值跨越3万亿元大关，同比增长30.6%，其中在防疫、电子产品带动下出口增长31.2%。二是工业发挥引领带动作用。三次产业构成比为0.3∶18.0∶81.7，第二产业占比较上年回升2.2个百分点，其中，规模以上工业增加值同比增长31.0%，两年平均增长15.8%，医药行业在疫苗生产带动下、电子行业在集成电路需求旺盛带动下贡献突出。服务业运行平稳，第三产业增加值同比增长5.7%，信息、金融、批发零售行业发挥重要支撑作用。农业保障能力增强，粮食、蔬菜、生猪产量保持较快增长，休闲农业与乡村旅游收入恢复至2019年的近九成。三是高精尖产业引领新发展。2021年，高技术制造业、战略性新兴产业增加值按可比价格计算，同比分别增长1.1倍和89.2%，两年平均增长52.5%和43.7%；高新技术产品出口同比增长90.0%。四是数字经济快速发展注入新动力。全年数字经济实现增加值16251.9亿元，按现价计算，同比增长13.1%，占地区生产总值的比重达到40.4%，其中数字经济核心产业增加值同比增长16.4%，占地区生产总值的比重达到22.1%。五是居民消费价格涨势温和，工业生产者价格稳中有升。北京市居民消费价格同比上涨1.1%，工业生产者出厂价格同比上涨1.1%。

金融运行主要呈现以下特点：一是社会融资规模持续扩大，信贷对实体经济的支持“量增、价降、结构优”。2021年，北京地区社会融资规模增加1.5万亿元，较疫情前（2019年）多706.1亿元。人民币贷款余额同比增长6.2%，其中，企业中长期贷款自2020年11月以来连续13个月保持在13%以上的较高增速，对实体经济的中长期投融资支持力度显著加大。2021年12月，企业贷款加权平均利率为3.76%，降至有统计以来新低。二是金融支持实体经济体制机制加快完善，对重点发展领域和薄弱环节的金融支持力度进一步加大。启动“京绿金行动年”，出台《关于金融支持北京绿色低碳高质量发展的意见》，加快首都绿色金融体系建设，全年新增绿色贷款（本外币）2514亿元。印发《进一步完善北京民营和小微企业金融服务体制机制行动方案（2021—2023年）》，持续优化北京地区民营小微企业融资环境，全年新增普惠小微贷款1248亿元。印发《金融支持北京市制造业转型升级的指导意见》，引导辖内金融机构加大对制造业转型升级的支持力度，全年新增制造业中长期贷款1048亿元。三是多层次金融市场体系建设持续推进。银行业稳健运行，2021 年末北京市银行业金融机构资产总额达 30.0 万亿元，同比增长 4.6%；辖内银行业金融机构不良贷款率 0.67%，低于全国平均水平。设立北京证券交易所并成功开市，进一步健全多层次资本市场，加快完善中小企业金融支持体系；证券、期货机构蓬勃发展，资产规模分别同比增长 18.1%、45.6%。保险业较快发展，北京市保险业资产总规模 1.3 万亿元，较年初增长 19.4%；保险业实现保费收入 2526.9 亿元，同比增长 16.9%。四是多项首创改革和高水平开放试点政策率先在京落地，形成首都金融对外开放新格局。推出跨国公司本外币一体化资金池试点等一批首创性金融创新服务，创设“京津冀征信链”等一批创新性金融服务平台，形成金融科技创新监管试点等一批引领性金融科技项目，助力北京“两区”[①] 建设跑出“加速度”。五是决战决胜冬奥金融服务保障。闭环外冬奥支付环境建设圆满收官，数字人民币冬奥会场景试点成效显著，高效构建赛时金融保障体系，保障冬奥金融服务工作平稳运行。

2022 年是党的二十大召开之年，也是实施“十四五”规划承上启下的重要一年。北京市将坚持以习近平新时代中国特色社会主义思想为指导，全面贯彻落实党的十九大、十九届历次全会、中央经济工作会议精神和《政府工作报告》要求，深入贯彻习近平总书记对北京一系列重要讲话精神，坚持稳中求进工作总基调，完整、准确、全面贯彻新发展理念，坚持以首都发展为统领，深入实施人文北京、科技北京、绿色北京战略，全面深化改革开放，坚持创新驱动发展，推动高质量发展，坚持以供给侧结构性改革为主线，统筹疫情防控和经济社会发展，坚持“五子”[②] 联动融入新发展格局，继续做好“六稳”“六保”工作，持续改善民生，保持经济运行在合理区间。北京市金融业将坚持稳字当头、稳中求进，加大稳健货币政策的落实力度，增强信贷总量增长的稳定性，加大对实体经济的支持力度，提升对科技创新、绿色低碳、高端制造业、民营小微、乡村振兴等重点领域和薄弱环节的金融服务质效，推动企业综合融资成本稳中有降，为保持首都经济运行在合理区间提供更有力支撑，以实际行动迎接党的二十大胜利召开。

一、金融运行情况

2021 年，北京市金融平稳运行，社会融资规模和货币信贷保持合理增长，支持实体经济力度稳固，贷款利率水平降至历史新低，对重点领域支持力度进一步加大，改革创新步伐不断加快，金融管理和服务亮点纷呈，为首都“十四五”开局和经济高质量发展提供了有力支撑。

（一）银行业整体稳健，信贷对实体经济的支持“量增、价降、结构优”

1. 资产规模稳步增长，从业人数有所增加。2021 年末，北京市银行业金融机构资产总额 30.0 万亿元，同比增长 4.6%；辖内银行业金融机构累计实现利润 2225.7 亿元，同比下降 0.5%，降幅较上年收窄 13 个百分点；营业网点和法人机构数量分别为 4484 个和 124 个，从业人数同比增长 1.5%。

---

① “两区”是指国家服务业扩大开放综合示范区、中国（北京）自由贸易试验区。

② “五子”是指率先建设国际科技创新中心、抓好“两区”建设、建设全球数字经济标杆城市、以供给侧结构性改革创造新需求、深入推动京津冀协同发展。

表 1　2021 年北京市银行业金融机构情况

机构类别	营业网点			法人机构（个）
	机构个数（个）	从业人数（人）	资产总额（亿元）	
一、大型商业银行	1750	52729	107223	—
二、国家开发银行和政策性银行	18	910	19331	—
三、股份制商业银行	836	26467	65104	—
四、城市商业银行	419	13321	32965	1
五、城市信用社	0	0	0	—
六、小型农村金融机构	631	9196	10762	1
七、财务公司	75	5428	46434	74
八、信托公司	12	4240	1891	12
九、邮政储蓄银行	566	3497	4614	—
十、外资银行	113	4008	3885	9
十一、新型农村金融机构	43	820	324	11
十二、其他	21	4052	7073	16
合　计	4484	124668	299607	124

数据来源：中国银行保险监督管理委员会北京监管局。

注：营业网点机构数据不包括国家开发银行和政策性银行、大型商业银行、股份制银行金融机构总部；大型商业银行包括中国工商银行、中国农业银行、中国银行、中国建设银行和交通银行；小型农村金融机构指农村商业银行；新型农村金融机构指村镇银行；其他包含金融租赁公司、汽车金融公司、货币经纪公司、消费金融公司、民营银行等。

2. 存款增速稳中趋降，企业和个人存款增长放缓。2021 年末，北京市金融机构本外币各项存款余额 20.0 万亿元，同比增长 6.2%，较上年末低 3.7 个百分点，较年初增加 1.2 万亿元，同比少增 5007.4 亿元。人民币存款余额 19.2 万亿元，同比增长 6.1%，较上年末低 4.1 个百分点。其中，非金融企业存款和住户存款增长均有所放缓，同比分别增长 3.4%、10%，较上年末分别低 6.9 个和 5 个百分点。

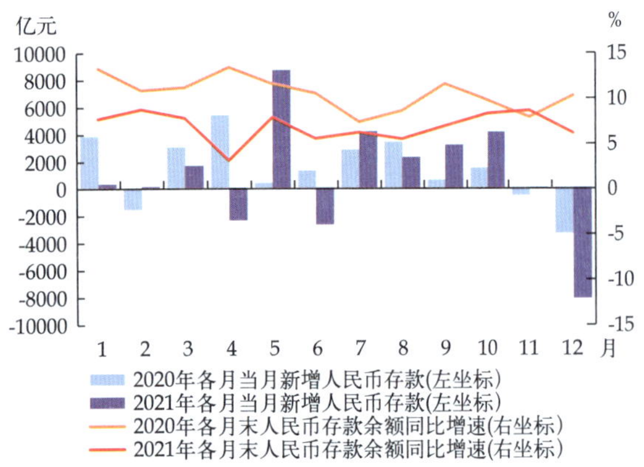

图 1　2020—2021 年北京市金融机构人民币存款增长情况

（数据来源：中国人民银行营业管理部）

3. 贷款合理增长，超七成新增贷款投向实体企业。2021 年末，北京市金融机构本外币各项贷款余额 8.9 万亿元，同比增长 5.6%，比年初增加 4724.1 亿元。人民币各项贷款余额 8.6 万亿元，同比增长 6.2%，比年初增加 5042.3 亿元。其中，企（事）业单位人民币贷款较年初增加 3629.2 亿元，占各项贷款新增额的 71.9%，企业中长期贷款较快增长是主要拉动力量；住户贷款同比增长 7.9%，比上年末高 1.5 个百分点。

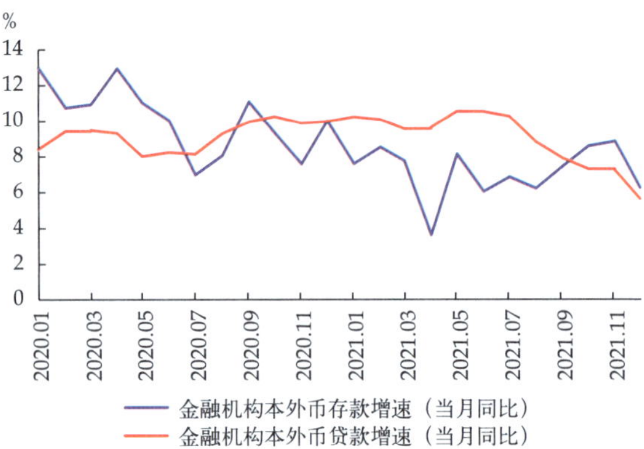

图 2　2020—2021 年北京市金融机构本外币存贷款增速

（数据来源：中国人民银行营业管理部）

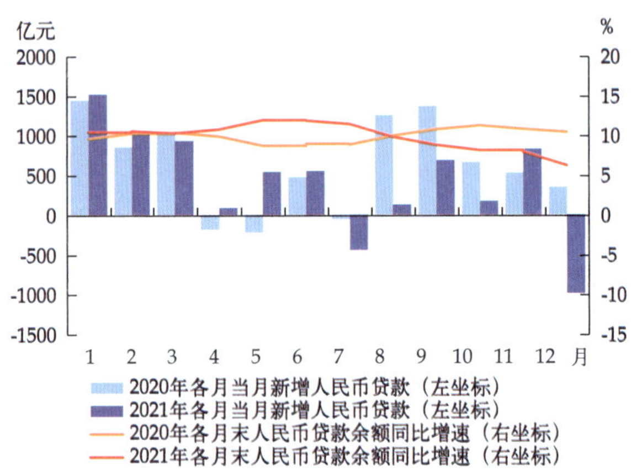

图 3　2020—2021 年北京市金融机构人民币贷款增长情况

（数据来源：中国人民银行营业管理部）

4. 发挥货币政策工具的牵引带动作用，信贷结构进一步优化。2021 年中国人民银行营业管理部累计投放政策性资金 1323 亿元，同比增长 18.3%。创新完善以“融”“通”系列为品牌的首都货币政策工具产品体系，实现对民营小微企业以及绿色低碳、科技创新、文化产业等重点领域超百亿元精准支持。2021 年，北京市金融机构新增普惠小微贷款 1248 亿元、制造业中长期贷款 1048 亿元、绿色贷款（本外币）2514 亿元，年末贷款余额同比增速均明显高于各项贷款。高新技术产业、文化企业有贷户数分别同比增长 17.9%、14.7%。

专栏 1　多措并举提升首都绿色金融服务质效　助力绿色低碳产业高质量发展

中国人民银行营业管理部积极落实党中央、国务院“碳达峰碳中和”决策部署，加快完善北京绿色金融政策体系，引导和撬动辖内金融资源向绿色转型发展倾斜，多措并举提升金融服务绿色低碳产业质效。2021 年，北京市金融机构新增绿色贷款（本外币）2514 亿元，年末贷款余额占各项贷款的比重为 12.2%，较上年末提升 2.4 个百分点；金融机构发行绿色债券 728 亿元，非金融企业发行绿色债券 2127 亿元，占全国总发行量的近五成。

一、强化政策协同，合力构建良好的绿色金融政策环境

2021 年，中国人民银行营业管理部联合多部门印发《关于金融支持北京绿色低碳高质量发展的意见》，从加强货币信贷引导、强化政策激励约束、发展直接融资体系、优化绿色金融营商环境等 8 个方面提出 32 条措施，多措并举提升金融服务绿色低碳发展的能力，助力实现碳达峰碳中和目标。

二、充分发挥货币政策工具正向激励作用，撬动更多信贷资源向绿色低碳领域倾斜

一是抓实碳减排支持工具和支持煤炭清洁高效利用专项再贷款运用。发挥首都能源集团总部聚集优势，促进项目对接。2021 年末，首批已实现碳减排领域贷款协议签约金额 610 亿元，项目储备超 500 亿元；贷款实际落地约近百亿元，带动碳减排量约 160 万吨 / 年。

二是创新运用货币政策工具加大对绿色低碳领域的精准支持。创设“京绿通”专项再贴现、“京绿融”专项再贷款等货币政策工具，设置绿色企业票据再贴现绿色通道，加大央行低成本资金对绿色低碳领域的支持力度。截至 2021 年末，“京绿通”“京绿融”已实现对 399 家企业 32 亿元绿色融资的精准支持；其中，“京绿通”平均贴现利率 2.38%，较同期普通再贴现票据加权平均利率低 33 个基点。

三、鼓励辖内商业银行创新推动绿色发展，加快构建绿色金融组织和产品服务体系

一是不断完善绿色金融组织体系。辖内商业银行积极设立绿色金融事业部、绿色金融特色支行等专营组织机构，组建绿色专业团队，提供专业化绿色金融服务。

二是创新丰富绿色金融产品服务。辖内商业银行综合运用绿色信贷、绿色债券、股权投资、债转股、公募 REITs 等工具，有力支持北京市节能减排和绿色低碳发展。先后落地“碳中和”银团贷款、绿色境外银团贷款，创新“合同能源管理未来收益权质押贷款”“生态修复贷”“碳汇碳票双质押”等绿色信贷产品，在银行间市场发行全国首单“碳中和”小微金融债券。

三是有序开展环境信息披露工作。辖内多家法人银行已通过社会责任报告的方式开展环境信息披露工作，后续将根据各行特点逐步深化环境信息披露内容。

下一阶段，中国人民银行营业管理部将继续贯彻落实党中央、国务院关于碳达峰碳中和工作的决策部署，按照“三大功能、五大支柱”绿色金融发展思路，坚持以首善标准推动绿色金融工作，助力首都绿色低碳产业高质量发展。

5. 巩固 LPR 改革成效，企业融资成本降至有统计以来最低。引导辖内银行将 LPR 嵌入内部资金转移定价（FTP），持续释放 LPR 改革潜力。2021 年 12 月，北京市金融机构一般贷款加权平均利率、企业贷款加权平均利率分别为 4.07% 和 3.76%，同比下降 10 个和 14 个基点，均为有统计以来最低；普惠小微贷款加权平均利率 4.81%，同比下降 11 个基点。定期存款利率稳中有降，12 月加权平均利率为 2.12%，同比下降 38 个基点，较优化存款利率自律前下降 35 个基点，其中，长期限存款利率降幅明显。

6. 不良贷款率微升，法人银行风险抵御能力较强。2021 年末，辖内银行业金融机构不良贷款率 0.67%，较年初上升 0.11 个百分点，较全国平均水平低 1.06 个百分点。辖内法人银行资本充足率 20.05%，同比上升 7.05 个百分点；贷款拨备率 3.25%，与上年基本持平；拨备覆盖率 238.40%，同比略降 0.80 个百分点，风险抵御能力依然较高。

7. 跨境人民币业务快速增长。2021 年，北京地区跨境人民币结算 7.48 万亿元，同比增长近五成，业务笔数超 21 万笔。其中，经常项目人民币收付金额为 1.05 万亿元，资本与金融项目人民币收付金额为 6.43 万亿元。自 2010 年 6 月 23 日试点启动至 2021 年末，北京地区跨境人民币收付涉及的国家和地区已达 215 个；已有 125 家跨国企业集团开展跨境双向人民币资金池业务，累计归集跨境收入 7138.1 亿元，跨境支出 7116.31 亿元；银行已累计开立人民币同业往来账户 837 个，为非居民机构开立人民币结算账户 1335 个。

表 2　2021 年北京市金融机构人民币贷款各利率区间占比

单位：%

项目		1月	2月	3月	4月	5月	6月
合计		100.0	100.0	100.0	100.0	100.0	100.0
LPR 减点		56.5	60.6	54.7	52.4	58.1	57.5
LPR		6.3	4.2	6.6	5.3	5.3	8.1
LPR 加点	小计	37.3	35.2	38.7	42.3	36.6	34.4
	(LPR，LPR+0.5%)	13.0	10.3	12.2	14.2	10.2	11.3
	[LPR+0.5%，LPR+1.5%)	10.3	13.9	12.3	10.0	10.2	10.0
	[LPR+1.5%，LPR+3%)	3.8	3.2	4.0	4.4	4.5	4.8
	[LPR+3%，LPR+5%)	6.8	5.2	7.2	9.9	8.0	5.6
	LPR+5% 及以上	3.4	2.7	3.0	3.8	3.6	2.7
项目		7月	8月	9月	10月	11月	12月
合计		100.0	100.0	100.0	100.0	100.0	100.0
LPR 减点		58.5	56.8	53.0	56.5	58.6	61.8
LPR		6.0	7.4	7.2	6.2	6.9	7.0
LPR 加点	小计	35.5	35.8	39.8	37.4	34.5	31.2
	(LPR，LPR+0.5%)	11.4	11.0	13.0	11.8	13.0	12.2
	[LPR+0.5%，LPR+1.5%)	10.2	9.5	12.4	9.6	9.0	9.3
	[LPR+1.5%，LPR+3%)	3.8	4.6	4.7	5.6	4.4	2.8
	[LPR+3%，LPR+5%)	6.7	7.7	6.9	7.3	5.4	4.5
	LPR+5% 及以上	3.4	3.0	2.8	3.0	2.7	2.3

数据来源：中国人民银行营业管理部。

专栏 2　“五位一体”助力首都普惠金融提质增效

中国人民银行营业管理部坚决贯彻党中央、国务院关于深化民营和小微企业金融服务的精神，落实人民银行总行和市委市政府工作要求，联合相关部门与辖内金融机构多措并举、综合施策，从宏观调控、资金支持、政策引导、部门协同、科技赋能 5 个方面入手，“五位一体”持续优化北京地区民营小微金融环境，推动小微企业贷款“量增、面扩、价降、结构优”。

一、“五位一体”持续优化民营小微金融环境

一是强化跨周期调节，为首都经济恢复和高质量发展营造适宜的货币金融环境。落实稳健的货币政策灵活精准、合理适度，根据经济形势变化强化跨周期调节，保持社会融资规模和货币信贷合理增长，着力加大对重点领域和薄弱环节的金融支持，发挥 LPR 改革效能，推动企业综合融资成本稳中有降。

二是发挥货币政策工具的牵引带动作用，创造性推动政策性资金精准直达实体经济。近年来，中国人民银行营业管理部持续加大货币政策工具运用，2021 年累计投放央行政策性资金超 1300 亿元，是疫情前（2019 年）的 1.7 倍，撬动信贷投放 3770 亿元；支持市场主体 7 万户，其中小微、民营企业占比超九成。着力完善以“融”“通”系列为品牌的首都货币政策工具产品体系，持续加大对科技创新、绿色低碳、乡村振兴、文化产业等重点领域民营小微企业的支持力度。用好两项直达实体经济的货币政策工具，引导银行累计为 11.6 万户次普惠小微市场主体办理贷款阶段性延期还本超过 1680 亿元，累计为 123 万户次普惠小微市场主体发放信用贷款 2630 亿元。

三是强化政策引领作用，不断优化完善民营小微金融政策支持体系。近年来，中国人民银行营业管理部联合各部门在民营小微、创新创业等领域出台了多项政策文件，持续推动提升民营小微企业、个体工商户金融服务水平。2021 年，联合多部门印发《进一步完善北京民营和小微企业金融服务体制机制行动方案（2021—2023 年）》，形成了较为完善的金融支持首都民营小微健康发展的政策体系；联合相关部门出台《北京市辖内试点银行开办创业担保贷款业务操作指引》《关于进一步推进创业担保贷款增量扩面 助力更多市场主体创新创业的行动方案》，扩大经办银行范围，升级完善创业担保贷款政策与服务体系，推动全市创业担保贷款余额突破 8 亿元。

四是加强跨部门协同，发挥合力缓解企业融资难题。2021 年，中国人民银行营业管理部联合北京市科学技术委员会、中关村科技园区管理委员会推出“中关村企业抗疫发展贷”，强化货币政策与产业政策联动，通过“几家抬”提高企业融资便利度；联合北京市经济和信息化局推出“高精尖双益贷”和创新型小微企业“初创贷”“创新贷”“成长贷”，以支小再贷款配套专项奖补资金撬动银行科创领域信贷投放。

五是科技赋能银企对接，提升贷款落地质效。近年来，为解决银企双方对接不畅、信息不对称等问题，中国人民银行营业管理部建设完善北京市银企对接系统，并与北京小微金服平台、畅融工程实现企业融资需求信息共享。截至 2021 年末，辖内银行通过北京市银企对接系统累计走访企业超 30 万次，覆盖企业约 19 万户，推动贷款落地近 800 亿元；获贷企业中，中小微企业占比 96%。为进一步提升中小微企业融资便利，助力银行贷款落地，中国人民银行营业管理部创新搭建“创信融”企业融资综合信用服务平台，提供全线上、纯信用的信贷产品，该平台上线以来，已陆续接入 16 家辖内主要银行，精准支持 4000 多家中小微企业获得信用贷款超 35 亿元。

二、辖内小微企业贷款呈现“量增、面扩、价降、结构优”的良好态势

一是小微企业贷款保持较高增速。2021 年末，北京市金融机构普惠小微贷款余额 6378.6 亿元，同比增速明显高于各项贷款。二是小微企业信用贷款覆盖面不断扩大。2021 年末，北京市金融机构普惠小微贷款有贷户数 50.4 万户，同比增长 23%。三是小微企业贷款利率稳中有降。2021 年 12 月，北京地区普惠小微贷款加权平均利率为 4.81%，同比、环比分别下降 11 个、12 个基点，处于历史较低水平。四是小微企业信用贷款占比持续提升。2021 年末，北京地区小微企业信用贷款占比 40.3%，较上年提高 3.4 个百分点。

下一步，中国人民银行营业管理部将深入贯彻落实党中央、国务院关于稳增长稳市场主体的决策部署，细化落实人民银行总行相关政策措施，按照市场化原则，进一步深化小微企业金融服务供给侧结构性改革，加快推动建立金融服务小微企业敢贷愿贷能贷会贷长效机制，着力提升辖内金融机构服务小微企业的意愿、能力和可持续性，助力稳市场主体、稳就业创业、稳经济增长。

（二）多层次资本市场体系进一步完善，直接融资规模增长

1. 证券期货基金机构蓬勃发展，资产规模较快增长。2021年末，北京地区法人证券公司18家，资产规模1.6万亿元，同比增长18.1%，全年实现营业收入714.2亿元，同比增长12.3%。法人期货公司19家，资产规模1633.3亿元，同比增长45.6%，全年实现营业收入61.7亿元。总部设在北京辖区的基金管理公司36家，资产规模859亿元，公募基金管理规模5.3万亿元，全年实现管理费收入343亿元。

表3　2021年北京市证券业基本情况

项目	数量
总部设在辖内的证券公司数（家）	18
总部设在辖内的基金公司数（家）	36
总部设在辖内的期货公司数（家）	19
年末境内上市公司数（家）	424
当年国内股票（A股）筹资（亿元）	2700
当年发行H股筹资（亿元）	180
当年国内债券筹资（亿元）	9919
其中：短期融资券筹资额（亿元）	1486
中期票据筹资额（亿元）	1019

数据来源：中国证券监督管理委员会北京监管局。

注：证券公司家数为法人机构数量，国内股票（A股）筹资额包含金融企业A股筹资。

2. 资本市场层次更加丰富，直接融资规模创历史新高。设立北京证券交易所并成功开市，进一步健全多层次资本市场，加快完善中小企业金融支持体系。2021年，北京地区各类企业利用多层次资本市场实现直接融资1.3万亿元，同比增长3.8%。其中，IPO公司36家，募集资金988.0亿元；上市公司定向增发116家次，募集资金1712.1亿元，同比增加158.4%；通过沪深交易所发行公司债（含ABS）9919亿元。2021年末，北京地区共有上市公司424家，总市值16.3万亿元，占A股上市公司总市值的17.8%。

（三）保险保障功能不断增强，改革转型持续发力

1. 保险业务较快增长。2021年末，北京辖内保险业资产总规模1.3万亿元，较年初增长19.4%。全年累计实现原保险保费收入2526.9亿元，同比增长16.9%。北京地区共有法人保险公司44家，其中，财产险公司13家、人身险公司31家。

表4　2021年北京市保险业基本情况

项目	数量
总部设在辖内的法人保险公司数（家）	44
其中：财产险经营主体（家）	13
寿险经营主体（家）	31
保险公司分支机构（家）	115
其中：财产险公司分支机构（家）	49
寿险公司分支机构（家）	66
保费收入（中外资，亿元）	2526.9
其中：财产险保费收入（中外资，亿元）	443.5
人身险保费收入（中外资，亿元）	2083.4
各类赔款给付（中外资，亿元）	838.5

数据来源：中国银行保险监督管理委员会北京监管局。

2. 保险保障能力进一步增强。2021年，北京保险业承担风险保障2719.5万亿元，同比增长2.9倍；累计赔付支出838.5亿元，同比增长13.6%；寿险和长期健康险准备金8168.0亿元，同比增长16.1%。推动开发城市定制型商业医疗保险“北京普惠健康保”，参保人数超300万人。

3. 改革转型发展持续推进。一是不断深化车险领域改革。创建“互碰快赔”机制，推进京津冀交通事故车险服务一体化，累计服务车主超170万人次，减少事故车辆二次占道50%以上，拥堵时间降低一半，理赔效率提升一倍。

车险改革实现“降价、增保、提质”目标，商业车险单均保费较改革前下降近20%。二是持续推进保险兼业代理市场改革。深入推动非金融类车险兼业代理管理制度改革，创新建立主报告公司机制，近三成兼业代理机构出清。初步建成保险中介管理一网通平台，率先实现系统化管理。持续开展中介行业自律巡查，清退百余家“三无”机构。创新开展保险中介“一照两址”改革，发布《关于加强分类指导推动北京地区保险专业中介机构高质量发展的实施意见》。

（四）社会融资规模扩大，融资渠道更趋多元

1. 社会融资规模增加，直接融资发挥重要作用。2021年，北京地区社会融资规模增加1.5万亿元，较疫情前（2019年）多706.1亿元。从结构上看，人民币贷款新增5236.9亿元，占地区社会融资增量的34.2%；企业债券净融资3763.7亿元，非金融企业境内股票融资2435.7亿元，地方政府专项债2119.6亿元，三项合计占比超54%，较上年有所提升；存款类金融机构资产支持证券净融资大幅增长带动“其他”项增加3090.2亿元；委托贷款、信托贷款和未贴现的银行承兑汇票共减少1209.8亿元。

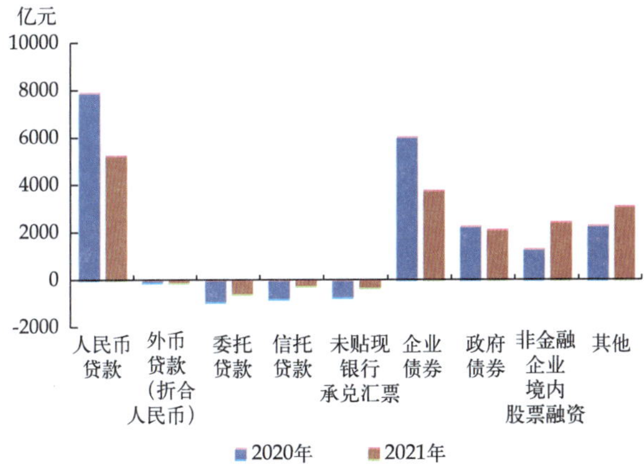

图4　2020—2021年北京地区社会融资分布结构

（数据来源：中国人民银行营业管理部）

2. 票据市场运行平稳，票据贴现利率下行。2021年北京地区累计承兑商业汇票1.25万亿元，同比增长10.9%，其中，银行承兑汇票承兑量同比增长9%，商业承兑汇票承兑量同比增长14.8%；票据贴现额累计3.76万亿元，同比下降2.8%。12月，银行承兑汇票直贴利率下行约60个基点至2.2%，商业承兑汇票直贴利率稳定在4%左右；票据转贴利率下行近70个基点至2.0%。

表5　2021年北京市金融机构票据业务量统计

单位：亿元

季度	银行承兑汇票承兑		贴现			
			银行承兑汇票		商业承兑汇票	
	余额	累计发生额	余额	累计发生额	余额	累计发生额
1	4165.0	1790.0	4918.9	7448.1	1206.8	1368.9
2	3997.8	3757.8	5013.7	16776.0	1299.9	3080.3
3	4204.6	5901.9	5182.3	24809.3	1087.2	4020.9
4	4600.6	8405.2	5184.3	32653.3	1053.1	4898.1

数据来源：中国人民银行营业管理部。

表6　2021年北京市金融机构票据贴现、转贴现加权平均利率

单位：%

季度	贴现		转贴现	
	银行承兑汇票	商业承兑汇票	票据买断	票据回购
1	3.26	3.98	3.15	1.98
2	2.83	3.95	2.78	2.12
3	2.57	3.86	2.45	2.21
4	1.97	3.13	1.53	2.10

数据来源：中国人民银行营业管理部。

（五）持续深化金融供给侧结构性改革，大力推动金融业对外开放

1. 多项改革举措加快落地。一是北京证券交易所开市运行，打造服务创新型中小企业主阵地。二是北京金融法院成立，对金融领域司法服务保障力度进一步加强。三是“两区”建设金融领域102项创新举措落地超九成，出台配套政策52项，形成股权投资和创业投资份额转让试点、知识产权保险试点等3个全国复制推广的创新实践案例，多个重点领域取得突破性进展。四是多元机构进驻北京市贷款服务中

心，线下首贷、续贷、确权融资、知识产权质押融资服务实现资源整合，小微企业贷款服务可得性不断提高。五是金融科技发展亮点纷呈。金融科技创新监管试点等一批引领性金融科技项目在京落地。聚焦强化金融科技基础力量，金融网关信息服务有限公司、国家金融科技检测认证中心、国家金融标准化研究院和国家数字金融技术检测中心在京成立。

2. 金融领域开放进一步提速。一是率先在全国开展跨国公司本外币一体化资金池试点业务，进一步提升跨国公司跨境资金集中运营水平，吸引更多跨国公司在京设立全球或区域资金管理中心。二是率先在全国开展本外币合一银行账户试点，向市场主体提供优质、安全、高效的银行账户服务，有效降低企业和银行运营成本。三是外资金融机构加快落地。2021 年，17 家外资金融机构落地北京，包括首家外商独资保险资管公司、货币经纪公司、持牌支付公司等。四是跨境投融资便利化水平进一步提升。积极扩大合格境外有限合伙人（QFLP）试点，推动 2 家 QFLP 试点企业在京落地，助力股权投资市场发展。五是高水平举办中国国际服务贸易交易会金融服务专题展和金融街论坛年会，促进全球金融深度交流合作。

（六）有力保障冬奥金融服务，数字人民币北京冬奥会场景试点成效显著

1. 高效构建赛时金融保障体系，全力以赴建设高质量冬奥支付环境。高质量完成冬奥支付服务各项筹备工作，历时两年精心准备，全市 50 个重点商圈完成改造任务，新增可受理云闪付小微商户 3 万户；高效完成多家冬奥酒店、定点医院以及红线内 16 个场馆 34 个签约商户 259 个场景支付建设，中国银行 3 家临时网点顺利对外营业；积极适应和快速落实冬奥决战决胜阶段和闭环管理新要求，闭环内所有涉奥场景布放 POS 机具 2669 台、ATM 75 台，有效满足涉奥人员本外币银行卡刷卡、ATM 取现、本外币双向兑换等金融服务需求。构建赛时指挥体系，实时不间断调度，实现酒店全面闭环后金融服务连续五日“无障碍、零投诉”，共发生金融交易 6967 笔，金额合计 403.7 万元。自 2022 年 1 月 4 日闭环管理启动至 3 月 16 日冬残奥会住宿保障期结束，历时近 2 个半月，冬奥会和冬残奥会金融服务安全高效，运行指挥体系顺畅有效，应急保障支持有力有序。

2. 数字人民币北京冬奥会场景试点成效显著，成为冬奥会上的一道亮丽风景线。全力推进数字人民币受理环境建设，实现冬奥组委园区和红线内消费场景全覆盖，红线外交通出行、医疗卫生、旅游观光等七大场景全覆盖。聚焦闭环管理，66 家冬奥签约酒店和 27 家定点医院数字人民币软硬钱包受理环境全覆盖，指导中国银行北京市分行在全国首次发行数字人民币硬钱包。开展“数字王府井 冰雪嘉年华”“京彩奋斗者 数字嘉年华”“京彩惠民生 数字嘉年华”等大型试点活动，宣传普及数字人民币知识，培养公众使用数字人民币的习惯，为北京冬奥会举办营造良好的氛围。冬奥会期间，数字人民币成为红线内主要支付方式，交易量占比超四成，“数字人民币秒支付”“数字人民币冬奥赛场显身手”等成为国内外媒体热点话题，试点工作赢得社会各界和国际宾客的广泛关注和普遍赞誉。截至 2021 年底，全市开立数字人民币个人钱包超 1200 万个，对公钱包超 130 万个，覆盖食、住、行、游、购、娱、医等冬奥全场景 40 余万个，交易金额近百亿元。

（七）金融治理体系进一步完善，金融服务和管理质效不断提升

1. 多措并举提升金融管理水平。完善金融领域监管规则体系，坚持金融活动全部纳入金融监管，金融业务必须持牌经营。高标准打造外汇局数据研判中心（北京），提升非现场打击精准度。建立反洗钱监管信息披露机制。金融基础数据和地方金融组织各项统计制度顺利落地实施。

2. 金融惠企利民取得新进展。京津冀三地人民银行分支机构联合工业和信息化部门、商业银行发布“京津冀金融支持计划”，推动民营小

微企业融资超125亿元；中国人民银行营业管理部会同北京市地方金融监督管理局、北京市经济和信息化局，联合天津、河北两地共同打造“京津冀征信链”涉企信用信息平台，实现数据要素资源在区域内有序流动，为京津冀区域协同发展提供高质量征信服务。持续优化企业开户全流程，全年累计减免企业开户相关费用2.9亿元。引导企业和金融机构树立“风险中性”理念，鼓励金融机构为中小微企业提供汇率风险管理服务，首创外汇衍生品银企对接公共服务平台，累积签约超31亿美元。异地缴税试点顺利推进，32家银行实现全流程线上办理。建立北京金融消费权益保护投诉热线12363“接诉即办”工作机制，呼入接通率提升至98%以上。

二、经济运行情况

2021年，北京市坚持以习近平新时代中国特色社会主义思想为指导，坚持稳中求进工作总基调，以首都发展为统领，统筹推进疫情防控和经济社会发展，主动服务和融入新发展格局，经济持续稳定恢复，民生保障坚实有力，高质量发展迈上新台阶，实现了“十四五”良好开局。全年北京市实现地区生产总值40269.6亿元，按不变价格计算，同比增长8.5%，与2019年相比，两年平均增长4.7%。

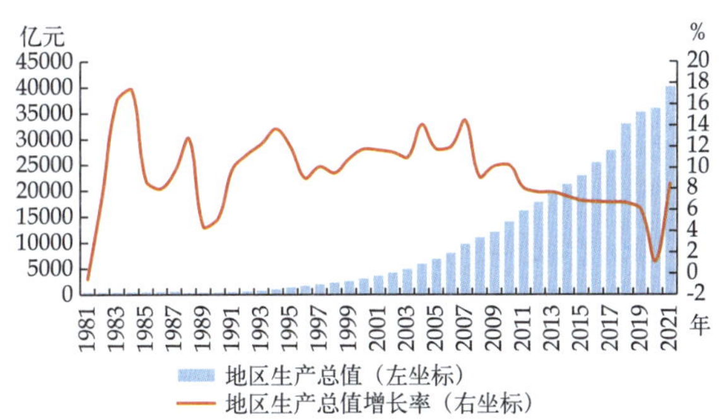

图5　1981—2021年北京市地区生产总值及其增长率

（数据来源：北京市统计局）

（一）三大需求持续恢复，主要领域稳中有进

1. 固定资产投资稳步增长，制造业投资带动作用突出。2021年，北京市固定资产投资（不含农户）同比增长4.9%，两年平均增长3.5%。分行业看，制造业投资在医药、电子行业带动下同比增长68.3%，金融业、卫生和社会工作投资同比分别增长68.2%、22.8%，信息传输、软件和信息技术服务业投资同比增长20.0%。分领域看，房地产开发投资、民间投资和基础设施投资同比分别增长5.1%、6.4%和下降8.9%。

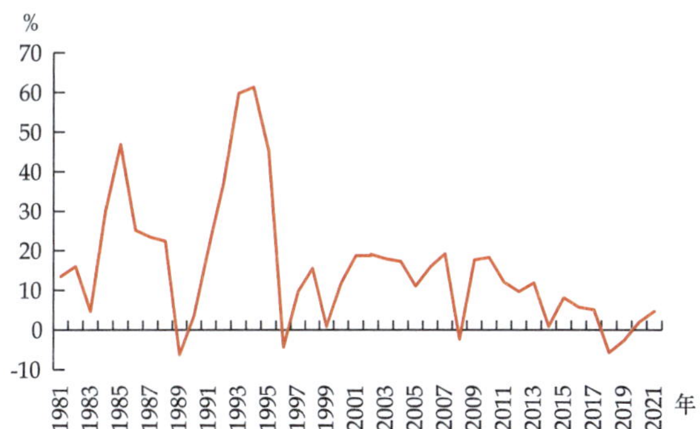

图6　1981—2021年北京市固定资产投资（不含农户）增长率

（数据来源：北京市统计局）

2. 市场消费规模扩大，消费升级相关商品增势良好。2021年，北京市市场总消费额同比增长11.0%，两年平均增长1.7%。其中，社会消费品零售总额同比增长8.4%，两年平均下降0.7%；服务性消费额同比增长13.4%，两年平均增长3.8%。分商品类别看，与消费升级相关的金银珠宝类、文化办公用品类、通信器材类商品零售额同比分别增长33.1%、21.4%和16.7%。

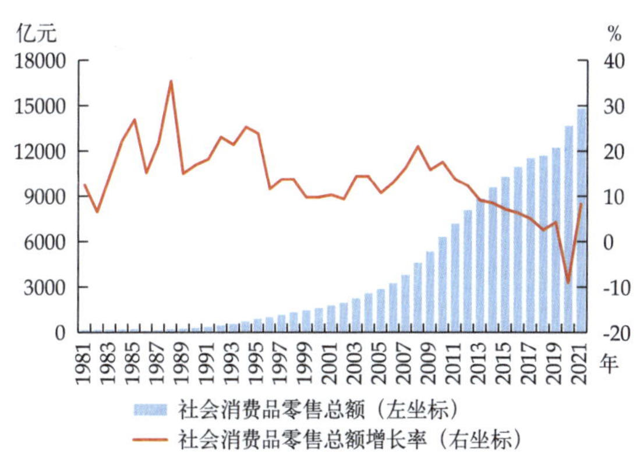

图7　1981—2021年北京市社会消费品零售总额及其增长率

（数据来源：北京市统计局）

3. 对外贸易快速增长，实际利用外商直接投资规模扩大。2021 年，北京地区进出口总值 30438.4 亿元，同比增长 30.6%。其中，进口 24319.9 亿元，同比增长 30.4%，主要受原油和天然气进口价格上涨带动；出口 6118.5 亿元，同比增长 31.2%，成品油、医药材及药品、手机等为主要拉动因素，高新技术产品出口同比增长 90.0%。全年实际利用外商直接投资 155.6 亿美元，同比增长 10.3%。

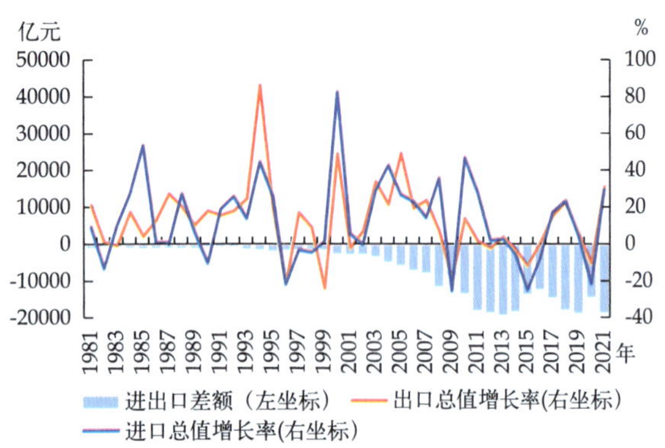

图 8　1981—2021 年北京市外贸进出口情况

（数据来源：北京市统计局）

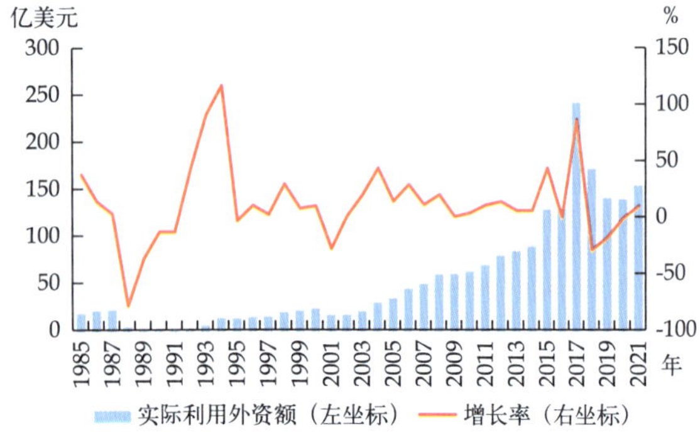

图 9　1985—2021 年北京市实际利用外资额及其增长率

（数据来源：北京市统计局）

（二）工业发挥引领带动作用，服务业平稳运行

2021 年，北京市第一、第二、第三产业分别实现增加值 111.3 亿元、7268.6 亿元和 32889.6 亿元。三次产业构成比为 0.3 : 18.0 : 81.7，其中第二产业比重较上年回升 2.2 个百分点。

1. 农业结构优化调整，都市农业逐步回暖。2021 年，北京市农林牧渔业总产值按可比价格计算，同比增长 2.8%，其中，农业（种植业）和牧业产值较快增长，同比增速分别为 11.9% 和 11.2%。都市农业逐步恢复，设施农业播种面积和实现产值同比分别增长 7.5% 和 15.7%；休闲农业和乡村旅游实现收入 32.6 亿元，恢复至 2019 年的近九成，接待 2520.2 万人次，同比增长 34.2%。

2. 工业生产较快增长，高端产业增势良好。2021 年，北京市规模以上工业增加值按可比价格计算同比增长 31.0%，两年平均增长 15.8%。重点行业中，医药制造业在疫苗生产带动下同比增长 2.5 倍，计算机、通信和其他电子设备制造业同比增长 19.6%，电力、热力生产和供应业同比增长 6.7%，汽车制造业同比下降 12.0%。高端产业引领发展，高技术产业、战略性新兴产业增加值按现价计算，同比分别增长 14.2%、14.0%；工业机器人、集成电路和智能手机产量同比分别增长 56.0%、21.7% 和 17.1%。

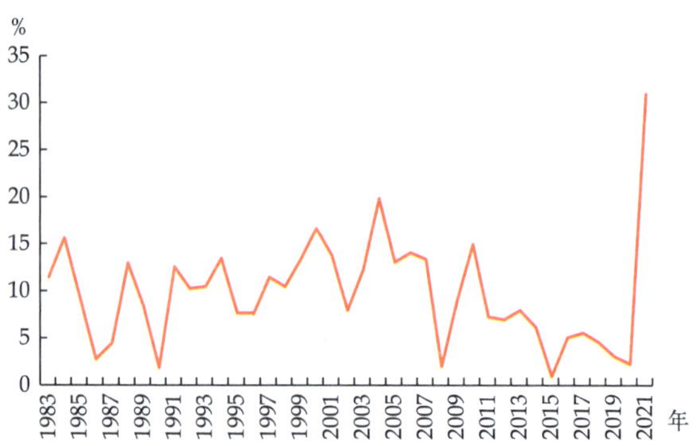

图 10　1983—2021 年北京市规模以上工业增加值增长率

（数据来源：北京市统计局）

3. 服务业运行平稳，信息、金融、批发零售行业贡献较大。2021 年，北京市第三产业增加值按不变价格计算同比增长 5.7%，两年平均增长 3.2%。其中，信息传输、软件和信息技术服务业同比增长 11.0%，金融业同比增长 4.5%，批发和零售业同比增长 8.4%，3 个行业对第三产业增长的贡献率合计近七成。住

宿和餐饮业，交通运输、仓储和邮政业和租赁和商务服务业保持恢复性增长，同比分别增长13.7%、5.9%和3.4%。

（三）消费价格涨势温和，居民生活持续改善

1. 居民消费价格涨势温和，工业生产出厂价格和购进价格上涨。2021年，北京市居民消费价格同比上涨1.1%，涨幅较上年低0.6个百分点，其中，消费品价格上涨1.0%，服务价格上涨1.2%；北京市工业生产者出厂价格同比上涨1.1%，购进价格同比上涨3.7%，涨幅均低于全国总体水平。

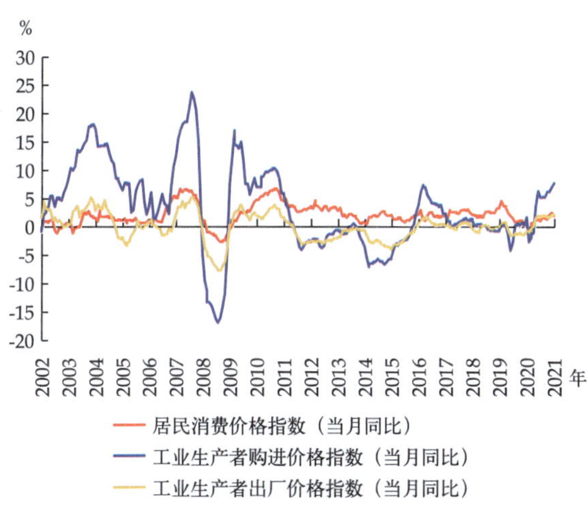

图11　2002—2021年北京市居民消费价格指数和工业生产者价格指数变动趋势

（数据来源：北京市统计局）

2. 就业形势保持稳定，居民生活持续改善。2021年，北京市城镇新增就业26.9万人，同比增加0.8万人，各季度城镇调查失业率均控制在调控目标5%以内。全市居民人均可支配收入为75002元，同比增长8.0%，其中，城镇居民人均可支配收入增长7.8%，农村居民人均可支配收入增长10.5%。从收入构成看，全市居民人均经营净收入、工资性收入提升较快，同比分别增长15.8%、10.2%。

3. 空气质量全面达标，城市环境更加宜居。2021年，北京市PM2.5和臭氧首次同步达到国家二级标准。其中，PM2.5年均浓度降至33微克/立方米，比上年下降13.2%。全年空气优良天数达到288天，占比为78.9%。全年污水处理率为95.8%，比上年提高0.8个百分点，生活垃圾无害化处理率达到100%。全年城市绿化覆盖率49.3%，提高0.3个百分点。

（四）财政收支平稳运行，民生领域投入持续增加

2021年，北京市完成一般公共预算收入5932.3亿元，同比增长8.1%，主要受头部互联网企业快速发展、批发零售业和商务服务业经营活动较快恢复、新冠疫苗生产大幅增长等因素拉动。其中，增值税1742.9亿元，同比增长5.4%；企业所得税1395.1亿元，同比增长18.0%；个人所得税743.3亿元，同比增长21.5%。一般公共预算支出7205.1亿元，同比增长1.2%，对教育、卫生健康、科技领域支持力度稳固。

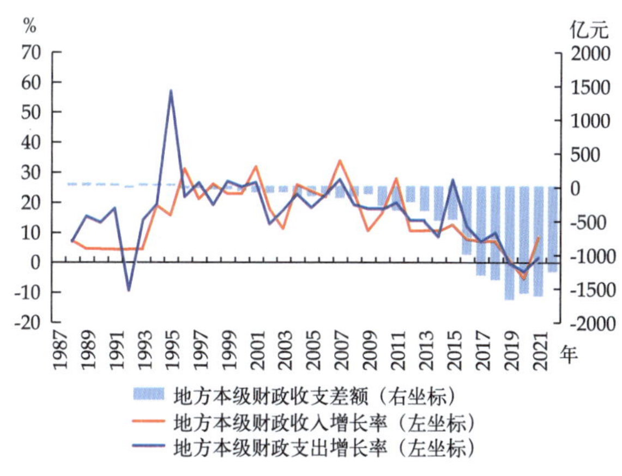

图12　1987—2021年北京市本级财政收支状况

（数据来源：北京市统计局）

（五）房地产市场总体平稳，信贷保持合理投放

1. 房地产市场稳中有升。2021年，北京市商品房销售面积1107.1万平方米，同比增长14.0%，增速较上年高10.6个百分点。新建商品住宅、二手住宅销售价格指数月度同比平均涨

幅分别为4.5%、9.2%。住宅及商业用地成交74宗，同比增长27.6%；总成交金额2239.81亿元，同比增长17.1%。

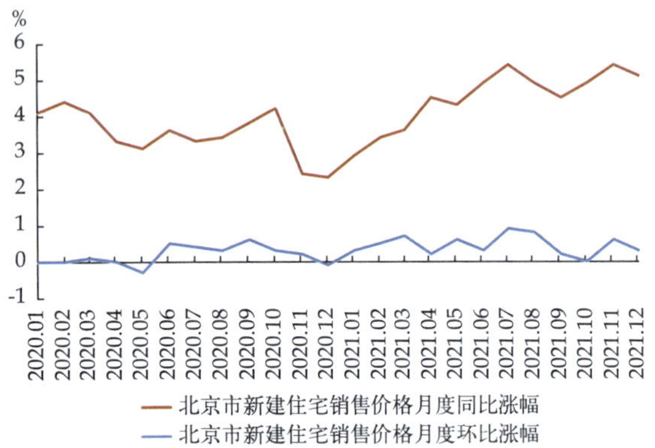

图13　2020—2021年北京市新建住宅销售价格走势

（数据来源：北京市统计局）

2.房地产开发投资稳步增长。2021年，北京市完成房地产开发投资4139亿元，同比增长5.1%，两年平均增长3.8%。商品房竣工及施工面积有所增长，新开工面积同比下降。2021年，北京市商品房竣工面积1983.9万平方米，同比增长28.3%；施工面积14055.3万平方米，同比增长1.0%；新开工面积1895.9万平方米，同比下降36.9%。

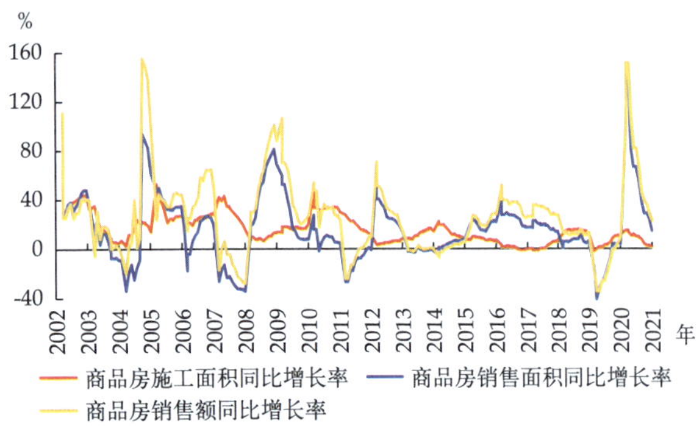

注：商品房销售额包含存量房网签金额。

图14　2002—2021年北京市商品房施工和销售情况

（数据来源：北京市统计局）

3.房地产贷款增速有所回落。2021年末，北京市人民币房地产贷款余额18527.5亿元，比年初减少471.1亿元，同比下降2.5%。

（六）新兴动能加快积蓄，赋能首都经济高质量发展

1.高新技术产业质效不断提升。2021年末，北京市国家高新技术企业共计27638家，占全国的8.4%。2021年，高技术制造业、战略性新兴产业增加值按可比价格计算，同比分别增长1.1倍和89.2%，两年平均增长52.5%和43.7%。2021年，高技术产业、战略性新兴产业增加值（二者有交叉）占地区生产总值的比重分别为27.0%、24.7%，占比较上年进一步提升；规模以上高技术制造业实现利润2608.4亿元，同比增长383.7%，占全市规模以上工业企业利润的71.2%，较上年大幅提高41.4个百分点。

2.数字经济加快释放新活力。2021年，北京市实现数字经济增加值16251.9亿元，按现价计算，同比增长13.1%，占全市地区生产总值的比重为40.4%，比上年提高0.4个百分点。其中，数字经济核心产业增加值同比增长16.4%，占地区生产总值的比重达到22.1%。5G、工业互联网等新型基础设施加速建设，新基建投资同比增长26.4%。线上消费表现活跃，限额以上批发零售业、住宿餐饮业实现网上零售额同比增长19.0%，占社会消费品零售总额的36.3%，比上年提高4.1个百分点。

3.科技创新赋能发展新优势。发布实施科技创新战略行动计划，推出中关村新一轮先行先试重大改革举措，成立中关村、怀柔、昌平国家实验室，一大批科学装置建设运行顺利，综合性国家科学中心取得专业性成果。2021年末，北京市拥有有效发明专利40.5万件，同比增长20.7%；每万人口发明专利拥有量为185件，比上年增加29件。全年技术合同成交总额7005.7亿元，同比增长10.9%。中关村国家自主创新示范区高新技术企业实现总收入8.3万亿元，同比增长14.9%，其中技术收入占总收入的比重为21.6%。

三、预测与展望

2022年，北京市将坚持以习近平新时代中国特色社会主义思想为指导，全面贯彻落实党的十九大、十九届历次全会、中央经济工作会议精神和《政府工作报告》要求，深入贯彻落实习近平总书记对北京一系列重要讲话精神，坚持稳中求进工作总基调，完整、准确、全面贯彻新发展理念，坚持以首都发展为统领，深入实施人文北京、科技北京、绿色北京战略，全面深化改革开放，坚持创新驱动发展，推动高质量发展，坚持以供给侧结构性改革为主线，统筹疫情防控和经济社会发展，坚持“五子”联动融入新发展格局，继续做好“六稳”“六保”工作，持续改善民生，保持经济运行在合理区间。

北京市金融业将坚持稳字当头、稳中求进，加大稳健货币政策的落实力度，增强信贷总量增长的稳定性，加大对实体经济的支持力度，进一步提升对科技创新、绿色低碳、高端制造业、民营小微、乡村振兴等重点领域和薄弱环节的金融服务质效，推动企业综合融资成本稳中有降，为保持首都经济运行在合理区间提供更有力支撑，以实际行动迎接党的二十大胜利召开。

中国人民银行营业管理部货币政策分析小组

总　　纂： 杨伟中　姚　力

统　　稿： 余　剑　李晓闻　赵　北

执　　笔： 魏辰皓　周　凯　朱　静　韩得利　张　萍　陈　娇　韩睿玺　张雪晴　高　菲　祖　洁　朱琳琳　徐　珊

提供材料： 张　丹　张英男　谭任杰　吕潇潇　秦碧莹　童怡华　杨　燚　康小宇　韦文彬　孙　昱　王丝雨　温　静　王昀润　王　振　李睿瑶　阙星文　王宇彤　张素敏　张　岩　周　丹　王　芳　单玉蓓　杜　鸥　刘　陌　陈红姣　周方伟　蔡小娟　杨　静　盖　静　李映根　申明珠　李菲菲　许泰格

附录：

（一）北京市经济金融大事记

3月18日，北京金融法院正式揭牌成立，专门管辖北京市应由中级人民法院受理的金融民商事案件、涉金融行政案件和执行案件，对金融领域的司法服务保障力度进一步加强。

4月30日，中国人民银行营业管理部印发《关于推广北京市小微企业简易开户服务试点的通知》（银管发〔2021〕53号）。

6月10日，北京首家新设外资控股证券公司获得“经营证券期货业务许可证”，正式开展业务。

6月11日，中国人民银行营业管理部、北京市财政局、北京市人力资源和社会保障局印发《北京市辖内试点银行开办创业担保贷款业务操作指引》（银管发〔2021〕78号），将北京地区创业担保贷款业务经办银行扩大至14家。10月27日，中国人民银行营业管理部、北京市财政局、北京市人力资源和社会保障局、北京市地方金融监督管理局、中国银行保险监督管理委员会北京监管局联合印发《关于进一步推进创业担保贷款增量扩面 助力更多市场主体创新创业的行动方案》（银管发〔2021〕118号），推动北京地区创业担保贷款增量扩面。

7月1日，中国人民银行营业管理部、中国银行保险监督管理委员会北京监管局、中国证券监督管理委员会北京监管局、北京市地方金融监督管理局、北京市发展和改革委员会、北京市财政局、北京市经济和信息化局、北京市政务服务管理局、北京市科学技术委员会、中关村科技园区管理委员会、北京市人民政府国有资产监督管理委员会、北京市人力资源和社会保障局、北京市国有文化资产管理中心联合印发《进一步完善北京民营和小微企业金融服务体制机制行动方案（2021—2023年）》（银管发〔2021〕92号）。

7月8日，“京津冀征信链”共建协议签约和启动仪式在石家庄举行。京津冀三地人民银行分支机构指导辖内9家征信机构作为首批上链机构自愿签署“京津冀征信链”共建协议，适时实现京津冀三地涉企信用信息互联互通、数据要素资源在区域内有序流动，为京津冀区域协同发展提供高质量征信服务。

8月26日，中国人民银行营业管理部、中国银行保险监督管理委员会北京监管局、中国证券监督管理委员会北京监管局、北京市地方金融监督管理局、北京市发展和改革委员会、北京市经济和信息化局、北京市财政局、北京市生态环境局联合印发《金融支持北京绿色低碳高质量发展的意见》（银管发〔2021〕102号）。

9月2日，习近平主席在2021年中国国际服务贸易交易会全球服务贸易峰会上致辞，宣布深化新三板改革，设立北京证券交易所，打造服务创新型中小企业主阵地。9月3日，北京证券交易所注册成立，并于11月15日举行揭牌暨开市仪式。

9月15日，中国人民银行营业管理部、北京市财政局联合印发《关于开展数字人民币冬奥会场景试点工作有关事项的通知》（银管发〔2021〕105号）。

（二）北京市主要经济金融指标

表 1　2021 年北京市主要存贷款指标

	项目	1月	2月	3月	4月	5月	6月	7月	8月	9月	10月	11月	12月
本外币	金融机构各项存款余额（亿元）	188513.7	188446.6	190254.9	188342.8	196736.0	194295.8	198594.2	200902.0	204180.9	208033.5	207967.0	199741.5
	其中：住户存款	44699.4	45516.3	46246.7	46193.3	46291.8	47003.4	46688.3	46719.4	47448.1	47111.7	47630.4	48744.3
	非金融企业存款	66545.8	64867.2	64645.7	63649.9	64879.8	65521.9	66258.1	67304.2	69703.0	69172.8	70301.4	68903.4
	各项存款余额比上月增加（亿元）	432.1	-67.2	1808.3	-1912.1	8393.2	-2440.2	4298.4	2307.8	3278.9	3852.6	-66.5	-8225.5
	金融机构各项存款同比增长（%）	7.5	8.5	7.7	3.6	8.1	6.0	6.8	6.2	7.4	8.5	8.8	6.2
	金融机构各项贷款余额（亿元）	85945.6	86942.4	87838.1	87769.1	88180.8	88730.0	88317.6	88443.8	89086.3	89244.6	90077.8	89032.9
	其中：短期	26940.8	27434.4	27801.6	27181.7	27011.0	27057.8	26548.6	26205.1	26348.8	26126.7	26178.5	26187.4
	中长期	52673.3	53409.1	54203.2	54576.2	55102.2	55568.5	55734.2	56055.1	56326.9	56598.8	57342.4	56189.6
	票据融资	3592.3	3409.6	3177.3	3341.2	3403.7	3485.4	3567.7	3673.7	3920.6	4005.5	4049.6	4285.9
	各项贷款余额比上月增加（亿元）	1636.8	996.8	895.7	-68.9	411.6	549.3	-412.5	126.2	642.5	158.3	833.3	-1044.9
	其中：短期	972.5	493.6	367.2	-619.9	-170.7	46.8	-509.2	-343.5	143.7	-222.1	51.8	8.9
	中长期	916.4	735.8	794.1	373.0	526.0	466.3	165.6	320.9	271.8	271.9	743.6	-1152.8
	票据融资	-318.4	-182.7	-232.3	163.9	62.4	81.7	82.3	106.0	246.9	84.9	44.2	236.3
	金融机构各项贷款同比增长（%）	10.2	10.0	9.5	9.6	10.0	10.5	10.2	8.8	7.9	7.3	7.2	5.6
	其中：短期	11.1	8.7	7.2	6.5	8.3	7.4	6.3	3.8	3.2	1.3	0.1	0.8
	中长期	10.7	12.5	13.4	14.3	15.1	15.3	15.3	14.0	11.7	11.3	11.6	8.6
	票据融资	-1.6	-7.2	-18.4	-19.9	-22.8	-20.9	-19.2	-16.8	-8.0	-5.6	3.5	9.6
	建筑业贷款余额（亿元）	3109.7	3193.8	3211.7	3306.2	3422.2	3439.6	3475.8	3360.5	3351.3	3413.2	3442.6	2783.7
	房地产业贷款余额（亿元）	8913.7	8932.3	8936.5	8911.2	8888.3	8825.7	8638.4	8555.7	8518.9	8467.4	8410.7	6999.0
	建筑业贷款同比增长（%）	-4.6	-3.3	-4.8	1.2	7.4	6.8	6.5	5.0	0.9	3.0	1.3	-0.3
	房地产业贷款同比增长（%）	7.6	7.6	6.0	5.6	5.3	2.7	0.5	-3.8	-4.8	-5.5	-6.3	-20.7
人民币	金融机构各项存款余额（亿元）	181385.1	181386.1	183039.0	180642.6	189306.1	186587.9	190750.6	193007.3	196169.1	200277.0	200252.6	192104.3
	其中：住户存款	43143.2	43953.4	44666.9	44646.8	44771.4	45466.2	45148.8	45184.7	45915.7	45595.0	46093.2	47184.3
	非金融企业存款	64319.2	62797.8	62537.4	61274.2	62573.9	63148.1	63722.0	64673.4	66841.6	66386.4	67464.6	65955.0
	各项存款余额比上月增加（亿元）	279.5	1.0	1652.9	-2396.4	8663.4	-2718.1	4162.7	2256.7	3161.8	4107.9	-24.4	-8148.3
	其中：住户存款	254.4	810.2	713.5	-20.1	124.6	694.9	-317.4	35.9	731.0	-320.7	498.2	1091.1
	非金融企业存款	539.3	-1521.5	-260.3	-1263.2	1299.6	574.2	573.9	951.4	2168.2	-455.2	1078.2	-1509.6
	各项存款同比增长（%）	7.6	8.7	7.7	3.1	7.8	5.5	6.1	5.4	6.8	8.2	8.5	6.1
	其中：住户存款	12.8	14.9	14.6	14.1	13.6	12.4	11.8	11.5	11.3	10.6	10.5	10.0
	非金融企业存款	15.1	12.4	8.4	4.2	5.0	4.6	5.4	2.8	2.4	5.8	5.8	3.4
	金融机构各项贷款余额（亿元）	82551.9	83603.5	84531.6	84619.0	85157.2	85706.1	85262.4	85389.6	86073.1	86244.8	87070.4	86077.5
	其中：个人消费贷款	16558.0	16529.1	16646.0	16779.5	16883.7	17013.5	17082.4	17131.4	17206.2	17254.3	17452.1	17526.9
	票据融资	3592.3	3409.6	3177.3	3341.2	3403.7	3485.4	3567.7	3673.7	3920.6	4005.5	4049.6	4285.9
	各项贷款余额比上月增加（亿元）	1516.7	1051.6	928.1	87.3	538.2	548.9	-443.7	127.2	683.5	171.7	825.6	-992.9
	其中：个人消费贷款	208.5	-28.9	116.9	133.6	104.1	129.9	68.9	49.0	74.9	48.0	197.8	74.8
	票据融资	-318.4	-182.7	-232.3	163.9	62.4	81.7	82.3	106.0	246.9	84.9	44.2	236.3
	金融机构各项贷款同比增长（%）	10.4	10.5	10.3	10.7	11.9	11.8	11.4	9.8	8.8	8.1	7.9	6.2
	其中：个人消费贷款	5.4	6.8	7.9	9.0	9.6	9.9	9.6	9.0	8.3	7.8	7.9	7.2
	票据融资	4.7	-1.5	-13.1	-13.9	-15.7	-14.8	-12.0	-9.3	1.0	4.2	3.5	9.6
外币	金融机构外币存款余额（亿美元）	1069.1	1091.0	1098.1	1190.7	1166.7	1193.2	1214.1	1220.6	1235.4	1213.7	1209.3	1197.9
	金融机构外币存款同比增长（%）	11.1	11.8	15.3	27.4	29.8	31.3	35.5	35.9	29.3	23.3	18.9	12.0
	金融机构外币贷款余额（亿美元）	524.5	516.0	503.2	487.1	474.8	468.1	472.9	472.2	464.6	469.4	471.4	463.5
	金融机构外币贷款同比增长（%）	12.5	7.5	0.7	-6.4	-8.5	-9.7	-8.2	-8.0	-8.6	-8.3	-7.5	-7.6

数据来源：中国人民银行营业管理部。

表 2　2001—2021 年北京市各类价格指数

单位：%

时间		居民消费价格指数		农业生产资料价格指数		工业生产者购进价格指数		工业生产者出厂价格指数	
		当月同比	累计同比	当月同比	累计同比	当月同比	累计同比	当月同比	累计同比
2001		—	3.1	—	2.0	—	0.5	—	-0.6
2002		—	-1.8	—	-7.6	—	-2.9	—	-3.4
2003		—	0.2	—	2.4	—	4.7	—	1.5
2004		—	1.0	—	6.2	—	14.2	—	3.0
2005		—	1.5	—	2.9	—	11.4	—	1.3
2006		—	0.9	—	-0.9	—	5.5	—	-0.9
2007		—	2.4	—	14.4	—	5.0	—	-0.3
2008		—	5.1	—	12.3	—	15.8	—	3.3
2009		—	-1.5	—	-1.7	—	-11.4	—	-5.6
2010		—	2.4	—	6.5	—	10.5	—	2.2
2011		—	5.6	—	10.7	—	8.4	—	2.3
2012		—	3.3	—	4.7	—	-1.3	—	-1.6
2013		—	3.3	—	4.7	—	-2.2	—	-2.6
2014		—	1.6	—	-0.3	—	-1.2	—	-0.9
2015		—	1.8	—	-0.3	—	-6.3	—	-3.1
2016		—	1.4	—	-0.4	—	-1.5	—	-1.9
2017		—	1.9	—	-3.9	—	4.4	—	0.7
2018		—	2.5	—	3.6	—	0.8	—	0.0
2019		—	2.3	—	9.9	—	-0.4	—	-0.4
2020		—	1.7	—	10.9	—	-0.5	—	-0.9
2021		—	1.1	—	-1.8	—	3.7	—	1.1
2020	1	4.5	4.5	—	—	0.0	0.0	0.6	0.6
	2	3.6	4.0	—	—	0.2	0.1	0.7	0.7
	3	3.2	3.8	49.4	49.4	0.0	0.0	0.4	0.6
	4	2.4	3.4	—	—	-1.8	-0.4	-0.9	0.2
	5	1.9	3.1	—	—	-4.4	-1.2	-1.7	-0.2
	6	1.4	2.8	19.8	32.3	-3.1	-1.5	-1.7	-0.4
	7	0.7	2.5	—	—	0.1	-1.3	-1.4	-0.6
	8	0.9	2.3	—	—	0.3	-1.1	-1.5	-0.7
	9	1.0	2.2	12.9	20.7	0.1	-1.0	-1.2	-0.8
	10	0.9	2.0	—	—	0.5	-0.8	-1.6	-0.8
	11	0.2	1.9	—	—	0.1	-0.7	-1.4	-0.9
	12	0.2	1.7	-0.3	10.9	1.5	-0.5	-1.0	-0.9
2021	1	-0.8	-0.8	—	—	-2.9	-2.9	-1.2	-1.2
	2	-0.1	-0.4	—	—	-2.2	-2.6	-0.6	-0.9
	3	0.6	-0.1	1.6	1.6	-1.4	-2.2	-0.2	-0.7
	4	1.1	0.2	—	—	3.5	-0.8	1.3	-0.2
	5	1.2	0.4	—	—	6.1	0.5	1.8	0.2
	6	0.9	0.5	-5.4	-2.1	5.0	1.3	1.8	0.5
	7	1.5	0.6	—	—	5.1	1.8	1.9	0.7
	8	1.4	0.7	—	—	5.0	2.2	1.8	0.8
	9	1.2	0.8	-4.0	-2.1	6.0	2.6	1.6	0.9
	10	2.0	0.9	—	—	6.1	3.0	1.5	1.0
	11	2.4	1.0	—	—	6.8	3.3	2.0	1.1
	12	1.8	1.1	0.6	-1.8	7.5	3.7	2.2	1.1

数据来源：北京市统计局。

表 3　2021 年北京市主要经济指标

项目	1月	2月	3月	4月	5月	6月	7月	8月	9月	10月	11月	12月
	绝对值（自年初累计）											
地区生产总值（亿元）	—	—	8915.9	—	—	19228.0	—	—	29753.0	—	—	40269.6
第一产业	—	—	13.2	—	—	40.4	—	—	71.3	—	—	111.3
第二产业	—	—	1225.3	—	—	3293.2	—	—	5206.6	—	—	7268.6
第三产业	—	—	7677.4	—	—	15894.4	—	—	24475.1	—	—	32889.6
工业增加值（亿元）	—	—	1029.2	—	—	2626.7	—	—	4097.2	—	—	5692.5
固定资产投资（亿元）	—	—	—	—	—	—	—	—	—	—	—	—
房地产开发投资	—	386.1	773.0	1092.1	1506.6	2043.4	2447.6	2813.6	3233.4	3558.0	3912.9	4139.0
社会消费品零售总额（亿元）	—	2368.0	3560.3	4742.3	5840.5	7227.5	8331.9	9447.6	10701.6	11977.8	13564.0	14867.7
外贸进出口总额（亿元）	—	4256.7	6773.7	9211.2	11547.7	14241.0	16853.9	19542.6	22336.2	24804.0	27670.1	30438.4
进口	—	3457.1	5483.7	7395.5	9201.5	11310.5	13354.7	15540.7	17753.2	19699.1	22079.9	24319.9
出口	—	799.6	1290.1	1815.7	2346.3	2930.5	3499.2	4001.9	4583.0	5104.9	5590.2	6118.5
进出口差额（出口－进口）	—	-2657.5	-4193.6	-5579.8	-6855.2	-8380.0	-9855.5	-11538.8	-13170.2	-14594.2	-16489.8	-18201.4
实际利用外资（亿美元）	-16.0	27.0	49.4	55.6	67.4	86.7	103.3	113.5	134.5	145.2	151.6	155.6
地方财政收支差额（亿元）	175.6	-318.0	-628.4	-290.8	-241.0	-459.6	-219.5	-309.4	-626.1	-322.8	-730.1	-1272.8
地方财政收入	784.2	1094.3	1584.8	2303.1	2720.6	3254.4	3886.4	4210.6	4590.3	5274.9	5577.3	5932.3
地方财政支出	608.6	1412.3	2213.2	2593.9	2961.6	3714.0	4105.9	4520.0	5216.4	5597.7	6307.4	7205.1
城镇登记失业率（%）（季度）												
	同比累计增长率（%）											
地区生产总值	—	—	17.1	—	—	13.4	—	—	10.7	—	—	8.5
第一产业	—	—	4.9	—	—	1.9	—	—	0.2	—	—	2.7
第二产业	—	—	35.4	—	—	32.5	—	—	29.4	—	—	23.2
第三产业	—	—	14.6	—	—	10.1	—	—	7.4	—	—	5.7
工业增加值	—	48.5	38.4	34.6	40.4	41.4	39.9	39.3	38.7	36.7	34.5	31.0
固定资产投资	—	29.8	18.3	17.6	12.9	9.2	7.4	6.7	7.9	6.9	6.5	4.9
房地产开发投资	—	27.7	25.4	24.4	19.9	18.1	15.5	13.5	10.8	6.8	8.2	5.1
社会消费品零售总额	—	27.2	31.1	28.4	23.3	21.0	19.2	15.9	14.0	13.1	10.4	8.4
外贸进出口总额	—	0.7	8.7	15.9	21.8	26.0	26.9	27.9	28.5	29.0	30.3	30.6
进口	—	-0.1	9.0	18.2	24.6	28.2	27.9	28.7	28.3	28.7	30.2	30.4
出口	—	4.2	7.2	7.6	12.2	18.1	23.2	25.0	29.1	30.2	30.5	31.2
实际利用外资	-8.6	32.4	32.8	29.3	30.6	20.2	19.0	19.0	12.7	10.1	9.7	10.4
地方财政收入	3.6	5.1	10.8	16.5	15.8	15.3	16.6	15.8	13.4	11.9	10.0	8.1
地方财政支出	6.6	2.2	-0.6	-3.2	-2.7	0.6	-1.1	-0.1	-1.7	-1.1	1.0	1.2

数据来源：北京市统计局、北京市财政局、北京市商务局。

天津市金融运行报告（2022）

中国人民银行天津分行货币政策分析小组

[内容摘要] 2021 年，天津市面对世纪疫情冲击及更趋复杂严峻的外部环境，坚持以习近平新时代中国特色社会主义思想为指导，立足新发展阶段，贯彻新发展理念，服务和融入新发展格局，笃定高质量发展不动摇，积极推进共同富裕，统筹疫情防控和经济社会发展，全市经济运行稳中有进、稳中有固，呈现趋势向好、结构更优、动能转强的高质量发展态势。天津市金融业认真贯彻稳健的货币政策灵活精准、合理适度的要求，金融业总体运行平稳，总量保持合理增长，信贷结构进一步优化，金融改革创新有序推进，金融基础设施不断完善，为天津实现平稳高质量发展提供了有力支撑。

经济运行主要呈现以下特点：一是经济增长持续恢复。全年实现地区生产总值 15695.1 亿元，按可比价格计算，同比增长 6.6%，低于全国 1.5 个百分点，两年平均增长 3.9%。固定资产投资（不含农户）同比增长 4.8%，投资增长由基建拉动转向制造业拉动。全年制造业投资增长 13.8%，高技术制造业投资增长 22.5%。消费逐步复苏，社会消费品零售总额同比增长 5.2%，其中，限额以上社会消费品零售总额同比增长 7.5%。外贸进出口创历史新高，全年实现外贸进出口 8567.4 亿元，同比增长 16.3%，实际使用外资同比增长 13.8%。二是产业结构优化升级。“制造业立市”成效初步显现，第二产业的比重较上年提高 3.2 个百分点。规模以上工业增加值同比增长 8.2%，其中制造业增加值增长 8.3%。农业生产平稳，现代都市型农业持续优化，粮食总产量连续六年保持在 200 万吨以上。服务业稳步恢复，新兴服务业快速增长。三是生态文明建设深入推进。绿色生态屏障基本成型，大气环境质量持续改善，“871”重大生态工程[①]稳步推进，全年 PM2.5 平均浓度 39 微克 / 立方米，比上年下降 20.4%，空气优良天数 264 天，比上年增加 25 天，12 条入海河流水质总体达到 IV 类以上。四是居民消费价格和工业生产者价格涨幅分化。2021 年，天津市居民消费价格同比上涨 1.3%，较上年回落 0.7 个百分点。工业生产者出厂价格和购进价格同比分别上涨 10.9% 和 14.7%。五是财政收入质量提升。一般公共预算收入同比增长 11.3%，其中，税收收入增长 8.1%，占一般公共预算收入比重达到 75.8%，实现了增幅与质量“双提高”。

金融运行主要呈现以下特点：一是银行业运行平稳，信贷结构进一步优化。2021 年末，银行业金融机构资产和负债分别增长 5.0% 和 4.7%。本外币各项存款余额同比增长 5.2%，较年初新增 1758.1 亿元，其中，住户存款余额同比增长 9.1%。信贷运行总体平稳，结构进一步优化，本外币各项贷款余额 41054.2 亿元，同比增长 5.7%，较年初新增 2194.8 亿元。普惠小微贷款、普惠小微企业信用贷款和绿色贷款分别较年初增加 652.2 亿元、94.1 亿元和 589.5 亿元，增速均高于各项贷款增速。2021 年企业人民币一般贷款加权平均利率为 4.72%，较 LPR 改革前下降 0.52 个百分点。2021 年，天津市人民币跨境收付金额合计 3129.8 亿元，同比增长 45.7%。不良贷款余额、不良贷款率实现“双降”。二是证券业机构总体稳定，资产规模稳步增加。法人证券公司资产总额 624.1 亿元，同比增长 5.3%；负债总额 411.3 亿元，同比增长

① 包括 875 平方公里湿地升级保护、736 平方公里绿色生态屏障建设、153 公里海岸线严格保护等。

5.8%。法人基金公司资产总额同比增长13.7%，单一产品集中度下降。法人期货公司资产总额同比增长21.6%，净资产总额同比增长5.6%。三是保险保障功能不断增强，业务结构持续改善。2021年末，天津市保险公司资产总额1947.5亿元，同比增长10.8%。实现保费收入660.5亿元，同比增长2.8%。赔款和给付支出同比增长13.4%。财产险公司中非车险业务保费收入占比同比提高5.0个百分点，人寿险公司中普通寿险保费收入占比同比提高7.6个百分点。四是表内融资占比回升，发债规模稳步扩大。2021年，天津市社会融资规模新增3184.0亿元，银行业机构本外币各项贷款占社会融资规模的67.9%，同比回升5.5个百分点。2021年，天津市企业在银行间市场发债融资3255.9亿元，同比增长37.7%。五是金融改革创新有序推进，融资租赁继续保持领先发展。截至2021年末，自由贸易（FT）项下累计结算量4402亿元，FT全功能资金池办理业务超66亿元。飞机、国际航运船舶、海工平台等租赁跨境资产占全国80%以上。六是防范化解金融风险取得阶段性成果，切实维护区域金融安全和稳定。

2022年是实施“十四五”规划的重要一年，也是坚定不移推动高质量发展的深化之年。全市将以习近平新时代中国特色社会主义思想为指导，全面贯彻党的十九大和十九届历次全会精神，深入贯彻落实习近平总书记对天津工作“三个着力”[①]重要要求和一系列重要指示批示精神，完整、准确、全面贯彻新发展理念，加快构建新发展格局，扎实推进京津冀协同发展，加快创新动能引育，增强科技创新对发展的引领力支撑力，推进制造业高端化、智能化、绿色化、服务化，积极培育建设国际消费中心城市，奋力打造乡村振兴新风貌，提升对外开放层次水平，优化营商环境，激发各类市场主体动力和活力，推动经济持续健康发展。2022年，天津市金融业将积极有效落实好党中央、国务院各项决策部署和中央经济工作会议精神，认真贯彻落实稳健的货币政策灵活适度的要求，稳步提升金融服务实体经济质效，增强金融服务能力，提升对小微企业、科技创新、绿色发展等重点领域信贷支持，继续巩固实体经济综合融资成本下降成效，促进中小微企业融资增量、扩面、降价，坚持统筹安全和发展，扎实推进常态化金融风险防控，为做好“六稳”“六保”工作、支持天津经济持续健康高质量发展、奋力开创全面建设社会主义现代化大都市新局面营造适宜的货币金融环境，迎接党的二十大胜利召开。

一、金融运行情况

2021年，天津市金融业认真贯彻稳健的货币政策灵活精准、合理适度的要求，扎实推进各项金融支持政策落地落实，全力做好“六稳”“六保”工作，金融业总体运行平稳，银行业资产规模继续扩大，信贷结构进一步优化，持续释放LPR改革效能，合理让利于实体经济，金融改革创新不断深化，金融生态持续优化，为天津实现平稳高质量发展提供了有力支撑。

（一）银行业运行平稳，信贷结构进一步优化

1. 资产规模继续扩大，营业收入同比下

①着力提高发展质量和效益、着力保障和改善民生、着力加强和完善党的领导。

降。2021年末，天津市银行业金融机构资产总额5.7万亿元，同比增长5.0%，增速较上年下降1.4个百分点；负债总额5.4万亿元，同比增长4.7%，增速较上年下降1.5个百分点。2021年，天津市银行业金融机构累计实现营业收入1192.6亿元，同比下降1.0%，增速较上年下降3.6个百分点。

表1　2021年天津市银行业金融机构情况

机构类别	营业网点			法人机构（个）
	机构个数（个）	从业人数（人）	资产总额（亿元）	
一、大型商业银行	1208	28552	16287	0
二、国家开发银行和政策性银行	8	628	3714	0
三、股份制商业银行	388	10355	10042	0
四、城市商业银行	303	7577	9611	1
五、城市信用社	—	—	—	—
六、小型农村金融机构	503	8182	5810	2
七、财务公司	0	236	460	7
八、信托公司	0	502	166	2
九、邮政储蓄银行	382	2545	1278	0
十、外资银行	14	1401	797	1
十一、新型农村金融机构	96	1416	326	18
十二、其他	2	4367	8420	18
合　计	2904	65761	56910	49

数据来源：天津银保监局。

注：营业网点不包括国家开发银行和政策性银行、大型商业银行、股份制银行等金融机构总部数据；大型商业银行包括中国工商银行、中国农业银行、中国银行、中国建设银行和交通银行；小型农村金融机构包括农村商业银行；新型农村金融机构包括村镇银行、贷款公司；其他包括金融租赁公司、汽车金融公司、中德住房储蓄银行、金城银行等。

2. 存款增速边际改善，住户存款保持快速增长。2021年末，天津市本外币各项存款余额35903.1亿元，同比增长5.2%，下半年增速整体呈回升态势，较年初新增1758.1亿元。其中，住户存款余额同比增长9.1%，增速较各项存款快3.9个百分点，较年初增加1373.5亿元，住户存款中结构性存款较年初下降261.9亿元，大额存单较年初增加359.9亿元；非金融企业存款较年初增加60.7亿元；非银行业金融机构存款较年初增加146.7亿元；外币各项存款较年初增加18.8亿美元，同比多增5.2亿美元。

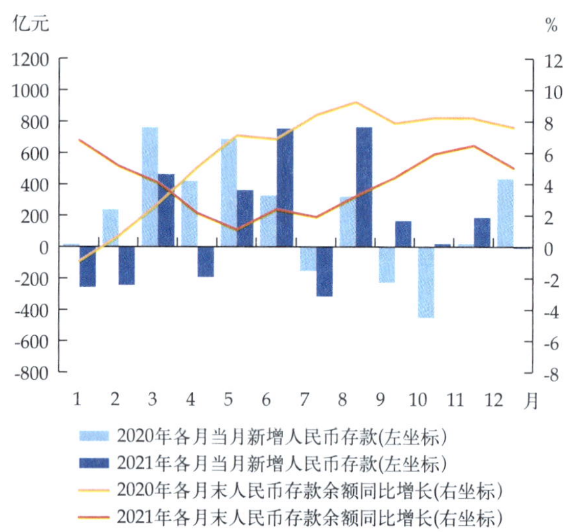

图1　2020—2021年天津市金融机构人民币存款增长变化情况

（数据来源：中国人民银行天津分行）

3. 贷款总体平稳，结构进一步优化。2021年，天津市银行业信贷运行总体平稳，本外币各项贷款余额41054.2亿元，同比增长5.7%，较年初新增2194.8亿元。其中，住户贷款较年初增加770.5亿元，企事业单位贷款较年初增加1375.8亿元，非银行业金融机构贷款较年初增加42.3亿元，外币各项贷款较年初减少20.6亿美元。

2021年，天津市积极发挥结构性货币政策工具和信贷政策作用，信贷结构进一步优化。2021年再贷款发放资金惠及企业3.8万户，是上年的1.4倍；再贴现惠及企业1.9万户，是上年的1.1倍。2021年末，天津市小微企业贷款余额8258.4亿元，较年初增加1194.6亿元，同比多增658.5亿元，余额同比增长16.1%，增速较上年提高9.0个百分点；普惠小微贷款、普惠小微企业信用贷款和绿色贷款分别较年初增加652.2亿元、94.1亿元和589.5亿元，增速均高于各项贷款增速。

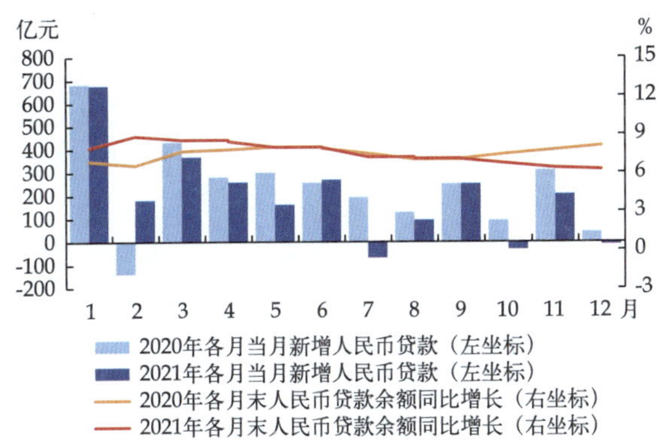

图 2　2020—2021 年天津市金融机构人民币贷款增长变化情况

（数据来源：中国人民银行天津分行）

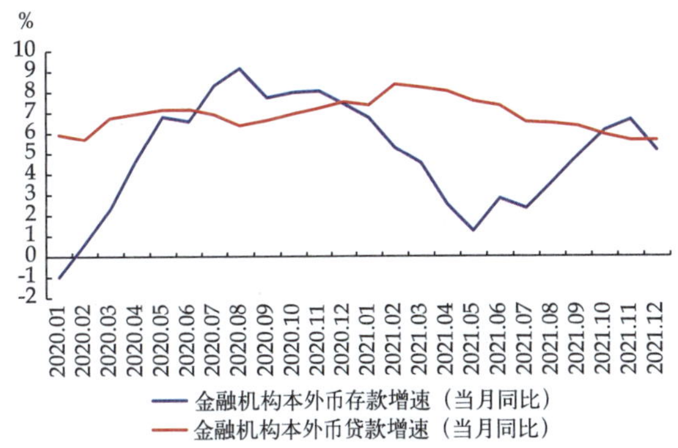

图 3　2020—2021 年天津市金融机构本外币存贷款增速变化情况

（数据来源：中国人民银行天津分行）

专栏 1　天津普惠小微信用贷款业务发展探索及成效

2021 年，人民银行天津分行积极贯彻落实中央决策部署，助力普惠小微企业脱困发展，以推动扩大信用贷款投放为重点，多措并举、精准发力，加强部署推动、深化工具运用、强化银企对接，实践探索出了一系列与天津市情相适应的做法，有效实现普惠小微贷款“增量、扩面、降价”，为提升小微企业金融服务水平、改善天津市场主体融资环境、促进地方经济企稳回升实现高质量发展提供了有力支持。

一、围绕任务目标加强督促指导，疏通传导渠道

一是部署开展中小微企业金融服务能力提升工程和“贷动小生意，服务大民生——金融支持个体工商户发展”专项活动，指导辖内金融机构从加强组织领导、落实支持政策、优化内部管理、实现科技赋能、提升定价能力等方面入手，强化长效机制建设，加大对普惠小微企业的支持力度。二是组织开展普惠小微金融服务网格化行动，根据行政区域划分和银行网点分布情况将天津市街道、商圈“网格化”分为 41 个片区，指定 1 家主责任行及 2~3 家配合行对各区域金融宣传和产品推介实行“分片包干”，使所有基层区域金融服务全覆盖。三是加大正向激励，建立监测报告机制并按季组织召开情况通报会、专题座谈会，及时传达人民银行最新工作要求、了解工作进展、剖析问题情况。

二、聚焦重点机构用好政策工具，提供资金支持

积极运用普惠小微信用贷款支持计划、再贷款专用额度资金等政策工具，助力天津市地方法人银行补充资金来源、降低经营成本，推动其普惠小微信用贷款业务快速发展、占比显著提升。2021 年，天津市 1~5 级法人银行普惠小微信用贷款发放占比 73.3%，余额新增占比 84.1%。

三、利用科技赋能促进银企对接，搭建服务平台

一是搭建“智慧小二”金融服务平台，实现科技赋能。指导中国银联天津分公司与天津银行等地方法人银行合作打造“智慧小二”，以聚合收款码为入口，实现支付、征信、再贷款联动，将小微商户真实收入数据作为征信核心替代数据，有效降低个体工商户首贷准入门槛，提高普惠小微金融服务的覆盖面和可得性。二是推广“津e融”政银企对接平台，深化银政合作。组织市金融局、市工信局、市农委等部门合作扩大“津e融”覆盖面，实现“数据多跑路、企业少跑腿”，小微企业一次提交融资申请便可与多家银行多轮对接，切实增强普惠小微金融服务的直达性和高效性。三是完善企业名单推送平台，加强银企对接。创新利用国库前置系统中财税库银横向联网系统的缴库信息，将有数据的个体工商户6.8万户企业名单，在线分批次向金融机构推送，组织银行按照“1日内建立联系，2日内进行对接”的原则迅速对接并确保“应接快接、能贷尽贷”，充分提高银企对接的精准性、有效性。

截至2021年末，天津市普惠小微贷款余额2661.6亿元，同比增速连续21个月超过30%。其中，信用贷款余额771.9亿元，信用贷款占全部普惠小微贷款余额的比重为29.0%，较年初提高3.7个百分点。2021年，普惠小微新发放贷款户数、首次贷款户数分别为15.5万户和3.0万户，同比分别增长24.0%和16.5%。2021年，天津市金融机构新发放普惠小微贷款加权平均利率较LPR改革前下降114个基点。普惠小微贷款实现“量增、面扩、价降”。

4. 表外业务总量略有下降，业务品种发展分化。2021年末，天津市银行业金融机构担保类、承诺类、金融资产服务类、金融衍生品类四类表外业务余额同比下降3.2%。其中，担保类和金融资产服务类表外业务分别增长10.2%、0.5%；承诺类和金融衍生品类表外业务分别减少44.1%、13.2%。

5. 加强存贷款利率管理，持续释放LPR改革效能。金融机构合理让利实体经济，企业贷款利率持续处于历史较低水平，2021年，天津市金融机构企业贷款加权平均利率为4.72%，较LPR改革前下降0.52个百分点，其中大、中、小微企业、普惠小微的贷款加权平均利率分别下降0.68个、0.33个、0.77个和1.14个百分点。整改不规范存款创新产品取得积极成效，2021年，天津市地方法人银行存量不规范存款创新产品余额明显下降。优化天津市存款利率定价自律管理方案，银行负债成本显著降低，2021年7—12月，天津市银行新发生定期存款加权平均利率为2.29%，较自律方案优化前的1—6月下降了0.27个百分点。

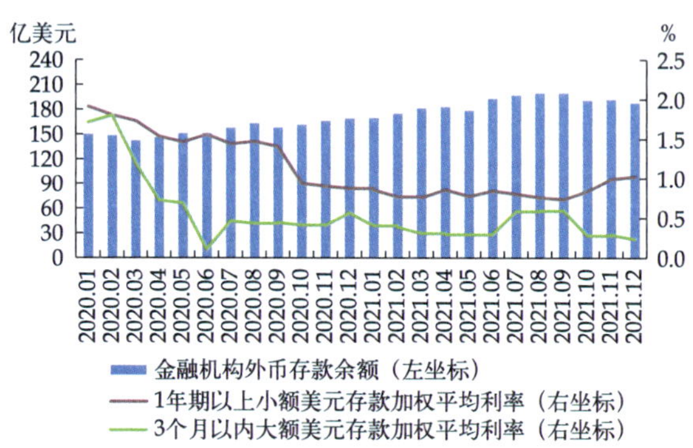

图4　2020—2021年天津市金融机构外币存款余额及外币存款利率

（数据来源：中国人民银行天津分行）

表2　2021年天津市金融机构人民币一般贷款各利率浮动区间占比情况（1—6月）

单位：%

项目		1月	2月	3月	4月	5月	6月
合计		100	100	100	100	100	100
LPR减点		27.2	25.8	22.7	16.6	16.1	19.3
LPR		3.3	2.6	3.1	3.2	3.7	3.8
LPR加点	小计	69.4	71.6	74.2	80.3	80.1	77.0
	(LPR，LPR+0.5%)	15.7	12.7	19.5	21.7	15.6	16.6
	[LPR+0.5%，LPR+1.5%)	22.2	18.9	21.9	17.8	22.7	22.2
	[LPR+1.5%，LPR+3%)	13.4	18.7	13.6	17.1	17.1	16.3
	[LPR+3%，LPR+5%)	5.0	10.2	8.2	6.9	5.9	9.0
	LPR+5%及以上	13.1	11.1	11.0	16.7	18.8	12.8

数据来源：中国人民银行天津分行。

表3　2021年天津市金融机构人民币一般贷款各利率浮动区间占比情况（7—12月）

单位：%

项目		7月	8月	9月	10月	11月	12月
合计		100	100	100	100	100	100
LPR减点		20.3	18.6	22.8	23.4	24.2	25.8
LPR		4.3	3.6	3.6	2.2	5.4	2.6
LPR加点	小计	75.4	77.8	73.6	74.4	70.4	71.6
	(LPR，LPR+0.5%)	16.1	15.1	14.9	10.3	16.6	12.7
	[LPR+0.5%，LPR+1.5%)	20.9	18.3	21.6	17.0	17.2	18.9
	[LPR+1.5%，LPR+3%)	13.2	18.7	16.0	14.1	12.4	18.7
	[LPR+3%，LPR+5%)	7.6	9.3	6.2	10.9	7.5	10.2
	LPR+5%及以上	17.6	16.4	14.9	22.1	16.6	11.1

数据来源：中国人民银行天津分行。

6. 资产质量优化，不良贷款余额、不良贷款率实现“双降”。2021年末，天津市银行业不良贷款余额较年初减少126.6亿元；不良贷款率较年初下降0.42个百分点。关注类贷款余额较年初减少658.6亿元；关注类贷款率较年初下降1.74个百分点。2021年，天津市地方法人银行整体流动性合理充裕，主要银行流动性保持平稳并能够满足核心负债依存度、流动性缺口率和流动性匹配率等监管指标要求。

7. 人民币跨境收付量大幅增长，企业参与跨境业务积极性稳步提升。2021年，天津市人民币跨境收付金额合计3129.8亿元，同比增长45.7%。其中，实收1653.8亿元，实付1476.0亿元。经常项下人民币跨境收付金额1670.8亿元，资本项下人民币跨境收付金额1459.0亿元。人民币跨境收付金额占银行代客本外币跨境收支总额的28.6%，较上年增长5.0个百分点。境内主体参与积极，截至2021年末，共有10687家企业办理人民币跨境业务，同比增长18.0%，结算地域涉及161个国家和地区，较上年末增加2个国家和地区。

（二）证券业机构总体稳定，资产规模稳步增加

2021年，天津各类证券业机构稳定发展，经营风险基本可控，法人证券公司资产规模稳步增加，基金管理公司业务规模缩减，期货公司代理交易规模有所下降。

表4　2021年天津市证券业基本情况

项目	数量
总部设在辖内的证券公司数（家）	1
总部设在辖内的基金公司数（家）	1
总部设在辖内的期货公司数（家）	6
年末国内上市公司数（家）	63
当年国内股票（A股）筹资（亿元）	226
当年发行H股筹资（亿元）	0
当年国内债券筹资（亿元）	4398
其中：短期融资券筹资额（亿元）	1982
中期票据筹资额（亿元）	389

数据来源：天津证监局、中国人民银行天津分行。

1. 法人证券公司资产规模稳步增加，盈利水平提高，经营风险可控。法人证券公司资产总额624.1亿元，同比增长5.3%；负债总额411.3亿元，同比增长5.8%；累计实现净利润16.1亿元，较上年增加7.9亿元，盈利水平提升。2021年末，法人证券公司风险覆盖率和净稳定资金率分别较监管预警标准高210.1个和91.4个百分点。

2. 法人基金公司盈利水平下降，基金净值规模缩减。法人基金公司资产总额166.7亿元，负债总额34.0亿元，累计实现净利润18.3亿元，盈利同比下降。2021年末，法人基金公司管理基金144只，比上年末增加51只，基金净值11614.6亿元，比年初减少2861.2亿元，单一产品集中度下降。

3. 法人期货公司资产规模稳步增加，代理交易规模不断增加。2021年末，天津市6家法人期货公司资产合计245.6亿元，同比增长21.6%；净资产总额33.0亿元，同比增长5.6%；代理交易额132583.8亿元，同比增长36.8%；累计代理交易量18594.5万手，同比增长20.8%。

（三）保险保障功能不断增强，业务结构持续改善

1. 经营主体保持稳定，资产规模不断增加。

2021年末，全市共有7家法人保险公司，其中，财产险公司2家、人身险公司5家，共有省级分公司73家。保险公司在津分支机构资产总额1947.5亿元，同比增长10.8%。其中，财产险公司资产总额160.1亿元，同比增长14.4%；人寿险公司资产总额1787.4亿元，同比增长10.5%。

2. 保费收入小幅增长，保险保障覆盖面稳定。2021年，天津市保险业共实现保费收入660.5亿元，同比增长2.8%。其中，财产险保费收入154.1亿元，同比下降5.1%；人身险保费收入506.4亿元，同比增长5.5%。全年赔款和给付支出187.3亿元，同比增长13.4%。其中，财产险赔款支出96.2亿元，同比增长16.4%；人身险赔款和给付支出91.1亿元，同比增长10.3%。

3. 业务结构持续改善，非车险和普通寿险业务占比提升。财产险公司非车险业务保费收入同比增长12.7%，增速较车险业务快21.2个百分点；非车险业务保费收入占比43.3%，同比提高5.0个百分点。全年普通寿险实现保费收入204.7亿元，同比增长26.7%，占人寿险公司保费收入的42.5%，同比提高7.6个百分点；分红寿险实现保费收入165.6亿元，同比下降15.8%，占人寿险公司保费收入的34.4%，同比下降8.1个百分点。

表5　2021年天津市保险业基本情况

项目	数量
总部设在辖内的保险公司数（家）	7
其中：财产险经营主体（家）	2
寿险经营主体（家）	5
保险公司分支机构（家）	73
其中：财产险公司分支机构（家）	31
寿险公司分支机构（家）	42
保费收入（中外资，亿元）	660.5
其中：财产险保费收入（中外资，亿元）	154.1
人身险保费收入（中外资，亿元）	506.4
各类赔款给付（中外资，亿元）	187.3

数据来源：天津银保监局、中国人民银行天津分行。

（四）表内融资占比回升，发债规模稳步扩大

1. 表内融资占比回升。2021年，天津市社会融资规模增量为3184.0亿元，较上年减少1324.1亿元。分结构看，对实体经济发放的表内贷款占比回升。银行业机构本外币各项贷款占社会融资规模的67.9%，同比上升5.5个百分点。表外融资收缩减缓。对实体经济表外融资减少1057.1亿元，同比少减232.7亿元。企业直接融资回落。全年企业直接融资减少24.6亿元，较上年少增1261.5亿元，其中股票融资增加236.7亿元，同比多增4.6亿元，企业债券净融资减少261.3亿元，同比少增1266.1亿元。地方政府债券净融资1430.9亿元，占社会融资规模的比重同比上升13.7个百分点。

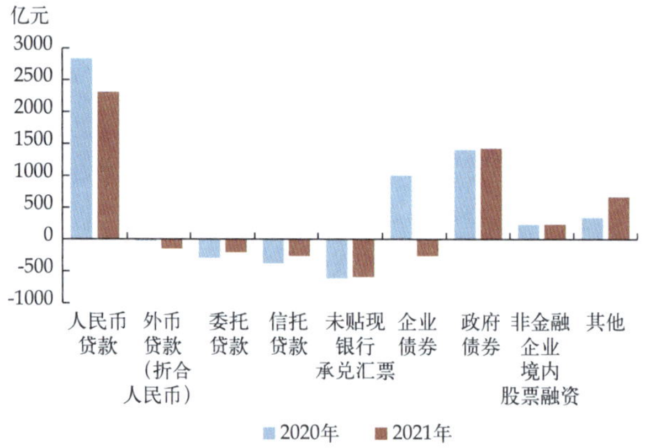

图5　2020—2021年天津市社会融资规模

（数据来源：中国人民银行天津分行）

2. 发债规模稳步扩大。2021年，天津市企业在银行间市场发债融资3255.9亿元，同比增长37.7%，金融机构发债融资500亿元，均保持较快增长。强化重点领域融资支持，积极挖掘新的增长点，合计为绿色发展、乡村振兴、科技创新等重点领域提供融资196.1亿元；支持民营企业实现债券发行232.1亿元，有效运用民企支持工具政策，在民营企业债券发行的同时创设信用风险缓释凭证，实现了民企支持工具增信的高成长债成功发行，拓宽了投资者覆盖范围，助力民营企业提高市场认可度和发行成功率。

（五）金融改革创新有序推进，融资租赁继续保持领先发展

FT 账户政策功能应用持续深化。截至 2021 年末，FT 项下累计结算量 4402 亿元，FT 全功能资金池办理业务超 66 亿元；FT 分公司模式下业务总量 1.6 亿元。融资租赁继续保持领先发展。2021 年末，全市共有法人融资租赁公司 1500 家，资产总额超过 2 万亿元，累计完成 136 架飞机、91 艘国际船舶、23 座海工平台、5 台发动机租赁业务，飞机、国际航运船舶、海工平台租赁业务继续领跑全国，租赁跨境资产占全国的 80% 以上，持续保持全球第二大飞机租赁聚集区的地位。

（六）防范化解金融风险取得阶段性成果，切实维护区域金融安全和稳定

坚决防范国企债务风险外溢。推进国企债务风险处置，按照“一项目一机制”原则，建立部分大型国企风险处置工作机制，严密防范国企债务风险向区域金融风险演变。渤钢系企业和物产集团已完成司法重整。着力推进高风险机构风险处置。建立化解高风险机构风险专项工作机制，制订实施化解高风险金融机构风险总体方案和“一行一策”具体方案，积极推动发行专项债补充银行资本金。强化舆情监测和流动性监测。分级分层开展金融机构风险监测预警，压实金融机构风险防范化解主体责任。

（七）金融基础设施不断完善，生态环境持续优化

1. 支付体系平稳运行，服务水平持续提升。2021 年，天津市支付清算业务快速增长，通过支付系统共处理支付业务 7.3 亿笔，金额 173.2 万亿元，同比分别增长 17.2% 和 21.3%。不断拓宽现代化支付系统覆盖范围，组织 2 家法人银行接入网上支付跨行清算系统，推动 1 家法人银行接入境内外币支付系统。大力开展农村支付环境建设工作，现代化支付系统基本覆盖天津所有乡镇，实现基础金融服务“村村通”。

2. 打造天津市地方征信平台，深化中小微企业金融服务。天津市地方征信平台汇集了税务、医保、司法等政府部门的涉企政务数据，实现了与金融机构的专线直连，在积极发挥信息共享、风险防范作用的同时，为中小微企业和新型农业经营主体提供融资服务。截至 2021 年末，地方征信平台共汇集政务数据 155 项，累计数据 3600 万条，入驻金融机构 61 家，发布金融产品 174 项，成功服务中小微企业 1.3 万家，累计授信 175.1 亿元，地方征信平台服务中小微企业融资发展的作用凸显。

3. 金融知识宣传取得良好成效，金融消费权益保护监管效能稳步提升。金融知识纳入国民教育体系取得突破性进展。在有条件的中小学校开展“金融与诚信”知识普及教育活动。截至 2021 年末，“金融与诚信”知识普及教育活动覆盖全市首批 37 所试点学校 11000 多名中小学生。组织开展大型、集中性金融知识宣传活动。组织全市金融机构、支付机构开展了“3·15 金融消费者权益日”“普及金融知识，守住‘钱袋子’”“金融知识普及月 金融知识进万家 争做理性投资者 争做金融好网民”等大型集中性金融知识宣传活动。全年累计组织机构开展宣传活动 6900 多次。坚持依法严格实施监督检查，完成对 2 家银行的金融消费权益保护情况现场检查工作，对 62 家机构金融消费权益保护情况实施非现场评估。

专栏 2　“支付 + 征信 + 信贷”全方位赋能　打造“智慧小二”服务平台

为贯彻落实党中央、国务院关于积极发挥金融支持作用，助力普惠小微企业脱困发展的决策部署，人民银行天津分行指导中国银联天津分公司和天津银行等法人机构，创

新依托“云闪付”App打造“智慧小二”服务平台，搭建“支付+征信+信贷”生态圈，通过依托真实交易场景，以“聚合收款码”为入口，将个体工商户真实营业收入数据作为征信核心替代数据，借助线上批量授信放款提高银行经营效能，有效降低个体工商户首贷、信用贷准入门槛，缓解小微商户“融资难、融资贵、融资慢”问题，为建立风险可控、商业可持续的金融支持个体工商户新模式进行了有益探索。

一、以聚合收款获取真实营业收入，缓解“融资难”问题

创新应用“聚合收款码”技术，使顾客使用微信、支付宝、云闪付、银行App等支付工具均可借助同一张“聚合收款码牌”实现“无感”实时收付款，进而帮助银行全面采集商户每日交易流水这一真实经营信息并作为征信替代数据，有效帮助无贷款记录、无抵押品但有稳健现金流的征信“白户”解决银企信息不对称，获得银行信贷资金支持。“智慧小二”平台采集商户正常日交易流水45天后，原则上便可以进行授信，平台个体工商户征信“白户”申贷通过率可达80%，有效降低了个体工商户融资门槛。

二、以真实交易场景为风控基础，缓解“融资贵”问题

注重识别真实场景、真实数据、真实需求，通过锁定交易地理位置、对比分析交易信息，有效帮助银行防范“刷单”行为、提高数据质量，进而增强风险控制能力、降低客户融资成本。同时，借助系统对全量营业收入数据进行自动分析，全面、真实还原小微商户的经营能力、盈利能力、发展能力和偿债能力，准确筛选出优质客户，确定授信额度，降低贷款利率。此外，通过对接运用再贷款、信用贷款支持计划等央行优惠资金，拓宽让利空间，推动地方法人银行相关业务资金成本降至1.61%，使“智慧小二”信用贷款产品年利率低至3.95%。

三、以智能审核实现“秒批”，缓解“融资慢”问题

充分运用智能App，使有贷款需求的个体工商户在线提交贷款申请后，银行利用后台数据模型（最低45天经营流水）平均仅需35分钟便可完成授信审批，全程无人工干预，真正做到“线上、实时、批量、自主”和“秒批”放款，方便商户及时获得资金，有效降低银行审贷成本。同时，“智慧小二”平台以“随借随还、循环使用”为核心用款模式，个体工商户获得银行授信后，可根据需要实时提取贷款或归还贷款，随借随还，授信额度在一年内循环使用，期满后可继续授信，极大方便了个体工商户使用信贷资金、节省融资成本，有效满足其“短、小、频、急”的融资需求。

“智慧小二”已成为天津市金融机构精准服务个体工商户的有效载体和渠道。截至2021年末，该平台累计入驻个体工商户26.7万户，占全市个体工商户（82万户）的32.6%，占正常经营个体工商户总数（35万户）的76.3%；通过“支付+征信+信贷”模式向1.3万家商户提供授信13.8亿元（户均10.6万元），发放信用贷款3.8万笔、金额15.9亿元（户均16.8万元、笔均4.1万元），平均年利率3.95%。

二、经济运行情况

2021年，天津市面对世纪疫情冲击及更趋复杂严峻的外部环境，坚持以习近平新时代中国特色社会主义思想为指导，立足新发展阶段，贯彻新发展理念，服务和融入新发展格局，笃定高质量发展不动摇，积极推进共同富裕，统筹疫情防控和经济社会发展，全市经济运行稳中有进、稳中有固，呈现趋势向好、结构更优、动能转强的高质量发展态势。投资增长由基建拉动转向制造业拉动，消费增长加快，外贸进出口创历史新高，产业结构优化升级，生态文明建设深入推进。

（一）经济持续恢复，需求结构改善

2021年天津市地区生产总值15695.1亿元，按可比价格计算，同比增长6.6%，比2019年增长8.1%，两年平均增长3.9%。2021年，天津市固定资产投资（不含农户）、社会消费品零售总额保持增长，分别增长4.8%、5.2%，外贸进出口额创历史新高，全年实现两位数增长。

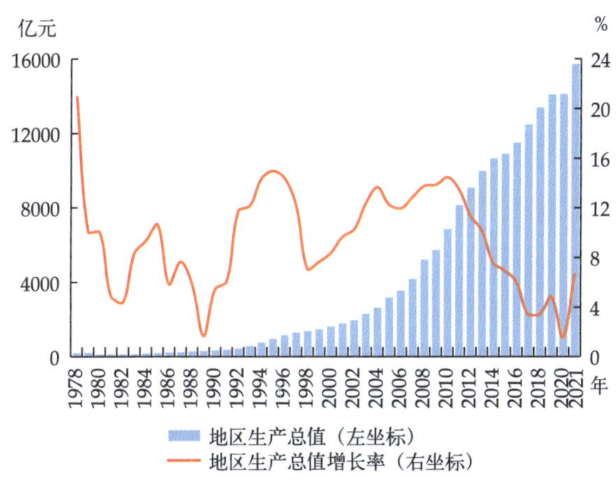

图6　1978—2021年天津市生产总值及增长率

（数据来源：天津市统计局）

1. 投资结构持续优化，项目质量提升。 2021年，天津市固定资产投资（不含农户）同比增长4.8%，两年平均增长3.9%。投资增长由基建投资拉动转向制造业拉动。全年制造业投资增长13.8%，高于全市投资9.0个百分点。高技术制造业投资增长22.5%，制造业技改投资增长21.9%。从项目质量来看，新项目、大项目明显增多。围绕12条产业链新增1159个项目，完成投资超过1200亿元，全年新开工制造业项目490个，其中计划总投资10亿元以上项目9个。

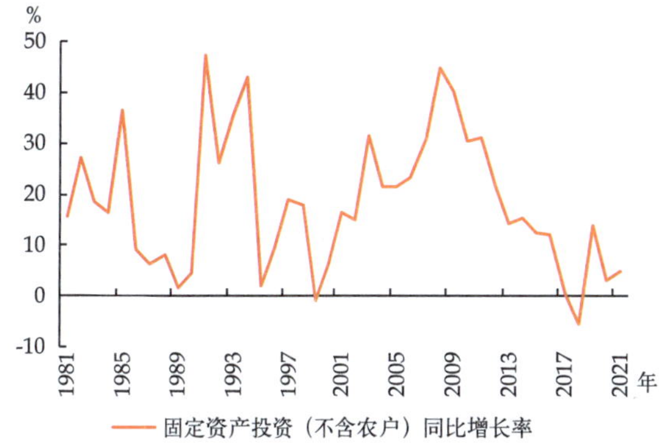

图7　1981—2021年天津市固定资产投资（不含农户）增长率

（数据来源：天津市统计局、中国经济景气月报）

2. 消费增长加快，结构升级持续。 2021年天津市获批培育建设国际消费中心城市，推出海河国际消费季、汽车促销等举措，以佛罗伦萨小镇、V1汽车世界为代表的新型消费商圈拓展升级。2021年社会消费品零售总额同比增长5.2%，增速较上年提高20.3个百分点。其中，限额以上社会消费品零售总额同比增长7.5%，两年平均增长2.6%。油价上涨，石油及制品类拉动限额以上社会消费品零售总额增长3.8个百分点，作用突出。消费结构提档升级。新能源汽车、金银珠宝零售额均保持两位数增长。线上消费表现持续好于线下。受疫情影响，限额以上商品网上零售额同比增长8.0%，两年平均增长10.4%，占比达到26.2%。

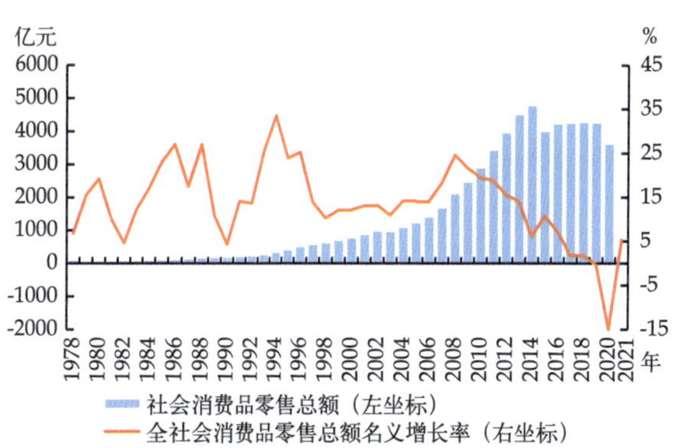

图8　1978—2021年天津市社会消费品零售总额及增长率

（数据来源：天津市统计局）

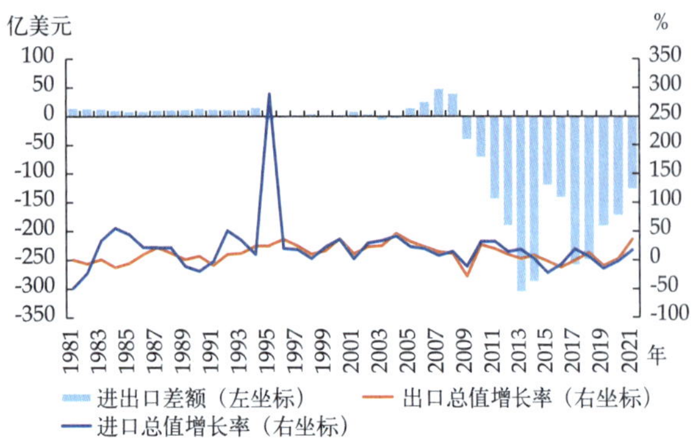

图 9　1981—2021 年天津市货物进出口变动情况

（数据来源：天津市海关）

3. 外贸进出口额创历史新高，实际使用外资实现平稳增长。2021 年，天津市实现外贸进出口 8567.4 亿元，同比增长 16.3%，进出口额创历史新高。其中，出口 3875.6 亿元，同比增长 26.1%；进口 4691.8 亿元，同比增长 9.3%。天津市出口保持良好增势，2021 年天津市月度出口额同比均保持正增长，有 10 个月增速在两位数以上。民营企业进出口大幅增长，2021 年进出口 3234.3 亿元，同比增长 19.5%，占全市外贸进出口总值的 37.8%。2021 年，天津市新设外商投资企业 744 家，实际利用外资 53.9 亿美元，同比增长 13.8%。

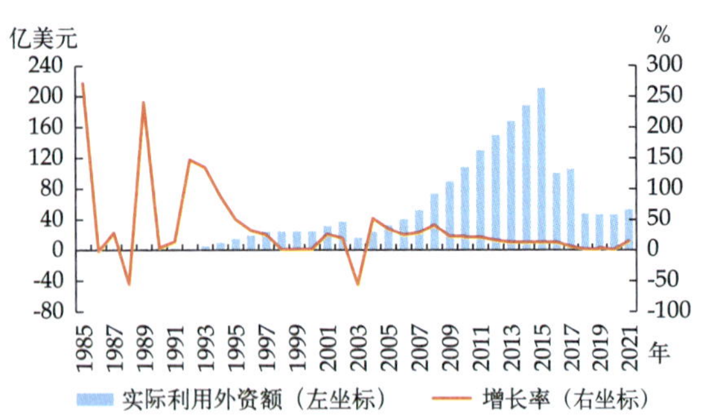

图 10　1985—2021 年天津市实际利用外资额及增长率

（数据来源：天津市统计局）

（二）发展动力活力不断增强，新兴产业发展迅速

2021 年，天津市三次产业增加值分别为 225.4 亿元、5854.3 亿元和 9615.4 亿元，同比分别增长 2.7%、6.5% 和 6.7%。三次产业增加值占全市总产出比重依次为 1.4%、37.3% 和 61.3%。其中，第二产业的比重较上年提高 3.2 个百分点。

1. 农业生产平稳，现代都市型农业持续发展。2021 年，农林牧渔业总产值同比增长 2.1%。粮食总产量连续六年保持在 200 万吨以上，同比增长 9.5%。生猪生产能力逐步提高，出栏量同比增长 5.1%，猪肉产量增长 11.2%，牛出栏量增长 3.9%，羊出栏量增长 13.4%。建成高标准农田 27.1 万亩，新增设施农业 20 万亩。“津农精品”品牌达到 187 个，“菜篮子”重要农产品自给率继续位居全国大城市前列。

2. 工业发展稳中有进，转型发展取得积极进展。2021 年，天津市规模以上工业增加值同比增长 8.2%，两年平均增长 4.9%。分企业类型看，国有企业增长 12.0%，民营企业增长 7.3%。分行业看，制造业能级提升，支撑工业增长。在“制造业立市”战略指引下，制造业增加值增长 8.3%，占比接近七成（69.5%），对全市工业增长的贡献率达到 74.1%。高技术制造业增加值增长 15.5%，占规模以上工业比重为 15.5%，比上年提高 0.1 个百分点；战略性新兴产业增加值同比增长 10.3%，占比达到 26.1%。分产品看，服务机器人、新能源汽车、集成电路等新产品产量均保持较快增长。

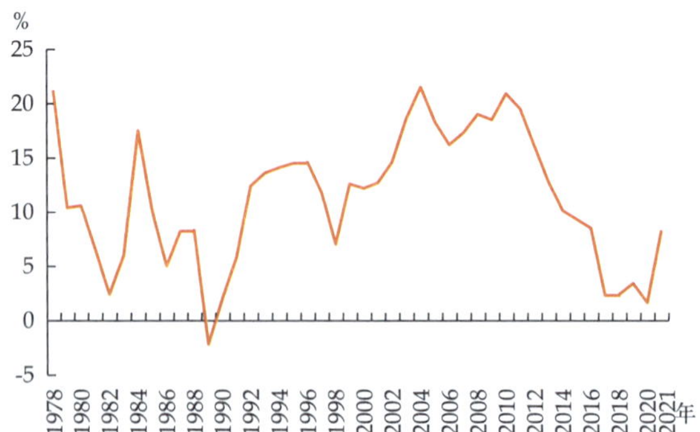

图 11　1978—2021 年天津市规模以上工业增加值增长率

（数据来源：天津市统计局）

3. 服务业稳步恢复，新兴服务业增长快速。

服务业扩大开放综合试点获国务院批准，成功举办首届绿色智慧建筑博览会、全国糖酒会、中国（天津）国际汽车展等活动。2021 年，服务业增加值占全市生产总值的比重为 61.3%。其中，交通运输、仓储和邮政业增加值同比增长 8.7%，批发和零售业增加值同比增长 8.8%，住宿和餐饮业增加值同比增长 6.7%。新兴服务业发展活跃。规模以上服务业中，新服务营业收入增长 19.9%，战略性新兴服务业和高技术服务业营业收入分别增长 7.5% 和 10.1%。

4. 供给侧结构性改革持续推进，科技创新引领能力持续提升。在“科技创新三年行动计划”、京津冀协同发展、“一带一路”倡议的引领下，天津市国家高新技术企业和国家科技型中小企业数量均超过 9000 家，全社会研发投入强度达到 3.4%，创新能力不断增强；加快建设世界一流智慧绿色港口，集装箱吞吐量增长 10.4%，位居全球十大港口前列；汇集全国顶级科学家和科研团队，打造物质绿色创造与制造、信创、合成生物学、现代中医药、细胞生态 5 个海河实验室；中埃·泰达苏伊士经贸合作区等重点项目加快推进，累计建成海外“鲁班工坊”20 个；政府引导投资科技型企业 219 家，带动投融资 81 亿元；高技术制造业和高技术服务业实际使用外资快速增长。

5. 生态文明建设深入推进，绿色发展成效明显。深入践行绿水青山就是金山银山理念，扎实做好能耗双控，打好蓝天碧水净土保卫战，生态环境持续改善。“871”重大生态工程稳步推进，PM2.5 平均浓度 39 微克 / 立方米，较上年下降 20.4%，空气优良天数 264 天，较上年增加 25 天，12 条入海河流水质总体达到 IV 类以上。规模以上工业万元增加值能耗继续同比下降；绿色生态屏障基本成型，大气环境质量持续改善。

（三）居民消费价格前低后高，工业生产者价格高位运行

1. 居民消费价格前低后高。2021 年，天津市居民消费价格呈现前低后高态势。2021 年 1 月，CPI 以同比下降 0.6% 低位开局，随后涨幅逐月回升，10—12 月，各月同比涨幅均在 2.0% 以上。CPI 全年累计平均上涨 1.3%，同比回落 0.7 个百分点。分类看，食品价格累计上涨 0.2%，涨幅同比回落 7.4 个百分点，创近四年新低，其中猪肉价格下降 30.0%。非食品价格累计上涨 1.5%，对总指数的贡献率达到 97% 左右。

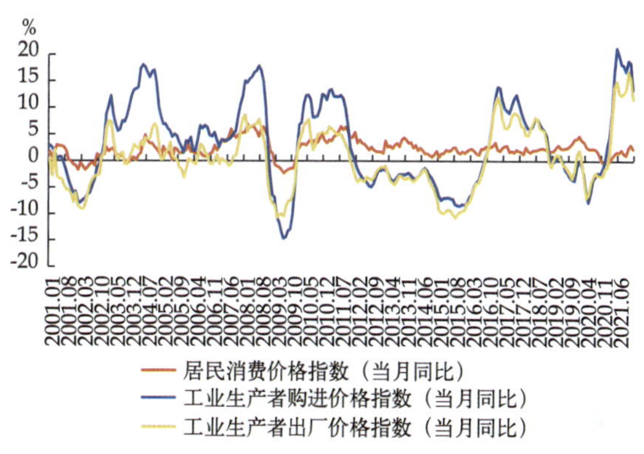

图 12　2001—2021 年天津市居民消费价格指数和工业生产者价格指数变动趋势

（数据来源：天津市统计局）

2. 工业生产者价格高位运行。2021 年，天津市工业生产者出厂价格由上年同期下降 2.9% 转为上涨 10.9%，创 2001 年以来最高值。分类来看，生产资料价格由上年同期下降 4.2% 转为上涨 13.5%，是指数上涨的主要推动因素。其中，采掘工业、原材料工业和加工工业价格分别上涨 38.0%、17.7% 和 8.4%。与生产资料相比，下游生活资料涨势温和，上涨 1.0%，涨幅与上年持平，其中，食品上涨 8.2%，耐用消费品下降 2.7%，衣着下降 3.5%，一般日用品与上年持平。2021 年，天津市工业生产者购进价格由上年同期下降 3.1% 转为上涨 14.7%，创 2005 年以来最高值。

3. 居民人均工资收入平稳增长。推出 24 条居民增收措施，促进群众收入协调增长。2021 年，天津市居民人均工资性收入 29775 元，同比增长 8.9%。大力推动创业带动就业，开发 1.4 万个政策性岗位，促进大学生、退役军人、农民工等重点群体“好就业、就好业”，全年新增

就业 37.6 万人，超额完成全年计划目标。

（四）财政收入较快增长，收入质量提升

2021 年一般公共预算收入 2141.0 亿元，增长 11.3%，但尚未恢复至疫情前水平。其中，税收收入增长 8.1%，占一般公共预算收入比重达到 75.8%，实现了增幅与质量“双提高”，非税收入增长较快。分主要税种看，个人所得税和土地增值税均保持两位数增长，环境保护税下降。全市一般公共预算支出 3150.3 元，与上年基本持平，其中，公共安全支出 215.8 亿元，增长 4.6%；教育支出 484.2 亿元，增长 9.3%；卫生健康支出 180.6 亿元，增长 2.9%。坚决落实国家和天津市减税降费各项举措，为企业减负超过 300 亿元。财政体制机制改革成效明显。

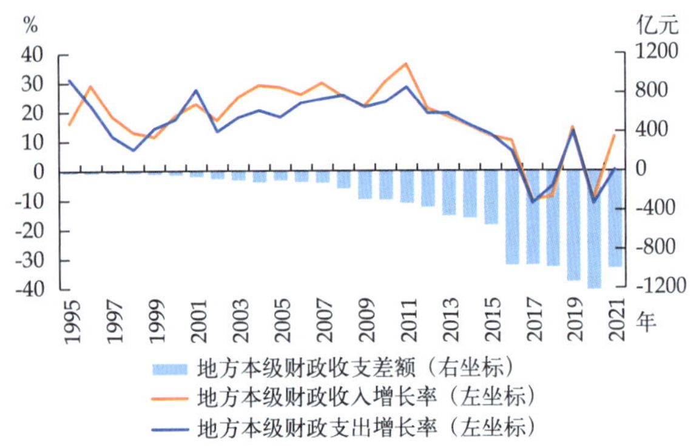

图 13　1995—2021 年天津市财政收支状况

（数据来源：天津市统计局）

（五）调控政策效应持续发挥，房地产市场运行总体平稳

2021 年，天津市坚持“房住不炒”定位，围绕“稳地价、稳房价、稳预期”的目标要求，加强供需调节、强化预期管理、健全长效机制，房地产市场总体保持平稳运行。

1. 开发投资规模小幅上升，住房建设占比小幅降低。2021 年，天津市房地产开发实现投资 2770.0 亿元，同比增长 6.2%。其中，住宅开发投资 2168.4 亿元，占全部房地产开发投资的 78.3%，占比较上年降低 1.6 个百分点。

2. 房地产竣工面积同比增长，新开工面积降幅收窄。2021 年，天津市房地产竣工面积 1892.8 万平方米，同比增长 15.8%；新开工面积 1885.4 万平方米，同比下降 12.8%，降幅较上年收窄 2.2 个百分点；施工面积 12627.8 万平方米，同比增长 4.9%，较上年下降 0.2 个百分点。

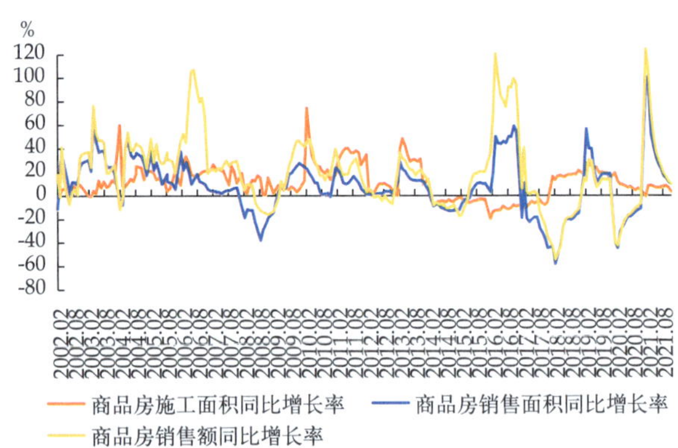

图 14　2002—2021 年天津市商品房施工和销售变动趋势

（数据来源：天津市统计局）

3. 住房成交面积及金额同比增长，二手房交易增长较多。2021 年，天津市商品住宅销售面积 1334.0 万平方米，同比增长 9.3%；销售金额 2183.7 亿元，同比增长 9.1%。二手房成交面积 1359.6 万平方米，同比增长 15.0%；销售金额 1702.6 亿元，同比增长 12.3%。

4. 房地产信贷总量增长平稳，增速、增量下降。2021 年末，天津市房地产贷款余额 9720.0 亿元，同比增长 4.1%，较上年下降 0.6 个百分点；比年初新增 386.8 亿元，同比少增 40.7 亿元。

三、预测与展望

2022 年是实施“十四五”规划的重要一年，是坚定不移推动高质量发展的深化之年。全市将以习近平新时代中国特色社会主义思想为指导，全面贯彻党的十九大和十九届历次全会精神，深入贯彻落实习近平总书记对天津工作“三个着力”重要要求和一系列重要指示批示精神，

完整、准确、全面贯彻新发展理念，加快构建新发展格局，扎实推进京津冀协同发展，加快创新动能引育，增强科技创新对发展的引领力支撑力，推进制造业高端化、智能化、绿色化、服务化，积极培育建设国际消费中心城市，奋力打造乡村振兴新风貌，提升对外开放层次水平，优化营商环境，激发各类市场主体动力和活力，推动经济持续健康发展。

2022 年，天津市金融业将积极有效落实好党中央、国务院各项决策部署和中央经济工作会议精神，认真贯彻落实稳健的货币政策灵活适度的要求，稳步提升金融服务实体经济质效，增强金融服务能力，提升对小微企业、科技创新、绿色发展等重点领域信贷支持，继续巩固实体经济综合融资成本下降成效，促进中小微企业融资增量、扩面、降价，坚持统筹安全和发展，扎实推进常态化金融风险防控，为做好“六稳”“六保”工作、支持天津经济持续健康高质量发展、奋力开创全面建设社会主义现代化大都市新局面营造适宜的货币金融环境，迎接党的二十大胜利召开。

中国人民银行天津分行货币政策分析小组

总　　纂：王晓明　夏洪涛

统　　稿：李　鹏　魏　莉

执　　笔：郝慧刚　范雨桐　韩　菁

提供材料：郭光锐　迟伟丰　宋俊平　刘　冬　董燕成　贾昱宁　车沛柳　杨维曦　张文颖　李晓迟　杨彩丽　杨　捷　张圆圆　韩　征　田妍然　张　珺　徐路路　杨作威　李园丰　王江峰　刘红玉　高　磊　魏鹏飞　陆　萍　何青芮　刘亚楼　陈　瑶　张益华

附录：

（一）天津市经济金融大事记

1月29日，天津市首笔全流程线上政府采购合同线上融资业务成功落地。

4月30日，天津市首笔碳配额质押融资业务成功落地。

7月28日，中国人民银行天津分行等七部门印发《关于天津市金融支持新型农业经营主体发展的意见》，提出强化新型农业经营主体金融服务、助推天津市乡村全面振兴的16条措施。

7月28日，公务机离岸融资租赁项目贷款业务在天津成功落地。

8月10日，天津市金融工作局等七部门印发《关于金融支持天津市重点产业链高质量发展的若干措施》，运用16项政策措施为重点产业链精准定制金融服务方案，助力产业链发展壮大。

9月9日，天津市人民政府办公厅印发《关于进一步支持中小微企业和个体工商户健康发展的若干措施》，从5个方面支持中小微企业、个体工商户持续健康发展。

9月14日，《天津市金融业发展“十四五”规划》发布，提出17项任务措施。

10月27日，天津市首笔线上跨境人民币同业拆出业务落地，标志天津市法人银行同业拆借资金融通渠道顺利打通。

10月29日，天津市首个“金融支持乡村振兴示范点”落成并投入使用，进一步强化乡村振兴金融服务。

12月7日，“京津冀产业链金融支持计划”发布，加强京津冀金融与产业协同，优化区域产业链信贷营商环境。

（二）天津市主要经济金融指标

表 1　2021 年天津市主要存贷款指标

	项目	1 月	2 月	3 月	4 月	5 月	6 月	7 月	8 月	9 月	10 月	11 月	12 月
本外币	金融机构各项存款余额（亿元）	33879.2	33666.5	34187.0	33982.2	34293.2	35154.5	34863.1	35642.6	35809.0	35751.6	35941.0	35903.1
	其中：住户存款	15072.1	15346.6	15702.3	15500.3	15581.6	15927.2	15716.2	15834.5	16097.0	15991.1	16090.7	16440.9
	非金融企业存款	13107.2	12619.3	12877.7	12854.4	12646.8	13114.4	13028.2	13339.8	13450.3	13298.6	13426.5	13554.0
	各项存款余额比上月增加（亿元）	-265.8	-212.8	520.6	-204.9	311.0	861.3	-291.4	779.5	166.4	-57.4	189.4	-37.9
	金融机构各项存款同比增长（%）	6.7	5.3	4.5	2.5	1.2	2.8	2.3	3.6	4.9	6.1	6.6	5.2
	金融机构各项贷款余额（亿元）	39518.8	39731.0	40116.2	40343.4	40512.0	40704.5	40609.0	40712.9	40941.5	40857.4	41049.8	41054.2
	其中：短期	8587.5	8572.4	8572.6	8454.5	8420.2	8332.8	8196.2	8036.5	8073.5	8059.4	8090.2	7846.4
	中长期	23868.2	24044.8	24378.0	24616.9	24765.2	24826.8	24806.4	24950.3	25017.5	25076.5	25170.4	25316.2
	票据融资	1584.8	1589.6	1584.8	1686.2	1684.0	1992.8	1998.7	2157.2	2429.9	2397.8	2440.0	2514.4
	各项贷款余额比上月增加（亿元）	659.4	212.2	385.2	227.2	168.6	192.5	-95.5	103.9	228.6	-84.1	192.4	4.4
	其中：短期	93.0	-15.1	0.2	-118.1	-34.3	-87.4	-136.5	-159.7	37.0	-14.1	30.9	-243.8
	中长期	366.3	176.6	333.3	238.9	148.2	61.6	-20.4	143.8	67.3	59.0	93.9	145.8
	票据融资	167.6	4.9	-4.9	101.5	-2.2	308.8	5.9	158.5	272.7	-32.1	42.2	74.4
	金融机构各项贷款同比增长（%）	7.4	8.4	8.2	8.0	7.6	7.3	6.5	6.5	6.3	5.9	5.7	5.7
	其中：短期	4.4	4.4	2.5	0.1	-0.4	-1.6	-2.3	-4.0	-4.9	-5.5	-5.2	-7.6
	中长期	9.1	10.1	10.0	10.4	10.3	9.3	7.9	7.9	7.5	7.9	7.7	7.7
	票据融资	11.2	19.0	13.1	12.6	3.4	20.0	24.0	36.1	65.4	67.2	67.3	77.4
	建筑业贷款余额（亿元）	1197.5	1279.2	1321.1	1338.1	1337.0	1350.0	1333.9	1337.6	1342.4	1344.7	1376.1	1245.4
	房地产业贷款余额（亿元）	2326.9	2329.2	2320.6	2308.0	2294.8	2268.3	2226.9	2209.1	2189.3	2167.3	2141.2	2125.7
	建筑业贷款同比增长（%）	3.2	9.4	7.7	8.3	8.8	6.2	8.8	9.6	8.0	8.3	11.5	11.1
	房地产业贷款同比增长（%）	0.5	-0.1	-2.3	-2.3	-3.9	-3.6	-7.3	-9.1	-9.6	-9.2	-8.9	-7.7
人民币	金融机构各项存款余额（亿元）	32776.8	32529.5	32989.6	32794.0	33151.6	33903.2	33585.1	34346.5	34509.7	34527.2	34712.1	34700.9
	其中：住户存款	14874.5	15148.3	15502.8	15304.6	15390.1	15733.6	15522.9	15641.8	15904.7	15800.9	15897.1	16244.1
	非金融企业存款	12546.9	12059.5	12271.6	12265.1	12049.6	12474.4	12378.7	12682.3	12780.2	12618.2	12744.1	12863.5
	各项存款余额比上月增加（亿元）	-260.9	-247.3	460.2	-195.7	357.6	751.6	-318.1	761.5	163.2	17.4	184.9	-11.1
	其中：住户存款	8.8	273.8	354.5	-198.2	85.5	343.5	-210.8	119.0	262.8	-103.8	96.3	347.0
	非金融企业存款	-409.4	-487.4	212.0	-6.5	-215.5	424.8	-95.7	303.6	97.9	-162.0	125.9	119.4
	各项存款同比增长（%）	6.8	5.2	4.1	2.1	1.1	2.4	1.9	3.2	4.4	5.9	6.5	5.0
	其中：住户存款	13.7	14.2	13.7	12.9	12.7	12.0	11.3	11.1	10.9	10.7	10.4	9.3
	非金融企业存款	3.8	1.0	-1.9	-3.6	-7.1	-5.1	-5.1	-2.4	-1.9	0.4	1.8	-0.7
	金融机构各项贷款余额（亿元）	38367.6	38548.2	38914.2	39171.5	39332.0	39600.2	39531.2	39625.0	39875.4	39842.8	40048.3	40043.4
	其中：个人消费贷款	9266.8	9205.5	9284.5	9342.5	9395.9	9442.9	9445.1	9475.0	9475.8	9580.1	9633.0	9685.3
	票据融资	1584.8	1589.6	1584.8	1686.2	1684.0	1992.8	1998.7	2157.2	2429.9	2397.8	2440.0	2514.4
	各项贷款余额比上月增加（亿元）	677.2	180.6	366.0	257.3	160.4	268.2	-69.0	93.9	250.4	-32.6	205.5	-4.9
	其中：个人消费贷款	64.6	-61.3	79.0	57.9	53.4	46.9	2.2	29.9	0.8	104.3	52.9	52.2
	票据融资	167.6	4.9	-4.9	101.5	-2.2	308.8	5.9	158.5	272.7	-32.1	42.2	74.4
	金融机构各项贷款同比增长（%）	7.9	8.8	8.6	8.4	8.0	8.0	7.2	7.1	7.1	6.7	6.4	6.2
	其中：个人消费贷款	6.8	7.2	7.3	7.6	7.6	6.8	6.6	6.0	4.8	5.3	5.2	5.3
	票据融资	11.2	19.0	13.1	12.6	3.4	20.0	24.0	36.1	65.4	67.2	67.3	77.4
外币	金融机构外币存款余额（亿美元）	170.4	175.7	182.2	183.7	179.3	193.7	197.8	200.4	200.3	191.6	192.6	188.6
	金融机构外币存款同比增长（%）	13.1	17.9	27.4	25.0	18.1	27.7	24.8	22.3	26.2	18.1	15.5	11.1
	金融机构外币贷款余额（亿美元）	177.9	182.8	182.9	181.2	185.3	170.9	166.8	168.2	164.4	158.8	157.0	158.5
	金融机构外币贷款同比增长（%）	-2.3	2.9	6.2	5.4	6.7	-2.5	-6.4	-6.7	-10.7	-13.1	-14.4	-11.5

数据来源：《天津市金融统计月报》。

表 2 2001—2021 年天津市各类价格指数

单位：%

时间		居民消费价格指数		农业生产资料价格指数		工业生产者购进价格指数		工业生产者出厂价格指数	
		当月同比	累计同比	当月同比	累计同比	当月同比	累计同比	当月同比	累计同比
2001		—	1.2	—	—	—	-1.2	—	-4.1
2002		—	-0.4	—	—	—	-4.1	—	-4.1
2003		—	1.0	—	—	—	2.5	—	8.7
2004		—	2.3	—	—	—	15.4	—	4.1
2005		—	1.5	—	—	—	4.9	—	0.1
2006		—	1.5	—	—	—	4.7	—	0.6
2007		—	4.2	—	—	—	5.7	—	1.5
2008		—	5.4	—	—	—	12.9	—	4.1
2009		—	-1.0	—	—	—	-9.8	—	-7.5
2010		—	3.5	—	—	—	10.0	—	5.1
2011		—	4.9	—	—	—	9.8	—	3.8
2012		—	2.7	—	—	—	-3.0	—	-3.0
2013		—	3.1	—	—	—	-2.6	—	-3.0
2014		—	1.9	—	—		-2.9	—	-3.7
2015		—	1.7	—	—	—	-7.6	—	-9.7
2016		—	2.1	—	—	—	-1.7	—	-2.1
2017		—	2.1	—	—	—	11.1	—	8.4
2018		—	2.0	—	—	—	6.2	—	5.4
2019		—	2.7	—	—	—	-1.2	—	-0.7
2020		—	2.0	—	—	—	-3.1	—	-2.9
2021		—	1.3	—	—	—	14.7	—	10.9
2020	1	4.6	4.6	—	—	0.0	0.0	1.9	1.9
	2	3.8	4.2	—	—	-0.7	-0.3	-0.1	0.9
	3	3.5	4.0	—	—	-2.9	-1.2	-3.5	-0.6
	4	2.6	3.6	—	—	-6.2	-2.5	-7.0	-2.2
	5	2.2	3.4	—	—	-7.8	-3.5	-6.4	-3.0
	6	2.2	3.2	—	—	-6.0	-3.9	-4.1	-3.2
	7	2.2	3.0	—	—	-3.5	-3.9	-3.0	-3.2
	8	2.1	2.9	—	—	-3.0	-3.8	-2.3	-3.1
	9	1.5	2.8	—	—	-2.3	-3.6	-2.8	-3.1
	10	0.5	2.5	—	—	-2.5	-3.5	-2.9	-3.0
	11	-0.4	2.3	—	—	-1.6	-3.3	-2.9	-3.0
	12	-0.2	2.0	—	—	-0.4	-3.1	-1.6	-2.9
2021	1	-0.6	-0.6	—	—	2.6	2.6	-1.2	-1.2
	2	-0.1	-0.4	—	—	4.6	3.6	1.7	0.3
	3	0.6	0.0	—	—	9.1	5.4	7.8	2.7
	4	1.2	0.3	—	—	16.4	8.1	13.8	5.3
	5	1.6	0.5	—	—	21.3	10.6	15.0	7.2
	6	1.5	0.7	—	—	20.0	12.1	12.7	8.1
	7	2.0	0.9	—	—	18.3	13.0	12.3	8.7
	8	1.3	0.9	—	—	18.0	13.6	12.7	9.2
	9	1.0	0.9	—	—	16.9	14.0	13.5	9.7
	10	2.4	1.1	—	—	18.9	14.5	16.9	10.4
	11	3.0	1.3	—	—	18.5	14.9	15.5	10.9
	12	2.2	1.3	—	—	13.4	14.7	11.6	10.9

数据来源：《天津统计月报》。

表 3　2021 年天津市主要经济指标

项目	1 月	2 月	3 月	4 月	5 月	6 月	7 月	8 月	9 月	10 月	11 月	12 月
	绝对值（自年初累计）											
地区生产总值（亿元）	—	—	3404.0	—	—	7309.3	—	—	11417.6	—	—	15695.1
第一产业	—	—	26.9	—	—	75.4	—	—	140.0	—	—	225.4
第二产业	—	—	1106.2	—	—	2533.7	—	—	4024.2	—	—	5854.3
第三产业	—	—	2270.9	—	—	4700.2	—	—	7253.4	—	—	9615.4
工业增加值（亿元）	—	—	—	—	—	—	—	—	—	—	—	—
固定资产投资（亿元）	—	—	—	—	—	—	—	—	—	—	—	—
房地产开发投资	—	—	—	—	—	—	—	—	—	—	—	—
社会消费品零售总额(亿元）	—	—	—	—	—	—	—	—	—	—	—	—
外贸进出口总额（亿元）	667.8	1203.3	1849.2	2513.0	3263.9	4015.2	4773.7	5514.2	6287.8	7000.0	7762.2	8567.4
进口	397.7	682.7	1049.9	1416.8	1851.7	2275.9	2715.3	3116.6	3510.9	3866.6	4290.2	4691.8
出口	270.1	520.5	799.3	1096.2	1412.1	1739.3	2058.5	2397.6	2776.8	3133.4	3472.0	3875.6
进出口差额(出口－进口)	-127.6	-162.2	-250.6	-320.6	-439.6	-536.6	-656.8	-719.0	-734.1	-733.2	-818.3	-816.2
实际利用外资（亿美元）	7.5	10.0	14.5	21.6	24.3	28.3	31.2	37.1	43.6	48.0	53.5	53.9
地方财政收支差额（亿元）	—	—	-52.0	—	—	-211.5	—	—	-569.3	—	—	-1009.3
地方财政收入	—	—	645.1	—	—	1229.3	—	—	1664.8	—	—	2141.0
地方财政支出	—	—	697.1	—	—	1440.9	—	—	2234.1	—	—	3150.3
	同比累计增长率（%）											
地区生产总值	—	—	15.9	—	—	11.4	—	—	8.6	—	—	6.6
第一产业	—	—	7.9	—	—	6.8	—	—	5.2	—	—	2.7
第二产业	—	—	27.5	—	—	16.2	—	—	8.5	—	—	6.5
第三产业	—	—	11.0	—	—	9.2	—	—	8.7	—	—	6.7
工业增加值	—	34.2	30.3	24.2	20.0	17.3	14.9	12.8	10.6	9.6	8.7	8.2
固定资产投资	—	29.7	24.1	19.0	9.0	6.2	4.1	5.2	5.2	4.4	4.5	4.8
房地产开发投资	—	30.1	29.0	21.0	10.9	10.9	10.8	9.1	7.3	6.2	6.3	6.2
社会消费品零售总额	—	33.2	32.0	26.2	21.1	17.2	13.1	10.0	7.8	6.5	5.7	5.2
外贸进出口总额	10.0	21.1	17.5	16.7	19.7	15.4	14.1	13.7	14.7	14.8	15.4	16.3
进口	11.3	7.3	5.7	7.5	13.1	8.6	8.9	9.1	8.9	8.1	9.6	9.3
出口	8.1	45.7	37.5	31.3	29.5	25.8	22.0	20.3	23.1	24.2	23.5	26.1
实际利用外资	3.8	13.8	17.1	17.9	8.7	11.9	15.9	10.4	17.4	19.3	19.9	13.8
地方财政收入	—	—	36.8	—	—	28.0	—	—	19.5	—	—	11.3
地方财政支出	—	—	-1.0	—	—	4.3	—	—	2.9	—	—	0.0

数据来源：《天津统计月报》《中国经济景气月报》。

河北省金融运行报告（2022）

中国人民银行石家庄中心支行货币政策分析小组

[内容摘要] 2021年，河北省坚持稳中求进工作总基调，立足新发展阶段，积极服务和融入新发展格局，统筹疫情防控和经济社会发展，全省经济发展稳中向好、稳中提质，实现了“十四五”良好开局。全年地区生产总值突破4万亿元，达到40391.3亿元，同比增长6.5%。

经济运行呈现以下特点：一是投资消费需求平稳回升，对外经贸保持良好势头。2021年，河北省固定资产投资同比增长3.0%；全年社会消费品零售总额实现13509.9亿元，同比增长6.3%；外贸进出口总额完成5415.6亿元，同比增长21.5%。二是经济发展稳中向好，产业基础支撑作用增强。农业生产形势稳定，全年粮食总产量3825.1万吨，同比增长0.8%。工业生产持续恢复，规模以上工业增加值同比增长4.9%，比上年加快0.2个百分点。服务业对经济增长贡献率达到61.1%，仍是拉动经济增长的第一动力。转型升级步伐加快，规模以上工业中，战略性新兴产业增加值同比增长12.1%，快于规模以上工业7.2个百分点。三是惠民政策持续加力，民生保障水平稳步提高。就业形势保持稳定，全年城镇新增就业92.5万人，完成全年计划的107.6%；年末城镇登记失业率3.08%，控制在4.5%的预期目标以内。消费价格总体稳定，全年居民消费价格同比上涨1.0%，比上年回落1.1个百分点。居民收入恢复性增长，居民人均可支配收入29383元，同比增长8.3%。四是一般公共预算收入增速提高，重点支出保障较好。一般公共预算收入4167.6亿元，同比增长8.9%；一般公共预算支出8854.5亿元，同比增长4.2%，民生支出占一般公共预算支出的80.8%。五是房地产投资增长平稳，商品房销售市场稳中回落。全年房地产开发项目完成投资5023.9亿元，同比增长9.2%。施工规模增长较快，全省房屋施工面积同比增长13.6%。商品房销售市场增幅回落，全省商品房销售面积和金额同比分别增长1.7%和2.1%。六是“三件大事”[①]齐头并进，重大国家战略落实落细。京津冀协同发展取得新进展，“轨道上的京津冀”加速形成，承接京津产业、项目转移步伐加快。雄安新区建设发展成效显著，产业、交通、生态和民生领域一批重大项目相继进入大规模建设阶段。

2021年，河北省金融系统认真落实稳健货币政策，存贷款与社会融资规模合理增长，贷款利率稳中有降，信贷结构继续优化，支持产业结构调整、稳企业保就业、乡村振兴、区域协调发展力度增强，金融改革创新取得新进展，区域金融风险有效防控，助力全省经济高质量发展。

金融运行呈现以下特点：一是货币信贷规模稳步增长。2021年末，河北省金融机构本外币各项存款余额89019.5亿元，同比增长9.5%；本外币各项贷款余额67962.8亿元，同比增长11.4%；社会融资规模增量为8795.8亿元，比2019年多增456.4亿元。二是贷款投放结构进一步优化。企（事）业单位贷款余额同比增长11.3%，在全部贷款增量中占比62.7%。持续加大重点行业贷款投放。投向制造业的中长期贷款余额2442.7亿元，同比增加542.5亿元。普惠小微贷款持续量增面扩。普惠小微贷款余额5804.1亿元，同比增长25.0%；支持小微经营主体70.8万户，比年初增加13.9万户。持续加大对重点区域的贷款投放。雄安新区各项贷款余额同比增长79.5%，全省62个重点帮扶县贷款余额同比增长14.0%。三是结构性货币政策工具

①三件大事：京津冀协同发展、雄安新区规划建设、北京冬奥会筹办。

突出精准滴灌。通过“再贷款再贴现 +N”模式，引导地方法人银行精准助力民营小微企业、乡村振兴、绿色低碳发展。全年发放（含展期）再贷款再贴现、两项直达工具等货币政策工具965.3 亿元。四是推动实际贷款利率继续稳中有降。2021 年，全省金融机构发放的企业贷款加权平均利率为 5.40%，同比下降 0.25 个百分点。五是证券期货保险业平稳发展。证券、期货机构稳步发展，境内上市公司数量持续增加。2021 年末，河北省共有境内上市公司 69 家，比上年增加 8 家。保费收入平稳增长，保险业承担风险总额较快增长，赔付支出小幅上升。

2022 年，河北省经济发展机遇与挑战并存。“三件大事”带来的强大发展势能正在加速释放，“经济强省、美丽河北”发展战略全面实施，经济稳中向好的态势将进一步巩固。同时，经济发展依然面临疫情多点散发、投资增速放缓、新旧动能转换不畅、资源环境约束趋紧等不利局面，保持经济平稳增长的压力不小。河北省金融系统将以习近平新时代中国特色社会主义思想为指导，坚持以经济建设为中心，积极应对经济发展“三重压力”，把稳增长放在更加突出的位置，坚决落实稳健的货币政策，不断改进金融服务实体经济质效，加大对科技创新、制造业、区域协调、绿色发展、小微企业、乡村振兴等重点领域和薄弱环节的支持，引导实体经济综合融资成本稳中有降，不断增强金融服务实体经济能力，以实际行动迎接党的二十大胜利召开。

一、金融运行情况

2021 年以来，河北省金融系统认真落实稳健货币政策，存贷款总量稳定增长，社会融资规模合理增长；贷款利率稳中有降，企业融资成本不断降低，金融服务实体经济能力不断提升；信贷结构继续优化，支持产业结构调整、稳企业保就业、乡村振兴、区域协调发展力度增强；金融改革创新取得新进展，区域金融风险有效防控，助力全省经济高质量发展。

（一）银行业稳健运行，对实体经济支持力度增强

1. 资产负债规模稳步增长。2021 年末，河北省银行业金融机构资产总额 106272 亿元，同比增长 9.5%。其中，城市商业银行和小型农村金融机构资产总额 44751.1 亿元，增长 9.4%，占全省银行业资产总额的比重为 42.1%；新型农村金融机构资产总额达到 932.5 亿元，增长 20.0%。金融机构负债总额 101971.1 亿元，增长 9.7%，净利润 691 亿元，降低 7.1%。2021 年，5 家金融机构在雄安新区新设二级分行。2021 年末，全省银行业法人金融机构 280 家，与上年持平。

表 1　2021 年河北省银行业金融机构情况

机构类别	营业网点			法人机构（个）
	机构个数（个）	从业人数（人）	资产总额（亿元）	
一、大型商业银行	3272	71880	40973.2	0
二、国家开发银行和政策性银行	166	3537	6292.7	0
三、股份制商业银行	509	11035	6460.6	0
四、城市商业银行	1259	26647	22258.1	11
五、小型农村金融机构	4825	48693	22493.0	147
六、财务公司	7	250	1277.6	7
七、信托公司	1	257	159.7	1
八、邮政储蓄银行	1608	16545	4651.9	0
九、外资银行	2	29	28.4	0
十、新型农村金融机构	329	5174	932.5	111
十一、其他	3	487	744.1	3
合　计	11981	184534	106272.0	280

数据来源：河北银保监局。

注：营业网点不包括国家开发银行和政策性银行、大型商业银行、股份制商业银行等金融机构总部数据；大型商业银行包括中国工商银行、中国农业银行、中国银行、中国建设银行和交通银行；小型农村金融机构包括农村商业银行、农村合作银行和农村信用社；新型农村金融机构包括村镇银行、贷款公司、农村资金互助社；其他包含金融租赁公司、汽车金融公司、货币经纪公司、消费金融公司等。

2. 存款余额平稳增长。2021 年末，河北省金融机构本外币各项存款余额 89019.5 亿元，同

比增长 9.5%；比年初增加 7724.2 亿元。来源于住户部门存款增加 6876.5 亿元，占比 89.0%，同比多增 216.3 亿元。人民币存款余额 88589.5 亿元，同比增长 9.5%，比年初增加 7694.3 亿元。外币存款余额 67.5 亿美元，同比增长 10.0%，比年初增加 6.1 亿美元。

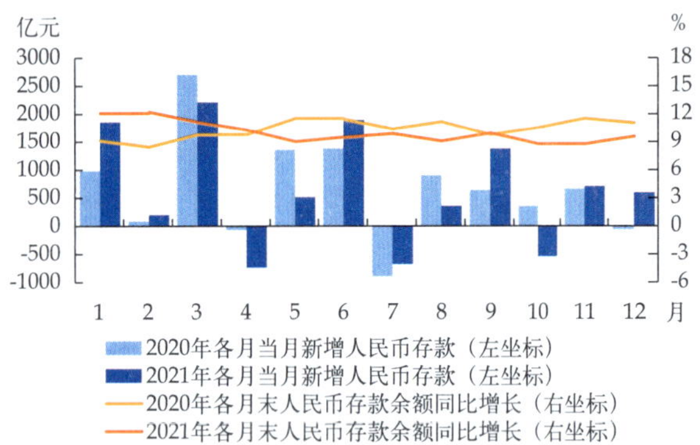

图 1　2020—2021 年河北省金融机构人民币存款增长变化

（数据来源：中国人民银行石家庄中心支行）

3. 贷款余额稳定增长，信贷投放结构持续优化。2021 年末，河北省本外币各项贷款余额 67962.8 亿元，同比增长 11.4%。人民币贷款余额 67610.4 亿元，同比增长 11.6%，比年初增加 7004.9 亿元。

企（事）业单位贷款占比提高。2021 年末，企（事）业单位贷款余额同比增长 11.3%；比年初增加 4370.7 亿元，同比多增 44.9 亿元；在全部贷款增量中占比 62.7%，同比提高 2.7 个百分点。其中，短期贷款同比少增 434.6 亿元，中长期贷款同比多增 207.4 亿元，票据融资同比多增 174.1 亿元。

持续加大重点行业贷款投放。2021 年末，投向制造业的中长期贷款余额 2442.7 亿元，同比增加 542.5 亿元，为制造业企业提供了长期稳定的资金支持。投向高新技术制造业的中长期贷款余额 161.9 亿元，同比增加 32.5 亿元。中国人民银行石家庄中心支行联合有关部门出台促进绿色金融发展的实施意见，鼓励金融机构创新产品，加大绿色信贷投入。2021 年末，全省绿色贷款余额 3762.0 亿元，同比增加 991.8 亿元。

普惠小微贷款持续量增面扩。2021 年末，普惠小微贷款余额 5804.1 亿元，同比增长 25.0%，高于全部贷款增速 13.6 个百分点，比年初增加 1165.3 亿元，同比多增 185.8 亿元，年增量占全部贷款年增量的比重为 16.6%，占比达近两年内最高点。信贷支持小微经营主体 70.8 万户，比年初增加 13.9 万户。其中，单户授信 1000 万元以下小微企业贷款同比多增 73.5 亿元，贷款户数较年初增加 3 万余户；个体工商户和小微企业主经营性贷款同比多增 112.3 亿元，贷款户数比年初增加 10.9 万户。

持续加大对重点区域的贷款投放。雄安新区贷款快速增长。2021 年末，雄安新区各项贷款余额 1097.8 亿元，同比增长 79.5%；比年初增加 486.3 亿元，同比多增 257.4 亿元。加大对乡村振兴的金融支持力度。2021 年末，全省 62 个重点帮扶县贷款余额同比增长 14.0%，高于全部贷款增速 2.6 个百分点。

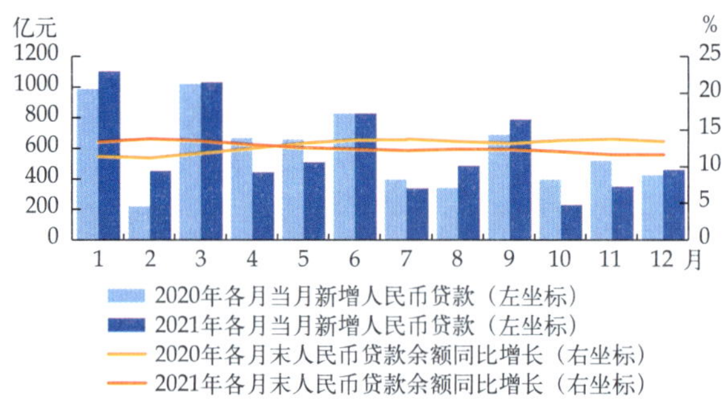

图 2　2020—2021 年河北省金融机构人民币贷款增长变化

（数据来源：中国人民银行石家庄中心支行）

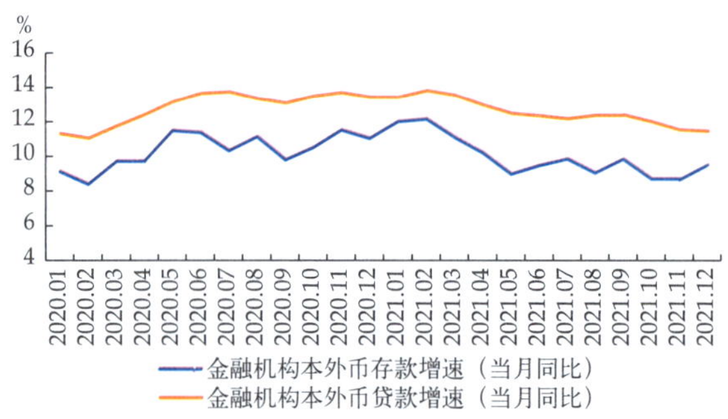

图 3　2020—2021 年河北省金融机构本外币存贷款增速变化

（数据来源：中国人民银行石家庄中心支行）

结构性货币政策工具精准滴灌。引导地方法人银行创新“再贷款+N”产品，精准助力乡村振兴、民营小微企业发展。创新河北省绿色票据再贴现“直通车”业务，对清洁能源、节能减排等领域企业持有的票据优先办理再贴现，持续为河北省经济高质量发展增添金融动力。全年发放（含展期）再贷款再贴现、两项直达工具等货币政策工具965.3亿元，投放力度再创新高。

4. 持续释放LPR改革红利，推动实际贷款利率稳中有降。2021年，全省金融机构发放的企业贷款加权平均利率为5.40%，同比下降0.25个百分点。其中，普惠小微企业贷款加权平均利率为5.78%，下降0.32个百分点。全面推动金融机构明示贷款年化利率工作。人民币贷款利率区间较上年整体下移，2021年河北省金融机构发放的人民币贷款中，利率低于和等于LPR的贷款占比分别为17.0%和5.4%。加强存款利率自律管理，清理整顿不规范存款创新产品，将存款利率自律上限优化为在存款基准利率上加点确定。12月新发生的定期存款加权平均利率为2.42%，比自律上限优化前下降了0.06个百分点；3个月以内大额美元存款加权平均利率下降0.40个百分点。地方法人金融机构定价机制进一步完善，2021年135家地方法人金融机构通过评估被吸收成为全国自律机制成员，比上年增加10家。

表2　2021年河北省金融机构人民币贷款各利率区间占比

单位：%

项目		1月	2月	3月	4月	5月	6月
合计		100.0	100.0	100.0	100.0	100.0	100.0
LPR减点		22.3	21.5	16.1	16.5	16.5	15.4
LPR		6.3	6.1	7.6	4.5	5.1	4.9
LPR加点	小计	71.4	72.4	76.3	79.1	78.4	79.7
	(LPR，LPR+0.5%)	13.7	10.7	11.7	9.8	12.5	16.0
	[LPR+0.5%，LPR+1.5%)	22.8	22.3	22.7	23.5	21.0	21.3
	[LPR+1.5%，LPR+3%)	10.3	12.5	15.5	13.5	15.2	13.1
	[LPR+3%，LPR+5%)	11.6	12.5	13.8	17.4	15.3	15.3
	LPR+5%及以上	12.9	14.3	12.6	14.8	14.4	14.0

续表

项目		7月	8月	9月	10月	11月	12月
合计		100.0	100.0	100.0	100.0	100.0	100.0
LPR减点		13.3	13.8	17.1	19.1	18.1	16.1
LPR		3.9	4.1	4.9	5.3	6.3	4.9
LPR加点	小计	82.8	82.1	78.0	75.6	75.6	78.9
	(LPR，LPR+0.5%)	9.6	10.9	12.9	11.8	12.3	12.9
	[LPR+0.5%，LPR+1.5%)	23.8	23.7	19.7	20.3	19.0	19.2
	[LPR+1.5%，LPR+3%)	14.2	13.5	13.3	11.5	13.3	14.9
	[LPR+3%，LPR+5%)	18.6	16.5	16.3	13.8	15.6	17.0
	LPR+5%及以上	16.6	17.3	15.8	18.1	15.4	14.9

数据来源：中国人民银行石家庄中心支行。

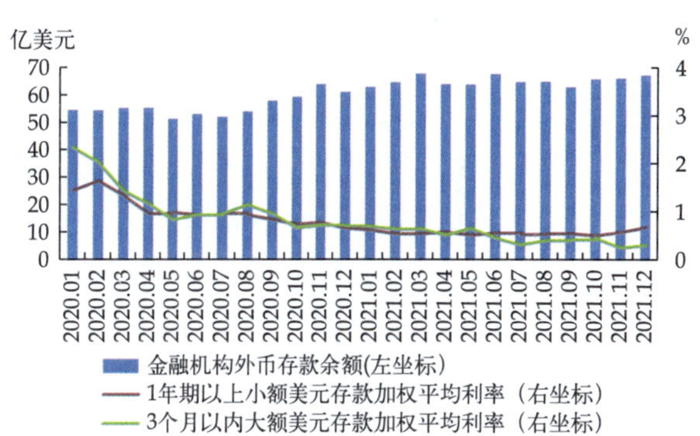

图4　2020—2021年河北省金融机构外币存款余额及外币存款利率

（数据来源：中国人民银行石家庄中心支行）

5. 资产质量保持基本稳定，风险防范化解成效显著。2021年末，全省银行业机构不良贷款余额1387.1亿元，比年初增加185.5亿元，不良贷款率为2.04%，比年初上升0.07个百分点，关注类贷款比年初下降231.4亿元，信贷资产质量基本保持稳定。全省银行业法人机构平均流动性比率86.3%，比年初增加1.1个百分点；人民币超额备付金率5.1%，比年初下降0.1个百分点；存贷款比率70.7%，比年初上升1.5个百分点，流动性风险总体可控。2021年，河北省高风险机构数量大幅下降，企业集团债务风险得到稳妥处置，全年未发生挤兑事件，金融风险防控工作成效显著，牢牢守住了不发生区域性金融风险的底线。

6. 银行业金融机构改革深入推进。2021年，坚持“成熟一家、组建一家”改制要求和“洁净改制”原则，积极稳妥推进农村合作金融机构深化改革，省内4家农合机构启动改制工作。2021年河北省地方政府共发行96亿元专项债券，有效补充了部分中小银行资本。

7. 跨境人民币业务实现快速发展。加强部门协调联动，强化提升人民币在跨境贸易投资中的使用水平。采取线上线下多种渠道，持续向市场主体宣传和解读跨境人民币政策，扩大本币结算影响力。指导河北省银行跨境人民币业务自律机制制订优质企业跨境人民币结算便利化方案，便利化政策红利惠及企业195家。围绕辖内重点行业和重点领域，成立工作专班，实地走访调研，结合企业实际制订跨境人民币服务方案，精准对接企业需求。针对北京冬奥会涉及的跨境人民币应用场景，积极对接金融机构，支持冬奥会跨境人民币结算。鼓励金融机构丰富金融产品，探索创新自贸区跨境人民币业务模式。2021年，河北省跨境人民币收付957.1亿元，同比增长27.3%，比上年提高6.9个百分点；占同期本外币跨境收付总额的16.1%，比上年提高0.9个百分点。截至2021年末，办理跨境人民币结算企业8800家，比上年增加920家。

专栏1　精准支持市场主体　巩固稳企业保就业成效

2021年，在新冠肺炎疫情多点散发和经济恢复预期不确定的情况下，中国人民银行石家庄中心支行加强组织领导，全省银行业持续把金融支持稳企业保就业作为“一把手”工程，夯实工作机制、优化政策措施、强化工具运用、深化银企对接，持续推进金融机构“敢贷、愿贷、能贷、会贷”机制建设，全省小微企业融资“量增、价降、面扩、质提”，为稳企业保就业营造了适宜的金融环境。

一是通过专项行动精准支持市场主体。开展“千银万企大走访行动”，推广应用“河北省融资对接监测分析系统”，形成了覆盖线上线下、多种形式的银企对接样态。2021年末，全省在贷普惠小微经营主体70.8万户，同比增加16.4万户，增长30.1%。针对小微企业首次贷款难的问题，开展“首贷培植行动”，探索建立线上、线下首贷中心，对小微企业首贷户进行精准挖掘、培育。2021年，全省新增首次授信户数24.8万户，其中新增普惠小微首次授信户数24.2万户。针对个体工商户贷款难的问题，开展“贷动小生意、服务大民生”专项行动，编写推送《河北省个体工商户金融服务手册》，重点解决个体工商户“能不能贷、去哪儿贷、如何贷”的问题。2021年末，全省个体工商户经营性贷款余额同比增长19.2%，高于全部贷款增速7.8个百分点。二是实施好两项直达实体经济货币政策工具的延期工作。2021年，向地方法人银行提供奖励资金3.3亿元，引导地方法人银行对2.1万户523.4亿元普惠小微贷款实施延期还本付息；激励央行评级1~5级地方法人银行向普惠小微企业发放信用贷款，累计提供48.2亿元零成本资金，撬动地方法人银行发放126.9亿元普惠小微信用贷款。三是加大支小再贷款投放力度。2021年，发放支小再贷款298.6亿元，撬动地方法人银行以低于自有资金2.1个百分点发放贷款，支持小微企业和个体工商户约1.6万户。四是开展河北省民营小微票据再贴现“直通车”业务，对供应链贸易融资、民营小微企业等领域企业贴现融资加大倾斜力度。2021年，全省办理再贴现481.0亿元，同比增加59.0亿元，其中90.0%为民营小微票据。五是印发《关于进一步加强金融支持个体工商户发展若干措施的通知》，锚定“贷动小生意、服务大民生”目标，统筹推进个体工商户纾困和发展，切实提高个体工商户金融服务覆盖面、可获得性、便利性。2021 年，全省新增个体工商户授信户数、个体工商户首次授信户数 29.2 万户、13.8 万户，同比分别增长 56.2%、114.4%。全省个体工商户经营性贷款余额 1825.1 亿元，同比增长 19.2%。

2022 年，中国人民银行石家庄中心支行将继续发挥好结构性货币政策工具作用，落实好两项直达工具的接续转换工作，扎实开展中小微企业金融服务能力提升行动，强化科技在中小微企业金融服务中的运用，推动金融机构持续向小微企业等市场主体让利，切实减轻小微企业融资负担。

（二）证券期货业运行平稳，多层次资本市场深入发展

1. 证券机构稳步发展。2021 年末，河北省共有证券机构 299 家。其中，法人机构 1 家，证券分公司 44 家，证券营业部 254 家。

表 3　2021 年河北省证券业基本情况

项目	数量
总部设在辖内的证券公司数（家）	1
总部设在辖内的基金公司数（家）	1
总部设在辖内的期货公司数（家）	1
年末国内上市公司数（家）	69
当年国内股票（A 股）筹资（亿元）	94.5
当年发行 H 股筹资（亿元）	—
当年国内债券筹资（亿元）	-552.4
其中：短期融资券筹资额（亿元）	-313.3
中期票据筹资额（亿元）	-159.6

数据来源：河北证监局、中国人民银行石家庄中心支行。

注：当年国内股票（A 股）筹资额指非金融企业境内股票融资；当年国内债券筹资指非金融企业境内债券融资增量。

2. 期货业稳步发展。2021 年末，河北省共有期货机构 43 家。其中，法人机构 1 家，分公司 12 家，营业部 30 家。

3. 境内上市公司数量继续增加。2021 年末，河北省共有境内上市公司 69 家，比上年增加 8 家；新三板挂牌企业 186 家。

（三）保险业发展稳定，服务水平持续提高

1. 保险公司分支机构数量与上年基本持平。2021 年末，河北省共有保险公司分支机构 93 家，比上年增加 1 家。其中，总部设在河北省的保险公司 1 家；省级保险分公司 77 家；跨京津冀区域经营中心支公司 16 家，比上年增加 1 家。

2. 保费收入平稳增长。2021 年，河北省实现原保险保费收入 1994.5 亿元，同比增长 2.8%。其中，财产险原保险保费收入 544.8 亿元，降低 7.3%；人身险原保险保费收入 1449.7 亿元，增长 7.1%。

3. 保险业承担风险总额较快增长，赔付支出小幅上升。保险业累计承担风险总额 207.5 万亿元，同比增长 42.0%；累计赔付支出 634.9 亿元，同比上升 5.5%。

表 4　2021 年河北省保险业基本情况

项目	数量
总部设在辖内的保险公司数（家）	1
其中：财产险经营主体（家）	1
寿险经营主体（家）	0
保险公司分支机构（家）	93
其中：财产险公司分支机构（家）	44
寿险公司分支机构（家）	49
保费收入（中外资，亿元）	1994.5
其中：财产险保费收入（中外资，亿元）	544.8
人身险保费收入（中外资，亿元）	1449.7
各类赔款给付（中外资，亿元）	634.9

数据来源：河北银保监局。

（四）社会融资总体平稳，产品创新不断涌现

1. 社会融资规模增量超 2019 年同期水平。

2021 年，河北省社会融资规模增量为 8795.8 亿元，比 2019 年多增 456.4 亿元。其中，表内融资增加 6968.2 亿元，比 2019 年多增 1664.1 亿元，占全部社会融资规模增量的 79.2%，同比提高 8.0 个百分点，比 2019 年提高 15.6 个百分点，是社会融资规模增量的重要支柱；政府债券融资增量为2151.1亿元，比2019年多增574.3亿元，政府债券融资增量占比 24.5%，同比提高 2.1 个百分点，比 2019 年提高 5.6 个百分点，是社会融资规模增量的次要支撑。

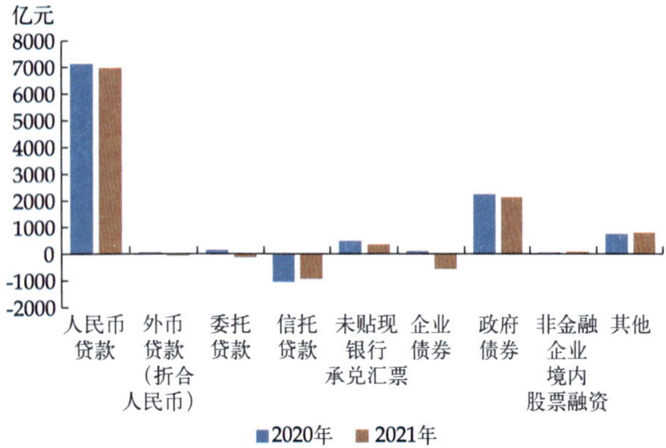

图 5　2020 年和 2021 年河北省社会融资规模分布结构

（数据来源：中国人民银行石家庄中心支行）

2. 创新债券品种不断涌现。2021 年，河北省共发行非金融企业债务融资工具 88 只，金额 669.7 亿元。其中，短期融资券 275.7 亿元，中期票据 316.0 亿元。省内 4 家企业先后发行省内首单革命老区债券、乡村振兴债券、高成长债券与碳中和债券，在支持全省绿色发展与科技创新等领域发挥了示范性作用。

3. 票据市场较快发展。2021 年，全省签发银行承兑汇票 6167.5 亿元，同比增长 19.1%；年末余额 4147.9 亿元，比年初增加 602.9 亿元，余额同比增长 17.0%。随着河北省商业承兑汇票业务限制政策的逐步放开，业务量显著回升，全年办理票据融资 3513.8 亿元，其中商业承兑汇票贴现 90.5 亿元，同比增加 67.3 亿元。2021 年，票据市场利率总体平稳，呈逐步下降趋势。

表 5　2021 年河北省金融机构票据业务量统计

单位：亿元

季度	银行承兑汇票承兑		贴现			
			银行承兑汇票		商业承兑汇票	
	余额	累计发生额	余额	累计发生额	余额	累计发生额
1	3638.1	1474.9	2260.4	667.1	30.6	17.0
2	3712.6	2983.3	2289.9	1530.8	43.5	44.0
3	4078.4	4635.1	2380.5	2436.6	45.2	79.1
4	4147.9	6167.5	2524.6	3423.3	29.9	90.5

数据来源：中国人民银行石家庄中心支行。

表 6　2021 年河北省金融机构票据贴现、转贴现利率

单位：%

季度	贴现		转贴现	
	银行承兑汇票	商业承兑汇票	票据买断	票据回购
1	3.31	4.26	3.03	—
2	2.93	4.31	2.68	2.60
3	2.60	4.11	2.40	2.56
4	2.33	4.14	2.03	2.00

数据来源：中国人民银行石家庄中心支行。

（五）金融生态环境进一步优化，金融基础设施持续完善

1. 持续增强征信对经济的信息支持作用。2021 年末，全省共设立 309 个征信报告代理查询点，并加入百度地图。京津冀率先开展银行企业网银信用报告查询服务，17 家商业银行开通查询服务。推动地方信息平台建设，中国人民银行张家口市中心支行建设的张家口市统一征信平台已汇集了 48 个政府部门的信用信息，在助力企业融资、提升政府行政管理方面逐步显出成效。全省评定信用农户约 535 万户、信用村 18051 个、信用乡镇 288 个，并对约 168 万农户进行了信贷支持。

大力弘扬诚信文化。一是创新宣传形式。全省人民银行系统及接入机构开展诚信文化教育及“燕赵献礼百年 唱响征信文化”专题宣传。联合省政务服务办、石家庄市人民政府举办“推

进诚信建设 共建信用河北”宣传活动。联合河北长城新媒体集团，以省委宣传部“冀云”App为载体，举办征信知识线上答题活动。二是着力构建银校合作机制。全省新增22家征信教育实践基地，联合省教育厅，先后赴5所院校进行政策宣讲。

2. 电子支付快速发展。2021年，河北省支付系统共处理支付业务7.0亿笔、金额125.7万亿元。随着通信技术的发展和社会公众支付服务需求的增加，河北省网上支付、电话支付、移动支付等新兴电子支付业务持续快速增长。2021年，河北省电子支付业务量达到88.4亿笔、金额68.6万亿元。2021年末，河北省云闪付用户2369.3万户，同比增长37.7%。

3. 金融消费权益保护工作深入推进。加大监督检查力度，督促相关金融机构依法合规开展经营，从源头上切实维护金融消费者合法权益。建设“线上＋线下”“集中性＋阵地化”的金融宣传全网格，全省金融系统以“3·15金融消费者权益日”、6月“普及金融知识，守住‘钱袋子’”、9月“金融知识普及月”活动为依托，积极开展金融知识普及和风险提示活动，不断增强金融消费者责任意识和风险防范能力。科学培育金融教育示范基地，河北钱币博物馆挂牌河北省首家金融教育示范基地。河北省人民银行系统与当地教育部门、学校搭建平台，持续开展金融知识进校园、进课程工作。

4. 加强金融科技推广运用。督促金融机构加强体制机制优化，保障金融科技工作稳步推进。指导金融机构探索新兴技术在金融领域的安全应用，规范关键技术的选型、能力建设、应用场景和安全管控。引导金融机构运用技术手段丰富服务渠道、完善产品供给、降低服务成本，提升金融服务质量与效率。指导金融机构运用金融科技提升金融风险识别、预警和处置能力，加强网络安全风险管控和金融信息保护。2021年，在雄安金融科技创新监管试点的基础上，向全省推广，在全省营造守正、安全、普惠、开放的金融科技创新发展环境。扎实推动雄安新区数字人民币试点工作。截至2021年末，雄安新区试点地区共开立个人钱包200万余个，正式投产收单场景1万余个，累计交易700多万笔，金额超70亿元。

二、经济运行情况

2021年，河北省坚持稳中求进工作总基调，立足新发展阶段，完整准确全面贯彻新发展理念，积极服务和融入新发展格局，加快创新发展、绿色发展、高质量发展，统筹疫情防控和经济社会发展，全省经济发展稳中向好、稳中提质，实现了“十四五”良好开局。全年地区生产总值达到40391.3亿元，同比增长6.5%，增速比上年加快2.7个百分点。分产业看，第一产业增加值4030.3亿元，增长6.3%；第二产业增加值16364.2亿元，增长4.8%；第三产业增加值19996.7亿元，增长7.7%。

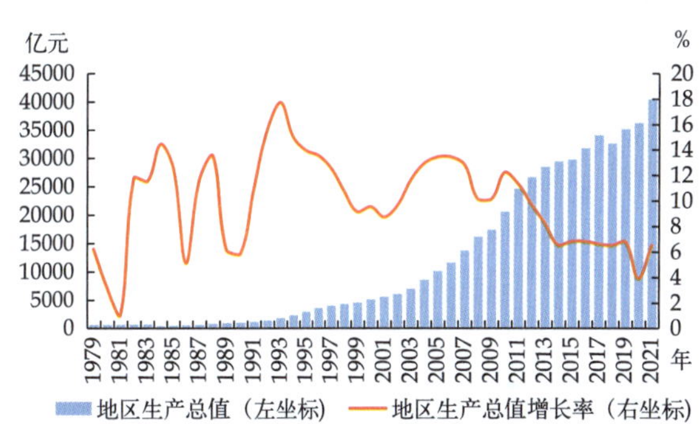

图6 1979—2021年河北省地区生产总值及其增长率

（数据来源：河北省统计局）

（一）投资消费需求平稳回升，对外经贸保持良好势头

1. 固定资产投资稳中有升。2021年，河北省固定资产投资同比增长3.0%，比上半年加快2.5个百分点。三次产业投资全面增长。第一产业投资增长7.6%，第二产业投资增长0.6%，第三产业投资增长4.4%。新开工项目带动作用增强。新开工建设项目投资比上年增长3.5%，快于全省固定资产投资增速0.5个百分点。部分行业投资较快增长。卫生和社会工作投资增长27.7%，信息传输、软件和信息技术服务业增长

22.8%，教育增长19.3%。民间投资稳步回升。民间固定资产投资增长2.0%，比上半年加快7.7个百分点。房地产开发投资增长9.2%。

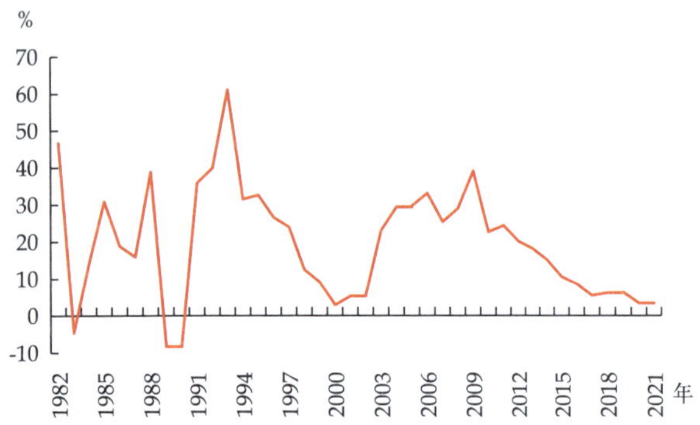

图7　1982—2021年河北省固定资产投资（不含农户）增长率

（数据来源：河北省统计局）

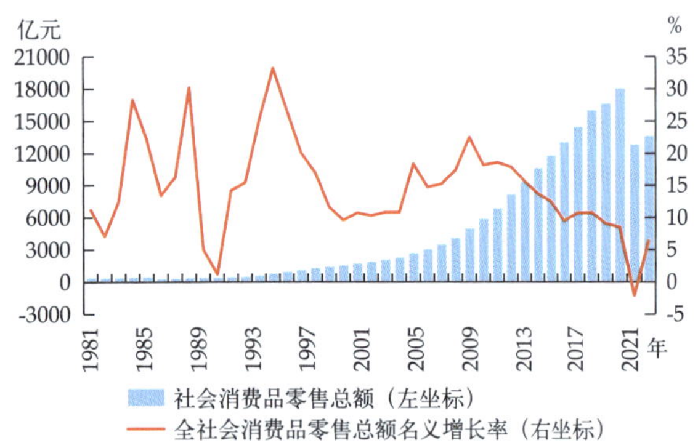

图8　1981—2021年河北省社会消费品零售总额及其增长率

（数据来源：河北省统计局）

2. 消费需求持续释放。全年社会消费品零售总额实现13509.9亿元，同比增长6.3%。城乡消费稳步回升。城镇消费品零售额11481.1亿元，增长6.8%；乡村消费品零售额2028.7亿元，增长3.8%。限额以上单位实现消费品零售额4132.9亿元，增长9.9%。升级类商品消费增长较快。限额以上单位化妆品类零售额增长11.2%，金银珠宝类增长42.2%，家用电器和音像器材类增长52.3%。基本生活类商品销售形势较好。限额以上单位粮油食品类零售额增长5.8%，饮料类增长24.2%，烟酒类增长14.8%。

3. 外贸进出口稳定增长。2021年，河北省外贸进出口总额完成5415.6亿元，同比增长21.5%。其中，出口3029.8亿元，增长20.2%；进口2385.9亿元，增长23.2%。一是澳大利亚为最大贸易伙伴。对澳大利亚进出口960.5亿元，增长16.2%，占进出口总值的17.7%。对欧盟、美国、东盟进出口分别为606.9亿元、586.0亿元和579.9亿元，分别增长11.2%、33.5%和18.5%。二是机电产品、劳动密集型产品和钢材为主要出口商品，分别出口1085.4亿元、692.1亿元和389.8亿元，增长23.8%、2.6%和44.4%。三是大宗商品进口有增有减。大豆进口712.8万吨，增长1.9%；原油进口204.3万吨，减少45.1%；铁矿砂及其精矿进口10844.4万吨，减少16.9%。

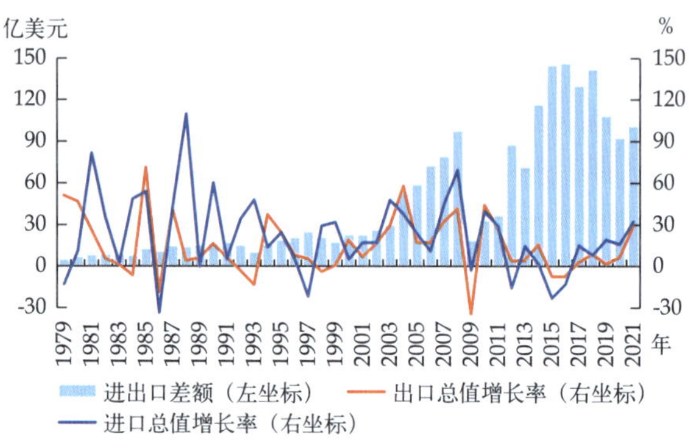

图9　1979—2021年河北省外贸进出口变动情况

（数据来源：河北省统计局）

4. 实际利用外资延续增长态势。2021年，河北省实际利用外资116.1亿美元，同比增长5.3%。其中，外商直接投资112.9亿美元，增长4.0%。

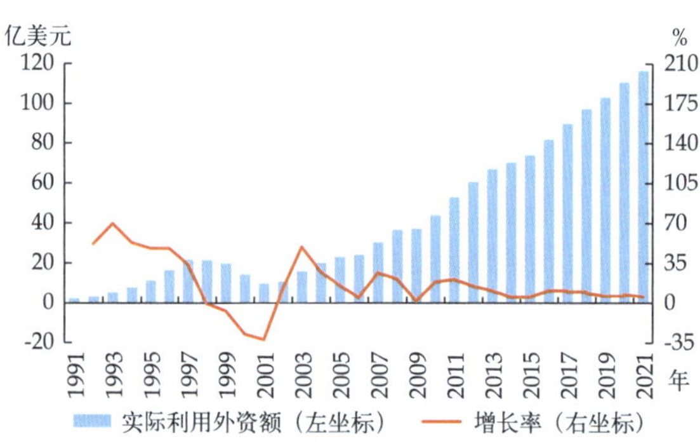

图10　1991—2021年河北省实际利用外资额及其增长率

（数据来源：河北省统计局）

（二）经济发展稳中向好，产业基础支撑作用增强

1. 农业生产形势稳定。粮食生产再获丰收。全年粮食总产量3825.1万吨（765.0亿斤），同比增长0.8%。其中，夏粮和秋粮均实现增长。畜牧业生产稳中向好。猪牛羊禽肉产量461.0万吨，增长10.9%。其中，猪肉产量265.7万吨，增长17.1%。蔬菜水果生产平稳。蔬菜总产量5284.2万吨，增长1.7%。园林水果总产量1058.5万吨，增长2.6%。畜牧、蔬菜、果品三大优势产业产值占农林牧渔业总产值比重达64.6%。

2. 工业生产持续恢复。规模以上工业增加值同比增长4.9%，比上年加快0.2个百分点。三大门类生产全面增长。制造业增加值增长4.6%，采矿业增长7.7%，电力、热力、燃气及水的生产和供应业增长5.6%。多数行业生产保持增长。40个行业大类中35个行业实现增长，占比87.5%。工业八大主导产业增加值增长4.7%。多类产品产量保持增长。在统计的424种产品产量中，有240种产品产量保持增长。企业效益平稳向好。规模以上工业企业实现利润总额2294.3亿元，增长10.6%。

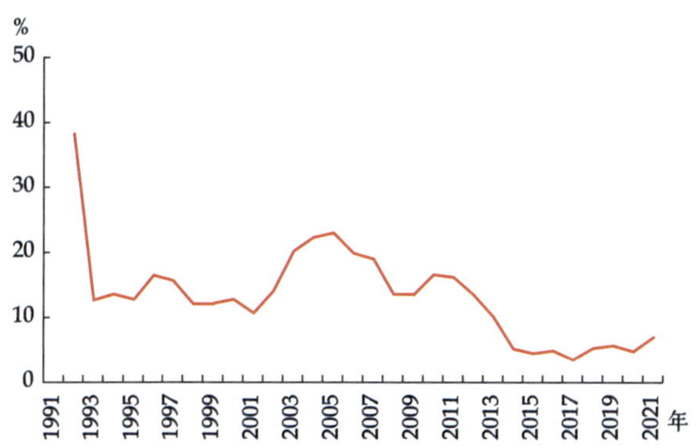

图11 1991—2021年河北省规模以上工业增加值实际增长率

（数据来源：河北省统计局）

3. 服务业平稳增长。服务业对经济增长贡献率达到61.1%，仍是拉动经济增长的第一动力。信息传输、软件和信息技术服务业增加值增长21.5%，交通运输、仓储和邮政业，住宿和餐饮业均增长11.6%，公共管理和社会组织增长9.0%、文化体育娱乐业增长8.5%。规模以上服务业企业营业收入增长7.3%，营业利润增长14.2%。

4. 转型升级步伐加快。新产能成长加快。规模以上工业中，战略性新兴产业增加值同比增长12.1%，快于规模以上工业7.2个百分点。高新技术产业增加值增长12.0%，占规模以上工业增加值比重为21.5%，比上年提高2.1个百分点。新产品快速增长。新能源汽车产量增长29.0%，城市轨道车辆增长240.0%，工业机器人增长36.7%，太阳能电池增长67.3%。

（三）惠民政策持续加力，民生保障水平稳步提高

1. 就业形势保持稳定。全年城镇新增就业92.5万人，完成全年计划的107.6%。年末城镇登记失业率3.08%，控制在4.5%的预期目标以内。

2. 消费价格总体稳定。全年居民消费价格同比上涨1.0%，比上年回落1.1个百分点。其中，城市上涨0.9%，农村上涨1.2%。分类别看，食品烟酒价格上涨0.9%，衣着下降0.7%，居住上涨0.2%，生活用品及服务下降0.3%，交通和通信上涨4.5%，教育文化和娱乐上涨1.2%，医疗保健上涨0.3%，其他用品和服务下降0.7%。

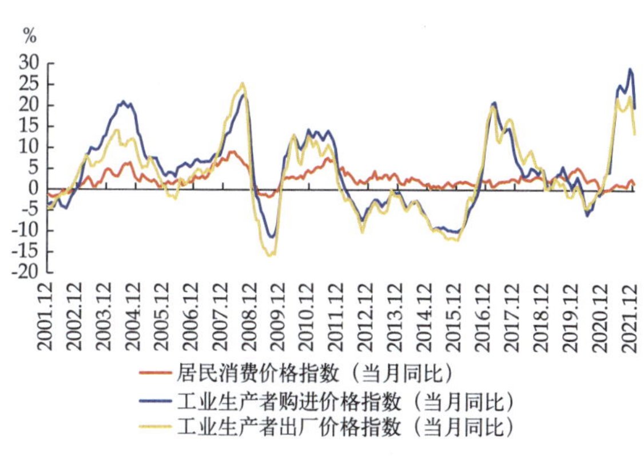

图12 2001—2021年河北省居民消费价格和工业生产者价格变动趋势

（数据来源：河北省统计局）

3. 居民收入恢复性增长。 全省居民人均可支配收入29383元，同比增长8.3%。分城乡看，城镇居民人均可支配收入39791元，增长6.7%；农村居民人均可支配收入18179元，增长10.4%。城乡居民收入差距进一步缩小。

（四）一般公共预算收入增速提高，重点支出保障较好

2021年，河北省着力推动积极的财政政策提质增效，加强收入组织，强化支出管理，财政平稳运行。全省地方一般公共预算收入4167.6亿元，同比增长8.9%；税收收入2735.7亿元，增长8.3%，比上年提高12.2个百分点；受土地使用权出让收入大幅减少影响，政府性基金预算收入2807亿元，下降11.3%。全省一般公共预算支出8854.5亿元，增长4.2%，民生支出完成7151.9亿元，占一般公共预算支出的80.8%，各项民生政策得到较好落实。2021年，河北省发行地方政府债券3288.6亿元，增长9.6%，其中一般债券1131.4亿元，专项债券2157.2亿元。募集的政府债券资金有力地支持了京津冀协同发展、雄安新区、省会城市建设等重大项目3400多个。

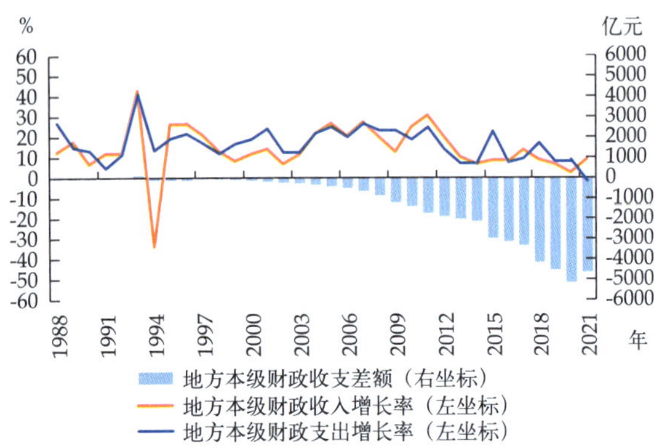

图13　1988—2021年河北省财政收支情况

（数据来源：河北省统计局）

（五）房地产投资增长平稳，商品房销售市场稳中回落

1. 房地产开发投资稳定增长。 2021年，全省房地产开发项目完成投资5023.9亿元，同比增长9.2%，增速比前三季度回落2.5个百分点。其中，商品住宅完成投资4092.7亿元，增长9.2%，比前三季度回落3.4个百分点。

2. 施工规模增长较快，新开工面积下降较大。 全省房屋施工面积35681.4万平方米，增长13.6%，增速比前三季度回落1.3个百分点。其中，新开工面积9069.2万平方米，下降11.4%。

3. 商品房销售市场增幅回落。 2021年，全省商品房销售面积6133.1万平方米，增长1.7%，比前三季度回落10.7个百分点。商品房销售额5052.9亿元，增长2.1%，比前三季度回落7.2个百分点。

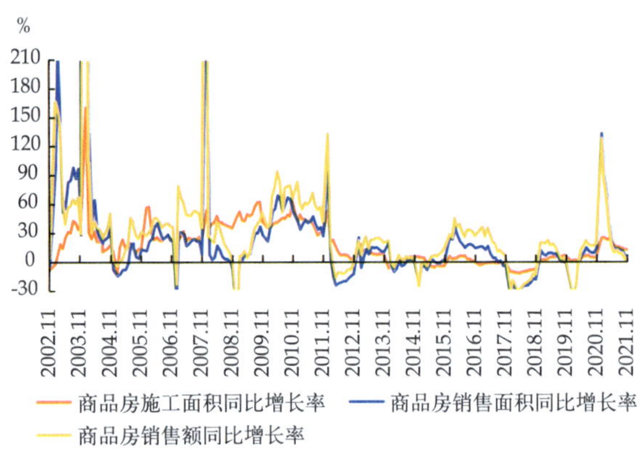

图14　2002—2021年河北省商品房施工和销售变动趋势

（数据来源：河北省统计局）

4. 房地产价格稳中有降。 2021年，河北省商品房销售均价7754元/平方米，下降0.8%。分类型看，新建商品房销售均价8000元/平方米，下降0.3%；二手房销售均价6867元/平方米，下降2.2%。

5. 房地产贷款余额增速下降。 2021年末，河北省房地产贷款余额2.0万亿元，增长7.6%；占全部贷款的比例为29.7%，比上年下降1.3个百分点。分类别看，房地产开发贷款余额下降0.8%，增速由正转负。个人住房贷款余额16099.0亿元，增长10.1%。

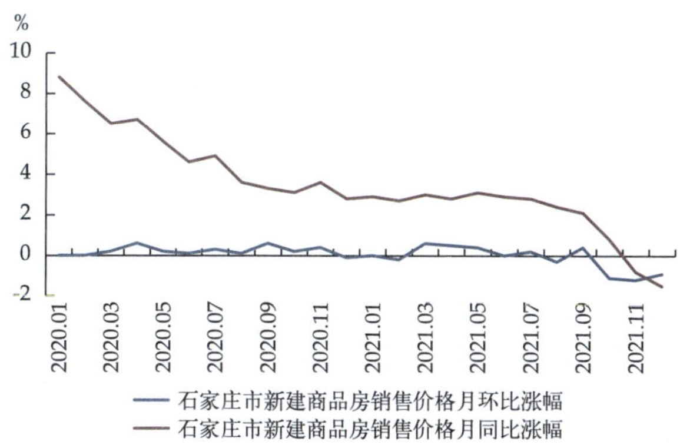

图 15　2020—2021 年石家庄市新建商品房销售价格变动趋势

（数据来源：河北省统计局）

（六）“三件大事”齐头并进，重大国家战略落实落细

1. 京津冀协同发展取得新进展。持续推进交通一体化建设，“轨道上的京津冀”加速形成。北京大兴国际机场临空经济区、张家口首都“两区”建设加快推进。廊坊市北三县与北京通州区协同发展加速推进。承接京津产业、项目转移步伐加快，全年承接京津转入单位 5616 个，其中，法人单位 3475 个、产业活动单位 2141 个。

2. 雄安新区建设发展成效显著。产业、交通、生态和民生领域一批重大项目相继进入大规模建设阶段。2021 年，雄安新区在建项目 369 个，完成固定资产投资同比增长 22.1%。多家央企落户新区，北京援建“三校一院”项目顺利推进。“四纵三横”高速公路网全面建成。白洋淀淀区水质多年来首次达到Ⅲ类，千年秀林累计造林 43.5 万亩。雄安新区全域实现清洁取暖。

3. 冬奥会筹办工作圆满完成。高质量完成张家口赛区全部场馆及配套设施建设，张家口赛区 76 个比赛项目全部完成验收，成功举办全国越野滑雪等 15 个国内邀请赛。张家口高新区冰雪装备产业园等重点项目加快实施。

专栏 2　统筹协调，聚焦重点，全力打造冬奥会张家口赛区支付服务环境亮丽名片

2015 年北京携手张家口获得 2022 年冬奥会举办权以来，中国人民银行石家庄中心支行坚决贯彻落实习近平总书记关于北京冬奥会筹办的重要指示精神、中国人民银行和省委省政府工作安排，克服冬奥会承办地崇礼区位置偏远、基础设施差、支付水平低的劣势和新冠肺炎疫情不利影响，组织协调银行机构、支付机构、清算机构等支付服务主体，精准、高效、如期完成张家口赛区支付环境建设任务。

统筹协调，推动冬奥会张家口赛区支付服务环境建设落地落实。一是完善工作保障体系。2020 年 9 月组织成立河北省冬奥会支付服务环境建设工作领导小组，2021 年 12 月成立北京冬奥会张家口赛区支付服务环境建设与赛时保障指挥部，为确保工作完成提供了有力保障。建立与各级政府、成员单位、支付服务主体、人民银行内部“三横一纵”4 个方面的协作机制，强化与中国人民银行北京营业管理部的互动联系，努力做到两地同标准、同水平，推动冬奥会支付服务环境建设一体化实施。二是精准高效开展建设。对冬奥会支付服务环境建设进行分区、支付服务主体进行分类，紧抓重点环节和关键领域，推动支付环境规范化建设。密切联系冬奥办，积极跟进冬奥会基础设施建设，组织支付服务主体努力实现核心区域支付服务环境建设同步跟进、同步完成。

聚焦“三项工程”，打造冬奥会张家口赛区支付服务环境亮丽名片。一是打造便民工程。充分考虑金融普惠，避免出现数字鸿沟。以“现金保底、银行卡通用、移动支付覆盖、数字人民币体验”为标准，建设涵盖各类支付方式的冬奥会支付服务环境。在赛事场馆、

商业街区等区域进一步强化冬奥会支付服务指引，推动服务便捷化。二是打造亮点工程。建设新型支付体验场景，推进符合银行业统一标准的移动支付服务在“食、住、行、游、购、娱”等消费领域广泛覆盖。在业务风险可控的前提下，推动境外人士境内移动支付试点和数字人民币冬奥试点落地实施。三是打造暖心工程。开展支付服务适老化改造，为老年人量身打造专属支付产品和服务。指导崇礼区各支付服务主体为服务冬奥培养储备人才，提供人性化冬奥会支付服务。

支付服务环境建设任务如期完成，张家口赛区金融服务实现从偏远落后到面向国际的跨越式提升。一是银行网点面貌焕然一新，新建、改建、装修张家口辖区银行网点137个，其中崇礼区10个。二是绿色便利服务“一条龙”贯穿，张家口开通196个涉奥服务绿色通道，其中崇礼区26个。在冬奥核心区红线内，中国银行3个临时网点提供多语言、多种类优质金融服务。三是多样化便捷支付方式满足各类消费需求。红线内9个场馆布放583台冬奥专用POS机，红线区外367台POS机支持本外币银行卡刷卡消费。22家签约酒店内ATM、POS机、外币双向兑换点、数字人民币应用均达全覆盖。闭环外101个重点建设场景外卡受理全覆盖。

三、预测与展望

2022年，河北省经济发展机遇与挑战并存。“三件大事”带来的强大发展势能正在加速释放，京津冀协同发展深入推进、雄安新区建设加快、冬奥会如期顺利举办，“经济强省、美丽河北”发展战略全面实施，产业转型升级与发展方式转变为经济发展注入新的活力，全省经济稳中向好的态势将进一步巩固。同时，经济发展依然面临疫情多点散发、投资增速放缓、新旧动能转换不畅、资源环境约束趋紧等不利局面，保持经济平稳增长压力不小。河北省金融系统将以习近平新时代中国特色社会主义思想为指导，坚持以经济建设为中心，积极应对经济发展“三重压力”，把稳增长放在更加突出的位置，坚决落实稳健的货币政策，不断改进金融服务实体经济质效，加大对科技创新、制造业、区域协调、绿色发展、小微企业、乡村振兴等重点领域和薄弱环节的支持，继续深化利率市场化改革，引导实体经济综合融资成本稳中有降，不断增强金融服务实体经济能力，加快建设现代化“经济强省、美丽河北”，以实际行动迎接党的二十大胜利召开。

中国人民银行石家庄中心支行货币政策分析小组

总　　纂：贺同宝　李双锁

统　　稿：翟　丽　高宏业　王瑞智　黄艳霞　冯　雷

执　　笔：李福贵

提供材料：闫晓慧　尚　楠　李婕琼　范宪忠　岳永丽　任珍珍　岳岐峰　应　明　苏文龙　米晓顿　王腾飞　马淑娟　刘晓玲　孙静雯　田娅汝　魏　东　黄　倩　赵俊泽　李　冰　李　媛　窦方玮　崔　娟　刘　锋　郄江辉　刘　圣　李建令　杨若霞　刘　鑫

附录：

（一）2021年河北省经济金融大事记

2月3日，河北省政府办公厅印发《关于促进河北省银行业高质量发展的意见》，推动全省银行业高质量发展，增强金融服务实体经济能力。

3月31日，中证商品指数有限责任公司在河北雄安新区举行开业仪式。

4月8日，国家外汇管理局河北省分局正式启动贸易外汇收支便利化试点。

7月8日，“京津冀征信链”共建协议签约和启动仪式在石家庄举行，坚持“政府＋市场”双轮驱动原则，以信息共享优化京津冀信用环境。

7月19日，中国人民银行雄安新区营业管理部（国家外汇管理局雄安新区分局）在雄安新区挂牌成立。

9月1日，第三届中国—中东欧国家中小企业合作论坛在沧州市开幕，以“新动能·新篇章·新未来”为主题，中国和中东欧国家政府部门、企业、智库等代表以线上线下的形式参加论坛。

9月6日，2021年中国国际数字经济博览会在石家庄市开幕，以“创新发展与数字经济”为主题，全力打造国家级国际化数字经济交流合作平台。

11月12日，河北省政府办公厅印发《关于财政引导金融支持实体经济发展十条措施》，综合运用贴息、奖补、分险、增信“组合拳”，引导金融机构更好地服务实体经济。

12月7日，京津冀三地人民银行联合工业和信息化部门召开京津冀协调机制2021年度会议，发布“京津冀产业链金融支持计划”并举行试点银行签约仪式。

12月27日，河北省首家集中管辖第一审金融民商事案件的金融法庭石家庄金融法庭正式挂牌成立。

（二）河北省主要经济金融指标

表 1　2021 年河北省主要存贷款指标

	项目	1月	2月	3月	4月	5月	6月	7月	8月	9月	10月	11月	12月
本外币	金融机构各项存款余额（亿元）	83153.7	83357.1	85588.1	84812.8	85315.8	87232.2	86531.3	86885.1	88245.7	87713.9	88420.0	89019.5
	其中：住户存款	54617.2	56235.1	57583.6	56797.4	57065.6	58366.1	57843.2	58027.7	59098.3	58807.2	59296.3	60229.7
	非金融企业存款	15953.0	15208.2	15722.7	15516.2	15823.4	16141.2	15916.8	16091.8	16430.0	16010.6	16172.5	16565.0
	各项存款余额比上月增加（亿元）	1858.3	203.5	2231.0	-775.3	503.0	1916.4	-701.0	353.8	1360.6	-531.8	706.1	599.5
	金融机构各项存款同比增长（%）	12.0	12.2	11.1	10.2	9.0	9.5	9.9	9.0	9.8	8.7	8.7	9.5
	金融机构各项贷款余额（亿元）	62104.0	62571.2	63616.4	64052.7	64541.3	65384.5	65733.3	66229.5	67011.8	67210.5	67526.3	67962.8
	其中：短期	18549.8	18689.7	19147.7	19033.5	19058.0	19482.7	19417.7	19565.4	19865.3	19861.0	19907.1	20004.9
	中长期	40472.7	40887.1	41523.6	41989.8	42423.1	42859.5	43161.4	43486.0	44003.4	44174.3	44400.3	44681.8
	票据融资	2419.4	2334.8	2291.0	2337.8	2358.2	2333.4	2422.8	2448.6	2425.7	2477.9	2507.9	2554.5
	各项贷款余额比上月增加（亿元）	1110.5	467.2	1045.2	436.3	488.6	843.2	348.8	496.2	782.3	198.7	315.8	436.5
	其中：短期	285.5	139.9	458.0	-114.2	24.5	424.7	-65.1	147.7	299.9	-4.3	46.1	97.9
	中长期	730.0	414.4	636.4	466.2	433.3	436.4	301.9	324.6	517.5	170.9	226.0	281.5
	票据融资	93.3	-84.5	-43.8	46.8	20.3	-24.8	89.4	25.8	-23.0	52.2	30.0	46.6
	金融机构各项贷款同比增长（%）	13.4	13.8	13.5	12.9	12.5	12.3	12.1	12.3	12.4	12.0	11.5	11.4
	其中：短期	13.6	13.9	12.9	11.1	10.2	10.1	9.5	9.7	10.1	9.4	9.2	9.5
	中长期	14.4	15.3	15.8	15.7	15.4	15.2	14.6	14.2	14.0	13.5	12.6	12.4
	票据融资	2.6	-3.4	-9.8	-10.9	-11.9	-13.0	-6.3	1.2	3.4	7.4	12.3	9.8
	建筑业贷款余额（亿元）	2026.4	2069.3	2125.4	2131.7	2172.5	2256.4	2297.7	2321.8	2376.0	2386.8	2419.9	2422.0
	房地产业贷款余额（亿元）	3197.9	3234.6	3241.2	3258.5	3246.5	3190.8	3202.2	3166.8	3144.6	3098.3	3048.1	2979.5
	建筑业贷款同比增长（%）	18.9	21.6	20.8	19.6	17.8	19.5	21.3	20.8	22.4	21.6	22.2	22.8
	房地产业贷款同比增长（%）	7.8	8.4	8.6	7.2	6.6	4.9	3.3	1.0	-0.2	-1.6	-3.5	-4.9
人民币	金融机构各项存款余额（亿元）	82745.0	82937.1	85141.3	84397.7	84907.8	86793.7	86111.5	86463.7	87836.3	87291.8	87996.9	88589.5
	其中：住户存款	54478.5	56093.6	57440.5	56658.5	56932.4	58229.4	57706.0	57889.8	58960.6	58672.2	59157.8	60086.1
	非金融企业存款	15694.4	14940.6	15436.3	15259.4	15562.8	15861.6	15650.2	15828.3	16178.6	15738.7	15902.3	16299.3
	各项存款余额比上月增加（亿元）	1849.9	192.1	2204.1	-743.6	510.1	1885.9	-682.2	352.2	1372.5	-544.5	705.1	592.6
	其中：住户存款	1266.2	1615.0	1347.0	-782.0	273.8	1297.1	-523.4	183.8	1070.8	-288.4	485.6	928.3
	非金融企业存款	283.7	-753.7	495.7	-176.9	303.5	298.7	-211.3	178.1	350.3	-439.9	163.6	397.0
	各项存款同比增长（%）	12.0	12.2	11.1	10.2	9.0	9.4	9.8	9.0	9.9	8.7	8.7	9.5
	其中：住户存款	12.0	15.4	15.1	14.5	14.3	14.0	13.8	13.5	13.3	13.2	13.1	12.9
	非金融企业存款	15.1	8.1	5.8	3.1	3.5	4.4	4.6	3.7	5.3	2.3	2.0	5.8
	金融机构各项贷款余额（亿元）	61707.2	62158.6	63188.5	63631.5	64139.4	64966.1	65301.6	65787.6	66575.3	66802.6	67150.3	67610.4
	其中：个人消费贷款	17861.5	17963.3	18217.1	18375.5	18561.5	18749.7	18898.4	19055.6	19229.8	19383.5	19504.0	19570.3
	票据融资	2419.3	2334.8	2291.0	2337.8	2358.2	2333.4	2422.8	2448.6	2425.6	2477.9	2507.9	2554.5
	各项贷款余额比上月增加（亿元）	1101.7	451.5	1029.9	442.9	507.9	826.7	335.6	485.9	787.8	227.3	347.8	460.0
	其中：个人消费贷款	243.9	101.8	253.9	158.4	186.0	188.2	148.6	157.3	174.1	153.7	120.5	66.3
	票据融资	93.2	-84.5	-43.8	46.8	20.3	-24.8	89.4	25.8	-23.0	52.2	30.0	46.6
	金融机构各项贷款同比增长（%）	13.4	13.7	13.5	12.9	12.5	12.3	12.2	12.3	12.3	12.0	11.6	11.6
	其中：个人消费贷款	15.5	16.2	16.6	16.0	15.7	14.9	14.0	13.4	12.8	12.6	11.9	11.1
	票据融资	2.6	-3.4	-9.8	-10.9	-11.9	-13.0	-6.3	1.1	3.4	7.4	12.3	9.8
外币	金融机构外币存款余额（亿美元）	63.2	64.9	68.0	64.2	64.1	67.9	65.0	65.1	63.1	66.1	66.3	67.4
	金融机构外币存款同比增长（%）	15.3	18.7	22.5	15.6	24.2	27.4	24.3	20.1	8.6	10.9	3.4	10.0
	金融机构外币贷款余额（亿美元）	61.3	63.8	65.1	65.1	63.1	64.8	66.8	68.3	67.3	63.8	58.9	55.3
	金融机构外币贷款同比增长（%）	25.9	31.6	24.8	23.8	15.6	19.2	19.7	21.4	21.7	17.1	2.0	-7.1

数据来源：中国人民银行石家庄中心支行。

表 2　2001—2021 年河北省各类价格指数

单位：%

时间		居民消费价格指数		农业生产资料价格指数		工业生产者购进价格指数		工业生产者出厂价格指数	
		当月同比	累计同比	当月同比	累计同比	当月同比	累计同比	当月同比	累计同比
2001		—	2.1	—	-2.2	—	0.2	—	0.4
2002		—	-0.3	—	4.1	—	-0.9	—	-2.3
2003		—	1.7	—	0.8	—	1.6	—	0.5
2004		—	4.9	—	10.9	—	10.3	—	5.4
2005		—	1.7	—	7.2	—	9.3	—	4.0
2006		—	2.3	—	3.3	—	4.3	—	1.9
2007		—	5.9	—	9.0	—	5.7	—	3.9
2008		—	5.1	—	16.6	—	12.4	—	9.3
2009		—	0.8	—	1.2	—	-4.7	—	-3.5
2010		—	3.2	—	3.6	—	6.1	—	5.0
2011		—	5.3	—	12.4	—	12.6	—	7.3
2012		—	2.5	—	4.7	—	0.0	—	-1.4
2013		—	2.8	—	1.4	—	-0.8	—	-1.3
2014		—	1.6	—	-1.2	—	-1.3	—	-1.3
2015		—	1.5	—	1.5	—	-3.3	—	-3.6
2016		—	1.9	—	3.7	—	-1.2	—	-1.1
2017		—	1.4	—	-0.2	—	8.3	—	6.5
2018		—	1.7	—	1.8	—	5.3	—	3.6
2019		—	3.2	—	9.0	—	0.6	—	0.4
2020		—	2.1	—	4.3	—	-1.6	—	-1.5
2021		1.5	1.0	—	—	19.6	19.8	13.5	16.4
2020	1	5.1	5.1	7.1	7.1	2.8	2.8	0.8	0.8
	2	4.7	4.9	6.9	7.0	1.3	2.0	-0.7	0.0
	3	3.8	4.5	6.7	6.9	-0.6	1.1	-2.0	-0.7
	4	2.6	4.0	6.1	6.7	-4.0	-0.2	-4.5	-1.6
	5	1.7	3.6	5.5	6.5	-6.3	-1.4	-4.7	-2.2
	6	2.1	3.3	5.0	6.2	-5.1	-2.0	-3.3	-2.4
	7	2.3	3.2	4.0	5.9	-4.8	-2.4	-3.0	-2.5
	8	2.5	3.1	3.5	5.6	-2.2	-2.4	-2.2	-2.5
	9	1.8	2.9	3.3	5.3	-0.8	-2.2	-0.8	-2.3
	10	0.2	2.7	1.8	4.9	-1.5	-2.2	-0.6	-2.1
	11	-0.9	2.3	1.1	4.6	-0.1	-2.0	0.5	-1.9
	12	-0.2	2.1	1.2	4.3	2.9	-1.6	2.6	-1.5
2021	1	-0.1	-0.1	—	—	4.0	4.0	4.1	4.1
	2	-0.1	-0.1	—	—	4.0	4.0	7.9	6.0
	3	0.4	0.1	—	—	11.8	7.8	12.9	8.3
	4	0.9	0.3	—	—	17.3	10.1	17.9	10.6
	5	1.3	0.5	—	—	23.8	12.7	21.7	12.8
	6	0.9	0.5	—	—	24.9	14.7	19.5	13.9
	7	1.0	0.6	—	—	24.0	16.0	18.9	14.6
	8	0.8	0.6	—	—	23.2	16.9	19.2	15.2
	9	0.6	0.6	—	—	25.0	17.9	20.2	15.8
	10	2.0	0.8	—	—	28.9	19.0	22.4	16.4
	11	2.5	0.9	—	—	27.6	19.8	18.8	16.7
	12	1.5	1.0	—	—	19.6	19.8	13.5	16.4

数据来源：河北省统计局、《中国经济景气月报》。

表 3　2021 年河北省主要经济指标

项目	1 月	2 月	3 月	4 月	5 月	6 月	7 月	8 月	9 月	10 月	11 月	12 月
	绝对值（自年初累计）											
地区生产总值（亿元）	—	—	8750.5	—	—	18739.3	—	—	29060.7	—	—	40391.3
第一产业	—	—	564.3	—	—	1429.9	—	—	2335.0	—	—	4030.3
第二产业	—	—	3400.7	—	—	7274.2	—	—	11626.0	—	—	16364.2
第三产业	—	—	4785.5	—	—	10035.2	—	—	15099.7	—	—	19996.7
工业增加值（亿元）	—	—	—	—	—	—	—	—	—	—	—	—
固定资产投资（亿元）	—	—	—	—	—	—	—	—	—	—	—	—
房地产开发投资	—	195.9	654.1	1051.5	1521.9	2422.5	2897.1	3403.6	3934.0	4343.0	4749.7	5023.9
社会消费品零售总额（亿元）	—	—	3012.2	—	—	6213.0	—	—	9475.3	—	—	13509.9
外贸进出口总额（亿元）	—	748.5	1184.9	1637.6	2074.8	2513.8	3009.6	3522.9	3982.9	4416.6	4880.2	5415.6
进口	—	335.1	511.5	711.0	890.1	1083.1	1315.3	1585.4	1801.0	1985.9	2172.6	2385.9
出口	—	413.4	673.4	926.6	1184.7	1430.7	1694.3	1937.5	2182.0	2430.7	2707.6	3029.8
进出口差额（出口 – 进口）	—	78.3	161.9	215.6	294.6	347.6	379.0	352.1	381.0	444.8	535.0	643.9
实际利用外资（亿美元）	—	5.7	27.8	33.6	46.0	71.5	73.5	80.3	95.7	102.0	108.7	116.1
地方财政收支差额（亿元）	76.8	-384.1	-1034.3	-1339.9	-1659.8	-2123.3	-2352.3	-2752.0	-3339.5	-3522.5	-3915.8	-4686.9
地方财政收入	390.3	657.9	1247.1	1539.7	1856.3	2550.8	2810.8	3008.1	3423.8	3679.1	3863.4	4167.6
地方财政支出	313.5	1042.0	2281.4	2879.6	3516.1	4674.1	5163.1	5760.1	6763.3	7201.6	7779.2	8854.5
城镇登记失业率（%）（季度）	—	—	3.5	—	—	3.5	—	—	3.3	—	—	3.1
	同比累计增长率（%）											
地区生产总值	—	—	15.1	—	—	9.9	—	—	7.7	—	—	6.5
第一产业	—	—	2.4	—	—	5.5	—	—	6.8	—	—	6.3
第二产业	—	—	16.8	—	—	7.5	—	—	4.0	—	—	4.8
第三产业	—	—	15.7	—	—	12.3	—	—	10.5	—	—	7.7
工业增加值	—	22.8	17.6	14.2	10.8	8.7	6.7	5.6	5.1	4.8	4.6	6.9
固定资产投资	—	24.8	16.2	8.7	7.0	0.4	-3.4	-2.6	0.4	0.8	1.6	3.0
房地产开发投资	—	33.3	17.3	15.8	11.5	14.4	12.1	11.9	11.7	10.5	9.8	9.2
社会消费品零售总额	—	—	24.3	—	—	13.2	—	—	9.7	—	—	6.3
外贸进出口总额	—	34.3	32.1	32.9	32.7	29.9	29.4	29.8	26.9	24.5	22.4	21.5
进口	—	17.1	20.9	27.3	29.1	30.1	30.5	35.2	31.2	27.1	24.6	23.2
出口	—	52.3	42.2	37.5	35.5	29.8	28.5	25.7	23.6	22.5	20.6	20.2
实际利用外资	—	10.2	21.0	15.5	18.7	8.1	5.6	5.1	10.1	7.8	7.1	5.3
地方财政收入	2.3	12.3	18.8	19.1	18.0	14.1	13.5	13.1	13.5	12.4	11.2	8.9
地方财政支出	-51.5	-0.3	13.6	10.7	9.0	2.8	2.5	2.9	4.1	6.8	2.4	4.2

数据来源：河北省统计局。

山西省金融运行报告（2022）

中国人民银行太原中心支行货币政策分析小组

[内容摘要] 2021年，山西省全面贯彻党的十九大和十九届历次全会精神，深入贯彻习近平总书记视察山西重要讲话重要指示精神，全面落实省第十二次党代会精神，坚持稳中求进工作总基调，持续巩固拓展疫情防控和经济社会发展成果，扎实做好“六稳”工作，全面落实“六保”任务，有效应对洪涝灾害，坚决扛起保障国家能源安全政治责任，全方位推动高质量发展取得积极成效，“十四五”实现良好开局。

从经济运行情况看，全年实现地区生产总值22590.2亿元，同比增长9.1%，首次迈上“两万亿”新台阶。具体来看，呈现以下特点：一是三大需求恢复明显，持续释放发展活力。投资持续恢复，固定资产投资增长8.7%，高于全国3.8个百分点，制造业投资增长24.5%，带动固定资产投资较快增长。消费新业态新模式加快发展，社会消费品零售总额增长14.8%，高于全国2.3个百分点。外贸进出口总额大幅增长，进出口总额2230.3亿元，同比增长48.3%。二是三次产业协调发展，重点领域改革纵深推进。农业生产稳中向好，农林牧渔业增加值1356.9亿元，同比增长8%，粮食总产量达142.1亿公斤。工业经济快速增长，规模以上工业增加值同比增长12.7%，高于全国3.1个百分点。服务业规模不断扩大，服务业增加值完成10090.2亿元，同比增长8.3%。供给侧结构性改革持续深化，能源结构逐步优化，煤炭先进产能占比突破75%，完成电力升级改造841万千瓦，非常规天然气产量达到95亿立方米，新能源和可再生能源占比达到34.3%，工业技改投资同比增长11.3%。生态文明建设成效显著，黄河沿岸“散乱污”企业实现动态清零，汾河上游干流河道生态修复与治理工程工作扎实推进，空气质量综合指数同比改善11.5%。三是居民消费价格温和上涨，就业形势保持稳定。市场保供稳价力度不断扩大，居民消费价格上涨1%。就业形势持续向好，全省城镇新增就业50.6万人，完成全年目标112.4%；农村劳动力转移就业52.2万人，完成全年目标的158.1%。居民收入稳定增长，全省城镇居民人均可支配收入37433元，同比增长7.6%；农村居民人均可支配收入15308元，同比增长10.3%。四是财政收入显著增长，民生福祉稳步增进。全省一般公共预算收入2834.6亿元，同比增长23.4%。税收收入2094.7亿元，同比增长28.8%，对一般公共预算收入增长贡献率达87%。一般公共预算支出5048.1亿元，其中教育、社会保障和就业、卫生健康等民生领域支出占比78.7%。五是房地产业平稳发展，煤炭行业生产保障有力。房地产开发投资完成1945.2亿元，同比增长6.3%。商品房销售面积3204.4万平方米，同比增长19.3%；商品房销售额2170.9亿元，同比增长15.1%。规模以上企业原煤产量11.9亿吨，同比增长10.5%；发电量3734.4亿千瓦时，同比增长8.9%；外送电量1234.7亿千瓦时，同比增长17.2%。圆满完成国家下达的保供任务，向16个省份（自治区、直辖市）发送电煤4356万吨，合同完成率106.2%。

从金融运行情况看，信贷总量稳定增长，信贷结构不断优化，多层次资本市场和保险市场发展成效显著，金融基础设施建设继续推进，金融生态环境持续改善。一是社会融资规模平稳增长。全年社会融资规模增加3637.5亿元，存量突破5万亿元。票据贴现业务量增价降，第四季度金融机构银行承兑汇票和商业承兑汇票贴现加权平均利率分别较第一季度下降1个和0.4个百分点。二是银行业稳健运行。银行业规模持续扩大，银行业资产总额72651.1亿元，全年实现净利润448亿元。存款稳定增长，本外币各项存款余额46813.9亿元，同比增长10.2%。贷款增速稳中有升，本外币各项贷款余额34214.9亿元，同比增长11.7%，高于上年2.7个百分点。货币政策工具的结构引导作用充分发挥，信贷结构持续优化，制造业中长期贷款和绿色贷款余额同比增速均高于各项贷款增速。企业融资成本明显下降，全省金融机构贷款加权平均利率为5.33%，同比降低0.22个百分点，其中小微企业贷款加权平均利率为5.95%，同比降低0.45个百分点。银行业资产质量持续好转，不良贷款率1.9%，同比下降0.1个百分点。跨境人民币业务结算量大幅增长，全省人民币跨境收付金额合计683.5亿元。三是证券期货业稳步发展，多层次资本市场体系趋于完善。证券期货业运行稳健，证券经营机构投资者资金账户总数为578万户，客户总资产7367.8亿元，累计代理证券交易总额89096.9亿元，同比分别增长14%、22.5%和12.6%。期货经营机构投资者开户数13.7万户，累计成交额为3.3万亿元，同比分别增长61.1%和41%。四是保险业持续增长，风险保障功能不断增强。保险业务平稳发展，保险业实现保费收入998亿元，同比增长7.3%，快于全国3.3个百分点。保障水平持续提高，提供风险保障69万亿元，同比增长5.9%。五是金融生态环境持续优化，金融基础设施不断完善。二代征信系统平稳运行，全年累计为山西省115.2万户企业建立信用档案，全省人民银行提供企业征信查询58795次。支付系统全年处理业务12613.4万笔、金额44.6万亿元。金融服务不断改善，43家银行业金融机构在手机银行客户端上线无障碍服务。金融消费权益保护工作深入推进，解答咨询1.3万件，同比增长82.8%，满意度达97.6%。

展望2022年，山西省将抢抓构建新发展格局战略机遇，以供给侧结构性改革为主线，进一步深化能源革命综合改革试点，提升绿色低碳发展水平，大力实施市场主体倍增工程，促进太忻一体化经济区强势起步，在转型发展道路上稳步前进。山西省金融业将准确把握好稳健的货币政策灵活适度的要求，坚持稳字当头、稳中求进，发挥好货币政策工具的总量和结构双重功能，保持信贷总量增长的稳定性，让信贷稳增长成为经济稳增长的关键支撑，做好两项直达货币政策工具的接续转换，落实好碳减排支持工具和支持煤炭清洁高效利用专项再贷款，促进融资结构和信贷结构不断优化，推动实际贷款利率进一步降低，防范化解金融风险，优化金融营商环境，为支持山西经济实现高质量发展营造适宜的货币金融环境。

一、金融运行情况

2021年，山西省金融业运行总体平稳，信贷总量稳定增长，信贷结构不断优化，多层次资本市场和保险市场发展成效显著，金融基础设施建设继续推进，金融生态环境持续改善，为支持实体经济转型高质量发展提供了有力支撑。

（一）银行业稳健运行，支持实体经济力度加大

1. 银行业规模持续扩大，盈利水平整体回升。2021年末，山西省银行业资产总额72651.1亿元。在全省经济进位提质、资产质量提高等因素带动下，山西省银行业存款类金融机构盈利能力明显提升，全年实现净利润448亿元，同比增盈219.9亿元。

表1　2021年山西省银行业金融机构情况

机构类别	营业网点			法人机构（个）
	机构个数（个）	从业人数（人）	资产总额（亿元）	
一、大型商业银行	1784	45255	20426	0
二、国家开发银行和政策性银行	81	1954	5393	0
三、股份制商业银行	415	8669	7072	0
四、城市商业银行	487	11172	6039	2
五、城市信用社				
六、小型农村金融机构	2891	39219	13770	112

续表

机构类别	营业网点			法人机构（个）
	机构个数（个）	从业人数（人）	资产总额（亿元）	
七、财务公司	1	338	15690	6
八、信托公司	0	229	32	1
九、邮政储蓄银行	1218	11532	3297	0
十、外资银行	2	29	31	0
十一、新型农村金融机构	135	5246	780	83
十二、其他	0	388	121	2
合　计	7014	124031	72651	206

数据来源：山西银保监局。

注：营业网点不包括国家开发银行和政策性银行、大型商业银行、股份制商业银行等金融机构总部数据；大型商业银行包括中国工商银行、中国农业银行、中国银行、中国建设银行和交通银行；小型农村金融机构包括农村商业银行、农村合作银行和农村信用社；新型农村金融机构包括村镇银行、贷款公司、农村资金互助社；其他包含金融租赁公司、汽车金融公司、货币经纪公司、消费金融公司等。

2. 各项存款稳定增长，住户存款拉动作用明显。2021 年末，山西省金融机构本外币各项存款余额 46813.9 亿元，同比增长 10.2%；全年新增存款 4316.8 亿元，同比多增 201.2 亿元。分部门看，住户存款、非金融企业存款、财政性存款和非银行业金融机构存款分别增加 2974.8 亿元、678.2 亿元、134.0 亿元和 48.6 亿元，住户存款增量占全部存款增量的 68.9%，有效带动全省存款增长。分机构看，地方法人金融机构存款较年初新增 1550.4 亿元，占全部存款增量的 35.9%。

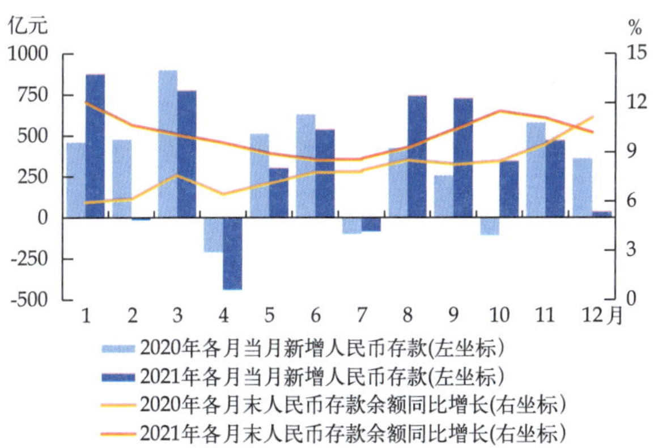

图 1　2020—2021 年山西省金融机构人民币存款增长变化

（数据来源：中国人民银行太原中心支行）

3. 贷款增速稳中有升，信贷结构持续优化。2021 年末，山西省金融机构本外币各项贷款余额 34214.9 亿元，较年初增加 3574.0 亿元，同比多增 1052.5 亿元；余额同比增长 11.7%，高于上年同期 2.7 个百分点。在再贷款、再贴现等货币政策工具的结构引导作用下，全省信贷结构稳步优化。金融支持绿色低碳发展取得积极成效，创新推出了可持续挂钩债券融资计划、碳排放权质押贷款等绿色金融产品，全省绿色贷款余额同比增长 25.1%。制造业贷款增速明显加快，全省制造业中长期贷款同比增长 14.8%，高于上年同期 9.1 个百分点。脱贫攻坚成果与乡村振兴金融服务有效衔接，涉农贷款余额较年初增加 830.5 亿元，同比多增 511.0 亿元。

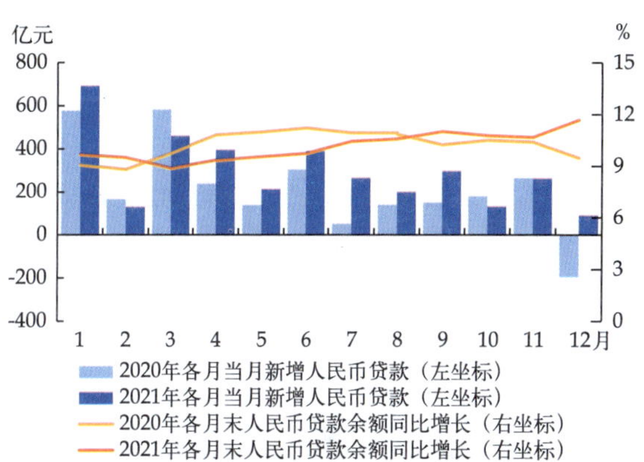

图 2　2020—2021 年山西省金融机构人民币贷款增长变化

（数据来源：中国人民银行太原中心支行）

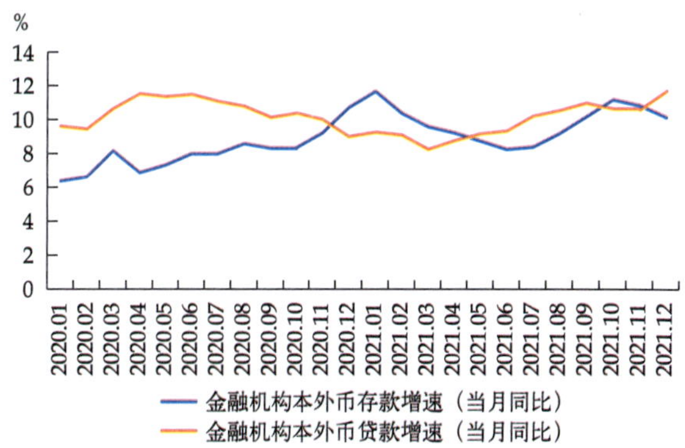

图 3　2020—2021 年山西省金融机构本外币存贷款增速变化

（数据来源：中国人民银行太原中心支行）

4. 持续推进利率市场化改革，企业融资成本明显下降。2021 年，山西省金融机构存款利率保持平稳，活期存款加权平均利率为 0.33%，同比下降 0.01 个百分点；定期存款加权平均利率为 2.45%，同比上升 0.03 个百分点。企业贷款利率持续下行，全省金融机构贷款加权平均利率为 5.33%，同比降低 0.22 个百分点，其中小微企业贷款加权平均利率为 5.95%，同比降低 0.45 个百分点。进一步优化利率自律管理，维护存款市场定价秩序，推动各类放贷主体明示贷款年化利率，切实维护消费者权益。

表 2　2021 年山西省金融机构人民币贷款各利率区间占比

单位：%

项目		1 月	2 月	3 月	4 月	5 月	6 月
合计		100.0	100.0	100.0	100.0	100.0	100.0
LPR 减点		34.8	26.5	17.8	19.5	25.5	18.5
LPR		5.4	6.0	7.1	8.4	7.8	5.5
LPR 加点	小计	59.8	67.5	75.1	72.2	66.6	76.0
	(LPR，LPR+0.5%)	11.4	12.9	15.0	14.7	10.7	16.5
	[LPR+0.5%，LPR+1.5%)	20.9	25.9	21.9	24.0	23.7	25.6
	[LPR+1.5%，LPR+3%)	14.2	11.4	15.8	14.3	11.4	14.7
	[LPR+3%，LPR+5%)	7.3	8.0	13.3	10.1	11.3	10.9
	LPR+5% 及以上	6.1	9.3	9.1	9.0	9.5	8.2
项目		7 月	8 月	9 月	10 月	11 月	12 月
合计		100.0	100.0	100.0	100.0	100.0	100.0
LPR 减点		26.8	21.8	16.8	23.3	20.2	16.7
LPR		6.7	7.8	6.2	13.9	6.1	7.4
LPR 加点	小计	66.5	70.4	77.0	62.8	73.6	75.9
	(LPR，LPR+0.5%)	15.6	15.7	16.2	10.7	12.2	14.7
	[LPR+0.5%，LPR+1.5%)	18.3	21.0	24.8	19.8	24.6	21.5
	[LPR+1.5%，LPR+3%)	13.7	13.3	16.3	12.5	17.1	19.4
	[LPR+3%，LPR+5%)	9.2	10.2	11.2	10.8	10.8	12.6
	LPR+5% 及以上	9.6	10.2	8.5	9.1	8.9	7.7

数据来源：中国人民银行太原中心支行。

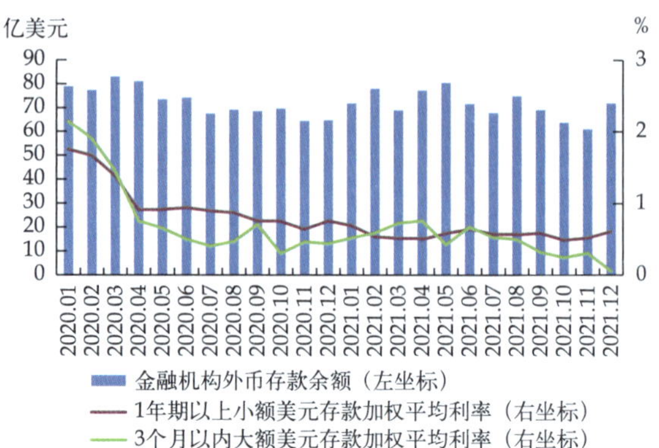

图 4　2020—2021 年山西省金融机构外币存款余额及外币存款利率

（数据来源：中国人民银行太原中心支行）

5. 银行业资产质量持续好转。2021 年末，山西省金融机构不良贷款余额 647.1 亿元，不良贷款率 1.9%，同比下降 0.1 个百分点，不良贷款率全年低位运行，信贷质量呈向好态势。其中，地方法人金融机构不良贷款率同比下降 0.7 个百分点，资产质量明显提升。

6. 银行业金融机构改革稳步推进。2021 年 4 月 28 日，山西银行股份有限公司正式揭牌开业，由原大同银行、长治银行、晋城银行、晋中银行、阳泉市商业银行通过新设合并方式设立，管理体制机制得到优化，内部管理进一步规范。农信社改革工作取得积极成效，太原等地 6 家农信社成功完成改制。

7. 跨境人民币业务结算量大幅增长，业务覆盖面持续扩大。2021 年，山西省对外贸易高质量发展，利用外资质量和水平不断提升，外贸进出口总额突破 2000 亿元，规模、增速均创历史新高。全年人民币跨境收付金额合计 683.5 亿元，占同期本外币跨境收付的比重为 18.4%，高于上年同期 13.1 个百分点。办理跨境人民币业务的企业占发生本外币跨境收支业务全部企业数的 35%，高于上年同期 5.7 个百分点，涉外企业风险中性意识进一步增强，对推动山西外向型经济发展起到极大的促进作用。

专栏 1　绿色金融助力山西省低碳转型发展提质增效

2021 年，人民银行太原中心支行紧紧围绕发挥绿色金融“三大功能”、完善绿色金融体系“五大支柱”的重要部署，结合山西实际，整合资源、集中力量、积极探索，取得了一定的成效。

一、加强制度建设，完善工作机制

先后制定出台《关于推动山西省绿色金融发展的指导意见》《地方法人金融机构绿色信贷业绩评价实施细则》等文件。围绕山西实际，选取 6 家具有绿色金融业务发展优势的金融机构建立绿色金融主办行制度。联合省发展改革委、省能源局、省国有资本运营公司建立“山西省煤电煤炭行业绿色低碳转型企业名单”，并将该名单推送至各金融机构，帮助金融机构精准识别符合条件的煤炭煤电企业，提高绿色金融服务的针对性与有效性。

二、围绕重点突破，积极组织绿色金融工作试点

扎实开展绿色金融支持清洁供暖试点工作，加强与地方政府及金融机构的沟通协调，制订工作方案，明确行动计划。引导金融机构通过探索绿色金融工具推进清洁供暖试点工作。2021 年末，试点长子县辖区金融支持清洁供暖贷款余额为 2.7 亿元，同比增长 23.8%。认真做好气候风险压力测试试点工作。成立气候风险压力测试工作领导小组，制定重点工作推进表。确定了 2 家试点银行和火电、钢铁、水泥、煤炭、炼焦 5 个行业的对公客户名单，组织对名单内 1322 家企业开展数据预收集工作；建立 1489 家主要工业企业名录库和 157 家重点工业企业碳排放数据库。有序推动企业碳账户监测试点工作。以长治市为试点，探索建立企业碳账户监测体系。梳理了涵盖八大重点碳排放行业 503 户重点工业企业的碳账户监测名录，建立了涵盖统计局、能源局、供电局、金融机构等部门的数据采集及校核机制，完成了相关能源消费数据采集工作。稳步推进金融机构环境信息披露试点工作。确定两家试点银行，指导制订环境信息披露方案。

三、用足现有资源，多措并举助推绿色金融快速发展

引导金融机构加大绿色信贷投放力度。2021 年末，全省绿色贷款余额 2735.8 亿元，同比增长 25.1%，高于各项贷款增速 13.4 个百分点。其中，清洁能源产业贷款余额 1152.5 亿元，同比增长 41%，高于各项贷款增速 29.3 个百分点。发挥再贴现引导作用。按照“优惠贴现 + 再贴现”业务模式，创新开展“绿票通”再贴现业务，对绿色票据再贴现实行“额度优先、程序优先”，帮助盘活企业应收账款，提高资金使用效率，降低融资成本。全年累计办理“绿票通”再贴现业务 23.3 亿元。力推绿色债券发行。面向 18 家省属国企推介碳中和债等创新型债务融资工具。主动摸排全省符合条件的优质绿色企业和项目需求，指导辖内某公司成功发行规模 5 亿元的碳中和债。据测算，本期碳中和债募集资金拟投风力发电和太阳能电站项目，与同等火力发电上网电量相比合计每年可减排二氧化碳 139.6 万吨，可实现节约标准煤 53 万吨。创新绿色金融业务模式。通过聚焦产品创新，强化示范引领，在省内金融机构中形成了协同创新的良好氛围。目前除可持续发展挂钩贷款外，山西省内金融机构已相继推出可持续发展挂钩债权融资计划、碳排放配额质押贷款等创新产品，绿色金融服务能力不断提升。

（二）证券期货业稳步发展，多层次资本市场体系趋于完善

1. 证券期货业运行稳健。2021年末，山西省有2家法人证券公司（山西证券、大同证券），46家证券分公司和178家证券营业部。辖区证券经营机构投资者资金账户总数为578万户，客户总资产7367.8亿元，累计代理证券交易总额89096.9亿元，同比分别增长14.0%、22.5%和12.6%。辖区期货经营机构投资者开户数13.7万户，累计成交额为33318.2亿元，同比分别增长61.1%、41%。经纪业务收入占比减少3.4个百分点，证券公司依赖经纪业务的盈利模式稳步改善。

2. 上市公司稳步增长。2021年末，山西省境内共有A股上市公司41家，新增科达自控1家，迁回广誉远、金利华电2家。其中，科达自控是北交所首批直接上市的10只新股之一，也是山西智慧矿山“第一股”。

表3　2021年山西省证券业基本情况

项目	数量
总部设在辖内的证券公司数（家）	2
总部设在辖内的基金公司数（家）	0
总部设在辖内的期货公司数（家）	3
年末国内上市公司数（家）	41
当年国内股票（A股）筹资（亿元）	3
当年发行H股筹资（亿元）	0
当年国内债券筹资（亿元）	103
其中：短期融资券筹资额（亿元）	15
中期票据筹资额（亿元）	5

数据来源：山西证监局、中国人民银行太原中心支行。

（三）保险业持续增长，风险保障功能不断增强

1. 保险业务平稳发展。2021年末，山西省保险业资产总额2711亿元，较年初增长11.7%。实现保费收入998亿元，同比增长7.3%，快于全国3.3个百分点，完成“补考进位”目标。

2. 保障水平持续提高。2021年，山西省保险业提供风险保障69万亿元，同比增长5.9%，其中财产险公司保险金额51万亿元，同比增长19.4%。全省赔付支出337亿元，同比增长8.8%。全省保险公司开通绿色通道，全力做好秋季汾河流域防汛救灾理赔，累计赔付暴雨灾害案件1.3万件、金额3.2亿元。农险保额同比增长9.5%，赔付支出16亿元，受益农户203万户次。大病保险、养老年金分别覆盖2519万人、234万人。

表4　2021年山西省保险业基本情况

项目	数量
总部设在辖内的保险公司数（家）	1
其中：财产险经营主体（家）	1
寿险经营主体（家）	0
保险公司分支机构（家）	53
其中：财产险公司分支机构（家）	27
寿险公司分支机构（家）	26
保费收入（中外资，亿元）	997.5
其中：财产险保费收入（中外资，亿元）	230.5
人身险保费收入（中外资，亿元）	767.0
各类赔款给付（中外资，亿元）	337.0

数据来源：山西银保监局。

（四）金融市场平稳运行，市场主体交易活跃

1. 社会融资规模平稳增长，信贷融资支撑作用明显。2021年，山西省社会融资规模增加3637.5亿元，存量突破5万亿元。其中，信贷融资占主体地位，对实体经济的支持力度进一步加强；表外融资减少568.7亿元，同比多减390亿元；非金融企业境内股票融资增加62.5亿元，同比多增42.5亿元。

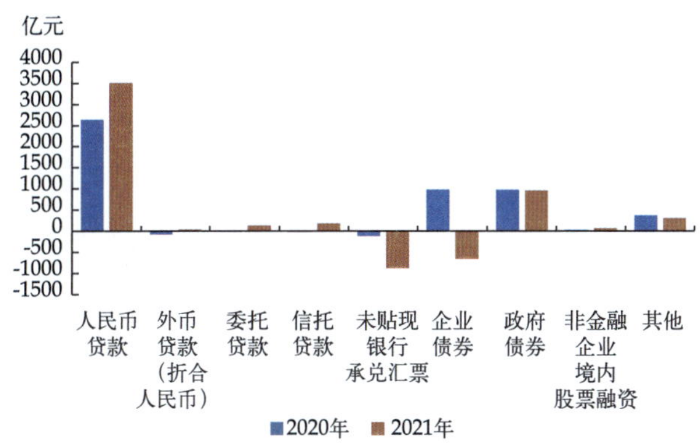

图5　2020—2021年山西省社会融资规模分布结构

（数据来源：中国人民银行太原中心支行）

2. 银行间市场平稳运行。2021年，山西省同业拆借累计拆入资金6825.2亿元，同比增长51.9%；累计拆出资金6330亿元，同比增长17.1%。山西省244家银行间市场成员累计完成质押式回购69159笔，成交金额117377.8亿元，同比增长32.1%。22家银行间市场成员累计完成买断式回购1845笔，累计成交1551亿元，同比下降31.4%。19家银行间市场成员累计完成现券交易163297.1亿元。

3. 票据贴现业务稳步增长，利率持续下降。2021年，山西省金融机构累计签发银行承兑汇票3690.8亿元，同比减少299.2亿元。银行承兑汇票和商业承兑贴现余额同比分别增长25.9%和25.4%。在降准等政策影响下，市场流动性合理充裕，票据贴现利率持续下降。第四季度，金融机构银行承兑汇票和商业承兑汇票贴现加权平均利率分别为2.45%和4.09%，分别较第一季度下降1个和0.4个百分点。

表5　2021年山西省金融机构票据业务量统计

单位：亿元

季度	银行承兑汇票承兑		贴现			
			银行承兑汇票		商业承兑汇票	
	余额	累计发生额	余额	累计发生额	余额	累计发生额
1	3110.4	995.7	2525.8	3263.8	160.0	90.9
2	2985.0	1947.1	2830.3	7599.3	176.7	195.0
3	2914.7	2803.8	2974.6	11418.7	191.8	302.3
4	2956.7	3690.8	3038.1	15903.9	200.2	384.2

数据来源：中国人民银行太原中心支行。

表6　2021年山西省金融机构票据贴现、转贴现利率

单位：%

季度	贴现		转贴现	
	银行承兑汇票	商业承兑汇票	票据买断	票据回购
1	3.42	4.51	3.22	2.61
2	3.07	4.40	2.78	2.37
3	2.69	4.16	2.36	2.44
4	2.45	4.09	2.10	2.63

数据来源：中国人民银行太原中心支行。

（五）金融生态环境持续优化，金融基础设施不断完善

1. 持续加强社会信用体系建设。推动山西地方征信平台“信通三晋”中小微企业信用信息融资服务平台建设。2021年，“信通三晋”征信平台共采集91.6万户企业的信用信息1644万条，累计为18家金融机构提供信用报告查询1436次，促成771户企业获得授信融资23.4亿元。二代征信系统平稳运行，全年累计为山西省115.2万户企业建立信用档案，全省人民银行提供企业征信查询58795次。大力推进农村信用体系建设“百县千村”示范工程，探索引入市场化征信机构推进涉农信用数据共享，助力乡村振兴战略实施。全年累计评定信用村7904个、信用示范村2160个，建立农户信用信息档案305万户，为符合条件的56.7万户信用户发放贷款547亿元。

2. 支付体系平稳运行，金融服务环境不断改善。2021年，山西省社会资金交易规模不断扩大，全年支付系统共处理业务12613.4万笔、金额44.6万亿元。全省目前共有支付系统直接参与者3个、间接参与者5001个、代理间接参与者（村镇银行）77个。2021年末，全省共开立人民币银行结算账户2.7亿户。全省农村地区手机支付业务发展情况持续向好，共开立2243.5万户，同比增长11.9%；全年处理业务84038.7万笔、金额29458.6亿元，同比分别增长21.5%、20.8%。稳步开展创新监管工具推广

工作，推动第一批两个项目纳入金融科技创新监管工具，提高了数字化普惠金融服务水平。43 家银行业金融机构在手机银行客户端上线无障碍服务，有效解决了特殊群体适应数字经济时代金融服务困难的问题。

表 7　2020—2021 年山西省支付体系建设情况表

年份	支付系统直接参与者（个）	支付系统间接参与者（个）	支付清算系统覆盖率（%）	当年大额支付系统处理业务数（万笔）	同比增长（%）
2020	7	4944	100.0	995.9	-50.4
2021	3	5001	100.0	880.0	-11.6

年份	当年大额支付系统业务金额（亿元）	同比增长（%）	当年小额支付系统处理业务数（万笔）	同比增长（%）	当年小额支付系统业务金额（亿元）	同比增长（%）
2020	369330	-0.4	7855.2	13.6	26792.7	215.3
2021	409914.5	11.0	9052.4	15.2	30787.3	14.9

数据来源：中国人民银行太原中心支行。

3. 金融消费权益保护工作深入推进。2021 年，山西省人民银行系统大力推进金融消费者教育和金融知识普及工作，重点组织开展“3·15 金融消费者权益日”“普及金融知识，守住‘钱袋子’金融知识普及活动”“金融知识普及月”等活动，推进金融知识普及教育纳入国民教育体系工作不断深化。解答咨询 1.3 万件，满意度达 97.6%。

二、经济运行情况

2021 年，山西省坚持稳中求进，统筹疫情防控和经济社会发展，在攻坚克难中实现经济发展和进位提质。全年实现地区生产总值 2.3 万亿元，按不变价格计算，同比增长 9.1%，高于全国 1 个百分点。其中，第一产业、第二产业、第三产业增加值增速分别为 8.1%、10.2% 和 8.3%。

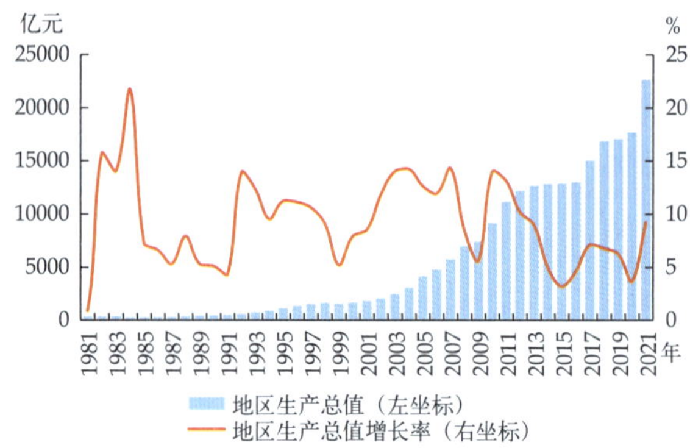

图 6　1981—2021 年山西省地区生产总值及其增长率

（数据来源：山西省统计局）

（一）三大需求恢复明显，持续释放发展活力

2021 年，山西省统筹疫情防控和经济社会发展，统筹发展和安全，继续做好“六稳”“六保”工作，投资、消费恢复明显，外贸实现较快增长。

1. 投资持续恢复，制造业投资拉动效果明显。2021 年，山西省固定资产投资同比增长 8.7%，高于全国 3.8 个百分点。分三次产业看，第一产业、第二产业、第三产业投资同比分别增长 33.4%、5.1% 和 9%，三次产业投资比例为 6.1∶36.7∶57.2。分行业看，制造业投资持续发力，同比增长 24.5%，带动固定资产投资较快增长，其中装备制造业投资增长 22.1%，工业技改投资增长 11.3%，均明显快于全省固定资产投资增速。

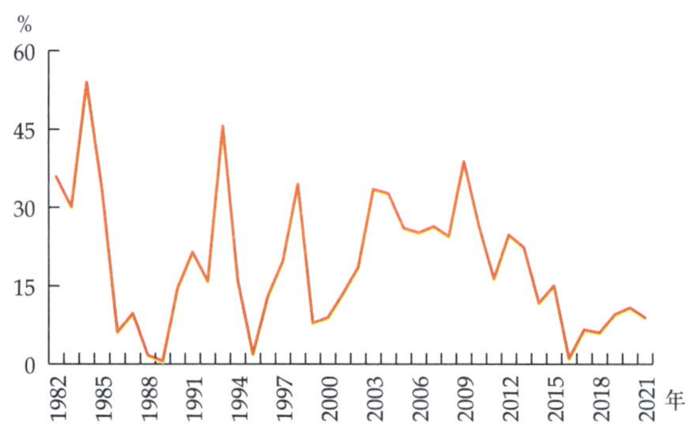

图 7　1982—2021 年山西省固定资产投资（不含农户）增长率

（数据来源：山西省统计局）

2. 消费市场持续恢复，消费新业态快速增长。2021年，山西省社会消费品零售总额7747.3亿元，同比增长14.8%，高于全国2.3个百分点。住宿餐饮、升级类消费品和网上零售对社会消费品零售总额拉升作用明显。一方面，山西省疫情防控得当，住宿餐饮业恢复较快，全年全省餐饮收入同比增长33.9%。另一方面，山西省加速塑造消费新业态、新模式、新场景，促使居民消费额不断提升。2021年，山西省网上零售额871.2亿元，同比增长24.9%，占全省社会消费品零售额的比重为11.2%，高于上年1.1个百分点；限额以上消费品零售额中，可穿戴智能设备、新能源汽车零售额分别增长150%、98.2%。

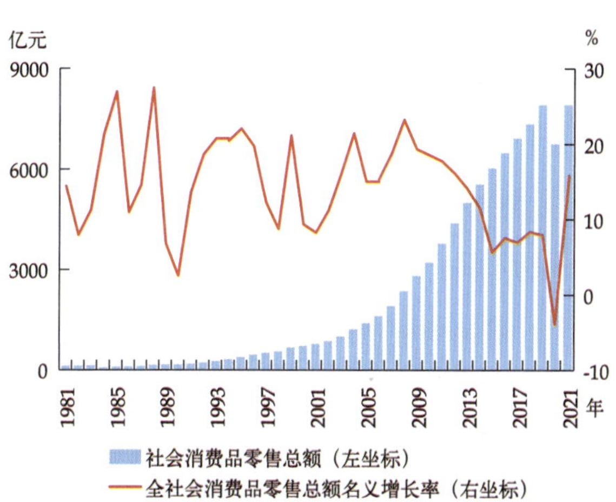

图8　1981—2021年山西省社会消费品零售总额及其增长率

（数据来源：山西省统计局）

3. 外贸进出口总额大幅增长，外商投资保持平稳。2021年，山西省进出口总额2230.3亿元，同比增长48.3%。其中进口864.3亿元，增长37.1%；出口1365.9亿元，增长56.3%；贸易顺差501.6亿元，较上年扩大102.1%。从贸易方式看，加工贸易占比近六成，同比增长60.6%。"一带一路"沿线国家和地区进出口总额76.7亿美元，同比增长53%。2021年，山西省实际利用外商直接投资流入17.0亿美元，同比增长0.6%。

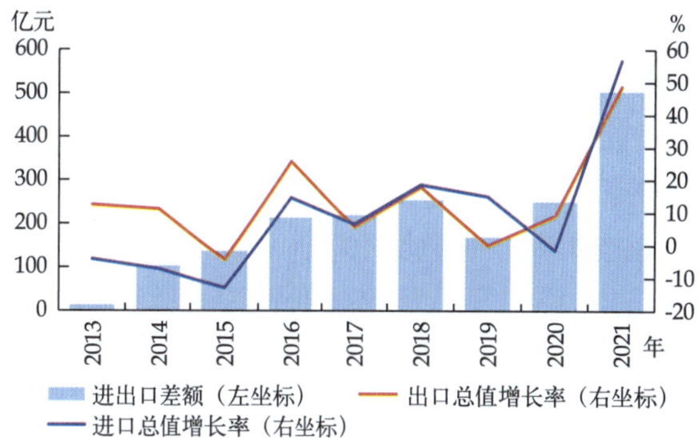

图9　2013—2021年山西省外贸进出口变动情况

（数据来源：山西省统计局）

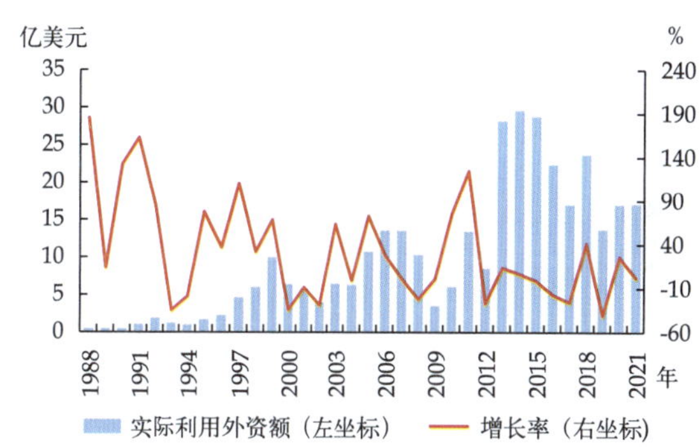

图10　1988—2021年山西省外商直接投资额及其增长率

（数据来源：山西省统计局）

（二）三次产业协调发展，重点领域改革向纵深推进

1. 农业生产稳中向好，乡村振兴步伐坚实有力。2021年，山西省实现农林牧渔业增加值1356.9亿元，同比增长8.0%。粮食生产保持稳定，克服干旱、极端秋汛等不利因素，全年粮食总产量142.1亿公斤。高水平建设晋中国家农高区，农产品精深加工十大产业集群发展势头良好，农产品加工销售收入完成2620亿元，同比增长20%。

2. 工业经济快速增长，新动能增势明显。2021年，山西省规模以上工业增加值同比增长12.7%，高于全国3.1个百分点。从三大门类看，采矿业增长10.8%，制造业增长17.5%，电力、热力、燃气及水生产和供应业增长 7.6%，制造业带动作用明显。从煤与非煤看，煤炭工业增长 11.2%，非煤工业增长 14.5%，增速明显快于煤炭工业。工业新动能增势明显。全省规模以上高技术制造业增加值增长 34.2%，装备制造业增长 24.4%，工业战略性新兴产业增长 19.5%，均明显快于全省规上工业增速。部分新产品产量快速增长，如新能源汽车产量 5.3 万辆，增长 1.5 倍。

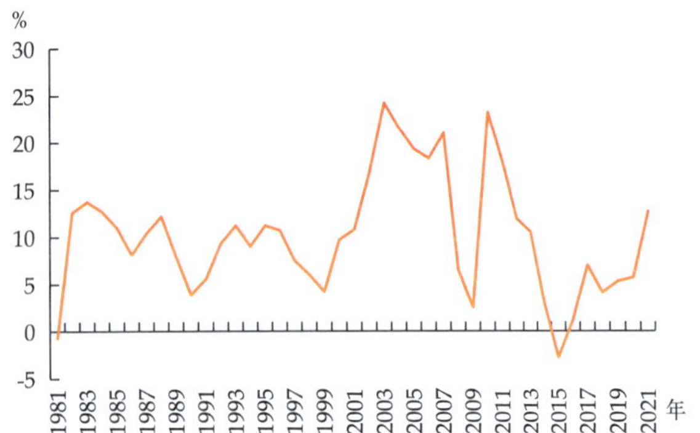

图 11　1981—2021 年山西省规模以上工业增加值实际增长率

（数据来源：山西省统计局）

3. 服务业规模持续扩大，现代服务业增势良好。2021 年，山西省服务业增加值完成 10090.2 亿元，同比增长 8.3%，增速高于上年同期 6.6 个百分点。其中，住宿和餐饮业增加值增长 17.8%，信息传输、软件和信息技术服务业增长 11.8%，卫生和社会工作增长 10.8%，交通运输、仓储和邮政业增长 9.7%，带动服务业较快增长。

4. 供给侧结构性改革持续深化，重点领域改革向纵深推进。能源结构持续优化，节能降碳技术改造有序推进。分类指导、精准施策，推动煤炭、电力、焦化、钢铁等传统优势产业率先转型。煤炭先进产能占比突破 75%，完成电力升级改造 841 万千瓦，非常规天然气产量达到 95 亿立方米，新能源和可再生能源占比达到 34.3%，工业技改投资同比增长 11.3%。推动战略性新兴产业引领转型，智能快速掘进成套装备成功应用，大运氢燃料重卡实现量产下线，信创、大数据、半导体、新能源汽车等产业不断发展壮大，规模以上工业战略性新兴产业、高技术制造业增加值分别增长 19.5%、34.2%。

5. 生态文明建设成效显著。践行“两山”理念，在“双碳”引领中加快绿色发展。黄河沿岸“散乱污”企业实现动态清零。深入实施“两山七河一流域”生态修复治理，全年营造林超过 500 万亩，汾河上游干流河道生态修复与治理工程工作扎实推进。开展高铁、高速沿线环境综合整治和农村人居环境“六乱”整治，深入开展秋冬季大气污染综合治理攻坚行动，扎实推进入河排污口排查整治，优良水质断面达到 68 个。空气质量综合指数同比改善 11.5%，PM2.5 平均浓度降到 39 微克 / 立方米，创有记录以来最好水平。

（三）居民消费价格温和上涨，就业形势保持稳定

1. 居民消费价格小幅上涨，市场供需总体平衡。2021 年，山西省居民消费价格上涨 1%，控制在 3% 的年度目标以内。分类别看，食品烟酒类价格上涨 0.4%，衣着类上涨 0.3%，居住类上涨 0.4%，生活用品及服务类上涨 0.4%，交通和通信类上涨 4.4%，教育文化和娱乐类上涨 2.6%，医疗保健类下降 0.5%，其他用品和服务类下降 1.9%。

2. 就业形势持续向好，居民收入稳定增长。2021 年，山西省城镇新增就业 50.6 万人，较上年增加 1.8 万人，完成全年目标 112.4%；全省农村劳动力转移就业 52.2 万人，增加 14.5 万人，完成全年目标 158.1%。全年全省城镇居民人均可支配收入 37433 元，同比增长 7.6%；农村居民人均可支配收入 15308 元，同比增长 10.3%。

专栏 2 多措并举加大金融支持能源保供力度

2021 年，人民银行太原中心支行认真贯彻落实党中央、国务院以及人民银行总行的决策部署，积极引导辖内金融机构精准支持能源保供和企业绿色低碳转型发展，多措并举满足合理融资需求。

一、把握市场变化，合理满足煤炭煤电行业融资需求

9 月 29 日，山西省与 14 个省（自治区、直辖市）签订保供协议。人民银行太原中心支行引导金融机构理性认识碳达峰碳中和与山西能源革命之间的关系，合理增加煤炭煤电行业信贷投入。据调研，2021 年末，全省煤炭贷款余额 5610.4 亿元，同比增长 8.3%；煤电贷款余额 646.7 亿元，同比增长 5.7%，为企业能源保供提供了合理的金融支持。全年发送电煤 4356 万吨，合同完成率 106.2%，圆满完成了保供任务。配合 160 家市场投资者进晋入企，现场考察，主动加强与证监局、省国资委的协调合作，建立了地方国企债券风险监测预警机制，加强信息共享，共同防范债券市场风险。山西省债券市场在下半年持续回暖，7—12 月煤企发行债务融资工具 1161 亿元，远超上半年 110 亿元的发行总量。

二、加强工作协同，认真落实人民银行新设两项货币政策工具

建立煤炭煤电贷款专项统计报送制度，按月梳理相关数据及情况，推动工作稳步开展。主动联合省发展改革委、省能源局、省国有资本运营公司，统筹考虑国家政策与山西发展实际，建立“山西省煤炭煤电行业绿色低碳转型企业名单”，帮助金融机构精准识别符合条件的煤炭煤电企业，提高了金融服务的针对性与有效性。

推出碳减排支持工具和支持煤炭清洁高效利用专项再贷款后，人民银行太原中心支行编制两项新设政策工具宣传长图，为助推实现“双碳目标”营造氛围。三次召开相关金融机构座谈会，加大政策解读与宣传力度，推动两项新设工具及早在山西落地。加强与省发展改革委、省能源局的沟通协调，及时梳理山西省内符合政策要求的项目清单，向金融机构推送。

三、创新业务模式，助力企业绿色转型和增产保供

发行能源保供专项债。主动摸排企业需求，加强政策解读和业务辅导，支持省内相关企业在银行间债券市场发行短期和中长期能源保供专项债各 10 亿元，发行价格均创 2021 年省内涉煤企业同期限债券利率新低，募集资金专项用于能源保供用途。发行可持续发展挂钩债权融资计划。指导金融机构为某集团有限公司发行 5 亿元可持续发展挂钩债权融资计划，挂钩目标达成后预计 2021—2023 年可实现二氧化碳减排 91.5 万吨。推广碳排放配额质押贷款。指导某机构与山西环境能源交易中心合作，为某发电有限责任公司办理了 1000 万元碳排放配额质押贷款，并推广执行。创新推出可持续发展挂钩贷款产品，贷款利率分别与智能矿井建设、可再生能源发电、碳减排效益挂钩，在保障企业能源保供资金需求的同时，为其绿色低碳转型发展提供更多差异化融资路径。

（四）财政收入显著增长，民生福祉稳步增进

2021 年，山西省一般公共预算收入 2834.6 亿元，增长 23.4%。税收收入 2094.7 亿元，同比增长 28.8%，对一般公共预算收入增长贡献率达 87%；非税收入 739.9 亿元，同比增长 10.3%，增幅稳中趋缓。一般公共预算支出

5048.1亿元，其中，教育、社会保障和就业、卫生健康、城乡社区、农林水等民生领域支出3972亿元，占全部支出的78.7%。

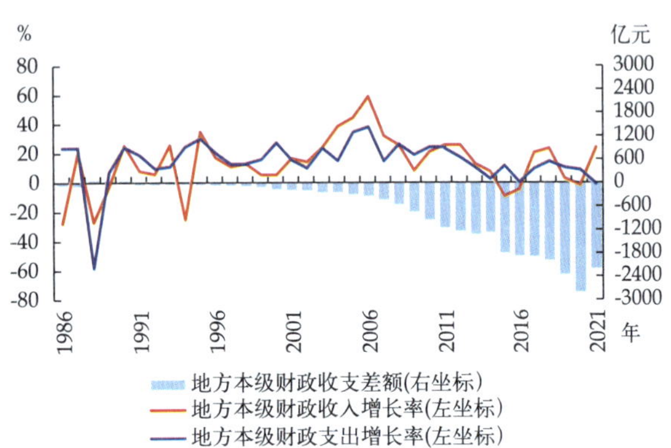

图12　1986—2021年山西省财政收支状况

（数据来源：山西省统计局）

（五）房地产业平稳发展，煤炭行业生产保障有力

1. 房地产市场平稳发展，房地产贷款增速回落。

（1）房地产开发投资平稳增长。2021年，山西省房地产开发投资完成1945.2亿元，同比增长6.3%。从用途看，商品住宅投资稳定增长，占比提高。全省房地产开发投资中商品住宅投资完成1556.1亿元，同比增长8.7%，占房地产开发投资的比重由上年的78.2%提高到80.0%。

（2）商品房成交规模涨幅回落。2021年，山西省商品房销售面积3204.4万平方米，同比增长19.3%，增速较前三季度回落23.0个百分点。全省商品房销售额2170.9亿元，同比增长15.1%，增速较前三季度回落25.5个百分点。

（3）房地产贷款合理增长。2021年末，山西省房地产贷款余额5250.5亿元，同比增长6.3%；较年初新增437.9亿元，同比少增29.9亿元。其中，个人住房贷款3808.1亿元，同比增长15.5%；较年初增加512.1亿元，同比多增25.4亿元。

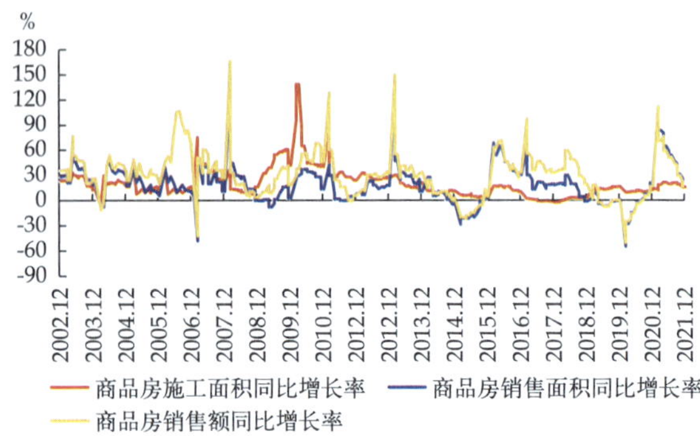

图13　2002—2021年山西省商品房施工和销售变动趋势

（数据来源：山西省统计局）

2. 能源生产保障有力，保供任务圆满完成。 2021年，山西省加大生产力度，煤炭、电力、煤成气持续安全稳定供应。全年全省规模以上企业原煤产量11.9亿吨，同比增长10.5%；发电量3734.4亿千瓦时，同比增长8.9%；外送电量1234.7亿千瓦时，同比增长17.2%；煤成气产量94.1亿立方米，同比增长15.6%；煤、电、气产量均创历史新高。全力做好16个省区市煤炭保供工作，发送电煤4356万吨，合同完成率106.2%，圆满完成国家下达的保供任务，为国家能源安全贡献山西力量。

三、预测与展望

2022年，山西省经济发展面临的国内外环境仍复杂多变。从国际环境看，全球新一轮科技革命和产业变革深入发展，新冠肺炎疫情反复延宕，国际产业链供应链紊乱，复合型通胀风险正在显现，加剧了经济复苏进程的不确定性。从国内看，经济发展面临需求收缩、供给冲击、预期转弱三重压力，但经济发展的重要战略机遇期没有改变，经济韧性强，长期向好的基本面没有改变。

从山西情况看，转型重要窗口期仍在延续，当前经济走势平稳健康，转型态势强劲向好，后发优势突出明显，为全方位推动高质量发展创造了良好基础和有利条件。但全省经济实现高质量发展仍存在着长期积累的结构性、体制性、素质性矛盾，防控金融风险任务重，山西省将继续坚持稳中求进工作总基调，完整准确全面贯彻新发展理念，抢抓构建新发展格局战略机遇，以供给侧结构性改革为主线，进一步深化能源革命综合改革试点，提升绿色低碳发展水平，大力实施市场主体倍增工程，促进太忻一体化经济区强势起步，在转型发展道路上稳步前进。金融业将准确把握好稳健的货币政策要灵活适度的要求，坚持稳字当头、稳中求进，发挥好货币政策工具的总量和结构双重功能，保持信贷总量增长的稳定性，让信贷稳增长成为经济稳增长的关键支撑，做好两项直达货币政策工具的转换和接续，落实好碳减排支持工具和支持煤炭清洁高效利用专项再贷款，促进融资结构和信贷结构不断优化，推动实际贷款利率进一步降低，防范化解金融风险，优化金融营商环境，为支持山西经济实现高质量发展营造适宜的货币金融环境。

中国人民银行太原中心支行货币政策分析小组

总　　纂：高　波　邢　毅

统　　稿：范广明　王　东

执　　笔：何　畅　白　鑫　杨　景　孙　晶

提供材料：杨琳蕊　戴万龙　茹玉欣　裴启东　陈佳瑜　高雅丽　宋建伟　张雅婷　倪尔霞　武智锋　李建辉　刘　卉　胡彦芳　高　伟　张旭梅　王晨曦　李嘉睿　高　霖　范晓霞　任　磊　袁永宏

附录：

（一）山西省经济金融大事记

4月28日，山西银行股份有限公司正式揭牌开业。

6月28日，太原农村商业银行股份有限公司揭牌开业。

9月29日，山西与14个省（自治区、直辖市）签订第四季度煤炭中长期保供合同。

11月15日，山西科达自控成功上市，山西省迎来北交所“第一股”。

12月31日，在全国碳排放权交易市场第一个履约周期结束之际，山西省顺利完成碳排放权的清缴和履约工作，履约率达99.68%。

2021年，山西省地区生产总值增长9.1%，总量跨过2万亿元大关，实现历史性突破。

2021年，山西省实施服务业提质增效十大行动，服务业增加值突破万亿元。

（二）山西省主要经济金融指标

表 1　2021 年山西省主要存贷款指标

	项目	1月	2月	3月	4月	5月	6月	7月	8月	9月	10月	11月	12月
本外币	金融机构各项存款余额（亿元）	43415.4	43441.3	44165.0	43773.1	44088.9	44577.1	44468.1	45258.9	45950.4	46254.8	46708.0	46813.9
	其中：住户存款	26081.6	26740.2	27289.9	26967.9	27022.6	27476.7	27313.3	27467.1	27904.5	27902.1	28116.5	28552.1
	非金融企业存款	11233.1	10873.6	11103.4	10986.6	11067.5	11130.3	10813.3	11399.0	11734.1	11691.8	11730.2	11812.6
	各项存款余额比上月增加（亿元）	918.4	25.8	723.7	-391.9	315.9	488.1	-109.0	790.8	691.5	304.4	453.2	105.8
	金融机构各项存款同比增长（%）	11.7	10.4	9.6	9.2	8.8	8.3	8.4	9.2	10.2	11.2	10.9	10.2
	金融机构各项贷款余额（亿元）	31367.3	31507.1	31961.9	32360.6	32588.2	32960.5	33208.9	33441.1	33739.6	33845.3	34083.2	34214.9
	其中：短期	9506.6	9507.9	9695.2	9687.8	9730.9	9852.8	9823.2	9850.1	9928.8	9844.5	9842.8	9917.6
	中长期	19155.7	19326.5	19636.1	19846.3	20016.3	20124.2	20321.7	20466.7	20649.1	20785.0	20916.5	20999.3
	票据融资	2617.3	2585.2	2551.9	2731.9	2726.7	2897.6	2951.3	3018.4	3083.2	3123.8	3216.7	3198.3
	各项贷款余额比上月增加（亿元）	726.4	139.8	454.8	398.7	227.6	372.3	248.5	232.2	298.5	105.7	237.9	131.7
	其中：短期	139.7	1.4	187.3	-7.4	43.0	122.0	-29.6	26.9	78.7	-84.3	-1.7	74.8
	中长期	481.3	170.8	309.6	210.2	170.0	107.9	197.5	145.0	182.4	135.9	131.5	82.8
	票据融资	102.5	-32.0	-33.4	180.0	-5.2	170.9	53.7	-0.7	64.9	40.6	92.9	-18.4
	金融机构各项贷款同比增长（%）	9.2	9.1	8.2	8.7	9.1	9.3	10.2	10.5	11.0	10.6	10.6	11.7
	其中：短期	2.4	1.4	0.2	0.0	0.5	0.2	0.9	1.4	1.6	1.2	2.4	5.9
	中长期	11.7	12.3	12.7	13.4	13.4	12.9	12.9	12.6	12.7	12.4	11.6	12.4
	票据融资	20.1	18.7	11.0	11.5	13.0	20.5	29.6	33.5	38.6	36.9	35.8	27.2
	建筑业贷款余额（亿元）	834.3	849.2	849.2	864.7	887.1	895.0	927.4	928.9	954.5	967.7	968.6	947.5
	房地产业贷款余额（亿元）	554.5	552.8	543.3	523.5	522.7	519.7	523.3	522.0	520.8	521.3	520.6	502.8
	建筑业贷款同比增长（%）	14.5	17.0	12.6	12.9	13.2	10.3	13.6	12.8	13.8	15.7	18.1	23.2
	房地产业贷款同比增长（%）	5.9	3.4	1.5	-0.7	-2.0	-1.8	-2.8	-3.9	-3.1	-3.6	-1.4	-3.0
人民币	金融机构各项存款余额（亿元）	42948.8	42934.8	43709.8	43271.7	43574.9	44112.5	44029.0	44772.6	45500.1	45846.0	46317.2	46353.0
	其中：住户存款	25988.3	26645.8	27194.9	26875.2	26932.6	27385.2	27221.8	27376.2	27813.5	27812.6	28025.6	28459.9
	非金融企业存款	10871.7	10473.1	10745.8	10599.6	10665.4	10760.0	10487.9	11025.8	11377.5	11374.8	11432.4	11455.7
	各项存款余额比上月增加（亿元）	875.3	-14.0	775.0	-438.1	303.2	537.6	-83.6	743.7	727.5	345.9	471.1	35.8
	其中：住户存款	506.3	657.5	549.1	-319.7	57.5	452.5	-163.4	154.4	437.4	-1.0	213.0	434.3
	非金融企业存款	62.7	-398.6	272.6	-146.1	65.8	94.6	-272.1	537.9	351.8	-2.8	57.7	23.3
	各项存款同比增长（%）	12.1	10.6	10.1	9.6	8.9	8.5	8.6	9.3	10.4	11.5	11.1	10.2
	其中：住户存款	11.2	13.7	13.2	12.8	12.4	12.2	11.5	11.7	11.9	11.8	12.0	11.7
	非金融企业存款	19.3	10.7	9.2	7.9	7.0	6.4	5.7	8.1	11.2	11.3	10.4	6.0
	金融机构各项贷款余额（亿元）	31066.8	31197.0	31658.6	32055.3	32270.1	32660.8	32927.3	33129.1	33427.6	33561.8	33826.5	33917.5
	其中：个人消费贷款	4607.5	4643.3	4756.0	4789.3	4841.8	4909.0	4956.9	5006.9	5067.4	5122.5	5195.8	5211.3
	票据融资	2617.3	2585.2	2551.9	2731.9	2726.7	2897.6	2951.3	3018.4	3083.2	3123.8	3216.7	3198.3
	各项贷款余额比上月增加（亿元）	693.3	130.2	461.6	396.7	214.7	390.8	266.5	201.7	298.5	134.2	264.6	91.0
	其中：个人消费贷款	138.4	35.8	112.7	33.3	52.6	67.1	48.0	50.0	60.5	55.1	73.3	15.5
	票据融资	102.5	-32.0	-33.4	180.0	-5.2	170.9	53.7	67.1	64.9	40.6	92.9	-18.4
	金融机构各项贷款同比增长（%）	9.7	9.5	8.9	9.3	9.5	9.7	10.4	10.6	11.0	10.8	10.7	11.7
	其中：个人消费贷款	18.6	29.5	21.1	20.9	20.7	19.7	19.3	18.9	18.4	18.4	17.5	16.6
	票据融资	20.1	18.7	11.0	11.5	13.0	20.5	29.6	33.5	38.6	36.9	35.8	27.2
外币	金融机构外币存款余额（亿美元）	72.1	78.3	69.3	77.5	80.7	71.9	68.0	75.2	69.4	64.0	61.3	72.3
	金融机构外币存款同比增长（%）	-0.9	0.8	-16.9	-4.8	9.3	-3.5	0.1	8.2	0.8	-8.6	-5.2	11.3
	金融机构外币贷款余额（亿美元）	46.4	47.9	46.2	47.2	50.0	46.4	43.6	48.2	48.1	44.4	40.2	46.7
	金融机构外币贷款同比增长（%）	-18.6	-15.6	-28.4	-24.9	-11.0	-16.2	-5.4	10.6	11.2	-0.1	1.0	13.8

数据来源：中国人民银行太原中心支行。

表 2　2001—2021 年山西省各类价格指数

单位：%

时间		居民消费价格指数		农业生产资料价格指数		工业生产者购进价格指数		工业生产者出厂价格指数	
		当月同比	累计同比	当月同比	累计同比	当月同比	累计同比	当月同比	累计同比
2001		—	-0.5	—	1.9	—	1.8	—	0.3
2002		—	-2.2	—	0.9	—	3.0	—	3.6
2003		—	1.6	—	-1.6	—	7.8	—	2.2
2004		—	4.1	—	7.3	—	14.5	—	16.1
2005		—	2.3	—	13.3	—	8.2	—	10.2
2006		—	2.0	—	3.6	—	2.6	—	1.0
2007		—	4.6	—	6.2	—	5.3	—	7.4
2008		—	7.2	—	18.7	—	18.3	—	22.4
2009		—	-0.4	—	1.6	—	-3.4	—	-8.0
2010		—	3.0	—	2.0	—	9.0	—	9.5
2011		—	5.2	—	9.4	—	8.1	—	7.5
2012		—	2.5	—	5.4	—	-1.9	—	-5.5
2013		—	3.1	—	2.5	—	-4.5	—	-9.3
2014		—	1.7	—	-0.8	—	-3.8	—	-8.6
2015		—	0.6	—	-0.4	—	-6.9	—	-12.7
2016		—	1.8	—	2.6	—	5.7	—	6.9
2017		—	0.0	—	0.0	—	0.0	—	0.0
2018		—	1.8	—	2.5	—	5.5	—	6.7
2019		—	2.7	—	4.7	—	1.1	—	-0.3
2020		—	2.9	—	8.1	—	-2.8	—	-3.3
2021		—	1.0	—	—	—	16.3	—	30.2
2020	1								
	2	5.2	5.3	13.9	13.2	-0.9	-1.3	-2.4	-2.2
	3	4.3	5.0	14.1	13.5	-1.6	-1.4	-2.1	-2.2
	4	3.3	4.6	11.1	12.9	-2.8	-1.7	-4.2	-2.7
	5	2.9	4.2	8.6	12.0	-4.8	-2.4	-6.2	-3.4
	6	3.3	4.1	8.3	11.4	-3.6	-2.6	-6.1	-3.8
	7	3.2	3.9	9.3	11.1	-3.4	-2.7	-4.7	-4.0
	8	3.2	3.9	9.6	10.9	-3.9	-2.8	-5.7	-4.2
	9	2.2	3.7	6.7	10.4	-4.1	-3.0	-5.1	-4.3
	10	0.8	3.4	3.4	9.7	-3.4	-3.0	-2.8	-4.1
	11	0.1	3.1	-0.4	8.7	-2.5	-3.0	-0.6	-3.8
	12	1.1	2.9	2.1	8.1	-0.5	-2.8	2.6	-3.3
2021	1								
	2	0.1	0.1	—	—	2.3	1.8	10.3	8.7
	3	0.7	0.3	—	—	4.2	2.6	10.5	9.3
	4	0.9	0.4	—	—	6.6	3.6	14.1	10.5
	5	1.2	0.6	—	—	12.0	5.2	24.8	13.3
	6	0.7	0.6	—	—	13.8	6.7	27.7	15.6
	7	1.0	0.7	—	—	17.0	8.1	30.7	17.7
	8	0.9	0.7	—	—	21.2	9.7	37.4	20.2
	9	0.8	0.7	—	—	27.1	11.6	47.2	23.2
	10	1.9	0.8	—	—	34.3	13.9	60.4	26.9
	11	2.5	1.0	—	—	31.4	15.5	53.2	29.4
	12	1.5	1.0	—	—	26.0	16.3	38.5	30.2

数据来源：山西省统计局。

表 3　2021 年山西省主要经济指标

项目	1 月	2 月	3 月	4 月	5 月	6 月	7 月	8 月	9 月	10 月	11 月	12 月
	绝对值（自年初累计）											
地区生产总值（亿元）	—	—	4464.1	—	—	9606.7	—	—	15584.9	—	—	22590.2
第一产业	—	—	128.5	—	—	330.4	—	—	663.1	—	—	1286.9
第二产业	—	—	1996.0	—	—	4516.3	—	—	7332.0	—	—	11213.1
第三产业	—	—	2339.6	—	—	4759.9	—	—	7589.8	—	—	10090.2
工业增加值（亿元）	—	—	—	—	—	—	—	—	—	—	—	—
固定资产投资（亿元）	—	255.4	933.8	1557.2	2328.3	3623.1	4363.5	5103.8	5992.2	6682.4	7333.2	7952.6
房地产开发投资	—	77.9	251.4	406.1	584.2	915.3	1110.1	1289.7	1513.3	1670.5	1816.4	1945.2
社会消费品零售总额（亿元）	—	1092.8	1751.7	2331.9	2967.4	3635.4	4280.8	4946.2	5631.9	6360.7	7075.4	7747.3
外贸进出口总额（亿元）	—	328.5	490.2	708.4	904.6	1130.3	1335.7	1511.1	1703.4	1876.3	2041.4	2230.3
进口	—	130.0	194.0	275.2	343.5	442.5	515.2	583.0	658.2	726.7	794.3	864.3
出口	—	198.5	296.1	433.2	561.2	687.9	820.5	928.1	1045.2	1149.6	1247.1	1365.9
进出口差额（出口－进口）	—	68.6	102.1	158.0	217.7	245.4	305.3	345.1	387.0	422.9	452.8	501.6
实际利用外资（亿美元）	—	3.2	4.5	5.1	7.6	10.3	11.7	12.6	13.5	15.9	16.4	17.0
地方财政收支差额（亿元）	—	-214.0	-367.9	-518.6	-870.1	-1126.7	-1133.7	-1329.8	-1575.2	-1586.5	-1761.0	-2213.5
地方财政收入	—	438.9	673.8	892.9	1104.9	1417.5	1695.9	1883.2	2144.5	2398.6	2604.7	2834.6
地方财政支出	—	652.9	1041.7	1411.6	1975.0	2544.2	2829.6	3213.0	3719.6	3985.0	4365.7	5048.1
城镇登记失业率（%）（季度）	—	—	3.1	—	—	3.1	—	—	2.2	—	—	2.3
	同比累计增长率（%）											
地区生产总值	—	—	17.3	—	—	12.2	—	—	10.5	—	—	9.1
第一产业	—	—	9.8	—	—	12.5	—	—	9.9	—	—	8.1
第二产业	—	—	21.1	—	—	13.8	—	—	11.3	—	—	10.2
第三产业	—	—	14.9	—	—	10.9	—	—	9.9	—	—	8.3
工业增加值	—	36.1	23.9	20.3	17.7	15.9	15.0	14.3	14.0	13.5	13.0	12.7
固定资产投资	—	39.2	29.4	23.7	19.3	18.2	15.4	13.8	12.2	10.7	9.0	8.7
房地产开发投资	—	29.0	28.9	23.4	14.1	12.3	12.0	11.6	9.7	7.1	6.3	6.3
社会消费品零售总额	—	43.8	43.5	36.8	32.2	30.3	27.7	24.9	22.4	20.1	17.7	14.8
外贸进出口总额	—	109.1	85.8	99.8	110.3	108.4	93.7	81.6	76.8	69.2	58.1	48.3
进口	—	94.2	72.3	87.3	89.0	92.4	75.8	67.2	61.9	56.8	49.8	37.1
出口	—	120.1	95.8	108.6	125.8	120.2	106.9	91.9	87.8	78.2	63.8	56.3
实际利用外资	—	-8.7	-11.9	-15.5	7.3	0.2	0.2	-3.1	-3.4	4.3	6.1	0.6
地方财政收入	—	12.2	9.1	9.7	12.5	16.8	20.3	21.5	26.4	27.1	28.3	23.4
地方财政支出	—	-1.6	-18.8	-9.7	2.8	5.9	2.4	2.4	1.0	-0.7	-0.7	-1.2

数据来源：山西省统计局。

内蒙古自治区金融运行报告（2022）

中国人民银行呼和浩特中心支行货币政策分析小组

[**内容摘要**] 2021 年，面对严峻复杂的经济形势和艰巨繁重的改革发展稳定任务，内蒙古自治区深入学习贯彻习近平新时代中国特色社会主义思想，以及习近平总书记对内蒙古重要讲话重要指示批示精神，全面贯彻落实党中央、国务院决策部署，坚持稳中求进工作总基调，坚持生态优先、绿色发展导向不动摇，统筹推进疫情防控和经济社会发展，扎实做好“六稳”工作，全面落实“六保”任务，经济持续稳定恢复，质量效益稳步提高，实现了“十四五”良好开局。全年实现地区生产总值 2.1 万亿元，同比增长 6.3%。内蒙古自治区经济运行主要呈现以下特征：一是内外需求持续恢复，经济质量稳步提升。投资实现稳定增长，固定资产投资（不含农户）同比增长 9.8%，工业投资引领作用明显，高技术产业投资增势强劲；社会消费品零售总额基本恢复至疫情前同期水平，网络零售额同比增长 18.3%，消费升级类商品销售快速增长；对外贸易保持较快增长，进出口总额同比增长 17.2%。二是三次产业运行平稳，产业转型升级迈出积极步伐。第一产业、第二产业和第三产业增加值同比分别增长 4.8%、6.1% 和 6.7%。粮食总产量跃升至全国第六位，畜牧业生产实现“十七连稳”，牛肉和羊肉产量均位居全国第一；工业生产运行平稳，规模以上工业增加值同比增长 6.0%，制造业、高新技术业和战略性新兴产业增加值同比分别增长 11.3%、22.4% 和 10.4%，原煤产量和发电量均居全国第二位；服务业总体稳步恢复，服务业增加值占比为 43.5%，对经济增长贡献率达 51.7%。三是物价保持温和上涨，工业生产者价格高位运行。居民消费价格总水平上涨 0.9%，较上年回落 1 个百分点；全年工业生产者出厂价格和购进价格分别上涨 28.5% 和 28.0%。四是财政收入稳步增长，重点支出保障有力。全年地方一般公共预算收入同比增长 14.6%，地方一般公共预算支出同比增长 5.2%，社会保障和就业、节能环保支出同比分别增长 4.1% 和 15.9%。五是供给侧结构性改革持续推进，经济活力进一步增强。制订优化营商环境 3.0 方案，实施“一网通办”2.0 建设[①]，开展“蒙速办・四办”[②]服务。从严遏制“两高”项目盲目发展，全区六大高耗能产业增加值占规上工业增加值比重较上年下降 5.2 个百分点。补短板继续加力，设立内蒙古科学技术研究院，成立稀土、5G 产业创新联盟，国家乳业技术创新中心和乳制品产业计量测试中心成功获批。

2021 年，内蒙古自治区金融部门认真贯彻执行稳健货币政策，围绕疫情防控和经济社会发展重点，着力优化服务、防控风险、深化改革，金融运行持续向好，地区社会融资规模、存款和贷款增量保持稳定增长，信贷结构持续优化，融资成本稳中有降，金融支持区域经济发展取得积极成效。地区社会融资规模增量为 2329.8 亿元，是上年增量的 2.1 倍，为全区经济恢复发展营造了适宜的货币金融环境。具体来看，金融运行主要呈现以下特点：一是各项贷款实现较快增长，融资成本稳中有降。本外币贷款余额突破 2.5 万亿元，同比增长 7.2%，其中人

① “一网通办”2.0 建设指在“互联网＋政务服务”基础上，通过建设“蒙速办”、智慧服务、12345 便民热线、数据安全管控等应用系统，推动“一网通办”由 1.0 版向 2.0 版迈进。

② “蒙速办・四办”是指“蒙速办・一次办、帮您办、掌上办、一网办”，是内蒙古自治区持续深化“放管服”改革优化营商环境，进一步满足群众需求的便民创新举措。

民币贷款增加1715.8亿元，增速和增量明显好于上年，为全区经济快速恢复发展提供了有力支撑。利率市场化改革深入推进，企业融资成本稳步下行，全年新发放企业贷款加权平均利率4.61%，同比下降0.30个百分点。其中，普惠小微企业融资成本下降明显，同比下降0.56个百分点。二是信贷结构不断优化，稳企业保就业工作质效持续提升。积极发挥货币政策工具总量和结构双重功能，推动碳减排支持工具和支持煤炭清洁高效利用专项再贷款在辖内精准落地，绿色贷款、涉农贷款和制造业中长期贷款分别增加490.2亿元、471.4亿元和58.3亿元。深入开展“贷动小生意、服务大民生”金融支持个体工商户专项行动和中小微企业金融服务能力提升工程，两项直达实体经济的货币政策工具精准滴灌普惠小微企业，普惠小微企业贷款余额同比增长11.4%，高于各项贷款增速4个百分点。三是金融改革创新持续深化，金融服务水平进一步提升。全年5家农村信用社改制为农村商业银行，11家地方法人银行获得地方政府专项债补充资本，全区证券投资人民币跨境结算实现试点以来零突破。四是资本市场融资功能继续增强，信用类债券发行规模不断扩大。新增境内上市公司3家，打破全区企业9年A股上市“零记录”，1家乳业企业在港交所上市；全年发行信用类债券925.0亿元，同比增长29.6%；1家地方法人金融机构成功发行永续债5亿元。五是保险业发展稳健，服务民生功能增强。保费收入稳步增长，全年实现保费收入756.6亿元，同比增长2.3%。保险公司累计赔款与给付支出258.5亿元，同比增长15.2%。车险综合改革有序推进，消费者车险保费明显下降，累计让利22.5亿元。六是金融风险防控工作取得积极成效，不良贷款实现“双降”。稳步推进城商行改革化险，稳妥防范化解信用类债券风险，防范与处置虚拟货币交易风险。全年43家企业108只债券如期兑付。年末全区银行业金融机构不良贷款余额较年初减少99.3亿元，不良贷款率较年初下降0.64个百分点，银行业资产质量持续改善。

展望2022年，内蒙古自治区将以习近平新时代中国特色社会主义思想为指导，全面贯彻落实党的十九大和十九届历次全会精神、中央经济工作会议精神，深入贯彻落实习近平总书记对内蒙古重要讲话重要指示批示精神，坚持以供给侧结构性改革为主线，统筹疫情防控和经济社会发展，坚定不移走以生态优先、绿色发展为导向的高质量发展新路子，加快建设“两个屏障”“两个基地”“一个桥头堡”[①]，继续做好“六稳”“六保”工作，保持经济运行在合理区间。内蒙古金融业将深入贯彻落实稳健的货币政策要灵活适度的要求，坚持稳字当头、稳中求进，加大金融服务实体经济力度，深化金融供给侧结构性改革，为稳定地区宏观经济大盘、推动经济高质量发展营造适宜的货币金融环境，以实际行动迎接党的二十大胜利召开。

一、金融运行情况

2021年，内蒙古金融运行持续向好，社会融资规模稳步增长，信贷结构逐步优化，融资成本稳中有降，风险防控工作扎实推进，金融基础设施建设不断完善，金融业对实体经济的服务水平持续提升。

（一）银行业稳健运行，服务实体经济质效提升

1. 资产负债规模保持增长，机构改革稳步

① “两个屏障”分别是我国北方重要的生态安全屏障、祖国北疆安全稳定屏障。“两个基地”是指国家重要能源和战略资源基地、农畜产品生产基地。“一个桥头堡”是指我国向北开放的重要桥头堡。

推进。2021年末，全区有银行业金融机构199家，资产负债总额分别为3.7万亿元和3.5万亿元，同比均增长7.4%；全年实现净利润173.4亿元。年内银保监会正式批复同意广发银行筹建呼和浩特分行，5家农村信用社改制为农村商业银行。

表1　2021年内蒙古自治区银行业金融机构情况

机构类别	营业网点			法人机构（个）
	机构个数（个）	从业人数（人）	资产总额（亿元）	
一、大型商业银行	1524	36247	14568	0
二、国家开发银行和政策性银行	84	2065	5027	0
三、股份制商业银行	181	4831	2932	0
四、城市商业银行	523	9952	4404	4
五、城市信用社	0	0	0	0
六、小型农村金融机构	2178	28396	6835	93
七、财务公司	0	200	583	5
八、信托公司	0	368	103	2
九、邮政储蓄银行	810	7339	1249	0
十、外资银行	0	5	3	0
十一、新型农村金融机构	176	5303	931	73
十二、其他	0	235	36	1
合　计	5476	94941	36670	178

数据来源：内蒙古银保监局。

注：营业网点不包括国家开发银行和政策性银行、大型商业银行、股份制银行等金融机构总部数据；大型商业银行包括中国工商银行、中国农业银行、中国银行、中国建设银行和交通银行；小型农村金融机构包括农村商业银行、农村合作银行和农村信用社；新型农村金融机构包括村镇银行、贷款公司、农村资金互助社和小额贷款公司；其他包含金融租赁公司、汽车金融公司、货币经纪公司、消费金融公司等。

2. 各项存款稳步回升，住户存款增加较多。 2021年末，全区本外币存款余额27646.2亿元，同比增长10.3%。其中，人民币存款新增2564.1亿元，同比多增1239.2亿元。分结构看，住户存款增加1842.5亿元，同比多增127.0亿元；企业存款扭转净下降局面，全年非金融企业存款增加648.6亿元，同比多增737.6亿元。

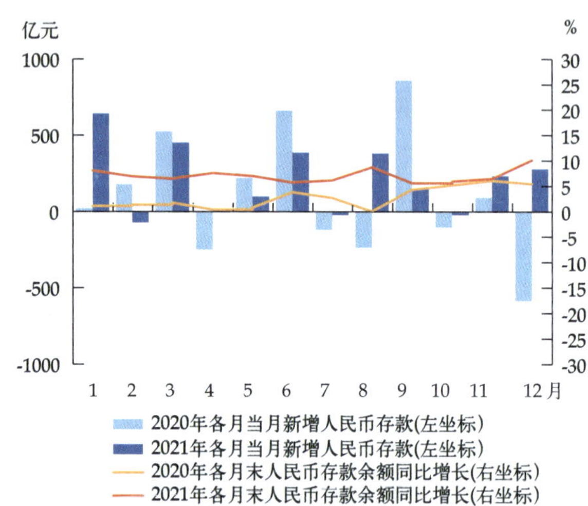

图1　2020—2021年内蒙古自治区金融机构人民币存款增长变化

（数据来源：中国人民银行呼和浩特中心支行）

3. 各项贷款实现较快增长，重点领域和薄弱环节贷款持续增加。 2021年末，全区本外币各项贷款余额25017.0亿元，同比增长7.2%。其中，人民币贷款同比增长7.4%，较上年增加1715.8亿元，增速和增量明显好于上年。分领域看，信贷支持重点突出，绿色贷款、涉农贷款和制造业中长期贷款分别增加490.2亿元、471.4亿元和58.3亿元；企业信用贷款增加402.0亿元，是上年的1.5倍。

积极发挥货币政策工具的总量和结构引导功能，推动碳减排金融工具和煤炭清洁高效利用专项再贷款精准落地，惠及企业81家。延续实施两项直达实体经济货币政策工具，深入开展“贷动小生意、服务大民生”金融支持个体工商户发展专项行动和中小微企业金融服务能力提升工程，支持小微企业49.0万户，较上年增加1.5万户。年末普惠小微企业贷款余额同比增长11.4%，增速较上年提高4.8个百分点。

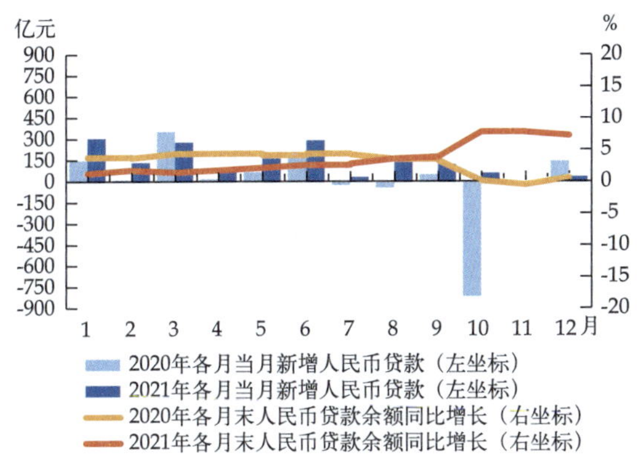

图 2　2020—2021 年内蒙古自治区金融机构人民币贷款增长变化

（数据来源：中国人民银行呼和浩特中心支行）

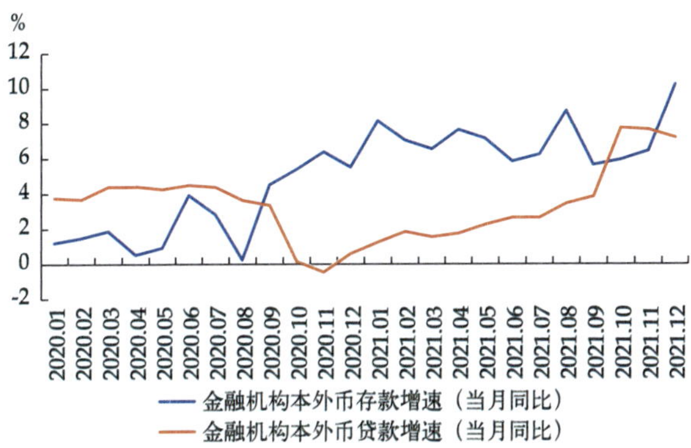

图 3　2020—2021 年内蒙古自治区金融机构本外币存贷款增速变化

（数据来源：中国人民银行呼和浩特中心支行）

4. 表外业务规模整体收缩，委托类业务略有增加。2021 年末，全区表外业务余额 1517.4 亿元，较上年减少 260.4 亿元，同比多减 122.5 亿元。其中，委托贷款余额 1787.2 亿元，较上年增加 93.8 亿元，同比多增 78.2 亿元；信托贷款余额 155.3 亿元，较上年减少 95.7 亿元，同比多减 55.7 亿元；未贴现的银行承兑汇票余额比上年减少 258.5 亿元，同比多减 145.0 亿元。

5. 利率市场化改革深入推进，市场利率定价自律机制运转有序。2021 年，贷款市场报价利率改革持续推进，贷款年化利率明示工作顺利完成，促进企业贷款利率稳中有降。全年新发放企业贷款加权平均利率 4.61%，同比下降 0.30 个百分点。其中，普惠小微企业融资成本下降较为明显，全区新发放普惠小微企业贷款加权平均利率 6.75%，同比下降 0.56 个百分点。市场利率定价自律机制积极发挥作用，存款利率自律管理取得明显成效，全年共有 60 家地方法人金融机构通过合格审慎评估。地方法人金融机构主动负债能力进一步增强，全年累计发行同业存单 156.7 亿元、大额存单 214.2 亿元。

表 2　2021 年内蒙古自治区金融机构人民币贷款各利率区间占比

单位：%

项目		1 月	2 月	3 月	4 月	5 月	6 月
合计		100.0	100.0	100.0	100.0	100.0	100.0
LPR 减点		18.2	23.3	15.3	18.7	20.2	20.5
LPR		5.2	6.5	7.4	7.0	7.7	7.0
LPR 加点	小计	76.7	70.2	77.3	74.3	72.1	72.5
	(LPR，LPR+0.5%)	17.3	13.9	13.3	10.3	13.5	14.4
	[LPR+0.5%，LPR+1.5%)	18.4	20.4	21.5	15.8	15.9	17.0
	[LPR+1.5%，LPR+3%)	10.2	9.6	10.5	13.9	14.3	13.4
	[LPR+3%，LPR+5%)	13.5	12.6	15.7	17.9	15.5	16.3
	LPR+5% 及以上	17.2	13.7	16.2	16.3	12.9	11.3
项目		7 月	8 月	9 月	10 月	11 月	12 月
合计		100.0	100.0	100.0	100.0	100.0	100.0
LPR 减点		13.8	24.5	24.1	28.6	20.5	21.7
LPR		10.2	6.8	6.9	5.2	4.8	6.7
LPR 加点	小计	76.0	68.7	69.0	66.3	74.7	71.6
	(LPR，LPR+0.5%)	18.7	13.7	13.3	10.8	10.6	13.0
	[LPR+0.5%，LPR+1.5%)	13.2	14.7	17.1	13.6	13.5	15.1
	[LPR+1.5%，LPR+3%)	12.6	11.2	11.9	11.3	13.2	16.1
	[LPR+3%，LPR+5%)	18.0	15.9	15.6	16.2	18.4	16.3
	LPR+5% 及以上	13.5	13.2	11.0	14.4	19.0	11.2

数据来源：中国人民银行呼和浩特中心支行。

图 4　2020—2021 年内蒙古自治区金融机构外币存款余额及外币存款利率

（数据来源：中国人民银行呼和浩特中心支行）

6. 金融风险总体可控，不良贷款实现双降。 2021 年，稳健推进城商行改革化险，建立信用类债券违约风险防范化解工作协同机制，完善银行业金融机构日常流动性监测制度，优化流动性风险应对预案，年内未发生流动性和债券违约事件。全年辖内 43 家企业 108 只债券如期兑付。年末银行业金融机构不良贷款余额和不良贷款率较上年分别减少 99.3 亿元和下降 0.6 个百分点。年内 11 家银行获得 162.0 亿元地方政府专项债资金补充资本。

7. 跨境人民币业务稳健发展，结算规模持续扩大。 2021 年，全区跨境人民币收付金额合计 977.7 亿元，占本外币跨境收付总额的 46.6%，同比提高 17.4 个百分点。其中，证券投资跨境人民币收付金额合计 258.0 亿元，实现跨境贸易人民币结算试点以来的零突破。全年共与 29 个“一带一路”沿线国家和地区实现跨境人民币结算业务。与蒙古国跨境人民币收付金额合计 158.3 亿元，占本外币跨境收付总额的 73.9%。

图 5　2010—2021 年内蒙古人民币跨境收支增长变化情况

（数据来源：中国人民银行呼和浩特中心支行）

专栏 1　创建“活体质押 +”模式　金融助力乡村振兴行稳致远

2021 年以来，中国人民银行呼和浩特中心支行将纾困小微企业作为党史学习教育“我为群众办实事”的重要抓手，多措并举推动辖内金融机构开展“活体质押 +”系列产品创建活动，促进活体牲畜质押贷款业务发展，引导全区金融机构扩大对乡村振兴领域的信贷投放，增强小微企业融资能力。截至 2021 年末，全区活体牲畜质押贷款余额 67.8 亿元，支持 298 家企业，带动支持农牧户 2.2 万户。

一、“活体质押 + 未来应收账款质押”模式

某牧场是自治区重点乳业集团在通辽市科尔沁左翼中旗实施的万头奶牛养殖示范项目。一期项目已经投入运营，奶牛养殖规模达到 7950 头，二期项目正在建设中。因缺乏传统抵押物作担保，项目融资遇到瓶颈。当地银行了解到企业融资难题，创建“活体质押 + 未来应收账款质押”信贷模式，以企业存栏奶牛作质押，以企业未来三年预期收益质押，向该企业发放贷款 8000 万元。该信贷模式有效盘活生物资产价值，结合未来应收账款质押，解决了企业缺乏传统质押物融资难题。

二、“活体质押 + 云监管”模式

某牧业有限公司是一家集屠宰、加工、销售为一体的生产、加工企业，是全区产业化重点农牧业龙头企业。在企业扩大再生产时，该牧业有限公司面临资金短缺难题，向银行申请融资又缺乏合格质押品。当地农村信用合作联社了解到企业实际情况后，通过与某科技集团合作，创建“活体质押 + 云监管”信贷模式，以企业存栏牛体为质押，通过互联网科技手段进行云监管，摸清牛的品种、年龄、健康状况、活动区域位置、是否质押、是否保险等情况。同时画出电子围栏，监管人员可通过手机 App 软件和 PC 终端随时随地不受任何限制地查看质押物状态。该信贷模式让银行发放活体贷款有了保障，让企业可以将活体等动产用于质押，既降低了贷款风险，又盘活了“沉睡”资产。2021年末，当地农村信用合作联社“活体质押＋云监管”模式贷款余额1850万元。

三、“活体质押＋反担保”模式

兴安盟地区一家国有银行与担保公司共同合作，创建了“活体质押＋反担保”信贷模式，农牧户可以足不出户用手机在线直接申请活体质押贷款，并由金融机构向担保公司代为申请担保，农牧户购买的牛质押给担保公司。由担保公司对活体牲畜进行专业评估和担保，提升养殖户承贷能力，有效降低借款信用风险，促进金融机构敢贷、愿贷。2021年末，该行活体质押贷款余额4.76亿元，惠及养殖主体175户。

除上述三种模式以外，辖内金融机构还创建了“活体质押＋保险公司”“活体质押＋牛联体”“活体质押＋再贷款”等多种信贷模式，创新的信贷产品品种丰富多样。质押物品种范围已拓宽至牛、马、羊、猪、驴、骆驼等品种。活体质押业务覆盖全区12个盟市74个旗县区，切实增强金融支持乡村振兴政策效果。

（二）证券业平稳发展，资本市场建设有序推进

1. 证券市场交易活跃，业务规模稳步回升。2021年，受股票市场活跃度回升带动，辖内2家法人证券公司传统经纪业务实现较快增长。年末，2家法人证券公司资产总额437.0亿元，同比增长9.4%；全年托管股票总市值、证券交易累计额、代理买卖证券款和融资融券累计额同比分别增长38.4%、16.9%、16.6%和12.8%；实现净利润7.5亿元，同比增长9.5%。

2. 加快多层次资本市场建设，融资渠道不断拓宽。2021年末，全区境内上市公司共29家，较上年增加3家，总市值9328.3亿元，同比增长47.9%。1家乳业企业在港交所上市，融资26.3亿元。从融资情况看，主板市场和创业板市场分别新增融资128.7亿元和4.1亿元，新三板市场新增融资2.3亿元，区域性股权市场融资17.2亿元。

表3　2021年内蒙古自治区证券业基本情况

项目	数量
总部设在辖内的证券公司数（家）	2
总部设在辖内的基金公司数（家）	0
总部设在辖内的期货公司数（家）	0
年末国内上市公司数（家）	29
当年国内股票（A股）筹资（亿元）	162.3
当年发行H股筹资（亿元）	26.3
当年国内债券筹资（亿元）	992.2
其中：短期融资券筹资额（亿元）	898.0
中期票据筹资额（亿元）	32.0

数据来源：内蒙古证监局。

（三）保险业发展向好，服务民生功能增强

1. 保险市场体系逐步完善，行业规模稳步扩大。2021年末，全区保险市场省级主体达到44家，较上年增加1家，资产总额1925.2亿元，同比增长11.4%。其中，财产险公司资产总额168.3亿元，同比增长6.7%；人身险公司资产总额1756.9亿元，同比增长11.8%。

2. 发挥保险资金优势，保障功能持续增强。2021年，全区保险业共实现保费收入756.7亿元，同比增长2.3%，其中财产险保费收入205.4亿元，同比下降5.3%，人身险保费收入551.3亿元，同比增长5.4%。保险公司累计赔款与给付支出258.5亿元，同比增长15.2%。车险综合改革有序推进，消费者车险保费明显下降，累计让利22.5亿元。

表 4　2021 年内蒙古自治区保险业基本情况

项目	数量
总部设在辖内的保险公司数（家）	0
其中：财产险经营主体（家）	0
寿险经营主体（家）	0
保险公司分支机构（家）	44
其中：财产险公司分支机构（家）	25
寿险公司分支机构（家）	19
保费收入（中外资，亿元）	756.7
其中：财产险保费收入（中外资，亿元）	205.4
人身险保费收入（中外资，亿元）	551.3
各类赔款给付（中外资，亿元）	258.5

数据来源：内蒙古银保监局。

（四）金融市场运行平稳，资金价格稳中有降

1. 地区社会融资规模平稳增长，融资结构逐步优化。2021 年，全区社会融资规模新增 2329.8 亿元，比上年多增 1234.8 亿元。分结构看，表内贷款是地区社会融资规模增长主力，新增表内贷款占地区社会融资规模增量近八成；非金融企业境内股票融资同比多增 138.6 亿元，为近六年最高水平；债券融资增长总体放缓，地方政府债券融资同比少增 387.0 亿元，企业债券融资减少 250.0 亿元。

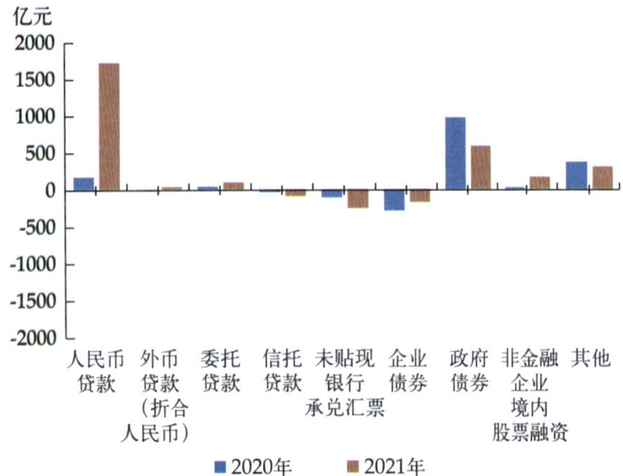

图 6　2020—2021 年内蒙古自治区社会融资规模分布结构

（数据来源：中国人民银行呼和浩特中心支行）

2. 货币市场成交量上升，成交利率走低。2021 年，全区银行间市场成员债券回购交易累计成交 86908.6 亿元，同比上升 22.2%。从利率走势看，质押式和买断式回购加权平均利率较上年分别回落 104 个和 30 个基点。

3. 债券市场融资持续增长，发行利率有所上升。2021 年，全区发行企业信用类债券 925.0 亿元，同比增长 29.6%。债券加权平均发行利率为 2.93%，同比上升 63 个基点。其中，乡村振兴债发行 90 亿元，绿色中期票据发行 5 亿元，永续债发行 5 亿元。

4. 票据市场规模有所增长，票据贴现利率下行。2021 年，全区累计签发银行承兑汇票 1469.2 亿元，同比增加 85.2 亿元；累计贴现票据金额 6866.9 亿元，同比增加 538.8 亿元。从票据利率走势看，第二季度以后票据贴现利率有所下行，6 个月银行承兑汇票贴现加权平均利率最低达到 0.25%。

表 5　2021 年内蒙古自治区金融机构票据业务量统计

单位：亿元

季度	银行承兑汇票承兑		贴现			
			银行承兑汇票		商业承兑汇票	
	余额	累计发生额	余额	累计发生额	余额	累计发生额
1	990.3	306.9	980.5	1268.6	91.0	76.7
2	967.7	660.6	1075.6	2877.0	90.0	143.0
3	1008.9	1038.5	1073.0	4524.5	95.0	237.9
4	1098.1	1469.2	1325.6	6537.1	83.2	329.8

数据来源：中国人民银行呼和浩特中心支行。

表 6　2021 年内蒙古自治区金融机构票据贴现、转贴现利率

单位：%

季度	贴现		转贴现	
	银行承兑汇票	商业承兑汇票	票据买断	票据回购
1	3.39	2.79	3.39	2.47
2	2.89	3.06	2.79	2.40

续表

季度	贴现		转贴现	
	银行承兑汇票	商业承兑汇票	票据买断	票据回购
3	2.48	3.05	2.42	2.25
4	2.17	3.96	1.91	2.32

数据来源：中国人民银行呼和浩特中心支行。

（五）金融基础设施建设持续推进，金融生态环境不断优化

1. 社会信用体系建设全面推进，征信服务实体经济能力增强。2021 年末，全区个人信用报告自助查询网点 235 个，布放自助查询机 325 台；全年提供信用报告查询 348.8 万次；加大中征应收账款融资服务平台推广应用，全年促成融资 2283.5 亿元，其中促成中小微企业融资 1755.7 亿元。持续推进信用户、信用村、信用乡镇建设，全年评定信用户 169.1 万户、信用村 6012 个、信用乡镇 353 个。

2. 支付系统稳定高效运行，金融服务能力明显提升。2021 年，各类支付系统安全稳定运行，大小额支付系统共处理业务 1.1 亿笔、金额 48.8 万亿元，同比分别增长 18.9% 和 9.8%。推动移动支付便民工程向纵深发展，全年银联二维码交易笔数 9090.3 万笔、金额 189.6 亿元，同比分别增长 83.7%、274.5%。适老化支付服务稳步提升，全区近九成银行网点助老设备齐全。农村支付服务环境持续优化，助农金融服务点村级行政区覆盖率达 99.8%。

3. 金融知识宣传持续发力，金融消费者权益保护切实加强。持续加大金融知识宣传力度，全区共建立地市级金融教育示范基地 7 家，金融知识纳入国民教育体系试点学校 186 所，累计开展金融知识进课堂活动 224 次。全年开展反假货币宣传 1.2 万次，发放中蒙文宣传材料 200 万份。进一步规范“12363 热线”咨询、投诉流程，业务办结率达 100%。

二、经济运行情况

2021 年，内蒙古经济持续稳定恢复，质量效益稳步提高，全年实现地区生产总值 20514.2 亿元，按可比价格计算，同比增长 6.3%。

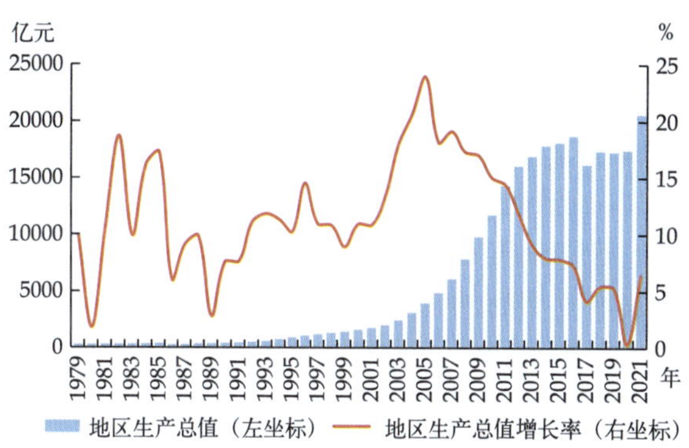

图 7　1979—2021 年内蒙古自治区地区生产总值及其增长率

（数据来源：内蒙古统计局）

（一）内外需求持续恢复，经济质量稳步提升

1. 固定资产投资稳步增长，制造业投资支撑作用显现。2021 年，全区固定资产投资（不含农户）同比增长 9.8%，其中制造业投资同比增长 29.2%，对全部投资增长的贡献率为 51.8%。高技术产业投资增势良好，同比增长 29.6%，其中高技术制造业投资同比增长 68.9%。民间投资活力不断增强，同比增长 14.4%，拉动全区投资增长 7.5 个百分点，占全区投资比重较上年提高 2.2 个百分点。

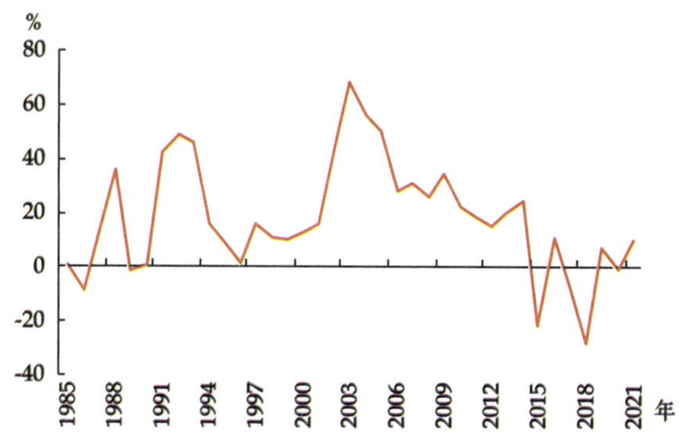

图 8　1985—2021 年内蒙古自治区固定资产投资（不含农户）增长率

（数据来源：内蒙古统计局）

2. 消费市场恢复态势较好，内部结构优化升级。2021 年，全区社会消费品零售总额 5060.3 亿元，同比增长 6.3%，恢复到疫情前同期水平。消费升级类商品增长较快，限额以上单位金银珠宝类、体育娱乐用品类和书报杂志类商品零售额同比分别增长 25.0%、10.8% 和 53.2%。绿色节能消费成为市场亮点，全区限额以上新能源汽车零售额同比增长 1.9 倍。线上消费新业态蓬勃发展，全年实物商品网上零售额同比增长 18.3%。在线上消费快速增长带动下，全年快递业务量达 2.6 亿件，同比增长 33.4%。

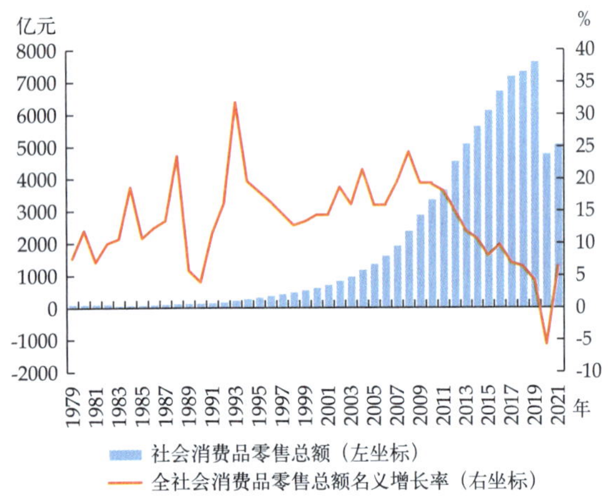

图 9　1979—2021 年内蒙古自治区社会消费品零售总额及其增长率

（数据来源：内蒙古统计局）

3. 对外贸易较快增长，实际利用外资企稳回暖。2021 年，全区外贸进出口总额 1235.6 亿元，同比增长 17.2%，其中出口总额 478.4 亿元，同比增长 37.1%，增速居全国第五位；进口总额 757.2 亿元，同比增长 7.4%。同主要贸易伙伴进出口增势良好，与蒙古国进出口总值 312.7 亿元，同比增长 12.5%，占全区外贸进出口总额的 25.3%。对“一带一路”沿线国家和地区外贸进出口额同比增长 13.2%，对区域全面经济伙伴关系协定（RCEP）贸易伙伴进出口总值 355.7 亿元，同比增长 43.6%。开行中欧班列 304 列，过境中欧班列 6162 列，同比增长 13.3%。全年实际利用外资 3.2 亿美元，同比增长 4.4%。

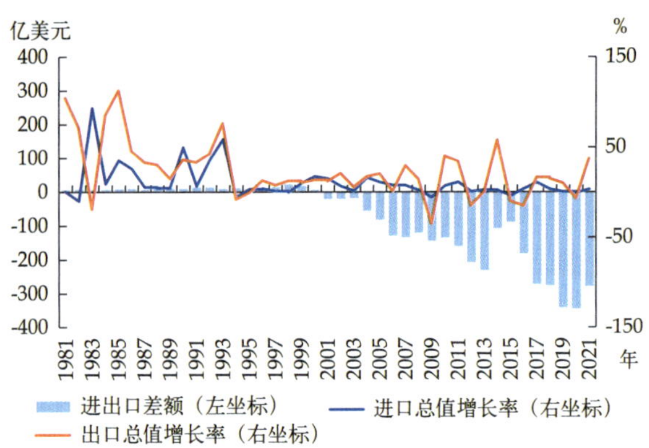

图 10　1981—2021 年内蒙古自治区外贸进出口变动情况

（数据来源：内蒙古统计局）

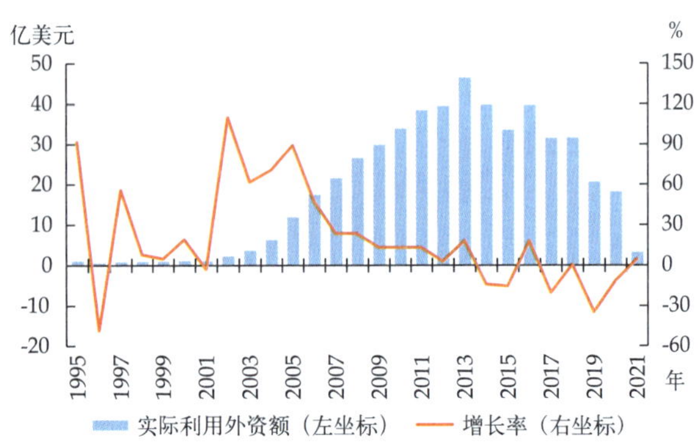

图 11　1995—2021 年内蒙古自治区实际利用外资及其增长率

（数据来源：内蒙古统计局）

（二）三次产业运行平稳，产业转型升级迈出积极步伐

2021 年，全区第一、第二和第三产业增加值同比分别增长 4.8%、6.1% 和 6.7%。

1. 农业生产稳中有进，畜牧业生产形势较好。2021 年，全区“藏粮于地、藏粮于技”战略持续发力，全年粮食产量再创新高，达到 768.1 亿斤，实现“十八连丰”，总量跃居全国第六位。新增高标准农田 460 万亩。畜牧业生产实现“十七连稳”，牛肉和羊肉产量均位居全国第一位。奶业振兴行动稳步推进，牛奶产量 673.2 万吨、奶牛存栏量 143.4 万头，同比分别增长 10.1% 和 10.9%。

2. 工业生产稳定增长，新兴产业增势强劲。2021 年，全区规模以上工业增加值同比增长 6.0%。制造业增加值同比增长 11.3%，拉动规模以上工业增加值增长 4.3 个百分点，贡献率达到 72.0%。支柱产业拉动作用增强，能源工业、化学工业、冶金建材工业、装备制造工业增加值合计拉动规模以上工业增加值增速 5.4 个百分点，拉动作用占比近九成。新产业新产品实现快速增长，高新技术业增加值同比增长 22.4%，工业战略性新兴产业增加值同比增长 10.4%，快于工业增加值增速 4.4 个百分点，其中计算机、通信和其他电子设备制造业增加值同比增长 21.3%，医药制造业增加值同比增长 20.0%。新能源倍增行动深入推进，增产保供成效显著，原煤产量和发电量居全国第二位，风电光伏项目获批规模突破 4000 万千瓦，可再生能源发电量同比增长 27.5%。

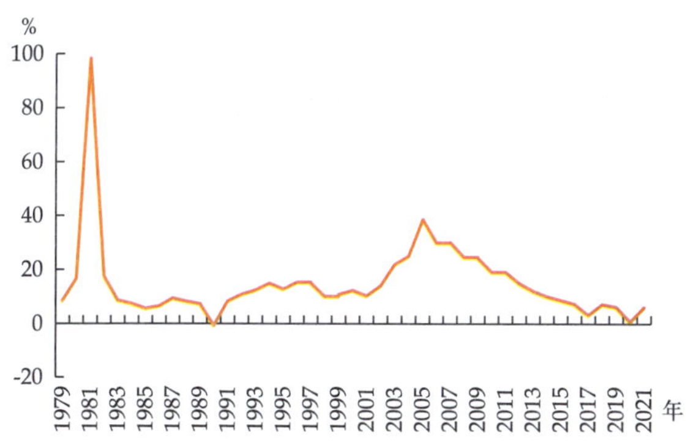

图 12　1979—2021 年内蒙古自治区规模以上工业增加值实际增长率

（数据来源：内蒙古统计局）

3. 服务业回暖提质，新兴服务业增势良好。2021 年，全区服务业增加值 8914.8 亿元，占地区生产总值的比重为 43.5%，对经济增长贡献率达 51.7%。全区规模以上服务业营业收入同比增长 4.6%，其中规模以上交通运输业营业收入同比增长 18.2%，上拉全区规模以上服务业营业收入增长 9.5 个百分点。新兴服务业实现较快发展，规模以上软件和信息技术服务业营业收入同比增长 19.0%，利润总额同比增长 20.0%。全区规模以上生态保护和环境治理业营业收入同比增长 72.8%，利润总额同比增长 37.7%。新创建 3 个国家级夜间文旅消费集聚区和 9 个全国乡村旅游重点村镇，包头市入选国家级文旅消费试点城市。

4. 供给侧结构性改革持续推进，经济发展活力进一步增强。2021 年，全区制定优化营商环境 3.0 方案，深化“放管服”改革，实施“一网通办”2.0 建设，开展“蒙速办 · 四办”服务，企业开办实现“一日办结”，市场监管高频服务事项实现“跨省通办”。强化能耗“双控”约束，从严遏制“两高”项目盲目发展，全区六大高耗能产业增加值占规模以上工业增加值比重较上年下降 5.2 个百分点。积极落实各项降成本政策，新增减税降费超过 250 亿元。补短板继续加力，设立内蒙古科学技术研究院，成立稀土、5G 产业创新联盟，加入国家区域创新发展联合基金和黄河流域科创联盟，国家乳业技术创新中心和乳制品产业计量测试中心成功获批。乡村振兴全面推进，建成农村牧区公路 4704 公里，实施危房改造 6814 户。

5. 生态系统质量稳定提升，绿色发展基础不断夯实。2021 年，深入打好污染防治攻坚战，大气、水、土壤环境质量持续改善，全区环境空气质量平均优良天数比例为 89.6%，PM2.5 平均浓度为 23 微克 / 立方米，同比下降 17.9%。黄河、“一湖两海”、察汗淖尔等重点河湖流域治理取得扎实成效。呼和浩特市入选“2021 中国最具生态竞争力城市”，兴安盟成功创建全区首家地市级“绿水青山就是金山银山”实践创新基地。实施保护修复重大工程，完成营造林 594 万亩、种草 1667 万亩、防沙治沙 530 万亩，新建绿色矿山 133 座，生态服务功能持续提升。

（三）物价保持温和上涨，工业生产者价格高位运行

1. 居民消费价格温和上涨。2021 年，全区居民消费价格同比上涨 0.9%，较上年回落 1 个

百分点。八大类消费[①]价格呈现“五升三降”格局，除交通和通信类价格涨幅达到4.0%外，其余七类涨跌幅均在1.0%以内，其中猪肉价格较上年平均水平同比下降30.3%，对食品烟酒类价格产生明显的下拉作用。

2. 工业生产者价格高位运行。2021年，全区工业生产者出厂价格同比上涨28.5%，工业生产者购进价格同比上涨28.0%。

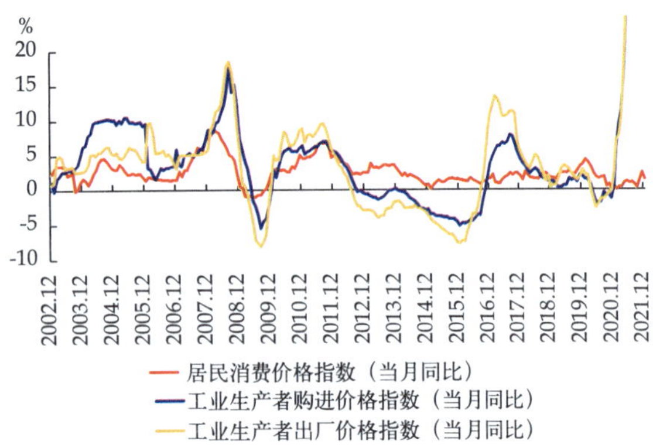

图13　2002—2021年内蒙古自治区居民消费价格指数和工业生产者价格指数变动趋势

（数据来源：内蒙古统计局）

3. 就业形势总体稳定，居民收入保持增长。2021年，全区强化就业增收举措，全年城镇新增就业22.4万人，完成年度计划的112%。城镇登记失业率3.8%，低于年度控制目标1.2个百分点，就业形势保持总体稳定、好于预期。居民收入保持较快增长，全体居民人均可支配收入扣除价格因素同比增长7.3%，快于经济增速。其中，全区城乡常住居民人均可支配收入同比分别增长7.3%和10.7%，城乡居民收入比较上年缩小0.08，收入差距持续缩小。

（四）财政收入稳步增长，重点支出保障有力

2021年，全区一般公共预算收入2349.9亿元，同比增长14.6%。一般公共预算支出5240.1亿元，同口径支出增长5.2%。受煤炭量价齐升等因素影响，税收和非税收入同比分别增长14.6%和14.4%。社会保障和就业、节能环保支出同比分别增长4.1%和15.9%。

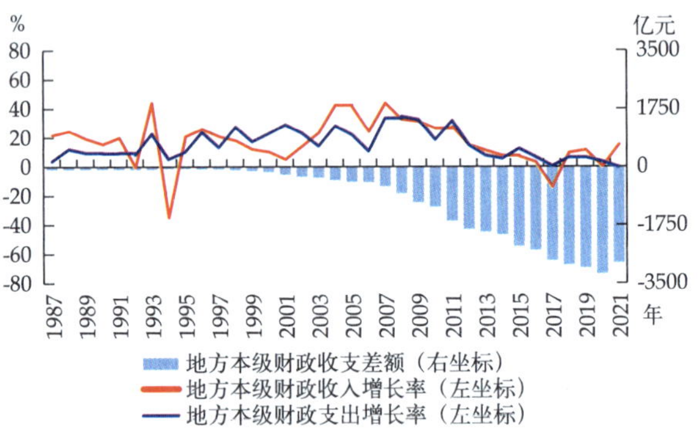

图14　1987—2021年内蒙古自治区财政收支状况

（数据来源：内蒙古统计局）

（五）房地产市场保持平稳运行

1. 房地产开发投资保持增长。2021年，全区房地产开发投资完成额1234.0亿元，同比增长4.9%。其中，住宅开发投资完成额971.4亿元，同比增长7.1%。全区房地产新开工面积同比下降11.4%，商品房竣工面积同比上升25.1%。

2. 商品房销售面积小幅下降。2021年，全区新建商品房销售面积4547.6万平方米，同比下降1.1%。新建商品房销售额2589.0亿元，同比上升3.5%，较上年提高2.5个百分点。

3. 房地产贷款增速平稳。2021年末，全区房地产贷款余额5365.0亿元，同比增长7.8%，增速较上年同期回落0.5个百分点。其中，房地产开发贷款余额1761.9亿元，同比下降1.8%，个人住房贷款余额新增426.7亿元，同比少增126.3亿元。

①八大类消费包括食品、衣着、居住、家庭设备用品及服务、医疗保健、交通和通信、教育文化娱乐服务、其他商品和服务。

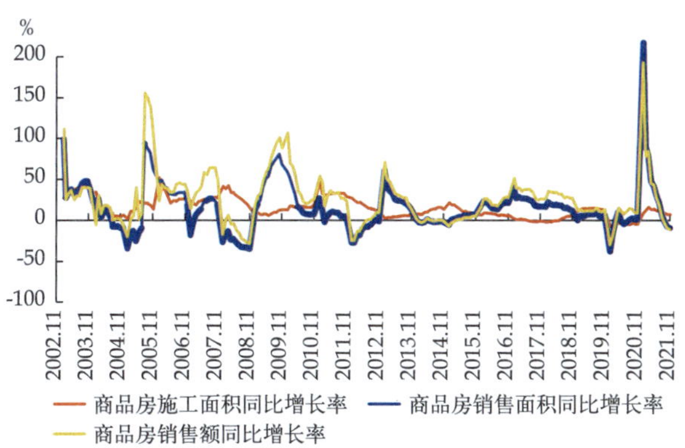

图 15　2002—2021 年内蒙古自治区商品房施工和销售变动趋势

（数据来源：内蒙古统计局）

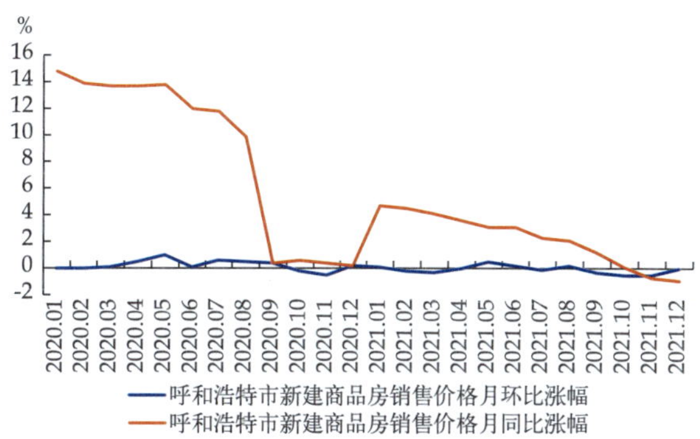

图 16　2020—2021 年内蒙古自治区主要城市新建商品房销售价格变动趋势

（数据来源：内蒙古统计局）

专栏 2　内蒙古金融系统寓绿于利　推动绿色信贷提速增效

2021 年，中国人民银行呼和浩特中心支行引导金融机构积极探索生态优先、绿色发展新路径，聚集金融资源加大对清洁能源、节能环保及碳减排项目等重点领域的信贷支持力度。2021 年末，全区金融机构绿色贷款余额 2686.6 亿元，比年初增加 490.24 亿元，跑出内蒙古经济绿色发展“加速度”。

一、按下绿色发展“快进键”，激发绿色信贷新活力

中国人民银行呼和浩特中心支行通过加强政策宣传解读、举办业务交流培训等形式积极营造政策落地良好氛围，推动碳减排支持工具、支持煤炭清洁高效利用专项再贷款在辖区精准落地。政策实施以来，全区共有 8 家金融机构累计发放符合碳减排支持工具贷款 112.2 亿元，支持企业 68 家，带动碳减排量 222.6 万吨二氧化碳当量。4 家金融机构积极运用人民银行支持煤炭清洁高效利用专项再贷款支持 7 家企业生产发展。

二、布下清洁能源“先手棋”，打造绿色信贷新支撑

全区各金融机构利用新能源建设政策机遇，支持拓展新能源场景运用，助推传统能源清洁利用产业发展。中国银行内蒙古分行大力支持风力、太阳能、智能电网的产品和装备制造、建设和运营项目，全年累计发放 45.7 亿元清洁能源产业贷款。国家开发银行内蒙古分行、中国银行内蒙古分行、工商银行内蒙古分行紧扣传统能源清洁利用项目，积极向产业链上下游延伸，共向煤炭清洁生产利用项目提供 76 亿元资金支持。2021 年末，全区各金融机构清洁能源产业贷款余额 1097.0 亿元，较年初增加 269.9 亿元。

三、开好基础设施升级“驱动车”，聚集绿色信贷新动能

全区各金融机构聚焦绿色建筑、绿色交通、环境基础设施等行业领域的信贷需求，促进基础设施绿色升级。农业银行内蒙古分行和中信银行呼和浩特分行共投入 88.0 亿元信贷资金，支持呼和浩特市地铁项目、快速路项目的建设和运营。农业银行内蒙古分行投向浩吉铁路建设运营项目 9.0 亿元，支持货运铁路节能环保改造。2021 年末，全区各金融机构基础设施绿色升级产业贷款余额

937.7 亿元，较年初增加 108.3 亿元。

四、耕好生态环境“试验田”，推动绿色信贷新发展

全区各金融机构立足自治区乳业优势，通过移动终端、虚拟服务中心等创造泛化服务圈，创新绿色金融产品与服务，重点支持生态农业项目。国家开发银行内蒙古分行、农业银行内蒙古分行、中国银行内蒙古分行向辖内 1 家乳业龙头企业的绿色有机农业项目提供 60.0 亿元信贷支持，助力乡村振兴。2021 年末，全区各金融机构生态环境产业贷款余额 242.6 亿元，较年初增加 57.1 亿元。

三、预测与展望

2022 年，内蒙古面临经济下行压力持续加大，发展不平衡不充分问题依然突出，科技创新、基础设施、产业建设、生态环保、公共服务和民生领域短板依然突出，但也要看到，内蒙古经济长期稳中向好的发展趋势没有改变，探索生态优先、绿色发展之路不断破题，经济社会发展全面绿色转型势头持续向好。下一步，内蒙古将以习近平新时代中国特色社会主义思想为指导，全面贯彻落实党的十九大和十九届历次全会精神，深入贯彻落实习近平总书记对内蒙古重要讲话重要指示批示精神，坚持稳中求进工作总基调，完整、准确、全面贯彻新发展理念，积极服务和融入新发展格局，全面深化改革开放，坚持创新驱动发展，坚持以供给侧结构性改革为主线，统筹疫情防控和经济社会发展，统筹发展和安全，加快建设“两个屏障”“两个基地”“一个桥头堡”，坚定不移走以生态优先、绿色发展为导向的高质量发展新路子，继续做好“六稳”“六保”工作，着力保障和改善民生，保持经济运行在合理区间。内蒙古金融业将深入贯彻落实稳健的货币政策要灵活适度的要求，坚持稳字当头、稳中求进，加大金融服务实体经济力度，深化金融供给侧结构性改革，为稳定宏观经济大盘、推动经济高质量发展营造适宜的货币金融环境，以实际行动迎接党的二十大胜利召开。

中国人民银行呼和浩特中心支行货币政策分析小组

总　　纂： 肖龙沧　李庆旗

统　　稿： 李永泽　李　雄　汪俊艳　高国鹏

执　　笔： 吕明旭　那木拉　赵　平　王　千　曹梦月　杨凡凡　张海波　倪　嘉　李倩倩　张利宏

提供材料： 郭鹏宇　张佳伟　库晓星　李梦瑶　陈朝雅　郑　楠　贾文慧　任一凡　张　丽　丁　楠　宝力克　肖一鸣　包　珺

附录：

（一）2021 年内蒙古自治区经济金融大事记

2 月 7 日，内蒙古自治区人民政府印发《内蒙古自治区国民经济和社会发展第十四个五年规划和 2035 年远景目标纲要》。

2 月 18 日，内蒙古优化营商环境大会在呼和浩特市召开，自治区党委书记、人大常委会主任石泰峰出席会议并讲话。

3 月 30 日，金融支持自治区“十四五”开好局起好步政金企对接会召开，90 个项目单位达成融资意向 1018.7 亿元。

4 月 16 日，内蒙古自治区人民政府与兴业银行股份有限公司在呼和浩特市签署“深化绿色金融合作共同守护祖国北疆亮丽风景线”战略合作协议。

5 月 10 日，内蒙古大中矿业股份有限公司在 A 股市场挂牌上市，成为内蒙古九年来第一家 A 股新上市企业。

6 月 7 日，内蒙古自治区人民政府与国家知识产权局合作会商签约仪式暨第一次会商会议在呼和浩特市举行。

7 月 20 日，2021 年全国工商联主席高端峰会暨全国优强民营企业助推内蒙古高质量发展大会在内蒙古呼和浩特市召开，全国政协副主席、全国工商联主席高云龙出席会议并讲话。

9 月 17 日，中国人民银行呼和浩特中心支行召开中小微企业金融服务能力提升工程推进会，推动金融机构加大中小微企业信贷投放，提升金融服务质效。

9 月 28 日，以“碳达峰·碳中和 共建人与自然生命共同体”为主题的第八届库布其国际沙漠论坛在鄂尔多斯市杭锦旗开幕。

12 月 2 日，内蒙古呼和浩特金谷农商银行 5 亿元永续债成功发行。

（二）2021 年内蒙古自治区主要经济金融指标

表 1　2021 年内蒙古自治区主要存贷款指标

	项目	1 月	2 月	3 月	4 月	5 月	6 月	7 月	8 月	9 月	10 月	11 月	12 月
本外币	金融机构各项存款余额（亿元）	25711.0	25648.9	26103.5	26107.1	26215.3	26598.6	26585.3	26975.8	27127.4	27108.3	27364.3	27646.2
	其中：住户存款	15575.0	15942.2	16386.9	16062.6	16027.9	16342.6	16189.3	16250.6	16626.1	16464.8	16652.2	17190.2
	非金融企业存款	5089.7	4968.3	5098.9	5237.3	5250.0	5247.5	5300.8	5358.7	5414.5	5501.2	5750.8	5787.9
	各项存款余额比上月增加（亿元）	644.4	-62.1	454.6	3.7	108.2	383.2	-13.3	390.6	151.5	-19.1	256.1	281.9
	金融机构各项存款同比增长（%）	8.2	7.1	6.6	7.7	7.2	5.9	6.3	8.8	5.7	6.0	6.5	10.3
	金融机构各项贷款余额（亿元）	23641.0	23761.0	24049.3	24160.9	24325.0	24615.1	24659.2	24804.7	24929.1	24996.4	24978.8	25017.0
	其中：短期	6401.4	6398.6	6597.5	6557.5	6567.9	6666.6	6608.5	6640.5	6632.2	6636.3	6607.9	6509.9
	中长期	16001.7	16146.1	16319.1	16475.8	16625.9	16744.0	16869.8	16952.6	17090.5	17127.5	17088.2	17063.2
	票据融资	1130.6	1134.1	1038.9	1047.5	1056.0	1134.4	1111.5	1145.3	1144.6	1168.1	1217.3	1387.9
	各项贷款余额比上月增加（亿元）	313.4	120.0	288.3	111.6	164.1	290.1	44.1	145.4	124.4	67.3	-17.6	38.2
	其中：短期	57.5	-2.8	199.0	-40.0	10.4	98.7	-58.0	31.9	-8.2	4.1	-28.4	-98.1
	中长期	183.8	144.4	172.9	156.7	150.1	118.1	125.8	82.7	137.9	37.0	-39.3	-25.0
	票据融资	66.7	3.4	-95.2	8.6	8.5	78.3	-22.9	33.8	-0.7	23.5	49.3	170.5
	金融机构各项贷款同比增长（%）	1.3	1.8	1.4	1.8	2.1	2.5	2.7	3.5	3.9	7.8	7.7	7.2
	其中：短期	0.9	0.9	4.0	3.4	3.5	5.1	4.2	4.7	4.6	4.6	4.2	2.6
	中长期	1.2	2.1	3.2	4.2	5.1	5.9	6.7	7.2	8.1	8.3	8.0	7.9
	票据融资	6.3	6.6	-2.4	-1.5	-0.7	6.6	4.5	7.7	7.6	9.8	14.4	30.5
	建筑业贷款余额（亿元）	684.8	690.1	696.3	701.8	768.0	768.8	793.9	796.8	800.9	742.1	739.4	712.3
	房地产业贷款余额（亿元）	476.6	474.7	479.1	476.6	481.3	480.0	492.6	491.7	494.4	489.1	485.7	483.4
	建筑业贷款同比增长（%）	-12.0	-11.4	-11.8	-11.0	8.6	9.2	14.1	14.8	16.1	8.2	8.8	5.4
	房地产业贷款同比增长（%）	-9.9	-10.5	-14.4	-14.6	-14.0	-12.3	-9.9	-5.2	-2.0	72.9	6.8	7.9
人民币	金融机构各项存款余额（亿元）	25617.3	25551.0	26008.1	26012.1	26116.9	26508.6	26491.0	26877.2	27027.8	27010.6	27249.5	27534.0
	其中：住户存款	15529.3	15895.5	16340.3	16017.6	15984.2	16298.2	16144.7	16206.2	16581.7	16421.2	16608.0	17145.2
	非金融企业存款	5065.9	4940.6	5072.6	5209.3	5216.5	5221.3	5270.1	5323.9	5378.5	5458.9	5698.6	5737.9
	各项存款余额比上月增加（亿元）	647.3	-66.2	457.1	3.9	104.9	391.7	-17.6	386.3	150.6	-17.2	238.9	284.5
	其中：住户存款	226.5	366.2	444.8	-322.7	-33.3	313.9	-153.5	61.5	375.5	-160.5	186.8	537.3
	非金融企业存款	-23.4	-125.4	132.1	136.7	7.2	4.7	48.8	53.8	54.6	80.5	239.6	39.3
	各项存款同比增长（%）	8.2	7.1	6.6	7.7	7.2	5.9	6.3	8.9	5.8	6.1	6.6	10.3
	其中：住户存款	11.4	13.8	14.2	13.2	12.6	12.4	12.0	11.9	12.2	11.5	11.8	12.0
	非金融企业存款	5.5	3.1	1.3	3.2	1.4	2.6	-0.7	2.0	3.0	4.9	7.8	12.7
	金融机构各项贷款余额（亿元）	23560.7	23701.1	23984.8	24090.5	24259.2	24556.3	24595.1	24745.8	24873.1	24939.9	24923.4	24965.0
	其中：个人消费贷款	4277.2	4293.2	4382.2	4435.9	4485.5	4545.1	4584.1	4633.0	4684.5	4722.5	4751.3	4752.6
	票据融资	1130.6	1134.1	1038.9	1047.5	1056.0	1134.4	1111.5	1145.3	1144.6	1168.1	1217.3	1387.9
	各项贷款余额比上月增加（亿元）	311.5	140.5	283.7	105.8	168.7	297.1	38.8	150.7	127.4	66.8	-16.5	41.6
	其中：个人消费贷款	60.2	16.0	89.0	53.6	49.6	59.7	39.0	48.9	51.5	38.0	28.7	1.3
	票据融资	66.7	3.4	-95.2	8.6	8.5	78.3	-22.9	33.8	-0.7	23.5	49.3	170.5
	金融机构各项贷款同比增长（%）	1.4	1.9	1.6	1.9	2.3	2.7	2.9	3.7	4.0	7.9	7.9	7.4
	其中：个人消费贷款	1.4	1.8	3.9	5.2	6.4	7.8	8.7	9.9	11.1	12.0	12.7	12.7
	票据融资	6.3	6.6	-2.3	-1.5	-0.7	6.6	4.5	7.7	7.6	9.8	14.4	30.5
外币	金融机构外币存款余额（亿美元）	14.5	15.1	14.5	14.7	15.4	13.9	14.6	15.2	15.3	15.3	18.0	17.6
	金融机构外币存款同比增长（%）	8.3	10.6	7.3	11.1	18.4	7.1	13.1	5.8	-3.1	-16.3	-20.3	18.8
	金融机构外币贷款余额（亿美元）	12.4	9.3	9.8	10.9	10.3	9.1	9.9	9.1	8.6	8.8	8.7	8.1
	金融机构外币贷款同比增长（%）	-3.5	-29.1	-26.9	-18.7	-30.1	-42.1	-37.7	-42.7	-34.5	-34.1	-36.6	-32.2

数据来源：中国人民银行呼和浩特中心支行。

表 2　2001—2021 年内蒙古自治区各类价格指数

单位：%

时间		居民消费价格指数		农业生产资料价格指数		工业生产者购进价格指数		工业生产者出厂价格指数	
		当月同比	累计同比	当月同比	累计同比	当月同比	累计同比	当月同比	累计同比
2001		—	0.6	—	1.4	—	6.8	—	2.8
2002		—	0.2	—	2.6	—	-0.1	—	-0.7
2003		—	2.2	—	1.2	—	2.9	—	3.2
2004		—	2.9	—	9.5	—	9.2	—	5.1
2005		—	2.4	—	8.3	—	9.9	—	5.1
2006		—	1.5	—	1.1	—	5.9	—	3.0
2007		—	4.6	—	3.0	—	4.8	—	5.7
2008		—	5.7	—	14.9	—	11.7	—	12.5
2009		—	-0.3	—	-0.4	—	-0.9	—	-3.8
2010		—	3.2	—	2.0	—	5.0	—	6.7
2011		—	5.6	—	6.3	—	6.1	—	7.8
2012		—	3.1	—	4.9	—	2.0	—	0.2
2013		—	3.2	—	3.5	—	-0.7	—	-3.0
2014		—	1.6	—	-0.1	—	-1.6	—	-2.7
2015		—	1.1	—	-1.3	—	-4.1	—	-6.0
2016		—	1.2	—	-3.6	—	-2.6	—	-1.1
2017		—	1.7	—	0.0	—	6.3	—	10.6
2018		—	1.8	—	2.8	—	2.4	—	3.2
2019		—	2.4	—	2.0	—	1.1	—	2.1
2020		—	1.9	—	3.2	—	-0.5	—	-0.3
2021		—	0.9	—	—	—	28.0	—	28.5
2020	1	4.3	4.3	0.0	0.0	1.5	0.0	2.2	0.0
	2	3.8	4.0	4.3	4.8	1.4	1.5	2.0	2.1
	3	3.2	3.8	3.8	4.5	0.7	1.2	0.2	1.5
	4	2.3	3.4	4.9	4.6	-0.7	0.7	-1.3	0.8
	5	1.7	3.0	4.3	4.5	-1.9	0.2	-2.7	0.1
	6	1.5	2.8	4.0	4.4	-2.0	-0.2	-2.1	-0.3
	7	1.7	2.6	4.0	4.4	-1.8	-0.4	-1.3	-0.5
	8	1.8	2.5	3.7	4.3	-0.4	-0.4	-1.4	-0.6
	9	1.7	2.4	3.2	4.2	-0.8	-0.4	-1.0	-0.6
	10	0.7	2.3	1.2	3.9	-0.7	-0.5	-0.5	-0.6
	11	-0.1	2.0	0.0	3.5	-1.3	-0.5	-0.2	-0.6
	12	0.4	1.9	0.5	3.2	0.4	-0.5	2.4	-0.3
2021	1	-0.1	-0.1	—	—	6.6	6.6	7.2	7.2
	2	0.3	0.1	—	—	9.6	8.1	7.8	7.5
	3	0.3	0.2	—	—	11.4	9.2	10.6	8.5
	4	0.0	0.3	—	—	16.5	11.0	17.2	10.7
	5	1.1	0.5	—	—	24.6	13.6	25.2	13.5
	6	0.9	0.5	—	—	26.8	15.8	27.8	15.8
	7	1.0	0.6	—	—	28.8	17.6	29.6	17.8
	8	0.7	0.6	—	—	30.4	19.2	35.1	20.0
	9	0.2	0.6	—	—	36.0	21.1	41.7	22.4
	10	1.3	0.6	—	—	51.3	24.2	58.2	26.0
	11	2.4	0.8	—	—	51.9	26.8	46.8	27.9
	12	1.4	0.9	—	—	41.3	28.0	34.1	28.5

数据来源：内蒙古统计局、《中国经济景气月报》。

表 3　2021 年内蒙古自治区主要经济指标

项目	1月	2月	3月	4月	5月	6月	7月	8月	9月	10月	11月	12月
	绝对值（自年初累计）											
地区生产总值（亿元）	—	—	4222.6	—	—	9103.6	—	—	14491.5	—	—	20514.2
第一产业	—	—	155.1	—	—	402.3	—	—	784.9	—	—	2225.2
第二产业	—	—	1781.8	—	—	4075.1	—	—	6679.7	—	—	9374.2
第三产业	—	—	2285.7	—	—	4626.2	—	—	7027.0	—	—	8914.8
工业增加值（亿元）	—	—	—	—	—	—	—	—	—	—	—	7912.0
固定资产投资（亿元）	—	—	—	—	—	—	—	—	—	—	—	—
房地产开发投资	—	18.2	79.8	176.6	299.9	472.0	627.5	800.8	967.1	1098.3	1193.0	1234.1
社会消费品零售总额（亿元）	—	—	—	—	—	—	—	—	—	—	—	5060.3
外贸进出口总额（亿元）	—	193.1	295.5	381.9	479.7	576.1	675.3	783.0	892.6	1004.4	1120.2	1235.6
进口	—	125.4	187.0	237.3	296.0	353.5	415.6	482.7	550.8	620.5	691.5	757.2
出口	—	67.6	108.6	144.6	183.7	222.5	259.7	300.2	341.9	383.9	428.7	478.4
进出口差额（出口－进口）	—	-57.8	-78.4	-92.7	-112.3	-131.0	-155.9	-182.5	-208.9	-236.6	-262.8	-278.8
实际利用外资（亿美元）	0.0	1.4	1.4	1.6	1.6	1.7	1.8	2.0	2.0	2.6	2.9	3.2
地方财政收支差额（亿元）	-32.2	-231.7	-508.2	-706.9	-901.8	-1281.4	-1427.1	-1693.9	-1960.5	-2117.0	-2337.8	-2890.2
地方财政收入	251.3	404.2	557.5	757.5	965.4	1154.1	1389.3	1559.8	1741.2	1961.5	2154.1	2349.9
地方财政支出	283.5	635.9	1065.7	1464.4	1867.2	2435.5	2816.4	3253.7	3701.7	4078.5	4491.9	5240.1
城镇登记失业率（%）（季度）	—	—	3.9	—	—	4.0	—	—	3.9	—	—	3.8
	同比累计增长率（%）											
地区生产总值	—	—	15.2	—	—	10.4	—	—	7.8	—	—	6.3
第一产业	—	—	9.1	—	—	4.8	—	—	4.1	—	—	4.8
第二产业	—	—	16.1	—	—	10.4	—	—	7.5	—	—	6.1
第三产业	—	—	15.0	—	—	10.9	—	—	8.4	—	—	6.7
工业增加值	—	23.8	16.3	13.6	11.8	9.7	8.7	8.0	7.4	6.8	6.3	6.0
固定资产投资	—	87.9	71.7	49.3	33.6	25.7	15.3	12.5	9.8	7.8	8.2	9.8
房地产开发投资	—	223.8	71.7	50.9	33.5	20.8	11.6	10.3	4.3	3.3	3.3	4.9
社会消费品零售总额	—	28.3	25.6	19.0	15.8	14.0	12.7	10.7	9.2	8.2	7.2	6.3
外贸进出口总额	—	11.6	15.9	13.1	14.9	16.1	15.8	16.9	14.6	15.7	17.2	17.2
进口	—	-1.4	7.7	6.1	7.7	7.8	8.1	8.7	5.6	6.4	8.0	7.4
出口	—	47.3	33.2	26.9	28.8	32.3	30.8	33.0	32.9	34.7	36.0	37.1
实际利用外资	—	-30.4	-28.4	-21.0	-23.4	-23.4	-21.9	-24.3	-26.2	-2.5	3.2	4.4
地方财政收入	15.1	31.9	34.3	29.3	25.8	23.4	25.6	26.1	26.1	24.9	21.0	14.6
地方财政支出	—	22.9	15.8	13.8	9.0	6.4	4.1	4.2	1.4	2.3	1.8	5.2

数据来源：内蒙古统计局。

辽宁省金融运行报告（2022）

中国人民银行沈阳分行货币政策分析小组

[内容摘要] 2021年，辽宁省坚持以习近平新时代中国特色社会主义思想为指导，全面贯彻落实党的十九大和十九届历次全会精神，深入贯彻落实习近平总书记关于东北、辽宁振兴发展的重要讲话和指示精神，完整、准确、全面贯彻新发展理念，笃定高质量发展不动摇，扎实做好结构调整“三篇大文章”[①]，加快建设数字辽宁、智造强省，持续巩固拓展疫情防控和经济社会发展成果，全省经济稳定恢复，稳中向好。主要金融指标平稳运行，地区金融改革全面推进，防范化解重大金融风险取得积极进展。

经济运行呈现以下特点：一是经济运行稳中向好。全年实现地区生产总值2.76万亿元，同比增长5.8%，增速较上年提高5.2个百分点。第一产业同比增长5.3%，增速较上年提高2.1个百分点，粮食产量再创新高。第二产业同比增长4.2%，增速较上年提高2.4个百分点，其中，装备制造业同比增长8.1%、高技术制造业增加值增长12.9%。第三产业同比增长7%，增速较上年提高7.7个百分点。二是三大需求稳步回升。固定资产投资同比增长2.6%，连续四年保持正增长态势。高技术制造业投资同比增长71.2%。社会消费品零售总额同比增长9.2%，增速较上年提高16.5个百分点。网上零售额同比增长12.4%。对外贸易额大幅回升，进出口总额同比增长17.6%。全省实际利用外资增长27.1%。居民消费价格保持稳定，同比上涨1.1%，工业生产者出厂价格有所上升，同比上涨13.6%。三是财政收入回升。一般公共预算收入同比增长4.1%，自4月起持续超过疫情前同期水平。城镇和农村常住居民人均可支配收入同比增长6.6%和10.1%，城镇新增就业48.4万人。四是助企纾困力度加大、成效显著。全年新增减税降费167.6亿元，下达财政直达资金1189.4亿元，惠及企业2800多户、群众2100多万人。五是新动能加速集聚。25项科研成果获国家科学技术奖，“纳米限域催化”获国家自然科学奖一等奖。新增科技型中小企业4000余家、高新技术企业1000余家，新增瞪羚企业215家、雏鹰企业798家，新增国家专精特新“小巨人”企业137家。

金融运行呈现以下特点：一是贷款增速受银行改革化险影响有所放缓。2021年末，全省银行业金融机构本外币各项贷款余额5.31万亿元，同比增长1.8%。全国性银行贷款增速达5.4%，为近五年来最高，起到了稳盘压舱作用。信贷结构持续优化，制造业中长期贷款同比增长19.6%，高技术中长期贷款同比增长21.6%，绿色贷款同比增长16.2%。二是结构性货币政策工具持续发力。再贷款累放额、余额、政策覆盖率均创历史新高，对国民经济重点领域和薄弱环节的支持力度不断增强。普惠小微贷款“量增、面扩、价降”。两项直达实体经济的货币政策工具牵引带动作用有效发挥，明显缓解了企业还本付息压力及缺少抵（质）押物的难题。三是企业融资成本稳中有降。2021年12月新发放企业贷款加权平均利率为4.91%，较LPR改革前（2019年7月）下降120个基点，创历史同期最低水平。四是地区金融改革全面推进，防范化解重大金融风险取得积极进展。辽沈银行顺利开业，并完成对辽阳银行、营口沿海银行2家机构的吸收合并。沈阳市国资委附属公司入股盛京银行并成为第一大股东。五是直接融资

① “三篇大文章”是指改造升级“老字号”，深度开发“原字号”，培育壮大“新字号”。

市场逐步恢复，债券新品种发行陆续破题。全年未新增违约主体，到期的债务融资工具均如期兑付。推动碳中和债、可持续挂钩债先后在辽宁落地。证券业平稳发展，上市公司数量、规模稳步增加。保险业规模不断提升，赔付支出持续增长，改革创新有序推进。六是金融服务质量进一步提升。开展“金融润苗兴商兴辽”专项行动，支持推动全省个体工商户贷款余额同比增长7.9%，授信户数同比增长65.7%。跨境人民币结算金额稳步增长，人民币连续八年保持全省跨境收支第二大结算货币、资本项下第一大结算货币地位。支付环境持续改善，网上支付跨行清算系统业务量增长迅速。反洗钱协作机制拓展完善、成效显著，金融消费者教育长效机制建设有序推进。

2022年，面对经济下行压力加大、信贷有效需求不足、金融改革化险任务繁重等困难挑战，辽宁省金融部门将继续坚持以习近平新时代中国特色社会主义思想为指导，全面贯彻落实党的十九大和十九届历次全会精神，认真贯彻中央经济工作会议精神，坚持稳中求进工作总基调，落实好稳健货币政策灵活适度的要求，增强信贷总量增长的稳定性，发挥好货币政策工具的总量和结构双重功能，引导金融机构加大对小微企业、个体工商户、科技创新、绿色发展和乡村振兴的信贷支持力度，有序推动地区金融改革化险，不断提升金融服务质效，为稳定全省经济大盘、推动辽宁高质量发展和全面振兴全方位振兴营造适宜的货币金融环境。

一、金融运行情况

2021年，面对金融改革化险任务繁重、地方中小银行信贷投放能力不足、信用环境亟待修复等复杂局面，全省金融系统积极担当、主动作为，全力提供资金和服务保障，为辽宁经济持续稳定恢复提供了有力支持。主要金融指标平稳运行，地区金融改革全面推进，防范化解重大金融风险取得积极进展。

（一）银行业发展稳中趋缓

1.资产负债规模小幅增长。2021年末，全省银行业金融机构资产总额94840亿元，同比增长4.2%；负债总额91827.4亿元，同比增长5.2%。分机构看，股份制商业银行和农村金融机构的资产负债规模增长较快。

表1　2021年辽宁省银行业金融机构情况

机构类别	营业网点			法人机构（个）
	机构个数（个）	从业人数（人）	资产总额（亿元）	
一、大型商业银行	2991	66758	27122	
二、国家开发银行和政策性银行	83	2474	6112	
三、股份制商业银行	660	16452	10160	
四、城市商业银行	1347	35079	35698	14
五、城市信用社				
六、小型农村金融机构	2011	29208	9788	62
七、财务公司	3	202	670	3
八、信托公司	0	127	123	1
九、邮政储蓄银行	1732	17688	3227	
十、外资银行	39	1220	476	
十一、新型农村金融机构	212	5126	1103	67
十二、其他	6	663	361	3
合　计	9084	174997	94840	150

数据来源：辽宁银保监局。

注：营业网点不包括国家开发银行和政策性银行、大型商业银行、股份制银行等金融机构总部数据；大型商业银行包括中国工商银行、中国农业银行、中国银行、中国建设银行和交通银行；小型农村金融机构包括农村商业银行、农村合作银行和农村信用社；新型农村金融机构包括村镇银行、贷款公司、农村资金互助社和小额贷款公司；其他包含金融租赁公司、汽车金融公司、货币经纪公司、消费金融公司等。

2. 存款平稳增长。2021 年末，全省银行业金融机构本外币各项存款余额 69995.5 亿元，比年初增加 2007.3 亿元，同比增长 3%。分部门看，非金融企业本外币存款余额 12326.8 亿元，同比下降 8.2%，降幅较上年收窄 4.1 个百分点。住户本外币存款余额 46671.3 亿元，同比增长 8.6%，增速较上年低 10.3 个百分点。其中，银行结构性存款等高收益产品增长较快。2021 年末，全省住户定期存款余额 37866.3 亿元，同比增长 10.1%；住户结构性存款余额 2088.3 亿元，同比增长 27.1%。

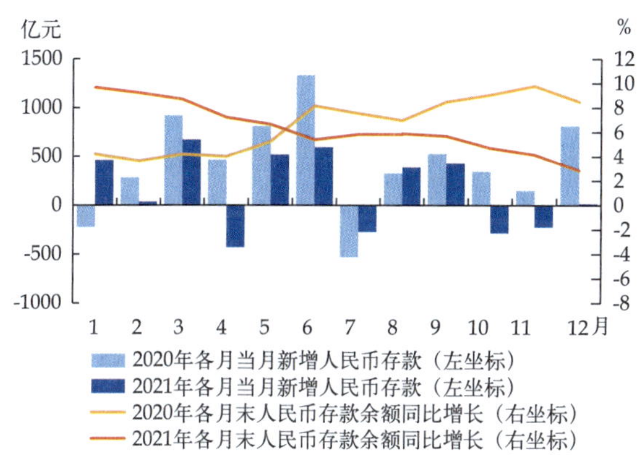

图 1　2020—2021 年辽宁省金融机构人民币存款增长变化

（数据来源：中国人民银行沈阳分行）

3. 贷款增速受银行改革化险影响有所放缓。2021 年末，全省银行业金融机构本外币各项贷款余额 53134.8 亿元，比年初增加 925.5 亿元，余额同比增长 1.8%，增速较上年低 3.5 个百分点。分部门看，企（事）业单位中长期贷款回暖，12 月末增速回升至 6.7%，增速较上年高 0.5 个百分点。具体来看，企（事）业单位贷款余额 39358.7 亿元，同比增长 0.2%，增速较上年低 3.8 个百分点；住户部门贷款余额 13478.4 亿元，同比增长 6.9%，增速较上年低 3.3 个百分点。分机构看，全国性银行起到了稳盘压舱作用，全年新增贷款 1561 亿元，同比多增 435 亿元，贷款增速达到 5.4%，为近五年来最高。从投向看，基础设施建设领域贷款同比增长 6.3%，对稳定地方经济增长起到积极作用。信贷结构持续优化，制造业中长期贷款同比增长 19.6%，高技术产业中长期贷款同比增长 21.6%，绿色贷款同比增长 16.2%。

结构性货币政策工具持续发力，对国民经济重点领域和薄弱环节的支持力度不断增强。2021 年，再贷款、再贴现等低成本资金累计投放金额同比增加 185 亿元，余额同比增长 54.9%，使用机构占全部符合条件机构的 81.9%。再贷款累放额、余额、政策覆盖率均创历史新高。

两项直达工具牵引带动作用有效发挥，明显缓解了企业还本付息压力及缺少抵（质）押物的难题。全年共向地方法人银行提供贷款延期还本付息激励资金 3 亿元，带动对 1.64 万户普惠小微企业的 513 亿元贷款本息给予延期；提供信用贷款支持计划资金 1.5 亿元，带动支持 1875 户普惠小微信用贷款近 6 亿元。

金融支持配套政策进一步完善，联合辽宁省财政厅、科技厅等部门制定出台《辽宁省科技型企业再贷款贴息实施办法》，对获得人民银行再贷款的科技型企业给予贴息资金补助。2021 年，共为 202 户经科技部门认定的科技型企业提供再贷款支持 16.3 亿元，企业获得贴息资金 1125 万元。

普惠小微贷款“量增、面扩、价降”。2021 年末，普惠小微贷款余额 2885.7 亿元，同比增长 11.2%；支持普惠小微经营主体 55.9 万户，同比增长 80.9%；12 月普惠小微贷款加权平均利率 5.89%，较上年同期下降 34 个基点。其中，科学研究和技术服务业小微企业贷款增速达到 15.6%。以信用方式发放的小微企业贷款同比增长 39.2%，增速较上年提高 17.3 个百分点。

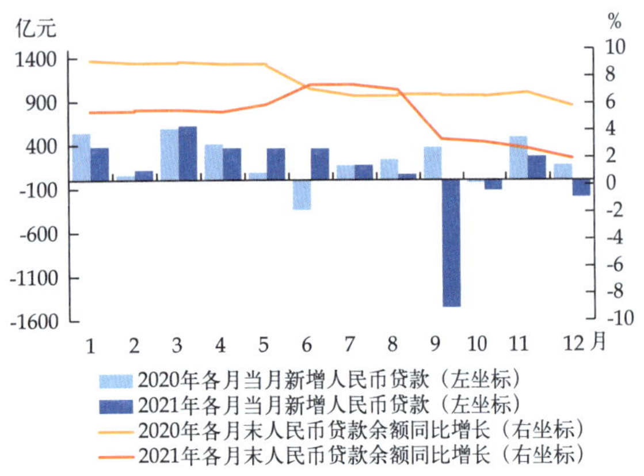

图 2　2020—2021 年辽宁省金融机构人民币贷款增长变化

（数据来源：中国人民银行沈阳分行）

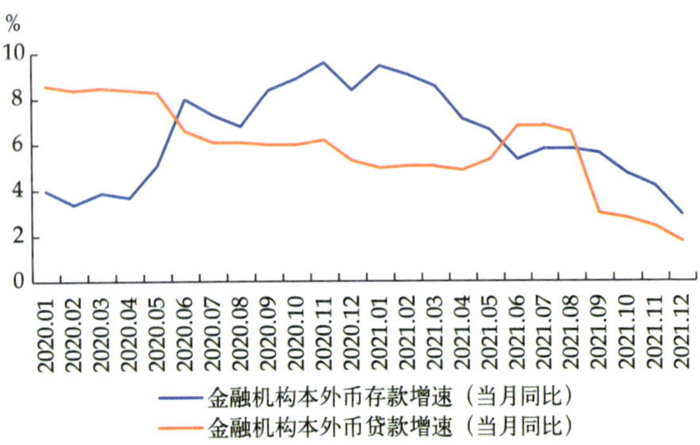

图 3　2020—2021 年辽宁省金融机构本外币存贷款增速变化

（数据来源：中国人民银行沈阳分行）

4. **表外业务规模大幅下降。**以未贴现的银行承兑汇票、信托贷款和委托贷款口径计算，2021 年全省表外融资减少 3271 亿元，较上年多降 459.5 亿元。其中，未贴现的银行承兑汇票全年减少 2889.8 亿元，较上年多降 638.2 亿元；信托贷款全年减少 59.2 亿元，较上年少降 71.5 亿元；委托贷款全年减少 322 亿元，较上年少降 107.2 亿元。

5. **贷款利率呈下降趋势。**LPR 改革继续深化，推动地方法人银行将 LPR 内嵌入内部资金转移定价（FTP）。同时，优化存款利率监管，有效推动降低了银行资金成本，为从源头上降低企业融资成本创造了条件。2021 年 12 月，辽宁省一般贷款加权平均利率降至 5.40%，企业贷款加权平均利率降至 4.91%，均较 LPR 改革前（2019 年 7 月）下降 120 个基点，创历史同期最低水平。其中，普惠小微贷款加权平均利率 5.89%，同比下降 34 个基点。

表 2　2021 年辽宁省金融机构人民币贷款各利率浮动区间贷款占比表

单位：%

项目		1 月	2 月	3 月	4 月	5 月	6 月
合计		100.0	100.0	100.0	100.0	100.0	100.0
LPR 减点		23.9	30.4	17.1	25.2	20.0	16.1
LPR		6.2	5.0	5.9	7.5	6.0	4.7
LPR 加点	小计	69.9	64.6	77.0	67.3	74.0	79.1
	(LPR，LPR+0.5%)	12.3	8.7	9.3	9.3	9.1	10.8
	[LPR+0.5%，LPR+1.5%)	20.8	20.4	24.4	19.6	19.5	29.6
	[LPR+1.5%，LPR+3%)	17.0	14.2	19.6	14.6	22.3	18.9
	[LPR+3%，LPR+5%)	13.4	14.9	17.7	18.5	15.8	15.0
	LPR+5% 及以上	6.3	6.4	6.0	5.3	7.2	4.8
项目		7 月	8 月	9 月	10 月	11 月	12 月
合计		100.0	100.0	100.0	100.0	100.0	100.0
LPR 减点		18.5	26.8	24.5	23.9	25.2	25.9
LPR		4.1	6.4	6.3	3.7	5.4	6.5
LPR 加点	小计	77.4	66.8	69.3	72.5	69.4	67.6
	(LPR，LPR+0.5%)	12.2	9.5	10.7	10.6	17.3	11.1
	[LPR+0.5%，LPR+1.5%)	27.9	20.4	21.3	22.3	17.2	20.7
	[LPR+1.5%，LPR+3%)	14.0	15.1	18.1	14.8	14.0	15.4
	[LPR+3%，LPR+5%)	15.2	14.6	14.0	16.9	15.0	14.0
	LPR+5% 及以上	8.0	7.2	5.2	7.9	6.0	6.3

数据来源：中国人民银行沈阳分行。

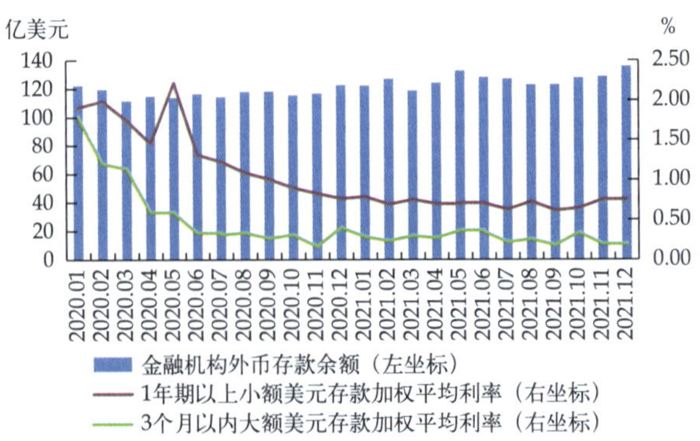

图 4　2020—2021 年辽宁省金融机构外币存款余额及外汇存款利率

（数据来源：中国人民银行沈阳分行）

6. 地区金融改革全面推进，防范化解重大金融风险取得积极进展。辽宁省农信机构和城商行改革化险工作全面启动。辽沈银行在2021年6月顺利开业，通过发行辽宁省中小银行专项债募资100亿元作为资本金，注册资本达到200亿元，并完成对辽阳银行、营口沿海银行2家机构的吸收合并，资产规模2599亿元。沈阳市国资委附属公司盛京金控投资集团入股盛京银行并成为第一大股东，持股比例达到29.5%。

7. 跨境人民币结算业务发展较快。2021年末，全省跨境人民币结算金额累计达14050亿元，同比增长13.2%。人民币连续八年保持全省跨境收支第二大结算货币、资本项下第一大结算货币地位。2021年，全省跨境人民币收付金额合计1637.9亿元，其中跨境收入574亿元，跨境支出1063.9亿元。共有75家银行的800余家分支机构办理跨境人民币结算业务，涉及企业8000余家，涉及境外国家和地区147个；与57个“一带一路”沿线国家和地区开展跨境人民币结算业务，累计跨境收付总额2384.7亿元，增长超过30%。贸易投资人民币结算便利化深入推进，全省共有109家优质企业纳入高水平便利化名单，已为华晨宝马、恒力石化等企业办理便利化业务2112笔、金额103亿元。

（二）证券业平稳发展

1. 上市公司数量、规模稳步增加。2021年末，辽宁省共有境内上市公司81家，同比增加5家。其中，6家公司首发上市、1家公司退市。上市公司总市值9831.9亿元，同比增长20.4%。2021年末，辽宁省共有法人证券公司3家，证券分公司65家，比上年增加3家；共有法人期货公司2家，期货分支机构108家，比上年减少1家；共登记基金管理人147家，比上年减少17家，管理的522个基金产品规模合计237.7亿元。

表3　2021年辽宁省证券业基本情况表

项目	数量
总部设在辖内的证券公司数（家）	3
总部设在辖内的基金公司数（家）	147
总部设在辖内的期货公司数（家）	2
年末国内上市公司数（家）	81
当年国内股票（A股）筹资（亿元）	152.2
当年发行H股筹资（亿元）	0
当年国内债券筹资（亿元）	522.4
其中：短期融资券筹资额（亿元）	190.8
中期票据筹资额（亿元）	129.0

数据来源：辽宁省证监局。

2. 证券交易规模稳步增长。2021年末，辽宁省证券交易额10.6万亿元，同比增长6%。2021年，大连商品交易所成交规模快速增长，全年累计交易金额220.4万亿元，同比增长141.2%；累计成交35.1亿手，同比增长102.6%。

表4　2021年大连商品交易所交易统计表

交易品种	累计成交金额（亿元）	同比增长（%）	累计成交量（万手）	同比增长（%）
豆一	58527	109.3	9912	66.7
豆二	15078	139.4	3529	92.2
玉米	100879	145.1	37857	113.0
豆粕	248028	133.5	72078	100.5
豆油	402278	252.3	45877	165.0
棕榈油	365844	103.9	45323	43.8
聚乙烯	180189	440.9	41741	335.7
聚氯乙烯	160654	729.4	35470	506.6
鸡蛋	53468	13.9	11880	-10.0
铁矿石	295745	37.0	34882	22.6
焦炭	322504	163.1	11827	105.8
纤维板	422	200.8	311	200.8
纤维板胶合板	1	-54.3	0	-67.9
合计	2203616	141.2	350686	102.4

数据来源：大连商品交易所。

（三）保险业稳健运行

1. 行业规模持续提升。2021 年末，辽宁省共有省级以上保险公司 124 家，其中，省级财产险公司 52 家、省级人身险公司 65 家、人身险法人公司 3 家、财产险法人公司 2 家、保险资产管理公司 1 家、省级政策性保险公司 1 家。2021 年末，辽宁省保险业总资产 4213.9 亿元，同比增长 7.5%。全年共实现原保险保费收入 1358.3 亿元，同比增长 1.7%。

表 5　2021 年辽宁省保险业基本情况表

项目	数量
总部设在辖内的保险公司数（家）	5
其中：财产险经营主体（家）	2
寿险经营主体（家）	3
保险公司分支机构（家）	117
其中：财产险公司分支机构（家）	52
寿险公司分支机构（家）	65
保费收入（中外资，亿元）	1358.2
其中：财产险保费收入（中外资，亿元）	372.6
人身险保费收入（中外资，亿元）	985.6
各类赔款给付（中外资，亿元）	527.0

数据来源：辽宁省银保监局。

2. 赔付支出持续增长，改革创新有序推进。2021 年，全省赔付支出 527 亿元，同比增长 11.3%。其中，财产险业务共发生赔付支出 265.5 亿元，同比增长 18.5%；人身险业务赔付支出 261.5 亿元，同比增长 6%。2021 年，辽宁省保险业全面启动种植业保险工作，继续开展直接物化成本保险、农业大灾保险试点、玉米完全成本保险和收入保险试点，并对主要粮油作物及地方特色保险条款费率进行了调整，支持地方特色农产品发展。

（四）地区社会融资结构以间接融资为主

1. 贷款是地区社会融资规模的主要支撑。2021 年，全省社会融资规模减少 1023.6 亿元，同比下降 2333.1 亿元。其中，表外融资规模减少 3271 亿元，较上年多降 459.5 亿元；贷款增量 940.8 亿元，较上年少增 1773.6 亿元。

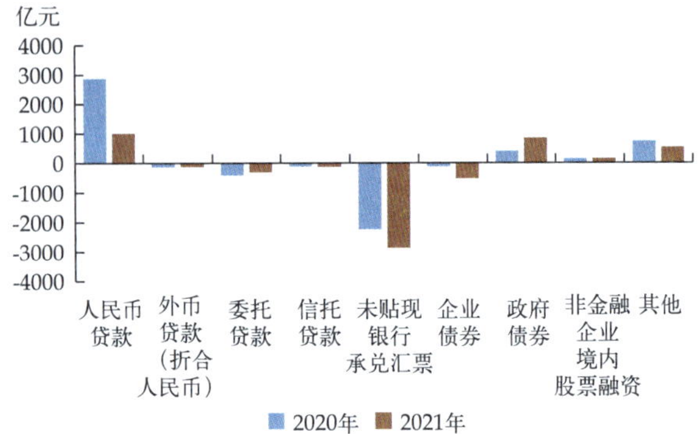

图 5　2020—2021 年辽宁省社会融资规模分布情况

（数据来源：中国人民银行沈阳分行）

2. 直接融资市场逐步恢复，债券新品种发行陆续破题。联合辽宁省金融局牵头建立九部门企业债券风险排查月度会商制度，强化风险联防联控，提前 3 个月督导企业落实偿债资金安排。2021 年辽宁省债务融资工具实现发行金额 337.2 亿元，全年无新增违约主体，到期的 750 亿元债务融资工具均如期兑付。推动碳中和债、可持续挂钩债先后在辽宁落地，支持地方债柜台业务在大连落地。

表 6　2021 年辽宁省金融机构票据业务量统计表

单位：亿元

季度	银行承兑汇票承兑		贴现			
			银行承兑汇票		商业承兑汇票	
	余额	累计发生额	余额	累计发生额	余额	累计发生额
1	5773.4	1962.3	3431.6	3797.2	180.0	166.9
2	5335.9	3817.0	4210.8	9094.8	185.3	453.2
3	5144.7	5289.7	4513.1	14393.7	208.9	816.9
4	4743.0	6874.2	4670.9	19176.9	246.9	1062.9

数据来源：中国人民银行沈阳分行。

表7　2021年辽宁省金融机构票据贴现、转贴现利率

单位：%

季度	贴现		转贴现	
	银行承兑汇票	商业承兑汇票	票据买断	票据回购
1	3.64	4.94	3.35	3.06
2	2.89	4.52	2.85	2.29
3	2.58	4.28	2.47	2.36
4	2.08	4.47	2.07	2.15

数据来源：中国人民银行沈阳分行。

（五）金融服务质量进一步提升

1.征信服务水平持续提升。2021年，全省互联网查询服务平台新增注册用户20.4万个，申请查询服务48.5万次；累计提供企业信用报告查询服务近3万次，个人信用报告查询服务239.5万次。继续推进应收账款融资服务平台应用。2021年，累计开通用户3318个，成交6877笔，金额3139亿元，同比多增179亿元。

2.支付环境持续改善。2021年，全省支付系统稳定运行，小额支付系统和网上支付跨行清算系统业务量持续增长。大额支付系统受疫情与整体经济环境影响略有下降，全省共处理大额支付系统业务2628.2万笔，同比下降5.2%；金额121.5万亿元，同比下降12.5%。小额支付系统业务量持续增长，共处理业务13941.1万笔，同比增长9.6%；金额6.2万亿元，同比增长4.2%。网上支付跨行清算系统业务量增长迅速，全省共处理业务10345.6万笔，同比增长34.8%；金额2.2万亿元，同比增长92.4%。农村支付服务环境进一步优化整合，全省共设立20297个银行卡助农取款服务点，农村地区人均持卡量3.79张，同比增长7.7%。

支付系统新功能、新业务持续发展。2021年，全省新增电子信用证交换系统参与者3家，合计办理业务笔数3145笔，同比增长207.3%。新增跨行账户信息认证系统参与者2家，全年共处理账户信息查询及应答业务6080笔，同比增长87.2%。

表8　2020—2021年辽宁省支付体系建设情况

年份	支付系统直接参与方（个）	支付系统间接参与方（个）	支付清算系统覆盖率（%）	当年大额支付系统处理业务数（万笔）	同比增长（%）
2020	20	5983	—	2772	-47.9
2021	18	6127	—	2628	-5.2

年份	当年大额支付系统业务金额（亿元）	同比增长（%）	当年小额支付系统处理业务数（万笔）	同比增长（%）	当年小额支付系统业务金额（亿元）	同比增长（%）
2020	1389404	-6.6	12716	17.3	59540	156.9
2021	1215227	-12.5	13941	9.6	62014	4.2

数据来源：中国人民银行沈阳分行。

3.金融消费权益保护不断强化。优化12363呼叫中心接听服务，全省共受理有效投诉983件，解答咨询11169件，办结率90%以上。深入开展金融消费者教育，会同银保监局、证监局与省教育厅签订合作备忘录，将金融知识普及教育纳入国民教育体系，试点建设5个金融教育示范基地。金融消费者教育长效机制建设有序推进。全年共开展宣传活动9412次，发放宣传材料160万余份，线上推送点击量155万余次，媒体报道164次，普及受众消费者1114万余人。

4.反洗钱协作机制拓展完善。与税务、公安、海关签订《东北地区税警关银四部门构建"精诚共治"大格局合作备忘录》，实现了反洗钱协作机制由两部门间的单线合作向多部门间的复线合作模式过渡。打虚打骗等专项行动成效显著，配合公安等部门破获涉毒、涉税、涉赌等违法犯罪活动11起，涉及金额401亿元。洗钱定罪实现新突破，成功推动洗钱罪宣判12起。

专栏1　辽宁开展“金融润苗兴商兴辽”提升个体工商户金融服务质效

为贯彻落实金融为民各项举措，人民银行沈阳分行积极开展“金融润苗兴商兴辽”支持个体工商户专项行动，组织全省银行系统聚焦个体工商户“急难愁盼”问题，加大对个体工商户的金融帮扶力度。2021年末，全省个体工商户贷款余额821.9亿元，同比增长7.9%；授信户数33.1万户，同比增长65.7%，占全省正常经营个体工商户的26%。

一是以“三问”为出发点，“广泛问诊”夯基础。向市场主体问需求，向金融机构问堵点，向政府问支持，回应个体工商户所忧、所思、所盼。深入自贸区、商贸城、工业园区等地，实地走访银行、小微企业、个体工商户、农户等各类经济主体，采取召开银企座谈会、政策宣讲会、问卷调查、一对一访谈等形式“听企业心声、知基层所需、送民众所盼”。专项行动开展以来，全省银行系统与政府相关部门对接200余次，组织开展座谈会100余次，走访市场主体3.1万户。

二是以“三宣”为助力，“排忧解难”暖民心。宣讲政策、宣讲特色金融产品、宣讲典型案例，用喜闻乐见的方式让个体工商户感受到金融支持的温度、力度和速度。与省政府联合召开专场新闻对接会；全省各地方电视台对240亿元再贷款政策进行系列报道；开展“学党史办实事　送金融服务进企业”主题党日活动；努力打造特色线上宣传模式，就民众关心的最新政策进行介绍，着力拓大政策受众群体和覆盖面。2021年，全省共开展宣传活动900余次，印刷宣传材料48万份，宣传受众达30万人次。

三是以“三解难”为关键，“对症下药”出良招。聚焦解决金融机构获客成本高、个体工商户金融知识少、信用记录缺失等难题，拓宽金融服务广度。实施“三张清单”工作机制，推动建立公开、透明、高效的小微金融服务体系；与政府相关部门联合开展专场融资对接活动，畅通银企信息沟通渠道；加大信用贷款产品推广力度，提升个体工商户的金融获得感。2021年，辖内金融机构为34.4万户个体工商户提供普惠小微信用贷款64.2万笔、金额147.5亿元。

四是以“三配套”为支撑，“固本培元”见实效。配套线上融资，配套首贷服务，配套政策支持，确保专项行动落地见效。沈阳、鞍山、营口3家线上平台集中展示金融机构产品460余种。推动大连市设立“首贷中心”，破解首贷户首次融资“难、贵、慢”问题。高效落实两项直达实体经济的货币政策工具，加大对个体工商户等经营主体的金融支持力度。2021年，带动全省金融机构对1.3万户个体工商户115亿元贷款本息延期，普惠小微信用贷款新增219.9亿元，惠及个体工商户42万户。

二、经济运行情况

2021年，辽宁省经济运行呈现稳定恢复、稳中向好态势，全年实现地区生产总值27584亿元，同比增长5.8%，增速较上年提高5.2个百分点。全年助企纾困力度加大、成效显著，新增减税降费167.6亿元，下达财政直达资金1189.4亿元，惠及企业2800多户、群众2100多万人。

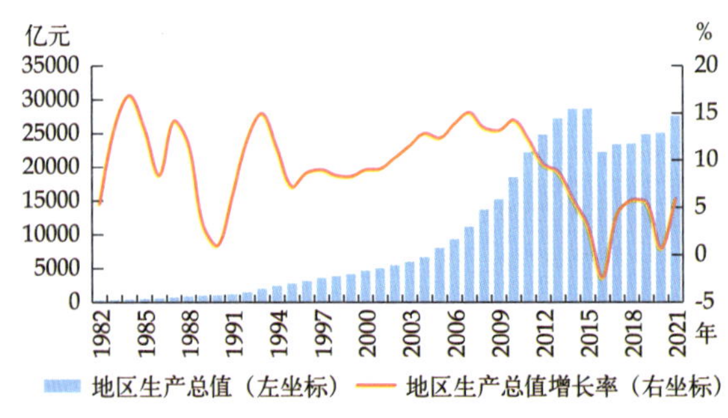

图6　1982—2021年辽宁省地区生产总值及其增长率

（数据来源：辽宁省统计局）

（一）三大需求回升向好

1. 固定资产投资保持增长。2021年，辽宁省固定资产投资同比增长2.6%，与上年持平，继续保持2017年11月以来的正增长态势。从三次产业看，第一产业投资下降5.6%，增速较上年下降85.5个百分点；第二产业投资增长5.1%，增速与上年持平；第三产业投资增长1.7%，增速较上年下降3.2个百分点。基础设施投资、改建和技术改造投资加快增长，基础设施投资全年增长16%，较上年提高13.6个百分点；改建和技术改造投资全年增长28.1%，较上年提高18.6个百分点。建设项目持续增多，建设项目11552个，增加1678个，增长17%。其中，亿元及以上建设项目3376个，增加451个。徐大堡核电二期开工建设，双台子储气库群扩容工程正式投产，朝凌高铁开通运营，沈白高铁、阜奈高速全线开工。高技术制造业投资快速增长，2021年全省高技术制造业投资同比增长71.2%。其中，电子及通信设备制造业投资增长1倍；医药制造业投资增长67.8%。

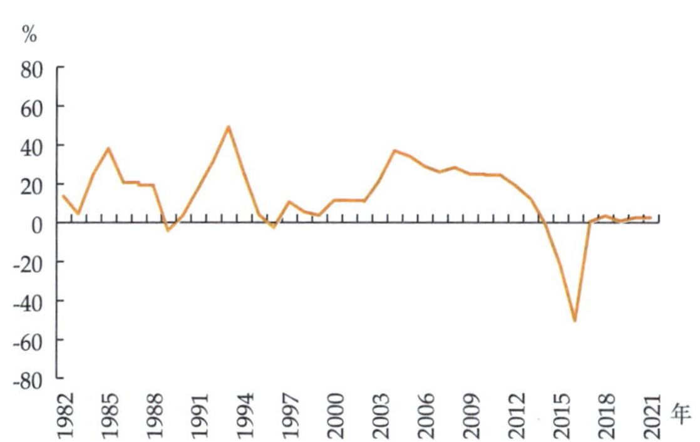

图7　1982—2021年辽宁省固定资产投资（不含农户）增长率

（数据来源：辽宁省统计局）

2. 市场销售不断改善，居民收入保持增长。2021年，全省社会消费品零售总额实现9783.9亿元，同比增长9.2%，增速较上年高16.5个百分点。生活类商品零售额平稳增长，日用品类零售额同比增长5.6%；网上零售额同比增长12.4%，实物商品网上零售额同比增长7.5%。城镇常住居民人均可支配收入43051元，同比增长6.6%，增速较上年提高5.1个百分点；农村常住居民人均可支配收入19217元，同比增长10.1%，增速较上年提高1.8个百分点。

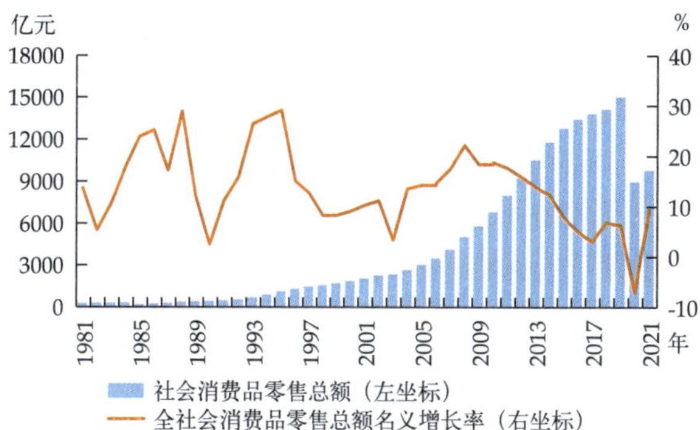

图8　1981—2021年辽宁省社会消费品零售总额及其增长率

（数据来源：辽宁省统计局）

3. 对外贸易额大幅回升。2021年，进出口总额7724亿元，同比增长17.6%。其中，出口同比增长24.9%，进口同比增长12.6%。与主要贸易伙伴均保持良好增长，对欧盟、日本、美国、东盟、韩国进出口分别增长23.8%、8.5%、28.8%、47.6%和41.3%。深度融入共建“一带一路”，国家市场采购贸易方式试点在辽宁启动，承办第五次中国—中东欧国家地方领导人会议，成功举办2021辽宁国际投资贸易洽谈会，高水平建设辽宁自贸区试验区，跨境电商综合试验区进出口业务稳步增长。

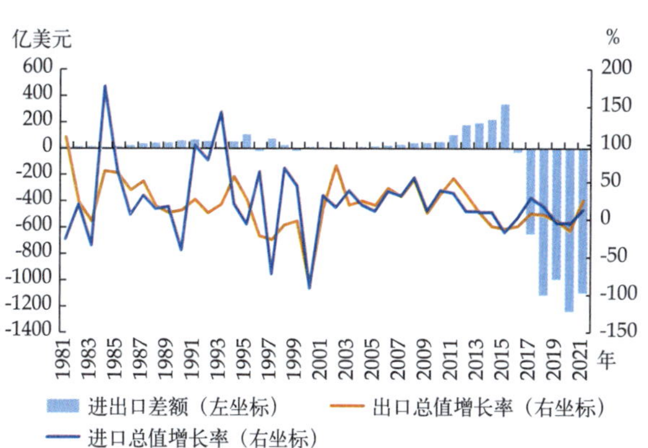

图9　1981—2021年辽宁省外贸进出口变动情况

（数据来源：辽宁省统计局）

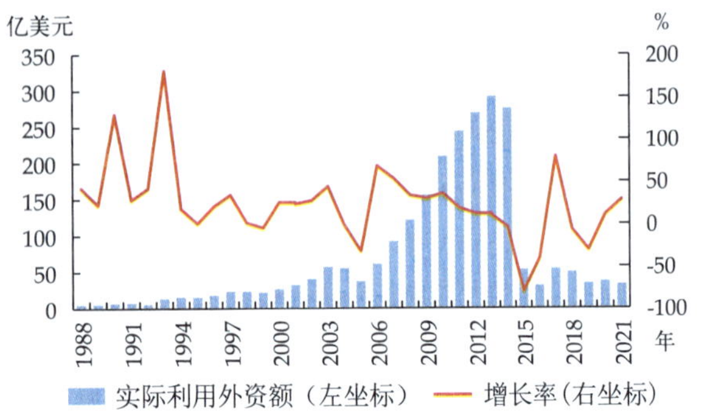

注：从 2015 年开始，外商直接投资计算口径有变化。

图 10　1988—2021 年辽宁省实际利用外资额及其增长率

（数据来源：辽宁省统计局）

（二）三次产业协调发展

2021 年，辽宁省三次产业稳步回升。第一产业同比增长 5.3%，增速较上年提高 2.1 个百分点；第二产业同比增长 4.2%，增速较上年提高 2.4 个百分点；第三产业同比增长 7%，增速较上年提高 7.7 个百分点。三大产业占生产总值比重为 9∶39∶52。

1. 农业生产形势较好，粮食产量再创新高。2021 年，粮食产量达到 507.7 亿斤[①]，同比增长 8.5%，创历史新高。猪肉产量增长 30.1%，水产品产量增长 4.8%。农业基础进一步夯实，设施蔬菜播种面积达 185 万亩，开展黑土地保护示范区建设 160 万亩，新建高标准农田 375 万亩、设施农业 10 万亩，创建国家现代农业产业园 2 个，国家级农业现代化示范区 4 个，“一村一品”示范村镇达到 103 个，新建美丽宜居村 1030 个，乡村旅游、休闲康养等产业加快发展。

2. 工业经济持续增长，高技术制造业和产品增长较快。2021 年，规模以上工业增加值全年累计增长 4.6%，增速较上年提高 2.8 个百分点，装备制造业增速较高，同比增长 8.1%，增速较上年提高 6.8 个百分点；石化工业增加值增长 0.3%；冶金工业增加值增长 0.6%；农产品加工业增加值增长 3.2%，增速较上年提高 0.8 个百分点。高技术制造业增加值增长 12.9%。工业新产品产量增势较好，新能源汽车产量增长 1.2 倍，服务器产量增长 94.5%，集成电路产量增长 42.8%。工业效益大幅改善。2021 年，规模以上工业企业实现主营业务收入 35214.2 亿元，同比增长 17.7%；实现利润总额 1699.6 亿元，同比增长 30.3%。深入实施国企改革三年行动，鞍钢本钢成功重组。加快建设“数字辽宁”“智造强省”。推动产业数字化赋能，加快智能工厂、数字化车间建设，上云企业近 9 万户。加大数字基础设施建设力度，新建 5G 基站 2.5 万座，“星火 · 链网”超级节点落地沈阳，16 个工业互联网标识解析二级节点上线运行，成功举办 2021 年全球工业互联网大会。

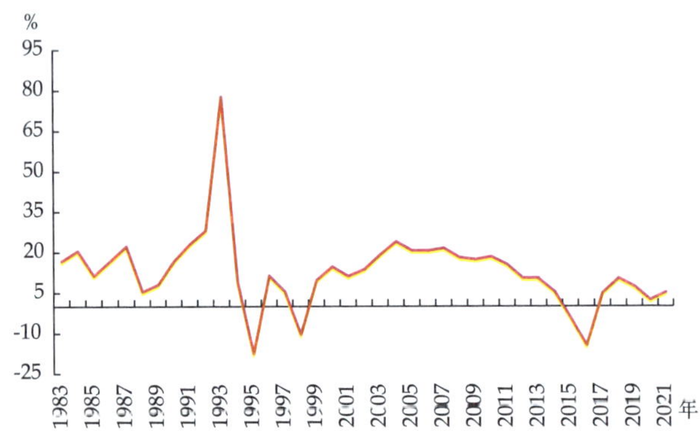

图 11　1983—2021 年辽宁省规模以上工业增加值增长率

（数据来源：辽宁省统计局）

3. 新动能加速集聚。构建以企业为“盟主”的实质性产学研联盟 200 个，组织开展“揭榜挂帅”科技攻关项目 101 项，完成国家和省级科技重大专项 38 个、攻克关键核心技术 66 项。建成沈阳海尔、大连冰山等一批智能工厂和数字化车间，生产效率平均提升 21.2%。引进“带土移植”团队 218 个。25 项科研成果获国家科学技术奖，“纳米限域催化”获国家自然科学奖一等奖。大力推进科技成果省内转化，新增科技型中小企业 4000 余家、高新技术企业 1000

①1 斤 =0.5 公斤。为与各省统计局报告保持一致，未统一单位为公斤。下同。

余家，新增瞪羚企业 215 家、雏鹰企业 798 家，新增国家专精特新“小巨人”企业 137 家。

4. 绿色发展扎实推进。深入打好污染防治攻坚战，扎实推进蓝天、碧水、青山、净土和农村环保五大工程。环境空气质量首次达到国家标准，创历史最高水平。统筹山水林田湖草沙系统治理，完成营造林 219.3 万亩、防沙治沙 16.7 万亩，治理水土流失 87.7 万亩。《辽河国家公园创建方案》获国家公园管理局批复同意。落实碳达峰碳中和工作要求，推进钢铁、有色、石化、建材等重点行业节能技术改造，“两高”项目盲目发展得到有效遏制。培育省级绿色制造示范单位 98 家，全省累计 334 家，企业制造过程绿色化率平均提高 20%，企业单位产品能耗限额达标率 99.3%。

（三）消费价格保持稳定，生产价格有所上升

1. 居民消费价格指数保持稳定。2021 年，辽宁省居民消费价格指数（CPI）同比上涨 1.1%，增速较上年下降 1.3 个百分点。CPI 增速主要受交通和通信类上涨影响，交通和通信类上涨 4.7%。

2. 生产价格指数有所上升。2021 年，全省工业生产者出厂价格指数（PPI）同比上涨 13.6%，较上年增长 16.6 个百分点。其中，生产资料价格上涨 16.3%，生活资料价格上涨 1.3%。

图 12　2002—2021 年辽宁省居民消费价格指数和工业生产者价格指数变动趋势

（数据来源：辽宁省统计局）

（四）财政收入回升，居民收入稳步提高

2021 年，全省一般公共预算收入 2764.7 亿元，同比增长 4.1%，自 4 月起持续超过疫情前同期水平。其中，税收收入 1970.9 亿元，同比增长 4.9%；非税收入 793.9 亿元，同比增长 2.2%。2021 年，辽宁省新增减税降费规模达 167.6 亿元，对制造业中小微企业实施阶段性缓税，惠及 17.3 万户企业和个体工商户，缓缴税费超 50 亿元。

一般公共预算支出 5901.3 亿元，同比增长 6%。其中，社会保障和就业支出 1650.4 亿元。财政赤字 3136.5 亿元，较上年减少 209.5 亿元。社会保障水平不断提高，财政用于民生的比重达 75%，城乡低保平均标准分别提高 4.9% 和 9.9%，累计发放保障金 46.8 亿元。

2021 年，全省城镇常住居民人均可支配收入为 43051 元，同比增长 6.6%。农村常住居民人均可支配收入 19217 元，同比增长 10.1%。城镇新增就业 48.4 万人，零就业家庭动态清零。

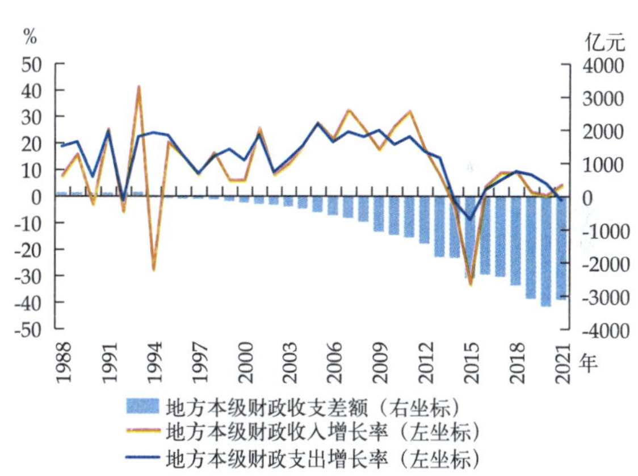

图 13　1988—2021 年辽宁省财政收支状况

（数据来源：辽宁省统计局）

（五）房地产市场有所放缓

1. 房地产开发投资增速下降。2021 年，房地产开发投资 2900.7 亿元，同比下降 2.6%，较上年下降 7.7 个百分点。房屋施工面积 25423 万平方米，同比增长 5.9%，较上年提高 5 个百分点。

2. 房屋销售总量下降。2021年，商品房销售面积3433.8万平方米，同比下降8.3%，较上年下降9.6个百分点；商品房销售额3066亿元，同比下降8.9%，较上年下降15.7个百分点。

3. 房地产贷款增速放缓。2021年末，辽宁省房地产贷款余额12675.5亿元，同比增长1.1%，增速较上年下降9.5个百分点。其中，房地产开发贷款余额2861.7亿元，同比下降6.4%，增速较上年下降9.1个百分点；个人住房贷款余额9388.3亿元，同比增长9.9%，增速较上年下降6个百分点。

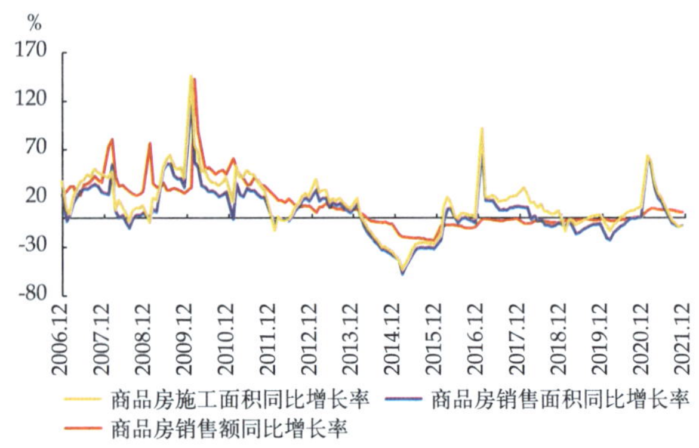

图14　2006—2021年辽宁省商品房施工和销售变动趋势

（数据来源：辽宁省统计局）

专栏2　打造绿色金融服务体系，助力绿色发展提质增效

2021年以来，人民银行沈阳分行建立和完善辽宁绿色金融工作体制机制，引导金融机构创新绿色金融产品，推动绿色金融政策工具有效落地，为辽宁经济社会绿色低碳转型、实现碳达峰碳中和目标提供有力的金融保障。2021年末，辽宁省绿色贷款余额3354.9亿元，同比增长16.2%，增速高于各项贷款14.4个百分点，对各项贷款增长的贡献度达到50.4%；绿色贷款余额占各项贷款的比重为6.3%，较2020年提高0.8个百分点。

一、完善银行内部政策机制“添动力”

一是设立专门负责的组织架构。如工商银行辽宁省分行成立了绿色金融委员会；兴业银行沈阳分行设立绿色金融中心，并设有绿色金融产品经理岗位，协助客户经理营销维护节能环保类客户。二是将绿色信贷纳入绩效考核。如平安银行按绿色贷款增幅高于对公贷款增幅的比例给予绩效加分。三是配置专项信贷规模。如工商银行将绿色贷款增量作为各行考核的重要指标，专项划拨信贷投放规模。四是对绿色金融业务予以补贴。如中信银行对于绿色贷款给予一定利润补贴；浙商银行对当年新投放的绿色信贷额外加计营业增加值。

二、创新金融产品和服务“增活力”

碳排放权质押贷款顺利落地，兴业银行沈阳分行以碳配额为质押，为企业核定贷款额度1000万元。中国银行辽宁省分行推出“惠如愿•碳惠贷”服务方案，为绿色产业企业提供多渠道融资支持和综合化金融服务。建设银行辽宁省分行推出“可再生能源补贴确权贷款”信贷产品，对于可再生能源发电项目补贴清单内的项目，以已确权应收未收的财政补贴资金为依据发放贷款近3亿元。邮政储蓄银行辽宁省分行优先满足绿色金融和环境敏感型业务“贷前调查”与“贷中审查”平行作业需求，提升审查审批效率。

三、落实绿色金融政策工具“聚合力”

一是创新运用再贴现政策工具。大连市推出“绿票通”再贴现业务，针对商业银行绿色企业、绿色项目票据，设置专项再贴现额度，着力降低绿色企业和绿色项目融资成本。2021年末，已为绿色企业（项目）库名单企业办理再贴现6259万元。二是推动碳减排支持工具在辽宁落地。人民银行对金融机构发放的符合条件的碳减排贷款，按贷款本金的60%提供资金支持，利率为1.75%。2021年12月，共8家金融机构在辽分支机构获得碳减排支持工具的资金支持，涉及项目29个、贷款金额27.5亿元，带动碳减排49.4万吨二氧化碳当量。三是债券市场业务取得突破性进展。沈阳地铁成功发行碳中和债10亿元，国电电力发行可持续发展挂钩债10亿元，有效激励企业实现可持续发展目标。

三、预测与展望

2022年，辽宁省将以习近平新时代中国特色社会主义思想为指导，全面贯彻落实党的十九大和十九届历次全会精神，弘扬伟大建党精神，深入落实习近平总书记关于东北、辽宁振兴发展的重要讲话和指示精神，认真贯彻中央经济工作会议精神，坚持稳中求进工作总基调，完整、准确、全面贯彻新发展理念，服务和融入新发展格局，全面深化改革开放，坚持创新驱动发展，推动高质量发展，坚持以供给侧结构性改革为主线，统筹疫情防控和经济社会发展，统筹发展和安全，履行维护国家“五大安全”政治使命，着力补齐“四个短板”，扎实做好“六项重点工作”，继续做好“六稳”“六保”工作，持续改善民生，保持经济运行在合理区间，保持社会大局稳定，以实际行动迎接党的二十大胜利召开。

2022年，人民银行沈阳分行将坚持稳健的货币政策灵活适度，增强信贷总量增长的稳定性，发挥好货币政策工具的总量和结构双重功能，引导金融机构加大对小微企业、个体工商户、科技创新、绿色发展的信贷支持力度，多措并举推动企业综合融资成本稳中有降、金融系统继续向实体经济让利，持续提升金融服务乡村振兴能力和水平，有序推动地区金融改革化险，不断提升金融服务质效，为稳定全省经济大盘、推动辽宁全面振兴全方位振兴营造适宜的货币金融环境。

中国人民银行沈阳分行货币政策分析小组

总　　纂：付喜国　王　兵

统　　稿：姚　勇　赵　越　刘承洋　赵云桥

执　　笔：黄晓彤　梁　旭　郑思楠　陈宁波　侯一明　郭晓旭　宋杭倩　由　华　纪　晗　周文霞　袁绍彪　李正一

提供材料：于松涛　高新宇　张　博　李丽丽　马　笛　边　赛　年海石　刘　晨　曹诗语　崔　明　王祉谕　白　地　卢心慧　徐　虹　于浩洋　王均文　姚佳含　吴丰光　崔　冬　安英俭　孙树强

附录：

（一）辽宁省经济金融大事记

2月1日，辽宁银保监局推动全国首批花生价格“保险+期货”项目在郑州商品交易所正式挂牌上市，引导农户科学种植、产业企业理性采购，促进农户和企业稳定经营。

3月15日，沈抚海关电子缴税渠道开通，辽宁省全辖实现关税电子入库。

4月8日，沈阳地铁集团有限公司成功发行10亿元碳中和债，用于沈阳轨道交通建设发展，助力碳达峰碳中和目标实现。

6月4日，国务院自由贸易试验区工作部际联席会议办公室印发《自由贸易试验区第四批最佳实践案例》，由辽宁省提供的“‘事转企’背景下国有企业‘三级跳’发展新模式”入选。

6月9日，辽沈银行正式挂牌营业，辽宁金融改革化险取得阶段性成果。

7月1日，东北首家“首贷中心”落地大连金普新区，更好地为企业提供信贷支持。

7月15日，辽宁首单区块链跨境人民币结算业务落地，提高金融服务便利化水平。

9月19日，辽宁省正式启动车险综合改革工作。

10月12日，辽宁首笔地方债柜台业务启动，有效支持乡村振兴、基础设施建设、生态环境保护等重点项目建设。

（二）辽宁省主要经济金融指标

表 1　2021 年辽宁省主要存贷款指标

	项目	1月	2月	3月	4月	5月	6月	7月	8月	9月	10月	11月	12月
本外币	金融机构各项存款余额（亿元）	68443.6	68513.2	69149.2	68746.1	69309.1	69892.7	69617.8	69984.7	70421.3	70160.2	69946.4	69995.5
	其中：住户存款	43376.6	44028.1	44721.6	44454.7	44672.9	45434.2	45185.8	45332.7	45823.8	45701.4	46067.8	46671.3
	非金融企业存款	13259.2	12740.5	12777.8	12645.8	12815.3	12904.6	12618.0	12895.4	12994.4	12814.9	12524.1	12326.8
	各项存款余额比上月增加（亿元）	455.4	69.5	636.1	-403.1	563.0	583.6	-275.0	366.9	436.6	-261.1	-213.8	49.0
	金融机构各项存款同比增长（%）	9.5	9.1	8.6	7.1	6.6	5.4	5.8	5.8	5.6	4.7	4.2	3.0
	金融机构各项贷款余额（亿元）	52589.7	52714.0	53340.3	53702.1	54057.1	54418.7	54604.9	54661.1	53211.5	53094.9	53341.2	53134.8
	其中：短期	16281.9	16259.2	16455.0	16243.2	16256.1	15838.7	15647.2	15535.2	14779.3	14647.0	14404.7	13899.4
	中长期	31881.3	32055.0	32271.3	32451.0	32550.4	33058.6	33173.3	33255.1	33093.3	33187.3	33333.0	33612.3
	票据融资	3519.7	3478.2	3513.4	3775.5	4010.8	4329.2	4534.7	4602.1	4448.3	4391.6	4655.4	4728.1
	各项贷款余额比上月增加（亿元）	380.3	124.3	626.3	361.8	355.0	361.6	186.3	56.2	-1449.6	-116.6	246.3	-206.3
	其中：短期	-30.2	-22.7	195.8	16243.2	12.9	15838.7	-191.6	-111.9	-756.0	-132.3	-242.3	-505.4
	中长期	359.2	173.7	216.2	32451.0	99.4	508.2	114.7	81.7	-161.7	94.0	145.7	279.3
	票据融资	-12.8	-41.5	35.3	262.1	235.3	318.4	205.5	67.4	-153.8	-56.7	263.9	72.6
	金融机构各项贷款同比增长（%）	5.0	5.1	5.0	4.9	5.4	6.8	6.9	6.5	3.0	2.8	2.4	1.8
	其中：短期	-0.7	-1.1	-1.4	-3.4	-3.6	-5.7	-6.1	-6.5	-10.8	-11.4	-13.2	-14.8
	中长期	8.0	8.2	8.8	9.0	9.0	10.8	10.2	9.6	8.0	7.7	7.4	6.6
	票据融资	4.4	7.6	-0.9	1.0	8.5	21.9	27.3	30.4	22.7	26.8	30.4	33.8
	建筑业贷款余额（亿元）	1569.8	1567.2	1542.2	1549.0	1533.9	1565.5	1565.9	1574.7	1579.1	1571.8	1561.9	1533.4
	房地产业贷款余额（亿元）	2910.0	2924.0	2917.7	2890.9	2963.0	3008.9	2963.1	2943.9	2722.8	2708.1	2675.4	2634.4
	建筑业贷款同比增长（%）	4.1	3.4	2.4	2.6	1.7	2.2	1.9	1.1	2.3	0.5	-1.8	-0.8
	房地产业贷款同比增长（%）	3.7	3.9	3.8	2.2	3.8	7.2	4.2	2.6	-6.6	-6.1	-6.1	-8.9
人民币	金融机构各项存款余额（亿元）	67651.4	67690.8	68368.0	67942.1	68463.6	69064.5	68796.6	69189.3	69623.2	69343.7	69125.7	69129.9
	其中：住户存款	43041.8	43693.5	44385.3	44122.3	44346.9	45104.2	44855.7	45004.2	45496.4	45377.4	45738.5	46337.7
	非金融企业存款	12877.5	12329.4	12399.3	12236.5	12370.8	12475.1	12191.2	12497.1	12594.2	12395.6	12112.0	11864.2
	各项存款余额比上月增加（亿元）	463.9	39.4	677.2	-425.9	521.5	600.9	-267.9	392.8	433.8	-279.5	-218.0	4.2
	其中：住户存款	422.1	651.7	691.8	-263.0	224.6	757.3	-248.5	148.5	492.3	-119.1	361.1	599.3
	非金融企业存款	-184.7	-548.1	69.9	-162.7	134.2	104.3	-283.9	305.9	97.0	-198.5	-283.6	-247.8
	各项存款同比增长（%）	9.7	9.2	8.7	7.2	6.7	5.4	5.9	5.9	5.7	4.7	4.2	2.9
	其中：住户存款	17.2	17.6	16.3	15.0	13.7	12.8	12.0	11.0	10.5	9.9	9.5	8.7
	非金融企业存款	-7.1	-9.7	-9.2	-10.7	-8.8	-9.5	-5.9	-2.4	-2.4	-3.4	-4.3	-9.2
	金融机构各项贷款余额（亿元）	51886.7	52007.7	52636.5	53008.2	53377.5	53743.5	53919.4	53990.2	52535.5	52421.8	52694.6	52504.5
	其中：个人消费贷款	10294.1	10320.7	10415.5	10479.9	10567.5	10672.8	10765.0	10873.8	10926.0	10995.6	11028.2	11044.3
	票据融资	3519.7	3478.2	3513.4	3775.5	4010.8	4329.2	4534.7	4602.1	4448.3	4391.6	4655.4	4728.1
	各项贷款余额比上月增加（亿元）	388.0	121.0	628.8	371.7	369.2	366.1	175.9	70.8	-1454.7	-113.7	272.7	-190.0
	其中：个人消费贷款	122.0	26.6	94.8	64.4	87.7	105.3	92.2	108.8	52.1	69.6	32.7	16.1
	票据融资	-0.2	-41.5	35.3	262.1	235.3	318.4	205.5	67.4	-153.8	-56.7	263.9	72.6
	金融机构各项贷款同比增长（%）	5.5	5.6	5.6	5.4	6.0	7.4	7.4	7.0	3.4	3.1	2.7	2.0
	其中：个人消费贷款	13.8	13.2	13.1	12.5	12.2	11.2	10.6	10.3	9.6	9.6	8.9	8.6
	票据融资	4.4	7.6	-0.9	1.0	8.5	21.9	27.3	30.4	22.7	26.8	30.4	33.8
外币	金融机构外币存款余额（亿美元）	122.4	127.1	118.9	124.3	132.8	128.2	127.1	123.0	123.1	127.8	128.7	135.8
	金融机构外币存款同比增长（%）	-0.1	6.0	6.2	8.0	16.4	9.8	10.9	4.0	4.0	10.4	10.0	10.6
	金融机构外币贷款余额（亿美元）	108.6	109.1	107.1	107.3	106.7	104.5	106.1	103.7	104.2	105.3	101.4	98.9
	金融机构外币贷款同比增长（%）	-15.9	-15.1	-16.7	-17.5	-18.3	-18.5	-16.6	-16.4	-14.2	-14.2	-12.3	-9.2

数据来源：中国人民银行沈阳分行。

表 2　2001—2021 年辽宁省各类价格指数

单位：%

时间	居民消费价格指数		农业生产资料价格指数		工业生产者购进价格指数		工业生产者出厂价格指数	
	当月同比	累计同比	当月同比	累计同比	当月同比	累计同比	当月同比	累计同比
2001	—	0.0	—	0.5	—	0.0	—	-1.4
2002	—	-1.1	—	1.7	—	-1.7	—	-2.2
2003	—	1.7	—	-1.6	—	5.1	—	3.6
2004	—	3.5	—	13.3	—	21.1	—	7.1
2005	—	1.4	—	10.0	—	8.1	—	5.1
2006	—	1.2	—	0.5	—	4.2	—	4.1
2007	—	5.1	—	14.2	—	4.8	—	4.4
2008	—	4.6	—	28.1	—	11.5	—	10.9
2009	—	0.0	—	-3.3	—	-6.7	—	-6.0
2010	—	3.0	—	3.7	—	8.6	—	7.4
2011	—	5.2	—	12.8	—	8.3	—	6.5
2012	—	2.8	—	6.9	—	-1.0	—	-0.1
2013	—	2.4	—	-0.1	—	-1.5	—	-1.0
2014	—	1.7	—	-1.1	—	-2.0	—	-1.8
2015	—	1.4	—	-0.5	—	-6.5	—	-6.1
2016	—	1.6	—	0.3	—	-2.1	—	-1.2
2017	—	1.4	—	0.3	—	8.0	—	8.1
2018	—	2.5	—	1.8	—	4.5	—	4.8
2019	—	2.4	—	—	—	0.8	—	-0.5
2020	—	2.4	—	—	—	-1.8	—	-3.0
2021	—	1.1	—	—	—	15.0	—	13.6
2020　1	—	—	—	—	—	—	—	—
2	4.9	5.2	—	—	0.7	0.8	-0.5	-0.1
3	4.0	4.8	—	—	-0.8	0.3	-2.5	-0.9
4	2.8	4.3	—	—	-3.5	-0.7	-4.6	-1.8
5	2.2	3.9	—	—	-5.2	-1.6	-5.7	-2.6
6	2.0	3.6	—	—	-4.1	-2.0	-5.0	-3.0
7	2.4	3.4	—	—	-2.6	-2.1	-3.8	-3.1
8	2.0	3.2	—	—	-2.3	-2.1	-3.4	-3.1
9	2.2	3.1	—	—	-1.7	-2.1	-3.0	-3.1
10	-0.2	2.6	—	—	-2.1	-2.1	-3.3	-3.1
11	-0.2	2.6	—	—	-1.1	-2.0	-2.7	-3.1
12	0.5	2.4	—	—	0.3	-1.8	-1.3	-3.0
2021　1	—	—	—	—	—	—	—	—
2	0.2	0.0	—	—	3.9	3.0	4.1	2.6
3	0.7	0.2	—	—	8.7	4.9	10.0	5.0
4	1.4	0.5	—	—	13.2	6.8	12.3	6.9
5	1.4	0.7	—	—	17.5	9.0	15.5	8.5
6	1.2	0.8	—	—	17.2	10.3	15.9	9.7
7	1.1	0.8	—	—	18.6	11.5	16.0	10.6
8	0.9	0.8	—	—	18.9	12.4	12.4	11.4
9	0.4	0.8	—	—	19.0	13.2	16.3	11.9
10	1.7	0.9	—	—	21.1	13.9	18.9	12.6
11	2.7	1.0	—	—	22.1	14.7	20.7	13.3
12	1.3	1.1	—	—	18.0	15.0	16.5	13.6

数据来源：辽宁省统计局。

表 3 2021 年辽宁省主要经济指标

项目	1月	2月	3月	4月	5月	6月	7月	8月	9月	10月	11月	12月
绝对值（自年初累计）												
地区生产总值（亿元）	—	—	5844.9	—	—	12641.2	—	—	19722.7	—	—	27584.1
第一产业	—	—	304.0	—	—	866.3	—	—	1404.9	—	—	2461.8
第二产业	—	—	2155.7	—	—	4951.8	—	—	7838.9	—	—	10875.2
第三产业	—	—	3385.2	—	—	6823.1	—	—	10478.9	—	—	14247.1
工业增加值（亿元）	—	—	—	—	—	—	—	—	—	—	—	—
固定资产投资（亿元）	—	—	—	—	—	—	—	—	—	—	—	—
房地产开发投资	—	137.8	484.6	770.1	1087.8	1601.6	1847.6	2121.4	2433.8	2634.7	2789.6	2900.7
社会消费品零售总额（亿元）	—	1422.3	2166.4	2912.8	3718.8	4582.4	5424.5	6264.7	7165.8	8084.6	8930.4	9783.9
外贸进出口总额（亿元）	—	1100.4	1788.8	2437.5	3085.6	3715.3	4390.1	5071.9	5792.4	6401.4	7089.9	7724.0
进口	—	653.4	1051.3	1416.9	1801.8	2160.9	2567.4	2963.5	3350.1	3699.5	4090.7	4411.4
出口	—	447.0	737.4	1020.6	1283.8	1554.4	1822.7	2108.4	2442.2	2702.0	2999.2	3312.6
进出口差额（出口－进口）	—	206.4	48.4	396.3	518.0	606.5	115.1	855.1	140.2	154.1	168.6	1098.8
实际利用外资（亿美元）	—	3.2	5.2	7.3	8.6	10.9	12.3	15.0	16.8	20.8	22.3	32.0
地方财政收支差额（亿元）	—	330.0	580.7	761.7	972.9	1206.1	1354.8	1680.2	2035.9	2217.9	2520.8	3136.6
地方财政收入	—	521.1	732.2	997.8	1211.0	1469.3	1734.8	1919.4	2162.6	2386.7	2535.4	2764.7
地方财政支出	—	851.1	1312.9	1759.5	2183.9	2675.4	3089.6	3599.5	4198.5	4604.6	5056.2	5901.3
城镇登记失业率（%）（季度）	—	—	—	—	—	—	—	—	—	—	—	—
同比累计增长率（%）												
地区生产总值	—	—	12.9	—	—	9.9	—	—	7.4	—	—	5.8
第一产业	—	—	5.0	—	—	6.0	—	—	5.8	—	—	5.3
第二产业	—	—	16.6	—	—	10.4	—	—	6.5	—	—	4.2
第三产业	—	—	11.5	—	—	10.1	—	—	8.3	—	—	7.0
工业增加值	—	18.3	16.5	14.6	12.8	11.5	10.4	9.4	7.8	6.6	5.5	4.6
固定资产投资	—	22.1	19.0	12.8	9.3	8.6	6.8	6.1	5.1	3.1	1.9	2.6
房地产开发投资	—	25.1	20.4	9.9	9.0	8.4	5.8	3.9	1.1	-2.0	-3.3	-2.6
社会消费品零售总额	—	19.2	22.3	20.7	18.3	17.1	16.0	14.7	12.8	11.7	10.1	9.2
外贸进出口总额	—	1.3	4.4	8.7	13.3	13.6	13.6	15.6	17.6	17.7	18.6	17.6
进口	—	-6.3	-2.5	2.9	10.3	9.1	8.7	10.7	20.4	11.3	12.8	12.6
出口	—	14.7	16.0	17.8	17.8	20.5	21.2	23.2	37.5	27.9	27.4	24.9
实际利用外资	—	122.6	117.4	-8.3	2.9	4.0	8.1	-11.5	-12.8	1.8	-3.4	27.1
地方财政收入	—	13.3	17.9	18.3	16.9	12.7	12.6	11.2	8.0	6.6	4.8	4.1
地方财政支出	—	11.3	8.1	6.9	5.6	3.1	-0.9	2.8	3.5	4.6	4.7	6.0

数据来源：辽宁省统计局。

吉林省金融运行报告（2022）

中国人民银行长春中心支行货币政策分析小组

[内容摘要]2021年，吉林省深入贯彻习近平总书记视察吉林重要讲话精神，在建党百年的激励鼓舞下，统筹疫情防控和经济社会发展，扎实做好“六稳”“六保”工作，全面实施“一主六双”高质量发展战略①，紧扣“两确保一率先”②目标，迎难而上，真抓实干，经济运行稳中加固、稳中向好、稳中提质，经济社会发展取得了一系列突破性、标志性、开创性成果，实现“十四五”良好开局。全年实现地区生产总值13235.5亿元，同比增长6.6%。

从经济运行来看，一是内外需持续回升，投资实现强劲增长。固定资产投资同比增长11.0%，增速同比提高2.7个百分点。亿元以上在建项目投资额同比增长20.2%。消费品市场加快恢复，社会消费品零售总额增长10.3%，网络零售额增长23.9%，成功举办首届中国新电商大会。进出口总额同比增长17.3%，长春临空经济示范区正式揭牌，长春空港药品进口口岸、珲春陆上边境口岸型国家物流枢纽获批，吉林对外开放取得新进展。举办东北亚博览会等重大活动，全省招商引资到位资金增长31.3%。二是三次产业稳定增长，产业转型积极推进。农业生产保持较快增长。粮食总产量807.8亿斤，同比增长6.2%。大力发展肉牛产业，肉牛饲养量达到580.7万头。工业经济展现较强韧性。规模以上工业增加值同比增长4.6%，红旗汽车在智能网联、电动化方面取得重大突破。新兴产业快速成长，高新技术制造业增加值同比增长21.6%。服务业支撑作用增强，服务业增加值同比增长7.8%，对全省经济增长的贡献率达到61.2%。三是供给侧结构性改革成效明显，生态环境质量持续改善。过剩产能继续压降，企业税费负担大幅下降。推进秸秆“五化利用＋无害化处理”，实施全域禁烧，生态环境质量达到有监测记录以来最好水平，地级以上城市空气优良天数比例为94%，同比提高4.2个百分点。“陆上风光三峡”工程③全面开工，全省新能源装机突破1000万千瓦，新能源利用率达97.4%。

从金融运行来看，全省金融业稳健运行，金融服务实体经济质效进一步提升，为全省经济恢复发展提供了良好的货币金融环境。一是银行业平稳发展，信贷规模合理增长。全省本外币各项存款同比增长8.6%，各项贷款同比增长8.2%，信贷支持重点领域力度持续增强，企（事）业中长期贷款余额跃上万亿元台阶，汽车、运输设备、医药制造业中长期贷款大幅增长。货币政策工具支持小微企业作用凸显。支小再贷款累放量创吉林省历史新高，在普惠小微信用贷款支持政策激励下，2021年全省普惠小微信用贷款余额较年初增加65.4亿元。持续推进利率市场化改革，利率水平同比回落。全年企业贷款加权平均利率为5.42%，同比下降0.09个百分

---

① “一主六双”高质量发展战略：“一主”是充分发挥长春辐射主导作用，“六双”包括“双廊”“双带”“双线”“双通道”“双基地”“双协同”。

② “两确保一率先”：确保经济增速高于全国平均水平，确保主要经济指标在东北地区领先，率先实现“十四五”时期吉林振兴新突破。

③ “陆上风光三峡”工程：充分发挥吉林省西部地区丰富的风资源、光资源和充裕的土地优势，全力推进国家级新能源生产建设基地建设，积极打造省内消纳基地、新能源外送基地、新能源转化基地3个千万千瓦级新能源基地，在装机容量和发电量上超过水上三峡，形成吉林“陆上风光三峡”。

点。重点领域跨境人民币业务大幅增长，2021 年全省大宗商品贸易领域人民币使用同比增长 76.3%。二是资本市场投融资功能持续发挥，保险业稳步发展。全省新增首发上市公司 6 家，筹集资金创历史新高，资本市场投融资功能持续发挥。辖内保险公司总资产 1960 亿元，同比增长 9.2%。三是金融生态环境建设不断推进，金融服务能力持续提升。信用体系建设持续推进，地方征信平台助企融资作用日益显著，累计向金融机构提供查询服务 2.5 万次，助力金融机构发放贷款 8433 笔，贷款总额 347.5 亿元。支付业务减费让利和优化银行账户管理服务政策落地见效，全省支付手续费减少 5625 万元。农村地区支付服务环境持续优化，助农取款服务点基本实现村级区域全覆盖。金融消费权益保护工作提质增效，全年解答消费者咨询投诉 8000 余笔，成功实现“总对总”在线诉调对接调解。

2022 年，吉林省将以习近平新时代中国特色社会主义思想为指导，全面贯彻党的十九大和十九届历次全会精神，深入落实习近平总书记视察吉林重要讲话重要指示精神，弘扬伟大建党精神，全面实施“一主六双”高质量发展战略，紧扣“两确保一率先”目标，统筹疫情防控和经济社会发展，继续做好“六稳”“六保”工作，持续改善民生，稳定地区宏观经济大盘，保持经济运行在合理区间，保持社会大局稳定，推动吉林全面振兴全方位振兴取得新进展。吉林省金融部门将深入贯彻落实稳健的货币政策，积极运用货币政策工具，持续调整优化信贷结构，精准加大对乡村振兴、普惠小微企业、科技创新、绿色发展等重点领域的金融支持力度，有效防范化解金融风险，不断提升金融服务实体经济的能力和水平。

一、金融运行情况

2021 年吉林省金融业稳健运行，信贷规模合理增长，金融支持实体经济恢复增长、稳企业保就业作用有效发挥。全省金融机构资产规模持续扩大，投融资结构不断优化，证券交易快速增长，保险保障作用继续发挥。2021 年，全省金融生态环境建设向纵深发展，对实体经济支持力度明显增强。

（一）银行业稳健运行，信贷规模合理增长

1. 资产规模持续扩大。2021 年，吉林省银行业金融机构积极支持区域协调发展，加大对实体经济信贷投放力度，不断提高服务质效，在有力支持经济持续恢复的同时，资产规模不断扩大。全省银行业金融机构资产总额达到 38419 亿元，同比增长 7.2%，其中法人银行机构资产总额 17013 亿元，同比增长 9.3%。

表 1　2021 年吉林省银行业金融机构情况

机构类别	营业网点			法人机构（个）
	机构个数（个）	从业人数（人）	资产总额（亿元）	
一、大型商业银行	1592	36576	12363	0
二、国家开发银行和政策性银行	61	1851	4258	0
三、股份制商业银行	184	4513	2699	0
四、城市商业银行	384	9475	4520	1
五、城市信用社				
六、小型农村金融机构	1699	26361	8483	53
七、财务公司	3	279	1316	2
八、信托公司	1	171	81	1
九、邮政储蓄银行	1048	10228	2377	0
十、外资银行	2	55	18	0
十一、新型农村金融机构	311	5783	1127	69
十二、其他	7	885	1176	3
合　计	5292	96177	38419	129

数据来源：吉林银保监局。

注：营业网点不包括国家开发银行和政策性银行、大型商业银行、股份制商业银行等金融机构总部数据；大型商业银行包括中国工商银行、中国农业银行、中国银行、中国建设银行和交通银行；小型农村金融机构包括农村商业银行、农村合作银行和农村信用社；新型农村金融机构包括村镇银行、贷款公司、农村资金互助社；其他包含金融租赁公司、汽车金融公司、货币经纪公司、消费金融公司等。

2. 存款增长平稳适度。2021年，全省金融机构本外币各项存款余额29596.3亿元，同比增长8.6%，全年新增存款2349.8亿元，同比少增743亿元。其中住户存款余额同比增长12.3%，高于平均存款增速3.7个百分点；非金融企业存款余额同比增长1.9%，低于平均存款增速6.7个百分点。

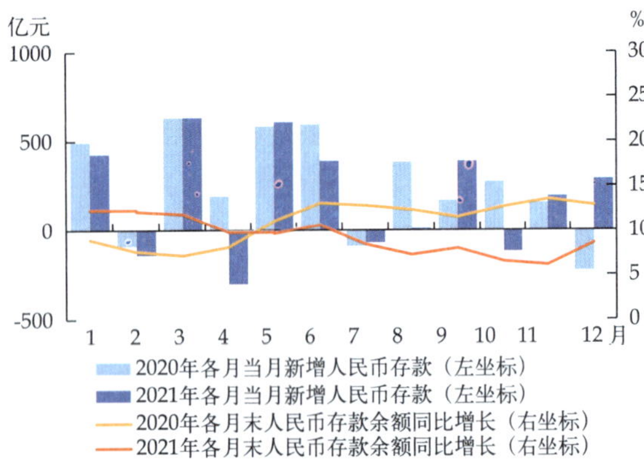

图1　2020—2021年吉林省金融机构人民币存款增长变化

（数据来源：中国人民银行长春中心支行）

3. 贷款结构不断优化。2021年末，吉林省本外币各项贷款余额24609.8亿元，同比增长8.2%，较年初新增1858.7亿元。信贷支持重点领域力度持续增强，全省企（事）业单位中长期贷款余额跃上万亿元级台阶，汽车、运输设备、医药制造业中长期贷款较年初分别增长13.6亿元、2.6亿元和22.2亿元。全年银行机构借助“吉企银通”[①]发放贷款279亿元，有效缓解小微企业融资难问题。

货币政策工具支持小微企业作用凸显。2021年，吉林省累计发放支小再贷款288.5亿元，是上年的2.9倍，累放量创吉林省历史新高；累计办理再贴现288.5亿元，是上年的1.9倍。在普惠小微企业贷款延期支持工具和信用贷款支持计划两项直达工具的政策激励下，2021年，全省各银行机构累计为9.9万户普惠小微企业的386亿元贷款办理延期还本。全省普惠小微企业信用贷款余额199亿元，较年初增长65.4亿元。

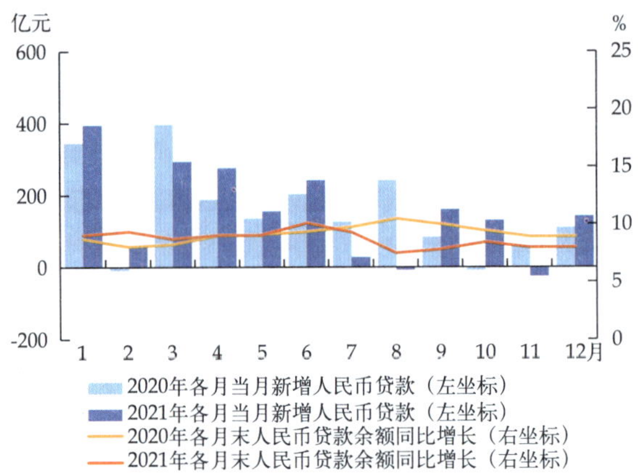

图2　2020—2021年吉林省金融机构人民币贷款增长变化

（数据来源：中国人民银行长春中心支行）

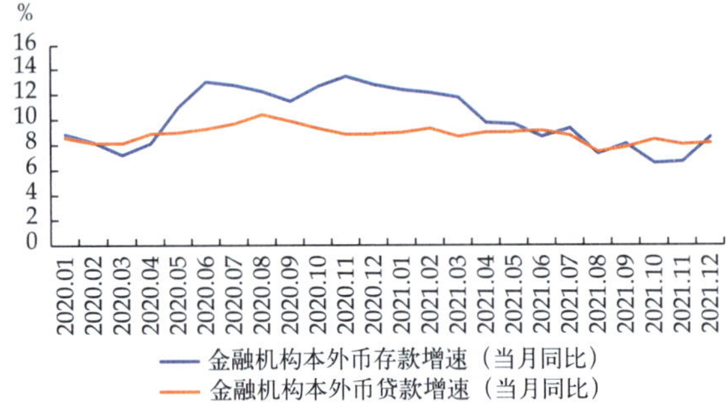

图3　2020—2021年吉林省金融机构本外币存贷款增速变化

（数据来源：中国人民银行长春中心支行）

4. 表外业务稳中有增。银行理财业务逐步规范发展，表外业务稳步增长。2021年末，吉林省存续本外币理财产品期末资金余额3193.9亿元，同比上升2.2%；其中，表外理财期末资金余额同比增长12.2%，表外理财产品规模占比达到92.7%，同比提高8.3个百分点。

5. 贷款利率同比回落。2021年，吉林省银行机构发挥省、市自律机制作用，建立大额存款投标业务备案制度，明确了大额存款招投标自律管理，形成了良好的自律约束保障，共同维护了存款市场竞争秩序。中国人民银行长春中心支行持续推进利率市场化改革，完成非银

① 吉林省小微企业融资线上申报系统。

机构明示贷款年化利率相关工作。全年企业贷款加权平均利率为5.42%，同比下降0.09个百分点，其中，小微企业贷款加权平均利率同比下降0.08个百分点。地方法人金融机构利率定价管理体制和运行机制进一步完善，共有24家地方法人金融机构建立了内部资金定价（FTP）体系，其中已运用LPR构建FTP的地方法人金融机构达18家。

表2　2021年吉林省金融机构人民币贷款各利率区间占比

单位：%

项目		1月	2月	3月	4月	5月	6月
合计		100.0	100.0	100.0	100.0	100.0	100.0
LPR减点		12.7	13.0	14.9	18.5	17.5	20.7
LPR		6.0	9.7	10.1	7.0	10.1	7.5
LPR加点	小计	81.2	77.4	75.0	74.6	72.5	71.8
	(LPR，LPR+0.5%)	7.0	5.7	5.9	4.1	9.0	6.3
	[LPR+0.5%，LPR+1.5%)	17.7	14.7	14.9	15.0	12.7	15.6
	[LPR+1.5%，LPR+3%)	15.2	15.5	19.2	18.5	16.2	18.0
	[LPR+3%，LPR+5%)	25.5	23.9	23.7	25.5	24.7	22.3
	LPR+5%及以上	15.9	17.6	11.5	11.6	10.0	9.6
项目		7月	8月	9月	10月	11月	12月
合计		100.0	100.0	100.0	100.0	100.0	100.0
LPR减点		20.3	17.7	13.5	18.9	13.2	17.4
LPR		3.9	7.3	32.0	6.6	10.8	7.7
LPR加点	小计	75.8	74.9	54.5	74.6	76.0	74.9
	(LPR，LPR+0.5%)	4.4	5.4	3.6	6.4	6.7	11.2
	[LPR+0.5%，LPR+1.5%)	14.9	14.4	13.0	13.1	13.9	14.5
	[LPR+1.5%，LPR+3%)	18.3	18.0	13.7	15.0	14.7	18.0
	[LPR+3%，LPR+5%)	27.3	25.8	17.6	28.0	31.2	22.6
	LPR+5%及以上	11.0	11.4	6.6	12.0	9.5	8.6

数据来源：中国人民银行长春中心支行。

6. 不良贷款连续两年实现“双降”。2021年，吉林省银行业金融机构持续加强防范化解金融风险工作，加大不良贷款清收处置力度，全省不良贷款余额和不良贷款率连续两年实现“双降”。吉林省银行业金融机构不良贷款余额同比下降1.77%，不良贷款率同比下降0.28个百分点。

地方法人金融机构流动性总体充裕，2021年末，城市商业银行、民营银行、农村商业银行、农村信用社和村镇银行流动性比率分别为67.3%、100.6%、60.7%、69.2%和127.9%。吉林省某城市商业银行成功发行40亿元二级资本债，并获得40亿元地方政府专项债资金支持，部分农村信用社得到股改注资60亿元，法人机构风险抵御能力进一步增强。

7. 重点领域跨境人民币业务大幅增长。2021年，全省共办理跨境人民币结算业务436.3亿元，占同期本外币收支总额的23.8%。其中，支持实体经济增长的贸易项下和直接投资跨境人民币收付额323.7亿元，同比增长39.2%，增速较上年同期提高36个百分点。与吉林省发生跨境人民币实际收付业务的境外国家和地区累计达71个，省内116家优质企业办理便利化业务140.8亿元。大宗商品贸易领域人民币使用取得积极进展，省内大宗商品贸易领域人民币使用同比增长76.3%；人民币在周边国家使用稳步拓展，贸易项下对俄日韩跨境人民币结算量占本外币比重同比提高2个百分点。

专栏1　强化创新引领　全力做好粮食生产金融保障工作

为充分发挥金融支持吉林省粮食生产的积极作用，有效加大金融对乡村振兴的支持力度，中国人民银行长春中心支行通过强化窗口指导、加大货币政策工具运用等方式，鼓励银行机构全力做好粮食生产金融服务。吉林省银行业金融机构结合吉林省农业经济发展实际，积极开展产品和服务创新，不断提升金融服务水平。吉林省包括黑土地保护、新型农业经营主体等在内的乡村振兴重点领域金融供给能力不断增强，截至2021年末，全省涉农贷款余额5530亿元，同比增长4.2%，较上年同期提高6.6个百分点。

一、强化政策支持，引导信贷资金向重点领域倾斜

一是中国人民银行长春中心支行会同吉林省农业农村厅等部门研究出台《关于吉林省金融支持巩固拓展脱贫攻坚成果 全面推进乡村振兴的实施意见》，引导银行机构强化粮食等重要农产品的融资保障。二是加大货币政策工具支持力度，增加地方法人银行机构低成本资金来源。2021年，全省累计发放支农再贷款90.3亿元，同比增加12.2亿元。三是开展银行机构乡村振兴考核评估工作，加强对考核评估结果的运用，促进各项政策举措落实落细。

二、聚焦黑土地保护利用，强化创新专属信贷产品

吉林省银行机构以支持黑土地保护利用为重点，加大农田基本建设信贷投入。吉林省梨树县某银行机构创新开办“黑金贷”，由黑土地研究院推荐经营主体、保险公司提供风险保障、粮食收购企业提供购销服务，为实施保护性耕作的新型农业经营主体提供融资支持，并多方联动形成资金闭环，保障银行信贷资金安全的同时提升了融资可得性。某银行吉林省分行创新推出“黑土粮仓贷”，授信额度宽松、贷款利率优惠、还款方式灵活，可采用农地、保单、担保公司担保等多元化担保方式，开办以来至2021年末，已为4000余户有关主体发放贷款近9亿元。截至2021年末，吉林省农田基本建设贷款余额同比增长53.2%。

三、聚焦粮食生产主体，全面优化金融服务

中国人民银行长春中心支行会同吉林省农业农村厅等部门联合印发《关于吉林省金融支持新型农业经营主体发展的实施意见》，成立专项工作组，推动强化信息共享、提升银企对接质效、完善配套政策措施。中国人民银行四平市中心支行联合地方金融监督管理部门，开通“吉企银通——新型农业经营主体”线上融资服务专区，汇集四平辖内18家银行机构的30余种涉农金融产品，有效提升了金融服务的精准度和便捷度。某银行吉林省分行针对农业产业化联合体制订专项金融服务方案，充分发挥产业链核心企业作用，探索针对全产业链的一体化金融服务模式，促进信用贷款、担保贷款相互补充，助力提升农业全产业链现代化水平。吉林省各银行机构充分考虑小农户生产经营资金需求规模小、周转频率高等特点，持续深化推广线上小额信贷产品，“榆农快贷”等随借随还类线上产品，可实现一次授信、循环使用，有效提升贷款发放效率、降低农户获贷成本。

四、聚焦现代农业基础支撑，加大金融资源投入

吉林省各银行机构紧紧围绕种业研发销售做好金融保障，创新设施农业和农机装备金融服务模式。某银行开办“种业贷”，支持种业研发、生产销售等企业，探索针对种业企业的订单质押、应收账款质押等贷款业务，促进种业贷款增量扩面。某银行吉林省分行推出“农机贷”，依托“农村金融服务公司＋核心生产商＋下游经销商＋合作社＋信贷”的服务模式，由上游企业提供担保，满足下游经销商、农户、农民合作社日常生产经营和购买农机的资金需求。

（二）证券市场稳步发展，交易额快速提升

1. 证券业交易额大幅增长。2021年末，吉林省共有法人证券公司2家、期货公司2家，证券及期货营业部同比分别增加22家和1家。2021年，吉林省新增首发上市公司6家，其中A股5家，筹集资金创历史新高。全省证券交易额7.6万亿元，同比增长39.6%。

表3　2021年吉林省证券业基本情况

项目	数量
总部设在辖内的证券公司数（家）	2
总部设在辖内的基金公司数（家）	0
总部设在辖内的期货公司数（家）	2
年末国内上市公司数（家）	48
当年国内股票（A股）筹资（亿元）	65
当年发行H股筹资（亿元）	0
当年国内债券筹资（亿元）	145
其中：短期融资券筹资额（亿元）	0
中期票据筹资额（亿元）	0

数据来源：吉林证监局。
注：当年国内股票（A股）筹资额指非金融企业境内股票融资。

2. 资本市场投融资功能持续发展。2021年末，吉林省共有上市公司48家，新三板挂牌公司54家，总股本529.3亿股，总市值5399.9亿元，同比增长7.9%。全省通过资本市场融资397.4亿元，其中，3家上市公司发行股票融资26.4亿元，5家上市公司定向增加融资34.4亿元，1家上市公司发行可转债融资9.6亿元，5家挂牌公司增发融资4.0亿元；发行11只公司债券融资130.8亿元，发行6只资产证券化产品融资5.0亿元，发行2只地方政府债融资187.2亿元。

（三）保险业务平稳提升，保障作用持续发挥

1. 保险机构稳步发展。2021年末，总部设在吉林省内的法人保险公司3家，均为财产险公司，省级保险分公司38家，财产险公司和人身险公司分别为18家和20家，与上年一致。各保险公司从业人员16.6万人，同比减少7.2万人。保险公司总资产1960.0亿元，同比增长9.2%，较年初增加165.1亿元。

2. 保险业务平稳提升。2021年末，吉林省保险业实现原保险保费收入691.3亿元，同比增长3.3%。赔付支出242.8亿元，同比增长13.3%。承担风险总额55.4万亿元，同比增长19.9%。

表4　2021年吉林省保险业基本情况

项目	数量
总部设在辖内的保险公司数（家）	3
其中：财产险经营主体（家）	3
寿险经营主体（家）	0
保险公司分支机构（家）	1820
其中：财产险公司分支机构（家）	1048
寿险公司分支机构（家）	772
保费收入（中外资，亿元）	691.3
其中：财产险保费收入（中外资，亿元）	203.3
人身险保费收入（中外资，亿元）	488.0
各类赔款给付（中外资，亿元）	242.8

数据来源：吉林银保监局。

（四）金融市场运行平稳，债券融资有所回落

1. 社会融资规模略有下降。2021年，吉林省社会融资规模增量3038亿元，同比少增540.4亿元。从结构来看，表内融资（人民币贷款、外币贷款）增量1838.2亿元，同比少增27.7亿元；直接融资（企业债券融资、股票融资）增量71.8亿元，同比少增91.9亿元；表外融资（委托贷款、信托贷款、未贴现银行承兑汇票）减少102.2亿元，同比少增457.7亿元；政府债券（国债、地方政府一般债和地方政府专项债）增量939.3亿元，同比多增54.7亿元。

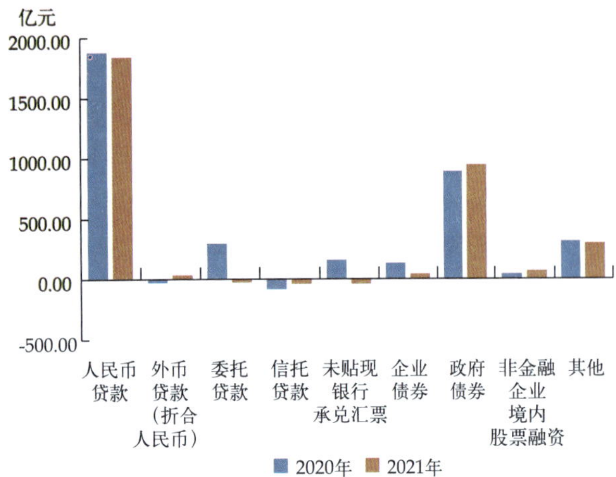

图 4　2020—2021 年吉林省社会融资规模分布结构

（数据来源：中国人民银行长春中心支行）

2. 货币市场优化调整。2021 年，吉林省银行间市场资金面总体呈现宽松局面，同业拆借市场成交量 5940.8 亿元，同比减少 2.2%；现券市场交易金额 2.8 万亿元，同比减少 36.4%；回购市场累计成交金额 12.0 万亿元，同比增长 14.6%。2021 年，吉林省全年发行公司信用类债券共 35 期，累计发行 266.6 亿元，同比减少 50.9%，平均发行利率 5.43%，较上年上升 0.56 个百分点。

3. 票据业务量升价跌。2021 年，吉林省票据承兑、票据贴现和再贴现累计发生额同比分别上升 19.1%、75.9% 和 94.8%。票据市场利率呈下降态势，银行承兑汇票贴现加权平均利率在 1.78%~3.33% 区间运行，转贴现加权平均利率在 2.09%~3.21% 区间运行。

4. 黄金市场交易减弱。2021 年，受国际经济环境影响，黄金价格底部盘整振荡，黄金企业惜售观望心理增强，销量同比减少。全年通过上海黄金交易所销售黄金 2064.3 公斤，同比减少 11.6%；17 家商业银行开办了上海黄金交易所黄金代理业务、账户金、自营品牌金、代理品牌金、黄金积存、黄金租赁六大类业务，全年人民币业务累计成交额 84.5 亿元，同比减少 65.2%。

表 5　2021 年吉林省金融机构票据业务量统计

单位：亿元

季度	银行承兑汇票承兑		贴现			
			银行承兑汇票		商业承兑汇票	
	余额	累计发生额	余额	累计发生额	余额	累计发生额
1	1058.3	626.3	49.3	1425.8	38.7	45.9
2	1234.0	744.6	618.7	1579.1	92.6	52.8
3	1033.2	506.2	649.0	1710.1	38.4	36.5
4	1101.6	666.3	641.0	1882.5	46.1	33.1

数据来源：中国人民银行长春中心支行。

表 6　2021 年吉林省金融机构票据贴现、转贴现利率

单位：%

季度	贴现		转贴现	
	银行承兑汇票	商业承兑汇票	票据买断	票据回购
1	3.33	4.46	3.21	2.84
2	2.97	4.06	2.83	2.34
3	2.50	3.91	2.47	2.93
4	1.78	3.74	2.09	2.42

数据来源：中国人民银行长春中心支行。

（五）金融生态环境建设不断完善，金融服务能力持续提升

1. 信用体系建设持续推进，助企融资功能日益增强。2021 年，吉林省金融信用信息基础数据库平稳运行，114 家金融机构接入金融信用信息基础数据库，累计收录吉林省 2282.2 万个自然人、90.9 万家企业的信贷信息。全省共设立人民银行征信查询网点 48 个、金融机构代理查询网点 109 个，布放自助查询设备 239 台，进一步提升征信查询服务的便捷性。全年各类市场主体查询个人信用报告 1336.8 万次、企业信用报告 43.2 万次，其中通过自助查询设备查询个人信用报告 148.2 万次、企业信用报告 2.7 万次。农村信用体系建设工作持续推进，累计为 347.8 万户农户建立信用档案，累计评定信用村 3309 个、信用乡镇 220 个、信用农户 152 万

余户。地方征信平台助企融资作用日益显著。2021年末，省级地方征信平台——“吉企银通”已在省内建立8个市（州）级分平台、2个县（市）级分平台，累计向金融机构提供查询服务2.5万次，助力金融机构发放贷款8433笔，贷款总额347.5亿元。动产抵质押融资服务能力不断提升。2021年，金融机构依托中征应收账款融资服务平台实现融资451笔，融资总额201.5亿元；动产融资统一登记公示系统新增注册吉林省常用户648户，提供查询服务3.7万次，各类市场经济主体进行担保登记11万笔。

2. 支付结算体系稳定运行，支付环境不断优化。2021年，吉林省支付系统处理支付业务4.2亿笔、金额47.5万亿元，笔数同比下降6.9%，金额同比增长13.6%。移动支付便民服务助力地方经济发展，全年新增云闪付用户127万户，累计拓展861万户，交易1700万笔、金额40亿元，承接各级政府消费券2.7亿元，拉动消费超7亿元。支付业务减费让利和优化银行账户管理服务政策落地见效，推动全省支付手续费降低5625万元，惠及市场主体37万户，近六成企业开户时间缩减至1天，95%以上的企业开户在3个工作日内办结。农村地区支付服务环境持续优化，建立助农取款服务点1.5万个，基本实现村级区域全覆盖，全年办理取款、汇款、缴费等各类支付业务245万笔、金额10.0亿元。

3. 金融消费权益保护工作提质增效，率先实现“总对总”在线诉调。2021年，中国人民银行长春中心支行对148家金融机构开展执行人民银行政策及相关法律法规综合评价工作，对全省13家银行业金融机构开展了金融消费权益保护现场监督检查，提升金融消保工作质效。全年解答消费者咨询投诉8000余笔，受理处置消费者投诉900余笔。持续发挥“法院＋金融”的金融消费纠纷“吉林模式”作用，作为“总对总”在线诉调对接6家试点单位之一，在全国率先成功实现“总对总”在线诉调对接调解，全年累计完成调解41件。印发《关于进一步提升金融服务 切实解决老年人运用智能技术困难专项行动计划（2021—2022）》，深入推进老年人金融服务。

二、经济运行情况

2021年，是吉林经济克难奋进、积厚成势、攻坚突破的一年。吉林省有力应对“缺芯”、“缺煤”、“缺电”、大宗商品涨价等多重困难挑战，稳住了经济持续恢复的基本盘，质量效益明显提升，内生动力持续增强，营商环境显著改善，经济社会发展取得了一系列突破性、标志性、开创性成果，实现“十四五”良好开局。全年地区生产总值13235.5亿元，同比增长6.6%，两年平均增长4.4%。

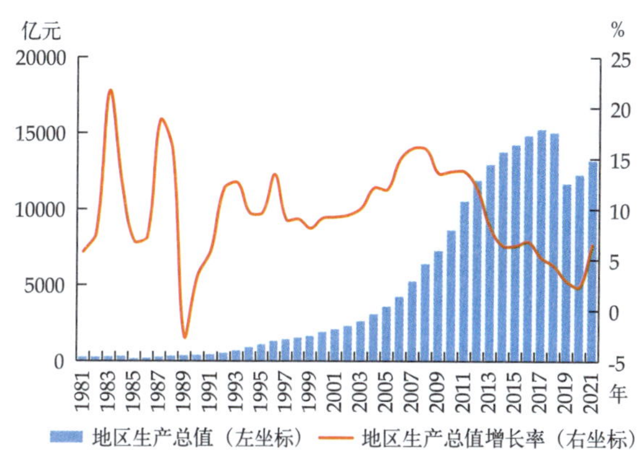

图5　1981—2021年吉林省地区生产总值及其增长率

（数据来源：吉林省统计局）

（一）内外需求持续回升，投资保持较快增长

1. 固定资产投资保持强劲增长。2021年，吉林省固定资产投资同比增长11.0%，增速同比提高2.7个百分点，两年平均增速9.6%。分产业看，第一、第二、第三产业投资分别增长13.7%、10.9%和11.0%，两年平均增长38.3%、9.9%和9.0%。从重点领域看，制造业、基础设施和房地产开发投资同比分别增长4.2%、3.4%和5.5%。全年亿元以上在建项目个数增长9.8%，投资额同比增长20.2%。白敦高铁建成运营，长白山风景区接入全国高铁网。

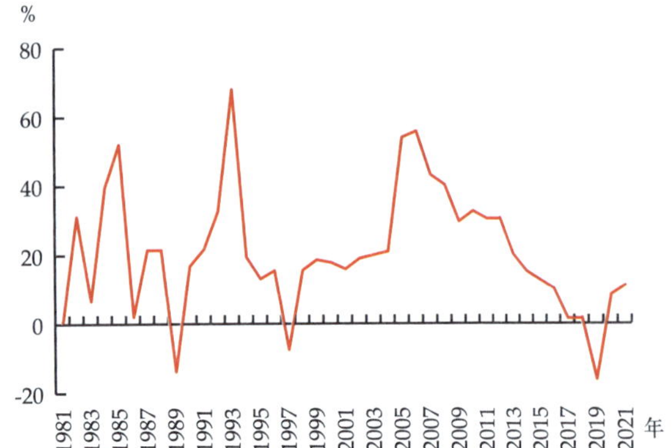

图 6　1981—2021 年吉林省固定资产投资（不含农户）增长率

（数据来源：吉林省统计局）

2. 消费品市场加快恢复。 2021 年，吉林省举办首届“98 消费节”等促销活动，出台促进汽车消费、旅游体育消费、农民进城购房等优惠政策，商品消费稳步复苏、服务消费持续回暖，直播电商等新兴消费蓬勃发展，社会消费品零售总额增长 10.3%。按经营单位所在地分，全年城镇、农村消费品零售总额分别同比增长 9.8% 和 14.3%，按消费类型分，商品零售增长 9.9%，餐饮收入增长 12.4%。成功举办首届中国新电商大会，全省网络零售额增长 23.9%。

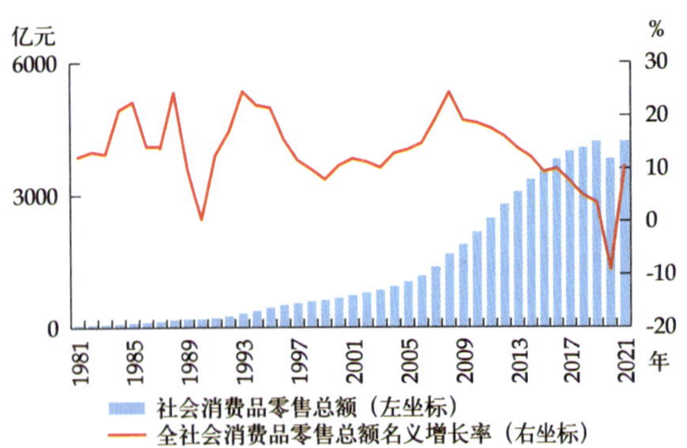

图 7　1981—2021 年吉林省社会消费品零售总额及其增长率

（数据来源：吉林省统计局）

3. 进出口恢复增长。 2021 年，吉林省实现进出口总值 1503.8 亿元，同比增长 17.3%，同比提高 15.6 个百分点。其中，进口同比增长 16%，出口同比增长 21.5%。长春临空经济示范区正式揭牌，长春空港药品进口口岸、珲春陆上边境口岸型国家物流枢纽获批，新增 3 个国家级外贸转型升级基地，吉林对外开放取得新进展。全省实际利用外资增长 20.0%，增速同比提升 7.3 个百分点。举办东北亚博览会、第六届全球吉商大会等重大活动，全省招商引资到位资金增长 31.3%。

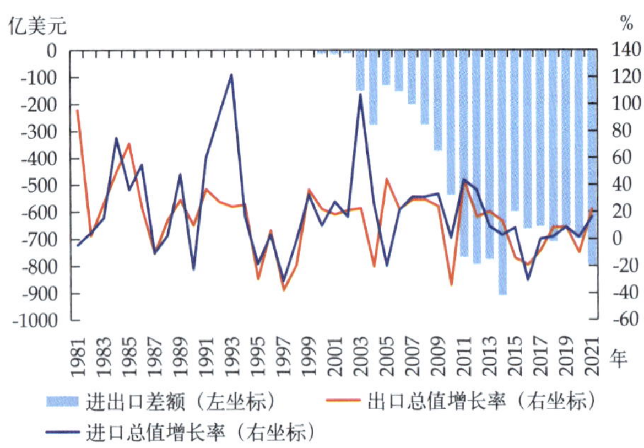

图 8　1981—2021 年吉林省外贸进出口变动情况

（数据来源：吉林省统计局）

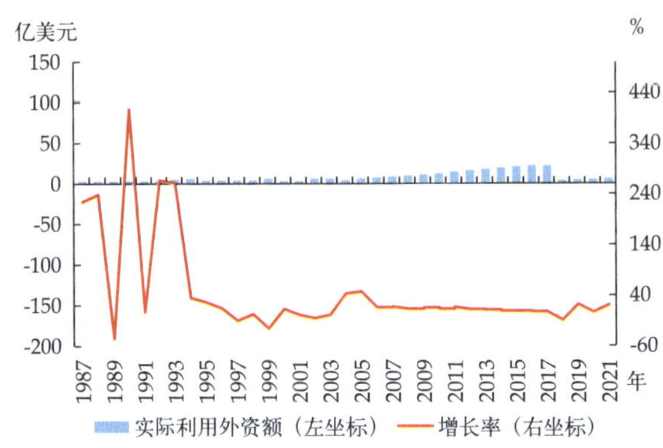

图 9　1987—2021 年吉林省实际利用外资额及其增长率

（数据来源：吉林省统计局）

（二）产业转型积极推进，供给侧结构性改革成效显现

2021 年，吉林省实现地区生产总值同比增长 6.6%。第一、第二、第三产业增加值分别同比增长 6.4%、5.0% 和 7.8%。服务业仍保持较

高占比，产业结构呈现积极变化。

1. 农业生产保持较快增长。粮食生产获得大丰收，总产量807.8亿斤，同比增长6.2%。“黑土粮仓”科技会战[①]初见成效，保护性耕作面积扩大到2875万亩，新建高标准农田504万亩。玉米水稻、肉牛肉羊等十大产业集群加快推进，农林牧渔业总产值增速为十三年来最好水平，农产品加工业和粮食产业产值增长10%以上，开工建设肉牛产业化项目54个，肉牛饲养量达到580.7万头。新型农业主体稳定发展，家庭农场、农民专业合作社数量达到14.6万户和8.1万个。

2. 工业经济展现较强韧性。2021年，吉林省规模以上工业增加值同比增长4.6%，两年平均增长5.7%。重点产业支撑作用突出，受芯片短缺影响，汽车制造业增加值同比下降1.8%，但红旗汽车在智能网联、电动化方面取得重大技术突破；医药制造业和信息产业较快发展，增加值同比分别增长20.8%和78.0%；新型奥运版复兴号智能动车组上线京张高铁；“吉林一号”在轨卫星达到31颗。新兴产业快速成长，高新技术制造业增加值同比增长21.6%。

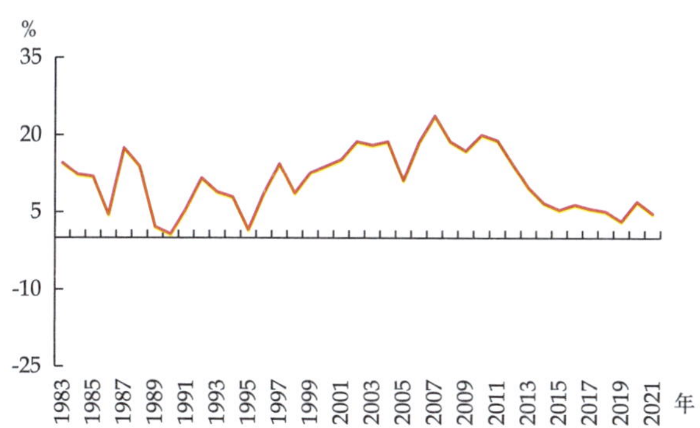

图10　1983—2021年吉林省规模以上工业增加值实际增长率

（数据来源：吉林省统计局）

3. 服务业支撑作用增强。2021年，吉林省服务业增加值同比增长7.8%，占GDP比重为52.3%，拉动GDP增长4.0个百分点，对全省经济增长的贡献率达到61.2%。从重点行业看，金融业增加值同比增长3.2%；交通运输、仓储和邮政业增加值同比增长8.9%；批发零售业、住宿和餐饮业和房地产业增加值同比分别增长10.0%、14.7%和3.2%。旅游业快速发展，建成54个滑雪场，日最大承载量10万人次，接待游客和旅游收入分别增长37.6和29.5%。

4. 供给侧结构性改革成效明显。去产能方面，有效压减过剩产能，2021年，吉林省原煤、洗精煤产量增速下降均超11%，乙烯产量下降10.1%。降成本方面，出台激发各类市场主体活力、促进中小企业（民营经济）高质量发展具体举措，为激发市场主体活力发挥了积极作用。补短板方面，基础设施领域投资保障有力，全年基础设施投资增长3.4%，占全部投资的比重为20.3%。1623个城镇老旧小区改造全部开工，棚户区改造开工1.81万套。

5. 生态文明建设取得新进展。2021年，吉林省生态环境质量达到有监测记录以来最好水平。在空气环境质量方面，推进秸秆“五化利用+无害化处理”，实施全域禁烧。全省地级以上城市空气优良天数比例为94%，同比提高4.2个百分点，PM2.5浓度为26微克/立方米，同比下降16.1个百分点，9个市（州）空气质量首次全部达到国际二级标准。在水环境质量方面，111个国考断面优良水体比例同比提高2.7个百分点，劣五类水体比例同比下降4.5个百分点，国家考核的水源地水质达标率100%。土壤环境质量总体保持稳定，生态环境状况指数连续18年保持良好等级。“陆上风光三峡”工程全面开工，全省新能源装机突破1000万千瓦，在建及并网项目容量相当于近10年总和，新能源利用率达97.4%。敦化抽水蓄能电站并网发电。东北虎豹国家公园列入首批5个国家公园之一。

① “黑土粮仓”科技会战是指黑土地保护与利用科技创新工程。

（三）消费品价格整体平稳，居民收入恢复性增长

1. 居民消费价格涨势平稳。2021 年，吉林省居民消费价格指数累计上涨 0.6%，较上年同期下降 1.7 个百分点。分类别看，构成 CPI 的八大类商品和服务项目价格“一平三升四降”。其中，医疗保健类价格与上年同期持平；居住类、交通和通信类、教育文化和娱乐类价格分别上涨 1.3%、3.8% 和 0.4%；食品烟酒类、衣着类、生活用品及服务类、其他用品和服务类价格分别下降 0.3%、0.1%、0.1% 和 1.9%。

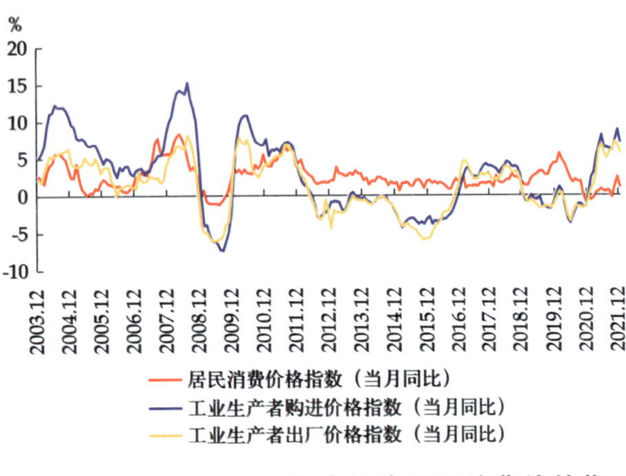

图 11　2003—2021 年吉林省居民消费价格指数和工业生产者价格指数变动趋势

（数据来源：吉林省统计局）

2. 生产价格涨幅扩大。2021 年，吉林省工业生产者出厂价格同比上涨 5.1%。全年工业生产者购进价格指数同比上涨 6.2%。

3. 居民收入恢复性增长。2021 年，吉林省城镇居民人均可支配收入 35646 元，同比增长 6.7%，其中，工资性收入、经营净收入、财产净收入和转移净收入分别增长 7.3%、16.1%、10.2% 和 0.9%。农村居民人均可支配收入 17642 元，同比增长 9.8%，增速高于城镇居民人均可支配收入增速。牢牢守住不发生规模性返贫底线，脱贫户人均收入增长 20.2%。

（四）财政运行总体平稳，重点支出得到有力保障

2021 年，吉林省一般公共预算收入 1144 亿元，同比增加 59 亿元，增长 5.4%，增速较上年提高 8.3 个百分点。分类别看，税收收入 809.4 亿元，同比增长 4.9%，税收收入占地方级财政收入的 70.8%；非税收收入 334.6 亿元，同比增长 6.9%。全省一般公共预算支出 3696.7 亿元，民生支出占比 80% 左右，教育、科学技术、社会保障和就业等重点民生支出增速高于全省平均水平。

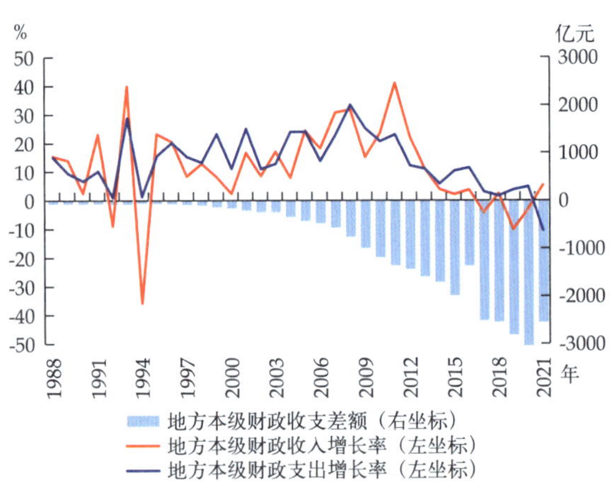

图 12　1988—2021 年吉林省财政收支状况

（数据来源：吉林省统计局）

专栏 2　坚持本币优先　推动人民币跨境使用取得积极进展

中国人民银行长春中心支行积极发挥跨境人民币业务服务实体经济、促进贸易投资便利化的作用，坚持“本币优先”原则，通过构建政府支持、人民银行推进、商业银行对接、市场主体广泛参与的工作格局，推动吉林省跨境人民币结算业务在重点领域、

重点区域、重点企业实现突破。2021年，吉林省支持实体经济增长的贸易项下和直接投资人民币跨境收支323.7亿元，同比增长39.2%，增速较上年同期提高36个百分点。

一、开展更高水平贸易投资便利化试点，提升本币结算便利化水平

指导制订优质企业跨境人民币结算便利化方案和对外承包工程便利化方案，优质企业可凭收付款指令直接在银行机构办理货物贸易、服务贸易跨境人民币结算以及部分资本项下人民币收入在境内的依法合规使用。联合吉林省商务厅举办吉林省跨境人民币政策便利化宣讲会，银行和涉外企业超6万人通过现场和视频连线形式参会。举办“扩大跨境人民币结算业务 促进贸易投资便利化”宣传月活动，在《吉林日报》、凤凰网、中国吉林网等媒体刊载便利化政策。2021年吉林省116家优质企业享受便利化业务额141亿元。

二、开展数据分析和常态化业务辅导，推升大宗商品贸易领域人民币使用

充分利用人民币跨境收付信息管理系统、外汇管理局应用服务平台相关数据，对省内大宗商品贸易企业的人民币使用情况、贸易方式、境外对手方国别、人民币接受度、结算习惯等进行大数据分析，制订大宗商品跨境人民币使用推进方案。组建中国人民银行长春中心支行和省内7家重点商业银行广泛参与的工作小组，聚焦吉林省内钢铁、铜业、大豆、玉米等大宗商品贸易领域，通过实地走访和组建交流群等方式，动态掌握大宗商品贸易企业需求，推动商业银行为企业提供涵盖投资咨询、融资方案、风险防控等有针对性的全产业链、一揽子跨境金融服务方案。2021年，吉林省大宗商品贸易领域人民币使用量同比增长76.3%。

三、深入走访重点外贸企业，助推人民币在周边国家使用

组织开展“走进俄日韩重点企业 助推人民币在周边国家使用”专项行动，选取565户俄日韩重点外贸企业，设定企业参与度、贸易项下跨境人民币结算量和本外币占比三项指标，指导银行机构对外贸企业提供有针对性的跨境人民币结算产品和服务。吉林省某银行根据某经贸企业跨境汇款量大、频率高、时效性强的特点，指导企业通过企业版网银等方式直接办理，极大地提高了企业办理跨境人民币汇款效率。某银行了解到企业受卢布汇率波动影响，盈利下降，及时建议企业采用人民币预收货款，并根据展业三原则，简化收款手续，保障企业跨境资金汇路通畅，帮助企业稳定收益。2021年吉林省贸易项下对俄日韩跨境人民币结算占本外币比重提高2个百分点，新增办理跨境人民币结算俄日韩企业35家。

四、重点推动大型央企，提高大型央企人民币跨境使用积极性

为充分发挥大型央企在开展跨境人民币业务中的示范引领作用、带动产业链相关企业使用人民币结算，吉林省内银行机构下沉金融服务，实施“一企一策”精准对接服务方案，深入重点央企、国企，宣讲跨境人民币便利化政策，推介贸易融资、国际贸易转贷款等业务，现场解答外商投资企业境内再投资、境外放款等业务的审核流程和数据报送问题，提高大型央企对跨境人民币结算的认识。某银行长春分行积极发挥跨境双向人民币资金池便利企业资金余缺调剂的作用，为省内重点集团企业提供流动性资金，满足集团企业经营需求。

（五）主要行业分析

1. 房地产行业稳步发展。吉林省房地产投资增速放缓。2021 年，吉林省全年完成房地产开发投资 1540.9 亿元，同比增长 5.5%，增速较上年回落 5.5 个百分点。其中，长春市完成房地产开发投资 1052.3 亿元，同比增长 5.6%。

房地产市场供给有所收缩。吉林省房屋新开工面积较快增长，2021 年，全省房屋新开工面积 3120.9 万平方米，同比增长 17.2%，但受房地产企业减少建安成本支出，延长竣工交付时间等因素影响，全省房屋竣工面积 845.5 万平方米，同比减少 12.4%。

房地产调控取得积极进展，房价涨幅收窄。2021 年，吉林省商品房销售面积 1836.3 万平方米，同比增长 0.3%。吉林省商品房销售均价为 7030 元 / 平方米，同比下降 6.8%。从国家统计局公布的 70 个大中城市住宅销售价格指数来看，2021 年 12 月，长春市和吉林市新建商品住宅销售价格指数涨幅同比分别回落 1.3 个和 0.1 个百分点。

图 13　2002—2021 年吉林省商品房施工和销售变动趋势

（数据来源：吉林省统计局）

房地产贷款增速回落。2021 年吉林省银行机构认真落实房地产贷款集中度管理政策，合理控制房地产贷款投放节奏，促进信贷资源更多地投向小微企业、“三农”等实体经济领域。2021 年末，吉林省房地产贷款余额 5893.6 亿元，按可比口径计算，同比增长 5.4%，增速较上年下降 8.1 个百分点。其中，房地产开发贷款同比增长 4.2%，增速较上年回落 10.7 个百分点；个人住房贷款同比增长 6.9%，增速较上年回落 8 个百分点，新投放的个人住房贷款 88% 用于支持居民家庭购买首套房等刚性购房需求。

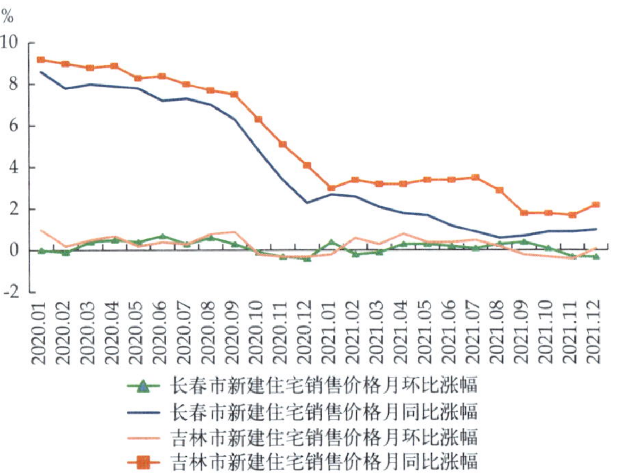

图 14　2020—2021 年吉林省主要城市新建住宅销售价格变动趋势

（数据来源：吉林省统计局）

2. 医药行业快速恢复。2021 年，吉林省医药市场加快扩容，医约产业整体向好。四价流感疫苗、鼻喷流感疫苗等创新品种投产上市，原有生长激素、胰岛素等重点品种在全国市场的占有率不断提高，医药行业企业产能扩大。2021 年，全省规模以上医药企业累计完成工业总产值 724 亿元，同比增长 18.5%，实现增加值 270.1 亿元，同比增长 20.8%。重点企业呈快速恢复态势。50 户重点企业全年累计完成产值 516.8 亿元，同比增长 23.2%。

三、预测与展望

2022 年，吉林省经济运行机遇与挑战并存。从有利因素看，国家支持东北全面振兴政策将逐步落地见效，吉林省农业基础更加稳固，服务业还有较大提升空间，创新创业日益活跃，更多市场主体加快成长。从不利因素看，吉林振兴发展仍处于滚石上山、爬坡过坎的重要关口，疫情变化和外部环境存在诸多不确定性，部分市场主体尚未恢复元气，大宗商品价格高企，芯片短缺制约仍未消除，汽车等支柱产业供应链相对薄弱、抗风险能力不强，中小微企业成本压力加大、困难增多。2022年，吉林省政府将全面贯彻党的十九大和十九届历次会议精神，深入落实习近平总书记视察吉林重要讲话重要指示精神，全面实施“一主六双”高质量发展战略，紧扣“两确保一率先”目标，稳定宏观经济大盘，保持经济运行在合理区间，推动吉林全面振兴全方位振兴取得新的进展。

2022年，吉林省金融业将深入贯彻落实稳健的货币政策，积极运用货币政策工具，持续调整优化信贷结构，精准加大对乡村振兴、普惠小微企业、科技创新、绿色经济等重点领域的金融支持力度，不断提升金融服务实体经济的能力和水平，有效防范化解金融风险，为吉林全面振兴全方位振兴取得新进展提供有力的金融支撑。

中国人民银行长春中心支行货币政策分析小组

总　　纂：朱兆文　林长杰

统　　稿：丁树成　王春萍　杨　珩　付炳科　李文凯

执　　笔：刘立杰　杨　柳　焦响乐　周飞虎　刘　健　商逸琪　王宇洋　董凯军　赵　锋　刘鸿鹄　孟　夏　侯佳彤　任建春　于　越　金　博

提供材料：陈一维　陈　亮　王述晨　刘中超

附录：

（一）2021 年吉林省经济金融大事记

4 月 27 日，长吉接合片区国家城乡融合发展试验区启动建设。

7 月 20 日，长春临空经济示范区正式揭牌。

9 月 8 日，第六届全球吉商大会在长春开幕，74 个吉商合作项目集中签约。

9 月 29 日，《关于实施“秸秆变肉”暨千万头肉牛建设工程的意见》出台，吉林省全年开工建设肉牛产业化项目 54 个，肉牛饲养量达 580.7 万头。

10 月 9 日，首届中国新电商大会在吉林长春举行。

10 月 9 日，《吉林省黑土地保护工程实施方案（2021—2025 年）》出台，年末，吉林省保护性耕作面积扩大到 2875 万亩。

10 月 28 日，吉林省“陆上风光三峡”工程全面开工，新能源装机将突破 1000 万千瓦，新能源利用率达 97.4%。

12 月 15 日，白敦高铁建成运营，长白山风景区接入全国高铁网。

12 月 24 日，吉林建设创新型省份获批，吉林省是全国第十一个、东北地区首个获批省份。

12 月，吉林省 2021 年粮食总产量达到 807.8 亿斤，创历史新高，对国家粮食增产贡献率达 17.7%。

（二）2021 年吉林省主要经济金融指标

表 1　2021 年吉林省主要存贷款指标

	项目	1 月	2 月	3 月	4 月	5 月	6 月	7 月	8 月	9 月	10 月	11 月	12 月
本外币	金融机构各项存款余额（亿元）	27703.4	27545.0	28179.3	27880.9	28488.8	28881.4	28814.8	28831.4	29227.5	29108.9	29304.8	29596.3
	其中：住户存款	17320.8	17704.8	18066.0	17881.1	17956.0	18336.5	18272.7	18377.3	18669.1	18537.8	18728.5	19189.3
	非金融企业存款	5731.2	5395.1	5538.4	5503.3	5475.5	5672.9	5618.3	5561.2	5550.2	5564.0	5581.6	5768.5
	各项存款余额比上月增加（亿元）	456.9	-158.4	634.3	-298.3	607.9	392.6	-66.6	16.6	396.1	-118.6	195.9	291.5
	金融机构各项存款同比增长（%）	12.4	12.1	11.8	9.8	9.7	8.7	8.8	7.3	8.1	6.6	6.7	8.6
	金融机构各项贷款余额（亿元）	23147.2	23205.3	23499.9	23779.5	23936.4	24178.0	24206.7	24201.4	24363.6	24491.3	24465.7	24609.8
	其中：短期	6876.0	6840.4	6962.8	7075.4	7076.2	7098.3	7109.3	7063.2	7065.4	7153.4	7164.8	7249.6
	中长期	15387.7	15492.3	15634.3	15742.9	15870.6	16003.6	16083.5	16123.0	16301.1	16375.1	16327.0	16370.0
	票据融资	544.7	533.5	530.9	584.0	608.1	711.3	657.3	679.2	687.3	671.1	690.2	687.0
	各项贷款余额比上月增加（亿元）	396.1	58.1	294.6	279.6	157.0	241.6	28.7	-5.3	162.2	127.8	-25.6	144.1
	其中：短期	61.3	-35.6	122.5	112.6	0.8	22.2	11.0	-46.2	2.2	88.0	11.4	84.8
	中长期	307.4	104.6	142.0	108.6	127.7	133.0	79.9	39.5	178.1	74.0	-48.2	43.1
	票据融资	18.7	-11.1	-2.6	53.0	24.1	103.2	-54.0	21.9	8.1	-16.2	19.0	-3.1
	金融机构各项贷款同比增长（%）	9.0	9.3	8.7	9.0	9.1	9.2	8.7	7.5	7.8	8.5	8.1	8.2
	其中：短期	-0.7	-1.6	-1.9	0.2	-0.1	0.2	0.9	-0.9	-0.2	2.9	3.6	6.4
	中长期	13.4	14.5	14.1	13.5	13.6	13.0	12.2	11.0	11.3	10.7	9.6	8.6
	票据融资	9.8	5.6	-4.0	4.6	11.4	31.9	27.4	33.5	30.9	36.1	41.7	30.6
	建筑业贷款余额（亿元）	770.6	793.5	810.6	822.4	839.1	838.6	844.6	858.2	864.9	860.1	867.1	880.8
	房地产业贷款余额（亿元）	1064.9	1081.7	1100.5	1103.8	1101.1	1101.9	1115.2	1112.6	1122.9	1127.2	1114.5	1114.6
	建筑业贷款同比增长（%）	25.8	29.0	25.4	26.5	28.4	22.4	20.0	16.6	19.5	16.1	15.1	15.3
	房地产业贷款同比增长（%）	12.6	14.4	14.4	13.2	11.8	11.1	10.1	6.6	6.7	2.6	1.4	2.5
人民币	金融机构各项存款余额（亿元）	27550.5	27414.0	28049.2	27751.1	28361.1	28753.3	28686.8	28700.2	29091.8	28975.6	29171.1	29461.8
	其中：住户存款	17226.9	17610.4	17971.2	17787.6	17864.4	18243.6	18179.8	18284.9	18577.2	18447.0	18636.6	19096.3
	非金融企业存款	5675.1	5361.4	5506.2	5469.6	5441.9	5640.2	5585.8	5525.2	5514.0	5528.3	5542.0	5730.1
	各项存款余额比上月增加（亿元）	430.7	-136.5	635.2	-298.1	610.0	392.2	-66.6	13.5	391.5	-116.1	195.4	290.8
	其中：住户存款	230.8	383.5	360.8	-183.5	76.7	379.3	-63.8	105.0	292.4	-130.2	189.6	459.7
	非金融企业存款	52.7	-313.7	144.8	-36.7	-27.7	198.3	-54.4	-60.6	-11.3	14.4	13.6	188.1
	各项存款同比增长（%）	12.4	12.2	11.9	9.9	9.7	8.7	8.8	7.3	8.1	6.6	6.7	8.6
	其中：住户存款	14.6	16.1	15.5	14.9	14.5	14.3	13.9	14.0	14.1	13.1	12.5	12.4
	非金融企业存款	13.9	11.1	12.9	5.9	3.2	3.4	2.1	-1.7	-4.3	-4.3	-6.3	1.8
	金融机构各项贷款余额（亿元）	23135.8	23193.9	23489.0	23765.8	23922.8	24165.6	24194.0	24186.6	24348.0	24478.2	24453.0	24594.7
	其中：个人消费贷款	5724.2	5744.9	5820.7	5868.7	5898.0	5936.9	5954.7	5968.2	5984.4	5998.8	5950.1	5894.7
	票据融资	544.7	533.5	530.9	584.0	608.1	711.3	657.3	679.2	687.3	671.1	690.2	687.0
	各项贷款余额比上月增加（亿元）	396.0	58.1	295.1	276.8	157.0	242.8	28.5	-7.4	161.3	130.2	-25.1	141.7
	其中：个人消费贷款	133.8	20.7	75.8	48.0	29.3	38.9	17.9	13.5	16.2	14.4	-48.8	-55.3
	票据融资	18.7	-11.1	-2.6	53.0	24.1	103.2	-54.0	21.9	8.1	-16.2	19.0	-3.1
	金融机构各项贷款同比增长（%）	9.1	9.4	8.8	9.1	9.1	9.2	8.7	7.5	7.8	8.5	8.1	8.2
	其中：个人消费贷款	11.6	12.9	13.4	13.5	13.2	12.7	11.5	9.9	9.0	8.8	7.3	5.4
	票据融资	9.8	5.6	-4.0	4.6	11.4	31.9	27.4	33.5	30.9	36.1	41.7	30.6
外币	金融机构外币存款余额（亿美元）	23.6	20.2	19.8	20.1	20.1	19.8	19.8	20.3	20.9	20.9	21.0	21.1
	金融机构外币存款同比增长（%）	22.3	9.0	-3.3	1.7	6.7	4.1	13.6	12.3	12.0	7.8	7.2	8.6
	金融机构外币贷款余额（亿美元）	1.8	1.8	1.7	2.1	2.1	1.9	2.0	2.3	2.4	2.1	2.0	2.4
	金融机构外币贷款同比增长（%）	-40.1	-39.7	-42.0	-24.4	-26.1	-32.9	-32.3	-22.3	45.2	26.4	16.1	37.1

数据来源：中国人民银行长春中心支行。

表 2 2001—2021 年吉林省各类价格指数

单位：%

时间		居民消费价格指数		农业生产资料价格指数		工业生产者购进价格指数		工业生产者出厂价格指数	
		当月同比	累计同比	当月同比	累计同比	当月同比	累计同比	当月同比	累计同比
2001		—	1.3	—	-1.0	—	1.8	—	0.3
2002		—	-0.5	—	0.4	—	-2.2	—	-1.4
2003		—	1.2	—	1.0	—	4.8	—	2.5
2004		—	4.1	—	6.3	—	10.5	—	5.0
2005		—	1.5	—	9.2	—	7.0	—	4.5
2006		—	1.4	—	-2.8	—	3.8	—	1.7
2007		—	4.8	—	6.0	—	5.2	—	2.7
2008		—	5.1	—	27.3	—	11.3	—	4.9
2009		—	0.1	—	-3.6	—	-4.7	—	-3.9
2010		—	3.7	—	-0.9	—	8.6	—	5.2
2011		—	5.2	—	11.4	—	6.1	—	5.4
2012		—	2.5	—	6.8	—	-0.7	—	-0.9
2013		—	2.9	—	0.8	—	-0.6	—	-1.3
2014		—	2.0	—	-4.9	—	-0.8	—	-0.9
2015		—	1.7	—	0.6	—	-3.4	—	-4.7
2016		—	1.6	—	-6.9	—	-2.2	—	-1.6
2017		—	1.6	—	-2.1	—	3.4	—	3.1
2018		—	2.1	—	3.7	—	3.5	—	2.8
2019		—	3.0	—	8.3	—	-0.8	—	-1.1
2020		—	2.3	—	—	—	-1.3	—	-1.4
2021		1.2	0.6	—	—	7.2	6.2	5.8	5.1
2020	1	5.7	5.7	—	—	1.2	1.2	0.5	0.5
	2	4.8	5.3	—	—	0.6	0.9	0.3	0.4
	3	4.2	4.9	—	—	-1.4	0.1	-0.9	0.0
	4	3.2	4.5	—	—	-3.1	-0.7	-2.6	-0.7
	5	2.3	4.0	—	—	-3.7	-1.3	-3.4	-1.2
	6	1.8	3.7	—	—	-2.7	-1.5	-2.2	-1.4
	7	2.2	3.5	—	—	-1.8	-1.6	-1.3	-1.4
	8	1.9	3.3	—	—	-1.1	-1.5	-1.5	-1.4
	9	2.0	3.1	—	—	-1.1	-1.5	-1.5	-1.4
	10	0.2	2.8	—	—	-1.5	-1.5	-1.7	-1.4
	11	-0.8	2.5	—	—	-1.4	-1.5	-1.4	-1.4
	12	0.4	2.3	—	—	0.2	-1.3	-0.4	-1.4
2021	1	-0.6	-0.6	—	—	2.5	2.5	0.9	0.9
	2	-0.3	-0.5	—	—	3.2	2.9	1.5	1.2
	3	0.4	-0.2	—	—	5.4	3.7	3.3	1.9
	4	0.6	0.0	—	—	6.7	4.4	6.2	2.9
	5	0.9	0.2	—	—	8.2	5.2	6.9	3.7
	6	0.6	0.3	—	—	6.5	5.4	5.8	4.1
	7	0.7	0.3	—	—	6.4	5.5	5.0	4.2
	8	0.7	0.4	—	—	6.3	5.6	5.9	4.4
	9	-0.2	0.3	—	—	6.1	5.7	6.2	4.6
	10	1.3	0.4	—	—	7.5	5.9	7.3	4.9
	11	2.5	0.6	—	—	8.9	6.2	6.8	5.1
	12	1.2	0.6	—	—	7.2	6.2	5.8	5.1

数据来源：吉林省统计局。

表 3 2021 年吉林省主要经济指标

项目	1 月	2 月	3 月	4 月	5 月	6 月	7 月	8 月	9 月	10 月	11 月	12 月
	绝对值（自年初累计）											
地区生产总值（亿元）	—	—	2771.5	—	—	6083.5	—	—	9535.6	—	—	13236.0
第一产业	—	—	216.1	—	—	410.4	—	—	700.4	—	—	1554.0
第二产业	—	—	912.3	—	—	2205.3	—	—	3488.9	—	—	4768.0
第三产业	—	—	1643.1	—	—	3467.8	—	—	5347.3	—	—	6913.0
工业增加值（亿元）	—	—	—	—	—	—	—	—	—	—	—	—
固定资产投资（亿元）	—	—	—	—	—	—	—	—	—	—	—	—
房地产开发投资	—	18.4	69.4	184.5	436.0	653.7	861.6	1072.6	1294.4	1431.3	1514.8	1540.9
社会消费品零售总额（亿元）	—	—	920.2	—	—	1931.4	—	—	2937.7	—	—	4216.6
外贸进出口总额（亿元）	—	278.4	404.1	528.6	654.7	791.0	946.0	1061.6	1187.7	1298.3	1410.0	1503.8
进口	—	224.4	317.8	414.2	513.5	622.3	749.7	837.3	934.1	1017.4	1104.9	1150.2
出口	—	54.0	86.3	114.4	141.2	168.7	196.3	224.3	253.6	281.0	305.0	353.5
进出口差额（出口－进口）	—	-170.5	-231.5	-299.7	-372.3	-453.7	-553.3	-613.0	-680.5	-736.4	-799.9	-796.7
实际利用外资（亿美元）	—	1.6	2.8	3.2	4.9	5.9	5.9	5.9	6.6	6.6	6.7	6.8
地方财政收支差额（亿元）	-45.3	-258.5	-443.8	-613.5	-740.1	-1053.1	-1314.9	-1512.1	-1776.0	-1955.2	-2205.3	-2252.8
地方财政收入	164.6	235.0	340.4	453.7	551.6	663.7	767.4	842.7	922.1	997.9	1052.0	1144.0
地方财政支出	209.9	493.5	784.1	1067.3	1291.6	1716.8	2082.2	2354.8	2698.0	2953.0	3257.3	3696.7
城镇登记失业率（%）（季度）	—	—	3.4	—	—	3.3	—	—	3.3	—	—	3.3
	同比累计增长率（%）											
地区生产总值	—	—	14.9	—	—	10.7	—	—	7.8	—	—	6.6
第一产业	—	—	6.0	—	—	6.1	—	—	6.1	—	—	6.4
第二产业	—	—	26.9	—	—	13.8	—	—	7.0	—	—	5.0
第三产业	—	—	10.6	—	—	9.4	—	—	8.6	—	—	7.8
工业增加值	—	35.0	28.7	22.3	17.8	16.0	12.4	8.3	6.1	4.1	4.3	4.6
固定资产投资	—	—	21.8	21.5	15.9	15.9	13.9	13.8	13.8	12.9	11.8	11.0
房地产开发投资	—	—	49.0	41.9	22.3	19.9	14.9	11.0	10.9	7.6	5.7	5.5
社会消费品零售总额	—	—	26.1	—	—	18.8	—	—	12.5	—	—	10.3
外贸进出口总额	—	51.4	39.9	28.2	29.4	30.2	34.0	31.8	27.7	22.1	19.8	17.3
进口	—	58.0	46.5	30.8	31.8	32.8	37.7	34.8	29.7	23.1	20.8	16.0
出口	—	28.8	19.9	19.9	21.2	21.5	21.5	21.8	20.6	18.6	16.1	21.5
实际利用外资	—	-25.6	8.2	6.8	47.4	51.3	44.9	30.7	28.3	20.1	21.8	20.0
地方财政收入	22.7	34.9	31.8	31.0	28.5	24.5	20.0	17.4	11.8	8.6	7.5	5.4
地方财政支出	-19.1	1.5	-5.8	-4.3	-5.4	-1.0	0.6	0.8	-0.2	0.4	0.6	0.0

数据来源：吉林省统计局。

黑龙江省金融运行报告（2022）

中国人民银行哈尔滨中心支行货币政策分析小组

[内容摘要] 2021 年，黑龙江省认真贯彻习近平总书记重要讲话重要指示批示精神，坚持稳中求进工作总基调，坚持新发展理念，服务和融入新发展格局，科学统筹推进疫情防控和经济社会发展，扎实做好“六稳”工作，全面落实“六保”任务，全省经济稳定恢复、持续向好。全年地区生产总值同比增长 6.1%，两年平均增长 3.5%，多项主要经济指标实现提升晋位，“十四五”实现良好开局。

从经济运行来看，一是内外需求总体稳定，投资拉动作用突出。固定资产投资完成额同比增长 6.4%，高于全国平均水平 1.5 个百分点，比上年提高 2.8 个百分点；两年平均增长 5.0%，高于全国平均水平 2.1 个百分点。基础设施、工业以及民生等重点领域投资分别实现两位数以上的增长。社会消费品零售总额同比增长 8.8%，消费升级相关产品增速加快，新型消费发展迅速。进出口总值同比增长 29.6%，对“一带一路”沿线国家和地区进出口总值同比增长 31.7%，贸易结构更加优化。招商引资成效显著，全省千万元及以上利用内资项目实际利用内资同比增长 64.7%，实际使用外资同比增长 10.8%。二是三次产业协调发展，产业结构进一步优化。第一、第二、第三产业增加值分别同比增长 6.6%、5.0% 和 6.3%，三次产业结构由上年的 25.1∶25.4∶49.5 调整为 23.3∶26.7∶50.0，第二产业、第三产业增加值占比提升。粮食总产量 1573.5 亿斤，实现“十八连丰”，农业现代化、科技化水平不断提高。规模以上工业产值突破万亿元，增加值增速连续两年超过全省 GDP 增速，工业利润快速增长。服务业稳步复苏，批发和零售业、住宿和餐饮业同比分别增长 10.6% 和 18.0%，已基本恢复至疫情前水平，电子商务等现代服务业快速发展。三是供给侧结构性改革稳步推进，经济发展内生动能增强。科技创新及成果转化步伐加快，高新技术企业净增家数同比增长 41.7%，技术合同成交额同比增长 31.8%。国企改革扎实推进，地方国企营业收入同比增长 16.6%。四是就业和物价总体稳定，居民收入稳步提高。全省实现城镇新增就业 41.9 万人，失业人员再就业 26.7 万人，超额完成全年预期目标；城镇登记失业率 3.18%，同比下降 0.19 个百分点。CPI 同比上涨 0.6%，年初以来保持温和上涨态势。全年城镇和农村居民人均可支配收入同比分别增长 8.1%、10.6%。五是财政收入较快增长，民生支出力度不减。全省一般公共预算收入同比增长 12.8%，增速高于全国平均水平 2.1 个百分点；民生类支出占一般公共预算支出的 87.1%，较上年提高 0.1 个百分点。

从金融运行来看，全省银行业、证券业和保险业运行总体平稳，经济“助推器”和“稳定器”作用显著增强。一是贷款保持合理增速，信贷投向持续优化。本外币各项贷款同比增长 8.1%，创近四年最高水平，与地区生产总值同比增速基本匹配。重点领域信贷增长显著，其中，工业中长期贷款、普惠小微贷款、新型农业经营主体贷款同比分别增长 15.2%、16.9% 和 12.1%。供应链融资、知识产权质押融资等金融创新探索加快推进，金融支持个体工商户专项行动取得明显成效。二是货币政策工具精准滴灌，引导贷款利率稳中有降。用好用足人民银行对信贷增长缓慢地区增加的再贷款资金和支持政策，全年累计投放再贷款、再贴现 461.4 亿元，同比增长 62.9%。在 LPR 改革发挥效能和再贷款优惠利率的持续引导下，全省贷款利率稳中有降。2021 年，黑龙江省金融机构人民币一般贷款加权平均利率 5.06%，与上年同期持平，其中，普惠小微企业贷款加权平均利率5.95%，同比下降0.2个百分点。三是银行业稳健运行，金融风险总体可控。黑龙江省银行业金融机构资产和负债总额同比分别增长9.3%和7.1%。农合机构改制化险稳步推进，高风险法人银行机构数量比上年减少14家。银行业金融机构不良贷款率比上年下降0.3个百分点，创近十年最低水平。四是证券业发展良好，资本市场融资步伐加快。全省有6家企业上市（IPO）在审、10家企业备案辅导，在审企业和在辅导企业数量创历年之最。新三板挂牌公司58家。全省企业在资本市场实现直接融资125.8亿元，其中，上市公司股权融资同比增长15.0%。五是保险业加快发展，经济“稳定器”功能持续发挥。与实体经济密切相关的农业保险、科技保险等保费收入快速增长，财产和人身保险赔付高增长态势显著，经济社会保障功能进一步发挥。六是金融生态环境建设加快推进，金融基础设施不断完善。征信体系服务覆盖范围持续拓宽，中小企业和农村信用体系建设持续深化。移动支付便民服务水平稳步提升，农村支付环境进一步优化。金融消费权益保护工作扎实开展。

2022年，黑龙江省经济发展机遇与挑战并存。一方面，中央实施一系列促进经济稳定政策，持续加大对粮食主产区支持力度、新增地方政府专项债券支持重点项目建设、适度超前开展基础设施投资等，为全省加快产业发展、扩大有效投资、夯实高质量发展基础带来难得机遇。另一方面，疫情对经济发展影响具有不确定性，中小微企业及个体工商户生产经营仍面临较多困难，工业对经济增长的贡献率偏低，科技成果转化率不高，实体经济有效需求不足等问题对经济增长形成较大压力和不确定性，但黑龙江省经济在面对各方面困难中展现了强劲的韧性，全省经济长期向好的基本面没有改变。

展望新的一年，面对国内外风险挑战，黑龙江省将完整、准确、全面贯彻新发展理念，服务和融入新发展格局，坚持做好“三篇大文章”、抓实“五头五尾”，沿着“五个要发展”①总体思路，深入推进农业农村现代化改革，大力实施创新驱动发展，加快产业结构转型升级，扩大消费拉动内需，培育壮大新动能，激发市场主体活力，推进绿色低碳发展，统筹疫情防控和经济社会发展，继续做好“六稳”“六保”工作，保持经济运行在合理区间，加力推进全面振兴全方位振兴。黑龙江省金融业将贯彻落实好稳健的货币政策，坚持创新驱动发展，坚持深入推进金融改革开放，以推进供给侧结构性改革为主线，充分发挥结构性货币政策工具精准支持作用，引导金融机构信贷结构不断优化，保持信贷总量合理增长，努力满足乡村振兴、民营小微、绿色低碳以及制造业高质量发展等重点领域和薄弱环节的融资需求，为稳定地区宏观经济大盘、服务黑龙江经济高质量发展营造适宜的金融环境。

一、金融运行情况

2021年，黑龙江省金融业运行平稳，社会融资规模稳步增长。银行业资产负债规模持续扩大，重点领域信贷较快增长，融资结构不断优化，融资成本持续走低；证券业发展良好，股票市场融资改善；保险业平稳发展，保险种类和结构更加丰富，经济补偿功能进一步发挥。重点领域金融风险防控取得积极进展，金融生态环境持续优化。

① “三篇大文章”指改造升级“老字号”、深度开发“原字号”、培育壮大“新字号”，是黑龙江省贯彻落实习近平总书记对黑龙江省重要指示精神，推进转方式调结构，实现经济振兴发展的切入点。“五头五尾”即“粮头食尾”“农头工尾”“油头化尾”“煤头电尾”“煤头化尾”，是深度开发“原字号”的重要抓手。“五个要发展”是2016年习近平总书记到全国人大黑龙江代表团发表重要讲话时提出的，包括向资源开发和精深加工要发展、向优势产业和产品延伸升级要发展、向高新技术产品产业化要发展、向引进外来战略投资者要发展和向选好用好各方面人才要发展。

（一）银行业稳健运行，服务实体经济质效进一步提升

1. 银行业资产负债均衡增长，地方法人金融机构改制稳步推进。2021 年末，黑龙江省银行业金融机构资产、负债总额分别为 4.7 万亿元和4.5 万亿元，同比分别增长9.3% 和7.1%。其中，地方法人金融机构资产总额和负债总额分别为 1.7 万亿元和 1.6 万亿元，同比分别增长 9.3% 和 8.7%。2021 年末，黑龙江省共有地方法人金融机构 129 家，其中，法人农合机构 78 家、已改制农商行 62 家，改制率达 80%（见表 1）。

表 1　2021 年黑龙江省银行业金融机构情况

机构类别	营业网点			法人机构（个）
	机构个数（个）	从业人数（人）	资产总额（亿元）	
一、大型商业银行	1874	43591	15796	0
二、国家开发银行和政策性银行	90	2528	7234	0
三、股份制商业银行	218	5219	3024	0
四、城市商业银行	580	13028	9807	2
五、城市信用社	0	0	0	0
六、小型农村金融机构	1861	27252	6362	84
七、财务公司	3	96	318	3
八、信托公司	1	204	241	1
九、邮政储蓄银行	1589	15924	3486	0
十、外资银行	7	92	55	0
十一、新型农村金融机构	96	1754	317	37
十二、其他	2	315	385	2
合　计	6321	110003	47025	129

数据来源：黑龙江银保监局。

注：营业网点不包括国家开发银行和政策性银行、大型商业银行、股份制商业银行等金融机构总部数据；大型商业银行包括中国工商银行、中国农业银行、中国银行、中国建设银行和交通银行；小型农村金融机构包括农村商业银行、农村合作银行和农村信用社；新型农村金融机构包括村镇银行、贷款公司、农村资金互助社；其他包含金融租赁公司、汽车金融公司、货币经纪公司、消费金融公司等。

2. 存款稳定增长，增势呈现结构分化。2021 年末，黑龙江省银行业金融机构本外币各项存款余额 34319.9 亿元，同比增长 8.6%，增速低于上年 4.8 个百分点；当年新增存款 2709.3 亿元，同比少增1033.0亿元（见图 1）。分部门看，住户存款保持较快增长，年末住户存款余额同比增长 13.3%，高于各项存款增速 4.7 个百分点；非金融企业存款余额同比增长 1.9%；机关团体存款余额同比下降 5.4%；财政性存款余额同比增长 1.8%。

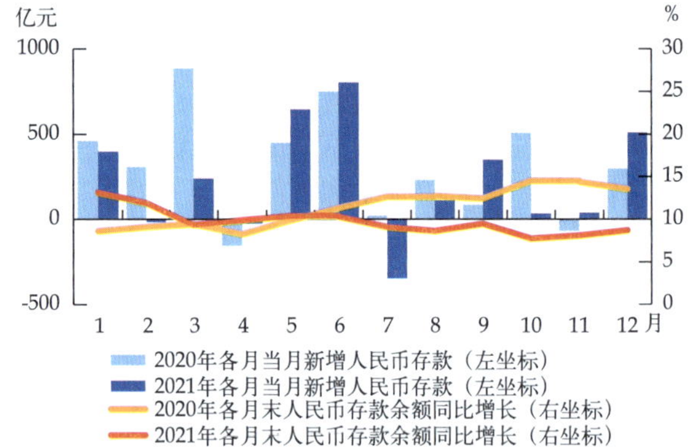

图 1　2020—2021 年黑龙江省金融机构人民币存款增长变化

（数据来源：中国人民银行哈尔滨中心支行）

3. 各项贷款平稳增长，重点领域贷款增势较快。2021 年，黑龙江省银行业金融机构积极克服省内局部疫情反复的不利影响，认真贯彻党中央关于区域协调发展的总体要求，全方位争取政策及资金支持，加大对实体经济重点领域的信贷投放力度，全年各项贷款增速逐季稳步提升（见图 2）。2021 年末，黑龙江省金融机构本外币各项贷款余额 24409.5 亿元，同比增长 8.1%，增速高于上年同期 3.1 个百分点（见图 3）；全年新增贷款 1823.6 亿元，同比多增 744.4 亿元，其中，开发性银行、政策性银行及国有商业银行新增贷款同比多增 479.0 亿元，占全省新增贷款比重的 40.8%，较上年提高 16.9 个百分点；法人金融机构贷款增速保持上年高增长态势，同比增长 13.3%。重点领域信贷增长明显，其中，工业中长期贷款、普惠小微贷款、新型农业经营主体贷款同比分别增长 15.2%、16.9% 和 12.1%。人民银行哈尔滨中心支行创新推动供应链金融示范行和科技金融建设，积极支持示范行对接重点产业链核心企业和科技型企业开展供应链融资、知识产权质押融资业务。2021 年末，全省供应链贷款余额 254.6 亿元，

同比增长 23.0%；科技型企业表内外融资余额 536.0 亿元，其中 5 家科技示范行贷款余额同比增长 8.2%。

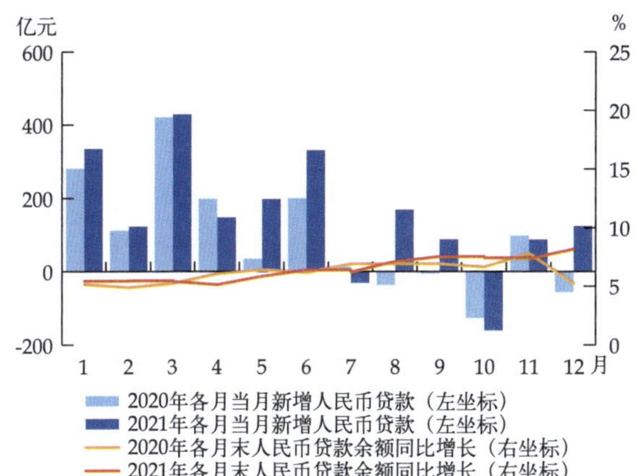

图 2　2020—2021 年黑龙江省金融机构人民币贷款增长变化

（数据来源：中国人民银行哈尔滨中心支行）

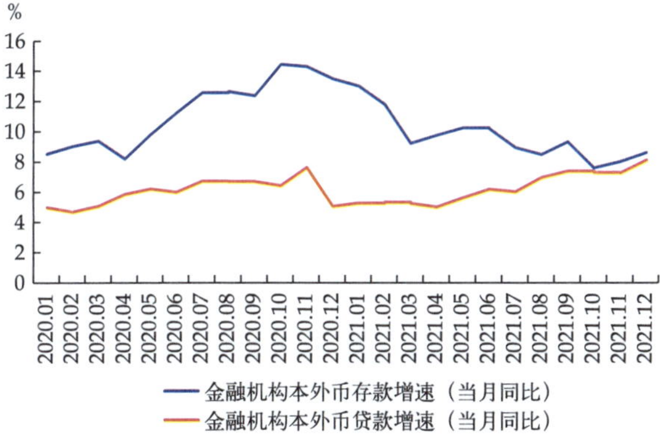

图 3　2020—2021 年黑龙江省金融机构本外币存贷款增速变化

（数据来源：中国人民银行哈尔滨中心支行）

4. 结构性货币政策工具持续发力，精准滴灌作用凸显。2021 年，黑龙江省大力推动 2000 亿元对信贷增长缓慢地区再贷款专项额度、3000 亿元支小再贷款政策及两项直达工具在辖内落地见效。2021 年末，全省共有 98 家法人银行机构使用再贷款，机构覆盖面比上年提高 42.5 个百分点；法人金融机构当年运用再贷款发放的贷款 244.4 亿元，贷款加权平均利率 5.39%，惠及企业 6.2 万户；累计办理再贴现 217.1 亿元，惠及企业 568 户。在两项直达工具的政策激励下，2021 年全省各银行机构累计为 2.1 万户普惠小微企业的 2558.3 亿元贷款提供延期还本付息支持；全省普惠小微企业信用贷款余额 270.1 亿元，同比增加 101.2 亿元。

5. 利率市场化改革持续推进，存贷款利率稳中有降。黑龙江省银行业金融机构不断完善利率定价机制建设，将 LPR 嵌入内部资金转移定价（FTP），增强 LPR 在金融机构内外部定价中的基准作用（见表 2）。2021 年，黑龙江省银行业金融机构人民币一般贷款加权平均利率 5.06%，与上年同期持平，其中，普惠小微企业贷款加权平均利率 5.95%，同比下降 0.20 个百分点，降幅明显。推动银行业金融机构存款利率报价方式统一转换，缓解银行负债端压力，存款利率尤其是中长期存款利率小幅下降。2021 年 12 月，3 年期、5 年期定期存款利率分别同比下降 0.33 个和 0.27 个百分点。

表 2　2021 年黑龙江省金融机构人民币贷款各利率区间占比

单位：%

项目		1 月	2 月	3 月	4 月	5 月	6 月
合计		100.0	100.0	100.0	100.0	100.0	100.0
LPR 减点		16.1	27.2	21.2	19.4	15.1	20.0
LPR		9.1	2.9	4.3	7.6	16.1	9.6
LPR 加点	小计	74.8	69.9	74.5	72.9	68.8	70.4
	(LPR，LPR+0.5%)	6.8	12.4	12.2	14.7	4.1	11.9
	[LPR+0.5%，LPR+1.5%)	28.4	20.1	19.9	16.8	18.9	15.8
	[LPR+1.5%，LPR+3%)	20.1	18.6	23.7	20.4	23.8	22.4
	[LPR+3%，LPR+5%)	18.4	17.9	17.5	19.6	20.7	18.6
	LPR+5% 及以上	1.1	1.0	1.2	1.4	1.4	1.7
项目		7 月	8 月	9 月	10 月	11 月	12 月
合计		100.0	100.0	100.0	100.0	100.0	100.0
LPR 减点		19.0	17.5	18.3	22.8	19.3	16.2
LPR		15.5	11.8	15.4	6.8	8.6	3.5
LPR 加点	小计	65.5	70.7	66.3	70.4	72.1	80.4
	(LPR，LPR+0.5%)	15.0	17.7	11.7	11.8	19.9	25.1
	[LPR+0.5%，LPR+1.5%)	13.9	14.7	16.8	16.7	13.2	15.8
	[LPR+1.5%，LPR+3%)	19.3	22.2	21.6	19.9	20.3	20.8
	[LPR+3%，LPR+5%)	15.8	14.4	14.9	20.3	16.4	16.3
	LPR+5% 及以上	1.5	1.7	1.3	1.8	2.3	2.5

数据来源：中国人民银行哈尔滨中心支行。

6.金融风险防范与处置取得积极进展，不良贷款率进一步降低。黑龙江省建立完善地方党政主要领导负责的财政金融风险处置机制及工作制度，进一步扩宽畅通央地间、部门间沟通协调渠道。扎实推进金融风险排查化解工作，推动制订出台黑龙江省农村信用社联合社高风险机构处置化解工作方案，全省农合机构改制化险稳步推进，高风险法人银行机构数量比上年明显减少。全省银行业金融机构不良贷款率比上年末下降0.3个百分点，创近十年最低水平。

7.重点领域跨境人民币收付增长，对俄同业融资业务再上新台阶。2021年，黑龙江省跨境人民币实际收付213.2亿元，占本外币跨境收付的比重为19.7%。其中，资本项目合计66.0亿元，同比增长54.8%，占资本项目下本外币跨境收付的比重为61.2%。对俄人民币跨境收付由降转升，收付金额合计62.8亿元，同比增长10.4%。全省大宗商品和对外承包工程两个重点领域企业跨境人民币实际收付74.9亿元，同比增长4.9%。辖内2家主要开展对俄业务的金融机构合计新增对俄同业融资147.0亿元，同比增长167.3%。

专栏1　人民银行哈尔滨中心支行“5条实招”支持个体工商户发展

2021年，人民银行哈尔滨中心支行（以下简称哈尔滨中支）将“我为群众办实事”实践活动与金融支持个体工商户专项行动相结合，动员全省金融力量，通过组织融资对接、用好货币政策工具、进一步降低融资成本、推动信贷产品创新、支付手续费减费让利五项具体措施，推动全省金融支持个体工商户工作取得明显成效。2021年末，全省个体工商户贷款余额572.6亿元，同比增长16.6%，高于全省人民币各项贷款增速8.5个百分点。

一是用好用足货币政策工具，协助个体工商户纾难解困。人民银行总行新增3000亿元支小再贷款额度后，哈尔滨中支第一时间组织召开加快支小再贷款投放进度推进会，引导地方法人银行机构将信贷产品与支小再贷款政策挂钩，加大民营小微企业和个体工商户纾困帮扶工作力度，并分别联合省委统战部和哈尔滨新区管委会组织开展培训班和线上“支小再贷款”政策宣讲会，为个体工商户及民营企业讲解支小再贷款、两项直达实体经济货币政策工具相关内容，取得良好反响。2021年末，全省地方法人银行机构运用支小再贷款累计为小微企业、个体工商户发放优惠利率贷款30.2亿元，惠及1015户个体工商户；累计为个体工商户提供3253次贷款延期还本付息政策支持，涉及贷款金额36.0亿元；个体工商户信用贷款余额122.4亿元，同比增长81.8%。

二是开展各类融资对接活动，解决个体工商户融资难问题。哈尔滨中支带领全省人民银行系统及各银行机构，努力克服省内局部疫情反复的客观困难，全力开展线上、线下对接和重点行业名单制对接等活动，全年累计组织融资对接500余次，为个体工商户提供贷款支持293.0亿元；组织银行上门服务个体工商户1万余户；累计组织银企座谈会396场，促成7593户个体工商户与银行机构面对面交流，现场解决融资过程中的难点和痛点问题。

三是推动科学合理定价，降低个体工商户融资成本。哈尔滨中支充分发挥货币政策工具精准滴灌作用，引导降低银行机构贷款利率定价水平。2021年12月，全省地方法人银行机构运用支小再贷款为小微企业、个体工商户发放的优惠贷款加权平均利率均低于同期同档次贷款利率近2个百分点，带动全省个体工商户贷款利率稳中有降。2021年12月，全省个体工商户贷款加权平均利率较年初下降0.4个百分点。

四是编制信贷创新产品服务手册，聚焦个体工商户个性化需求。哈尔滨中支指导全省银行机构对个体工商户进行精准画像，积极开发特色金融产品，如面向酒水饮品经销商推出“可乐e贷”“完达山e贷”“北大仓e贷”，面向烟草零售商推出“龙叶云贷”“线上烟户贷”等专属信贷产品，并将这些产品归集编入《黑龙江省金融支持个体工商户产品及服务手册》，精准定位、精准推送，有效满足个体工商户的个性化融资需求。为满足个体工商户对融资期限的灵活安排，减少资金闲置成本，大力推广“随借随还”业务模式。2021年末，全省个体工商户“随借随还”类贷款余额357.0亿元，同比增长74.0%，惠及个体工商户18.5万户。

五是打好减费让利组合拳，减轻个体工商户运营成本。哈尔滨中支积极推动支付服务手续费降费让利政策落实落地，指导辖内银行和支付机构做好小微企业识别、系统改造等各项准备工作；建立省市县三级联动工作机制，通过政策宣传、监督管理和调查研究，密切跟进支付手续费降费政策落实情况，确保支付手续费降费政策在全省全覆盖、无死角、不留白。2021年，黑龙江省累计降费规模近4432万元，惠及小微企业和个体工商户50余万户。

（二）证券业发展良好，资本市场融资步伐加快

1. 证券业发展保持稳定，法人机构收益呈高增长态势。2021年末，黑龙江省共有法人证券公司1家，证券分支机构184家，证券投资咨询公司1家，期货经纪公司2家，期货分支机构15家（见表3）。辖内法人证券公司利润同比增长91.7%；法人期货公司营业收入同比增长118.2%。

表3　2021年黑龙江省证券业基本情况

项目	数量
总部设在辖内的证券公司数（家）	1
总部设在辖内的基金公司数（家）	0
总部设在辖内的期货公司数（家）	2
年末国内上市公司数（家）	38
当年国内股票（A股）筹资（亿元）	34
当年发行H股筹资（亿元）	0
当年国内债券筹资（亿元）	132
其中：短期融资券筹资额（亿元）	40
中期票据筹资额（亿元）	0

数据来源：黑龙江省证监局、中国人民银行哈尔滨中心支行。

2. 资本市场融资增长较快，有力支持实体经济恢复发展。2021年，黑龙江省共有上市公司38家，其中，沪市26家、深市12家。6家企业上市（IPO）在审、10家企业备案辅导，在审企业和在辅导企业数量创历年之最。新三板挂牌公司58家。2021年，黑龙江省企业在资本市场实现直接融资125.8亿元，其中上市公司股权融资同比增长15.0%。证券保险机构大力开展“保险+期货”业务模式，2021年，5个项目实现县域全覆盖；承保大豆、玉米现货量70余万吨，生猪26.2万头，有力支持农业产业化发展。

（三）保险业加快发展，经济稳定器功能持续发挥

1. 保险业市场规模稳定，保费收入小幅增长。2021年末，黑龙江省共有保险公司法人机构1家，各级保险分支机构50家，其中，按业务性质分类，财险公司分支机构22家。寿险公司分支机构28家。2021年，黑龙江省保险业实现原保险保费收入995.5亿元，同比增长2.1%；当年累计赔款与给付支出339.3亿元，同比增长10.3%（见表4）。

表 4　2021 年黑龙江省保险业基本情况

项目	数量
总部设在辖内的保险公司数（家）	1
其中：财产险经营主体（家）	1
寿险经营主体（家）	0
保险公司分支机构（家）	50
其中：财产险公司分支机构（家）	22
寿险公司分支机构（家）	28
保费收入（中外资，亿元）	995.5
其中：财产险保费收入（中外资，亿元）	198.5
人身险保费收入（中外资，亿元）	797.0
各类赔款给付（中外资，亿元）	339.3

数据来源：黑龙江省银保监局。

2. 保险业聚焦主业，经济稳定器功能持续发挥。在财产险方面，黑龙江省车险保额和赔付支出同比分别增长 112.6% 和 19.6%，车均保费同比下降 16.3%，减费让利约 28 亿元。与实体经济密切相关险种发展加快，农业保险保费收入同比增长 12.5%，科技保险保费收入同比增长 117.8 倍；信用险、工程险、船舶险赔付支出同比分别增长 264.5%、164.6% 和 69.2%。在人身险方面，普通寿险保费同比增长 17.7%；人身险赔付支出同比增长 15.1%，其中，健康险赔付同比增长 73.4%，高于全国平均增速 28.2 个百分点，行业进一步回归保障功能，赔付高增长态势显著。

（四）社会融资规模小幅增长，金融市场运行平稳

1. 社会融资规模同比少增，表外融资降幅较大。2021 年，黑龙江省社会融资规模新增 1580.6 亿元，同比少增 318.6 亿元。从结构看，本外币贷款增加 1773.4 亿元，同比多增 715.0 亿元，是社会融资规模增量的 1.1 倍。表外融资减少 1190.4 亿元，同比多减 876.9 亿元，与全国表外融资变动趋势一致。其中，受压缩融资类和通道类信托业务的监管要求影响，信托贷款减少 916.0 亿元，同比多减 430.9 亿元；受银行加大对表外银承业务的风险管控以及表外业务转表内等因素影响，未贴现的银行承兑汇票减少 307.0 亿元，同比多减 517.8 亿元；委托贷款增加 32.6 亿元，同比多增 71.8 亿元。受存量债券到期集中兑付增加和企业新增债券融资需求不足等因素影响，直接融资减少 160.1 亿元，同比多减 139.0 亿元。政府债券净融资增加 767.3 亿元，同比少增 166.2 亿元（见图 4）。

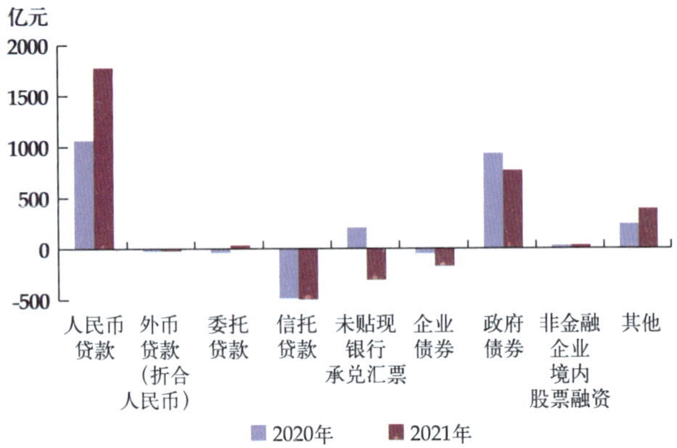

图 4　2020—2021 年黑龙江省社会融资规模增量分布结构对比

（数据来源：中国人民银行哈尔滨中心支行）

2. 债券业务呈净融出态势，债券融资稳步发展。2021 年，黑龙江省银行业金融机构在银行间债券市场债券业务累计成交金额 17.9 万亿元，同比增长 39.5%。其中，融入资金 6.0 万亿元、融出资金 11.9 万亿元，净融出资金 5.9 万亿元。全省当年新发行公司信用类债券 131.8 亿元，发行量同比小幅下降。2 家城商行成功发行永续债、二级资本债共计 123.0 亿元，资本充足率得到提升。

3. 票据业务发展平稳，贴现利率持续走低。2021 年，黑龙江省银行业金融机构银行承兑汇票业务累计发生额同比增长 6.0%，票据贴现业务累计发生额同比下降 84.5%（见表 5），银行承兑汇票和商业承兑汇票贴现利率逐季走低（见表 6）。

表 5　2021 年黑龙江省金融机构票据业务统计量

单位：亿元

季度	银行承兑汇票承兑		贴现			
			银行承兑汇票		商业承兑汇票	
	余额	累计发生额	余额	累计发生额	余额	累计发生额
1	665.6	205.8	864.7	201.8	116.4	35.7
2	638.6	487.2	1115.9	450.2	177.3	52.3
3	680.0	758.9	1185.9	633.1	214.4	82.7
4	728.7	1070.1	1141.6	807.5	182.6	113.6

数据来源：中国人民银行哈尔滨中心支行。

表 6　2021 年黑龙江省金融机构票据贴现、转贴现利率

单位：%

季度	贴现		转贴现	
	银行承兑汇票	商业承兑汇票	票据买断	票据回购
1	3.32	3.47	3.15	2.64
2	2.96	3.83	2.74	2.45
3	2.67	2.97	2.40	2.32
4	2.43	2.91	—	—

数据来源：中国人民银行哈尔滨中心支行。

（五）金融生态环境建设加快推进，金融基础设施不断完善

1. 征信服务覆盖范围持续拓宽。2021 年，黑龙江省全力推广动产和权利担保统一登记业务，累计提供查询服务 30.1 万次，助力企业盘活动产资源。积极开展“信用龙江”建设，选取 28 个企业园区作为示范点，为 2187 家企业建立信用档案并开展信用培育，帮助 459 户企业获得融资 56.7 亿元。大力推进“信用户”“信用村”“信用乡（镇）”评定工作，推动 10 家商业银行与省农业大数据中心开展合作，对农户和新型农业经营主体投放线上贷款超 600 亿元，是上年的 3.8 倍，服务各类经营主体 50 余万户，是上年的 3.2 倍。自助查询网点数量增至 178 个，13 家银行机构开通了线上查询业务，全年累计提供信用报告查询服务超 1100 万次，征信服务获得感和便利度进一步增强。中征应收账款融资服务平台作用持续发挥，全省 2643 家企业在平台注册，累计促成融资交易 1383 笔，融资金额 863.7 亿元，同比分别增长 6.0 倍和 8.1 倍。

2. 移动支付便民服务水平稳步提升。2021 年，黑龙江省大小额支付系统共计处理业务 4071.1 万笔、金额 51.2 万亿元（见表 7）。全省全面推动移动支付服务普惠式发展。将冬奥会支付环境建设、适老化支付服务、小微企业支付服务纳入黑龙江省移动支付便民工程建设范畴，不断提升县域和农村地区移动支付服务水平。乡村振兴卡发行量同比增长 3.7 倍，农村支付环境进一步优化。2021 年末，全省云闪付注册用户数达 1121.9 万户，手机号码支付业务累计新增注册 18.7 万户。

3. 金融消费权益保护工作持续推进。2021 年，黑龙江省建立了全省首家农村金融教育示范基地，聚焦重要时点和重点人群，采取短视频、现场授课等方式开展金融知识宣传，有效推动了县域及农村地区金融知识普及教育。全省各地市建成金融纠纷调解工作站，省市两级金融纠纷调解体系初步形成。

表 7　2020—2021 年黑龙江省支付体系建设情况

年份	支付系统直接参与方（个）	支付系统间接参与方（个）	支付清算系统覆盖率（%）	当年大额支付系统处理业务数（万笔）	同比增长（%）
2020	4	3422	—	1160.6	-60.2
2021	4	3503	—	1006.0	-13.3

年份	当年大额支付系统业务金额（亿元）	同比增长（%）	当年小额支付系统处理业务数（万笔）	同比增长（%）	当年小额支付系统业务金额（亿元）	同比增长（%）
2020	403621.8	-15.7	2936.3	21.0	9342.7	172.2
2021	501446.0	24.2	3065.1	4.4	10547.1	11.4

数据来源：中国人民银行哈尔滨中心支行。

二、经济运行情况

2021 年，黑龙江省积极有效应对内外挑战，

科学统筹推进疫情防控和经济社会发展，经济稳定恢复、持续向好，发展韧性持续显现。全年实现地区生产总值 14879.2 亿元，同比增长 6.1%（见图 5），第一、第二、第三产业增加值分别同比增长 6.6%、5.0% 和 6.3%。

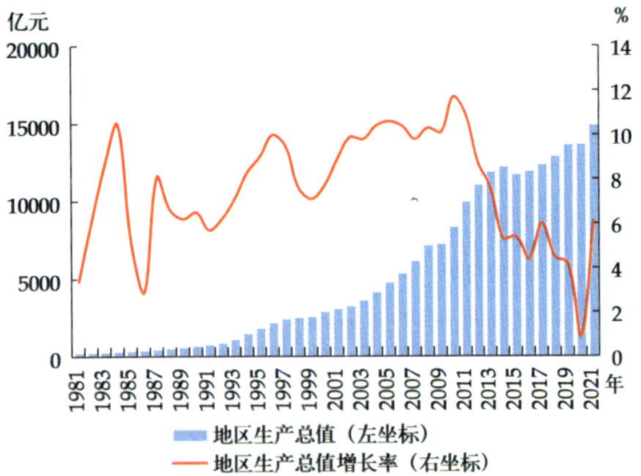

图 5　1981—2021 年黑龙江省地区生产总值及其增长率

（数据来源：黑龙江省统计局）

（一）内外需求总体稳定，投资保持较快增长

1. 投资增势良好，结构持续优化。2021 年，黑龙江省强力推动招商引资、下大力度促进项目投资落地，带动投资加快增长。全省固定资产投资完成额同比增长 6.4%（见图 6），高于全国平均水平 1.5 个百分点，比上年提高 2.8 个百分点；两年平均增长 5.0%，高于全国平均水平 2.1 个百分点。从三次产业看，第一、第二、第三产业投资分别增长 5.6%、14.5% 和 2.2%。分领域看，基础设施投资增长 10.3%；工业投资增长 12.6%，其中，工业技术改造投资增长 18.2%；高技术产业投资增长 15.3%，其中，高技术制造业投资增长 24.0%；民生补短板持续加力，推动民生领域投资增长 19.8%。受项目接续不足等因素影响，房地产开发投资下降 4.6%。从项目储备情况看，全省新签约千万元及以上利用内资项目 1393 个，同比增长 29.0%，投资增长后劲充足。

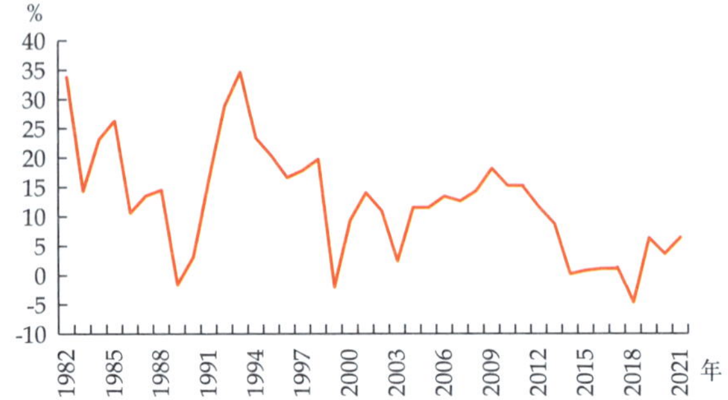

图 6　1982—2021 年黑龙江省固定资产投资（不含农户）增长率

（数据来源：黑龙江省统计局）

2. 消费市场持续恢复，消费升级趋势明显。2021 年，黑龙江省社会消费品零售总额同比增长 8.8%（见图 7）。消费升级相关产品增速加快，限额以上单位体育娱乐用品类、文化办公用品类、新能源汽车商品零售额分别同比增长 36.7%、11.2% 和 160.0%。能源类商品增势强劲，限额以上单位煤炭及制品类、石油及制品类分别同比增长 220.0% 和 32.1%。新型消费发展迅速，网上零售额同比增长 30.0%，全省限额以上企业（单位）通过互联网实现商品零售总额同比增长 11.5%，较上年同期提高 19.1 个百分点。

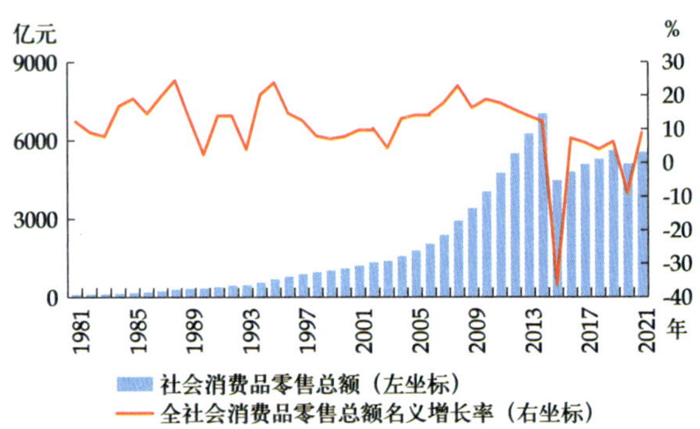

图 7　1981—2021 年黑龙江省社会消费品零售总额及其增长率

（数据来源：黑龙江省统计局）

3. 对外贸易增势良好，利用外资增速加快。2021 年，黑龙江省积极推进贸易高质量发展，培育外贸新业态，持续推动加工贸易产业园区、外贸转型升级基地等平台建设，助企开

拓境外市场。全省进出口总值1995.0亿元，同比增长29.6%，增速高于全国平均水平8.2个百分点，居全国第九位。其中，出口447.7亿元，同比增长24.4%；进口1547.3亿元，同比增长31.2%。与主要贸易伙伴进出口增势良好，特别是对“一带一路”沿线国家和地区进出口总值同比增长31.7%。贸易结构进一步优化，机电产品、高新技术产品分别占全省商品出口总额的39.2%和17.1%，占比进一步扩大。实际使用外资同比增长10.8%，其中第二产业同比增长18.3%；新签利用外资项目126个，同比增长11.5%。

（二）产业结构进一步优化，供给侧结构性改革稳步推进

2021年，黑龙江省第一、第二、第三产业增加值分别同比增长6.6%、5.0%和6.3%。三次产业结构由上年的25.1∶25.4∶49.5调整为23.3∶26.7∶50.0，其中，第二产业和第三产业增加值占比分别较上年提高1.3个和0.5个百分点，产业结构不断优化。

1.农业发展趋势良好，粮食产量再创新高。2021年，黑龙江省扎实推进科技农业、绿色农业、质量农业、品牌农业建设与乡村振兴战略实施有效衔接。全省农林牧渔业总产值同比增长7.1%，增速为2009年以来最高。粮食总产1573.5亿斤，实现“十八连丰”，增产65.4亿斤，新增产量占全国增量的24.5%。加力推进黑土地保护，新建高标准农田1024.6万亩，黑土地保护“龙江模式”“三江模式”在全国推广，圆满完成耕地保护目标任务。种业振兴开局良好，建设16个国家级良种繁育基地，主要农作物良种基本实现全覆盖。绿色有机食品认证面积8816.8万亩。畜牧业生产持续增长，生猪产能全面恢复，出栏量同比增长24.5%，创历史新高。新型农业经营主体加快发展，合作社达到9.6万个，家庭农场达到6.2万个，农业生产全程托管服务面积2042万亩。农村人居环境整治扎实推进，新建改建农村公路4000公里。守住了不发生规模性返贫底线，脱贫攻坚成果进一步巩固提升。农村居民人均可支配收入同比增长10.6%，增速为近7年来最高。

2.工业经济提质增效，支柱产业稳固发展。2021年，黑龙江省规模以上工业产值突破万亿元，增加值增速连续两年超过全省GDP增速，达到2013年以来最高水平（见图8）。规模以上工业企业突破4000户，工业利润大幅增长，增速超过全国平均水平。全省40个行业大类中，近九成行业增加值同比增长。其中，装备、石化、食品、能源四大支柱产业增加值同比分别增长13.3%、9.8%、6.1%和6.3%。高技术制造业增加值同比增长9.5%。新建5G基站1.8万个，建成全省首个工业互联网标识解析综合二级节点平台，成功申报哈尔滨国家级互联网骨干直联点。

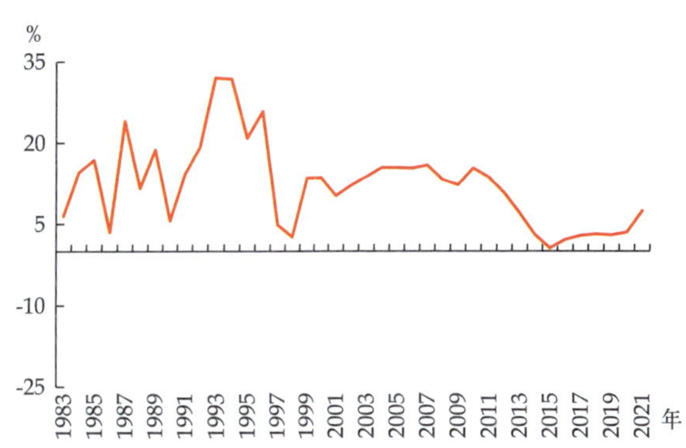

图8　1983—2021年黑龙江省规模以上工业增加值增长率

（数据来源：黑龙江省统计局）

3.服务业稳定恢复，电子商务领域蓬勃发展。2021年，黑龙江省第三产业增加值7440.9亿元，同比增长6.3%，占GDP的比重较上年提高0.5个百分点。其中，批发和零售业、住宿和餐饮业分别同比增长10.6%和18.0%，已基本恢复至疫情前水平。电子商务蓬勃发展，113个电商产业园区入驻企业3472家，示范县网店总数9.9万个、网上零售额同比增长30.0%。推进“快递下乡进村”，邮政业务总量同比增长20.3%。成功举办第四届旅发大会，全年接待游客1.6亿人次，实现旅游收入1345.1亿元。

4.供给侧结构性改革稳步推进，高质量发

展内生动力增强。一是新动能培育加速推进。实施新一轮科技型企业三年行动计划，高新技术企业净增806家，同比增长41.7%；技术合同成交额实现352.9亿元，同比增长31.8%，全省科技创新步伐加快。二是补短板领域投资持续加力。全省基础设施投资同比增长10.3%，教育、卫生等民生领域投资大幅增长。三是国企改革扎实推进，全省地方国企营业收入同比增长16.6%。四是营商环境持续向好。“办照即营业”“码上诚信”等创新改革成果全省推广，社会满意度不断提高。

5. 污染防治成果巩固提升，生态文明建设扎实推进。2021年，黑龙江省持续打好蓝天、碧水、净土保卫战，污染防治攻坚战连续两年位列国家优秀序列。淘汰城市建成区35蒸吨以下燃煤锅炉43台，全省优良天数比率94.8%，重污染天数同比下降58.3%。4条河流退出劣V类，劣V类水体比例同比下降2.9个百分点。全面落实河湖长制，推进实施林长制、田长制，统筹山水林田湖草沙一体化保护修复，营造林155.9万亩，治理侵蚀沟1706条。成立低碳企业联盟，全省共有140家重点企业纳入全国碳市场管理。

（三）就业、物价总体稳定，居民收入稳步提高

1. 居民消费价格温和上涨。2021年，黑龙江省CPI累计上涨0.6%，涨幅较上年同期下降1.7个百分点。其中，交通和通信价格涨幅最大，全年上涨4.0%，居住价格保持稳定，小幅上涨0.3%，医疗保健价格上涨1.1%；食品烟酒、生活用品及服务以及其他用品及服务价格分别下降0.5%、0.2%和0.6%，医疗保健类价格上涨1.8%，教育文化和娱乐类价格上涨1.4%，生活用品及服务类价格上涨0.8%；交通和通信类价格下降3.5%，衣着类价格下降0.6%，居住类价格下降0.2%。

2. 工业生产者价格大幅上涨。2021年，受全球大宗商品及原材料价格大幅上涨的影响，黑龙江省工业生产者出厂价格指数和购进价格指数分别同比上涨12.3%和10.5%。其中，重工业领域采掘和原料出厂价格涨幅位列前两名，分别上涨32.6%和14.3%。

图9　2003—2021年黑龙江省居民消费价格指数和工业生产者价格指数变动趋势

（数据来源：黑龙江省统计局）

3. 居民就业收入稳定增长。2021年，黑龙江省实现城镇新增就业41.9万人，失业人员再就业26.7万人，超额完成全年预期目标；城镇登记失业率3.18%，同比下降0.19个百分点。居民收入稳步提高。城镇居民人均可支配收入33646元，同比增长8.1%；农村居民人均可支配收入17888元，同比增长10.6%，城镇居民与农村居民收入差距进一步收窄。

（四）财政收入稳定增长，民生支出力度不减

2021年，黑龙江省实现一般公共预算收入1300.5亿元，同比增长12.8%，2月以来始终保持两位数增长，增速高于全国平均水平2.1个百分点；一般公共预算支出5104.5亿元，同比下降6.3%。地方财政收支差额同比缩减492.9亿元，财政收支缺口自2018年后首次实现大规模下降。在财政收支持续承压的情况下，民生领域支出占比不减，全省民生类支出4445.3亿元，占一般公共预算支出的87.1%，较上年提高0.1个百分点；全年新增减税降费63亿元以上。2021年，黑龙江省发行地方债1387.0亿元，同比增长2.7%。其中，一般债券发行额780.5亿元，

同比下降4.3%；专项债券发行额606.5亿元，同比增长13.3%，为支持全省重点领域发展和重大项目建设提供了强有力支持。

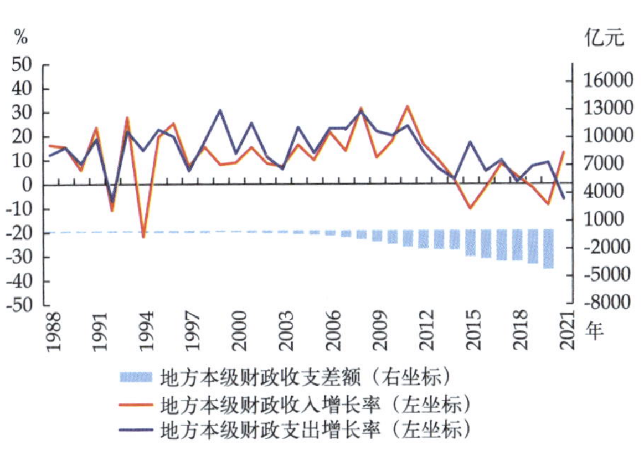

图10　1988—2021年黑龙江省财政收支状况

（数据来源：黑龙江省统计局）

（五）房地产市场运行总体平稳

1. 房地产投资小幅降低，商品房销售趋缓。 2021年，黑龙江省房地产开发投资完成额936亿元，同比下降4.8%，增速较上年降低7.4个百分点。全省商品房销售面积1494.4万平方米，同比下降9.8%，降幅较上年末回升1.5个百分点。全省商品房销售额858.1亿元，同比下降19.4%，较上年末回升3.3个百分点（见图11）。

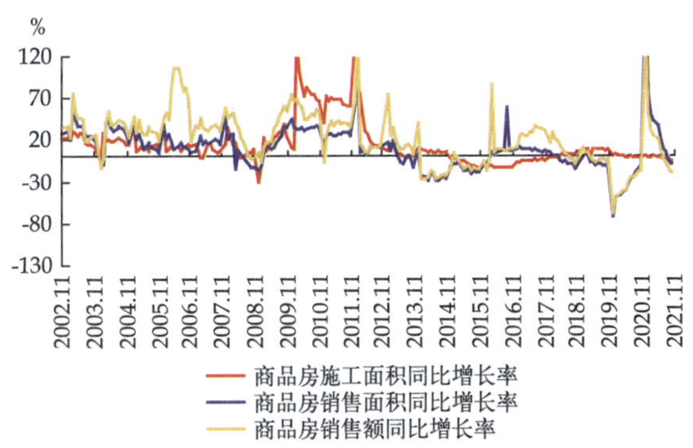

图11　2002—2021年黑龙江省商品房施工和销售变动趋势

（数据来源：黑龙江省统计局）

2. 房地产贷款增势回落。 2021年，黑龙江省银行业金融机构严格执行房地产金融审慎管理要求，支持居民家庭合理住房消费，全省住房信贷增势放缓。年末，全省房地产贷款余额同比增长3.0%，增幅较上年末下降4.9个百分点。其中，个人住房贷款余额同比增长4.5%，较上年末下降4.4个百分点；保障性住房开发贷款余额同比增长2.5%，较上年末下降2.4个百分点。

专栏2　黑龙江省筑牢绿色金融发展政策支撑体系

2021年，中国人民银行哈尔滨中心支行认真贯彻落实人民银行总行绿色金融工作部署，将筑牢全省绿色金融发展基础作为基层履职的工作重点，按照“政府主导、央行推动、多方参与、共赢受益”的工作原则，推动全省绿色金融工作取得积极进展。2021年末，全省银行业金融机构本外币绿色贷款余额1196.0亿元，同比增长23.6%，高于各项贷款增速15.5个百分点；绿色贷款占各项贷款比重为4.9%，较上年同期高0.6个百分点。

一、主要做法

（一）建立联动机制，形成绿色金融工作合力

成立由分管副省长为组长，包括21个成员单位的绿色金融专项小组，形成全省各部门协同推进绿色金融工作的领导机制和协调联动合力。印发《黑龙江省绿色金融工作实施方案》，为全省统筹推进绿色金融工作提供总遵循。

（二）健全评价标准，搭建绿色金融数字化发展平台

一是立足黑龙江省产业特色，对标国内绿色产业标准，制定《黑龙江省绿色金融支持企业及项目评价认定指导目录》，为全省金融机构认定绿色企业及项目提供支持。二是创建承载信息发布、融资对接、绿色评价、统计分析等功能的“龙江绿金云服务平台”。三是通过“企业自主申报 + 政府部门和金融机构推荐 + 第三方机构评估认证”的方式，创建绿色企业项目库，提升绿色金融服务精准度。

（三）完善政策激励，提升绿色金融业务开展的内生动力

制定《黑龙江省银行业金融机构绿色金融评价实施细则》，将绿色金融评价结果纳入央行评级，着力提升法人机构绿色金融绩效。同时，研究制定绿色金融奖补政策，探索将评价结果与政策担保、贷款贴息、风险补偿等奖励措施挂钩，引导更多的资源投向绿色低碳领域。组织召开碳减排支持工具专项工作推进会，引导辖内有条件的银行业金融机构积极申报和使用再贴现和碳减排支持工具。

（四）突出区域特色，推动绿色金融工作创新发展

一是在齐齐哈尔市开展农业碳账户试点，跟踪监测农业生产经营主体的碳排放，并出台指导意见，引导金融机构积极对接。2021 年，齐齐哈尔市共建立种植主体碳排放核算账户 5980 个。二是组织开展绿色金融“一市一品”活动。动员全省人民银行系统及各银行机构，以各市（地）绿色产业、绿色项目为重点，分别推出一款具有明显地方特色的绿色信贷产品或服务模式，满足绿色企业和项目的个性化融资需求。三是在全国煤炭供需形势紧张背景下，与全省 130 家煤炭、煤电重点名单企业（项目）开展融资对接，并将驻企金融联络员工作机制与煤炭煤电保供、推动企业绿色转型相结合，全力保障煤炭煤电企业贷款需求。全年累计为名单内煤炭、煤电企业提供贷款支持 51.2 亿元。

二、取得的成效

（一）政策工具落地见效，示范效应突出

2021 年 7 月至年末，全省银行业金融机构累计获得碳减排支持工具支持的碳减排贷款 28.7 亿元，加权平均利率 4.05%，较 5 年期 LPR 低 60 个基点，支持碳减排项目 41 个，预计带动年度碳减排量 472.1 万吨二氧化碳当量；累计为金融机构办理绿色票据再贴现 1 亿元，支持节能环保产业、生态环境产业等 11 家企业，为企业节省票据融资成本 20 万元。

（二）金融机构绿色经营体系不断健全，绿色金融产品创新稳步推进

省内 18 家全国性金融机构均设立了绿色信贷专营或牵头管理部门和岗位，建立了较为完善的绿色信贷系统。全省地方法人银行机构中，44.3% 的机构设立了绿色信贷专门管理岗位，70.0% 的机构建立了绿色金融台账，68.7% 的机构为办理绿色金融业务设置了绿色通道。全省银行业金融机构累计推出 6 大类涉及碳排放权质押、特许经营权质押、应收补贴款项质押、供应链产业链融资、随借随还和审批绿色通道的 47 项绿色金融产品创新和服务模式创新，累计发放贷款 51.34 亿元，辐射企业 131 家。

三、预测与展望

2022 年，黑龙江省经济发展机遇与挑战并存。一方面，中央实施一系列促进经济稳定政策，持续加大对粮食主产区支持力度、新增地方政府专项债券支持重点项目建设、适度超前开展

基础设施投资等，为全省加快产业发展、扩大有效投资、夯实高质量发展基础带来难得机遇。另一方面，疫情对经济发展影响具有不确定性，中小微企业、个体工商户生产经营仍面临许多困难，工业对经济增长的贡献率偏低、科技成果转化率不高、实体经济有效需求不足等因素叠加影响，导致经济运行中存在的问题、压力及不确定性仍然较大。金融业整体水平与发达地区差距拉大，资本市场发展相对缓慢，部分领域金融风险不容忽视。

新的一年，面对国内外风险挑战，黑龙江省将完整、准确、全面贯彻新发展理念，服务和融入新发展格局，在做好“三篇大文章”、抓实“五头五尾”，沿着“五个要发展”等发展路径下，深入推进农业农村现代化改革，大力实施创新驱动发展，加快产业结构转型升级，扩大消费拉动内需，培育壮大新动能，激发市场主体活力，推进绿色低碳发展，统筹疫情防控和经济社会发展，继续做好“六稳”“六保”工作，全省经济运行将继续保持平稳健康发展态势。黑龙江省金融业将贯彻落实好稳健的货币政策，坚持创新驱动发展，坚持深入推进金融改革开放，以推进供给侧结构性改革为主线，充分发挥结构性货币政策工具精准支持作用，引导金融机构信贷结构不断优化，保持信贷资金总量合理增长，努力满足乡村振兴、民营小微企业、绿色发展以及制造业等经济重点领域和薄弱环节发展融资需求，为稳定宏观经济大盘、服务黑龙江经济高质量发展营造适宜的金融环境。

中国人民银行哈尔滨中心支行货币政策分析小组

总　　纂：张远军　齐贵权

统　　稿：刘　畅　赵振宁

执　　笔：李婷婷　周明佳　杨希茹　王　迟　程逸飞　肖九思　许　硕

提供材料：黄海洋　常云峰　鹿雨竹　薛鹏骞　孙　杨　杨洪书　董　磊　刘思维　许　鑫
鲁　荣　罗　希　徐　扬

附录：

（一）2021 年黑龙江省经济金融大事记

4 月 1 日，中共黑龙江省委、黑龙江省人民政府结合黑龙江省“三农”工作实际，提出关于全面推进乡村振兴加快农业农村现代化的实施意见。

4 月 21 日，黑龙江省国资委出资企业农投集团与黑龙江省农科院共同建立现代农业产业技术创新中心，共同承担国家农业重大科技项目。

6 月 9 日，黑龙江省投资合作交流大会在亚布力举行，会上共签订 72 个合作项目，签约额 1035.0 亿元。

6 月 15 日，第三十一届哈尔滨国际经济贸易洽谈会启幕，洽谈会采用线上线下结合方式，共有 1739 家企业携 5522 种产品“云端”参展。

6 月 28 日，黑龙江省召开金融工作联席会议第一次会议，审议通过了《关于促进黑龙江省供应链金融发展的指导意见》和《关于推进黑龙江省供应链金融发展的工作方案》。

7 月 28 日，牡丹江市举办第四届黑龙江省旅发大会产业推介会暨项目签约仪式，会上共签约 71 个项目，总投资额达 548.2 亿元。

8 月 17 日，中俄两国首座跨江铁路大桥——同江中俄黑龙江铁路大桥实现铺轨贯通。

8 月 24 日，黑龙江省委审议通过《中共黑龙江省委关于深入贯彻新发展理念 加快融入新发展格局 推进农业农村现代化实现新突破的决定》，提出全面实施现代农业“十二项工程”。

11 月 1 日，黑龙江省知识产权局联合省财政厅发放企业知识产权奖补资金近 2000 万元，政策兑现惠及全省企业 500 余家，助力企业高质量发展。

2021 年，黑龙江省粮食总产量达到 1573.5 亿斤，占全国粮食总产量的 11.5%，实现“十八连丰”。

（二）2021 年黑龙江省主要经济金融指标

表 1　2021 年黑龙江省主要存贷款指标

	项目	1 月	2 月	3 月	4 月	5 月	6 月	7 月	8 月	9 月	10 月	11 月	12 月
本外币	金融机构各项存款余额（亿元）	31997.8	31999.9	32230.5	32216.3	32856.0	33661.6	33300.4	33406.3	33755.0	33769.4	33811.4	34319.9
	其中：住户存款	21554.1	21933.3	22252.3	22170.3	22206.4	22629.3	22533.6	22747.7	23087.2	23164.5	23504.7	24132.2
	非金融企业存款	4536.5	4368.6	4550.5	4416.3	4431.5	4598.7	4472.4	4580.2	4666.1	4578.9	4600.0	4666.2
	各项存款余额比上月增加（亿元）	387.2	2.1	230.6	-14.2	639.7	805.6	-361.2	105.9	348.8	14.4	42.0	508.5
	金融机构各项存款同比增长（%）	13.0	11.7	9.2	9.7	10.2	10.2	8.9	8.4	9.3	7.6	8.0	8.6
	金融机构各项贷款余额（亿元）	22921.4	23050.3	23479.9	23624.2	23806.3	24136.3	24100.7	24270.1	24355.5	24191.5	24282.3	24409.5
	其中：短期	8896.0	8952.3	9175.9	9174.2	9169.8	9276.8	9173.0	9102.5	9114.1	8971.3	9018.6	9062.0
	中长期	12393.1	12476.3	12710.7	12786.4	12822.0	12904.8	12936.4	13063.4	13203.1	13224.1	13260.6	13362.2
	票据融资	1028.0	1003.3	981.1	1054.5	1159.5	1293.2	1324.7	1366.5	1400.3	1365.5	1371.4	1324.2
	各项贷款余额比上月增加（亿元）	335.5	129.0	429.6	144.2	182.1	330.1	-35.6	169.4	85.3	-164.0	90.9	127.2
	其中：短期	163.8	56.3	223.5	-1.7	-4.4	107.0	-103.8	-70.4	11.6	-142.8	47.3	43.4
	中长期	159.2	83.3	234.3	75.7	35.6	82.8	31.7	127.0	139.6	21.1	36.4	101.7
	票据融资	17.5	-24.7	-22.2	73.4	105.0	133.7	31.5	41.8	33.8	-34.8	5.9	-47.2
	金融机构各项贷款同比增长（%）	5.2	5.3	5.2	5.0	5.6	6.1	6.0	6.9	7.3	7.3	7.2	8.1
	其中：短期	-2.9	-3.5	-3.6	-3.9	-3.6	-1.9	-2.2	-1.5	0.2	1.2	2.6	3.8
	中长期	12.8	13.1	13.5	13.4	12.8	11.5	11.0	10.9	10.5	9.9	9.1	9.2
	票据融资	-3.1	-1.0	-5.8	-6.0	5.3	15.8	18.0	26.4	32.2	26.2	24.4	31.1
	建筑业贷款余额（亿元）	429.3	440.5	448.5	452.1	459.5	465.5	460.6	472.8	485.3	488.3	489.4	511.5
	房地产业贷款余额（亿元）	722.8	725.8	720.8	719.1	715.1	720.0	710.1	705.6	716.7	711.0	703.6	695.3
	建筑业贷款同比增长（%）	27.3	27.7	32.3	29.2	31.9	25.8	15.0	19.7	22.3	22.8	23.8	28.0
	房地产业贷款同比增长（%）	5.1	5.4	1.9	-0.7	-0.4	0.6	-1.5	-1.3	0.4	-1.3	-2.3	-2.2
人民币	金融机构各项存款余额（亿元）	31847.5	31841.9	32076.7	32062.3	32704.2	33503.7	33153.3	33260.5	33605.2	33620.2	33655.4	34162.3
	其中：住户存款	21432.3	21811.5	22130.1	22050.1	22089.1	22510.3	22414.1	22628.8	22968.9	23048.1	23385.8	24012.3
	非金融企业存款	4517.0	4341.2	4527.1	4389.4	4403.7	4570.3	4450.9	4557.9	4638.7	4551.4	4567.7	4633.6
	各项存款余额比上月增加（亿元）	394.9	-5.6	234.9	-14.4	641.8	799.6	-350.4	107.2	344.7	14.9	35.3	506.9
	其中：住户存款	262.6	379.2	318.6	-79.9	38.9	421.2	-96.2	214.7	340.1	79.2	337.7	626.5
	非金融企业存款	-39.2	-175.8	185.9	-137.6	14.3	166.5	-119.3	106.9	80.8	-87.3	16.3	65.9
	各项存款同比增长（%）	13.0	11.8	9.3	9.8	10.3	10.2	9.0	8.5	9.4	7.7	8.0	8.6
	其中：住户存款	15.2	16.0	15.7	15.1	14.3	14.9	14.2	14.5	13.8	13.6	13.5	13.4
	非金融企业存款	7.8	0.9	0.9	0.1	-2.7	-4.1	-3.6	-0.1	-1.3	-1.6	-2.5	1.8
	金融机构各项贷款余额（亿元）	22816.0	22938.0	23365.2	23511.9	23708.3	24037.9	24005.2	24173.0	24260.3	24098.1	24184.6	24307.8
	其中：个人消费贷款	4670.0	4659.8	4698.4	4729.4	4756.2	4795.3	4820.3	4857.9	4900.7	4902.1	4887.4	4854.9
	票据融资	1028.0	1003.3	981.1	1054.5	1159.5	1293.2	1324.7	1366.5	1400.3	1365.5	1371.4	1324.2
	各项贷款余额比上月增加（亿元）	333.7	122.0	427.2	146.7	196.4	329.6	-32.7	167.8	87.3	-162.2	86.6	123.1
	其中：个人消费贷款	51.2	-10.2	38.5	31.0	26.9	39.0	25.0	37.6	42.8	1.4	-14.7	-32.5
	票据融资	17.5	-24.7	-22.2	73.4	105.0	133.7	31.5	41.8	33.8	-34.8	5.9	-47.2
	金融机构各项贷款同比增长（%）	5.4	5.4	5.3	5.1	5.8	6.3	6.1	7.1	7.5	7.4	7.3	8.1
	其中：个人消费贷款	10.6	11.3	11.9	11.8	12.0	11.9	11.2	10.2	9.4	8.1	6.5	5.1
	票据融资	-3.1	-1.0	-5.8	-6.0	5.3	15.8	18.0	26.4	32.2	26.2	24.4	31.1
外币	金融机构外币存款余额（亿美元）	23.2	24.4	23.4	23.8	23.9	24.4	22.8	22.5	23.1	23.4	24.4	24.7
	金融机构外币存款同比增长（%）	3.3	8.2	2.9	2.3	2.5	6.8	-2.3	-5.6	-4.0	-4.7	1.6	2.1
	金融机构外币贷款余额（亿美元）	16.3	17.4	17.5	17.4	15.4	15.2	14.8	15.0	14.7	14.6	15.3	16.0
	金融机构外币贷款同比增长（%）	-15.4	-7.4	-8.9	-4.6	-19.6	-15.9	-16.7	-15.0	-16.1	-14.0	-6.8	0.6

数据来源：中国人民银行哈尔滨中心支行。

表 2　2001—2021 年黑龙江省各类价格指数

单位：%

时间		居民消费价格指数		农业生产资料价格指数		工业生产者购进价格指数		工业生产者出厂价格指数	
		当月同比	累计同比	当月同比	累计同比	当月同比	累计同比	当月同比	累计同比
2001		—	2.1	—	-2.2	—	0.2	—	0.4
2002		—	-0.3	—	4.1	—	-0.9	—	-2.3
2003		—	1.7	—	0.8	—	1.6	—	0.5
2004		—	4.9	—	10.9	—	10.3	—	5.4
2005		—	1.7	—	7.2	—	9.3	—	4.0
2006		—	2.3	—	3.3	—	4.3	—	1.9
2007		—	5.9	—	9.0	—	5.7	—	3.9
2008		—	5.1	—	16.6	—	12.4	—	9.3
2009		—	0.8	—	1.2	—	-4.7	—	-3.5
2010		—	3.2	—	3.6	—	6.1	—	5.0
2011		—	5.3	—	12.4	—	12.6	—	7.3
2012		—	2.5	—	4.7	—	0.0	—	-1.4
2013		—	2.8	—	1.4	—	-0.8	—	-1.3
2014		—	1.6	—	-1.2	—	-1.3	—	-1.3
2015		—	1.5	—	1.5	—	-3.3	—	-3.6
2016		—	1.9	—	3.7	—	-1.2	—	-1.1
2017		—	1.4	—	-0.2	—	8.3	—	6.5
2018		—	1.7	—	1.8	—	5.3	—	3.6
2019		—	3.2	—	9.0	—	0.6	—	0.4
2020		—	2.3	—	3.7	—	-4.9	—	-6.6
2021		—	0.6	—	—	—	10.5	—	12.3
2020	1	5.3	5.3	9.5	9.5	6.6	6.6	4.8	4.8
	2	5.0	5.1	8.5	9.0	2.4	4.5	-0.3	2.2
	3	4.4	4.9	5.6	7.9	-2.1	2.2	-5.4	-0.3
	4	3.3	4.5	4.3	6.9	-9.7	-0.8	-12.8	-3.5
	5	2.4	4.1	4.1	6.4	-11.4	-2.9	-15.1	-5.9
	6	2.1	3.8	5.1	6.2	-6.8	-3.6	-9.8	-6.5
	7	2.0	3.5	4.3	5.9	-5.5	-3.9	-6.4	-6.5
	8	1.7	3.3	3.3	5.6	-5.3	-4.0	-6.2	-6.5
	9	1.7	3.1	2.4	5.2	-5.9	-4.3	-6.3	-6.5
	10	0.3	2.8	0.8	4.7	-7.4	-4.6	-7.7	-6.6
	11	-0.5	2.5	-1.1	4.2	-7.5	-4.9	-7.6	-6.7
	12	0.6	2.3	-1.0	3.7	-5.8	-4.9	-5.6	-6.6
2021	1	-0.4	-0.4	—	—	-0.2	-0.2	1.9	1.9
	2	-0.7	-0.5	—	—	1.8	0.8	0.1	-2.8
	3	-0.3	-0.4	—	—	6.4	2.6	8.2	0.8
	4	0.3	-0.3	—	—	10.9	4.6	15.5	4.1
	5	1.0	0.0	—	—	13.4	6.3	19.1	6.9
	6	0.6	0.1	—	—	11.2	7.1	15.3	8.3
	7	1.1	0.2	—	—	11.3	7.7	15.2	9.2
	8	0.9	0.3	—	—	11.2	8.1	14.3	9.9
	9	0.3	0.3	—	—	13.2	8.7	14.1	10.3
	10	1.2	0.4	—	—	16.1	9.4	18.7	11.2
	11	2.4	0.6	—	—	17.7	10.2	20.8	12.0
	12	1.3	0.6	—	—	13.7	10.5	14.7	12.3

数据来源：黑龙江省统计局。

表 3 2021 年黑龙江省主要经济指标

项目	1 月	2 月	3 月	4 月	5 月	6 月	7 月	8 月	9 月	10 月	11 月	12 月
	绝对值（自年初累计）											
地区生产总值（亿元）	—	—	2692.5	2692.5	2692.5	5990.5	5990.5	5990.5	9747.6	9747.6	9747.6	14879.2
第一产业	—	—	156.3	156.3	156.3	528.7	528.7	528.7	1086.1	1086.1	1086.1	3463.0
第二产业	—	—	897.8	897.8	897.8	1923.8	1923.8	1923.8	3093.7	3093.7	3093.7	3975.0
第三产业	—	—	1638.4	1638.4	1638.4	3538.0	3538.0	3538.0	5567.9	5567.9	5567.9	7440.9
工业增加值（亿元）	—	—	—	—	—	—	—	—	—	—	—	—
固定资产投资（亿元）	—	—	—	—	—	—	—	—	—	—	—	—
房地产开发投资	—	2.1	32.9	84.5	178.9	345.9	442.8	543.7	702.9	808.1	894.4	936.0
社会消费品零售总额（亿元）	—	749.7	1162.5	1573.3	2025.2	2472.7	2894.3	3333.9	3842.6	4389.8	4954.6	5542.9
外贸进出口总额（亿元）	—	284.1	424.4	578.1	743.0	931.5	1097.2	1277.0	1455.5	1615.0	1807.8	1995.0
进口	—	225.7	335.2	456.4	584.5	730.0	860.1	1000.5	1144.9	1256.5	1404.4	1547.3
出口	—	58.5	89.2	121.6	158.4	201.5	237.1	276.4	310.6	358.6	403.4	447.7
进出口差额（出口－进口）	—	-167.2	-246.0	-334.8	-426.1	-528.5	-623.0	-724.1	-834.3	-897.9	-1001.0	-1099.6
实际利用外资（亿美元）	—	3346.0	9786.0	10518.0	11828.0	24077.0	24469.0	28968.0	33849.0	40267.0	52252.0	60289.0
地方财政收支差额（亿元）	-247.7	-534.7	-1093.4	-1294.2	-1437.5	-1813.0	-2041.5	-2550.1	-2917.0	-3081.1	-3344.4	-3804.0
地方财政收入	142.4	209.4	326.0	428.5	523.0	664.2	788.1	874.7	998.8	1098.9	1181.1	1300.5
地方财政支出	390.1	744.1	1419.4	1722.7	1960.5	2477.2	2829.6	3424.8	3915.8	4180.0	4525.5	5104.5
城镇登记失业率（%）（季度）	—	—	3.4	—	—	3.4	—	—	3.3	—	—	3.2
	同比累计增长率（%）											
地区生产总值	—	—	12.4	—	—	10.3	—	—	8.0	—	—	6.1
第一产业	—	—	6.5	—	—	7.9	—	—	8.1	—	—	6.6
第二产业	—	—	15.1	—	—	11.1	—	—	7.7	—	—	5.0
第三产业	—	—	11.5	—	—	10.3	—	—	8.1	—	—	6.3
工业增加值	—	—	13.9	11.9	11.5	12.1	10.5	9.1	10.1	9.0	7.7	7.3
固定资产投资	—	48.6	20.9	16.6	15.4	15.2	11.3	8.3	8.2	7.4	6.5	6.4
房地产开发投资	—	78.6	55.0	21.5	19.4	14.2	5.6	-0.3	0.7	-1.0	-3.5	-4.8
社会消费品零售总额	—	31.2	35.6	32.7	28.6	24.8	21.7	18.5	16.6	13.6	10.9	8.8
外贸进出口总额	—	-12.1	-6.2	1.2	10.2	18.4	19.8	22.3	23.5	25.3	28.1	29.6
进口	—	-19.1	-12.2	-2.1	9.4	18.6	21.1	24.2	25.8	26.1	29.3	31.2
出口	—	32.2	26.3	15.8	13.3	17.7	15.5	15.9	15.9	22.5	24.3	24.4
实际利用外资	—	-30.7	-0.8	-7.5	-6.6	0.1	0.0	3.8	2.5	5.3	30.5	10.8
地方财政收入	8.3	13.0	13.5	16.0	18.6	25.6	26.2	24.1	25.4	21.2	17.4	12.8
地方财政支出	-9.8	-4.9	-2.2	-0.5	-2.5	0.4	-1.8	8.3	2.5	0.3	-0.2	-6.3

数据来源：黑龙江省统计局。

上海市金融运行报告（2022）

中国人民银行上海总部货币政策分析小组

[内容摘要] 2021年，面对百年未有之大变局和疫情多点散发等不利影响，上海坚持以习近平新时代中国特色社会主义思想为指导，深入贯彻落实习近平总书记考察上海重要讲话精神和对上海工作的重要指示要求，科学统筹疫情防控和经济社会发展，全市经济持续稳定恢复，主要经济指标运行在合理区间，呈现稳中加固、稳中有进、稳中向好的态势，经济发展韧性增强，新兴动能加快成长，社会民生持续改善，实现了"十四五"发展良好开局。

经济发展质效趋优，新兴动能持续壮大。一是协调发展成效显著，经济发展新动能持续释放。全年地区生产总值4.32万亿元，同比增长8.1%。第二、第三产业协调发展，全年第二产业增加值占GDP比重为26.5%，同比提高0.2个百分点，第三产业增加值首次突破3万亿元，占GDP比重为73.3%，对经济增长贡献率达69.6%。经济新动能加快培育，强化新赛道布局和终端带动，全力推进集成电路、生物医药、人工智能三大先导产业"上海方案"加快落实，一批关键核心技术实现重大突破。全年工业战略性新兴产业总产值同比增长14.6%，占全市规模以上工业总产值比重提高至40.6%，高新技术企业达到2万家。加快建设国际消费中心城市，深入推进文旅消费试点，做大做强首发经济、夜间经济、免退税经济、品牌经济。加快经济数字化，积极培育工业互联网平台和智能工厂，打造在线新经济生态园，拉动信息传输、软件和信息技术服务业增加值同比增长12.4%。二是经济发展韧性增强，三大需求协同发力。举办上海全球投资促进大会，积极落实扩大投资"20条"和新基建"35条"，全年固定资产投资同比增长8.1%。高端芯片、新能源汽车等重点领域制造业投资力度加大，全年制造业投资同比增长7.8%，两年平均增长14.0%。外贸外资较快增长，全年货物进出口总额再创新高，同比增长16.5%；外商直接投资实际到位金额为225.51亿美元，同比增长11.5%。举办第二届"五五购物节"等重大促消费活动，大力拓展消费新业态、新模式。全年社会消费品零售总额同比增长13.5%，其中升级类消费需求持续释放，文化办公用品类、金银珠宝类和化妆品类零售额较快增长；网上商店零售额同比增长20.8%，占社会消费品零售总额比重达到18.6%，同比提高2.2个百分点。三是财政收入同比增长，基本民生保障有力有效。全年一般公共预算收入7771.80亿元，同比增长10.3%。全市居民人均可支配收入78027元，同比增长8.0%，与经济增长基本同步；居民消费支出持续恢复，全市居民人均消费支出48879元，同比增长14.9%，实现了稳增长与惠民生的互促共进。就业形势总体稳定，全年新增就业岗位63.51万个，同比增加6.47万个，全年城镇调查失业率维持在5%以内。四是居民消费价格涨势温和，工业生产者价格上涨。围绕"六稳""六保"政策要求，全市"保供稳价"成效显著，全年居民消费价格指数同比上涨1.2%，物价总体稳定在合理区间。受大宗商品价格上涨、主要原材料供需矛盾等因素的影响，全年工业生产者出厂价格和购进价格同比分别上升2.1%和7.3%。

金融服务实体经济力度稳固，改革开放创新不断深化。一是货币信贷合理增长，信贷结构稳步优化。2021年末，全市本外币贷款余额9.6万亿元，同比增长13.5%。长短期供求平衡，信贷结构稳步优化。普惠小微贷款余额7017.51亿元，同比增长34.8%；中长期制造业贷款余额3405.6亿元，同比增长42.2%；绿色贷款余额6041.01亿元，较年初新增1754.28亿元。继续释放LPR改革潜力，引导实际贷款利率持续下降。12月，上海企业贷款加权平均利率为

4.2%，同比下降4个基点。银行业金融机构不良贷款率和不良贷款额均保持低位，资产质量总体稳定。二是金融市场总体健康发展，交易主体与交易额均稳定增长。2021年，金融市场成交活跃，全年成交额突破2500万亿元，同比增长10.4%，金融业增加值为7973.25亿元，同比增长7.5%。其中，上海证券交易所有价证券成交额、中国金融期货交易所成交额、上海期货交易所成交额同比分别增长25.7%、2.4%和40.4%。原保险保费收入稳步增长，保险业赔付支出同比增长17.0%，民生保障能力稳步提升。众多国内外知名金融机构加快在沪布局，全国首家外资独资券商摩根大通证券、全国前三家外资独资公募基金等一批金融业开放项目相继落地。上海市资本市场各类市场主体达到7044家，较上年增加101家，其中，上市公司390家，较上年增加47家，科创板上市企业59家，较上年增加22家。三是社会融资规模同比多增，融资产品创新成效显著。2021年，社会融资规模增量为12126.41亿元，同比多增1210.88亿元，同比增长11.1%。表内融资增加10768.84亿元，占社会融资规模的比重为88.8%；表外融资持续下降，同比多减915.32亿元；直接融资2696亿元，同比少增1594.51亿元。融资产品创新能力持续增强。开展私募股权和创业投资份额转让试点，畅通资本循环。科创板融资能力逐步扩大，科创板上市公司377家，上市企业融资额达到1517.7亿元。金融市场服务能级进一步提升，上海城市定制型商业补充医疗保险“沪惠保”上线，首对沪港ETF互通产品上市，首单上海企业自贸区离岸债券发行。四是金融改革开放持续深化，重大国家战略扎实推进。2021年，人民银行上海总部等在沪金融管理部门与浦东新区人民政府签署战略合作协议，贯彻落实《中共中央 国务院关于支持浦东新区高水平改革开放打造社会主义现代化建设引领区的意见》，共同建立支持浦东金融开放创新的工作推进机制。深化自贸试验区贸易投资便利化改革创新，全国首个自贸试验区“离岸通”平台上线运行，自由贸易账户业务不断拓展功能，服务扩大至虹桥商务区。《上海国际金融中心建设“十四五”规划》正式发布，明确“十四五”时期上海国际金融中心总体建设目标。深入推进金融服务长三角一体化，发布《长三角生态绿色一体化发展示范区绿色金融发展实施方案》，大力推广长三角征信链平台。

2022年，疫情形势仍然严峻复杂，经济社会全面恢复仍然面临不少困难、问题和挑战，巩固疫情防控成果的任务依然艰巨，但我国发展仍处于重要战略机遇期，经济韧性强，长期向好的基本面不会改变。上海将坚持以习近平新时代中国特色社会主义思想为指导，认真贯彻落实全国稳住经济大盘电视电话会议精神，按照“疫情要防住、经济要稳住、发展要安全”的要求，更加有力、更加高效地统筹疫情防控和经济社会发展，加快推动经济恢复重振，坚持以供给侧结构性改革为主线，以实施国家战略任务为牵引，加快提升城市能级和核心竞争力，继续做好“六稳”“六保”工作，保持经济运行在合理区间。人民银行上海总部着力提升金融支持实体经济的可持续性，将坚持稳字当头，全面落实好稳健的货币政策灵活适度要求，保持流动性合理充裕；持续改进金融服务实体经济质效，优化信贷结构，精准加大重点领域金融支持力度；继续推动长三角一体化高质量发展，深化长三角绿色金融服务；全力推进高水平金融改革开放，积极推动相关先行先试政策落地实施。

一、金融运行情况

2021年，人民银行上海总部根据上海经济发展增速前高后低的阶段性特征，贯彻落实稳健的货币政策灵活精准、合理适度的要求，强化跨周期调节，发挥货币政策工具总量和结构双重功能，保持流动性合理充裕，继续释放贷款市场报价利率改革潜力，有效支持实体经济发展；聚焦重大国家战略决策部署，持续深化金融改革开放，推进金融服务长三角一体化高质量发展；防范化解金融风险，不断优化营商环境。全年社会融资规模同比多增，各项存贷款合理增长，长短期供求平衡，信贷结构稳步优化，引导综合融资成本稳中有降；证券期货交易活跃，保险收入持续增长，金融市场服务能级进一步提升。

（一）货币信贷合理增长，服务实体经济质效持续提升

1. 金融机构数量保持稳定，资产、利润同比增长。2021 年末，上海市共有中资银行法人 5 家，外资银行法人 20 家，新型农村金融机构 131 家，从业人员 12.7 万人，中外资金融机构本外币资产总额 21.3 万亿元，同比增长 10.9%；各项存款、贷款余额分别为 17.6 万亿元和 9.6 万亿元，同比分别增长 12.81% 和 13.46%，增速同比分别下降 4.5 个和上升 7.5 个百分点。2021 年，上海市金融机构资产实现净利润 1610.1 亿元，同比增长 12.4%。

表 1　2021 年上海市银行业金融机构情况

机构类别	营业网点			法人机构（个）
	机构个数（个）	从业人数（人）	资产总额（亿元）	
一、大型商业银行	1625	46279	74038	1
二、国家开发银行和政策性银行	15	854	5249	0
三、股份制商业银行	873	28522	50745	1
四、城市商业银行	481	15814	29883	1
五、小型农村金融机构	359	8228	11017	1
六、财务公司	24	1881	9840	22
七、信托公司	7	2144	724	7
八、邮政储蓄银行	485	2954	2730	0
九、外资银行	200	12328	16056	20
十、新型农村金融机构	154	1935	327	131
十一、其他	23	6173	12508	23
合　计	4246	127112	213117	207

续表

数据来源：中国人民银行上海总部、上海银保监局。

注：营业网点不包括国家开发银行和政策性银行、大型商业银行、股份制银行等金融机构总部数据；大型商业银行包括中国工商银行、中国农业银行、中国银行、中国建设银行和交通银行；小型农村金融机构包括农村商业银行、农村合作银行和农村信用社；新型农村金融机构包括村镇银行、贷款公司、农村资金互助社和小额贷款公司；其他包含民营银行、金融租赁公司、汽车金融公司、货币经纪公司、消费金融公司等。

2. 各项存款同比少增，非银行金融机构存款同比少增较多。2021 年，上海市本外币各项存款新增 19966.5 亿元，同比少增 3052.25 亿元，其中，人民币存款新增 18492.34 亿元，同比少增 3486.23 亿元。分部门看，上海市住户本外币存款比年初增加 4342.68 亿元，同比少增 637.28 亿元；境内非金融企业存款比年初增加 6056.15 亿元，同比少增 1381.25 亿元，其中活期存款、定期及其他存款分别新增 2119.87 亿元、3936.29 亿元；非银行金融机构存款比年初增加 5975.35 亿元，同比少增 1955.53 亿元。

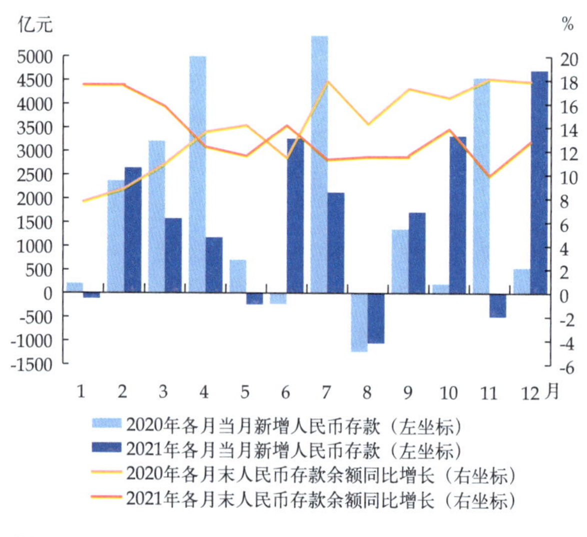

图 1　2020—2021 年上海市金融机构人民币存款增长变化

（数据来源：中国人民银行上海总部）

3. 各项贷款同比多增，贷款结构持续优化。2021 年，上海市本外币贷款比年初增加 11390.73 亿元，同比多增 4649.16 亿元，其中，人民币贷款比年初增加 10270.74 亿元，同比多增 4162.18 亿元。在各项贷款中，境内中长期贷款比年初增加 7809.23 亿元，同比多增 2012.13 亿元。2021 年末，普惠小微贷款余额 7017.51 亿元，比年初新增 1810.49 亿元；制造业贷款余额 9106.23 亿元，比年初新增 1779.39 亿元，其中中长期制造业贷款余额 3405.56 亿元，比年初新增 1027.45 亿元；绿色贷款余额 6041.01 亿元，比年初新增 1754.28 亿元。人民币房地产贷款余额 25588.42 亿元，同比增长 5.59%。

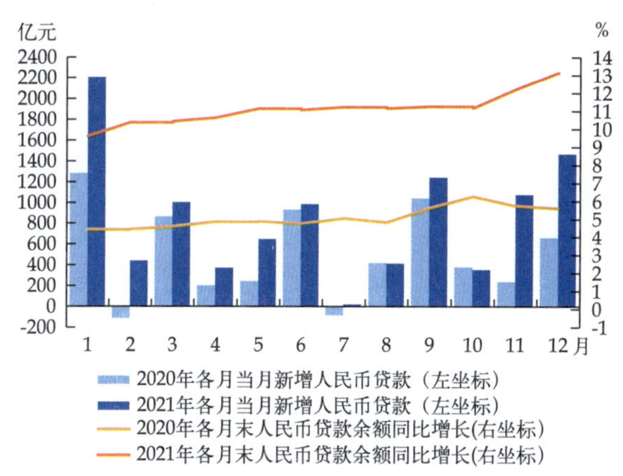

图 2　2020—2021 年上海市金融机构人民币贷款增长变化

（数据来源：中国人民银行上海总部）

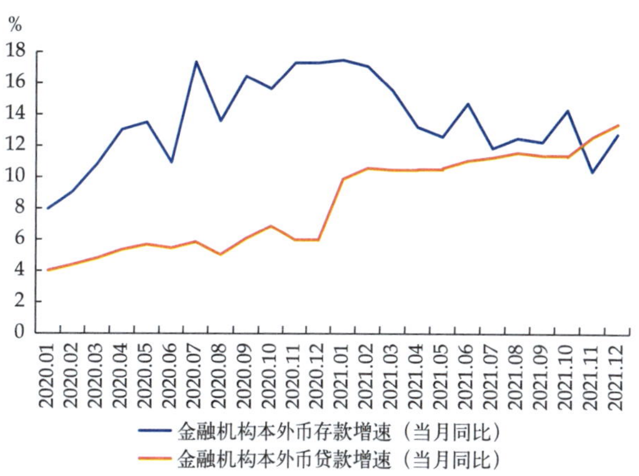

图 3　2020—2021 年上海市金融机构本外币存贷款增速变化

（数据来源：中国人民银行上海总部）

专栏 1　人民银行上海总部推动碳减排支持工具运用　助力实现“双碳”目标

2021 年 11 月，根据国务院常务会议议定事项，人民银行宣布推出碳减排支持工具。人民银行上海总部积极推动上海地区金融机构运用碳减排支持工具发放贷款，支持清洁能源、节能环保、碳减排技术等重点领域的发展，助力实现“双碳”目标。截至 2021 年 12 月末，上海辖内金融机构已发放碳减排支持工具贷款 37.5 亿元，预计贷款带动的碳减排量 75.2 万吨 / 年，贷款加权平均期限 13.7 年，加权平均利率为 4.09%，支持了 50 余家企业主体。

商业银行持续优化金融服务，积极运用碳减排支持工具。上海辖内商业银行全面贯彻可持续发展经营理念，主动融入和高效服务区域绿色低碳转型发展，以更加优质的综合金融服务，加大碳减排项目支持力度。建设银行上海市分行对贷款条件、还款方案、风险缓释措施等要素仔细研究，向客户提供了包含政策扶持、风险缓释措施、多产品配置等内容的综合金融服务方案，获得客户高度评价；中国银行上海市分行提升审批时效，建立绿色信贷专项审批绿色通道，率先完成审批，并给予银团参与行数据支持及审批意见指导，确保银团顺利组建。

碳减排支持工具助力传统行业转型升级。上海某电力公司渔光互补光伏发电项目，实现了传统渔业和绿色能源的很好结合。该项目构建“水上光伏、水下养殖”的渔光互补能源经济系统，实现了渔业和光伏的垂直空间错位利用，既有效节约了土地资源，又缓解了能源压力，还起到了保护环境、改善气候的作用。交通银行上海市分行第一时间对接项目需求，迅速审批给予授信额度。该项目年平均上网电量约4651.7万千瓦时，与相同发电量的火电厂相比，每年可节约标煤约14252.81吨、减排38981.25吨二氧化碳，减排效益显著。

碳减排支持工具助力环境污染治理。上海某污水处理厂分布式光伏项目是上海市首个“光伏＋污水处理厂”场景光伏项目，对于推进太阳能利用多元化、创新化发展，更好地开发上海光伏应用市场具有示范引领作用。建设银行上海市分行及时对接，完成该项目授信。该项目采用自发自用、余电上网的方式，总装机容量为14.8兆瓦。其中，一期工程建设规模7.1兆瓦，全容量并网发电后，每年可向竹园二厂输送约1500万度清洁电力。

碳减排支持工具助力海上风力发电。奉贤海上风力发电项目装机容量206.4兆瓦，项目总投资额34亿元。招商银行、兴业银行等成功竞标共组银团，贷款期限17年。该项目是国家能源局发布《风电项目竞争配置指导方案（试行）》以来全国首个竞争性配置海上风电项目，具有高度的示范引领作用，也是上海市能源结构调整标杆示范项目。项目建成后，可实现节约标煤19.49万吨/年，二氧化碳减排43.06万吨/年，社会效益和环境效益显著。

碳减排支持工具助力社会民生福祉改善。宝山再生能源利用中心项目是上海市正式实施垃圾分类后的首个生活垃圾末端处理项目，具有较强的民生属性，对于上海市实现生活垃圾零填埋目标具有重大意义。项目投资30.41亿元，设计日焚烧处理规模3000吨，协同设计日湿垃圾处理规模800吨，年垃圾焚烧发电及沼气发电合计约8亿度，每年可减少超过38万吨碳排放。中国银行上海分行作为银团贷款牵头行，成功进行融资，融资期限20年。

4. 持续释放贷款市场报价利率改革潜力，引导实际贷款利率稳中有降。2021年，继续释放LPR改革潜力，推动明示贷款年化利率，维护市场良好竞争秩序，优化存款利率自律上限确定方式，货币政策传导进一步畅通，引导实际贷款利率在2020年较低水平基础上继续下降。12月，上海人民币贷款加权平均利率为4.65%，同比下降0.37个百分点；上海企业贷款加权平均利率为4.22%，同比下降0.04个百分点。

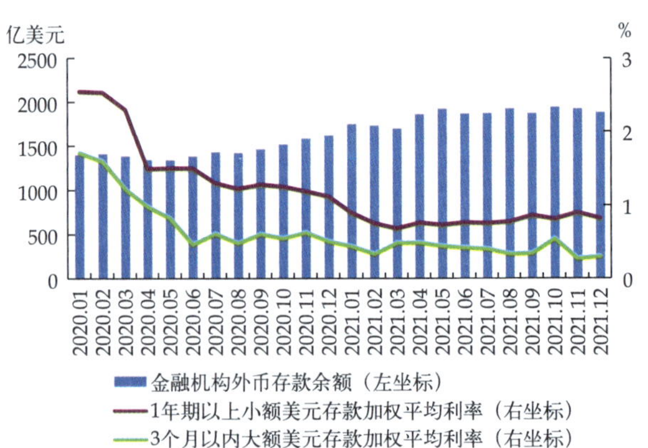

图4　2020—2021年上海市金融机构外币存款余额及外币存款利率

（数据来源：中国人民银行上海总部）

表 2　2021 年上海市金融机构人民币贷款各利率区间占比

单位：%

项目		1 月	2 月	3 月	4 月	5 月	6 月
合计		100.0	100.0	100.0	100.0	100.0	100.0
LPR 减点		44.3	41.2	41.9	40.5	40.7	40.7
LPR		7.4	7.0	8.6	6.4	6.6	7.9
LPR 加点	小计	48.2	51.8	49.5	53.2	52.7	51.4
	(LPR，LPR+0.5%)	14.6	15.3	12.8	15.0	13.6	14.8
	[LPR+0.5%，LPR+1.5%)	14.7	16.9	17.3	16.2	16.3	17.2
	[LPR+1.5%，LPR+3%)	7.0	7.4	7.3	8.2	8.3	11.1
	[LPR+3%，LPR+5%)	5.4	4.6	7.9	5.6	5.6	4.0
	LPR+5% 及以上	6.6	7.6	4.2	8.0	8.9	4.3
项目		7 月	8 月	9 月	10 月	11 月	12 月
合计		100.0	100.0	100.0	100.0	100.0	100.0
LPR 减点		41.9	38.3	42.3	40.7	37.9	39.9
LPR		6.6	7.3	7.5	7.1	6.6	5.9
LPR 加点	小计	51.5	54.4	50.2	52.2	55.5	54.2
	(LPR，LPR+0.5%)	12.1	14.8	14.1	12.0	14.2	16.6
	[LPR+0.5%，LPR+1.5%)	15.1	17.2	15.4	14.8	15.1	16.4
	[LPR+1.5%，LPR+3%)	13.3	11.0	11.8	13.6	10.8	9.5
	[LPR+3%，LPR+5%)	5.2	6.3	4.4	5.8	6.6	4.9
	LPR+5% 及以上	5.8	5.2	4.5	6.0	8.8	6.8

数据来源：中国人民银行上海总部。

5. 银行业金融机构资产质量保持稳定。2021 年末，上海市银行业金融机构不良贷款余额 772.28 亿元，不良贷款率为 0.81%，同比提高 0.04 个百分点，低于全国平均水平。其中，逾期 90 天以上贷款余额为 703.99 亿元，占不良贷款余额的比重为 91.16%。

（二）证券交易活跃，保险收入平稳增长

1. 证券市场成交额同比较快增长。2021 年，上海证券交易所有价证券总成交额约 459.92 万亿元，同比增长 25.7%。其中，股票成交额 113.96 万亿元，同比增长 35.75%；基金成交额 15.34 万亿元，同比增长 42.67%；债券成交金额 330.58 万亿元，同比增长 22.19%。上海市资本市场各类市场主体共计 7044 家，较上年增加 101 家，其中，上市公司 390 家，较上年增加 47 家，占全国的 8%，其中科创板上市企业 59 家，较上年增加 22 家，占全国的 18%；总部设在辖内的证券期货基金公司 127 家，较上年增加 4 家；证券期货基金各类分支机构 1144 家；外资证券基金期货机构法人数量 29 家，外资代表处 34 家。证券公司、基金公司、期货公司等多类主要机构的数量均居全国首位。

表 3　2021 年上海市证券业基本情况

项目	数量
总部设在辖内的证券公司数（家）	31
总部设在辖内的基金公司数（家）	61
总部设在辖内的期货公司数（家）	35
年末国内上市公司数（家）	390
当年国内股票（A 股）筹资（亿元）	1241
当年国内债券筹资（亿元）	989
其中：短期融资券筹资额（亿元）	-486
中期票据筹资额（亿元）	224

数据来源：中国人民银行上海总部、上海市证监局。

注：当年国内股票（A 股）筹资额指非金融企业境内股票融资。

2. 原保险收入同比增长，民生保障能力稳步提升。截至 2021 年末，上海市共有 58 家法人保险机构，较上年增加 1 家。其中，财产险公司 19 家，人身险公司 22 家，共有 108 家省级保险分支机构。2021 年，上海市原保险保费收入累计 1971 亿元，同比增长 5.7%。其中，财产险公司原保险保费收入 524 亿元，同比增长 2.9%；人身险公司原保险保费收入 1447 亿元，同比增长 6.7%。中、外资保险公司原保险保费收入比例为 78：22，外资保险公司占比同比提高 1 个百分点。上海市保险业赔付支出累计 738 亿元，同比增长 16.96%，民生保障能力稳步提升。

表 4 2021 年上海市保险业基本情况

项目	数量
总部设在辖内的保险公司数（家）	58
其中：财产险经营主体（家）	19
寿险经营主体（家）	22
保险公司分支机构（家）	108
其中：财产险公司分支机构（家）	53
寿险公司分支机构（家）	52
保费收入（中外资，亿元）	1971
其中：财产险保费收入（中外资，亿元）	524
人身险保费收入（中外资，亿元）	1447
各类赔款给付（中外资，亿元）	738

数据来源：上海市银保监局。

3. 商品和金融期货交易同比增长，黄金交易同比下降。2021 年，上海期货交易所累计成交量 24 亿手，同比增长 14.1%；累计成交金额 216 万亿元，同比增长 40.4%。中国金融期货交易所成交额 118.17 万亿元，同比增长 2.37%，其中期货市场累计成交 91.79 百万手，同比下降 6.85%；累计成交金额 117.92 万亿元，同比增长 2.27%。2021 年，上海黄金交易所成交额 20.53 万亿元，同比下降 52.62%，其中黄金累计成交 3.48 万吨，同比下降 40.62%，成交金额 13.08 万亿元，同比下降 41.99%。

表 5 2021 年中国金融期货交易所交易统计

交易品种	累计成交金额（亿元）	同比增长（%）	累计成交量（万手）	同比增长（%）
股指期货	904035.21	1.66	6673.93	-10.42
国债期货	275130.27	4.34	2505.23	4.23
合计	1179165.48	2.27	9179.16	-6.85

数据来源：中国金融期货交易所。

表 6 2021 年上海期货交易所交易统计

交易品种	累计成交金额（亿元）	同比增长（%）	累计成交量（万手）	同比增长（%）
铜	219721.7	55.5	6410.7	12.1
铝	127851.3	243.6	13145.8	148.7
锌	78249.4	40.9	6934.1	14.9
黄金	170839.8	-17.5	4541.2	-13.3
天然橡胶	174205.5	33.0	12160.1	20.5
燃料油	70455.6	-16.9	27699.4	-42.0
螺纹钢	322461.8	141.5	65598.7	79.2
线材	10.5	548.7	2.0	384.7
铅	19397.7	134.6	2527.0	125.4
白银	184827.7	-33.5	23145.8	-35.2
石油沥青	43351.8	-12.9	14046.3	-31.4
合计	1411372.8	25.3	176211.0	1.3

数据来源：上海期货交易所。

（三）社会融资规模同比多增，金融市场服务能级稳步提升

1. 表内融资占比持续提升，直接融资同比少增。2021 年，上海市社会融资规模增量为 12126.41 亿元，同比多增 1210.88 亿元，同比增长 11.1%。表内融资增加 10768.84 亿元，同比多增 3500.09 亿元，占全市社会融资规模的比重为 88.8%。表外融资持续下降，减少 2254.88 亿元，同比多减 915.32 亿元。直接融资为 2695.994 亿元，同比少增 1594.51 亿元，其中，企业债券融资增加 989.04 亿元，同比少增 614.22 亿元，非金融企业境内股票融资 1241.05 亿元，同比少增 266.61 亿元。

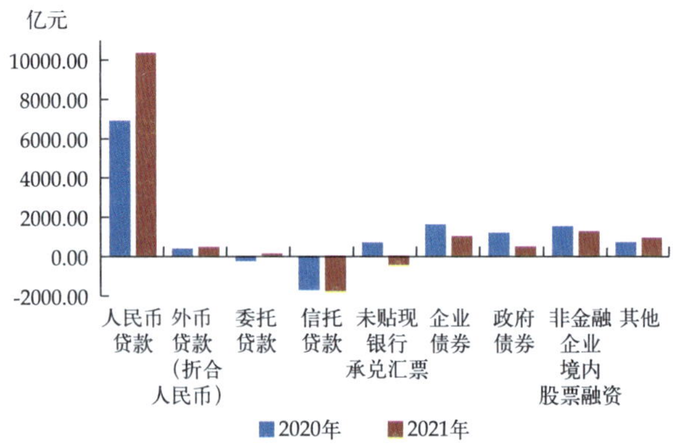

图 5 2021 年上海市社会融资规模分布结构

（数据来源：中国人民银行上海总部）

表7　2021年上海市金融机构票据业务量统计

单位：亿元

季度	银行承兑汇票承兑		贴现			
			银行承兑汇票		商业承兑汇票	
	余额	累计发生额	余额	累计发生额	余额	累计发生额
1	4928.4	2460.8	7086.3	1686.3	1329.0	205.4
2	5029.8	5284.3	6547.3	3927.5	964.1	395.0
3	5368.2	8078.9	6769.0	5811.8	874.2	587.4
4	6107.4	11477.4	6846.2	8023.9	1149.1	758.6

数据来源：上海票据交易所。

表8　2021年上海市金融机构票据贴现、转贴现利率

单位：%

季度	贴现		转贴现	
	银行承兑汇票	商业承兑汇票	票据买断	票据回购
1	3.29	4.09	3.04	2.26
2	2.85	3.99	2.66	2.25
3	2.52	3.69	2.44	2.20
4	2.25	3.71	2.02	2.24

数据来源：上海票据交易所。

2. 金融产品创新能力持续增强，融资渠道不断拓宽。2021年，上海金融市场交易总额突破2500万亿元，同比增长10.4%，金融业增加值为7973.25亿元，同比增长7.5%。创业融资环境不断优化，开展私募股权和创业投资份额转让试点，助力拓宽私募股权和创业投资退出渠道，形成行业“募、投、管、退”良性循环的生态体系，畅通资本循环，吸引更多风险资本参与。科创板融资能力逐步扩大，截至2021年末，科创板上市公司377家，上市企业融资额、总市值分别达到1517.7亿元和1.5万亿元。其中，集成电路、生物医药、高端装备三大先导产业上市家数达198家。原油期权挂牌上市，成为我国首批以人民币计价并向境外投资者全面开放的期权品种，进一步提升我国大宗商品价格影响力，增强上海配置全球资源能力。融资产品不断创新，保障性租赁住房REITs试点稳步推进，上海城市定制型商业补充医疗保险“沪惠保”上线，首对沪港ETF互通产品上市，首单上海企业自贸区离岸债券发行，金融市场服务能级进一步提升。

（四）金融改革开放持续深化，重大国家战略扎实推进

2021年，上海聚焦国家重大战略，全力以赴落实改革开放重大任务。制定实施贯彻落实中央《关于支持浦东新区高水平改革开放、打造社会主义现代化建设引领区的意见》（以下简称《意见》），建立支持浦东金融开放创新的工作推进机制。深化自贸试验区贸易投资便利化改革创新，全国首个自贸试验区“离岸通”平台上线运行。发布《上海国际金融中心建设“十四五”规划》，明确“十四五”时期上海国际金融中心总体建设目标。人民银行上海总部深入落实中央部署、决策，印发《上海总部推进支持浦东高水平改革开放文件任务分工》，持续推进金融服务长三角一体化，助推人民币国际化，牵头广州等5家人民银行分行，推动中国印尼综合产业园区青山园区实现人民币跨境使用。

1. 支持浦东高水平改革开放。2021年，人民银行等在沪金融管理部门与浦东新区人民政府签署战略合作协议，共同建立贯彻落实《意见》、支持浦东金融开放创新的工作推进机制，通过成立项目组、定期召开工作例会等方式，加强统筹协调、信息共享、形成合力，推动金融领域各项任务举措加快落地。通关便利化等政策细则率先发布，私募股权和创业投资份额转让等试点政策落地实施。人民银行上海总部就国际金融资产交易平台建设、人民币离岸交易、跨境贸易结算等具体工作开展前瞻性研究。目前，一批重大金融项目相继落地，金融数据港顺利开港；国家金融科技发展促进中心等重点金融科技机构即将落地。

2. 扩大自贸区金融创新先行先试。2021年，聚焦重点领域，围绕重点项目，助推离岸贸易、国际贸易分拨、跨境电商等业务模式发展，中国（上海）自由贸易试验区“离岸通”平台上线，

鼓励跨国企业将上海作为其全球或区域性物流分拨业务节点，建立上海市跨境电商示范园区，深化自贸试验区贸易投资便利化改革创新。深入推进临港新片区总体方案明确的78项制度创新任务实施，赋予新片区更大的自主发展、自主改革、自主创新管理权限，洋山特殊综合保税区二期封关验收，创新大飞机制造“一司两地”监管模式，启动以洋山港为国际中转港的外贸集装箱沿海捎带业务试点，新片区规模以上工业总产值、全社会固定资产投资分别增长72.7%和62.0%。自由贸易账户业务不断拓展功能，将自由贸易账户服务扩大至虹桥商务区，全年上海63家各类金融机构共为3.8万家境外及区内企业开立自由贸易账户超13万个。

3. 推动上海国际金融中心建设迈向新征程。 深化落实“金融30条”，出台实施全球资产管理中心、金融科技中心、国际绿色金融枢纽、国际再保险中心建设支持政策，加快打造人民币跨境使用枢纽、国际金融人才高地、金融营商环境高地。2021年，众多国内外知名金融机构加快在沪布局，推动摩根大通证券作为全家首家外资独资券商落地上海，另有全国前三家外商独资公募基金等一批金融业开放项目相继落地，持牌金融机构新增58家。推出原油期权、债券通“南向通”、“玉兰债”、碳中和债、公募不动产投资信托基金等金融创新产品和业务，推动金融市场双向开放，上海金融开放枢纽门户地位更加凸显，国际交流联通持续扩大。启动资本市场金融科技创新试点，加快推进金融科技中心建设。

4. 深入推进金融服务长三角一体化高质量发展。 人民银行上海总部牵头落实长三角一体化发展三年行动计划和2021年工作计划，逐条推动任务落地，全面推动长三角金融一体化。发布《长三角生态绿色一体化发展示范区绿色金融发展实施方案》，上报《长三角区域（上海、南京、杭州、合肥、嘉兴）建设科创金融改革试验区方案》，制定《上海银行业金融机构集团客户长三角地区异地授信指引》和《关于规范发展上海供应链金融的指导意见》，实现了长三角三省一市绿色金融评价标准的基本统一。进一步完善长三角绿色金融信息管理系统，实现绿色金融评价标准化、线上化和可视化。研究拟订《长三角绿色金融发展联盟成立方案》，将“金融支持共同富裕”和“金融数字化”纳入长三角合作机制专题工作，新增3项相关专题工作。

二、经济运行情况

2021年，上海市努力克服国际环境复杂严峻、疫情多点散发等不利影响，科学把握新发展阶段，推动高质量发展，巩固拓展疫情防控和经济社会发展成果。全市经济持续稳定恢复，主要经济指标运行在合理区间，呈现稳中加固、稳中有进、稳中向好的态势，经济发展韧性增强，新兴动能加快成长，社会民生持续改善，实现了“十四五”发展良好开局。全年实现地区生产总值4.32万亿元，同比增长8.1%，两年平均增长4.8%。其中，第一产业增加值99.97亿元，同比下降6.5%，两年平均下降7.4%；第二产业增加值11449.32亿元，同比增长9.4%，两年平均增长5.3%；第三产业增加值31665.56亿元，同比增长7.6%，两年平均增长4.7%。

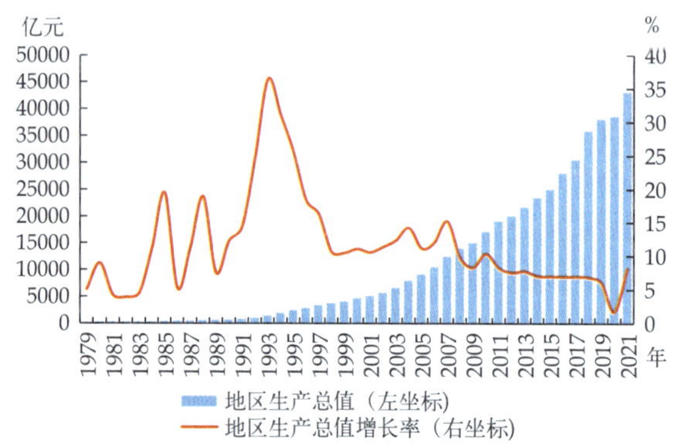

图6　1979—2021年上海市地区生产总值及其增长率

（数据来源：上海市统计局、《上海统计年鉴》）

（一）经济发展韧性增强，三大需求协同发力

1. 固定资产投资稳步增长，社会事业与民

间投资增势较好。2021 年，上海举办上海全球投资促进大会，积极落实扩大投资“20 条”和新基建“35 条”。全年固定资产投资同比增长 8.1%，两年平均增长 9.2%。工业投资同比增长 8.2%，两年平均增长 12.0%，其中，电力、热力、燃气及水的生产和供应业投资同比增长 10.3%，制造业投资同比增长 7.8%；城市基础设施投资恢复性增长，同比增长 5.8%，两年平均增长 1.0%；社会事业投资同比增长 33.9%，其中，教育投资增长 59.9%，卫生和社会工作投资增长 51.2%。民间投资同比增长 10.3%，两年平均增长 9.3%。全年，重大工程投资完成 1957.5 亿元，同比增长 14.6%。

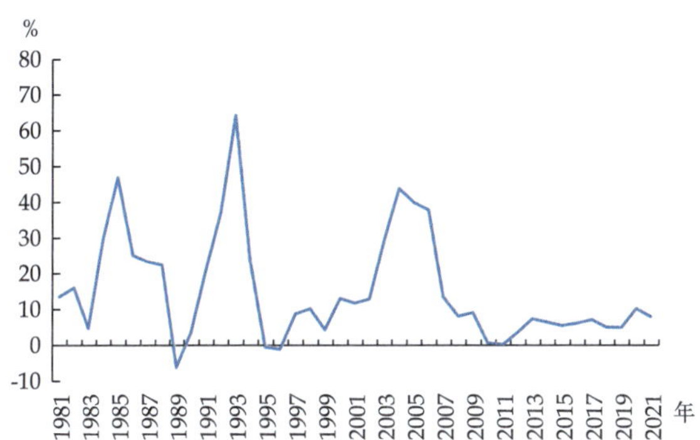

图 7　1981—2021 年上海市固定资产投资（不含农户）及其增长率

（数据来源：上海市统计局、《上海统计年鉴》）

2. 市场消费稳步恢复，升级类消费需求持续释放。2021 年，制订并落实建设国际消费中心城市实施方案，举办第二届“五五购物节”等重大促消费活动，着力打造“全球新品首发地”和“全球消费目的地”，大力拓展消费新业态新模式。全年，社会消费品零售总额 18079.25 亿元，同比增长 13.5%，两年平均增长 6.8%。其中，基本生活消费增势较好，日用品类零售额同比增长 24.7%；升级类消费需求持续释放，文化办公用品类、金银珠宝类和化妆品类零售额同比分别增长 40.1%、30.3% 和 15.7%。网上商店零售额 3365.78 亿元，同比增长 20.8%，两年平均增长 15.4%；占社会消费品零售总额的比重为 18.6%，同比提高 2.2 个百分点。

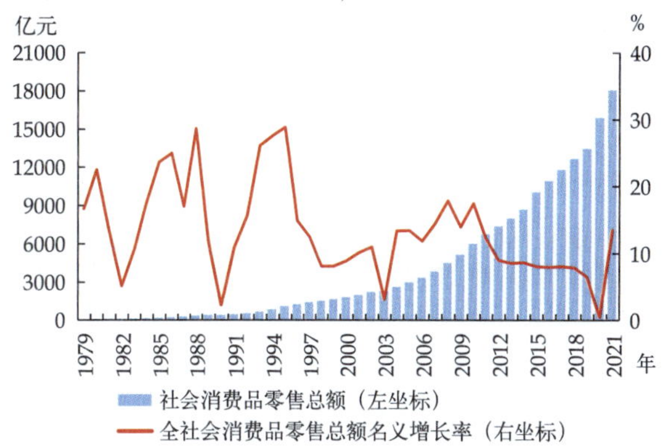

图 8　1979—2021 年上海市社会消费品零售总额及其增长率

（数据来源：上海市统计局、《上海统计年鉴》）

3. 货物进出口较快增长，利用外资增势良好。2021 年，全市货物进出口总额 40610.35 亿元，同比增长 16.5%。其中，进口 24891.68 亿元，同比增长 17.7%；出口 15718.67 亿元，同比增长 14.6%，增速均创 2016 年以来的最高水平。从进出口结构看，一般贸易进出口增长 24.1%，占进出口总额的比重为 57.5%，同比提高 3.8 个百分点，民营企业进出口增长 32.5%，占进出口总额的比重为 27.2%，同比提高 3.3 个百分点。从进出口商品类别看，高新技术产品进出口同比增长 6.0%，机电产品进出口同比增长 10.4%。外商直接投资实际到位金额为 225.51 亿美元，同比增长 11.5%，其中，第三产业外商直接投资实际到位金额增长 12.7%，占全市的比重为 95.5%，同比提高 1 个百分点。

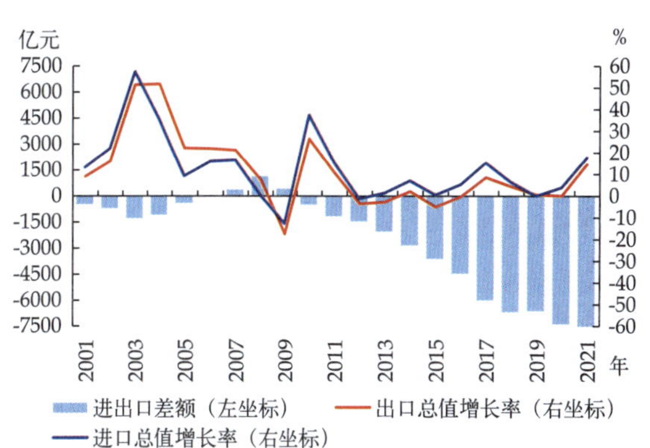

图 9　2001—2021 年上海市货物进出口变动情况

（数据来源：上海市统计局、《上海统计年鉴》）

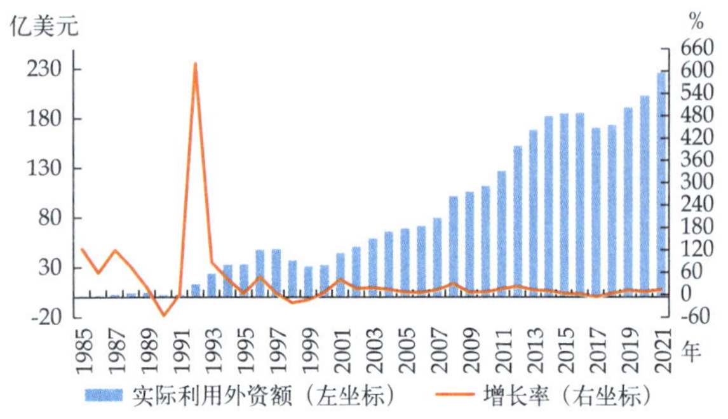

图 10　1985—2021 年上海市实际利用外资金额及其增长率

（数据来源：上海市统计局、《上海统计年鉴》）

（二）经济发展新动能持续壮大，重点领域改革开放持续深化

1. 持续优化经济结构，促进第二、第三产业协调发展。2021 年，上海工业经济积极克服芯片紧张和疫情散发等不利影响，坚持培育壮大新经济新动能，精准施策支持民营企业发展，全年第二产业增加值占 GDP 的比重为 26.5%，同比提高 0.2 个百分点。其中，规模以上工业增加值同比增长 11.0%，对全市经济增长起到重要支撑作用。第三产业增加值首次突破 3 万亿元，同比增长 7.6%，两年平均增长 4.7%，占 GDP 比重为 73.3%，同比提高 0.2 个百分点，对经济增长贡献率达 69.6%。其中，信息传输、软件和信息技术服务业增加值同比增长 12.4%，增速高于第三产业增加值 4.8 个百分点。

2. 加快培育壮大发展新动能，强化新赛道布局和终端带动。全力推进集成电路、生物医药、人工智能三大先导产业“上海方案”加快落实，全年三大先导产业完成工业总产值 3254.74 亿元，同比增长 18.3%，增速高于全市规模以上工业总产值 8.0 个百分点，占规模以上工业总产值的比重为 8.2%。一批关键核心技术实现重大突破，高端通用图形芯片实现量产，高温超导电缆示范运行，8 个一类新药获批上市，神舟十二号、天和核心舱、天问一号等重大任务保障有力。全年工业战略性新兴产业总产值 16055.82 亿元，同比增长 14.6%。其中，新能源汽车、新能源和生物总产值同比增速分别为 1.9 倍、16.1% 和 12.1%。全面发力“五型经济”，促进创新链与产业链深度融合，深入实施制造业创新中心工程，引导企业加大创新投入，高新技术企业突破 2 万家。服务业稳步恢复，加快建设国际消费中心城市，做大做强首发经济、夜间经济、免退税经济、品牌经济，新增首店 1078 家，保持全国第一，持续提升世界级商圈业态和功能，深入推进文旅消费试点，加快建设国际旅游度假区新建板块、乐高乐园度假区、邮轮旅游度假区。推进经济数字化，开展数字人民币试点，积极培育 15 个工业互联网平台，建成 40 家智能工厂，布局打造“长阳秀带”“张江在线”等在线新经济生态园，启动建设首批 7 个数字化转型示范区。

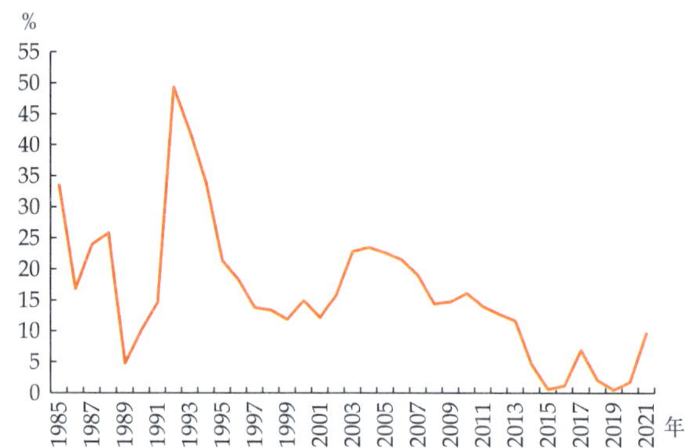

图 11　1985—2021 年上海市规模以上工业增加值实际增长率

（数据来源：上海市统计局、《上海统计年鉴》）

3. 持续深化重点领域改革开放，彰显创新动力活力。全面贯彻落实中央支持浦东打造社会主义现代化建设引领区意见，制订实施上海行动方案，明确 100 条 450 项具体任务，278 项任务取得积极进展或标志性成果。2021 年浦东新区规模以上工业总产值占全市的比重达 31.5%，商品销售总额占比达 34.7%，货物进出口总额占比达 58.8%。长三角国家技术创新中心实体化运作。虹桥国际开放枢纽建设加快推进，83 项重点任务全面实施，总投资 290 亿元的 20 个重大工程集中开工。第四届进口博览会如

期、安全、精彩举办，展览面积和世界500强企业参展数量再创新高，按一年计累计意向成交707.2亿美元，上海交易团意向成交金额增长21.1%，城市推介大会顺利举行，成功主办浦东、虹桥两个分论坛。重点领域改革开放持续深化，深入推进国资布局优化、结构调整，成立上海国有资本投资平台公司，完成股交中心与联交所等专业化重组整合，深化集体企业改革发展。中国船舶集团、中国电气装备集团总部落户。落实国家支持非公经济发展的各项政策，3家国家中小企业发展子基金落户，3家民营企业总部集聚区挂牌。进一步完善外商投资项目核准和备案管理，新增跨国公司地区总部60家、累计达到831家，新增外资研发中心25家、累计达到506家；推动一批外贸新业态新模式加速发展，开通运行“上海号”中欧班列。

专栏2　全面减免支付手续费，缓解小微企业负担

人民银行上海总部坚决贯彻国务院关于降低小微企业和个体工商户支付手续费的工作部署，积极组织辖内银行和支付机构做好支付手续费降费各项工作，进一步引导金融系统向实体经济让利。在人民银行上海总部的指导下，各银行在执行减费政策的基础上，主动加大降费范围、简化退费流程、扩大政策惠及对象，切实为小微企业和个体工商户降低成本，减轻负担，为群众办实事、出实招。

瞄准痛点，降低小微企业支付费用。小微企业和个体工商户是市场经济的重要组成部分，对于稳定经济、促进就业意义重大。疫情发生以来，受制于实体经济和供应链恢复速度，各类市场主体尤其是小微企业和个体工商户经营困难，运营成本不断上升。为进一步引导支付行业向实体经济让利，降低小微企业和个体工商户的经营成本，此次支付手续费降费主要涵盖银行账户服务、支付账户服务、人民币结算、电子银行、银行卡刷卡等使用频率较高、企业诉求强烈的支付领域，同时，要求银行对于误收费、多收费等情况建立健全费用退还机制，实实在在助力小微企业和个体工商户“轻装上阵”、渡过难关。

多措并举，推动减费政策落地生效。政策颁布以后，人民银行上海总部积极组织辖内银行和支付机构做好支付手续费降费各项工作。一是及时转发政策文件，加强部门沟通协作。第一时间向辖内银行和支付机构传达支付手续费减费让利工作要求。与上海银保监局、上海市支付清算协会重点就银行账户领域的减费要求进行明确。指导上海市支付清算协会制订并下发《上海市企业银行账户优化服务与防控风险试点方案》，主动跨前一步，倡议银行无条件免收包含小微企业和个体工商户在内的所有企业银行账户开户费。二是积极组织开展自查工作。组织辖内银行和支付机构按照减费要求梳理、自查支付手续费收费情况，一旦发现问题即查即改，确保自查工作及时有效。三是加强政策解读和宣传指导。组织辖内银行和支付机构及时公示降费服务项目，落实整改不执行优惠政策、不主动告知客户优惠政策等情况，做好减费政策宣传。如银联商务股份有限公司通过官网、订阅号、服务号、App等7个渠道发布了降费宣传通知，累计阅读量达17.09万次。支付宝发布减费让利相关文章阅读量达85万人次，视频宣传点击量超过11万人次，商家中心弹屏曝光超过11万人次，电话、短信等方式触达商户达15万人次。

成效初现，市场主体感受度得到增强。经某支付平台公司初步测算，通过减免小微商户网络支付服务费和商家提现手续费2项费用，预计每年减费让利金额可超过40亿元。贷记类收款服务费和借记类收款服务费减免将惠及各类市场主体300万家，其中绝大多数是小微企业和个体工商户及有经营行为的个人，预计每年让利约20亿元，切实为小微

企业和个体工商户降低成本，减轻负担。

下一步，人民银行上海总部将在总行指导下，继续督促辖内金融机构切实落实减费让利政策，通过明察、暗访、约谈等多种形式，确保支付降费政策红利全面惠及市场主体。

（三）居民消费价格涨势温和，工业生产者价格上涨

2021年，上海围绕“六稳”“六保”政策要求，全市“保供稳价”成效显著，全年CPI同比上涨1.2%，涨幅同比回落0.5个百分点，物价总体稳定在合理区间，处于近五年较低水平。八大类价格“六升二降”，交通通信类价格上涨4.0%，教育文化娱乐类价格上涨2.7%，居住类价格上涨1.1%，其他用品及服务类价格上涨0.9%，生活用品及服务类价格上涨0.7%，食品烟酒类价格上涨0.5%，衣着类价格下降0.5%，医疗保健类价格下降1.1%。受大宗商品价格上涨、主要原材料供需矛盾等因素的影响，全年工业生产者出厂价格同比上涨2.1%，涨幅同比提高3.8个百分点；工业生产者购进价格上涨7.3%，涨幅同比提高10.4个百分点。

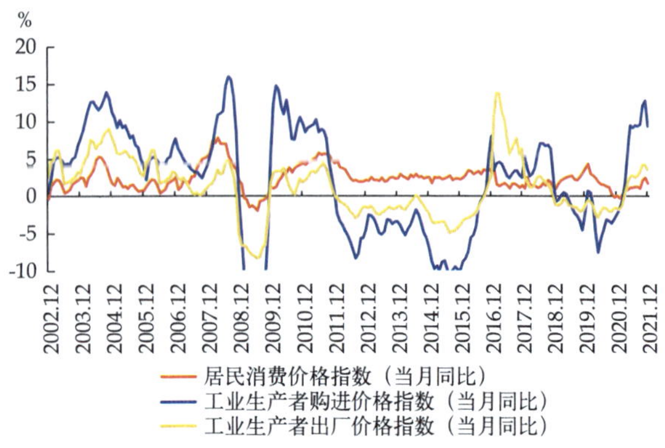

图12　2002—2021年上海市居民消费价格指数和工业生产者价格指数变动趋势

（数据来源：上海市统计局、《上海统计年鉴》）

（四）财政收入同比增长，基本民生保障有力有效

2021年，上海持续深化财税改革攻坚，加强财政资源统筹，服务经济社会高质量发展。全年地方一般公共预算收入7771.80亿元，同比增长10.3%。其中，增值税同比增长8.8%，企业所得税同比增长21.5%，个人所得税同比增长28.4%，契税同比增长8.0%。地方一般公共预算支出8430.86亿元，同比增长4.1%。2021年，上海扎实做好“六稳”“六保”工作，基本民生保障有力有效。全市居民人均可支配收入78027元，绝对水平继续居全国首位，同比增长8.0%，与经济增长基本同步。其中，城镇常住居民人均可支配收入82429元，同比增长7.8%；农村常住居民人均可支配收入38521元，同比增长10.3%。居民消费支出持续恢复，本市居民人均消费支出48879元，同比增长14.9%。就业形势总体稳定，全年新增就业岗位63.51万个，同比增加6.47万个，全年城镇调查失业率维持在5%以内。城乡居民基本养老金标准、最低生活保障标准继续提高。

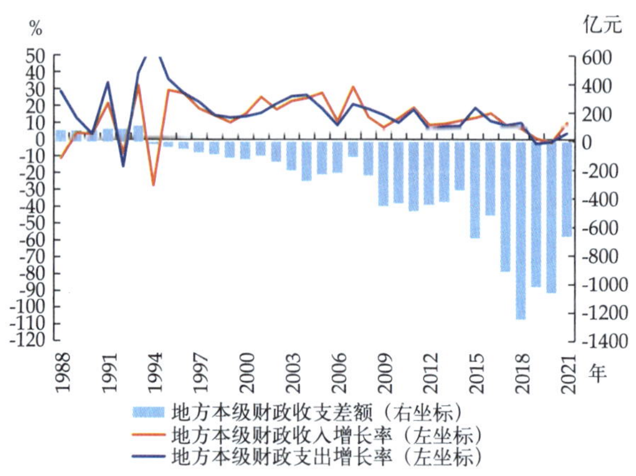

图13　1988—2021年上海市财政收支状况

（数据来源：上海市统计局、《上海统计年鉴》）

（五）房地产市场总体平稳健康发展，市民居住条件持续改善

1. 房地产投资同比增长，房市量价稳中有升。2021年，上海坚持“房住不炒”定位，制

定实施“沪十条”“沪七条”等调控政策，稳地价、稳房价、稳预期，确保市场平稳健康发展。全年房地产开发投资同比增长 7.2%，两年平均增长 9.1%，其中，住宅投资同比增长 10.5%。房屋在建规模同比上升，全市商品房屋施工面积同比增长 5.6%，新开工面积同比增长 11.8%。商品房销售面积同比增长 5.1%，销售额同比增长 12.3%。12 月，全市新建商品住宅成交价格同比上涨 4.2%，环比上涨 0.4%；二手住宅成交价格同比上涨 6.5%，环比上涨 0.4%。

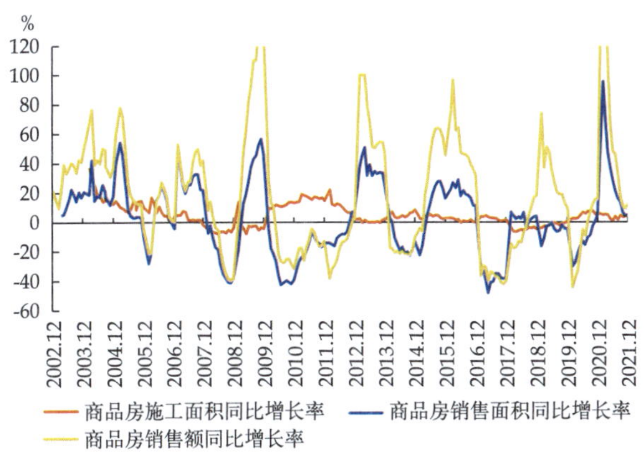

图 14　2002—2021 年上海市商品房施工和销售变动趋势

（数据来源：上海市统计局、《上海统计年鉴》）

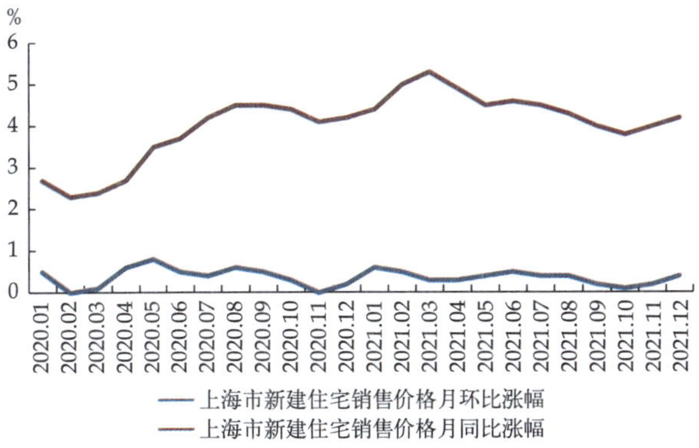

图 15　2020—2021 年上海市新建住宅销售价格变动趋势

（数据来源：上海市统计局、《上海统计年鉴》）

2. 租购并举的住房体系持续完善，进一步加强民生保障。2021 年，上海市出台《关于加快发展本市保障性租赁住房的实施意见》，人民银行上海总部联合相关部门举办上海推进保障性住房建设银企对接会，推进上海保障性住房建设再上新台阶。全年，建设筹措 6.7 万套（间）保障性租赁住房。全面推进完成“城中村”改造年度目标任务，完成了 32 个“城中村”改造项目动迁收尾，征收安置房开工率达 80.4%，完成 90.1 万平方米中心城区成片二级旧里以下房屋改造，完成 13 个城中村改造项目。

三、预测与展望

2022 年，疫情形势仍然严峻复杂，经济社会全面恢复仍然面临不少困难、问题和挑战，巩固疫情防控成果的任务依然艰巨。但我国发展仍处于重要战略机遇期，经济韧性强，长期向好的基本面不会改变。上海是世界观察中国的一个重要窗口，肩负着国家赋予的重大使命任务，正处在构筑未来发展战略优势的关键阶段，上海将认真贯彻落实全国稳住经济大盘电视电话会议精神，按照“疫情要防住、经济要稳住、发展要安全”的要求，更加有力、更加高效地统筹疫情防控和经济社会发展，坚持以供给侧结构性改革为主线，以实施国家战略任务为牵引，以强化“四大功能”、深化“五个中心”建设、发展“五型经济”[①] 为主攻方向，加快提升城市能级和核心竞争力，继续做好“六稳”“六保”工作，持续改善民生，保持经济运行在合理区间，保持社会大局稳定。

人民银行上海总部将以习近平新时代中国特色社会主义思想为指导，坚决贯彻落实党中央、国务院、人民银行总行和上海市委市政府有关疫情防控和经济恢复重振的决策部署，着力提升金融支持实体经济的可持续性，加大助企纾困金融供给力度，为统筹推进疫情防控和

① “四大功能”是指全球资源配置功能、科技创新策源功能、高端产业引领功能、开放枢纽门户功能。“五个中心”是指国际经济、金融、贸易、航运和科技创新中心。“五型经济”是指创新型经济、服务型经济、开放型经济、总部型经济、流量型经济。

经济社会发展提供良好的货币金融环境。一是坚持稳字当头，全面落实好稳健的货币政策灵活适度要求，保持流动性合理充裕。二是持续改进金融服务实体经济质效，优化信贷结构，精准加大重点领域金融支持力度。三是继续推动长三角一体化高质量发展，深化长三角绿色金融服务。四是全力推进高水平金融改革开放，积极推动相关先行先试政策落地实施。

中国人民银行上海总部货币政策分析小组
总　　纂：吕进中
统　　稿：吴金友
执　　笔：向　坚
提供材料：周芷伊　宋　诚　许霞红　昝剑飞　郭建斌

附录：

（一）2021年上海市经济金融大事记

4月15日，第八届中国（上海）国际技术进出口交易会开幕，本届交易会自觉对标对表高水平开放平台建设要求，在更大范围、更宽领域、更深层次挖掘潜力，在新发展阶段体现新特点、新担当和新价值。

6月2日，“2021年金融市场推动长三角高质量一体化发展论坛”在上海举办。本次论坛由中国人民银行上海总部指导，聚焦“债券创新”“绿色票据”“可持续发展”三大主题，共商推动长三角高质量一体化发展新格局。

6月10日，第十三届陆家嘴论坛在上海举办，主题为“全球大变局下的中国金融改革与开放”，围绕金融助力碳达峰、碳中和，全球经济金融形势等议题展开讨论，以期为促进全球经济复苏和金融稳定、推动中国金融改革开放提出具有启迪意义的思路和建议。

7月16日，全国碳排放权交易开市，由上海环境能源交易所承担全国碳排放权交易系统账户开立和运行维护等具体工作。碳排放配额的交易需通过交易系统进行，可以采取协议转让、单向竞价或者其他符合规定的方式参与交易，其中协议转让包括挂牌协议交易和大宗协议交易。

7月29日，上海召开全力打响“上海文化”品牌助力城市软实力提升推进会，推动新一轮打响“文化品牌”三年行动计划高质量实施，全面助力城市软实力提升。

8月19日，上海正式发布《关于支持中国（上海）自由贸易试验区临港新片区自主发展自主改革自主创新的若干意见》，主要包括四个方面40条具体措施，赋予临港新片区更大的自主发展、自主改革、自主创新管理权限。

10月19日，上海印发了《上海加快打造国际绿色金融枢纽 服务碳达峰碳中和目标的实施意见》，旨在通过七个方面24项举措，加快打造国际绿色金融枢纽，积极助力国家实现碳达峰碳中和目标。

11月4日，第四届中国国际进口博览会开幕，国家主席习近平以视频方式出席第四届中国国际进口博览会开幕式，并发表题为《让开放的春风温暖世界》的主旨演讲，再度传递一个负责任大国“言必信、行必果”的信念与行动。

11月25日，上海数据交易所揭牌成立仪式暨2021上海全球数商大会在沪举行。上海数据交易所聚焦数据交易确权难、定价难、互信难、入场难、监管难等关键共性难题，形成系列创新安排。

11月29日，2021年沪港澳青年经济发展论坛以三地连线形式在上海举办。本届论坛聚焦新阶段、新理念、新格局，探讨“十四五”期间沪港澳发展面临的机遇和挑战，关注城市功能和地区协同。

（二）2021 年上海市主要经济金融指标

表 1　2021 年上海市主要存贷款指标

	项目	1月	2月	3月	4月	5月	6月	7月	8月	9月	10月	11月	12月
本外币	金融机构各项存款余额（亿元）	156493.4	159025.7	160500.3	162579.7	162534.9	165603.3	167769.1	167042.6	168452.4	172023.1	171393.1	175831.1
	其中：住户存款	38922.1	39683.2	40519.5	40293.5	40578.4	41543.0	40885.8	41083.9	41885.2	41803.1	42102.0	42652.5
	非金融企业存款	62638.9	60810.6	61833.7	61379.2	60658.3	63825.3	62190.1	62579.8	63810.5	64584.8	66106.3	68894.1
	各项存款余额比上月增加（亿元）	628.8	2532.3	1474.6	2079.3	-44.8	3068.5	2165.8	-726.5	1409.7	3570.8	-630.0	4438.0
	金融机构各项存款同比增长（%）	17.5	17.1	15.6	13.3	12.6	14.8	11.9	12.5	12.3	14.4	10.4	12.8
	金融机构各项贷款余额（亿元）	86795.3	87406.4	88514.0	88984.3	89647.8	91160.8	91162.3	91841.3	93112.8	93487.2	94544.3	96032.1
	其中：短期	20223.9	20336.7	20791.6	20564.1	20655.1	20985.0	20794.4	20975.0	21166.0	21246.5	21129.4	20829.8
	中长期	53744.6	54245.5	54856.5	55359.5	55876.3	56510.0	56718.3	57056.0	57901.7	58178.8	58730.1	59888.3
	票据融资	3281.0	3115.4	3088.1	3041.6	2969.1	3100.8	3154.0	3197.8	3269.1	3331.1	3920.0	4440.4
	各项贷款余额比上月增加（亿元）	2153.9	611.1	1107.5	470.3	663.5	1513.0	1.5	679.1	1271.5	374.4	1057.1	1487.8
	其中：短期	616.5	112.8	455.0	-227.6	91.0	329.9	-190.6	180.6	191.0	80.5	-117.2	-299.6
	中长期	1665.6	500.8	611.1	503.0	516.9	633.7	208.2	337.7	845.7	277.1	551.3	1158.2
	票据融资	-100.5	-165.6	-27.3	-46.6	-72.5	131.7	53.1	43.8	71.3	62.0	589.0	520.3
	金融机构各项贷款同比增长（%）	9.9	10.6	10.5	10.6	10.6	11.1	11.3	11.6	11.5	11.4	12.6	13.5
	其中：短期	7.9	8.6	8.5	7.6	7.3	6.7	7.4	8.3	7.3	8.1	6.7	6.1
	中长期	13.5	14.9	14.9	15.7	16.1	15.8	15.2	14.6	14.7	14.4	14.4	15.0
	票据融资	-22.4	-27.2	-29.1	-33.7	-36.1	-30.2	-25.5	-21.6	-18.9	-15.3	19.6	31.3
	建筑业贷款余额（亿元）	1908.9	1989.9	2038.4	7758.4	7788.3	2122.8	2128.5	2232.2	2165.9	2110.6	2063.3	1684.0
	房地产业贷款余额（亿元）	10739.5	10842.3	10881.3	10934.3	11033.1	11056.1	11056.0	11104.9	11196.8	11193.2	11172.8	11280.6
	建筑业贷款同比增长（%）	16.9	21.2	22.4	19.9	20.7	29.7	24.6	24.3	22.0	17.5	17.1	2.3
	房地产业贷款同比增长（%）	10.4	10.7	9.4	9.6	10.6	9.6	8.5	8.4	8.5	8.3	8.7	9.3
人民币	金融机构各项存款余额（亿元）	145195.8	147827.4	149392.2	150558.8	150302.7	153553.3	155670.9	154605.4	156312.2	159623.5	159116.9	163819.5
	其中：住户存款	37399.9	38161.9	38991.7	38791.2	39106.5	40063.5	39412.5	39612.7	40418.0	40345.8	40628.5	41150.4
	非金融企业存款	58563.8	56803.8	58000.5	57366.9	56496.8	59687.5	58023.1	58214.8	59551.0	59941.2	61376.2	64209.3
	各项存款余额比上月增加（亿元）	-131.3	2631.6	1564.8	1166.7	-256.1	3250.5	2117.7	-1065.6	1706.9	3311.3	-506.6	4702.6
	其中：住户存款	658.5	762.0	829.8	-200.5	315.3	957.0	-650.9	200.2	805.3	-72.2	282.7	521.9
	非金融企业存款	-437.6	-1759.9	1196.7	-633.6	-870.1	3190.7	-1664.4	191.7	1336.2	390.2	1435.1	2833.0
	各项存款同比增长（%）	17.5	17.4	15.7	12.3	11.5	14.1	11.2	11.5	11.6	13.8	9.9	12.7
	其中：住户存款	13.5	15.5	15.1	15.0	14.4	14.2	12.5	12.3	13.3	12.8	12.1	12.0
	非金融企业存款	18.4	14.0	10.8	8.4	5.6	8.6	7.6	7.5	6.1	7.0	7.1	7.8
	金融机构各项贷款余额（亿元）	80195.7	80638.5	81644.8	82019.2	82669.5	83659.8	83684.0	84101.4	85348.1	85705.3	86787.5	88260.1
	其中：个人消费贷款	22174.5	22050.9	22192.1	22378.9	22584.4	22758.2	22820.9	22934.9	23186.7	23331.3	23651.8	23875.3
	票据融资	3281.0	3115.3	3088.1	3041.4	2969.0	3100.7	3153.9	3197.6	3269.0	3331.0	3920.0	4440.4
	各项贷款余额比上月增加（亿元）	2206.4	442.8	1006.2	374.4	650.3	990.3	24.3	417.4	1246.7	357.2	1082.2	1472.6
	其中：个人消费贷款	266.4	-123.7	141.2	186.8	205.6	173.8	62.7	114.0	251.8	144.6	320.5	223.5
	票据融资	-100.5	-165.6	-27.3	-46.6	-72.4	131.7	53.2	43.7	71.4	62.0	589.0	520.3
	金融机构各项贷款同比增长（%）	9.6	10.4	10.4	10.6	11.2	11.1	11.2	11.2	11.3	11.2	12.2	13.2
	其中：个人消费贷款	8.1	9.2	9.4	10.4	10.8	10.8	10.1	9.7	9.9	9.6	9.5	9.0
	票据融资	-22.4	-27.2	-29.2	-33.7	-36.1	-30.2	-25.5	-21.6	-18.9	-15.3	19.6	31.3
外币	金融机构外币存款余额（亿美元）	1745.9	1730.5	1690.4	1858.7	1920.8	1865.3	1872.7	1922.9	1871.9	1940.3	1924.3	1884.0
	金融机构外币存款同比增长（%）	25.2	22.9	22.5	38.5	43.7	35.2	31.2	35.8	28.4	28.2	21.7	16.7
	金融机构外币贷款余额（亿美元）	1019.9	1045.8	1045.3	1077.0	1095.8	1161.1	1157.6	1196.7	1197.3	1217.7	1215.9	1219.0
	金融机构外币贷款同比增长（%）	21.4	23.2	20.2	19.4	17.4	22.1	21.3	24.0	19.0	19.8	21.0	19.6

数据来源：中国人民银行上海总部。

表 2 2001—2021 年上海市各类价格指数

单位：%

时间		居民消费价格指数		农业生产资料价格指数		工业生产者购进价格指数		工业生产者出厂价格指数	
		当月同比	累计同比	当月同比	累计同比	当月同比	累计同比	当月同比	累计同比
2001		—	0.0	—	—	—	-1.3	—	-3.3
2002		—	0.5	—	—	—	-2.3	—	-3.6
2003		—	0.1	—	—	—	6.4	—	1.4
2004		—	2.2	—	—	—	16.4	—	3.6
2005		—	1.0	—	—	—	6.8	—	1.7
2006		—	1.2	—	—	—	4.8	—	0.6
2007		—	3.2	—	—	—	4.1	—	1.2
2008		—	5.8	—	—	—	10.3	—	2.2
2009		—	-0.4	—	—	—	-10.2	—	-6.2
2010		—	3.1	—	—	—	11.2	—	2.3
2011		—	5.2	—	—	—	7.5	—	2.9
2012		—	2.8	—	—	—	-5.3	—	-1.6
2013		—	2.3	—	—	—	-3.5	—	-1.8
2014		—	2.7	—	—	—	-4.1	—	-1.1
2015		—	2.4	—	—	—	-9.4	—	-3.9
2016		—	3.2	—	—	—	-2.3	—	-1.2
2017		—	1.7	—	—	—	8.9	—	3.5
2018		—	1.6	—	—	—	5.2	—	1.7
2019		—	2.5	—	—	—	-1.3	—	-1.2
2020		—	1.7	—	—	—	-3.1	—	-1.7
2021		—	1.2	—	—	—	7.3	—	2.1
2020	1	4.4	4.4	—	—	0.8	0.8	-0.5	-0.5
	2	3.0	3.7	—	—	0.6	0.7	-0.7	-0.6
	3	2.8	3.4	—	—	-1.2	0.0	-1.2	-0.8
	4	2.5	3.2	—	—	-4.6	-1.1	-2.3	-1.2
	5	2.0	2.9	—	—	-7.4	-2.4	-2.8	-1.5
	6	1.7	2.7	—	—	-5.6	-2.9	-2.0	-1.6
	7	1.6	2.6	—	—	-4.4	-3.1	-1.5	-1.6
	8	1.4	2.4	—	—	-3.0	-3.1	-1.6	-1.6
	9	1.3	2.3	—	—	-3.2	-3.1	-2.0	-1.6
	10	0.3	2.1	—	—	-3.5	-3.2	-2.0	-1.7
	11	-0.1	1.9	—	—	-2.9	-3.1	-1.6	-1.7
	12	0.1	1.7	—	—	-2.3	-3.1	-1.6	-1.7
2021	1	-0.2	-0.2	—	—	-1.6	-1.6	-1.7	-1.7
	2	0.3	0.1	—	—	-0.4	-1.0	-1.2	-1.5
	3	0.7	0.3	—	—	1.8	-0.1	0.4	-0.8
	4	0.9	0.4	—	—	5.8	1.4	1.7	-0.2
	5	1.2	0.6	—	—	9.6	3.0	2.6	0.4
	6	1.2	0.7	—	—	9.3	4.0	2.8	0.8
	7	1.3	0.8	—	—	9.6	4.8	2.5	1.0
	8	1.3	0.8	—	—	9.5	5.4	2.7	1.2
	9	1.1	0.9	—	—	9.7	5.9	3.2	1.4
	10	2.2	1.0	—	—	12.3	6.5	4.2	1.7
	11	2.5	1.1	—	—	12.9	7.1	4.2	1.9
	12	1.8	1.2	—	—	9.5	7.3	3.6	2.1

数据来源：上海市统计局、《上海统计年鉴》。

表 3　2021 年上海市主要经济指标

项目	1月	2月	3月	4月	5月	6月	7月	8月	9月	10月	11月	12月
绝对值（自年初累计）												
地区生产总值（亿元）	—	—	9458.9	—	—	20102.5	—	—	30866.7	—	—	43214.9
第一产业	—	—	16.4	—	—	33.0	—	—	53.1	—	—	100.0
第二产业	—	—	2216.4	—	—	4989.2	—	—	7947.5	—	—	11449.3
第三产业	—	—	7226.3	—	—	15080.4	—	—	22866.0	—	—	31665.6
工业增加值（亿元）	—	—	2109.0	—	—	4706.7	—	—	7474.0	—	—	10738.8
固定资产投资（亿元）	—	—	—	—	—	—	—	—	—	—	—	—
房地产开发投资	—	740.4	1072.1	1429.7	1823.6	2245.5	2669.3	3109.9	3569.9	4032.7	4499.3	5035.2
社会消费品零售总额（亿元）	—	3038.5	4556.7	5942.2	7435.0	9048.4	10425.7	11805.0	13279.2	14747.4	16474.0	18079.3
外贸进出口总额（亿元）	—	5505.0	8767.0	12214.4	15412.9	18827.9	22115.7	25713.2	29236.5	32811.7	36702.8	40610.4
进口	—	3258.6	5423.7	7633.4	9610.3	11790.1	13758.8	15975.7	18174.0	20268.0	22591.1	24891.7
出口	—	2246.4	3343.4	4581.0	5802.6	7037.8	8357.0	9737.5	11062.4	12543.7	14111.7	15718.7
进出口差额（出口－进口）	—	-1012.3	-2080.3	-3052.5	-3807.7	-4752.3	-5401.8	-6238.2	-7111.6	-7724.3	-8479.4	-9173.0
实际利用外资（亿美元）	18.7	35.4	56.3	77.7	102.7	124.5	143.2	161.7	178.5	195.3	214.9	225.5
地方财政收支差额（亿元）	675.5	671.9	389.8	697.6	1119.0	942.6	1417.6	1248.0	958.7	1052.8	326.3	-659.1
地方财政收入	1158.5	1780.5	2270.3	3227.8	4077.3	4731.5	5661.0	6084.4	6479.2	7066.2	7374.8	7771.8
地方财政支出	483.0	1108.6	1880.5	2530.2	2958.3	3788.9	4243.4	4836.4	5520.5	6013.4	7048.5	8430.9
城镇登记失业率（%）（季度）	—	—	—	—	—	—	—	—	—	—	—	2.7
同比累计增长率（%）												
地区生产总值	—	—	17.6	—	—	12.7	—	—	9.8	—	—	8.1
第一产业	—	—	0.4	—	—	-4.7	—	—	-4.7	—	—	-6.5
第二产业	—	—	29.3	—	—	17.3	—	—	13.1	—	—	9.4
第三产业	—	—	14.3	—	—	11.3	—	—	8.7	—	—	7.6
工业增加值	—	—	28.9	—	—	17.5	—	—	13.5	—	—	9.5
固定资产投资	—	28.2	27.1	22.0	15.6	10.9	9.8	9.5	9.4	9.0	8.7	8.1
房地产开发投资	—	27.7	24.7	19.7	14.4	11.5	10.3	9.7	9.4	9.2	8.8	7.2
社会消费品零售总额	—	48.3	48.9	41.2	35.2	30.3	26.5	22.2	19.6	17.7	15.7	13.5
外贸进出口总额	—	13.9	15.8	18.3	18.8	19.0	17.5	17.1	15.4	15.8	16.3	16.5
进口	—	9.5	16.8	23.4	25.4	25.4	22.6	21.6	19.1	18.1	18.3	17.7
出口	—	21.1	14.3	10.6	9.4	9.6	9.9	10.4	9.9	12.3	13.3	14.6
实际利用外资	24.8	26.5	20.5	20.3	21.5	21.1	18.8	16.5	15.0	13.7	12.9	11.5
地方财政收入	8.2	10.8	13.2	21.5	20.3	20.2	20.2	19.8	15.4	12.2	10.6	10.3
地方财政支出	-22.0	-5.3	-7.3	-1.8	-1.9	0.4	0.9	3.7	4.1	4.6	6.3	4.1

数据来源：上海市统计局、《上海统计年鉴》。

江苏省金融运行报告（2022）

中国人民银行南京分行货币政策分析小组

[内容摘要]2021年，面对世纪疫情和百年变局交织的严峻形势，江苏认真贯彻落实党中央和国务院各项决策部署，坚决扛起“争当表率、争做示范、走在前列”光荣使命，坚持稳中求进工作总基调，扎实做好“六稳”“六保”工作，立足新发展阶段、贯彻新发展理念、构建新发展格局，着力推动高质量发展，经济总量迈上11万亿元新台阶，顺利实现“十四五”和现代化建设良好开局。

经济运行持续恢复，发展质效稳步提升。一是综合实力再上新台阶，高质量发展迈出坚实步伐。全年全省实现生产总值11.6万亿元，同比增长8.6%，两年平均增长6.1%，增速比全国平均水平快1个百分点。二是粮食产量再创新高，畜牧业生产保持稳定增长。农林牧渔业总产值8279.2亿元，同比增长4%，两年平均增长3%。粮食总产量再创新高，连续五年实现增产。三是工业生产稳步加快，先进制造业增势强劲。规模以上工业增加值同比增长12.8%，比上年提升6.7个百分点。先进制造业快速发展，规模以上高技术制造业和装备制造业增加值同比分别增长17.1%和17.0%，比规模以上工业增加值分别高出4.3个和4.2个百分点。四是服务业较快复苏，高技术服务业蓬勃发展。第三产业增加值同比增长7.7%，两年平均增长5.6%。高技术服务业持续较快增长，规模以上高技术服务业增加值同比增长18.1%，两年平均增长15.3%。五是消费品市场总体向好，新兴消费快速成长。社会消费品零售总额同比增长15.1%，两年平均增长6.4%；新兴消费规模快速壮大，以网络购物、“无接触配送”为代表的线上消费快速成长，限额以上商品网上零售额同比增长26.9%。六是固定资产投资结构优化，重点领域投入力度加大。固定资产投资同比增长5.8%，两年平均增长3.0%。其中，制造业投资支撑有力，同比增长16.1%，高于全部投资10.3个百分点。七是对外贸易高速增长，出口竞争力持续提升。进出口总额52130.6亿元，同比增长17.1%。其中，出口总额32532.3亿元，同比增长18.6%；进口总额19598.3亿元，同比增长14.8%。八是财政收入稳定增长，民生领域投入进一步加大。全省实现一般公共预算收入10015.2亿元，同比增长10.6%。其中，税收占比达81.6%。民生领域投入进一步加大，全省一般公共预算支出中民生支出占比近八成。九是居民消费价格温和上涨，工业品价格明显上涨。居民消费价格同比上涨1.6%，涨幅比上年收窄0.9个百分点。工业生产者出厂、购进价格同比分别增长6.3%、13.8%。十是居民增收步伐加快，城乡收入差距持续缩小。全年全体居民人均可支配收入47498元，同比增长9.5%，两年平均增长7.1%。2021年城乡居民收入比值为2.16，比上年缩小0.03。

金融业总体运行平稳，金融对实体经济支持力度稳固。货币信贷和社会融资规模合理增长，信贷结构不断优化，融资成本稳中有降，推动经济高质量发展取得明显成效。一是金融支持经济社会发展力度持续加大。融资总量稳步增长，全年全省社会融资规模增量为3.4万亿元，同比多增867亿元，增量占全国的11%，同比提高1.4个百分点。2021年末，全省本外币贷款余额同比增长15.3%，高于全国4个百分点。融资成本稳中有降，全年一般贷款、企业贷款、普惠小微贷款加权平均利率分别为5.16%、4.6%、5.24%，比上年分别降低0.12个、0.13个和0.18个百分点。二是金融服务实体经济更加精准。金融支持保市场主体成效显著，全年全省金融机构普惠小微贷款延期率为78.4%，发放普惠小微信用贷款占全部普惠小微贷款发放量的25.6%。金融支持重点领域力度进一步加大，年末本外币制造业贷款余额同比增长14.9%，比上年提高4.6个百分点，连续15个月实现两位数增长。三是防范化解金融风险成效明显。做深做实金融委办公室地方协调机制，建立健全债券违约风险信息交流和跨部门债券领域风险防范处置机制，推动省级层面出台防范化解重大金融风险问责办法、债券市场“逃废债”等重大违法违规事件通报制度等政策文件。持续强化金融机构风险管控，实现全辖高风险金融机构清零。四是金融改革创新持续深化。区域金融改革创新试点工作加快推进，泰州产业转型升级改革创新试验区落地区块链平台出口信保保单融资场景，发放全省首笔绿色再贷款、首批绿色再贴现。数字人民币苏州试点工作主要指标继续保持全国前列，先后有70多项创新项目落地。五是外汇管理和跨境人民币工作卓有成效。外汇管理工作有序推进，贸易外汇收支便利化试点业务量达上年3倍。跨境人民币业务加快推进，经常项目和直接投资跨境人民币结算量同比增长26.5%。六是金融管理和服务质效持续提高。支付利民成效显著，全年累计减免各类支付手续费约9.8亿元。开展金融科技赋能乡村振兴示范工程建设，打造江苏特色典型应用。经理国库扎实有力，全力保障国家减税降费政策落地生效，惠及817万个纳税人。征信管理亮点突出，全省建成地方征信平台11家，促成企业获得融资6433亿元。试点开通企业自助征信查询服务，扩大个人自助服务覆盖范围，实现征信查询“舒心办”。

2022年是党的二十大召开之年，也是坚定不移推动高质量发展的深化之年。江苏省将以习近平新时代中国特色社会主义思想为指导，全面贯彻落实党的十九大、十九届历次全会、中央经济工作会议和习近平总书记对江苏工作重要指示精神，立足新发展阶段，完整、准确、全面贯彻新发展理念，切实扛起“争当表率、争做示范、走在前列”光荣使命，强化创新驱动，全力推进江苏自贸试验区、苏南国家自主创新示范区和南京江北新区建设，更加有力服务长三角一体化发展，以供给侧结构性改革为主线，统筹疫情防控和经济社会发展，继续做好“六稳”“六保”工作，着力稳定经济增长，保持经济运行在合理区间。江苏省金融业将坚持稳字当头、稳中求进，认真贯彻落实稳健的货币政策灵活适度的要求，推动对制造业、普惠小微、乡村振兴、绿色低碳等重点领域和薄弱环节的金融服务提质增效，实现融资总量稳定增长、结构稳步优化、成本稳中有降，纵深推进各项改革创新工作，着力支持辖区经济高质量发展，迎接党的二十大胜利召开。

一、金融运行情况

2021年，江苏省金融系统坚决贯彻落实党中央、国务院和人民银行总行各项工作部署，不折不扣贯彻新发展理念，坚持稳健的货币政策灵活精准、合理适度，全力以赴助力企业纾困，统筹推进绿色金融高质量发展，切实有效防控金融风险，为全省经济实现“十四五”良好开局提供了有力的金融支撑。

（一）银行业运行稳健，信贷助力实体经济质效有效提升

1.银行业资产规模保持平稳增长，机构体系不断优化。2021年末，全省银行业总资产24.2万亿元，同比增长10.7%；全年共实现税后净利润2574.6亿元。其中，法人银行业金融机构总资产同比增长11.5%。

表 1　2021 年江苏省银行业金融机构情况统计

机构类别	营业网点			法人机构（个）
	机构个数（个）	从业人数（人）	资产总额（亿元）	
一、大型商业银行	4938	106807	84734	0
二、国家开发银行和政策性银行	95	2515	12550	0
三、股份制商业银行	1242	39656	39166	0
四、城市商业银行	1019	37366	50685	4
五、城市信用社	0	0	0	0
六、小型农村金融机构	3382	51488	35335	60
七、财务公司	16	484	1770	14
八、信托公司	4	671	491	4
九、邮政储蓄银行	2511	24871	10454	0
十、外资银行	79	2345	1855	3
十一、新型农村金融机构	345	4812	1097	74
十二、其他	14	2391	4031	12
合　计	13645	273406	242168	171

数据来源：江苏银保监局。

注：营业网点不包括国家开发银行和政策性银行、大型商业银行、股份制银行等金融机构总部数据；大型商业银行包括中国工商银行、中国农业银行、中国银行、中国建设银行和交通银行；小型农村金融机构包括农村商业银行、农村合作银行和农村信用社；新型农村金融机构包括村镇银行、贷款公司、农村资金互助社和小额贷款公司；其他包含金融租赁公司、汽车金融公司、货币经纪公司、消费金融公司等。

2. 各项存款增速放缓，外汇存款增速同比下降。2021 年末，全省金融机构本外币存款余额 19.6 万亿元，同比增长 10.1%，比上年同期下降 3.1 个百分点；当年存款新增 1.8 万亿元，同比少增 2800 亿元。分部门看，住户存款、非金融企业存款、机关团体存款余额同比分别增长 11.9%、8.2% 和 1.2%，增速比上年同期分别下降 2.9 个、8.3 个和 0.9 个百分点。分币种看，人民币各项存款余额同比增长 9.8%，外汇存款余额同比增长 24.8%，比上年同期下降 9.3 个百分点。

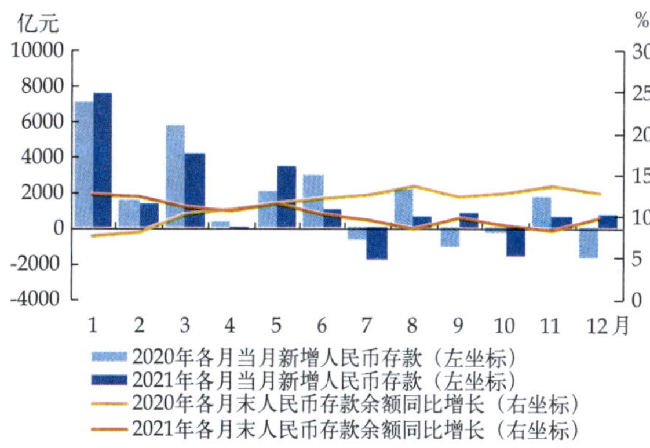

图 1　2020—2021 年江苏省金融机构人民币存款增长趋势

（数据来源：中国人民银行南京分行）

3. 各项贷款同比多增，信贷总量保持稳定增长。2021 年末，全省本外币各项贷款余额 18.1 万亿元，同比增长 15.3%，高于全国 4 个百分点；比年初新增 2.4 万亿元，比上年同期和 2016—2020 年同期平均增量分别多 2655 亿元、8985.3 亿元。贷款余额和新增额均居全国第二位。

从币种看，全省人民币贷款余额同比增长 15.2%，比上年同期下降 0.7 个百分点。外汇贷款余额同比增长 28%，比上年同期提高 6.6 个百分点。

从期限看，短期类贷款余额 6.1 万亿元，同比增长 10.7%。中长期贷款余额 10.7 万亿元，同比增长 17.8%。

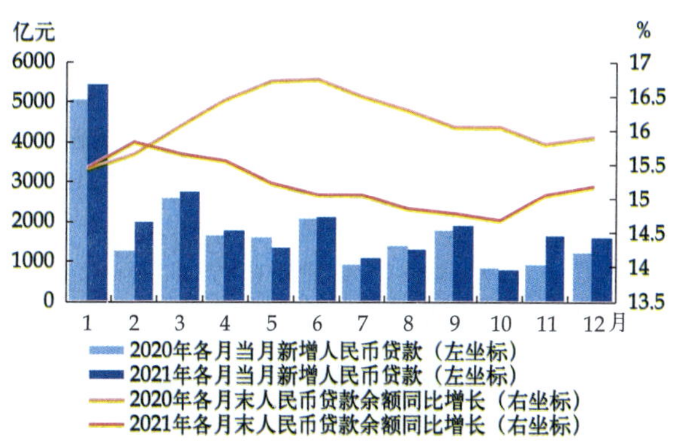

图 2　2020—2021 年江苏省金融机构人民币贷款增长趋势

（数据来源：中国人民银行南京分行）

从投向看，结构持续优化，金融支持重点领域力度进一步加大。制造业贷款平稳增长。12月末，全省本外币制造业贷款余额为2.15万亿元，同比增长14.9%，比上年提高4.6个百分点，连续15个月实现两位数增长。全年制造业中长期贷款新增1654.6亿元，同比多增392.6亿元。大力拓宽科创企业融资渠道，全省累计发行双创专项金融债50亿元。普惠小微融资量增面扩。12月末，普惠小微贷款余额同比增长36.2%。全年新增小微企业首贷户6.9万户。两项直达政策工具有效支持小微企业。2021年，全省金融机构累计为6529.9亿元普惠小微贷款延期，延期率78.4%；发放普惠小微信用贷款4415.2亿元，占全部普惠小微贷款发放量的25.6%。

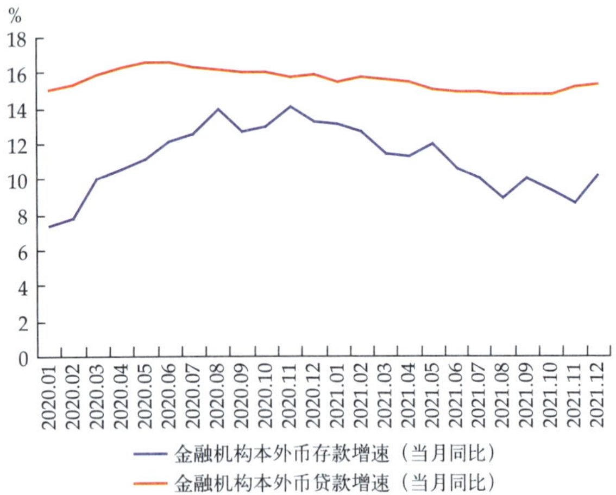

图3　2020—2021年江苏省金融机构本外币存贷款增速变化趋势

（数据来源：中国人民银行南京分行）

4. LPR改革红利持续释放，实体经济融资成本稳中有降。通过持续释放LPR改革潜力、落实明示年化贷款利率要求、优化存款利率定价管理、整顿异地存款和不规范存款产品创新，引导综合融资成本进一步降低。2021年，全省一般贷款、企业贷款和普惠小微贷款加权平均利率分别为5.16%、4.60%和5.24%，同比分别降低0.12个、0.13个和0.18个百分点。

表2　2021年江苏省金融机构人民币贷款各利率区间占比情况统计

单位：%

项目		1月	2月	3月	4月	5月	6月
合计		100.0	100.0	100.0	100.0	100.0	100.0
LPR减点		13.6	14.4	13.1	11.5	12.3	14.6
LPR		10.4	9.8	10.0	9.6	8.5	8.5
LPR加点	小计	76.0	75.9	76.9	78.9	79.2	76.9
	(LPR，LPR+0.5%)	20.6	18.4	18.0	18.5	17.9	20.1
	[LPR+0.5%，LPR+1.5%)	36.2	35.2	37.4	35.3	35.5	34.0
	[LPR+1.5%，LPR+3%)	11.8	12.7	12.5	15.0	14.5	13.6
	[LPR+3%，LPR+5%)	4.1	4.9	4.9	5.5	6.0	5.0
	LPR+5%及以上	3.3	4.7	4.1	4.6	5.2	4.1
项目		7月	8月	9月	10月	11月	12月
合计		100.0	100.0	100.0	100.0	100.0	100.0
LPR减点		11.2	12.6	13.4	13.4	13.9	13.6
LPR		8.0	8.4	8.5	7.8	8.0	10.2
LPR加点	小计	80.8	79.0	78.1	78.8	78.1	76.2
	(LPR，LPR+0.5%)	19.2	19.5	21.3	19.5	20.7	22.4
	[LPR+0.5%，LPR+1.5%)	36.3	34.8	34.9	32.9	33.6	34.4
	[LPR+1.5%，LPR+3%)	14.2	13.4	12.4	14.3	13.4	11.4
	[LPR+3%，LPR+5%)	5.8	5.4	4.9	6.1	5.1	4.2
	LPR+5%及以上	5.4	5.8	4.5	6.0	5.2	3.8

数据来源：中国人民银行南京分行。

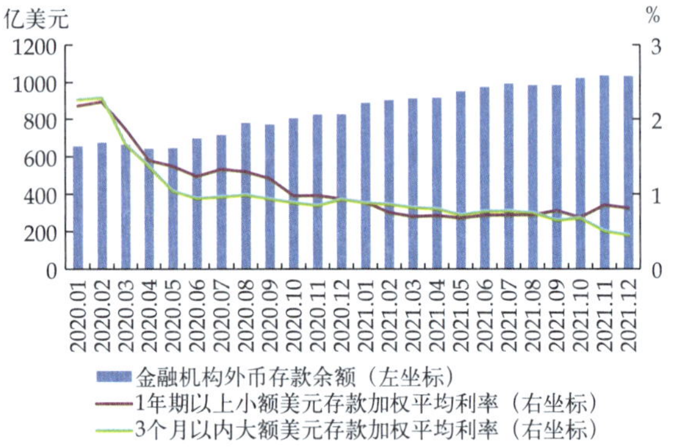

图4　2020—2021年江苏省金融机构外币存款余额及外币存款利率趋势

（数据来源：中国人民银行南京分行）

5. 银行业运行总体稳健，金融风险防控更加扎实。2021年末，全省银行业金融机构不良贷款余额1339.3亿元，不良率0.7%，同比下降0.2个百分点，逾期90天以上贷款与不良贷款比例为66%，均处于较低水平。关注类贷款余额2008.8亿元，同比减少288.4亿元。全省法人银行业金融机构不良贷款余额575.6亿元，不良率1.2%，比上年下降0.2个百分点；资本充足率13.8%，保持在合理区间。

2021年，防范化解金融风险成效明显，推动高质量发展和高水平安全良性互动。一是金融委办公室地方协调机制作用有效发挥，央地监管合力不断彰显，支持建立健全债券违约风险信息交流和跨部门债券领域风险防范处置机制，推动省级层面出台防范化解重大金融风险问责办法、债券市场“逃废债”等重大违法违规事件通报制度等政策文件。二是持续强化金融机构风险管控，实现全辖高风险金融机构清零。三是进一步加强对大型企业债务风险的监测，提高风险防控的前瞻性、有效性。推动稳银行信贷、稳信用评级，强化对金融机构风险监测，密切防范风险交叉传染。

专栏1　融合多项举措　助力碳金融发展

人民银行南京分行深入贯彻新发展理念，扎实落实碳达峰、碳中和重大决策部署，结合江苏实际，健全碳金融政策体系，完善配套措施和激励约束机制，丰富碳金融产品和市场体系，在借鉴欧美经验做法基础上，为助力碳金融发展提供思路。

一、建章立制，完善政策体系与配套措施

建立健全碳领域法律法规体系，在市场准入、交易、监测等方面作出明确规定。同时，出台统一的碳配额注册登记、标准化交易等配套实施细则，建立江苏省温室气体排放核查体系，明确排放数据报送核查的范围与要求，做好省内企业宣传动员、排放报送系统建设联通、数据信息收发披露等工作。制定配套支持政策，如通过财政贴息、税收优惠等方式调动金融机构参与积极性，充分发挥金融机构作为项目交易中介和资金中介的作用；为低碳行业提供税费减免激励，建立环境保护相关的绿色税收优惠政策。

二、先行探索，推动金融产品与服务创新

结合苏州等地在碳交易试点方面的有益尝试，探索碳排放权配额制及其交易市场的系统有序发展，共同促进碳排放权等各项环境资源的有效配置，拟在江苏省内构建一个辐射长三角、与国际接轨的碳交易市场。有序完善碳金融产品体系，先积极推广落地碳配额质押信贷业务，再探索在碳交易项目实施中提供碳信用、碳风险管理等金融服务；鼓励咨询公司、资产评估公司等机构试点开展碳金融相关业务，提供信息甄别、咨询评估、审计核算、风险管控等专业服务。

三、纵深推进，强化市场主体碳金融发展意识

立足江苏实际，合理布局产业规划，统筹碳金融发展机制，逐步搭建并完善碳金融相关监管体系，推动符合产业特点的低碳技术项目的开发与建设，实现碳金融发展与产业结构调整、经济发展方式转变的顺利衔接。鼓励金融机构将碳减排理念纳入战略发展规划并融入日常运营，加强与第三方专业机构的合作，做好业务管理、能力建设、产品创新等工作，提高碳金融业务能力。帮助企业充分了解碳交易相关政策规定、CDM项目机制、碳金融产品种类等信息，理解参与节能减排蕴含的巨大价值，在追求企业经济效益的同时实现社会效益最大化。

四、科学部署，优化碳金融监管机制

多部门协同制定碳金融市场发展指引，联合施行综合性监测与防控措施，实现宏观和微观层面的审慎监管，降低风险的传染性，确保风险可控。同时，在碳交易市场机制、碳价格调控、衍生品引入、碳金融风险防控等方面积累经验，提高对碳金融业务的审批和监管能力。指导金融机构特别是商业银行适时成立专门的碳金融牵头部门，组建碳金融资产评估团队，实现对碳金融业务的审批、授信、风险监测等全流程管理。同时，健全风险管控机制，以赤道原则为依据，建立全面环境与社会风险管理体系和长效跟踪机制，实现对碳信贷投向、业务准入、客户选择、贷款三查（调查、审查、审批）、贷款发放、贷后管理等各环节的风险防控。

（二）证券业稳健发展，多层次资本市场体系建设成果显著

1. 证券期货机构加快培育，深耕地方经济高质量发展。2021年末，全省共有6家法人证券公司、9家法人期货公司，证券期货分支机构超1200家。4家证券公司分类评价为A类以上，3家证券公司入选中国证监会首批证券公司“白名单”，2家证券公司获行业首批基金投顾试点资格。期货经营机构积极为企业提供风险管理服务，服务大宗商品保供稳价大局，开展“保险＋期货”业务近80笔，已赔付金额近750万元；服务实体企业3000多家，交易规模近500亿元。

2. 上市公司数量稳居全国前列，融资规模稳步增长。2021年末，全省共有境内上市公司571家，总数位居全国第三，总市值7.5万亿元，占全国的8.2%。2021年，全省上市公司首发与再融资2074.5亿元，同比增长31%，省内企业发行公司债、ABS以及REITs共966只，募资7106.3亿元，同比增长17.7%。2021年，全省新三板公司实施公开发行5家次，募集资金11亿元，定向增发66家次，募集资金31.5亿元。2021年，省内企业借助区域股权市场融资共计69.2亿元。

表3　2021年江苏省证券业基本情况统计

项目	数量
总部设在辖内的证券公司数（家）	6
总部设在辖内的基金公司数（家）	0
总部设在辖内的期货公司数（家）	9
年末国内上市公司数（家）	571
当年国内股票（A股）筹资（亿元）	2063
当年发行H股筹资（亿元）	17
当年国内债券筹资（亿元）	16238
其中：短期融资券筹资额（亿元）	6000
中期票据筹资额（亿元）	3132

数据来源：江苏证监局，江苏省金融办，中国人民银行南京分行。

（三）保险业运行平稳，支持经济发展能力进一步增强

1. 保险行业稳步发展，分支机构数量同比减少。2021年末，全省共有法人保险公司5家。其中，财产险公司2家、寿险公司3家。共有保险公司分支机构5632家，同比减少5.5%。其中，财产险公司分支机构2420家，比上年减少78家；寿险公司分支机构3212家，比上年减少250家。

2. 保费收入小幅增长，保险业务运营平稳。2021年，全省保险业累计实现保费收入4051亿元，同比增长5.2%，位居全国第二。其中，财产险保费收入1002亿元，同比增长2.3%；人身险保费收入3049亿元，同比增长6.2%。

3. 保险业经营质量持续提升，支持经济发展能力进一步增强。江苏财产险公司承保利润为52亿元，同比增长4.3%。车险改革稳步推进，“降价、增保、提质”的阶段性目标已初步实现。人身险公司退保风险得到有效控制，退保率1.6%，比上年下降0.8个百分点。部分保障型产品实现较快发展，健康险、普通寿险保费收入同比分别增长8.8%、23.6%。保险业为全省提供各类风险保障554万亿元，同比增长34.7%。

表 4　2021 年江苏省保险业基本情况统计

项目	数量
总部设在辖内的保险公司数（家）	5
其中：财产险经营主体（家）	2
寿险经营主体（家）	3
保险公司分支机构（家）	5632
其中：财产险公司分支机构（家）	2420
寿险险公司分支机构（家）	3212
保费收入（中外资，亿元）	4051.1
其中：财产险保费收入（中外资，亿元）	1002.2
人身险保费收入（中外资，亿元）	3048.9
各类赔款给付（中外资，亿元）	1254.8

数据来源：江苏省银保监局。

（四）融资总量稳步增长，融资渠道持续拓宽

1. 社会融资规模稳步增长。2021 年，全省社会融资规模增量 3.4 万亿元，同比多增 867 亿元，占全国社会融资规模的 11%，比上年提高 1.4 个百分点。从融资结构看，贷款增量为 2.4 万亿元，占社会融资规模增量的 69.6%，仍然是社会融资主要渠道。非金融企业直接融资增量 7987.4 亿元，同比多增 1265.8 亿元，其中，债券融资多 971.9 亿元，境内股票融资多 309 亿元。政府债券增量为 1799.9 亿元，同比少增 576.3 亿元。

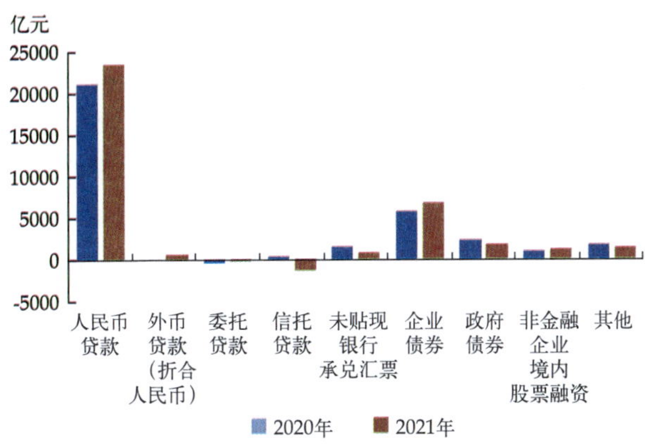

图 5　2020—2021 年江苏省社会融资规模分布结构

（数据来源：中国人民银行南京分行）

2. 直接债务融资创新水平显著提升。2021 年，全省企业发行债务融资工具 11882 亿元，同比多发 3293 亿元。推动权益出资票据、碳中和债、乡村振兴票据、高成长企业债、可持续发展挂钩票据五类债务融资工具创新产品落地，成功推动省内企业发行能源保供用途债务融资工具，发行“蓝色 + 碳中和”双品种绿色债务融资工具。

3. 供应链票据业务、跨境业务区块链平台试点增量扩面。2021 年全省企业累计出票 230 笔、金额 40.34 亿元，分别是上年的 9.2 倍和 57.7 倍；通过跨境金融服务平台累计为 2027 家企业办理贸易融资 194.09 亿美元。

表 5　2021 年江苏省金融机构票据业务量统计

单位：亿元

季度	银行承兑汇票承兑		贴现			
			银行承兑汇票		商业承兑汇票	
	余额	累计发生额	余额	累计发生额	余额	累计发生额
1	19223.1	9747.5	6854.9	17451.2	1144.2	2757.7
2	20257.9	16468.2	7028.8	30864.4	1054.1	4454.6
3	20455.6	22581.5	7440.6	42980.3	1045.9	6162.0
4	20532.4	29173.3	8171.1	56576.4	1144.6	8076.8

数据来源：中国人民银行南京分行。

表 6　2021 年江苏省金融机构票据贴现、转贴现利率统计

单位：%

季度	贴现		转贴现	
	银行承兑汇票	商业承兑汇票	票据买断	票据回购
1	3.45	4.31	3.16	1.99
2	2.86	4.04	2.71	2.17
3	2.58	3.99	2.35	2.08
4	2.01	3.82	1.79	2.03

数据来源：中国人民银行南京分行。

（五）外汇管理和跨境人民币业务稳步推进，金融改革创新落地见效

1. 外汇管理改革有序推进。全省跨境资金

净流入和净结汇同比分别增长53%和34.6%，顺差规模创历史同期新高；贸易外汇收支便利化试点业务量达上年的3倍；办理资本项目外汇收支便利化业务5.4万笔、金额96.5亿美元；日韩短期入境游客境内移动支付、外籍人才经常项目便利化试点落地；跨国公司跨境资金集中运营业务办理跨境收支96.6亿美元、实现资金归集444.6亿美元。获批在全省开展合格境内有限合伙人（QDLP）对外投资试点，在苏州工业园区和昆山金改试验区开展五项创新试点，信贷资产跨境转让、外债一次性登记和外债便利化额度等试点已落地。

2. 跨境人民币业务加快推进。2021年全省经常项目和直接投资跨境人民币结算同比增长26.5%，贵金属银项下大宗商品交易的跨境人民币结算实现突破。做好“柬埔寨西港特区人民币使用示范项目”，探索西港特区人民币供给和使用循环的一套可复制模式。2021年，西港特区跨境人民币业务同比增长60倍。

3. 金融改革创新持续深化。一方面，加快推进区域金融改革创新试点工作。在泰州落地区块链平台出口信保保单融资场景，发放全省首笔绿色再贷款、首批绿色再贴现，支持泰州产业转型升级改革创新试验区建设。出台支持昆山金改的若干意见，开展台资企业集团内部人民币跨境双向借款业务政策试点，金融支持两岸产业合作取得突破。另一方面，着力做好专项业务创新试点工作。数字人民币苏州试点工作测试场景、用户、活跃度等主要指标继续保持全国前列，落地70多项创新项目，成功实现苏州吴江和上海青浦10项数字人民币跨区应用。推进苏州数字征信实验区建设，依托地方征信平台累计帮助6.9万家企业解决融资2.4万亿元，惠及小微首贷企业4.4万家。稳妥推进长三角征信链平台试点应用增量扩面，目前已联通长三角8个城市14个节点，为338家金融机构开通查询用户6085个，上链企业1683万家。

（六）金融管理和服务质效持续提高，金融生态环境不断优化

1. 支付利民成效显著。深入推进涉诈涉赌“资金链”治理，协助公安机关破获买卖账户案件6240起、涉赌案件62起。切实推进降费政策惠企利民，全省累计减免各类支付手续费约9.8亿元。持续优化账户服务水平，建立账户分类分级管理机制，试点开展小微企业简易开户，全年累计为小微企业开立账户73.9万户，同比增长39.9%。

2. 科技工作不断突破。开展金融科技赋能乡村振兴示范工程建设，打造江苏特色典型应用。完善大数据“5+1”业务架构体系，推进信息系统整合。在全省推广金融科技创新监管工具试点，完成两批共9个创新应用的辅导和公示。推动长三角征信链相关标准的制定发布，成为首个长三角金融科技团体标准。

3. 货币发行转型加快。苏州、南通建成区域现金处理中心。在南通、盐城、扬州、宿迁等地县域启动发行基金托管试点，打造江苏特色模式。推进残损硬币机械销毁试点工作。全省建立人民币流通治理网格近6000个，对12家拒收现金和2家违规发布纪念币广告单位进行行政处罚。联合建立省级打击整治假币违法犯罪数据平台。

4. 经理国库扎实有力。全力保障国家减税降费政策落地生效，完成小微企业和个体工商户税收减免退税、制造业中小微企业缓税退税和个人所得税年度汇算清缴退税，惠及817万个纳税人。创新TIPS电子税费跨区域通缴业务流程，实现数据多跑路，纳税人少跑腿。推进“送国债下乡”，全省乡镇地区销售达31亿元。推广应用国库智能分析系统，推动数字技术与国库分析研究深度融合。

5. 征信管理亮点突出。全省建成地方征信平台11家，促成企业获得融资6433亿元。试点开通企业自助征信查询服务，扩大个人自助服务覆盖范围，实现征信查询“舒心办”。有效落实动产担保登记制度，全省新增登记45.8万

笔、查询160.3万笔，同比分别增长145.3%、125.3%。

表7　2020—2021年江苏省支付体系建设情况

年份	支付系统直接参与方（个）	支付系统间接参与方（个）	支付清算系统覆盖率（%）	当年大额支付系统处理业务数（万笔）		同比增长（%）
2020	17	0	100.0	11946.3		-45.7
2021	19	8158	100.0	11539.5		-3.4
年份	当年大额支付系统业务金额（亿元）	同比增长（%）	当年小额支付系统处理业务数（万笔）	同比增长（%）	当年小额支付系统业务金额（亿元）	同比增长（%）
2020	4699602.6	11.2	45810.6	33.2	240541.9	191.9
2021	5204000.0	11.1	55180.5	20.5	291000.0	20.7

数据来源：中国人民银行南京分行。

二、经济运行情况

2021年，全省上下持续做好“六稳”“六保”工作，经济运行“稳中有进、稳中提质、稳中蓄势”，综合实力再攀新台阶，结构转型实现新突破，发展动能彰显新优势，经济增长动力强、态势稳、韧性足的特征持续显现，顺利实现“十四五”和现代化建设良好开局。地区生产总值突破11万亿元大关，达到116364.2亿元，同比增长8.6%，两年平均增长6.1%，两年平均增速比全国平均水平快1个百分点。

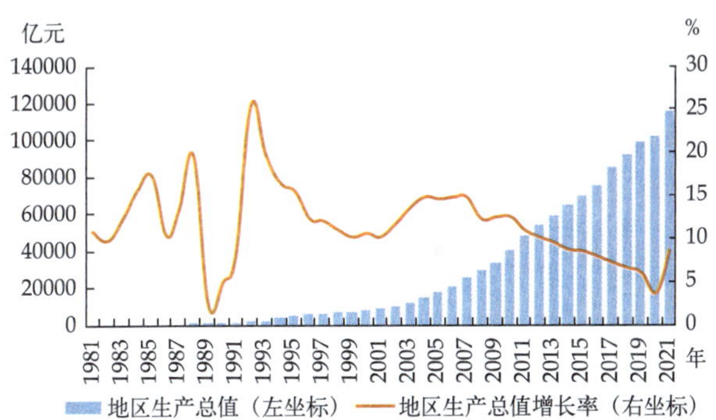

图6　1981—2021年江苏省地区生产总值及其增长率趋势图

（数据来源：江苏省统计局）

（一）三大需求稳步提升，高质量发展取得新成效

1. 固定资产投资结构优化，重点领域投入力度加大。2021年，全省固定资产投资同比增长5.8%，两年平均增长3.0%。其中，全年制造业投资增长16.1%，高于全部投资10.3个百分点。大项目支撑有力，2021年，全省10亿元以上列统项目2643个，同比增长22.5%，完成投资同比增长13.3%，拉动全部投资增长2.9个百分点。10亿元以上项目投资中，制造业增长29.2%，信息传输软件和信息技术服务业增长47.4%，卫生和社会工作增长48.6%。

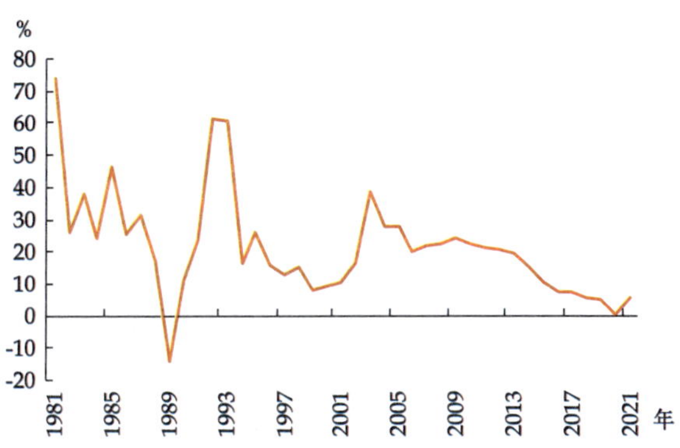

图7　1981—2021年江苏省固定资产投资（不含农户）增长率趋势

（数据来源：江苏省统计局）

2. 消费品市场总体向好，新兴消费快速成长。2021年，全省实现社会消费品零售总额42702.6亿元，同比增长15.1%，比上年提升16.7个百分点，两年平均增长6.4%。分消费形态看，全年限额以上单位商品零售14956.7亿元，增长15.4%；餐饮收入993.6亿元，增长21.5%。新兴消费规模快速壮大。全省限额以上单位中智能手机、智能家用电器和音像器材商品零售额分别增长25.9%、35.2%。以网络购物、“无接触配送”为代表的线上消费快速成长，全年限额以上商品网上零售额同比增长26.9%。

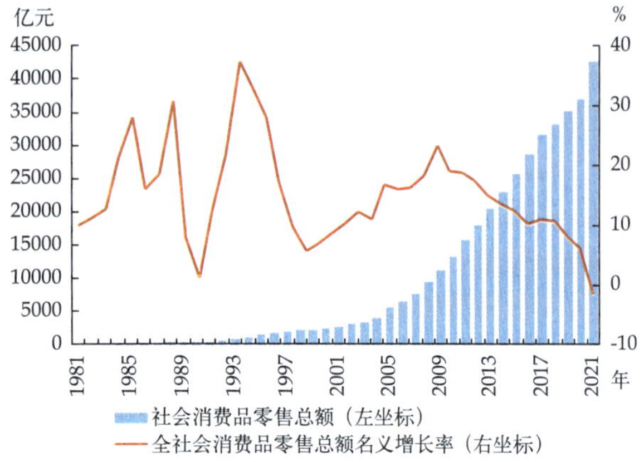

图 8　1981—2021 年江苏省社会消费品零售总额及其增长率

（数据来源：江苏省统计局）

3. 对外贸易量质齐升，出口竞争力持续提升。2021 年，全省进出口总额 52130.6 亿元，同比增长 17.1%，规模连续 19 年居全国第二位。其中，出口总额 32532.3 亿元，同比增长 18.6%；进口总额 19598.3 亿元，同比增长 14.8%。外贸结构呈现新优化，民营企业、一般贸易、苏北地区进出口和新兴市场出口 4 个占比持续提升，比上年分别提升 3.3 个、2.8 个、0.8 个和 1.0 个百分点。外贸主体实现新突破，全省有进出口实绩企业突破 8 万家，达到 8.13 万家，增加近 4000 家。

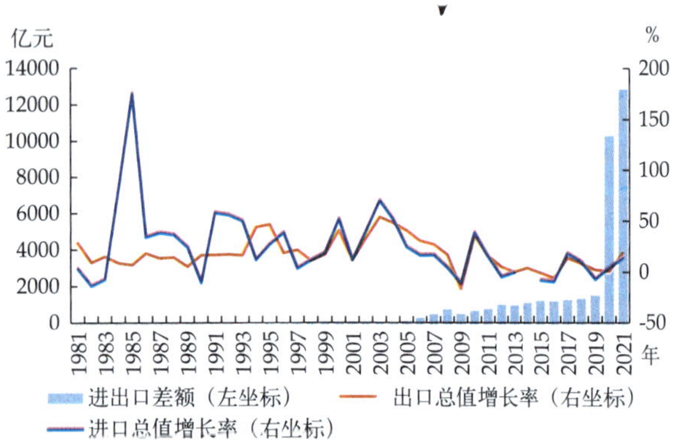

图 9　1981—2021 年江苏省外贸进出口变动情况趋势

（数据来源：江苏省统计局）

4. 利用外资质提效增，重点板块引资作用明显。2021 年，13 个设区市实际利用外资均实现正增长，规模居前两位的苏州、南京分别达 69.9 亿美元、50.1 亿美元。外资总部加速集聚。新认定第十二批共 36 家外资总部和功能性机构，全省外资总部和功能性机构累计达 331 家，其中 50 家为世界 500 强投资。建立总部企业培育库，270 余家企业纳入省级总部企业培育库。

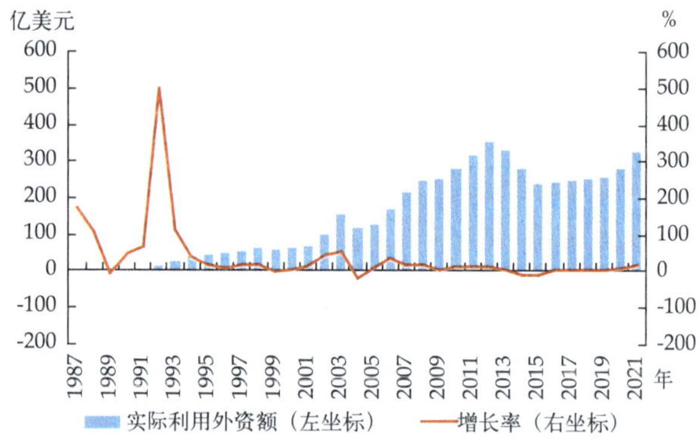

图 10　1987—2021 年江苏省实际利用外资额及其增长率

（数据来源：江苏省统计局）

（二）产业结构持续优化，新动能加速蓄势聚力

1. 农业服务业持续发展，粮食产量再创新高。2021 年，全省农林牧渔业总产值 8279.2 亿元，按不变价格计算，同比增长 4.0%，两年平均增长 3.0%。粮食总产量再创新高。全省全年粮食总产量 749.2 亿斤，居全国第 8 位；比上年增产 3.4 亿斤，连续 5 年实现增产，连续 8 年总产保持在 700 亿斤以上。

2. 工业生产稳步加快，先进制造业增势强劲。2021 年，规模以上工业增加值同比增长 12.8%，比上年提升 6.7 个百分点。先进制造引领发展。2021 年，全省规模以上数字产品制造业实现增加值增长 19.7%，拉动规模以上工业增加值增长 3.6 个百分点。在数字技术、数字产品的支撑带动下，2021 年规模以上高技术和装备制造业增加值同比分别增长 17.1% 和 17.0%，比规模以上工业分别高出 4.3 个和 4.2 个百分点。随着工业生产的稳定恢复，叠加保供稳价、惠企纾困等政策措施的有力推进，2021 年全省规模以上工业企业实现利润总额 9358.1 亿元，同比增长 25.7%。列统的 40 个工业大类行业中，31 个行业利润实现增长，行业增长面达 77.5%，比上年提高 22.5 个百分点。

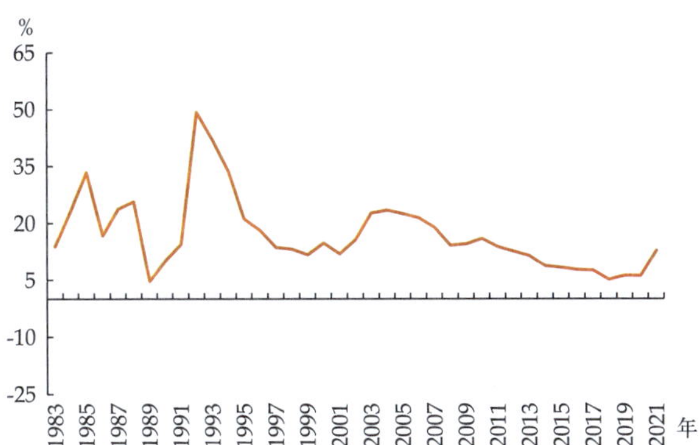

图 11　1983—2021 年江苏省规模以上工业增加值增长率

（数据来源：江苏省统计局）

3. 服务业复苏态势稳健，高技术服务业蓬勃发展。2021 年，全省第三产业增加值同比增长 7.7%，两年平均增长 5.6%，规模以上服务业营业收入同比增长 21.9%。列统的 10 个门类行业中有 8 个行业营业收入实现两位数增长，5 个行业增速超过 20%。高技术服务业持续快增。全省规模以上高技术服务业同比增长 18.1%，两年平均增长 15.3%。产业技术创新步伐加快，带动工程技术研究和试验发展、技术推广服务同比增长 36.8%、47.3%。数字经济快速壮大，带动信息传输、软件和信息技术服务业增长 16.1%，两年平均增长 14.9%。

4. 有力推进数字赋能，经济发展增添新动力。从工业看，全省规模以上工业中数字产品制造业增加值同比增长 19.7%，比规模以上工业高 6.9 个百分点；工业机器人、集成电路、传感器、3D 打印设备等数字产品产量分别增长 62.8%、39.1%、25.5%、64.3%。从服务业看，互联网和相关服务营业收入同比增长 27.5%，其中互联网平台、互联网数据服务分别同比增长 25.5%、115.9%。从项目投入看，与数字设备、数字产业紧密相关的行业投资快速增长，电子及通信设备制造、计算机及办公设备制造投资分别增长 21.5%、22.3%；信息服务、电子商务服务投资分别增长 15.7%、192.1%。

5. 深入打好蓝天保卫战，生态环境质量持续改善。2021 年，全省坚持“科学治污、精准治污、依法治污”，深入打好污染防治攻坚战取得显著成效。全省生态环境质量继续较大幅度改善，PM2.5 浓度实现 2013 年以来“八连降”，首次以省域为单位达到国家空气质量二级标准；地表水国考断面水质符合Ⅲ类比例同比提升，近岸海域水环境显著改善，太湖治理连续 14 年实现“两个确保”；生态保护修复不断推进，生态环境状况稳中向好。

（三）居民消费价格温和上涨，工业品价格明显上涨

1. 居民消费价格温和上涨。2021 年，全省居民消费价格同比上涨 1.6%，涨幅比上年收窄 0.9 个百分点。其中，城市上涨 1.6%，农村上涨 1.5%。分类别看，食品烟酒价格上涨 0.9%，衣着价格上涨 1.5%，居住价格上涨 1.3%，生活用品及服务价格上涨 1.1%，交通通信价格上涨 4.3%，教育文化娱乐价格上涨 1.8%，医疗保健价格上涨 1.0%。

2. 工业品价格明显上涨。2021 年，全省全年全省工业生产者出厂、购进价格同比分别上涨 6.3%、13.8%。

图 12　2003—2021 年江苏省居民消费价格指数和工业生产者价格指数变动趋势

（数据来源：江苏省统计局）

（四）财政收入稳定增长，民生领域投入加大

1. 一般公共预算收入稳步增长。2021 年，全省实现一般公共预算收入 10015.2 亿元，同比增长 10.6%。其中，税收收入 8171.3 亿元，同比增长 10.2%，税收占一般公共预算收入的比重达 81.6%。

2. 民生领域投入进一步加大。2021 年，全省坚持财力向民生、向基层倾斜。一般公共预算支出 14586 亿元，同比增长 6.6%，其中民生支出占一般公共预算支出总额的 78.4%。

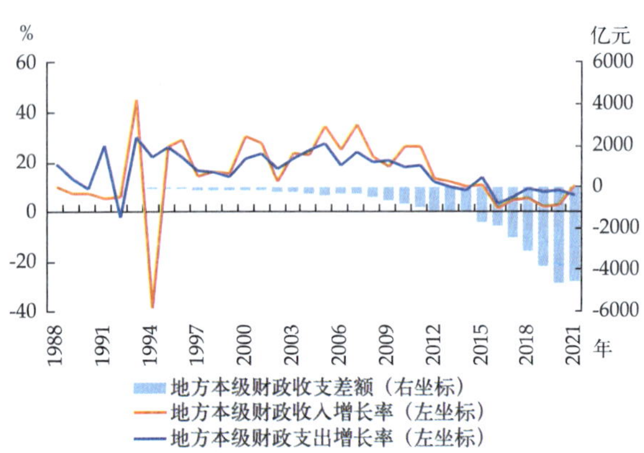

图 13　1988—2021 年江苏财政收支状况趋势

（数据来源：江苏省统计局）

（五）居民增收步伐加快，城乡收入差距持续缩小

1. 居民增收步伐加快。全年全体居民人均可支配收入 47498 元，同比增长 9.5%，两年平均增长 7.1%。2021 年城乡居民收入比值为 2.16，比上年同期缩小 0.03。其中，工资性收入 26721 元，同比增长 8.4%；经营净收入 6215 元，同比增长 9.0%；财产净收入 5316 元，同比增长 12.2%；转移净收入 9247 元，同比增长 11.5%。

2. 就业形势保持稳定。2021 年，全省城镇新增就业 140.2 万人，同比增长 5.6%。年末城镇登记失业率为 2.5%，年内始终处于较低水平。

（六）房地产市场保持平稳运行，房地产贷款保持稳定增长

1. 房地产开发投资增速放缓，新开工面积同比下降。2021 年，全年住房开发投资完成额为 13477.5 亿元，同比增长 2.3%，比上年下降 7.4 个百分点。全省商品房新开工面积 16873.3 万平方米，同比下降 4.5%。

2. 重点城市新建住宅销售价格持续上升。国家统计局监测的 70 个大中城市数据显示，江苏省内的南京、无锡、徐州、扬州的 12 月新建住宅销售价格同比均实现上涨，涨幅分别为 4.1%、4.2%、3.9% 和 4.2%。

3. 房地产贷款保持稳步增长，合理信贷需求得到有效满足。2021 年末，全省金融机构本外币房地产贷款余额 5.6 万亿元，同比增长 10.8%，增速比 9 月末提高 1.1 个百分点，增长势头总体平稳。全省个人购房贷款余额为 4.3 万亿元，同比增长 10.9%，比上年同期下降 2.6 个百分点。

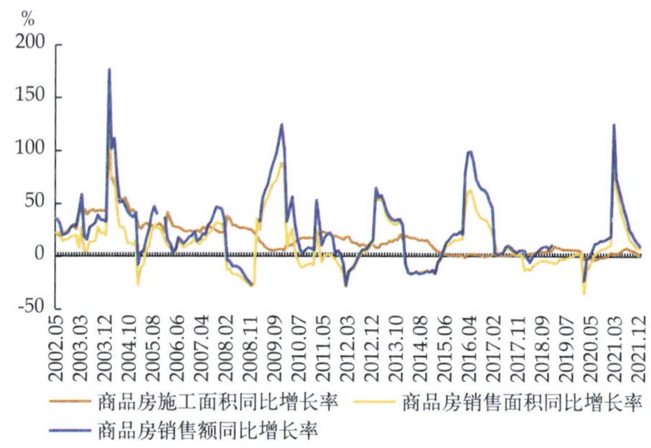

图 14　2002—2021 年江苏省商品房施工和销售变动趋势

（数据来源：江苏省统计局）

专栏 2　金融支持江苏经济高质量发展

2021 年以来，人民银行南京分行深入贯彻落实党中央、国务院决策部署和总行工作要求，积极支持实体经济稳企业保就业，全力打赢防范化解金融风险攻坚战，为江苏省夺取“双胜利”和经济高质量发展提供了坚实的金融支撑。

一、金融支持稳企业保就业卓有成效

系统谋划、协同推进金融支持稳企业保就业工作。一是凝聚全省资源，开展专项行动，精准支持外贸企业等典型中小成长型企业。二是突出政策协同，积极争取再贷款再贴现额度，协调财政部门对金融机构支持稳企业保就业进行奖补。三是推进部门联动，及时将行业主管部门筛选的市场主体名单推送至金融机构，开展融资支持。

督促两项直达实体政策落到实处。一是加强考核督办，将两项直达实体政策执行情况纳入对辖内人民银行分支机构和金融机构的考核评价的重点内容。二是完善工作制度，推动金融机构建立专门工作制度，落实内部尽职免责的要求。三是依托科技创新，在省内创新开发“金融顾问”App，促进金融资源和企业需求精准匹配。

金融支持实体经济效率显著提升。一是全面帮扶外贸企业，出台支持措施，创设“出口信保 + 再贷款”助融机制，组织开展“外贸企业全面金融帮扶专项行动”等活动。二是支持制造业发展，组织实施“金融助力制造业提质增效”等专项行动。三是通过线上平台加强对小微企业的金融支持，利用省综合金融服务平台创设“再贷款再贴现金融产品”专版，开辟绿色通道。

二、开拓创新营造良好金融环境

营造良好适宜的融资环境。一是融资总量居全国前列，全年全省社会融资规模增量居全国首位，本外币贷款增量居全国第二。二是融资渠道持续拓宽。债务融资工具发行剔除央企口径后继续保持全国领先，全国首批供应链票据落地江苏。三是融资成本创近年新低，全年全省一般贷款、普惠小微贷款加权平均利率同比分别降低 12 个和 18 个基点。

统筹推进金融改革和金融创新试点。一是区域金融改革取得重要突破，发布区域产业金融发展指数，创设“首贷服务中心”，指导昆山获批国内首家具有两岸特色的金融改革试验区。二是征信创新试点助融稳企作用日益凸显，完善“征信 +”融资服务体系，搭建长三角征信链。三是金融支持自贸区建设成效显著，发布金融支持自贸区建设指导意见，推出多条利好措施。

持续优化金融服务环境。一是深化外汇管理改革，推动贸易外汇收支便利化试点以及资本项目外汇收入支付便利化增量扩面。二是推进跨境人民币业务，制发“稳健守法跨境人民币结算企业名单”，探索融资增信支持新方式。三是金融服务民生久久为功，出台农村普惠金融服务点提质增效三年规划，深化移动支付便民工程。

三、打赢防范化解重大金融风险攻坚战

央地金融监管协调新格局作用彰显。一是推动金融委办公室地方协调机制落地，召开金融委办公室地方协调机制（江苏省）会议，出台《金融委办公室地方协调机制（江苏省）工作方案》。二是建立健全金融数据共享机制，整合多部门数据，绘制区域风险“图谱”，加强提示预警。

重点领域金融风险有效化解。一是高风险农商行数量实现清零，推动地方政府成立专项工作领导小组，压紧压实各方责任。二是重点领域信用风险得到有效管控，定期监测排查全省大型有问题企业情况，配合稳妥做好出险企业处置工作。三是跨境资金风险防火墙作用显著，建立监测分析工作机制，强化资金跨境形势把控和风险防范化解能力，开展专项核查检查。

金融生态环境创建成效显著。一是明确标准规范，牵头协调形成部门协同、银证保广泛参与、省市县三级联动的金融生态环境建设网络，修订完善《江苏省金融生态县创建评价办法》和配套指标体系。二是完善工作机制，开展金融生态县创建活动，进行金融生态环境综合评估并排名。

三、预测与展望

2022 年是党的二十大召开之年，也是坚定不移推动高质量发展的深化之年。江苏省将以习近平新时代中国特色社会主义思想为指导，全面贯彻落实党的十九大、十九届历次全会、中央经济工作会议和习近平总书记对江苏工作重要指示精神，立足新发展阶段，完整、准确、全面贯彻新发展理念，切实扛起“争当表率、争做示范、走在前列”光荣使命，强化创新驱动，全力推进江苏自贸试验区、苏南国家自主创新示范区和南京江北新区建设，更加有力服务长三角一体化发展，以供给侧结构性改革为主线，统筹疫情防控和经济社会发展，继续做好“六稳”“六保”工作，着力稳定经济增长，保持经济运行在合理区间。江苏省金融业将坚持稳字当头、稳中求进，认真贯彻落实稳健的货币政策灵活适度的要求，推动对制造业、普惠小微、乡村振兴、绿色低碳等重点领域和薄弱环节的金融服务提质增效，实现融资总量稳定增长、结构稳步优化、成本稳中有降，纵深推进各项改革创新工作，着力支持辖区经济高质量发展，迎接党的二十大胜利召开。

中国人民银行南京分行货币政策分析小组
总　　纂：郭新明　王海龙　李湘宁
统　　稿：李　军　李晓斌　谢　姗　黄静宇
执　　笔：王德勇　陈星茹　樊　婷　程秋君　嵇宏业　鲍奕晓　王文涛
提供材料：李　艳　王琦玮　刘清环　唐成伟　张　明　王维全　王舟飏　束　斌　王鹏飞
厉华威　张庭溪　丁露园　童嘉欣　段高文　李　瑞　赵小玲　李　晨

附录：

（一）江苏省经济金融大事记

3 月 11 日，江苏发行全省首单碳中和债。

4 月 12 日，江苏落地全国首批地方法人银行外币同业存单。

5 月 11 日，成功为台资企业办理内地首笔人民币对新台币 NDF（无本金远期交割）汇率避险业务。

7 月 15 日，成功安装全国自贸区首个企业版 CIPS 标准收发器。

8 月 9 日，印发《关于进一步强化金融支持疫情防控促进经济社会平稳健康发展的通知（南银发〔2021〕91 号）》。

8 月 20 日，全省首笔"苏碳融"绿色贷款成功落地。

9 月 22 日，出台《关于大力发展绿色金融的指导意见（苏政办发〔2021〕80 号）》。

10 月 15 日，全省有 1 家银行入选首批国内系统重要性银行。

11 月 26 日，江苏落地全国农商行首单转股型无固定期限资本债券。

12 月 4 日，正式发布《长三角征信链征信一体化服务规范》团体标准。

（二）江苏省主要经济金融指标

表 1　2021 年江苏省主要存贷款指标

	项目	1 月	2 月	3 月	4 月	5 月	6 月	7 月	8 月	9 月	10 月	11 月	12 月
本外币	金融机构各项存款余额（亿元）	185916.2	187336.9	191623.7	191426.2	194981.1	196243.0	194521.8	195152.3	196030.9	194625.5	195311.2	196016.3
	其中：住户存款	68637.7	73287.1	74417.3	72638.1	72625.8	74257.6	73009.1	73285.5	74974.3	73393.7	73878.5	74952.0
	非金融企业存款	72692.6	70170.6	72447.0	72129.4	71839.2	74884.3	72438.7	72904.7	72910.0	71434.7	72308.6	73377.5
	各项存款余额比上月增加（亿元）	7938.2	1420.7	4286.8	-197.6	3555.0	1261.8	-1721.1	630.5	878.5	-1405.4	685.7	705.1
	金融机构各项存款同比增长（%）	13.1	12.7	11.5	11.3	12.0	10.7	10.1	8.9	10.1	9.4	8.7	10.1
	金融机构各项贷款余额（亿元）	162211.0	164164.6	167000.0	168778.1	170016.4	172197.1	173293.0	174644.2	176566.8	177376.1	178974.5	180538.7
	其中：短期	49151.2	49466.6	50404.3	50350.4	50404.8	51302.3	51008.0	51112.1	51650.5	51445.5	51646.0	51678.9
	中长期	103535.6	105170.9	107196.3	108588.5	109817.3	110903.1	111901.6	112961.4	114239.2	115018.2	116240.2	117049.6
	票据融资	7244.6	7190.9	7084.9	7353.0	7362.2	7459.6	7746.9	7945.2	8103.6	8287.9	8457.9	9151.5
	各项贷款余额比上月增加（亿元）	5633.6	1953.6	2835.4	1778.1	1238.3	2180.7	1095.9	1351.2	1922.6	809.2	1598.4	1564.2
	其中：短期	1719.6	315.4	937.7	-53.8	54.3	897.5	-294.2	104.0	538.4	-205.0	200.5	32.9
	中长期	4106.8	1635.3	2025.4	1392.2	1228.8	1085.7	998.5	1059.9	1277.7	779.0	1222.0	809.4
	票据融资	-263.1	-53.7	-106.0	268.2	9.2	97.4	287.3	198.3	158.3	184.3	170.0	693.6
	金融机构各项贷款同比增长（%）	15.5	15.8	15.6	15.5	15.0	14.9	15.0	14.8	14.9	14.8	15.2	15.3
	其中：短期	11.1	11.3	9.6	9.3	8.5	8.4	8.2	8.1	8.1	7.9	8.3	8.9
	中长期	19.2	20.0	20.6	20.7	20.7	20.2	19.6	19.1	18.4	18.0	18.2	17.7
	票据融资	-1.3	-6.7	-7.3	-9.2	-10.7	-7.8	-1.3	2.2	10.9	15.3	18.2	21.9
	建筑业贷款余额（亿元）	5422.6	5543.8	5623.4	5655.6	5680.6	5805.2	5742.9	5798.3	5867.8	5855.0	5880.4	5845.3
	房地产业贷款余额（亿元）	10393.4	10536.9	10548.2	10641.7	10694.2	10670.5	10730.2	10742.1	10774.7	10707.3	10615.4	10598.7
	建筑业贷款同比增长（%）	8.0	10.1	9.2	8.9	9.0	10.2	9.2	10.1	10.5	10.4	11.7	11.5
	房地产业贷款同比增长（%）	14.8	14.7	12.3	11.3	11.3	11.1	10.4	9.5	8.9	7.9	7.6	8.1
人民币	金融机构各项存款余额（亿元）	180154.9	181477.5	185627.7	185496.4	188923.3	189942.7	188109.6	188781.4	189648.8	188089.2	188708.1	189433.1
	其中：住户存款	68044.8	72690.2	73817.7	72053.5	72054.9	73679.6	72432.5	72711.6	74401.5	72827.2	73298.9	74361.9
	非金融企业存款	68456.3	65792.9	67982.0	67733.0	67363.3	70361.6	68049.8	68334.9	68407.2	66835.1	67518.1	68703.9
	各项存款余额比上月增加（亿元）	7574.6	1322.6	4150.2	-131.3	3426.8	1019.4	-1833.0	671.7	867.4	-1559.6	618.8	725.1
	其中：住户存款	1671.7	4645.4	1127.5	-1764.3	1.4	1624.7	-1247.1	279.1	1689.9	-1574.3	471.6	1063.1
	非金融企业存款	4478.0	-2663.5	2189.1	-249.0	-369.7	2998.3	-2311.8	285.2	72.3	-1572.1	683.0	1185.8
	各项存款同比增长（%）	12.7	12.4	11.0	10.8	11.5	10.2	9.5	8.6	9.7	9.0	8.3	9.8
	其中：住户存款	7.1	15.3	14.7	13.9	13.4	13.2	12.2	12.0	12.7	12.0	11.9	12.0
	非金融企业存款	21.3	14.3	10.1	7.9	6.2	7.8	7.9	8.8	8.0	6.9	7.6	7.4
	金融机构各项贷款余额（亿元）	159921.2	161869.1	164599.8	166359.6	167665.9	169777.2	170852.8	172128.7	174022.9	174781.6	176402.4	177970.1
	其中：个人消费贷款	46307.5	46441.9	47069.0	47517.1	47984.8	48565.7	48960.3	49433.9	49960.9	50499.0	51261.7	51552.7
	票据融资	7244.6	7190.9	7084.8	7353.0	7362.2	7459.6	7746.9	7945.2	8103.6	8287.9	8457.9	9151.5
	各项贷款余额比上月增加（亿元）	5398.0	1947.8	2730.8	1759.7	1306.3	2111.3	1075.6	1275.9	1894.2	758.7	1620.8	1567.7
	其中：个人消费贷款	807.5	134.4	627.1	448.1	467.7	581.0	394.5	473.6	527.0	538.2	762.7	290.9
	票据融资	-263.1	-53.7	-106.0	268.2	9.2	97.4	287.3	198.3	158.3	184.3	170.0	693.6
	金融机构各项贷款同比增长（%）	15.5	15.8	15.7	15.6	15.2	15.0	15.1	14.9	14.8	14.7	15.1	15.2
	其中：个人消费贷款	15.7	16.1	16.5	16.2	15.8	14.9	14.0	13.4	12.9	13.1	13.6	13.3
	票据融资	-1.3	-6.7	-7.3	-9.2	-10.7	-7.8	-1.3	2.2	10.9	15.3	18.2	21.9
外币	金融机构外币存款余额（亿美元）	890.3	905.4	912.5	916.9	951.3	975.3	992.6	985.0	984.1	1022.8	1035.1	1032.5
	金融机构外币存款同比增长（%）	35.5	34.0	37.2	42.4	47.0	39.8	38.4	26.2	27.3	26.9	25.3	24.8
	金融机构外币贷款余额（亿美元）	353.9	354.7	365.3	374.0	369.1	374.6	377.7	388.9	392.3	406.0	403.2	402.9
	金融机构外币贷款同比增长（%）	26.4	24.0	19.3	19.8	15.7	17.1	18.5	19.4	25.5	28.0	28.2	28.0

数据来源：中国人民银行南京分行。

表 2　2001—2021 年江苏省各类价格指数

单位：%

时间	居民消费价格指数		农业生产资料价格指数		工业生产者购进价格指数		工业生产者出厂价格指数	
	当月同比	累计同比	当月同比	累计同比	当月同比	累计同比	当月同比	累计同比
2001	—	0.8	—	-3.2	—	-0.5	—	-0.9
2002	—	-0.8	—	-0.7	—	-1.4	—	-2.4
2003	—	1.0	—	1.9	—	6.5	—	2.3
2004	—	4.1	—	12.3	—	16.3	—	6.5
2005	—	2.1	—	6.9	—	7.6	—	2.6
2006	—	1.6	—	1.7	—	6.4	—	1.5
2007	—	4.3	—	6.9	—	5.0	—	2.6
2008	—	5.4	—	17.3	—	15.0	—	4.6
2009	—	-0.4	—	-2.4	—	-8.1	—	-4.8
2010	—	3.8	—	4.2	—	12.8	—	7.3
2011	—	5.3	—	12.6	—	8.9	—	6.2
2012	—	2.6	—	4.6	—	-4.2	—	-2.9
2013	—	2.3	—	2.4	—	-2.9	—	-2.0
2014	—	2.2	—	0.2	—	-3.0	—	-1.7
2015	—	1.7	—	-0.4	—	-7.9	—	-4.7
2016	—	2.3	—	-0.1	—	-2.0	—	-1.9
2017	—	1.7	—	2.1	—	9.7	—	4.8
2018	—	2.3	—	3.9	—	4.6	—	2.8
2019	—	3.1	—	4.2	—	-2.8	—	-1.1
2020	—	2.5	—	5.7	—	-3.5	—	-2.2
2021	—	1.6	—	—	—	13.8	—	6.3
2020　1	5.4	5.4	—	—	-2.2	-2.2	-1.1	-1.1
2	5.2	5.3	8.1	8.2	-2.2	-2.2	-1.1	-1.1
3	4.2	4.9	8.3	8.2	-3.8	-2.7	-1.8	-1.3
4	3.4	4.6	8.6	8.3	-5.9	-3.5	-3.2	-1.8
5	2.8	4.2	7.7	8.2	-6.8	-4.2	-3.6	-2.2
6	2.5	3.9	6.1	7.8	-5.7	-4.4	-3.1	-2.3
7	2.7	3.7	5.9	7.6	-4.4	-4.4	-2.8	-2.4
8	2.3	3.6	5.6	7.3	-3.5	-4.3	-2.7	2.4
9	1.4	3.3	4.4	7.0	-3.1	-4.2	-2.6	-2.4
10	0.3	3.0	3.2	6.6	-2.8	-4.1	-2.4	-2.4
11	-0.4	2.7	1.5	6.1	-1.6	-3.8	-1.8	-2.4
12	0.5	2.5	1.4	5.7	0.5	-3.5	-0.7	-2.2
2021　1	0.4	0.4	—	—	2.1	2.1	-0.1	-0.1
2	0.3	0.4	—	—	4.1	3.1	0.8	0.3
3	0.9	0.5	—	—	7.7	4.6	3.1	1.3
4	1.4	0.8	—	—	12.0	6.4	5.4	2.3
5	2.0	1.0	—	—	15.8	8.3	7.2	3.3
6	2.1	1.2	—	—	16.8	9.7	7.3	3.9
7	1.9	1.3	—	—	16.8	10.7	7.4	4.4
8	1.7	1.3	—	—	17.4	11.5	7.7	4.8
9	1.5	1.3	—	—	17.7	12.2	8.2	5.2
10	2.2	1.4	—	—	19.2	12.9	10.2	5.7
11	2.7	1.5	—	—	20.3	13.6	10.4	6.1
12	1.8	1.6	—	—	16.6	13.8	8.7	6.3

数据来源：江苏省统计局。

表 3　2021 年江苏省主要经济指标

项目	1 月	2 月	3 月	4 月	5 月	6 月	7 月	8 月	9 月	10 月	11 月	12 月
	绝对值（自年初累计）											
地区生产总值（亿元）	—	—	25878.4	—	—	55199.6	—	—	84895.7	—	—	116364.2
第一产业	—	—	598.7	—	—	1590.3	—	—	2535.1	—	—	4722.4
第二产业	—	—	10996.8	—	—	24317.1	—	—	37300.6	—	—	51775.4
第三产业	—	—	14282.9	—	—	29292.3	—	—	45060.0	—	—	59866.4
工业增加值（亿元）	—	—	—	—	—	—	—	—	—	—	—	—
固定资产投资（亿元）	—	—	—	—	—	—	—	—	—	—	—	—
房地产开发投资	—	1800.5	3221.0	4483.1	5835.0	7245.9	8407.1	9431.0	10596.2	11678.1	12709.1	13477.5
社会消费品零售总额（亿元）	—	6892.0	10803.5	14168.0	17795.9	21758.2	25109.5	28301.6	31725.1	35410.1	39064.4	42702.6
外贸进出口总额（亿元）	—	7282.3	11300.2	15485.6	19618.5	23987.7	28226.2	32878.4	37481.0	42114.3	47135.8	52130.6
进口	—	2688.4	4313.3	5908.1	7489.8	9175.7	10801.7	12568.0	14339.1	15982.2	17841.9	19598.3
出口	—	4593.9	6986.9	9577.5	12128.7	14812.0	17424.5	20310.4	23141.9	26132.1	29293.9	32532.3
进出口差额（出口－进口）	—	1905.5	2673.6	3669.4	4638.9	5636.3	6622.8	7742.4	8802.8	10149.9	11452.0	12934.0
实际利用外资（亿美元）	—	—	100.0	—	—	193.3	—	—	259.1	—	—	330.0
地方财政收支差额（亿元）	-325.0	286.9	704.9	726.6	976.0	1423.0	1544.0	1927.0	2559.6	2486.0	3286.0	4570.8
地方财政收入	1335.0	2015.4	2776.1	3841.4	4634.0	5647.0	6652.0	7227.0	7811.4	8758.0	9267.0	10015.2
地方财政支出	1010.0	2302.3	3481.0	4568.0	5610.0	7070.0	8196.0	9154.0	10371.0	11244.0	12553.0	14586.0
城镇登记失业率（%）（季度）	—	—	2.9	—	—	2.7	—	—	2.6	—	—	2.5
	同比累计增长率（%）											
地区生产总值	—	—	19.2	—	—	13.2	—	—	10.2	—	—	8.6
第一产业	—	—	7.3	—	—	3.5	—	—	3.3	—	—	3.1
第二产业	—	—	24.8	—	—	16.5	—	—	12.5	—	—	10.1
第三产业	—	—	15.7	—	—	11.2	—	—	8.8	—	—	7.7
工业增加值	—	48.2	33.6	27.5	23.8	21.5	19.7	18.0	15.8	14.4	13.5	12.8
固定资产投资	—	43.9	22.1	15.5	12.8	10.3	8.3	7.6	6.7	6.3	5.9	5.8
房地产开发投资	—	35.0	18.5	18.3	17.5	15.4	12.0	7.4	5.4	4.6	3.7	2.3
社会消费品零售总额	—	41.8	39.1	35.2	31.2	28.7	25.5	21.5	19.5	18.0	16.6	15.1
外贸进出口总额	—	30.1	25.7	22.5	20.8	19.9	17.4	17.1	16.5	16.7	17.3	17.1
进口	—	12.1	15.3	15.1	16.7	16.4	14.4	14.7	14.0	14.1	15.2	14.8
出口	—	43.6	33.1	27.5	23.4	22.1	19.3	18.6	18.2	18.3	18.7	18.6
实际利用外资	—	—	19.8	—	—	15.9	—	—	17.2	—	—	16.3
地方财政收入	14.2	19.2	24.9	24.7	21.5	19.1	17.6	16.0	13.1	11.8	11.2	10.6
地方财政支出	-18.0	16.6	9.1	5.5	7.0	7.5	8.8	8.4	6.9	6.5	8.2	6.6

数据来源：江苏省统计局。

浙江省金融运行报告（2022）

中国人民银行杭州中心支行货币政策分析小组

[内容摘要] 2021 年，面对我国经济社会发展的新阶段新特征新要求，浙江省坚持以习近平新时代中国特色社会主义思想为指导，全面贯彻党的十九大和十九届历次全会精神，认真贯彻习近平总书记考察浙江重要讲话精神和重要指示批示精神，完整、准确、全面把握新发展理念，统筹疫情防控和经济社会发展，扎实推进高质量发展建设共同富裕示范区，经济总量跨上新台阶，实现“十四五”良好开局。全省经济运行总体平稳、韧性增强，全年实现地区生产总值 73516 亿元，同比增长 8.5%，两年平均增长 6.0%，分别高于全国 0.4 个和 0.9 个百分点。浙江省金融系统坚决贯彻党中央、国务院关于金融工作的决策部署，认真执行稳健的货币政策，深入推进融资畅通工程升级版，把服务实体经济放在更加突出的位置，加大对共同富裕示范区建设、碳达峰碳中和行动的支持，有力支撑浙江经济高质量发展。2021 年末，浙江省本外币贷款余额同比增长 15.4%，重点领域和薄弱环节金融服务不断改善，不良贷款率保持在较低水平，多层次资本市场持续完善。

从经济运行看，三大需求稳中提质，产业结构不断优化，供给侧结构性改革深入推进。一是投资稳定增长，结构逐步优化。固定资产投资同比增长 10.8%，两年平均增长 8.1%，分别高于全国 5.9 个和 4.2 个百分点。其中，制造业投资增长 19.8%，高新技术产业投资增长 20.5%，基础设施投资增长 2.0%，房地产开发投资增长 8.5%。二是消费持续扩容，数字消费活跃。社会消费品零售总额同比增长 9.7%，两年平均增长 3.4%，网络零售额和省内居民网络消费额同比分别增长 11.6% 和 10.9%。三是进出口保持快速增长，规模首次跻身全国前三。进出口额、出口额、进口额同比分别增长 22.4%、19.7% 和 30.3%，年度进出口规模首次位居全国第三，创历史新高。四是工业经济平稳运行，数字经济加快领跑。规模以上工业增加值同比增长 12.9%，两年平均增长 9.1%，分别高于全国 3.3 个和 3.0 个百分点。其中，数字经济核心产业增加值同比增长 13.3%，比上年提高 0.3 个百分点；装备制造业、战略新兴产业、高技术产业制造业增加值同比分别增长 17.6%、17.0% 和 17.1%。五是服务业稳步恢复，现代服务业较快发展。服务业增加值同比增长 7.6%，两年平均增长 5.9%。其中，信息传输、软件和信息技术服务业，科学研究和技术服务业营业收入分别增长 17.4% 和 18.3%。六是供给侧结构性改革深入推进，减税降费惠企利民。规模以上工业产能利用率 82.5%，比上年提高 3.4 个百分点；全年为企业减负超过 2500 亿元，规模以上工业企业每百元营业收入中的费用为 9.7 元，比上年下降 0.8 元。

从金融运行看，浙江省银行业、证券业和保险业稳健发展，金融服务实体经济效率和水平不断提升。一是融资总量保持合理增长。全年社会融资规模新增 3.4 万亿元，同比多增 1912 亿元。本外币各项贷款新增 2.2 万亿元，同比多增 283 亿元。直接融资新增 7287 亿元，同比多增 1209 亿元。浙江省民营企业债务融资工具发行 564 亿元。二是信贷结构明显优化。充分发挥结构性货币政策工具的精准滴灌作用，全年人民银行再贷款再贴现资金和两项直达实体经济的货币政策工具共支持浙江省市场主体 207.9 万户。对实体经济领域信贷支持力度稳固，浙江省民营经济贷款、普惠小微贷款、制造业贷款、涉农贷款、科技服务业贷款增量分别为上年的 1.1 倍、1.2 倍、1.6 倍、1.2 倍和 1.2 倍。三是企业贷款利率稳中有降。持续深入推进

LPR改革在浙江落地，强化LPR定价机制建设与应用，2021年，浙江省企业贷款加权平均利率为4.72%，比上年下降0.13个百分点。四是银行业稳健运行，金融风险总体可控。2021年末浙江省银行业金融机构本外币资产和负债总额同比分别增长12.0%和11.7%。银行业资产质量保持平稳，年末不良贷款率为0.74%，比年初下降0.24个百分点。五是证券业和保险业平稳发展。证券机构体系进一步完善，证券、期货业务规模总体上升，企业上市融资稳步推进；保险业总体运行平稳，保费收入增速有所放缓，但服务民生功能不断增强，行业改革加速深化。六是区域金融改革扎实推进。湖州、衢州绿色金融改革创新不断深化，宁波普惠金融数字化建设成果明显，温州金融综合改革、台州小微金融改革、义乌金融专项改革完成第三方总结评估。七是信用体系和金融基础设施建设逐步完善。征信体系建设不断深化，金融信用信息基础数据库建设持续完善，信息共享范围不断扩大，地方征信平台迭代升级。支付体系安全高效运行，“移动支付之省”建设全面推进，年末移动支付普及率达94%，城乡支付环境持续改善。

展望下一阶段，浙江经济运行机遇与挑战并存。一方面，浙江省经济运行总体平稳，韧性强、活力足，共同富裕示范区建设扎实开局，高质量发展水平有效提升。另一方面，经济高质量发展的基础尚不稳固，扩大有效投资、激活居民消费的任务仍较艰巨，外需变化存在较大不确定性，企业面临“缺芯”“缺柜”“缺工”以及原材料价格上涨等问题，部分行业、企业受疫情影响恢复仍较困难，产业结构、经济结构与绿色低碳发展的要求还有差距。综合研判，2022年浙江经济有望保持平稳增长，结构继续改善，新动能加快成长，企业效益改善。金融支持实体经济力度持续增强，着力支持科技创新、绿色发展、民营小微、制造业、外贸等领域的金融需求，有力推动经济高质量发展。

2022年，中国人民银行杭州中心支行坚持以习近平新时代中国特色社会主义思想为指导，全面贯彻党的十九大和十九届历次全会、中央经济工作会议精神，坚持稳中求进工作总基调，完整、准确、全面贯彻新发展理念，认真贯彻稳健的货币政策灵活适度的要求，增强金融服务实体经济的能力，保持信贷总量稳定增长，推动信贷结构稳步优化，促进企业综合融资成本稳中有降，严守风险底线，为浙江省高质量发展建设共同富裕示范区和“重要窗口”建设提供强有力的金融服务保障，以实际行动迎接党的二十大胜利召开。

一、金融运行情况

2021年，面对世界变局和世纪疫情的叠加冲击，浙江省金融系统坚持以习近平新时代中国特色社会主义思想为指导，坚决贯彻党中央、国务院关于金融工作的决策部署，认真贯彻稳健的货币政策，深入推进融资畅通工程升级版，把服务实体经济放在更加突出的位置，加大对共同富裕示范区建设、碳达峰碳中和行动的支持，有力支撑浙江经济高质量发展。浙江省银行、证券和保险业稳健发展，社会融资规模和信贷总量合理增长，金融改革取得新进展，金融管理与服务提质增效。

（一）银行业稳健运行，信贷保持合理增长

2021年，浙江省银行业金融机构认真贯彻稳健的货币政策，精准落地各项政策工具，积极提升金融服务质效。信贷总量保持合理增长，信贷投向明显优化，贷款利率稳中有降，金融风险总体可控，金融改革持续深化。

表 1　2021 年浙江省银行业金融机构情况

机构类别	营业网点			法人机构（个）
	机构个数（个）	从业人数（人）	资产总额（亿元）	
一、大型商业银行	3724	90248	70401	0
二、国家开发银行和政策性银行	61	2050	10369	0
三、股份制商业银行	1151	35265	36326	0
四、城市商业银行	2174	61341	47805	13
五、城市信用社	0	0	0	0
六、小型农村金融机构	4085	52714	39848	83
七、财务公司	11	562	1990	10
八、信托公司	5	1305	434	5
九、邮政储蓄银行	1716	9570	5719	0
十、外资银行	29	804	789	0
十一、新型农村金融机构	361	6792	1326	80
十二、其他	10	3545	7461	8
合　计	13327	264196	222468	199

数据来源：浙江银保监局。

注：营业网点不包括国家开发银行和政策性银行、大型商业银行、股份制商业银行等金融机构总部；大型商业银行包括中国工商银行、中国农业银行、中国银行、中国建设银行和交通银行；小型农村金融机构包括浙江省农信联社本级、农村商业银行、农村合作银行和农村信用社；新型农村金融机构包括村镇银行、贷款公司和农村资金互助社；其他包括民营银行、金融租赁公司、汽车金融公司、货币经纪公司、消费金融公司等。

1. 资产负债平稳增长。2021 年末，浙江省银行业金融机构本外币资产和负债总额分别为 22.2 万亿元、21.3 万亿元，同比分别增长 12.0% 和 11.7%，增速比上年末分别下降 5.1 个和 5.6 个百分点。

2. 存款增速回落，住户和非金融企业存款同比少增。2021 年末，浙江省金融机构本外币各项存款余额为 17.1 万亿元，同比增长 12.2%，增速比上年末下降 3.7 个百分点；比年初增加 1.9 万亿元，同比少增 2353 亿元。分部门看，2021 年住户存款、非金融企业存款同比分别少增 1917 亿元、3116 亿元，广义政府存款、非银行业金融机构存款同比分别多增 2127 亿元、1391 亿元。

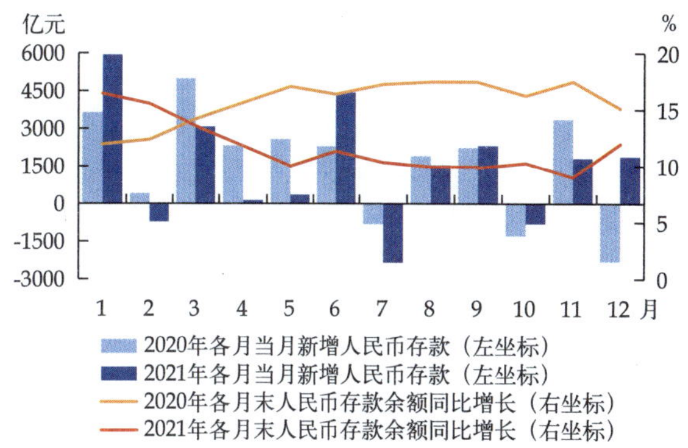

图 1　2020—2021 年浙江省金融机构人民币存款增长变化

（数据来源：中国人民银行杭州中心支行）

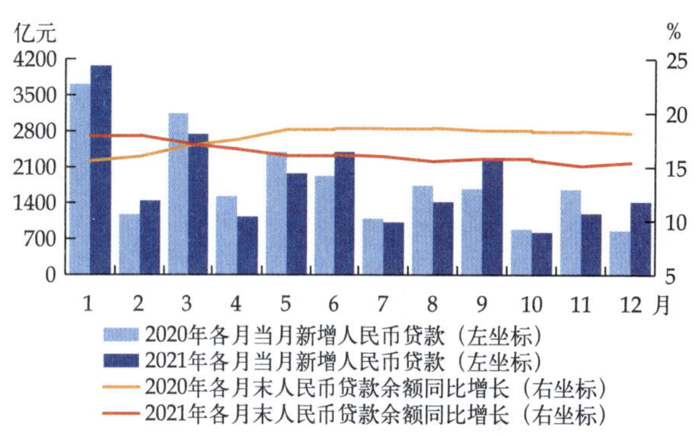

图 2　2020—2021 年浙江省金融机构人民币贷款增长变化

（数据来源：中国人民银行杭州中心支行）

3. 贷款保持同比多增，信贷结构优化明显。2021 年末，浙江省金融机构本外币各项贷款余额为 16.6 万亿元，同比增长 15.4%，比年初增加 2.2 万亿元，同比多增 283 亿元。对实体经济领域信贷支持力度稳固。2021 年，浙江省民营经济贷款、普惠小微贷款、制造业贷款、涉农贷款和科技服务业贷款分别增加 11018 亿元、7135 亿元、3806 亿元、7966 亿元、4649 亿元和 2372 亿元，分别为上年增量的 1.1 倍、1.2 倍、1.6 倍、1.2 倍和 1.2 倍。

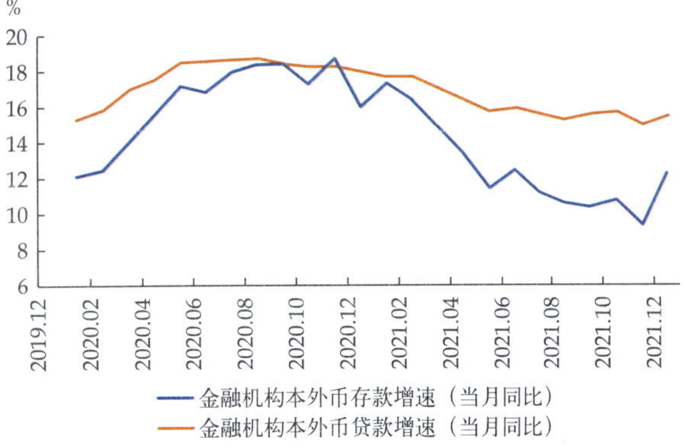

图 3　2020—2021 年浙江省金融机构本外币存贷款增速变化

（数据来源：中国人民银行杭州中心支行）

4. 表外理财平稳增长。资管新规等监管政策出台以来，银行理财等表外业务逐步规范，资产规模平稳增长。2021 年末，浙江省金融机构人民币表外理财资产余额 11191.6 亿元，同比增长 9.7%，增速比上年末提高 6.4 个百分点。

表 2　2021 年浙江省金融机构人民币贷款各利率区间占比

单位：%

项目		1 月	2 月	3 月	4 月	5 月	6 月
合计		100.0	100.0	100.0	100.0	100.0	100.0
LPR 减点		13.5	12.4	10.7	9.2	9.0	12.3
LPR		5.8	6.0	8.5	8.1	7.7	7.6
LPR 加点	小计	80.7	81.6	80.8	82.7	83.3	80.2
	(LPR，LPR+0.5%)	20.0	18.3	18.3	17.1	17.3	18.7
	[LPR+0.5%，LPR+1.5%)	34.5	33.6	35.1	35.6	36.3	34.5
	[LPR+1.5%，LPR+3%)	13.9	15.1	14.4	15.9	14.7	14.0
	[LPR+3%，LPR+5%)	6.4	8.0	7.4	7.9	8.4	7.5
	LPR+5% 及以上	5.9	6.7	5.6	6.1	6.6	5.4
项目		7 月	8 月	9 月	10 月	11 月	12 月
合计		100.0	100.0	100.0	100.0	100.0	100.0
LPR 减点		11.1	11.4	13.2	12.0	12.8	12.7
LPR		5.8	6.2	6.5	6.1	6.1	5.2
LPR 加点	小计	83.1	82.4	80.4	81.9	81.1	82.2
	(LPR，LPR+0.5%)	19.2	18.0	19.0	16.3	17.1	19.1
	[LPR+0.5%，LPR+1.5%)	34.7	33.0	33.3	33.8	33.3	33.8
	[LPR+1.5%，LPR+3%)	14.3	15.7	13.9	15.2	15.2	15.6
	[LPR+3%，LPR+5%)	8.4	8.9	8.2	9.4	9.2	8.2
	LPR+5% 及以上	6.6	6.8	6.0	7.2	6.4	5.4

数据来源：中国人民银行杭州中心支行。

5. 企业贷款利率稳中有降。持续深入推进 LPR 改革在浙江落地，强化 LPR 定价机制建设与应用，2021 年 12 月，浙江省金融机构新发放贷款金额中有 99.1% 参考 LPR 定价，比重比上年同期提高 1.8 个百分点。2021 年，浙江省一般贷款加权平均利率为 5.28%，比上年下降 0.20 个百分点。企业贷款加权平均利率为 4.72%，比上年下降 0.13 个百分点；其中，大型、中型和小微型企业贷款加权平均利率分别为 4.18%、4.69% 和 5.00%，比上年分别下降 0.08 个、0.16 个和 0.17 个百分点。加强存款利率监管和自律管理，稳妥有序实施存款利率自律上限调整，自 2021 年 6 月 21 日起，浙江省银行业地方法人金融机构全部执行存款基准利率加基点方式定价存款。

6. 银行业资产质量保持相对稳定。浙江省银行业金融机构资产质量保持收敛态势，不良贷款余额和不良贷款率实现“双降”。2021 年末，浙江省不良贷款余额为 1225.9 亿元，比年初减少 176.1 亿元；不良贷款率为 0.74%，比年初下降 0.24 个百分点，保持较低水平。关注类贷款余额 1721.7 亿元，比年初减少 253.4 亿元，关注类贷款比例 1.04%，比年初下降 0.34 个百分点。全年共处置不良贷款 1321.0 亿元，同比减少 108.1 亿元。

7. 银行业改革持续深化。开发性、政策性银行和国有大型商业银行改革创新持续深化，浙江省农信联社改革方案已获批并积极推进，杭州银行和宁波银行理财子公司保持稳健运行，浙商银行理财子公司设立工作有序推进。26 家地方法人银行发行资本补充债券和可转债 32 批次，补充资本 586.5 亿元；个别城商行通过增资扩股推进风险化解。温州龙港农村商业银行从温州苍南农村商业银行存续分立。民营银行和村镇银行运行总体稳健。

8. 跨境人民币业务加快发展。先后出台《关于金融支持中国（浙江）自由贸易试验区扩区赋能的指导意见》（杭银发〔2021〕35 号）、《关于金融支持浙江省跨境电子商务高质量发展的指导意见》（杭银发〔2021〕94 号）。2021 年，浙江省跨境人民币结算量同比增长29.2%。全年开展跨境人民币结算企业达2.2万余家，业务参与面进一步扩大。浙江自贸试验区跨境人民币结算业务持续发展，全年结算量同比增长28%，油品贸易跨境人民币便利化结算量同比增长122%，电子商务跨境人民币结算量同比增长31%。中国—印度尼西亚双边本币结算和区域市场挂牌交易在浙江落地，印度尼西亚卢比已成为全国区域货币交易中最活跃的小币种之一。

专栏1　以“贷款码”为抓手助力小微企业和个体工商户融资破难

为提升小微企业和个体工商户融资便利度和满意度，2021年3月，中国人民银行杭州中心支行出台《关于推广贷款码提升小微企业和个体工商户金融服务质效的通知》（杭银发〔2021〕31号），强化科技赋能，创新推出“贷款码”融资服务模式，通过金融科技手段帮助市场主体在线提交融资需求，实现“一码对接、一步授权、一库管理”的一站式融资服务新模式，助力融资破难。

一、创新扫码融资模式

小微市场主体通过“扫码”即可免注册登录，一键发布融资需求，实时查看贷款进度，从而对银行办理情况进行动态掌握和监督。

二、落实“135”服务机制

指导金融机构对市场主体扫码发布的融资需求，做到1个工作日受理，3个工作日对接，原则上5个工作日对符合条件的信贷申请完成审批手续，较传统线下审批效率提高一倍，从而大幅提升融资便利度。

三、探索开展个体工商户信用贷款评价试点

2021年5月以来，在金华市、台州市路桥区、嘉兴市秀洲区、湖州市吴兴区等地开展个体工商户融资破难试点行动，通过建立完善信用评价模型，对扫码个体工商户进行信用评价，助力银行发放信用贷款。试点开展以来至2021年末，累计有6397户个体工商户获得信用贷款39.48亿元。

四、将首贷户拓展与贷款码推广紧密结合

通过大数据技术为扫码主体自动匹配全省“无贷户名单”，助力金融机构精准识别首贷户，提升拓展效率。截至2021年末，浙江省通过“贷款码”获得融资的企业中首贷户占比27%。

浙江省“贷款码”推广应用阶段性成效明显，小微金融服务覆盖面和普惠性进一步提升，获得《金融时报》《浙江日报》等媒体宣传报道和社会公众广泛认可。截至2021年末，浙江省已有23.1万户市场主体通过“扫码”获得融资5720亿元，其中信用贷款占比达37%。2021年，浙江省新增小微企业首贷户10.9万户，同比增长23.8%。

（二）证券业务规模平稳增长，企业上市稳步推进

2021年，浙江省证券机构体系进一步完善，证券、期货业务规模总体上升，企业上市融资稳步推进。

1. 证券机构体系全面完善。截至2021年末，浙江省共有法人证券公司6家、公募基金管理公司3家、证券公司分公司129家、证券营业部1041家、证券投资咨询机构4家，期货公司12家、期货公司分公司61家、期货营业部201家。

2. 证券业务规模稳步增长。2021年，浙江省证券经营机构累计代理交易额75.2万亿元，同比增长20.1%；利润总额51.5亿元，同

比下降9.8%。浙江省法人证券公司实现营业收入125.8亿元，同比增长18.8%；实现利润总额44.7亿元，同比增长40.6%。法人证券公司核心监管指标满足监管要求，经营稳健性水平保持良好。

表3　2021年浙江省证券业基本情况

项目	数量
总部设在辖内的证券公司数（家）	6
总部设在辖内的基金公司数（家）	3
总部设在辖内的期货公司数（家）	12
年末国内上市公司数（家）	606
当年国内股票（A股）筹资（亿元）	2173
当年发行H股筹资（亿元）	—
当年国内债券筹资（亿元）	—
其中：短期融资券筹资额（亿元）	—
中期票据筹资额（亿元）	—

数据来源：中国人民银行杭州中心支行、浙江证监局。

注：当年国内股票（A股）筹资额指非金融企业境内股票融资。

3.期货业务规模显著上升。2021年，浙江省期货经营机构累计代理交易额94.2万亿元，同比增长37.3%；实现利润总额22.7亿元，同比增长27.6%。浙江省期货公司实现营业收入50.1亿元，同比增长17.6%；实现利润总额22.5亿元，同比增长32.5%。

4.证券市场融资稳步推进。2021年，浙江省境内上市公司新增融资2172.9亿元，其中主板新增融资1673.9亿元，创业板新增融资290.5亿元，科创板新增融资206.9亿元，北交所新增融资5.9亿元。2021年，浙江省共发行公司债480只，融资额4305.5亿元。

（三）保险业改革加速深化，服务民生功能不断增强

2021年，浙江保险业总体运行平稳，服务民生功能不断增强，行业改革加速深化。

1.保险机构体系继续完善。截至2021年末，浙江省共有保险总公司5家、农村保险互助社3家、省级分公司141家，省级以上保险专业中介机构336家，保险销售从业人员40.8万人。2021年末，保险公司资产合计7307.0亿元，比年初增加885.1亿元。

2.保费收入增速整体放缓。2021年，浙江省保险业共实现原保费收入2859.8亿元，同比增长2.8%，比上年下降6.3个百分点。其中，财产险公司保费收入和人身险公司保费收入同比分别增长2.8%和2.9%。保险业赔付支出1029.6亿元，同比增长14.9%。

表4　2021年浙江省保险业基本情况

项目	数量
总部设在辖内的保险公司数（家）	5
其中：财产险经营主体（家）	3
人身险经营主体（家）	2
保险公司分支机构（家）	141
其中：财产险公司分支机构（家）	69
人身险公司分支机构（家）	72
保费收入（中外资，亿元）	2859.8
其中：财产险保费收入（中外资，亿元）	1044.7
人身险保费收入（中外资，亿元）	1815.1
各类赔款给付（中外资，亿元）	1029.6

数据来源：浙江银保监局、宁波银保监局。

3.行业改革创新进一步深化。聚焦乡村振兴，出台《关于加快农业保险高质量发展的实施意见》（浙政办发〔2021〕47号），规范农业保险经营条件管理，2021年新增备案108个农险产品。聚焦科技创新，完善首台（套）产品保险补偿机制，2021年办理各类首台（套）保险业务211件，为投保企业提供风险保障74.3亿元，同比增长36.63%。聚焦绿色低碳，积极开展绿色保险机制创新，提供超五大类20余种绿色保险产品，2021年服务企业（群众）超过50万家次（人次），提供风险保障额度超6000亿元。

（四）社会融资规模合理增长，金融市场稳健运行

1.社会融资规模同比多增。2021年，浙江

省社会融资规模增量为3.4万亿元，同比多增1912亿元。从结构看，对实体经济发放的本外币贷款增加2.2万亿元，同比多增130亿元，占社会融资规模的比重为64.7%，比上年下降3.4个百分点。直接融资（含企业债券和股票）增加7287亿元，同比多增1209亿元，占社会融资规模的比重为21.4%，比上年提高2.5个百分点；其中，企业债券增加6064亿元，同比多增939亿元；非金融企业境内股票融资增加1223亿元，同比多增270亿元。委托贷款、信托贷款和未贴现银行承兑汇票等表外融资增加498亿元，同比少增13亿元。

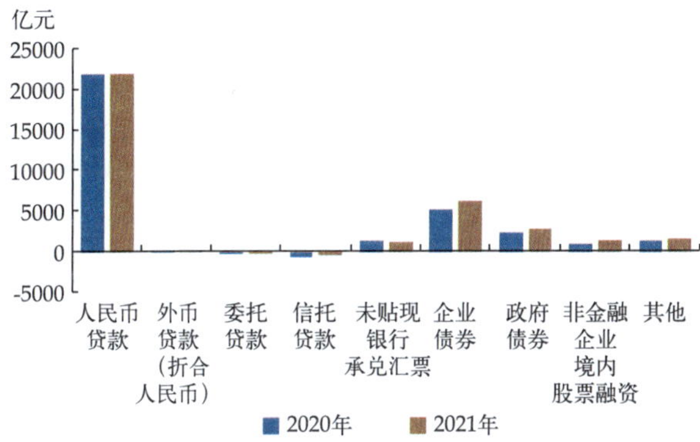

图4　2020—2021年浙江省社会融资规模分布结构

（数据来源：中国人民银行杭州中心支行）

2. 民营企业债券融资推进有力。浙江省债务融资工具和民企债券融资支持工具发行保持全国领先。2021年，浙江省债务融资工具发行6156亿元，同比多发1773亿元，其中民营企业债务融资工具发行564亿元；浙江省信用风险缓释工具成交额、工具支持的民企债券发行额较大。

3. 银行间债券市场总体运行平稳。2021年，浙江省银行间债券市场累计债券回购交易105.6万亿元，同比增长10%；累计现券交易24.3万亿元。2021年，债券回购加权平均利率基本围绕利率中枢小幅波动，现券加权平均到期收益率保持在3%~3.3%，总体平稳。

4. 票据市场需求旺盛，贴现利率下降。2021年末，浙江省金融机构银行承兑汇票承兑余额1.5万亿元，同比增长19.5%；银行承兑汇票贴现余额5404亿元，同比增长22.7%。第四季度，浙江省银行承兑汇票直贴加权平均利率2.11%，比第一季度下降1.33个百分点。

表5　2021年浙江省金融机构票据业务量统计

单位：亿元

季度	银行承兑汇票承兑		贴现			
			银行承兑汇票		商业承兑汇票	
	余额	累计发生额	余额	累计发生额	余额	累计发生额
1	12166.8	5124.6	4039.2	16558.5	552.9	1880.2
2	13201.7	11427.8	4516.9	34451.0	725.1	4300.7
3	14481.9	17472.2	4987.9	48899.7	796.5	6340.3
4	15066.8	23448.1	5404.0	66214.9	817.4	9926.3

数据来源：中国人民银行杭州中心支行。

注：累计发生额指当年累计发生额。

表6　2021年浙江省金融机构票据贴现、转贴现利率

单位：%

季度	贴现		转贴现	
	银行承兑汇票	商业承兑汇票	票据买断	票据回购
1	3.44	4.64	2.77	2.05
2	2.84	4.03	2.55	2.07
3	2.51	4.19	2.33	2.09
4	2.11	3.98	2.11	2.00

数据来源：中国人民银行杭州中心支行。

5. 外汇交易平稳发展，黄金交投活跃度有所下降。2021年，浙江省外汇交易市场外汇即期交易9437亿美元，同比增长18%。2021年，浙江省金融机构黄金市场交易额有所下降，境内市场累计成交额2.5万亿元，同比减少30%。

（五）区域金融改革扎实推进，改革成效持续显现

2021年，浙江省积极推进区域金融改革创

新试验区建设。深化湖州、衢州绿色金融改革创新，两地68家银行机构全部纳入环境信息披露试点范围，湖州出台全国地级市首部《绿色金融促进条例》，衢州率先构建涵盖多领域的碳账户体系。完成温州金融综合改革、台州小微金融改革、义乌金融专项改革第三方总结评估，温州、台州金融服务民营和小微企业质效有效提升，义乌探索开放经济金融改革创新。宁波普惠金融数字化建设成果明显，普惠金融信用信息服务平台建设成效突出，宁波跨境金融区块链服务平台业务量和人脸识别线下支付安全应用交易量全国领先。丽水支持生态产品价值实现的“金融赋值”经验在全国生态产品价值实现试点示范现场会上作经验交流。

专栏2 绿色金融支持碳达峰碳中和的浙江实践

2021年，浙江省充分发挥湖州、衢州绿色金融改革创新试验区的先发优势，持续强化政策引导、创新引领、数字赋能，加快构建有利于碳减排的绿色金融体制机制，全面深化绿色金融改革创新。2021年末，浙江省绿色信贷余额14801亿元，占各项贷款余额的8.9%。

一、强化金融支持绿色低碳发展的政策引导

2021年5月，出台《关于金融支持碳达峰碳中和的指导意见》(杭银发〔2021〕67号)，从融资总量目标、重点支持领域、创新服务体系、强化政策保障等方面提出25项举措，得到《人民日报》、新华社、中国政府网等主流媒体广泛报道。2021年12月，制订《浙江省绿色金融支持碳达峰碳中和实施方案》（浙金管〔2021〕59号），进一步细化、深化金融支持举措，引导金融资源精准、高效支持经济绿色低碳转型。

二、推动试验区打造以碳减排为核心的绿色金融体系

湖州市出台全国地级市首部《绿色金融促进条例》，通过地方立法，提升各项绿色金融促进措施可持续和确定性。打造全国首个区域性ESG评价数字化系统，引入企业碳强度指标，整合17个政府部门、10余个数据源，实现100%线上自动计算。截至2021年末，湖州市内共1.32万家企业获得ESG评分。衢州市积极建设六大领域碳账户体系。截至2021年末，衢州市共建立碳账户233.8万个。出台《关于金融支持碳账户体系建设的指导意见》，引导金融机构基于碳账户信息优化业务流程和服务。

三、数字化推进碳信息共享和金融场景应用

依托浙江省企业信用信息服务平台建设“碳账户金融”多跨场景，建立与浙江省发展改革委、省生态环境厅等相关碳信息平台的对接机制，共享清洁能源项目、3000余家重点用能企业能耗、1635家重点排放企业名单及相关碳账户、碳配额等数据信息；在线发布面向金融机构的清洁能源项目清单，推动绿色低碳投融资精准对接。截至2021年末，已建立首批清洁能源项目清单，包括海上风电、光伏等清洁能源项目55个，总投资规模817亿元。

四、围绕减碳低碳加大绿色金融产品创新力度

一是以7月16日全国碳交易市场上线为契机，及时出台《浙江省碳排放配额抵押贷款操作指引（暂行）》（杭银发〔2021〕117号）。截至2021年末，全省已累计发放碳配额抵(质)押贷款5.5亿元，有效盘活企业“碳资产”。二是引导金融机构基于企业碳信息创新绿色金融产品。湖州市基于工业碳效码创新“碳效贷”等产品，2021年以来累计发放碳效贷款352笔、授信资金22.9亿元。衢州市依托碳账户上线“碳融通”等产品34款，累计发放相关贷款74.4亿元。三是支持企业发行碳中和债等绿色债券创新品种。如宁波市发行银行间市场永续品种碳中和债，发行金额20亿元。

五、有序推进全省金融机构环境信息披露

在绿色金融改革创新试验区先行开展金融机构环境信息披露，截至2021年末，湖州、衢州两地68家银行业金融机构已全部纳入试点范围。积极探索金融机构碳核算、环境风险压力测试等信息披露核心领域，如湖州市探索开展县域工业企业贷款碳核算，并围绕纺织印染、绿色建筑等行业开展环境风险压力测试；衢州市基于碳账户探索开展非项目贷款碳核算，并对火电、钢铁、水泥、造纸4个高碳行业进行气候风险敏感性压力测试。

（六）信用体系建设持续深化，金融基础设施逐步完善

1.加快征信体系覆盖，促进信用信息共享。持续完善金融信用信息基础数据库建设，有序推进二代系统采集切换，截至2021年末，浙江省共有268家放贷机构接入系统，信息共享范围不断扩大。切实加强征信市场培育，截至2021年末，共有备案企业征信机构和信用评级机构17家，2021年累计提供各类产品和服务16.7亿次。大力推广长三角征信链应用，促进信用信息跨地区、跨领域互联互通，截至2021年末，浙江省共有27家金融机构上链，累计查询14.4万次，助力1.2万户企业获得信贷支持946亿元。

2.发挥征信普惠功能，支持小微企业发展。积极参与浙江省数字化改革，以提升浙江省企业信用信息服务平台应用为抓手，加大对小微企业的征信支持。截至2021年末，省市平台共覆盖浙江省300万余户企业，归集30余个政府部门和公共事业单位信息，提供查询2600万余次，通过银企对接为24.3万户企业撮合融资1.2万亿元。实施动产和权利担保统一登记，应用应收账款融资服务平台，挖掘企业动产潜能，拓宽企业融资渠道，2021年通过平台新增融资2904.7亿元，其中，小微企业新增融资1638.3亿元，同比增长34%。

3.提升征信服务水平，优化地方信用环境。积极践行“征信为民”理念，开展征信服务网点标准化建设，保障疫情防控期间服务供给，推出自助查询机、商业银行网上银行及手机银行、银联云闪付等查询途径，不断提升服务品质和便利性。2021年，共向浙江省社会公众提供信用报告查询431.7万次。持续深化农村信用体系建设，截至2021年末，浙江省累计为1198.4万农户、30.1万新型农业经营主体建立信用档案，评定信用农户991.1万户、新型农业经营主体8.07万户，创建信用村（社区）10013个、信用乡（镇、街道）539个。

4.支付体系安全高效运行。2021年，浙江省支付清算系统处理业务21.4亿笔、金额663.4万亿元，同比分别增长20%和10.6%，业务规模居全国第二位。深入打击治理电信网络诈骗和跨境赌博，涉案账户数在全国的排名明显下降。启动本外币合一银行账户体系试点。持续深化“移动支付之省”建设，推进银行业移动支付应用，部署推进亚运会支付服务保障工程。截至2021年末，浙江省移动支付活跃用户5035.9万户，移动支付普及率达94%；全年发生移动支付业务678亿笔、金额82.5万亿元，同比分别增长22.3%、21.6%。

二、经济运行情况

2021年，浙江省经济运行总体平稳、韧性

增强，全年实现地区生产总值73516亿元，同比增长8.5%，两年平均增长6.0%，分别高于全国0.4个、0.9个百分点。分产业看，第一、第二、第三产业增加值占GDP比重分别为3.0%、42.4%和54.6%。

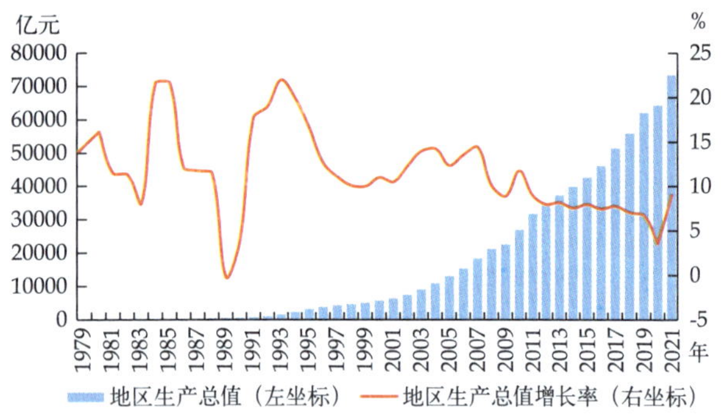

图5 1979—2021年浙江省地区生产总值及其增长率

（数据来源：浙江省统计局）

（一）三大需求稳中提质，新发展格局加快构建

2021年，浙江省积极优化营商环境，持续激发市场主体活力。投资稳定增长，消费持续扩容，出口加速回暖，新发展格局加快构建，经济循环进一步畅通。

1. 投资稳定增长，结构逐步优化。2021年，浙江省固定资产投资同比增长10.8%，两年平均增长8.1%，分别高于全国5.9个和4.2个百分点。其中，制造业投资同比增长19.8%，两年平均增长11.3%；房地产开发投资同比增长8.5%，两年平均增长7.7%；基础设施投资同比增长2.0%，两年平均增长3.7%。投资结构持续优化，高新技术产业投资、工业技术改造投资同比分别增长20.5%、13.9%，均高于面上投资增速；民间投资同比增长8.9%，占全部固定资产投资的58.8%。

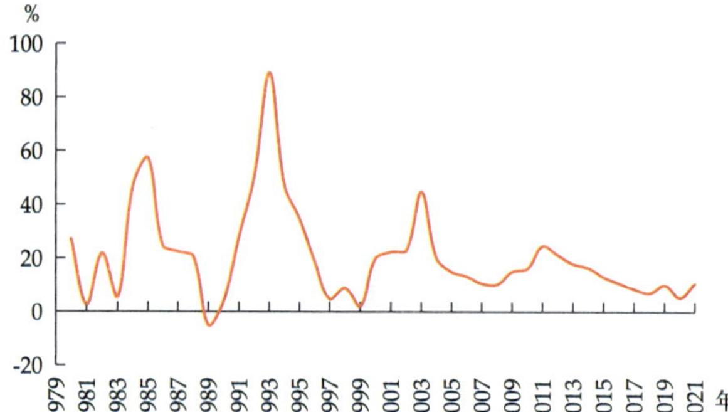

图6 1979—2021年浙江省固定资产投资（不含农户）增长率

（数据来源：浙江省统计局）

2. 消费持续扩容，数字消费活跃。2021年，浙江省社会消费品零售总额29211亿元，同比增长9.7%，两年平均增长3.4%，分别低于全国2.8个和0.5个百分点。数字消费快速增长，新能源汽车、可穿戴智能设备、照相器材等数字商品零售同比分别增长176.6%、92.4%和41.9%。网络消费保持较快增长。2021年，浙江省网络零售额25230亿元，同比增长11.6%；省内居民网络消费12276亿元，同比增长10.9%。

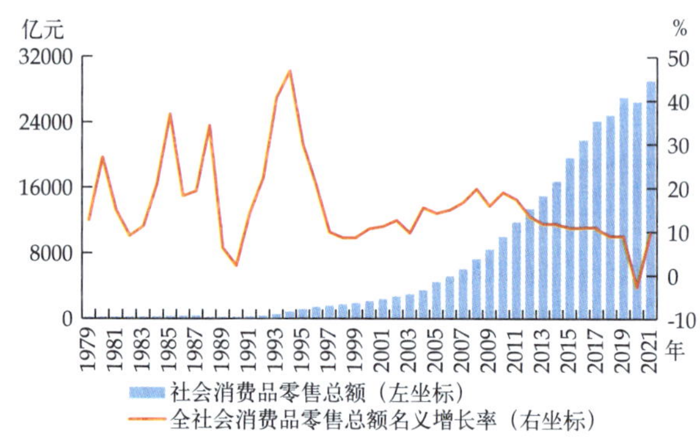

图7 1979—2021年浙江省社会消费品零售总额及其增长率

（数据来源：浙江省统计局）

3. 进出口保持快速增长，规模首次跻身全国前三。2021年，在全球经济回暖及国内疫情防控有力的背景下，浙江省进出口额、出口额、进口额分别为41429.1亿元、30121.3亿元和11307.8亿元，同比分别增长22.4%、19.7%

和 30.3%。年度进出口规模首次位居全国第三，创历史新高。出口商品结构持续优化，机电高新产品出口同比增长 22.5%，占全省出口总额的 48.2%，比上年提升 1.1 个百分点。浙江省实际利用外资 183.4 亿美元，同比增长 16.2%，其中实际到资 3000 万美元以上大项目贡献较大，高技术制造业和高技术服务业增长显著。

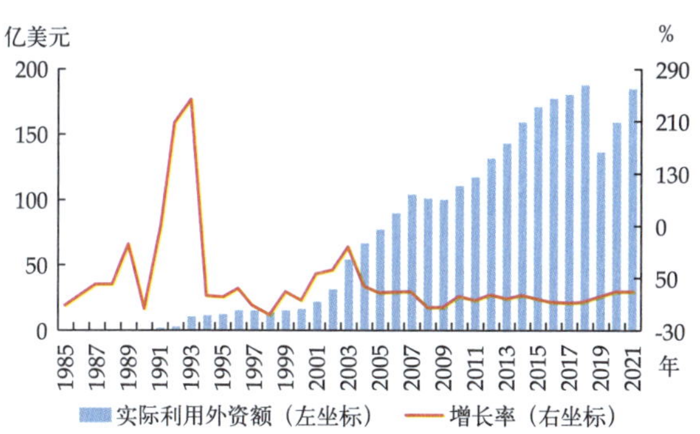

图 8　1985—2021 年浙江省实际利用外资额及其增长率

（数据来源：浙江省统计局）

（二）三次产业稳步提升，新产业新动能不断增强

2021 年，浙江省农业生产稳中有升，工业生产平稳运行，服务业稳步恢复。三次产业结构由上年的 3.3 : 40.9 : 55.8 调整为 3.0 : 42.4 : 54.6。全员劳动生产率同比增长 11.7%，比上年提高 5.8 个百分点。

1. 农业生产基本稳定，数字乡村建设稳步推进。2021 年，浙江省农林牧渔业产值 3566 亿元，同比增长 3.0%，两年平均增长 2.4%。其中，农业、畜牧业、渔业产值分别为 1699 亿元、398 亿元、1191 亿元，同比分别增长 2.6%、11.9% 和 2.0%；林业产值 156 亿元，同比下降 8.8%。数字赋能乡村成果斐然。2021 年，浙江省县域农业农村信息化发展水平 66.7%。

2. 工业经济平稳运行，数字经济加快领跑。2021 年，浙江省规模以上工业增加值 20248 亿元，同比增长 12.9%，两年平均增长 9.1%，分别高于全国 3.3 个和 3.0 个百分点，两年平均增速高于 2019 年水平（6.6%）。数字经济较快增长，全年数字经济核心产业增加值同比增长 13.3%，比上年提高 0.3 个百分点，占 GDP 比重为 11.4%，比上年提高 0.5 个百分点。规模以上工业中，数字经济核心产业制造业、装备制造业、高技术产业制造业、战略性新兴产业制造业增加值同比分别增长 20.0%、17.6%、17.1% 和 17.0%，增速均比上年加快且大幅高于全部规模以上企业。

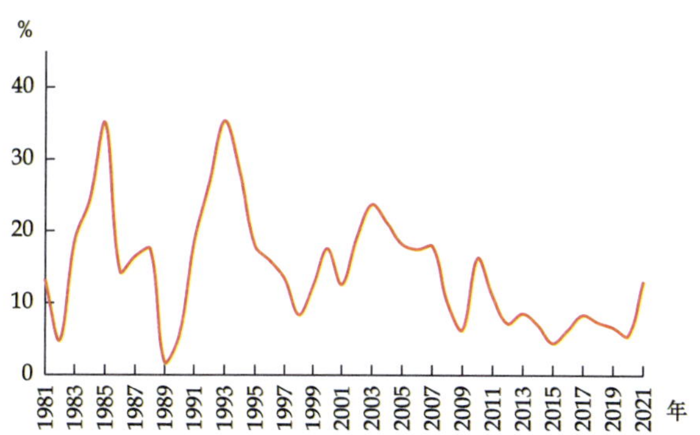

图 9　1981—2021 年浙江省规模以上工业增加值实际增长率

（数据来源：浙江省统计局）

3. 服务业稳步恢复，现代服务业较快发展。2021 年，浙江省服务业增加值同比增长 7.6%，增速低于全国 0.6 个百分点，两年平均增长 5.9%，低于 2019 年水平（7.8%）。浙江省规模以上服务业营业收入同比增长 22.8%。其中，信息传输、软件和信息技术服务业营业收入同比增长 17.4%，比上年提高 1.1 个百分点；科学研究和技术服务业营业收入同比增长 18.3%，比上年回落 4.4 个百分点。

4. 供给侧结构性改革深入推进，减税降费惠企利民。2021 年，浙江省规模以上工业产能利用率为 82.5%，比上年提高 3.4 个百分点。规模以上工业企业资产负债率为 55.2%，比上年提高 0.6 个百分点。减税降费举措有力，全年为企业减负超过 2500 亿元。规模以上工业企业每百元营业收入中的费用为 9.7 元，比上年下降 0.8 元。

5. 节能降耗深入推进，生态环境质量持续改善。浙江省全面推进碳达峰碳中和工作，生态文明示范创建持续深化，污染防治攻坚战成效显著。2021 年，浙江省万元 GDP 用水量降低 3.5%。设区城市空气质量优良天数比率 94.4%，比上年高 0.8 个百分点，PM2.5 平均浓度为 24μg/m^3，比上年下降 1μg/m^3。规模以上工业万元增加值能耗同比下降 5.8%。

（三）居民消费价格总体平稳，工业生产者价格高位运行

1. 居民消费价格总体平稳，猪肉价格大幅回落。2021 年，浙江省 CPI 同比上涨 1.5%，比上年回落 0.8 个百分点。八大类消费品及服务价格同比“七升一降”。其中，交通通信、教育文化娱乐、生活用品及服务、衣着、居住、医疗保健、食品烟酒同比分别上涨 4.1%、3.5%、1.6%、1.0%、0.9%、0.8% 和 0.7%；其他用品及服务同比下降 2.9%。因生猪供给充分，全年猪肉价格同比下降 27.2%，影响 CPI 下降约 0.57 个百分点；受持续强降雨等天气影响，鲜菜价格上涨 5.6%，拉动 CPI 上涨 0.11 个百分点。

2. 工业生产者价格高位运行，涨幅较前阶段有所扩大。2021 年，浙江省工业生产者价格指数整体高位运行，其中出厂价格（PPI）和购进价格同比分别上涨 6.3% 和 14.5%，分别比前三季度扩大 1.3 个和 1.9 个百分点。

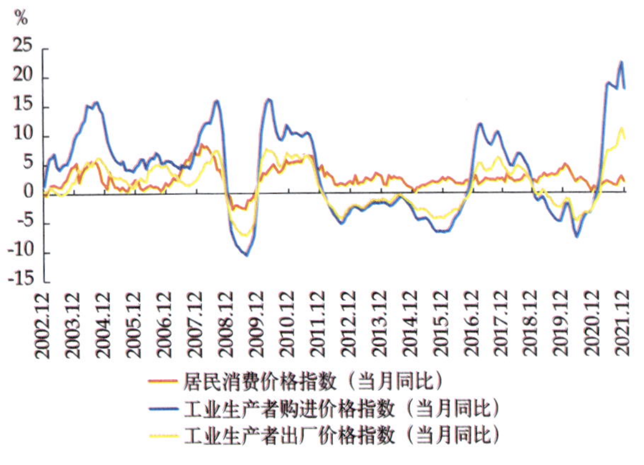

图 10　2002—2021 年浙江省居民消费价格指数和工业生产者价格指数变动趋势

（数据来源：浙江省统计局）

3. 劳动生产率稳步提高，城乡收入差距缩小。2021 年，浙江省全员劳动生产率同比增长 11.7%，比上年提高 5.8 个百分点。规模以上工业平均用工人数 709.8 万人，同比增长 4.0%；应付职工薪酬 7120.2 亿元，同比增长 24.6%。共同富裕稳步实施，城乡收入差距缩小。2021 年，浙江省居民人均可支配收入 57541 元，名义增长 9.8%，扣除价格因素实际增长 8.2%。城镇、农村居民人均可支配收入分别为 68487 元、35247 元，名义分别增长 9.2%、10.4%，扣除价格因素实际分别增长 7.6%、8.9%。城乡收入比值为 1.94，比上年缩小 0.02。

（四）财政收支增长稳定，民生重点支出保障有力

2021 年，浙江省一般公共预算收入 8262.6 亿元，同比增长 14.0%，两年平均增长 8.3%，比 2019 年提高 1.5 个百分点。其中，税收收入 7171.9 亿元，同比增长 14.5%，两年平均增长 10.3%，占一般公共预算收入的 86.8%，比上年提高 0.4 个百分点。

2021 年，浙江省一般公共预算支出 11016.9 亿元，完成年度预算的 110.7%，同比增长 9.3%，比上年提高 9 个百分点。民生重点领域支出保障有力，公共安全、教育、科技等十项支出 8196.2 亿元，同比增长 9.5%，占比 74.4%。其中，科学技术支出 578.6 亿元，同比增长 22.5%。

2021 年，浙江省共发行地方政府债券 4235.8 亿元，同比多发行 866.2 亿元。截至 2021 年末，浙江省地方政府债务余额 17427 亿元。

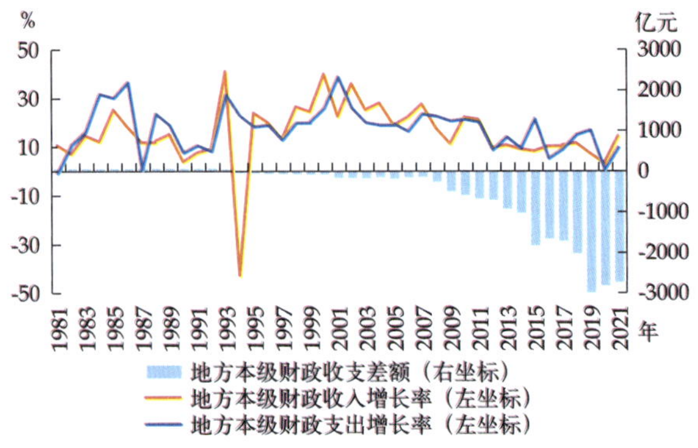

图 11　1981—2021 年浙江省财政收支状况

（数据来源：浙江省统计局）

（五）房地产市场平稳运行

1. 房地产投资保持平稳增长。2021 年，浙江省房地产开发完成投资 12389 亿元，同比增长 8.5%，两年平均增长 7.7%。其中，住宅投资 8802 亿元，同比增长 8.8%；办公楼投资 457 亿元，同比下降 4.7%；商业营业用房投资 890 亿元，同比增长 11%。

2. 商品房销售面积和销售额增速回落。2021 年，浙江省商品房销售面积 9991 万平方米，同比下降 2.5%，两年平均增长 3.2%；商品房销售额 19052 亿元，同比增长 11.1%，两年平均增长 15.2%；二者增速比上年均有所回落。

3. 商品住宅销售价格同比增长。国家统计局发布的 70 个大中城市房价指数显示，2021 年，杭州、金华、温州、宁波新建商品住宅销售价格分别上涨 5.5%、4.1%、4.0% 和 3.3%，涨幅居 70 个大中城市第 5、第 16、第 18、第 27 位。2021 年，杭州、宁波、金华、温州二手住宅销售价格指数分别上涨 5.2%、3.2%、3.2% 和 3.0%，涨幅分别列 70 个大中城市第 6、第 15、第 15、第 19 位。

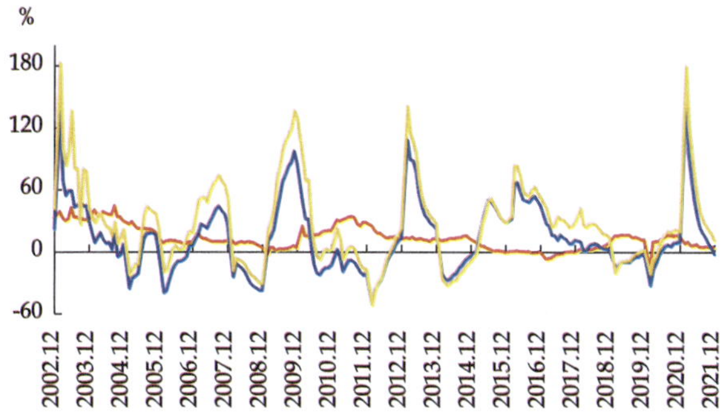

图 12　2002—2021 年浙江省商品房施工和销售变动趋势

（数据来源：浙江省统计局）

4. 房地产贷款增速总体平稳。2021 年末，浙江省房地产贷款余额同比增长 13.0%，比上年末下降 2.7 个百分点。其中，房地产开发贷款余额同比增长 9.2%，比上年末下降 4.1 个百分点；个人住房贷款余额同比增长 15.1%，比上年末下降 2.6 个百分点。

三、预测与展望

2022 年，浙江经济发展面临较多不确定性。从国际环境看，全球疫情形势、通货膨胀走势、发达经济体宏观政策调整仍有较大不确定性，可能伴生的经济金融风险不容忽视。从国内环境看，我国经济韧性强，长期向好的基本面不会改变，但当前经济发展面临需求收缩、供给冲击、预期转弱三重压力，疫情散发影响仍在持续，经济潜在增速下行、人口增长放缓、低碳转型等中长期挑战不容忽视。

从浙江情况看，经济运行机遇与挑战并存。一方面，浙江省经济运行总体平稳，韧性强、活力足，共同富裕示范区建设扎实开局，高质量发展水平有效提升。另一方面，经济高质量发展的基础尚不稳固，扩大有效投资、激活居民消费的任务仍较艰巨，外需变化存在较大不确定性，企业面临“缺芯”“缺柜”“缺工”以及原材料价格上涨等问题，部分行业、企业受疫情影响恢复仍较困难，产业结构、经济结构与绿色低碳发展的要求还有差距。综合研判，2022 年浙江经济有望保持平稳增长，结构继续改善，新动能加快成长，企业效益改善。金融支持实体经济力度持续增强，着力支持科技创新、绿色发展、民营小微、制造业、外贸等领域的金融需求，有力推动经济高质量发展。

2022 年，中国人民银行杭州中心支行将坚持以习近平新时代中国特色社会主义思想为指导，全面贯彻党的十九大和十九届历次全会、中央经济工作会议精神，坚持稳中求进工作总基调，完整、准确、全面贯彻新发展理念，认真贯彻稳健的货币政策灵活适度的要求，增强金融服务实体经济的能力，保持信贷总量稳定增长，推动信贷结构稳步优化，促进企业综合融资成本稳中有降，严守风险底线，为浙江省高质量发展建设共同富裕示范区和“重要窗口”建设提供强有力的金融服务保障，以实际行动迎接党的二十大胜利召开。

中国人民银行杭州中心支行货币政策分析小组

总　　纂：殷兴山　陆巍峰

统　　稿：闫真宇　王　瑜　周　能

执　　笔：周　能　杜佳倩　陈　帅　胡健闽　荣剑雄　李　青　王治政　吴　翔　王瑶瑶
包星宇　周　昂　黄玉莹　朱秋琪　秦　楠

附录：

（一）2021 年浙江省经济金融大事记

2 月 19 日，中国人民银行杭州中心支行出台《关于全面做好 2021 年金融工作 积极支持浙江率先构建新发展格局的意见》（杭银发〔2021〕23 号），对金融机构服务实体经济、风险防控、金融改革等进行部署，推动浙江经济金融高质量发展。

4 月 28 日，国家外汇管理局批复同意中国（浙江）自由贸易试验区开展新型离岸国际贸易外汇支持政策试点，并于 12 月 1 日，决定在宁波市北仑区等四个区域开展跨境贸易投资高水平开放试点。

5 月 8 日，国家外汇管理局数据研判中心（浙江）正式成立。

5 月 11 日，浙江省委、省政府召开全省金融工作座谈会，实施融资畅通工程升级版，加快构建数智化区域金融运行体系。

5 月 18 日，中国人民银行杭州中心支行等五部门在全国率先出台《关于金融支持碳达峰碳中和的指导意见》（杭银发〔2021〕67 号），提出 25 项举措，高标准推动金融支持碳达峰碳中和工作。

7 月 26 日，中国人民银行在杭州等 4 个城市率先启动本外币合一银行账户体系试点。

9 月 3 日，中国人民银行在浙江启动全国首个人民币对印度尼西亚卢比的银行间市场区域交易试点，获评《金融时报》2021 年中国资本市场十大新闻之一。

10 月 11 日，中国人民银行杭州中心支行等七部门出台《关于金融支持科技创新 助力共同富裕示范区建设的实施意见》（杭银发〔2021〕121 号），持续深化科技创新金融服务，以高水平创新驱动高质量发展和共同富裕示范区建设。

12 月 30 日，浙江省银行业电子支付自律机制成立。

2021 年，中国人民银行杭州中心支行以数字化改革为牵引，持续推进“央行浙江数字化平台”建设，迭代升级浙江省企业信用信息服务平台。

2021 年，浙江全面部署共同富裕示范区建设，初步构建了话语体系、目标体系、工作体系、政策体系、评价体系，省委社会建设委员会挂牌成立。

（二）2021 年浙江省主要经济金融指标

表 1　2021 年浙江省主要存贷款指标

	项目	1 月	2 月	3 月	4 月	5 月	6 月	7 月	8 月	9 月	10 月	11 月	12 月
本外币	金融机构各项存款余额（亿元）	158419.7	157858.2	161195.2	161749.2	161938.6	166639.2	164137.5	165668.9	168007.1	167295.3	169094.3	170816.0
	其中：住户存款	63434.4	65109.1	66337.4	65535.8	65281.1	66828.5	65491.1	65828.1	67478.2	66003.6	66167.3	67486.6
	非金融企业存款	58734.4	55815.6	58042.0	58189.3	57895.8	60222.1	59230.6	59926.2	60172.9	60565.2	61507.9	62549.6
	各项存款余额比上月增加（亿元）	6186.1	-561.4	3337.0	554.0	189.4	4700.6	-2501.7	1531.4	2338.2	-711.9	1799.0	1721.7
	金融机构各项存款同比增长（%）	17.3	16.4	14.8	13.3	11.3	12.4	11.2	10.5	10.3	10.7	9.3	12.2
	金融机构各项贷款余额（亿元）	147751.9	149343.9	152132.5	153197.0	155103.9	157596.8	158628.0	160069.9	162321.6	163477.6	164475.7	165755.7
	其中：短期	53801.6	53651.9	54708.7	54641.4	54794.5	55776.7	55540.0	55641.2	56305.9	56183.7	56123.6	56085.9
	中长期	86957.0	88600.1	90425.5	91641.9	92779.1	93973.9	95053.6	96136.4	97539.0	98346.4	99391.0	100410.0
	票据融资	4404.5	4439.2	4331.7	4174.8	4742.3	5158.9	5253.7	5535.0	5758.1	5883.1	5973.2	6242.3
	各项贷款余额比上月增加（亿元）	4140.3	1592.0	2788.5	1064.6	1906.9	2492.9	1031.2	1441.8	2251.7	1156.0	998.1	1280.0
	其中：短期	1020.5	-149.7	1056.8	-67.3	153.1	982.2	-236.7	101.2	664.7	-122.2	-60.1	-37.7
	中长期	3673.6	1643.1	1825.4	1216.4	1137.1	1194.9	1079.7	1082.8	1402.6	807.4	1044.6	1019.0
	票据融资	-544.7	34.8	-107.5	-156.9	567.4	416.7	94.8	281.3	223.1	125.0	90.1	269.1
	金融机构各项贷款同比增长（%）	17.7	17.7	17.0	16.4	15.7	15.9	15.7	15.2	15.5	15.7	15.0	15.4
	其中：短期	13.9	12.4	10.6	9.4	7.7	8.5	8.2	7.2	7.6	7.5	6.2	6.2
	中长期	22.5	23.9	23.9	23.9	23.4	22.8	22.0	21.4	20.9	20.5	20.3	20.6
	票据融资	-9.6	-14.5	-17.0	-20.4	-14.9	-7.7	-1.9	5.2	16.7	20.7	23.8	26.1
	建筑业贷款余额（亿元）	3762.9	3860.0	3978.0	4036.0	4054.0	4094.9	4117.8	4160.9	4196.4	4191.2	4168.9	4154.8
	房地产业贷款余额（亿元）	7823.9	7976.1	8023.8	7999.8	8000.5	7942.4	7903.8	7848.2	7790.8	7798.2	7814.1	7805.3
	建筑业贷款同比增长（%）	7.9	10.0	12.3	12.6	10.5	11.5	12.6	12.9	12.7	12.9	11.3	12.5
	房地产业贷款同比增长（%）	20.8	21.0	17.9	15.9	12.7	9.4	6.5	5.4	3.8	4.3	5.0	6.4
人民币	金融机构各项存款余额（亿元）	153609.8	152894.2	155976.4	156120.1	156481.6	160920.9	158585.5	160136.8	162465.1	161667.3	163485.6	165372.5
	其中：住户存款	62847.1	64514.1	65734.7	64942.9	64703.3	66241.6	64901.8	65236.1	66883.9	65406.3	65565.6	66876.5
	非金融企业存款	56333.2	53387.0	55539.5	55557.8	55307.1	57601.2	56611.0	57201.7	57428.5	57587.2	58406.8	59503.5
	各项存款余额比上月增加（亿元）	5942.9	-715.6	3082.2	143.7	361.4	4439.3	-2335.3	1551.3	2328.3	-797.8	1818.3	1886.9
	其中：住户存款	1877.2	1667.0	1220.6	-791.7	-239.6	1538.3	-1339.8	334.3	1647.9	-1477.7	159.3	1310.9
	非金融企业存款	3110.1	-2946.2	2152.5	18.3	-250.8	2294.2	-990.2	590.7	226.8	158.7	819.6	1096.7
	各项存款同比增长（%）	16.5	15.6	13.6	11.8	10.0	11.3	10.3	10.0	9.9	10.3	9.0	12.0
	其中：住户存款	10.3	14.7	13.9	12.8	11.4	11.8	11.0	11.1	11.1	10.4	9.8	9.7
	非金融企业存款	30.7	21.6	17.0	13.0	9.8	11.1	11.7	10.8	10.0	10.9	8.3	11.8
	金融机构各项贷款余额（亿元）	146197.5	147638.8	150383.5	151516.4	153499.0	155899.2	156923.1	158341.2	160596.9	161426.9	162622.0	164042.7
	其中：个人消费贷款	39196.8	38929.0	39420.5	39629.7	39907.7	40291.8	40491.8	40814.9	41136.1	41460.7	42130.2	42357.7
	票据融资	4404.5	4439.2	4331.7	4174.8	4742.3	5158.9	5253.7	5535.0	5758.1	5883.1	5973.2	6242.3
	各项贷款余额比上月增加（亿元）	4071.5	1441.3	2744.7	1132.9	1982.6	2400.1	1023.9	1418.2	2255.7	830.0	1195.0	1420.8
	其中：个人消费贷款	713.9	-267.8	491.5	209.2	278.0	384.1	200.1	323.1	321.2	324.6	669.5	227.5
	票据融资	-544.7	34.8	-107.5	-156.9	567.4	416.7	94.8	281.3	223.1	125.0	90.1	269.1
	金融机构各项贷款同比增长（%）	17.9	17.9	17.2	16.7	16.1	16.2	16.0	15.6	15.8	15.6	15.1	15.4
	其中：个人消费贷款	17.8	18.2	17.4	16.6	15.5	14.8	13.4	11.8	10.7	10.7	10.7	10.1
	票据融资	-9.6	-14.5	-17.0	-20.4	-14.9	-7.7	-1.9	5.2	16.7	20.7	23.8	26.1
外币	金融机构外币存款余额（亿美元）	743.3	767.1	794.2	870.4	856.9	885.2	859.4	855.3	854.5	880.6	879.2	853.8
	金融机构外币存款同比增长（%）	62.9	62.5	84.3	96.0	89.5	67.7	51.8	38.2	31.8	30.0	20.7	22.0
	金融机构外币贷款余额（亿美元）	240.2	263.5	266.1	259.9	252.0	262.8	263.9	267.3	265.9	320.9	290.6	268.7
	金融机构外币贷款同比增长（%）	8.1	7.3	7.7	5.9	0.9	3.9	-1.4	-2.0	2.0	25.6	12.4	18.0

数据来源：中国人民银行杭州中心支行。

表 2　2001—2021 年浙江省各类价格指数

单位：%

时间		居民消费价格指数		农业生产资料价格指数		工业生产者购进价格指数		工业生产者出厂价格指数	
		当月同比	累计同比	当月同比	累计同比	当月同比	累计同比	当月同比	累计同比
2001		—	-0.2	—	-0.3	—	-0.4	—	-1.7
2002		—	-0.9	—	-0.5	—	-2.5	—	-3.1
2003		—	1.9	—	2.9	—	5.8	—	0.6
2004		—	3.9	—	3.2	—	13.4	—	5.0
2005		—	1.3	—	5.8	—	5.4	—	2.3
2006		—	1.1	—	-0.4	—	5.6	—	3.8
2007		—	4.2	—	7.3	—	5.3	—	2.4
2008		—	5.0	—	18.9	—	10.6	—	4.3
2009		—	-1.5	—	-4.1	—	-7.4	—	-5.1
2010		—	3.8	—	3.0	—	12.0	—	6.2
2011		—	5.4	—	10.8	—	8.3	—	5.0
2012		—	2.2	—	4.2	—	-3.3	—	-2.7
2013		—	2.3	—	2.8	—	-2.3	—	-1.8
2014		—	2.1	—	-0.9	—	-1.8	—	-1.2
2015		—	1.4	—	0.9	—	-5.5	—	-3.6
2016		—	1.9	—	-0.5	—	-2.2	—	-1.7
2017		—	2.1	—	1.8	—	9.6	—	4.8
2018		—	2.3	—	1.8	—	5.1	—	3.4
2019		—	2.9	—	2.9	—	-2.9	—	-1.1
2020		—	2.3	—	6.1	—	-4.1	—	-3.1
2021		—	—	—		—		—	
2020	1	4.7	4.7	7.0	7.0	-2.1	-2.1	-1.1	-1.1
	2	4.4	4.6	7.1	7.1	-1.9	-2.0	-1.1	-1.1
	3	3.5	4.2	6.5	6.9	-3.6	-2.5	-2.4	-1.5
	4	2.5	3.8	6.8	6.9	-6.5	-3.5	-4.4	-2.3
	5	1.7	3.4	6.6	6.8	-7.8	-4.4	-4.9	-2.8
	6	2.2	3.2	6.3	6.7	-6.7	-4.8	-4.2	-3.0
	7	2.5	3.1	7.2	6.8	-5.1	-4.8	-3.9	-3.1
	8	2.0	2.9	7.3	6.9	-4.1	-4.7	-3.4	-3.2
	9	1.8	2.8	6.0	6.8	-3.5	-4.6	-3.5	-3.2
	10	0.9	2.6	4.3	6.5	-3.5	-4.5	-3.3	-3.2
	11	0.1	2.4	4.0	6.3	-2.7	-4.3	-2.7	-3.2
	12	1.0	2.3	4.7	6.1	-1.2	-4.1	-1.7	-3.1
2021	1	0.3	0.3	—	—	0.5	0.5	-1.1	-1.1
	2	0.7	0.5	—	—	2.6	1.5	-0.1	-0.6
	3	1.3	0.8	—	—	7.5	3.5	3.3	0.6
	4	1.6	1.0	—	—	13.3	5.8	5.6	1.9
	5	1.9	1.2	—	—	18.3	8.2	7.2	2.9
	6	1.7	1.3	—	—	18.7	9.9	7.2	3.6
	7	1.5	1.3	—	—	18.2	11.1	7.5	4.2
	8	1.2	1.3	—	—	18.0	11.9	7.7	4.6
	9	1.1	1.3	—	—	17.6	12.6	8.2	5.0
	10	2.1	1.3	—	—	20.9	13.4	10.2	5.5
	11	2.7	1.5	—	—	22.2	14.2	11.0	6.0
	12	1.8	1.5	—	—	17.7	14.5	9.2	6.3

数据来源：浙江省统计局。

表 3 2021 年浙江省主要经济指标

项目	1月	2月	3月	4月	5月	6月	7月	8月	9月	10月	11月	12月
						绝对值（自年初累计）						
地区生产总值（亿元）	—	—	16346.8	—	—	34556.4	—	—	52852.6	—	—	73515.8
第一产业	—	—	337.2	—	—	935.0	—	—	1407.2	—	—	2209.1
第二产业	—	—	6381.8	—	—	14177.5	—	—	22008.5	—	—	31188.6
第三产业	—	—	9627.8	—	—	19444.0	—	—	29436.9	—	—	40118.1
工业增加值（亿元）	—	2637.0	4403.1	6089.0	7668.0	9467.0	11084.6	12766.9	14578.0	16302.2	18222.5	20248.1
固定资产投资（亿元）	—	—	—	—	—	—	—	—	—	—	—	—
房地产开发投资	—	—	—	—	—	—	—	—	—	—	—	—
社会消费品零售总额（亿元）	—	4408.4	6748.5	8913.9	11347.0	13900.8	16170.0	18470.0	20898.0	23687.5	26563.0	29211.0
外贸进出口总额（亿元）	—	5714.6	8619.0	11977.4	15486.1	19207.8	22643.3	26292.0	29979.9	33613.7	37625.0	41429.1
进口	—	1479.1	2481.1	3431.4	4408.5	5378.6	6307.4	7292.2	8330.1	9242.4	10351.0	11307.8
出口	—	4235.5	6137.8	8546.0	11077.6	13829.1	16335.9	18999.9	21649.8	24371.3	27274.0	30121.3
进出口差额（出口－进口）	—	2756.4	3656.7	5114.6	6669.1	8450.5	10028.5	11707.7	13319.7	15128.9	16923.0	18813.4
实际利用外资（亿美元）	—	34.7	58.7	74.7	85.6	106.3	116.6	129.8	144.7	153.0	164.0	183.4
地方财政收支差额（亿元）	—	223.1	-53.7	9.2	-5.3	-203.6	-31.3	-262.3	-706.3	-824.9	-1489.2	-2754.3
地方财政收入	—	2042.5	2756.9	3664.9	4430.1	5314.0	6126.4	6669.2	7225.7	7636.9	7908.4	8262.6
地方财政支出	—	1819.4	2810.6	3655.7	4435.4	5517.6	6157.7	6931.5	7932.0	8461.8	9397.6	11016.9
城镇登记失业率（%）（季度）	—	—	—	—	—	—	—	—	—	—	—	—
						同比累计增长率（%）						
地区生产总值	—	—	19.5	—	—	13.4	—	—	10.6	—	—	8.5
第一产业	—	—	2.8	—	—	3.1	—	—	2.7	—	—	2.2
第二产业	—	—	27.1	—	—	16.9	—	—	13.3	—	—	10.2
第三产业	—	—	15.4	—	—	11.5	—	—	9.1	—	—	7.6
工业增加值	—	49.4	34.1	27.5	23.2	20.8	19.2	17.9	16.6	15.2	14.0	12.9
固定资产投资	—	31.9	21.8	19.9	16.8	14.9	14.8	14.0	13.1	12.2	11.3	10.8
房地产开发投资	—	28.1	19.5	16.9	15.0	13.7	12.4	11.7	10.4	9.9	9.2	8.5
社会消费品零售总额	—	27.5	26.5	21.6	17.9	16.4	15.2	13.8	12.9	11.8	11.1	9.7
外贸进出口总额	—	42.4	37.2	38.0	35.8	30.6	25.2	23.9	22.8	22.6	22.9	22.4
进口	—	24.1	32.9	36.7	40.7	39.2	34.9	34.3	31.9	30.4	31.2	30.3
出口	—	50.1	39.0	38.6	34.0	27.5	21.8	20.4	19.5	19.8	20.1	19.7
实际利用外资	—	40.9	50.7	50.5	39.1	41.6	37.2	30.1	21.0	17.7	15.5	16.2
地方财政收入	—	23.8	27.5	26.9	25.3	24.9	22.8	20.2	18.2	17.1	16.6	14.0
地方财政支出	—	24.4	14.3	11.0	11.7	11.1	8.3	7.9	8.0	7.7	8.7	9.3

数据来源：浙江省统计局。

安徽省金融运行报告（2022）

中国人民银行合肥中心支行货币政策分析小组

[内容摘要] 2021年，面对错综复杂的宏观环境和艰巨繁重的改革发展稳定任务，安徽省以习近平新时代中国特色社会主义思想为指导，深入贯彻党的十九大、十九届历次全会精神，全面落实习近平总书记对安徽作出的系列重要讲话指示批示，坚持稳中求进工作总基调，完整、准确、全面贯彻新发展理念，科学统筹疫情防控和经济社会发展，扎实做好“六稳”工作，全面落实“六保”任务，高质量发展迈出新步伐。全省经济呈现稳定恢复态势，全年实现地区生产总值4.3万亿元，同比增长8.3%，两年平均增长6%，人均生产总值突破1万美元，经济实力跃上新台阶。安徽省金融业紧扣高质量发展要求，认真贯彻稳健的货币政策，精准落地各项政策工具，金融服务实体经济的质量和效率实现新提升。2021年末，安徽省本外币贷款余额5.9万亿元，同比增长12.6%，重点领域和薄弱环节支持力度持续加大，综合融资成本稳中有降，多层次金融市场发展实现新突破。

从经济发展来看，三大需求协调提升，产业结构更趋优化，经济循环进一步畅通。一是固定资产投资持续增长，结构调整成效明显。全年固定资产投资同比增长9.4%，高于全国4.5个百分点。其中，社会领域投资、高技术产业投资同比分别增长31.7%、13.9%；制造业投资同比增长14.6%，占比较上年提高1.3个百分点。二是消费品市场继续回暖，升级类商品消费活跃。全年社会消费品零售总额21471.2亿元，同比增长17.1%，高于全国4.6个百分点。限额以上商贸单位零售额中，新能源汽车同比增长1.4倍，智能手机同比增长1倍；限额以上实物商品网上零售额同比增长32.9%，通过互联网实现餐费收入同比增长18.7%。三是进出口保持快速增长，贸易结构持续优化。全年货物进出口、出口和进口同比分别增长26.9%、29.5%和23.4%，分别高于全国5.5个、8.3个和1.9个百分点。其中出口产品中，机电产品占出口总额的比重为61.7%，较上年提高2.6个百分点；高新技术产品占比29.7%，较上年提高1.6个百分点。四是工业生产总体平稳，高技术产业发展加快。全年规模以上工业增加值同比增长8.9%，其中高新技术增加值同比增长15.5%，高于规模以上工业增加值6.6个百分点。战略性新兴产业产值增长28.8%，高于规模以上工业产值13.4个百分点。五是服务业稳定恢复，新兴服务业增势较好。全年服务业增加值同比增长8.7%，高于全国0.5个百分点。其中，新能源技术推广、物联网技术服务和互联网生活服务平台等新兴领域行业营业收入同比分别增长94.2%、54.8%和38.2%。六是财政收入平稳增长，重点领域支持保障有力。全年一般公共预算收入3498.2亿元，同比增长8.8%；财政支出7592.1亿元，同比增长1.6%，其中科学技术、社会保障和就业、教育、节能环保支出同比分别增长12.4%、4.6%、4.2%和4.1%，支出结构更加优化。七是居民消费价格稳中略升，就业形势保持稳定。全年居民消费价格指数同比上涨0.9%，工业生产者出厂价格指数、工业生产者购进价格指数同比分别上涨7.7%、11.5%。2021年，安徽省城镇新增就业70.9万人，就业形势总体稳定。居民收入增速与经济增长基本同步，农村居民收入增长快于城镇居民。

从金融运行来看，金融供给侧结构性改革向纵深推进，金融服务实体经济效率和水平不断提升。一是社会融资规模合理增长，直接融资稳健扩容。全年社会融资规模增量为9712.1亿元，同比多增460.9亿元。其中对实体经济发放的本外币贷款比重为67.6%；直接融资占比较上年同期提高5.3个百分点。全年全省发行非金融企业债务融资工具1825亿元，同比增长37%。二是货币政策精准滴灌效果显著，信贷投向持续优化。发挥好货币政策工具总量和结构的双重功能，在不断提升总量基础上，突出支持重点领域和薄弱环节。2021年，全省累计发放再贷款再贴现1686.1亿元，共惠及市场主体15万余户；两项直达实体经济的货币政策工具支持金融机构累计发放信用贷款305.1亿元，为592.8亿元贷款提供延期还本付息，共惠及13万余户普惠小微企业（含个体工商户）。2021年末，全省制造业、普惠小微和涉农领域本外币贷款余额同比分别增长13.1%、22.8%和13.5%，分别高于各项贷款增速0.5个、10.2个和0.9个百分点。三是LPR改革成效显著，企业综合融资成本稳中有降。推动金融机构完善内部资金转移定价（FTP）机制建设，持续推动各类放贷主体明示贷款年化利率，落实优化存款利率监管措施，持续释放LPR改革红利，贷款实际利率稳中有降。2021年安徽省企业贷款加权平均利率4.65%，同比下降0.17个百分点。四是金融市场体系不断完善，多层次发展实现新突破。银行业运行总体稳健，2021年全省银行业金融机构资产规模同比增长9.1%。证券、期货机构整体实力和经营水平不断提升，资本市场扩容支持创新发展，辖内新增境内上市公司23家，位居全国第七。保险业平稳运行，全年实现原保费收入1531亿元，保障能力进一步加强。五是金融改革创新继续深化，区域金融改革迈上新台阶。合肥、黄山、蚌埠等地积极申创长三角区域科创金融改革、普惠金融服务乡村振兴改革、绿色金融改革等试验区。安徽自贸试验区深化金融领域开放创新各项工作扎实推进，两项制度性成果入选自贸试验区第一批创新案例。六是金融基础设施建设不断完善，金融生态环境持续优化。推进党建引领信用村和中小微企业综合金融服务两个平台建设，打造具有“互联网+征信+融资对接”功能的信用信息服务平台。支付结算金融基础设施不断完善，保障社会资金高效安全流转。全面建立金融消费纠纷多元化解机制，深入开展金融知识宣传教育，金融消费者权益保护持续加强。

展望未来，安徽经济发展机遇与挑战并存。一方面，面对百年变局和世纪疫情，安徽经济运行稳定恢复，创新能力不断提升，产业转型步伐加快，改革开放向纵深推进，环境质量持续改善，民生保障有力有效。另一方面，经济恢复基础尚不牢固，外部挑战明显增多，区域竞争更趋激烈，全省经济规模还不够大，省辖市发展差距逐步扩大，县（市、区）发展能级不高，发展质量效益有待提升。预计2022年安徽经济运行总体保持平稳态势，投资、消费以及进出口实现稳定增长，社会民生持续改善，人民群众获得感、幸福感、安全感不断增强。

2022年，中国人民银行合肥中心支行将以习近平新时代中国特色社会主义思想为指导，全面贯彻落实党的十九大、十九届历次全会精神和中央经济工作会议精神，全面落实习近平总书记对安徽作出的系列重要讲话指示批示，按照省第十一次党代会部署，弘扬伟大建党精神，坚持稳中求进工作总基调，认真贯彻稳健的货币政策灵活适度的要求，发挥好货币政策工具的总量和结构双重功能，更加主动作为、积极进取，注重靠前发力，引导金融机构加大对实体经济特别是小微企业、科技创新、绿色发展的支持力度，稳定地区宏观经济大盘，为推动安徽高质量发展营造适宜的货币金融环境，以实际行动迎接党的二十大胜利召开。

一、金融运行情况

2021年以来，安徽省经济持续恢复，保持稳中向好的势头，但受疫情和大宗商品价格上涨等影响，市场主体特别是小微企业、个体工商户经营仍面临较多困难。安徽省金融系统坚持以习近平新时代中国特色社会主义思想为指导，深入学习贯彻党的十九大、十九届历次全会精神，认真落实习近平总书记考察安徽重要讲话指示精神，坚持稳中求进工作总基调，全面贯彻新发展理念，落实好稳健的货币政策要灵活精准、合理适度的要求，用足用好各项货币政策工具，全力支持稳企业保就业，切实加大金融支持实体经济力度，社会融资和信贷总量稳定增长，结构不断优化，融资成本稳中有降，多层次资本市场加快发展，保险保障功能稳步提升，各项金融改革深入推进，有力支持安徽经济社会高质量发展。

（一）银行业稳健运行，信贷总量保持稳定增长

1. 银行业资产规模平稳增长，机构体系不断优化。2021 年末，安徽省银行业资产总额 8.5 万亿元，同比增长 9.9%。其中，法人银行业资产总额 3.3 万亿元，同比增长 9.1%；占全省银行业总资产的 39.4%，占比较上年末基本持平。

表 1　2021 年安徽省银行业金融机构情况

机构类别	营业网点			法人机构（家）
	机构个数（家）	从业人数（人）	资产总额（亿元）	
一、大型商业银行	2281	45490	28348	0
二、国家开发银行和政策性银行	179	4182	8565	0
三、股份制商业银行	384	7891	7624	0
四、城市商业银行	515	11334	13075	1
五、小型农村金融机构	3062	33825	16956	84
六、财务公司	6	197	713	6
七、信托公司	1	169	95	1
八、邮政储蓄银行	1790	14780	6751	0
九、外资银行	4	162	140	0
十、新型农村金融机构	363	4661	908	68
十一、其他	11	1505	1577	6
合　计	8596	124196	84752	166

数据来源：安徽银保监局。

注：营业网点不包括国家开发银行和政策性银行、大型商业银行、股份制银行等金融机构总部数据；大型商业银行包括中国工商银行、中国农业银行、中国银行、中国建设银行和交通银行；小型农村金融机构包括农村商业银行；新型农村金融机构包括村镇银行、农村资金互助社；其他包含金融租赁公司、汽车金融公司、消费金融公司等。

2. 存款保持较快增长，住户存款拉动作用较大。2021 年末，安徽省金融机构本外币存款余额 6.7 万亿元，同比增长 10.6%，增速较上年末提高 0.2 个百分点；较年初增加 6400.2 亿元，同比多增 718.7 亿元。分部门看，住户存款余额同比增长 13.9%，高于各项存款增速 3.3 个百分点；非金融企业存款余额同比增长 7.8%，低于各项存款增速 2.8 个百分点；广义政府存款余额同比增长2.2%，增速较上年末提高2.6个百分点；非银行业金融机构存款余额同比增长 21.9%，增速较上年末回落 2.4 个百分点。

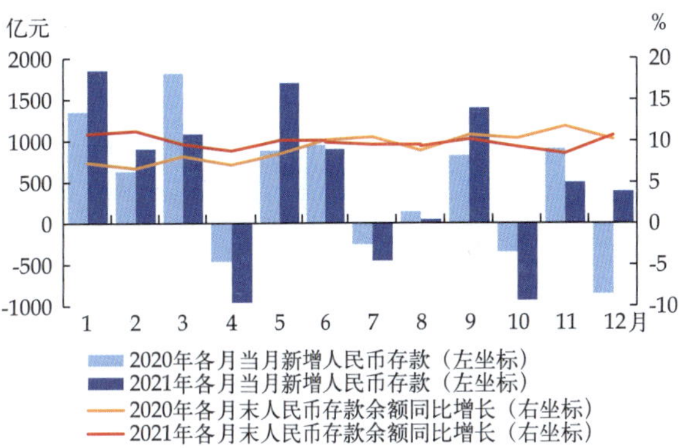

图 1　2020—2021 年安徽省金融机构人民币存款增长变化

（数据来源：中国人民银行合肥中心支行）

3. 贷款保持稳定增长，对重点领域和薄弱环节支持加强。2021 年末，安徽省金融机构本外币贷款余额 5.9 万亿元，同比增长 12.6%；较年初增加 6542.1 亿元。从期限结构看，中长期贷款增长加快。2021 年末企（事）业单位中长期贷款同比增长 17.1%，高于全部贷款增速 4.5 个百分点，反映出经济复苏动力增强，企业生产投资意愿回升。从信贷投向看，2021 年末全省普惠小微贷款、涉农贷款和制造业贷款同比分别增长 22.8%、13.5% 和 13.1%，分别高于各项贷款增速 10.2 个、0.9 个和 0.5 个百分点。

4. 货币政策工具提质增效，政策导向作用有效发挥。2021 年末，安徽省再贷款再贴现余额 923.9 亿元，全年累计发放 1686.1 亿元，共支持 15 万余户小微、科技创新、绿色低碳、乡

村振兴等领域市场主体。继续发挥两项直达实体经济政策工具稳企保岗作用，支持金融机构为3.1万户普惠小微企业（含个人）592.8亿元贷款提供延期还本付息，为10.7万户普惠小微企业（含个人）发放信用贷款305.1亿元。省政府召开全省专题会议布置金融支持碳减排工作，碳减排支持工具和支持煤炭清洁高效利用专项再贷款在安徽快速落地。认真贯彻存款准备金框架优化政策，落实两次降准和三农事业部考核政策，为金融机构释放资金共271亿元。

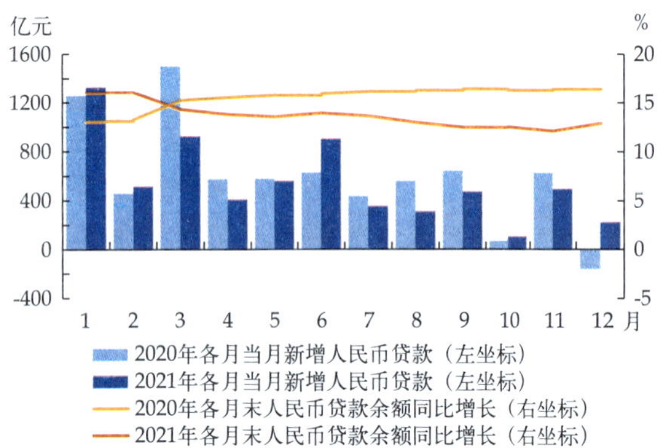

图2　2020—2021年安徽省金融机构人民币贷款增长变化

（数据来源：中国人民银行合肥中心支行）

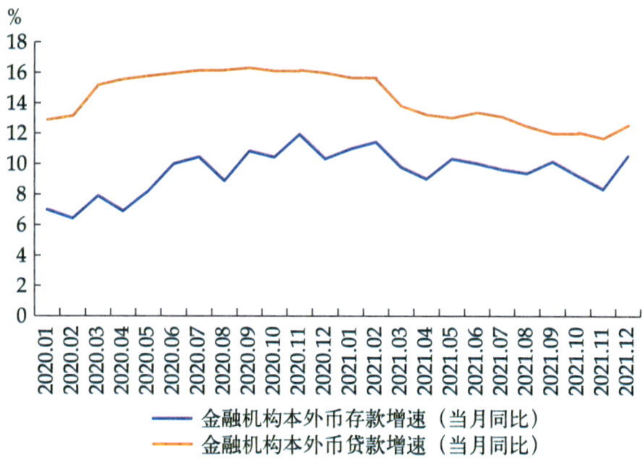

图3　2020—2021年安徽省金融机构本外币存贷款增速变化

（数据来源：中国人民银行合肥中心支行）

5. 表外业务持续收缩，委托贷款同比减少。 2021年，安徽省表外融资减少710.3亿元，同比少减355.7亿元。其中，委托贷款继续下降，全年减少26.2亿元，同比少减357.6亿元；信托贷款减少709.5亿元，同比多减360.0亿元；未贴现的银行承兑汇票增加25.4亿元，同比多增358.3亿元。

专栏1　始终坚守金融服务实体经济本源　持续提升小微企业金融服务能力

2021年，中国人民银行合肥中心支行把深化小微企业金融服务作为落实习近平总书记考察安徽重要讲话精神的政治任务，按照总行部署要求，着力做好机制建设、能力提升、政策支持等重点工作。在各方努力下，安徽省小微企业金融服务工作取得积极进展，量增、面扩、价降、质提的成效和趋势得到持续巩固。

一、坚持系统观念，着力构建金融服务长效机制

坚持顶格推进。连续三年将深化小微企业金融服务纳入行党委年度重点工作。抓住关键时期，在全省货币信贷系统开展“百日行动计划”。推动集成创新。站在融入长三角一体化发展的高度，成立金融改革专班，以金融支持科创、绿色、乡村振兴等领域的中小微企业、初创型科技企业、“专精特新”企业为重点，出台“安徽金融改革举措22条”。实施专项工程。专门设置100亿元规模的稳企业保就业纾困专项贷款，由行业主管部门定期提供企业名单，督促商业银行精准支持。

二、聚焦关键环节，持续推进金融服务能力建设

高标准推进个体工商户金融服务专项活

动。制订安徽省“贷动小生意 服务大民生”工作方案。高质量开展走访对接、政策便民等6项活动，为个体工商户提供贴近服务。2021年末，全省个体工商户经营性贷款余额2846.5亿元，同比增长15.2%，高于人民币各项贷款增速2.4个百分点。以劳动竞赛促进普惠金融服务不断完善。在全省开展“‘贷’动小微 普惠江淮”小微企业金融服务劳动竞赛。坚持以赛促改、以赛促建，集中产生了一批特色产品。2021年末，全省普惠小微贷款余额7365.3亿元，同比增长22.8%，高于人民币各项贷款增速9.9个百分点。用足用好结构性货币政策工具。推出不同场景下的支小再贷款“央行直通车”模式，如为纳税情况良好的小微企业提供“支小再贷款＋税融通”贷款。2021年，全省金融机构累计实施延期还本1931.1亿元、发放普惠小微信用贷款2123.9亿元。打造小微企业金融服务专属品牌。开展“送理念、送政策、送项目、送要素、服务实体经济”专项活动，全省中小微企业均可在“四送一服”平台上反映问题和诉求。2021年办结涉及银行金融服务的留言453条、涉及企业292家，帮助企业融资4.4亿元，成为安徽省金融惠企暖企的知名品牌。

三、加强协调联动，凝聚“几家抬”支持合力

完善配套机制建设。深入推进利率市场化改革，全省七成以上法人金融机构将LPR运用到FTP中，定价能力显著提升。合肥市财政出资2亿元设立风险补偿，对通过“信易贷”平台办理中小微企业融资业务的银行和担保机构分别给予80%、70%风险补偿，对获贷主体给予50%利息补贴。创新融资担保功能，2021年新型政银担业务新增放款1142.1亿元，服务企业6.2万户。提升银企对接效率。创设“中小微企业线上放贷中心”，陆续发布了复工复产、防汛救灾等7个专项300余款金融产品，为银企精准对接提供了便捷渠道。会同省发展改革委创设线上“首贷服务中心”，创新采取“抢单”模式，让小微企业“货比三家”，有效提高获贷率。推动营商环境优化。参与推动安徽省中小微企业综合金融服务平台建设。2021年末，平台已入驻金融机构130家，发布金融产品554项，中小微企业注册数达19万户。将两项直达工具、征信查询、降低支付服务手续费等惠企政策纳入安徽省民营经济政策汇编、上挂至政务服务平台，实现一体化展示宣传。

6. 利率市场化改革深入推进，贷款利率稳中有降。2021年，安徽省推动金融机构完善内部资金转移定价（FTP）机制建设，持续推动各类放贷主体明示贷款年化利率，落实优化存款利率监管措施，持续释放LPR改革红利，贷款实际利率稳中有降。全年全省新发放的一般贷款、企业贷款和普惠小微企业贷款加权平均利率分别为5.33%、4.65%和5.77%，同比分别下降0.15个、0.17个和0.29个百分点，降幅均超过同期LPR降幅，市场主体获得感明显增强。

表2　2021年安徽省金融机构人民币贷款各利率区间占比

单位：%

项目		1月	2月	3月	4月	5月	6月
合计		100.0	100.0	100.0	100.0	100.0	100.0
LPR减点		20.8	18.7	17.0	15.4	13.7	14.4
LPR		8.2	8.1	8.9	7.7	8.2	11.8
LPR加点	小计	70.9	73.2	74.1	76.9	78.1	73.7
	(LPR，LPR+0.5%)	14.0	14.7	14.0	11.3	15.6	16.9
	[LPR+0.5%，LPR+1.5%)	22.5	22.6	23.0	23.8	25.4	24.0
	[LPR+1.5%，LPR+3%)	20.1	18.5	20.1	22.3	19.4	18.0
	[LPR+3%，LPR+5%)	10.7	12.5	12.9	14.6	13.3	11.4
	LPR+5%及以上	3.6	5.0	4.2	4.9	4.4	3.4

续表

项目		7月	8月	9月	10月	11月	12月
合计		100.0	100.0	100.0	100.0	100.0	100.0
LPR 减点		13.2	14.6	17.8	17.3	22.0	19.2
LPR		7.2	9.3	8.8	8.8	7.5	8.9
LPR加点	小计	79.5	76.2	73.4	73.9	70.5	72.0
	(LPR，LPR+0.5%)	13.3	13.7	14.9	11.6	11.7	15.6
	[LPR+0.5%，LPR+1.5%)	25.7	22.7	22.9	20.9	21.2	21.7
	[LPR+1.5%，LPR+3%)	20.8	20.8	18.6	19.9	18.9	18.1
	[LPR+3%，LPR+5%)	14.9	14.0	12.2	15.1	13.2	11.6
	LPR+5% 及以上	4.8	5.0	4.8	6.4	5.4	5.0

数据来源：中国人民银行合肥中心支行。

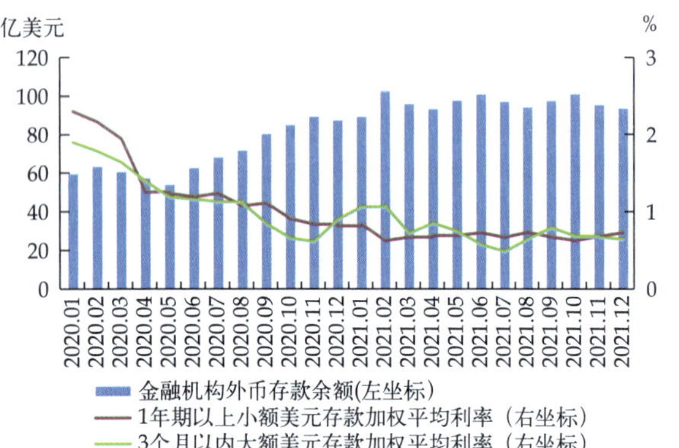

图4 2020—2021年安徽省金融机构外币存款余额及外币存款利率

（数据来源：中国人民银行合肥中心支行）

7. 银行业资产质量稳健，信用风险防控取得积极进展。2021年，防范化解金融风险工作由攻坚战转入常态化阶段，安徽省积极推动中小银行改革发展和风险防控，持续做好常态化存款保险宣传，组织实施存款保险宣传“四项重点工程”，开展存款保险集中宣传月、“百年历程 存保守护”、“存款保险宣传千乡行”等系列活动，聚焦重点地区、重点人群，进一步提升公众认知度，金融风险防范更加有力有效。安徽省银行业金融机构不良贷款余额和不良贷款率实现“双降”。

8. 跨境人民币业务稳步增长，便利化水平进一步提升。2021年，安徽省跨境人民币收付金额合计1172.4亿元，同比增长21.9%，人民币占本外币比例为12.4%。服务便利化水平进一步提升，全年全省开展跨境人民币贸易投资便利化试点和对外承包工程便利化试点，近670家涉外企业进入优质企业名单，享受到“先结算、后交单”的本币便利化政策红利。

（二）证券业发展稳健，融资功能进一步提升

1. 证券期货机构加快培育，经营水平持续提升。2021年末，安徽省共有证券期货机构399家，其中法人证券公司2家、法人期货公司3家。全省法人证券公司总资产1656.3亿元，营业收入74.2亿元，同比分别增长30.3%、12.9%。全省法人期货公司总资产179.0亿元，营业收入15.7亿元，同比分别增长19.0%、34.0%。全年证券营业部实现证券交易额11.2万亿元，同比增长19.6%；期货营业部实现期货交易额23.6万亿元，同比增长2.4%。

2. 多层次资本市场持续完善，上市公司融资规模和质量持续提升。2021年，安徽省制订实施《安徽发展多层次资本市场服务“三地一区”[①]建设行动方案》，推动多层次资本市场总体规模、层次结构、功能作用等实现新突破。开展资本市场业务培训专项行动，全省上下懂资本、用资本能力意识明显增强。2021年末，全省境内上市公司总数达149家，位居全国第九。全年境内上市公司增加23家，位居全国第七，其中，北交所增加5家，位居全国第五。省区域性股权市场累计挂牌企业8325家，挂牌企业融资覆盖率48.0%，较年初提高21.7个百分点。省级股权投资基金累计募集到位资金619.8亿元，累计完成投资项目786个，投资金额424.5亿元；累计发起设立子基金83只（不含已清算），累计募集到位资金358.8亿元，累计完成投资项

① “三地一区”是指科技创新策源地、新兴产业聚集地、改革开放新高地、经济社会发展全面绿色转型区。

目599个，投资金额253.4亿元。

表3　2021年安徽省证券业基本情况

项目	数量
总部设在辖内的证券公司数（家）	2
总部设在辖内的基金公司数（家）	0
总部设在辖内的期货公司数（家）	3
年末国内上市公司数（家）	149
当年国内股票（A股）筹资（亿元）	117
当年发行H股筹资（亿元）	0
当年国内债券筹资（亿元）	884
其中：短期融资券筹资额（亿元）	424
中期票据筹资额（亿元）	122

数据来源：安徽证监局。
注：当年国内股票（A股）筹资额含金融企业境内股票融资。

（三）保险业增长良好，支持经济社会发展能力增强

1. 保险业务稳步发展，分支机构数量略增。2021年末，安徽省共有法人保险公司2家，均为财产险公司，较上年同期增加1家，共有保险分支机构72家，连续两年保持增长。

2. 保费收入稳定增长，各类赔付增速较快。2021年安徽省实现原保费收入1531亿元，同比增长9.1%，增速较上年提高1.6个百分点。其中，全年各类赔款给付588亿元，同比增长23.2%，高于原保费收入增速14.1个百分点。

表4　2021年安徽省保险业基本情况

项目	数量
总部设在辖内的保险公司数（家）	2
其中：财产险经营主体（家）	2
寿险经营主体（家）	0
保险公司分支机构（家）	72
其中：财产险公司分支机构（家）	31
寿险公司分支机构（家）	41
保费收入（中外资，亿元）	1531
其中：财产险保费收入（中外资，亿元）	561
人身险保费收入（中外资，亿元）	971
各类赔款给付（中外资，亿元）	588

数据来源：安徽银保监局。

3. 保险业社会服务范围扩大，保障功能进一步增强。2021年，安徽省责任风险保障余额同比增长24.3%，商业车险单均保费较改革前下降32.4%，运用保险机制为18万户市场主体释放819.7亿元保证金。推动12家金融机构参与养老金融体系建设。

（四）融资总量合理增长，金融市场稳健运行

1. 社会融资规模同比多增，直接融资占比提高。2021年，安徽省社会融资规模9712.1亿元，同比多增460.9亿元，金融对实体经济支持力度进一步增强。其中，新增本外币贷款占新增社会融资规模的67.6%。直接融资持续扩容，新增占比较上年同期提高5.3个百分点，其中企业债增加905.3亿元，同比多增311.6亿元；非金融企业境内股票融资增加431.0亿元，同比多增251.8亿元；政府债券增加1972.4亿元，同比多增317.6亿元。

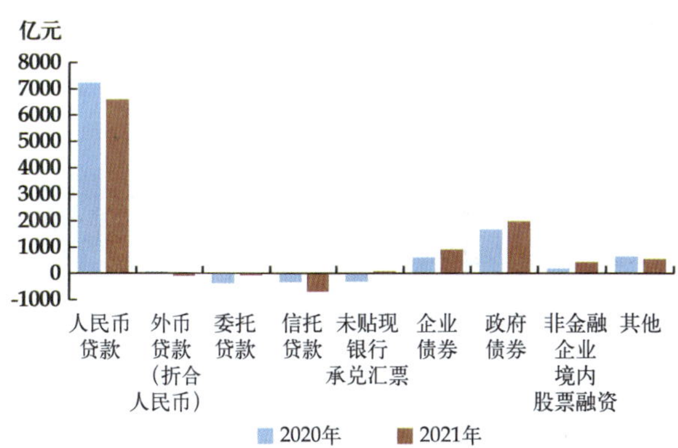

图5　2020—2021年安徽省社会融资规模分布结构

（数据来源：中国人民银行合肥中心支行）

2. 债券市场稳健发展，债务融资工具量增面扩。2021年，通过搭建发债企业服务平台、强化激励、健全风险监测机制等措施，安徽省债券市场发展呈现稳健态势。全年全省发行非金融企业债务融资工具1825亿元。乡村振兴项目权益出资型票据、民企支持工具乡村振兴债券和农垦类企业乡村振兴债券等相继在皖落地。

碳中和债、可持续发展挂钩债券、乡村振兴票据和权益出资型票据等共计发行98亿元。推动合肥科技农村商业银行成功申报双创金融债券，募集资金全部用于支持创新创业领域主体的业务发展。

3. 货币市场总体发展良好，交易活跃度较高。2021年，安徽省共有71家金融机构参与同业拆借交易，累计成交金额9253亿元，同比增长13.8%。其中，拆入金额8378.5亿元，拆出金额874.5亿元，累计净融入资金7504亿元。91家金融机构参与债券回购市场，累计成交27.9万亿元，同比增长12.4%。其中，质押式回购累计成交27.9万亿元，同比增长12.8%，占债券回购市场交易总量的99.8%；买断式回购累计成交530.5亿元，同比下降58.3%。

4. 票据融资总量保持增长，贴现利率稳中有降。2021年，安徽省票据融资总量（含承兑、贴现、转贴现）5961.1亿元，同比增长22.1%，增速较上年同期提高19.4个百分点。全年票据贴现加权平均利率2.77%，较上年下降0.24个百分点；转贴现加权平均利率2.54%，较上年基本持平。

表5　2021年安徽省金融机构票据业务量统计

单位：亿元

季度	银行承兑汇票承兑		贴现			
			银行承兑汇票		商业承兑汇票	
	余额	累计发生额	余额	累计发生额	余额	累计发生额
1	2240.6	1026.1	2612.4	2343.9	143.4	169.7
2	2336.5	2040.6	2841.4	5222.3	134.5	421.1
3	2455.2	3149.3	3011.3	7888.3	127.0	470.7
4	2594.8	4300.1	3208.9	10572.7	157.4	622.4

数据来源：中国人民银行合肥中心支行。

表6　2021年安徽省金融机构票据贴现、转贴现利率

单位：%

季度	贴现		转贴现	
	银行承兑汇票	商业承兑汇票	票据买断	票据回购
1	3.19	4.32	3.13	2.15
2	2.87	4.30	2.74	2.08
3	2.56	4.22	2.42	2.35
4	2.27	4.13	2.28	2.71

数据来源：中国人民银行合肥中心支行。

（五）金融改革创新稳步推进，改革呈现新亮点

1. 多方聚力协调配合，重点领域金融改革取得新进展。2021年，安徽省出台《关于大力推动全省金融改革创新 促进金融业高质量发展 加快提升金融服务实体经济能力的指导意见》，聚焦科技创新、绿色低碳、乡村振兴等重点领域，以金融改革工作专班为抓手，强化内外协同配合，充分建立常态化的共商共享共促机制，形成政策统筹、上下联动、银企融合、多方聚力的金融改革发展态势。深入落实长三角一体化国家战略和创新驱动发展国家战略，全力支持合肥与上海、南京、杭州、嘉兴联合申创区域科创金融改革试验区。蚌埠绿色金融改革创新试验区建设稳步推进，出台金融支持科创企业“五大目标”11项具体举措，建立完善金融服务乡村振兴可持续发展14项金融供给机制。黄山普惠金融服务乡村振兴改革试验区申设工作取得积极进展，印发《2021年金融服务乡村振兴改革“推进年”行动方案》，探索建立了乡村振兴金融统计监测制度体系。

2. 政策联动持续增强，金融支持安徽自由贸易试验区建设稳步推进。安徽省自由贸易试验区设立以来，着力推出“6+2”创新政策①进一步提升涉外交易便利化水平，促进企业用好

①“6+2”创新政策是指6项外汇管理改革创新时点政策和2项外汇便利化试点政策（贸易外汇收支便利化试点和跨境金融区块链服务平台资本项目收入支付便利化真实性审核场景试点）。

国内外“两个市场”金融资源，降低企业融资成本，优化了外汇领域营商环境。积极开展跨境人民币业务创新，某城商行完成首笔“南向通”业务；指导经办银行为某企业外方股东股权回购业务人民币结算提供便利；某汽车公司创新落地资本项下输出贸易项下回流业务，成为安徽自贸试验区首批十大标志性成果。

（六）金融基础设施体系建设加快推进，金融生态环境持续向好

1. 地方征信平台建设不断深化，信用体系建设水平持续提升。2021 年，安徽省深入推进党建引领信用村和中小微企业综合金融服务两个平台建设，打造具有“互联网 + 征信 + 融资对接”功能的信用信息服务平台。2021 年末，全省各类平台收录中小微企业 278 万户、信用村 4102 个，较上年末分别增加 28 万户、2296 个。强化信用成果运用，2021 年末，中小微企业综合金融服务平台发布金融产品 554 项，解决融资需求 9.1 万笔，涉及融资金额 6630 亿元。各金融机构积极开展产品创新，共推出党建引领信易贷、振兴快贷、先锋贷等 13 款信用村建设专属信贷产品，其中纯信用产品 12 款。亳州探索农村数字征信试验区建设，推进新型农业经营主体信息采集全覆盖。

2. 支付管理水平持续提升，保障社会资金高效安全流转。2021 年，安徽省支付系统高效、安全运行，共处理人民币业务 1.1 亿笔、金额 6.7 万亿元，同比分别增长 4.6%、12.8%，增速较上年分别提高 15.3 个和 2.1 个百分点。全省银行业金融机构全年累计减免支付费用 5154.9 万元，惠及小微企业和个体工商户 67.1 万户。立足安徽省红色资源，大力开展“支付为民”革命老区行活动，提升了革命老区人民在支付领域的获得感。打造老年人金融服务“长春花”品牌，全年全省 7953 家银行网点开设老年人支付服务便捷窗口，网点基本实现全覆盖。大力打击跨境赌博、电信网络诈骗等非法支付活动。试点解决企业跨省缴税难题，支付服务普惠性持续提升。

表 7　2020—2021 年安徽省支付体系建设情况

年份	支付系统直接参与者（个）	支付系统间接参与者（个）	支付清算系统覆盖率（%）	当年大额支付系统处理业务数（万笔）	同比增长（%）
2020	2	6510	77.6	2683.8	-38.2
2021	3	6592	76.7	2582.3	0.0

年份	当年大额支付系统业务金额（亿元）	同比增长（%）	当年小额支付系统处理业务数（万笔）	同比增长（%）	当年小额支付系统业务金额（亿元）	同比增长（%）
2020	559359.8	6.9	7370.6	6.6	31967.3	198.2
2021	634717.8	0.1	7931.2	0.1	32482.0	0.0

数据来源：中国人民银行合肥中心支行。

3. 金融知识宣传活动深入开展，金融消费者权益得到有效保障。2021 年，安徽省全面建立金融纠纷多元化解机制，全年共调解案件 2416 件，其中，在线调解 159 件、调解成功 1643 件。全年全省 12363 呼叫中心共接收金融消费者投诉 4318 笔、咨询 5990 笔，均依法依规处理。积极探索开展安徽高校联盟金融素养提升工程，打造金融教育示范基地。全年开展各类宣传活动 7000 余次，发放宣传资料 27 万余份，惠及消费者 2700 余万人次，有效提升了金融消费者的自我保护意识和责任承担意识。

二、经济运行情况

2021 年，安徽省经济持续恢复向好，全年实现地区生产总值（GDP）42959.2 亿元，位居全国第十一；按可比价格计算，同比增长 8.3%，两年平均增长 6%。

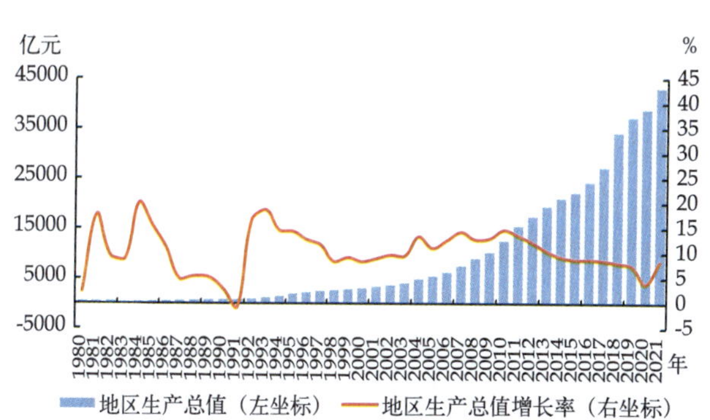

图 6　1980—2021 年安徽省地区生产总值及其增长率

（数据来源：安徽省统计局）

（一）三大需求协调提升，经济循环进一步畅通

1. 固定资产投资趋稳向好，重大项目建设推进有力。2021 年，安徽省大力实施“双招双引”，把扩大有效投资贯穿到经济工作全链条。全年组织 9 批 2101 个重大项目集中开工，新开工亿元以上重点项目 3695 个、竣工 2084 个；在库工业项目增加 1549 个，其中亿元以上工业项目增加 863 个。全省固定资产投资（不含农户）同比增长 9.4%，高于全国 4.5 个百分点，位居全国第九；两年平均增长 7.1%，高于全国 3.2 个百分点。分产业看，第一产业投资增长 39.1%，第二产业投资增长 13.5%，第三产业投资增长 6.9%。分领域看，制造业和基础设施投资支撑作用较大，社会领域投资继续加强。制造业投资同比增长 14.6%，快于全部投资 5.2 个百分点。基础设施投资同比增长 7.4%。社会领域投资同比增长 31.7%。其中，教育投资增长 27.5%，卫生和社会工作投资增长 62.4%。全年房地产开发投资 7263.2 亿元，同比增长 3.1%。

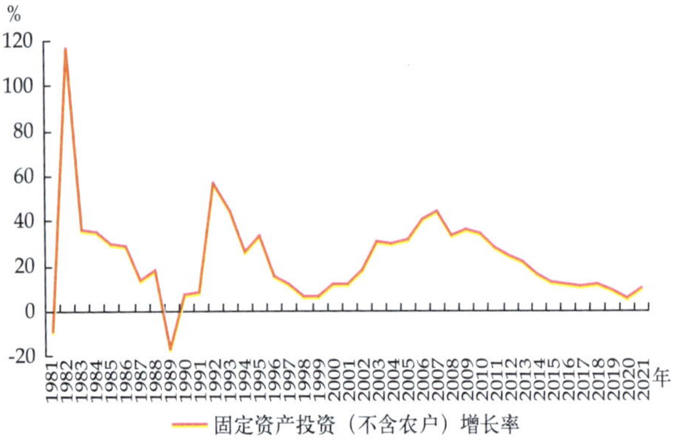

图 7　1981—2021 年安徽省固定资产投资（不含农户）增长率

（数据来源：安徽省统计局）

2. 社会消费继续回暖，升级类商品消费需求持续释放。2021 年，安徽省贯彻落实扩大内需战略，出台促进消费政策措施，消费对经济发展的基础性作用有效发挥，全年实现社会消费品零售总额 21471.2 亿元，同比增长 17.1%，高于全国 4.6 个百分点；两年平均增长 9.6%，高于全国 5.7 个百分点。其中，限额以上消费品零售额 5982.8 亿元，同比增长 15.2%，两年平均增长 9.4%。从消费类型看，新型消费扩容提质，升级类消费发展活跃。消费新业态、新模式不断涌现，线上线下深度融合，全年全省实现网上零售额 3049.8 亿元，同比增长 15.9%，高于全国 1.8 个百分点。全年全省限额以上单位通信器材类、金银珠宝类和家用电器类等商品保持较快增长势头，零售额同比分别增长 33.3%、33.2% 和 14.2%。其中，智能手机类商品同比增长 1 倍，能效等级为 1 级 2 级的家用电器和音像制品同比增长 32.9%，智能家用电器和音像器材同比增长 52.3%，新能源汽车同比增长 4.1 倍。

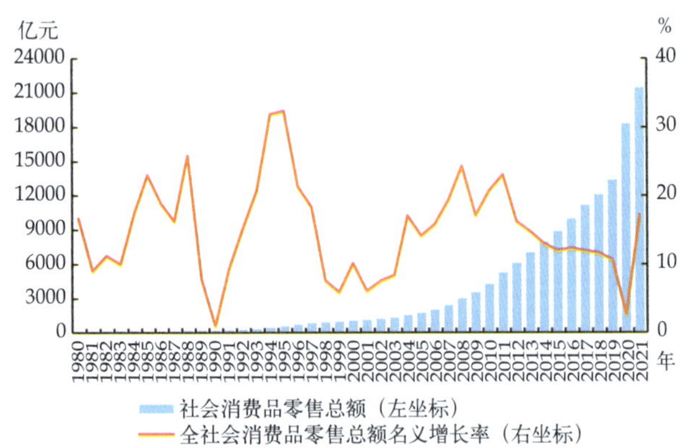

图 8　1980—2021 年安徽省社会消费品零售总额及其增长率

（数据来源：安徽省统计局）

3. 进出口韧性增强，利用外资持续增长。2021 年，安徽省充分抓住“一带一路”倡议实施、高标准推进安徽自贸试验区建设的战略机遇，充分利用国内国际两个市场两种资源，稳住外贸外资基本盘，促进畅通国内国际双循环。全年全省进出口总额达 6920.2 亿元人民币，为历史较高水平；同比增长 26.9%，位居全国第十一。其中，出口额 4094.8 亿元，同比增长 29.5%；进口额 2825.4 亿元，同比增长 23.4%。全面实施自贸试验区专项推进行动计划，出台自贸试验区特别清单，推出制度创新成果 44 项，首批 6 个联动创新区启动建设，新增注册

企业12842家、签约入驻项目795个。继续深化“一带一路”经贸合作，促进内外贸一体化，全年对“一带一路”沿线国家和地区进出口额1790.1亿元，同比增长36%；对RCEP贸易伙伴进出口总值1814亿元，同比增长14.3%。全年全省实际利用外商直接投资193亿美元，同比增长5.4%。

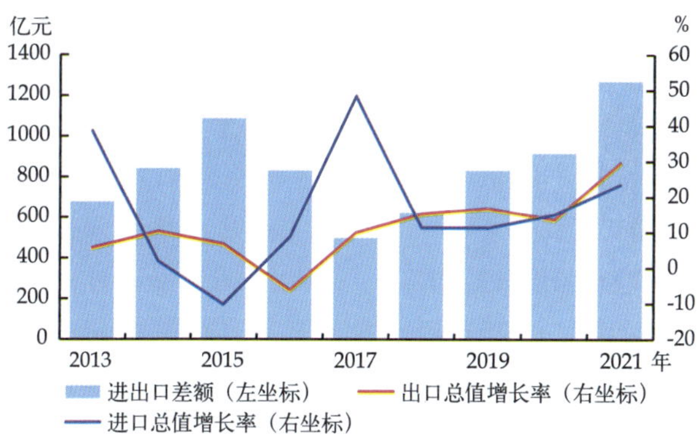

图9　2013—2021年安徽省外贸进出口情况

（数据来源：安徽省统计局）

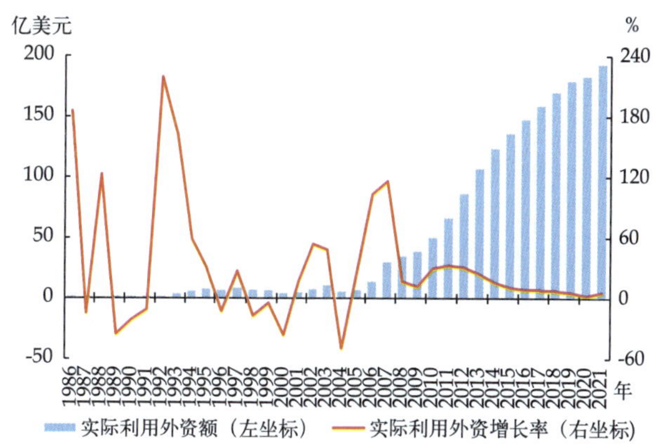

图10　1986—2021年安徽省实际利用外资额及其增长率

（数据来源：安徽省统计局）

专栏2　金融支持制造强省战略深入实施　全力推动安徽制造业高质量发展

2021年，中国人民银行合肥中心支行引导金融机构创新服务机制，优化资源配置，不断提升金融服务水平，全力助推制造业高质量发展。

一、系统谋划部署，营造良好政策环境

明确方向，建立制度保障体系。出台《关于大力推动全省金融改革创新 促进金融业高质量发展 加快提升金融服务实体经济能力的指导意见》，重点统筹推进金融支持制造业等重大事项，积极支持先进制造业技术改造、科技研发等领域。重点督办，加强调度整合资源。将金融支持制造业高质量发展作为行党委重点督办工作之一，建立金融改革专项推进项目小组，通过实地调研走访、召开工作调度会、开展定期通报等多种形式，引导辖区金融机构加大对制造业领域的信贷投放。强化激励，发挥政策引领作用。印发《关于用好用活各项支持政策进一步深化制造业企业金融服务的通知》，引导金融机构加大对制造业领域的金融支持。

二、优化资源配置，推动制造业转型升级

支持先进制造业发展。紧盯安徽大力发展“芯屏汽合”“集终生智”等重点，加大产业链“卡脖子”技术以及重大科研攻关的资金投入。2021年末，全省科技型企业贷款余额2113.5亿元；科技型企业贷款户数12283家，较年初增加5042家。支持新兴产业集群壮大。推行新兴产业链“主办银行”制度，组织银行机构在全省范围内选择新兴产业链作为融资对接的主办行。按照“一幅产业全景图、一张资金需求表、一场专项对接会”思路，在全省组织举办920场融资对接会，服务战略性新兴产业链属企业1.58万家，累计融资签约及达成融资意向1681亿元，保险保障金额350亿元。支持传统产业转型。制订出台《安徽省绿色金融体系实施方案》《安徽省企业环境信用与绿色信贷衔接办法》，指导金融机构为钢铁、有色金属等传统产业提供并购、重组及技改等融资服务。

三、提供专业服务，强化金融机构改革创新

完善专业化服务架构。支持金融机构设立专门部门、成立专营机构、打造专业团队，更好地服务制造业发展。在全省尤其是制造业相对集中的合芜蚌地区，大力构建“科创中心＋特色支行”的服务架构。2021年末，全省已设立科技专营和科技特色银行机构36家。健全专业化经营机制。指导金融机构在资金、定价、审批、考核等方面实施单独管理，如某股份制银行对制造业重点客户或项目给予内部资金定价转移补贴。丰富专业化产品服务。鼓励金融机构围绕制造业企业全生命周期，创新金融产品，提供个性化服务。如某国有银行创新“科技转化贷”，为高技术制造业、先进制造业等提供科技成果后续转化及产业转化过程中的资金支持。2021年末，全省制造业中长期贷款占全部制造业贷款比重36.1%，较上年同期提高6.1个百分点。

四、多方协同跟进，凝聚支持制造业发展的工作合力

联动地方政府部门。会同省经信厅实施“千家百亿”融资计划，先后为1000家“专精特新”企业融资100亿元。联合省发展改革委、财政厅出台《安徽省制造业融资财政贴息专项实施细则》，由省财政统筹20亿元资金，对新建项目贷款和技术改造项目贷款利息的40%进行贴息。联动集团金融资源。充分发挥金融集团和产品优势，为制造业企业提供综合化金融服务。如某股份制银行依托集团金融全牌照优势，为安徽制造业实体提供一揽子金融服务，累计联合融资210亿元、撮合融资160亿元、跨境融资5亿元。联动外部投资机构。引导银行机构开展外部投贷联动，特别是与省、市产业和股权投资基金的合作，协同发挥各自优势，通过选择权、优先级等业务创新，加大对制造业企业融资支持。

（二）三次产业高质量协同发展，产业结构加速转型升级

2021年，安徽省聚焦高质量协同发展，注重需求侧管理，产业结构持续优化。从三次产业结构看，第一产业增加值3360.6亿元，同比增长7.4%，两年平均增长4.8%；第二产业增加值17613.2亿元，同比增长7.9%，两年平均增长6.3%；第三产业增加值21985.4亿元，同比增长8.7%，两年平均增长5.8%。

1. 农业基本盘形势稳定，产业化水平不断提高。2021年，安徽省全面推进乡村振兴，“三农”工作对开新局、应变局、稳大局发挥了可靠“压舱石”作用。全年粮食播种面积10964.4万亩，粮食产量4087.6万吨，同比多增68.4万吨，占全国增量的5.1%，位居全国第四，实现“十八连丰”。全年新建高标准农田560.3万亩，总面积达5510万亩，占耕地面积的62.4%。高质量推动数字农业发展，全省农业生产信息化水平、县域农业农村信息化发展总体水平分别位居全国第二、第四。大力发展十大千亿级绿色食品产业，共招引项目902个，投资意向2673.3亿元。其中，已开工项目348个，投资总额达966.1亿元。畜牧业生产稳定增长，生猪稳产保供取得阶段性成效。2021年末，生猪存栏1582.5万头，同比增长11.5%。其中，能繁母猪同比增长10.9%。

2. 工业生产恢复态势良好，新经济创新驱动发展进程加快。2021年，安徽省工业企业稳定恢复，生产经营状况呈现稳定向好的发展态

势。全年规模以上工业增加值同比增长8.9%，两年平均增长7.4%，高于全国1.3个百分点，总体已恢复至疫情前水平。全省把“双招双引”作为经济工作的“第一战场”，建立十大新兴产业省级专班推进机制，全省十大新兴产业签约项目2123个、开工1614个。大力实施制造强省战略和先进制造业培育工程，举办2021世界制造业大会徽商论坛，累计签约合作项目703个、投资总额5821.8亿元。国家实验室全面投入运行，“九章二号”“祖冲之二号”实现量子计算新突破。合肥先进光源、量子空地一体精密测量等大科学装置列入国家规划。全年全省战略性新兴产业产值增长28.8%，高于全部规模以上工业13.4个百分点，产值占全部规模以上工业比重达41%。其中，新能源汽车产业发展迅速，产值同比增长31%。制造业数字化、网络化、智能化加快发展，培育重点工业互联网平台53家，全省首家工业互联网综合服务平台“羚羊”上线运行，新增“皖企登云”企业7300家。

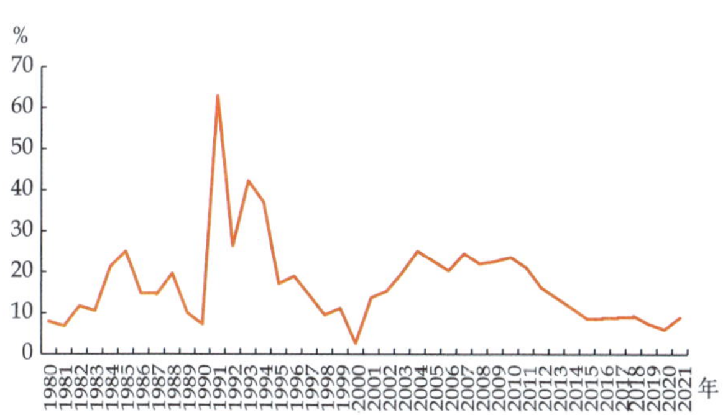

图11　1980—2021年安徽省规模以上工业增加值增长率

（数据来源：安徽省统计局）

3. 新兴服务业蓬勃发展，数字产业热度提升。2021年，在内需疲软叠加疫情零星散发影响的背景下，安徽省服务业稳住了基本盘，生产恢复进程加快，全年服务业增加值21985.4亿元，同比增长8.7%，两年平均增长5.8%，分类型看，住宿餐饮业同比增长17.2%，信息传输软件和信息技术服务业同比增长10.6%，交通运输、仓储和邮政业同比增长8.2%。32个行业大类中，29个实现同比增长，增长面为90.6%。举办长三角数字创意产业发展大会，设立总规模50亿元的安徽文化和数字创意产业投资基金，互联网生活服务平台、城市配送等行业营业收入同比分别增长约40%、50%。科技创新加快推进，新能源技术推广、物联网技术服务和互联网生活服务平台等新兴领域行业蓬勃发展，实现营业收入同比分别增长94.2%、54.8%和38.2%。

4. 纵深推进供给侧结构性改革，市场主体活力进一步激发。2021年，安徽省持续深化“放管服”改革，省级权力事项精简20%以上，“证照分离”改革实现全覆盖，零基预算改革实质性推开。国企改革三年行动扎实推进，国有资产资本化证券化步伐加快。出台支持民营经济高质量发展“25条”，新增各类市场主体113.6万户，同比增长8.5%。

5. 生态环境质量明显改善，经济社会发展实现绿色转型。2021年，安徽省深入推进污染防治，钢铁、水泥行业超低排放改造进度加快，挥发性有机物污染治理成效明显，重点流域水生态环境保护进一步加强，建设用地、农用地土壤污染风险管控全面展开。全年全省PM2.5平均浓度34.9微克/立方米，优良天数比例84.6%，国考断面水质优良比例83.5%，均创有监测记录以来最好水平。长江“十年禁渔”取得阶段性成果，重点流域生物多样性加快恢复。稳妥有序开展碳达峰碳中和工作，新增可再生能源发电并网容量448万千瓦。新安江流域跨省生态补偿机制不断深化，出台省级林长制法规。实施可再生能源替代行动、清洁能源替代工程，新增可再生能源发电装机495万千瓦；省级湿地自然公园管理办法出台，长江、淮河、江淮运河、新安江生态廊道建设全面启动。

（三）物价水平稳中略升，工业生产者价格持续回升

1. 居民消费价格小幅上涨，结构性变化特征显现。2021年，安徽省居民消费价格指数同

比上涨0.9%，较上年回落1.8个百分点。其中，交通通信、教育文化娱乐、衣着、居住、医疗保健、生活用品及服务价格是推动居民消费价格上涨的主要因素，同比分别上涨4.8%、2.8%、1.1%、0.7%、0.5%和0.1%。食品烟酒、其他用品及服务价格同比分别下降0.5%、3.9%。

2. 工业生产者价格指数持续回升，大宗商品价格涨幅较大。2021年，受新冠肺炎疫情影响，世界范围的供应链紧张，煤、石油、钢铁、铜、化工产品等大宗商品价格大幅上涨，导致我国国内同类产品价格显著上涨。安徽省煤炭相关行业、石油相关行业、有色金属相关行业以及钢铁相关行业价格，全年同比分别上涨33.2%、27.0%、31.1%和29.8%，合计影响工业生产者价格指数上涨约4.3个百分点。与此同时，省内疫情得到有效控制，经济持续恢复向好，市场需求旺盛，拉动全省工业生产者价格上涨。2021年，全省工业生产者出厂价格指数同比上涨7.7%，较上年提高8.6个百分点；工业生产者购进价格同比上涨11.5%，较上年提高13个百分点。

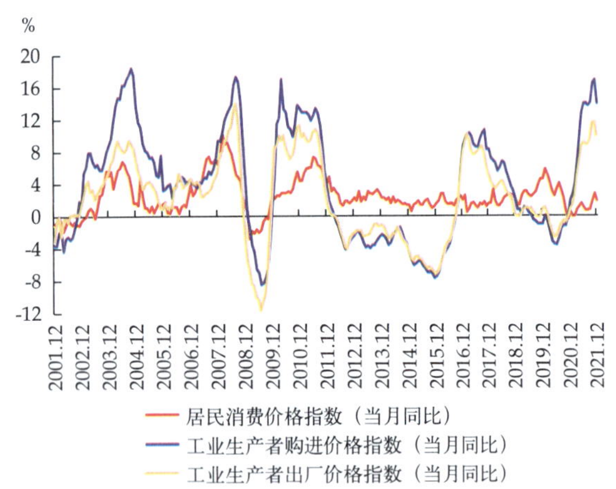

图12　2001—2021年安徽省居民消费价格指数和工业生产者价格指数变动趋势

（数据来源：安徽省统计局）

（四）居民收入稳步增长，就业形势保持稳定

1. 居民收入稳步增长，城乡居民收入差距缩小。2021年，安徽省居民收入增速与经济增长基本同步，农村居民收入增长快于城镇居民。全年全省城镇、农村常住居民人均可支配收入同比分别增长9%、10.5%，扣除价格因素，同比分别增长8%、8.9%，居民可支配收入与全国平均水平差距较上年缩小138元。

2. 就业形势总体稳定，民生福祉持续增强。2021年，安徽省城镇新增就业70.9万人，完成年度目标任务的112.6%，同比增长7.1%，就业形势总体稳定。支持实施中小微企业稳岗补贴、“共享用工”补贴等政策，着力缓解结构性就业矛盾。坚持把高校毕业生就业摆在首位，支持实施高校毕业生基层成长计划、“三支一扶”等基层项目，为重点人群提供就业“托底”。

（五）财政收入平稳增长，重点领域支持保障有力

1. 财政资源统筹有力，收入增长优于预期。2021年，安徽省一般公共预算收入完成3498.2亿元，同比增长8.8%，高出年初预期目标3.8个百分点。其中，税收收入2390亿元，同比增长8.7%，占一般公共预算收入的比例为68.3%。

2. 财政支出结构更加优化，对经济社会发展支撑能力明显增强。2021年，安徽省一般公共预算支出完成7592.1亿元，同比增长1.6%。地方财政赤字4094亿元，较上年收窄161亿元。聚焦群众关切和短板弱项，优化项目选择、强化精准调度，开展民生领域突出问题专项排查整治，投入1288亿元推动33项民生工程目标分别任务全面完成。创新民生工程建设模式，探索建立“10+10”项目选择机制①。全年全省

① “10+10”项目选择机制是指实施10项民生工程和10件民生小事。

科学技术、社会保障和就业、教育和节能环保等支出同比增长 12.4%、4.6%、4.2% 和 4.1%。

3. 减税降费政策落地见效，企业获得感明显增强。2021 年，安徽省规模以上工业企业每百元营业收入成本由 2016 年的 87.6 元下降至 85.2 元，主营业务利润率由 2016 年的 5.0% 提高至 6.2%。全年全省研发费用加计扣除政策减税 117.5 亿元，惠及近 3 万家企业。

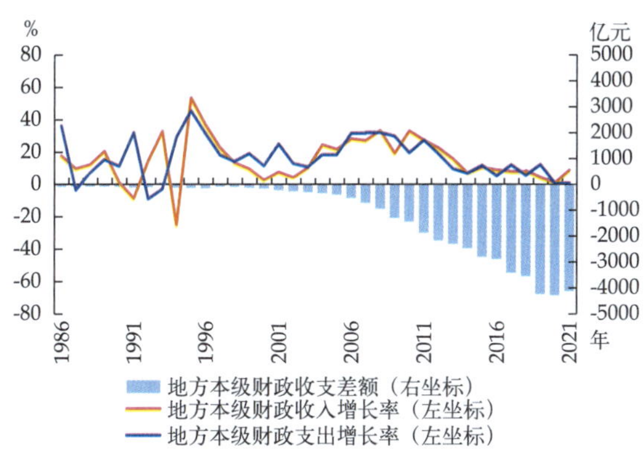

图 13　1986—2021 年安徽省财政收支状况

（数据来源：安徽省统计局）

（六）房地产市场总体稳定，房地产贷款增速平稳

1. 房地产市场供给平稳，施工面积同比多增。2021 年，安徽省房地产竣工面积 7012.9 万平方米，同比增长 37.5%，增速较上年提高 47.6 个百分点。从房地产潜在供给情况看，全省房地产市场施工面积 46812.6 万平方米，同比增长 4.1%，增速较上年提高 0.9 个百分点。

2. 商品房销售面积增长较快，销售额稳中有升。2021 年，安徽省商品房销售面积 10460.9 万平方米，同比增长 9.7%，增速较上年提高 6.4 个百分点；商品房销售额 8143.2 亿元，同比增长 10.8%，增速较上年提高 3.1 个百分点。

3. 房地产贷款增长平稳，购房者的合理住房需求得到进一步满足。2021 年末，安徽省房地产贷款余额同比增长 8.0%，购房者的合理住房需求得到进一步满足。

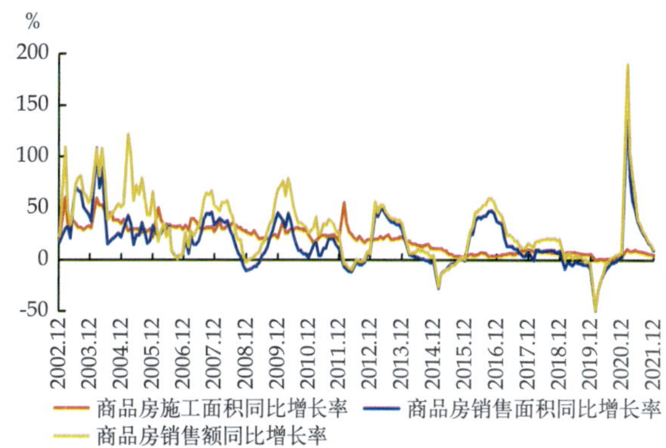

图 14　2002—2021 年安徽省商品房施工和销售变动趋势

（数据来源：安徽省统计局）

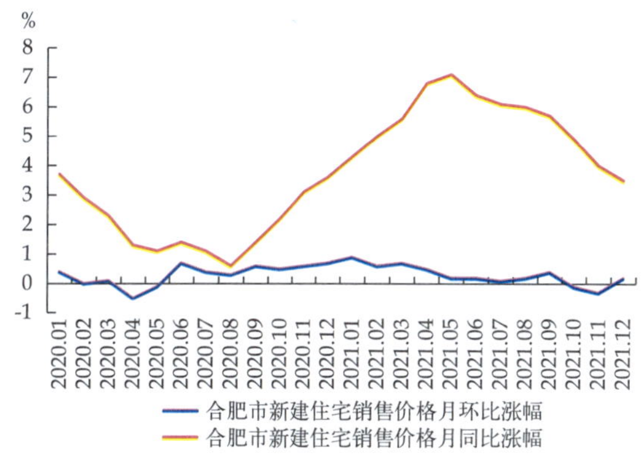

图 15　2020—2021 年合肥市新建住宅销售价格变动趋势

（数据来源：安徽省统计局）

三、预测与展望

2022 年，安徽经济发展面临的国内外环境仍然复杂多变。从国际环境看，世界经济正在走出低谷，但也面临诸多制约因素。疫情反复延宕、产业链供应链紊乱、大宗商品价格持续上涨、能源供应紧张等风险相互交织，加剧了经济复苏过程中的不确定性。从国内环境看，我国经济韧性强，长期向好的基本面不会改变，但在需求收缩、供给冲击、预期转弱的三重压力影响下，短期面临下行压力。

从安徽情况来看，经济发展机遇与挑战并存。一方面，面对百年变局和世纪疫情，安徽经济运行稳定恢复，创新能力不断提升，产业转型步伐加快，改革开放向纵深推进，环境质量持续改善，民生保障有力有效。另一方面，经济恢复基础尚不牢固，外部挑战明显增多，区域竞争更趋激烈，全省经济规模还不够大，省辖市发展差距逐步扩大，县（市、区）发展能级不高，发展质量效益有待提升。预计2022年安徽经济运行总体保持平稳态势，投资、消费以及进出口实现稳定增长，社会民生持续改善，人民群众获得感、幸福感、安全感不断增强。2022年发展的主要预期目标如下：全省生产总值增长7%以上，一般公共预算收入增长7%左右，固定资产投资力争增长10%以上，社会消费品零售总额增长9%左右，进出口总额增长9%左右。

2022年，中国人民银行合肥中心支行将以习近平新时代中国特色社会主义思想为指导，全面贯彻落实党的十九大、十九届历次全会精神和中央经济工作会议精神，全面落实习近平总书记对安徽作出的系列重要讲话指示批示，按照省第十一次党代会部署，弘扬伟大建党精神，坚持稳中求进工作总基调，认真贯彻稳健的货币政策，发挥好货币政策工具的总量和结构双重功能，更加主动作为，更加积极进取，注重靠前发力，引导金融机构加大对实体经济特别是小微企业、科技创新、绿色发展的支持力度，稳定宏观经济大盘，为推动安徽高质量发展营造适宜的货币金融环境，以实际行动迎接党的二十大胜利召开。

中国人民银行合肥中心支行货币政策分析小组

总　　纂： 王均坦　黄　敏

统　　稿： 孟凡征　方华山　姚　丰

执　　笔： 王宗鹏　陈科帆　卢　璐　陈立琴　童　菲　陈俊青　李维颖

提供材料： 汪昊旻　苏　群　卢星辰　郑巧珍　李　阳　陈婷珏　欧明远　廖涛涛　冉莎莎　姚　析　王雅静　何晓畅　贺　静　梁　玉　龚婷婷　于晨晨　王树棽　邹　勇　孔燕燕　蓝　兰　董世民　戈　燕

附录：

（一）安徽省经济金融大事记

3月4日，中国人民银行合肥中心支行印发《关于大力推动全省金融改革创新 促进金融业高质量发展 加快提升金融服务实体经济能力的指导意见》（合银发〔2021〕30号），提出金融改革措施二十二条，以科技创新、绿色低碳、乡村振兴等领域金融改革创新为突破口，推进金融供给侧结构性改革。

4月8日，安徽省召开优秀民营企业家和优秀民营企业表彰暨推进“十四五”民营经济高质量发展大会，要求进一步强化“以实招求实效”的作为担当，加快掀起新一轮民营经济发展热潮。

4月16日，安徽省委、省政府印发《关于促进经济平稳健康发展 确保“十四五”开好局起好步的意见》（皖发〔2021〕9号）。

4月21日，安徽省人民政府印发《安徽省国民经济和社会发展第十四个五年规划和2035年远景目标纲要》（皖政〔2021〕16号）。

4月28日，安徽省人民政府与腾讯公司签署深化战略合作协议。

8月8日，安徽省人民政府办公厅印发《发展多层次资本市场服务“三地一区”建设行动方案》（皖政办〔2021〕10号），旨在加快推动多层次资本市场发展，充分发挥资本市场的枢纽作用和资源配置功能，更好地服务“三地一区”建设。

9月7日，中国人民银行合肥中心支行等七部门印发《安徽省金融支持新型农业经营主体发展行动方案》（合银发〔2021〕109号）。

10月29—30日，安徽省以“皖美电商 宜通全球”为主题召开2021安徽省网商大会。

11月19日，第四届世界制造业大会在合肥开幕。本届大会以“创新驱动，数字赋能，携手全球制造业高质量发展”为主题。大会期间集中签约项目399个、投资总额3743.2亿元。

12月2日，安徽省委召开金融工作座谈会。

12月23日，安徽省委召开经济工作会议。

（二）安徽省主要经济金融指标

表1　2021年安徽省主要存贷款指标

	项目	1月	2月	3月	4月	5月	6月	7月	8月	9月	10月	11月	12月
本外币	金融机构各项存款余额（亿元）	62324.8	63312.1	64357.8	63369.4	65083.6	66007.5	65524.6	65546.2	66962.1	66035.8	66493.8	66868.5
	其中：住户存款	30804.7	33167.4	33687.9	32783.1	32794.3	33691.7	33284.7	33330.0	34129.1	33572.7	33797.8	34417.6
	非金融企业存款	17161.2	16540.8	16969.9	16628.3	16720.5	17652.4	17362.8	17295.3	17675.9	17138.1	17499.9	17782.6
	各项存款余额比上月增加（亿元）	1856.4	987.3	1045.8	-988.5	1714.3	923.8	-482.9	21.6	1415.8	-926.3	458.0	374.7
	金融机构各项存款同比增长（%）	11.0	11.5	9.8	9.1	10.4	10.1	9.7	9.4	10.2	9.3	8.4	10.6
	金融机构各项贷款余额（亿元）	53426.4	53962.9	54892.5	55256.5	55826.8	56744.6	57085.0	57392.0	57885.8	57976.9	58457.6	58669.8
	其中：短期	13638.5	13466.7	13662.8	13549.4	13660.8	14033.1	14058.4	14058.1	14316.1	14303.2	14314.1	14225.8
	中长期	36160.0	36795.3	37480.4	37780.6	38173.5	38740.8	38975.3	39182.7	39481.1	39577.2	39979.1	40175.5
	票据融资	2645.5	2706.8	2743.0	2920.6	2982.5	2961.4	3056.1	3186.9	3126.4	3122.7	3196.8	3316.4
	各项贷款余额比上月增加（亿元）	1298.6	536.5	929.7	364.0	570.3	917.8	340.4	306.9	493.8	91.1	480.6	212.3
	其中：短期	325.6	-171.8	196.1	-113.4	111.4	372.3	25.3	-0.2	257.9	-12.9	10.9	-88.2
	中长期	1088.5	635.3	685.1	300.2	392.9	567.3	234.5	207.4	298.4	96.1	401.8	196.5
	票据融资	-148.1	61.3	36.2	177.6	61.8	-21.1	94.7	130.8	-60.6	-3.7	74.1	119.7
	金融机构各项贷款同比增长（%）	15.7	15.6	13.8	13.2	13.0	13.4	13.1	12.5	12.0	12.1	11.7	12.6
	其中：短期	16.3	12.4	8.4	6.6	6.6	6.8	7.1	6.0	6.0	6.4	5.6	6.9
	中长期	17.4	18.5	17.3	16.7	16.4	16.8	15.7	14.8	14.1	13.9	14.0	14.6
	票据融资	-1.2	1.5	2.4	6.9	6.7	8.8	14.1	20.3	20.1	22.6	16.7	18.8
	建筑业贷款余额（亿元）	1419.4	1463.7	1495.5	1501.9	1517.4	1541.6	1515.7	1525.4	1532.8	1512.2	1514.5	1482.3
	房地产业贷款余额（亿元）	2145.9	2167.2	2170.6	2132.7	2090.0	2046.0	2000.5	1973.9	1955.5	1889.6	1865.2	1822.3
	建筑业贷款同比增长（%）	5.7	9.4	7.0	7.7	8.9	10.2	7.6	7.0	6.6	5.2	4.9	9.2
	房地产业贷款同比增长（%）	0.5	0.5	-2.1	-3.4	-4.9	-6.6	-8.5	-11.3	-11.1	-13.1	-12.8	-11.3
人民币	金融机构各项存款余额（亿元）	61746.9	62648.0	63727.8	62766.2	64461.5	65355.9	64897.2	64937.2	66329.3	65390.3	65885.2	66271.9
	其中：住户存款	30717.2	33078.7	33598.1	32695.5	32709.5	33604.8	33197.9	33243.6	34042.8	33487.7	33711.3	34329.8
	非金融企业存款	16709.8	15993.4	16486.0	16167.2	16246.6	17177.2	16911.5	16859.0	17179.1	16628.4	17018.0	17312.7
	各项存款余额比上月增加（亿元）	1849.1	901.1	1079.8	-961.6	1695.3	894.4	-458.7	40.0	1392.1	-939.0	494.9	386.7
	其中：住户存款	600.0	2361.4	519.4	-902.6	14.0	895.4	-406.9	45.7	799.2	-555.1	223.6	618.5
	非金融企业存款	668.4	-716.5	492.6	-318.8	79.4	930.6	-265.7	-52.4	320.0	-550.7	389.6	294.7
	各项存款同比增长（%）	10.8	11.2	9.6	8.8	10.0	9.8	9.5	9.3	10.2	9.2	8.4	10.6
	其中：住户存款	8.2	15.8	14.6	14.6	13.9	14.2	14.1	13.6	13.5	13.5	13.7	14.0
	非金融企业存款	17.5	9.1	5.7	3.2	2.3	5.9	7.5	5.7	7.0	5.8	5.3	7.9
	金融机构各项贷款余额（亿元）	52851.4	53366.0	54289.6	54698.1	55259.8	56165.9	56524.3	56838.2	57314.3	57423.8	57922.8	58151.0
	其中：个人消费贷款	17169.6	17268.0	17559.1	17681.7	17826.0	17995.2	18130.2	18236.0	18375.2	18513.6	18762.7	18933.3
	票据融资	2645.5	2706.8	2743.0	2920.6	2982.5	2961.4	3056.1	3186.9	3126.4	3122.7	3196.8	3316.4
	各项贷款余额比上月增加（亿元）	1328.2	514.6	923.6	408.5	561.8	906.0	358.4	313.9	476.1	109.5	499.0	228.2
	其中：个人消费贷款	324.4	98.4	291.1	122.5	144.3	169.3	135.0	105.8	139.2	138.4	249.1	170.6
	票据融资	-148.1	61.3	36.2	177.6	61.8	-21.1	94.7	130.8	-60.6	-3.7	74.1	119.7
	金融机构各项贷款同比增长（%）	16.0	16.0	14.3	13.7	13.5	13.9	13.6	13.0	12.5	12.5	12.1	12.9
	其中：个人消费贷款	18.1	18.3	15.9	14.7	13.9	13.3	12.9	12.2	11.4	11.3	11.7	12.4
	票据融资	-1.2	1.5	2.4	6.9	6.7	8.8	14.1	20.3	20.1	22.6	16.7	18.8
外币	金融机构外币存款余额（亿美元）	89.3	102.6	95.9	93.3	97.7	100.9	97.1	94.2	97.6	101.0	95.4	93.6
	金融机构外币存款同比增长（%）	50.2	62.1	58.4	62.8	81.3	61.2	42.6	31.5	21.3	18.7	6.8	7.0
	金融机构外币贷款余额（亿美元）	88.8	92.2	91.8	86.4	89.0	89.6	86.8	85.6	88.1	86.6	83.8	81.4
	金融机构外币贷款同比增长（%）	-4.1	-4.9	-9.3	-14.6	-11.8	-14.6	-15.9	-16.9	-16.2	-15.0	-17.0	-12.2

数据来源：中国人民银行合肥中心支行。

表 2　2001—2021 年安徽省各类价格指数

单位：%

时间		居民消费价格指数		农业生产资料价格指数		工业生产者购进价格指数		工业生产者出厂价格指数	
		当月同比	累计同比	当月同比	累计同比	当月同比	累计同比	当月同比	累计同比
2001		—	0.5	—	-2.1	—	0.2	—	-1.4
2002		—	-1.0	—	-0.1	—	-1.8	—	-0.2
2003		—	1.7	—	0.2	—	6.7	—	3.5
2004		—	4.5	—	12.0	—	15.0	—	8.2
2005		—	1.4	—	8.3	—	7.1	—	3.3
2006		—	1.2	—	0.0	—	3.9	—	3.1
2007		—	5.3	—	6.8	—	5.1	—	3.6
2008		—	6.2	—	23.9	—	12.4	—	8.4
2009		—	-0.9	—	-4.2	—	-4.7	—	-7.2
2010		—	3.1	—	2.0	—	11.8	—	9.0
2011		—	5.6	—	14.3	—	10.8	—	8.3
2012		—	2.3	—	5.3	—	-1.8	—	-1.7
2013		—	2.4	—	0.9	—	-3.1	—	-1.8
2014		—	1.6	—	-0.4	—	-2.8	—	-2.6
2015		—	1.3	—	1.6	—	-6.5	—	-6.1
2016		—	1.8	—	-0.6	—	-1.6	—	-1.5
2017		—	1.2	—	1.3	—	9.2	—	8.0
2018		—	2.0	—	1.5	—	5.3	—	3.0
2019		—	2.7	—	2.3	—	-0.1	—	0.3
2020		—	2.7	—	4.8	—	-1.5	—	-0.9
2021		-0.2	-0.2	—	—	2.6	2.6	1.2	1.2
2020	1	5.7	5.7	4.5	4.5	-0.1	-0.1	1.0	1.0
	2	5.0	5.4	4.3	4.4	-0.7	-0.4	0.4	0.7
	3	4.0	4.9	4.6	4.5	-1.9	-0.9	-1.0	0.2
	4	2.9	4.4	4.7	4.5	-3.2	-1.5	-2.0	-0.4
	5	2.3	4.0	4.2	4.5	-3.6	-1.9	-2.7	-0.8
	6	3.2	3.8	4.4	4.5	-3.7	-2.2	-2.6	-1.1
	7	3.9	3.8	5.7	4.6	-2.8	-2.3	-1.9	-1.2
	8	3.0	3.7	7.5	5.0	-1.6	-2.2	-1.1	-1.2
	9	2.0	3.5	6.8	5.2	-1.3	-2.1	-0.7	-1.2
	10	0.4	3.2	4.9	5.2	-1.2	-2.0	-0.8	-1.1
	11	-0.6	2.9	3.0	5.0	0.0	-1.8	-0.2	-1.0
	12	0.4	2.7	3.0	4.8	1.9	-1.5	0.8	-0.9
2021	1	-0.2	-0.2	—	—	2.6	2.6	1.2	1.2
	2	-0.2	-0.2	—	—	4.0	3.3	2.4	1.8
	3	0.6	0.1	—	—	6.8	4.5	4.9	2.8
	4	1.0	0.3	—	—	9.9	5.8	6.7	3.8
	5	1.4	0.5	—	—	12.8	7.2	8.5	4.7
	6	0.9	0.6	—	—	13.9	8.3	9.1	5.4
	7	0.5	0.6	—	—	13.8	9.1	8.8	5.9
	8	0.6	0.6	—	—	13.6	9.6	8.8	6.3
	9	0.7	0.6	—	—	14.0	10.1	9.5	6.6
	10	1.7	0.7	—	—	16.4	10.7	11.5	7.1
	11	2.6	0.9	—	—	16.8	11.3	11.6	7.5
	12	1.7	0.9	—	—	13.9	11.5	9.9	7.7

数据来源：《中国经济景气月报》、安徽省统计局。

表 3　2021 年安徽省主要经济指标

项目	1 月	2 月	3 月	4 月	5 月	6 月	7 月	8 月	9 月	10 月	11 月	12 月
	绝对值（自年初累计）											
地区生产总值（亿元）	—	—	9529.1	—	—	20576.5	—	—	31874.8	—	—	42959.2
第一产业	—	—	477.8	—	—	1266.9	—	—	1932.4	—	—	3360.6
第二产业	—	—	3714.3	—	—	8534.1	—	—	13415.8	—	—	17613.2
第三产业	—	—	5337.0	—	—	10775.5	—	—	16526.6	—	—	21985.4
工业增加值（亿元）	—	—	—	—	—	—	—	—	—	—	—	—
固定资产投资（亿元）	—	—	—	—	—	—	—	—	—	—	—	—
房地产开发投资	—	783.9	1498.1	2234.3	3025.3	3834.6	4522.0	5206.4	5864.9	6364.5	6815.4	7263.2
社会消费品零售总额（亿元）	—	—	5322.2	—	—	10771.1	—	—	15981.8	—	—	21471.2
外贸进出口总额（亿元）	—	903.9	1464.6	2051.4	2615.8	3205.7	3766.0	4387.1	4994.1	5615.9	6252.3	6920.2
进口	—	381.0	632.9	882.0	1116.3	1342.8	1576.8	1835.3	2080.5	2331.2	2581.0	2825.4
出口	—	522.9	831.7	1169.4	1499.5	1862.9	2189.2	2551.8	2913.6	3284.7	3671.3	4094.8
进出口差额（出口－进口）	—	141.9	198.8	287.4	383.2	520.1	612.4	716.5	833.1	953.5	1090.3	1269.4
实际利用外资（亿美元）	—	27.1	46.3	61.2	79.0	106.1	116.9	134.4	151.1	168.6	180.5	193.0
地方财政收支差额（亿元）	-172.2	-573.2	-1008.2	-1157.7	-1396.7	-2082.7	-2241.4	-2567.2	-3009.2	-3112.8	-3440.5	-4093.9
地方财政收入	428.6	672.3	945.2	1333.1	1634.0	1956.3	2332.9	2554.2	2809.4	3123.2	3278.0	3498.2
地方财政支出	600.8	1245.5	1953.4	2490.8	3030.7	4039.0	4574.3	5121.4	5818.6	6236.0	6718.5	7592.1
城镇登记失业率（%）（季度）	—	—	2.8	—	—	2.7	—	—	2.6	—	—	2.5
	同比累计增长率（%）											
地区生产总值	—	—	18.7	—	—	12.9	—	—	10.2	—	—	8.3
第一产业	—	—	10.9	—	—	9.2	—	—	9.7	—	—	7.4
第二产业	—	—	22.9	—	—	14.2	—	—	10.8	—	—	7.9
第三产业	—	—	16.6	—	—	12.4	—	—	9.8	—	—	8.7
工业增加值	—	34.2	26.3	21.8	19.2	17.3	16.2	14.6	13.3	12.1	10.9	8.9
固定资产投资	—	39.8	25.7	16.2	12.3	11.4	11.2	10.9	10.4	10.2	9.9	9.4
房地产开发投资	—	37.6	23.1	16.3	14.7	11.1	10.4	8.5	7.5	6.7	5.3	3.1
社会消费品零售总额	—	—	36.4	—	—	27.4	—	—	22.0	—	—	17.1
外贸进出口总额	—	38.5	36.7	33.2	31.6	31.5	27.1	26.4	25.8	26.6	26.5	26.9
进口	—	15.9	25.1	26.2	28.1	27.7	26.0	26.5	25.3	26.1	25.1	23.4
出口	—	61.3	47.0	39.0	34.4	34.5	28.0	26.4	26.2	26.9	27.5	29.5
实际利用外资	—	2.9	3.1	2.1	3.2	3.5	3.8	3.2	3.5	6.0	4.9	5.4
地方财政收入	14.2	19.1	19.9	23.7	21.5	18.0	18.1	16.1	14.4	15.0	12.5	8.8
地方财政支出	-14.9	13.5	6.4	3.2	2.9	3.6	3.3	9.3	3.9	5.4	4.7	1.6

数据来源：安徽省统计局。

福建省金融运行报告（2022）

中国人民银行福州中心支行货币政策分析小组

[内容摘要] 2021 年，福建省坚持以习近平新时代中国特色社会主义思想为指导，全面贯彻党的十九大和十九届历次全会精神，深入贯彻习近平总书记在福建考察时的重要讲话精神，认真落实党中央、国务院各项决策部署，坚持稳中求进工作总基调，立足新发展阶段，完整、准确、全面贯彻新发展理念，积极服务和深度融入新发展格局，扎实做好“五促一保一防一控”工作①，全方位推进高质量发展超越，各项工作取得新进展新成效，全年全省生产总值增长 8.0%，实现了“十四五”良好开局。

经济增长主要呈现以下特点：一是投资消费稳步增长，对外贸易提质增速。固定资产投资平稳增长，投资结构向好向优，高技术制造业投资高速增长；消费品市场规模持续扩大，网上零售占比继续提高；进出口表现亮眼，利用外资稳步提升。二是三次产业增长修复，高技术产业表现突出。农业生产形势较好，主要农产品产量保持增长；工业生产稳定恢复，经营效益向好，全省规模以上工业增加值同比增长 9.9%，38 个大类行业中有 32 个行业增加值实现同比增长，规模以上高技术制造业增加值同比增长 26.4%，全省规模以上工业企业实现利润同比增长 24.7%；服务业发展势头较好，全年增加值同比增长 8.8%，生产性服务业支撑作用显著。三是新发展格局迈出新步伐，高质量发展取得新成效。新动能快速成长，规模以上高技术制造业增加值增幅比全国高 8.2 个百分点；规模以上装备制造业对工业增长贡献率提升；市场主体不断壮大，全年新登记企业户数增长 16.7%；“三去一降一补”成果继续巩固；居民服务、教育、住房保障等短板领域投资有效推进。四是居民消费价格涨幅回落，工业生产者价格涨幅扩大。全年居民消费价格指数同比上涨 0.7%，工业生产者出厂价格指数同比上涨 4.9%，生产资料价格上涨是主要因素。五是城镇就业总体稳定，居民收入持续增长。全年城镇新增就业人数 52 万人，城镇登记失业率 3.3%，实现 5% 以内的目标。居民人均可支配收入 40659 元，名义增长 9.3%。六是财政收支实现三个正增长，民生领域显著发力。全年一般公共预算总收入、一般公共预算支出和地方一般公共预算收入同比分别增长 11.3%、7.5% 和 9.9%。民生领域住房保障、医疗卫生、教育支出分别增长 11.0%、8.1% 和 12.8%。七是房地产市场总体平稳运行，重点城市房价小幅上涨。房地产投资维持增长，全省房地产开发投资同比增长 2.8%；销售形势整体平稳，全省商品房销售面积和金额同比分别增长 5.6% 和 9.6%；福州、厦门和泉州 3 个热点城市新建住宅销售价格指数同比分别上涨 3.4%、3.9% 和 3.7%；房地产信贷增速维持在合理区间，年末全省房地产贷款余额同比增长 8.7%。

2021 年，面对新旧挑战交织叠加的复杂形势，福建省金融系统坚持稳中求进工作总基调，坚持新发展理念，把服务实体经济放到更加突出的位置，落实好稳健货币政策灵活精准、合理适度的要求，贯彻好跨周期政策设计，加强市场预期引导，切实疏通货币政策传导机制，综合运用多种政策工具支持福建经济恢复和持续发展，货币信贷和社会融资规模适度增长，融资结

① 2021 年，福建省委省政府提出“五促一保一防一控”工作部署，即促生产、促消费、促项目建设、促外经贸、促旅游、保基本、防风险、控疫情。

构持续改善，多层次资本市场健康发展，保险保障功能稳步提升，区域金融改革扎实推进，有力支持福建经济社会高质量发展。

金融运行主要呈现以下特点：一是贷款保持平稳增长，普惠领域信贷投放“量增、面扩、价降”。年末全省本外币各项贷款6.8万亿元，同比增长13.4%，新增贷款8034.9亿元，同比多增816.1亿元。多渠道探索合力推进全省普惠金融发展，年末普惠小微贷款余额9451.7亿元，同比增长24.0%；普惠小微贷款户数达156.5万户，比年初增加20.8万户；普惠小微贷款加权平均利率5.08%，同比下降29个基点。二是LPR改革推动贷款利率继续下行，小微企业融资成本下降。全年人民币贷款加权平均利率5.20%，同比下降14个基点。其中，小微企业贷款加权平均利率4.47%，同比下降35个基点。三是发挥货币政策工具精准滴灌作用，支持实体经济恢复发展。落实好两项直达工具延期政策及3000亿元支小再贷款政策，全省累放符合要求的贷款207亿元；2021年末，全省再贷款余额、再贴现余额同比分别增长43.4%、19.4%，有力支持小微、“三农”等薄弱环节发展；9月省内突发新冠肺炎疫情，金融部门出台专项政策全力支持当地抗疫和复工复产；充分发挥“几家抬”作用，持续做好稳企业保就业金融支持。四是银行间市场发债稳步发展，债券品种持续创新。全年福建企业在银行间市场发债437期，筹资2760.1亿元，发行绿色债券（含碳中和债券）87亿元、乡村振兴（含革命老区）票据62.4亿元；推动法人金融机构发行金融债券补充资本金，全年全省发行金融债券1002.5亿元；加强银行间市场债券风险防控。五是多层次资本市场健康发展，直接融资环境进一步优化。证券期货机构运行稳定；上市公司规模和融资渠道继续优化。六是保险市场规模稳定增长，促经济与保民生作用持续显现。全年全省累计承担风险总额117.6万亿元，累计赔付支出429.0亿元，同比增长9.9%。七是金融市场平稳运行，社会融资规模同比略有下降。2021年，全省社会融资规模新增1.0万亿元，同比下降5.4%；票据融资持续增长；涉外收付款和结售汇总额快速增长；人民币跨境收付金额略有下降。八是区域金融改革持续推进，金融生态环境不断优化。加快推进宁德、龙岩国家级普惠金融改革试验区建设；拓展台资企业资本项目管理便利化试点；深化两岸征信交流合作；深入推进三明、南平省级绿色金融改革试验区建设，制定全省绿色金融评价实施细则，推动碳减排支持工具落地，助力“双碳”战略目标加快实施。支付体系建设成效凸显，全省云闪付用户数突破1843.6万户，用户渗透率约51%，已全面消除村级行政区支付服务空白。推进地方社会信用体系建设有序发展，金融司法环境进一步优化，金融消费者合法权益得到有效维护。

展望2022年，福建省将坚持稳中求进工作总基调，立足新发展阶段、贯彻新发展理念、服务和融入新发展格局，以供给侧结构性改革为主线，深入实施创新驱动发展战略，全面深化改革开放，统筹疫情防控和经济社会发展，统筹发展和安全，继续做好“六稳”“六保”工作，持续抓好“五促一保一防一控”工作，进一步提高效率、提升效能、提增效益，大力发展数字经济、海洋经济、绿色经济、文旅经济，保持经济运行在合理区间，保持社会大局稳定，促进两岸融合发展，全方位推进高质量发展超越，奋力谱写全面建设社会主义现代化国家福建篇章。福建省金融系统将紧紧围绕党中央、国务院决策部署，认真履行好“稳字当头，稳中求进”的总要求，以金融供给侧结构性改革为主线，落实好稳健货币政策灵活适度的要求，发挥好货币政策工具的总量和结构双重功能，持续优化信贷结构，着力降低融资成本，深入推进高水平金融改革开放，扎实做好地方金融风险防控，继续优化金融服务管理，进一步提升金融服务实体经济高质量发展的质效，以实际行动迎接党的二十大胜利召开。

一、金融运行情况

2021年是党和国家历史上具有里程碑意义的一年，也是新发展阶段新福建建设中具有重要意义的一年。面对新旧挑战交织叠加的复杂形势，福建省金融系统坚持以习近平新时代中国特色社会主义思想为指导，坚持党对一切工作的领导，坚持稳中求进工作总基调，坚持新发展理念，把服务实体经济放到更加突出的位置，落实好稳健货币政策灵活精准、合理适度的要求，贯彻好跨周期政策设计，加强市场预期引导，切实疏通货币政策传导机制，综合运用多种政策工具支持福建经济恢复和持续发展，货币信贷和社会融资规模适度增长，融资结构持续改善，多层次资本市场健康发展，保险保障功能稳步提升，区域金融改革扎实推进，有力支持福建经济社会高质量发展。

（一）银行业稳健发展，支持实体经济力度继续加强

1. 银行业规模平稳增长。2021年末，福建省银行业金融机构资产总额12.3万亿元，同比增长9.0%；营业网点6543个，从业人员12.3万人，法人机构145个。全省145家地方法人金融机构经营总体稳健，年末总资产、总负债同比分别增长8.9%、8.7%；平均资本充足率15.6%，比年初提高0.3个百分点；拨备总体充足，平均拨备覆盖率达305.8%，比年初提高7.7个百分点。

表1　2021年福建省银行业金融机构情况

机构类别	营业网点			法人机构（个）
	机构个数（个）	从业人数（人）	资产总额（亿元）	
一、大型商业银行	2269	53328	29736	
二、国家开发银行和政策性银行	44	1741	8470	
三、股份制商业银行	797	23885	56803	1
四、城市商业银行	284	11189	11524	4
五、城市信用社				
六、小型农村金融机构	1929	20309	10707	68
七、财务公司	7	179	543	6

续表

机构类别	营业网点			法人机构（个）
	机构个数（个）	从业人数（人）	资产总额（亿元）	
八、信托公司	2	707	296	2
九、邮政储蓄银行	1061	6452	3172	
十、外资银行	34	927	667	1
十一、新型农村金融机构	111	2184	413	58
十二、其他	5	2003	993	5
合　计	6543	122904	123325	145

数据来源：中国人民银行福州中心支行、福建银保监局。

注：营业网点不包括国家开发银行和政策性银行、大型商业银行、股份制银行等金融机构总部数据；大型商业银行包括中国工商银行、中国农业银行、中国银行、中国建设银行和交通银行；小型农村金融机构包括农村商业银行和农村信用社；新型农村金融机构包括村镇银行；其他包含金融租赁公司、消费金融公司、民营银行；资产总额不含兴业银行省外分支机构数据。

2. 各项存款增速有所放缓。2021年末，全省金融机构本外币各项存款余额62091.5亿元，同比增长10.1%，增速较上年下降3.0个百分点；同比增加5704.6亿元，较上年少增845.9亿元。其中，非金融企业存款余额18805.6亿元，同比增长9.2%，增速较上年下降6.6个百分点。

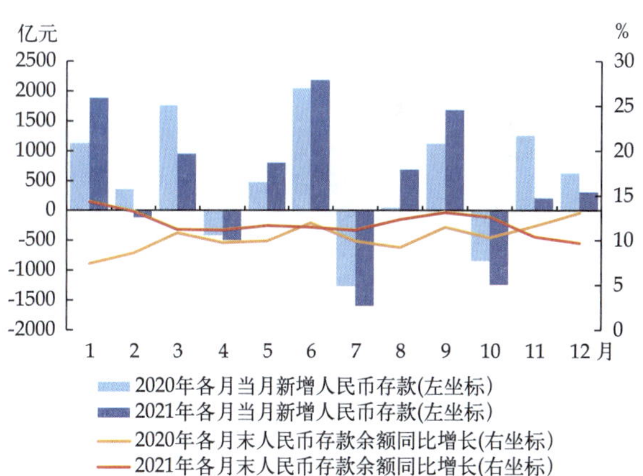

图1　2020—2021年福建省金融机构人民币存款增长变化

（数据来源：中国人民银行福州中心支行）

3. 贷款保持平稳增长，普惠领域信贷投放“量增、面扩、价降”。2021年末，全省本外币各项贷款67894.6亿元，同比增长13.4%，增速较上年末低0.3个百分点；新增贷款8034.9

亿元，同比多增 816.1 亿元。地方法人金融机构人民币贷款余额同比增长 15.1%，比全省平均水平高 1.7 个百分点。

普惠领域信贷投放"量增、面扩、价降"。 2021 年末，全省普惠小微贷款余额 9451.7 亿元，同比增长 24.0%；普惠小微贷款户数达 156.5 万户，同比增加 20.8 万户；普惠小微贷款加权平均利率 5.08%，同比下降 29 个基点。金融服务乡村振兴战略力度增强，年末全省本外币涉农贷款余额 1.6 万亿元，同比增长 10.9%。金融有力支持巩固脱贫攻坚成果，年末，全省金融精准扶贫贷款余额 406.5 亿元，同比增长 5.2%，当年累计发放 295.16 亿元。

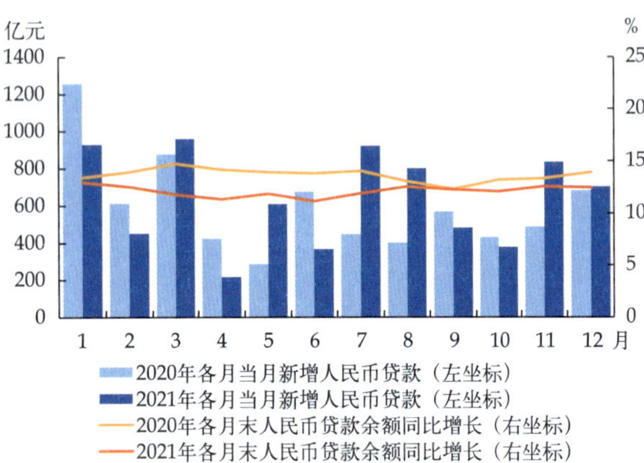

图 2　2020—2021 年福建省金融机构人民币贷款增长变化

（数据来源：中国人民银行福州中心支行）

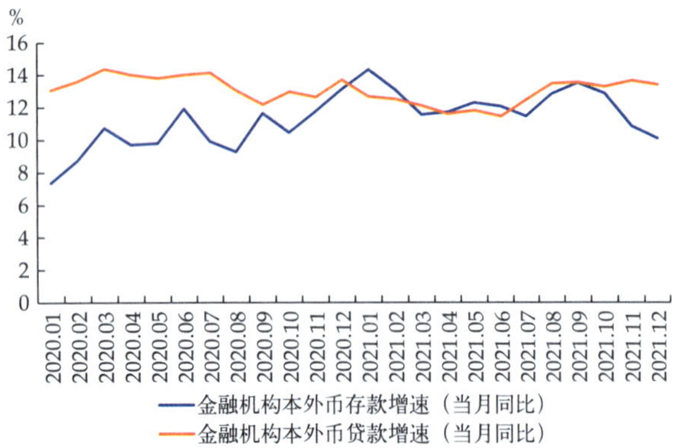

图 3　2020—2021 年福建省金融机构本外币存贷款增速变化

（数据来源：中国人民银行福州中心支行）

4. 人民币贷款利率持续下降。 2021 年，福建省市场利率定价自律机制高效运行，引导金融机构科学合理定价，全省贷款利率总体下行。全年人民币贷款加权平均利率 5.20%，同比下降 14 个基点。其中，小微企业贷款加权平均利率 4.47%，同比下降 35 个基点。

2021 年，全省美元活期、定期存款加权平均利率分别为 0.07%、0.69%，同比分别下降 4 个和 29 个基点；美元贷款加权平均利率 1.11%，同比下降 92 个基点。

表 2　2021 年福建省金融机构人民币贷款各利率区间占比

单位：%

项目		1 月	2 月	3 月	4 月	5 月	6 月
合计		100.0	100.0	100.0	100.0	100.0	100.0
LPR 减点		19.7	23.0	23.2	20.7	18.4	23.2
LPR		8.2	9.4	9.0	8.0	8.0	9.6
LPR 加点	小计	72.1	67.6	67.7	71.3	73.6	67.2
	(LPR，LPR+0.5%)	18.2	16.9	17.0	15.8	18.8	16.5
	[LPR+0.5%，LPR+1.5%)	27.5	25.4	27.5	28.5	26.5	26.9
	[LPR+1.5%，LPR+3%)	13.0	11.9	12.1	13.8	14.7	12.3
	[LPR+3%，LPR+5%)	6.2	5.5	4.9	6.0	6.2	5.5
	LPR+5% 及以上	7.3	7.9	6.2	7.2	7.4	6.0
项目		7 月	8 月	9 月	10 月	11 月	12 月
合计		100.0	100.0	100.0	100.0	100.0	100.0
LPR 减点		19.6	18.2	19.5	19.8	20.4	24.0
LPR		6.9	8.3	8.7	7.3	7.7	7.6
LPR 加点	小计	73.5	73.5	71.8	72.9	71.9	68.5
	(LPR，LPR+0.5%)	15.4	15.7	18.2	14.7	17.2	17.5
	[LPR+0.5%，LPR+1.5%)	29.7	29.1	26.9	27.8	28.3	26.6
	[LPR+1.5%，LPR+3%)	14.5	14.3	14.2	14.7	13.3	13.2
	[LPR+3%，LPR+5%)	6.0	6.4	5.6	6.2	5.7	5.2
	LPR+5% 及以上	7.8	8.0	7.0	9.5	7.4	6.0

数据来源：中国人民银行福州中心支行。

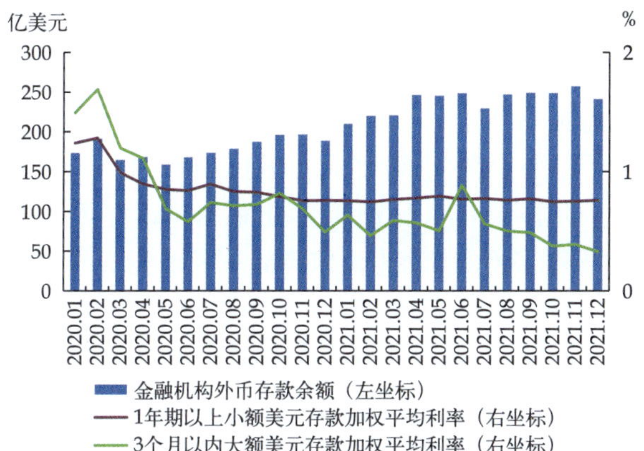

图 4　2020—2021 年福建省金融机构外币存款余额及外币存款利率

（数据来源：中国人民银行福州中心支行）

5. 不良贷款率稳中有降。2021 年末，全省银行业机构不良贷款率 1.0%，同比下降 0.05 个百分点；不良贷款余额 703.8 亿元，同比增加 49.3 亿元。年末全省银行业机构贷款质量总体向下迁徙率 2.5%，与上年持平。

6. 发挥货币信贷政策精准滴灌作用，支持实体经济恢复发展。一是落实好两项直达工具延期政策，截至 2021 年末，全省已发放信用贷款支持计划资金 66.3 亿元，支持符合要求的地方法人金融机构累计投放普惠小微信用贷款 168 亿元；已发放延期支持工具激励金 6.9 亿元，支持地方法人金融机构累计办理普惠小微延期贷款 689 亿元。精准快速落实 3000 亿元支小再贷款政策，全省累放符合要求的贷款 207 亿元，支持小微、个体工商户等市场主体 1.6 万户。规范货币政策工具管理，2021 年末，全省信贷政策支持再贷款余额 566.7 亿元，同比增长 43.4%；全省再贴现余额 335.2 亿元，同比增长 19.4%，有力支持小微、“三农”等薄弱领域发展。二是金融支持抗击疫情。9 月省内突发新冠肺炎疫情后，中国人民银行福州中心支行与地方政府有关部门联合出台受疫情影响地区抗疫专项纾困金融支持政策，按照“特事特办、急事急办”原则，指导受疫情影响地区开放信贷、征信、国库、外汇“绿色通道”，启动支小再贷款“T+0”审批、质押和放款机制，推动优惠利率精准对接；9—10 月，厦门、莆田、泉州、漳州四地投放支小再贷款 104.3 亿元，引导地方法人金融机构发放小微企业（含个体工商户）贷款 541.3 亿元，全力支持当地恢复生产运作。三是信贷政策的创新力度进一步加大。发挥“几家抬”作用，持续做好稳企业保就业金融支持。中国人民银行福州中心支行联合省财政等部门推出第三期、第四期合计 200 亿元中小微企业专项纾困贷款，截至 2021 年末，累计发放贷款 198.2 亿元，共支持 5431 家企业，加权平均利率 3.34%；探索“产业政策 + 财政政策 + 货币信贷政策 + 科技赋能”模式，联合省工信等部门推出技改专项贷款，截至 2021 年末，全省技改项目累计签约金额 66.7 亿元；深入开展“贷动小生意，服务大民生”金融支持个体工商户发展专项行动，2021 年末，全省个体工商户经营性贷款余额 3913.2 亿元，同比增长 23.3%。

7. 金融改革创新深化，对外开放良性互动。一是加快推进国家普惠金融改革试验区建设。宁德、龙岩紧盯提升金融服务覆盖率、可得性和满意度目标，在重点领域、关键环节积极开展产品、服务、机制、模式创新，助力革命老区苏区振兴发展，为共同富裕目标增量赋能。宁德市建成全省首个农村生产要素流转平台，整合 4 大类 23 个品类生产要素的登记、确权、流转、交易、融资，截至 2021 年末，已支持 4.8 万户经营主体通过生产要素实现融资余额 70.0 亿元。龙岩市建设“线上 + 线下”数字普惠金融服务平台，截至 2021 年末，已实时归集 17 个部门、44 类公共信用数据，成功对接融资 1.6 万笔、授信金额 41.0 亿元。试验区“福海贷”“普惠金融惠林卡”等三批次 17 项改革创新成果向全省复制推广。二是福建自由贸易试验区等区域金融改革持续深化。紧抓福建区域特色，拓展台资企业资本项目管理便利化试点，促进两岸融合发展。持续深化两岸征信交流合作，截至 2021 年末，省内金融机构累计查询在台信用信息 932 笔，累计放贷 16.4 亿元；332 位台胞、175 家台企获颁金融信用证书，获得授信 111.6 亿元，同比增长 369%，台胞台企的获得感和满意度显著提升。三是以“双碳”为目标导向的绿色金融体系进一步完善。深入推进三明、南平省级绿色金融改革试验区建设，林票制、“福林贷”等被列入国家生态文明试验区改革举措和经验做法。制定全省绿色金融评价实施细则，推动碳减排支持工具落地，助力“双碳”战略目标加快实施。2021 年末，全省绿色贷款余额 4110.3 亿元，新增贷款 1172.9 亿元；全省银行业金融机构累计发放碳减排贷款 96 亿元，加权平均利率 4.05%，带动的年度碳减排量为 838.3 万吨二氧化碳当量。四是推动跨境人民币业务稳步增长。2021 年，福建省跨境贸易人民币结算金额 1563 亿元，同比增长 28%；直接投资项下跨境人民币结算金额 1057.1 亿元，同比增长 14.6%。助力大宗商品交易取得实质性突破，全年全省以人民币结算的原油、天然气、黄金、铁矿石和煤炭等大宗商品进出口 178 亿元。

专栏 1　聚焦实体　凝心聚力　培育树立风险中性理念

2021 年，中国人民银行福州中心支行、国家外汇管理局福建省分局积极指导福建省外汇与跨境人民币自律机制（以下简称省级自律机制）强化机制保障，引导辖内金融机构和企业坚持“风险中性”理念，加强汇率预期与风险管理，提高服务实体经济实效。

一、强化机制保障，有效发挥省级自律机制作用

（一）以评促改，推动机构稳健经营

省级自律机制建立“交叉互评 + 集体评议”的评估机制，组建专业评估团队，按季开展外汇自律评估，相关评估结果纳入宏观审慎评估；督导金融机构对照评估要求整改提升，强化风险中性理念的传导与落实；推动金融机构加大资本充实力度，提高风险抵御能力。

（二）机制先行，扩大人民币跨境使用

省级自律机制强化本外币沟通协调，人民银行跨境人民币与外汇管理部门按季召开工作会议，研究推进本外币一体化监管，并下发会议纪要指导全辖工作，有效推动市场主体在跨境贸易投资等领域优先使用人民币计价结算，规避汇率波动风险。截至 2021 年末，福建跨境人民币累计收付金额 4504.5 亿元；全省累计 15300 多家企业办理了跨境人民币结算业务，其中 2260 多家企业的累计业务量超亿元。

二、坚持服务实体，切实疏通业务痛点堵点

（一）专项支持，释放政策红利

主动协同省商务、财政部门出台外贸企业运用外汇避险产品的奖励政策，对全辖出口企业办理人民币与外汇衍生产品的相关费用给予 50% 奖励；试点设立“汇率避险公共保证金池”，降低中小微企业办理汇率避险业务的资金占用成本。目前，已有 908 家外贸企业共获得 1896.5 万元奖励资金，其中年出口规模在 3000 万美元以下的中小企业占比约 80%。

（二）减费让利，加大惠企力度

积极指导省级自律机制发挥金融力量、传递金融温度，各商业银行针对中小微企业套保核定衍生专项授信额度，减少客户保证金占用，优化企业衍生交易报价，加大结售汇点差优惠力度，降低中小微企业套期保值成本。

三、创新宣传方式，引导市场主体树立风险中性理念

（一）凝聚合力，扩大宣传覆盖面

联合商务部门通过“外企平台”和商务部门微信公众号开展汇率避险政策、风险中性理念、避险案例、避险经验等培训与宣传。指导商业银行开展“千名客户经理进万家企业”汇率风险中性宣传与避险产品推介活动。组织全辖 610 个银行网点的 2774 名客户经理组建729个宣传推介团队，上门走访企业16517家次，基本实现活跃客户全覆盖，推动全辖601家企业新增办理外汇衍生品业务，占同期办理衍生品企业家数的40%。

（二）聚焦重点，提高宣传针对性

坚持本币优先原则，建立辖内跨境贸易和投资人民币结算重点企业名单，采取“逐家走访、现场办公、一企一策、贴身辅导”方式，引导企业综合运用跨境人民币结算、外汇衍生业务等多样化手段管理汇率风险。联合省商务厅、省国资委举办国有企业“线上＋线下”的汇率风险管理培训，提升国有企业的套保理念和套保能力。就部分企业存在的套保“亏损”顾虑、短期化套保行为等问题，指导银行突出稳定套期保值策略对提升企业中长期财务稳健的助力，用企业听得懂的话语、看得懂的案例、用得了的产品开展针对性宣传营销，取得良好成效。2021年全辖履约金额143.9亿美元，同比增长78.0%，履约占比11.7%，同比提升2.6个百分点。

（二）多层次资本市场健康发展，直接融资环境进一步优化

1. 证券期货机构运行稳定。2021年末，全省共有证券期货机构701家，其中，法人证券公司4家、法人期货公司5家、法人基金管理公司4家、区域性股权市场2家。全省法人证券公司资产总额2379.5亿元、净资产518.4亿元，同比分别增长15.0%、5.3%。全省法人期货公司资产总额536.5亿元、净资产57.2亿元，同比分别增长49.4%、14.8%。全省证券营业部资金开户数1427.2万户，同比增长10.3%；客户交易结算资金余额726.5亿元，同比增长39.4%。全省期货营业部账户数22.7万户，同比增长7.7%；期货成交金额20.1万亿元，同比增长33.0%。

2. 银行间市场发债稳步发展。一是企业发债总量与上年基本持平。2021年，全省共有94家企业在银行间市场发行债务融资工具437期，筹资2760.1亿元，金额同比下降2.8%。二是债券品种持续创新。2021年，全省共发行绿色债券（含碳中和债券）87亿元、乡村振兴（含革命老区）票据62.4亿元、高成长债券3亿元、权益出资型票据50.7亿元、双创债券20亿元。三是推动法人金融机构金融债券发行，补充资本金。2021年，全省发行金融债券1002.5亿元，其中厦门国际银行、厦门农商行共发行110亿元小微金融债。四是加强银行间市场债券风险防控。提前摸底资金和风险情况，督促债券存续企业做好资金偿付准备；建立数据库，多维度监测分析企业债务融资工具风险情况。

3. 上市公司规模和融资渠道继续优化。2021年末，全省共有境内上市公司162家，同比增加12家，迁出1家，总股本1786亿股、总市值3.9万亿元。9月3日北交所成立以来，省内1家企业从精选层挂牌转北交所上市。2021年末，全省共有新三板挂牌企业237家，总股本164.8亿股，可交易股本101.7亿股。全省区域性股权市场（海峡股权交易中心、厦门两岸股权交易中心）累计挂牌展示企业12811家，较上年末新增2438家，同比增长23.5%；累计帮助企业实现融资172.0亿元。境外上市公司114家，中国香港、美国首发上市企业分别新增6家、2家，融资合计约37.0亿元人民币。

表3　2021年福建省证券业基本情况

项目	数量
总部设在辖内的证券公司数（家）	4
总部设在辖内的基金公司数（家）	4
总部设在辖内的期货公司数（家）	5
年末国内上市公司数（家）	162
当年国内股票（A股）筹资（亿元）	164
当年发行H股筹资（亿元）	
当年国内债券筹资（亿元）	4089
其中：短期融资券筹资额（亿元）	1764
中期票据筹资额（亿元）	757

数据来源：福建证监局。

（三）保险市场规模稳定增长，促经济与保民生作用持续显现

1. 保险业规模平稳增长。2021 年末，全省保险公司总资产 3936.1 亿元，同比增长 12.7%，累计实现保费收入 1294.5 亿元，同比增长 4.7%。其中，财产险保费收入 328.1 亿元，同比下降 1.1%；人身险保费收入 966.4 亿元，同比增长 6.8%。

2. 助力实体经济作用有效发挥。2021 年，全省信用保证保险发展态势企稳，为实体经济发展提供融资增信支持，全年保费收入 28.1 亿元，赔款支出 16.8 亿元。财险公司（不含厦门）提供小贷险支持 1277 家企业融资约 4.0 亿元，为 2.6 万家小微企业和个体提供 61.4 亿元小额贷款保证保险增信支持。福建信保发挥政策性金融工具作用，短险项下为出口企业提供收汇风险保障 229.6 亿美元，依托跨境金融区块链服务平台开展信保保单融资业务试点，协助 24 家企业获得融资约 4391 万美元。农业保险实现保费收入 8.6 亿元，增长 19.8%，赔付支出 6.5 亿元，增长 36.4%。保险机构加大投入，基本实现农村基础设施服务全覆盖，创新产品对接乡村振兴保险需求，提供保险保障约 43.9 亿元，支付赔款 756 万元。人身险公司（不含厦门）970 款人身险产品在不加收保费情况下将新冠肺炎纳入保障范围，覆盖 4.7 万家企业，并发放保单质押贷款，年末余额 281.4 亿元。

3. 民生保障水平稳步提升。2021 年，全省累计承担风险总额 117.6 万亿元，累计赔付支出 429.0 亿元，同比增长 9.9%。城乡居民大病保险实现设区市级统筹（不含厦门），参保人数达 2760 万，协议保费收入 22.6 亿元，为 76.4 万人次参保群众赔付医疗费用 13.5 亿元。助力巩固脱贫攻坚成果，出台过渡期脱贫人口产业帮扶保险方案，为 1.9 万户次脱贫人口提供保障 2.9 亿元，创新助力防贫产品为 71.5 万人次临贫、脱贫人员提供保障 94 亿元，产业扶贫保险为 13 万户次建档立卡贫困户，提供风险保障 12.2 亿元（不含厦门）。32 家人身险公司（不含厦门）提供商业养老保险产品 1744 个，保费收入 289.9 亿元，为 507.5 万人次提供保障约 1.3 万亿元。

表 4　2021 年福建省保险业基本情况

项目	数量
总部设在辖内的保险公司数（家）	3
其中：财产险经营主体（家）	2
寿险经营主体（家）	1
保险公司分支机构（家）	63
其中：财产险公司分支机构（家）	28
寿险公司分支机构（家）	35
保费收入（中外资，亿元）	1294.5
其中：财产险保费收入（中外资，亿元）	328.1
人身险保费收入（中外资，亿元）	966.4
各类赔款给付（中外资，亿元）	429.0

数据来源：福建银保监局。

（四）金融市场平稳运行，社会融资规模同比略有下降

1. 社会融资规模同比略有下降。2021 年，全省社会融资规模新增 10015.9 亿元，同比下降 5.4%。其中，新增人民币贷款 7358.1 亿元，增量占比为 73.5%，同比提高 7.8 个百分点；表外融资下降 957.3 亿元。企业直接融资力度放缓，地方政府债发行力度继续加大。

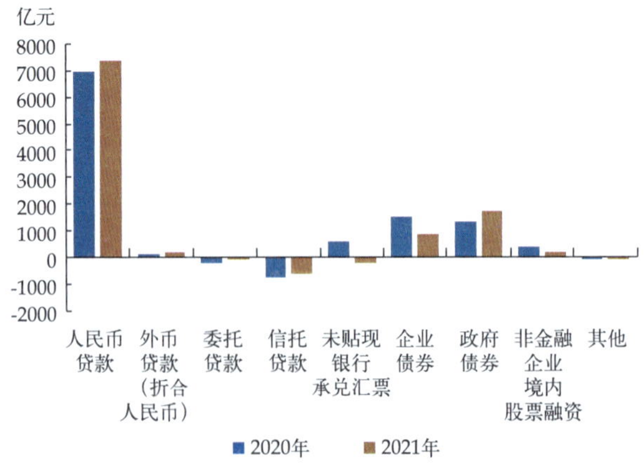

图 5　2020—2021 年福建省社会融资规模分布结构

（数据来源：中国人民银行福州中心支行）

2. 货币市场发展有所下降。2021 年，全省银行间同业拆借、债券回购、现券交易三项成交总额 84.1 万亿元，同比下降 18.2%。其中，同业拆借成交 2.8 万亿元，同比下降 49.1%；债券回购成交 65.7 万亿元，同比下降 11.1%；现券交易成交 15.6 万亿元，同比下降 33.2%。累计净融入资金 3.4 万亿元。交易量仍集中于兴业银行和 4 家城市商业银行。其中，兴业银行拆借、债券交易量占比分别为 33.4%、33.3%，4 家城市商业银行交易量占比分别为 53.4%、25.3%。

3. 票据融资持续增长。2021 年，全省票据融资总量（含承兑、贴现、转贴现）11468.4 亿元，同比增长 32.5%。全年票据贴现加权平均利率 2.65%，同比下降 15 个基点；转贴现加权平均利率 2.64%，同比上升 18 个基点。

4. 涉外收付款和结售汇总额快速增长。2021 年，全省涉外收支总额 3641.9 亿美元，同比增长 34.2%，结售汇总额 2532.4 亿美元，同比增长 41.0%。涉外收支顺差 222.7 亿美元，同比增长 24.1%；结售汇顺差 53.9 亿美元，同比下降 34.5%。

5. 人民币跨境收付金额略有下降。2021 年，全省跨境人民币业务金额 4504.5 亿元，同比下降 0.8%。其中，经常项下收付金额 1798.6 亿元，同比增长 27.8%，资本项下收付金额 2705.7 亿元，同比下降 13.7%。

表 5　2021 年福建省金融机构票据业务量统计

单位：亿元

季度	银行承兑汇票承兑		贴现			
			银行承兑汇票		商业承兑汇票	
	余额	累计发生额	余额	累计发生额	余额	累计发生额
1	4940.0	1833.3	1920.3	949.4	78.0	48.4
2	5266.6	4229.5	1910.8	2527.7	78.2	103.2
3	5610.2	6419.9	2654.2	3968.4	71.0	141.6
4	5972.8	8954.0	3195.9	5670.2	94.6	204.5

数据来源：中国人民银行福州中心支行。

表 6　2021 年福建省金融机构票据贴现、转贴现利率

单位：%

季度	贴现		转贴现	
	银行承兑汇票	商业承兑汇票	票据买断	票据回购
1	3.26	4.22	3.19	1.99
2	2.82	4.28	2.86	2.05
3	2.48	4.41	2.52	2.18
4	2.12	4.02	2.27	2.04

数据来源：中国人民银行福州中心支行。

（五）金融服务能力持续加强，金融生态环境持续优化

1. 支付体系建设成效凸显。一是移动支付便民工程向纵深推进。2021 年，全省云闪付用户数突破 1843.6 万户，用户渗透率约为 51%，推动应用场景小程序新上线 82 个。全省县域主城区实体商户移动支付覆盖率提升至 81.1%，同比上升 17.1 个百分点。二是农村支付服务环境持续优化。结合金融资源分布确定责任银行，构建“以布设支付结算终端设施为主，常态化上门服务为辅”的服务模式，织密筑牢农村地区支付服务保障网，目前已全面消除村级行政区支付服务空白。三是支付清算系统安全高效运行。2021 年，全省银行机构通过支付清算系统共处理业务 11.9 亿笔，金额 345.6 万亿元，同比分别增长 14.5%、下降 4.1%。全年支付清算系统可用率达 100%。四是支付监督机制不断优化。构建省运管、市运管、县网点三级纵向联动，日、旬、月和不定期四维时点的矩阵式监控体系，建立非现场核查、定期和不定期督查相结合的拉网式督导机制，全年办理柜面业务 4.9 万笔，成功率 99.9%。推广常备借贷便利和再贴现 DVP 结算等新业务功能，提高货币政策工具资金直达实体经济的速度，缓解金融机构的资金压力。

表7　2020—2021 年福建省支付体系建设情况

年份	支付系统直接参与方（个）	支付系统间接参与方（个）	支付清算系统覆盖率（%）	当年大额支付系统处理业务数（万笔）		同比增长（%）
2020	8	5383	100.0	3111.94		-63.2
2021	8	5660	100.0	2772.3		-10.9
年份	当年大额支付系统业务金额（亿元）	同比增长（%）	当年小额支付系统处理业务数（万笔）	同比增长（%）	当年小额支付系统业务金额（亿元）	同比增长（%）
2020	3393402.44	7.86	21097.62	15.66	100505.36	137.51
2021	3195206.39	-5.84	22644.23	7.33	101866.29	1.35

数据来源：中国人民银行福州中心支行。

2. 信用体系建设不断完善。一是金融信用信息基础数据库稳定运行。截至2021年末，金融信用信息基础数据库收录福建省企业和其他组织170.8万户，全年提供企业、个人信用报告查询分别约119.2万笔、325.4万笔。逐步扩大接入金融信用信息基础数据库的机构类型和信息采集范围。截至2021年末，福建省共有城商行、农信社、村镇银行、小贷公司、融资担保公司等135家地方法人金融机构接入征信系统。二是推进农村和中小企业信用体系建设创新提质增效。截至2021年末，全省为706万户农户建立信用档案，并对已建档的382万户农户累计发放贷款13805.0亿元。指导辖内征信机构重点开展非负债类替代数据的深度挖掘及分析运用，为小微企业融资提供信息支撑。福建"金服云"平台[①]累计收录中小微企业8.2万户，提供查询超85.3万次。三是提升动产融资服务水平，大力推动应收账款融资。全年引导省内市场主体办理动产抵押登记7.8万件。引导核心企业、银行帮助上游企业开展应收账款融资。截至2021年末，累计推动15家核心企业、3家地方法人银行总部与中征平台系统对接。四是"区块链+征信"助力金融服务乡村振兴。试点建设林业金融区块链融资服务平台，实现林权数据上链、林农档案共享和信贷业务线上办理，获贷利率较同类贷款低约60个基点。五是全面推广"台商台胞金融信用证书"，拓展跨境征信信息交流。颁证范围实现全省全覆盖，证书应用场景不断拓展，持证台商台胞可在金融领域及政府部门社会管理方面享受优惠政策。在实现对台征信服务辐射全国的基础上，推动海上丝绸之路沿线国家及RCEP国家企业征信信息跨境交流。截至2021年末，指导福建品尚征信有限公司为企查查等征信机构提供台湾地区信用报告2.4万份，为市场主体提供221个国家和地区企业信用报告2824份，助力金融机构开展跨境金融服务。

3. 金融司法环境进一步改善。一是持续优化法治化营商环境。加快推动海丝中央法务区建设。福建省高级人民法院推出涵盖"保立审执破"环节的27项举措；注重运用"执破直通""预重整"等机制盘活资金、挽救企业。二是深化金融司法协同机制建设。厦门金融司法协同中心作为全国首个集立案、审判、执行、调解全过程，一、二审级全覆盖，多元调解一站式的金融纠纷化解平台，集中受理、审判、执行厦门市所有金融纠纷和案件，2021年审判执行时间持续缩短三分之二，执行到位率提升近3倍。龙岩、宁德法院设立普惠金融司法协同中心，着力推动融合金融司法服务。三是持续深化金融法治创新。创建"六化"[②]大型综合执法检查工作机制，持续提升行政执法质效。深入开展依法行政示范点建设，各示范点共制定10项制度，有力推动全省依法行政水平均衡发展。四是深入开展金融法治宣传教育。聚焦优化服务、数字普法、精准普法，持续推进"央行法律服务站"建设。

4. 金融消费者合法权益得到有效保障。2021年，全省人民银行系统受理金融消费者投

①指福建省金融服务云平台。

②即效能建设法制化、"马上就办"常态化、行政服务标准化、绩效管理科学化、效能制度体系化、效能问责规范化。

诉2291笔，咨询3308件，办结率98.1%。持续完善金融纠纷多元化解机制建设，累计建立49家金融纠纷调解组织，作为全国六个试点地区之一，参与最高人民法院和中国人民银行“总对总”金融纠纷在线诉调对接机制建设工作。推广“金融广告随手拍”小程序，全年累计处置违法违规金融广告线索80条。制作“金融3·15”、落实5号令“行长说”“机构说”系列专题微视频，并以应知应会线上测试形式开展“与机构对话”，引导金融机构树立负责任金融理念。持续推进金融知识纳入国民教育体系。组织开展金融知识宣传活动，以电视直播形式制作9期“农村普惠金融远程系列课程”，创建闽西工农银行旧址、守正学堂等4家省级金融教育示范基地。组织面向全省在校大学生的专场线上直播活动，在线观看人数超20万人。

二、经济运行情况

2021年，福建省扎实做好“五促一保一防一控”重点工作，全力巩固拓展疫情防控和经济社会发展成果，经济展现强大韧性。生产供给稳定恢复，消费需求持续回暖，就业形势稳定，经济运行在合理区间，高质量发展取得新成效。全年实现地区生产总值4.9万亿元，同比增长8.0%。第一产业增长4.9%，第二产业增长7.5%，第三产业增长8.8%。

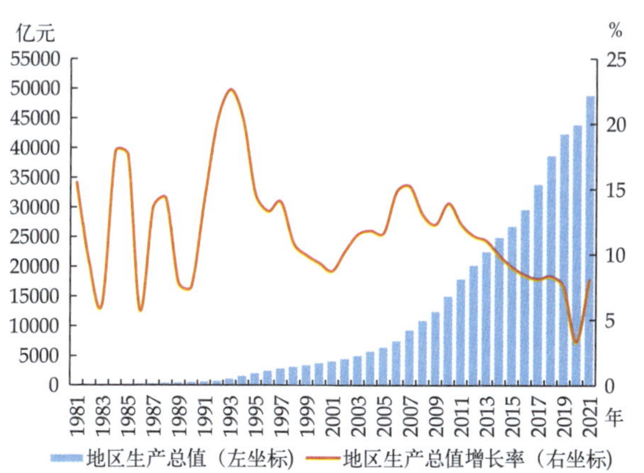

图6　1981—2021年福建省地区生产总值及其增长率

（数据来源：福建省统计局）

（一）投资、消费稳步增长，对外贸易提质增速

1. 固定资产投资平稳增长，投资结构向好向优。2021年，全省固定资产投资同比增长6.0%。其中，制造业投资增长13.9%，增幅比上年提高16.2个百分点，拉动全省投资增长3.6个百分点；基础设施投资增长2.4%；房地产开发投资增长2.8%；社会领域投资增长5.0%。高技术产业投资增长36.0%，占全省投资的比重为8.3%，比上年提高1.9个百分点，其中高技术制造业投资增长43.1%。全省加快推进技术改造升级，全年改建和技术改造投资增长20.0%。省重点项目完成投资6331亿元，新开工重点项目441个。成功举办央企项目合作座谈会、民营企业发展大会等8场重大招商活动，集中签约项目428个、总投资超1.2万亿元。

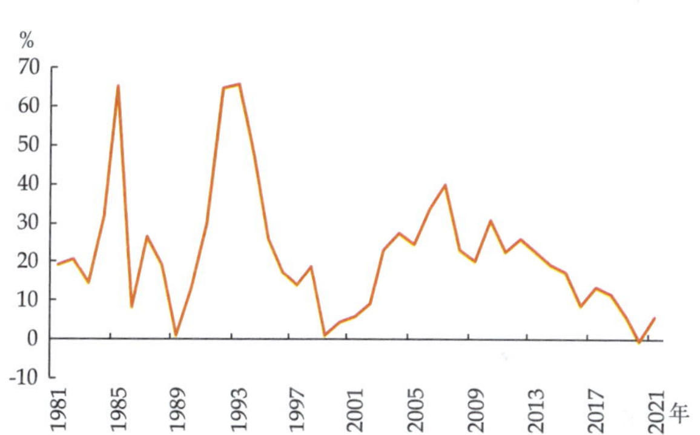

图7　1981—2021年福建省固定资产投资（不含农户）增长率

（数据来源：福建省统计局）

2. 消费品市场规模持续扩大，网上零售占比继续提高。2021年，全省社会消费品零售总额2.0万亿元，同比增长9.4%，其中，城镇市场零售额增长9.2%；乡村市场零售额增长10.5%。新产品增势良好，全省限额以上新能源汽车零售额增长95.6%，占全部汽车零售额的6.7%，拉动车市加速向新能源化转型。限额以上批发和零售企业实现网上商品零售额1775.5亿元，同比增长28.7%，占全省限额以上零售额的比重为20.9%，比上年提高3.9个百分点。

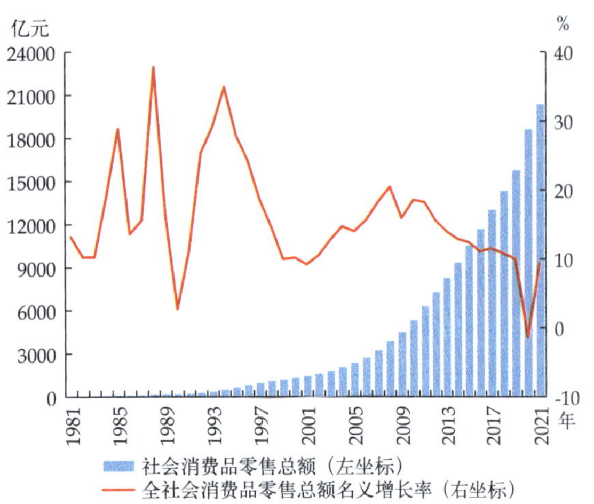

图 8　1981—2021 年福建省社会消费品零售总额及其增长率

（数据来源：福建省统计局）

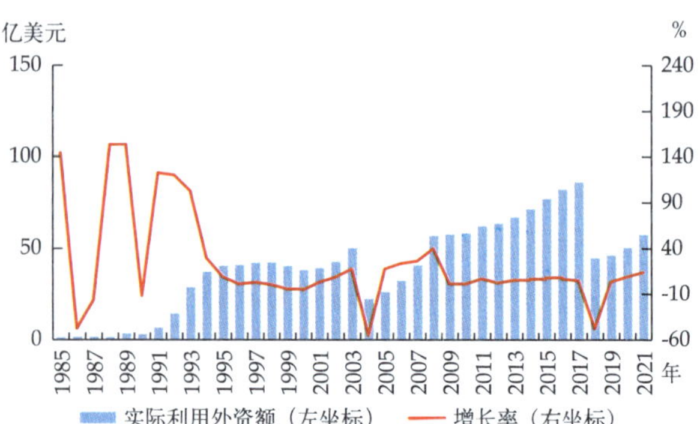

注：2021 年当年美元口径的实际利用外资和增长率尚未公布。图中 2021 年数据用当年平均汇率进行折算得到。

图 10　1985—2021 年福建省实际利用外资额及其增长率

（数据来源：福建省统计局）

3. 进出口表现亮眼，贸易顺差扩大。2021 年，全省海关进出口总额 18449.6 亿元，增长 30.9%。其中，出口 10816.5 亿元，增长 27.7%，增幅比全国高 6.5 个百分点；进口 7633.1 亿元，增长 35.7%，增幅比全国高 14.2 个百分点。贸易顺差为 3183.4 亿元，比上年扩大 270.3 亿元。全年实际利用外商直接投资 369.2 亿元，同比增长 6.1%。

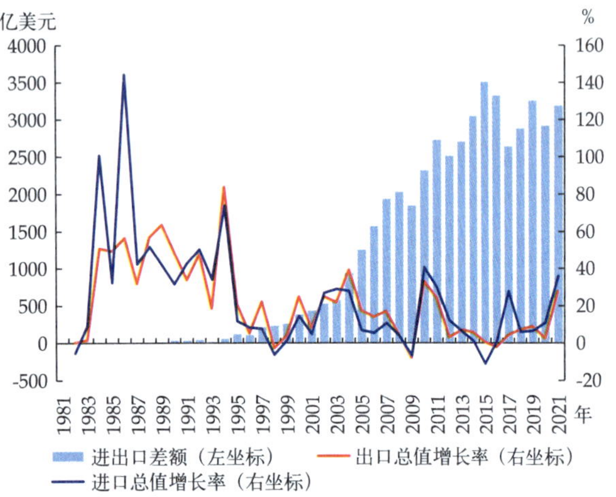

图 9　1981—2021 年福建省外贸进出口变动情况

（数据来源：福建省统计局）

（二）三次产业增长修复，高质量发展持续推进

1. 农业生产形势较好，主要农产品产量保持增长。2021 年，全省农林牧渔业总产值 5201.0 亿元，同比增长 5.1%。其中，农、林、牧、渔业产值分别增长 4.1%、2.1%、10.4% 和 2.9%，农林牧渔服务业产值增长 5.1%。主要农产品产量保持增长。

2. 工业生产稳定恢复，经营效益向好。2021 年，全省规模以上工业增加值同比增长 9.9%，增幅比全国高 0.3 个百分点，全省 38 个大类行业中有 32 个行业增加值增长，增长面超八成。高技术产业保持较快增长态势，规模以上高技术制造业增加值增长 26.4%，对规模以上工业增长贡献率为 35.7%。民营工业贡献突出，支撑作用显著，全省规模以上民营工业增加值同比增长 12.3%，对全省规模以上工业增长贡献率达 74.4%。全省规模以上工业企业实现利润 4353.3 亿元，同比增长 24.7%，其中，国有控股企业实现利润增长 52.0%，股份制企业实现利润增长 32.6%，外商及港澳台商投资企业实现利润增长 8.9%。

图 11　2001—2021 年福建省规模以上工业增加值实际增长率

（数据来源：福建省统计局）

3. 服务业发展势头较好，生产性服务业支撑作用显著。2021 年，全省第三产业增加值增长 8.8%。分行业看，信息传输、软件和信息技术服务业，批发和零售业，住宿和餐饮业增加值分别增长 17.4%、15.4% 和 14.2%，增速分别快于第三产业 8.6 个、6.6 个和 5.4 个百分点。生产性服务业支撑作用加强，道路运输业营业收入增长 16.6%，租赁和商务服务业增长 50.3%，科学研究和技术服务业增长 18.5%。

4. 新发展格局迈出新步伐，高质量发展取得新成效。一是新动能快速成长。规模以上高技术制造业增加值增幅比全国高 8.2 个百分点；新能源汽车产量增长 2.6 倍，半导体存储盘增长 1.3 倍。二是装备制造业对工业增长贡献率提升。规模以上工业装备制造业增加值增长 17.8%，增幅高于规模以上工业平均水平 7.9 个百分点；对规模以上工业增加值增长贡献率为 42.9%，同比提高 4.0 个百分点；占全省规模以上工业的比重为 25.3%，同比提高 1.9 个百分点。三是市场主体不断壮大。全年新登记企业 33.6 万户，增长 16.7%，年末实有企业数 172.9 万户，增长 11.6%。四是“三去一降一补”成果继续巩固。铝材、铜材等产量分别下降 6.8% 和 17.3%。五是居民服务、教育、住房保障等短板领域投资有效推进。全年科学研究和技术服务业投资增长 1.23 倍，社会工作投资增长 25.1%；住房保障支出增长 11.0%，教育支出增长 12.8%。

（三）居民消费价格涨幅回落，工业生产者价格涨幅扩大

1. 居民消费价格涨幅回落。2021 年，全省居民消费价格（CPI）同比上涨 0.7%，涨幅比上年缩小 1.5 个百分点。其中，食品烟酒下降 1.1%，其他用品和服务类下降 3.7%；交通和通信类价格上涨 3.7%，居住类上涨 1.3%，生活用品及服务上涨 0.7%，教育文化和娱乐上涨 2.0%；医疗保健与上年持平。

2. 工业生产者价格涨幅扩大。2021 年，全省工业生产者出厂价格指数（PPI）同比上涨 4.9%；工业生产者购进价格指数（IPI）同比上涨 9.2%，涨幅比全国分别小 3.2 个和 1.8 个百分点。生产资料上升是推动出厂价格走高的主要因素，全省生产资料出厂价格同比上涨 7.7%；燃料、动力类和黑色金属材料类对购进价格影响最为明显，涨幅分别为 20.0% 和 24.5%。

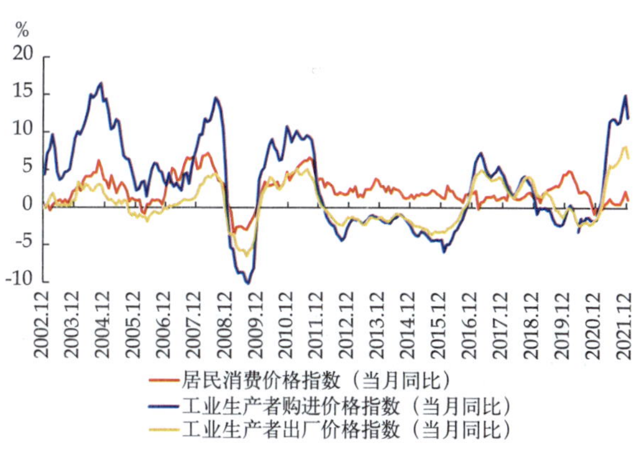

图 12　2002—2021 年福建省居民消费价格指数和工业生产者价格指数变动趋势

（数据来源：福建省统计局）

3. 就业形势总体稳定，居民收入持续增长。2021 年，全省城镇新增就业人数 52.0 万人，失业人员实现再就业 24.7 万人，同比增长 2.9%。全省城镇登记失业率 3.3%，同比下降 0.5 个百分点，控制在 5% 目标以内。全年居民人均可支配收入 40659 元，名义增长 9.3%；城镇居民人均可支配收入为 51140 元，名义增长 8.4%；农村居民人均可支配收入为 23229 元，名义增长 11.2%。城乡居民人均收入比值为 2.2，比上年

缩小 0.06，比全国平均水平小 0.3。

（四）财政收支实现三个正增长，民生领域显著发力

2021 年，全省一般公共预算总收入 5743.8 亿元，同比增长 11.3%，增幅较上年提高 11.1 个百分点。其中，地方一般公共预算收入 3383.4 亿元，增长 9.9%。一般公共预算支出 5210.9 亿元，增长 7.5%。其中，住房保障、医疗卫生和教育支出同比分别增长 11.0%、8.1% 和 12.8%。

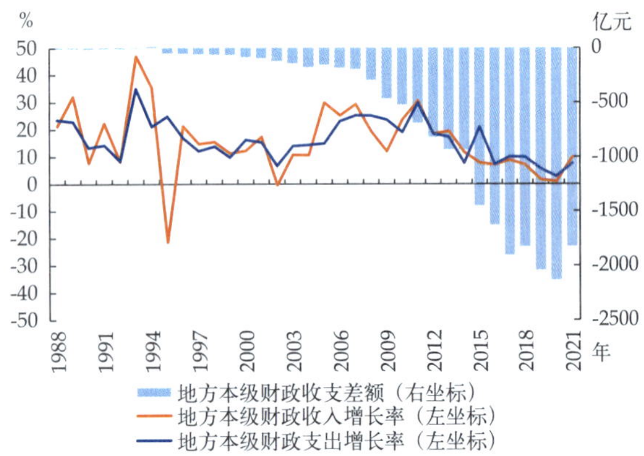

图 13　1988—2021 年福建省财政收支状况

（数据来源：福建省统计局）

（五）房地产市场总体平稳运行，重点城市房价小幅上涨

1. 房地产投资维持增长。2021 年，全省房地产开发投资 6195.6 亿元，同比增长 2.8%；其中住宅投资 4560.7 亿元，增长 4.3%。房屋新开工面积 6439.2 万平方米，同比下降 3.0%；其中住宅新开工 4587.4 万平方米，同比增长 0.8%。

2. 销售形势整体平稳。2021 年，全省商品房销售面积 6976.4 万平方米，同比增长 5.6%；销售金额 8217.3 亿元，同比增长 9.6%；其中商品住房销售面积 5597.6 万平方米，同比增长 7.4%，销售金额 7082.6 亿元，同比增长 11.7%。

3. 热点城市房价小幅上涨。2021 年，福州、厦门、泉州 3 个省内热点城市全年房价维持小幅上涨趋势。12 月，三市新建商品房销售价格指数同比分别上涨 3.4%、3.9% 和 3.7%；二手房价格指数同比分别上涨 3.1%、1.4% 和 3.6%。

4. 房地产信贷运行整体平稳，房贷利率小幅下降。一是信贷增速维持合理区间。2021 年末，全省房地产贷款余额 19337.8 亿元，同比增长 8.7%。分细项看，个人住房贷款仍是房地产贷款的最主要组成部分，2021 年末，全省个人住房贷款余额 15126. 5 亿元，同比增长 12.3%，比各项贷款平均增速低 1.13 个百分点。二是房贷利率有所下降。2021 年，福建省商业性个人住房贷款加权平均利率 5.13%，同比下降 4 个基点，与 LPR 变化趋势基本一致。

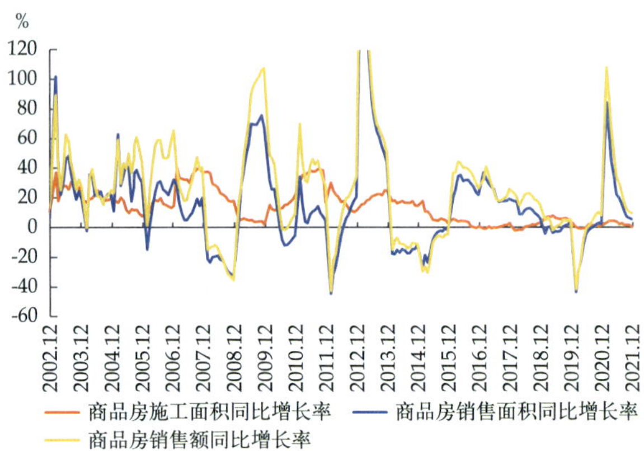

图 14　2002—2021 年福建省商品房施工和销售变动趋势

（数据来源：福建省统计局）

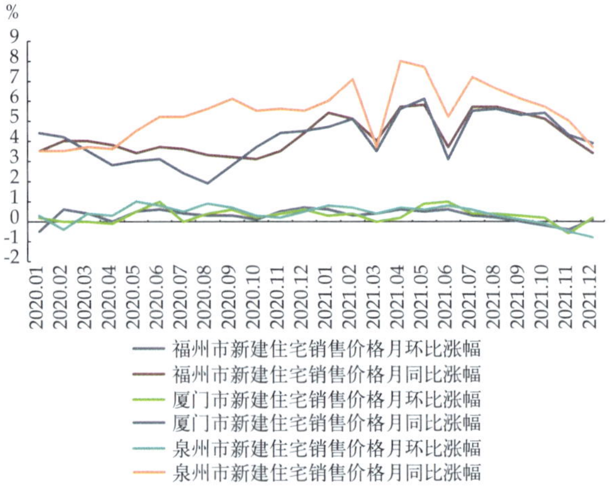

图 15　2020—2021 年福建省主要城市新建住宅销售价格变动趋势

（数据来源：福建省统计局）

专栏2 打好“信贷+”政策组合拳 凝聚跨部门工作合力保市场主体

金融支持市场主体要取得实效，跨部门“几家抬”是关键。2021年，中国人民银行福州中心支行贯彻落实货币信贷政策，运用结构性货币政策工具积极做好“加法”，打好“信贷+”政策组合拳，依托福建省“金服云”平台科技赋能，成功探索“中小微企业纾困专项资金贷款”“技改项目融资专项贷款”“科技型中小微企业贷款”“创业担保贷款”四类模式。截至2021年末，四类优惠利率贷款累计投放586.3亿元，惠及市场主体1.4万户，加权平均利率3.66%，低于同期企业贷款利率约0.5个百分点。

一、“央行资金＋信贷”发挥牵引带动作用

（一）合规用好普惠性再贷款再贴现政策

全面强化央行资金内部管理，强化正向激励机制，增强普惠性和直达性。2021年全省累放再贷款再贴现1350亿元，一方面引导金融机构扩大对涉农、小微和民营企业等信贷投放，另一方面通过降低金融机构负债成本，带动普惠小微企业融资成本下降。2021年全省金融机构普惠小微贷款利率同比下降29个基点。

（二）实施好两项直达工具延期政策

两项直达工具落地以来，至2021年末全省已发放信用贷款支持计划资金66.3亿元，直接带动发放普惠小微信用贷款168亿元；提供延期支持工具激励金6.9亿元，直接带动普惠小微贷款本金延期金额689亿元。

二、“信贷＋产业政策”提高融资支持精准度

（一）信贷投向精准紧扣产业政策导向

由省工信、农业、科技和人社等部门分别结合福建省产业政策导向确定企业和个体工商户的范围领域。如“科技贷”重点围绕福建创新型省份建设，缓解科技型中小微企业融资难题；“技改贷”侧重传统产业改造升级、先进制造业发展等省级技改重点项目。

（二）市场主体“清单制”精细化管理

一是自上而下，由行业主管部门建立企业名单库，精准推送到“金服云”平台对外共享，再由人民银行引导银行对接支持；二是自下而上，由企业主动向银行机构或“金服云”平台发起贷款申请，政府部门在线审核通过，所发放贷款纳入政策支持范围。

三、“信贷＋财政贴息”降低企业贷款利率成本

（一）用财政贴息降低企业实际贷款利率

如财政为纾困贷提供年化1%的贴息，技改贷则提供年化2%的财政贴息。

（二）采取“先贴后补”模式，让贴息资金第一时间直达贷款主体

福建省财政对2021年两期纾困贷安排财政贴息资金合计2亿元、技改贷首期安排财政贴息资金6亿元，改变以往“先企业付息、再财政贴息”的烦琐流程，创新采取“先贴后补”模式，即各地财政部门依据“金服云”平台相关数据预拨贴息资金，经办银行发放纾困贷、技改贷时在规定的贷款利率基础上直接扣减年化贴息利率。

四、“信贷＋担保增信”扩大企业融资覆盖面

（一）设立省级政策性优惠贷款风险分担资金池，增强银行放贷信心

福建已设立总额10亿元的省级政策性优惠贷款风险分担资金池，支持纾困贷、科技贷和创业担保贷款等政策性优惠贷款风险分担。如科技贷约定：银行承担逾期贷款本金50%的损失以及全部利息损失，资金池承担贷款本金50%的补偿责任（以风险分担资

金池全部金额为限），银行信贷投放积极性得到极大保障。

（二）推动再担保、融资担保机构“见贷即保”，降低担保费率

融资担保机构积极介入福建纾困贷、创业担保贷款等业务，在“见贷即保”的同时降低担保费率让利于企。如纾困贷由银担双方按照2∶8的比例逐笔分担业务风险，省再担保公司对担保机构进行再分担，担保机构对银行审批后的纾困贷款项目“见贷即保”，按“总对总”批量担保办理。

五、“信贷＋信息平台”提升银企对接审批效率

（一）通过“金服云”平台强化涉企信息共享

一是企业名单信息上线共享。目前纾困贷、技改贷、创业担保贷款等主体清单以及新型农业经营主体、内外贸企业等名单均通过“金服云”平台发布。二是政府涉企信息上线共享。目前“金服云”平台已汇聚税务、市场监管、社保等17个部门近4400项涉企数据，在此基础上银行机构自助核验企业和个体工商户身份，通过数据“算法”，进行企业画像、负面清单筛查。

（二）推动银企线上申请与对接，让优惠利率贷款更快落地

“金服云”平台2021年6月正式上线运行以来，可提供全天候、一站式金融服务，接入金融机构超过70家，入驻企业超过16万家，解决贷款需求超1000亿元。如技改企业通过“金服云”平台提交贷款需求信息，合作银行上线筛选对接，由平台实时监控“技改贷”全流程信息（包括供需、对接、审批、授信、放款、贴息等），并向工信、财政、人民银行等行业主管部门提供实时查询服务，较原有传统模式下的全流程时间均缩短7~9个工作日。福建省政府部门均通过“金服云”平台发布重要政策，各类优惠利率贷款投放和财政贴息资金通过线上申请审核和监测统计。

三、预测与展望

2022年是党的二十大召开之年，是全面落实省第十一次党代会部署的开局之年，做好全年工作意义重大。当前，福建经济韧性强、活力足、底盘稳，长期向好的趋势没有改变。

一是科技创新动能增强，创新平台持续拓展，制造业高质量发展取得新进展，服务业转型升级有序推进，投资消费稳步增长，经济更高质量发展；二是改革攻坚多点突破，开放合作走深走实，闽台融合持续发展，经济发展更有效率；三是民生保障有力有效，就业总体保持稳定，乡村振兴全面推进，脱贫攻坚成果有效巩固，民生福祉持续增进，社会发展更加公平；四是生态省建设扎实推进，区域协作更为紧密，福州都市圈规划获国家批复，厦漳泉都市圈一体化持续推进，发展更可持续；五是社会治理不断创新，常态化疫情防控有力有效，金融风险防范化解精准有力，社会发展更为安全。

与此同时，福建省经济发展也存在不少困难和问题亟须克服。外部环境更趋复杂严峻，疫情发展存在不确定性；经济发展面临需求收缩、供给冲击、预期转弱三重压力；科技创新能力不强、产业结构不优、人才支撑不足等深层次矛盾仍然突出；大项目好项目投资接续不足，要素保障约束增强；受疫情冲击，中小微企业和个体工商户生产经营困难增多，交通、住宿、旅游等行业恢复仍然缓慢；房地产、金融等重点领域风险需要关注。

2022年，福建省将坚持稳中求进工作总基调，立足新发展阶段、贯彻新发展理念、服务和融入新发展格局，以供给侧结构性改革为主线，深入实施创新驱动发展战略，全面深化改革开放，统筹疫情防控和经济社会发展，统筹

发展和安全，继续做好“六稳”“六保”工作，持续抓好“五促一保一防一控”工作，进一步提高效率、提升效能、提增效益，大力发展数字经济、海洋经济、绿色经济、文旅经济，保持经济运行在合理区间，保持社会大局稳定，促进两岸融合发展，全方位推进高质量发展超越，奋力谱写全面建设社会主义现代化国家福建篇章。因此，尽管外部环境更趋复杂严峻，疫情防控任务仍然艰巨，福建省经济仍将继续保持稳中向好、稳中有进的发展态势。

2022 年，福建省金融系统将紧紧围绕党中央、国务院决策部署，坚持“稳字当头，稳中求进”的总基调，以金融供给侧结构性改革为主线，落实好稳健货币政策灵活适度的要求，保持流动性合理充裕，加大跨周期调节力度，发挥好货币政策工具的总量和结构双重功能，持续优化信贷结构，着力降低融资成本，深入推进高水平金融改革开放，扎实做好地方金融风险防控，继续优化金融服务管理，进一步提升金融服务实体经济高质量发展的质效，以实际行动迎接党的二十大胜利召开。

中国人民银行福州中心支行货币政策分析小组

总　　纂： 张庆昉　江　涛

统　　稿： 张　燕　陈　锋

执　　笔： 黄　宁　杨冰洁　陈佳腾

提供材料： 曹桂元　阮玉盼　杨　敏　李春玉　林　青　王德惠　王仁生　江　宇　林　勃
余及尧　林　冉　郑境辉　付志祥　谢　丹　游　燕　宋科进　林建松　林文昊
黄月琴　陈　雄　李志林　陈福生　缪宇丰　张本富　姜桂萍　等

附录：

（一）2021 年福建省经济金融大事记

3 月 27 日，中国人民银行正式发行厦门大学建校 100 周年金银纪念币一套。

3 月 31 日，福建农信资产总额突破 10000 亿元，存款余额突破 8000 亿元。

6 月 9—10 日，中国人民银行党委书记、中国银保监会主席郭树清来闽调研，并为福建省委理论学习中心组作专题党课辅导报告。

6 月 22 日，以“创新发展与资本赋能”为主题的资本市场福建对接大会主论坛在福州市举行。中共福建省委书记尹力、中国证监会副主席阎庆民分别致辞，福建省人民政府省长王宁主持主论坛。

6 月 30 日，“福建省涉台金融纠纷争议解决服务中心”在福州挂牌成立，这是全国首个专门服务台胞台企的省级金融纠纷多元化解组织。

7 月 26 日，作为开展全国本外币合一银行结算账户体系试点的 4 个城市之一，福州市正式启动试点工作。

9 月 2 日，首家闽台合资证券公司金圆统一证券在全国率先上线台港澳客户网上开户业务，开创了台港澳同胞办理网上开户业务的先例。

9 月 12 日，全国首家府院协同的金融调解组织——厦门市地方金融纠纷调解中心正式揭牌。

12 月 2 日，全国首个省级碳市场综合服务平台“福建省碳市场综合服务平台”上线仪式在海峡股权交易中心举行。

12 月 8 日，福建省首个企业新台币账户在平潭正式落地。

（二）2021 年福建省主要经济金融指标

表 1　2021 年福建省主要存贷款指标

	项目	1月	2月	3月	4月	5月	6月	7月	8月	9月	10月	11月	12月
本外币	金融机构各项存款余额（亿元）	58407.2	58363.7	59350.3	59007.9	59790.3	62029.4	60321.9	61135.4	62849.3	61595.8	61869.1	62091.5
	其中：住户存款	24578.1	25511.7	26093.8	25487.6	25581.0	26392.4	25618.4	25657.7	26491.3	25747.4	25922.7	26472.8
	非金融企业存款	17398.4	16590.3	17411.6	17465.9	17616.7	18497.5	17789.6	17911.1	18271.4	17991.2	18317.7	18805.6
	各项存款余额比上月增加（亿元）	2020.3	-43.5	986.6	-342.4	782.4	2239.1	-1707.5	813.4	1713.9	-1253.5	273.3	222.4
	金融机构各项存款同比增长（%）	14.3	13.1	11.6	11.7	12.3	12.1	11.5	12.8	13.5	12.9	10.9	10.1
	金融机构各项贷款余额（亿元）	60934.9	61568.7	62314.4	62554.3	63046.7	63583.2	64671.9	65704.7	66317.6	66585.5	67304.4	67894.6
	其中：短期	18683.3	18819.9	19202.2	19154.8	19243.2	19433.0	19389.5	19520.7	19687.7	19620.9	19791.1	19736.6
	中长期	38766.9	39175.4	39570.2	39906.2	40311.2	40746.8	41024.4	41372.3	41743.2	42077.1	42421.2	42790.3
	票据融资	2239.6	2110.7	1987.7	1861.7	1812.3	1985.4	2149.5	2612.0	2718.5	2800.3	3204.1	3287.7
	各项贷款余额比上月增加（亿元）	—	—	745.6	239.9	492.4	536.5	1088.7	1032.8	613.0	267.9	718.9	590.2
	其中：短期	540.6	136.6	382.3	-47.4	88.4	189.8	-43.5	131.2	167.0	-66.8	170.2	-54.5
	中长期	733.1	408.5	394.8	336.0	405.0	435.6	277.6	347.9	370.9	333.9	344.1	369.1
	票据融资	66.1	-128.9	-123.0	-126.0	-49.4	173.1	164.1	462.5	106.4	81.8	403.8	83.6
	金融机构各项贷款同比增长（%）	12.7	—	12.1	11.6	11.8	11.5	12.5	13.5	13.6	13.3	13.7	13.4
	其中：短期	18.0	16.5	15.8	14.9	13.3	11.8	10.7	9.9	9.8	8.7	8.1	8.8
	中长期	12.5	13.0	13.1	13.4	14.0	14.1	13.8	13.6	12.8	12.9	12.8	12.5
	票据融资	0.4	-8.5	-21.7	-22.2	-25.7	-19.2	-11.5	15.6	31.5	38.6	62.2	51.3
	建筑业贷款余额（亿元）	1448.2	1484.8	1509.4	1474.3	1496.6	1515.3	1490.0	1506.8	1528.3	1528.2	1522.3	1534.4
	房地产业贷款余额（亿元）	2816.3	2854.9	2875.5	2899.5	2899.5	2908.2	2912.5	2862.0	2858.3	2814.7	2747.3	2687.5
	建筑业贷款同比增长（%）	23.7	25.5	25.4	21.1	21.0	17.8	14.8	15.0	14.7	13.1	10.3	9.8
	房地产业贷款同比增长（%）	3.7	2.4	1.2	2.3	2.3	3.1	2.4	0.6	0.2	0.2	0.2	-0.7
人民币	金融机构各项存款余额（亿元）	57055.0	56945.3	57906.3	57417.9	58231.7	60427.9	58844.2	59542.5	61238.0	60009.4	60231.4	60557.3
	其中：住户存款	24351.9	25284.2	25863.4	25264.2	25363.3	26171.2	25397.6	25436.8	26269.8	25527.9	25699.5	26248.2
	非金融企业存款	16656.8	15803.7	16593.5	16517.3	16674.9	17525.0	16926.4	16940.0	17295.9	17035.4	17313.5	17894.4
	各项存款余额比上月增加（亿元）	1894.5	-109.8	961.0	-488.4	813.8	2196.3	-1583.7	698.3	1695.4	-1228.5	222.0	325.9
	其中：住户存款	299.3	932.4	579.1	-599.2	99.1	807.9	-773.6	39.2	833.0	-741.9	171.6	548.7
	非金融企业存款	52.5	-853.1	789.8	-76.2	157.6	850.1	-598.6	13.7	355.8	-260.5	278.1	580.9
	各项存款同比增长（%）	14.4	13.3	11.3	11.2	11.8	11.6	11.2	12.4	13.2	12.7	10.5	9.8
	其中：住户存款	9.7	15.2	14.1	13.8	13.2	11.3	10.6	9.8	9.8	9.3	9.5	9.1
	非金融企业存款	18.8	10.2	6.7	4.2	3.6	6.5	7.6	5.0	6.0	6.9	6.4	7.8
	金融机构各项贷款余额（亿元）	59521.7	59976.7	60575.6	60795.5	61408.5	61779.8	62704.7	63508.2	63993.6	64376.2	65214.2	65920.3
	其中：个人消费贷款	21640.2	21660.4	21838.7	21986.2	22096.0	22220.3	22282.3	22437.3	22603.6	22882.0	23307.6	23527.2
	票据融资	2239.6	2110.7	1987.7	1861.7	1812.3	1985.4	2149.5	2612.0	2718.5	2800.3	3204.1	3287.7
	各项贷款余额比上月增加（亿元）	932.2	455.0	598.9	219.9	613.1	371.2	924.9	803.5	485.5	382.6	838.0	706.1
	其中：个人消费贷款	287.5	20.1	178.3	147.6	109.8	124.3	62.0	155.0	166.3	278.4	425.6	219.5
	票据融资	66.1	-128.9	-123.0	-126.0	-49.4	173.1	164.1	462.5	106.4	81.8	403.8	83.6
	金融机构各项贷款同比增长（%）	13.0	12.6	11.9	11.4	11.9	11.2	12.0	12.6	12.3	12.1	12.6	12.5
	其中：个人消费贷款	13.3	13.6	13.2	12.8	12.1	11.0	9.7	9.1	8.5	8.8	9.8	10.2
	票据融资	0.4	-8.5	-21.7	-22.2	-25.7	-19.2	-11.5	15.6	31.5	38.6	62.2	51.3
外币	金融机构外币存款余额（亿美元）	209.0	219.2	219.7	245.9	244.8	247.9	228.7	246.3	248.5	248.2	256.7	240.6
	金融机构外币存款同比增长（%）	20.9	15.0	33.9	46.6	54.8	48.2	32.5	38.4	33.1	27.2	31.1	28.0
	金融机构外币贷款余额（亿美元）	218.4	246.0	264.6	272.0	257.2	279.2	304.5	339.6	358.3	345.7	327.7	309.7
	金融机构外币贷款同比增长（%）	6.1	19.8	32.3	31.4	22.5	32.4	43.4	56.4	71.6	70.9	63.5	59.1

数据来源：中国人民银行福州中心支行。

表 2　2001—2021 年福建省各类价格指数

单位：%

时间	居民消费价格指数		农业生产资料价格指数		工业生产者购进价格指数		工业生产者出厂价格指数	
	当月同比	累计同比	当月同比	累计同比	当月同比	累计同比	当月同比	累计同比
2001	—	-1.3	—	-1.3	—	-3.3	—	-1.9
2002	—	-0.5	—	-0.1	—	-2.4	—	-2.8
2003	—	0.8	—	1.8	—	6.3	—	0.7
2004	—	4.0	—	12.5	—	13.3	—	2.6
2005	—	2.2	—	8.1	—	8.1	—	0.2
2006	—	0.8	—	0.9	—	3.9	—	-0.8
2007	—	5.2	—	10.3	—	4.3	—	0.8
2008	—	4.6	—	23.6	—	10.2	—	2.7
2009	—	-1.8	—	-6.7	—	-6.8	—	-4.5
2010	—	3.2	—	2.4	—	7.7	—	3.2
2011	—	5.3	—	11.8	—	8.0	—	3.9
2012	—	2.4	—	3.3	—	-2.3	—	-1.3
2013	—	2.5	—	-0.5	—	-1.6	—	-1.6
2014	—	2.0	—	-0.5	—	-1.7	—	-1.4
2015	—	1.7	—	1.4	—	-3.9	—	-3.0
2016	—	1.7	—	0.2	—	-2.0	—	-0.9
2017	—	1.2	—	0.0	—	5.3	—	4.1
2018	—	1.5	—	3.1	—	2.8	—	2.8
2019	—	2.6	—	2.2	—	-1.0	—	0.6
2020	—	2.2	—	3.3	—	-1.4	—	-1.6
2021	—	0.7	—	—	—	9.2	—	4.9
2020　1	4.9	4.9	5.1	5.1	0.0	0.0	0.0	0.0
2	4.8	4.8	4.8	5.0	0.4	0.2	-0.1	0.0
3	3.9	4.5	4.9	4.9	-0.3	0.0	-0.6	-0.2
4	3.1	4.2	4.6	4.9	-1.8	-0.4	-1.8	-0.6
5	2.0	3.7	3.9	4.7	-3.2	-1.0	-2.4	-1.0
6	2.1	3.5	3.9	4.6	-3.3	-1.4	-2.3	-1.2
7	2.2	3.3	4.9	4.6	-2.0	-1.4	-2.0	-1.3
8	2.0	3.1	4.5	4.6	-1.3	-1.4	-1.9	-1.4
9	1.6	2.9	2.2	4.3	-1.3	-1.4	-2.3	-1.5
10	0.5	2.7	0.9	4.0	-1.7	-1.4	-2.2	-1.6
11	-0.8	2.4	-0.1	3.6	-1.7	-1.5	-1.8	-1.6
12	-0.1	2.2	0.2	3.3	-0.6	-1.4	-1.4	-1.6
2021　1	-0.3	-0.3	—	—	-0.1	-0.1	-0.8	-0.8
2	-0.2	-0.3	—	—	0.9	0.4	0.3	-0.2
3	0.4	0.0	—	—	4.2	1.7	2.5	0.7
4	0.7	0.2	—	—	8.2	3.3	4.4	1.6
5	1.2	0.4	—	—	11.5	4.9	5.7	2.4
6	0.7	0.4	—	—	11.8	6.0	5.4	2.9
7	0.5	0.4	—	—	11.8	6.8	5.7	3.3
8	0.5	0.4	—	—	11.2	7.4	6.1	3.6
9	0.5	0.4	—	—	11.4	7.8	6.7	4.0
10	1.2	0.5	—	—	13.4	8.4	8.0	4.4
11	2.2	0.7	—	—	15.0	9.0	8.2	4.7
12	1.1	0.7	—	—	12.0	9.2	6.7	4.9

数据来源：国家统计局福建调查总队。

表 3 2021 年福建省主要经济指标

项目	1月	2月	3月	4月	5月	6月	7月	8月	9月	10月	11月	12月
	绝对值（自年初累计）											
地区生产总值（亿元）	—	—	10750.6	—	—	22914.0	—	—	35196.6	—	—	48810.4
第一产业	—	—	478.9	—	—	1098.5	—	—	1787.3	—	—	2897.7
第二产业	—	—	4852.1	—	—	10740.8	—	—	16623.3	—	—	22866.3
第三产业	—	—	5419.6	—	—	11074.6	—	—	16786.0	—	—	23046.3
工业增加值（亿元）	—	—	—	—	—	—	—	—	—	—	—	—
固定资产投资（亿元）	—	—	—	—	—	—	—	—	—	—	—	—
房地产开发投资	—	734.9	1466.8	2019.9	2633.6	3319.7	3843.8	4260.8	4870.6	5319.1	5839.8	6195.6
社会消费品零售总额（亿元）	—	3421.3	5155.7	6740.9	8399.0	10150.5	11797.8	13408.6	14978.9	16668.8	18577.1	20373.1
外贸进出口总额（亿元）	1347.1	2447.3	3835.8	5347.8	6995.2	8599.6	10253.5	11915.9	13594.8	15193.2	16911.3	18449.6
进口	520.5	948.9	1539.1	2191.9	2893.8	3560.7	4283.1	4987.9	5682.7	6375.5	7075.4	7633.1
出口	826.6	1498.4	2296.7	3155.9	4101.4	5038.9	5970.3	6928.1	7912.0	8817.7	9836.0	10816.5
进出口差额（出口－进口）	306.1	549.6	757.6	964.1	1207.6	1478.0	1687.2	1940.2	2229.0	2442.2	2760.6	3183.4
实际利用外资（亿美元）	—	63.2	136.2	159.6	181.8	240.4	251.2	267.0	292.4	313.4	336.0	369.2
地方财政收支差额（亿元）	-10.5	-214.2	-329.2	-318.4	-375.6	-580.1	-594.6	-736.7	-1004.9	-1025.4	-1236.7	-1827.9
地方财政收入	448.4	677.1	1016.1	1380.7	1677.8	2042.8	2370.3	2595.3	2819.8	3087.0	3243.1	3383.0
地方财政支出	459.0	891.3	1345.3	1699.2	2053.5	2622.9	2964.9	3332.0	3824.7	4112.4	4479.7	5210.9
城镇登记失业率（%）（季度）	—	—	4.5	—	—	4.3	—	—	4.2	—	—	3.3
	同比累计增长率（%）											
地区生产总值	—	—	17.9	—	—	12.3	—	—	8.8	—	—	8.0
第一产业	—	—	3.4	—	—	3.8	—	—	4.2	—	—	4.9
第二产业	—	—	21.1	—	—	11.5	—	—	8.2	—	—	7.5
第三产业	—	—	16.5	—	—	13.9	—	—	10.0	—	—	8.8
工业增加值	—	26.4	22.7	19.1	16.4	14.6	13.4	12.0	10.8	10.1	9.9	9.9
固定资产投资	—	40.3	30.5	21.8	17.2	13.1	10.1	6.3	4.9	4.3	4.8	6.0
房地产开发投资	—	39.9	29.5	21.6	16.8	14.2	11.3	7.4	5.8	4.1	4.6	2.8
社会消费品零售总额	—	26.2	26.3	22.8	20.1	17.9	16.0	14.0	12.1	10.6	10.0	9.4
外贸进出口总额	15.0	37.7	34.2	39.7	44.7	39.1	38.0	36.5	33.7	33.0	32.8	30.9
进口	28.3	22.3	27.7	37.7	45.9	40.7	42.1	41.4	37.0	37.9	38.1	35.7
出口	7.9	49.6	38.9	41.1	43.9	37.9	35.3	33.3	31.4	29.6	29.3	27.7
实际利用外资	—	10.2	21.0	14.1	13.8	12.8	12.6	10.1	10.3	6.7	6.1	6.1
地方财政收入	10.8	20.6	32.8	32.8	29.6	30.3	27.8	26.6	21.7	17.9	14.7	9.9
地方财政支出	-12.7	8.7	3.4	1.9	3.6	8.2	6.9	7.0	4.9	4.7	4.7	7.5

数据来源：福建省统计局。

江西省金融运行报告（2022）

中国人民银行南昌中心支行货币政策分析小组

[内容摘要] 2021 年，面对错综复杂的外部环境和国内疫情散发等多重挑战，江西省坚持以习近平新时代中国特色社会主义思想为指导，全面贯彻落实党的十九大及十九届历次全会精神，深入学习贯彻习近平总书记视察江西重要讲话精神，认真落实党中央、国务院决策部署，统筹推进常态化疫情防控和经济社会发展，扎实做好“六稳”“六保”工作，着力稳增长、调结构、强动能，全省经济运行平稳，发展韧性和活力持续显现，质量效益稳步提高，全年 GDP 增长 8.8%，位居全国第四，高质量跨越式发展取得新成效，顺利实现“十四五”良好开局。

经济运行总体呈现“运行平稳、稳中有进、稳中提质”的特征。“运行平稳”主要表现包括：一是经济增长稳固。全省地区生产总值、工业、投资、消费等主要经济指标增速均高于全国平均水平。二是生产发展平稳。全省粮食总产量 438.5 亿斤，产量连续九年稳定在 430 亿斤以上，实现“九连丰”。规模以上工业增加值同比增长 11.4%，高于全国平均水平 1.8 个百分点，位居全国第八，两年平均增长 7.9%，稳定恢复到正常年份水平。三是需求稳定恢复。全省固定资产投资同比增长 10.8%，增速高于全国平均水平 5.9 个百分点，位居全国第五。消费品市场持续复苏，社会消费品零售总额同比增长 17.7%，增速高于全国平均水平 5.2 个百分点，位居全国第四。外贸展现较强韧性，全省进出口总值同比增长 23.7%，高于全国平均水平 2.3 个百分点，为 2012 年以来最快增速。“稳中有进”主要表现包括：一是新产业增长较快。战略性新兴产业、高新技术产业增加值同比分别增长 20.3%、15.2%，占规模以上工业增加值比重分别为 23.2%、38.5%，同比分别提高 1.1 个和 0.3 个百分点。二是新业态蓬勃发展。网上消费增长快于实体经营，全省网上零售额同比增长 25.5%，其中实物商品网上零售额同比增长 26.9%。三是新产品产销两旺。规模以上工业中，工业机器人、稀土磁性材料、3D 打印设备产量同比分别增长 139.8%、61.7%、32.7%。限额以上批发零售企业中，新能源汽车零售额同比增长 81.9%。“稳中提质”主要表现包括：一是就业物价稳定。全省城镇新增就业 48.0 万人、新增转移农村劳动力 60.4 万人，分别完成年度计划的 126.4%、116.1%。全省居民消费价格同比上涨 0.9%。二是财政收入平稳增长。全省财政一般公共预算收入完成 2812.3 亿元，同比增长 12.2%，增幅 2015 年以来首次跃升到两位数，恢复性较快增长态势明显。三是居民收入迈上新台阶。全省居民人均可支配收入首次突破 3 万元，达 30610 元，同比增长 9.3%，城镇居民人均可支配收入同比增长 8.1%，农村居民人均可支配收入同比增长 10.0%。

金融保持稳健运行，服务实体经济质效不断提升。一是金融总量实现新飞跃。2021 年末，全省银行业金融机构资产总额、负债总额均首次突破 6 万亿元大关，“险资入赣”金额突破 400 亿元；辖内金融机构各项贷款余额 4.7 万亿元，同比增长 13.2%；发行债务融资工具达 1982.4 亿元，运用市场化融资方式降成本、拓渠道能力不断增强。二是金融结构调整优化实现新进展。用好用足再贷款再贴现等货币政策工具，稳步实施好两项直达实体经济货币政策工具，重点领域信贷投放力度加大。普惠小微贷款余额同比增长 23.0%，贷款户数同比增长 15.2%；金融支持巩固脱贫攻坚成果与乡村振兴有效衔接，全省涉农贷款占各项贷款余额、增量比重均稳定在三分之一以上；进一步加大对制造业新动能的支持力度，全省高技术制造业、先进制造业中长期贷款同比分别增长 34.6% 和 31.7%。三是利率市场化改革实现新成效。持续释放 LPR 改革潜力，带动贷款利率显著下行。2021 年，全省金融机构企业贷款加权平均利率 4.97%，同比下降11个基点。其中普惠小微贷款加权平均利率在2020年大幅下降的基础上，继续下降38个基点。四是金融改革试点实现新作为。制定出台《关于支持赣州市、吉安市普惠金融改革试验区建设的指导意见》，有效推进普惠金融改革试点；绿色金融改革加快推进，设立“碳中和”主题绿色信托计划，设立碳中和基金，发行碳中和债券3.7亿元，全省绿色贷款余额增速高于各项贷款增速，“全省推行绿色金融改革促进绿色经济稳步发展”的典型经验被国务院第八次大督查通报表扬。五是金融基础服务实现新提升。建设企业收支流水大数据征信平台、江西省普惠金融综合服务平台、农村经营户信用信息联网核查平台三大数据平台，为中小微企业和农村经营户提供多方位的金融服务支持；深入推进移动支付便民服务工作，积极推行简易开户服务，支付服务环境持续优化；金融消费权益保护环境持续向好，打造12363金融消费权益保护投诉咨询暖心热线，统筹开展全省金融消费者教育，命名5家省级金融教育示范基地。

2022年，全省上下将以习近平新时代中国特色社会主义思想为指导，牢牢把握“稳住、进好、调优”的原则要求，着力稳定经济增长，精准有效扩大投资，多措并举推动消费回暖，促进外贸稳量提质，有序推进碳达峰碳中和，加快产业转型升级，优化营商环境，全力以赴做大经济总量、做强增量、做优质量，努力开创江西经济高质量跨越式发展新局面。全省金融系统将按照中央经济工作会议“稳字当头、稳中求进”的决策部署，落实好稳健的货币政策灵活适度的要求，保持信贷总量增长的稳定性，做好两项直达实体经济货币政策工具的接续转换，推动普惠金融重点领域改革，创新绿色金融发展机制，进一步增强对实体经济的服务能力，为推动全省经济高质量发展营造适宜的货币金融环境。

一、金融运行情况

2021年，江西省金融系统积极贯彻落实党中央、国务院重大决策部署，围绕“六稳”“六保”任务，精准执行货币信贷政策，持续推进信贷结构优化，加大对重点领域和薄弱环节的融资支持力度。金融运行总体呈现良好态势，融资结构持续优化，区域金融改革进一步深化，金融服务实体经济质效不断提升，有力助推江西经济高质量发展。

（一）银行业稳健发展，支持实体经济质效提升

1. 资产负债规模稳步增长，组织体系更加完善。2021年末，全省银行业金融机构资产总额、负债总额均首次突破6万亿元大关，其中资产总额同比增长10.2%；负债总额同比增长9.9%。营业网点6920个，从业人员10.6万人，均较上年末略有增加。

表1　2021年江西省银行业金融机构情况

机构类别	营业网点			法人机构（个）
	机构个数（个）	从业人数（人）	资产总额（亿元）	
一、大型商业银行	1817	37700	18778	0
二、国家开发银行和政策性银行	99	2356	8816	0
三、股份制商业银行	289	5999	5529	0
四、城市商业银行	793	14370	13817	4
五、城市信用社	0	0	0	0
六、小型农村金融机构	2280	24750	11166	87
七、财务公司	0	201	590	3
八、信托公司	0	1630	221	2
九、邮政储蓄银行	1460	13754	3879	0
十、外资银行	4	56	46	0
十一、新型农村金融机构	174	4516	884	77
十二、其他	4	550	174	2
合　计	6920	105882	63899	175

数据来源：江西银保监局。

注：营业网点不包括国家开发银行和政策性银行、大型商业银行、股份制商业银行等金融机构总部数据；大型商业银行包括中国工商银行、中国农业银行、中国银行、中国建设银行和交通银行；小型农村金融机构包括农村商业银行；新型农村金融机构包括村镇银行；其他包含金融租赁公司、民营银行。

2. 存款规模继续扩大，余额增速有所放缓。2021 年末，全省金融机构本外币各项存款余额 4.8 万亿元，同比增长 8.8%，增速较上年末下降 3.3 个百分点，月度增速呈现年内震荡下行态势；比年初增加 3843.1 亿元，同比少增 894.5 亿元。因疫情反复，市场主体经营压力加大，叠加结构性存款继续压降及贷款派生存款放缓等，住户存款、非金融企业存款比年初分别增加 2710.9 亿元、748.4 亿元，同比分别少增 364.5 亿元、789.4 亿元；财政性存款比年初下降 15.9 亿元，而上年同期为净增 288.6 亿元。

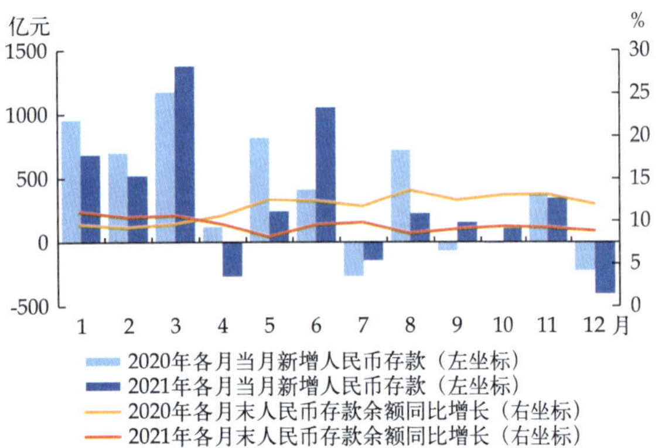

图 1　2020—2021 年江西省金融机构人民币存款增长变化

（数据来源：中国人民银行南昌中心支行）

3. 贷款余额稳步增长，信贷结构稳步优化。2021 年末，全省金融机构本外币各项贷款余额 4.7 万亿元，比年初增加 5505.7 亿元；余额同比增长 13.2%，增速居全国第九位。结构性货币政策工具运用更加注重“普惠直达”，全年累计办理再贴现 613.6 亿元，同比增长 13.7%，其中办理绿色票据再贴现 53.8 亿元；发放再贷款 753.5 亿元，同比增长 44.9%。9 月全国新增 3000 亿元支小再贷款额度，江西获得 200 亿元，占比近 7%，于 11 月中旬发放完毕。持续运用两项直达实体经济的货币政策工具，对符合条件的法人银行机构发放 18 批普惠小微企业贷款延期政策激励资金合计 6.6 亿元，支持银行为 6.4 万余户普惠小微经营主体的 658 亿元贷款本金进行延期；向符合条件的法人银行机构发放 7 批普惠小微企业信用贷款支持计划零利率激励资金 92.8 亿元，支持银行为 10.1 万户小微市场主体发放信用贷款 231.9 亿元，有力支持小微市场主体纾困发展。

金融支持实体经济重点领域和薄弱环节力度进一步加大。2021 年，全省金融机构深入开展中小微企业金融服务能力提升、小微企业首贷提升工程，持续推进“一十百千”[①] 入园入企走访和“贷动小生意 服务大民生”金融支持个体工商户发展专项行动，2021 年末全省普惠小微企业贷款余额和个体工商户贷款余额增速分别高于各项贷款余额增速 9.8 个和 4.8 个百分点，有效缓解了小微企业、个体工商户受原材料价格上涨、疫情反复等因素导致的经营压力。牵头推进金融服务乡村振兴示范区创建工作，涉农贷款占各项贷款余额及增量比重均稳定在三分之一以上，持续运用金融力量推进巩固脱贫攻坚成果与乡村振兴有效衔接。推动碳减排支持工具红利在江西尽快落地见效，引导全省金融机构绿色贷款余额同比增加 1117.3 亿元。全省制造业中长期贷款、高技术制造业中长期贷款余额同比分别增加 342.9 亿元、81.3 亿元，有力支持制造业转型升级和动能转换。印发《金融支持江西科技创新和数字经济高质量发展若干措施》，强化区域创新试点金融服务，创新“科贷通”、“人才贷”、知识产权质押等金融产品，建立 3057 户高新技术企业、4191 户科技型中小企业“白名单”，全省科技中小企业贷款余额同比增长 17.7%，支持企业 3922 户；高新技术企业贷款余额突破 2500 亿元，支持企业 4768 户。

① “一十百千”：“一”是指江西省小微客户融资服务平台，“十”是指江西省政府确定的 14 个省领导担任链长主抓的 14 条产业链，“百”是指百名省内人民银行行长进百园，“千”是指千名商业银行行长进万企。

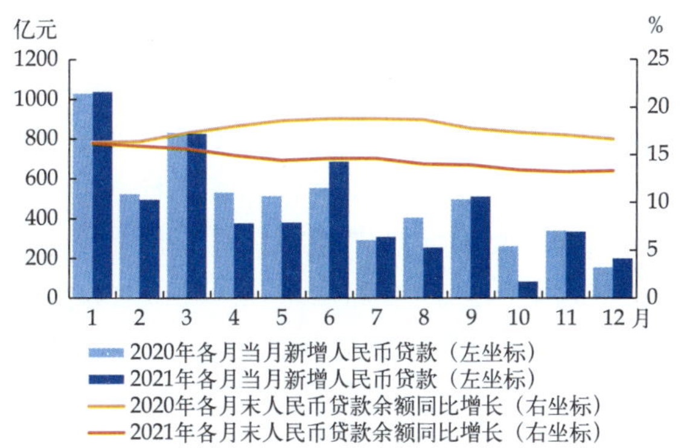

图 2　2020—2021 年江西省金融机构人民币贷款增长变化

（数据来源：中国人民银行南昌中心支行）

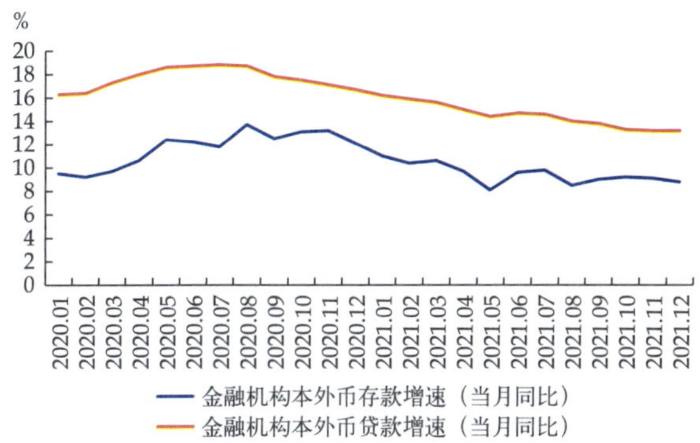

图 3　2020—2021 年江西省金融机构本外币存贷款增速变化

（数据来源：中国人民银行南昌中心支行）

4. 表外业务持续收敛，信托贷款大幅下降。 2021 年，随着理财、信托等业务发展逐渐规范，表外信用持续收缩，金融市场风险有效缓释。全省表外融资业务减少 1206.9 亿元，同比多减 382.6 亿元。其中，委托贷款减少 27.9 亿元，同比少减 131.5 亿元；信托贷款减少 1186.1 亿元，同比多减 691.5 亿元；未贴现的银行承兑汇票增加 7.1 亿元，同比多增 177.3 亿元。

5. 利率市场化改革持续推进，普惠小微贷款利率继续下降。 年内优化存款利率监管，将存款利率自律上限由上浮改为加点确定，引导金融机构有序停办和压降存款“创新”产品，营造良好的存款市场竞争环境，推动银行负债成本下降。2021 年 12 月，全省定期存款加权平均利率同比下降 7 个基点，存款付息率同比下降 6 个基点，为资产端减费让利腾挪空间。继续引导法人金融机构完善利率定价系统，利率传导渠道更加畅通，持续释放 LPR 改革潜力，带动贷款利率显著下行。2021 年，全省金融机构企业贷款加权平均利率 4.97%，同比下降 11 个基点。其中普惠小微贷款加权平均利率在 2020 年大幅下降的基础上，继续下降 38 个基点，处于历史低位。

表 2　2021 年江西省金融机构人民币贷款各利率区间占比

单位：%

项目		1 月	2 月	3 月	4 月	5 月	6 月
合计		100.0	100.0	100.0	100.0	100.0	100.0
LPR 减点		9.3	10.1	8.8	7.8	9.6	8.1
LPR		4.6	6.0	6.5	6.4	6.4	6.3
LPR 加点	小计	86.1	83.9	84.7	85.8	84.0	85.6
	(LPR，LPR+0.5%)	16.6	13.3	15.7	12.7	14.2	14.8
	[LPR+0.5%，LPR+1.5%)	29.2	28.5	30.2	27.4	28.0	34.3
	[LPR+1.5%，LPR+3%)	20.7	20.6	19.7	23.1	21.1	19.4
	[LPR+3%，LPR+5%)	14.5	15.9	14.7	16.6	15.5	13.1
	LPR+5% 及以上	5.1	5.6	4.4	6.0	5.2	4.0
项目		7 月	8 月	9 月	10 月	11 月	12 月
合计		100.0	100.0	100.0	100.0	100.0	100.0
LPR 减点		7.0	8.8	12.7	11.4	11.7	13.0
LPR		5.4	6.1	6.8	5.7	6.7	4.5
LPR 加点	小计	87.6	85.1	80.5	82.9	81.6	82.5
	(LPR，LPR+0.5%)	16.1	12.2	12.7	11.2	13.3	15.1
	[LPR+0.5%，LPR+1.5%)	32.1	31.6	30.9	26.7	29.5	29.3
	[LPR+1.5%，LPR+3%)	19.1	21.0	18.4	21.6	20.8	19.9
	[LPR+3%，LPR+5%)	14.9	14.6	13.7	16.4	13.0	13.8
	LPR+5% 及以上	5.4	5.7	4.8	7.0	5.0	4.4

数据来源：中国人民银行南昌中心支行。

6. 金融风险总体可控，资产质量稳固提升。 人民银行南昌中心支行实施法人银行风险化解成效巩固提升工程，切实发挥金融委办公室地方协调机制作用，对风险防范化解工作常抓不懈。全省连续 4 个季度保持高风险机构“清零”成果，金融风险总体可控。2021 年末，全省金融机构不良贷款率较上年末下降 0.1 个百分点。

继续拓展金融机构资本补充渠道，全年城商行发行150亿元永续债，首次发行10年期支持中小银行发展新增专项债券79亿元，中小银行风险抵御能力进一步提升。

7. 跨境收支增速创近十年新高，跨境人民币收支规模迈上新台阶。完善外汇管理改革政策推进落实机制，推进跨境贸易投资便利化水平进一步提升，办理贸易外汇收支便利化业务和资本项目收支便利化业务的规模分别增长4倍和29倍。全省跨境收支总量延续增长势头，全年收支总额642.2亿美元，同比增长28.3%，外汇市场展现较强韧性；结售汇总额和顺差同比分别增长34.9%和13.5%，市场主体结售汇行为较为理性。出台《江西省更高水平贸易投资人民币结算便利化试点方案》《江西省对外承包工程类优质企业跨境人民币结算业务便利化试点方案》，进一步简化跨境人民币结算流程，建立53支跨境人民币金融服务队，为重点企业制订结算、融资、避险等一揽子金融支持方案。跨境人民币收支规模迈上700亿元新台阶，收付金额717.1亿元，占本外币跨境收支总额比重高于上年同期1个百分点。

专栏1　深化绿色金融改革　助力“双碳”目标实现

2021年，江西坚持准确全面贯彻新发展理念，以赣江新区绿色金融改革为重点，大力支持抚州生态产品价值实现机制试点和九江长江经济带绿色发展示范区建设，统筹推进全省绿色金融改革发展，积极探索金融支持碳达峰碳中和新路径，将生态优势转化为发展优势。“江西省推行绿色金融改革促进绿色经济稳步发展”在国务院第八次大督查中作为典型经验做法获得通报表扬。2021年末，全省绿色贷款余额3893.8亿元，占各项贷款的8.3%；其中，赣江新区绿色贷款余额116.5亿元，占各项贷款的11.1%，高于全省绿色贷款占比2.8个百分点。

一、紧扣目标任务，构建政策体系

通过将绿色金融纳入高质量发展考评，在省金融业发展专项资金中单设绿色金融发展贡献奖等措施，江西绿色金融激励约束机制不断完善。先后出台《江西省“十四五”金融业发展规划》《2021年江西省绿色金融工作实施方案》等系列文件，明确全省绿色金融工作目标和任务。

二、聚焦重点领域，强化政策传导

积极推动碳减排支持工具和煤炭清洁高效利用专项再贷款落地运用。2021年末，全省在三大碳减排重点领域发放贷款48.8亿元，煤炭清洁高效利用贷款4.4亿元，预计带动年减排102.6万吨二氧化碳当量。印发《江西省工业企业碳排放监测方案（试行）》，初步筛选近100家企业作为监测对象。开展“金环合作”，共享企业环保信息，落实环保“一票否决制”。对有色金属行业开展压力测试，研究环境气候风险对地方经济金融的潜在影响。

三、推动金融创新，提升服务效能

辖内金融机构重点围绕碳排放权配额、林业碳汇、碳积分等碳资产，开展碳金融创新；设立“碳中和”主题绿色信托计划，设立全省首只碳中和基金，发行碳中和债券3.7亿元。抚州创新“生态信贷通”，支持生态产品价值实现。首次在全省绿色项目库中增设碳中和项目，2021年两批绿色项目共计523个（其中碳中和项目69个），总投资金额1915亿元（其中碳中和项目投资623亿元）。创新“绿矿贷”“绿业贷”等金融产品，支持新余、赣州等地废弃矿山生态修复，创新新余全域废弃矿山生态整体修复新模式。发挥政策性银行优势，支持湖口县长江最美岸线综合整治提升工程项目、赣江新区候鸟小镇建设，助力生物多样性保护。推广林业碳汇价值保险，推进环境污染责任保险“承保机构、参保企业、承保模式”三个全面放开，创新推出建筑工程绿色综合保险。

四、落实绿色金融标准，探索先行先试

印发《关于公布2021年江西省绿色票据主体企业名单的通知》，建立包括127家企业在内的绿色票据主体库，全年累计办理绿色票据再贴现53.8亿元。13家试点银行机构全部按要求编制完成2020年度和2021年第一季度环境信息披露报告；江西联合股权交易中心建成区域性股权市场企业环境信息披露系统，564家挂牌（展示）企业已披露环境信息。举办金融机构碳核算培训会，组织部分银行对涉及有色、石化两个行业的项目融资和非项目融资开展碳核算。发布《畜禽智能洁养贷实施规范》《古村落金融贷实施规范》两项市级地方标准，填补了江西绿色金融标准体系建设的空白。

五、加强各方联动，汇聚改革合力

协办全国绿色金融改革创新试验区第四次联席会议，与省地方金融监管局等部门共同主办“赣江新区金融支持碳达峰碳中和产品发布暨绿色金融政银企对接会”，探索在赣江新区开展“碳普惠”试点。邀请专家学者开展多场学术讲座，为江西绿色金融改革发展献计献策。

六、开展国际合作，贡献江西实践

利用亚洲开发银行贷款2.7亿欧元支持赣州乡村振兴环境综合治理项目，转贷金砖国家新开发银行1亿元贷款支持萍乡市生活垃圾、污泥干化焚烧发电项目。3家地方法人金融机构成为中英金融机构环境信息披露试点工作组成员，1家城商行加入联合国负责任银行原则和香港绿色金融协会。

（二）证券期货市场总体稳健，资本市场多元化发展

1. 证券市场发展稳中有进，债券保持“零违约”态势。全省证券交易延续增长势头，2021年末，投资者资金账户数同比增长10.8%；托管客户资产总额同比增长31.0%。辖区证券分支机构累计交易额同比增长12.8%。法人证券公司经营稳中向好，营业收入和净利润同比分别增长11.6%和46.5%。全省存量公司债券285只、余额2468.1亿元，资产支持证券94只、余额644.8亿元。江西为全国唯一债券余额超千亿且零违约的省份。

2. 期货市场投资交易活跃，法人期货机构市场份额略有上升。2021年末，投资者账户数同比增长10.1%；累计代理成交额同比增长30.5%，全省期货市场交投活跃度稳步提升。期货机构实现营业收入同比增长46.5%；当年净利润同比增长192.8%。其中，法人期货机构投资者账户数和累计代理成交额分别占全省的60.2%和46.8%，同比分别上升0.6个和1.4个百分点；当年净利润同比增长190.4%。

3. 上市后备企业持续发力，私募基金平稳运行。实施企业上市“映山红”行动①升级工程，2021年，全省新增A股上市公司11家（其中IPO企业6家、异地迁入5家），上市公司数量达66家，实现A股上市公司设区市“全覆盖”。私募基金运行稳健，全省共有273家中基协备案私募基金管理人，较年初增加8家，其中130家实际经营地在辖内；备案基金产品860只，较年初增加142只；管理基金规模1611.5亿元，同比增长2.5%。

---

①针对全省上市企业现状，为加快推进企业上市、壮大资本市场“江西省板块”，江西省提出企业上市“映山红”行动。

表 3　2021 年江西省证券业基本情况

项目	数量
总部设在辖内的证券公司数（家）	2
总部设在辖内的基金公司数（家）	273
总部设在辖内的期货公司数（家）	1
年末国内上市公司数（家）	66
当年国内股票（A 股）筹资（亿元）	186.3
当年发行 H 股筹资（亿元）	48.7
当年国内债券筹资（亿元）	1527.1
其中：短期融资券筹资额（亿元）	245.0
中期票据筹资额（亿元）	289.3

数据来源：江西证监局、中国人民银行南昌中心支行。

注：当年国内股票（A 股）筹资额指非金融企业境内股票融资。

（三）保险行业运行平稳，风险保障能力持续增强

1. 保险业务发展加快，退保率继续下降。2021 年末，全省保险业资产总额同比增长 12.5%；累计保费收入和赔付支出同比分别增长 2.3% 和 8.4%，其中财产险保费收入同比下降 3.5%、赔付支出同比增长 17.5%；人身险保费收入同比增长 4.9%、赔付支出同比下降 0.3%。全省保险业退保率 2.8%，同比下降 0.4 个百分点①。

表 4　2021 年江西省保险业基本情况

项目	数量
总部设在辖内的保险公司数（家）	1
其中：财产险经营主体（家）	1
寿险经营主体（家）	0
保险公司分支机构（家）	49
其中：财产险公司分支机构（家）	21
寿险公司分支机构（家）	28
保费收入（中外资，亿元）	909.6
其中：财产险保费收入（中外资，亿元）	264.8
人身险保费收入（中外资，亿元）	644.8
各类赔款给付（中外资，亿元）	334.2

数据来源：江西银保监局。

2. 保险服务实体显成效，保障功能持续发挥。筛选全省 122 个重大项目列入“险资入赣”项目库，拓宽省内重点企业和重大项目融资渠道，2021 年全省“险资入赣”金额突破 400 亿元。继续发挥保险保障功能，累计赔付支出同比增长 8.4%。积极开展油茶林、中药材、大棚蔬菜特色农产品保险，农业巨灾保险，小农户特色农业价格（收入）保险等试点工作，全年农业保险累计为 821 万户次农户提供风险保障 1355 亿元，赔付支出 13 亿元。

（四）融资结构进一步调整，金融市场总体稳健

1. 直接融资规模占比提高，债务融资工具作用有效发挥。2021 年，全省社会融资规模增量占全国的 2.6%，同比上升 0.2 个百分点。分结构看，非金融企业债券融资和股票融资分别净融资 1527.1 亿元、186.3 亿元，同比分别增加 471.6 亿元、39.0 亿元，企业直接融资能力不断提升；政府债券融资净融资 1781.1 亿元，同比减少 12.4 亿元。全省债务融资工具全年发行规模达 1982.4 亿元，同比增长 23.3%，加权平均利率 3.6%，为企业节约融资成本约 25 亿元；发行企业较上年增加 12 家，实现发行金额和发行企业数量双增，全省债务融资工具均如期兑付。

图 4　2020—2021 年江西省社会融资规模分布结构

（数据来源：中国人民银行南昌中心支行）

① 数据口径暂时调整为不包含风险处置阶段的保险机构。

2. 银行间债券市场有序发展，成交利率整体上升。2021 年，市场成员累计债券交易量同比增长 2.7%。其中，质押式回购、现券交易同比分别增长 17.5%、51.7%，买断式回购同比下降 88.5%；三者交易加权平均利率同比分别上升 32 个、47 个和 32 个基点。

3. 票据市场业务较快增长，利率水平持续下行。2021 年，票据市场交易活跃，全省金融机构累计签发银行承兑汇票、办理票据贴现金额同比分别增长 28.5%、26.9%，银行承兑汇票、贴现余额同比分别增长 32.8%、24.9%。票据市场利率呈下降态势，第四季度全省票据贴现、转贴现加权平均利率分别为 2.31%、2.18%，同比分别下降 74 个和 55 个基点。

表 5　2021 年江西省金融机构票据业务量统计

单位：亿元

季度	银行承兑汇票承兑		贴现			
			银行承兑汇票		商业承兑汇票	
	余额	累计发生额	余额	累计发生额	余额	累计发生额
1	1989.9	860.4	2451.6	3326.9	102.2	146.0
2	2204.3	1835.4	2678.7	6967.8	89.0	201.8
3	2389.0	2740.5	2864.4	10065.5	87.4	261.4
4	2579.1	3719.4	3071.5	13529.2	105.3	367.5

数据来源：中国人民银行南昌中心支行。

表 6　2021 年江西省金融机构票据贴现、转贴现利率

单位：%

季度	贴现		转贴现	
	银行承兑汇票	商业承兑汇票	票据买断	票据回购
1	3.36	3.90	3.22	2.47
2	2.91	3.81	2.82	2.48
3	2.56	3.94	2.50	2.36
4	2.23	3.72	2.14	2.33

数据来源：中国人民银行南昌中心支行。

（五）区域金融改革纵深推进，服务实体经济能力不断提升

2021 年，稳步推进普惠金融改革试点，制定出台《关于印发加快推进赣州市、吉安市普惠金融改革试验区建设若干措施的通知》《关于支持赣州市、吉安市普惠金融改革试验区建设的指导意见》，探索在试验区内建立农村闲置资源价值评估及收储处置中心，实现农房、农地承包经营权、林地承包经营权、水面养殖权、古村落经营权、农机农具等的有效流转和处置，以试验区建设为契机带动革命老区、赣南等原中央苏区振兴发展。2021 年，赣州市、吉安市人民币各项贷款余额增速分别高于全省平均增速 1.4 个和 3.2 个百分点；其中新增贷款中普惠小微贷款占比分别高于全省占比 5.6 个和 3.7 个百分点。持续推进绿色金融改革，指导金融机构围绕碳排放配额、林业碳汇等碳资产开展碳金融创新实践。金融市场交易品种不断拓展，绿色定向资产支持票据、碳中和债、权益出资型票据、乡村振兴票据等新产品成功落地。举办金融支持江西经济高质量发展创新优秀项目现场展示推介会，引导金融机构加强金融产品和服务创新，宣传推介优秀创新产品，针对供应链、绿色发展、科技创新、乡村振兴等重点领域推选出 32 个优秀项目。出台保险业支持普惠金融、发展绿色保险等指导意见，积极推动知识产权质押融资、科技保险、专利保险及“首台套”“首批次”保险补偿机制试点等创新，扩大“科贷通”覆盖面，大力支持江西科技强省和创新驱动发展战略实施。

专栏 2　建设三大数据平台　助力普惠金融发展

大数据的汇集、整理和开发应用，推动了普惠金融数字化转型不断加深，有利于民营和小微企业发展。人民银行南昌中心支行全面贯彻落实党中央、国务院和总行有关会议精神，以新发展理念为指引，主动作为，创新搭建了三大基础平台，从数据归集治理、信息查询利用、融资需求对接、融资全程跟踪等方面为中小微企业和农村经营户提供金融服务支持。

一、持续打造江西省普惠金融综合服务平台，提升金融服务质量和效率

近年来，人民银行南昌中心支行在全省探索建立了小微客户融资服务长效机制，要求金融机构对小微企业融资需求做到“全覆盖服务、全流程跟踪、全口径对接、全身心投入”，并开发上线了“江西省小微客户融资需求服务平台”。平台建立存量及新增小微客户信贷服务档案，实现对小微客户融资需求精准识别、精准施策、精准分析、精准管理，有助于加强银企对接、实现信息共享。2021 年，为进一步汇聚发展合力、提升平台服务质效，推动小微客户融资平台与一站式金融综合服务平台融合升级为江西省普惠金融综合服务平台。2021 年末，全省共 212.3 万户小微客户在服务平台成功注册，其中有 34.1 万户企业申请贷款合计 4375.6 亿元。银行机构成功为 20.5 万户企业发放贷款 4162 亿元，户均放款 148 万元，融资满足率 60.2%；单户授信小于 100 万元的贷款户数 23.9 万户，占获得授信户数的比例为 90.6%。

二、开发建设企业收支流水大数据征信平台，有效缓解小微企业融资难题

全面整合企业分散在各家银行的收支流水信息，开发企业收支流水专项报告和小微企业信用评分模型，完整展示小微企业生产经营状况，金融机构经授权后可查询企业收支流水专项报告和专项信用评分，作为风险识别、授信审批和风险管理的参考依据，缓解了小微企业尤其是首贷小微企业融资面临的信息不对称、抵押担保不足、银行经营成本过高等难题。2021 年末，该平台已采集 656.9 万户企业信息，涉及 152.2 万户活跃企业的 9.5 亿笔交易记录，为企业融资和银行获客提供了信息支撑。推动平台在赣州和吉安普惠金融改革试验区试点，试点一年内支持企业融资 124.8 亿元。推动多家银行基于平台开发纯线上信贷产品，其中建设银行基于企业收支流水大数据征信平台创新的“收支流水云贷”产品上线首日放款破亿元。

三、创新搭建农村经营户信用信息联网核查平台，强化征信赋能乡村振兴

人民银行南昌中心支行联合江西省农业农村厅、财政厅、乡村振兴局等六部门印发《关于深入推进农村信用体系建设助力乡村振兴的通知》，建立信息共享长效机制。依托江西省电子政务共享信息统一交换系统，创新搭建农村经营户信用信息联网核查平台，共享涉农政府部门 7 大涉农信息数据、26 个数据种类、96 个数据项，打通涉农金融机构经授权核查涉农信息的渠道，为全省农村经营主体建立信用名片，有效缓解金融支农领域的信息不对称难题。平台逐步在萍乡、鹰潭、九江、上犹等地试点应用，江西省农村信用社联合社、江西省富民村镇银行等依托平台创新开发“富民贷”等多项纯线上特色农村金融产品。2021 年末，试点地区累计支持 2.1 万农村经营户获得授信 14.4 亿元。

（六）金融生态环境持续优化，金融服务水平稳步提升

1. 征信服务水平持续提升。全省累计布放个人和企业自助查询机 348 台，设置各级代理查询网点 206 个，引导 16 家商业银行开通网银、手机银行线上查询渠道，个人自助查询已覆盖省、市、县三级。2021 年，全省共计开展个人征信查询 220 万笔，企业信用报告查询 7.8 万笔。持续做好疫情期间受影响信息主体的维权工作，妥善处置受疫情影响信息主体征信维权。出台《关于促进供应链金融规范和创新发展的指导意见》，鼓励加强应收账款融资服务平台的对接和应用，全年新增注册用户 1095 户，促成融资 1523 笔，融资总金额 833.5 亿元，扶持中小微企业占比达 90% 以上。

2. 支付服务环境持续优化。组织银行机构采取开通“绿色通道”、上门服务等各种措施，切实优化老年人支付服务体验；持续深入推进移动支付便民服务工作，2021 年末，全省“云闪付”App 注册用户累计达 1095 万户，全年银联移动支付累计交易 7379.8 万笔、金额 233.9 亿元。积极推行简易开户服务，简化小微企业、流动就业群体等开户手续，有效满足群众的紧急基本账户需求。制定《小微企业开户服务手册》《账户服务负面清单》《个人账户开户服务手册》以及“三公开”模板，指导和规范各银行机构账户服务及资费标准、办理时限、监督方式，提升账户服务的透明度。

3. 金融消费权益保护环境持续向好。全面贯彻落实《中国人民银行金融消费者权益保护实施办法》，加大对侵害金融消费者合法权益违规行为的查处力度。打造 12363 金融消费权益保护投诉咨询暖心热线，联合江西省高级人民法院、江西银保监局、江西省司法厅出台《关于印发江西省金融纠纷诉源治理与多元化解工作规范的通知》，推动二代消保系统上线运行，全省人民银行系统共接听电话 8723 通，接收投诉 1094 个，办结率 98.3%。统筹开展全省金融消费者教育，命名 5 家省级金融教育示范基地。持续推进农村普惠金融服务站建设，2021 年末，全省共建成站点 4975 个，其中标杆站点 157 个。

二、经济运行情况

2021 年，面对错综复杂的外部环境和国内疫情多点散发等多重挑战，全省经济运行保持平稳，发展韧性和活力持续显现，经济社会发展呈现“运行平稳、稳中有进、稳中提质”的特征。全省地区生产总值 29619.7 亿元，居全国第十五位；同比增长 8.8%，高于全国平均水平 0.7 个百分点，居全国第四位。三次产业持续协同发展，产业增加值同比分别增长 7.3%、8.2% 和 9.5%。

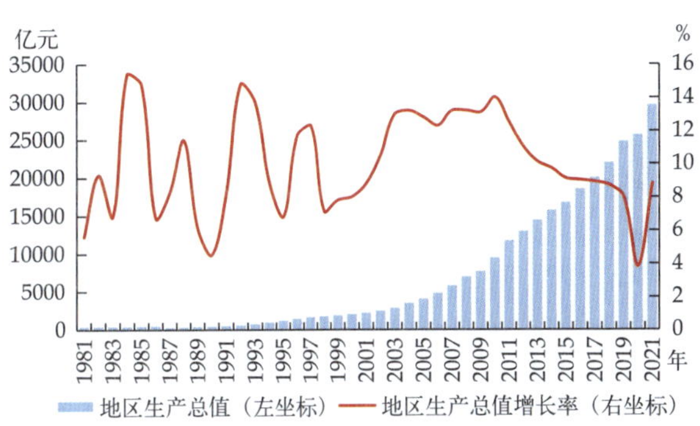

图 5　1981—2021 年江西省地区生产总值及其增长率

（数据来源：江西省统计局）

（一）需求复苏稳定，投资、外贸增势良好

2021 年，全省地区生产总值实现中高速增长，主要得益于消费、投资、出口“三驾马车”协同拉动。全省社会消费品零售总额规模超过 1.2 万亿元，最终消费支出对经济增长贡献率达 52% 以上；投资对经济增长贡献率接近 50%，增速稳居全国前列；进出口超预期增长，货物进出口增速创 2012 年以来新高。

1. 投资增速总体平稳，投资质量不断提升。2021 年，全省固定资产投资同比增长 10.8%，增速高于全国平均水平 5.9 个百分点，居全国第五位。民间投资活力增强，对全部投资增长的

贡献率为97.4%。制造业产业增势良好，投资质量进一步提高。2021年，全省制造业投资同比增长17.1%，较上年提高10.1个百分点，其中高技术制造业投资同比增长27.6%。

图6　1981—2021年江西省固定资产投资（不含农户）增长率

（数据来源：江西省统计局）

2. 消费市场保持活力，升级类商品销售活跃。2021年，全省消费品市场稳步发展，社会消费品零售总额同比增长17.7%，增速高于全国平均水平5.2个百分点，居全国第四位；两年平均增长10.1%，高于全国平均水平6.2个百分点，居全国第二位。升级消费和新型消费快速增长，限额以上单位体育娱乐用品类同比增长45.2%，化妆品类同比增长43.5%；限额以上单位新能源汽车同比增长81.9%，计算机及其配套产品同比增长40.7%，新产业消费类平均增速高于类值平均增速28个百分点。

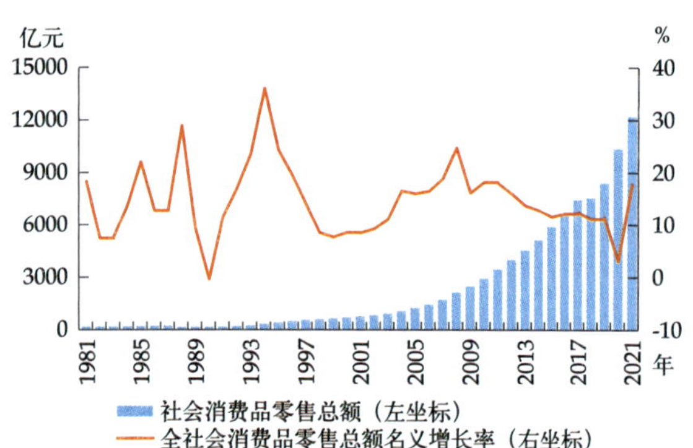

图7　1981—2021年江西省社会消费品零售总额及其增长率

（数据来源：江西省统计局）

3. 货物进出口加快增长，结构得到相应改善。2021年，面对贸易保护主义抬头、国际产业链供应链加速重构、新冠肺炎疫情蔓延等严峻复杂的国际国内形势，江西外贸展现较强韧性，进出口、出口、进口规模再创历史新高。全省进出口总值同比增长23.7%，增速高于全国平均水平2.3个百分点，为2012年以来最快增速。其中，出口同比增长25.8%，高于全国平均水平4.6个百分点；进口同比增长18.3%。

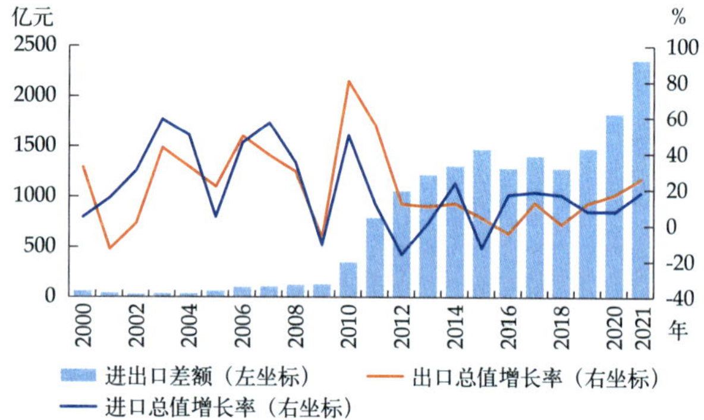

图8　2000—2021年江西省外贸进出口变动情况

（数据来源：江西省统计局）

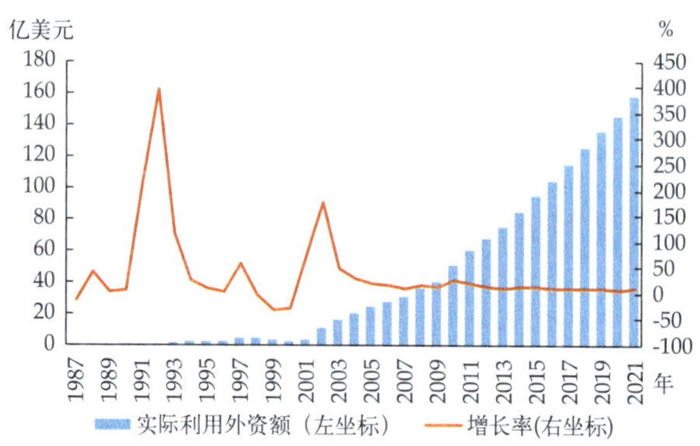

图9　1987—2021年江西省实际利用外资额及其增长率

（数据来源：江西省统计局）

（二）供给稳步增长，产业结构持续调整

2021年，全省产业结构持续调整，三次产业增加值占GDP比重分别为7.9%、44.5%和47.6%。与上年同期相比，第二产业比重提

高 1.4 个百分点，第一、第三产业比重分别下降 0.8 个和 0.6 个百分点。从对经济增长的贡献率看，2021 年三次产业的贡献率分别为 7.3%、40.4% 和 52.3%，拉动经济增长 0.6 个、3.6 个和 4.6 个百分点。

1. 农业产业平稳发展，粮食生产再获丰收。 2021 年，全省农业总产值 3998.1 亿元，同比增长 9.0%。全省粮食面积 5659.3 万亩、总产量 438.5 亿斤，分别较上年增加 0.7 万亩、5.7 亿斤，全年产量连续 9 年稳定在 430 亿斤以上。

2. 工业发展稳中提质，新兴动能快速增长。 2021 年，规模以上工业增加值同比增长 11.4%，增速高于全国平均水平 1.8 个百分点，居全国第八位，两年平均增长 7.9%，恢复到正常年份水平。新动能快速发展，战略性新兴产业、高新技术产业增加值同比分别增长 20.3%、15.2%，占规模以上工业增加值比重 23.2%、38.5%，同比提高 1.1 个和 0.3 个百分点。

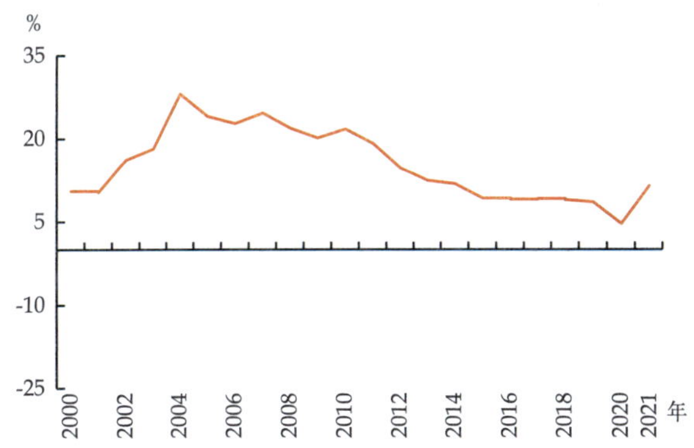

注：自 2011 年起，工业统计范围调整为年主营业务收入 2000 万元及以上的工业企业。

图 10　2000—2021 年江西省规模以上工业增加值实际增长率

（数据来源：江西省统计局）

3. 服务业对经济的贡献加大，新兴产业活力彰显。 2021 年，服务业增加值同比增长 9.5%，两年平均增长 6.6%，第三产业对经济增长的贡献率比上年提高 5.1 个百分点。其中信息传输、软件和信息技术服务业、租赁和商务服务业、居民服务、修理和其他服务业、教育等新兴服务业增长较快，合计对经济增长贡献率达 12.2%，较上年提高 5.2 个百分点。

4. 生态文明建设有序推进，环境质量稳步提升。 2021 年，全省空气质量整体优于国家二级标准，PM2.5 平均浓度同比下降 3.3%，实现 PM2.5 年均浓度首次降为“20+”。优良天数比率较上年提升 1.4 个百分点；全省国考断面水质优良比例为 95.5%，设区城市集中式饮用水水源地水质达标率 100%，赣江干流断面水质达到 II 类标准。全省国家级“绿水青山就是金山银山”基地 6 个，数量居全国第三位；国家生态文明建设示范县 20 个，数量居全国第五位。

（三）生产价格涨幅收窄，就业收入稳步增加

1. 居民消费价格温和上涨。 2021 年，全省居民消费价格同比上涨 0.9%，与全国持平。分类别看，八大类商品和服务价格同比“四涨四降”，其中，交通和通信价格上涨 4.3%，教育文化和娱乐价格上涨 3.0%，居住价格上涨 0.9%，生活用品及服务价格上涨 0.4%，医疗保健价格下降 0.1%，衣着价格下降 0.3%，食品烟酒价格下降 0.7%，其他用品和服务价格下降 1.3%。12 月，全省居民消费价格同比上涨 1.2%，涨幅比上月回落 1.0 个百分点。

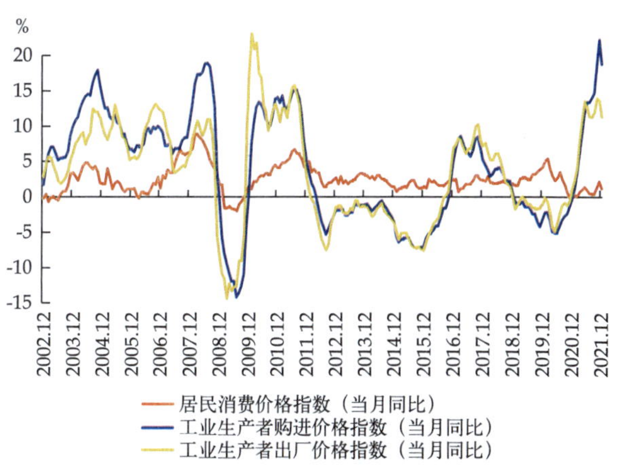

图 11　2002—2021 年江西省居民消费价格指数和工业生产者价格指数变动趋势

（数据来源：江西省统计局）

2. 工业生产者价格涨幅收窄。2021 年，全省工业生产者出厂价格同比上涨 10.5%，工业生产者购进价格同比上涨 12.3%。12 月，全省工业生产者出厂价格、工业生产者购进价格同比分别上涨 11.4%、18.9%，涨幅较上月分别收窄 2.3 个和 3.4 个百分点。

3. 就业收入稳步增加。2021 年，全省城镇新增就业完成年计划的 126.4%；城镇失业人员再就业人数完成年计划的 116.6%；就业困难人员就业人数完成年计划的 161.7%；新增转移农村劳动力完成年计划的 116.1%。居民收入稳步增加，居民人均可支配收入同比增长 9.3%，两年平均增长 8.0%。

（四）财政总体运行平稳，保重点惠民生力度加大

1. 财政收入较快增长。2021 年，全省财政一般公共预算收入同比增长 12.2%，恢复性较快增长态势明显。财政收入质量稳步提升，税收收入占一般公共预算收入的比重较上年提高 0.7 个百分点。

2. 财政支出保重点惠民生。2021 年，全省一般公共预算支出同比增长 1.6%。支出结构不断优化，教育、科技、社保、环保、农林水等民生支出均高于总支出增幅。

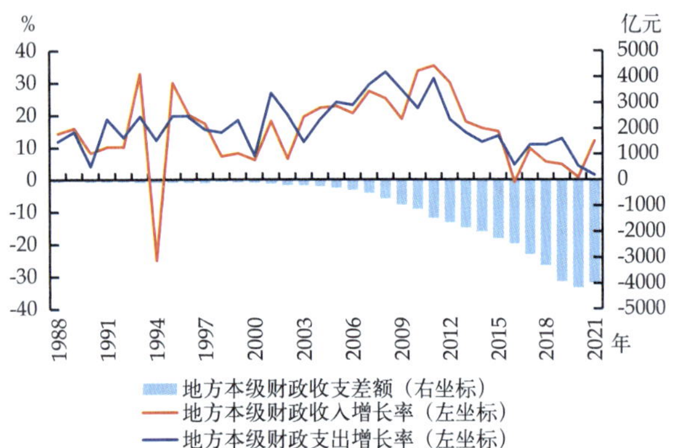

图 12　1988—2021 年江西省财政收支状况

（数据来源：江西省统计局）

（五）房地产投资规模增加，房地产销售量升价降

1. 房地产投资平稳增长。2021 年，全省房地产投资同比增长 6.3%。从结构上看，房地产开发企业以市场需求为导向，逐渐形成了以住宅为主，商务为辅的合理格局，住宅投资占开发投资的比重同比提高 2.8 个百分点。

2. 房地产供给逐步优化。房地产开发的施工规模持续扩大，竣工面积不断增加，商品房市场供应充裕。2021 年，商品房施工面积、竣工面积分别同比增长 7%、12.5%。

3. 房地产销售保持增长。2021 年，全省商品房销售面积、销售额同比分别增长 14%、12.9%。房地产价格总体平稳，全省商品房单位面积销售额同比下降 1.0%。

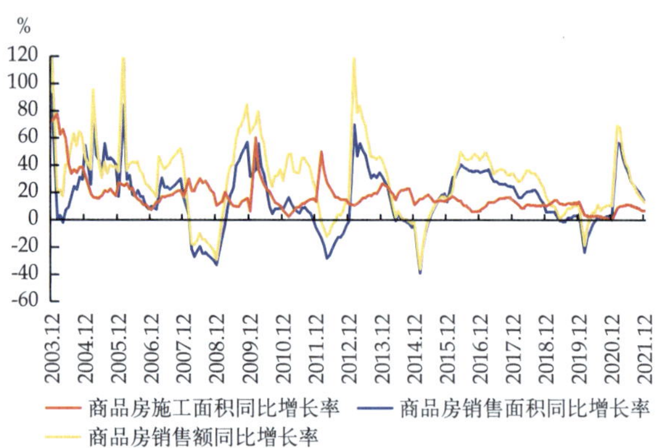

图 13　2003—2021 年江西省商品房施工和销售变动趋势

（数据来源：江西省统计局）

4. 房地产信贷平稳有序投放。全省认真落实好差别化住房信贷政策，平稳推进房地产贷款集中度管理，年末全省房地产贷款增速 6.8%，同比下降 3.3 个百分点。人民银行南昌中心支行等相关部门积极采取措施，保持房地产信贷平稳有序投放，第四季度房地产贷款新增 901.5 亿元，较第三季度多增 47.3 亿元，有效稳定市场预期。

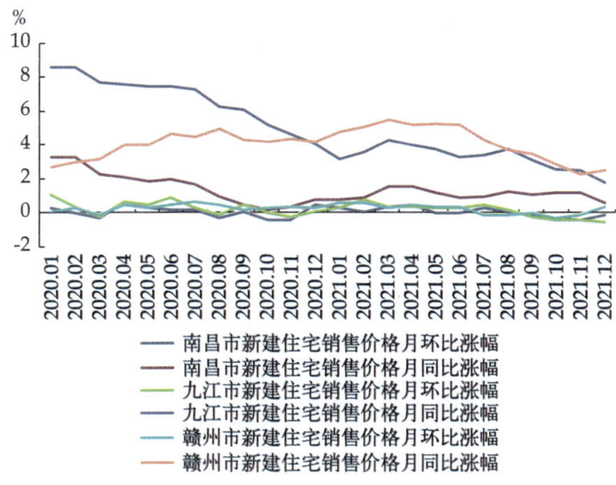

图 14　2020—2021 年江西省主要城市新建住宅销售价格变动趋势

（数据来源：江西省统计局）

三、预测与展望

2022 年，全球疫情继续蔓延、国内疫情多点散发，外部环境更趋复杂严峻，我国经济发展面临需求收缩、供给冲击、预期转弱三重压力。但常态化疫情防控防线日益牢固，稳增长政策的逐步落地靠前发力，跨周期和逆周期调节措施协调联动，也为国内经济回归常态运行打下了坚实的基础。

全省上下将牢牢把握“稳住、进好、调优”的原则要求，加强经济运行调度，着力稳定经济增长。深入推进全省数字经济“一号发展工程”和营商环境“一号改革工程”，进一步精准有效扩大投资，多措并举推动消费回暖，促进外贸稳量提质，扎实推进共同富裕。加强生态文明建设，有序推进碳达峰碳中和，加快生态产品价值实现。持续推动创新强链，加快推进产业转型升级，稳就业促增收。全力以赴做大总量、做强增量、做优质量，努力开创全省经济高质量跨越式发展新局面。预计全省经济运行将保持平稳恢复、质量效益稳步提高的良好态势。

全省金融业将坚决贯彻落实好稳健的货币政策，坚持稳字当头、灵活适度，保持信贷总量增长的稳定性，坚持重点领域和薄弱环节共同发力，实现总量稳定增长、结构稳步优化、成本稳中有降。做好两项直达实体经济货币政策工具的接续转换工作，强化存款利率自律管理，将改革红利精准传导至市场主体。深入实施“险资入赣”工程、“金融赣军”跨越工程，加快健全具有高度适应性、竞争力、普惠性的现代金融体系。全力支持补短板强弱项，继续开展中小微企业金融服务能力提升工程，实施“一十百千”入园入企走访专项行动和创业兴商“1+N”服务，实现融资量增、面扩、价降、质提。推动金融助力“2+6+N”产业高质量跨越式发展，重点对接六大优势产业、移动物联网、科创企业等新兴产业的信贷需求，扎实推进金融保链强链行动，创新产业链供应链金融服务创新。保持脱贫攻坚金融帮扶政策的延续性，持续助力乡村全面振兴。推动普惠金融重点领域改革走深走实，重点在小微企业金融服务、数字普惠、乡村振兴、激励相容等方面取得突破，推动全省普惠金融综合服务平台建设和应用，用“专精特新”的服务打造革命老区普惠金融发展的先行区。建立和完善多层次绿色金融市场体系，运用好碳减排支持工具等政策，积极探索碳金融产品开发和运用，助推全省产业转型升级、绿色发展。筑牢金融安全稳定底线，聚焦“精准拆弹”、综合施策，构建金融风险监测预警体系。稳妥实施房地产金融宏观审慎管理，加大保障性租赁住房支持力度，更好满足购房者合理住房需求。提升直接融资规模，支持企业发行绿色债券等，加快推进企业上市“映山红”行动升级工程。进一步推动跨境人民币业务发展，利用外汇便利化政策助力市场主体加快资金周转、降低经营成本。

中国人民银行南昌中心支行货币政策分析小组

总　　纂： 张瑞怀　陈　锋

统　　稿： 朱　锦　丁云骏　郭　丽

执　　笔： 刘芳婷　刘梦佳　谭　侃　朱子欣

提供材料： 卢　红　邓晓峰　杨晶晶　江　南　胡浩智　汤教泉　朱　晴　廖燕平　郭伊杰
李剑琴　葛正灿　李海平　徐玉立　周　超　熊庄琪　魏斯怡

附录：

（一）2021 年江西省经济金融大事记

3 月 1 日，《江西省地方金融监督管理条例》正式施行，江西省成为中部六省第一个、全国第九个出台地方金融监管法规的省份。

4 月 20 日，江西省人民政府印发《关于减税减费减租减息减支 32 条政策措施》，扎实做好“六稳”工作、全面落实“六保”任务，充分激发市场主体活力。

4 月 29 日，绿色金融改革创新试验区第四次联席会议在南昌召开，时任人民银行党委委员、副行长刘桂平和时任江西省委常委、常务副省长、赣江新区党工委书记殷美根出席会议并讲话。同日，刘桂平副行长出席在吉安市召开的江西省普惠金融改革试验区建设推进座谈会并讲话。

5 月 17 日，江西省普惠金融改革试验区工作推进领导小组印发《关于加快推进赣州市、吉安市普惠金融改革试验区建设若干措施》，加快推进赣州市、吉安市普惠金融改革试验区建设与探索。

6 月 11 日，金融支持赣南等原中央苏区振兴发展座谈会在赣州召开，人民银行党委书记、中国银保监会主席郭树清和时任江西省委常委、常务副省长殷美根出席会议并讲话。

8 月，江西省成功发行全省首单碳排放权配额质押融资业务 500 万元、首单 10 年期支持中小银行发展新增专项债券 79 亿元、首单革命老区及乡村振兴双标签债 10 亿元。

11 月 11 日，全省全面推进金融支持乡村振兴动员部署会议在南昌召开，时任省委常委、常务副省长殷美根出席会议并讲话，副省长胡强主持会议。

11 月 19 日，江西第十三届人民代表大会常务委员会第 34 次会议通过《江西省社会信用条例》。

12 月 17 日，江西普惠征信股份有限公司正式备案，成为全省目前唯一的企业征信机构，江西省普惠金融综合服务平台（赣金普惠）同时上线运营。

12 月，江西省委经济工作会议在南昌召开，时任省委书记易炼红主持会议并讲话。同月，全省金融工作座谈会在南昌召开，总结 2021 年全省金融工作，对下一步工作作出部署，时任省委副书记、代省长叶建春出席会议并讲话。

（二）2021 年江西省主要经济金融指标

表 1　2021 年江西省主要存贷款指标

	项目	1 月	2 月	3 月	4 月	5 月	6 月	7 月	8 月	9 月	10 月	11 月	12 月
本外币	金融机构各项存款余额（亿元）	44585.0	45093.4	46488.4	46201.2	46430.7	47493.7	47345.0	47550.0	47697.7	47804.7	48136.0	47756.0
	其中：住户存款	23032.8	24408.1	24955.8	24349.8	24331.5	24972.9	24621.0	24690.5	25177.3	24854.3	25037.1	25522.8
	非金融企业存款	13434.6	12735.8	13527.8	13501.8	13483.2	13992.8	14129.6	13988.3	13842.3	13560.3	13754.9	13900.1
	各项存款余额比上月增加（亿元）	672.0	508.4	1395.0	-287.2	229.5	1063.0	-148.7	205.0	147.7	107.0	331.4	-380.0
	金融机构各项存款同比增长（%）	11.0	10.4	10.6	9.7	8.1	9.6	9.8	8.5	9.0	9.2	9.1	8.8
	金融机构各项贷款余额（亿元）	42707.0	43215.3	44057.0	44424.8	44795.9	45510.2	45811.1	46046.1	46546.2	46622.1	46969.5	47173.4
	其中：短期	11285.3	11392.5	11750.0	11738.2	11777.6	12079.9	12044.1	11987.4	12180.1	12130.4	12208.0	12227.5
	中长期	28565.7	28969.2	29527.9	29747.0	30068.9	30446.6	30777.9	30954.2	31181.4	31260.3	31429.9	31506.6
	票据融资	2598.2	2610.4	2553.8	2684.4	2664.2	2767.7	2763.8	2869.0	2951.7	2995.9	3092.7	3176.8
	各项贷款余额比上月增加（亿元）	1039.3	508.2	841.7	367.8	371.1	714.3	300.9	235.0	500.1	75.9	347.4	203.9
	其中：短期	303.3	107.2	357.6	-11.9	39.5	302.2	-35.8	-56.7	192.7	-49.8	77.6	19.5
	中长期	709.7	403.5	558.7	219.2	321.8	377.8	331.2	176.3	227.2	78.9	169.5	76.7
	票据融资	54.4	12.2	-56.7	130.6	-20.2	103.5	-3.9	105.2	82.7	44.2	96.8	84.1
	金融机构各项贷款同比增长（%）	16.2	15.9	15.6	15.0	14.4	14.7	14.6	14.0	13.8	13.3	13.2	13.2
	其中：短期	17.9	17.1	16.1	14.6	13.8	13.8	13.1	11.4	11.7	11.3	11.2	11.3
	中长期	15.4	15.8	16.3	15.8	15.5	15.8	15.7	15.0	14.4	13.6	13.4	13.1
	票据融资	24.4	19.6	12.6	13.4	10.1	12.6	13.8	18.4	22.3	24.1	24.4	24.9
	建筑业贷款余额（亿元）	1749.9	1783.0	1848.4	1853.1	1847.3	1882.3	1883.3	1880.3	1906.9	1907.7	1916.5	1965.6
	房地产业贷款余额（亿元）	1513.1	1539.2	1538.1	1525.0	1514.9	1495.0	1489.3	1456.9	1420.4	1399.4	1388.8	1375.4
	建筑业贷款同比增长（%）	18.4	19.7	22.4	21.6	19.1	18.4	16.1	15.5	15.9	14.8	15.0	18.0
	房地产业贷款同比增长（%）	2.3	1.2	-0.5	-0.8	-2.4	-1.4	-3.0	-5.0	-7.3	-8.3	-7.4	-6.2
人民币	金融机构各项存款余额（亿元）	44291.0	44809.7	46182.5	45911.4	46147.9	47198.7	47051.6	47271.9	47423.3	47524.1	47863.5	47455.7
	其中：住户存款	22964.2	24338.7	24885.6	24281.8	24265.6	24905.9	24553.9	24623.5	25110.5	24788.6	24970.0	25454.7
	非金融企业存款	13241.8	12551.0	13314.7	13294.6	13280.1	13779.7	13922.8	13795.2	13653.7	13360.6	13563.6	13688.1
	各项存款余额比上月增加（亿元）	682.8	518.6	1372.9	-271.1	236.5	1050.8	-147.0	220.3	151.4	100.8	339.4	-407.7
	其中：住户存款	223.1	1374.4	547.0	-603.8	-16.2	640.2	-352.0	69.6	487.0	-321.8	181.3	484.8
	非金融企业存款	299.0	-690.8	763.7	-20.1	-14.5	499.5	143.1	-127.6	-141.5	-293.1	203.0	124.5
	各项存款同比增长（%）	11.0	10.4	10.6	9.6	8.1	9.5	9.8	8.5	9.0	9.3	9.2	8.8
	其中：住户存款	8.8	15.2	14.2	13.7	13.3	13.4	13.0	12.8	12.5	12.3	12.3	11.9
	非金融企业存款	20.0	9.5	8.8	5.9	4.4	5.6	7.4	4.7	4.3	2.9	3.5	5.8
	金融机构各项贷款余额（亿元）	42446.4	42940.7	43765.9	44140.9	44520.0	45236.9	45543.3	45796.7	46305.8	46388.7	46721.3	46920.7
	其中：个人消费贷款	11607.4	11661.1	11838.2	11951.9	12061.4	12184.9	12271.3	12370.8	12494.8	12580.5	12651.4	12676.4
	票据融资	2598.2	2610.4	2553.8	2684.4	2664.2	2767.7	2763.8	2869.0	2951.7	2995.9	3092.7	3176.8
	各项贷款余额比上月增加（亿元）	1037.3	494.3	825.2	375.0	379.1	716.9	306.4	253.4	509.1	82.9	332.6	199.4
	其中：个人消费贷款	171.9	53.7	177.1	113.7	109.5	123.6	86.4	99.5	124.0	85.7	70.9	25.0
	票据融资	54.4	12.2	-56.7	130.6	-20.2	103.5	-3.9	105.2	82.7	44.2	96.8	84.1
	金融机构各项贷款同比增长（%）	16.2	15.9	15.6	14.9	14.4	14.6	14.6	14.0	13.9	13.4	13.3	13.3
	其中：个人消费贷款	13.1	13.5	13.3	13.1	12.7	12.2	11.7	11.4	11.4	11.5	11.1	10.9
	票据融资	24.4	19.6	12.6	13.4	10.1	12.6	13.8	18.4	22.3	24.1	24.4	24.9
外币	金融机构外币存款余额（亿美元）	45.4	43.8	46.5	44.8	44.4	45.7	45.4	43.0	42.3	43.9	42.7	47.1
	金融机构外币存款同比增长（%）	26.3	20.2	24.7	30.1	29.4	35.0	23.0	9.9	6.6	2.2	-4.9	0.8
	金融机构外币贷款余额（亿美元）	40.3	42.4	44.3	43.9	43.3	42.3	41.4	38.6	37.1	36.5	38.9	39.6
	金融机构外币贷款同比增长（%）	27.8	31.1	33.8	30.6	30.3	33.8	25.3	10.3	3.8	2.3	5.5	0.0

数据来源：中国人民银行南昌中心支行。

表 2　2001—2021 年江西省各类价格指数

单位：%

时间	居民消费价格指数		农业生产资料价格指数		工业生产者购进价格指数		工业生产者出厂价格指数	
	当月同比	累计同比	当月同比	累计同比	当月同比	累计同比	当月同比	累计同比
2001	—	-0.5	—	-0.4	—	-0.7	—	-1.9
2002	—	0.1	—	-0.2	—	-1.4	—	-1.5
2003	—	0.8	—	2.5	—	6.5	—	4.0
2004	—	3.5	—	10.7	—	14.5	—	9.7
2005	—	1.7	—	7.9	—	10.0	—	8.8
2006	—	1.2	—	1.1	—	8.6	—	9.7
2007	—	4.8	—	6.6	—	7.9	—	6.2
2008	—	6.0	—	19.9	—	14.2	—	6.4
2009	—	-0.7	—	-2.4	—	-9.3	—	-7.0
2010	—	3.0	—	1.9	—	11.8	—	15.3
2011	—	5.2	—	11.2	—	12.4	—	11.3
2012	—	2.7	—	6.6	—	-1.7	—	-3.5
2013	—	2.5	—	2.4	—	-1.6	—	-1.5
2014	—	2.3	—	-0.4	—	-1.6	—	-2.2
2015	—	1.5	—	1.4	—	-6.4	—	-6.3
2016	—	2.0	—	1.3	—	-2.3	—	-1.4
2017	—	2.0	—	1.0	—	7.2	—	7.9
2018	—	2.1	—	2.7	—	4.2	—	3.2
2019	—	2.9	—	4.6	—	-1.8	—	-1.1
2020	—	2.6	—	7.2	—	-3.0	—	-1.7
2021	—	0.9	—		—	12.3	—	10.5
2020　1	5.1	5.1			-2.1	-2.1	-0.1	-0.1
2	5.4	5.2			-2.2	-2.1	-0.7	-0.4
3	3.9	4.8			-3.1	-2.5	-2.2	-1.0
4	2.9	4.3			-4.8	-3.0	-4.2	-1.8
5	2.3	3.9			-5.0	-3.4	-4.8	-2.4
6	2.7	3.7			-4.8	-3.7	-3.6	-2.6
7	3.5	3.7			-4.0	-3.7	-2.2	-2.5
8	2.4	3.5			-3.1	-3.6	-1.1	-2.4
9	1.7	3.3			-2.6	-3.5	-0.8	-2.2
10	0.6	3.0			-2.3	-3.4	-1.2	-2.1
11	-0.1	2.8			-1.3	-3.2	-0.6	-2.0
12	0.8	2.6			-0.3	-3.0	1.2	-1.7
2021　1	0.2	0.2			1.2	1.2	2.4	2.4
2	0.0	0.1			3.3	2.3	4.1	3.2
3	0.7	0.3			6.2	3.6	8.1	4.8
4	1.0	0.5			8.9	4.9	11.0	6.4
5	1.4	0.7			11.9	6.2	13.6	7.8
6	1.0	0.7			13.5	7.4	12.7	8.6
7	0.5	0.7			13.5	8.3	11.4	9.0
8	0.4	0.6			14.1	9.0	11.3	9.3
9	0.5	0.6			14.8	9.7	12.0	9.6
10	1.3	0.7			18.7	10.6	14.0	10.0
11	2.2	0.8			22.3	11.6	13.7	10.4
12	1.2	0.9			18.9	12.3	11.4	10.5

数据来源：江西省统计局。

表 3　2021 年江西省主要经济指标

项目	1 月	2 月	3 月	4 月	5 月	6 月	7 月	8 月	9 月	10 月	11 月	12 月
	绝对值（自年初累计）											
地区生产总值（亿元）	—	—	6574.8	—	—	13977.2	—	—	21601.0	—	—	29619.7
第一产业	—	—	370.0	—	—	734.0	—	—	1353.4	—	—	2334.3
第二产业	—	—	2832.7	—	—	6308.3	—	—	9664.3	—	—	13183.2
第三产业	—	—	3372.1	—	—	6934.9	—	—	10583.2	—	—	14102.2
工业增加值（亿元）	—	—	2467.8	—	—	5293.7	—	—	8039.8	—	—	—
固定资产投资（亿元）	—	—	—	—	—	—	—	—	—	—	—	—
房地产开发投资	—	268.2	499.6	723.7	960.9	1210.7	1465.2	1740.3	2006.2	2196.5	2364.1	2528.8
社会消费品零售总额（亿元）	—	1714.6	2670.2	3488.0	4493.3	5510.1	6419.3	7393.7	8339.2	9641.0	10853.5	12206.7
外贸进出口总额（亿元）	401.6	711.4	1079.1	1470.4	1887.4	2278.6	2652.1	3012.9	3483.3	3942.1	4491.5	4980.4
进口	108.2	190.4	291.9	379.4	487.6	597.0	713.3	818.4	933.5	1042.4	1175.3	1308.6
出口	293.4	521.1	787.2	1091.0	1399.9	1681.6	1938.9	2194.5	2549.8	2899.7	3316.2	3671.8
进出口差额（出口－进口）	185.2	330.7	495.3	711.5	912.3	1084.6	1225.6	1376.2	1616.3	1857.4	2140.9	2363.2
实际利用外资（亿美元）	—	20.4	35.9	44.1	58.9	85.0	88.3	97.6	112.8	122.0	135.6	157.8
地方财政收支差额（亿元）	-191.6	-501.8	-920.4	-1154.7	-1438.2	-2057.4	-2238.6	-2427.4	-2848.4	-2876.2	-3227.5	-3966.2
地方财政收入	365.6	597.5	839.2	1129.1	1398.0	1708.2	1938.3	2128.5	2352.3	2571.2	2693.1	2812.3
地方财政支出	557.2	1099.3	1759.6	2283.8	2836.2	3765.6	4176.9	4555.9	5200.7	5447.4	5920.6	6778.5
城镇登记失业率（%）（季度）	—	—	3.1	—	—	2.9	—	—	3.0	—	—	—
	同比累计增长率（%）											
地区生产总值	—	—	18.4	—	—	12.9	—	—	10.2	—	—	8.8
第一产业	—	—	9.5	—	—	8.8	—	—	9.1	—	—	7.3
第二产业	—	—	22.4	—	—	14.3	—	—	10.4	—	—	8.2
第三产业	—	—	16.4	—	—	12.2	—	—	10.2	—	—	9.5
工业增加值	—	—	22.9	—	—	14.7	—	—	10.8	—	—	11.4
固定资产投资	—	41.8	29.7	25.3	22.1	20.2	16.5	14.5	13.5	12.7	11.4	10.8
房地产开发投资	—	19.7	17.8	15.4	14.9	13.8	13.2	12.5	11.8	10.0	7.2	6.3
社会消费品零售总额	—	48.7	47.8	39.0	34.5	31.3	28.3	25.4	23.1	20.9	18.7	17.7
外贸进出口总额	41.3	57.1	25.5	20.4	18.4	15.2	11.8	10.7	13.8	18.5	22.1	23.7
进口	18.9	13.7	9.3	6.3	9.9	10.4	11.3	12.2	11.6	14.4	15.0	18.3
出口	51.8	82.5	32.8	26.2	21.7	17.0	12.0	10.2	14.7	20.1	24.8	25.8
实际利用外资	—	7.7	7.6	7.4	7.3	7.9	7.8	7.6	7.6	7.8	7.6	8.1
地方财政收入	12.9	19.7	16.0	18.9	19.7	18.8	18.1	18.3	16.3	16.1	14.5	12.2
地方财政支出	-8.8	16.6	4.8	7.1	7.2	9.6	6.9	3.6	1.4	1.0	2.1	1.6

数据来源：江西省统计局。

山东省金融运行报告（2022）

中国人民银行济南分行货币政策分析小组

[内容摘要] 2021 年是中国共产党成立 100 周年，是全面迈入社会主义现代化新征程起步之年和“十四五”开局之年。习近平总书记再次亲临山东视察，作出“三个走在前”重要指示要求。一年来，全省上下认真贯彻落实习近平总书记对山东工作的重要指示要求，完整、准确、全面贯彻新发展理念，主动服务和融入新发展格局，更大力度统筹疫情防控和经济社会发展，更实举措做好“六稳”“六保”工作，全省经济运行稳中向好、进中提质，高质量发展迈出坚实步伐，实现“十四五”良好开局。全年实现地区生产总值 8.3 万亿元，同比增长 8.3%，两年平均增长 5.9%，分别高于全国 0.2 个和 0.8 个百分点。

山东省经济运行主要呈现以下特点：一是内外需求协同发力，“三驾马车”动力稳定。投资稳健上行，全年固定资产投资增长 6.0%，为 2018 年以来最高水平；制造业投资延续两位数增长，全年增速 13.1%；民间投资保持较强活力，对全部投资增长贡献率为 87.3%；新经济领域投资持续加力，“四新”经济投资占全部投资比重达 51.2%。消费复苏提速，全年社会消费品零售总额增长 15.3%；升级类商品消费增势强劲，网上消费快速增长，全年实物商品网上零售额增长 16.5%。进出口保持高速增长，全年货物进出口总额增长 32.4%，进口总额增长 29.0%，出口总额增长 34.8%，通用设备、专用设备、汽车等装备行业出口交货值均实现 20% 以上的快速增长。二是三次产业稳中向好，动能转换提速增效。2021 年末，三次产业结构调整为 7.3 ：39.9 ：52.8，第二产业比重比上年提高 0.8 个百分点；农业生产稳中有增，粮食生产创历史新高，全年粮食总产量 5500.7 万吨；工业生产加速回升，全年规模以上工业增加值增长 9.6%，新兴产业增势良好，工业加速向高端迈进；服务业稳定恢复，全年服务业增加值增长 9.2%，对全省经济增长的贡献率达 59.5%。三是物价水平涨势温和，居民就业总体稳定。2021 年，全省 CPI 上涨 1.2%，PPI 上涨 10.3%；就业形势总体稳定，超额完成全年 110 万人的目标任务；居民收入稳步增加，全省居民人均可支配收入增长 8.6%。四是财政收支增速提高，重点领域支持力度加大。一般公共预算收入和支出分别增长 11.0% 和 9.5%，比上年分别提高 10.5 个和 4.9 个百分点；住房保障、社会保障和就业、教育支出分别增长 29.4%、14.8% 和 9.6%。五是房地产行业运行总体平稳，制造业转型升级加速。房地产开发投资增长 3.9%，保障性住房建设加快推进；销售市场平稳运行，商品房销售面积增长 7.5%。制造业转型升级加速，高技术制造业增加值增长 18.5%，工业机器人、新能源汽车、集成电路、光电子器件等行业增加值均实现两位数增长。六是自贸区建设取得积极成效，区域一体化协调发展加速推进。山东自由贸易试验区不断探索创新路径，全年区内企业合计进出口 3843.4 亿元，增长 39.4%。区域一体化进程加速，深度对接黄河流域生态保护和高质量发展、建设海洋强国、乡村振兴等国家战略。

2021 年，山东省金融系统认真贯彻落实党中央、国务院各项工作部署，统筹服务实体经济、防控金融风险、深化金融改革三项任务，突出金融供给与需求管理双向协同发力，为全省经济高质量发展营造了良好的金融环境。具体看，全年金融运行呈现以下特点：一是主要金融指标有力增长，金融供给总量实现新跨越。全年新增社会融资规模和新增贷款分别达到 2.1 万亿元和 1.3 万亿元，均为历史最高水平，年末增速分别高于全国平均水平 2.9 个和 2.1 个百分点；全年新增上市公司37家，创近十年新高；全省股票、债券两项直接融资合计同比增长14.9%；全省保险业累计为经济社会发展提供风险保障金同比增长38.6%。二是融资结构持续优化，资源配置效力实现新提升。金融支持新旧动能转换成效明显，全省绿色贷款、科技中小微企业贷款、装备制造业中长期贷款、高技术制造业中长期贷款年末增速均高于各项贷款增速；重点领域和薄弱环节贷款保持快速增长，年末普惠小微贷款、制造业中长期贷款、信用贷款、基建贷款余额同比增速分别比各项贷款增速高21.9个、12.6个、7.6个和3.8个百分点；新增上市公司中，属于战略性新兴产业领域的占比超过六成。三是LPR改革红利持续释放，企业融资成本稳中有降。2021年，持续推动金融机构充分运用LPR定价，推动贷款利率在2020年大幅下降的基础上进一步下行。全年新发放企业贷款加权平均利率为4.55%，同比下降0.11个百分点，为有统计以来最低水平，其中新发放普惠小微贷款加权平均利率同比下降0.31个百分点，降幅最大。四是金融改革创新持续深化，地方金融改革实现新突破。《山东省济南市建设科创金融改革试验区总体方案》获批，全国首个科创金融改革试验区落户济南；临沂市普惠金融服务乡村振兴改革试验区建设全面展开，2021年末，临沂市涉农贷款增速高于全省涉农贷款增速6.4个百分点，全市农业保险保费收入增速高于全省12.8个百分点；青岛市财富管理中心建设成效明显，年末资产总规模达2.5万亿元，同比增长39%。五是金融生态环境建设扎实推进，金融服务水平有效提升。征信体系建设稳步推进，征信服务实体经济能力增强；支付系统安全高效运行，支付服务水平不断提升；金融知识普及宣传持续加强，金融多元纠纷化解工作成效显著，金融消费者合法权益得到切实维护；金融科技快速发展，金融科技应用赋能金融服务不断提质增效。六是金融风险防控取得新成效，地方法人金融机构经营稳健性提升。资产质量大幅改善，不良贷款率比上年末下降0.69个百分点，不良贷款余额和不良贷款率连续三年"双降"。通过政府专项债补充资本金等多种方式推动中小法人银行补充资本，地方法人金融机构经营稳健性提升。

展望2022年，山东省经济金融发展面临的挑战与机遇并存。一方面，当前国内外形势仍然严峻复杂，疫情持续反复，经济下行压力和不确定性加大，山东省长期积累的结构性矛盾和短期面临的制约性因素交织叠加，供给侧结构性改革、扩大有效需求、稳定工业运行等各方面都面临较大压力；另一方面，经过多年接续奋斗，山东省发展的基础更加坚实，发展的积极因素加快聚集，有基础、有能力实现更好发展。2022年，在全省"三个十大"行动计划[①]加快落地见效推动下，经济供需两端将协调发力，经济发展活力、动力将进一步增强，全省经济将继续呈现稳中向好的发展态势。山东金融业将深入贯彻落实稳健的货币政策灵活适度的要求，加大跨周期调节力度，发挥好货币政策工具的总量和结构双重功能，增强信贷总量增长的稳定性，保持信贷结构稳步优化，引导金融机构加大对小微企业、科技创新、绿色发展领域的信贷投放；维护住房消费者合法权益，更好地满足购房者合理住房需求，促进房地产市场健康发展和良性循环；深化金融供给侧结构性改革，推动企业综合融资成本稳中有降；统筹做好重大金融风险防范化解工作，为稳定地区宏观经济大盘、保持全省经济运行在合理区间营造适宜的货币金融环境，以实际行动迎接党的二十大胜利召开。

① "三个十大"行动计划是指"十大创新"行动计划、"十强产业"行动计划和"十大扩需求"行动计划。

一、金融运行情况

2021年，面对复杂严峻的国内外经济形势，山东省金融系统坚持以习近平新时代中国特色社会主义思想为指导，认真贯彻落实党中央、国务院各项工作部署，统筹服务实体经济、防控金融风险、深化金融改革三项任务，突出金融供给与需求管理双向协同发力，全省金融业运行稳中向好，金融供给总量实现新的突破，金融资源配置效力、服务实体经济和社会发展能力实现新的提升，区域金融改革、创新发展实现新的突破，金融风险防控取得新的成效，为经济高质量发展营造了良好的金融环境。

（一）银行业运行平稳，服务实体经济能力持续巩固

2021年，人民银行济南分行认真贯彻落实稳健货币政策，强化跨周期调节，充分发挥货币政策工具的总量和结构双重功能，引导全省银行业金融机构持续加大对实体经济支持力度，贷款保持稳定增长，信贷结构持续优化，贷款利率降至有统计以来最低水平，不良贷款连续三年实现“双降”，资产质量进一步改善。

1. 资产负债保持平稳增长，城商行增速较快。2021年末，全省银行业金融机构资产总额16.6万亿元，同比增长11.4%，比上年末回落2.0个百分点；负债总额16.0万亿元，同比增长11.3%，比上年末回落1.7个百分点。其中，城商行资产规模增长较快，年末资产总额3.1万亿元，同比增长17.2%。

资产负债结构有所调整。从资产端看，贷款占比提升，各项贷款余额占总资产的66.9%，比上年末提高1.2个百分点；投资余额占总资产的11.0%，比上年末提高0.7个百分点，其中债券投资占总投资的79.3%，比上年末提高3.0个百分点。从负债端看，存款占比下降，运用央行资金增加。各项存款余额占总负债的72.9%，比上年末下降0.6个百分点；银行机构运用再贷款、再贴现等货币政策工具增多，向中央银行借款年末余额同比增长101.7%，占总负债的比重比上年末提高0.6个百分点。

表1　2021年山东省银行业金融机构情况

机构类别	营业网点			法人机构（个）
	机构个数（个）	从业人数（人）	资产总额（亿元）	
一、大型商业银行	4227	93743	54737	0
二、国家开发银行和政策性银行	128	3554	12169	0
三、股份制商业银行	1115	26389	19939	1
四、城市商业银行	1510	34169	30562	14
五、城市信用社	0	0	0	0
六、小型农村金融机构	4985	64619	30486	112
七、财务公司	23	1008	4634	20
八、信托公司	2	755	278	2
九、邮政储蓄银行	2935	11656	9576	0
十、外资银行	39	943	555	0
十一、新型农村金融机构	634	8862	1800	127
十二、其他	11	1340	1399	6
合　计	15609	247038	166135	282

数据来源：山东银保监局。

注：营业网点不包括国家开发银行和政策性银行、大型商业银行、股份制银行等金融机构总部数据；大型商业银行包括中国工商银行、中国农业银行、中国银行、中国建设银行和交通银行；小型农村金融机构包括农村商业银行、农村合作银行和农村信用社；新型农村金融机构包括村镇银行和农村资金互助社；其他包含民营银行、汽车金融公司、消费金融公司、金融租赁公司等。

2. 各项存款增速放缓，住户和非金融企业存款同比少增。2021年末，全省本外币各项存款余额13.05万亿元，同比增长10.3%，比上年末回落2.7个百分点。全年存款增加12132.7亿元，同比少增1477.8亿元。其中，住户和非金融企业存款同比分别少增1045.8亿元和1054.7亿元，机关团体存款和财政性存款同比分别多增361.3亿元和268.7亿元。

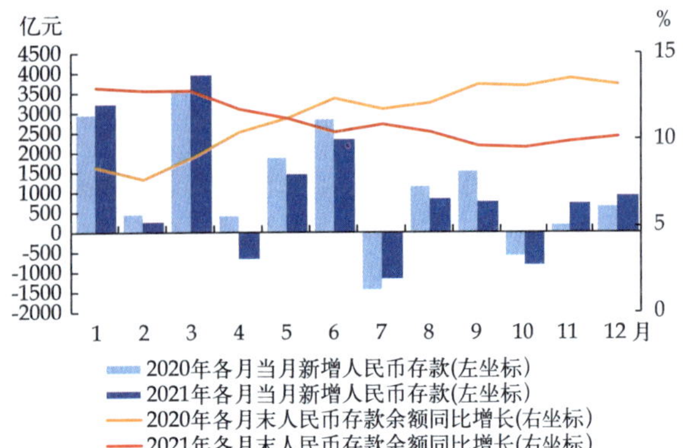

图 1　2020—2021 年山东省金融机构人民币存款增长变化

（数据来源：中国人民银行济南分行）

3. 贷款稳定增长，服务实体经济质效不断提升。2021 年末，全省本外币各项贷款余额 11.1 万亿元，同比增长 13.4%，增速高于全国平均水平 2.1 个百分点。全年贷款增加 13154.8 亿元，同比多增 1600 亿元，增量连续四年创历史新高，贷款余额和增量均居全国第四位。

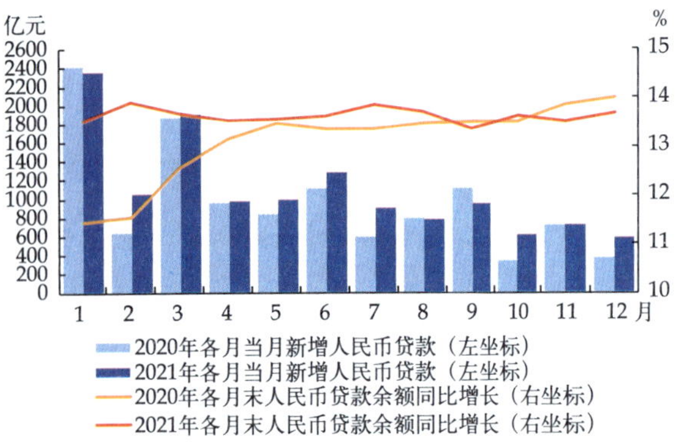

图 2　2020—2021 年山东省金融机构人民币贷款增长变化

（数据来源：中国人民银行济南分行）

分部门看，新增贷款向企（事）业单位部门集中。全年企（事）业单位贷款同比多增 1826.7 亿元，新增企（事）业单位贷款占各项贷款比重比上年同期提高 7.4 个百分点；住户部门贷款同比少增 296.0 亿元，新增占比比上年同期下降 8.1 个百分点。

分期限看，新增贷款“长增短缓”特征突出。中长期贷款年末余额同比增长 15.0%，高于各项贷款增速 1.6 个百分点；短期贷款年末余额同比增长 9.4%，低于各项贷款增速 4.0 个百分点。

从投向看，重点领域贷款保持高速增长。普惠小微贷款、制造业中长期贷款、信用贷款、基建贷款年末余额同比增速分别比各项贷款增速高 21.9 个、12.6 个、7.6 个和 3.8 个百分点。新经济领域贷款增势良好，绿色贷款、科技中小微企业贷款、装备制造业中长期贷款、高技术制造业中长期贷款年末余额同比增速均高于各项贷款增速。房地产贷款增长放缓，全省房地产贷款年末余额同比增长 9.0%，其中个人住房贷款余额同比增长 13.0%，较好支持了居民合理购房需求。

结构性货币政策工具对贷款投放的引导作用得到充分发挥。人民银行济南分行优化再贷款再贴现等政策工具管理和使用模式，推动再贷款再贴现使用规模创历史新高。全年累计发放再贷款再贴现 2796 亿元，是上年的 1.7 倍。全年累计向地方法人银行提供延期还本付息奖励资金 14.3 亿元，直接支持银行为 12 万户企业办理延期贷款 1431 亿元；累计向地方法人银行提供信用贷款激励资金 290 亿元，为 46 万户企业发放符合条件的普惠小微信用贷款 781 亿元。

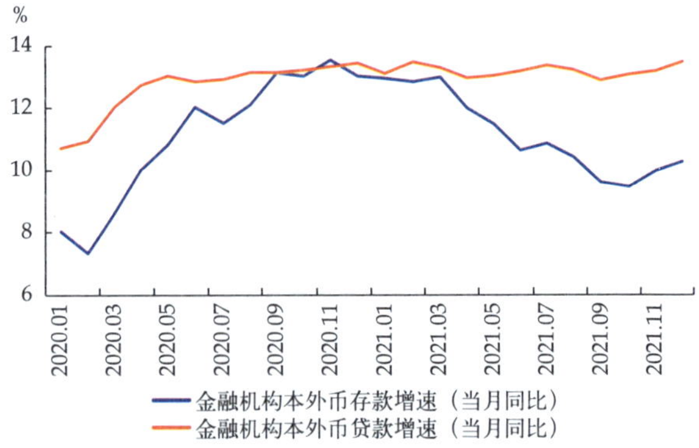

图 3　2020—2021 年山东省金融机构本外币存贷款增速变化

（数据来源：中国人民银行济南分行）

专栏1　强化激励约束 提升小微企业金融服务能力

2021年，人民银行济南分行深入实施小微企业金融服务能力提升工程，突出以赛促干、下沉服务、考核评估、政策联动四个重点，加快“敢贷、愿贷、能贷、会贷”长效机制建设，推动小微企业融资“增量、扩面、提质、降价”。年末全省普惠小微贷款余额达1.1万亿元，同比增长35.4%；普惠小微贷款户数175.8万户，较年初增加42.6万户；当年新增首贷户超10万户，同比增长17.6%；全年新发放普惠小微贷款加权平均利率5.41%，同比下降31个基点。

一、强化以赛促干，营造金融服务小微浓厚氛围

联合山东省总工会、共青团山东省委共同举办2021年山东省金融服务小微企业能力竞赛。聚焦“机制建设”“制度落实”“工作成效”三个方面，创新采取实际工作成果评鉴和集中展示的方式，推动银行互比互学、以赛促干，持续优化内部资源配置、绩效考核、尽职免责等根本性制度机制安排。竞赛覆盖全省290余家银行业金融机构，在全省营造起金融服务小微争先创优、比学赶超的浓厚氛围，被山东省总工会纳入省“十强”产业争先创优劳动竞赛重点项目。

二、下沉服务重心，专项支持个体工商户发展

以“我为群众办实事”实践活动为契机，组织开展“齐心鲁力·助商惠民”金融支持个体工商户发展专项行动。筛选确定30.5万户个体工商户名单，组织金融机构跟进对接，为个体工商户解难题、送政策；实行“双向进驻”服务模式，即业务人员进驻政务大厅、营业执照自助服务进驻银行营业网点，为个体工商户提供一站式金融服务；研发上线“个体工商户信贷直通车”，实现个体工商户足不出户、扫码即贷。年末全省个体工商户贷款余额同比增长30.5%，高于各项贷款增速17.1个百分点，有贷户数较年初增加26.3万户。

三、突出考核评估，增强服务小微主动性、积极性

推动将民营、小微企业信贷政策导向效果评估工作纳入山东省委省政府2021年落实“六稳”“六保”促进高质量发展政策清单。建立“奖优罚劣”机制，将评估结果作为货币政策工具运用、支持金融机构发展的重要参考，对于评估不佳的金融机构进行“窗口指导”，督促金融机构补足短板。辖内各类金融机构普遍提高了对小微金融工作的重视程度，为有效传导货币信贷政策打下良好基础。

四、加强政策联动，形成服务小微“几家抬”合力

2021年，联合发改、财政、工信、住建等部门累计出台22个专项政策，制定支持实体经济发展措施200余条，有效支持小微主体发展。联合省农担公司、省再担保集团建立再贷款资金与信贷担保精准对接机制，2021年新增农业信贷担保贷款529.9亿元，同比大幅增长；与省科技厅合作，充分发挥再贴现的牵引带动作用，引导金融机构加大对科技企业的票据融资支持；与省市场监管局合作，积极扩大科技成果转化贷款、知识产权质押融资等创新信贷产品规模；会同省人社厅、省退役军人事务厅、省妇联等部门完善就业创业支持政策，创新推出退役军人创业贷、巾帼信用贷等一批信贷产品。

4. 表外业务平稳增长，理财业务整改到位。 2021 年末，全省银行业金融机构表外业务余额 8.3 万亿元，较年初增加 8274.7 亿元，同比增长 11.1%，低于全部资产增速 0.3 个百分点。其中，银行机构发行非保本理财产品余额 2563.8 亿元，较年初下降 262.8 亿元。全省法人银行机构发行的理财产品全部为合规新产品，理财产品均实现净值化转型，保本理财和同业理财全部压降清零。

5. 持续深化 LPR 改革，新发放贷款利率创新低。 2021 年，人民银行济南分行持续深化 LPR 改革，推动优化存款自律管理，深入推进明示贷款年化利率工作，规范各类金融机构贷款产品和服务行为，促进银行负债端成本和资产端定价稳中有降。截至 2021 年末，省内全国性金融机构分支机构、城商行、农商行已全部建立内部资金转移定价机制（FTP），并将 LPR 嵌入 FTP。全年新发放企业贷款加权平均利率为 4.55%，同比下降 0.11 个百分点，为有统计以来最低水平。

表 2　2021 年山东省金融机构人民币贷款各利率区间占比

单位：%

项目		1 月	2 月	3 月	4 月	5 月	6 月
合计		100.0	100.0	100.0	100.0	100.0	100.0
LPR 减点		14.9	15.6	12.5	13.5	14.3	16.5
LPR		5.9	6.4	8.7	7.5	5.5	5.7
LPR 加点	小计	79.2	78.0	78.8	78.9	80.1	77.8
	(LPR，LPR+0.5%)	15.7	17.3	14.9	14.6	13.9	19.6
	[LPR+0.5%，LPR+1.5%)	32.6	31.5	33.5	30.3	33.1	29.8
	[LPR+1.5%，LPR+3%)	18.7	17.2	18.4	21.0	19.4	17.4
	[LPR+3%，LPR+5%)	7.0	6.8	7.2	8.0	7.9	6.8
	LPR+5% 及以上	5.1	5.2	4.8	5.1	5.9	4.1
项目		7 月	8 月	9 月	10 月	11 月	12 月
合计		100.0	100.0	100.0	100.0	100.0	100.0
LPR 减点		16.5	16.5	20.5	16.6	19.1	17.3
LPR		6.4	5.9	7.3	6.5	5.8	5.6
LPR 加点	小计	77.1	77.6	72.2	76.9	75.1	77.1
	(LPR，LPR+0.5%)	13.9	14.7	15.7	14.8	15.1	18.8
	[LPR+0.5%，LPR+1.5%)	32.8	31.1	30.2	32.0	31.2	31.2
	[LPR+1.5%，LPR+3%)	18.3	18.1	15.1	17.5	16.4	16.1
	[LPR+3%，LPR+5%)	7.3	8.1	6.9	7.4	7.2	6.9
	LPR+5% 及以上	4.9	5.7	4.4	5.3	5.2	4.0

数据来源：中国人民银行济南分行。

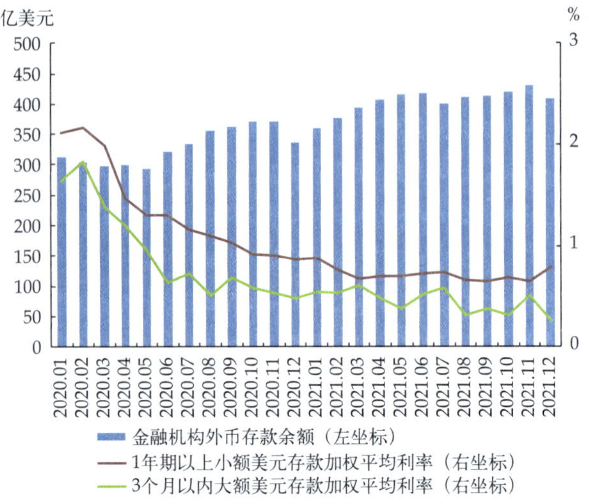

图 4　2020—2021 年山东省金融机构外币存款余额及外币存款利率

（数据来源：中国人民银行济南分行）

6. 资产质量大幅改善，金融机构经营稳健性提升。 2021 年末，全省银行业不良贷款余额 1489.8 亿元，比上年末减少 496.4 亿元，不良贷款率 1.34%，比上年末下降 0.69 个百分点，实现连续三年“双降”。全省银行业拨备余额 3477.7 亿元，统算拨备覆盖率 233.4%，分别比上年末增加 346.4 亿元、提高 75.8 个百分点，风险防控能力进一步提升。人民银行济南分行推动中小法人银行通过多种方式补充资本。2021 年，山东省政府发行 100 亿元专项债券为 12 家法人银行补充资本金，7 家法人银行通过发行永续债、二级资本债补充资本金 281 亿元，地方法人银行经营稳健性提升。年末全省中小法人银行统算的资本充足率为 13.7%，比年初上升 0.3 个百分点。

7. 跨境人民币业务稳步发展。 2021 年，人民银行济南分行联合山东省国资委等十部门出台《关于鼓励支持人民币跨境使用 服务构建“双循环”新发展格局的指导意见》，提出 20 条具体工作措施，为山东省跨境人民币业务作出中短期规划。2021 年，全省人民币跨境资金收支 5600.9 亿元，同比增长 27.4%，比上年同期提升 14.5 个百分点。跨境人民币收支金额占同期本外币跨境收支金额的 17.6%，比上年提高 0.8 个百分点。

（二）证券行业运行稳中向好，企业上市成效显著

1. 证券期货经营机构运行平稳。2021年末，全省共有法人证券公司3家，同比增加1家，证券分公司133家，证券营业部561家。法人期货公司4家，法人基金公司1家。2021年，山东辖区证券投资者开户数1084.2万户，较年初增加173.6万户，股票基金交易金额11.6万亿元。期货投资者开户数26万户，较年初增加1.7万户，代理期货交易额25.3万亿元，同比增长64.0%。

2. 上市公司增量提质，上市融资取得新突破。2021年，全省新增上市公司37家，创近十年新高。北交所上市公司累计达7家，位居全国第四。年末境内上市公司累计达270家，总市值4万亿元。从结构上看，新增上市公司中属于战略性新兴产业的企业占比超过六成。

表3　2021年山东省证券业基本情况

项目	数量
总部设在辖内的证券公司数（家）	3
总部设在辖内的基金公司数（家）	1
总部设在辖内的期货公司数（家）	4
年末国内上市公司数（家）	270
当年国内股票（A股）筹资（亿元）	643
当年发行H股筹资（亿元）	3
当年国内债券筹资（亿元）	8309
其中：短期融资券筹资额（亿元）	2656
中期票据筹资额（亿元）	1678

数据来源：中国人民银行济南分行、山东证监局、青岛证监局、山东省地方金融监管局。

注：当年国内股票（A股）筹资额含金融企业境内股票融资。

3. 各类交易市场有序发展，区域性股权交易稳步提升。2021年，省内20家交易场所累计交易额7631.3亿元。其中，12家权益类交易场所交易额404.7亿元，8家介于现货与期货之间的大宗商品交易场所交易额7226.6亿元。省内2家区域性股权市场新增挂牌企业710家，为企业实现各类融资236.8亿元，其中股权质押融资151.6亿元。

（三）保险业结构调整深化，服务经济社会发展水平持续提升

1. 保险业资产规模和保费收入保持平稳增长。2021年末，全省保险业资产总额8643.8亿元，同比增长13.2%；2021年实现原保险保费收入3278.3亿元，同比增长3.6%。其中，人身险保费收入2335.2亿元，同比增长3.8%；财产险保费收入943.1亿元，同比增长3.1%。

表4　2021年山东省保险业基本情况

项目	数量
总部设在辖内的保险公司数（家）	5
其中：财产险经营主体（家）	3
寿险经营主体（家）	2
保险公司分支机构（家）	97
其中：财产险公司分支机构（家）	44
寿险公司分支机构（家）	53
保费收入（中外资，亿元）	3278.3
其中：财产险保费收入（中外资，亿元）	943.1
人身险保费收入（中外资，亿元）	2335.2
各类赔款给付（中外资，亿元）	1140.3

数据来源：山东银保监局。

2. 保险业务结构调整持续深化。2021年末，财产险公司中，车险业务下降2.9%，车险保费占比、车险业务及管理费用率均创历史年度新低；人身险公司中，寿险业务中保障功能较强的普通寿险增速19.7%，投资理财属性较强的分红险、投连险、万能险分别下降11.4%、15.0%和9.5%，业务回归本源的态势持续稳固。

3. 保险业务服务经济社会发展水平持续提高。2021年，全省保险业累计为经济社会发展提供风险保障金340.4万亿元，同比增长38.6%，赔付支出1140.3亿元，同比增长14.0%，行业整体保障能力增强，进一步发挥了“稳定器”和“减震器”作用。全省车险综合赔付率77.8%，车险综合费用率降至22.7%，分别优于全国5.4个和5.8个百分点。农业保险保

费收入增速 28.0%，高于保费总收入增速 24.4 个百分点。“一城一策”的城市定制型医疗保险已在全省各地市全面推开，罕见病帮扶机制初步建立。

（四）社会融资规模增长较快，融资渠道持续拓宽

1. 社会融资增量创历史新高，表内融资为新增主力。2021 年，山东省社会融资规模较年初增加 20831.7 亿元，同比多增 723.7 亿元，为历史最高水平。表内融资支撑力突出，占当年社会融资规模增量的 64.0%，同比提高 5.2 个百分点；表外融资净下降 1152.5 亿元，同比多减 115 亿元；直接融资新增 3689.6 亿元，同比少增 152.7 亿元，占新增社会融资规模的 17.8%，同比下降 1.34 个百分点；政府债券融资新增 3303.4 亿元，同比少增 164 亿元，占新增社会融资规模的 15.9%，同比下降 1.3 个百分点。

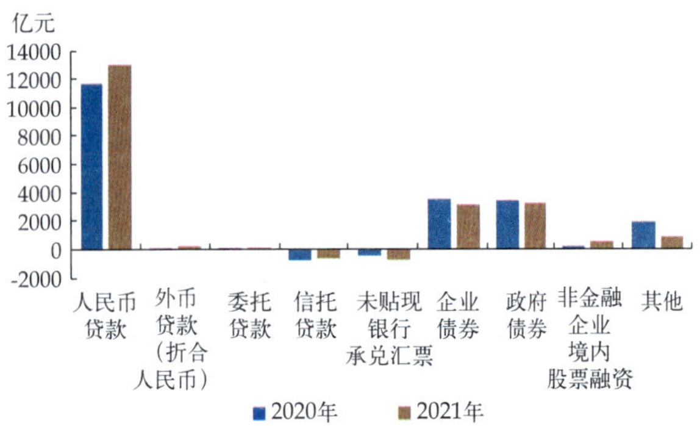

图 5　2020—2021 年山东省新增社会融资规模分布图

（数据来源：中国人民银行济南分行）

2. 债券融资覆盖面扩大，服务实体经济能力增强。2021 年，人民银行济南分行开展山东省债券发行“双百攻坚行动”，组织承销机构围绕全省有发债需求的民营和国有各 100 家企业开展对接服务，不断扩大发债覆盖面。全年全省企业发行债务融资工具 544 单、金额 4918 亿元，同比多发行 87 单、金额 922 亿元，总量居全国第六位。支持山东高速、临沂城投、水发集团、青岛水务集团等 12 家企业发行碳中和、乡村振兴、革命老区等创新型债务融资工具 17 单、金额 126.6 亿元，同比多发行 44 亿元，推动齐鲁银行、潍坊银行、东营银行发行小微企业金融债 70 亿元。各类债券加权平均利率 3.68%，比 2020 年下降 0.1 个百分点。

3. 供应链金融发展取得良好成效。2021 年，济南分行坚持促创新、强协同、优环境，将发展供应链金融作为落实“六稳”“六保”任务、促进供应链产业链优化升级、改善中小微企业融资难题的重要举措，积极强化财政金融政策融合，大力推动全省供应链金融平稳健康发展，取得良好成效。2021 年，全省供应链票据签发量 93 亿元；商业汇票累计贴现 1.24 万亿元，占全国的 8.3%，同比提高 1 个百分点；应收账款融资 2354.6 亿元，同比增长 15.0%。

表 5　2021 年山东省金融机构票据业务量统计

单位：亿元

季度	银行承兑汇票承兑		贴现			
			银行承兑汇票		商业承兑汇票	
	余额	累计发生额	余额	累计发生额	余额	累计发生额
1	12421.9	5042.1	4110.4	6580.1	551.1	536.4
2	12705.7	9541.1	4844.8	14430.5	554.4	1034.8
3	12603.7	13534.8	5221.1	21375.5	569.3	1530.7
4	12897.6	17693.8	5799.0	29907.9	635.7	1954.7

数据来源：中国人民银行济南分行。

表 6　2021 年山东省金融机构票据贴现、转贴现利率

单位：%

季度	贴现		转贴现	
	银行承兑汇票	商业承兑汇票	票据买断	票据回购
1	3.35	4.74	3.17	2.61
2	2.95	4.33	2.72	2.58
3	2.58	4.25	2.43	2.33
4	2.17	4.36	2.06	2.08

数据来源：中国人民银行济南分行。

专栏2 强化政策协同 坚持创新引领 推动供应链金融业务健康平稳发展

2021年，人民银行济南分行坚持强化政策协同、创新引领驱动、促进银企对接、优化信用环境，推动全省供应链金融平稳健康发展。

一、强化政策协同，完善供应链金融发展政策支持体系

出台专门促进供应链金融发展的系统性财政金融政策，建立全省供应链核心企业“白名单”，公布首批“白名单”企业594家；设立专项奖励资金6000万元，奖励范围涵盖供应链票据业务发展突出的核心企业、接入上海票交所供应链票据平台的企业平台、标准化票据原始持票人和存托机构，以及创新供应链金融产品的金融机构。联合省工信、财政等部门制定供应链金融创新规范发展的实施意见，并指导9个地市立足当地优势出台区域供应链金融专项政策措施。联合省工信、财政、商务等8个部门推进应收账款融资服务工作，推动将应收账款服务平台推广工作列为省政府重点督办项目，联合省市场监管局开展股权出质登记代办服务，支持银行机构通过省政务服务网企业开办“一窗通”系统，代办股权出质登记业务，进一步推进股权质押融资便利化。

二、创新引领驱动，提升供应链整体金融服务水平

抓住“供应链票据”这一重点，引导供应链上下游企业签发供应链票据，提升票据支付效率，并引导金融机构为其提供贴现融资服务。指导山东通汇资本投资集团顺利接入上海票交所供应链票据平台，为全国首家地方获批企业之一。至2021年末，全省供应链票据签发量达93亿元。引导金融机构推出电子仓单质押、订单融资、“政采贷”、极速票据贴现等有针对性的金融产品，创新“1+N”金融服务模式，利用保理、票据保贴等方式，盘活核心企业信用，助力上下游中小企业融资。

三、促进银企对接，营造供应链金融发展的浓厚氛围

组织开展供应链金融专题推进系列活动，先后两次联合省财政厅、工信厅组织召开山东省供应链金融工作推进活动，向全省金融机构和近3000家核心企业宣讲供应链金融政策和业务，引导金融机构为其提供供应链金融、票据贴现及后续的标准化票据融资服务。指导各地市开展专题政策宣讲或业务推进会75场，组织金融机构为2500余家企业开展融资辅导。

四、注重信用建设，塑造履约守约的良好商业信用环境

建立“三三”工作推进机制，成立省、市、县三级工作专班，聚焦山东省“重点、难点、堵点”三类披露企业，在宣传引导、培训辅导、考核督导三个方面下功夫，大力推动票据信息披露工作。截至年末，全省3544家企业完成票据信息披露平台注册，实现“应注尽注”。加快推进票据信息披露，不断提升商业汇票信息披露覆盖面，完善票据信用体系，提升票据市场认可度。

（五）金融改革试验区创建有序推进，创新发展成效明显

1.青岛市财富管理中心建设成效明显。2021年末，青岛市财富管理金融综合改革试验区财富管理资产总规模达2.5万亿元，同比增长39%。山东港信期货、联储证券、新沃公募基金、恒丰银行理财子公司四家法人金融机构落户青岛，填补多项业态空白。合格境内有限合伙人试点（QDLP）获批30亿美元额度。数字人民

币试点上线场景超50万个，全国首个数字人民币碳普惠平台、首单湿地碳汇贷、首单植被修复碳汇贷在试验区落地。募集规模百亿元的国新中银股权投资基金等优质基金项目落户青岛市。

2. 临沂市普惠金融服务乡村振兴改革试验区建设高质量推进。2021年，临沂市普惠金融服务乡村振兴改革试验区聚焦乡村振兴主题，聚力金融工具创新，聚集多方资源力量，在涉农抵质押物创新、金融辅导和管家服务、特色农业保险发展、涉农信息共享共用等方面推出了一批改革举措，形成一批创新案例，在支农支小、服务乡村振兴等方面取得明显成效。2021年末，临沂市涉农贷款增速高于全省6.4个百分点，新增涉农贷款占各项贷款的比重高于全省13.4个百分点；全市农业保险保费收入同比增长40.8%，高于全省12.8个百分点。

3. 济南市科创金融改革试验区建设高标准起步。2021年11月25日，经国务院同意，人民银行等八部门批复《山东省济南市建设科创金融改革试验区总体方案》，这是全国首个以科创金融为主题的金融改革试验区。方案总体目标是，争取用5年左右时间，试验区基本形成体系健全、结构合理、服务高效、配套完善、保障有力的科创金融服务体系，建立完善覆盖科技创新全周期的金融生态链，科技创新支持山东新旧动能转换取得重大突破，形成一批可复制可推广的经验。

（六）金融生态环境建设扎实推进，金融服务水平有效提升

1. 征信体系建设稳步推进，征信服务实体经济能力增强。2021年，全省共部署自助查询网点577个、自助查询机具645台，全面覆盖市、县两级。大力推广信用报告线上查询服务，促成15家银行、银联云闪付等线上征信查询渠道落地，全年通过线上渠道提供个人、企业信用报告查询量同比分别增长326.4%、183.3%。省级征信平台取得实质性进展，“山东省征信有限公司”作为省级地方征信平台运营机构注册成立，平台已完成市场监管、发改、人社、环保及电力五部门数据梳理工作，确定企业信用信息30余项。多元化推广应收账款融资，充分挖掘政府采购合同融资市场潜力，全年应收账款融资金额、“政采贷”金额分别增长15.1%、6.5%。引导银行充分运用征信中心动产融资统一登记公示系统，办理碳排放权、可再生能源补贴确权、动物活体等抵质押登记，避免重复质押、虚假融资等风险。

2. 支付系统安全高效运行，支付服务水平不断提升。坚守支付清算系统业务连续性管理红线，不断完善支付市场基础设施。严肃支付清算纪律，保障社会资金高效运转。2021年，人民银行支付清算系统为全省1.1万家银行网点提供跨行清算服务，有力支撑全省经济社会发展。全面强化支付市场监管，精准打击治理电信网络诈骗、跨境赌博“资金链”。统筹提升账户管理和服务水平，通过推行简易开户等措施，实现账户“应开尽开”“账户功能与客户身份核实、风险等级相匹配”。持续推动银行、支付机构向实体让利，小微企业和个体工商户支付手续费降费政策在山东全面落地。大力提升老年人支付服务水平，督促法人银行加快手机银行适老化改造。

3. 金融消费权益保护持续加强，社会公众金融素养稳步提升。12363山东省投诉咨询电话全年累计接听群众来电2.9万余件，投诉办结率保持在90%以上。金融纠纷多元化解工作取得显著成效，全年累计调解金融纠纷案件1746件，实现调解数量、质量双提升。强化金融宣传示范引领和工作指导，全年累计开展各类宣传活动4562次，覆盖6135万人次。创新推动建立3家首批省级金融教育示范基地，基地全年累计开展活动246期，接待消费者9.47万余人次，线上覆盖受众1948万人次。依托山东省整治虚假违法广告联席会议机制，将金融领域广告治理纳入2021年市场监管系统“铁拳”行动省级查办重点，加大对违法违规金融营销宣传行为打击力度。

4. 金融科技快速发展，赋能金融服务提质增效。2021年，人民银行济南分行联合山东省

地方金融监督管理局印发《关于山东省金融科技发展的意见》，围绕五大类24项重点任务作出详细部署。启动金融科技赋能乡村示范工程试点，围绕供应链金融服务供给、金融科技基础建设等四大方面，向人民银行、农业农村部等七部门申报项目46个。推动金融数据综合应用试点，围绕数据能力建设、数据规范共享、数据融合应用、风控数字化水平提升四个方面确定项目28个。建立全省金融科技重点建设项目库，掌握全省金融科技应用发展情况。2021年，全省金融科技重点建设项目库中，借助大数据、移动互联网等技术，提升在网点、柜台和自助设备等场景下的服务效率和服务精准性的项目有83项；运用物联网、智能算法等科技成果，提高贷款发放效率和服务便利度的项目有69项。

二、经济运行情况

2021年，山东省经济运行呈现稳中向好、进中提质的发展态势，全年全省实现生产总值8.3万亿元，同比增长8.3%，两年平均增长5.9%，分别高于全国0.2个和0.8个百分点。投资稳健上行，消费复苏提速，进出口高速增长，三次产业稳中向好，物价水平温和可控，就业形势好于预期，财政收支增速提高，重点领域支持力度加大，区域一体化协调发展全面起势。

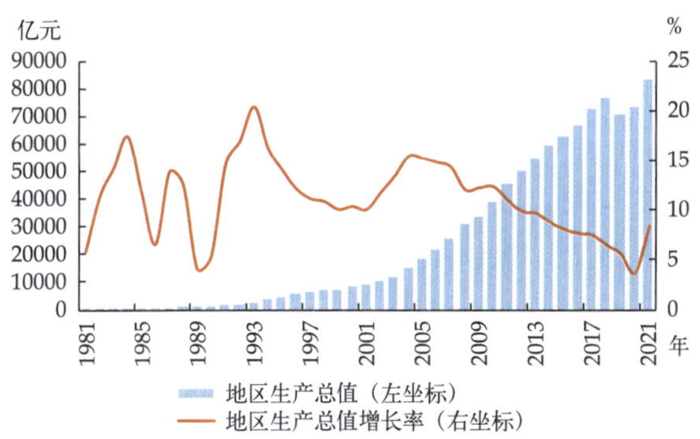

图6　1981—2021年山东省地区生产总值及其增长率

（数据来源：山东省统计局）

（一）内外需求协同发力，“三驾马车”动力稳定

1. 投资稳健上行，制造业投资快速增长。 2021年，全省固定资产投资（不含农户）同比增长6.0%，高于全国平均水平1.1个百分点。制造业投资延续快速增长势头，全年增长13.1%，高于全部投资增速7.1个百分点。新兴领域投资延续良好增势，“四新”经济投资占全部投资比重达51.2%，高新技术产业投资增长11.6%，高于工业投资增速1.8个百分点。民间投资活跃，占全部投资的比重比上年提高1.3个百分点，对全部投资增长的贡献率为87.3%。

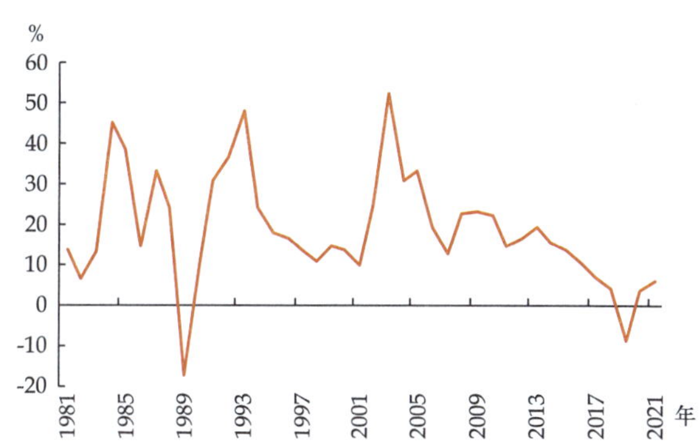

图7　1981—2021年山东省固定资产投资（不含农户）增长率

（数据来源：山东省统计局）

2. 消费市场复苏提速，升级消费增势强劲。 2021年，全省社会消费品零售总额33714.5亿元，同比增长15.3%，高于全国平均水平2.8个百分点。升级类商品消费增势强劲，限额以上体育娱乐用品类、通信器材类、金银珠宝类和新能源汽车零售额同比分别增长61.5%、54.3%、69.7%和92.0%。线上消费高位运行，全年实物商品网上零售额增长16.5%，拉动社会消费品零售总额增长2.5个百分点，比上年提高0.5个百分点。

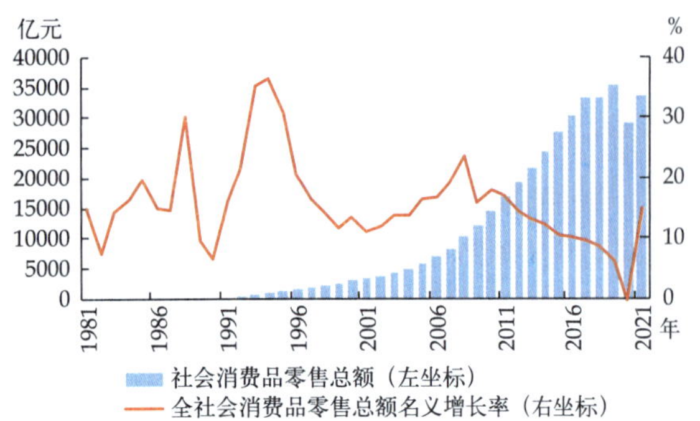

图 8　1981—2021 年山东省社会消费品零售总额及其增长率

（数据来源：山东省统计局）

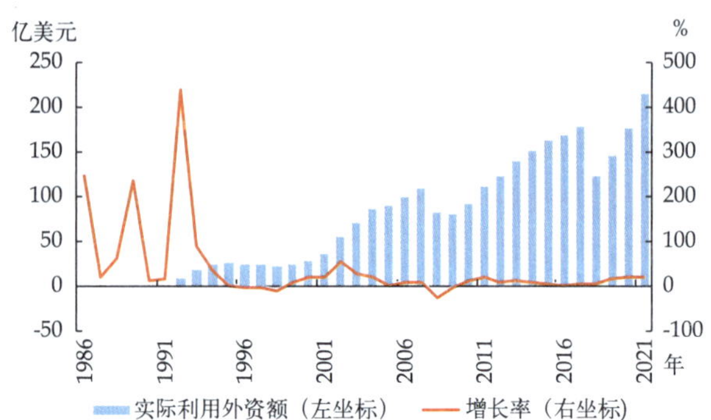

图 10　1986—2021 年山东省实际利用外资额及其增长率

（数据来源：山东省统计局）

3. 进出口持续高位运行，利用外资稳定增长。2021 年，全省货物进出口总额 29304.1 亿元，同比增长 32.4%，高于全国 11.0 个百分点。其中，出口 17582.7 亿元，增长 34.8%；进口 11721.4 亿元，增长 29.0%。对“一带一路”沿线国家和地区进出口增长 40.8%，占全部进出口总值的 32.0%；民营企业进出口增长 35.6%，占全部进出口总值的 71.2%；机电产品出口增长 35.8%，占全部出口总值的 43.1%。利用外资量稳质升，全年实际使用外资 215.2 亿美元，同比增长 21.9%，其中制造业实际利用外资 65.4 亿美元，增长 72.9%。

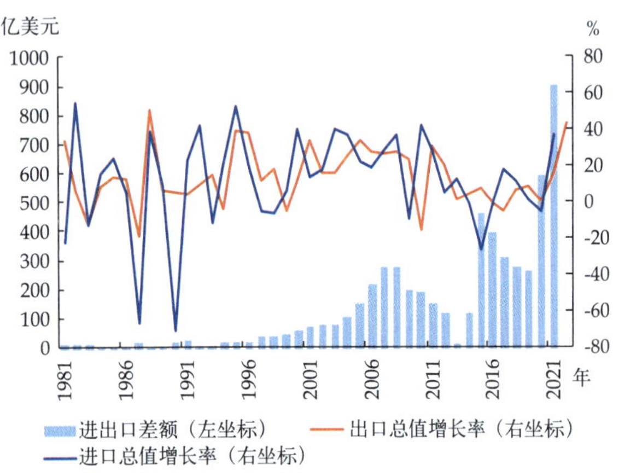

图 9　1981—2021 年山东省外贸进出口变动情况

（数据来源：山东省统计局）

（二）三次产业稳中向好，动能转换提速增效

2021 年，全省第一产业、第二产业、第三产业增加值同比分别增长 7.5%、7.2% 和 9.2%，三次产业结构由上年的 7.4 : 39.1 : 53.5 调整为 7.3 : 39.9 : 52.8。

1. 农业生产稳中有增，乡村振兴持续推进。2021 年，全省农林牧渔业产值 11468.0 亿元，同比增长 8.6%。粮食总产量 1100.1 亿斤，连续 8 年稳定在千亿斤以上；畜牧业产能稳步增加，猪牛羊禽肉产量 815.1 万吨，同比增长 12.9%，生猪产能恢复至常年水平；蔬菜总产量 8801.1 万吨，稳居全国首位。现代农业加快发展，新创建国家农业现代化示范区 6 个、现代农业产业园 3 个，国家级海洋牧场发展到 59 家。

2. 工业生产加速回升，民营工业发展活力增强。2021 年，全省全部工业增加值 27243.6 亿元，同比增长 8.6%，其中规模以上工业增加值同比增长 9.6%。41 个行业大类中，有 34 个行业增加值实现增长，增长面达 82.9%，比上年扩大 9.7 个百分点。民营工业企业发展活力不断增强，增加值同比增长 11.3%，高于规模以上工业 1.7 个百分点，对规模以上工业增长的贡献率达 73.8%，比上年提高 21.7 个百分点。

图 11　2001—2021 年山东省规模以上工业增加值增长率

（数据来源：山东省统计局）

3. 服务业稳定恢复，高端服务业快速增长。2021 年，全省服务业实现增加值 43879.7 亿元，同比增长 9.2%，对经济增长贡献率达 59.5%，拉动经济增长 4.9 个百分点，继续发挥经济增长“主引擎”作用。新产业新业态新商业模式表现亮眼，多式联运和运输代理业、互联网和相关服务业、研究和试验发展、科技推广和应用服务业营收分别增长 88.0%、24.4%、26.9% 和 37.2%。

4. 供给侧结构性改革持续深入，创新动力显著增强。传统产业加快升级，整合转移地炼产能 780 万吨，实施 500 万元以上工业技改投资项目 1.2 万个，建设省级工业互联网平台 115 个。高新技术企业突破 2 万家，入库科技型中小企业 2.8 万家，新增专精特新“小巨人”企业 221 家、国家制造业单项冠军 39 个。产业集群加速形成，105 个雁阵形产业集群规模突破 5.7 万亿元，智能家电、轨道交通装备入围国家先进制造业集群，高端医疗器械等 4 个产业集群纳入国家创新产业集群试点。

5. 绿色发展质效提升，生态环境明显改善。可再生能源发电装机容量占电力装机容量的 33.7%，比上年提高 5.1 个百分点。海上风电实现零突破。农村新增清洁取暖 208.4 万户，海阳市成为全国首个零碳供暖城市。开展科学绿化试点示范省建设，造林面积 17.6 万亩。2021 年，全省 PM2.5 平均浓度、空气质量综合指数分别改善 15.2%、10.1%，优良天数平均比例比上年改善 2.3 个百分点。

（三）物价水平温和上涨，就业形势好于预期

1. 居民消费价格温和上涨，食品价格涨幅明显回落。2021 年，全省 CPI 上涨 1.2%，涨幅比上年同期回落 1.6 个百分点。其中，食品价格涨幅比上年回落 12.1 个百分点，猪肉价格下降 31.8%，是影响食品价格涨幅回落的主要因素。工业消费品价格上涨 1.7%，其中，能源价格上涨 8.5%，是推动工业消费品价格上涨的主要因素。服务项目价格上涨 1.0%，涨幅比上年扩大 0.6 个百分点。

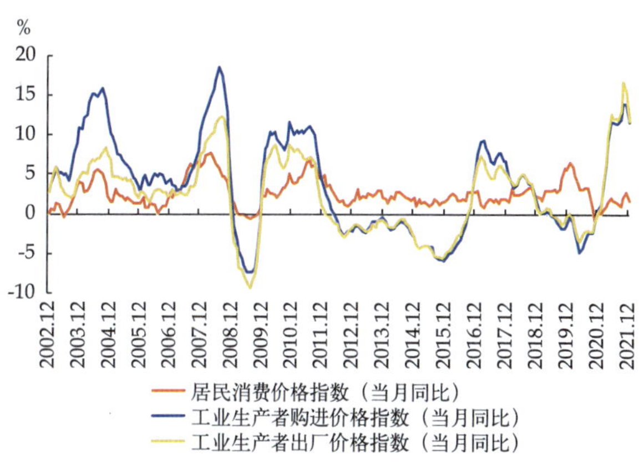

图 12　2002—2021 年山东省居民消费价格和工业生产者价格变动趋势

（数据来源：山东省统计局）

2. 工业生产者价格持续高位运行，“三黑一色”是上涨主力。2021 年，全省工业生产者出厂价格指数（PPI）上涨 10.3%，涨幅比上年扩大 12.2 个百分点。生产资料价格由上年同期下降 2.9% 转为上涨 12.6%，是 PPI 上涨的主要推动因素。“三黑一色”相关大类行业同比上涨 23.6%，影响 PPI 总指数上涨 6.7 个百分点，其中，煤炭、石油、钢铁和有色相关行业分别上涨 33.4%、25.2%、29.1% 和 14.3%，是 PPI 上涨主力。

3. 就业形势好于预期，居民收入稳步增加。2021 年，全省城镇新增就业 124.2 万人，同比增长 1.3%，完成年度目标的 112.9%。2021 年末，城镇登记失业率 2.94%，比上年下降 0.16 个百

分点。全省居民人均可支配收入 35705 元，同比增长 8.6%，其中城镇和农村居民人均可支配收入分别增长 7.6% 和 10.9%，城乡居民人均可支配收入比比上年缩小 0.07。居民人均消费支出 22821 元，同比增长 9.0%，其中城镇和农村居民人均消费支出分别增长 7.4% 和 12.9%。

（四）财政收支增速提高，重点领域支持力度加大

1. 财政收支稳定向好，收支差额小幅收窄。2021 年，全省一般公共预算收入 7284.5 亿元，同比增长 11.0%，增速比上年提高 10.5 个百分点。其中，税收收入增长 15.1%，占一般公共预算收入的比重达到 75.2%，比上年提高 2.6 个百分点，为自 2019 年以来同期最高值。一般公共预算支出 11709.1 亿元，同比增长 9.5%，增速比上年提高 4.9 个百分点。预算收支差额 4424.7 亿元，同比下降 5.3%。

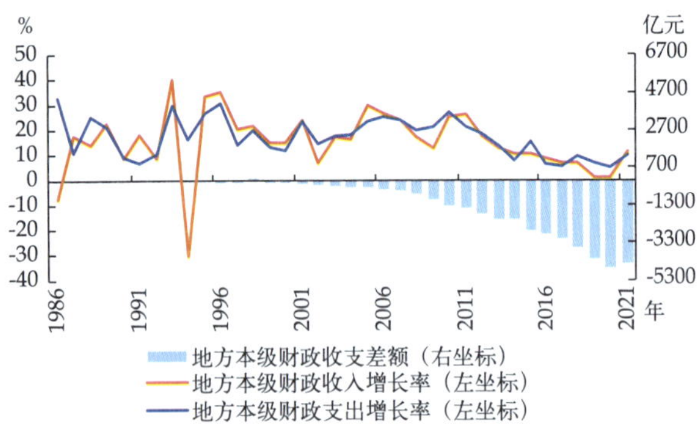

图 13　1986—2021 年山东省财政收支状况变动趋势

（数据来源：山东省统计局）

2. 重点领域投入稳步提升，减税降费政策持续落实。民生支出持续加大，全省财政落实民生支出 9243.0 亿元，占一般公共预算支出的比重达到 79.0%，住房保障、社会保障和就业、教育等支出分别增长 29.4%、14.8% 和 9.6%。发行政府新增专项债券 3117 亿元，集中支持交通、水利、市政等领域 2185 个重点项目建设。自主出台免征地方水利建设基金、延长小规模纳税人房产税和城镇土地使用税免征期限等政策，全年新增减税降费 700 亿元以上。

（五）房地产行业运行总体平稳，高技术制造业质效不断提升

1. 房地产行业运行总体平稳。房地产开发投资稳健增长。2021 年，全省房地产开发投资同比增长 3.9%。保障性住房建设加快推进。棚户区改造新开工 13.0 万套，基本建成 43.6 万套，济南市、青岛市 2 个国家保障性租赁住房试点开工 7.5 万套；商品房销售保持平稳。全年商品房销售面积同比增长 7.5%；重点城市房价温和上涨。2021 年末，济南市、青岛市新建住宅销售价格同比分别上涨 5.1% 和 4.4%，涨幅分别比上年提高 6.1 个和 1.6 个百分点；房地产贷款增速放缓。2021 年末，全省房地产贷款余额同比增长 8.8%，房地产贷款余额占各项贷款的比重比上年下降 2.5 个百分点。

图 14　2002—2021 年全省商品房施工和销售变动趋势

（数据来源：山东省统计局）

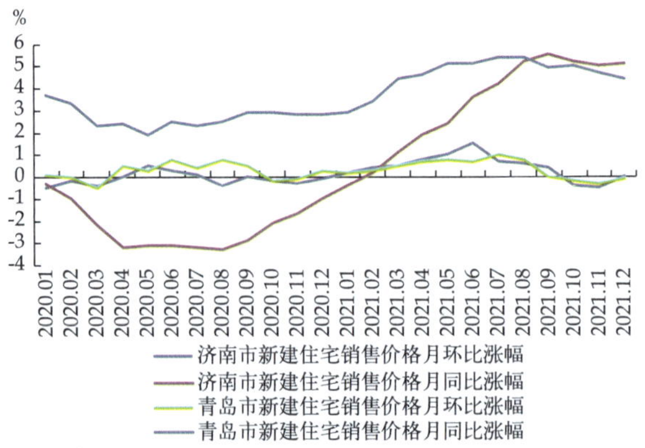

图 15　2020—2021 年济南市和青岛市新建住宅销售价格变动趋势

（数据来源：山东省统计局）

2. 高技术制造业质效不断提升。2021年，全省制造业转型升级步伐不断加快，全年高技术制造业增加值增速高于规模以上工业增加值增速8.9个百分点。从行业看，医药制造业、金属制品业、计算机通信和其他电子设备制造业增加值增速分别高于规模以上工业1.0个、15.8个和22个百分点；从产品看，工业机器人、新能源汽车、集成电路、光电子器件等主要产品实现较快增长，增速分别为38.7%、97.7%、65.2%和73.1%。高端化工、新能源新材料、新一代信息技术制造等新动能效益稳步提升，2021年利润两年平均增速分别高于规模以上工业42.5个、19.0个和16.7个百分点。

（六）自贸区建设取得积极成效，区域一体化协调发展全面起势

2021年，山东自由贸易试验区不断探索创新路径，年末112项试点任务已实施110项，实施率达到98.2%。探索形成142项创新成果，36项在省内复制推广，13项获国家部委认可。全年区内企业合计进出口3843.4亿元，增长39.4%，有进出口实绩的企业达3294家，比上年增加416家。全面实施外商投资准入前国民待遇加负面清单创新举措，首创中日韩投资“云上审批”，实现日韩投资者不出国门即可获得片区市场准入和经营资格，外商投资更加便利。

加快推进构建“一群两心三圈”的区域发展总体格局。2021年，省会、胶东、鲁南经济圈“十四五”一体化发展规划出台，省会经济圈7市签署《一体化协同推进合作协议》，全力推进一体化互联互通工程。至2021年末，省会经济圈在建交通项目约60个，济阳区成立全国首个省会经济圈行政审批服务联盟，多个县区实现省会经济圈部分政务服务“全省通办”。胶东经济圈数字经济生态产业园暨工业互联网制造业创新基地揭牌，莱西莱阳一体化发展先行区获省级批复。鲁南经济圈成立科创联盟、鲁南旅游联盟，鲁南高铁山东段全线贯通。

三、预测与展望

展望2022年，山东省经济发展面临的挑战与机遇并存。一方面，外部发展环境更趋复杂严峻，不稳定、不确定、不平衡特点突出。我国经济发展面临多年未见的需求收缩、供给冲击、预期转弱三重压力。从山东省看，长期积累的结构性矛盾和短期面临的制约性因素交织叠加，供给侧结构性改革、扩大有效需求、稳定工业运行，都面临较大压力。另一方面，经过多年接续奋斗，山东省发展的基础更加坚实，发展的积极因素加快聚集，重大战略叠加效应显现，扩大开放迎来崭新机遇，政策集中效应持续放大，新旧动能转换蓄势突破，创新发展优势加快形成，基础设施支撑更加有力，有基础、有能力实现更好发展，为全国大局作出更多山东贡献。具体来看，2022年，在全省“三个十大”行动计划有序推进下，投资、消费、外贸对经济增长的协调拉动作用将进一步增强，经济发展的活力、高质量发展的动力支撑将更加强劲。预计2022年山东省经济将继续呈现稳中向好的发展态势，主要经济指标保持在合理区间。

山东金融业将坚持以习近平新时代中国特色社会主义思想为指导，深入落实习近平总书记对山东工作的重要指示要求，紧紧锚定“走在前列、全面开创”“三个走在前”总遵循、总定位、总航标，坚持稳字当头、稳中求进，进一步抓好中央金融政策在山东落实落地，统筹做好服务实体经济、防控金融风险、深化金融改革工作，着力稳定地区宏观经济，保持经济运行在合理区间，以实际行动迎接党的二十大胜利召开。人民银行济南分行将认真贯彻执行稳健货币政策灵活适度的要求，加大跨周期调节力度，发挥好货币政策工具的总量和结构双重功能，保持货币信贷总量稳定增长，保持信贷结构稳步优化，引导金融机构加大对小微企业、科技创新、绿色发展领域的信贷投放；维护住房消费者合法权益，更好地满足购房者合理住房需求，促进房地产市场健康发展和良性循环；深化金融供给侧结构性改革，推动企

业综合融资成本稳中有降；统筹做好重大金融风险防范化解工作，为稳定地区宏观经济大盘、保持全省经济运行在合理区间营造适宜的货币金融环境。

中国人民银行济南分行货币政策分析小组

总　　纂：肖龙沧　董龙训

统　　稿：霍成义　杨金栋　郑玉坤　刘旭强　耿　欣

执　　笔：杨德彬　宋　倩　李燕超　张　聪　梁孝东　史运昌

提供材料：孙　健　牛玉莲　娄　振　楚晓光　程晋鲁　尹　楠　刘建磊　吴晓利　单琳琳
祁文婷　张　宁　魏金明　康华一　缪　凯　张　芳　韩庆潇　陈宝贵　许　轩

附录：

（一）山东省经济金融大事记

2 月 8 日，山东省财政厅联合省工业和信息化厅、中国人民银行济南分行发布《关于强化财政金融政策融合促进供应链金融发展的通知》。

3 月 30 日，中国人民银行济南分行印发《中国人民银行济南分行关于支持地方法人银行做好服务实体经济工作的通知》，安排部署 2000 亿元再贷款工作。

4 月 25 日，济南新旧动能转换起步区正式获国务院批复设立。

4 月 25 日，山东省政府发布《山东省国民经济和社会发展第十四个五年规划和 2035 年远景目标纲要》。

7 月 29 日，山东省十三届人大常委会第二十九次会议表决通过《山东省民营经济发展促进条例》。

9 月 1 日，中国人民银行济南分行联合山东省生态环境厅、山东省地方金融监管局、山东银保监局制定印发《关于支持开展碳排放抵质押贷款的意见》。

11 月 25 日，《山东省济南市建设科创金融改革试验区总体方案》获批，济南市成为全国首个科创金融改革试验区。

12 月 13 日，中国人民银行济南分行联合山东省生态环境厅、省财政厅、省地方金融监管局、山东银保监局印发《关于金融支持生态环境保护和生态环保产业发展的若干措施》。

12 月 14 日，山东省政府印发《关于进一步深化预算管理制度改革的实施意见》。

12 月 31 日，山东省政府印发《2022“稳中求进”高质量发展政策清单（第一批）》。

（二）山东省主要经济金融指标

表 1　2021 年山东省主要存贷款指标

	项目	1月	2月	3月	4月	5月	6月	7月	8月	9月	10月	11月	12月
本外币	金融机构各项存款余额（亿元）	121697.0	122064.4	126168.6	125551.4	126993.9	129369.0	128090.8	128974.9	129747.5	128926.5	129692.9	130482.1
	其中：住户存款	66345.2	68683.2	70196.4	68922.4	69238.1	71086.5	70020.1	70297.0	71817.7	70921.1	71350.6	72609.8
	非金融企业存款	37028.6	35773.0	37852.3	37661.2	38169.9	39290.8	38489.7	38985.4	38764.6	38476.4	38937.1	39511.7
	各项存款余额比上月增加（亿元）	3347.7	367.4	4104.2	-617.1	1442.5	2375.1	-1278.3	884.1	772.7	-821.0	766.4	789.1
	金融机构各项存款同比增长（%）	12.9	12.8	13.0	12.0	11.5	10.6	10.8	10.4	9.6	9.4	10.0	10.3
	金融机构各项贷款余额（亿元）	100323.4	101420.7	103536.8	104456.2	105498.9	106872.9	107695.0	108435.9	109330.8	109840.8	110508.2	111035.4
	其中：短期	32303.6	32568.0	33543.3	33613.2	33775.2	34280.6	34331.3	34418.3	34726.5	34698.8	34742.5	34539.3
	中长期	61329.3	62282.4	63407.2	64122.2	64673.4	65222.7	65851.0	66410.7	66999.4	67493.7	67999.5	68398.4
	票据融资	4609.1	4483.2	4492.0	4648.7	4966.0	5259.0	5394.4	5492.1	5537.2	5564.9	5676.9	6048.2
	各项贷款余额比上月增加（亿元）	2442.8	1097.3	2116.2	919.4	1042.7	1374.0	822.1	740.9	895.0	510.0	667.4	527.2
	其中：短期	759.0	264.3	975.3	69.9	162.0	505.4	50.7	87.0	308.1	-27.7	43.7	-203.1
	中长期	1796.1	953.1	1124.8	715.0	551.2	549.3	628.3	559.6	588.7	494.3	505.8	398.9
	票据融资	-105.9	-125.9	8.8	156.6	317.3	293.0	135.4	97.7	45.1	27.7	112.0	371.4
	金融机构各项贷款同比增长（%）	13.1	13.4	13.3	12.9	13.0	13.2	13.3	13.2	12.8	13.0	13.1	13.4
	其中：短期	10.2	10.2	9.4	8.6	8.3	8.2	8.3	8.0	8.2	8.2	8.6	9.4
	中长期	16.2	17.2	17.9	18.0	17.8	17.3	16.9	16.5	15.5	15.5	15.2	15.0
	票据融资	5.9	1.9	-2.4	-3.8	1.3	9.2	14.8	18.7	23.2	26.4	26.5	28.3
	建筑业贷款余额（亿元）	4136.2	4272.2	4369.0	4412.7	4423.0	4538.4	4611.1	4667.6	4689.6	4648.4	4651.8	4629.7
	房地产业贷款余额（亿元）	4508.6	4561.7	4591.0	4528.4	4485.3	4426.4	4391.4	4356.6	4341.2	4323.5	4294.8	4226.7
	建筑业贷款同比增长（%）	14.1	16.1	15.9	16.1	15.3	17.6	18.5	18.8	17.2	15.8	16.2	17.8
	房地产业贷款同比增长（%）	4.7	4.5	4.3	2.5	2.3	1.7	-1.4	-2.6	-3.4	-3.7	-3.2	-3.1
人民币	金融机构各项存款余额（亿元）	119365.3	119627.6	123577.8	122913.8	124347.7	126663.7	125502.6	126314.1	127062.9	126245.4	126950.3	127871.8
	其中：住户存款	65992.7	68329.1	69838.4	68571.9	68897.8	70740.2	69672.7	69950.9	71472.3	70580.1	71000.6	72255.3
	非金融企业存款	35312.5	33974.8	35893.5	35648.6	36115.9	37171.9	36502.5	36935.4	36685.4	36391.2	36873.9	37601.8
	各项存款余额比上月增加（亿元）	3209.9	262.3	3950.2	-663.9	1433.9	2316.0	-1161.1	811.5	748.8	-817.5	704.9	921.5
	其中：住户存款	1737.3	2336.5	1509.3	-1266.5	325.9	1842.3	-1067.4	278.2	1521.4	-892.2	420.4	1254.8
	非金融企业存款	718.5	-1337.7	1918.7	-244.9	467.3	1055.9	-669.3	432.9	-250.0	-294.1	482.6	727.9
	各项存款同比增长（%）	13.0	12.8	12.8	11.7	11.2	10.4	10.8	10.4	9.6	9.5	9.9	10.1
	其中：住户存款	12.8	16.7	15.6	15.1	14.6	14.1	13.2	13.2	12.9	12.4	12.4	12.4
	非金融企业存款	17.3	11.3	10.5	7.5	7.5	6.5	7.7	7.7	5.4	6.4	8.1	8.6
	金融机构各项贷款余额（亿元）	97758.3	98801.0	100700.0	101666.1	102654.5	103931.3	104834.3	105607.0	106546.8	107155.0	107866.0	108436.8
	其中：个人消费贷款	27741.8	27922.2	28397.1	28703.7	28992.3	29249.9	29500.2	29764.5	29973.2	30271.4	30590.4	30864.9
	票据融资	4609.1	4483.2	4492.0	4648.7	4966.0	5259.0	5394.4	5492.1	5537.2	5564.9	5676.9	6048.2
	各项贷款余额比上月增加（亿元）	2346.8	1042.6	1899.1	966.0	988.5	1276.8	902.9	772.8	939.7	608.2	710.9	570.8
	其中：个人消费贷款	525.6	180.3	474.9	306.6	288.6	257.6	250.3	264.3	208.7	298.2	319.0	274.6
	票据融资	-105.9	-125.9	8.8	156.6	317.3	293.0	135.4	97.7	45.1	27.7	112.0	371.4
	金融机构各项贷款同比增长（%）	13.5	13.9	13.7	13.5	13.6	13.6	13.8	13.7	13.4	13.6	13.5	13.7
	其中：个人消费贷款	17.0	17.7	18.0	17.8	17.4	16.7	16.0	15.3	14.2	13.9	13.6	13.4
	票据融资	5.9	1.9	-2.4	-3.8	1.3	9.2	14.8	18.7	23.2	26.4	26.5	28.3
外币	金融机构外币存款余额（亿美元）	360.3	376.6	394.3	407.8	415.5	418.8	400.6	411.4	413.9	419.5	429.9	409.4
	金融机构外币存款同比增长（%）	15.2	24.1	32.9	36.2	41.4	30.3	19.9	15.7	14.2	13.3	15.7	21.8
	金融机构外币贷款余额（亿美元）	396.4	404.8	431.7	431.4	446.7	455.3	442.8	437.4	429.3	420.3	414.2	407.6
	金融机构外币贷款同比增长（%）	4.5	6.6	8.9	4.0	7.7	9.4	5.2	3.2	1.2	-0.4	3.5	7.7

数据来源：中国人民银行济南分行。

表 2　2001—2021 年山东省各类价格指数

单位：%

时间		居民消费价格指数		农业生产资料价格指数		工业生产者购进价格指数		工业生产者出厂价格指数	
		当月同比	累计同比	当月同比	累计同比	当月同比	累计同比	当月同比	累计同比
2001		—	1.8	—	1.8	—	-0.6	—	-0.9
2002		—	-0.7	—	0.3	—	-1.3	—	-1.3
2003		—	1.1	—	2.4	—	5.7	—	3.5
2004		—	3.6	—	10.2	—	13.4	—	6.4
2005		—	1.7	—	6.2	—	5.9	—	3.7
2006		—	1.0	—	3.0	—	4.3	—	2.3
2007		—	4.4	—	7.1	—	4.8	—	3.3
2008		—	5.3	—	19.3	—	13.1	—	8.6
2009		—	0.0	—	-3.7	—	-4.5	—	-5.9
2010		—	2.9	—	3.0	—	9.3	—	7.2
2011		—	5.0	—	11.1	—	9.2	—	6.0
2012		—	2.1	—	5.9	—	-0.8	—	-1.6
2013		—	2.2	—	1.2	—	-1.6	—	-1.6
2014		—	1.9	—	-0.5	—	-1.8	—	-1.6
2015		—	1.2	—	-0.7	—	-5.0	—	-4.8
2016		—	2.1	—	-1.1	—	-2.0	—	-1.5
2017		—	1.5	—	0.9	—	7.3	—	5.5
2018		—	2.5	—	6.9	—	3.6	—	3.7
2019		—	3.2	—	7.6	—	-0.8	—	-0.3
2020		—	2.8	—	5.6	—	-2.5	—	-1.9
2021		—	1.2	—	—	—	9.5	—	10.3
2020	1	6.2	6.2	—	—	-0.7	-0.7	-0.1	-0.1
	2	5.7	6.0	—	—	-1.1	-0.9	-0.6	-0.4
	3	4.8	5.6	—	—	-2.2	-1.3	-1.6	-0.8
	4	3.6	5.1	—	—	-4.0	-2.0	-3.2	-1.4
	5	2.9	4.6	—	—	-5.0	-2.6	-3.6	-1.8
	6	2.9	4.4	—	—	-4.5	-2.9	-2.7	-2.0
	7	3.2	4.2	—	—	-3.8	-3.0	-2.3	-2.0
	8	3.1	4.1	—	—	-2.8	-3.0	-2.2	-2.0
	9	2.3	3.9	—	—	-2.6	-3.0	-2.4	-2.1
	10	0.4	3.5	—	—	-2.5	-2.9	-2.4	-2.1
	11	-1.0	3.1	—	—	-1.5	-2.8	-1.4	-2.0
	12	0.0	2.8	—	—	0.2	-2.5	0.0	-1.9
2021	1	-0.1	-0.1	—	—	0.9	0.9	0.6	0.6
	2	0.3	0.1	—	—	2.7	1.9	3.1	2.1
	3	0.8	0.3	—	—	6.0	3.1	6.3	3.2
	4	1.4	0.6	—	—	9.0	4.5	9.6	4.8
	5	1.9	0.8	—	—	11.5	5.9	12.5	6.3
	6	1.5	0.9	—	—	11.5	6.8	12.0	7.2
	7	1.4	1.0	—	—	11.2	7.4	11.9	7.9
	8	1.1	1.0	—	—	11.3	7.9	11.8	8.4
	9	0.8	1.0	—	—	11.8	8.4	12.9	8.9
	10	1.8	1.1	—	—	13.8	8.9	16.5	9.6
	11	2.6	1.2	—	—	13.7	9.3	15.4	10.2
	12	1.5	1.2	—	—	11.4	9.5	11.6	10.3

数据来源：《中国经济景气月报》、山东省统计局。

表 3　2021 年山东省主要经济指标

项目	1 月	2 月	3 月	4 月	5 月	6 月	7 月	8 月	9 月	10 月	11 月	12 月
	绝对值（自年初累计）											
地区生产总值（亿元）			18055.5			38906.4			60439.2			83095.9
第一产业			679.2			2653.4			4129.9			6029.0
第二产业			6911.0			15076.3			23653.2			33187.2
第三产业			10465.3			21176.6			32656.1			43879.7
工业增加值（亿元）	—	—	—	—	—	—	—	—	—	—	—	—
固定资产投资（亿元）	—	—	—	—	—	—	—	—	—	—	—	—
房地产开发投资		924.3	1862.7	2715.5	3651.7	4846.9	5771.2	6615.9	7560.3	8465.2	9275.6	9819.7
社会消费品零售总额（亿元）		4983.6	7566.9	10065.8	12738.8	15511.8	18171.4	20857.6	23674.6	27053.3	30310.9	33714.5
外贸进出口总额（亿元）		3841.2	6177.1	8406.5	10718.6	13398.6	15881.8	18481.4	21187.3	23870.0	26624.8	29304.1
进口		1613.9	2740.4	3720.5	4723.3	5817.1	6811.9	7838.7	8854.6	9799.7	10822.8	11721.4
出口		2227.3	3436.7	4686.0	5995.3	7581.5	9069.9	10642.7	12332.8	14070.3	15801.9	17582.7
进出口差额（出口－进口）		613.3	696.3	965.5	1272.0	1764.4	2258.0	2804.0	3478.2	4270.6	4979.1	5861.3
实际利用外资（亿美元）	11.6	22.6	51.8	69.4	82.3	112.2	125.3	143.8	162.6	181.0	195.8	215.2
地方财政收支差额（亿元）	120.9	-330.1	-684.1	-830.8	-1069.0	-1463.7	-1586.0	-2114.5	-2743.5	-2850.3	-3399.8	-4424.7
地方财政收入	925.9	1369.9	2002.8	2734.2	3320.0	4300.3	5042.0	5370.5	5809.6	6487.7	6852.2	7284.5
地方财政支出	805.0	1700.0	2686.9	3565.0	4389.0	5764.0	6628.0	7485.0	8553.1	9338.0	10252.0	11709.1
城镇登记失业率（%）（季度）			3.3			3.3			3.2			
	同比累计增长率（%）											
地区生产总值			18.0			12.8			9.9			8.3
第一产业			4.0			7.4			7.7			7.5
第二产业			19.6			11.8			8.9			7.2
第三产业			18.0			14.2			10.9			9.2
工业增加值		31.1	23.5	20.0	17.4	16.1	14.3	12.9	11.6	10.5	9.8	9.6
固定资产投资		22.1	18.0	15.0	12.4	11.6	10.9	9.4	8.7	7.8	6.9	6.0
房地产开发投资		26.0	21.1	19.9	17.8	15.6	13.9	12.1	10.1	8.8	7.0	3.9
社会消费品零售总额		27.2	30.4	28.2	25.6	24.5	22.3	20.2	18.6	17.3	16.4	15.3
外贸进出口总额		38.7	38.9	37.2	38.9	42.2	40.1	38.8	36.8	36.0	34.6	32.4
进口		16.4	31.6	34.6	38.9	40.0	36.5	35.2	33.4	31.9	31.4	29.0
出口		61.1	45.4	39.4	38.9	43.8	43.0	41.6	39.3	38.9	36.9	34.8
实际利用外资	22.7	38.4	62.8	84.5	70.7	75.0	68.5	59.5	50.9	43.5	28.7	21.9
地方财政收入	12.3	20.0	23.4	22.0	19.2	22.2	22.3	18.6	16.4	14.6	12.9	11.0
地方财政支出	-14.3	7.8	10.5	8.3	7.6	11.5	9.8	9.3	9.3	9.5	8.6	9.5

数据来源：山东省统计局。

河南省金融运行报告（2022）

中国人民银行郑州中心支行货币政策分析小组

[内容摘要] 2021 年，是河南发展历程中极为关键、极不平凡的一年。面对复杂严峻的发展环境、交织叠加的诸多风险挑战，特别是特大洪涝灾害和新冠肺炎疫情叠加对全省经济发展带来的严重冲击，河南省以习近平新时代中国特色社会主义思想为指导，深入贯彻习近平总书记视察河南重要讲话重要指示精神，坚持稳中求进工作总基调，统筹抓好疫情防控、灾后恢复重建和经济社会发展各项工作，经济发展呈现出较强的韧性，主要经济指标两年平均增速保持增长，同比增速与全国差距整体缩小。2021 年，河南省金融系统认真贯彻落实稳健的货币政策，加大金融支持实体经济力度，金融体系运行平稳，为疫情防控、灾后恢复重建和经济社会发展提供了有力的金融支持。

2021 年，河南省实现地区生产总值 58887.4 亿元，同比增长 6.3%，两年平均增长 3.6%；其中第一、第二、第三产业增加值分别为 5620.8 亿元、24331.7 亿元和 28934.9 亿元，同比分别增长 6.4%、4.1% 和 8.1%。一是生产持续恢复。农业生产稳定向好，2021 年粮食总产量达 1308.8 亿斤，已连续五年稳定在 1300 亿斤以上。工业生产继续恢复，全年全省规模以上工业增加值同比增长 6.3%，两年平均增长 3.3%。40 个工业行业大类中有 33 个行业增加值实现增长，增长面达 82.5%。装备制造、食品制造、新型材料制造、电子制造、汽车制造五大主导产业增加值同比增长 9.6%，高于全省规模以上工业企业平均水平 3.3 个百分点。服务业恢复较好，服务产品供给水平显著提升。全年全省服务业增加值同比增长 8.1%，增速分别高于生产总值、第二产业增加值 1.8 个和 4.0 个百分点，两年平均增长 4.8%。二是需求稳步改善。固定资产投资稳步恢复，工业投资快速增长，投资增长动力有所增强，全年全省固定资产投资同比增长 4.5%，两年平均增长 4.4%。消费品市场持续复苏，全年全省社会消费品零售总额同比增长 8.3%，两年平均增长 1.9%。对外贸易取得新突破，全年全省进出口总值 8208.1 亿元，创河南省进出口规模历史新高；增长 22.9%，高于全国平均水平 1.5 个百分点。三是经济发展的质量和效益稳步提升。创新发展的动能持续增强，新产业、新业态、新产品快速发展，全年全省工业战略性新兴产业增加值增长 14.2%，高于全省规模以上工业平均水平 7.9 个百分点。产业结构转型迈出新步伐，全年全省电子信息产业、高技术制造业增加值分别增长 24.0%、20.0%，分别高于全省规模以上工业增速 17.7 个和 13.7 个百分点。投资结构调整取得新进展，全年全省工业投资、高技术制造业投资分别增长 11.7%、32.1%，分别高于全省固定资产投资增速 7.2 个和 27.6 个百分点。城乡差距继续缩小，城乡居民收入比由上年同期的 2.16∶1 调整至 2.12∶1。绿色产品产量快速增长，全年全省锂离子电池、新能源汽车产量分别增长 42.9%、14.4%。节能降耗扎实推进，清洁能源快速发展，全年全省风能、生物质能、太阳能等清洁能源发电量分别增长 137.0%、54.8% 和 20.9%。

2021 年，河南省金融运行总体稳健，金融总量稳步增加，服务实体经济能力进一步提升。一是银行业总体运行平稳，继续保持对实体经济恢复发展的支持力度。2021 年末，全省银行业机构资产余额 10.5 万亿元，增长 7.8%；负债余额 10.1 万亿元，增长 7.5%。年末本外币各项存款余额 83456.2 亿元，同比增长 7.6%；本外币各项贷款余额 70540.8 亿元，同比增长 10.0%。贷款投向优化，企（事）业单位贷款同比多增 279.1 亿元，涉农贷款同比多增 140.5

亿元；中长期贷款增速高于全部贷款增速2.0个百分点；小微企业贷款增速高于全部贷款增速3.2个百分点，普惠小微贷款增速、小微企业信用贷款增速较高。2021年，贷款利率延续下行态势，企业贷款利率下降幅度高于全部贷款，普惠口径小微企业贷款利率下降幅度最大。2021年，全省新发放一般贷款加权平均利率5.83%，同比回落0.28个百分点；企业贷款加权平均利率5.19%，同比回落0.30个百分点，其中小微企业、普惠口径小微企业贷款利率同比分别回落0.49个和0.65个百分点。二是直接融资规模持续扩大，服务实体经济的融资功能进一步提升。2021年，证券市场积极对接“万人助万企”活动，服务、支持符合条件的企业上市，全省新增A股上市公司11家，年末上市公司数量达98家。上市公司总体经营业绩进一步向好，营业收入、利润总额占全省规模以上工业企业的比重进一步提升。全年全省通过交易所市场新增债券融资1036.4亿元，首次突破千亿元大关，年末债券存续规模近2500亿元。三是保险市场规模继续扩大，风险保障功能继续提升。保险公司资产稳步增长，2021年末，全省保险业资产总额0.6万亿元，近三年保险业资产规模年均增长率保持在14%左右。2021年，全省累计实现原保险保费收入2360.0亿元，同比增长0.3%。保险业赔付支出891.0亿元，同比增长26.5%。四是区域金融改革创新进一步深化。稳步推进普惠金融兰考经验复制推广工作，2021年末，普惠金融服务站覆盖99.1%的行政村，基础普惠授信覆盖87.3%的农户，信用户评定覆盖85.5%的农户。自贸区金融服务创新水平进一步提升，2021年辖内自贸区新设企业18909家，同比增长6.3%，新设外资企业67家，同比增长21.8%。全年辖内自贸区内企业跨境收支总额97.3亿美元，同比增长82.8%，占全省涉外收支的5.0%。五是金融生态环境建设进一步推进。提前预警并成功化解债券违约风险，有力推动河南省债券市场健康发展，债券融资支持实体经济功能不断增强。持续推进社会信用体系建设，2021年，全省累计通过平台促成应收账款融资1512笔、金额669.7亿元。支付体系建设便民化程度进一步提升，银行机构建立优化账户服务长效机制，辖区首次实现“电子营业执照+电子印章”全程无纸化开户。金融消费权益保护稳步推进，持续打造“12363暖心热线”，构建金融纠纷多元化解工作机制，“总对总”在线诉调机制建设在河南落地。

展望2022年，河南省经济发展机遇与挑战并存。一方面，面临的内外部环境总体有利，经济持续恢复，增长潜力巨大，重大战略协同效应不断增强，综合竞争优势不断扩大，经济运行有望保持在合理区间；另一方面，经济恢复进程中新老问题交织，结构性矛盾凸显，供需两端乏力，经济下行压力较大，推动经济高质量发展仍面临不少挑战。下一阶段，河南省金融系统将以习近平新时代中国特色社会主义思想为指导，全面贯彻党的十九大和十九届历次全会及中央经济工作会议精神，深入贯彻习近平总书记视察河南重要讲话重要指示精神，认真贯彻落实稳健的货币政策，坚持稳字当头、稳中求进，锚定“两个确保”①，围绕实施“十大战略”②，着力提升金融服务水平，促进经济平稳恢复、向好发展，以实际行动迎接党的二十大胜利召开。

一、金融运行情况

2021年，河南省银行业总体运行平稳，直接融资规模持续扩大，保险市场风险保障功能继续提升，区域金融改革创新进一步深化，金融生态环境建设进一步推进。

①两个确保：确保高质量建设现代化河南、确保高水平实现现代化河南。

②十大战略：创新驱动、科教兴省、人才强省战略；优势再造战略；数字化转型战略；换道领跑战略；文旅文创融合战略；以人为核心的新型城镇化战略；乡村振兴战略；绿色低碳转型战略；制度型开放战略；全面深化改革战略。

（一）银行业运行总体平稳，继续保持对实体经济恢复发展的支持力度

2021年，银行资产负债规模继续稳步增加，存贷款结构持续调整优化，贷款利率继续保持下行，跨境人民币使用快速增长。

1. 银行业运行总体平稳。2021年末，全省银行业机构资产余额10.5万亿元，增长7.8%；负债余额10.1万亿元，增长7.5%。年平均资产余额10.1万亿元，增长8.4%；年末流动性比例为75.3%，同比提高8.5个百分点。全年实现净利润578.2亿元，同比增盈7.2亿元。

表1　2021年河南省银行业金融机构情况

机构类别	营业网点			法人机构（个）
	机构个数（个）	从业人数（人）	资产总额（亿元）	
一、大型商业银行	3207	69861	32657	0
二、国家开发银行和政策性银行	154	3554	8788	0
三、股份制商业银行	559	12623	11990	0
四、城市商业银行	966	24383	17185	5
五、城市信用社				
六、小型农村金融机构	5068	52378	20939	137
七、财务公司	8	241	513	6
八、信托公司	2	550	219	2
九、邮政储蓄银行	2423	22584	9889	0
十、外资银行	4	46	42	0
十一、新型农村金融机构	933	11254	2014	346
十二、其他	3	603	816	3
合　计	13327	198077	105052	499

数据来源：河南银保监局。

注：营业网点不包括国家开发银行和政策性银行、大型商业银行、股份制银行等金融机构总部数据；大型商业银行包括中国工商银行、中国农业银行、中国银行、中国建设银行和交通银行；小型农村金融机构包括农村商业银行、农村合作银行和农村信用社；新型农村金融机构包括村镇银行、贷款公司、农村资金互助社、小额贷款公司；其他包含金融租赁公司、汽车金融公司、货币经纪公司、消费金融公司等。

2. 存款增势出现分化。2021年末，河南省本外币各项存款余额83456.2亿元，同比增长7.6%；较年初增加5903.6亿元，同比少增877.9亿元。人民币各项存款余额82430.2亿元，同比增长7.8%；较年初增加5984亿元，同比少增953.5亿元。住户存款增势较好，较年初增加5724.5亿元，同比多增195.5亿元，占各项存款增量的95.7%，同比提高16.0个百分点，其中，住户定期存款较年初增加5127.2亿元，同比多增1107.6亿元。

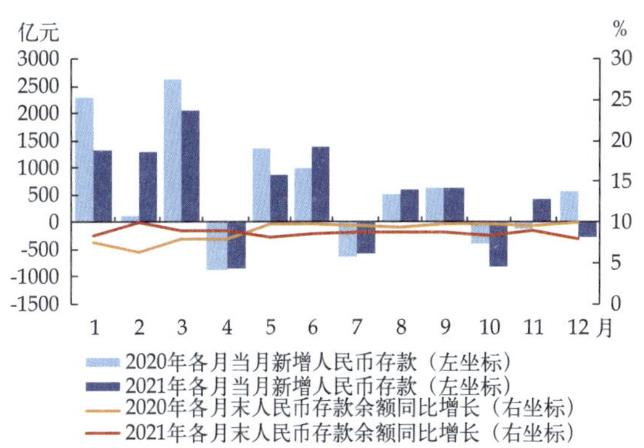

图1　2020—2021年河南省金融机构人民币存款增长变化

（数据来源：中国人民银行郑州中心支行）

3. 贷款增长总体放缓。2021年末，河南省本外币各项贷款余额70540.8亿元，同比增长10.0%，增速同比回落2.7个百分点；较年初增加6425.5亿元，同比少增796.1亿元。人民币各项贷款余额69444.6亿元，同比增长10.5%，增速同比回落2.5个百分点；较年初增加6577.9亿元，同比少增629.7亿元。住户贷款同比少增，企（事）业单位贷款同比多增，中长期贷款增速高于全部贷款增速。

4. 新增贷款向国民经济重点领域和薄弱环节倾斜。涉农贷款同比多增，较年初增加2072.6亿元，同比多增140.5亿元。小微企业贷款快速增长，年末小微企业贷款同比增长13.6%，高于全部贷款增速3.2个百分点，普惠小微贷款增速、小微企业信用贷款增速较高。稳增长资金支持力度较大，年末基础设施产业贷款同比增长12.2%，高于全部贷款增速1.7个

百分点，较年初增加1369.4亿元，占全部贷款新增额的20.8%，同比提高1.0个百分点。

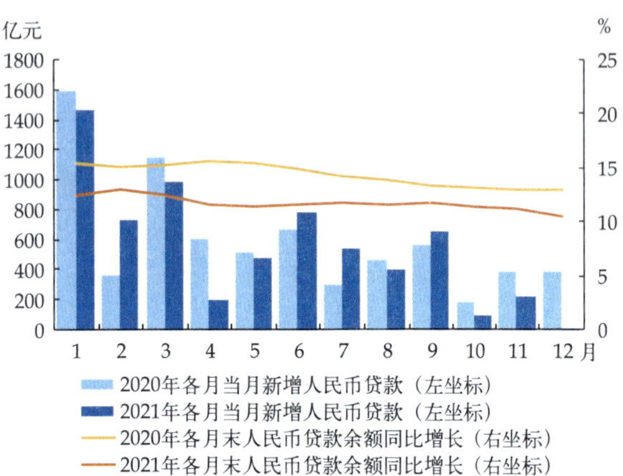

图2　2020—2021年河南省金融机构人民币贷款增长变化

（数据来源：中国人民银行郑州中心支行）

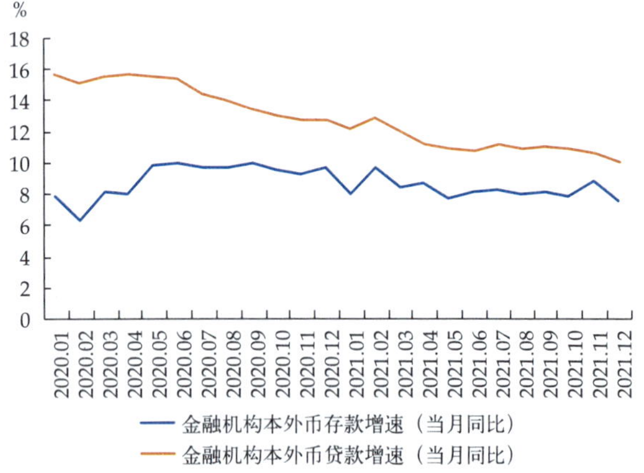

图3　2020—2021年河南省金融机构本外币存贷款增速变化

（数据来源：中国人民银行郑州中心支行）

5. 贷款利率继续下行。2021年，银行贷款利率延续下行态势，企业贷款利率下降幅度高于全部贷款，普惠口径小微企业贷款利率下降幅度最大。2021年，全省新发放一般贷款加权平均利率5.83%，同比回落0.28个百分点；企业贷款加权平均利率5.19%，同比回落0.30个百分点，其中小微企业、普惠口径小微企业贷款利率同比分别回落0.49个和0.65个百分点。

表2　2021年河南省金融机构人民币贷款各利率区间占比

单位：%

项目		1月	2月	3月	4月	5月	6月
合计		100.0	100.0	100.0	100.0	100.0	100.0
LPR减点		18.0	15.0	11.7	12.9	13.7	14.7
LPR		4.2	5.3	7.0	7.0	4.8	7.6
LPR加点	小计	77.8	79.7	81.3	80.1	81.4	77.7
	(LPR，LPR+0.5%)	12.4	14.8	14.3	11.4	12.6	12.8
	[LPR+0.5%，LPR+1.5%)	23.2	24.3	24.9	21.8	21.2	22.6
	[LPR+1.5%，LPR+3%)	17.9	16.0	16.4	18.6	17.8	17.4
	[LPR+3%，LPR+5%)	11.4	12.3	12.4	13.3	13.8	12.4
	LPR+5%及以上	13.0	12.2	13.4	15.0	16.0	12.5
项目		7月	8月	9月	10月	11月	12月
合计		100.0	100.0	100.0	100.0	100.0	100.0
LPR减点		18.2	17.3	16.1	14.6	17.6	15.4
LPR		12.3	8.9	9.7	8.1	8.2	8.7
LPR加点	小计	69.6	73.8	74.1	77.3	74.1	75.9
	(LPR，LPR+0.5%)	8.7	10.0	11.6	11.4	12.9	14.6
	[LPR+0.5%，LPR+1.5%)	17.9	18.8	20.5	18.3	19.3	22.4
	[LPR+1.5%，LPR+3%)	16.0	16.0	16.6	17.5	16.9	16.5
	[LPR+3%，LPR+5%)	12.8	14.8	13.2	14.5	12.8	12.5
	LPR+5%及以上	14.2	14.2	12.2	15.6	12.2	9.9

数据来源：中国人民银行郑州中心支行。

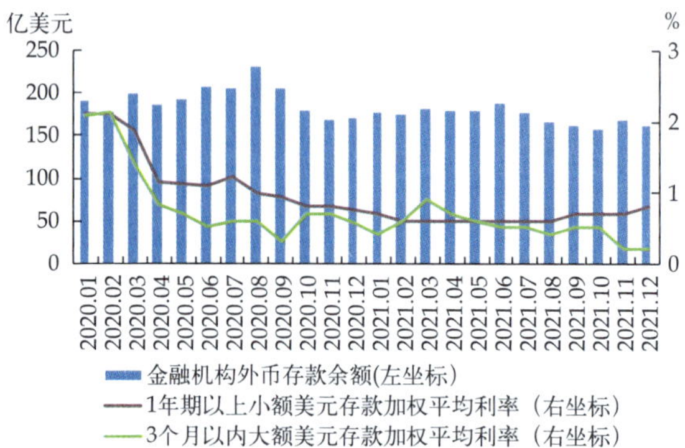

图4　2020—2021年河南省金融机构外币存款余额及外币存款利率

（数据来源：中国人民银行郑州中心支行）

6. 跨境人民币业务快速增长。2021年，河南省跨境人民币业务收支总额1381.4亿元，同比增长52.0%，占同口径本外币收支的比重为11.0%，同比提高2.3个百分点。其中，经常项目和直接投资项下跨境人民币业务收支总额1206.3亿元，同比增长86.7%。重点领域、重点地区人民币跨境使用取得新进展，原油进口实现人民币计价结算突破，铁矿石、铅锌矿进口人民币结算额同比大幅增长，货物贸易跨境人民币收支同比增长147.6%；与东盟国家、“一带一路”沿线国家和地区、中国台湾地区的跨境人民币业务收支同比分别增长238.8%、92.4%和197.4%。

专栏1　河南省金融支持科技创新的探索与实践

科技创新是产业结构优化升级和经济社会高质量发展的核心驱动力。让更多成本适宜的资金畅达科技创新领域，是金融业自身发展的需要，更是金融支持经济高质量发展的责任所在。为提升金融支持科技创新实效，河南省积极探索，加大科技信贷产品和服务创新力度，优化科技金融政策体系和服务体系，取得初步成效。2021年末，河南省专精特新“小巨人”企业207家，科技型中小企业11824家，高新技术企业6333家，科技型中小企业和高新技术企业数量均增长30%以上，河南省全社会研发投入突破千亿元，技术合同成交额突破500亿元。郑州国家科技金融试点城市和6个省级试点地区探索科技金融深度融合的有效途径，将有益经验在全省示范推广。遴选6个省级科技金融试点地区，出台53条科技金融相关政策，建设13个科技金融服务平台，投入7.6亿元财政资金，在促进科技金融深度融合方面推出了一系列改革举措，形成了一套典型经验做法。截至2021年末，全省高新技术企业贷款余额2314亿元，较年初增加194.6亿元，贷款利率较上年下降0.18个百分点；科技型中小企业贷款余额407.5亿元，同比增长13.6%，贷款利率较上年下降0.34个百分点。

一、完善政策体系，加强资金扶持

河南省政府出台《河南省支持科技创新发展若干财政政策措施》《河南省高新技术产业化专项资金管理办法》等政策，实施外贸贷、政府采购合同信贷政策，以外贸订单和政府采购合同为质押，引导合作银行加大对科技型中小微企业的信贷投放力度。设立创新创业投资风险补助、创新创业项目补助、科技贷款利息补助和科技贷款担保费用补助四类补助，缓解科技型中小企业融资难、融资贵困境。

二、完善组织体系，夯实外部支撑

一是发挥科创类政府投资基金作用，河南省科技创新风险投资基金、郑洛新国家自主创新示范区成果转化引导基金和郑洛新国家自主创新示范区创新创业发展基金3只基金累计向56家科技企业投资9.7亿元。二是出台《河南省促进天使风投创投基金高质量发展实施方案》，鼓励设立政府母基金。在生物医药新材料、数字经济两个重点产业赛道设立省级政府母基金，发挥示范作用。鼓励郑州、洛阳等有条件的省辖市设立创业投资和天使投资引导基金。三是搭建各类科技与金融服务平台、科技金融中心。目前，已经建立“河南省科技金融在线服务平台”“河南省金融产品网络服务平台”“河南省中小企业公共服务平台”等服务平台。

三、完善市场体系，提升服务效率

一是支持科创企业上市融资。省科技部门和金融局、证监局开展“科创板”后备企业摸底、遴选和培训，助力科技企业进入资本市场融资。二是依据《河南省科技金融“科技保”业务实施方案》，按照“政府引导、市场运作、专业管理、风险共担”给予担保机构风险补偿和业务奖励，建立政银担三方共同参与合作的模式，有效破解轻资产科技型企业担保缺失的困境。三是强化质押融资奖补政策导向，强化专利奖励的示范引领作用，加强多部门协作，发挥知识产权增信增贷作用，鼓励商业银行在风险可控的前提下，通过单列信贷计划、专项考核激励等方式支持知识产权质押融资业务发展。

四、完善产品体系，丰富科技金融供给

一是多部门合力推进“科技贷”模式。河南省科技和金融管理部门建立专项风险补偿机制，撬动信贷资金支持科技型企业。二是引导金融机构以金融科技赋能促进数字化转型，如某机构设立科创专营支行，共建金融创新实验室，推出了以“人才等级”为授信依据的科创金融专项产品“科技人才贷”，探索“数据＋信用”“线上＋线下”“投行＋商行”的差异化综合金融服务模式。某机构推出“普惠e贷（科创版）”产品，构建专属信贷审批流程和信用评价模型，提高科技信贷风险管理能力。

（二）证券期货市场运行平稳，市场融资功能进一步增强

2021年，河南省证券期货市场运行平稳有序，直接融资规模持续扩大，服务实体经济的融资功能进一步提升。

1. 证券期货机构运行平稳。2021年末，全省共有证券法人机构1家，证券公司分支机构407家；期货法人机构2家，期货分支机构99家。年末证券法人机构总资产507.5亿元，净资产140.8亿元；全年营业收入26.4亿元，实现净利润4.9亿元。年末期货法人机构总资产71.1亿元，净资产15.7亿元；全年营业收入3.2亿元，净利润3843.9万元。

表3　2021年河南省证券业基本情况

项目	数量
总部设在辖内的证券公司数（家）	1
总部设在辖内的基金公司数（家）	158
总部设在辖内的期货公司数（家）	2
年末国内上市公司数（家）	98
当年国内股票（A股）筹资（亿元）	218
当年发行H股筹资（亿元）	0
当年国内债券筹资（亿元）	5694
其中：短期融资券筹资额（亿元）	102
中期票据筹资额（亿元）	398

数据来源：河南证监局。

注：当年国内股票（A股）筹资额指非金融企业境内股票融资；当年国内债券筹资包括交易所市场债券融资和银行间市场债券融资。

2. 上市公司经营业绩总体向好。2021年，河南省证券市场积极对接“万人助万企”活动，服务、支持符合条件的企业上市。全年新增A股上市公司11家，年末上市公司数量达98家，在审企业16家，在辅导企业53家，上市后备资源创历史新高。上市公司经营业绩进一步向好，营业收入、利润总额占全省规模以上工业企业的比重进一步提升。

3. 债券融资量增价降。2021年，河南省债券融资金额持续攀升，融资利率稳步下行。全年全省通过交易所市场新增债券融资1036.4亿元，首次突破千亿元大关，增长31.2%，债券融资成本较2020年下降55个基点，年末债券存续规模近2500亿元。

4. 商品期货市场交易大幅增长。2021年，郑州商品交易所期货累计成交量25亿手，累计成交金额108万亿元，同比分别增长50.5%和79.7%。PTATA、菜油OI、甲醇MA为主要交易品种，成交金额分别占全部成交金额的12.4%、11.5%、10.5%。从成交金额增幅看，红枣CJ、硅铁SF、纯碱SA和菜籽RS同比增幅较大，分别达377.1%、368.3%、358.2%和305.9%；从成交量增幅看，红枣CJ、菜籽RS、短纤PF、纯碱SA和硅铁SF同比增幅较高，分别为272.8%、243.7%、225.5%、204.5%和203.9%。

表 4　2021 年郑州商品交易所交易统计

交易品种	累计成交金额（亿元）	同比增长（%）	累计成交量（万手）	同比增长（%）
苹果 AP	68075.4	45.6	10549.3	67.4
棉花 CF	99055.9	42.1	11352.4	4.8
红枣 CJ	15649.9	377.1	2432.8	272.8
棉纱 CY	3739.8	53.3	294.0	22.5
早籼 ER	0.0	—	0.0	—
玻璃 FG	93864.1	47.7	20743.5	12.0
粳稻 JR	1.4	-78.7	0.3	-78.3
晚籼 LR	0.0	-100.0	0.0	-100.0
甲醇 MA	113593.0	66.2	41530.5	20.4
甲醇 ME	0.0	—	0.0	—
菜油 OI	123831.6	37.6	11275.5	6.9
短纤 PF	19324.6	276.5	5342.1	225.5
花生 PK	7666.8	—	1684.7	—
普麦 PM	0.5	-44.0	0.0	-48.6
早籼 RI	0.2	-83.5	0.0	-84.1
菜粕 RM	77267.6	100.1	26892.7	68.2
菜油 RO	0.0	—	0.0	—
菜籽 RS	4.9	305.9	0.8	243.7
纯碱 SA	99445.5	358.2	20827.1	204.5
硅铁 SF	43710.9	368.3	9524.1	203.9
锰硅 SM	32740.2	119.6	8049.6	77.7
白糖 SR	65815.2	1.0	11645.8	-6.5
PTATA	133485.8	125.7	55311.7	71.7
煤 TC	0.0	—	0.0	—
尿素 UR	19065.2	239.7	4123.2	147.7
强麦 WH	7.5	-55.1	1.3	-58.2
强麦 WS	0.0	—	0.0	—
硬麦 WT	0.0	—	0.0	—
煤 ZC	63166.0	70.2	8423.6	37.7
合计	1079512.0	79.7	250005.1	50.5

数据来源：郑州商品交易所。

注：（1）成交金额、成交量为单向计算；（2）合约大小：棉花 CF、红枣 CJ、棉纱 CY、短纤 PF、花生 PK、硅铁 SF、锰硅 SM、PTATA 5 吨 / 手，苹果 AP、甲醇 MA、菜油 OI、菜粕 RM、菜籽 RS、白糖 SR 10 吨 / 手，玻璃 FG、粳稻 JR、晚籼 LR、早籼 RI、纯碱 SA、尿素 UR、强麦 WH 20 吨 / 手，普麦 PM 50 吨 / 手，煤 ZC 100 吨 / 手；（3）含期转现。

（三）保险市场体系进一步完善，市场运行平稳

2021 年，河南省保险业市场体系建设进一步完善，保险市场规模继续扩大，风险保障功能继续提升。

1. 保险公司资产稳步增长。2021 年末，辖内共有法人保险机构 1 家；省级分公司 91 家，较上年新增 4 家；保险公司分支机构 6656 家，较上年增加 117 家。保险专业中介市场主体 255 家，兼业代理机构 11291 家，保险行业从业人员达到 73.7 万人。保险公司资产稳步增长，2021 年末，全省保险业资产总额 0.6 万亿元，较年初增长 11.3%，近三年保险业资产规模年均增长率保持在 14% 左右。地方法人保险机构业务保持快速发展，资产规模由 2018 年末的 34.2 亿元增长至 2021 年末的 54.2 亿元，年均增速 16.6%，高于全省保险机构增速。

表 5　2021 年河南省保险业基本情况

项目	数量
总部设在辖内的保险公司数（家）	1
其中：财产险经营主体（家）	1
寿险经营主体（家）	0
保险公司分支机构（家）	6656
其中：财产险公司分支机构（家）	2646
寿险公司分支机构（家）	4010
保费收入（中外资，亿元）	2360
其中：财产险保费收入（中外资，亿元）	550
人身险保费收入（中外资，亿元）	1810
各类赔款给付（中外资，亿元）	891

数据来源：河南银保监局。

2. 保险市场运行平稳。2021 年，全省累计实现原保险保费收入 2360.0 亿元，同比增长 0.3%。保险业赔付支出 891.0 亿元，同比增长 26.5%。分业务类型来看，财产险、人身险原保费收入分别为 549.7 亿元、1810.3 亿元，同比增速分别为 -2.3%、1.2%；财产险、人身险赔付支出分别为 494.2 亿元、396.8 亿元，同比增速分

别为 51.7%、5.3%。

（四）社会融资结构调整优化，金融市场业务平稳运行

2021 年，河南省社会融资规模结构调整优化，直接融资占比进一步提高；票据市场运行平稳，交易结构调整分化。

1. 社会融资规模结构变化。2021 年，河南省社会融资规模增量为 8767.5 亿元，同比少增 2700.4 亿元。从结构看，本外币贷款、政府债券融资和非金融企业直接净融资分别占社会融资规模增量的 73.8%、26.9% 和 8.9%，同比分别提高 10.6 个、10.3 个和 0.9 个百分点；委托贷款、信托贷款、未贴现银行承兑汇票占比同比下降 23.8 个百分点。

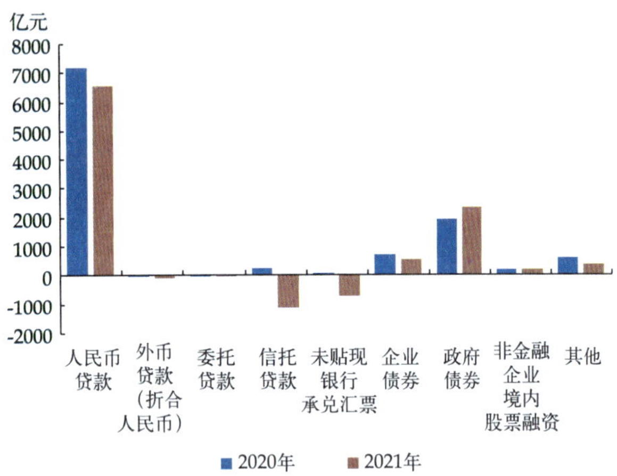

图 5　2020—2021 年河南省社会融资规模分布结构

（数据来源：中国人民银行郑州中心支行）

2. 票据承兑与贴现业务分化。2021 年，河南省金融机构累计签发银行承兑汇票 9066.9 亿元，较上年减少 296.1 亿元；累计办理票据贴现金额 17491.9 亿元，较上年增加 2029.9 亿元。2021 年末，银行承兑汇票承兑余额 6801.2 亿元，较上年末减少 276.0 亿元。银行承兑汇票贴现余额 2696.0 亿元，较上年末增加 440.7 亿元；商业承兑汇票贴现余额 371.6 亿元，较上年末减少 38.9 亿元。

表 6　2021 年河南省金融机构票据业务量统计

单位：亿元

季度	银行承兑汇票承兑		贴现			
			银行承兑汇票		商业承兑汇票	
	余额	累计发生额	余额	累计发生额	余额	累计发生额
1	7220.5	2788.0	2460.1	3844.1	454.9	454.0
2	7142.2	5094.2	2706.6	8340.3	410.9	695.2
3	6787.9	6942.2	2785.8	12132.3	397.0	988.5
4	6801.2	9066.9	2696.0	16182.1	371.6	1309.8

数据来源：中国人民银行郑州中心支行。

表 7　2021 年河南省金融机构票据贴现、转贴现利率

单位：%

季度	贴现		转贴现	
	银行承兑汇票	商业承兑汇票	票据买断	票据回购
1	3.39	4.49	3.09	2.16
2	2.91	4.29	2.75	2.11
3	2.53	4.04	2.39	2.15
4	2.28	4.21	2.01	2.14

数据来源：中国人民银行郑州中心支行。

（五）区域金融改革创新进一步深化

2021 年，河南省金融改革创新继续深入推进，普惠金融兰考经验稳步复制推广，自由贸易试验区金融改革稳步推进，金融活力增强。

1. 稳步推进普惠金融兰考经验复制推广工作，推动普惠金融实现既“普”又“惠”。2021 年末，全省建成普惠金融服务站覆盖 99.1% 的行政村，基础普惠授信覆盖 87.3% 的农户，信用户评定覆盖 85.5% 的农户。从前期试点到全省推广，兰考经验的普适性和有效性均得到了较好检验，全省金融服务的“普”和“惠”得以长足发展。

2. 自贸区金融服务创新水平进一步提升，金融服务体系建设成效明显。2021 年自贸区新设企业 18909 家，同比增长 6.3%，新设外资企业 67 家，同比增长 21.8%。全年自贸区内企业跨境收支总额 97.3 亿美元，同比增长 82.8%，

占全省涉外收支的5.0%。其中，收入47.8亿美元，同比增长45.8%；支出49.4亿美元，同比增长140.0%。结售汇总额35.1亿美元，同比增长41.3%，其中，结汇额21.3亿美元，同比增长27.4%；售汇额13.8亿美元，同比增长69.7%。

（六）金融生态环境建设进一步推进

2021年，河南省持续优化金融生态环境，社会信用体系建设持续推进，支付服务实体经济发展和民生改善的水平进一步提升，金融消费权益保护稳步推进。

1. 社会信用体系建设持续推进。2021年，全省累计通过平台促成应收账款融资1512笔、金额669.7亿元，其中，中小微企业融资1224笔、金额579.2亿元。组织全省积极参与，推动1家省级、5家市级地方征信平台建设应用，持续增加中小微企业征信服务供给，漯河市、南阳市成功入选全国第三批社会信用体系建设示范区。

2. 支付服务实体经济发展和民生改善的水平进一步提升。指导辖区银行机构建立优化银行账户服务长效机制，推动实施简易开户服务和个人银行账户分类分级管理。全省282家支付服务主体全部实施小微企业支付手续费减费让利政策，政策执行前3个月支付服务主体减费让利1.2亿元。移动支付便民服务场景应用范围持续扩大，关键业务指标位居全国前列。指导辖区银行机构制定专项适老化支付服务制度，辖内老年人支付服务便利化程度有效提升。

3. 金融消费权益保护稳步推进。持续打造“12363暖心热线”，全年全省人民银行系统共受理咨询45407起、投诉4374起。强化消保监管力度，开展2020年度消保评估，对辖内26家银行业金融机构开展消保领域执法检查，对15家被检查机构进行处罚。构建金融纠纷多元化解工作机制，“总对总”在线诉调机制建设在河南落地，全省人民银行系统共调解案件1743件。开展河南省2021年度金融素养问卷调查，深入开展金融知识集中宣传教育活动，着力构建常态化、制度化的宣传教育机制，3家省级金融教育示范基地挂牌成立。

二、经济运行情况

2021年，河南省统筹抓好疫情防控、灾后恢复重建和经济社会发展各项工作，经济发展呈现出较强的韧性，主要经济指标两年平均增速保持增长、同比增速与全国差距整体缩小。根据地区生产总值统一核算结果，2021年全省地区生产总值58887.4亿元，按不变价格计算，同比增长6.3%，两年平均增长3.6%；其中第一、第二、第三产业增加值分别为5620.8亿元、24331.7亿元和28934.9亿元，同比分别增长6.4%、4.1%和8.1%。

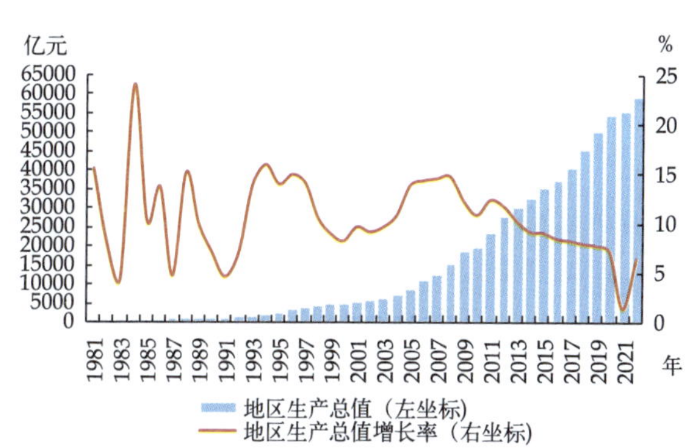

图6 1981—2021年河南省地区生产总值及其增长率

（数据来源：河南省统计局）

（一）生产持续恢复

1. 农业生产稳定向好。2021年，全省粮食生产受洪涝灾害影响虽有所减产，但总产量仍居全国第二位，达1308.8亿斤，已连续五年稳定在1300亿斤以上。畜牧业生产持续向好。全年全省猪牛羊禽肉产量641.2万吨，增长19.1%；牛奶产量212.2万吨，增长1.0%。2021年末，全省生猪存栏4392.3万头，增长13.0%。

2. 工业生产继续恢复。全年全省规模以上工业增加值同比增长6.3%，两年平均增长3.3%。多数行业保持增长。全省40个工业行业大类中有33个行业增加值实现增长，增长面达82.5%。五大主导产业支撑作用明显。全年全省装备产业、食品制造、新型材料制造、电子制造、汽车制造五大主导产业增加值同比增长9.6%，高于全省规模以上工业企业平均水平3.3个百分点，拉动全省规模以上工业企业增长4.4个百分点。

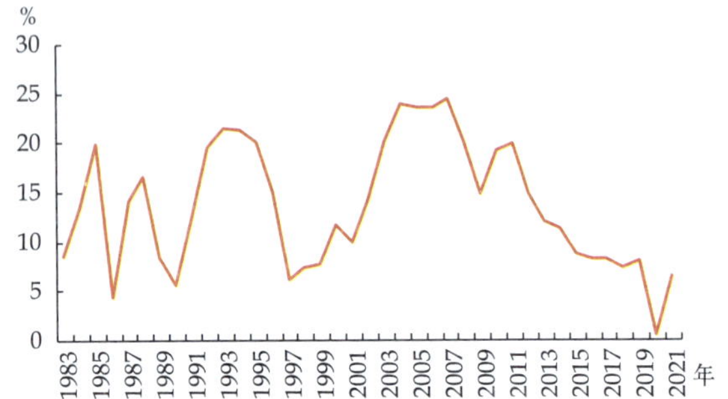

图7　1983—2021年河南省规模以上工业增加值实际增长率

（数据来源：河南省统计局）

3. 服务业恢复较好。统筹推进服务业重点产业发展、重大工程建设和重要领域改革，促进生产性服务业向专业化和价值链高端延伸、生活性服务业向高品质和多样化升级、先进制造业和现代服务业深度融合，服务产品供给水平显著提升。全年全省服务业增加值同比增长8.1%，增速分别高于生产总值、第二产业增加值1.8个和4.0个百分点；两年平均增长4.8%。全年全省货物运输量、周转量分别增长16.2%、20.1%；邮政、电信业务总量分别增长28.2%、33.8%。2021年末，全省金融机构人民币存、贷款余额分别增长7.8%、10.5%。

（二）需求稳步改善

1. 固定资产投资稳步恢复。全年全省固定资产投资同比增长4.5%，两年平均增长4.4%。工业投资快速增长。全年全省工业投资增长11.7%，6月以来整体呈加快趋势。基础设施投资及房地产开发投资小幅增长。全年全省基础设施投资、房地产开发投资同比分别增长0.3%、1.2%，分别低于全部投资增速4.2个和3.3个百分点。投资增长动力有所增强。全年全省新开工项目完成投资同比增长8.0%，高于全部投资增速3.5个百分点。

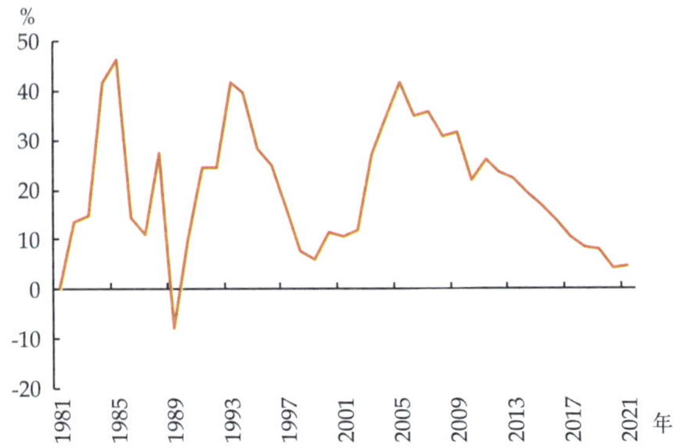

图8　1981—2021年河南省固定资产投资（不含农户）增长率

（数据来源：河南省统计局）

2. 消费品市场持续复苏。2021年全省社会消费品零售总额同比增长8.3%；两年平均增长1.9%，比第一季度加快1.9个百分点，与上半年持平，比前三季度加快0.3个百分点。基本生活类消费较快增长。限额以上粮油食品类、饮料类、日用品类商品零售额同比分别增长10.6%、11.3%和14.3%，均高于限额以上商品零售额增速。

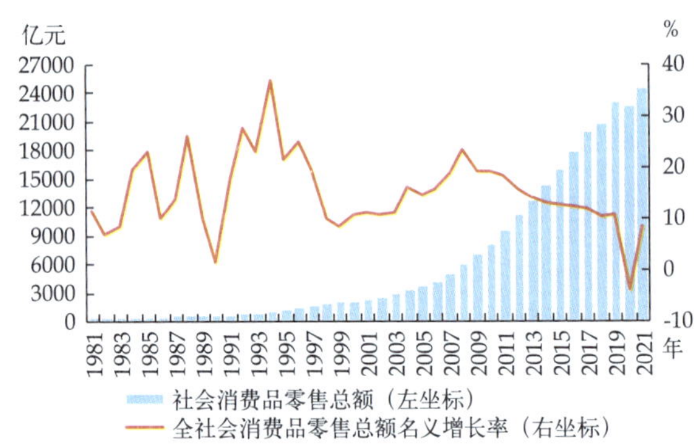

图9　1981—2021年河南省社会消费品零售总额及其增长率

（数据来源：河南省统计局）

3. 对外贸易取得新突破。全年全省进出口总值8208.1亿元，增长22.9%。其中，出口5024.1亿元，增长23.3%；进口3184.0亿元，增长22.3%。郑欧班列开行稳步增长，全年累计开行班列1546班次，实现每周16列去程、18列回程的高频次往返对开，班次、货值、货重分别增长37.6%、40.1%和41.2%。

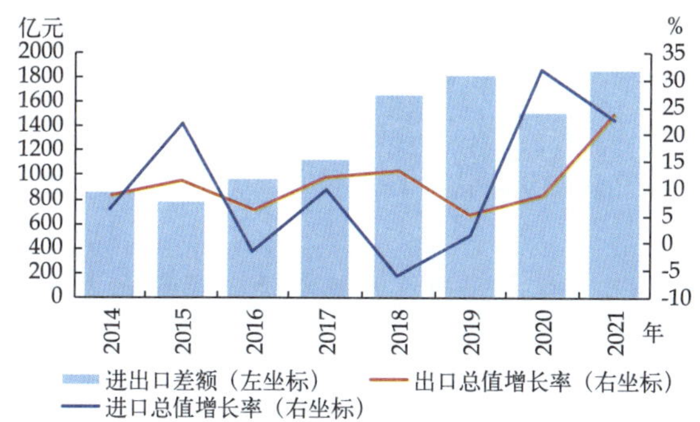

图 10　2014—2021 年河南省外贸进出口变动情况

（数据来源：河南省统计局）

（三）发展的质量和效益稳步提升

1. 创新发展动能持续增强。新产业、新业态、新产品快速发展，全年全省工业战略性新兴产业增加值增长 14.2%，高于全省规模以上工业企业平均水平 7.9 个百分点；传感器、光纤、工业机器人、服务机器人等产品产量增速均在 25% 以上；新能源汽车、可穿戴智能设备商品零售额分别增长 92.9%、41.0%，限额以上批发零售企业通过公共网络实现的零售额增长 13.8%。

2. 协调发展逐步凸显。产业结构转型迈出新步伐，全年全省电子信息产业、高技术制造业增加值分别增长 24.0%、20.0%，分别高于全省规模以上工业企业增速 17.7 个和 13.7 个百分点。投资结构调整取得新进展，全年全省工业投资、高技术制造业投资分别增长 11.7%、32.1%，分别高于全省固定资产投资增速 7.2 个和 27.6 个百分点。城乡差距继续缩小，全年全省农村居民人均可支配收入增长 8.8%，增速高于城镇居民 2.1 个百分点，城乡居民收入比由上年同期的 2.16∶1 调整至 2.12∶1。

3. 绿色发展积极稳妥推进。节能降耗扎实推进，规模以上工业单位增加值能耗明显下降。清洁能源快速发展，全年全省风能、生物质能和太阳能等清洁能源发电量分别增长 137.0%、54.8% 和 20.9%。绿色产品产量快速增长，全年全省锂离子电池、新能源汽车产量分别增长 42.9%、14.4%。

4. 财政收入恢复增长。2021 年，全省财政总收入 6611.2 亿元，同比增长 5.3%。一般公共预算收入 4347.4 亿元，同比增长 4.3%。地方税收收入 2842.5 亿元，同比增长 2.8%，税收收入占一般公共预算收入的比重为 65.4%。全省地方政府债券共分 9 个批次，发行入库 3413.4 亿元。其中，新增债券发行 2354.9 亿元，同比增长 14.7%，占发行总规模的比重为 69.0%；再融资债券发行 1058.5 亿元，同比增长 56.8%。

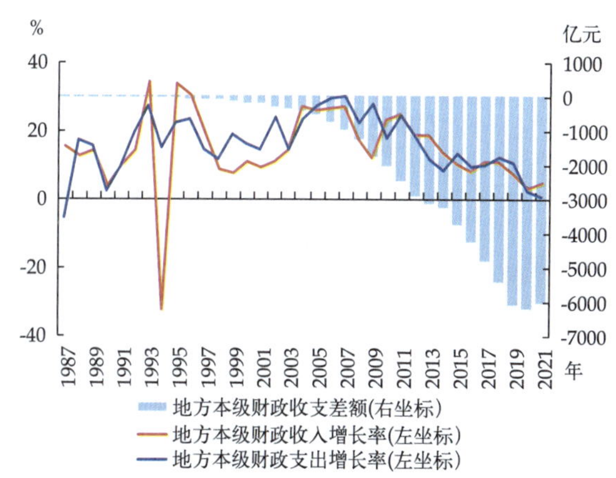

图 11　1987—2021 年河南省财政收支状况

（数据来源：河南省统计局）

专栏 2　金融有力支持乡村振兴

河南是全国农业大省，也是农村人口大省，做好“三农”工作，对河南具有重要意义。2021 年以来，河南省金融系统主动扛起支持乡村振兴的政治责任，以落实乡村振兴战略总要求为主线，聚焦金融供给这一关键点，持续提升乡村振兴金融服务水平，取得显著成效。2021 年末，全省涉农贷款余额 24401.0 亿元，较年初增加 2072.6 亿元，同比多增140.5亿元。

一、发挥货币政策工具的牵引带动作用，持续引导金融活水精准流向乡村振兴领域

建立货币政策工具管理使用评估长效工作机制，提高政策工具使用质效，畅通低成本央行资金直达乡村振兴领域的渠道。2021年末，全省支农再贷款余额322.9亿元，年累放214.6亿元，同比多投放36.4亿元，有力撬动全省脱贫地区和乡村地区金融投入。在两项直达实体政策工具使用方面，金融机构抓住有限窗口期，扩大政策工具在乡村振兴领域的覆盖面，努力实现“应延尽延、应信用尽信用”，政策实施以来已累计撬动延期贷款本金1351.3亿元，累计发放信用贷款2321.1亿元，绝大部分投向乡村振兴领域。

二、关注重点、分类施策，锁定金融支持突破面

一是针对大别山革命老区。通过建设综合普惠金融服务站、创新“党建+普惠”金融模式、推进数字普惠金融发展等措施强化普惠金融助力，加大对老区花生、中药材、茶叶等特色、绿色产业的金融支持，助力实现“两个更好”目标。二是针对南水北调水源地。金融机构以绿色信贷助推绿色发展，从供给端推进南水北调渠首水源地生态建设和环境保护。某机构累计支持南阳国储林项目20亿元，用于库区淅川、邓州及南阳全域的林业生态建设，有效改善了渠首库区生态环境。三是针对已脱贫人口。严格落实“四个不摘”政策要求，在保持金融支持力度总体稳定同时，持续强化产业带动，做到“扶上马，送一程”。对已脱贫人口等发展生产的金融支持力度持续加大，脱贫攻坚成果进一步巩固。四是针对返乡创业农民工。结合河南省农民工大省实际，开展农民工金融支持试点工程，出台金融支持优惠政策，激活“归雁”经济。

三、多方联动、系统推进，凝聚合力完善配套面

在盘活农户资产上，构建省市县三级农村产权交易平台，活化农村金融资源。在财政激励上，地方政府设立产业发展专项基金，撬动支持新型农业经营主体。例如，信阳市对油茶等产业贷款实行50%的贴息；平顶山市对烟叶种植核心区烟农贷款按交售比例给予全部或部分贴息，贴息总额达500万元。在风险分担上，省财政出资50亿元设立河南省农业信贷担保有限公司，对小微农业企业、家庭农场等市场主体优先提供担保。

四、下沉服务、创新模式，提升质效优化服务面

金融机构锚定新型农村经营主体的需求，相继创新诸如“金燕E贷”“惠农E贷”等线上产品，推出农机具、牲畜抵押、林权抵押等新兴抵押模式，促进涉农经营主体贷款增量扩面，不断提升涉农主体的中长期贷款、首贷、信用贷款等比重。全省累计创新涉农金融产品达200余种，有效提升了金融支持涉农主体的广度、深度。以整村授信为重点推动农村普惠金融发展，稳步推进普惠金融兰考经验的复制推广工作，农村信用体系不断建设完善，为信贷投放提供有力的信用支撑。2021年末，全省建成普惠金融服务站覆盖99.1%的行政村，基础普惠授信覆盖87.3%的农户，信用户评定覆盖85.5%的农户。

三、预测与展望

2022年，河南省经济社会发展面临的挑战与机遇并存。一方面，外部环境依然复杂严峻，我国长期向好的基本面虽然不会改变，但是，需求收缩、供给冲击和预期较弱的三重压力挑战更加严峻。另一方面，构建新发展格局、新时代推动中部地区高质量发展、黄河流域生态保护和高质量发展等国家重大发展战略在河南省落地实施，以及河南省锚定“两个确保”奋斗目标、实施“十大战略”的安排部署，又为河南省实现弯道超车、转型发展提供了难得的历史机遇。预计2022年经济持续恢复，增长潜力进一步释放，重大战略协同效应不断增强，经济运行有望保持在合理区间。

2022年，河南省金融系统将贯彻落实党的十九大、十九届历次全会和中央经济工作会议精神，增强信贷增长的稳定性，努力保持对实体经济恢复发展的支持力度。河南省人民银行系统将贯彻执行稳健的货币政策，发挥好货币政策工具的总量和结构双重功能，综合运用再贷款、再贴现等货币政策工具，引导金融机构加大对小微企业、科技创新、绿色发展、制造业的支持力度，促进信贷结构优化，为转型发展提供有力的资金支持。

中国人民银行郑州中心支行货币政策分析小组
总　　纂：王均坦　王深德
统　　稿：帅　洪　闫晓峰
执　　笔：许艳霞　赵玉龙　郭玉鑫
提供材料：汪大敏　李玉欣　郭　磊　沈志宏　张　蕾　银小柯　郑　方　万　里　于囡囡
孙　芳　李　琨　罗晓蕾　袁彦娟　付　超　张　铮　马云路　张　妍　王　晗
张振轩　苗晓艳　刘　晗　刘　芳　武宵宇　姚元园　常　虹　赵志亚　张晓换
张虹汐　谢幸杰　高宁泽　秦玉洁　汪　雪

附录：

（一）2021年河南省经济金融大事记

3月2日，中原银行成功发行“黄河流域生态保护和高质量发展金融债券”。

3月15日，“民营小微企业‘百千万’三年行动”、普惠金融兰考模式和栾川县普惠金融案例入选河南省100项优秀改革成果。

4月16日，人民银行郑州中心支行在2020年全省脱贫攻坚成效考核中被评为“好”档次。

6月23日，河南省“万人助万企”活动电视电话会议在郑州召开，4万多名干部“躬身入企”，树立尊企重企、助企强企的鲜明导向，全力建设高水平营商环境。

6月25日，河南首单“绿色+乡村振兴”双标债券成功发行。

7月6日，人民银行郑州中心支行举行庆祝建党100周年红色金融货币展新闻发布会。

9月30日，人民银行郑州中心支行被河南省政府评为服务河南经济社会发展优秀中央驻豫单位。

12月16日，以中原地区红色金融为主题的特别展览——“红色金融的河南记忆”在中原金融博物馆“云开展”。

（二）2021 年河南省主要经济金融指标

表 1　2021 年河南省主要存贷款指标

	项目	1 月	2 月	3 月	4 月	5 月	6 月	7 月	8 月	9 月	10 月	11 月	12 月
本外币	金融机构各项存款余额（亿元）	78898.6	80163.0	82248.3	81376.7	82216.5	83674.1	83011.5	83551.2	84160.2	83301.1	83787.2	83456.2
	其中：住户存款	47086.8	49285.3	50559.9	49492.1	49544.7	50797.1	50347.1	50532.4	51412.3	50793.0	51191.3	51911.2
	非金融企业存款	18860.8	18184.3	18740.3	18259.3	18477.6	19020.5	18534.1	18581.8	18423.3	17963.1	18067.1	18037.4
	各项存款余额比上月增加（亿元）	1346.1	1264.4	2085.2	-871.6	839.8	1457.5	-662.6	539.7	609.0	-859.2	486.2	-331.0
	金融机构各项存款同比增长（%）	8.0	9.6	8.4	8.6	7.7	8.1	8.2	8.0	8.1	7.9	8.8	7.6
	金融机构各项贷款余额（亿元）	65649.8	66421.9	67385.9	67534.1	67968.0	68808.1	69283.5	69621.7	70219.9	70294.2	70523.6	70540.8
	其中：短期	18746.7	18792.4	19103.9	18768.4	18780.8	19111.4	19071.9	19010.0	19157.0	19108.1	19129.7	18935.5
	中长期	43199.1	43808.1	44463.7	44807.7	45180.5	45617.8	46089.2	46447.8	46866.6	47043.8	47268.2	47473.0
	票据融资	2679.9	2751.9	2755.4	2876.2	2891.7	2972.1	2966.4	3010.4	3052.0	3011.7	2958.9	2977.9
	各项贷款余额比上月增加（亿元）	1534.6	772.1	964.0	148.2	433.9	840.1	475.4	338.2	598.2	74.3	229.5	17.1
	其中：短期	324.1	45.7	311.5	-335.5	12.4	330.5	-39.5	-61.8	146.9	-48.9	21.6	-194.2
	中长期	951.5	609.0	655.6	344.0	372.7	437.4	471.4	358.7	418.8	177.1	224.4	204.8
	票据融资	161.7	72.0	3.5	120.8	15.5	80.4	-5.8	44.0	41.6	-40.3	-52.7	19.0
	金融机构各项贷款同比增长（%）	12.1	12.8	12.0	11.1	10.8	10.8	11.1	10.8	11.0	10.8	10.6	10.0
	其中：短期	6.2	7.1	5.6	3.9	3.1	3.1	3.7	3.1	3.8	3.6	3.5	2.8
	中长期	14.8	15.3	15.0	14.4	14.2	14.1	14.1	14.0	13.4	13.2	12.9	12.4
	票据融资	7.7	6.3	6.6	8.2	7.5	11.9	12.4	13.0	21.8	22.1	20.4	18.3
	建筑业贷款余额（亿元）	2165.7	2242.4	2268.8	2256.4	2276.2	2340.2	2401.7	2439.3	2486.8	2489.3	2492.7	2451.6
	房地产业贷款余额（亿元）	2278.7	2323.6	2318.4	2321.5	2316.0	2292.9	2277.6	2305.8	2308.1	2298.0	2277.6	2270.5
	建筑业贷款同比增长（%）	14.9	19.2	16.7	13.6	13.7	16.3	18.8	20.0	22.5	20.5	20.3	17.5
	房地产业贷款同比增长（%）	-2.7	-1.1	-3.2	-3.2	-2.6	-2.0	-1.9	1.0	2.7	3.0	2.8	3.7
人民币	金融机构各项存款余额（亿元）	77753.2	79030.2	81061.4	80215.5	81078.4	82459.5	81875.6	82475.3	83111.3	82294.9	82719.2	82430.2
	其中：住户存款	46946.4	49143.4	50416.1	49351.6	49408.3	50658.0	50207.6	50392.6	51272.3	50655.1	51049.9	51767.0
	非金融企业存款	17873.2	17207.4	17714.6	17252.7	17491.7	17966.9	17597.7	17707.7	17593.9	17161.1	17203.5	17235.1
	各项存款余额比上月增加（亿元）	1307.0	1277.0	2031.3	-846.0	862.9	1381.0	-583.9	599.7	636.1	-816.5	424.4	-289.0
	其中：住户存款	903.9	2197.0	1272.7	-1064.4	56.6	1249.7	-450.4	185.1	879.7	-617.3	394.9	717.1
	非金融企业存款	394.6	-665.9	507.3	-461.9	239.0	475.2	-369.2	110.0	-113.8	-432.8	42.4	31.7
	各项存款同比增长（%）	8.3	10.0	8.8	9.0	8.2	8.6	8.7	8.8	8.7	8.2	9.0	7.8
	其中：住户存款	9.2	14.4	14.2	13.5	13.4	13.4	13.1	13.1	12.7	12.6	12.6	12.4
	非金融企业存款	7.0	3.3	0.5	-2.3	-3.7	-1.7	-1.1	0.3	-0.5	-2.3	0.4	-1.5
	金融机构各项贷款余额（亿元）	64328.6	65065.4	66047.9	66241.8	66721.6	67509.7	68052.2	68457.1	69113.4	69209.0	69431.0	69444.6
	其中：个人消费贷款	20858.8	20971.3	21294.4	21480.0	21700.9	21931.5	22113.4	22271.1	22488.1	22708.9	22912.8	22900.1
	票据融资	2679.9	2751.9	2755.4	2876.2	2891.7	2972.1	2966.4	3010.4	3052.0	3011.7	2958.9	2977.9
	各项贷款余额比上月增加（亿元）	1461.9	736.8	982.4	193.9	479.8	788.2	542.4	404.9	656.3	95.7	222.0	13.6
	其中：个人消费贷款	372.8	112.6	323.0	185.6	220.9	230.6	181.9	157.7	217.0	220.7	203.9	-12.7
	票据融资	161.7	72.0	3.5	120.8	15.5	80.4	-5.8	44.0	41.6	-40.3	-52.7	19.0
	金融机构各项贷款同比增长（%）	12.4	12.9	12.4	11.6	11.4	11.5	11.8	11.6	11.7	11.5	11.1	10.5
	其中：个人消费贷款	17.9	18.3	17.7	16.3	15.4	14.6	13.8	13.1	12.7	12.6	12.5	11.8
	票据融资	7.7	6.3	6.6	8.2	7.5	11.9	12.4	13.0	21.8	22.1	20.4	18.3
外币	金融机构外币存款余额（亿美元）	177.0	175.1	180.6	179.6	178.7	188.0	175.8	166.4	161.7	157.4	167.4	160.9
	金融机构外币存款同比增长（%）	-6.4	-1.0	-8.4	-3.2	-6.3	-9.1	-14.4	-27.9	-21.2	-11.7	0.1	-5.1
	金融机构外币贷款余额（亿美元）	204.2	209.6	203.6	199.8	195.7	201.0	190.6	180.1	170.6	169.8	171.3	171.9
	金融机构外币贷款同比增长（%）	8.4	12.8	1.2	1.5	-5.0	-9.2	-11.6	-17.5	-16.2	-15.9	-13.1	-10.2

数据来源：中国人民银行郑州中心支行。

表 2　2001—2021 年河南省各类价格指数

单位：%

时间	居民消费价格指数		农业生产资料价格指数		工业生产者购进价格指数		工业生产者出厂价格指数	
	当月同比	累计同比	当月同比	累计同比	当月同比	累计同比	当月同比	累计同比
2001	—	0.7	—	-0.9	—	1.9	—	0.5
2002	—	0.1	—	0.9	—	-2.4	—	-1.4
2003	—	1.6	—	1.9	—	7.8	—	5.0
2004	—	5.4	—	11.4	—	15.7	—	10.2
2005	—	2.1	—	7.9	—	8.3	—	6.1
2006	—	1.3	—	1.2	—	5.3	—	4.3
2007	—	5.4	—	6.1	—	6.4	—	5.2
2008	—	7.0	—	20.9	—	11.9	—	12.1
2009	—	-0.6	—	-1.9	—	-2.9	—	-5.1
2010	—	3.5	—	3.1	—	10.2	—	7.8
2011	—	5.6	—	11.1	—	10.1	—	7.2
2012	—	2.5	—	5.4	—	-0.8	—	-0.6
2013	—	2.9	—	1.3	—	-0.7	—	-1.5
2014	—	1.9	—	-2.1	—	-1.6	—	-1.9
2015		1.3		0.3		-4.6		-4.6
2016		1.9		0.8		-0.8		-1.0
2017		1.4		-0.3		7.3		6.8
2018		2.3		4.3		4.0		3.6
2019		3.0		3.8		1.2		0.2
2020	—	2.8	—	3.6	—	-0.6	—	-0.8
2021	—	0.9	—	—	—	9.5	—	7.8
2020 1	5.8	5.8	6.9	6.9	1.7	1.7	0.9	0.9
2	5.9	5.8	6.9	6.9	1.9	1.8	0.9	0.9
3	4.8	5.5	6.3	6.7	1.3	1.6	-0.3	0.5
4	3.4	4.9	4.5	6.2	-1.1	0.9	-1.4	0.0
5	2.3	4.4	4.1	5.7	-2.1	0.3	-2.1	-0.4
6	2.5	4.1	4.2	5.5	-2.4	-0.1	-2.0	-0.7
7	2.9	3.9	5.2	5.4	-1.8	-0.4	-1.3	-0.8
8	2.7	3.8	4.5	5.3	-1.1	-0.5	-1.0	-0.8
9	2.2	3.6	2.1	4.9	-1.0	-0.5	-1.1	-0.8
10	0.9	3.3	-0.6	4.4	-1.1	-0.6	-1.4	-0.9
11	-0.4	3.0	-0.5	3.9	-1.3	-0.6	-1.2	-0.9
12	0.8	2.8	0.3	3.6	0.2	-0.6	0.2	-0.8
2021 1	0.3	0.3	—	—	1.5	1.5	0.6	0.6
2	0.1	0.2	—	—	2.5	2.0	1.2	0.9
3	0.4	0.2	—	—	4.2	2.7	3.5	1.7
4	0.9	0.4	—	—	7.8	4.0	5.7	2.7
5	1.5	0.6	—	—	10.6	5.3	8.9	3.9
6	1.2	0.7	—	—	10.7	6.2	8.4	4.7
7	1.1	0.8	—	—	10.5	6.8	8.0	5.1
8	1.1	0.8	—	—	11.1	7.3	8.9	5.6
9	0.4	0.8	—	—	12.3	7.9	10.6	6.2
10	1.0	0.8	—	—	15.6	8.6	14.1	7.0
11	2.1	0.9	—	—	15.4	9.3	13.8	7.6
12	1.1	0.9	—	—	11.9	9.5	10.3	7.8

数据来源：河南省统计局、《中国经济景气月报》。

表 3　2021 年河南省主要经济指标

项目	1 月	2 月	3 月	4 月	5 月	6 月	7 月	8 月	9 月	10 月	11 月	12 月
绝对值（自年初累计）												
地区生产总值（亿元）	—	—	13306.7	—	—	28928.0	—	—	44016.2	—	—	58887.4
第一产业	—	—	753.9	—	—	2363.3	—	—	4295.1	—	—	5620.8
第二产业	—	—	5477.4	—	—	12201.4	—	—	18418.3	—	—	24331.7
第三产业	—	—	7075.4	—	—	14363.2	—	—	21302.9	—	—	28934.9
工业增加值（亿元）	—	—	—	—	—	—	—	—	—	—	—	—
固定资产投资（亿元）	—	—	—	—	—	—	—	—	—	—	—	—
房地产开发投资	—	574.0	1326.3	2067.8	2892.7	3729.8	4374.3	4982.5	5688.8	6382.8	7101.6	7874.4
社会消费品零售总额（亿元）	—	3883.3	5825.3	7786.8	9762.4	11813.1	13662.1	15486.7	17523.6	19759.8	22039.0	24381.7
外贸进出口总额（亿元）	—	1337.8	1920.8	2536.4	3086.5	3656.6	4246.0	4770.1	5538.2	6241.6	7185.3	8208.1
进口	—	506.0	717.0	942.1	1153.6	1360.5	1576.2	1812.5	2153.4	2438.7	2825.3	3184.0
出口	—	831.8	1203.9	1594.3	1932.9	2296.1	2669.8	2957.6	3384.9	3802.9	4360.0	5024.1
进出口差额（出口－进口）	—	325.8	486.9	652.2	779.3	935.6	1093.5	1145.1	1231.5	1364.2	1534.7	1840.1
实际利用外资（亿美元）	—	16.6	37.0	52.9	74.1	108.3	114.6	129.7	151.0	170.2	192.1	210.7
地方财政收支差额（亿元）	—	-1021.9	-1711.0	-2089.8	-2489.3	-3514.0	-3809.0	-4332.0	-5004.6	-5077.0	-5397.5	-6072.5
地方财政收入	—	703.0	1124.4	1522.3	1875.0	2446.9	2832.3	3065.9	3363.8	3734.4	3997.4	4347.4
地方财政支出	—	1724.9	2835.4	3612.1	4364.3	5960.9	6641.3	7397.9	8368.4	8811.5	9395.0	10419.9
城镇登记失业率（%）（季度）	—	—	3.3	—	—	3.3	—	—	3.4	—	—	3.4
同比累计增长率（%）												
地区生产总值	—	—	15.4	—	—	10.2	—	—	7.1	—	—	6.3
第一产业	—	—	10.9	—	—	7.8	—	—	5.6	—	—	6.4
第二产业	—	—	14.1	—	—	8.1	—	—	5.0	—	—	4.1
第三产业	—	—	17.0	—	—	12.4	—	—	9.2	—	—	8.1
工业增加值	—	19.0	16.3	13.4	11.7	10.5	9.7	8.6	7.9	7.3	6.8	6.3
固定资产投资	—	31.0	14.6	10.1	7.8	7.8	5.8	5.4	5.1	4.8	4.8	4.5
房地产开发投资	—	37.8	13.5	12.9	11.9	11.5	9.2	7.0	5.5	4.4	2.8	1.2
社会消费品零售总额	—	31.6	28.1	23.3	19.3	17.1	15.0	12.3	11.1	10.0	9.0	8.3
外贸进出口总额	—	125.4	79.3	72.3	65.8	60.0	53.1	46.8	46.2	35.4	24.7	22.9
进口	—	120.1	68.6	72.1	72.2	65.8	59.6	53.2	46.7	33.2	25.7	22.3
出口	—	128.8	86.4	72.5	62.2	56.7	49.4	43.2	46.0	36.7	24.1	23.3
实际利用外资	—	4.0	17.8	7.8	8.0	8.0	5.0	7.1	5.0	3.3	4.2	5.0
地方财政收入	—	13.4	20.0	19.1	15.4	14.7	12.7	9.9	5.4	5.5	5.1	4.3
地方财政支出	—	9.5	6.3	5.7	3.5	1.3	3.3	4.3	1.7	1.8	2.0	0.5

数据来源：河南省统计局。

湖北省金融运行报告（2022）

中国人民银行武汉分行货币政策分析小组

[内容摘要] 2021年，面对纷繁复杂的国内外形势和新冠肺炎疫情等多重挑战，湖北省认真贯彻落实党中央各项决策部署，统筹推进疫情防控和经济社会发展，疫后重振取得决定性成果，经济发展重回"主赛道"。全年主要经济指标恢复向好，产业结构持续优化，高质量发展取得新成效。2021年，全省实现地区生产总值50012.9亿元，同比增长12.9%，高于全国平均水平4.8个百分点。全省金融部门积极贯彻落实稳健的货币政策，持续加大对经济恢复的支持力度。2021年末，全省金融机构本外币各项存款余额7.2万亿元，同比增长7.9%；本外币各项贷款余额6.7万亿元，同比增长12.0%。

经济运行主要呈现如下特点：一是三大需求稳步上升，运行态势稳中向好。固定资产投资较快增长，转型升级步伐持续加快。2021年，全省固定资产投资（不含农户）同比增长20.4%，施工项目24879个，同比增加5832个，其中亿元以上施工项目占比43.0%。分领域看，房地产开发投资同比增长25.2%，基础设施投资同比增长9.9%，制造业投资同比增长18.9%。工业技改投资同比增长37.9%，占工业投资的47.1%，同比提高6.2个百分点。民间投资同比增长25.0%，占全省投资的62.1%，同比提高2.3个百分点；消费市场稳定恢复。2021年，全省社会消费品零售总额21561.4亿元，同比增长19.9%；进出口保持快速增长。2021年，全省进出口总额5374.4亿元，首次突破5000亿元，同比增长24.8%。其中，出口3509.3亿元，同比增长29.9%；进口1865.1亿元，同比增长16.3%。二是三次产业平稳增长，产业结构持续优化。粮食产量稳中有升。2021年，全省粮食总产量2764.3万吨，同比增长1.4%，连续九年稳定在500亿斤以上；工业生产平稳发展，高技术制造业较快增长，企业效益明显改善。2021年，全省规模以上工业增加值同比增长14.8%，近两年平均增长3.8%。高技术制造业增加值同比增长30.2%，近两年平均增长16.4%。41个大类行业中39个实现正增长，31个行业保持两位数增长，规模以上工业企业利润同比增长27.0%；第三产业实现增加值26398.4亿元，同比增长12.6%。三次产业结构由2020年的9.5∶39.2∶51.3调整为9.3∶37.9∶52.8，第三产业增加值占比提高1.5个百分点。三是居民消费价格温和上涨，工业生产者价格涨幅较大。2021年，全省居民消费价格同比上涨0.3%，工业生产者出厂价格同比上涨4.1%，工业生产者购进价格同比上涨8.5%。四是财政收入恢复性增长，财政支出有所下降。2021年，全省地方一般公共预算收入3283.3亿元，同比增长30.7%。其中，税收收入2559.7亿元，同比增长33.1%。地方一般公共预算支出7937.3亿元，同比下降5.9%。其中，民生支出占一般公共预算支出比重达到79.2%。

金融运行主要呈现如下特点：一是金融支持实体经济力度加大，信贷结构进一步优化。2021年末，全省本外币各项贷款余额6.7万亿元，同比增长12.0%，高于全国0.7个百分点。金融机构本外币各项贷款余额两年平均增长13.3%。普惠小微、涉农贷款和制造业中长期贷款增长持续发力，贷款余额同比分别增长23.4%、12.6%和32.1%。二是企业贷款利率低位运行。2021年，全省企业贷款加权平均利率为4.5%，与上年基本持平，较2019年下降0.8个百分点，处于历史较低水平。三是证券保险业稳健发展，支持经济社会发展能力增强。全省上市公司128家，"新三板"挂牌公司253家，区域性股权市场挂牌公司5748家，全年分别新增14家上市公司、154家区域性股权市场挂牌公司。省内上市公司全年证券交易额16332.8亿元，同比增长17.4%。保险业经营实力稳步提升。2021年，全省累计实现保费收入1878.1亿元，同比增长1.3%。四是社会融资规模平稳增长，企业债券融资增长较快。2021年，全省社会融资规模增量为9837.7亿元，较上年少增594.9亿元，较2019年多增1103.6亿元，中部六省排名第二，年末社会融资规模存量同比增长10.9%，高于全国0.6个百分点。2021年，湖北省非金融企业累计发行债务融资工具256只、融资金额1961.1亿元，分别较上年增长14.8%、16.3%。2021年末，全省债务融资工具存续金额3931.9亿元，同比增长11.4%。五是政银企对接进一步深化。依托金融生态建设工作平台，辖内13个市州与省级金融机构签订战略合作协议4159亿元；推动银行与5.8万户企业签订金融支持协议5480亿元。利用全省中小微企业融资信用平台，累计对中小微企业授信5.8万笔，授信金额2208亿元。

2022年，全省将坚定不移巩固区域经济回稳向好态势，扎实推动经济发展行稳致远。实施创新驱动发展战略，加快新旧动能转换，推进产业转型升级，做大做强现代产业集群。推动"一主两翼、全域协同"① 的区域发展布局，提升区域竞争力和影响力。湖北金融系统将积极落实稳健货币政策，持续加大对实体经济的支持力度，为促进湖北经济高质量发展营造良好的货币金融环境。保持信贷增长的稳定性，稳步推动信贷结构优化调整，继续引导金融机构向实体经济让利。加大对困难行业和市场主体的支持力度，持续改进中小微企业融资服务。扎实做好两项直达工具的平稳接续，推动碳减排支持工具和支持煤炭清洁高效利用专项再贷款落地见效。加强支农支小再贷款的运用和管理，持续推动纾解中小微企业融资难、融资贵问题。持续防范化解金融风险，确保辖区金融稳定。

一、金融运行情况

2021年，面对纷繁复杂的内外环境，湖北省金融部门认真贯彻落实党中央、国务院的决策部署，持续加大对全省经济恢复的支持力度，信贷投放稳定增长，对重点领域和薄弱环节的金融支持不断增强，金融生态环境持续优化。金融市场规模稳步扩大，多层次资本市场不断完善，支持经济社会发展能力进一步增强。

（一）银行业稳健发展，信贷增长合理适度

1.资产增速小幅回落，利润同比增加。 2021年末，全省银行业金融机构资产总额9.5万亿元，同比增长8.9%，较上年回落0.7个百分点；负债总额9.1万亿元，同比增长8.6%，较上年回落1.2个百分点。全省银行业金融机构全年实现利润826.8亿元，同比增加284.2亿元。

表1　2021年湖北省银行业金融机构情况

机构类别	营业网点			法人机构（个）
	机构个数（个）	从业人数（人）	资产总额（亿元）	
一、大型商业银行	2681	59075	33397	0
二、国家开发银行和政策性银行	96	2564	12806	0
三、股份制商业银行	624	12586	11240	0
四、城市商业银行	434	9951	9057	3
五、城市信用社	0	0	0	0
六、小型农村金融机构	2095	31994	14656	78
七、财务公司	11	799	3067	5

① "一主两翼"指充分发挥武汉作为国家中心城市、长江经济带核心城市的龙头引领和辐射带动作用，推动"襄十随神""宜荆荆恩"城市群由点轴式向扇面型发展，打造支撑全省高质量发展的南北列阵；"全域协同"指推进以县城为重要载体的城镇化建设，整体推动县域经济发展。

续表

机构类别	营业网点			法人机构（个）
	机构个数（个）	从业人数（人）	资产总额（亿元）	
八、信托公司	2	573	267	2
九、邮政储蓄银行	1650	7644	7198	0
十、外资银行	14	380	284	0
十一、新型农村金融机构	216	3478	509	68
十二、其他	8	837	2032	4
合　计	7831	129881	94511	160

数据来源：湖北银保监局。

注：营业网点不包括国家开发银行和政策性银行、大型商业银行、股份制商业银行等金融机构总部数据；大型商业银行包括中国工商银行、中国农业银行、中国银行、中国建设银行和交通银行；小型农村金融机构包括农村商业银行、农村信用社、农村合作银行；新型农村金融机构包括村镇银行、贷款公司和农村资金互助社；其他包含金融租赁公司、汽车金融公司、货币经纪公司、消费金融公司等。

2. 存款增速放缓，非金融企业存款小幅下降。受 2020 年存款高基数影响，全省各项存款增速放缓。2021 年末，全省金融机构本外币各项存款余额 7.2 万亿元，同比增长 7.9%，增速较上年回落 3.0 个百分点。2021 年，全省新增本外币各项存款 5317.3 亿元，同比少增 1304.5 亿元。其中，非金融企业存款下降 52.8 亿元。

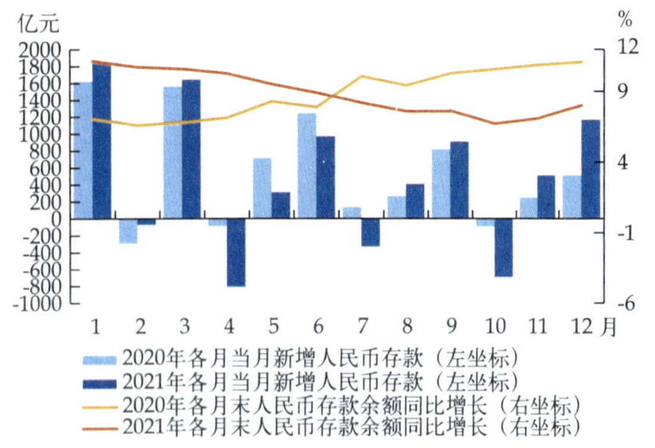

图 1　2020—2021 年湖北省金融机构人民币存款增长变化

（数据来源：中国人民银行武汉分行）

3. 贷款保持较快增长，对实体经济支持力度加大。2021 年末，全省本外币各项贷款余额 6.7 万亿元，同比增长 12.0%，高于全国 0.7 个百分点，较上年回落 2.6 个百分点，比年初增加 7166.1 亿元，同比少增 463.4 亿元，新增贷款继续保持中部六省第一。各项贷款两年平均增长 13.3%，高于近两年全省 GDP 平均增速近 10 个百分点。从投向看，重点领域和薄弱环节的信贷支持不断增强，制造业中长期贷款、普惠小微企业贷款和涉农贷款余额同比分别增长 32.1%、23.4% 和 12.6%，分别高出各项贷款增速 20.1 个、11.4 个和 0.6 个百分点。全省通过实施中小企业信用培植工程、开展首贷专项行动、创建“楚天贷款码”平台，从“点、线、面”三个维度加大银企对接力度，加强与文旅、外贸、市场监管等政府部门的合作，持续增强对受疫情影响较大行业的定向金融支持。

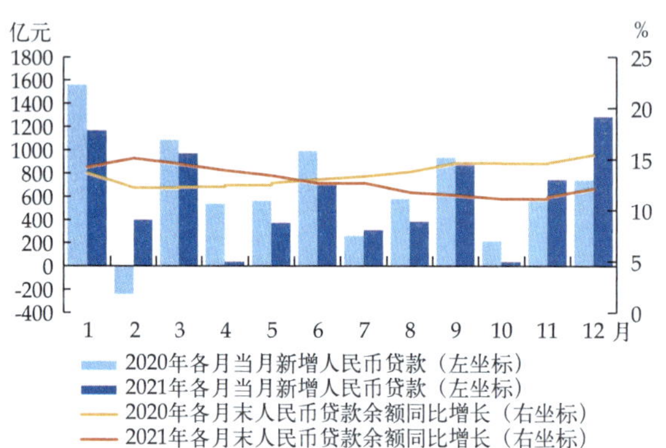

图 2　2020—2021 年湖北省金融机构人民币贷款增长变化

（数据来源：中国人民银行武汉分行）

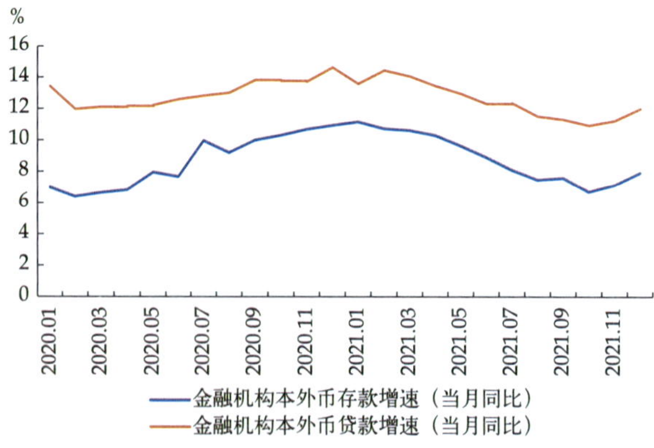

图 3　2020—2021 年湖北省金融机构本外币存贷款增速变化

（数据来源：中国人民银行武汉分行）

4. 资管新规下金融机构主动调整业务模式，表外融资规模持续收缩。2021 年，全省金融机构主动调整表外业务，表外融资合计下降 1298.1 亿元。一方面，信托公司不断压缩同业通道、融资类信托业务，降低非标规模，并以入股方式代替贷款模式。另一方面，商业银行提高委托贷款的发放门槛，不受理资金来源不合规、不符合产业政策的委托贷款。2021 年末，全省信托贷款下降 525.3 亿元，委托贷款减少 58.6 亿元，未贴现银行承兑汇票减少 714.2 亿元。

5.LPR 改革潜力持续释放，贷款利率处于历史低位水平。推动地方法人银行加快构建内部资金转移定价（FTP）机制，引导其将 LPR 内嵌到 FTP 定价体系，进一步提高利率传导效率。2021 年，全省企业贷款加权平均利率为 4.5%，与上年基本持平，较 2019 年下降 0.8 个百分点，处于历史较低水平。小微企业贷款利率降幅超过大中型企业。12 月，全省小微企业贷款利率 4.8%，比疫情前的 2020 年 1 月下降了 0.9 个百分点，较大型、中型企业分别多下降 0.2 个和 0.3 个百分点。

表 2　2021 年湖北省金融机构人民币贷款各利率区间占比

单位：%

项目		1 月	2 月	3 月	4 月	5 月	6 月
合计		100.0	100.0	100.0	100.0	100.0	100.0
LPR 减点		25.0	29.9	20.4	21.7	23.1	20.5
LPR		9.6	8.0	13.8	9.1	9.4	11.1
LPR 加点	小计	65.4	62.2	65.8	69.2	67.4	68.4
	(LPR，LPR+0.5%)	14.0	13.4	12.6	12.1	15.1	16.1
	[LPR+0.5%，LPR+1.5%)	24.3	22.3	25.3	23.5	23.7	27.0
	[LPR+1.5%，LPR+3%)	14.4	14.0	15.6	16.9	14.8	14.2
	[LPR+3%，LPR+5%)	8.1	7.4	8.0	9.9	7.3	6.5
	LPR+5% 及以上	4.6	5.1	4.3	6.8	6.6	4.6

续表

项目		7 月	8 月	9 月	10 月	11 月	12 月
合计		100.0	100.0	100.0	100.0	100.0	100.0
LPR 减点		25.9	23.8	26.1	19.7	23.9	25.3
LPR		8.5	9.2	11.6	9.5	10.0	8.3
LPR 加点	小计	65.7	67.0	62.3	70.8	66.1	66.3
	(LPR，LPR+0.5%)	12.9	15.8	16.0	14.1	12.9	17.2
	[LPR+0.5%，LPR+1.5%)	25.0	22.9	22.5	22.6	24.8	23.6
	[LPR+1.5%，LPR+3%)	13.8	13.0	11.7	12.9	12.8	11.9
	[LPR+3%，LPR+5%)	7.1	8.0	5.8	9.3	6.4	6.3
	LPR+5% 及以上	6.8	7.2	6.4	11.9	9.2	7.2

数据来源：中国人民银行武汉分行。

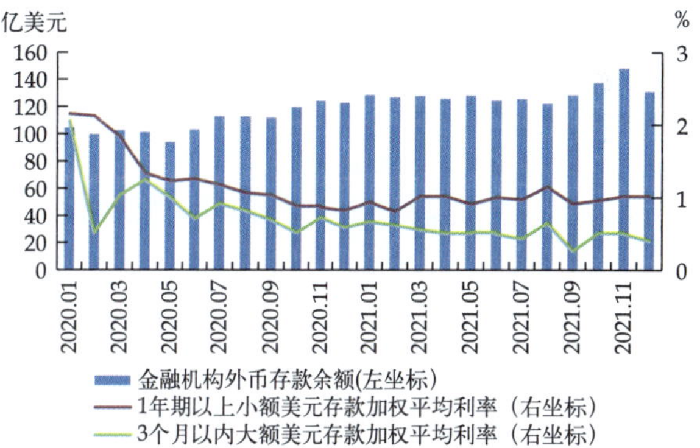

图 4　2020—2021 年湖北省金融机构外币存款余额及外币存款利率

（数据来源：中国人民银行武汉分行）

6. 法人银行不良贷款率同比下降。2021 年，人民银行武汉分行制定出台支持地方法人金融机构高质量发展 10 条措施，抓好地方法人金融机构的风险化解工作，不良贷款率逐季回落。截至 2021 年末，全省法人银行不良贷款率同比下降 0.4 个百分点。

专栏 1　湖北金融支持小微企业取得积极成效

2021 年，人民银行武汉分行认真贯彻落实总行小微企业金融服务有关工作部署，推动全省各相关部门、各金融机构点线面全域发力，持续加大小微企业金融服务工作力度，努力提升小微企业金融服务质效。2021年末，全省小微企业贷款余额1.2万亿元，同比增长13.3%。

一、统筹协调，强化小微企业金融服务政策合力

人民银行武汉分行牵头制定《纾解全省中小微企业融资难融资贵问题的若干措施》，以省政府文件印发全省执行，各部门推出具体举措，支持小微企业融资。充分运用再贷款再贴现等货币政策工具，引导金融机构发放小微企业贷款。2021年，全省发放支小再贷款433.5亿元，限额使用率达到90.4%。加大财政资金支持力度。对金融机构当年新发放的普惠小微首次贷款，按0.5‰予以奖励。省级财政每年安排1亿元，同时统筹中央资金，支持各地政府性融资担保机构资本金持续补充、代偿补偿、降费补助和业务奖补。上线湖北省中小企业融资信用平台，整合30多个政府部门超3亿条政务数据，为金融机构授信提供多维度的信用信息支撑。2021年末，该平台累计支持授信5.8万笔，授信金额2208亿元。

二、点上聚焦，解决重点小微企业融资诉求

建设全省中小微企业信用培植平台，组织各地各部门依托平台推荐融资难中小微企业名单。对符合贷款条件的企业，明确主办银行，及时给予授信支持；对暂不符合贷款条件的企业，由主办银行提出信用培植辅导清单，相关部门逐项开展政策辅导，帮助企业满足融资条件。到2021年末，全省金融机构通过信用培植为1550家企业发放贷款106.8亿元。主动上门对接服务。由“一把手”带队，赴省残联、省市场监管局等部门开展“上门问策、办实事”活动，共征集19家小微企业金融服务问题，帮助10家企业融资1030万元。切实解决省委省政府、各部门反映的突出问题。组织金融机构负责人赴9家小微企业和个体工商户实地调研，帮助相关企业和个体工商户融资6400万元。

三、线上协同，支持重点行业小微企业融资

实施重点产业链金融链长制。联合省经信厅、省农业农村厅等部门制订金融链长工作方案，由省级金融机构负责人担任全省26条农业和制造业产业链金融链长，为链上核心企业和上下游小微企业提供融资服务。到2021年末，首批试点的8条重点产业链贷款余额633.7亿元，新发放贷款107.7亿元。加强银企对接。针对受疫情持续影响的文化和旅游产业，会同省文旅厅出台三个专项政策措施，组织开展多场政策宣传和银企对接活动，2021年全省金融机构向10766户普惠小微文旅企业发放贷款87.7亿元，贷款加权平均利率4.98%。

四、面上拓展，提高小微企业融资可得性

创设“楚天贷款码”。支持小微企业线上扫码，实现融资需求提交、受理、对接、反馈等一站式服务。“楚天贷款码”2021年9月17日上线试运行以来，累计服务全省6635户市场主体扫码与银行对接，成功促成银行授信3523户，发放贷款160.9亿元，贷款加权平均利率4.55%，平均办理时限7天，最短办理时限1天。建立“四张清单”金融服务机制。督促金融机构对外公示小微企业贷款授权、授信清单，对内公示尽职免责清单，向小微企业发送受理回告清单，提高小微企业贷款办理效率。2021年12月，全省小微企业贷款办理环节、申报材料和办理时间平均比年初减少0.15个、0.53件和0.61天。开展首贷拓展专项行动。从省市场监管局动态获取市场主体注册登记信息，比对金融机构贷款企业信息，形成全省小微企业无贷户名单，组织金融机构结合名单开展融资需求摸排和服务。2021年，全省新增普惠小微首贷户13.9万户，同比多增2.9万户。制定全省动产融资指导意见，推动应收账款、存货等动产质押融资，拓宽小微企业融资抵质押物范围。2021年，湖北省依托中征应收账款融资服务平台实现应收账款融资6279笔、金额3132.6亿元，支持1509家中小微企业融资，同比增长17.9%。

（二）证券业保持较快发展，多层次资本市场不断完善

1. 法人机构资本实力增强。2021年末，全省共有法人证券公司2家、法人期货公司2家。法人机构经营平稳，资本实力进一步增强。2家法人证券公司（非合并报表口径）净资产合计达538.4亿元，同比增长19.6%。省内上市公司全年证券交易额16332.8亿元，同比增长17.4%。

2. 多层次资本市场格局基本形成。2021年末，全省共有上市公司128家，比上年增加14家，"新三板"挂牌公司253家，比上年减少41家，区域性股权市场挂牌公司5748家，比上年增加154家。

表3　2021年湖北省证券业基本情况

项目	数量
总部设在辖内的证券公司数（家）	2
总部设在辖内的基金公司数（家）	0
总部设在辖内的期货公司数（家）	2
年末国内上市公司数（家）	128
当年国内股票（A股）筹资（亿元）	353
当年发行H股筹资（亿元）	0
当年国内债券筹资（亿元）	3292
其中：短期融资券筹资额（亿元）	1335
中期票据筹资额（亿元）	808

数据来源：中国人民银行武汉分行、湖北银保监局、湖北省发展改革委。

（三）保险业发展回归本源，支持经济社会发展能力增强

1. 保费收入稳步增长。2021年末，全省共有法人保险公司4家，省级分公司以上保险公司86家。2021年，全省保险机构累计实现保费收入1878.1亿元，同比增长1.3%，其中，财产险保费收入379.8亿元，同比增长2.6%；人身险保费收入1498.3亿元，同比增长1.0%。

2. 业务结构不断优化。财产保险方面，车险综合改革实施以来，全省财产险业务结构不断调整优化，农业保险保障水平大幅提升。2021年，全省财产险保费收入379.8亿元，同比增长2.6%。其中，车险保费收入267.1亿元，同比下降3.1%，责任险保费收入28.9亿元，同比增长4.8%，农业险保费收入30.0亿元，同比增长36.5%。人身险方面，储蓄和投资性质险种保费收入显著下降，业务回归风险保障属性。2021年，全省人身险保费收入1498.4亿元，同比增长1.0%。其中，分红险和万能险保费收入分别下降17.0%和8.8%。

3. 经济社会服务保障功能显著增强。2021年，全省保险业赔款和给付支出577.3亿元，同比增长11.4%，其中，人身险赔款和给付支出330.0亿元，同比增长10.0%；财产险赔款支出247.3亿元，同比增长13.4%，保险业风险保障和经济补偿功能得到进一步发挥。

表4　2021年湖北省保险业基本情况

项目	数量
总部设在辖内的保险公司数（家）	4
其中：财产险经营主体（家）	2
寿险经营主体（家）	2
保险公司分支机构（家）	86
其中：财产险公司分支机构（家）	39
寿险公司分支机构（家）	47
保费收入（中外资，亿元）	1878.1
其中：财产险保费收入（中外资，亿元）	379.8
人身险保费收入（中外资，亿元）	1498.4
各类赔款给付（中外资，亿元）	577.3

数据来源：湖北银保监局。

（四）社会融资规模平稳增长，金融市场运行总体平稳

1. 社会融资规模平稳增长，表外融资同比少降。2021 年，湖北省社会融资规模增量为 9837.7 亿元，同比少增 594.9 亿元，较 2019 年多增 1103.6 亿元，当年增量居中部省份第二位，社会融资规模存量同比增长 10.9%，高于全国 0.6 个百分点。从结构看，全省新增本外币贷款 7219.2 亿元，同比少增 543.8 亿元；直接融资规模有所收缩。2021 年，全省企业债券融资 1160.7 亿元，同比少增 344.0 亿元。非金融企业股票融资 230.4 亿元，同比少增 63.8 亿元；表外融资持续负增长。2021 年，全省金融机构表外融资下降 1298.1 亿元，同比少降 383.8 亿元。

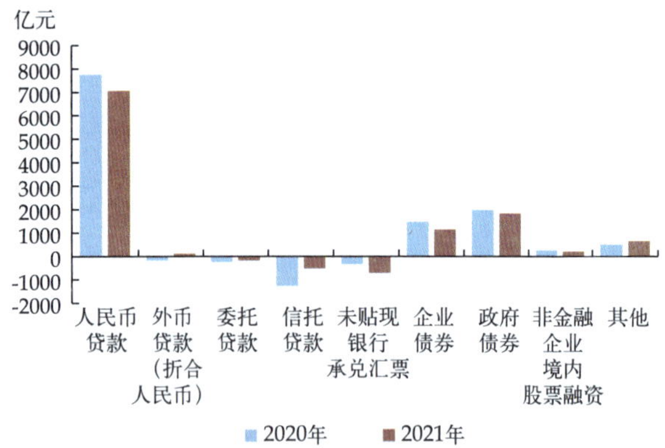

图 5　2020—2021 年湖北省社会融资规模结构

（数据来源：中国人民银行武汉分行）

2. 货币交易量有所下滑，债务融资工具增长较快。2021 年，辖内法人金融机构货币市场交易量共计 10.9 万亿元，同比下降 38.5%。其中，质押式回购成交 9.2 万亿元，同比下降 42.9%；买断式回购成交 0.1 万亿元，同比下降 13%；同业拆借成交 1.5 万亿元，同比增长 6%。2021 年，湖北省非金融企业发行债务融资工具 256 只，融资金额 1961.1 亿元，同比分别增长 14.8% 和 16.3%。2021 年末，全省债务融资工具存续金额 3931.9 亿元，同比增长 11.4%。

3. 票据融资稳步增长，票据市场利率持续下行。2021 年末，全省金融机构银行承兑汇票承兑余额 3217.7 亿元，同比增长 5.1%；全年累计签发银行承兑汇票 6781.8 亿元。全年票据融资增加 946.7 亿元，同比增长 31.5%。票据市场利率持续下行，2021 年第四季度，湖北省银行承兑汇票和商业承兑汇票贴现平均利率分别为 1.7% 和 4.0%，同比分别下降 106 个和 9 个基点。

表 5　2021 年湖北省金融机构票据业务量统计

单位：亿元

季度	银行承兑汇票承兑		贴现			
			银行承兑汇票		商业承兑汇票	
	余额	累计发生额	余额	累计发生额	余额	累计发生额
1	2963.3	1618.7	2606.2	658.4	142.0	87.7
2	3064.9	3421.4	2649.8	1446.3	141.8	155.9
3	3140.6	5041.3	2812.8	2159.0	169.1	215.0
4	3217.7	6781.8	3753.6	3181.3	198.3	305.2

数据来源：中国人民银行武汉分行。

表 6　2021 年湖北省金融机构票据贴现、转贴现利率

单位：%

季度	贴现		转贴现	
	银行承兑汇票	商业承兑汇票	票据买断	票据回购
1	3.28	4.29	3.21	2.73
2	2.74	3.84	2.67	2.64
3	2.46	4.27	2.30	2.69
4	1.74	3.97	1.57	2.40

数据来源：中国人民银行武汉分行。

（五）金融生态环境建设更加完善，支持政银企对接进一步深化

2021 年，全省依托金融生态建设工作平台，积极发挥信用市州县创建机制作用，着力引导各地强化政银企担对接、信息共享和风险分担

等重点工作，为疫后重振和经济社会发展提供了良好的金融生态环境。进一步深化政银企担对接活动，深入开展重大项目融资对接、金融机构进园区、金融支持稳链强链等系列政银企活动，推动13个市州与省级金融机构签订战略合作协议4159亿元；银行与5.8万户企业签订金融支持协议5480亿元，履约率95%。按照“全省统一、省市分建、数据共享”的原则建成全省中小微企业融资信用平台，累计整合超3亿条政务数据，累计对中小微企业授信5.8万笔，授信金额2208亿元。进一步夯实地方小微企业风险补偿机制，推动17个市州通过增设风险补偿金、注资担保公司等形式投入28.6亿元资金为小微企业信用贷款和担保贷款分担风险。

（六）推动碳减排支持工具落地，推进绿色金融创新发展

湖北省抢抓全国碳市场注册登记机构落户湖北机遇，全面推进绿色金融创新发展。积极推动碳减排支持工具落地生效，2021年末，湖北碳减排支持工具余额29.2亿元。推动绿色低碳产业发展，设立规模100亿元的“武汉碳达峰基金”和规模为100亿元的“碳中和基金”。加强碳金融市场建设，推动成立武汉清算所，打造碳市场现货及衍生品清算基础平台。启动湖北省绿色金融综合服务平台，成立长江“双碳”伙伴平台。

二、经济运行情况

2021年，湖北省统筹推进疫情防控和经济社会发展，疫后重振取得决定性成果。全年主要经济指标恢复向好，经济发展重回“主赛道”，实现“十四五”良好开局。农业和工业生产稳定增长，固定资产投资有力复苏，外贸进出口显著提高，消费品市场上升动力明显，物价运行保持平稳。2021年，全省实现地区生产总值50012.9亿元，同比增长12.9%，快于全国4.8个百分点。

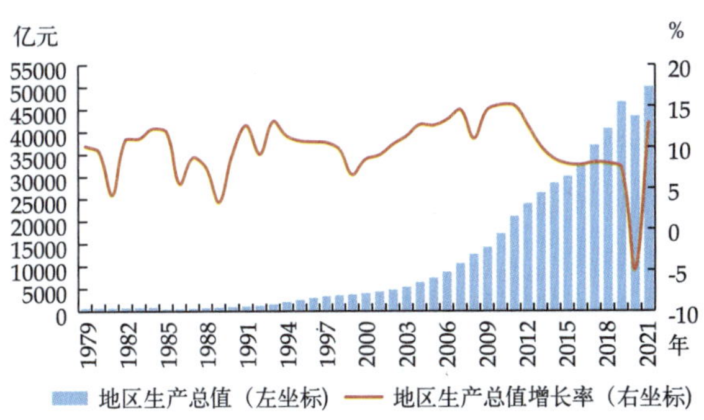

图6　1979—2021年湖北地区生产总值及增长率

（数据来源：湖北省统计局）

（一）三大需求稳步上升，运行态势稳中向好

1. 固定资产投资保持增长，转型升级步伐持续加快。2021年，全省固定资产投资（不含农户）同比增长20.4%，施工项目24879个，同比增加5832个，其中亿元以上施工项目占比达43.0%。分领域看，房地产开发投资同比增长25.2%，基础设施投资同比增长9.9%，制造业投资同比增长18.9%。全省投资结构不断优化。全年工业技改投资同比增长37.9%，占工业投资的比重达47.1%，同比提高6.2个百分点。民间投资同比增长25.0%，占全省投资的比重达62.1%，同比提高2.3个百分点。公共投资方面，卫生投资、教育投资分别同比增长81.0%、53.6%。

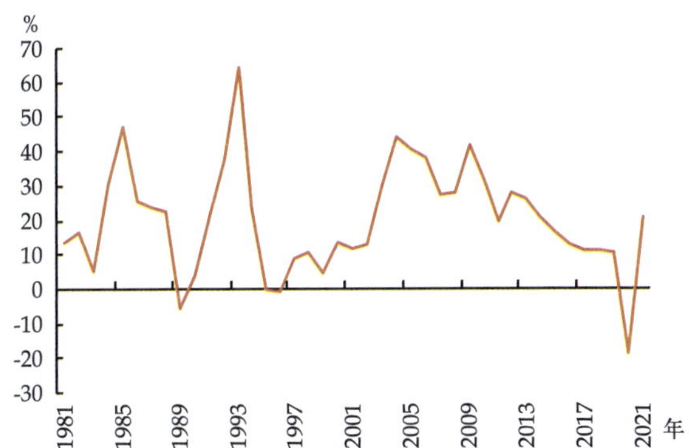

图7　1981—2021年湖北省固定资产投资（不含农户）增长率

（数据来源：湖北省统计局）

2. 消费市场稳定恢复，基本生活类和升级类商品销售增长较快。湖北省推出提振消费 11 条等系列措施，有力促进消费复苏。2021 年，全省社会消费品零售总额达 21561.37 亿元，同比增长 19.9%，限额以上消费品零售额同比增长 23.4%。其中，限额以上批发业、零售业、住宿业、餐饮业销售额（营业额）增长较快，全年同比分别增长 17.6%、23.3%、31.0% 和 42.0%。基本生活消费增势较好，限额以上粮油食品类、饮料类商品零售额同比分别增长 25.1%、25.3%。升级类消费需求持续释放，限额以上单位金银珠宝类、通信器材类商品零售额同比分别增长 43.3%、36.4%。限额以上企业网络零售比重上升。2021 年，全省限额以上企业网络销售额同比增长 25.9%，占限额以上商品零售额的比重由上年的 16.5% 提高到 18.2%。

图 8　1981—2021 年湖北省社会消费品零售总额及其增长率

（数据来源：湖北省统计局）

3. 进出口快速增长，利用外资稳步增长。2021 年，全省进出口总额达 5374.4 亿元，首次突破 5000 亿元，同比增长 24.8%，比 2019 年增长 36.2%。其中，出口 3509.3 亿元，同比增长 29.9%；进口 1865.1 亿元，同比增长 16.3%。2021 年，全省实际利用外资 124.6 亿美元，同比增长 20.3%。

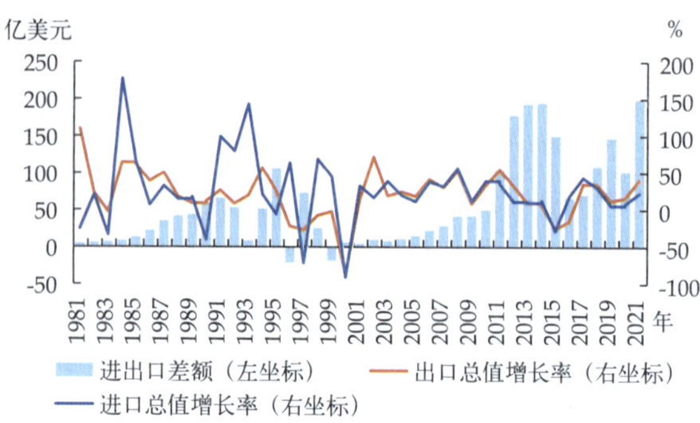

图 9　1981—2021 年湖北省外贸进出口变动情况

（数据来源：湖北省统计局）

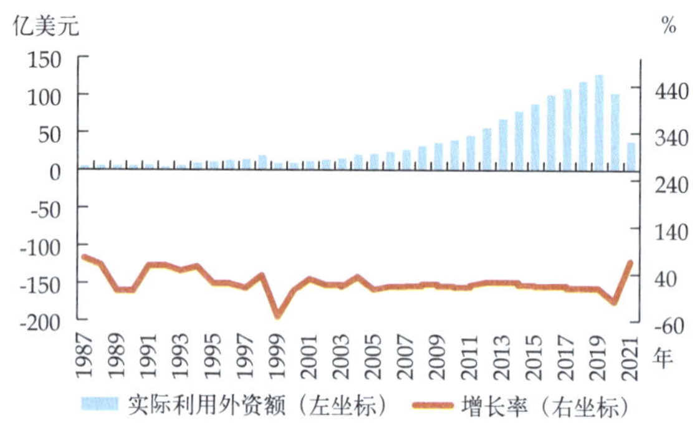

图 10　1987—2021 年湖北省实际利用外资及增长率

（数据来源：湖北省统计局）

（二）三大产业平稳增长，产业结构持续优化

1. 粮食作物产量稳中有升，生猪产能快速恢复。2021 年，全省农林牧渔业增加值 4923.1 亿元，同比增长 11.3%。粮食总产量 2764.3 万吨，同比增长 1.4%，连续九年稳定在 500 亿斤以上。其中夏粮产量 473.4 万吨，同比增长 0.3%；早稻产量 71.4 万吨，同比增长 4.5%；秋粮产量 2219.5 万吨，同比增长 1.5%。蔬菜产量 4299.8 万吨，同比增长 4.4%；园林水果产量 758.2 万吨，同比增长 5.8%。生猪出栏 4115.1 万头，增长 56.4%；牛出栏 105.0 万头，同比增长 3.0%；羊出栏 580.8 万只，同比增长 9.0%。

2. 工业生产平稳发展，高技术制造业较快增长。2021 年，全省规模以上工业增加值同比增长 14.8%，两年平均增长 3.8%。41 个大类行业中 39 个实现正增长，31 个行业保持两位数增长，规模以上工业企业利润同比增长 27.0%。传统行业较快增长，采矿业增加值同比增长 19.0%，制造业同比增长 14.8%，电力、热力、燃气及水生产和供应业同比增长 13.8%。动能转换加快。高技术制造业增加值同比增长 30.2%，两年平均增长 16.4%。从产品产量看，新能源汽车、液晶显示屏、手机和平板电脑产品产量同比分别增长 3.8 倍、2.9 倍、76.2% 和 24.6%。

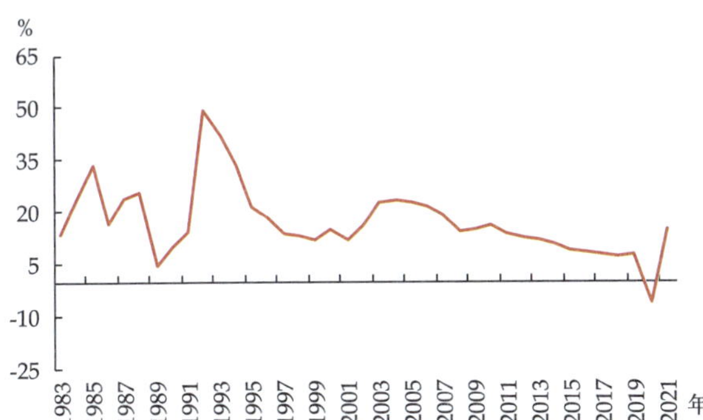

图 11 1983—2021 年湖北省规模以上工业增加值实际增长率

（数据来源：湖北省统计局）

3. 服务业增加值占比提高，产业结构持续优化。2021 年，全省第三产业增加值 26398.4 亿元，同比增长 12.6%，其中，交通运输仓储和邮政业、批发和零售业、住宿和餐饮业、金融业、房地产业、其他服务业增加值分别增长 22.9%、18.3%、19.9%、4.5%、9.3% 和 12.4%。2021 年，全省三大产业结构由 2020 年的 9.5 ：39.2 ：51.3 调整为 9.3 ：37.9 ：52.8，第三产业增加值占比较上年提高 1.5 个百分点。

（三）居民消费价格温和上涨，工业生产者价格涨幅较大

2021 年，全省居民消费价格同比上涨 0.3%，其中，生活用品及服务、交通和通信、教育文化和娱乐、医疗保健消费价格同比分别上涨 0.4%、4%、2.4% 和 0.1%，衣着、居住价格同比持平，食品烟酒、其他用品和服务消费价格同比分别下降 1.5%、2.3%。全省工业生产者出厂价格同比上涨 4.1%，工业生产者购进价格同比上涨 8.5%。

图 12 2003—2021 年湖北居民消费价格指数和工业生产者价格指数变动趋势

（数据来源：湖北省统计局）

（四）财政收入恢复性增长，财政支出有所下降

受上年低基数和经济运行持续恢复影响，2021 年，全省地方一般公共预算收入 3283.3 亿元，同比增长 30.7%。其中，税收收入 2559.7 亿元，同比增长 33.1%。全年地方一般公共预算支出 7937.3 亿元，同比下降 5.9%。财政支出结构改善，民生和公共领域支出占比提高。2021 年，全省民生支出占一般公共预算支出比重达到 79.2%，科学技术、社会保障和就业和教育支出在上年高基数的基础上再分别增长 9.2%、7.1% 和 1.1%。

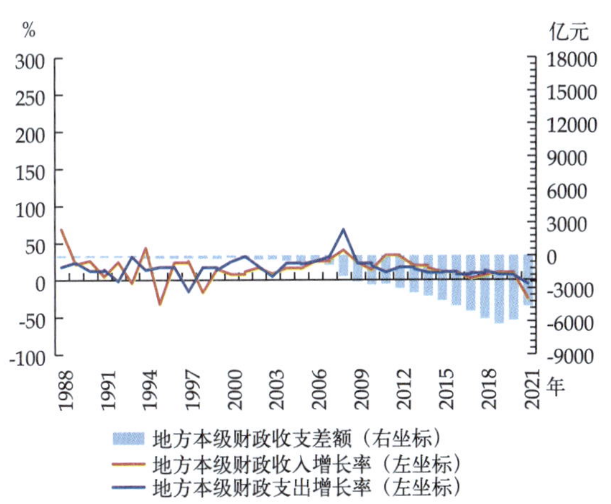

图 13 1988—2021 年湖北省财政收支状况

（数据来源：湖北省统计局）

（五）房地产市场总体平稳，重点城市房价同比涨幅回落

2021年，湖北省房地产运行总体平稳，商品房施工面积同比增长，商品房销售面积和销售额同比增长较快，重点城市房价涨幅回落。

1. 商品房施工面积同比增长，商品房销售面积和销售额增长较快。2021年，全省商品房施工面积37741.4万平方米，较上年同期增长6.6%，增速同比提高1.9个百分点；商品房销售面积7940.8万平方米，同比增长20.5%，增速同比提高43.9个百分点；商品房销售额7250.3亿元，同比增长19.1%，增速同比提高40.6个百分点。

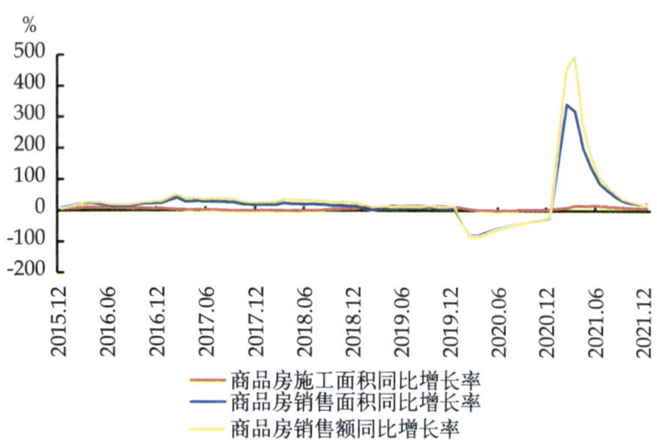

图14　2015—2021年湖北省商品房施工和销售变动趋势

（数据来源：湖北省统计局）

2. 重点城市房价同比涨幅回落。2021年武汉、襄阳和宜昌三市新建住宅销售价格同比均保持正增长，12月末房价同比分别上涨3.7%、1.1%和2.2%，涨幅较上年同期分别下降0.8个、2.9个和0.3个百分点。

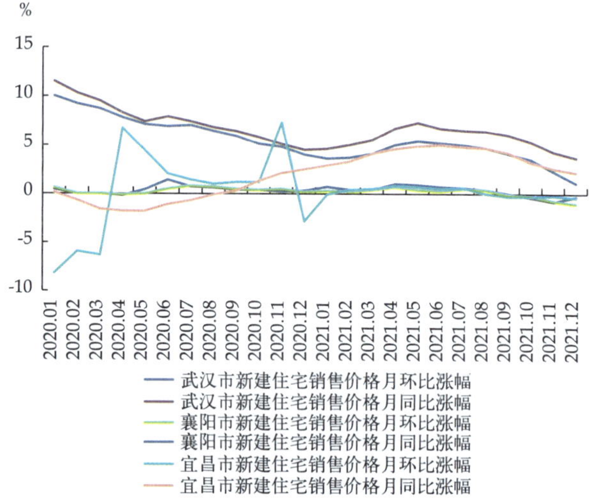

图15　2020—2021年湖北省主要城市新建住宅销售价格变动趋势

（数据来源：湖北省统计局）

专栏2　聚焦“双碳”目标　加快碳金融发展

2021年7月16日，全国碳排放权注册登记结算系统（以下简称中碳登）正式在武汉市上线运行。湖北省围绕贯彻落实碳达峰碳中和工作任务和目标，抢抓中碳登落户武汉的历史机遇，加速推进武汉建设全国碳金融中心，通过完善碳金融基础设施、创新碳金融产品服务、搭建融资服务平台等措施，引导金融要素流入低碳转型与节能减排领域，取得阶段性成效。2021年，湖北省绿色贷款余额7015.3亿元，全年共发行24只总额551亿元绿色债券，设立规模100亿元的“武汉碳达峰基金”和规模100亿元的“碳中和基金”。

一、完善碳金融基础设施

抢抓中碳登落户武汉的历史机遇，推动武汉市打造全国碳金融中心，从完善组织体

系、推进产品创新、健全基础设施、构建政策扶持体系等方面加强顶层设计和规划。初步研究制订《碳金融集聚示范区建设方案》。出台《湖北省绿色征信基本数据项指引》，制定碳减排征信数据标准，为平台对接、碳减排信息共享及应用打下基础，优化企业征信平台，为金融机构开展绿色金融业务提供参考。

二、创新碳金融产品服务

用好碳减排相关支持工具，推动湖北辖内金融机构向其总行报送碳减排贷款。2021年末，湖北碳减排支持工具余额29.2亿元。首笔在中碳登备案的碳排放权质押贷款在湖北落地，宜昌、十堰、神农架等地陆续开展碳排放权抵押贷款、碳林贷等贷款业务，农业银行黄冈市分行创新推出新能源汽车积分收益权质押贷款业务，黄石初步制订《推进碳排放权质押贷款工作具体实施方案》。引导金融机构开展相关业务。指导汉口银行、人保财险等机构加大对绿色企业保证保险贷款业务（以下简称“绿保贷”）的探索推进力度，初步拟订《武汉市首批“绿保贷”业务暨政银战略合作协议签约仪式工作方案》。鼓励企业利用人民银行相关政策，筹措低成本减排资金。三峡集团在银行间市场首批发行“碳中和”债券20亿元。

三、搭建融资服务平台

2020年，人民银行武汉分行会同省发展改革委等4家单位印发了《关于开展湖北省绿色产业项目库建设工作的通知》，湖北省绿色产业项目库暨湖北省绿色金融综合服务平台（以下简称“鄂绿通”）正式上线运营，提供绿色产业项目入库审核、工程咨询、招商引资、银企对接等综合服务。截至2021年末，“鄂绿通”累计征集入驻金融机构24家、行业专家68人，筛选入库绿色低碳项目317个，融资需求总额为823.9亿元。目前，“鄂绿通”已对接促成融资签约项目69个，融资总额765.3亿元。

三、预测与展望

2022年，湖北省经济发展面临多重挑战，外部环境复杂严峻，全省将坚定不移巩固区域经济回稳向好态势，扎实推动经济发展行稳致远。实施创新驱动发展战略，加快新旧动能转换，推进产业转型升级，做大做强现代产业集群。推动“一主两翼、全域协同”的区域发展布局，提升区域竞争力影响力。湖北金融系统将按照中央经济工作会议、人民银行工作会议精神，积极落实稳健货币政策，持续加大对实体经济的支持力度，为促进湖北经济高质量发展营造良好的货币金融环境。保持信贷增长的稳定性，稳步推动信贷结构优化调整，继续引导金融机构向实体经济让利。加大对困难行业和市场主体的支持力度，持续改进中小微企业融资服务。扎实做好两项直达工具的平稳接续，加强支农支小再贷款的运用和管理，持续推动纾解中小微企业融资难融资贵问题。持续防范化解金融风险，确保辖区金融稳定。落实房地产金融政策，支持房地产市场良性循环和健康发展。扎实做好绿色金融工作，落实好碳减排支持工具和支持煤炭清洁高效利用专项再贷款政策。

中国人民银行武汉分行货币政策分析小组

总　　纂：林建华　李　斌

统　　稿：朱　华　阮红新　李　松　胡云飞　吴　莹　石　莉

执　　笔：段　鹏　徐　媛　程文婧　黄　珂

提供材料：董姝圆　胡　青　谢慧敏　程俊义　刘　畅　刘奎宁　曾　妮　刘皓琰　吴　莹（外管）
高晓波　贾　晟　刘　丽　涂德君　王晓羽　袁　征　王一帆　宋一潇

附录：

（一）2021年湖北省经济金融大事记

5月9日，湖北省金融领导小组印发《湖北省缓解中小微企业融资难融资贵信用培植工程方案》，为有前景、有市场、在当地有一定影响的中小微企业纾困解难。

5月25日，长江资本大会暨第十二届中国·武汉金融博览会在武汉成功举办。

6月11日，湖北金融租赁公司与交通银行东京分行首单跨境人民币业务落地，实现跨境融资业务新突破。

6月24日，中国人民银行武汉分行联合相关部门印发《湖北省重点产业链金融链长制工作方案》，保障核心企业及产业链上下游企业融资需求。

6月28日，中国人民银行武汉分行联合湖北省市场监管局印发《湖北省小微企业和个体工商户首次贷款拓展专项行动方案》，进一步贯彻落实“六稳”“六保”政策。

6月28日，由国家制造业转型升级基金与湖北省政府合作发起设立的“湖北高质量发展产业投资基金”在武汉经开区揭牌成立，基金首期规模150亿元。

7月16日，全国碳排放权交易市场正式启动线上交易，全国碳市场首批纳入电力行业重点排放单位2162家，覆盖排放量超过40亿吨，是全球规模最大的碳市场。

9月28日，2021年湖北高质量发展资本大会启幕，湖北省中小企业融资信用平台“鄂融通”正式发布，畅通中小企业融资渠道。

11月2日，湖北省人民政府印发《关于印发纾解全省中小微企业融资难融资贵问题若干措施的通知》，引导更多资金支持中小微企业发展，着力纾解融资难融资贵突出问题，提高市场主体满意度和获得感。

11月30日，湖北成功发放全国首笔新能源汽车积分收益权质押贷款，标志着湖北在碳金融产品创新方面取得新的突破。

（二）2021 年湖北省主要经济金融指标

表 1　2021 年湖北省主要存贷款指标

	项目	1月	2月	3月	4月	5月	6月	7月	8月	9月	10月	11月	12月
本外币	金融机构各项存款余额（亿元）	68518.0	68431.0	70086.0	69245.0	69552.0	70504.0	70177.0	70558.2	71503.0	70851.0	71422.0	72477.0
	其中：住户存款	35200.0	37178.0	37780.0	37185.0	37107.0	37844.0	37446.0	37537.7	38155.0	37847.0	38064.0	38700.0
	非金融企业存款	19304.0	18079.0	18642.0	18291.0	18194.0	18696.0	18193.0	18488.8	18717.0	18050.0	18643.0	19414.0
	各项存款余额比上月增加（亿元）	1890.0	-87.0	1656.0	-841.0	307.0	952.0	-327.0	380.8	945.0	-653.0	571.0	1055.0
	金融机构各项存款同比增长（%）	11.2	10.7	11.5	10.3	9.6	8.9	8.1	7.5	7.6	6.7	7.1	7.9
	金融机构各项贷款余额（亿元）	60825.0	61230.0	62253.0	62260.0	62612.0	63369.0	63678.0	64074.3	64989.0	65005.0	65759.0	67038.0
	其中：短期	10868.5	10932.0	11071.1	10783.8	10753.5	10954.5	10799.3	10833.7	11166.6	11197.9	11385.8	11425.0
	中长期	44153.0	44664.1	45486.6	45801.4	46161.8	46566.0	47084.2	47380.4	47823.2	47843.0	48292.6	48636.4
	票据融资	2960.0	2774.0	2738.0	2695.0	2711.0	2783.0	2741.0	2798.5	2971.0	2954.0	3051.0	3938.0
	各项贷款余额比上月增加（亿元）	1193.0	405.0	1023.0	6.0	352.0	757.0	309.0	396.5	914.0	16.0	754.0	1279.0
	其中：短期	265.5	63.5	139.0	-287.3	-30.3	200.9	-155.1	34.4	332.9	31.3	187.9	39.2
	中长期	940.9	511.1	822.6	314.8	360.4	404.2	518.2	296.2	442.8	19.8	449.6	343.7
	票据融资	-59.0	-186.0	-36.0	-43.0	16.0	72.0	-42.0	57.8	173.0	-17.0	97.0	887.0
	金融机构各项贷款同比增长（%）	13.6	14.4	14.5	13.4	12.9	12.3	12.3	11.5	11.3	10.9	11.2	12.0
	其中：短期	16.1	17.7	15.6	10.8	8.5	6.4	5.3	4.1	4.4	4.3	5.4	5.7
	中长期	12.4	13.9	14.7	14.6	14.6	14.1	14.2	13.8	13.3	12.6	12.7	12.5
	票据融资	15.2	14.9	0.0	-2.5	-2.4	-2.0	0.6	2.1	6.3	11.3	12.0	30.4
	建筑业贷款余额（亿元）	2573.5	2660.0	2720.5	2729.0	2785.1	2861.6	2971.2	3013.3	3104.2	3126.3	3150.6	3117.7
	房地产业贷款余额（亿元）	4803.8	4788.7	4832.3	4835.9	4835.4	4803.4	4763.8	4766.7	4741.6	4689.8	4718.1	4690.5
	建筑业贷款同比增长（%）	2.2	4.8	5.7	5.6	6.7	7.2	10.2	10.0	10.4	13.0	15.2	15.7
	房地产业贷款同比增长（%）	5.8	5.3	4.5	4.4	4.3	2.5	0.1	-0.6	-0.6	-2.2	-0.2	-0.1
人民币	金融机构各项存款余额（亿元）	67683.0	67607.0	69243.0	68429.0	68734.0	69697.0	69363.0	69765.0	70668.0	69970.0	70475.5	71638.0
	其中：住户存款	35029.0	37007.0	37606.0	37014.0	36940.0	37674.0	37276.0	37368.0	37986.0	37680.2	37893.4	38526.0
	非金融企业存款	18842.0	17626.0	18161.0	17827.0	17716.0	18232.0	17722.0	18043.0	18261.0	17572.2	18102.3	18961.9
	各项存款余额比上月增加（亿元）	1837.0	-76.0	1636.0	-814.0	304.0	963.0	-334.0	402.0	903.0	-698.0	505.4	1163.0
	其中：住户存款	1061.0	1977.0	599.0	-592.0	-74.0	734.0	-398.0	93.0	617.0	-306.0	213.2	633.0
	非金融企业存款	327.0	-1216.0	535.0	-334.0	-111.0	516.0	-509.0	321.0	218.0	-689.0	530.1	860.0
	各项存款同比增长（%）	11.1	10.7	11.4	10.2	9.5	8.9	8.1	7.5	7.6	6.7	7.0	8.0
	其中：住户存款	8.5	15.2	14.6	13.7	13.1	13.3	12.8	12.5	12.6	12.5	13.1	13.4
	非金融企业存款	11.3	5.1	4.8	3.0	1.1	1.5	1.8	0.5	-0.4	-3.3	-1.5	-0.6
	金融机构各项贷款余额（亿元）	59405.0	59805.0	60776.0	60813.0	61183.0	61899.0	62209.0	62591.0	63483.0	63521.0	64266.6	65554.0
	其中：个人消费贷款	15458.0	15498.5	15699.0	15843.0	15984.3	16122.4	16222.8	16326.7	16456.1	16518.8	16716.3	16838.4
	票据融资	2960.0	2774.0	2738.0	2695.0	2711.0	2783.0	2741.0	2798.0	2971.0	2954.0	3051.0	3938.0
	各项贷款余额比上月增加（亿元）	1166.0	400.0	970.0	37.0	371.0	716.0	310.0	382.0	892.0	38.0	745.8	1287.0
	其中：个人消费贷款	251.7	40.5	200.5	144.0	141.3	138.0	100.4	103.9	129.4	62.7	197.4	122.1
	票据融资	-59.0	-186.0	-36.0	-43.0	16.0	72.0	-42.0	58.0	173.0	-17.0	97.3	887.0
	金融机构各项贷款同比增长（%）	14.2	15.1	15.0	13.9	13.4	12.6	12.7	11.7	11.5	11.1	11.3	12.1
	其中：个人消费贷款	11.1	12.6	13.7	13.7	13.6	13.0	12.6	12.1	11.5	10.8	10.9	10.7
	票据融资	15.2	14.9	0.0	-2.5	-2.4	-2.0	0.6	2.1	6.3	11.3	12.0	30.4
外币	金融机构外币存款余额（亿美元）	129.0	127.0	128.0	126.0	129.0	125.0	126.0	123.0	129.0	138.0	148.0	132.0
	金融机构外币存款同比增长（%）	22.9	26.7	24.3	23.9	36.8	20.7	11.2	8.8	14.9	15.0	18.8	7.1
	金融机构外币贷款余额（亿美元）	219.0	220.0	225.0	224.0	224.0	227.0	227.0	229.0	232.2	232.0	234.0	233.0
	金融机构外币贷款同比增长（%）	-2.1	1.1	4.8	6.1	8.1	8.8	7.8	7.9	9.6	8.2	10.1	9.1

数据来源：中国人民银行武汉分行。

表 2 2001—2021 年湖北省各类价格指数

单位：%

时间		居民消费价格指数		农业生产资料价格指数		工业生产者购进价格指数		工业生产者出厂价格指数	
		当月同比	累计同比	当月同比	累计同比	当月同比	累计同比	当月同比	累计同比
2001		—	2.1	—	-2.2	—	0.2	—	0.4
2002		—	-0.3	—	4.1	—	-0.9	—	-2.3
2003		—	1.7	—	0.8	—	1.6	—	0.5
2004		—	4.9	—	10.9	—	10.3	—	5.4
2005		—	1.7	—	7.2	—	9.3	—	4.0
2006		—	2.3	—	3.3	—	4.3	—	1.9
2007		—	5.9	—	9.0	—	5.7	—	3.9
2008		—	5.1	—	16.6	—	12.4	—	9.3
2009		—	0.8	—	1.2	—	-4.7	—	-3.5
2010		—	3.2	—	3.6	—	6.1	—	5.0
2011		—	5.3	—	12.4	—	12.6	—	7.3
2012		—	2.5	—	4.7	—	0.0	—	-1.4
2013		—	2.8	—	1.4	—	-0.8	—	-1.3
2014		—	1.6	—	-1.2	—	-1.3	—	-1.3
2015		—	1.5	—	1.5	—	-3.3	—	-3.6
2016		—	1.9	—	3.7	—	-1.2	—	-1.1
2017		—	1.4	—	-0.2	—	8.3	—	6.5
2018		—	1.7	—	1.8	—	5.3	—	3.6
2019		—	3.2	—	9.0	—	0.6	—	0.4
2020		—		—		—		—	
2021		—		—		—		—	
2020	1	6.0	6.0	5.8	5.8	1.0	1.4	0.1	0.2
	2	6.4	6.4	5.6	5.8	1.4	1.4	0.2	0.2
	3	6.3	6.1	6.4	6.0	-0.3	0.5	-0.2	0.0
	4	4.3	5.7	6.4	6.1	-3.3	-0.4	-1.5	-0.4
	5	2.4	5.0	6.0	6.1	-4.4	-1.2	-1.9	-0.7
	6	2.2	4.5	7.7	6.4	-3.9	1.7	-1.6	-0.8
	7	3.3	4.4	9.7	6.8	-2.2	-2.2	-1.4	-1.7
	8	2.8	4.2	9.4	7.2	-1.6	-1.7	-1.1	-0.9
	9	1.4	3.8	8.1	7.3	-1.7	-1.7	-1.2	-1.0
	10	0.0	3.4	4.9	7.0	-1.7	-1.7	-1.4	-1.0
	11	-1.1	3.0	3.5	6.7	-1.6	-1.7	-1.1	-1.0
	12	-0.2	2.7	3.1	6.4	-0.6	-1.6	-0.4	-0.9
2021	1	—	—	—	—	—	—	—	—
	2	-1.8	-1.5	—	—	0.4	0.2	0.5	0.3
	3	-1.6	-1.5	—	—	2.6	1.0	1.7	0.7
	4	-0.4	-1.2	—	—	5.7	2.2	3.0	1.3
	5	1.0	-0.8	—	—	8.6	3.4	4.0	1.8
	6	1.1	-0.5	—	—	9.3	4.4	4.3	2.2
	7	0.6	-0.3	—	—	9.4	5.1	4.8	2.6
	8	0.6	-0.2	—	—	11.1	5.8	4.9	2.9
	9	0.7	-0.1	—	—	10.8	6.4	5.6	3.2
	10	1.4	0.0	—	—	3.7	7.1	6.9	3.6
	11	2.2	0.2	—	—	5.4	7.9	7.3	3.9
	12	1.5	0.3	—	—	15.3	8.5	6.8	4.1

数据来源：《中国经济景气月报》。

表 3　2021 年湖北省主要经济指标

项目	1 月	2 月	3 月	4 月	5 月	6 月	7 月	8 月	9 月	10 月	11 月	12 月
	绝对值（自年初累计）											
地区生产总值（亿元）	—	—	9872.7	—	—	22777.7	—	—	34731.6	—	—	50012.9
第一产业	—	—	775.8	—	—	1562.3	—	—	3298.5	—	—	4661.7
第二产业	—	—	4092.1	—	—	9445.7	—	—	13971.3	—	—	18952.9
第三产业	—	—	5004.7	—	—	11769.7	—	—	17461.8	—	—	26398.4
工业增加值（亿元）	—	—	—	—	—	—	—	—	—	—	—	—
固定资产投资（亿元）	—	—	—	—	—	—	—	—	—	—	—	—
房地产开发投资	—	—	—	—	—	—	—	—	—	—	—	—
社会消费品零售总额（亿元）	—	3276.1	4782.8	6199.2	7736.1	9498.9	11138.9	12655.3	13494.4	16536.9	18861.9	21561.4
外贸进出口总额（亿元）	—	783.8	1174.6	1592.4	2020.4	2448.6	2873.9	3335.7	3839.7	4334.3	4861.5	5374.4
进口	—	316.0	477.8	610.3	776.0	933.1	1073.5	1226.7	1407.9	1562.5	1730.0	1865.1
出口	—	467.8	696.8	982.1	1244.4	1515.5	1800.4	2109.0	2431.8	2771.8	3131.5	3509.3
进出口差额（出口－进口）	—	151.8	219.0	371.8	468.4	582.4	726.9	882.3	1023.9	1209.3	1401.5	1644.2
实际利用外资（亿美元）	—	15.8	30.9	40.9	56.7	75.0	82.8	93.6	107.1	116.0	121.7	124.6
地方财政收支差额（亿元）	—	-770.6	-1119.5	-1390.0	-1653.1	-2072.4	-2223.5	-2546.9	-2927.4	-3098.4	-3684.8	-4654.0
地方财政收入	—	786.6	1050.0	1375.0	1680.2	1999.9	2332.0	2509.9	2712.6	2938.3	3058.4	3283.3
地方财政支出	—	1557.1	2169.5	2765.0	3333.4	4072.3	4555.6	5056.7	5640.0	6036.7	6743.2	7937.3
城镇登记失业率（%）（季度）	—	—	3.5	—	—	3.2	—	—	3.1	—	—	3.0
	同比累计增长率（%）											
地区生产总值	—	—	58.3	—	—	28.5	—	—	18.7	—	—	12.9
第一产业	—	—	24.9	—	—	17.6	—	—	12.3	—	—	11.1
第二产业	—	—	88.9	—	—	35.9	—	—	19.0	—	—	13.6
第三产业	—	—	45.7	—	—	24.7	—	—	19.7	—	—	12.6
工业增加值	—	99.2	96.0	62.1	45.9	34.9	28.2	21.6	17.3	15.7	15.2	14.8
固定资产投资	—	245.8	284.8	172.0	121.4	83.6	65.2	45.3	32.5	26.4	23.3	20.4
房地产开发投资	—	274.2	291.3	136.1	104.8	83.4	70.0	55.6	42.0	34.0	30.1	25.2
社会消费品零售总额	—	55.5	62.7	50.5	40.4	34.5	29.9	24.8	22.0	20.4	20.1	19.9
外贸进出口总额	—	82.5	88.1	68.8	54.8	46.9	39.5	35.3	31.9	27.6	26.0	24.8
进口	—	58.7	56.1	40.3	39.7	36.3	29.4	25.8	23.2	19.1	18.5	16.3
出口	—	103.2	118.8	93.2	66.0	54.2	46.3	41.5	37.5	32.9	30.6	29.9
实际利用外资	—	1580.5	2563.4	1843.0	769.5	283.5	120.3	70.1	58.8	47.1	35.2	20.3
地方财政收入	—	61.8	93.6	81.3	77.6	65.4	52.8	44.8	39.4	34.4	31.2	30.7
地方财政支出	—	63.8	39.5	22.6	19.5	14.9	8.3	4.7	1.2	-1.1	-0.6	-6.0

数据来源：湖北省统计局。

湖南省金融运行报告（2022）

中国人民银行长沙中心支行货币政策分析小组

［内容摘要］2021 年，湖南省以习近平新时代中国特色社会主义思想为指导，坚持稳中求进工作总基调，全面落实“三高四新”①战略定位和使命任务，统筹疫情防控和经济社会发展，积极应对各种风险挑战，经济实现稳中有进、稳中提质。全年实现地区生产总值 46063.1 亿元，同比增长 7.7%，两年平均增长 5.7%。

经济形势稳中向好，需求逐步恢复。一是投资保持稳定增长，消费市场持续恢复，开放型经济稳中有进。2021 年，湖南省固定资产投资同比增长 8.0%，两年平均增长 7.8%，民间投资拉动全部投资增长 5.9 个百分点，高技术产业投资增速比全部投资快 7.6 个百分点；全年实现社会消费品零售总额 18596.9 亿元，同比增长 14.4%，其中，限额以上批发零售、住宿餐饮业单位实现零售额同比增长 14.5%，在互联网销售持续增长带动下，全年快递业务量增长 34.4%；进出口总额 5988.6 亿元，同比增长 22.6%，其中，出口额和进口额分别增长 27.5% 和 12.3%，民营企业进出口额占全省进出口总额比重达 77.6%。二是三次产业结构持续优化，发展新动能强劲。2021 年，湖南省农林牧渔业增加值同比增长 9.2%，两年平均增长 6.5%，农业生产总体平稳，粮食生产再获丰收；规模以上工业增加值增长 8.4%，两年平均增长 6.6%，装备制造业增加值同比增长 13.7%，高技术制造业增加值同比增长 21.0%，电子和新兴产品产量快速增长，规模以上工业产品中，移动通信基站设备、新能源汽车、集成电路、智能手环和锂离子电池产量分别增长 300.0%、110.0%、65.3%、60.4% 和 53.9%；服务业延续恢复态势，行业经营情况持续好转，2021 年全省第三产业增加值 23614.1 亿元，同比增长 7.9%，两年平均增长 5.5%，全年规模以上服务业企业营业收入同比增长 17.6%，利润总额同比增长 41.7%。三是居民消费价格小幅上涨，工业生产者价格涨幅有所扩大。2021 年，全省居民消费价格比 2020 年上涨 0.5%，其中，交通通信、居住、教育文化娱乐、医疗保健、衣着、生活用品及服务价格同比均有所上涨；全年工业生产者出厂价格指数累计上涨 5.9%，涨幅比 2020 年有所扩大。四是财政收入保持稳定，民生保障有力有效。2021 年，湖南省地方一般公共预算收入 3250.7 亿元，同比增长 8.0%，全省一般公共预算支出 8364.8 亿元，同口径增长 3.4%，其中民生支出占比保持 70% 以上。

金融运行总体平稳，重点领域金融支持力度持续加大。一是银行业平稳发展，聚焦重点领域加大金融支持。2021 年末，湖南省银行业金融机构总资产 8.0 万亿元，同比增长 9.9%。本外币各项贷款余额 55845.0 亿元，同比增长 13.0%；信贷结构进一步优化，普惠领域贷款保持同比多增，全年全省涉农贷款、民营企业贷款和普惠口径小微企业贷款同比分别多增 89.4 亿元、38.8 亿元和 162.2 亿元，制造业贷款保持较快增长，其中制造业中长期贷款增长 44.8%；贷款利率稳中有降，全年全省企业贷款加权平均利率为 4.80%，较 2020 年下降 6 个基点；资

① “三高四新”：“三个高地”是指着力打造国家重要先进制造业高地、具有核心竞争力的科技创新高地、内陆地区改革开放高地，“四新”使命是指在推动高质量发展上闯出新路子、在构建新发展格局中展现新作为、在推动中部地区崛起和长江经济带发展中彰显新担当、奋力谱写新时代坚持和发展中国特色社会主义的湖南新篇章。

产质量稳中向好，2021年末全省银行业金融机构不良贷款率1.23%，较年初下降0.11个百分点。二是证券保险平稳运行，市场结构逐步完善。2021年末，湖南省境内上市公司131家，比2020年末增加14家，其中主板、创业板、科创板和北交所上市公司数分别为86家、31家、12家和2家；保险业务规模增长趋缓，全年全省保险业保费收入1508.8亿元，同比增长4.8%，增速较2020年下降3.6个百分点，累计赔付支出528.9亿元，同比增长11.3%。三是社会融资规模平稳增长，银行间市场融资创新成效明显。2021年，湖南省社会融资规模新增10461.1亿元；债券发行规模继续扩大，2021年，湖南省发行金融债券139.3亿元，其中，发行绿色金融债券、小微金融债券和二级资本债券分别为50亿元、20亿元和29.3亿元，有力提升了地方法人金融机构服务实体经济和抵御风险的能力。四是金融基础设施建设持续推进，金融生态环境进一步优化。支付服务民生发展力度加大，全年全省新增支付系统参与者161家，支付系统处理业务笔数和金额同比分别增长11.3%和7.5%，推动全省204家银行机构和37家支付机构实现支付手续费降费让利逾亿元；征信赋能普惠金融持续推进，在全国首批实现银联云闪付个人信用报告查询和企业信用报告自助查询，累计设立信用报告自助查询网点395个；金融消费权益保护扎实有序开展，畅通“12363”咨询服务热线，推进湖南区域金融消费权益保护环境评估工作，开展“3•15消费者权益日”“6月守住钱袋子”“9月金融知识普及月”等集中宣传活动，全力提升全省消费者金融素养。

展望2022年，总体来看，湖南省经济发展的势头依然向好。从国内来看，我国作为具有强劲韧性的超大体量的新兴经济体，经济长期向好的基本面没有变，发展潜力大、回旋空间广，市场主体活力充足，经济保持较好发展态势，发展韧性持续显现。从省内来看，湖南省第十二次党代会的胜利召开为全省发展营造了良好氛围，随着“三高四新”“创新引领开放崛起”等战略的推进实施，工程机械、轨道交通、航空航天等一批重点产业蓬勃发展，市场主体巩固壮大，发展新动能持续发力。但是也要看到，世界百年未有之大变局和新冠肺炎疫情全球大流行交织影响，国际环境更趋复杂严峻，国内经济发展面临需求收缩、供给冲击、预期转弱三重压力。省内经济发展自身的阶段性、结构性矛盾叠加部分行业周期性影响，经济恢复性增长压力有所加大。

2022年，湖南省金融系统将坚持以习近平新时代中国特色社会主义思想为指导，深入贯彻党的十九大、十九届历次全会和中央经济工作会议精神，深入贯彻习近平总书记对湖南重要讲话重要指示批示精神，坚持稳中求进工作总基调，贯彻落实稳健货币政策灵活适度的要求，精准加大重点领域和薄弱环节金融支持力度，持续防范化解金融风险，深化金融改革，为加快建设社会主义现代化新湖南营造良好金融环境。

一、金融运行情况

2021年，湖南省金融运行总体平稳，贷款较快增长，重点领域金融支持力度加大，信贷结构进一步优化，多层次资本市场加快发展，保险保障功能日益增强，社会融资规模平稳增长，金融基础设施建设持续推进。

（一）银行业平稳发展，重点领域金融支持力度加大

1. 银行业资产负债增长平稳。2021年末，湖南省银行业金融机构营业网点个数9778个，从业人员13.0万人；银行业金融机构总资产、总负债分别为8.0万亿元和7.7万亿元，同比分

别增长 9.9% 和 9.5%；全年累计利润为 816.2 亿元，同比增长 3.4%。

表 1　2021 年湖南省银行业金融机构情况

机构类别	营业网点			法人机构（个）
	机构个数（个）	从业人数（人）	资产总额（亿元）	
一、大型商业银行	2447	47960	26948.2	0
二、国家开发银行和政策性银行	117	2901	8532.9	0
三、股份制商业银行	380	10702	8015.9	0
四、城市商业银行	597	8161	12854.6	2
五、城市信用社	0	0	0.0	0
六、小型农村金融机构	3956	39320	14640.4	103
七、财务公司	5	155	688.2	4
八、信托公司	1	191	101.9	1
九、邮政储蓄银行	2080	17153	6218.5	0
十、外资银行	6	110	72.8	0
十一、新型农村金融机构	182	2640	720.1	73
十二、其他	7	1082	898.3	3
合　计	9778	130375	79691.8	186

数据来源：湖南银保监局。

注：营业网点不包括国家开发银行和政策性银行、大型商业银行、股份制银行等金融机构总部数据；大型商业银行包括中国工商银行、中国农业银行、中国银行、中国建设银行和交通银行；小型农村金融机构包括农村商业银行、农村合作银行和农村信用社；新型农村金融机构包括村镇银行；其他包括民营银行、汽车金融公司、消费金融公司、资产管理公司等。

2. 各项存款增速平稳，新增存款同比少增。 2021 年末，湖南省金融机构本外币各项存款余额 62891.0 亿元，同比增长 8.6%，全年存款增速呈现前高后稳、逐步回升态势。全年新增存款 4979.0 亿元，同比少增 272.6 亿元。其中，住户存款新增 3662.3 亿元，同比多增 203.5 亿元；非金融企业存款新增 362.5 亿元，同比少增 48.3 亿元；财政性存款新增 72.4 亿元，同比少增 81.0 亿元；机关团体存款新增 349.7 亿元，同比少增 423.4 亿元；非银行业金融机构存款新增 514.7 亿元，同比多增 71.4 亿元。

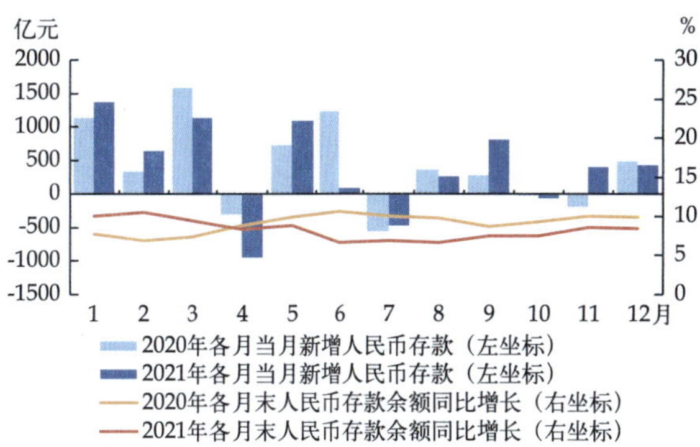

图 1　2020—2021 年湖南省金融机构人民币存款增长变化

（数据来源：中国人民银行长沙中心支行）

3. 各项贷款保持较快增长。 2021 年末，湖南省金融机构本外币各项贷款余额 55845.0 亿元，同比增长 13.0%，高于全国增速 1.7 个百分点。全年新增贷款 6442.2 亿元，同比少增 545.2 亿元。分期限看，短期贷款新增 1076.4 亿元，同比少增 399.6 亿元；中长期贷款新增 4867.3 亿元，同比少增 543.0 亿元；票据融资新增 428.9 亿元，同比多增 271.7 亿元。

聚焦重点领域加大金融支持，信贷结构进一步优化。 普惠领域贷款保持同比多增。2021 年，全省涉农贷款新增 2083.4 亿元，同比多增 89.4 亿元；民营企业贷款新增 1536.3 亿元，同比多增 38.8 亿元；普惠口径小微企业贷款新增 933.9 亿元，同比多增 162.2 亿元。制造业贷款增速较快，其中制造业中长期贷款增长 44.8%。绿色贷款较快增长，2021 年，全省绿色贷款新增 971.5 亿元。

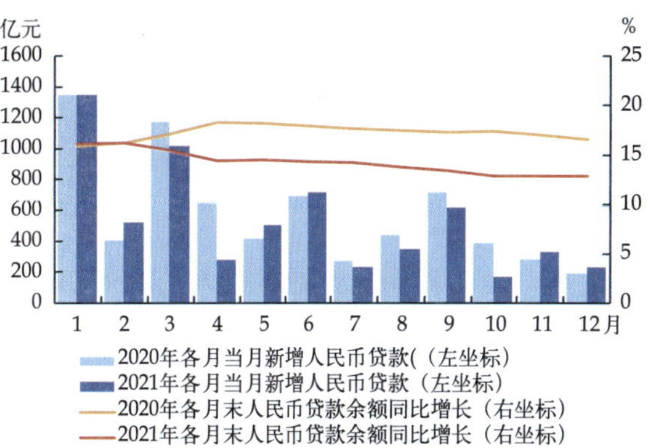

图 2　2020—2021 年湖南省金融机构人民币贷款增长变化

（数据来源：中国人民银行长沙中心支行）

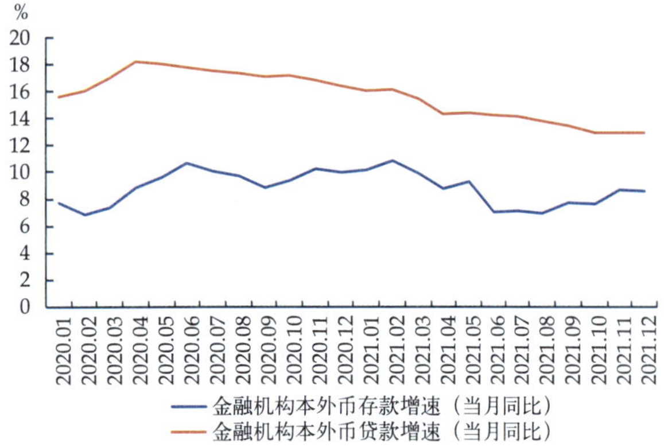

图 3　2020—2021 年湖南省金融机构本外币存贷款增速变化

（数据来源：中国人民银行长沙中心支行）

4.LPR 运用不断深化，贷款利率稳中有降。 2021 年，湖南省新发放人民币贷款加权平均利率为 5.07%，较 2020 年下降 41 个基点。其中，新发放企业贷款加权平均利率为 4.80%，较 2020 年下降 6 个基点；新发放小微企业贷款加权平均利率为 5.11%，较 2020 年下降 18 个基点；票据融资加权平均利率为 2.66%，较 2020 年下降 25 个基点。2021 年，湖南省定期存款加权平均利率为 2.48%，较存款利率自律上限优化前下降 5 个基点。持续深化 LPR 运用，2021 年末，全省将 LPR 内嵌入 FTP 机制的法人机构占已构建 FTP 机构的 75.2%，较 2020 年同期提高 10.8 个百分点。

5. 银行业机构资产质量稳中向好。 2021 年末，湖南省银行业金融机构不良贷款余额 690.6 亿元，较年初增加 23.7 亿元，不良贷款率 1.23%，较年初下降 0.11 个百分点，资产质量整体有所改善。地方法人银行资本充足率 13.5%，流动性比率 74.9%。

表 2　2021 年湖南省金融机构人民币贷款各利率区间占比

单位：%

项目		1 月	2 月	3 月	4 月	5 月	6 月
合计		100.0	100.0	100.0	100.0	100.0	100.0
LPR 减点		12.6	12.5	9.2	13.3	14.1	13.7
LPR		7.4	7.0	7.6	6.8	7.0	8.5
LPR 加点	小计	80.0	80.5	83.2	79.9	78.9	77.8
	(LPR，LPR+0.5%)	14.2	12.8	15.0	13.3	13.9	14.3
	[LPR+0.5%，LPR+1.5%)	26.8	25.8	26.7	23.2	22.9	24.2
	[LPR+1.5%，LPR+3%)	17.1	14.9	17.5	16.2	15.5	16.3
	[LPR+3%，LPR+5%)	12.5	15.5	13.5	15.0	14.6	13.5
	LPR+5% 及以上	9.4	11.5	10.5	12.2	12.0	9.5
项目		7 月	8 月	9 月	10 月	11 月	12 月
合计		100.0	100.0	100.0	100.0	100.0	100.0
LPR 减点		14.5	15.1	15.4	15.8	21.5	15.7
LPR		4.8	5.4	6.4	7.0	5.2	5.1
LPR 加点	小计	80.7	79.5	78.2	77.2	73.3	79.2
	(LPR，LPR+0.5%)	12.1	12.5	14.3	13.1	10.8	13.9
	[LPR+0.5%，LPR+1.5%)	24.4	21.8	23.4	20.4	21.0	22.5
	[LPR+1.5%，LPR+3%)	16.3	16.5	15.3	14.9	15.4	19.2
	[LPR+3%，LPR+5%)	15.5	16.5	14.7	15.4	15.0	15.8
	LPR+5% 及以上	12.4	12.2	10.5	13.4	11.1	7.8

数据来源：中国人民银行长沙中心支行。

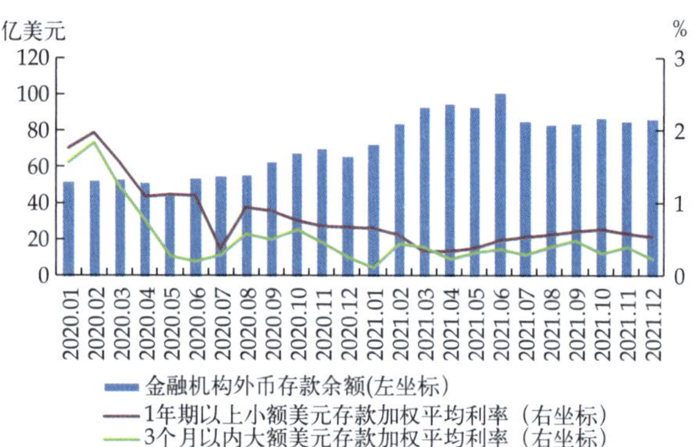

图 4　2020—2021 年湖南省金融机构外币存款余额及外币存款利率

（数据来源：中国人民银行长沙中心支行）

6. 跨境人民币结算较快增长，服务开放型经济质效进一步提升。 2021 年，湖南省共计办理跨境人民币业务 848.2 亿元，同比增长 23.8%，占同期全省本外币跨境收支总额的 17.7%，较 2020 年提高 1.2 个百分点。其中，经常项下收付 439.3 亿元，同比增长 19.2%；资本项下收付 408.9 亿元，同比增长 29.2%。2021 年末，省内跨国企业集团已建立跨境双向人民币资金池10个，全年资金池资金跨境流入134.2亿元，流出102.6亿元。积极支持省内优势企业走出去，发放境外项目人民币贷款1.5亿元。帮助企业充分利用境内境外两个市场、两种资源，人民币跨境融资流入28.7亿元，加权平均利率3.6%，与2020年基本持平。

专栏1 湖南创新推进供应链金融 助力产业链稳定循环和中小微企业发展

一、主要做法

出台区域性供应链金融支持政策。经省人民政府同意，2021年4月，人民银行长沙中心支行牵头13个部门联合印发《关于促进湖南省供应链金融规范发展的若干措施》，对货币政策工具激励、财税专项奖补、核心企业信用风险防范等多个方面提出了明确的政策支持及要求。

建立并发布核心企业名录。结合全省22条产业链，对链条企业进行摸排筛选，建立省级供应链金融核心企业名单，先后两批近600家，并向社会各界发布。同时，围绕核心企业名录，推动银企高效对接，加强合作。

加大货币政策工具专项支持。安排“湖南省工业新兴优势产业链融资再贷款再贴现专项支持资金”100亿元，对供应链金融业务效果较好的银行机构，开辟绿色通道、优先满足再贷款再贴现额度，推动银行提升供应链金融服务能力。

推行产业链主办行制度。基于银企、银链合作情况，确定全省产业链“一链一行”主办行，推行主办行制度，要求主办行构建“一链一策”供应链金融专精服务。

加强培训宣传。举办全省供应链金融专题培训，对金融机构、企业等进行专业辅导。通过《湖南日报》行长专访、省政府新闻发布会、《湖南经视》直播访谈、官微专栏等方式，广泛开展宣传，形成良好工作氛围。

二、主要成效

产业链供应链金融“五专服务”普及。各主办行均成立了由行长负责的供应链金融工作专班，单列产业链专项信贷规模，实施专门的FTP定价优惠，运用供应链金融场景定制专属信贷产品，实行专门的内部考核激励。

供应链金融业务模式不断创新。供应链票据业务快速落地。银行机构与第三方供应链平台合作更加畅通，支持核心企业线上签发供应链票据、办理贴现，全省共签发供应链票据9笔、金额2994.2万元，办理供应链票据贴现598万元，加权贴现利率3.71%。应收账款质押融资不断丰富。16家银行机构与政府采购系统、中征应收账款融资服务平台实现系统对接，通过“政采贷”支持154家中小微企业融资5.2亿元。依托陶瓷产业链“土地流转＋产业基金担保＋应收账款质押”的供应链生态场景，创新推出“陶瓷贷”，累计支持94家企业融资6.9亿元。仓单、存货、设备等动产融资取得突破。银行机构基于订单合同、仓储物流等信息开展授信，与物流平台合作支持企业利用仓单、存货融资，创新推出“融易通”业务，支持15家硬质合金企业获得贷款3亿元。同时，通过动产融资统一登记系统办理设备抵押登记，支持多家企业利用设备质押融资5648万元，有效盘活了企业的闲置动产资源。

支持中小微企业成效凸显。融资金额、户数快速增长。通过供应链金融将核心企业信用传递至整个链条，大幅提升了链属中小微企业融资可得性，2021年，全省中小微企业通过供应链金融实现融资2379.5亿元，同比增长139.6%；获得融资的中小微企业户数2.5万家，同比增长90.6%。融资占比持续提高。2021年末，全省供应链融资余额突破

5000亿元，其中，链属中小微企业融资余额占比达46.1%，同比提高18.6个百分点。融资成本稳中有降。据测算，链属中小微企业通过供应链金融实现融资的利率比全省中小微企业贷款利率低82个基点，比全国企业贷款利率低33个基点。

下一步，人民银行长沙中心支行将紧跟湖南省产业链发展规划，持续深入推进供应链金融，引导金融资源向产业链供应链聚集，为打造先进制造业高地、提升产业链竞争力、支持中小微企业发展提供更有力的金融支撑。

（二）证券期货业稳健运行，市场结构不断优化

1. 多层次资本市场加快发展，市场结构逐步完善。2021年末，湖南省境内上市公司131家，比2020年末增加14家，其中主板、创业板、科创板和北交所上市公司数分别为86家、31家、12家和2家；三板、四板市场稳步发展，湖南省共有新三板挂牌企业133家，湖南股权交易所挂牌企业934家。

2. 证券机构网点数量增加，经营效益持续提升。2021年末，湖南省辖内法人证券公司3家，下设营业部584家，较2020年末增加49家；非法人证券公司在湘设营业部439家，较2020年末新增3家。全年共实现利润58.7亿元。

表3　2021年湖南省证券业基本情况

项目	数量
总部设在辖内的证券公司数（家）	3
总部设在辖内的基金公司数（家）	0
总部设在辖内的期货公司数（家）	2
年末国内上市公司数（家）	131
当年国内股票（A股）筹资（亿元）	654.0
当年发行H股筹资（亿元）	0
当年国内债券筹资（亿元）	8389.8
其中：短期融资券筹资额（亿元）	480.8
中期票据筹资额（亿元）	836.0

数据来源：湖南证监局。

3. 期货公司资产负债同比增长，营收增长保持相对平稳。2021年末，湖南省法人期货公司2家，比年初减少1家，两家法人期货公司资产总额73.8亿元，同比增长33.2%，全年累计实现营业收入4.1亿元，累计实现净利润4289.6万元。

（三）保险业务规模增长趋缓，保障功能持续发挥

1. 保险业务规模增长趋缓。2021年末，湖南省共有法人保险公司1家；省级保险分公司59家，其中财产险公司24家、人身险公司35家，较2020年末新增1家人身险公司；全年保险业保费收入1508.8亿元，同比增长4.8%，增速较2020年下降3.6个百分点；其中财产险保费收入同比下降3.2%，人身险保费收入同比增长8.0%，累计赔付支出528.9亿元，同比增长11.3%。

2. 经济社会保障功能持续发挥。2021年，湖南省保险业共提供各类风险保障204.7万亿元，同比增长10.6%，其中，提供财产风险保障65.1万亿元，人身风险保障139.6万亿元。全年为2.1万家次科技企业提供风险保障2328.6亿元，为887家次企业提供环境污染责任保险风险保障34.4亿元。全年农业保险金额1860.0亿元，同比增长13.2%，赔付支出35.7亿元，同比增长13.7%，受益农户102.9万户次，同比增长11.0%，农险“扩面、增品、提标”成效显著。

表 4　2021 年湖南省保险业基本情况

项目	数量
总部设在辖内的保险公司数（家）	1
其中：财产险经营主体（家）	0
寿险经营主体（家）	1
保险公司分支机构（家）	59
其中：财产险公司分支机构（家）	24
寿险公司分支机构（家）	35
保费收入（中外资，亿元）	1508.8
其中：财产险保费收入（中外资，亿元）	391.3
人身险保费收入（中外资，亿元）	1117.5
各类赔款给付（中外资，亿元）	528.9

数据来源：湖南银保监局。

（四）社会融资规模平稳增长，银行间市场融资创新成效明显

1. 社会融资规模平稳增长。2021 年，湖南省社会融资规模新增 10461.1 亿元，同比少增 318.3 亿元。其中，人民币贷款新增 6313.4 亿元，同比少增 714.5 亿元；企业债券净融资 1364.1 亿元，同比少增 206.5 元；政府债券净融资 1820.8 亿元，同比多增 184 亿元；非金融企业境内股票融资 600.1 亿元，同比多增 444.4 亿元。

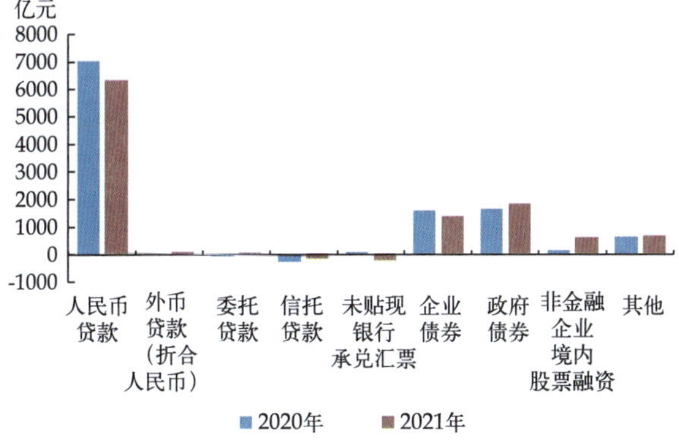

图 5　2020 年和 2021 年湖南省社会融资规模分布结构

（数据来源：中国人民银行长沙中心支行）

2. 债券发行规模继续扩大，公司信用类债券同比多发。2021 年，湖南省发行金融债券 139.3 亿元，平均发行利率 3.51%，比 2020 年下降 67 个基点，发行主体增至 12 家地方法人金融机构，覆盖 6 个市州。其中，发行绿色金融债券 50 亿元、小微金融债券 20 亿元、二级资本债券 29.3 亿元，有力提升了地方法人金融机构服务实体经济和抵御风险的能力。公司信用类债券同比多发，2021 年湖南省发行公司信用类债券 3786.5 亿元，同比多发 608.5 亿元，其中非金融企业债务融资工具发行规模占比 58.3%。

3. 货币市场业务保持稳步增长，利率有所回升。2021 年，湖南省辖内地方法人金融机构同业拆借交易规模 2.0 万亿元，同比增长 10.1%；债券回购交易规模 28.4 万亿元，同比增长 10.7%。利率有所上升，全年同业拆借、债券回购加权平均利率分别为 2.09% 和 2.03%，同比分别增长 37 个和 36 个基点。

表 5　2021 年湖南省金融机构票据业务量统计

单位：亿元

季度	银行承兑汇票承兑		贴现			
			银行承兑汇票		商业承兑汇票	
	余额	累计发生额	余额	累计发生额	余额	累计发生额
1	1879.2	796.9	1432.2	2101.0	195.7	198.4
2	2011.1	1732.1	1618.0	4430.3	168.4	401.5
3	2029.0	2509.4	1878.6	6670.0	150.1	543.4
4	2096.6	3424.6	1989.4	9103.4	156.6	675.0

数据来源：中国人民银行长沙中心支行。

表 6　2021 年湖南省金融机构票据贴现、转贴现利率

单位：%

季度	贴现		转贴现	
	银行承兑汇票	商业承兑汇票	票据买断	票据回购
1	3.36	4.22	4.36	1.97
2	2.88	4.02	3.54	2.29
3	2.48	4.05	2.91	2.00
4	2.21	4.10	2.84	2.22

数据来源：中国人民银行长沙中心支行。

（五）金融基础设施建设持续推进，金融生态环境进一步优化

1. 支付服务民生发展力度加大。2021 年，湖南省支付清算系统安全稳定运行，新增支付系统参与者 161 家，支付系统处理业务笔数和金额同比分别增长 11.3% 和 7.5%。全面落实支付手续费降费让利，全省 204 家银行机构和 37 家支付机构降费让利逾亿元。推出针对小微企业、流动就业群体、高校毕业生等主体的账户服务优化系列举措，落实账户分类分级管理要求，全面提升账户服务质效，助力营商环境改善。持续加强农村支付服务环境建设，推动全省 3.2 万余个助农取款服务点入驻村级党政群服务中心，打造智慧村务综合服务平台。深入推进移动支付便民工程，积极推动移动支付下沉县乡，实现移动支付在全省百姓衣食住行的全覆盖。

2. 征信赋能普惠金融持续推进。不断优化和拓宽征信查询渠道，在全国首批实现银联云闪付个人信用报告查询和自助企业信用报告查询，累计设立信用报告自助查询网点 395 个。2021 年末，金融信用信息基础数据库共收录全省 112.2 万户企业及其他组织信息，接入机构 162 家，全年累计提供企业信用信息查询 54.7 万次，同比增长 49%。稳步推进农村信用体系建设，建立健全并探索应用新型农业经营主体指标体系，2021 年末，全省累计为 751.8 万农户和 3.9 万个新型农业经营主体建立信用档案，累计助力 164.9 万农户和 1.9 万个新型农业经营主体获得贷款。

3. 金融消费权益保护扎实有序开展。畅通“12363”咨询服务热线，增加“12363”咨询电话一键转接业务处室功能，一站式受理群众来电咨询。开展“中国金融消费纠纷调解网”和“人民法院调解平台”系统“总对总”融合试点工作。推进湖南区域金融消费权益保护环境评估工作。联合省银保监等部门建立湖南省“一村一机构”金融教育主办制。牵头开展“3·15 消费者权益日”“6 月守住钱袋子”“9 月金融知识普及月”等集中宣传活动，全力提升全省消费者金融素养。

二、经济运行情况

2021 年，湖南省坚持稳中求进工作总基调，全面落实“三高四新”战略定位和使命任务，统筹疫情防控和经济社会发展，积极应对各种风险挑战，经济实现稳中有进、稳中提质。全年实现地区生产总值 46063.1 亿元，同比增长 7.7%，两年平均增长 5.7%。

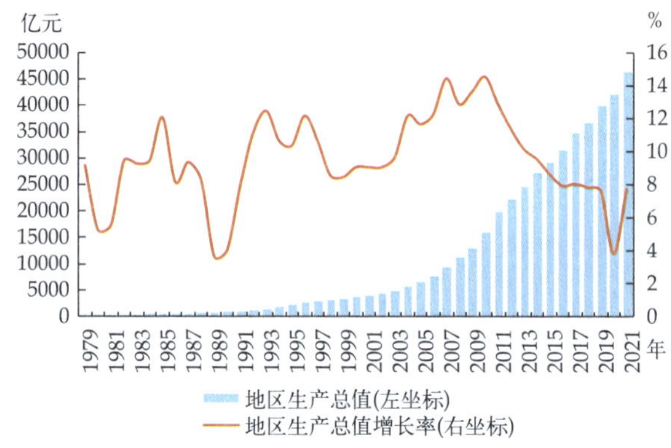

图 6　1979—2021 年湖南省地区生产总值及其增长率

（数据来源：湖南省统计局）

（一）市场需求逐步恢复，开放型经济稳中向好

1. 投资保持稳定增长，投资结构不断改善。2021 年，湖南省固定资产投资同比增长 8.0%，两年平均增长 7.8%，高于全国两年平均水平 3.9 个百分点。其中，第一产业、第二产业和第三产业投资分别增长 10.1%、14% 和 4.3%。民间投资拉动有力，2021 年，全省民间投资同比增长 9.6%，比 2020 年加快 6.6 个百分点，拉动全部投资增长 5.9 个百分点。高技术产业投资快速增长，2021 年，全省高技术产业投资同比增长 15.6%，增速比全部投资快 7.6 个百分点。其中，计算机、通信和其他电子设备制造业投资增长 23.0%，专用设备制造业投资增长 33.4%。基础设施投资稳定恢复，2021 年，全省基础设施投

资同比增长3.6%，增速连续两年实现正增长，呈恢复性增长态势。房地产开发投资增速平稳增长，2021年，全省房地产开发投资同比增长11.2%。

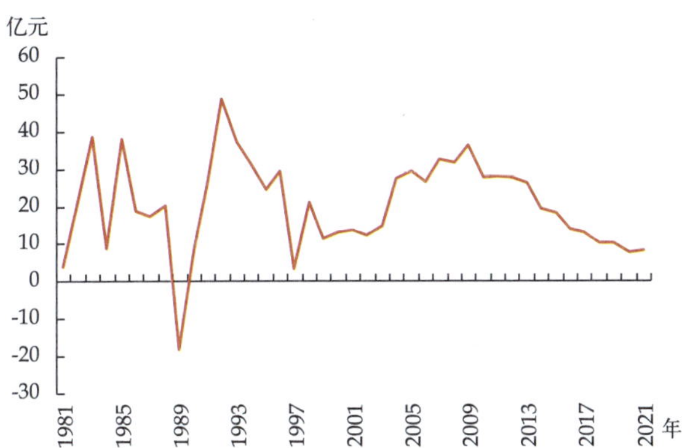

图7　1981—2021年湖南省固定资产投资（不含农户）增长率

（数据来源：湖南省统计局）

2. 消费市场持续恢复，消费需求稳步释放。2021年，湖南省实现社会消费品零售总额18596.9亿元，同比增长14.4%，两年平均增长5.6%。其中，限额以上批发零售、住宿餐饮业单位实现零售额6535.0亿元，同比增长14.5%；基本生活类商品零售快速增长，全省限额以上批发和零售业法人单位中，粮油食品、饮料、烟酒和日用品类商品零售额分别增长23.9%、21.0%、23.5%和15.3%。在互联网销售持续增长带动下，全年快递业务量增长34.4%。

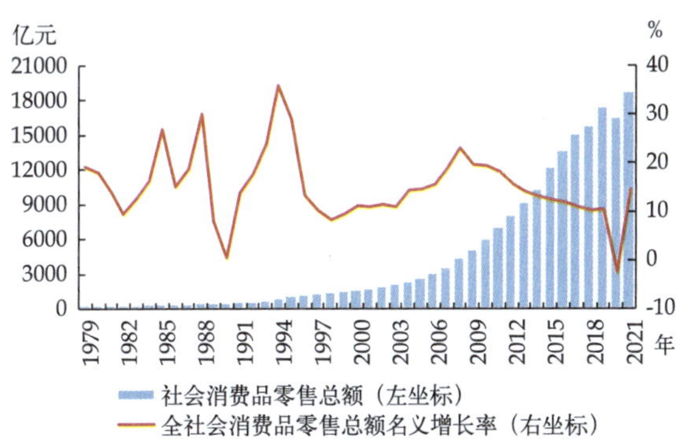

图8　1979—2021年湖南省社会消费品零售总额及其增长率

（数据来源：湖南省统计局）

3. 外贸外资基本盘稳定，开放型经济稳中向好、稳中有进。2021年，湖南省进出口总额5988.6亿元，同比增长22.6%。其中，出口4212.7亿元，同比增长27.5%，进口1775.8亿元，同比增长12.3%。一般贸易进出口总额4762.2亿元，同比增长32.1%，占同期全省进出口总额的79.5%。民营企业成为稳外贸的重要力量，民营企业进出口额占全省进出口总额比重达77.6%。全年电子元件、钢材、鞋靴、农产品、箱包等主要产品出口均保持快速增长，机电产品出口同比增长23.1%，占出口总值的43.6%。利用外资稳步增长，2021年全省实际使用外商直接投资24.1亿美元，同比增长72.3%。

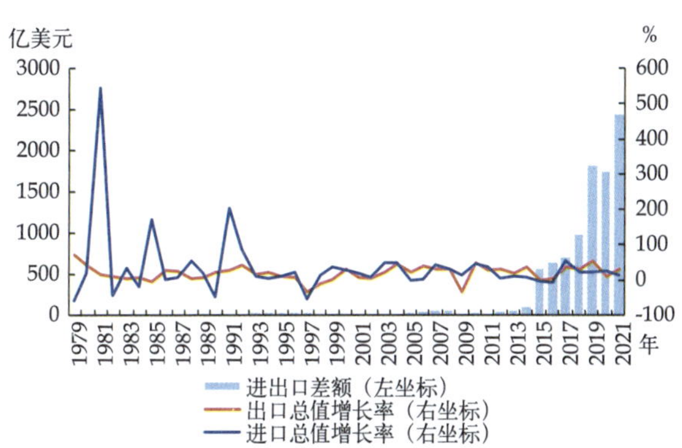

图9　1979—2021年湖南省外贸进出口变动情况

（数据来源：湖南省统计局）

（二）产业结构持续优化，新动能发展强劲

1. 农业生产总体平稳，粮食生产再获丰收。2021年，湖南省农林牧渔业增加值同比增长9.2%，两年平均增长6.5%。粮食产量和播种面积双双增长，2021年，全省粮食总产量3074.4万吨，同比增长2.0%，粮食播种面积4758.4千公顷，同比增加3.6千公顷。生猪生产较快增长，2021年，全省生猪出栏6121.8万头，同比增长31.4%，年末生猪存栏4202.0万头，同比增长12.5%，全年生猪出栏量和年末生猪存栏量均创近五年新高。

2. 工业运行稳中有进，新动能发展强劲。 2021 年，全省规模以上工业增加值增长 8.4%，两年平均增长 6.6%。其中，全省装备制造业增加值同比增长 13.7%，比全省平均水平快 5.3 个百分点，对全省规模以上工业增长的贡献率为 49.7%。新动能发展强劲，2021 年，全省高技术制造业增加值同比增长 21%，比全省平均水平快 12.6 个百分点。其中，计算机及办公设备制造业、电子及通信设备制造业、医疗仪器设备及仪器仪表制造业同比分别增长 90.8%、24.2% 和 23.9%。电子和新兴产品产量快速增长，2021 年，规模工业产品中，移动通信基站设备、新能源汽车、集成电路、智能手环、锂离子电池产量分别增长 300%、110%、65.3%、60.4% 和 53.9%。

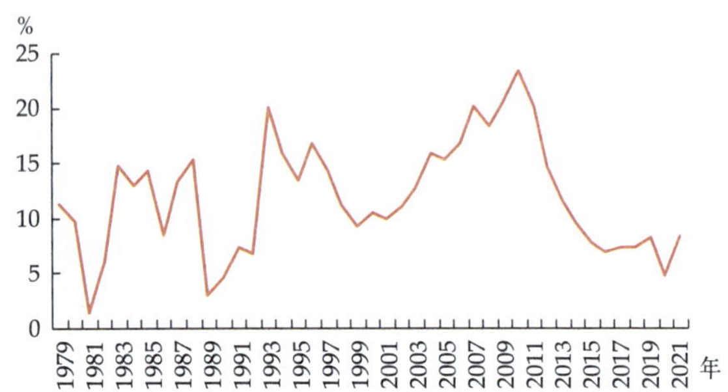

图 10　1979—2021 年湖南省规模以上工业增加值实际增长率

（数据来源：湖南省统计局）

3. 服务业延续恢复态势，行业经营情况持续好转。 2021 年，湖南省第三产业增加值 23614.1 亿元，同比增长 7.9%，两年平均增长 5.5%。行业经营情况持续好转，2021 年，全省规模以上服务业企业营业收入同比增长 17.6%，利润总额同比增长 41.7%。

4. 供给侧结构性改革持续深化，绿色低碳发展加速推进。 深化投融资体制改革补短板，积极实施深化投融资体制改革三年行动；清理取消供水供电供气环节不合理收费 42 项，着力减轻企业税费负担；完善市场主体退出制度改革，推进产能过剩行业出清，关闭淘汰落后小煤矿 7 处，淘汰落后煤炭产能 50 万吨。强化节能低碳宣传，成功举办 2021 年亚太绿色低碳高峰论坛和湖南国际绿色发展博览会；扎实推进能源保供，加快储备开发风电、光伏等新能源发电项目，2021 年末，全省新能源和可再生能源发电项目总装机容量 2868 万千瓦，占全省全口径总发电装机容量的 54%。

（三）市场价格总体稳定，消费价格小幅上涨

1. 居民消费价格小幅上涨，呈现“六涨两跌”态势。 2021 年，全省居民消费价格比 2020 年上涨 0.5%，分类别看，呈现“六涨两跌”态势。其中，交通通信价格上涨 4.8%，居住价格上涨 1.2%，教育文化娱乐价格上涨 1.0%，医疗保健价格上涨 0.7%，衣着价格上涨 0.7%，生活用品及服务价格上涨 0.3%；其他用品和服务价格下降 2.1%，食品烟酒价格下降 2.0%。在食品烟酒价格中，粮食价格上涨 2.1%，鲜果价格上涨 3.5%，鲜菜价格上涨 4.6%，猪肉价格下降 31.7%。

2. 工业生产者价格有所上涨。 2021 年，湖南省工业生产者出厂价格指数、工业生产者购进价格指数分别累计上涨 5.9%、8.1%，涨幅比 2020 年分别扩大 6.9 个和 9.2 个百分点。从当月同比来看，1—5 月工业生产者出厂价格指数、购进价格指数快速攀升，由 1 月的 1.1%、2.6% 迅速上涨至 5 月末的 6.4%、9.2%；6—8 月保供稳价效果初步显现，工业价格指数涨势减缓，呈现窄幅波动特征；9—10 月受煤炭和部分高耗

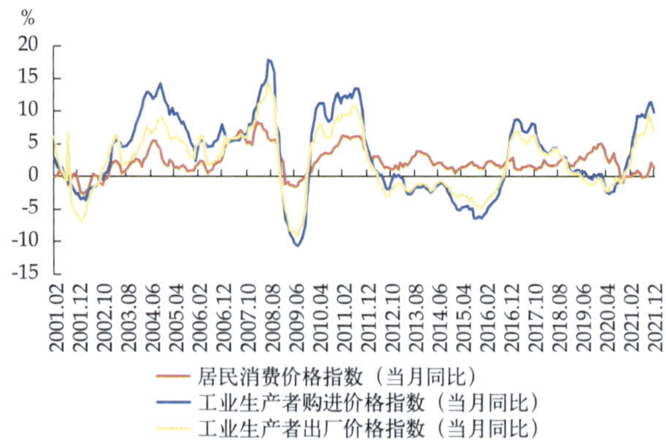

图 11　2001—2021 年湖南省居民消费价格指数和工业生产者价格指数变动趋势

（数据来源：湖南省统计局）

能行业产品价格上涨因素影响，价格涨幅再度扩大，10 月工业生产者出厂价格指数创年内新高，达 9.6%，11 月工业生产者购进价格指数创年内新高，达 11.3%；年末工业价格上涨势头得到初步遏制，涨幅收窄，12 月出厂和购进价格指数涨幅分别回落至 7.0%、9.7%。

3. 稳岗就业成效明显，居民收入较快增长。2021 年，湖南省新增城镇就业 75.3 万人，失业人员再就业 42.5 万人，就业困难人员再就业 13.9 万人。居民收入较快增长，2021 年，全省居民人均可支配收入 31993 元，比 2020 年名义增长 8.9%。其中城镇居民人均可支配收入 44866 元，同比增长 7.6%，农村居民人均可支配收入 18295 元，同比增长 10.3%，城乡居民人均可支配收入比（以农村居民收入为 1）为 2.45，比 2020 年缩小 0.06。

（四）财政收入保持稳定，重点支出保障有力

财政收入保持稳定，支出重点保民生。2021 年，湖南省地方一般公共预算收入 3250.7 亿元，同比增长 8.0%，其中，地方税收 2246 亿元，非税收入 1004.7 亿元。全省一般公共预算支出 8364.8 亿元，同口径增长 3.4%，切实增强了对疫情防控、经济发展、乡村振兴、民生改善、生态文明等战略任务的财力保障，其中民生支出占比继续保持 70% 以上。

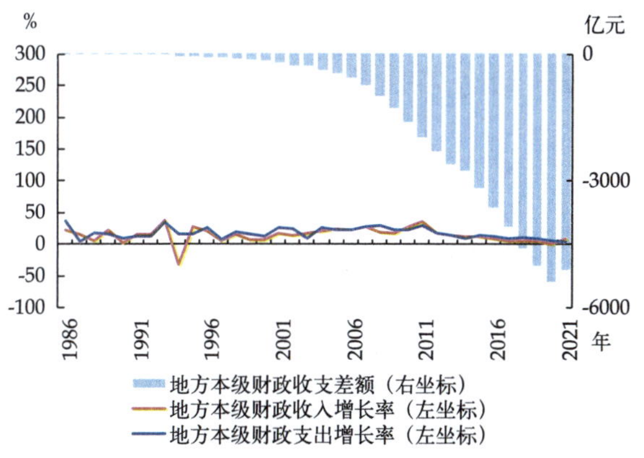

图 12　1986—2021 年湖南省财政收支状况

（数据来源：湖南省统计局）

（五）房地产市场整体保持平稳态势

1. 房地产开发投资较快增长。2021 年，湖南省房地产开发投资 5427.8 亿元，增长 11.2%，较全国水平高 6.8 个百分点。

2. 施工面积增长、新开工面积下降。2021 年，湖南省房地产施工面积 42660.9 万平方米，同比增长 4.7%，增速较上年提高 2.9 个百分点。房屋新开工面积 10168.2 万平方米，下降 6.9%，降幅较上年收窄 1.6 个百分点。

3. 销售面积下降、销售额增长。2021 年，湖南省商品房销售面积 9188.8 万平方米，同比下降 2.6%，增速较上年低 6.3 个百分点。商品房销售额 6040.5 亿元，增长 1.6%，增速较上年回落 5.0 个百分点。

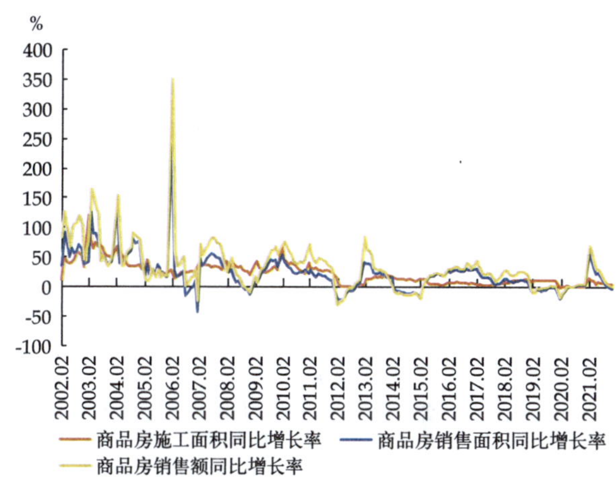

图 13　2002—2021 年湖南省商品房施工和销售变动趋势

（数据来源：湖南省统计局）

4. 重点城市商品房价格指数分化明显。2021 年 12 月，长沙市新建商品住宅价格指数同比上涨 7.5%，涨幅较上年同期增加 2.5 个百分点，岳阳、常德新建商品住宅价格指数同比分别下降 2.4% 和 2.5%，增速比上年同期分别回落 3.4 个和 1.1 个百分点；2021 年 12 月，长沙二手住宅价格指数同比上涨 5.1%，增速较上年同期提高 3.8 个百分点，岳阳、常德二手住宅价格指数同比分别下降 3.2% 和 2.2%，增速较上年同期分别回落 4.0 个和 0.7 个百分点。

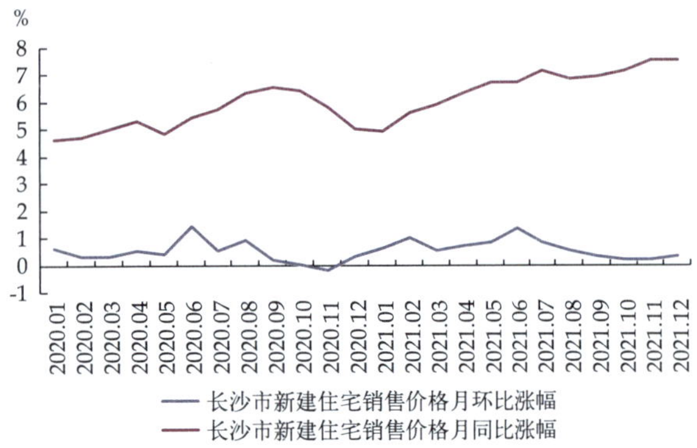

图 14　2020—2021 年湖南省长沙市新建住宅销售价格变动趋势

（数据来源：湖南省统计局）

5. 房地产贷款增速平稳回落。2021 年末，湖南省房地产贷款余额 16341.4 亿元，增长 8.5%，增速较上年下降 4.8 个百分点，其中，长沙市房地产贷款增长 7.4%，同比回落 1.6 个百分点。分项目看，湖南省个人住房贷款增长 12.2%，同比回落 6 个百分点；房地产开发贷款增长 0.6%，同比回落 3.7 个百分点；保障性住房开发贷款下降 5.3%，降幅同比扩大 0.9 个百分点。

（六）长株潭都市圈建设加快推进，一体化发展迈向更高水平

2021 年 3 月，《湖南省国民经济和社会发展第十四个五年规划和二〇三五年远景目标纲要》提出，加快推进长株潭一体化，将长株潭建成中部地区崛起和长江经济带发展的核心增长极。2021 年 6 月，湖南印发《长株潭一体化发展五年行动计划（2021—2025 年）》。2021 年 10 月，湖南省长株潭一体化发展领导小组办公室、湖南省长株潭一体化发展事务中心挂牌。长株潭一体化加速推进，2021 年，长株潭地区生产总值达 19239.3 亿元，同比增长 7.6%，三市经济总量占全省的比重达 41.8%。

1. 产业协同持续深化。2021 年 7 月，推进长株潭产业（先进制造业）协同发展第二次联席会议召开，长株潭三市共同签署《全面推进长株潭产业（先进制造业）协同发展合作协议》；开展长株潭工业产品互认，发布《第一批长株潭名优工业产品目录（两型产品）》，共计 150 家企业、263 个工业产品上榜；引入“飞地模式”，推动园区协同发展，建立产业（先进制造业）协同发展联席会议制度和常态化联络机制。

2. 数据融合共享加快推进。2021 年 3 月，长株潭都市圈政务服务一体化及数据共享工作联席会第一次会议召开，推动长株潭跨域通办线上专区上线。长株潭异地代收代办平台完成建设，第一批核准 17 项异地代收代办上线事项。2021 年 6 月，组建数据共享沟通协调组，明确了在省共享网站进行数据编目挂接，依托省共享交换平台实现三市数据共享。

3. 交通一体化加速建设。2021 年 5 月，长株潭城际铁路上线运营动车组达到 21 组，长株潭城际铁路正式迈入“公交化”时代。近年来，长株潭城际铁路日均客流已由最初的日均不足万，增长到日均近 5 万人。2021 年 12 月，长株潭一体化三十大标志工程之一的长株潭城际轨道交通西环线一期工程首列电客车顺利交付，这将进一步有效赋能长株潭轨道交通一体化。

专栏 2　突出六个重点　持续有力提升小微企业金融服务水平

2021 年，人民银行长沙中心支行积极打通银企对接通道，用好用足各项政策，引导金融机构创新产品、加大投入，持续有力提升小微企业金融服务水平。

一、开展“三送三比”专项行动

开展“送政策比力度、送产品比优惠、送服务比效率”专项行动，聚焦全省规模较大的小商品、农产品、五金建材等各类专业

批发市场，推动银行定制以信用贷款为主的线上产品，加强与个体工商户协会、工商联等机构的沟通协作，实行划片包干、网格化走访，逐户上门摸排融资需求、现场评级授信。2021 年，全省累计发放个体工商户经营性贷款 2380.3 亿元，同比增长 28%。

二、多渠道持续推进政银企对接

一方面，指导各地举办中小微企业融资对接活动，构建常态化融资对接机制。各市州举办对接会 385 场，走访园区 190 个，8257 家企业与银行集中签约 5661.5 亿元。另一方面，继续推动设立续贷中心、中小微企业线上金融服务平台。目前，相关市州已建立中小微企业续贷中心 8 个，累计支持 434 家企业办理续贷；建立中小微企业金融服务平台，收录企业信息超 3 亿条，帮助 1.6 万家企业实现融资。

三、推广“随借随还”类信贷产品

结合“贷动小生意，服务大民生”金融支持个体工商户发展专项活动，引导银行机构充分利用涉企政务数据，运用生物识别、人工智能、大数据等手段建立线上定价模型、网络信用评级模型，将小微企业客户筛选、审批、贷后管理等环节线上化，为小微企业提供零距离、随手可得的纯信用融资服务。调查显示，湖南省内各银行机构共推出随借随还产品 464 个，其中随借随还线上产品 138 个。2021 年，全省金融机构已为小微企业发放“随借随还”类贷款 2632.5 亿元。

四、积极落实普惠小微两项直达政策

做好货币政策工具使用与供应链、科技创新、乡村振兴、绿色低碳发展的融合文章，按月开展政策落实情况监测，分机构、分地市定期通报，推动政策落实。2021 年，全省金融机构累计为 15.8 万户普惠小微企业办理贷款延期，涉及本金 874.6 亿元；累计发放普惠小微信用贷款 2211.2 亿元，惠及 157.1 万户；全省 1~5 级法人银行机构新发放普惠小微信用贷款占比超过四成。

五、推行小微金融服务“三张清单”

指导银行机构积极编制并通过网点大厅展板、显示屏、微信公众号、App 等多渠道发布小微金融服务“三张清单”（小微企业贷款分级授权权限清单、小微企业授信准入流程清单、小微企业尽职免责“正面清单”或“负面清单”），引导银行机构下沉服务重心、下放审批权限、提升审批效率，推动形成“敢贷、愿贷、会贷”长效工作机制。全省共有 24 家省级金融机构、168 家市级金融机构、306 家县级金融机构完成三张清单公示，小微企业金融服务质效不断提高。

六、推动完善小微企业信贷风险补偿机制

推动财政部门整合省县（市、区）风险补偿基金，设立信贷风险保证金并存入合作银行，创新“潇湘财银贷”模式，明确由信贷风险保证金和合作银行按比例共担风险，将共担比例与贷款放大倍数挂钩，同时建立小微企业白名单动态调整机制，引导合作银行为符合条件的小微企业发放低利率贷款。目前，省级保证金达 4.5 亿元，累计发放贷款 17.2 亿元。

三、预测与展望

2022 年是党的二十大召开之年，也是实施“十四五”规划的重要一年。总体来看，湖南省经济发展的势头依然向好。从国内来看，我国作为具有强劲韧性的超大体量的新兴经济体，经济长期向好的基本面没有变，发展潜力大、回旋空间广，市场主体活力充足，经济保持较好发展态势，发展韧性持续显现。从省内来看，湖南省第十二次党代会的胜利召开为全省发展营造了良好氛围，随着“三高四新”和“创新引领开放崛起”等战略的推进实施，工程机械、轨道交通、航空航天等一批重点产业蓬勃发展，市场主体巩固壮大，发展新动能持续发力。预计 2022 年湖南省经济仍将保持平稳增长。

但是也要看到，世界百年未有之大变局和新冠肺炎疫情全球大流行交织影响，国际环境更趋复杂严峻，国内经济发展面临需求收缩、供给冲击、预期转弱三重压力。省内经济发展自身的阶段性、结构性矛盾叠加部分行业周期性影响，经济恢复性增长压力有所加大。

2022 年，湖南省金融系统将坚持以习近平新时代中国特色社会主义思想为指导，深入贯彻党的十九大、十九届历次全会和中央经济工作会议精神，深入贯彻习近平总书记对湖南重要讲话重要指示批示精神，坚持稳中求进工作总基调，贯彻落实稳健货币政策灵活适度的要求，精准加大重点领域和薄弱环节金融支持力度，持续防范化解金融风险，深化金融改革，为加快建设社会主义现代化新湖南营造良好金融环境。

中国人民银行长沙中心支行货币政策分析小组

总　　纂：张　奎　侯加林

统　　稿：魏祖元　宋利亚　赵遂彬　郭　卉　唐　羽　梁宏梅

执　　笔：余　峥　李远航　向　柳　曾得利　邹庆华　焦俊勇　司马亚玺　陈咏晖　伍圆恒
张　骥　周颖哲　曹亚臻　罗弘毅　冯涵钦　周依憬

提供材料：唐芝敏　李奕君　禤沛生　李　杜　陈汪洋　赵　晶　黄　沁　刘　玫　虢　奇

附录：

（一）湖南省经济金融大事记

4 月 28 日，《关于促进湖南省供应链金融规范发展的若干措施》出台。

4 月 30 日，全省脱贫攻坚总结表彰大会在湖南长沙举行。

5 月 18 日，湖南作为全国试点省份首批实现企业信用报告自助查询。

8 月 26 日，《做好常态化疫情防控促进全省批发零售、住宿餐饮、物流运输、文化旅游等消费领域企业发展的十条政策措施》发布。

8 月 27 日，《关于金融支持湖南省绿色低碳发展的指导意见》印发。

9 月 16 日，首届北斗规模应用国际峰会（简称“北斗峰会”）在湖南长沙开幕。

9 月 25 日，2021 年中国民营企业 500 强峰会在长沙举行。

9 月 26 日，第二届中非经贸博览会在湖南长沙开幕。

10 月 11 日，《湖南省金融支持巩固拓展脱贫攻坚成果 全面推进乡村振兴实施方案》印发。

12 月 31 日，2021 年全省人均地区生产总值突破 1 万美元，达 10675 美元。

（二）2021年湖南省主要经济金融指标

表1 2021年湖南省主要存贷款指标

	项目	1月	2月	3月	4月	5月	6月	7月	8月	9月	10月	11月	12月
本外币	金融机构各项存款余额（亿元）	59334.5	60061.9	61268.9	60333.3	61409.4	61560.9	60991.8	61262.6	62090.9	62043.8	62443.4	62891.0
	其中：住户存款	32088.6	33936.6	34573.1	33939.4	33924.8	34636.3	34277.6	34440.2	35030.4	34745.3	34911.5	35531.4
	非金融企业存款	14427.1	13973.6	14325.8	13902.9	13845.0	14093.4	13712.9	13570.1	13558.8	13416.3	13478.6	13818.2
	各项存款余额比上月增加（亿元）	1422.5	727.3	1207.1	-935.6	1076.1	151.6	-569.1	270.8	828.3	-47.1	399.6	447.7
	金融机构各项存款同比增长（%）	10.2	10.9	9.9	8.8	9.3	7.1	7.2	7.0	7.8	7.7	8.7	8.6
	金融机构各项贷款余额（亿元）	50759.5	51286.8	52369.7	52638.6	53132.6	53863.9	54116.8	54480.6	55118.8	55290.8	55626.6	55845.0
	其中：短期	10943.1	10955.0	11257.7	11043.7	11118.5	11401.9	11314.0	11411.3	11630.5	11634.0	11742.1	11770.6
	中长期	38022.7	38600.6	39375.3	39720.4	40156.1	40576.3	40800.0	40989.8	41348.8	41497.2	41673.7	41801.4
	票据融资	1723.1	1670.5	1637.1	1726.2	1707.9	1781.4	1832.9	1900.6	2017.6	2023.0	2056.1	2136.6
	各项贷款余额比上月增加（亿元）	1356.7	527.3	1082.9	268.9	494.0	731.3	252.9	363.8	638.2	172.0	335.8	218.4
	其中：短期	248.9	11.9	302.7	-214.0	74.9	283.3	-87.8	97.2	219.2	3.5	108.1	28.5
	中长期	1088.6	577.8	774.7	345.1	435.7	420.2	223.7	189.8	359.1	148.4	176.5	127.7
	票据融资	15.4	-52.5	-33.4	89.1	-18.4	73.5	51.5	67.8	117.0	5.4	33.2	80.5
	金融机构各项贷款同比增长（%）	16.1	16.2	15.5	14.4	14.5	14.3	14.2	13.9	13.5	13.0	13.0	13.0
	其中：短期	15.5	13.7	10.5	7.0	7.8	6.7	7.2	6.7	6.9	6.8	8.0	10.0
	中长期	16.8	17.8	17.9	17.4	17.4	17.0	16.3	15.6	14.6	14.0	13.5	13.2
	票据融资	5.9	2.1	-1.6	-0.6	-4.3	6.9	10.1	19.7	32.0	29.6	32.3	25.1
	建筑业贷款余额（亿元）	1442.0	1501.0	1519.0	1554.5	1568.2	1618.1	1663.8	1658.1	1667.5	1709.7	1731.3	1664.6
	房地产业贷款余额（亿元）	3188.2	3234.1	3276.9	3263.9	3286.3	3262.6	3236.2	3230.6	3220.9	3173.5	3168.0	3138.5
	建筑业贷款同比增长（%）	9.0	12.8	9.6	12.2	13.8	15.1	15.9	15.0	15.8	18.7	19.2	24.9
	房地产业贷款同比增长（%）	8.4	9.6	8.6	7.5	7.8	8.0	5.8	4.5	3.9	2.2	1.7	2.0
人民币	金融机构各项存款余额（亿元）	58866.6	59516.9	60657.9	59718.7	60819.0	60908.6	60442.5	60723.6	61546.8	61487.3	61899.7	62339.8
	其中：住户存款	31979.1	33825.4	34460.6	33831.2	33820.0	34529.5	34170.5	34333.3	34923.8	34640.2	34805.5	35423.8
	非金融企业存款	14121.1	13592.9	13874.3	13457.4	13422.8	13625.7	13344.6	13219.6	13197.1	13040.3	13116.4	13446.9
	各项存款余额比上月增加（亿元）	1386.7	650.3	1141.0	-939.2	1100.3	89.6	-466.0	281.1	823.1	-59.5	412.4	440.2
	其中：住户存款	222.7	1846.3	635.1	-629.3	-11.2	709.5	-359.1	162.8	590.5	-283.6	165.3	618.3
	非金融企业存款	930.2	-528.2	281.5	-416.9	-34.6	202.9	-281.2	-125.0	-22.5	-156.8	76.1	330.5
	各项存款同比增长（%）	10.1	10.6	9.5	8.4	8.9	6.7	6.9	6.7	7.6	7.5	8.6	8.5
	其中：住户存款	6.1	12.0	11.2	11.1	11.2	10.3	10.5	10.8	10.5	11.0	11.3	11.5
	非金融企业存款	12.2	9.3	3.2	-2.0	-2.9	-2.5	-2.4	-2.5	-1.9	-1.4	0.1	1.9
	金融机构各项贷款余额（亿元）	50512.3	51037.6	52059.2	52338.3	52847.2	53568.9	53806.0	54156.3	54775.9	54944.5	55274.5	55508.7
	其中：个人消费贷款	14079.2	14152.7	14399.5	14463.4	14602.9	14794.3	14877.6	15036.4	15181.4	15269.1	15386.1	15483.8
	票据融资	1723.1	1670.5	1637.1	1726.2	1707.9	1781.4	1832.9	1900.6	2017.6	2023.0	2056.1	2136.6
	各项贷款余额比上月增加（亿元）	1346.6	525.3	1021.6	279.1	509.0	721.7	237.1	350.3	619.6	168.6	330.0	234.2
	其中：个人消费贷款	235.9	73.5	246.8	63.8	139.5	191.5	83.2	158.8	145.0	87.7	117.0	97.7
	票据融资	15.4	-52.5	-33.4	89.1	-18.4	73.5	51.5	67.8	117.0	5.4	33.2	80.5
	金融机构各项贷款同比增长（%）	16.1	16.2	15.5	14.4	14.5	14.3	14.2	13.8	13.4	12.9	12.9	12.9
	其中：个人消费贷款	19.2	19.4	18.7	17.5	17.1	16.4	15.5	14.8	13.7	12.9	12.3	11.8
	票据融资	5.9	2.1	-1.6	-0.6	-4.3	6.9	10.1	19.7	32.0	29.6	32.3	25.1
外币	金融机构外币存款余额（亿美元）	72.3	84.2	93.0	95.0	92.7	101.0	85.0	83.3	83.9	87.1	85.2	86.5
	金融机构外币存款同比增长（%）	38.7	59.7	74.9	83.5	104.5	86.0	53.8	49.2	32.9	28.4	21.5	30.6
	金融机构外币贷款余额（亿美元）	38.2	38.5	47.3	46.4	44.8	45.7	48.1	50.1	52.9	54.2	55.2	52.8
	金融机构外币贷款同比增长（%）	16.2	19.3	32.6	30.2	29.4	22.6	32.0	43.5	39.4	45.5	49.4	45.1

数据来源：中国人民银行长沙中心支行。

表 2　2001—2021 年湖南省各类价格指数

单位：%

时间		居民消费价格指数		农业生产资料价格指数		工业生产者购进价格指数		工业生产者出厂价格指数	
		当月同比	累计同比	当月同比	累计同比	当月同比	累计同比	当月同比	累计同比
2001		—	-0.9	—	-1.6	—	1.1	—	-0.2
2002		—	-0.5	—	-2.0	—	-0.7	—	-0.8
2003		—	2.4	—	2.6	—	6.7	—	2.6
2004		—	5.1	—	12.1	—	14.4	—	8.0
2005		—	2.3	—	11.2	—	9.4	—	6.0
2006		—	1.4	—	0.7	—	6.5	—	4.3
2007		—	5.6	—	13.0	—	6.1	—	6.1
2008		—	6.0	—	26.5	—	12.0	—	9.3
2009		—	-0.4	—	-5.0	—	-7.4	—	-5.7
2010		—	3.1	—	1.4	—	10.0	—	6.9
2011		—	5.5	—	10.9	—	10.8	—	8.5
2012		—	2.0	—	4.7	—	0.1	—	-0.9
2013		—	2.5	—	2.3	—	0.1	—	-1.5
2014		—	1.9	—	0.2	—	-2.1	—	-1.6
2015		—	1.4	—	4.1	—	-5.5	—	-3.7
2016		—	1.9	—	1.7	—	-2.0	—	-1.1
2017		—	1.4	—	1.0	—	7.2	—	5.8
2018		—	2.0	—	2.7	—	3.5	—	3.2
2019		—	2.9	—	2.5	—	0.2	—	-0.4
2020		—	2.3	—	3.5	—	-1.1	—	-1.0
2021		—	0.5	—	—	—	8.1	—	5.9
2020	1	4.8	4.8	5.7	5.7	0.2	0.2	-0.3	-0.3
	2	4.9	4.9	5.5	5.6	0.3	0.3	-0.7	-0.5
	3	4.0	4.6	5.1	5.4	-1.3	-0.3	-1.7	-0.9
	4	3.0	4.2	4.7	5.2	-2.5	-0.8	-2.2	-1.2
	5	2.0	3.7	4.0	5.0	-2.8	-1.2	-2.2	-1.4
	6	2.5	3.5	4.4	4.9	-2.6	-1.4	-1.5	-1.4
	7	3.5	3.5	4.0	4.8	-2.4	-1.6	-1.2	-1.4
	8	2.3	3.4	3.1	4.5	-1.3	-1.5	-0.3	-1.3
	9	1.5	3.2	2.6	4.3	-1.0	-1.5	-0.4	-1.2
	10	0.2	2.8	1.2	4.0	-0.9	-1.4	-1.0	-1.2
	11	-1.0	2.5	1.0	3.7	-0.4	-1.3	-0.4	-1.1
	12	0.1	2.3	1.5	3.5	0.9	-1.1	0.5	-1.0
2021	1	0.0	0.0	—	—	2.6	2.6	1.1	1.1
	2	-0.1	0.0	—	—	3.5	3.0	2.2	1.6
	3	0.4	0.1	—	—	5.6	3.9	4.1	2.4
	4	0.5	0.2	—	—	7.4	4.8	5.0	3.1
	5	0.9	0.4	—	—	9.2	5.6	6.4	3.7
	6	0.4	0.4	—	—	9.0	6.2	6.2	4.1
	7	-0.2	0.3	—	—	9.4	6.7	6.5	4.5
	8	-0.1	0.2	—	—	8.9	6.9	6.5	4.7
	9	0.0	0.2	—	—	9.8	7.3	7.5	5.0
	10	1.0	0.3	—	—	11.2	7.7	9.6	5.5
	11	2.0	0.5	—	—	11.3	8.0	8.5	5.8
	12	1.2	0.5	—	—	9.7	8.1	7.0	5.9

数据来源：《中国经济景气月报》、湖南省统计局。

表 3　2021 年湖南省主要经济指标

项目	1 月	2 月	3 月	4 月	5 月	6 月	7 月	8 月	9 月	10 月	11 月	12 月
	绝对值（自年初累计）											
地区生产总值（亿元）	—	—	10224.0	—	—	21666.5	—	—	33222.6	—	—	46063.1
第一产业	—	—	629.3	—	—	1592.1	—	—	2686.5	—	—	4322.9
第二产业	—	—	3639.6	—	—	8126.7	—	—	12528.3	—	—	18126.1
第三产业	—	—	5955.0	—	—	11947.7	—	—	18007.8	—	—	23614.1
工业增加值（亿元）	—	—	—	—	—	—	—	—	—	—	—	—
固定资产投资（亿元）	—	—	—	—	—	—	—	—	—	—	—	—
房地产开发投资	—	459.2	849.8	1364.7	1805.2	2419.7	2817.7	3345.9	3922.6	4430.8	4931.9	5427.8
社会消费品零售总额（亿元）	—	2817.2	4269.6	5702.9	7285.2	8898.0	10397.3	11760.7	13322.7	15127.0	16827.6	18596.9
外贸进出口总额（亿元）	—	694.5	1151.2	1635.1	2111.2	2603.5	3120.9	3705.4	4251.0	4785.7	5390.6	5988.6
进口	—	235.4	393.2	531.8	680.9	848.0	993.0	1162.3	1318.2	1468.3	1618.9	1775.8
出口	—	459.1	758.0	1103.4	1430.3	1755.6	2127.9	2543.1	2932.8	3317.4	3771.7	4212.7
进出口差额（出口－进口）	—	223.7	364.8	571.6	749.5	907.6	1134.9	1380.9	1614.6	1849.1	2152.8	2436.9
实际利用外资（亿美元）	—	3.4	6.8	8.6	9.7	10.9	13.0	15.0	16.9	19.3	21.1	24.1
地方财政收支差额（亿元）	—	-908.6	-1228.9	-1493.3	-1783.6	-2381.4	-2631.7	-3018.3	-3462.8	-3681.7	-4270.5	-5114.1
地方财政收入	—	539.8	865.1	1139.0	1376.1	1713.7	1959.5	2163.0	2417.8	2675.5	2873.8	3250.7
地方财政支出	—	1448.3	2093.9	2632.4	3159.7	4095.1	4591.3	5181.3	5880.6	6357.2	7144.3	8364.8
城镇登记失业率（%）（季度）	—	—	—	—	—	—	—	—	—	—	—	—
	同比累计增长率（%）											
地区生产总值	—	—	15.0	—	—	11.7	—	—	8.9	—	—	7.7
第一产业	—	—	7.6	—	—	7.8	—	—	9.2	—	—	9.3
第二产业	—	—	14.9	—	—	11.4	—	—	8.2	—	—	6.9
第三产业	—	—	15.9	—	—	12.5	—	—	9.3	—	—	7.9
工业增加值	—	19.1	16.9	14.9	13.3	12.1	10.8	9.6	9.0	8.7	8.4	8.4
固定资产投资	—	20.8	20.7	15.6	13.5	12.9	11.2	9.6	9.1	8.7	8.4	8.0
房地产开发投资	—	37.9	29.7	28.5	23.9	21.4	19.0	17.5	15.8	13.8	12.7	11.2
社会消费品零售总额	—	26.7	28.6	27.9	26.3	24.9	23.2	20.7	19.1	17.5	16.0	14.4
外贸进出口总额	—	54.1	42.7	27.9	25.9	28.0	26.8	29.1	28.4	27.7	26.5	22.6
进口	—	23.7	25.0	18.8	18.8	18.6	15.0	17.7	16.0	15.9	14.3	12.3
出口	—	76.2	54.0	32.8	29.5	33.2	33.3	35.2	34.9	33.7	32.5	27.5
实际利用外资	—	49.0	126.7	75.0	69.3	59.5	41.5	44.7	55.6	64.4	66.8	72.3
地方财政收入	—	13.7	15.7	18.8	25.5	22.6	19.5	18.8	17.0	15.1	11.7	8.0
地方财政支出	—	15.0	9.2	7.9	8.5	2.3	4.1	5.6	2.3	3.0	5.4	3.4

数据来源：湖南省统计局。

注：“实际使用外资”统计口径有所调整，调整后只包括外商直接投资，不包括间接投资，故总量与上年同期公布数据不可比。

广东省金融运行报告（2022）

中国人民银行广州分行货币政策分析小组

[内容摘要] 2021年，广东省认真贯彻党中央决策部署，按照国务院工作安排，坚持稳中求进工作总基调，扎实做好“六稳”工作，全面落实“六保”任务，克服国内外风险挑战，加大实体经济支持力度，推动经济持续恢复发展，主要发展预期目标均顺利完成。全年广东省实现地区生产总值12.4万亿元，同比增长8%，两年平均增长5.1%。第一、第二、第三产业占比为4.0∶40.4∶55.6，第一、第二产业加快恢复。

具体来看，一是内需持续回暖，外需增长较好。2021年，广东省企业生产经营好转，民间投资信心提升，拉动投资增速恢复，全年固定资产投资同比增长6.3%，其中，民间投资同比增长7.8%。居民消费持续回暖，全年社会消费品零售总额同比增长9.9%，乡村消费恢复好于城镇。进出口延续较好增长态势，外贸进出口总额8.3万亿元，同比增长16.7%；实际利用外资同比增长13.6%。二是制造业加快恢复，服务业持续改善。2021年，广东省先进制造业、高技术制造业增加值占规模以上工业比重分别达54.2%、29.9%，规模以上工业企业利润总额首次突破万亿元大关，同比增长16.1%。现代服务业增加值占服务业比重达65.7%，规模以上服务业企业营业收入同比增长20.1%。三是财政收支运行平稳，基本民生保障有力。2021年，广东地方一般公共预算支出中民生类支出同比增长5.5%，占一般公共预算支出比重达70.3%。“六稳”“六保”工作扎实推进，城镇新增就业140.3万人，城镇登记失业率平均值4.9%，就业形势稳定；常住居民人均可支配收入达4.5万元、增长9.7%。居民消费价格平稳，工业生产者价格持续增长。

2021年，广东金融机构着力巩固统筹疫情防控和社会发展的重大战略成果，把服务实体经济放到更加突出位置，不断加大对经济增长的薄弱环节和重点领域的信贷投入，多渠道支持企业发展。全年广东省社会融资规模保持合理适度增长，新增3.8万亿元，占全国新增总量的12.1%。

具体来看，一是银行业资产增量提质，信贷增长平稳。截至2021年末，广东省银行业资产总额同比增长8.3%，本外币存款余额29.3万亿元，同比增长9.5%，贷款余额22.2万亿元，同比增长13.6%。金融支持新动能、新产业、新业态方面进展明显，信贷资源向“专精特新”企业倾斜。截至2021年末，先进制造业和高技术制造业中长期贷款同比分别增长35.8%和37.2%。二是证券市场助力直接融资增量提效。截至2021年末，广东省在国内上市公司家数达762家，比上年新增85家，通过境内市场累计筹资同比增长27.9%，其中，非金融企业在境内股票融资1749亿元，同比增长24.4%；上市公司通过沪深交易所发行公司债、可转债筹资1698亿元。三是保险业保障力度持续加强。截至2021年末，保险业总资产同比增长11.1%，实现保费收入同比增长4.1%。2021年，农业保险保费及保额增速创近十年新高，累计为912万农户提供风险保障2032亿元；搭建“12+8+3+N”险种体系，基本覆盖全省农业生产主要品种。大病保险承保范围及赔付力度覆盖7558万城乡居民，人均医疗负担下降13.3个百分点。四是债券融资效率提升，金融改革开放持续推进。2021年，广东省在银行间市场发行各类债券金额同比增长20.6%；债券回购交易净融入资金65.9万亿元。跨境资金净流入大幅增加，2021年，广东省跨境收支顺差2355亿美元，同比增长124.9%，办理跨境人民币结算业务金额同比增长

28.8%。“跨境理财通”试点落地以来保持较高热度，累计完成跨境资金结算金额5亿元。五是普惠金融基础设施建设不断完善。2021年，“粤信融”平台累计促成银企对接金额2582亿元，中征应收账款融资服务平台在广东省（不含深圳）促成融资1096亿元。加快推进农村信用体系建设，移动支付助力乡村振兴取得良好进展。截至2021年末，“农融通”平台在全省累计采集680万农户、3.1万家新型农业经营主体信息，广东省存量银行卡助农取款服务点2.2万个，共发生助农取款交易金额24亿元，转账交易金额14亿元。

2021年，广东金融系统在推动绿色金融改革创新纵深发展、全面推进金融支持乡村振兴等国家重点工作方面取得积极成效。一是以夯实绿色金融“五大支柱”为重点，多措并举推动绿色金融发展。统筹谋划“以广州绿色金改试验区为中心点、以粤港澳大湾区为核心圈、以粤东西北地区为外围圈”的“一点两圈”绿色金融发展思路，推动全省绿色金融差异化协同发展；依托“粤信融”平台，建成并完善集绿色项目申报、融资对接、财政奖补等多项功能于一体的“绿穗通”系统；不断丰富绿色金融产品，创新推出“可再生能源补贴确权贷款”“绿色电桩融”“生态公益林补偿收益权质押贷款”“环卫贷”等40多个绿色信贷产品；加大对碳达峰碳中和的金融支持力度，广东省落地了全国首批碳减排支持工具和支持煤炭清洁高效利用专项再贷款政策、首单“碳账户＋供应链金融”相结合的“绿色碳链通”融资模式，发布了《广东金融业落实碳中和行动目标倡议》，建成全国首个金融机构“零碳网点”，目前全省“零碳网点”达46个。二是强化政策引领。在全省层面构建“1+N”政策体系上，研究制定《关于金融支持全面推进乡村振兴的实施意见》，提出14项支持措施，并明确各机构各市县责任，部署4个方面配套措施、强调了4个层面的组织保障；强化融资服务，推动金融机构积极开展首贷、信用贷业务，2021年，向新型农业经营主体“首贷户”提供191亿元信贷支持；强化金融基础设施建设，支持金融机构采取“整村授信”融资模式加强对信用村信贷支持，截至2021年末，金融机构对已建立信用档案的农户、新型农业经营主体分别累计提供融资2486亿元、130亿元。

2022年，受国际环境复杂严峻和新冠肺炎疫情散发交织影响，我国经济发展面临需求收缩、供给冲击、预期转弱三重压力，但长期向好的基本面不会改变。广东省处在内外循环交汇点，将继续坚持稳字当头、稳中求进，推进实施“1+1+9”工作部署[①]，紧紧抓住“双区”[②]和横琴、前海两个合作区建设重大机遇，扎实打造新发展格局战略支点，全面深化改革开放，坚持创新驱动发展，坚持以供给侧结构性改革为主线，推动经济高质量发展。

人民银行广州分行将落实好稳健的货币政策灵活适度的要求，发挥好货币政策工具总量和结构双重功能，落实好稳企业保就业各项金融政策措施，聚焦支持小微企业和受疫情影响的困难行业、脆弱群体，进一步加大对实体经济的支持力度，为统筹疫情防控和经济社会发展提供良好的货币金融环境。

---

① 第一个“1”是指以推进党的建设新的伟大工程为政治保证。第二个“1”是指以全面深化改革开放为发展主动力。“9”是指9个方面重点工作：一是以粤港澳大湾区建设为重点，加快形成全面开放新格局。二是以深入实施创新驱动发展战略为重点，加快建设科技创新强省。三是以提高发展质量和效益为重点，加快构建推动经济高质量发展的体制机制。四是以构建现代产业体系为重点，加快建设现代化经济体系。五是以大力实施乡村振兴战略为重点，加快改变广东农村落后面貌，确保3年取得重大进展、5年见到显著成效、10年实现根本改变。六是以构建“一核一带一区”（珠三角核心区、沿海经济带、北部生态发展区）区域发展新格局为重点，加快推动区域协调发展。七是以深入推进精神文明建设为重点，加快建设文化强省，努力交出物质文明和精神文明两份好的答卷。八是以把广东建设成为全国最安全稳定、最公平公正、法治环境最好的地区之一为重点，加快营造共建共治共享的社会治理格局。九是以打好三大攻坚战为重点，加快补齐全面建成小康社会、跨越高质量发展重大关口的短板。

② 分别为粤港澳大湾区和深圳先行示范区。

一、金融运行情况

（一）银行业资产增量提质，信贷支持实体经济力度持续增强

1. 银行业资产增速平稳。截至2021年末，广东省银行业资产总额32万亿元，同比增长8.3%，增速比上年回落5.4个百分点，主要是受银行机构加大信贷投入应对新冠肺炎疫情影响，2020年增速较高产生的基数效应。2021年，地方法人银行机构一方面继续落实延期还本付息政策支持困难企业发展，另一方面积极开展业务调整，平衡资产负债，改制后的农村商业银行运行平稳，全省小型农村金融法人机构资产总额增长10.2%。

表1　2021年广东省银行业金融机构情况表

机构类别	营业网点			法人机构（个）
	机构个数（个）	从业人数（人）	资产总额（亿元）	
一、大型商业银行	5854	138589	129554	0
二、国家开发银行和政策性银行	82	2482	12298	0
三、股份制商业银行	1849	71848	71391	3
四、城市商业银行	703	24319	28711	5
五、城市信用社	—	—	—	—
六、小型农村金融机构	5548	74520	45550	83
七、财务公司	11	1232	5254	24
八、信托公司	2	1960	869	5
九、邮政储蓄银行	2073	24721	9010	0
十、外资银行	227	10228	7055	6
十一、新型农村金融机构	247	5037	1173	61
十二、其他	11	9241	10480	11
合　计	16607	364177	320441	198

数据来源：广东银保监局、深圳银保监局。

注：营业网点不包括国家开发银行和政策性银行、大型商业银行、股份制银行等金融机构总部数据；大型商业银行包括中国工商银行、中国农业银行、中国银行、中国建设银行、交通银行和邮政储蓄银行；小型农村金融机构包括农村商业银行、农村合作银行和农村信用社；新型农村金融机构包括村镇银行、贷款公司、农村资金互助社；其他包含金融租赁公司、汽车金融公司、货币经纪公司、消费金融公司等。

2. 存款增长放缓。截至2021年末，中外资银行业机构本外币各项存款余额29.3万亿元，同比增长9.5%，高于全国增速0.2个百分点；比年初增加2.6万亿元，同比少增9649亿元，主要是受2020年存款增加高基数效应影响。其中，人民币存款余额增速同比下降6.1个百分点，外币存款余额增速同比提高1.5个百分点。

住户存款增加8609亿元，同比少增1423亿元，除基数效应外，同比少增还由于居民投资理财意识增强。非金融企业存款增加7639亿元，同比少增7977亿元，主要是随着经济社会恢复向好和原材料价格上涨，市场主体生产经营开支逐步恢复正常。广义政府存款增加3496亿元，同比多增2376亿元，主要是地方政府债券发行力度加大所致。非银行业金融机构存款增加5433亿元，同比少增1646亿元。

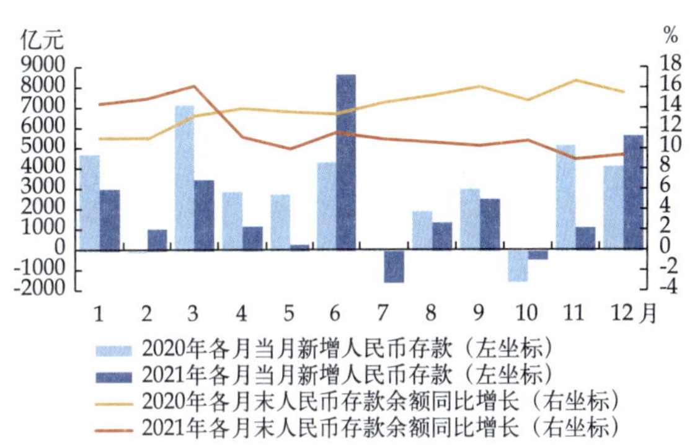

图1　2020—2021年广东省金融机构人民币存款增长情况

（数据来源：中国人民银行广州分行）

3. 贷款增长平稳。截至2021年末，广东省中外资银行业机构本外币各项贷款余额22.2万亿元，同比增长13.6%，高于全国增速2.3个百分点，其中，人民币贷款增速放慢3.2个百分点，外币贷款增速加快0.4个百分点。各项贷款比年初增加2.7万亿元，同比少增1131亿元，比2019年多增4623亿元。

截至2021年末，企事业单位贷款余额同比增长14.3%，增速同比回落4.9个百分点；比年初增加1.6万亿元，同比少增1948亿元。2020年以来延期还本付息贷款逐渐到期，单位短期贷款继续减少。2021年，短期贷款增加1578亿元，同比少增2302亿元。企业投资意愿不足，单位中长期贷款增速回落。2021年，单位中长期贷款比年初增加1.1万亿元，同比少增

1730 亿元。个人综合消费贷款恢复态势良好。截至 2021 年末，广东省个人消费贷款比年初新增 6556 亿元，同比多增 109 亿元。其中，个人综合性消费贷款增加 1688 亿元，同比多增 1044 亿元，占住户贷款增量的 25.8%。

4. 信贷结构优化，支持实体经济力度增强。 基础设施行业和制造业融资需求得到较好满足。截至 2021 年末，基础设施行业单位贷款余额同比增长 16.3%，制造业贷款同比增长 15.4%，比年初分别增加 6729.0 亿元、2740.0 亿元，占全部新增贷款的比重分别为 25.3%、10.3%。制造业中长期贷款比年初新增 2428 亿元。

金融在支持新动能、新产业、新业态方面进展明显，信贷资源向“专精特新”企业倾斜。截至 2021 年末，先进制造业和高技术制造业中长期贷款同比分别增长 35.8% 和 37.2%。科技型中小企业贷款余额 2403 亿元，增加 801 亿元，高新技术企业贷款余额 1.67 万亿元，增加 4965 亿元，专精特新“小巨人”企业贷款余额 216 亿元，增加 42 亿元。

普惠小微贷款量增、面扩。广东省用好用足支小支农再贷款、两项直达实体经济货币政策工具，引导金融机构继续加大对薄弱环节的支持力度。截至 2021 年末，民营企业贷款余额 6.1 万亿元，同比增长 12.0%，占企业贷款余额的 54.5%。普惠小微贷款余额 2.8 万亿元，比年初增加 6837.6 亿元。涉农贷款余额 1.8 万亿元，比年初增加 1947.0 亿元。

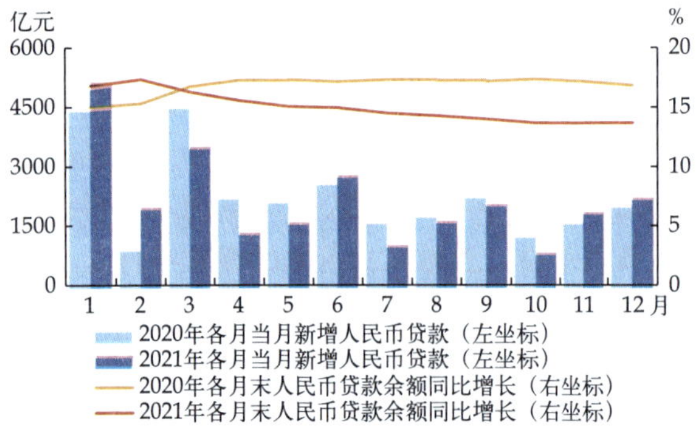

图 2　2020—2021 年广东省金融机构人民币贷款增长情况

（数据来源：中国人民银行广州分行）

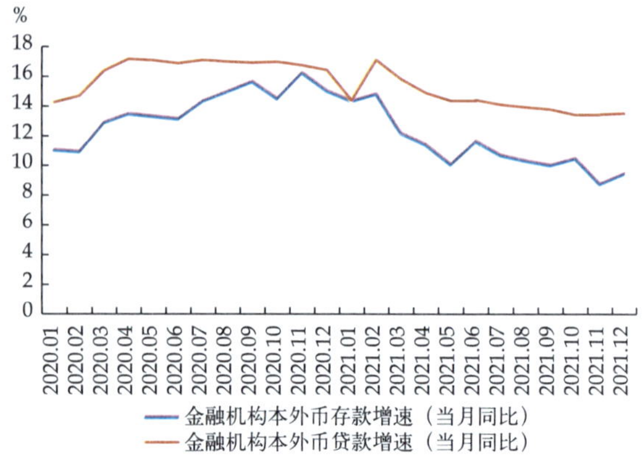

图 3　2020—2021 年广东省金融机构本外币存贷款增速变化

（数据来源：中国人民银行广州分行）

5. LPR 改革为降成本创造有利金融环境。 2021 年 12 月，广东省金融机构新发放人民币贷款加权平均利率为 4.59%，同比下降 0.24 个百分点。其中，普惠口径小微企业贷款加权平均利率 5.65%，同比下降 0.64 个百分点。

贷款利率管理工作持续深入。截至 2021 年末，广东省地方法人银行机构的自营贷款年化利率展示工作全面完成。地方法人金融机构信用卡透支和信用卡分期的年化利率展示工作完成度已达到 100%，金融消费者合法权益得到进一步保护。

表 2　2021 年广东省金融机构人民币贷款各利率区间占比

单位：%

项目		1 月	2 月	3 月	4 月	5 月	6 月
合计		100.0	100.0	100.0	100.0	100.0	100.0
LPR 减点		25.6	26.8	23.4	20.9	22.9	26.3
LPR		6.3	5.6	6.3	4.9	4.5	5.7
LPR 加点	小计	68.1	67.6	70.3	74.2	72.6	68.0
	(LPR，LPR+0.5%)	14.5	15.3	17.8	17.6	16.7	16.0
	[LPR+0.5%，LPR+1.5%)	24.9	24.3	24.4	25.4	24.6	25.5
	[LPR+1.5%，LPR+3%)	11.6	9.5	11.2	12.7	12.6	10.8
	[LPR+3%，LPR+5%)	5.3	4.9	4.8	4.5	4.4	4.2
	LPR+5% 及以上	11.9	13.6	12.1	14.0	14.2	11.5

续表

项目		7月	8月	9月	10月	11月	12月
合计		100.0	100.0	100.0	100.0	100.0	100.0
LPR 减点		21.6	21.3	23.2	22.0	27.0	26.3
LPR		5.1	4.1	5.0	4.3	4.2	4.4
LPR加点	小计	73.3	74.5	71.8	73.7	68.9	69.2
	(LPR，LPR+0.5%)	14.8	14.7	15.4	13.8	15.1	17.2
	[LPR+0.5%，LPR+1.5%)	25.7	25.4	25.7	26.6	24.4	25.9
	[LPR+1.5%，LPR+3%)	12.1	13.3	11.1	11.1	9.6	9.4
	[LPR+3%，LPR+5%)	5.5	5.2	5.5	4.3	4.3	4.3
	LPR+5% 及以上	15.0	15.9	14.1	17.8	15.5	12.4

数据来源：中国人民银行广州分行。

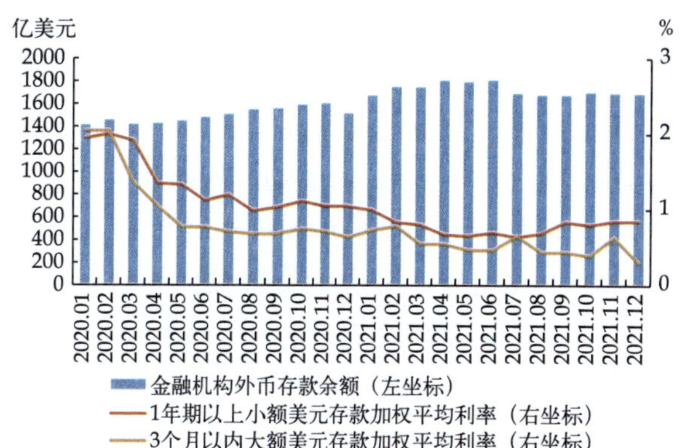

图 4　2020—2021 年广东省金融机构外币存款余额及外币存款利率

（数据来源：中国人民银行广州分行）

专栏 1　“五个强化”全面推进金融支持乡村振兴

2021 年以来，广州分行突出“五个强化”，全面推进金融支持乡村振兴取得积极成效，截至 2021 年末，广东省涉农贷款余额 1.8 万亿元，同比增长 11.7%；新型农业经营主体贷款余额 1383.6 亿元，同比增长 15.6%。

一、强化政策引领，靶向施策助力乡村振兴

强化顶层设计和整体谋划。在全省层面构建“1+N”政策体系，系统推动金融服务乡村振兴工作有效落实。会同相关部门研究制定《关于金融支持全面推进乡村振兴的实施意见》，提出 14 项支持措施，并明确各机构各市县责任，部署 4 个方面配套措施、强调了 4 个层面的组织保障。

完善各地各领域及金融机构政策措施。制定《关于金融支持新型农业经营主体发展的实施意见》《金融支持国家城乡融合发展试验区广清接合片区建设行动方案》，指导辖内地市中支出台金融支持乡村振兴方案意见，推动辖内 8 家主要金融机构制订本系统具体行动方案。

二、强化资金供给，持续提升融资支持力度

加大资金保障。积极发挥货币政策工具精准滴灌引导作用，2021 年，累计向涉农领域发放信贷政策支持再贷款、再贴现 203 亿元；截至 2021 年末，广东省内符合条件的地方法人银行累计为农业经营主体实施普惠小微贷款延期还本付息，延期本金达 120 亿元，发放普惠小微信用贷款 82 亿元；新增脱贫人口小额信贷 3 亿元；推动金融机构累计提供 1.5 万亿元意向性融资支持，促进金融资源与乡村振兴重点项目有效对接。

完善配套措施。推动各地市加强政策联动配合，强化涉农融资配套措施保障，支持当地金融机构加大涉农信贷投放，形成了“乡村振兴信贷风险补偿金 + 人民银行再贷款 + 银行信贷资金”“财政全额贴息 + 人民银行再贷款 + 银行信贷资金”等合作模式。

三、强化融资服务，精准对接多元化金融需求

聚焦农业产业链配置资金链。引导金融

机构开发产业链专属信贷产品，推进生产、供销、信用“三位一体”试点，扩大农村产权抵（质）押融资服务，拓展人民银行中征应收账款融资服务平台在涉农领域应用，打造特色产业链金融产品体系。截至2021年末，“五类抵押物”[①]贷款余额37亿元；58条农业供应链加入中征应收账款融资平台，累计促成融资金额14亿元。

推动新型农业主体信贷增量扩面。推动金融机构积极开展首贷、信用贷业务，提高新型农业经营主体融资可得性。2021年，辖内银行机构发放新型农业经营主体信用贷款310亿元；向新型农业经营主体“首贷户”提供191亿元信贷支持。

打通银企银户融资对接渠道。组织辖内人民银行分支机构梳理汇总超300家银行1400款乡村振兴信贷产品和申请方式，在公开渠道发布，畅通涉农市场主体申请渠道，促进金融政策直达。2021年累计组织涉农专题银企融资对接会1219场、促成融资金额193亿元、惠及涉农企业1.1万家。

四、强化金融基础设施建设，促进金融资源下沉

深入推进农村信用体系建设。深入开展信用户、信用村、信用镇评定和创建，截至2021年末，推动评定信用户466万户、信用村1.3万个；依托“农融通”平台采集更新680万户农户信用信息，运用“粤信融”征信平台采集新型农业经营主体信用信息，推进新型农业经营主体信用体系建设。支持金融机构采取“整村授信”融资模式加强对信用村信贷支持。截至2021年末，金融机构对已建立信用档案的农户和新型农业经营主体累计分别提供融资2486亿元、130亿元。

持续改善农村支付环境。加快建设移动支付示范镇，推动移动支付民生运用，提升农村普惠金融服务水平。截至2021年末，广东省累计建成200个移动支付示范镇。持续推进银行卡助农取款服务点提质增效，实现农村地区银行网点支付清算系统100%全覆盖。

五、强化工作创新，拓宽普惠金融服务乡村振兴途径

结合广东省驻镇帮镇扶村、行领导定点联系涉农县等专项工作，在云浮市郁南县创新开展金融顾问驻村服务专项行动，覆盖该县所有行政村（社区），累计开展金融政策宣传活动167次，受众人数5万人次。2021年，金融顾问累计走访农户2.2万户，建立6439个金融服务档案，发放贷款4亿元。在此基础上，引导辖内金融系统通过驻镇扶村工作机制，发挥“党建+金融”合力，促进金融资源下沉，精准对接乡村振兴金融服务需求。

（二）证券市场平稳发展，上市公司直接融资规模扩大

2021年，总部设在广东省内的证券公司、基金公司和期货公司分别为28家、36家和22家，证券公司总部减少1家，基金公司总部新增1家，期货公司数量稳定。上市公司直接融资效率提升。截至2021年末，广东省在国内上市公司家数达762家，比上年新增85家。2021年上市公司通过境内市场累计筹资5856亿元，同比增长27.9%，其中，非金融企业在境内股票融资1749亿元，同比增长24.4%；上市公司通过沪深交易所发行公司债、可转债筹资1698亿元。

---

① 五类抵押物包括农村土地承包经营权、宅基地使用权、农村集体经营性建设用地使用权、养殖圈舍、生猪肉牛和狮头鹅活体。

表 3　2021 年广东省证券业基本情况

项目	数量
总部设在辖内的证券公司数（家）	28
总部设在辖内的基金公司数（家）	36
总部设在辖内的期货公司数（家）	22
年末国内上市公司数（家）	762
当年国内股票（A 股）筹资（亿元）	5856
当年发行 H 股筹资（亿元）	361
当年国内债券筹资（亿元）	9070
其中：短期融资券筹资额（亿元）	870
中期票据筹资额（亿元）	2352

数据来源：中国人民银行广州分行、广东证监局、深圳证监局。

注：当年国内债券融资指非金融企业净债券融资额；当年国内股票（A 股）筹资额指非金融企业境内股票融资。

（三）保险业发展平稳，保障力度持续加强

2021 年，全省保费收入 5579 亿元，同比增长 4.1%；赔付支出 1881 亿元，同比增长 20.1%；保险业总资产 1.9 万亿元，同比增长 11.1%；提供风险保障金额 1845.7 万亿元，同比增长 36.7%。农险高质量发展服务乡村振兴战略。2021 年，农业保险保费及保额增速创近十年新高，累计为 912 万农户提供风险保障 2032 亿元，赔付支出同比增长 74.7%，受益农户 123.6 万户次。搭建“12+8+3+N”险种体系，基本覆盖全省农业生产主要品种。健全多层次医疗养老保障体系。大病保险承保范围及赔付力度覆盖 7558 万城乡居民，人均医疗负担下降 13.3 个百分点。城市定制型商业医疗保险在辖内 20 个地市全面铺开，承保 1204 万人，广州穗岁康、珠海大爱无疆、佛山佛医保三个项目入选全国八大多层次医疗保障综合创新优秀案例。

表 4　2021 年广东省保险业基本情况

项目	数量
总部设在辖内的保险公司数（家）	35
其中：财产险经营主体（家）	16
寿险经营主体（家）	11
保险公司分支机构（家）	187
其中：财产险公司分支机构（家）	83
寿险公司分支机构（家）	104
保费收入（中外资，亿元）	5579.2
其中：财产险保费收入（中外资，亿元）	1616.1
人身险保费收入（中外资，亿元）	3903.1
各类赔款给付（中外资，亿元）	1881.1

数据来源：广东银保监局、深圳银保监局。

注：保险公司分支机构家数为省级分公司以上保险公司。

（四）社会融资规模扩大，金融改革开放持续推进

1. 社会融资规模持续扩大，直接融资增长较快。2021 年，广东省新增社会融资规模 3.8 万亿元，同比少增 2848 亿元，比 2019 年多增 8731 亿元。从增长节奏上看，上半年广东省实体经济恢复态势较好、上年同期基数较高，社会融资规模同比少增 4745 亿元。下半年以来，实体经济面临需求收缩、供给冲击、预期转弱三重压力，社会融资规模增长稳定性不断增强，同比多增 1897 亿元。

受政府债券融资增长拉动，2021 年直接融资规模累计增加1.1 万亿元，同比多增1447 亿元。其中，地方政府债券发行力度加大，支持疫情防控和重大项目建设，2021 年累计新增 5045 亿元，同比多增 1756 亿元。

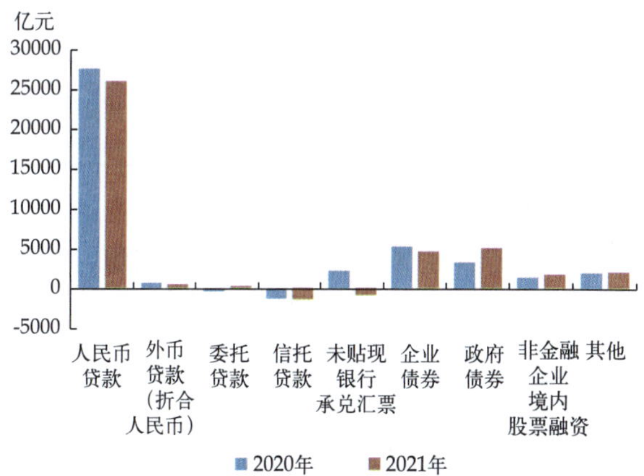

图 5　2020—2021 年广东省社会融资规模分布结构

（数据来源：中国人民银行广州分行）

2. 债券发行和交易规模增长趋缓。2021年，广东省在银行间市场发行各类债券2.2万亿元，同比增长20.6%，加权平均发行利率3.17%，同比上升0.15个百分点。其中，企业发债利率3.08%，同比上升0.17个百分点。

2021年，广东省在银行间市场债券回购交易金额397.7万亿元，同比增长15.7%。净融入资金65.9万亿元。12月质押式隔夜回购加权平均利率1.99%，比年初上升0.83个百分点；买断式隔夜回购加权平均利率1.96%，比年初上升0.74个百分点。2021年，债券现券交易金额同比减少8.54%。

3. 汇票承兑业务增速加快，票据贴息利率低位趋稳。2021年，广东省银行承兑汇票承兑业务累计发生额同比增长15.6%，增速趋于平稳，主要是受基数效应，以及全年信贷供给增长稳定等因素影响。2021年广东省票据贴现（含转贴现）业务量同比增长10.3%，票据市场利率趋于下降，银行承兑汇票贴现利率同比下降0.81个百分点，商业承兑汇票贴现利率同比下降0.28个百分点。

表5 2021年广东省金融机构票据业务量统计

单位：亿元

季度	银行承兑汇票承兑		贴现			
			银行承兑汇票		商业承兑汇票	
	余额	累计发生额	余额	累计发生额	余额	累计发生额
1	12818.56	5070.95	10801.61	23238.75	1437.22	3319.18
2	13261.26	12083.60	10113.56	52749.70	1643.12	8589.75
3	14120.64	18489.68	9747.89	77738.85	1844.26	12972.96
4	14881.32	25269.65	9817.76	98846.71	1240.37	16387.56

数据来源：中国人民银行广州分行。

表6 2021年广东省金融机构票据贴现、转贴现利率

单位：%

季度	贴现		转贴现	
	银行承兑汇票	商业承兑汇票	票据买断	票据回购
1	3.3324	4.6047	3.2265	2.1891
2	2.8241	4.3523	2.9473	2.0850
3	2.4952	3.9916	2.7429	2.1331
4	2.1626	4.1898	2.1207	2.1576

数据来源：中国人民银行广州分行。

4. 跨境资金净流入大幅增加。外贸强劲增长，带动跨境收支快速增长。2021年，广东省跨境收支顺差2355亿美元，其中，经常项目收支顺差2472亿美元。“跨境理财通”试点落地以来保持较高热度，累计完成跨境资金结算金额5亿元。全年办理跨境人民币结算业务5.30万亿元，同比增长28.8%。

（五）普惠金融基础设施建设不断完善，强化科技赋能普惠发展

1. 充分发挥“粤信融”征信平台融资对接优势，缓解小微企业融资难题。2021年，“粤信融”累计促成银企对接17.9万笔、金额2582亿元。依托“粤信融”征信平台，创新建立“粤信融”政策支持系统，成功对接广州市普惠贷款风险补偿机制项目，有力促进政府支持政策快速精准落地，直达有需求的市场主体，降低小微企业融资成本。2021年，累计辅助银行机构办理信用贷款金额370亿元。

2. 加快推进农村信用体系建设。依托“农融通”平台，深入开展信用户、信用村、信用镇评定和创建。截至2021年末，“农融通”平台在全省累计采集680万农户、3.1万个新型农业经营主体信息，推动评定信用户466万户、信用村1.3万个。同时，指导金融机构运用“农融通”加大对守信涉农主体的信贷支持。截至2021年末，金融机构对已建立信用档案的农户和新型农业经营主体累计提供融资2615亿元。

3. 推广应用中征应收账款融资服务平台（以下简称中征平台）。通过推动中征平台与广东省政府采购智慧云平台、商业银行及核心企业系统对接，促进应收账款融资业务和“政采贷”业务发展，切实提高中小微企业融资的获得感和可得性，切实支持实体经济发展。2021年，中征平台在广东省（不含深圳）共促成融资7977笔、金额1096亿元，其中政采贷业务金额10亿元。

4. 移动支付助力乡村振兴取得良好进展。截至2021年末，全省（不含深圳）共建成移动支付示范镇200个，累计发生银联标准移动支付交易金额9亿元。坚持“民生支付先行”，

指导银行机构、支付机构积极打造移动支付便民场景，对助农取款服务点进行升级改造，促进城乡金融服务均等化发展。截至 2021 年末，广东省存量银行卡助农取款服务点 2.2 万个，共发生助农取款交易金额 24 亿元，转账金额 14 亿元。

表 7　2020—2021 年广东省支付体系建设情况表

年份	支付系统直接参与方（个）	支付系统间接参与方（个）	支付清算系统覆盖率（%）	当年大额支付系统处理业务数（万笔）	同比增长（%）
2020	58	9207	—	10377.7	61.1
2021	58	9242	—	9244.7	10.9

年份	当年大额支付系统业务金额（亿元）	同比增长（%）	当年小额支付系统处理业务数（万笔）	同比增长（%）	当年小额支付系统业务金额（亿元）	同比增长（%）
2020	12734727.0	14.3	84822.5	24.5	381325.9	160.6
2021	14330329.0	12.5	100053.0	18.0	436999.6	14.6

数据来源：中国人民银行广州分行。

二、经济运行情况

2021 年，广东省经济持续恢复，民生保障有力，发展预期目标顺利完成，实现“十四五”良好开局。全年地区生产总值 12.4 万亿元，同比增长 8%，两年平均增长 5.1%。

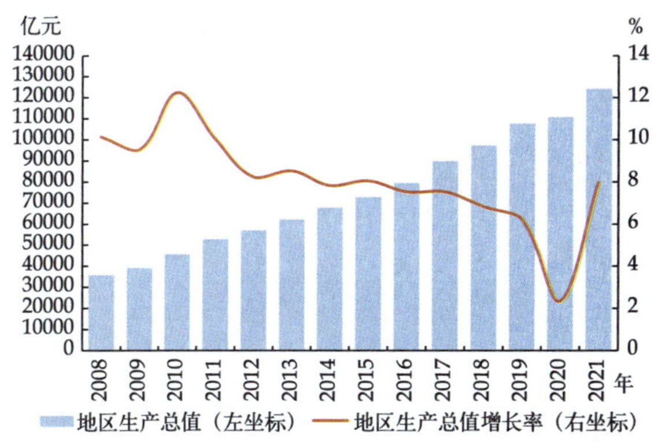

图 6　2008—2021 年广东省地区生产总值及其增长率

（数据来源：广东省统计局）

（一）内需持续回暖，外需增长态势较好

1. 固定资产投资保持增长，工业投资增速较高。2021 年，广东省完成固定资产投资同比增长 6.3%，两年平均增长 6.6%。民间投资信心提升，投资额同比增长 7.8%，高于整体水平 1.5 个百分点。工业投资同比增长 19.5%。分产业看，高技术制造业投资同比增长 24.8%，其中，电子及通信设备制造投资增长 34.4%。先进制造业投资同比增长 24.6%，其中，石油及化学产业投资增长 52.6%。受原材料价格上涨、隐性债务监管趋严等因素影响，广东省基础设施投资持续放缓，累计同比下降 2.4%，两年平均增长 4.3%。

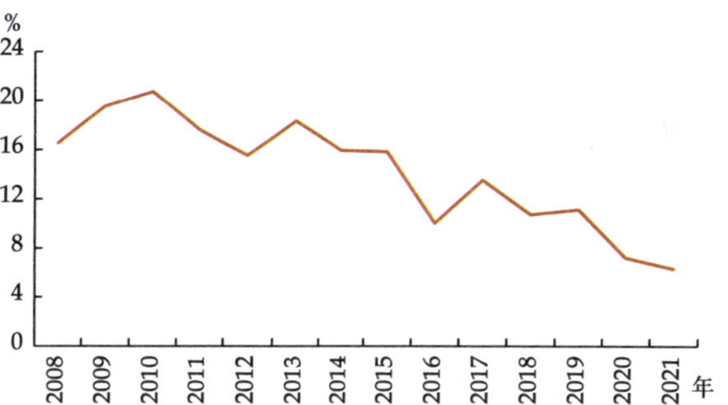

图 7　2008—2021 年广东省固定资产投资（不含农户）增长率

（数据来源：广东省统计局）

2. 消费增长持续回暖，线上消费拉动效应持续增强。2021 年，广东省实现社会消费品零售总额 4.4 万亿元，同比增长 9.9%，两年平均增长 1.4%。乡村消费恢复好于城镇，消费品零售额同比增长 22.3%，两年平均增长 6.8%，城镇消费品零售额同比增长 8.4%，两年平均增长 0.8%。

尽管面临连续短期局部疫情，但随着疫情管控常态化，服务消费回暖。餐饮收入两年平均下降 3.1%，降幅显著收窄。线上消费对消费拉动效应持续增强，限额以上单位通过公共网络实现的商品零售额同比增长 22.5%，总量占限额以上单位商品零售的 28.9%，较上年提高 2.4 个百分点。

图 8　2008—2021 年广东省社会消费品零售总额及其增长率

（数据来源：广东省统计局）

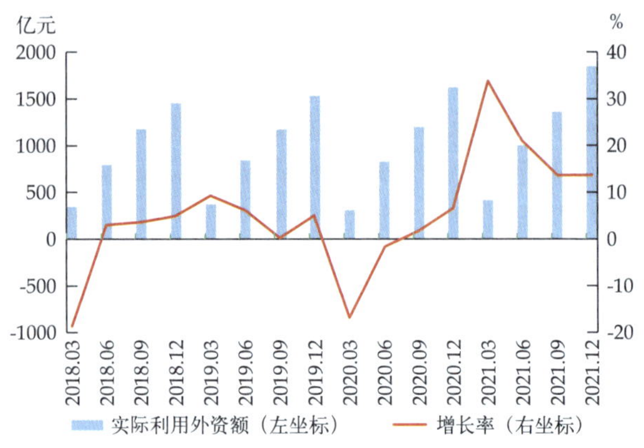

图 10　2018—2021 年广东省实际利用外资变动情况

（数据来源：广东省统计局）

3. 进出口延续较好增长态势，贸易方式进一步优化。2021 年，广东省外贸进出口总额 8.3 万亿元，同比增长 16.7%，两年平均增长 7.5%，比 2019 年同期高 7.8 个百分点。出口两年平均增长 7.9%，进口两年平均增长 6.9%，分别比 2019 年高 6.3 个和 9.9 个百分点。其中，机电产品和高新技术产品进口规模较大，同比分别增长 13.2% 和 15.9%。一般贸易进出口两年平均增长 11%，占广东省外贸总值的 52.3%，较上年提升 1.1 个百分点。外贸新业态方面，保税物流方式进出口两年平均增长 12.6%，占广东省外贸总值的 15.8%，较上年同期提升 0.3 个百分点。

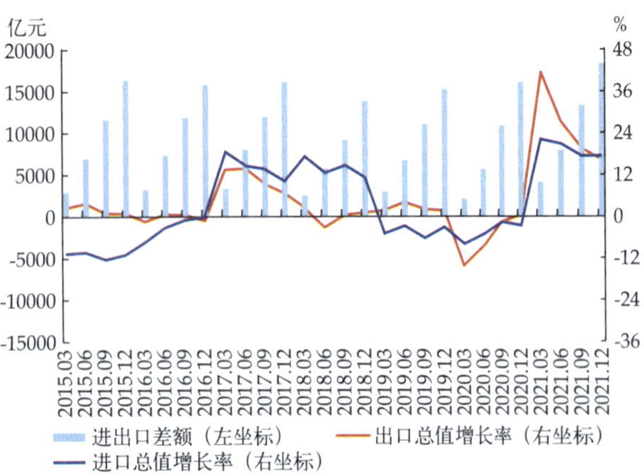

图 9　2015—2021 年广东省外贸进出口季度变动情况

（数据来源：广东省统计局）

（二）供给端稳中有进，三大产业增势平稳

2021 年，广东省产业结构继续优化，三次产业结构为 4.0 ∶ 40.4 ∶ 55.6。其中，第一、第二产业加快恢复，第三产业受疫情影响仍呈现回落趋势。第一、第二、第三产业增加值两年平均增速分别为 5.8%、5.2% 和 4.9%。

1. 农业生产形势良好，乡村振兴取得新成效。2021 年，广东省粮食再获丰收，全省粮食总产量 1279.9 万吨，产量创近九年最高水平。全面实施乡村振兴战略，全省农林牧渔业总产值 8369 亿元，增长 9%，粮食播种面积 3320 万亩、总产量 1280 万吨，实现面积、产量、单产“三增”。新增全国农业现代化示范区 5 个、全国优势特色产业集群 3 个、国家和省级现代农业产业园 76 个。加快补齐农村基础设施短板，新改建公路超过 3300 公里，改造危旧桥 545 座，光纤接入用户超过 1100 万户。全面开展驻镇帮镇扶村，全域覆盖 1127 个乡镇、近 2 万个行政村。

2. 工业生产增势平稳，制造业生产加快恢复。2021 年，广东省规模以上工业增加值 3.8 万亿元，同比增长 9%，两年平均增长 5.2%，增速基本恢复到疫情前水平。其中，受益于出口需求旺盛和开拓内需市场，外商及港澳台商投资企业改变往年增长低迷态势，生产保持持续扩张，两年平均增长 4.3%。

行业增长面扩大，汽车制造业生产加快恢复。广东省在产大类行业增长面 92.3%，比前三季度提高 2.6 个百分点。支柱行业中，电器机械和器材制造业、汽车制造业恢复情况好于整体规模以上工业，增加值同比分别增长 13.4%、9.4%。高技术制造业增加值同比增长 6.9%，占规模以上工业增加值比重为 29.9%，先进制造业增加值同比增长 6.5%，占规模以上工业增加值比重为 54.2%。

工业企业创收能力增强，经济效益持续向好。2021 年，广东省规模以上工业企业实现营业收入 17 万亿元，同比增长 13.6%，两年平均增长 6.6%。行业增长面保持较高水平，全省规模以上工业 39 个在产行业大类中，37 个行业营业收入实现增长。规模以上工业企业利润总额首次突破万亿元大关，达 1.1 万亿元，同比增长 16.1%，两年平均增长 9.5%。

图 11　2008—2021 年广东省规模以上工业增加值增长率

（数据来源：广东省统计局）

3. 服务业生产持续改善，规模以上服务业营业收入增长明显。2021 年，广东省服务业增加值 6.9 万亿元，同比增长 7.5%，增速比上年上升 5 个百分点；服务业增加值占地区生产总值比重为 55.6%，其中，现代服务业增加值占服务业增加值比重为 65.7%，同比提升 0.1 个百分点。疫情多点散发下，接触式消费继续走弱，批发和零售业、住宿和餐饮业增加值同比分别增长 10.6% 和 10.9%。规模以上服务业企业营业收入 3.7 万亿元，同比增长 20.1%。

4. 产业数字化转型不断加快，现代产业核心竞争力进一步提升。2021 年，全省研发经费支出超过 3800 亿元，占地区生产总值的 3.1%，区域创新综合能力连续五年居全国首位，发明专利有效量、PCT 国际专利申请量稳居全国第一，国家高新技术企业突破 6 万家。截至 2021 年末，推动 8500 家工业企业开展设备更新和技术改造投资，2 万家规模以上工业企业实现数字化转型，20 个战略性产业集群支撑作用凸显，增加值约占地区生产总值的三分之一。

5. 生态文明建设持续推进，绿色低碳发展水平不断提高。2021 年，广东省聚焦水、大气、土壤等重点领域持续攻坚，新建污水管网 7658 公里，基本消除国家挂牌督办的 527 条黑臭水体。加大臭氧污染治理力度，空气质量优良天数比率（AQI）达 94.3%，PM2.5 平均浓度为 22 微克 / 立方米。推进“净土保卫战”，新增生活垃圾日处理能力 1.4 万吨，新增危险废物利用处置能力 145.8 万吨 / 年。大力推进绿色制造、清洁生产，加快能源结构调整，新投产海上风电 549 万千瓦、光伏发电 225 万千瓦、抽水蓄能 70 万千瓦。

（三）居民消费价格平稳，工业生产者价格持续增长

1. 居民消费价格小幅上涨。2021 年，广东省居民消费价格同比上涨 0.8%，涨幅比上年回落 1.8 个百分点。消费价格上涨幅度较大的前三个类别是交通通信、教育文化娱乐、居住，同比分别增长 4.4%、1.8% 和 0.4%。食品烟酒价格同比下降 0.6%。

2. 生产价格涨幅较大。2021 年，广东省工业生产者出厂价格同比上涨 3.4%，比上年提高 4.4 个百分点。工业生产者购进价格同比上升 8%，比上年提高 10.8 个百分点。

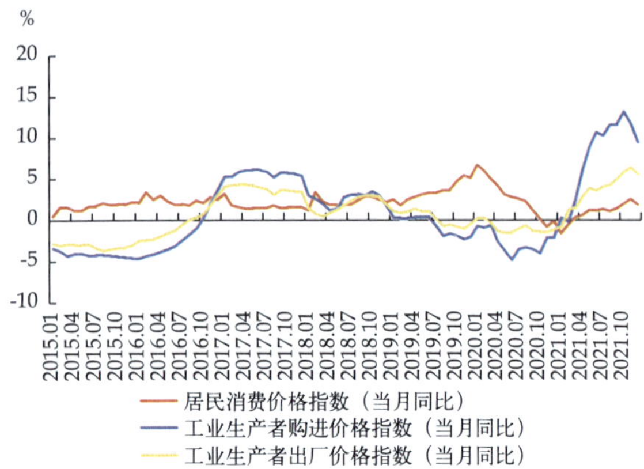

图 12　2015—2021 年广东省居民消费价格指数和生产者价格指数变动趋势

（数据来源：广东省统计局）

（四）财政收支运行平稳，民生保障有力

1. 财政收支运行平稳。2021 年，广东省地方一般公共预算收入 1.4 万亿元，同比增长 9.1%。其中，税收收入同比增长 9.1%。财政支出向民生领域倾斜。2021 年，广东省地方一般公共预算支出同比增长 4.2%。其中，民生类支出同比增长 5.5%，占一般公共预算支出的 70.3%，同比提高 0.9 个百分点。教育、社会保障和就业支出分别增长 8.0%、18.1%。

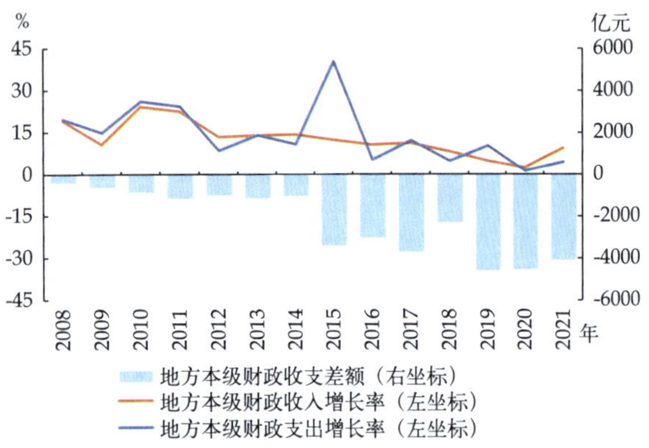

图 13　2008—2021 年广东省财政收支状况

（数据来源：广东省统计局）

2. 居民收入平稳增长，就业形势稳中向好。2021 年，广东省政府全面实施民生实事，出台 3.0 版“促进就业九条”，实施高校毕业生就业创业十大行动，以及“粤菜师傅”“广东技工”“南粤家政”三项工程培训。全年实现居民人均可支配收入 4.5 万元，同比名义增长 9.7%。全省城镇新增就业 140 万人，接近恢复至 2019 年同期水平；城镇调查失业率平均值为 4.9%，处于控制目标区间。

（五）房地产市场销售回落，房地产金融总体平稳运行

1. 房地产投资持续放缓。2021 年，广东省房地产开发投资累计达 1.7 万亿元，同比增长 0.9%，比上年回落 8.3 个百分点。其中，土地购置费增速比上年下降 20.4 个百分点；商品住宅开发投资增速比上年回落 5.3 个百分点。

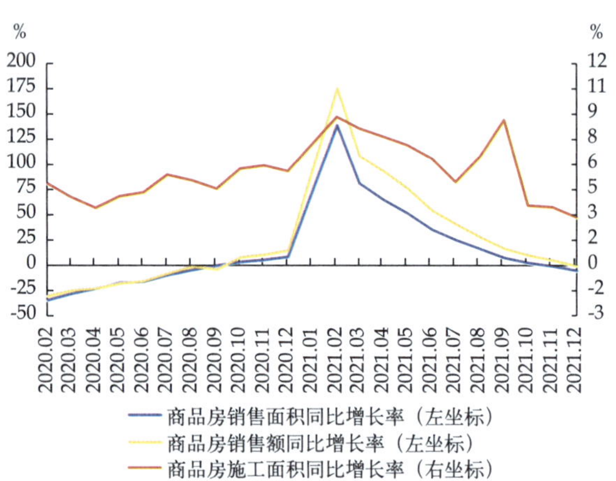

图 14　2020—2021 年广东省商品房施工和销售变动趋势

（数据来源：广东省统计局）

2. 房地产市场供销均回落。2021 年，广东省房屋施工面积 94247.5 万平方米，同比增长 2.8%，增速比上年回落 2.7 个百分点，其中，新开工面积增速比上年下降 12.4 个百分点。2021 年，广东省商品房销售面积 14011.3 万平方米，同比下降 6%；商品房销售额 22320.3 亿元，同比下降 1.1%。

3. 房地产金融总体平稳运行。一是房地产贷款增长稳中趋缓。截至 2021 年末，广东省房地产贷款余额 7.2 万亿元，同比增长 9%。二是

房地产贷款集中度平稳下降。截至2021年末，广东省房地产贷款余额占各项贷款余额的比重同比下降1.4个百分点；个人住房贷款余额占各项贷款余额的比重同比下降0.8个百分点。

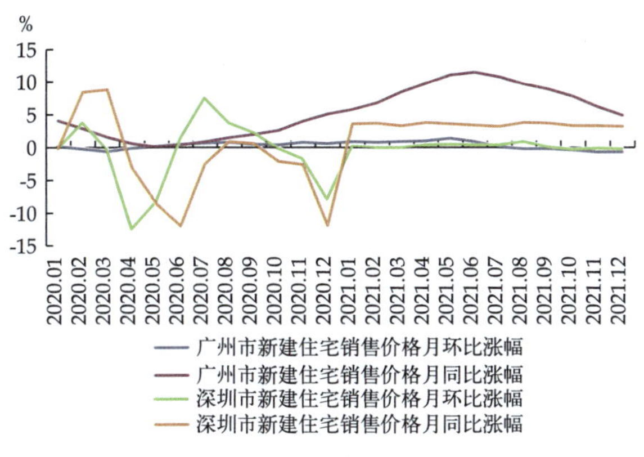

图15 2020—2021年广州市和深圳市新建住宅销售价格变动趋势

（数据来源：国家统计局）

（六）“双区”建设扎实推进，横琴、前海建设持续深入

2021年，广东省以更大魄力在更高起点上推进改革开放，增创开放型经济新优势。以粤港澳大湾区建设为“纲”，强化与港澳规则衔接、机制对接，深入实施“湾区通”工程，广州期货交易所、“跨境理财通”业务试点、首批湾区标准目录、首次大湾区律师执业考试等重大改革落地见效。全力推动深圳先行示范区建设，出台22项省级支持措施，深圳综合改革试点首批40项授权事项大部分落地并在全国推广，广深“双城”联动首批27项重点合作项目和七大领域专项合作扎实推进。全面落实横琴、前海两个合作区建设方案，出台实施省级若干支持措施，组建运行横琴合作区管委会、执委会和省委、省政府派出机构，优化前海合作区管理体制。

专栏2 2021年广东省绿色金融发展情况

广东省以夯实绿色金融“五大支柱”为重点，多措并举推动广东省绿色金融改革创新纵深发展。

一、强化绿色金融发展的总体工作部署

统筹谋划“以广州绿色金改试验区为中心点、以粤港澳大湾区为核心圈、以粤东西北地区为外围圈”的“一点两圈”绿色金融发展思路，推动全省绿色金融差异化协同发展。将发展绿色金融写入广东省金融改革发展“十四五”规划等重大规划文件，形成了有利于绿色金融发展的良好政策环境。

二、推动绿色金改试验区建设继续走在全国前列

广州市花都区、开发区出台并落实“1+4”“金融十条”等绿色金融专项配套政策，绿色发展奖励资金累计兑现超6亿元。金融机构在穗设立绿色支行、绿色金融事业部、气候支行等26家绿色金融专营机构。广州期货交易所、广州碳排放权交易所等碳金融平台建设稳步推进，有序探索建设环境权益交易市场。广州南沙区加快申报全国首批应对气候变化投融资试点、花都区加快设立粤港澳大湾区绿色金融实验室。

三、加快构建绿色金融激励约束机制

创新和灵活运用再贴现货币政策工具，在再贴现总额度中单列优先满足绿色票据贴现的额度。修订发布《广东省银行业法人金融机构绿色金融评价实施细则》，按季对138家法人金融机构开展绿色金融评价，将评价结果纳入央行评级、广东省银行业机构综合评估。

四、不断完善绿色金融基础设施

依托“粤信融”平台，建成并完善集绿色项目申报、融资对接、财政奖补等多项功能于一体的“绿穗通”系统。建设绿色科技型企业的技术翻译系统——“绿融通”系统，有效解决银企在绿色技术方面的信息不对称问题。依托广州碳排放权交易所，开展碳排放权交易人民币跨境结算业务，便利更多的境外投资者参与广东省碳市场交易。

五、深入推进绿色金融标准体系建设

参与金融机构环境信息披露指南、环境权益融资工具等两项国家层面绿色金融标准研究编制工作，并推动率先在广东省落地实施。碳排放权抵质押融资标准、基于林业碳汇的生态补偿机制、绿色供应链金融服务指南、低碳评级等省级层面绿色金融标准在全省落地实施、复制推广。

六、不断丰富绿色金融产品

绿色信贷方面，创新推出“可再生能源补贴确权贷款”“绿色电桩融”“生态公益林补偿收益权质押贷款”“环卫贷”等40多个绿色信贷产品。绿色债券方面，广东省企业发行全国首批碳中和债、全国首单挂钩碳市场履约债券、全国首只公募碳中和资产支持商业票据、全国首只碳中和乡村振兴绿色中期票据。

七、有序推进金融机构环境信息披露试点工作

大湾区内地13家法人银行机构试点联合开展环境信息披露，将试点机构环境信息披露报告在“粤信融”平台集中挂网、公开发布，打造了国内首个由区域统一组织、集中公开展示的金融机构环境信息披露模式。目前，金融机构环境信息披露工作按照“先试验区、后大湾区、再全省”的路径稳妥有序地开展。

八、加大对碳达峰碳中和的金融支持力度

广东省落地了全国首批碳减排支持工具和支持煤炭清洁高效利用专项再贷款政策、首单“碳账户＋供应链金融”相结合的“绿色碳链通”融资模式，发布了《广东金融业落实碳中和行动目标倡议》，建成全国首个金融机构“零碳网点”，目前全省“零碳网点”达46个，累计完成5287吨二氧化碳抵消。

九、深化粤港澳大湾区绿色金融合作

大湾区城市轨道交通企业成功在香港发行美元绿色债券，大湾区风力发电企业发行澳门市场首笔非金融企业绿色债券。联合澳门有关方面制定并发布《内地非金融企业赴澳门发行绿色债券流程参考》，获澳门金融监管局官网转载，为内地更多非金融企业到澳门开展跨境绿色融资提供政策参考和操作指引。成立大湾区绿色金融联盟并成功举办2021年年会，进一步发挥大湾区绿色金融联盟研究、交流、合作的平台作用。

三、预测与展望

总的来看，2021年广东省面对复杂的国内外经济形势，克服新冠肺炎疫情、国际产业链物流链阻滞以及大宗商品价格持续上行等因素带来的不利影响，经济增速保持良好恢复势头，“六稳”“六保”成效显著。但当前疫情变化叠加外部环境更趋复杂，我国经济发展面临需求收缩、供给冲击、预期转弱三重压力，广东省维持经济平稳增长趋势面临的挑战更大。广东省将坚持稳字当头、稳中求进，做好2022年经济社会发展工作，努力实现地区生产总值增长预期目标。

从经济运行看，在需求端，随着疫情影响趋弱，对旅游、购物等领域的补偿性消费会得到进一步的释放，带动居民消费复苏；随着部分国家逐步退出疫情防控政策，推动工业生产恢复，外需订单转移减少，广东省外贸出口维持高增长趋势难度增加；在供给端，国际局势紧张、能源供应和省内个别企业经营情况的变化可能造成供给冲击；地方重点项目建设将成为刺激工业加快生产的主要动力。加快粤港澳大湾区建设，全面推进乡村振兴，持续扩大新经济规模，都将充分发挥双循环促进作用，成为支持2022年经济增长的新动能。

从金融运行看，我国稳健货币政策将坚持稳字当头、稳中求进，加大跨周期调节力度，支持经济高质量发展。全省信贷总量将平稳增长，满足实体经济的合理融资需求。信贷结构持续优化，保持企业综合融资成本稳中有降态势，不断加强服务实体经济能力。社会融资规模将继续保持合理增速，直接融资效率持续提升。金融风险将逐步缓释降低，金融业总体保持平稳运行。

中国人民银行广州分行货币政策分析小组

总　　纂：白鹤祥　陈玉海

统　　稿：张　皓　肖　跃

执　　笔：胡逸闻　吴国兵　黄载良

提供材料：陈　瑞　唐瑞颖　黄　珊　赵　晗　史　琳　谢青华　叶智雯　谢巧茵　何达之　李　思　王昭彤　刘　宇　叶俊华　黎叶子　邱全山　孙　犇　谭　君　戈志武　甘启利　陈亚东　胡　晖　蔡嘉琳

附录：

（一）广东省经济金融大事记

3月31日，人民银行广州分行、广东省税务局联合出台《广东省跨境人民币银联电子缴税入库操作规程（试行）》。

4月19日，广州期货交易所揭牌仪式在广州举行，成为中国内地第五家期货交易所。

6月21日，深圳证券交易所首批4只公开募集基础设施证券投资基金正式上市，标志着国内公募REITs试点工作正式落地。

7月16日，广东省人民政府印发《广东省金融改革发展“十四五”规划》。

7月26日，人民银行广州分行、国家外汇管理局广东省分局举办广东省本外币合一银行结算账户体系试点新闻发布会，正式在广州启动本外币合一银行结算账户体系试点。

9月10日，广东省政府新闻办举行粤港澳大湾区“跨境理财通”新闻发布会，粤港澳大湾区“跨境理财通”正式落地。

12月8日，广东省在全国率先实现常备借贷便利DVP结算全覆盖。

12月15日，广东省人民政府印发《广东省人民政府办公厅关于金融支持全面推进乡村振兴的实施意见》。

（二）广东省主要经济金融指标

表 1　2021 年广东省主要存贷款指标

	项目	1月	2月	3月	4月	5月	6月	7月	8月	9月	10月	11月	12月
本外币	金融机构各项存款余额（亿元）	271633.4	273222.3	274796.6	276225.8	276290.4	285246.7	282912.2	284248.3	286822.2	286387.1	287487.4	293169.2
	其中：住户存款	90653.8	91520.1	94095.9	93105.6	93455.5	96157.6	94172.7	94021.6	96518.0	94433.5	95218.7	97598.6
	非金融企业存款	104896.8	104000.7	104894.4	105086.6	102933.9	108353.2	105917.9	106991.0	106468.1	105679.3	106653.6	110133.5
	各项存款余额比上月增加（亿元）	3995.2	1588.9	1574.3	1429.2	64.5	8956.3	-2334.5	1336.1	2573.9	-435.1	1100.3	5681.8
	金融机构各项存款同比增长（%）	14.4	14.9	12.3	11.5	10.2	11.7	10.8	10.4	10.1	10.6	8.9	9.5
	金融机构各项贷款余额（亿元）	201205.8	203258.2	206821.3	208011.5	209663.9	212518.1	213766.5	215449.7	217672.3	218223.2	219972.0	222234.3
	其中：短期	45512.8	45615.7	46351.2	46200.3	46063.1	46987.0	46812.8	46881.8	47261.8	47181.5	47573.7	47595.0
	中长期	141718.5	143725.8	146183.0	147475.7	148823.1	150797.7	151973.5	153359.6	154996.7	155678.0	156725.0	157965.1
	票据融资	7637.8	7581.4	7907.6	7912.6	8041.9	8103.9	8112.8	8365.0	8419.2	8538.0	8823.6	9648.5
	各项贷款余额比上月增加（亿元）	5525.3	2052.4	3563.1	1190.2	1652.3	2854.2	1248.4	1683.1	2222.6	550.9	1748.8	2262.3
	其中：短期	942.9	102.9	735.5	-151.0	-137.2	923.9	-174.2	69.0	380.0	-80.2	1791.8	21.3
	中长期	4066.8	2007.2	2457.3	1292.7	1347.4	1974.6	1175.9	1386.1	1637.0	681.3	1047.0	1240.1
	票据融资	248.8	-56.4	326.2	4.9	129.3	62.0	8.9	252.1	54.3	118.8	285.5	825.0
	金融机构各项贷款同比增长（%）	16.6	17.2	15.9	14.9	14.4	14.5	14.2	14.0	13.8	13.5	13.5	13.6
	其中：短期	14.1	13.5	10.1	7.9	5.5	6.1	5.9	6.3	6.0	6.4	6.4	6.8
	中长期	18.6	19.4	19.1	18.6	18.6	18.3	17.7	17.2	16.6	15.9	15.4	14.8
	票据融资	6.3	9.9	6.7	4.7	3.0	5.7	6.2	8.3	13.2	14.8	23.2	30.6
	建筑业贷款余额（亿元）	4857.1	4991.5	5106.3	5183.7	5195.3	5228.1	5196.8	5252.7	5336.4	5337.9	5328.1	5261.4
	房地产业贷款余额（亿元）	19844.3	20139.5	20319.2	20326.5	20339.7	20317.8	20260.4	20275.1	20331.8	20398.9	20167.7	20027.0
	建筑业贷款同比增长（%）	21.0	20.0	19.5	18.5	15.7	16.4	15.7	13.0	11.3	11.2	11.1	12.1
	房地产业贷款同比增长（%）	21.7	16.7	18.2	12.5	11.8	10.7	9.4	7.9	7.2	7.3	6.2	5.8
人民币	金融机构各项存款余额（亿元）	260910.0	262007.4	263420.9	264643.4	264967.2	273662.4	272095.3	273501.8	276056.3	275622.1	276786.6	282489.3
	其中：住户存款	89673.7	90534.6	93104.3	92135.3	92505.7	95193.4	93213.8	93065.0	95563.4	93489.7	94266.4	96634.1
	非金融企业存款	99772.0	98793.2	99777.3	99737.8	97677.1	103088.0	100846.8	101807.2	101123.9	100137.6	100956.2	104492.7
	各项存款余额比上月增加（亿元）	3058.4	1097.4	1413.5	1222.5	323.8	8695.2	-1567.0	1406.4	2554.5	-434.2	1164.5	5702.7
	其中：住户存款	1690.6	861.0	2569.6	-969.0	370.4	2687.8	-1979.7	-148.8	2028.1	-2073.7	776.7	2367.7
	非金融企业存款	1958.4	-978.7	984.1	-39.5	-2060.7	5411.0	-2241.2	960.4	-683.2	-986.3	818.6	3536.4
	各项存款同比增长（%）	14.6	15.1	12.2	11.3	10.1	11.7	11.1	10.8	10.4	10.9	9.1	9.6
	其中：住户存款	12.7	14.9	14.5	13.5	12.6	12.4	11.3	10.4	10.8	9.4	9.2	9.9
	非金融企业存款	18.1	19.9	15.4	13.6	10.3	12.1	12.2	11.1	7.4	8.6	7.8	6.7
	金融机构各项贷款余额（亿元）	194951.3	196924.4	200439.4	201777.8	203375.4	206172.5	207192.9	208821.4	210877.4	211709.0	213566.2	215784.2
	其中：个人消费贷款	67881.8	67945.8	68514.8	68926.2	69396.2	69840.6	70374.3	70902.3	71458.2	72233.3	73011.7	73454.5
	票据融资	7637.8	7581.4	7907.6	7912.6	8041.9	8103.9	8112.8	8365.0	8419.2	8538.0	8823.6	9648.5
	各项贷款余额比上月增加（亿元）	5148.9	1973.1	3515.0	1338.4	1597.5	2797.1	1020.4	1628.5	2056.0	831.6	1857.2	2218.0
	其中：个人消费贷款	1233.8	-44.6	835.4	70.4	305.3	597.0	286.4	423.0	687.5	251.9	489.0	648.2
	票据融资	248.8	-56.4	326.2	4.9	129.3	714.9	8.9	252.1	54.3	118.8	285.5	825.0
	金融机构各项贷款同比增长（%）	16.9	17.4	16.3	15.6	15.1	15.0	14.5	14.3	14.0	13.7	13.7	13.7
	其中：个人消费贷款	11.2	11.5	11.0	10.9	10.7	10.4	9.9	9.8	9.6	10.1	10.3	9.8
	票据融资	6.3	9.9	6.7	4.7	3.0	5.7	6.2	8.3	13.2	14.8	23.2	30.6
外币	金融机构外币存款余额（亿美元）	1657.2	1733.0	1731.1	1791.0	1778.1	1793.2	1674.4	1661.5	1660.0	1684.5	1677.4	1675.1
	金融机构外币存款同比增长（%）	18.7	20.3	23.5	27.0	24.1	22.4	12.2	8.4	7.5	6.9	5.6	11.7
	金融机构外币贷款余额（亿美元）	966.6	978.8	971.2	963.9	987.5	982.3	1017.6	1024.8	1047.7	1019.3	1004.1	1011.7
	金融机构外币贷款同比增长（%）	17.7	19.9	11.2	5.8	7.0	8.8	11.5	10.5	13.5	11.6	9.6	12.3

数据来源：中国人民银行广州分行。

表 2　2001—2021 年广东省各类价格指数

单位：%

时间		居民消费价格指数		农业生产资料价格指数		工业生产者购进价格指数		工业生产者出厂价格指数	
		当月同比	累计同比	当月同比	累计同比	当月同比	累计同比	当月同比	累计同比
2001		—	-0.7	—	-2.9	—	-0.9	—	-1.5
2002		—	-1.4	—	-1.6	—	-3.7	—	-3.5
2003		—	0.6	—	-0.4	—	4.1	—	-0.7
2004		—	3.0	—	9.4	—	10.6	—	1.7
2005		—	2.3	—	5.8	—	5.0	—	1.5
2006		—	1.8	—	2.6	—	3.6	—	1.4
2007		—	3.7	—	5.8	—	3.3	—	1.3
2008		—	5.6	—	14.5	—	7.9	—	3.1
2009		—	-2.3	—	-1.8	—	-6.2	—	-4.2
2010		—	3.1	—	1.7	—	7.3	—	3.2
2011		—	5.3	—	9.6	—	7.3	—	3.7
2012		—	2.8	—	4.0	—	-0.5	—	-0.5
2013		—	2.5	—	-0.3	—	-1.8	—	-1.2
2014		—	2.3	—	-0.1	—	-1.2	—	-1.1
2015		—	1.5	—	1.2	—	-4.7	—	-3.2
2016		—	2.3	—	2.0	—	-2.0	—	-0.6
2017		—	1.5	—	0.4	—	5.3	—	3.3
2018		—	2.2	—	2.5	—	2.5	—	1.8
2019		—	3.4	—	4.1	—	-0.8	—	0.2
2020		—	2.6	—	8.8	—	-2.8	—	-1.0
2021		—	0.8	—	—	—	8.0	—	3.4
2020	1	6.6	6.6	—	—	-0.8	-0.8	1.0	1.0
	2	5.9	6.2	1.7	14.1	-1.0	-0.9	0.2	0.2
	3	4.9	5.8	0.7	14.5	-0.7	-0.9	-0.4	0.0
	4	4.1	5.4	-1.7	14.4	-2.7	-1.3	-1.4	-0.3
	5	3.0	4.9	-2.3	13.8	-3.8	-1.8	-1.6	-0.6
	6	2.7	4.5	0.6	13.5	-4.9	-2.3	-1.5	-0.7
	7	2.5	4.2	2.0	13.5	-3.6	-2.5	-1.1	-0.8
	8	2.2	4.0	0.6	13.2	-3.4	-2.6	-0.7	-0.8
	9	1.1	3.7	-0.1	12.4	-3.6	-2.7	-1.4	-0.9
	10	0.1	3.3	-2.4	11.2	-4.1	-2.9	-1.5	-0.9
	11	-0.9	2.9	-1.9	9.9	-2.2	-2.8	-1.5	-1.0
	12	-0.2	2.6	-1.5	8.8	-2.1	-2.8	-1.2	-1.0
2021	1	-1.7	-1.7	—	—	0.2	0.2	-0.9	-0.9
	2	-0.7	-1.2	—	—	1.2	0.7	-0.3	-0.6
	3	0.2	-0.7	—	—	2.4	1.2	1.4	0.1
	4	0.5	-0.4	—	—	6.0	2.4	2.8	0.8
	5	1.1	-0.1	—	—	8.8	3.7	3.8	1.4
	6	1.0	0.1	—	—	10.6	4.8	3.5	1.7
	7	1.2	0.2	—	—	10.2	5.5	4.0	2.0
	8	1.0	0.3	—	—	11.5	6.3	4.2	2.3
	9	1.3	0.4	—	—	11.6	6.9	4.9	2.6
	10	1.9	0.6	—	—	13.1	7.5	5.8	2.9
	11	2.5	0.8	—	—	11.6	7.8	6.3	3.2
	12	1.8	0.8	—	—	9.4	8.0	5.5	3.4

数据来源：广东省统计局。

表 3　2021 年广东省主要经济指标

项目	1月	2月	3月	4月	5月	6月	7月	8月	9月	10月	11月	12月
	绝对值（自年初累计）											
地区生产总值（亿元）	—	110760.9	27118.0	27118.0	27118.0	57226.3	57226.3	57226.3	88009.9	88009.9	88009.9	124369.7
第一产业	—	4770.0	952.8	952.8	952.8	2063.9	2063.9	2063.9	3425.6	3425.6	3425.6	5003.7
第二产业	—	43450.2	9903.9	9903.9	9903.9	22267.2	22267.2	22267.2	34684.4	34684.4	34684.4	50219.2
第三产业	—	62540.8	16261.3	16261.3	16261.3	32895.3	32895.3	32895.3	49899.8	49899.8	49899.8	69146.8
工业增加值（亿元）	—	4745.6	7860.4	10938.6	13729.2	17156.3	20108.8	23243.8	26670.7	29870.2	33468.4	37453.1
固定资产投资（亿元）	—	—	7285.3	10830.4	14731.8	—	—	—	—	—	—	—
房地产开发投资	—	1797.2	3208.7	4576.1	6161.5	8167.8	9643.7	11222.7	12975.2	14468.4	16044.8	17465.8
社会消费品零售总额（亿元）	—	7447.2	11012.7	14367.5	17979.5	21458.2	25076.9	28787.2	32601.4	36421.9	40407.6	44187.7
外贸进出口总额（亿元）	—	11843.7	18263.1	24978.9	31467.4	38015.3	44933.8	52413.6	60256.9	67104.3	74663.4	82680.3
进口	—	4310.3	7051.3	9790.3	12403.2	15022.3	17714.7	20581.8	23480.1	26008.3	28988.6	32151.6
出口	—	7533.4	11211.7	15188.6	19064.1	22993.0	27219.2	31831.9	36776.7	41095.9	45674.8	50528.7
进出口差额（出口－进口）	—	3223.0	4160.4	5398.3	6660.9	7970.7	9504.5	11250.1	13296.6	15087.6	16686.2	18377.2
实际利用外资（亿美元）	—	262.4	411.5	586.4	735.6	991.5	1070.7	1180.8	1354.7	1498.0	1670.0	1840.0
地方财政收支差额（亿元）	—	291.7	1117.9	1007.0	1057.7	1619.0	1459.0	1870.2	2535.0	2281.9	2906.4	4119.3
地方财政收入	—	2534.4	3414.6	4819.9	5999.3	7599.6	8890.8	9729.8	10783.3	12018.8	12866.0	14103.4
地方财政支出	—	2826.1	4532.5	5826.9	7057.0	9218.6	10349.8	11600.0	13318.3	14300.7	15772.5	18222.7
城镇登记失业率（%）（季度）	—	—	—	—	—	—	—	—	—	—	—	4.9
	同比累计增长率（%）											
地区生产总值	—	2.3	18.6	18.6	18.6	13.0	13.0	13.0	9.7	9.7	9.7	8.0
第一产业	—	3.8	7.1	7.1	7.1	8.7	8.7	8.7	8.2	8.2	8.2	7.9
第二产业	—	1.8	25.1	25.1	25.1	15.7	15.7	15.7	11.1	11.1	11.1	8.7
第三产业	—	2.5	15.6	15.6	15.6	11.6	11.6	11.6	8.8	8.8	8.8	7.5
工业增加值	—	44.6	28.9	23.9	21.0	18.5	16.0	14.4	12.1	11.0	10.0	9.0
固定资产投资	—	46.9	31.9	28.0	22.8	15.8	13.7	11.7	9.8	8.5	7.3	6.3
房地产开发投资	—	37.2	25.9	21.9	18.8	9.9	8.4	7.8	5.7	4.5	2.6	0.9
社会消费品零售总额	—	32.1	32.1	27.8	23.9	19.6	17.3	15.3	13.6	12.5	11.4	9.9
外贸进出口总额	—	40.5	33.4	30.3	27.1	24.5	20.5	19.6	18.6	18.2	17.4	16.7
进口	—	22.4	22.2	22.0	22.8	20.9	20.1	20.5	17.5	17.0	17.4	17.4
出口	—	53.4	41.6	36.2	30.1	26.9	20.8	19.1	19.3	18.9	17.4	16.2
实际利用外资	—	53.1	33.7	32.8	33.0	20.6	19.1	14.3	13.4	13.7	13.6	13.6
地方财政收入	—	13.1	12.9	18.3	16.3	17.6	16.1	13.9	11.3	10.3	9.9	9.1
地方财政支出	—	19.7	16.2	8.0	8.5	11.9	10.1	7.5	3.5	3.8	4.3	4.2

数据来源：广东省统计局。

广西壮族自治区金融运行报告（2022）

中国人民银行南宁中心支行货币政策分析小组

[内容摘要] 2021年是“十四五”规划开局之年，广西金融系统深入贯彻习近平新时代中国特色社会主义思想和党的十九大、十九届历次全会、中央经济工作会议精神以及“六稳”“六保”工作要求，落实稳健的货币政策灵活精准、合理适度的要求，发挥货币政策工具总量和结构双重功能，不断提升服务实体经济的质量和效率，金融对实体经济支持力度稳固。社会融资规模、贷款、存款平稳增长，金融业运行呈现“增速快、结构优、成本低、改革进、韧性强、风险降”特点。

广西不断巩固拓展疫情防控和经济社会发展成果，稳住了经济基本盘，积蓄了发展新动能，民生持续改善，社会和谐稳定。全年实现地区生产总值2.5万亿元，同比增长7.5%，两年平均增长5.6%。第一、第二、第三产业增加值同比分别增长8.2%、6.7%和7.7%。农业稳产增效，粮食产量277.3亿斤，播种面积和产量保持“双增长”。工业生产保持增长，规模以上工业增加值同比增长8.6%，制造业同比增长7.9%。投资增势良好，固定资产投资同比增长7.6%，工业投资同比增长27.5%，其中制造业投资同比增长37.4%。消费市场平稳复苏，社会消费品零售总额同比增长9.0%，网上消费较快增长，实物商品网上零售额同比增长16.6%。经济新动能加快发展，新能源汽车产量增长1.6倍。进出口保持高增长，总额同比增长21.8%，加工贸易进出口额突破千亿元，边民互市贸易进出口额同比增长48.3%。供给侧结构性改革扎实推进，国企改革三年行动改革任务完成76.4%，营商环境持续改善，行政审批事项网上可办率达99%。物价平稳，居民消费价格指数涨幅回落。就业稳定，城镇新增就业40.7万人，城镇登记失业率同比下降0.3个百分点至2.5%。东西协作南北互济开放格局加快构建，西部陆海新通道建设取得突破，龙邦口岸扩大开放为国际性口岸，中国（广西）自由贸易试验区改革试点任务实施率达95%。

金融聚焦服务实体，有力支持经济恢复发展。广西金融系统探索打造金融服务实体经济“333”模式，即推出货币政策工具运用新模式、“桂惠贷”[①]财金联动模式、“一链一策”供应链金融服务模式“三大创新”；实施“七个千亿”融资工程[②]、中小微企业金融服务能力提升工程、乡村振兴金融服务优化工程“三大工程”；推进直接融资扩容行动、市场主体降成本行动、房地产市场“三稳”[③]行动“三大行动”。金融总量稳定增长，2021年，广西社会融资规模新增6303.5亿元，年末本外币各项存、贷款余额分别为3.7万亿元、4.0万亿元，同比分别增长6.4%、13.2%。信贷结构不断优化，制造业中长期贷款、绿色贷款和小微企业贷款分别新增305.8亿元、822.6亿元和1368.8亿元，较上年分别多增38.8亿元、231.8亿元和450.9亿元。利率市场化改革纵深推进，全年广西一般贷款加权平均利率4.93%，同比下降53个基点，是有统计以来的记录低点，其中，小微企业和私人控股企业贷款加权平均利率分别为4.69%和

---

① “桂惠贷”指“十四五”期间，统筹全区各级财政资金，每年安排40亿元，对辖内金融机构当年新发放且符合条件的贷款按2个或3个百分点利差比例进行补贴。

② “七个千亿”融资工程指围绕自治区经济社会发展战略，重点打造“桂惠贷”优惠融资两千亿、工业全产业链融资千亿、金融支持乡村振兴千亿、强首府融资千亿、供应链融资千亿、民营小微企业融资千亿、企业债券扩容千亿七个“千亿工程”。

③ 房地产“三稳”指稳地价、稳房价、稳预期。

4.49%，同比分别下降60个和49个基点。金融改革创新深化，面向东盟的金融开放门户扎实推进。自贸试验区形成84项创新成果复制推广，“边境地区跨境人民币使用改革创新”入选全国自贸试验区“最佳实践案例”，中马钦州产业园区金融创新试点5项政策落地，其中2项复制推广，跨境人民币结算量保持9个边境省（区）第一。成功上线运行“桂信融”平台①，入选“广西2021年度改革创新十佳成果”。银行、证券和保险业协同发展，金融发展韧性增强。广西银行业资产总额和利润同比分别增长10.0%和6.6%，经营能力稳健改善；证券市场主体数量增多，交易规模稳步增长；保险市场平稳发展，创新推广“惠农保”等地方特色保险产品。金融市场活力增强、风险降低。2021年，广西非金融企业发行债券1663.5亿元，成功落地革命老区振兴发展债券和可持续发展挂钩债券。广西法人金融机构成功发行外币同业存单，广西3家城市商业银行合计发行各类金融债券183亿元。地方协调机制作用充分发挥，金融稳定长效机制逐渐完善，建立区域重要企业风险监测预警机制，强化法人银行风险识别和早期纠正机制，实现不良贷款率和余额“双降”，债券违约率处于较低水平。

2022年是“十四五”规划承上启下关键之年，广西将全面贯彻落实党的十九大和十九届历次全会及中央经济工作会议精神，深入贯彻落实习近平总书记视察广西“4·27”重要讲话精神和对广西工作的系列重要指示要求，紧紧围绕自治区第十二次党代会提出的“1+1+4+3+N”目标任务体系②，坚持稳中求进工作总基调，全力打好稳粮食兴乡村、稳工业保运行、稳消费拓市场、稳投资增后劲、稳外贸扩开放、稳主体激活力、稳财金惠实体、稳生态促转型、稳就业保民生、稳大局保平安“十场攻坚战”。巩固拓展脱贫攻坚成果，全面推进乡村振兴，抓好粮食稳产丰产，加快发展现代特色农业。深入实施工业振兴三年行动，推进“双百双新”③“千企技改”“百亿强企”等行动。深入实施现代服务业提升发展三年行动，大力推动旅游恢复。深入扩大有效投资，重点推进基础设施建设、新型城镇化建设及重大项目建设。积极融入新发展格局，推进高水平共建西部陆海新通道，推进建设北钦防一体化、“飞地合作”④等，主动服务构建中国—东盟命运共同体。持续深化重点领域改革，加快国资国企等重点改革。深化财政金融联动，加力支持稳投资、稳就业、稳预期、促消费等工作，不断健全民营企业服务体系，持续优化生态环境，进一步激发市场主体活力。

2022年，广西金融系统将把握好稳字当头、稳中求进的工作重点，完整准确全面贯彻新发展理念，落实稳健的货币政策灵活适度的要求，加大跨周期调节力度，发挥好货币政策工具的总量和结构双重功能，保持信贷总量稳定增长、结构持续优化，为稳定地区宏观经济大盘、推动经济高质量发展营造适宜的货币金融环境。聚焦稳增长稳预期，围绕强化金融政策支撑、培育壮大金融市场主体、完善金融基础设施建设，加快构建现代金融业，提升金融供给能力和水平。聚焦稳融资优结构，加强金融、财政、产业政策等的协调联动，推动绿色、普惠、科创、数字、跨境“五个金融”加快发展，提升金融供给与实体经济需求适配度。聚焦稳企业保就业，引导金融机构不断优化体系设置和内部考核机制，完善尽职免责机制，充分满足有效融资需求，不断激发市场主体活力。聚焦稳市场防风险，巩固拓展防范化解重大金融风险攻坚战成果，牢牢守住不发生区域性金融风险的底线。

---

① “桂信融”平台即广西征信融资服务平台，以普惠金融为目标，汇集政务、金融、商业三方面数据，为金融机构提供全面支持。

② “1+1+4+3+N”目标任务体系指一个政治保证、一个总目标、“四个新”总要求、三个共同愿景、一系列工作要求。

③ “双百双新”中“双百”指投资超百亿元和产值超百亿元项目，“双新”指新产业、新技术项目。

④ “飞地合作”模式指在推进工业化和招商引资过程中，某一地区输出技术和项目，另一地区提供土地进行开发，或是某一地区把引进的项目安排在另一地区来运作的合作模式。

一、金融运行情况

2021 年，广西金融系统认真贯彻稳健的货币政策灵活精准、合理适度的要求，有力落实跨周期调节，金融市场活力增强，银行、证券、保险业协同发展，金融生态持续向好，金融业运行呈现“增速快、结构优、成本低、改革进、韧性强、风险降”特点。

（一）银行业稳健发展，信贷支撑作用增强

1. 资产规模稳步增长，盈利能力有所改善。 2021 年末，广西银行业金融机构资产总额和负债总额同比分别增长 10.0% 和 10.1%。全年实现利润 478.1 亿元，同比增长 6.6%，增速同比提高 5.7 个百分点。

表 1　2021 年广西壮族自治区银行业金融机构情况

机构类别	营业网点			法人机构（个）
	机构个数（个）	从业人数（人）	资产总额（亿元）	
一、大型商业银行	1794	35644	16514	0
二、国家开发银行和政策性银行	66	1762	6451	0
三、股份制商业银行	195	4881	4303	0
四、城市商业银行	1064	14086	9352	3
五、城市信用社	0	0	0	0
六、小型农村金融机构	2339	25360	11034	95
七、财务公司	2	53	295	1
八、信托公司	0	0	0	0
九、邮政储蓄银行	969	10167	2467	0
十、外资银行	4	76	54	0
十一、新型农村金融机构	681	7572	1218	419
十二、其他	1	63	44	1
合　计	7115	99664	51732	519

数据来源：广西银保监局、中国人民银行南宁中心支行、广西壮族自治区地方金融监管局。

注：营业网点不包括国家开发银行和政策性银行、大型商业银行、股份制银行等金融机构总部数据；大型商业银行包括中国工商银行、中国农业银行、中国银行、中国建设银行和交通银行；小型农村金融机构包括农村商业银行、农村合作银行和农村信用社；新型农村金融机构包括村镇银行、农村资金互助社和小额贷款公司；其他包含金融租赁公司。

2. 存款增长趋缓，可用资金渠道拓宽。 2021 年末，广西本外币各项存款余额 3.7 万亿元，同比增长 6.4%，在上年高基数效应下增速趋缓。全年新增存款 2190.7 亿元，同比少增 819.9 亿元。其中，住户存款新增占比达 90.8%，非金融企业存款新增 267.0 亿元，广义政府存款减少 295.7 亿元，非银行金融机构存款新增 356.2 亿元。2021 年，广西法人金融机构发行同业存单、大额存单分别为 1963.9 亿元、155.6 亿元，首次成功发行外币同业存单，增加中小银行资金来源。

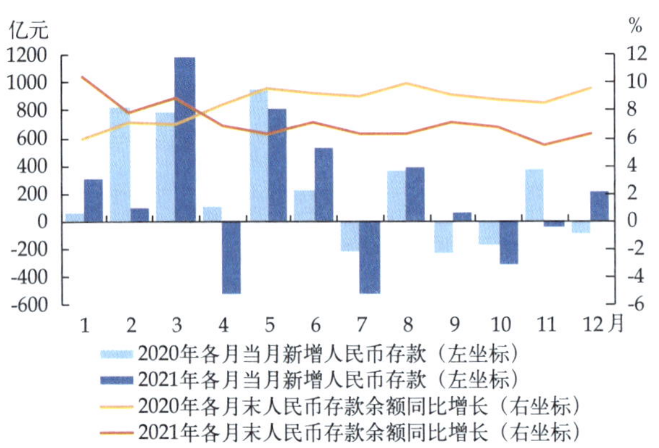

图 1　2020—2021 年广西壮族自治区金融机构人民币存款增长变化

（数据来源：中国人民银行南宁中心支行）

3. 贷款稳定增长，信贷结构持续优化。 充分利用人民银行对广西等 10 个重点省份的倾斜政策，引导金融机构加大信贷投放及优化资源配置。2021 年，广西辖区各级人民银行运用各项货币政策工具增加金融机构可用资金 1427.8 亿元，其中，办理再贷款再贴现 1221.6 亿元，落实存款准备金率调整政策释放资金 143 亿元，两项直达工具提供激励资金及“零利率”资金 79.8 亿元。2021 年末，广西本外币各项贷款余额 4.0 万亿元，同比增长 13.2%，增速排全国第八位、西部第二位，全年新增贷款 4654.4 亿元。信贷结构进一步优化，中长期贷款新增占比超七成，小微企业贷款新增占比超四成，基础设施建设行业、制造业中长期贷款、绿色贷款均保持较好增势。

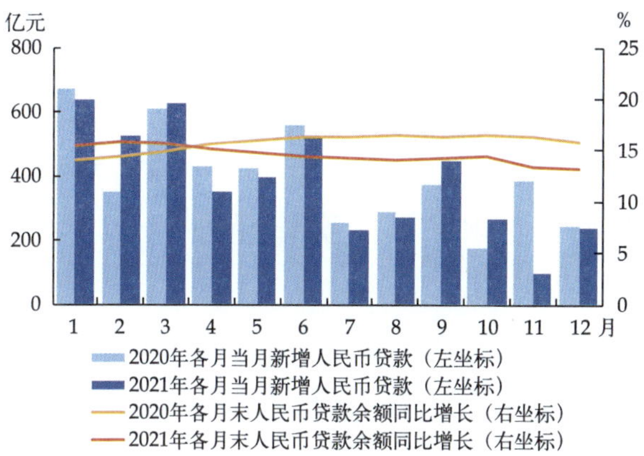

图 2 2020—2021 年广西壮族自治区金融机构人民币贷款增长变化

（数据来源：中国人民银行南宁中心支行）

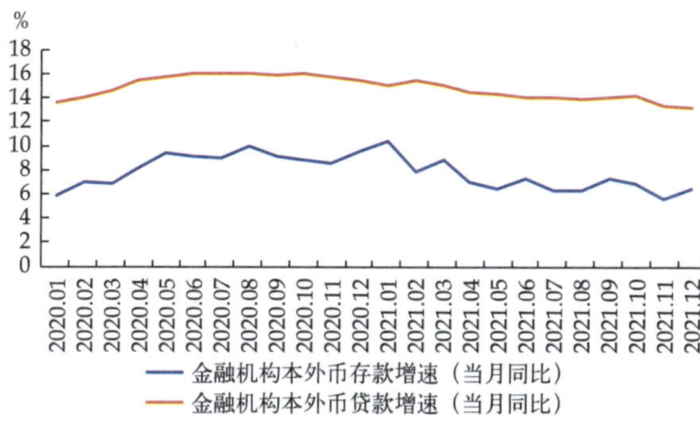

图 3 2020—2021 年广西壮族自治区金融机构本外币存贷款增速变化

（数据来源：中国人民银行南宁中心支行）

4. 表外融资减少，同业资产多增。2021 年，广西表外融资减少 131.7 亿元，同比多减 243.7 亿元。金融机构存放同业、拆放同业、买入返售三项同业资产新增 320.9 亿元，同比多增 84.1 亿元。

5. 利率市场化改革向纵深推进，利率传导渠道进一步畅通。2021 年，广西 LPR 改革红利持续释放，一般贷款加权平均利率 4.93%，同比下降 53 个基点，为 2008 年以来最低值，企业贷款加权平均利率 4.44%，同比下降 32 个基点。“区—市—县”三级市场利率定价自律机制体系进一步完善。

表 2 2021 年广西壮族自治区金融机构人民币贷款各利率区间占比

单位：%

项目		1 月	2 月	3 月	4 月	5 月	6 月
合计		100.0	100.0	100.0	100.0	100.0	100.0
LPR 减点		26.2	27.2	24.6	25.0	48.7	44.8
LPR		8.1	7.6	10.6	11.0	9.0	7.7
LPR 加点	小计	65.7	64.6	64.8	64.0	42.3	47.5
	(LPR，LPR+0.5%)	18.2	18.0	18.4	16.1	12.5	14.2
	[LPR+0.5%，LPR+1.5%)	22.7	20.2	24.3	20.8	12.1	14.6
	[LPR+1.5%，LPR+3%)	13.7	15.0	12.5	14.1	8.3	10.5
	[LPR+3%，LPR+5%)	6.1	6.1	5.7	7.6	5.0	5.1
	LPR+5% 及以上	5.0	5.3	3.9	5.3	4.4	3.2
项目		7 月	8 月	9 月	10 月	11 月	12 月
合计		100.0	100.0	100.0	100.0	100.0	100.0
LPR 减点		24.9	26.7	25.3	28.5	24.7	27.5
LPR		10.3	7.4	10.2	7.4	8.5	6.8
LPR 加点	小计	64.8	65.9	64.5	64.1	66.8	65.7
	(LPR，LPR+0.5%)	16.7	16.5	18.9	15.6	16.0	21.5
	[LPR+0.5%，LPR+1.5%)	18.1	16.6	21.7	17.9	23.7	21.4
	[LPR+1.5%，LPR+3%)	14.6	17.2	13.7	13.0	15.7	13.9
	[LPR+3%，LPR+5%)	8.5	7.6	5.6	6.7	6.4	5.1
	LPR+5% 及以上	6.8	7.9	4.7	11.0	4.9	3.8

数据来源：中国人民银行南宁中心支行。

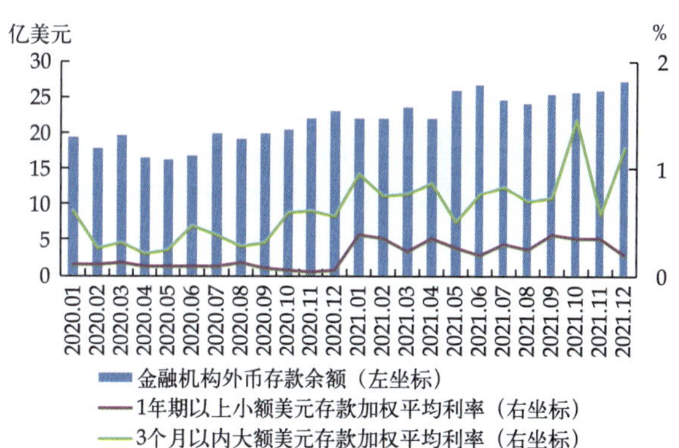

图 4 2020—2021 年广西壮族自治区金融机构外币存款余额及外币存款利率

（数据来源：中国人民银行南宁中心支行）

6. 银行业风险持续收敛。2021 年末，广西银行业金融机构不良贷款余额 517.8 亿元，较年初减少 107.9 亿元，不良贷款率 1.3%，同比下降 0.5 个百分点；逾期 90 天以上贷款占不良贷款比例为 74.4%，同比下降 13.3 个百分点。

7. 机构改革稳步推进。截至2021年末，广西91家农村合作金融机构中，55家成功改制农商行，公司治理能力不断改善。

专栏1 广西创新“桂惠贷”模式 引导金融“活水”润泽实体经济

为缓解中小微企业融资难、融资贵问题，广西按照整合财政资源、优化贴息模式、兼具风险补偿的思路，在先后谋划出台“复工贷”“稳企贷”贴息政策基础之上，于2021年接续实施“桂惠贷”政策，实现了信贷投放效率、政策覆盖面、减费让利成效、信贷资源配置效率四个提升。2021年，累计投放“桂惠贷”2381.3亿元，加权平均利率3.29%，降低8.7万户市场主体融资成本47.4亿元。投向中小微企业、民营企业金额占比分别为91%、71%；投向工业、科技创新企业金额分别为904.6亿元、340.6亿元。

一、强化财金联动，创新“桂惠贷”业务模式

创新间接贴息模式。改变过去贴息和扶持资金分散的做法，由自治区本级和市县财政按4：6的比例，于“十四五”期间每年安排40亿元给予贴息，并将过去企业事后申请贴息的模式转变为事前享受贴息，由金融机构直接按上年同期同类型企业贷款利率降低2~3个百分点发放贷款，再申请利差补贴，让企业第一时间享受便利、减少支出。

创新两类信贷产品。围绕重点领域和薄弱环节融资需求特点，创新“名单制”和“普惠制”两大类产品。“名单制”产品由行业主管部门筛选重点企业名单库，包括“三企入桂贷”“技改贷”“科创贷”等。“普惠制”产品不设名单，体现政策的普惠性，包括“首次贷”“信用贷”等。

创新风险补偿机制。针对普惠小微企业“首次贷”“信用贷”风险难以覆盖的问题，允许金融机构按保本微利原则自主定价，不对利率下降幅度作要求，但仍享受2个百分点的利差补贴，实质上转变为对金融机构的风险补偿。

二、突出政策激励，确保“桂惠贷”模式可持续

发挥货币政策工具支持引导作用。创设业务办理绿色通道，每年安排再贷款再贴现各100亿元，对实施成效显著的金融机构给予优先支持。2021年，广西累计运用再贷款资金发放“桂惠贷”245.3亿元。

发挥财政资金定向激励作用。制定广西服务实体经济优秀信贷产品评价激励办法，给予10万~50万元的工作经费补助。

发挥监管评价结果导向作用。建立广西“桂惠贷”政策落实“红黑榜”通报机制，将“桂惠贷”政策落实情况与执行差异化金融监管措施挂钩，并将金融机构“桂惠贷”落实情况纳入信贷政策执行效果评估体系。

三、科学谋划部署，抓好“桂惠贷”政策传导落实

制定配套措施文件。出台《“桂惠贷”管理和操作细则》等8项配套文件，提高政策实施的规范性及可操作性。

实现线上办贷模式。开发App小程序，新增产品发布、贷款申请、信息报送和台账审核等功能，实现贴息贷款审核业务线上化、批量化、智能化办理。

持续开展宣传解读。定期召开“桂惠贷”新闻发布会、政策培训会，累计通过《人民日报》、新华社等媒体报道30余篇（次），通过政府网站、金融机构网点等宣传报道300余（篇）次。

（二）证券市场生态持续改善，交易活跃性增强

1. 证券市场主体数量增多。2021 年，广西新增上市公司 2 家；IPO 在审企业 4 家，新增 1 家；新增辅导备案拟上市企业 6 家。

2. 证券交易规模稳步增长。2021 年，广西证券交易额为 7.9 万亿元，同比增长 10.1%；证券分支机构实现营业收入 19.4 亿元，同比增长 19.4%。私募基金管理规模 826.9 亿元，同比增长 58.6%。

3. 期货市场活跃度增加。2021 年，广西期货成交量 4128 万手，成交金额 2.8 万亿元，同比分别增长 11.2%、26.9%，全区期货营业部实现营业收入 6122.8 万元，同比增长 38.5%。

4. 重大改革举措落地广西。2021 年，广西北部湾股权交易所区块链建设试点申报获批，广西成为西部 2 家试点省份之一。白糖、生猪等 3 个期货交易所"保险 + 期货"试点项目落地，郑州商品交易所在广西增设 1 家菜籽油菜粕交割库。

表 3　2021 年广西壮族自治区证券业基本情况

项目	数量
总部设在辖内的证券公司数（家）	1
总部设在辖内的基金公司数（家）	1
总部设在辖内的期货公司数（家）	0
年末国内上市公司数（家）	39
当年国内股票（A 股）筹资（亿元）	28.8
当年发行 H 股筹资（亿元）	—
当年国内债券筹资（亿元）	1663.5
其中：短期融资券筹资额（亿元）	506.1
中期票据筹资额（亿元）	288.0

数据来源：广西证监局、中国人民银行南宁中心支行。

注：当年国内股票（A 股）筹资额指非金融企业境内股票融资。

（三）保险业市场平稳运行，业务创新发展

1. 广西保险机构数量增加。2021 年末，广西辖区共有 46 家保险市场主体，比年初增加 4 家，法人保险机构 2 家，其中财产险和人身险各 1 家；保险公司分支机构 2286 家，比年初增加 24 家；保险业从业人员约 16.2 万人。

2. 保险业务量平稳增长。2021 年，广西原保险保费收入 783.3 亿元，同比增长 6.7%，增速同比回落 3.7 个百分点。其中，财产险保费收入 287.8 亿元，同比增长 1.8%，人身险保费收入 495.5 亿元，同比增长 9.7%。

3. 重点领域创新取得新突破。推广"惠桂保""惠农保"等地方特色保险产品。推进金融保险纠纷多元化解机制建设，建立线上调解平台。南宁、崇左、北海、防城港四市创建保险创新综合示范区，初步形成"一核多点"的保险创新格局。

表 4　2021 年广西壮族自治区保险业基本情况

项目	数量
总部设在辖内的保险公司数（家）	2
其中：财产险经营主体（家）	1
寿险经营主体（家）	1
保险公司分支机构（家）	2286
其中：财产险公司分支机构（家）	1241
寿险公司分支机构（家）	1045
保费收入（中外资，亿元）	783.3
其中：财产险保费收入（中外资，亿元）	287.8
人身险保费收入（中外资，亿元）	495.5
各类赔款给付（中外资，亿元）	294.8

数据来源：广西银保监局。

（四）融资规模合理增长，金融市场平稳运行

1. 社会融资规模合理增长，融资渠道显著拓宽。2021 年，广西社会融资规模新增 6303.5 亿元。其中，人民币贷款占比 72.8%，同比提高 5.8 个百分点；政府债券、直接融资占比分别为 15.4%、6.9%。债券融资稳步发展。2021 年，广西发行非金融企业债券 1663.5 亿元，成功落地革命老区振兴发展债券、可持续发展挂钩中

期票据。广西3家城市商业银行累计发行金融债券183亿元，加权平均利率3.67%，同比下降62个基点。供应链融资规范发展。出台《加快供应链金融发展若干措施》，落实3000万元财政奖补资金。截至2021年末，创新供应链融资产品超90个，供应链融资余额3149.5亿元，同比增长22.8%。其中，动产和权利担保统一登记系统开展动产融资业务3.9万笔，同比增长267%；中征应收账款融资服务平台新增应收账款质押融资734亿元，同比增长48%。

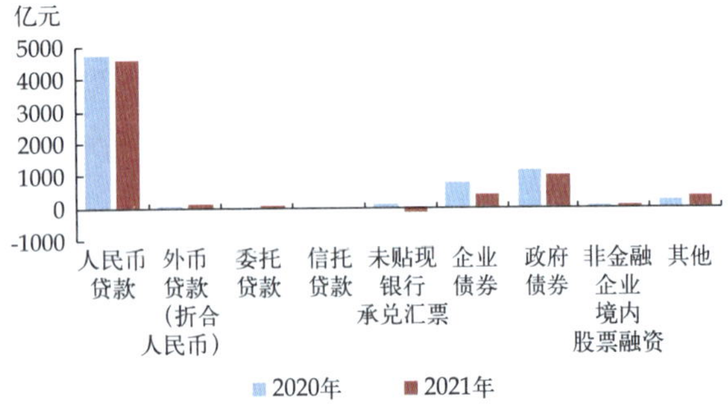

图5　2020—2021年广西壮族自治区社会融资规模分布结构

（数据来源：中国人民银行南宁中心支行）

2. 货币市场流动性平稳。2021年，广西债券回购业务累计成交15.2万亿元，同比增长22.8%。其中，正回购交易9.6万亿元，同比增长40.4%，加权平均利率2.03%，同比上升38个基点；逆回购交易5.6万亿元，同比增长1.0%，加权平均利率2.06%，同比上升32个基点。广西同业拆借交易7300.3亿元，加权平均利率2.23%，同比上升36个基点。

3. 黄金市场交易降温。2021年，广西各类黄金市场业务累计成交54.6吨，同比下降82.4%，金额204.5亿元，同比下降83.9%。其中，代理上海黄金交易所业务成交32.9吨，同比下降87.3%。

4. 票据市场需求稳定，贴现利率持续下降。2021年，广西累计签发银行承兑汇票3760.9亿元，同比增长4.1%；办理票据贴现2116.9亿元，同比下降3.4%；办理票据转贴现2.1万亿元，同比增长4.9%。广西票据贴现和转贴现加权平均利率分别为2.89%和2.69%，同比分别下降11个基点和4个基点。

表5　2021年广西壮族自治区金融机构票据业务量统计

单位：亿元

季度	银行承兑汇票承兑		贴现			
			银行承兑汇票		商业承兑汇票	
	余额	累计发生额	余额	累计发生额	余额	累计发生额
1	2235.1	1165.8	484.6	596.0	54.6	39.9
2	2304.0	1864.4	543.3	953.9	48.6	44.3
3	2331.5	2723.4	566.3	1481.9	57.5	67.3
4	2388.6	3760.9	576.4	2006.1	65.9	110.8

数据来源：中国人民银行南宁中心支行。

表6　2021年广西壮族自治区金融机构票据贴现、转贴现利率

单位：%

季度	贴现		转贴现	
	银行承兑汇票	商业承兑汇票	票据买断	票据回购
1	3.45	4.55	3.26	2.53
2	2.87	5.27	2.78	2.63
3	2.59	4.42	2.46	2.94
4	2.79	4.61	2.68	2.80

数据来源：中国人民银行南宁中心支行。

5. 地方政府债发行规模下降。2021年，广西地方政府累计发行债券1622亿元，同比下降11.8%，加权平均利率3.55%，同比上升6个基点，其中，新增债券1062亿元，同比下降19.7%，再融资债券560亿元，同比增长8.1%。

6. 外汇市场交易活跃。2021年，广西结售汇总规模330.4亿美元，同比增长39.2%，产生结售汇逆差108.7亿美元。大力开展“汇率风险中性工程”，全年银行为企业办理人民币与外币衍生品履约额52.1亿美元，同比增长45.2%，套保率15.8%。

（五）开放门户建设加快，面向东盟合作深化

1.面向东盟的金融开放门户建设取得成效。跨境金融创新深化，中马钦州产业园区5项金融创新试点政策全部落地，业务金额112.6亿元，其中2项政策复制推广。广西跨境人民币结算量达1837.5亿元，位列全国9个边境省份第一。外汇管理改革深化，加强科技赋能跨境区块链平台融资，实现信保保单融资业务落地。推动贸易外汇收支便利化试点增量扩面，分别拓展至3家试点银行和7家试点企业，办理业务2.4亿美元。实现合格境外有限合伙人（QFLP）新管理模式及广西私募股权基金跨境投资项目落地。金融交流合作深化，成功举办第十三届中国—东盟合作与发展领袖论坛，与柬埔寨、越南国家银行举行线上会谈。发布《2021年人民币东盟国家使用报告》。搭建广西面向东盟的跨境征信服务平台。门户核心区建设深化，中国—东盟金融城累计入驻285家（企业）金融机构。

2.中国（广西）自贸试验区贸易投资便利化持续提升。自贸试验区形成84项具有首创性、集成性和广西特色的制度创新成果，并复制推广。“边境地区跨境人民币使用改革创新”入选全国自贸试验区第四批“最佳实践案例”。跨境人民币双向流动便利化政策在广西自贸试验区全域推广。QFLP项目在广西自贸试验区成功落地，首批QFLP基金完成注册，2家基金已到位首笔资金，主要投向数字经济、高端制造以及跨境供应链产业。

专栏2 中马钦州产业园区金融创新试点两项政策复制推广支持广西自贸试验区和金融开放门户建设

2021年9月26日，广西复制推广两项与实体经济密切相关的中马钦州产业园区金融试点政策，将跨境人民币双向流动便利化政策从中马钦州产业园区推广到广西自贸试验区全域，境外项目贷款政策从马来西亚马中关丹产业园区推广到东盟10国。

一、试点政策的复制推广，是国家对广西金融改革创新成绩的充分肯定

2020年8月3日，广西开展中马钦州产业园区金融创新试点，实施五项试点政策，作为推动面向东盟人民币使用的重要体制机制创新取得显著成效。截至2021年末，试点地区共有12家银行的45家分支机构备案成为试点银行，五项试点业务全部落地，金额112.6亿元。其中，与实体经济密切相关的跨境人民币双向流动便利化、境外项目贷款两项试点政策于2021年9月26日复制推广，为广西发展外向型经济、打造双循环重要节点枢纽提供强大助力。

二、试点政策的复制推广，能进一步发挥示范效应，提升广西在区域金融改革创新中的领先度

在中马钦州产业园区金融创新政策的五项试点业务中，“跨境人民币双向流动便利化业务”属重要创新点，企业可以仅凭收付款指令，直接办理直接投资、跨境融资等资本项下的跨境人民币业务，免除了繁杂的事前单据审核，有效提高外资在广西投资的资金结算效率。试点政策的复制推广，将进一步便利金融要素在广西的有序自由流动，支持金融更好地服务西部陆海新通道和自贸试验区建设，加快打造面向东盟的金融开放门户，提升在我国金融开放发展格局中的影响力。

（六）普惠服务不断优化，金融生态持续改善

1. 信用建设基础不断夯实。广西征信融资服务平台启动运行，通过整合全区企业政务和金融数据，服务融资超800亿元。农村信用体系建设全区全面升级，农户信用档案入库率达99%，信用户、村、乡镇创建面均超过60%，55%的县区启动系统升级。

2. 支付服务不断深化。云闪付累计用户1843万户，常住人口渗透率36.8%，分别排全国第十位和第六位。乡村振兴主题卡累计发卡253万张，配套涉农贷款余额5.3亿元，惠及农户2.2万户。降费政策为134.5万小微市场主体减免支付手续费1.1亿元。

3. 金融消费权益保护工作成效显著。2021年，广西人民银行共受理有效金融消费者咨询8803笔，同比增长20.5%。培育区内3家银行、网点作为“广西壮族自治区金融教育示范基地”，为辖区民众提供公平、便利、可持续获取金融知识的场所。

专栏3　征信搭台，科技赋能，稳企惠民

广西聚焦破解普惠金融风险识别难、尽职免责难、首次贷款难、信用贷款难，建设广西重要的数字金融基础设施——广西征信融资服务平台，即“桂信融”平台，于2021年11月19日上线运行。平台围绕“数据资源融合化、信用评价科学化、信贷产品普惠化、金融服务便利化、政策管理高效化”五大目标，积极打造“三大中心”。

一、打造全方位数据汇聚中心

“桂信融”平台按照征信全覆盖的思路，运用大数据技术，研究政务、金融、市场三个领域的涉企信息融合，完成政务信用和商业信用的一站整合。目前，平台打通所有自治区级银行数据网络，基本联通银行急需的国家、自治区政务数据接口，实现全区所有商事主体信息全覆盖，促成近7亿条政务和金融数据依法融合应用，近50个维度支持企业画像。

二、打造一站式征信融资服务中心

“桂信融”平台旨在打造综合融资服务中心。企业登录平台，可遴选符合需求的信贷产品，并线上提出贷款申请、授权查询自身信息，银行通过“桂信融”平台线上查询企业信息，进行信贷审批。整个流程实现数据线上跑、企业不用跑，获客成本和贷前调查成本降低，银企双方满意度显著提升。截至2021年末，累计接入银行网点7877个，发布信贷产品114个。

三、打造精准化政策服务中心

“桂信融”平台遵循“政策直达实体”的宗旨。目前，平台开发了供应链奖励申请模块，支持符合条件的企业、平台申请财政奖补；设置了“专精特新”企业、高新技术企业等15项企业名单标签，提供重点企业名单查询服务；开发了企业走访管理功能，通过平台“下单”、银行“接单”的方式，建立起银企“一对一”定向联系，实现常态化跟踪培育。

二、经济运行情况

2021年，广西认真贯彻落实习近平总书记视察广西“4·27”重要讲话精神和对广西工作系列重要指示要求，坚持稳中求进工作总基调，经济运行持续恢复，全年地区生产总值24740.9

亿元，同比增长 7.5%，增速同比提高 3.8 个百分点。

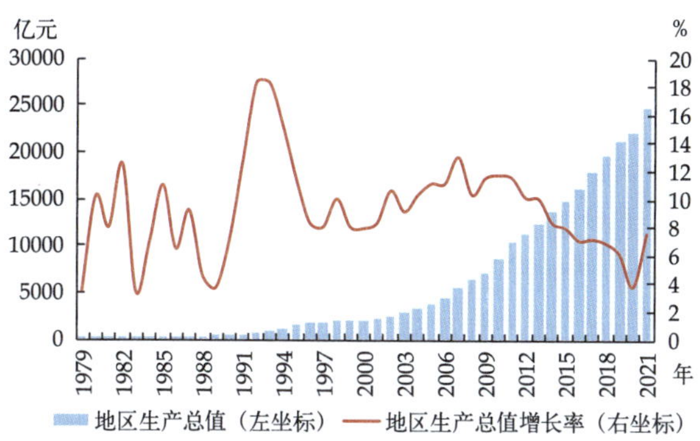

图 6　1979—2021 年广西壮族自治区地区生产总值及其增长率

（数据来源：广西壮族自治区统计局）

（一）内需修复良好，外需较好增长

1. 投资保持较快增长，工业投资明显加快。 2021 年，广西固定资产投资同比增长 7.6%，增速同比提高 3.4 个百分点、高于全国 2.7 个百分点。广西大力推动高速公路开工建设，带动基建投资全年增速 15.6%，同比提高 2.7 个百分点；产业绿色转型动力增强以及工业振兴三年行动方案推进，工业投资同比增长 27.5%，增速同比提高 19.8 个百分点，其中，制造业投资同比增长 37.4%。民营企业投资同比增长 8.0%。

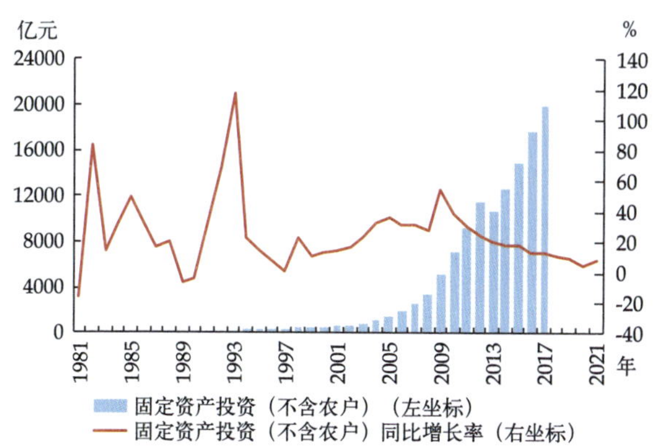

图 7　1981—2021 年广西壮族自治区固定资产投资（不含农户）及其增长率

（数据来源：广西壮族自治区统计局）

2. 消费需求逐渐回升，线上消费实现较快增长。 2021 年，广西社会消费品零售总额同比增长 9.0%，增速同比提高 13.5 个百分点。限额以上单位商品零售额中，家具类、家用电器和音像器材类商品同比分别增长 38.5%、22.4%。线上消费需求持续释放，实物商品网上零售额同比增长 16.6%。

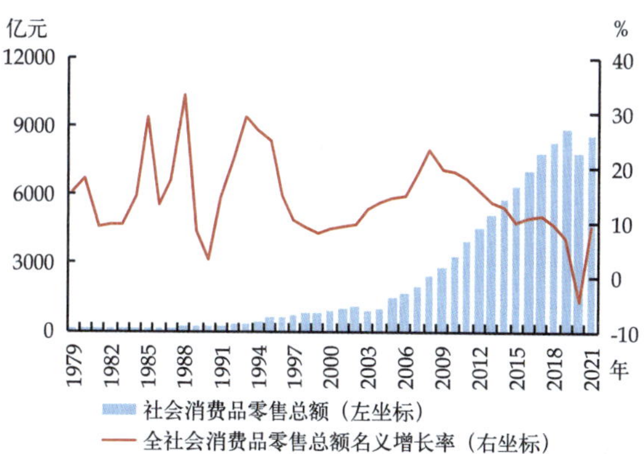

图 8　1979—2021 年广西壮族自治区社会消费品零售总额及其增长率

（数据来源：广西壮族自治区统计局）

3. 进出口规模保持高增，利用外资稳中向好。 2021 年，广西进出口额 5930.6 亿元，同比增长 21.8%，增速高于全国 0.4 个百分点。其中，出口增长 8.6%，进口增长 38.3%。全年贸易逆差 52.4 亿元。

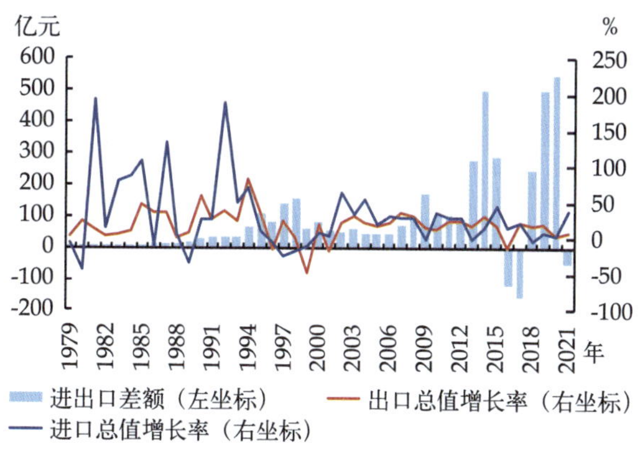

图 9　1979—2021 年广西壮族自治区外贸进出口变动情况

（数据来源：广西壮族自治区统计局）

2021 年，广西实际利用外资 16.5 亿美元，同比增长 25.4%。新设外商直接投资（FDI）企业 172 家，FDI 流入 14.3 亿美元，同比增长 1.3 倍，主要集中在房地产、高新技术等行业，香港为主要来源地。

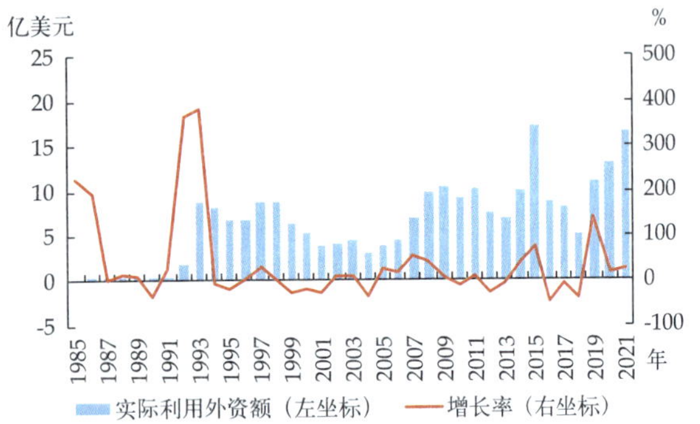

图 10 1985—2021 年广西壮族自治区实际利用外资额及其增长率

（数据来源：广西壮族自治区统计局）

（二）供给端稳中有进，服务业增长贡献大

2021 年，广西第一、第二、第三产业增加值分别为 4015.5 亿元、8187.9 亿元和 12537.5 亿元，同比分别增长 8.2%、6.7% 和 7.7%；三次产业占比分别为 16.2%、33.1% 和 50.7%，对经济增长贡献率分别为 18.0%、28.7% 和 53.3%，拉动经济增长 1.4 个、2.1 个和 4.0 个百分点。

1. 农业稳产增效形势良好，畜牧业生产大幅增长。2021 年，广西加大粮食生产支持力度，粮食总产量 1386.5 万吨，同比增长 1.2%。猪牛羊禽肉产量 432.4 万吨，同比增长 16.5%。其中，生猪生产实现高速增长，猪肉产量 245.2 万吨，同比增长 40.9%；年末生猪存栏 2128.2 万头，同比增长 16.4%。

2. 工业生产保持增长，重点行业支撑作用明显。2021 年，广西规模以上工业增加值同比增长 8.6%，增速同比提高 7.4 个百分点。39 个工业大类行业中 26 个行业实现增长，石油、煤炭及其他燃料加工业同比增长 30.1%。

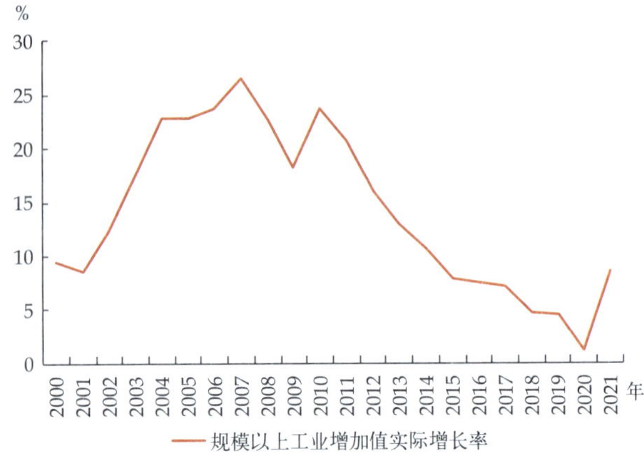

图 11 2000—2021 年广西壮族自治区规模以上工业增加值实际增长率

（数据来源：广西壮族自治区统计局）

3. 服务业恢复稳定，新兴产业增势良好。2021 年，随着内需潜力进一步释放，广西服务业企业生产经营稳定恢复。其中，交通运输、仓储和邮政业、住宿和餐饮业、批发和零售业增加值同比分别增长 14.9%、14.8% 和 10.0%。规模以上服务业营业收入同比增长 15.5%，新兴产业增长势头强劲，互联网和相关服务业、软件和信息技术服务业营业收入同比分别增长 94.3%、73.6%。

4. 供给侧结构性改革扎实推进。2021 年，广西国企改革三年行动改革任务完成进度达 76.4%。营商环境持续改善，532 项涉企经营事项实现“证照分离”改革全覆盖，220 项高频政务服务事项实现“跨省通办”，行政审批事项网上可办率 99%，市场主体数量增长 6.4%，实有企业突破百万户。财税金融服务强化，全年通过税费优惠政策累计为市场主体减税降费超 200 亿元；通过财金联动政策为实体经济节约融资成本约 50 亿元。南宁临空经济示范区、防城港国际医学开放试验区和百色、东兴、凭祥重点开发开放试验区等平台建设取得新成效。

5. 生态环境持续改善，绿色金融稳步推进。2021 年，广西森林覆盖率达 62.6%，居全国第三位。重点流域国家地表水考核断面水质优良比例 97.3%，近岸海域优良水质面积比例

93.1%，均达国家考核目标要求。绿色金融政策与激励约束机制持续完善，年末广西绿色贷款余额同比增长 30.2%；绿色债券发行 60 亿元；广西 3 家城市商业银行环境信息披露实现全覆盖。

（三）价格水平"三升"，就业水平保持稳定

1. 居民消费价格指数温和上涨。2021 年，广西居民消费价格指数同比上涨 0.9%，涨幅同比回落 1.9 个百分点。八大类商品及服务价格同比呈"六涨二降"。其中，教育文化娱乐价格涨幅最大，为 3.7%，食品烟酒价格降幅最大，为 -1.2%。

2. 工业价格指数涨幅较大。2021 年，受煤炭和部分高耗能行业产品价格上涨等因素影响，广西工业生产者出厂价格同比上涨 8.9%，涨幅同比扩大 9.5 个百分点；工业生产者购进价格同比上涨 10.7%，涨幅同比扩大 12.2 个百分点。

3. 劳动力成本上升，就业保持稳定。2021 年，广西居民人均可支配收入 26727 元，同比增长 8.8%。城镇、农村居民人均可支配收入分别为 38530 元、16363 元，实际增长 6.2%、9.8%。城镇新增就业人数 40.7 万人，失业人员再就业人数 15.5 万人，就业困难人员实现就业人数 6.6 万人。城镇登记失业率 2.5%。

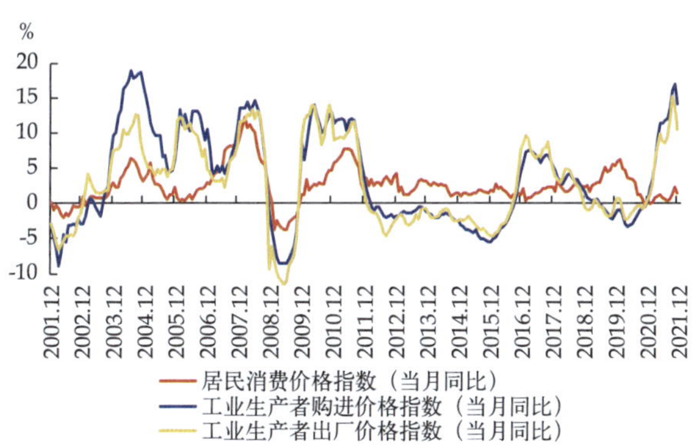

图 12　2001—2021 年广西壮族自治区居民消费价格指数和工业生产者价格指数变动趋势

（数据来源：广西壮族自治区统计局）

（四）财政收入结构持续优化，民生支出保障稳定有力

2021 年，广西一般公共预算收入 1800.1 亿元，同比增长 4.8%。其中，税收收入 1191.1 亿元，同比增长 7.0%，占一般公共预算收入的 66.2%，占比提高 1.4 个百分点；非税收入 609.0 亿元、同比增长 0.9%。一般公共预算支出 5810.2 亿元，民生支出占比稳定在八成左右，教育、科技、就业、工业振兴、金融发展等重点支出保持稳定增长。

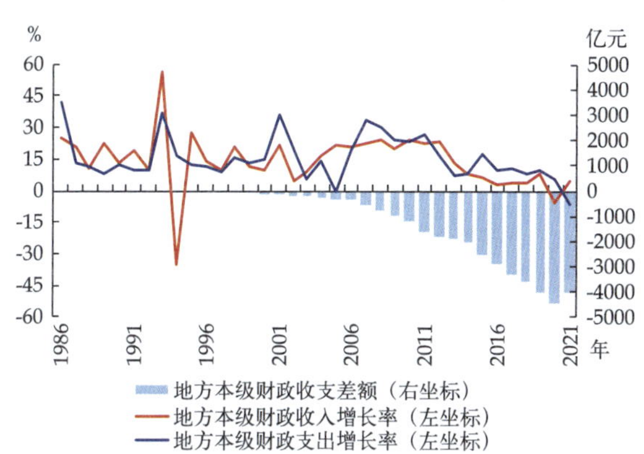

图 13　1986—2021 年广西壮族自治区财政收支状况

（数据来源：广西壮族自治区统计局）

（五）房地产市场运行平稳

1. 房地产开发投资放缓。2021 年，广西房地产开发投资完成额 3733.9 亿元，同比下降 2.9%。全年广西住房施工面积 25219.5 万平方米，同比增长 6.1%。

2. 商品住房价格小幅回调。2021 年，广西商品住房价格 5992 元 / 平方米，同比下降 5.4%。其中，南宁、桂林和北海新建商品住房价格分别为 8960 元 / 平方米、5736 元 / 平方米和 5915 元 / 平方米，同比分别下降 2.6%、1.3% 和 7.2%。

3. 预期商品住房需求空间仍较大。2021 年，广西商品住房销售面积 5281.5 万平方米，同比

下降12.1%。房地产市场基本面持稳，广西城镇化持续加速发展，“十三五”期间城镇化率年均增速1.43个百分点，流动人口快速增长，住房刚需空间仍较大。

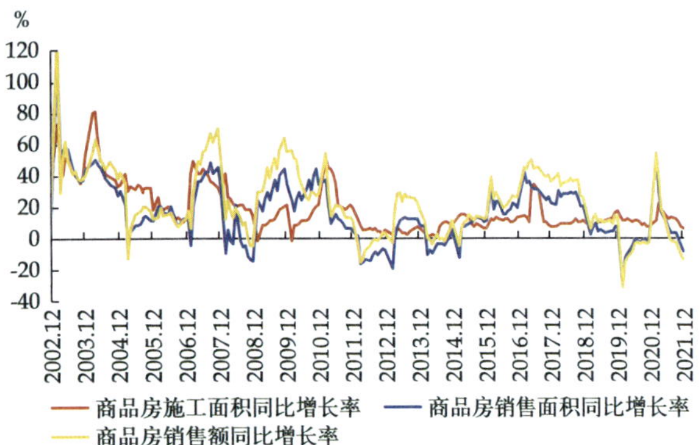

图14　2002—2021年广西壮族自治区商品房施工和销售变动趋势

（数据来源：广西壮族自治区统计局）

4. 房地产信贷运行稳健。2021年末，广西房地产各项贷款余额1.2万亿元，同比增长5.7%；其中，个人住房贷款余额9527.2亿元，同比增长8.5%。

5. 刚需购房者信贷需求得到保障。加大对保障性安居工程和住房租赁市场建设的金融支持。持续实施差别化住房信贷政策，积极支持首套购房需求，2021年，广西首套房贷款发放笔数占比87.0%，平均首付比例29.9%。

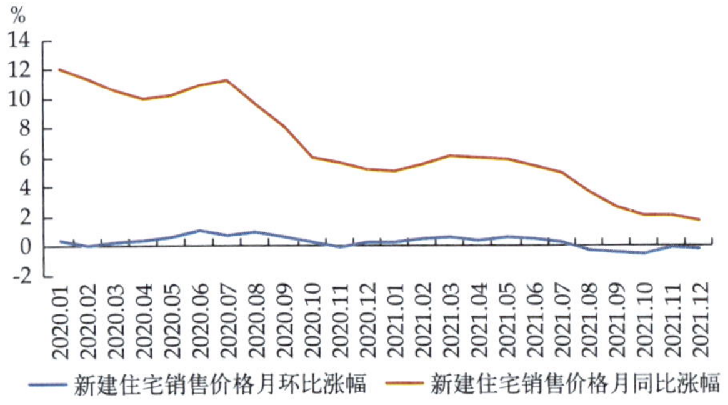

图15　2020—2021年南宁市新建住宅销售价格变动趋势

（数据来源：国家统计局）

（六）东西协作南北互济开放格局加快构建

2021年，广西依托中国（广西）自由贸易试验区、西部陆海新通道、北部湾经济区、粤港澳大湾区等国家级重大开放战略及强首府、钦北防一体化等自治区发展战略，坚持“东西协作、南北互济，向海而兴、向海图强”的开放格局，区域发展活力增强。西部陆海新通道建设取得突破，北部湾港开启通航30万吨级巨轮的历史，集装箱吞吐量突破600万标箱，海铁联运班列突破6000列。南宁、崇左跨境电商综合试验区进出口额分别增长2.6倍、10.0倍。龙邦口岸扩大开放为国际性口岸。加工贸易进出口额突破千亿元。广西自贸试验区进一步建设成为新时代改革开放的新高地，改革试点任务实施率达95%，新设立企业3.4万家，实际使用外资3.6亿美元，外贸进出口1764亿元人民币。

三、预测与展望

2022年，广西将紧紧围绕自治区第十二次党代会提出的“1+1+4+3+N”目标任务体系，推进“五位一体”总体布局、“四个全面”战略布局，坚持稳中求进工作总基调，全面贯彻中央经济工作会议精神，全力打好稳粮食兴乡村、稳工业保运行、稳消费拓市场、稳投资增后劲、稳外贸扩开放、稳主体激活力、稳财金惠实体、稳生态促转型、稳就业保民生、稳大局保平安“十场攻坚战”。广西供给端将不断优化提质、需求端有序恢复，微观主体活力进一步激发。

广西金融系统将坚持稳中求进工作总基调，完整准确全面贯彻新发展理念，坚持金融政策充足发力、精准发力、靠前发力，保持金融总量稳定增长、结构持续优化，畅通实体经济高质量发展的血脉活水。聚焦稳增长稳预期，围绕强化金融政策支撑、培育壮大金融市场主体、完善金融基础设施建设，加快构建现代金融业，提升金融供给能力和水平。聚焦稳融资优结构，加强金融、财政、产业政策等的协调联动，推动绿色、普惠、科创、数字、跨境“五个金融”加快发展，提升金融供给与实体经济需求适配度。聚焦稳企业保就业，引导金融机构不断优化体系设置和内部考核机制，完善尽职免责机制，充分满足有效融资需求，不断激发市场主体活力。聚焦稳市场防风险，巩固拓展防范化解重大金融风险攻坚战成果，牢牢守住不发生区域性金融风险的底线。

中国人民银行南宁中心支行货币政策分析小组

总　　纂： 杨正东

统　　稿： 冼海钧　安立波　李小兰

执　　笔： 何安妮　韦秋鸣　周嘉辰　邹　雪　陈燕和　陈龙英　潘智昊　罗冬泉　罗　斯　张　瑞　谢佰亮

提供材料： 罗婕妤　覃子夏　覃思程　潘　玉　苏　姗　梁　严　王诗宇　黎学良　蒙卫丹　荆万涛　刘思佳　梁凯华　尹虹毅

附录：

（一）2021 年广西壮族自治区经济金融大事记

1 月 1 日，“桂惠贷”政策实施。

4 月 25—27 日，中共中央总书记、国家主席、中央军委主席习近平在广西考察。

8 月 19 日，广西壮族自治区人民政府办公厅印发《加快广西供应链金融发展若干措施》。

9 月 10 日，第 18 届中国—东盟博览会和中国—东盟商务与投资峰会在南宁开幕。

9 月 16—18 日，中共中央政治局常委、国务院总理李克强在广西考察。

9 月 26 日，广西复制推广中马钦州产业园区金融试点两项政策，将跨境人民币双向流动便利化政策从中马钦州产业园区推广到广西自贸试验区全域，境外项目贷款政策从马来西亚马中关丹产业园区推广到东盟 10 国。

11 月 19 日，人民银行南宁中心支行联合自治区大数据发展局举办广西征信融资服务平台启动暨“信用快贷”推进会议。

12 月 8 日，浙商银行南宁分行在南宁开业，成为入驻广西的第 11 家全国性股份制商业银行。

12 月 21 日，广西金融学会发布《2021 年人民币东盟国家使用报告》。

12 月 27 日，广西壮族自治区人民政府办公厅印发《广西金融业发展“十四五”规划》。

（二）2021 年广西壮族自治区主要经济金融指标

表 1　2021 年广西壮族自治区主要存贷款指标

	项目	1月	2月	3月	4月	5月	6月	7月	8月	9月	10月	11月	12月
本外币	金融机构各项存款余额（亿元）	34969.4	35063.5	36257.6	35725.4	36560.7	37094.0	36560.4	36944.7	37013.5	36698.9	36659.3	36879.4
	其中：住户存款	19057.2	19748.4	20210.2	19944.3	20000.3	20471.1	20264.4	20320.1	20692.5	20454.6	20552.9	21000.8
	非金融企业存款	8912.8	8488.4	9125.3	8936.1	9152.6	9696.9	9386.7	9397.5	9424.7	9168.9	9149.9	9323.0
	各项存款余额比上月增加（亿元）	303.8	94.1	1194.1	-532.2	835.3	533.2	-533.6	384.4	68.7	-314.5	-39.6	220.1
	金融机构各项存款同比增长（%）	10.3	7.8	8.8	6.9	6.4	7.2	6.3	6.3	7.2	6.8	5.5	6.4
	金融机构各项贷款余额（亿元）	35833.4	36365.3	37015.6	37344.6	37744.9	38307.5	38554.7	38832.3	39266.2	39518.8	39619.6	39851.1
	其中：短期	6321.0	6414.2	6583.5	6611.4	6734.3	6924.4	6976.2	7041.8	7122.6	7099.1	7099.3	7149.9
	中长期	27840.3	28298.5	28728.8	29019.1	29254.1	29456.0	29635.0	29767.2	30097.3	30347.1	30443.8	30626.7
	票据融资	1281.1	1262.7	1308.2	1329.2	1389.8	1557.3	1576.0	1653.2	1694.5	1722.8	1739.8	1734.0
	各项贷款余额比上月增加（亿元）	636.6	531.9	650.3	329.0	400.3	562.6	247.2	277.6	433.9	252.7	100.7	231.5
	其中：短期	173.9	93.2	169.3	28.0	122.9	190.1	51.8	65.6	80.8	-23.5	0.3	50.6
	中长期	616.7	458.3	430.3	290.3	235.0	201.9	179.0	132.3	330.0	249.8	96.7	182.9
	票据融资	-147.0	-18.4	45.6	20.9	60.7	167.5	18.7	77.2	41.3	28.3	17.1	-5.8
	金融机构各项贷款同比增长（%）	15.0	15.4	15.1	14.5	14.3	14.1	14.0	13.8	14.0	14.1	13.3	13.2
	其中：短期	12.7	11.1	9.6	8.0	8.7	9.6	10.7	11.9	14.0	13.4	13.5	16.3
	中长期	15.7	16.8	16.9	16.6	16.0	15.1	14.2	13.5	13.0	13.3	12.2	12.5
	票据融资	24.7	18.4	18.9	18.1	22.4	29.4	40.9	46.5	49.4	51.8	48.6	21.4
	建筑业贷款余额（亿元）	806.9	835.3	833.1	816.9	828.4	806.5	800.0	809.6	826.1	823.7	819.7	832.1
	房地产业贷款余额（亿元）	1456.8	1477.5	1486.8	1504.2	1493.2	1496.2	1487.0	1476.5	1469.7	1460.2	1447.1	1414.1
	建筑业贷款同比增长（%）	10.6	15.0	10.3	8.0	7.5	5.6	3.1	2.5	1.6	0.7	1.5	6.1
	房地产业贷款同比增长（%）	11.5	10.8	9.2	10.8	9.2	10.9	7.6	4.6	2.6	1.4	0.6	-0.4
人民币	金融机构各项存款余额（亿元）	34827.8	34921.2	36102.5	35583.7	36395.9	36921.3	36402.6	36790.0	36849.5	36535.9	36494.8	36706.2
	其中：住户存款	19006.5	19696.7	20157.9	19893.1	19950.5	20420.3	20213.6	20269.6	20641.9	20404.6	20502.2	20949.8
	非金融企业存款	8852.7	8425.0	9047.7	8868.9	9061.6	9599.0	9301.4	9313.3	9340.4	9076.8	9058.1	9225.7
	各项存款余额比上月增加（亿元）	312.2	93.4	1181.3	-518.9	812.2	525.4	-518.7	387.4	59.5	-313.6	-41.1	211.5
	其中：住户存款	67.4	690.2	461.3	-264.8	57.4	469.8	-206.7	55.9	372.4	-237.3	97.6	447.6
	非金融企业存款	-147.0	-427.8	622.7	-178.7	192.7	537.3	-297.6	12.0	27.1	-263.6	-18.8	167.6
	各项存款同比增长（%）	10.3	7.8	8.8	6.9	6.3	7.1	6.3	6.3	7.1	6.8	5.5	6.3
	其中：住户存款	8.9	12.5	12.4	11.3	11.2	11.5	11.0	11.1	10.7	10.9	10.7	10.6
	非金融企业存款	16.7	7.5	6.3	2.5	-0.2	5.3	4.7	1.9	4.4	2.6	0.7	2.4
	金融机构各项贷款余额（亿元）	35377.7	35899.5	36526.3	36874.8	37266.8	37783.0	38016.0	38286.8	38729.7	38992.6	39087.1	39325.3
	其中：个人消费贷款	11323.6	11384.0	11502.4	11577.3	11638.3	11712.6	11763.0	11819.1	11843.1	11883.2	11959.2	11953.8
	票据融资	1281.1	1262.7	1308.2	1329.2	1389.8	1557.3	1576.0	1653.2	1694.5	1722.8	1739.8	1734.0
	各项贷款余额比上月增加（亿元）	638.7	521.8	626.7	348.5	392.0	516.2	233.0	270.8	442.9	263.0	94.5	238.2
	其中：个人消费贷款	140.1	60.3	118.4	75.0	61.0	74.3	50.4	56.1	24.0	40.1	76.0	-5.4
	票据融资	-147.0	-18.4	45.6	20.9	60.7	167.5	18.7	77.2	41.3	28.3	17.1	-5.8
	金融机构各项贷款同比增长（%）	15.4	15.8	15.5	15.1	14.8	14.4	14.2	14.1	14.1	14.3	13.3	13.2
	其中：个人消费贷款	15.4	15.3	14.8	13.8	12.6	11.4	10.3	9.4	8.4	8.0	7.3	6.9
	票据融资	24.7	18.4	18.9	18.1	22.4	29.4	40.9	46.5	49.4	51.8	48.6	21.4
外币	金融机构外币存款余额（亿美元）	21.9	22.0	23.6	21.9	25.9	26.7	24.4	23.9	25.3	25.5	25.8	27.2
	金融机构外币存款同比增长（%）	13.8	24.2	20.4	34.3	60.9	59.9	22.8	26.0	27.8	25.5	22.0	18.2
	金融机构外币贷款余额（亿美元）	70.4	72.0	74.5	72.6	75.1	81.2	83.4	84.3	82.7	82.3	83.5	82.5
	金融机构外币贷款同比增长（%）	-1.0	1.3	-4.4	-9.1	-5.7	4.5	5.9	5.8	9.0	7.5	18.7	17.6

数据来源：中国人民银行南宁中心行。

表 2　2001—2021 年广西壮族自治区各类价格指数

单位：%

时间		居民消费价格指数		农业生产资料价格指数		工业生产者购进价格指数		工业生产者出厂价格指数	
		当月同比	累计同比	当月同比	累计同比	当月同比	累计同比	当月同比	累计同比
2001		—	0.6	—	-2.3	—	3.7	—	6.3
2002		—	-0.9	—	-1.8	—	-4.4	—	-4.4
2003		—	1.1	—	2.4	—	1.2	—	2.8
2004		—	4.4	—	15.3	—	16.3	—	9.7
2005		—	2.4	—	10.5	—	8.2	—	4.9
2006		—	1.3	—	1.0	—	11.4	—	9.6
2007		—	6.1	—	14.4	—	6.1	—	4.5
2008		—	7.8	—	24.0	—	10.6	—	9.0
2009		—	-2.1	—	-5.8	—	-4.9	—	-6.5
2010		—	3.0	—	1.9	—	11.2	—	12.0
2011		—	5.9	—	12.2	—	10.0	—	8.5
2012		—	3.2	—	3.9	—	-0.8	—	-2.2
2013		—	2.2	—	-0.1	—	-1.1	—	-1.8
2014		—	2.1	—	-1.1	—	-1.8	—	-1.6
2015		—	1.5	—	0.9	—	-4.3	—	-3.0
2016		—	1.6	—	0.7	—	-1.6	—	-0.8
2017		—	1.6	—	1.4	—	6.5	—	7.6
2018		—	2.3	—	1.8	—	3.4	—	3.3
2019		—	3.7	—	4.6	—	-0.5	—	-0.7
2020		—	2.8	—	9.7	—	-1.5	—	-0.6
2021		—	0.9	—	—	—	10.7	—	8.9
2020	1	5.9	5.9	14.4	14.4	-0.9	-0.9	0.9	0.9
	2	6.2	6.0	14.2	14.3	-0.9	-0.9	0.6	0.7
	3	5.0	5.7	14.9	14.5	-1.5	-1.1	-0.9	0.2
	4	4.6	5.4	15.2	14.7	-2.8	-1.5	-2.3	-0.4
	5	3.5	5.0	13.2	14.4	-3.4	-1.9	-2.2	-0.8
	6	3.4	4.8	12.3	14.0	-2.9	-2.1	-1.2	-0.9
	7	3.0	4.5	12.1	13.8	-2.2	-2.1	-0.8	-0.9
	8	1.3	4.1	12.1	13.6	-1.5	-2.0	-0.2	-0.8
	9	1.3	3.8	9.5	13.1	-0.9	-1.9	-0.2	-0.7
	10	0.6	3.4	5.5	12.3	-0.8	-1.8	-0.7	-0.7
	11	-0.5	3.1	-0.9	11.0	-0.2	-1.6	-0.3	-0.7
	12	0.3	2.8	-2.6	9.7	0.2	-1.5	0.5	-0.6
2021	1	0.0	0.0	—	—	2.2	2.2	1.3	1.3
	2	0.1	0.0	—	—	3.3	2.8	2.7	2.0
	3	0.9	0.3	—	—	5.9	3.8	6.3	3.4
	4	1.0	0.5	—	—	9.3	5.2	8.1	4.6
	5	1.3	0.6	—	—	11.4	6.4	9.8	5.6
	6	0.9	0.7	—	—	11.3	7.2	8.9	6.2
	7	0.5	0.7	—	—	11.8	7.8	8.6	6.5
	8	0.4	0.6	—	—	12.1	8.4	9.4	6.9
	9	0.6	0.6	—	—	13.5	8.9	11.8	7.4
	10	1.2	0.7	—	—	16.2	9.7	15.3	8.2
	11	2.2	0.8	—	—	17.0	10.4	13.8	8.7
	12	1.4	0.9	—	—	14.1	10.7	10.4	8.9

数据来源：国家统计局广西调查总队。

表 3　2021 年广西壮族自治区主要经济指标

项目	1 月	2 月	3 月	4 月	5 月	6 月	7 月	8 月	9 月	10 月	11 月	12 月
绝对值（自年初累计）												
地区生产总值（亿元）	—	—	5525.1	—	—	11787.0	—	—	18047.0	—	—	24740.9
第一产业	—	—	512.6	—	—	1149.0	—	—	2214.6	—	—	4015.5
第二产业	—	—	1792.8	—	—	4032.5	—	—	6062.9	—	—	8187.9
第三产业	—	—	3219.7	—	—	6605.5	—	—	9769.4	—	—	12537.5
工业增加值（亿元）	—	—	—	—	—	—	—	—	—	—	—	—
固定资产投资（亿元）	—	—	—	—	—	—	—	—	—	—	—	—
房地产开发投资	—	342.9	800.1	1147.5	1500.2	2045.5	2286.7	2549.1	2866.6	3114.0	3413.2	3733.9
社会消费品零售总额（亿元）	—	—	2078.3	—	—	4147.8	—	—	6228.2	—	—	8538.5
外贸进出口总额（亿元）	575.8	858.8	1385.1	1896.0	2417.4	2902.0	3423.1	3928.9	4445.9	4911.8	5485.5	5930.6
进口	224.7	351.1	596.8	850.9	1143.4	1398.9	1692.2	1977.3	2249.7	2461.1	2749.2	2991.5
出口	351.1	507.7	788.3	1045.1	1274.1	1503.1	1730.9	1951.5	2196.2	2450.8	2736.4	2939.1
进出口差额（出口－进口）	126.4	156.7	191.4	194.2	130.7	104.2	38.7	-25.8	-53.4	-10.3	-12.8	-52.4
实际利用外资（亿美元）	1.1	1.8	2.4	4.2	5.7	6.4	6.8	7.2	8.2	9.2	10.1	16.5
地方财政收支差额（亿元）	-122.4	-483.1	-951.5	-1137.3	-1386.7	-2235.8	-2414.6	-2676.1	-3213.9	-3308.8	-3563.1	-4010.1
地方财政收入	247.0	370.3	508.6	665.0	811.8	1028.4	1182.3	1287.9	1443.5	1584.9	1680.4	1800.1
地方财政支出	369.4	853.4	1460.1	1802.3	2198.5	3264.3	3596.9	3964.0	4657.4	4893.7	5243.5	5810.2
城镇登记失业率（%）（季度）	—	—	2.9	—	—	2.7	—	—	2.6	—	—	2.5
同比累计增长率（%）												
地区生产总值	—	—	16.1	—	—	12.0	—	—	9.0	—	—	7.5
第一产业	—	—	7.7	—	—	7.9	—	—	8.7	—	—	8.2
第二产业	—	—	20.7	—	—	15.0	—	—	9.5	—	—	6.7
第三产业	—	—	15.1	—	—	11.0	—	—	8.8	—	—	7.7
工业增加值	—	33.3	24.1	21.3	19.0	17.4	15.6	13.8	11.3	9.8	8.7	8.6
固定资产投资	—	30.5	26.9	18.7	15.1	15.1	14.6	14.5	13.8	11.1	8.5	7.6
房地产开发投资	—	31.4	22.7	15.8	12.1	11.7	11.6	11.4	9.0	5.0	1.8	-2.9
社会消费品零售总额	—	—	28.3	—	—	18.6	—	—	12.4	—	—	9.0
外贸进出口总额	63.3	68.8	50.7	41.1	38.2	33.9	32.3	31.8	29.3	27.7	27.8	21.8
进口	34.4	34.7	36.0	35.5	42.4	41.6	43.6	45.4	43.8	41.2	40.5	38.3
出口	89.4	104.6	64.1	45.9	34.7	27.5	22.9	20.4	17.2	16.5	17.1	8.6
实际利用外资	173.9	136.6	38.4	73.1	55.5	14.7	1.2	-9.4	-1.7	0.0	-1.5	25.4
地方财政收入	17.3	26.3	13.8	13.8	12.2	6.9	6.9	6.2	5.2	4.1	1.9	4.8
地方财政支出	-10.6	22.8	11.0	4.8	1.8	5.9	4.9	3.3	2.4	1.8	-0.6	-6.0

数据来源：广西壮族自治区统计局。

海南省金融运行报告（2022）

中国人民银行海口中心支行货币政策分析小组

[内容摘要] 2021年是海南省以自贸港建设引领高质量发展成势见效之年。一年来，全省上下牢记习近平总书记殷殷嘱托，在海南省委、省政府的坚强领导下，把握新发展阶段、贯彻新发展理念、融入新发展格局，勠力同心、攻坚克难、创新实干，推动经济社会向质量更高、结构更优、生态更好、民生更实、风险防控更加扎实有效的良好局面发展。

从经济运行看，经济发展稳中向好、好于预期。一是实现了较高增长、较低通胀、较多就业的优化组合。全省地区生产总值同比增长11.2%，地方一般公共预算收入同比增长12.9%，固定资产投资同比增长10.2%，社会消费品零售总额同比增长26.5%，居民消费价格指数同比上涨0.3%，城镇新增就业人数同比增长23.2%。投资结构持续优化，产业投资同比增长33.5%，其中制造业投资同比增长84.2%，"深海一号"投产，海上风电及装备、昌江核电二期等项目开工。消费提质升级，成功举办首届中国国际消费品博览会，成为亚太地区规模最大的消费精品展，全年离岛免税店总销售额601.7亿元，同比增长84%。外向型经济延续高增长，全省经济外向度提升7.1个百分点，实际利用外资额增长16.2%，货物贸易首次突破千亿元。二是科技创新翻身仗行动成果初现。新设立"陆海空"三大产业科创平台12家，中国种子集团总部成功落户海南，崖州湾科技城成为我国种业科研机构、经营主体的聚集地，"奋斗者号"万米深潜21次。新增高新技术企业364家，专利授权量增长58.9%，国际专利申请量增长8.4倍。三是自贸港政策加快落地见效。《中华人民共和国海南自由贸易港法》颁布实施，放宽市场准入特别措施、贸易自由化便利化若干措施、金融支持海南全面深化改革开放意见等相继出台，自贸港落地政策累计达150多项，"四梁八柱"政策框架体系初步建立。自贸港关键核心政策成效初显，加工增值免关税、跨境电商出口海外仓等多项政策交出"首单"，"两个15%"所得税、三张"零关税"清单等优惠政策有序实施，"一线"放开、"二线"管住制度扩展至海口两个综合保税区。四是生态文明建设取得新突破。全年空气质量优良天数比例达99.4%，细颗粒物（PM2.5）浓度13微克/立方米，臭氧浓度处于近几年的低值，河湖库和近岸海域水质保持优良，化肥施用量和化学农药使用量减少3.4%和3.6%。第一轮中央环保督察整改任务实现"清零"，第二轮到期完成率达98.5%，国家海洋督察整改到期完成率达90.7%。海南热带雨林国家公园跻身首批5个国家公园。五是区域协调发展揭开新篇章，城乡面貌和治理水平显著改善。儋州洋浦一体化正式实施，环新英湾片区空间规划加快编制，自贸港区域协调发展战略成功迈出第一步。老旧小区改造项目开工450个、惠及5.2万户，城镇污水日处理能力提升8.7%，行政村生活污水处理设施覆盖率提高14.3个百分点，卫生厕所覆盖率达98.8%，城乡生活垃圾无害化处理率超95%。开展农村裸露土地种草绿化专项行动，完成率达95.8%。六是民生社会事业长足进步。全省地方一般公共预算支出72.9%用于民生保障。1.3万户城市困难职工解困脱困全部完成。新增农村劳动力转移就业11.7万人，工资性收入增速提高4.9个百分点，农村居民人均可支配收入增长11%。公立医院改革试点有序推进，全面实现门诊费用跨省直接结算。

从金融运行看，金融发展稳中有进、亮点频现。一是海南自贸港金融改革创新蓬勃展开。人民银行海口中心支行等五部门联合发布《关于贯彻落实金融支持海南深化改革开放意见的实施方案》，提出89条具体政策措施，初步形成国家层面《海南自由贸易港建设总体方案》、部委层面《关于金融支持海南全面深化改革开放的意见》、省级层面实施方案的“三位一体”的自贸港近中期金融政策框架。二是海南自贸港金融“五位一体”发展新格局初步构建。人民银行海口中心支行联合16个厅局陆续印发金融支持重点园区、中小微企业、乡村振兴、绿色发展7个专项意见，发起了3个专项行动，园区金融、普惠金融、跨境金融、绿色金融、科创金融“五位一体”金融发展新格局初步成型。2021年末，11个自贸港重点园区（含入园企业）信贷余额726亿元，同比增长28.5%；普惠小微贷款余额796亿元，同比增长23.8%；农户贷款余额325亿元，同比增长11%；全省全年涉外收支规模累计381亿美元，同比增长1.03倍，其中人民币跨境收付额为558.6亿元，同比增长近50%；银行机构向省内高新技术企业累计发放贷款210亿元。三是金融双向开放稳妥有序推进。FT账户业务规模大幅增长，2021年FT账户收支1557.6亿元，是2020年的3.1倍。贸易外汇收支便利化试点持续扩面增效，辖内试点银行和企业分别由1家和5家增长至3家和16家，累计办理试点业务521笔，合计1.5亿美元。新型离岸国际贸易快速发展，全年离岸转手买卖规模74.8亿美元。跨境投融资便利化程度显著提升，办理一次性外债登记企业21家、合计登记金额64亿美元，银行信贷资产跨境转让规模超过8亿美元。落地QFLP基金45只，跨境资金流入7.7亿美元；37家企业试点QDLP，共获批50亿美元境外投资额度。入境游客移动支付便利化程度显著提升，三亚市大东海旅游区打造入境游客移动支付示范区。四是自贸港金融营商环境进一步改善。全国首批开通企业信用报告自助查询服务，实现3分钟即可完成企业信用报告查询。优化企业开户服务，推动省内银行在“海南e登记平台”开通银行账户业务预约功能，实现所有银行个人和企业简易账户即来即办。推广使用电子退库事前监督系统，退库业务平均办结时间由5个工作日压缩至1.5个工作日。深入推进海南省农村信用体系建设，2021年末已完成20.5万户农户、108个行政村的信息采集和信用等级初评工作。建立健全“一站式”金融纠纷多元化解机制，建成4家省级金融消费权益保护特色服务网点、4家省级金融教育示范基地。五是数字人民币试点打造“海南模式”。试点启动一年来，海口市和三亚市顺利举办数字人民币红包消费活动，三沙市永兴岛打造“数字人民币消费岛”，实现全国首家落地数字人民币签约缴税业务，累计开立个人钱包1046.1万个、对公钱包64.8万个，34.6万个场景正式开展试点，支持数字人民币商户门店数量11.7万个。

2022年是海南自贸港建设和封关运作准备的关键之年，做好全年的金融工作既是重要的经济工作任务，也是严肃的政治任务，意义重大、责任重大。随着自贸港政策加快落地见效，海南省经济发展内生动力持续增强，正处于历史上最好的机遇期和窗口期。但在世纪疫情冲击下，百年变局加速演进，外部环境更趋复杂严峻，海南省经济金融向高质量迈进面临的总量与结构性矛盾并存。面对机遇和挑战，在海南省委省政府的坚强领导下，2022年海南省将完整、准确、全面贯彻新发展理念，拼搏进取、奋发有为，推动海南全面深化改革开放和中国特色自由贸易港建设再上新台阶；全省金融系统将认真贯彻落实稳健的货币政策灵活适度的要求，聚焦2025年封关运作，全面深化金融改革开放，加快构建海南自贸港金融新发展格局，促进海南金融战略性转型，服务经济社会高质量发展和自贸港建设，以实际行动迎接党的二十大胜利召开。

一、金融运行情况

2021年，海南省金融运行稳中有进、稳中向好，有力地支持了经济社会发展和自贸港建设，金融改革创新不断取得新进展，金融业规模持续提升。

（一）银行业经营稳中有进，支持实体经济力度加大

1. 银行业金融机构数量小幅增加，资产规模持续扩大。2021 年末，海南省银行业金融机构共 1581 家（不含小额贷款公司），同比增加 8 家；总资产 15029 亿元、总负债 14674 亿元，同比分别增长 7.1%、3.8%。

2. 存款增速持续提升，住户和企业存款增长较快。2021 年末，各项存款余额 11339 亿元，同比增长 10%，增速同比快 4.1 个百分点。其中，住户存款同比增长 10%；企业存款同比增长 17.9%，企业存款增速为近四年最高，存款增量占全省存款增量的 53.3%。广义政府存款 1952 亿元，比年初减少 281 亿元。

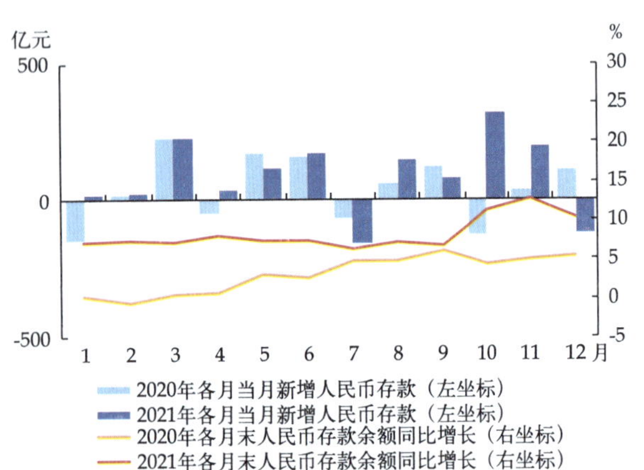

图 1　2020—2021 年海南省金融机构人民币存款增长变化

（数据来源：人民银行海口中心支行）

3. 贷款总量较快增长，信贷结构持续优化。2021 年末，各项贷款余额 10607 亿元，同比增长 6.3%，增速同比提高 1.4 个百分点，有力支撑实体经济增长，促进"五位一体"金融格局快速形成。2021 年，为推动金融更好地服务海南自贸港建设，海南省构建园区金融、普惠金融、跨境金融、绿色金融、科创金融"五位一体"金融发展新格局，加大金融支持"稳企业""保就业"工作力度。下半年以来，随着货币信贷政策不断发力，信贷增速企稳回升，信贷结构持续优化，"科技服务和勘查""租赁和商务服务""卫生、社保和福利"等行业贷款增速较快，分别为 34.9%、31.1% 和 14.2%，高于各项贷款平均增速。

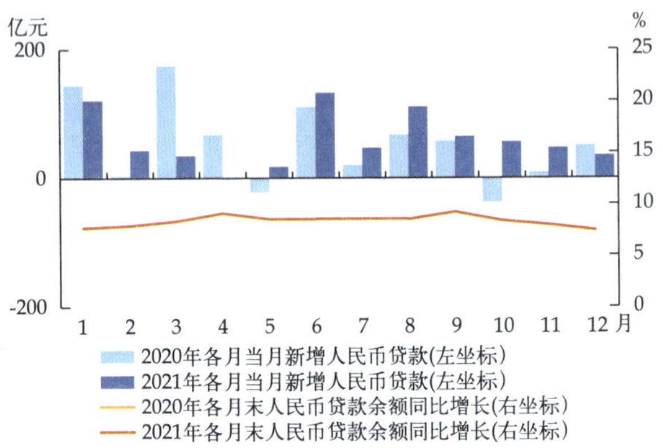

图 2　2020—2021 年海南省金融机构人民币贷款增长变化

（数据来源：人民银行海口中心支行）

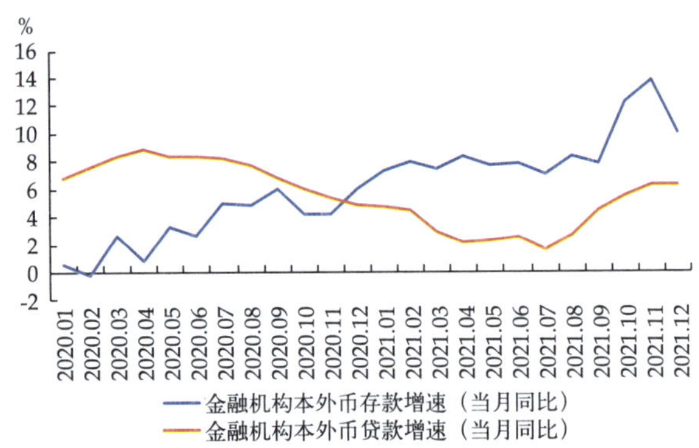

图 3　2020—2021 年海南省金融机构本外币存贷款增速变化

（数据来源：人民银行海口中心支行）

4. 表外业务平稳发展，担保类业务增长较快。2021 年，海南省银行业金融机构表外业务规模 7889 亿元，同比下降 0.6%，表外业务发展较为平稳。其中，承诺类、金融资产服务类、金融衍生品类表外业务同比分别减少 11.9%、0.5% 和 28%。

5. 企业融资成本持续下降，利率市场化改革成效显现。2021 年，海南省金融机构人民币一般贷款加权平均利率为 5.5%，同比下降 50

个基点。其中，小微企业贷款加权平均利率为5.1%，同比下降30个基点。利率市场化改革持续推进，全年省内金融机构新增贷款LPR运用占比达96.7%。市场利率定价自律机制运行良好，在加强不规范存款创新产品管理、维护市场竞争秩序方面发挥了积极作用。2021年，全省共2家地方法人金融机构成为全国自律机制成员单位，累计发行同业存单144.8亿元、大额存单7.3亿元。年末金融机构外币存款23.7亿美元，同比小幅减少1亿美元。全省金融机构1年期以上和3个月以内大额美元存款加权平均利率同比分别下降45.7个和55.2个基点。

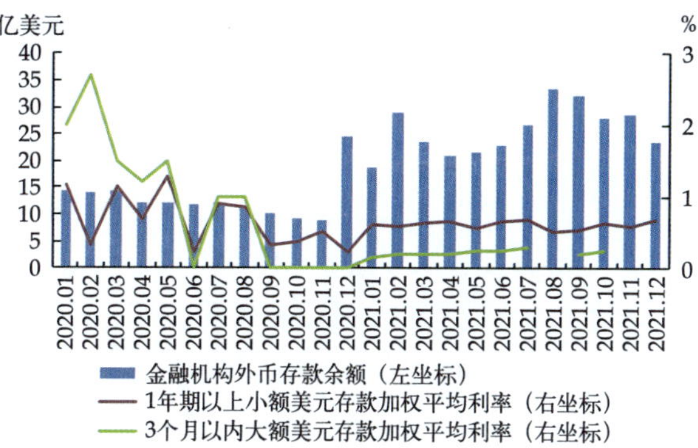

图4　2020—2021年海南省金融机构外币存款余额及外币存款利率

（数据来源：人民银行海口中心支行）

表1　2021年海南省金融机构人民币贷款各利率区间占比

单位：%

项目		1月	2月	3月	4月	5月	6月
合计		100.0	100.0	100.0	100.0	100.0	100.0
LPR减点		14.3	32.6	18.5	20.0	17.0	16.6
LPR		4.6	2.1	9.6	2.4	4.1	7.8
LPR加点	小计	81.1	65.3	71.9	77.6	78.9	75.6
	(LPR，LPR+0.5%)	12.4	14.4	14.0	14.9	13.2	16.8
	[LPR+0.5%，LPR+1.5%)	29.1	21.4	22.5	22.7	22.4	20.3
	[LPR+1.5%，LPR+3%)	12.3	8.1	12.5	17.1	16.8	16.8
	[LPR+3%，LPR+5%)	15.1	11.9	12.0	12.0	16.6	15.4
	LPR+5%及以上	12.2	9.5	10.9	10.9	9.9	6.3
项目		7月	8月	9月	10月	11月	12月
合计		100.0	100.0	100.0	100.0	100.0	100.0
LPR减点		20.2	21.5	16.7	12.5	26.1	36.3
LPR		2.8	6.7	6.3	12.0	6.3	4.3
LPR加点	小计	77.0	71.8	77.0	75.5	67.6	59.4
	(LPR，LPR+0.5%)	14.3	13.2	18.9	14.5	15.0	10.8
	[LPR+0.5%，LPR+1.5%)	23.3	23.8	22.8	22.0	20.6	19.9
	[LPR+1.5%，LPR+3%)	15.3	16.6	15.8	22.6	18.7	15.6
	[LPR+3%，LPR+5%)	16.3	12.5	14.6	9.4	8.9	10.1
	LPR+5%及以上	7.8	5.7	4.9	7.0	4.4	3.0

数据来源：人民银行海口中心支行。

6. 地方法人机构经营规模稳步增长，风险处置工作取得阶段性成效。2021年末，海南省地方法人银行业金融机构资产总额4365.7亿元，负债总额4023.6亿元，同比分别增长7.0%和6.9%；贷款余额2170.5亿元，存款余额3412.6亿元，同比分别增长16.0%和17.1%。2021年，海南省地方法人银行通过完善公司治理、增资扩股、清收压降不良等方式持续提升经营质效，整体资本充足率和拨备覆盖率均达到监管要求，存量风险有效降低。

7. 农信社改革持续推进，村镇银行利润大幅增长。2021年，海南省农信社改革从体制、机构、流程、技术等多维度推进，服务“三农”力度增强，涉农贷款余额同比增长7.2%。2021年末，海南省村镇银行贷款余额65.9亿元，存款余额44.3亿元，同比分别增长10.4%和0.3%。

8. 跨境人民币业务持续快速增长。2021年，海南省银行业金融机构办理人民币跨境实际收付558.6亿元，其中经常项目249.4亿元，资本项目309.2亿元，同比分别增长50%、1.56倍和12.4%。2021年，与海南发生跨境人民币收付的国家或地区增加了5个，达93个；在海南省内银行业金融机构办理过跨境人民币业务的企业增加521家。

专栏1 人民银行海口中心支行推动形成“五位一体”海南自贸港金融新格局

为促进金融更好地服务实体经济和海南自贸港建设，人民银行海口中心支行结合海南省经济社会实际和未来发展需要，确立了发展园区金融、普惠金融、跨境金融、绿色金融、科创金融，并以结构优化带动总量扩张的工作思路。2021年以来，以年度信贷指导意见为基础，联合海南银保监局、海南证监局、省地方金融监管局、中共海南省委农办、省发展改革委、省自然资源和规划厅、省生态环境厅、省农业农村厅、省工业和信息化厅、省商务厅、省财政厅、省国有资产监督管理委员会、省市场监督管理局、省乡村振兴局、国家税务总局海南省税务局、省知识产权局等厅局出台了金融支持重点园区、中小微企业、乡村振兴、农村信用体系建设、新型农业经营主体、推动经济发展转型升级等七个专项意见，发起了“自贸港金融服务企业提升行动”“2021—2023年推进海南省动产融资行动”“‘贷动小生意，服务大民生’金融支持个体工商户发展专项行动”三个专项行动，全省信贷结构持续优化，信贷总量恢复增长。

从总量看，货币信贷政策的实施为海南自贸港营造了适宜的金融环境。2021年末，全省各项存款余额11339亿元，比年初增加1026亿元，同比增长10.0%、同比多增452亿元；各项贷款余额10607亿元，比年初增加625亿元，同比增长6.3%，同比多增165亿元；社会融资规模新增1141亿元，同比多增171亿元。

分结构看，“五位一体”金融新格局初步形成。园区金融快速增长。金融系统主动对接、服务自贸港重点园区，为全部自贸港重点园区提供了“一园一策”的融资方案或规划，与自贸港重点园区及入驻企业签订38个战略合作协议，部分金融机构还选派多名业务骨干到重点园区挂职交流，提供金融顾问服务。截至2021年末，全省11个自贸港重点园区（含入园企业）信贷余额726亿元，同比增长28.5%。普惠金融稳健发展。普惠小微支持方面，金融机构扎实推进三个专项行动，全面编制授权、授信、尽职免责“三张清单”，持续改进内部激励约束机制。2021年末，普惠小微贷款余额796亿元，同比增长23.8%，普惠小微有贷户9.2万户，较年初增加3053户，全年新发放普惠小微贷款加权平均利率5.93%，同比下降57个基点。“三农”领域支持方面，按照“四个不摘”要求，不断强化对“三农”领域的融资支持，巩固脱贫攻坚成果、助力乡村振兴。人民银行海口中心支行还创新金融支持乡村振兴模式，探索建立万宁、定安、琼海、五指山、东方5个各具特色的乡村振兴金融服务示范区。2021年末，全省农林牧渔业贷款、农村基础设施建设贷款和农户贷款余额分别为454亿元、572亿元和325亿元，同比分别增长7.5%、5.5%和11%。绿色金融亮点频现。金融系统积极落实党中央、国务院“双碳”的重大决策部署，以“国家生态文明试验区”建设为契机，推动金融资源向绿色发展领域倾斜。2021年末全省绿色信贷余额518亿元，同比增长20.7%。成功发行10亿元绿色金融债券。科创金融蓬勃发展。全力支持海南打赢科技“翻身仗”，全省银行机构累计向高新技术企业和“专精特新”中小微企业发放贷款210亿元和33.7亿元。金融机构利用大数据和征信平台，不断丰富科技金融信贷产品，2021年辖区金融机构通过中征应收账款融资服务平台累计促成融资87笔，融资金额40.12亿元。跨境金融突飞猛进。依托自贸港政策优势，金融机构积极参与跨境金融业务创新，开展经常项目和资本项目便利化试点，信贷资产跨境转让、跨境资产管理等取得重要进展，全省跨境收支规模大幅增长。

（二）证券业交易大幅增长，资本市场主体持续增加

1. 证券期货交易量上升，法人证券期货机构经营效益好转。2021 年，海南省共有 2 家法人证券公司、41 家证券分公司和 51 家证券营业部，2 家法人期货公司、5 家期货分公司和 9 家期货营业部，辖内上市公司证券市场交易额同比增长 95.6%，期货机构代理交易额同比增长 33.1%。法人证券公司净利润同比增长 3.88 倍，证券公司分支机构净利润同比下降 77.9%；法人期货公司净利润同比增长 1.82 倍，期货公司分支机构同比减亏。

表 2　2021 年海南省证券业基本情况

项目	数量
总部设在辖内的证券公司数（家）	2
总部设在辖内的基金公司数（家）	0
总部设在辖内的期货公司数（家）	2
年末国内上市公司数（家）	34
当年国内股票（A 股）筹资（亿元）	13
当年发行 H 股筹资（亿元）	0
当年国内债券筹资（亿元）	133
其中：短期融资券筹资额（亿元）	0
中期票据筹资额（亿元）	40

数据来源：海南证监局、人民银行海口中心支行。
注：当年国内股票（A 股）筹资额指非金融企业境内股票融资。

2. 资本市场主体数量持续增加，助力实体经济发展。2021 年，海南省新增 2 家上市公司，实现科创板上市公司“零突破”。34 家境内上市公司总股本和总市值同比分别增长 50.4% 和 54.7%。全年省内企业在资本市场直接融资 135.3 亿元。上期所支持海南天然橡胶“保险 + 期货”项目 6800 万元、挂钩现货 8 万吨，大商所生猪“保险 + 期货”项目保障生猪 4 万头。私募基金管理人 287 家，同比增长 3.1 倍，管理基金规模同比增长 3.19 倍。

（三）保险业运行整体良好，产品创新能力有所增强

1. 保险业实力持续增强，资产规模进一步扩大。2021 年末，全省共有法人保险公司 2 家，保险公司分支机构 296 家，较上年增加 3 家。全省保险公司资产总额和保费收入同比分别增长 8.4% 和 5.5%，赔付支出同比增长 15.3%。全年保险业累计提供风险保障金 31 万亿元，同比增长 12.4%。

2. 农业保险保障作用持续发挥，产品创新能力有所增强。2021 年，海南省农业保险保费和赔款同比分别增长 25.8% 和 52.6%。蔬菜零售保险已在全省落地，天然橡胶价格（收入）保险、橡胶“保险 + 期货”保险、生猪“保险 + 期货”保险和“养殖工船”鱼养殖保险等也逐步推进。

表 3　2021 年海南省保险业基本情况

项目	数量
总部设在辖内的保险公司数（家）	2
其中：财产险经营主体（家）	0
寿险经营主体（家）	2
保险公司分支机构（家）	296
其中：财产险公司分支机构（家）	181
寿险公司分支机构（家）	115
保费收入（中外资，亿元）	198.3
其中：财产险保费收入（中外资，亿元）	88.9
人身险保费收入（中外资，亿元）	109.4
各类赔款给付（中外资，亿元）	74.6

数据来源：海南银保监局。

（四）全省社会融资规模较快增长，普惠小微融资可得性明显提升

1. 社融规模较快增长。2021 年，全省新增社会融资规模 1141 亿元，比上年多增 171 亿元，同比增长 17.6%。其中，间接融资新增 711 亿元，同比增长 32%，占社会融资规模的 62%，较上年同期提升 6.6 个百分点。新增人民币贷款 691

亿元，是拉动社会融资规模增长的主要因素。委托贷款和未贴现银行承兑汇票受表外业务规范监管影响，融资同比减少136亿元。

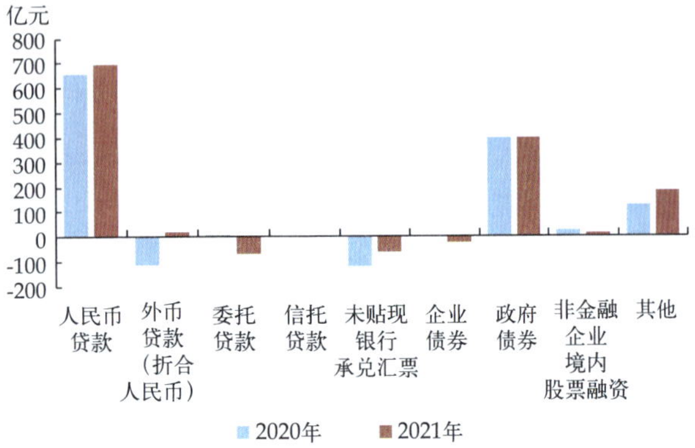

图5　2020年、2021年海南省社会融资规模分布结构

（数据来源：人民银行海口中心支行）

2. 构建多层次对接服务，提升普惠小微融资可获得性。2021年，人民银行海口中心支行通过企业名单推送方式加强政银企对接。一是通过“稳企业”“保就业”工作机制，向银行机构推送重点企业。全省人民银行系统共收到政府部门推送的重点企业名单1751户，银行机构共对接放贷125.7亿元。二是发起“贷动小生意，服务大民生”等三个专项行动，推动扩大实体经济融资覆盖面。2021年，辖区商业银行走访中小微企业、个体工商户5.8万户，向其中2.6万户放贷431.1亿元。

（五）搭建“三位一体”政策框架，自贸港金融改革创新蓬勃展开

2021年，中国人民银行、中国银行保险监督管理委员会、中国证券监督管理委员会、国家外汇管理局联合印发《关于金融支持海南全面深化改革开放的意见》（以下简称《意见》），推动建立与自贸港相适应的金融政策和制度框架，支持海南省创新跨境金融产品和服务，提升贸易投资自由化便利化水平。人民银行海口中心支行牵头制订了《关于贯彻落实金融支持海南深化改革开放意见的实施方案》（以下简称《实施方案》），提出89条具体政策措施。国家层面《海南自由贸易港建设总体方案》、部委层面《意见》、省级层面《实施方案》“三位一体”的海南自贸港近中期金融政策框架初步形成并释放政策红利。

1. 贸易结算便利化水平进一步提升。2021年，全省便利化试点银行和企业不断扩容，试点银行由1家增加至3家，试点企业由5家增加至16家。货物和服务贸易中使用人民币结算业务量不断增加，享受跨境人民币结算便利化措施的优质企业从43家扩大至53家。

2. 多项跨境投融资便利化政策落地。一是合格境外有限合伙人（QFLP）和合格境内有限合伙人（QDLP）试点业务稳步发展。截至2021年末，海南省共办理QFLP业务61笔，累计跨境资金流入7.7亿美元，占同期资本项下跨境资金流入的16%。QDLP试点方面，KKR、瑞士联合资管等37家试点企业共获批50亿美元投资额度。二是可跨境转出信贷资产范围和参与机构范围不断扩大。截至2021年末，共发生6笔境内信贷资产对外转让业务，金额合计6.28亿美元；境内贸易融资资产跨境转让人民币结算累计17笔，金额约13亿元。

3. 金融业对外开放能力显著提升。多家全国性商业银行分行获得总行离岸银行业务正式授权或通过协办总行离岸中心的方式向客户提供离岸服务。

4. 金融基础设施功能不断完善。一是FT账户业务规模大幅增长。2021年FT账户收支1557.6亿元，同比增长2.1倍。二是跨境金融区块链服务平台试点范围扩大。截至2021年末，已开通出口应收账款融资、企业跨境信用信息授权查证、资本项目收入支付便利化真实性审核以及服务贸易税务备案电子化银行核验4个应用场景，其中出口应收账款融资场景共接入16家银行机构，2021年新增2家，共为6家涉外企业累计办理280笔融资业务，合计3837.2万美元。

（六）海南金融生态不断优化，金融消费者权益保护成效明显

1. 辖区支付服务环境日益改善。2021年，海南省非现金支付业务办理笔数同比增长15.95%，其中，移动支付业务笔数同比增长21.46%。海南省启动“三亚大东海旅游区入境游客移动支付示范区”建设，推动微信支付、银联钱包、数字人民币等多种满足全球任意国家入境游客移动支付模式在区内消费场景的综合应用。白沙县橡胶非现金收购支付创新项目推广到全省15个市县，有力推动偏远落后地区农村支付环境建设进程。

2. 农村信用体系建设成效明显。2021年，人民银行海口中心支行联合地方政府，指导涉农金融机构，协调乡镇和村两委全面推进海南省涉农信用信息采集和信用评定工作，全省共完成20.5万户农户和新型农业经营主体涉农信用信息采集和信用等级初评，带动农户获得授信5.1亿元。

3. 地区信用环境不断改善。一是推动中小微企业信用体系建设。2021年3月完成辖区首家企业征信机构备案。二是提高征信查询服务供给。2021年海南省成为全国首批开通企业信用报告自助查询的省份。三是地方社会信用体系建设日趋完善。海南省人民代表大会常务委员会发布第97号公告，出台《海南自由贸易港免税购物失信惩戒若干规定》。

4. 金融消费者权益保护工作卓有成效。开展形式多样的金融知识普及活动，创建具有示范效应和标杆作用的金融教育示范基地，推进金融知识普及长效机制建设。人民银行海口中心支行加强与人民法院沟通协作，全年指导海南金融消费者权益保护协会成功调解金融纠纷案件50件，申请司法确认39件，涉及金额3000余万元。

5. 打造数字人民币试点“海南模式”。2021年，海口市、三亚市顺利举办数字人民币红包消费活动，三沙市永兴岛打造“数字人民币消费岛”。数字人民币试点启动一年来，全省累计开立个人钱包1046.14万个、对公钱包64.75万个，34.56万个场景正式开展试点，支持数字人民币商户门店数量11.68万个。

二、经济运行情况

（一）三大需求协同发力，地区经济实现快速增长

2021年，海南省积极服务和融入新发展格局，投资成效显著，消费恢复性增长，外资流入大幅提升，全省地区生产总值同比增长11.2%，两年平均增长7.3%。

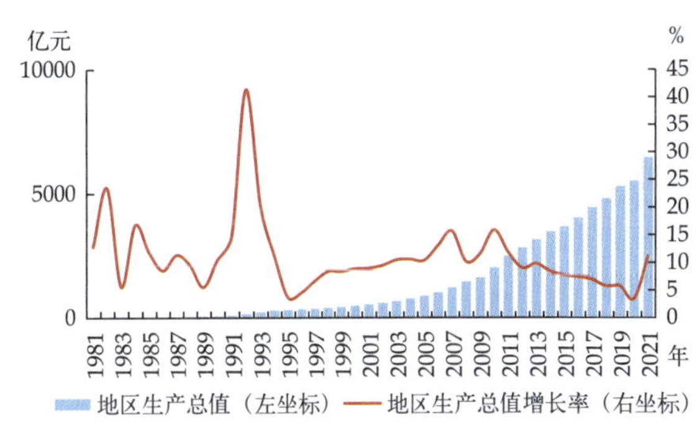

图6　1981—2021年海南省地区生产总值及其增长率

（数据来源：海南省统计局）

1. 实施投资新政、坚持项目为王导向鲜明。强化统筹引领，海南省政府印发《海南自由贸易港投资新政三年行动方案（2021—2023年）》，开启投资新政三年行动，强化投资稳增长、调结构、提质量。2021年，调度推动总投资500万元以上项目超过3400个，全省固定资产投资同比增长10.2%，增速为2017年以来新高。

2. 挖掘多领域消费潜力，新兴消费增长态势显著。2021年，海南省实现社会消费品零售总额2497.6亿元，同比增长26.5%。离岛免税经营主体销售额突破600亿元，同比增长84%。餐饮收入、商品零售额同比分别增长40.5%和24.9%。

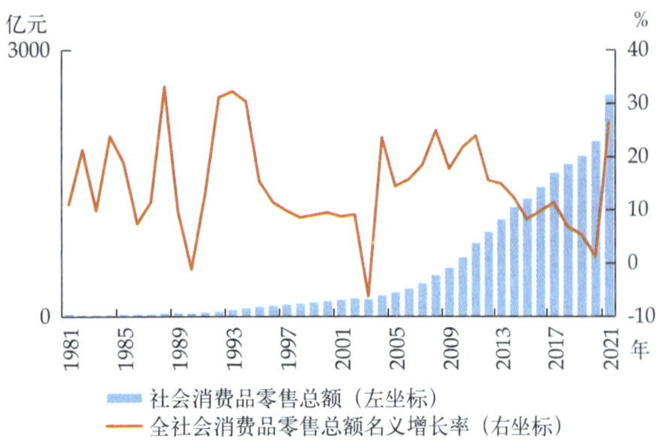

图 7　1981—2021 年海南省社会消费品零售总额及其增长率

（数据来源：海南省统计局）

3. 外贸总额大幅提升，实际利用外资连续增长。2021 年，海南省货物贸易年度规模首次突破千亿元，达到 1476.8 亿元，同比增长 57.5%，服务进出口总额 287.8 亿元，同比增长 55.5%。全年实际利用外资 35.2 亿美元，同比增长 16.2%，其中九成以上外资聚焦现代服务业。

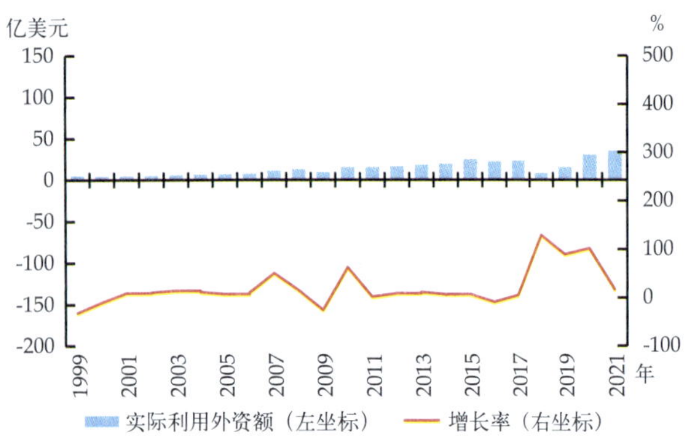

图 8　1999—2021 年海南省实际利用外资额及其增长率

（数据来源：海南省统计局）

（二）经济结构持续优化，发展动能转换成效显著

2021 年，海南省产业结构转型升级，三次产业增加值分别增长 3.9%、6.0% 和 15.3%，同比分别多增 1.9 个、7.2 个和 9.6 个百分点，产业结构从上年的 20.5：19.1：60.4 调整为 19.4：19.1：61.5。

1. 农业生产延续平稳态势。2021 年，海南省农林牧渔业增加值 1301 亿元，同比增长 4.1%。蔬菜、水果和肉类产量同比增长 2.8%、6.0% 和 12%。深海网箱增至 1.2 万口。

2. 规模以上工业恢复性增长。2021 年，海南省规模以上工业增加值同比增长 10.3%，两年平均增长 2.6%，其中装备制造业增加值增长 45.1%。规上工业企业利润总额同比增长 60.5%，营收利润率为 8.1%，同比提高 1.8 个百分点。

3. 全省旅游业稳步恢复。全域旅游创建成效显著。海口秀英区、三亚海棠区、琼海、万宁、定安等跻身省级全域旅游示范区。新评 17 家 A 级景区、2 家省级旅游度假区，儋州东坡书院、定安母瑞山等 6 家景区成功创建 AAAA 级景区。乡村旅游广受欢迎，173 家椰级乡村旅游点接待游客 851.5 万人次，同比增长 82.4%。海洋旅游日益恢复，执行西沙邮轮旅游 248 艘次，接待国内游客 6.8 万人次，恢复至 2019 年近九成水平。

4. 服务业快速发展。2021 年，海南省服务业增加值同比增长 15.3%，高于经济增速 4.1 个百分点，对经济增长的贡献度达到 82.5%，占经济总量比重提高 1.1 个百分点。以信息技术、互联网平台为主的新兴服务业持续快速发展，信息传输软件和信息技术服务业、租赁和商务服务业增加值分别增长 10.4% 和 10.7%，共拉动经济增长 0.7 个百分点。

5. 高新技术产业加快发展。2021 年，海南省高新技术产业实现营收约 3000 亿元，全省高新技术企业增至 1202 家，同比增长 43.4%。海南生态软件园建成安全可控区块链平台，启动创建国家区块链试验区。

6. 园区平台功能逐步显现。2021 年，11 个自贸港重点园区实现营业收入 1.36 万亿元，同比增长 134%。11 个重点园区完成税收收入 585.6 亿元，同比增长 47.7%；完成固定资产投资 1173.4 亿元，同比增长 73.6%；实际利用外资 32 亿美元，以不足 2% 的土地面积贡献全省 40.1% 的税收。

7. 营商环境优化力度加大。2021 年，海南省政府组建了“百人营商环境工作专班”，制定了让市场主体说了算、横向可比纵向监测的营商环境评价指标体系，开通“自由贸易港请您来投诉”平台。“一枚印章管审批”全面推行，特别极简审批园区从 3 个推广到 14 个，园区项目落地审批提速 70%。打造“海易办”“海政通”平台，政务服务事项 55.6% 实现“零跑动”、30 项“一件事一次办”、1038 项“跨省通办”。

8. 高水平建设生态文明试验区，生态环境质量优良。2021 年，海南省成立热带雨林国家公园，全省环境空气质量优良率 99.4%，地级城市水源地水质达标率为 100%，地表水水质优良比例为 92.2%。

（三）物价指数分化明显，居民增收成效较为显著

2021 年，海南省居民消费价格指数总体平稳，工业生产者价格指数涨幅扩大。居民增收成效显著，就业情况进一步改善。

1. 居民消费价格温和上涨。2021 年，海南省居民消费价格指数同比上涨 0.3%，比全国平均水平低 0.2 个百分点。八大商品和服务项目价格“四升四降”，其中交通通信类（3.7%）、生活用品及服务类（1.2%）、居住类（1.0%）、衣着类（0.9%）等居民生活必需品价格有所上涨。

2. 生产价格涨幅扩大，企业生产成本增加。2021 年，海南省工业生产者出厂价格指数同比上涨 13.5%，比全国高 5.4 个百分点。受原材料价格上涨影响，生产者购进指数同比上涨 16.5%。

3. 居民增收成效显著，就业情况有所改善。2021 年，海南省城镇居民人均可支配收入同比增长 8.4%，迈上 4 万元台阶；农村常住居民人均可支配收入同比增长 11%。全省城镇新增就业人数同比增长 17%，高于上年 2.6 个百分点；城镇失业率 5.1%，同比下降 0.2 个百分点。

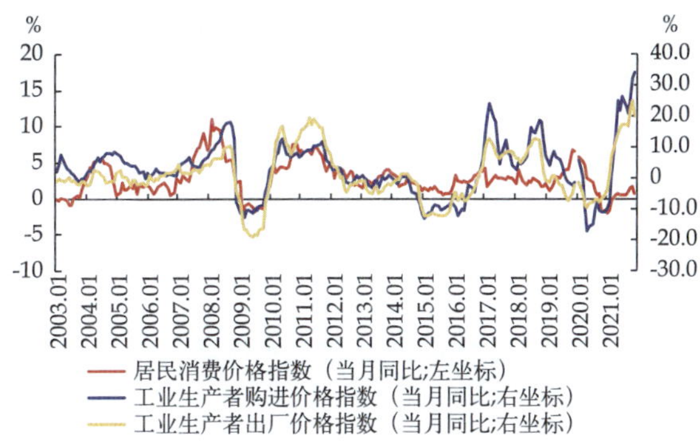

图 9　2003—2021 年海南省居民消费价格指数和工业生产者价格指数变动趋势

（数据来源：海南省统计局）

（四）财政收支稳步扩大，积极财政政策精准高效

1. 财政收支稳中有升。2021 年，海南省地方一般公共预算收入 921.2 亿元，完成预算的 109.6%，同比增长 12.9%，两年平均增长 6.4%。一般公共预算支出 1982.8 亿元，完成预算的 95.7%，同比增长 0.5%，两年平均增长 3.3%。

2. 收入结构不断优化。2021 年，海南省税收收入占地方一般公共预算收入的 80.7%，同比提高 12.1 个百分点，土地出让收入占地方自有财力的 23.9%，同比下降 9.9 个百分点。

3. 地方债务风险可控。2021 年，海南省政府发行地方债券融资 695.6 亿元，同比增长 22.8%。年末政府债务余额 3007.9 亿元，在财政部规定的限额之内。

4. 财政助力自贸港建设。海南省政府办公厅印发《海南省促进经济高质量发展若干财政措施》，聚焦科技创新、壮大市场主体、扩大投资、融资支持与优化发展环境。海南省政府设立 100 亿元自贸港建设投资基金，支持重点产业、园区和项目发展。2021 年，海南省财政厅分别拨付 115.4 亿元、88 亿元支持基础设施、重点园区建设，拨付 5.2 亿元用于支持旅游、互联网、会展等重点产业发展。

5. 财政直达机制常态化。2021 年，拨付直达资金 356.1 亿元，同比增长 38.3%；其中发放惠企补助 6 亿元，惠企 932 家，发放利民补助 20 亿元，惠民 324.1 万人次。压减非重点、非

刚性支出预算10亿元，盘活存量资金185.2亿元。

6. 支持实施乡村振兴战略。2021年，海南省财政支持巩固脱贫攻坚成果与乡村振兴有效衔接，全年拨付衔接补助资金（原专项扶贫资金）33.6亿元，同比增长3.9%，支持5个脱贫县整合涉农资金17.6亿元。省级财政拨付8.6亿元资金，支持发展壮大优势特色产业和村集体经济。

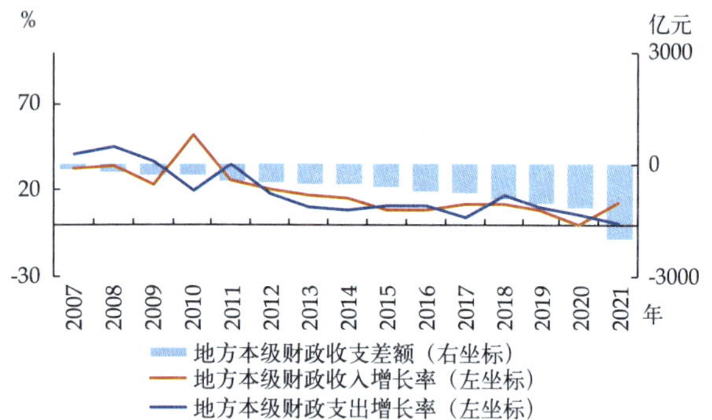

图10　2007—2021年海南省财政收支状况

（数据来源：海南省统计局）

（五）坚持“房住不炒”，多措并举完善住房制度

2021年，海南省在继续保持房地产调控政策的同时，通过“多主体供给、多渠道保障”等方式，推动租购并举的住房制度，促进房地产市场平稳发展，全年新建安居房3.5万套，新筹集公共租赁住房1.3万套，新开工老旧小区改造项目450个，商品房新开工面积和商品房销售面积同比分别增长25.9%和18.3%。

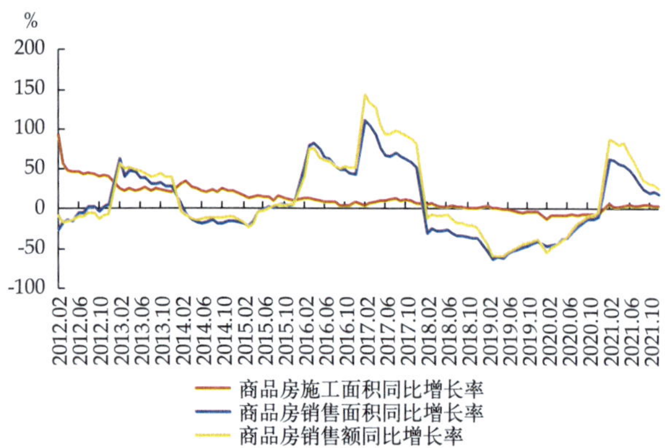

图11　2012—2021年海南省商品房施工和销售变动趋势

（数据来源：海南省统计局）

（六）政策体系初步建立，海南内外部循环更通畅

1. 自贸港政策体系不断完善。2021年，《中华人民共和国海南自由贸易港法》颁布实施，公平竞争、社会信用、营商环境等15项配套法规先后出台。2018年4月13日以来，自贸港落地政策累计达150多项，自贸港政策制度体系“四梁八柱”初步建立。

2. 自贸港政策早期收获明显。“两个15%”所得税优惠政策惠及企业超过600户次，受益高端紧缺人才逾5000人次，减免税额超42亿元。利用三张“零关税”清单进口货物超50亿元，减免税额9亿元。“中国洋浦港”累计注册登记国际船舶30艘，新增运力483.6万载重吨、增长34.3%，实现西部陆海新通道“铁海联运+内外贸同船”。海口空港综合保税区、三亚保税物流中心（B型）获批设立。“一线”放开、“二线”管住制度实施范围拓展。加工增值免关税、启运港退税等多项政策交出“首单”。

3. 封关运作准备全面启动。自贸港口岸布局方案制订实施，口岸建设“十四五”规划编制出台。围绕全岛封关运作，统筹对外开放口岸和“二线”口岸功能需要，坚持硬件筑底与软件提升同步推进，长短结合加快基础设施和配套设施建设。2021年，海南省通关效率持续提升，全年平均进、出口整体通关时间压缩至44.52小时和0.71小时，分别较2020年减少10.62小时和0.34小时。

4. 现代服务业开放赋能。真实世界数据研究和评价重点实验室落地博鳌乐城国际医疗旅游先行区，新增引进国际创新药械71种，累计达到200种，接待医疗旅游12.7万人次，规模接近翻番。全省累计引进国内外知名高校43所。陵水黎安国际教育创新试验区迎来“自贸港国际英才班”首批学生入校。崖州湾科技城入驻高校招录研究生超过1700人。

5. 自贸港风险防控能力持续提升。全省累计接种新冠疫苗959.4万人次，全人群疫苗接种率达95.2%。社会管理信息化平台日益完善，进出岛人流、物流、资金流实现全天候动态监管。64个反走私综合执法点全面运行，离岛免税购物套（代）购有效遏制。“平安海南”建设卓有成效，实现群体性事件、重大道路交通事故等“七个零发生”，食品安全评价性抽检全域覆盖。

专栏2 海南自贸港落实外汇创新政策成效显著

2021年，海南省外汇市场运行平稳向好，外汇创新政策落地生效，进一步助推海南自贸港跨境业务蓬勃展开。

一、推动落实跨境贸易结算便利化政策

（一）推动贸易外汇收支便利化试点落地

截至2021年末，海南贸易外汇收支便利化试点银行3家，试点企业16家，累计办理试点业务521笔，金额合计1.46亿美元。

（二）推动新型离岸国际贸易发展

国家外汇管理局海南省分局印发《关于支持海南开展新型离岸国际贸易外汇管理的通知》。2021年全省离岸转手买卖规模74.8亿美元，参与企业22家。

（三）解决非关联关系境内外机构代垫款偿还业务难点

2021年，国家外汇管理局海南省分局通过集体审议允许境外买方向境内出口方偿还海运费业务，截至年末累计落地7笔，金额24万美元。

二、拓宽跨境投资双向渠道

（一）QFLP政策吸引力持续增强

截至2021年末，海南省共办理QFLP业务61笔；QFLP基金45只，注册资金折合51.1亿美元，累计跨境流入7.7亿美元。

（二）获批50亿美元QDLP试点额度

2021年4月13日，国家外汇管理局海南省分局等四部门联合印发《海南省开展合格境内有限合伙人（QDLP）境外投资试点工作暂行办法》。截至2021年末，海南省37家QDLP试点企业共获得额度50亿美元；3家企业进行了QDLP登记，登记金额4.9亿美元，跨境流出1.26亿美元。

三、提升跨境融资便利化水平

（一）一次性外债登记提高企业举借外债便利性

截至2021年末，海南省36家企业参与一次性外债登记试点，登记金额合计160.2亿美元。

（二）稳妥开展境内信贷资产对外转让业务试点

截至2021年末，金融机构开展包括银行不良贷款和银行贸易融资资产在内的境内信贷资产对外转让业务。

（三）境外上市外汇登记下放银行办理进一步简政放权

2021年国家外汇管理局海南省分局继续落实《关于在海南自由贸易港开展港内公司境外上市登记改革试点的通知》和《海南自由贸易港内公司境外上市登记试点管理办法》的相关精神，鼓励海南企业“走出去”境外募集资金。

（四）支持海南发展总部经济

国家外汇管理局海南省分局下调自贸港内企业开展跨国公司外汇资金集中运营管理业务的门槛，由上年度本外币国际收支规模超过1亿美元调整为超过5000万美元。2021年办理跨国公司跨境资金集中运营业务4笔，外债登记额度34.5亿美元，境外放款登记额度7.5亿美元。

（五）开展跨境金融区块链服务平台试点

截至2021年末，区块链平台开通了出

口应收账款融资、企业跨境信用信息授权查证、资本项目收入支付便利化真实性审核以及服务贸易税务备案电子化银行核验4个应用场景。

三、预测与展望

2022年，是立足建党百年历史新起点，向第二个百年奋斗目标奋进的首个完整年度，是党的二十大召开之年，是加快自由贸易港建设的关键之年。海南自贸港建设正处于宝贵的机遇期，发展基础更加坚实、发展动力更加充沛、发展优势更加鲜明。“3+1”主导产业加快发展，现代化产业体系正在形成。营商环境持续优化，高质量吸引和配置要素资源能力持续增强；实施投资新政、推动消费升级、促进外贸做大、加快引入外资，内外部有效需求增量提质等，这些都为进一步促进高质量发展创造了宝贵条件。与此同时，新冠肺炎疫情仍在演化，国际形势严峻复杂、地缘政治微妙多变，全球产业链、供应链仍未完全恢复，国内外市场竞争激烈，资源环境约束趋紧、传统优势产业急待转型升级、战略性新兴产业亟须培育壮大，海南省经济社会发展仍面临重大挑战。

面对发展机遇和挑战，海南全省将坚持以习近平新时代中国特色社会主义思想为指导，全面贯彻党的十九大、十九届历次全会精神和中央经济工作会议精神，弘扬伟大建党精神，坚持稳中求进工作总基调，完整、准确、全面贯彻新发展理念，积极融入和服务新发展格局，以推动高质量发展为主题，以供给侧结构改革为主线，以全面深化改革开放、坚持创新驱动为动力，以高质量高标准建设中国特色自由贸易港为重点，把制度集成创新摆在更加突出的位置，统筹疫情防控与经济社会发展，统筹发展和安全，继续做好“六稳”“六保”工作，持续改善民生，保持社会大局稳定，以实际行动迎接党的二十大胜利召开。海南省金融业将认真贯彻落实稳健的货币政策，加快构建海南金融新发展格局，聚焦2025年封关运作，全面深化金融改革开放，推动经济金融高质量发展。

中国人民银行海口中心支行货币政策分析小组
总　　纂：方　昕　黄　革
统　　稿：邱彦华　石海峰　李晶石
执　　笔：李函晟　吴义虎　戴鸿广　潘　琪　邓　昕　林　昕　文宇萌　王元亮　刘明阳　马佳慧　黄邱婧　赵　蔷　林　萍　吴琪锦　侯腊一　何　山　陈太玉　林平玉　王　培　范　静　殷文哲　尹　睿
提供材料：郭　雁　杨　凯　王宏杰　杨　龙　冯沙沙　傅晓琪　肖　晗　张　莉　陈才麟　罗　琎　施卫华

附录：

（一）海南省经济金融大事记

2月26日，财政部、交通运输部、商务部、海关总署、税务总局联合印发《关于海南自由贸易港内外贸同船运输境内船舶加注保税油和本地生产燃料油政策的通知》，对以洋浦港作为中转港从事内外贸同船运输的境内船舶，允许其在洋浦港加注本航次所需的保税油；对其在洋浦港加注本航次所需的本地生产燃料油，实行出口退税政策。

3月4日，财政部、海关总署、国家税务总局公布《关于海南自由贸易港自用生产设备“零关税”政策的通知》，对海南自由贸易港注册登记并具有独立法人资格的企业进口自用的生产设备，除法律法规和相关规定明确不予免税、国家规定禁止进口的商品，以及《海南自由贸易港“零关税”自用生产设备负面清单》所列设备外，免征关税、进口环节增值税和消费税。

3月18日，财政部、国家税务总局联合印发《海南自由贸易港旅游业、现代服务业、高新技术产业企业所得税优惠目录》。

3月30日，中国人民银行、中国银行保险监督管理委员会、中国证券监督管理委员会、国家外汇管理局联合印发《关于金融支持海南全面深化改革开放的意见》。

4月19日，商务部等20部门联合印发《关于推进海南自由贸易港贸易自由化便利化若干措施的通知》，从货物贸易和服务贸易两方面，明确了28项政策。

4月20日，博鳌亚洲论坛2021年年会开幕式在海南博鳌举行，国家主席习近平以视频方式发表题为《同舟共济克时艰，命运与共创未来》的主旨演讲。

5月7—10日，首届中国国际消费品博览会在海口举行。国家主席习近平向消博会致贺信。

9月1日，海南省发布《关于贯彻落实金融支持海南全面深化改革开放意见的实施方案》。

11月18日，海南省人民政府办公厅印发《海南省金融业“十四五”发展规划》。

12月10日，中共中央政治局常委、国务院副总理、推进海南全面深化改革开放领导小组组长韩正在北京主持召开推进海南全面深化改革开放领导小组全体会议。

（二）海南省主要经济金融指标

表 1　2021 年海南省主要存贷款指标

	项目	1 月	2 月	3 月	4 月	5 月	6 月	7 月	8 月	9 月	10 月	11 月	12 月
本外币	金融机构各项存款余额（亿元）	10292.0	10379.0	10573.0	10587.0	10703.0	10883.0	10745.0	10935.0	11008.0	11297.0	11496.0	11339.0
	其中：住户存款	5024.0	5148.0	5245.0	5248.0	5251.0	5305.0	5271.0	5285.0	5371.0	5334.0	5401.0	5542.0
	非金融企业存款	2933.0	2915.0	3080.0	3064.0	3077.0	3198.0	3082.0	3230.0	3234.0	3445.0	3598.0	3596.0
	各项存款余额比上月增加（亿元）	-20.0	87.0	195.0	14.0	116.0	181.0	-139.0	190.0	73.0	289.0	199.0	-157.0
	金融机构各项存款同比增长（%）	7.2	7.9	7.4	8.3	7.6	7.7	7.0	8.3	7.8	12.2	13.8	10.0
	金融机构各项贷款余额（亿元）	10097.0	10135.0	10181.0	10167.0	10176.0	10318.0	10222.0	10361.0	10451.0	10498.0	10557.0	10607.0
	其中：短期	1440.2	1427.4	1421.4	1398.9	1378.3	1420.7	1387.6	1386.2	1399.2	1421.3	1462.9	1443.8
	中长期	7894.3	7959.3	8008.5	8026.7	8015.0	8066.5	8094.3	8184.0	8234.3	8252.4	8278.3	8371.7
	票据融资	325.4	311.1	307.6	291.1	321.9	373.0	412.8	438.0	437.3	440.7	440.6	429.2
	各项贷款余额比上月增加（亿元）	115.0	38.0	46.0	-14.0	9.0	141.0	-95.0	139.0	89.0	47.0	59.0	50.0
	其中：短期	42.3	-12.8	-6.1	-22.5	-20.6	42.4	-33.1	-1.4	13.0	22.1	41.6	-19.1
	中长期	62.9	65.0	49.2	18.2	-11.7	51.5	27.8	89.7	50.2	18.2	25.8	93.5
	票据融资	12.5	-14.3	-3.5	-16.4	30.8	51.1	39.8	25.2	-0.7	3.4	-0.2	-11.4
	金融机构各项贷款同比增长（%）	4.6	4.4	2.8	2.0	2.2	2.5	1.6	2.5	4.5	5.4	6.2	6.3
	其中：短期	2.5	2.2	-2.4	-6.0	-7.3	-5.3	-7.2	-8.9	0.0	1.6	4.4	3.3
	中长期	3.6	4.2	3.5	3.3	3.8	3.6	4.3	5.1	5.0	5.5	5.9	6.9
	票据融资	64.3	55.0	35.1	23.8	22.9	29.6	25.2	32.1	41.4	53.1	60.6	37.2
	建筑业贷款余额（亿元）	163.8	165.8	168.4	167.3	172.8	177.4	176.3	174.5	176.3	176.9	175.4	177.5
	房地产业贷款余额（亿元）	1276.7	1285.1	1279.7	1268.1	1250.8	1244.1	1229.5	1244.1	1234.1	1226.0	1199.2	1205.9
	建筑业贷款同比增长（%）	29.6	32.6	29.8	24.0	28.8	21.6	17.9	11.2	11.6	13.1	9.7	9.3
	房地产业贷款同比增长（%）	5.3	5.2	2.5	-1.7	-2.2	-3.0	-3.9	-1.0	-3.8	-3.0	-3.5	-2.3
人民币	金融机构各项存款余额（亿元）	10170.0	10191.8	10417.6	10451.4	10563.6	10734.6	10572.3	10718.8	10798.6	11116.6	11312.7	11187.9
	其中：住户存款	4999.0	5123.2	5219.4	5223.3	5226.8	5279.4	5245.0	5259.1	5345.2	5309.1	5375.7	5516.2
	非金融企业存款	2888.2	2868.6	3046.9	3029.6	3040.1	3152.7	3023.5	3163.2	3159.9	3368.4	3524.1	3521.3
	各项存款余额比上月增加（亿元）	18.5	21.8	225.8	33.8	112.2	171.0	-162.3	146.5	79.8	318.0	196.0	-124.8
	其中：住户存款	-12.8	124.2	96.1	4.0	3.4	52.7	-34.4	14.1	86.1	-36.2	66.6	140.5
	非金融企业存款	-115.5	-19.6	178.3	-17.3	10.5	112.6	-129.2	139.7	-3.3	208.5	155.7	-2.8
	各项存款同比增长（%）	7.1	7.1	6.9	7.8	7.1	7.1	6.2	7.0	6.5	11.1	12.6	10.2
	其中：住户存款	8.5	11.6	11.5	11.9	11.8	11.0	11.0	10.5	9.6	9.5	9.7	10.1
	非金融企业存款	14.7	14.4	13.9	12.2	14.4	10.8	10.9	13.5	10.8	19.9	23.7	17.2
	金融机构各项贷款余额（亿元）	9349.9	9392.1	9426.0	9423.5	9440.4	9571.7	9617.6	9727.1	9790.5	9845.6	9891.6	9926.0
	其中：个人消费贷款	2429.4	2432.1	2447.8	2453.1	2458.4	2469.7	2482.8	2506.6	2533.1	2557.8	2584.3	2598.7
	票据融资	325.4	311.1	307.6	291.1	321.9	373.0	412.8	438.0	437.3	440.7	440.6	429.2
	各项贷款余额比上月增加（亿元）	119.7	42.3	33.9	-2.5	16.9	131.3	45.9	109.5	63.4	55.1	46.1	34.4
	其中：个人消费贷款	21.1	2.7	15.6	5.3	5.3	11.3	13.1	23.7	26.6	24.7	26.4	14.4
	票据融资	12.5	-14.3	-3.5	-16.4	30.8	51.1	39.8	25.2	-0.7	3.4	-0.2	-11.4
	金融机构各项贷款同比增长（%）	7.0	7.5	5.7	4.9	5.4	5.6	5.8	6.3	6.3	7.3	7.7	7.5
	其中：个人消费贷款	9.5	10.1	9.7	9.2	8.8	8.3	8.0	7.6	7.5	7.9	7.8	7.9
	票据融资	64.3	55.0	35.1	23.8	22.9	29.6	25.2	32.1	41.4	53.1	60.6	37.2
外币	金融机构外币存款余额（亿美元）	18.9	28.9	23.7	21.0	21.8	23.0	26.7	33.4	32.2	28.2	28.7	23.7
	金融机构外币存款同比增长（%）	31.3	104.7	67.4	74.7	81.0	95.8	120.1	191.2	216.2	208.3	226.1	-4.1
	金融机构外币贷款余额（亿美元）	115.5	114.8	114.9	115.0	115.6	115.4	93.6	98.0	101.8	102.0	104.3	106.8
	金融机构外币贷款同比增长（%）	-12.9	-16.6	-17.6	-17.6	-17.7	-18.0	-33.0	-29.3	-12.8	-12.8	-9.4	-7.3

数据来源：人民银行海口中心支行。

表 2　2001—2021 年海南省各类价格指数

单位：%

时间		居民消费价格指数		农业生产资料价格指数		工业生产者购进价格指数		工业生产者出厂价格指数	
		当月同比	累计同比	当月同比	累计同比	当月同比	累计同比	当月同比	累计同比
2001		—	-1.5	—	-0.5	—		—	—
2002		—	-0.5	—	1.7	—	5.0	—	-1.3
2003		—	0.1	—	4.8	—	-0.2	—	-0.5
2004		—	4.4	—	11.3	—	8.7	—	0.0
2005		—	1.5	—	8.9	—	0.1	—	-0.5
2006		—	1.5	—	0.7	—	0.9	—	0.8
2007		—	5.1	—	7.1	—	7.0	—	2.7
2008		—	6.9	—	14.8	—	-7.8	—	4.5
2009		—	-0.7	—	-6.0	—	-5.7	—	-9.4
2010		—	4.8	—	7.3	—	13.1	—	7.7
2011		—	6.1	—	15.6	—	7.1	—	8.8
2012		—	3.2	—	4.3	—	-0.8	—	0.8
2013		—	2.8	—	1.0	—	-1.7	—	-0.5
2014		—	2.4	—	5.3	—	-7.1	—	-2.4
2015			1.0		1.6		-7.7		-10.2
2016			2.8		0.1		6.2		-4.0
2017			2.8		-0.1		4.2		8.8
2018			2.5		2.2		12.4		8.2
2019			3.4		4.3		-1.6		-2.6
2020			2.3		4.4		-11.1		-6.2
2021			0.3				34.1		13.5
2020	1	6.3	6.3			7.5		6.3	
	2	5.8	6.0	7.7	8.2	5.7	6.6	5.8	-0.7
	3	5.2	5.8	6.8	7.7	0.5	4.5	5.2	-2.1
	4	4.6	5.5	7.1	7.6	-9.7	0.9	4.6	-3.9
	5	2.8	4.9	5.8	7.2	-17.3	-2.8	2.8	-5.0
	6	2.6	4.6	5.7	7.0	-16.1	-5.1	2.6	-5.6
	7	2.2	4.2	7.2	7.0	-15.2	-6.5	2.2	-5.9
	8	1.0	3.8	5.3	6.8	-9.9	-7.0	1.0	-6.0
	9	0.5	3.4	1.3	6.1	-7.7	-7.0	0.5	-6.1
	10	0.7	3.2	0.9	5.6	-10.7	-7.4	0.7	-6.2
	11	-1.9	2.7	-1.4	4.9	-10.9	-7.7	-1.9	-6.3
	12	-1.6	2.3	-1.1	4.4	-11.1	-8.0	-1.6	-6.2
2021	1	-2.0	-2.0			-9.8		-2.0	-3.8
	2	-1.6	-1.8			-7.6	-8.7	-1.6	-1.6
	3	-0.3	-1.3			2.0	-5.2	-0.3	1.3
	4	0.4	-0.9			14.7	-0.7	0.4	-0.9
	5	0.7	-0.6			25.1	3.8	0.9	5.8
	6	0.4	-0.4			21.6	6.5	0.4	7.4
	7	0.5	-0.3			26.4	9.1	-0.2	8.8
	8	0.4	-0.2			23.1	10.8	-0.1	9.8
	9	0.8	-0.1			21.0	11.9	0.0	10.6
	10	1.5	0.1			26.1	13.3	1.0	11.7
	11	1.6	0.2			32.1	15.0	2.0	12.9
	12	0.7	0.3			34.1	16.5	1.2	13.5

数据来源：《中国经济景气月报》、海南省统计局。

表 3　2021 年海南省主要经济指标

项目	1 月	2 月	3 月	4 月	5 月	6 月	7 月	8 月	9 月	10 月	11 月	12 月
	绝对值（自年初累计）											
地区生产总值（亿元）			1396.0			2885.9			4508.1			6475.2
第一产业			305.9			614.9			887.2			1254.4
第二产业			218.1			497.3			835.4			1238.8
第三产业			872.0			1773.7			2785.5			3982.0
工业增加值（亿元）			—			—			—			—
固定资产投资（亿元）			—			—			—			—
房地产开发投资		135.6	278.9	373.3	476.8	604.3	704.0	804.9	936.7	1075.2	1214.9	1379.6
社会消费品零售总额（亿元）		358.4	546.4	762.3	987.8	1170.4	1373.9	1549.4	1764.6	2025.2	2267.4	2497.6
外贸进出口总额（亿元）		161.7	262.1	353.5	459.5	585.1	735.9	864.5	1013.5	1135.7	1303.9	1476.8
进口		123.3	202.9	273.5	354.3	443.8	554.0	660.2	772.6	871.7	1006.5	1144.2
出口		38.5	59.1	80.0	105.2	141.4	181.9	204.3	241.0	263.9	297.4	332.6
进出口差额（出口－进口）		-84.8	-143.8	-193.4	-249.1	-302.4	-372.1	-456.0	-531.6	-607.8	-709.0	-811.6
实际利用外资（亿美元）		4.1	5.6	6.7	8.0	9.5	10.5	19.1	27.7	29.5	30.2	35.2
地方财政收支差额（亿元）		-110.8	-227.7	-297.5	-362.5	-469.6	-525.7	-649.0	-782.7	-837.4	-941.2	-1061.7
地方财政收入		167.1	230.4	320.6	408.9	479.9	580.7	642.6	702.0	781.8	843.3	921.2
地方财政支出		277.9	458.1	618.1	771.3	949.5	1106.4	1291.5	1484.7	1619.2	1784.5	1982.8
城镇登记失业率（%）（季度）			—			—			—			—
	同比累计增长率（%）											
地区生产总值			19.8			17.5			12.8			11.2
第一产业			5.2			5.1			4.4			3.9
第二产业			18.8			13.4			7.8			6.0
第三产业			25.5			23.7			17.4			15.3
工业增加值		21.6	17.2	15.5	14.9	12.5	11.5	11.3	10.8	10.8	10.8	10.3
固定资产投资		39.7	20.3	22.6	22.8	20.7	18.9	15.6	13.7	11.6	10.3	10.2
房地产开发投资		29.0	29.4	28.0	22.9	19.0	15.1	10.8	8.9	7.9	4.9	2.8
社会消费品零售总额		51.4	61.6	57.9	52.1	46.4	41.9	34.7	31.9	30.7	28.7	26.5
外贸进出口总额		28.9	29.8	32.2	38.5	46.1	56.0	59.5	60.4	63.7	65.4	57.7
进口		57.9	69.8	75.5	71.2	69.5	76.4	79.1	74.4	76.6	75.7	73.6
出口		-18.8	-28.3	-27.0	-15.6	1.9	15.2	17.7	27.5	31.6	37.9	20.1
实际利用外资		239.9	333.2	113.6	150.1	197.2	216.9	392.6	369.8	366.2	311.0	16.2
地方财政收入		34.5	47.3	52.4	51.8	45.8	45.7	42.3	34.2	26.6	23.9	22.1
地方财政支出		16.7	19.2	14.5	16.5	12.9	9.6	12.6	9.2	8.3	6.7	12.9

数据来源：海南省统计局。

重庆市金融运行报告（2022）

中国人民银行重庆营业管理部货币政策分析小组

［内容摘要］2021年，重庆市坚持以习近平新时代中国特色社会主义思想为指导，认真落实党中央、国务院决策部署，立足新发展阶段、贯彻新发展理念、融入新发展格局、推动高质量发展，坚持稳中求进工作总基调，坚持“两点”定位、“两地”“两高”目标，发挥“三个作用”[①]，大力推动成渝地区双城经济圈建设，扎实做好“六稳”工作、落实“六保”任务，地区生产总值突破2.7万亿元，各项经济指标稳中有进，经济发展保持良好态势。全市金融业加大对实体经济支持力度，深化改革创新，提升服务实体经济水平，扎实做好金融风险防范化解工作，为全市经济复苏、稳企业保就业和高质量发展营造了合理适宜的金融环境。全年全市社会融资规模增量为7020亿元，各项贷款增速持续高于全国水平。

经济运行主要呈现以下特点：一是统筹疫情防控和经济发展，经济稳健复苏。2021年，全市地区生产总值同比增长8.3%。投资平稳恢复，两年平均增长5%。在“两新一重”等项目带动下，基建投资两年平均增长8.5%，制造业投资较快增长，拉动工业投资稳步增长。民生消费支撑有力，消费市场稳中向好态势更加巩固，网络消费热度不减，其中限额以上餐饮企业通过公共网络实现的餐费收入两年平均增长33.7%。进出口再创历史新高，对外开放稳步扩大，对东盟、欧盟、美国及“一带一路”沿线国家和地区进出口均实现两位数增长。二是三次产业稳健发展，新增长极培育不断加快。全市三次产业两年平均增长6.2%、6.0%和5.9%。粮食产量连创新高，生猪产能恢复至正常年份水平，农业增加值、农产品加工业产值和网络零售额分别增长7.8%、15.8%和17.5%。工业生产总体稳定，新兴动能支撑有力，高技术制造业和战略性新兴产业增加值分别增长18.1%、18.2%。现代服务业增势良好，其中大数据、软件服务业、数字内容等拉动全市规模以上数字服务业增加值增长20.9个百分点。三是居民收入持续增长，居民消费价格总体平稳。全市居民人均可支配收入两年平均增长8.1%，城乡居民人均收入比继续缩小。衣着、居住、生活用品及服务、交通和通信、教育文化和娱乐等价格小幅上涨，猪肉等食品价格持续回落，全年居民消费价格微幅上涨0.3%。四是生态环境持续改善。2021年，重庆全面落实长江保护法，山清水秀美丽之地加快建设，全市森林覆盖率达到54.5%，长江干流重庆段水质保持为优，空气优良天数达到326天。

金融运行主要呈现以下特点：一是银行业、证券业、保险业稳健运行。银行业规模稳步增长，信贷资产占比提升，机构体系不断发展。证券业、保险业稳中向好。境内上市公司数量增至63家，股票交易额、开户数均大幅增长。保险机构总资产突破2400亿元，偿付能力充足率持续高于全国水平，风险保障能力进一步增强。二是金融支持实体经济力度加大，服务实体经济水平提升。人民银行重庆营管部全年运用各项货币政策工具累计投放低成本资金726亿元，同比增长62%，指导银行机构搭建“1+5+N民营小微企业和个体工商户金融服务港湾”等线上线下综合

① “两点”即西部大开发的重要战略支点、“一带一路”倡议和长江经济带的联结点。“两地”“两高”目标，即建设内陆开放高地、成为山清水秀美丽之地，努力推动高质量发展、创造高品质生活。“三个作用”即在推进新时代西部大开发中发挥支撑作用、在推进共建“一带一路”中发挥带动作用、在推进长江经济带绿色发展中发挥示范作用。

融资服务平台，开展常态化、各区县全覆盖的融资对接行动，创新信贷产品，融资信贷保障力度持续加大。2021 年末，全市普惠小微贷款、绿色贷款和制造业中长期贷款增速均高于各项贷款整体增速，涉农贷款全年新增量实现同比多增。利率市场化改革深入推进，企业贷款利率处于历史低位，银行业通过降低贷款利率等方式向实体经济让利 160 亿元。直接融资渠道畅通，非金融企业通过银行间市场发行债务融资工具近 1600 亿元，同比增长 42.1%。全年新增上市公司 6 家，法人证券公司为本地企业实现融资额同比增长近两成，期货、风险管理子公司服务市场项目数、企业数持续增长。保险业在医疗、养老、交通、农业等领域不断优化服务水平。三是金融风险防范化解稳妥有序推进。人民银行重庆营管部积极发挥金融委办公室地方协调机制作用，在重大金融风险防范、不良资产处置、金融消费权益保护等领域增强工作合力，全市银行业资产质量继续保持良好水平。四是绿色金融、对外开放等各项金融改革有序推进。“长江绿融通”大数据系统不断完善升级。全辖 71 家金融机构披露了气候与环境信息，全市绿色信贷、绿色债券发行额高速增长。开展合格境内有限合伙人（QDLP）试点，在跨境金融区块链服务平台上线运行 6 个应用场景，更高水平贸易投资人民币结算便利化试点扩大至全市。

2022 年是“十四五”承上启下的关键一年，中国共产党将召开二十大。站在新的历史节点，重庆将完整、准确、全面贯彻新发展理念，积极融入新发展格局，推动高质量发展。投资方面，适度超前开展基础设施投资、市级重大项目、共建成渝地区双城经济圈 2022 年重大项目将为投资增长提供支撑。消费方面，抓住国际消费中心城市培育建设契机，加快培育品质消费、激发县乡消费、培育新型消费，将进一步巩固消费回暖势头。外贸方面，中新互联互通项目、自贸试验区等开放平台能级提升，高质量实施 RCEP 行动计划、陆海新通道战略等，将支持全市出口保持韧性。物价方面，预计猪肉等食品价格上涨将带动 CPI 温和上涨，PPI 将趋于下行。也要看到，需求收缩、供给冲击、预期转弱三重压力将给重庆经济发展带来不确定性。重庆金融业将坚持稳字当头、稳中求进，为推动全市经济高质量发展营造适宜的金融环境。认真落实稳健的货币政策，发挥好货币政策工具总量和结构双重功能，增强信贷总量增长稳定性、促进信贷结构稳步优化。推广建设“1+5+N 金融服务港湾和首贷续贷中心”“1+2+N 普惠金融到村”基地，聚焦民营小微企业和个体工商户、制造业和科技创新、绿色发展、乡村振兴等重点领域，深入开展金融服务能力提升专项行动，提高金融服务覆盖面、可得性、便利度。进一步释放利率市场化改革红利，促进降低企业综合融资成本。做好问题企业、债券违约、非法金融活动等重点领域金融风险防范和处置。抓住对内对外扩大改革开放契机，加快推进西部金融中心建设，持续推进绿色金融、科创金融、金融科技、外汇服务和跨境人民币等领域改革发展。

一、金融运行情况

2021 年，重庆市金融业坚持稳中求进工作总基调，在保持稳健运行的同时，有力地支持了全市经济恢复发展。总体看，金融行业综合实力稳中有进，服务实体经济水平持续提升，创新改革向纵深推进，金融生态环境总体良好，主要风险指标优于全国水平。

（一）银行业稳健运行，有力支持经济恢复发展

2021 年，重庆银行业落实“稳健的货币政策要灵活精准、合理适度”的要求，坚持“稳”字当头，信贷支持实体经济力度不断增强，重点领域服务能力持续提升，企业贷款利率进一步降低。

1. 资产规模稳健增长，机构体系不断发展。 2021 年，得益于银行加大对实体经济信贷投放

力度，重庆市银行业资产总额同比增长11.7%，增速较上年回升1.8个百分点，其中，信贷资产占比较上年提升1.3个百分点，至73.1%。某城市商业银行A股成功上市，成为西部地区首家A+H股上市的城商行；一家消费金融公司在渝落户。

表1 2021年重庆市银行业金融机构情况

机构类别	营业网点			法人机构（个）
	机构个数（个）	从业人数（人）	资产总额（亿元）	
一、大型商业银行	1319	26513	18973	
二、国家开发银行和政策性银行	39	1370	6355	
三、股份制商业银行	306	9719	9385	
四、城市商业银行	301	7858	9216	2
五、城市信用社				
六、小型农村金融机构	1758	15238	12246	1
七、财务公司	4	118	113	4
八、信托公司	2	372	388	2
九、邮政储蓄银行	224	4367	4024	
十、外资银行	23	460	328	
十一、新型农村金融机构	385	2594	3187	39
十二、其他	10	5376	4476	10
合　计				

数据来源：重庆银保监局、中国人民银行重庆营业管理部。

注：营业网点不包括国家开发银行和政策性银行、大型商业银行、股份制银行等金融机构总部数据；大型商业银行包括中国工商银行、中国农业银行、中国银行、中国建设银行和交通银行；小型农村金融机构包括农村商业银行、农村合作银行和农村信用社；新型农村金融机构包括村镇银行、贷款公司、农村资金互助社和小额贷款公司；其他包含金融租赁公司、汽车金融公司、货币经纪公司、消费金融公司等。

2. 存款总体平稳增长。2021年末，重庆市本外币存款余额4.59万亿元，同比增长7.1%。分币种看，外币存款持续受外汇存款利率下降影响，同比增长5.8%，增速低于上年同期，对本外币存款增速下拉作用较大；人民币存款同比增长7.3%，其中住户存款、企业存款全年新增量分别超过2000亿元、400亿元。

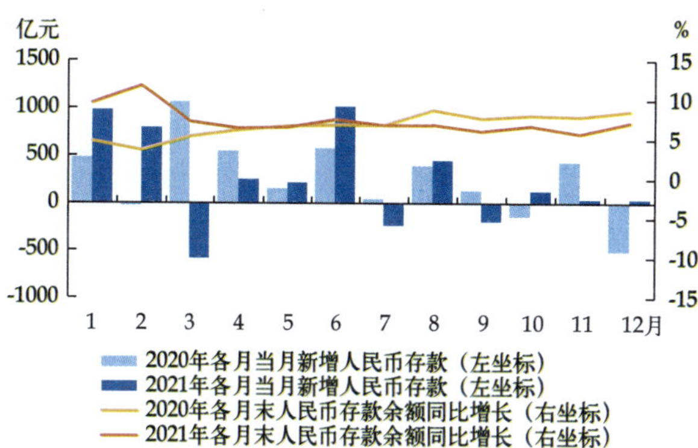

图1 2020—2021年重庆市金融机构人民币存款增长变化

（数据来源：中国人民银行重庆营业管理部）

3. 贷款稳健增长，对重点领域倾斜力度显著增强。2021年，在央行低成本资金撬动引导下，全市银行业加大对实体经济支持力度，全年本外币贷款新增超5000亿元，实现同比多增，余额增速为12%，高于全国水平0.7个百分点。分币种看，外币贷款余额同比略有下降，主要受短期贸易融资还款增多影响；人民币贷款余额同比增长12.4%，也高于全国水平0.8个百分点。

全市信贷资源向重点领域倾斜力度增强，信贷结构不断优化。2021年，在人民银行重庆营管部多措并举推动下，全市普惠小微贷款余额增速较上年提升1.9个百分点，持续处于较快增长区间；涉农贷款增速逐月回升，全年增速较上年提升0.9个百分点，全年新增量实现同比多增；科技型企业贷款余额超过3500亿元，较上年末新增264.2亿元，制造业中长期贷款保持较快增长势头，年末增速高于各项贷款整体增速0.7个百分点，其中，电器机械和器材制造业、计算机通信和其他电子设备制造业中长期贷款分别增长74.6%、32%。

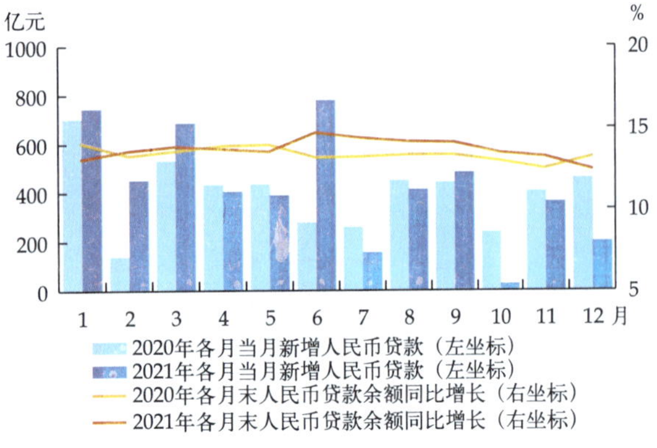

图 2　2020—2021 年重庆市金融机构人民币贷款增长变化

（数据来源：中国人民银行重庆营业管理部）

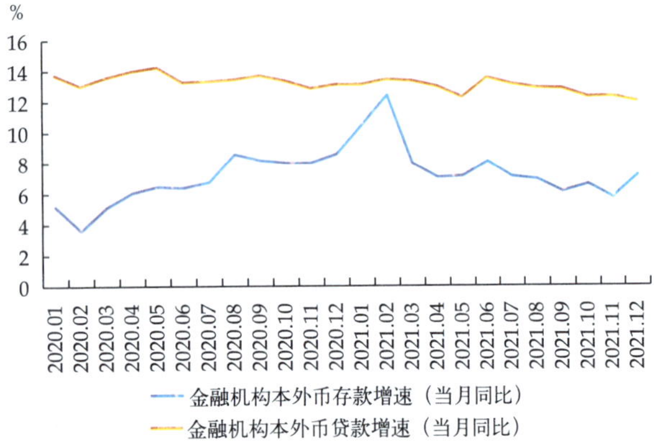

图 3　2020—2021 年重庆市金融机构本外币存贷款增速变化

（数据来源：中国人民银行重庆营业管理部）

4. 理财业务持续向净值型转化。2021 年，全市理财产品余额较上年基本持平，同比微降 0.8%，从运行方式看，非净值产品显著向净值产品转化。主要法人银行理财业务均顺利按照资管新规要求完成整改，某农村商业银行理财业务划转理财子公司全部完成。

5. 利率市场化改革持续推进，企业贷款利率维处于低位。2021 年，全市企业贷款加权平均利率为 4.58%，同比下降 0.21 个百分点，处于历史低位。重庆银行业持续深化 LPR 改革，拓展 LPR 运用场景，进一步提升贷款市场化定价能力，全年通过降低贷款利率等方式为实体经济减负让利 160 亿元。

表 2　2021 年重庆市金融机构人民币贷款各利率区间占比

单位：%

项目		1 月	2 月	3 月	4 月	5 月	6 月
合计		100.0	100.0	100.0	100.0	100.0	100.0
LPR 减点		17.4	32.7	19.5	17.7	19.3	18.6
LPR		4.8	4.2	6.9	6.5	4.6	6.6
LPR 加点	小计	77.8	63.2	73.5	75.8	76.1	74.7
	(LPR，LPR+0.5%)	14.5	10.8	15.0	9.4	11.6	16.6
	[LPR+0.5%，LPR+1.5%)	23.5	18.0	22.6	19.4	19.9	20.9
	[LPR+1.5%，LPR+3%)	19.3	15.7	18.2	24.8	19.6	19.3
	[LPR+3%，LPR+5%)	3.8	3.7	4.7	5.2	4.6	3.4
	LPR+5% 及以上	16.7	15.0	13.0	17.1	20.5	14.5
项目		7 月	8 月	9 月	10 月	11 月	12 月
合计		100.0	100.0	100.0	100.0	100.0	100.0
LPR 减点		13.0	14.6	19.0	19.0	21.3	22.2
LPR		6.3	4.8	7.3	7.0	5.2	6.1
LPR 加点	小计	80.8	80.7	73.7	73.9	73.4	71.7
	(LPR，LPR+0.5%)	15.7	15.9	12.7	9.3	11.1	14.8
	[LPR+0.5%，LPR+1.5%)	20.1	21.4	22.7	21.1	20.3	19.5
	[LPR+1.5%，LPR+3%)	20.5	19.2	16.8	18.1	18.7	16.9
	[LPR+3%，LPR+5%)	4.0	4.2	3.9	4.1	4.1	5.2
	LPR+5% 及以上	20.5	20.1	17.6	21.3	19.1	15.4

数据来源：中国人民银行重庆营业管理部。

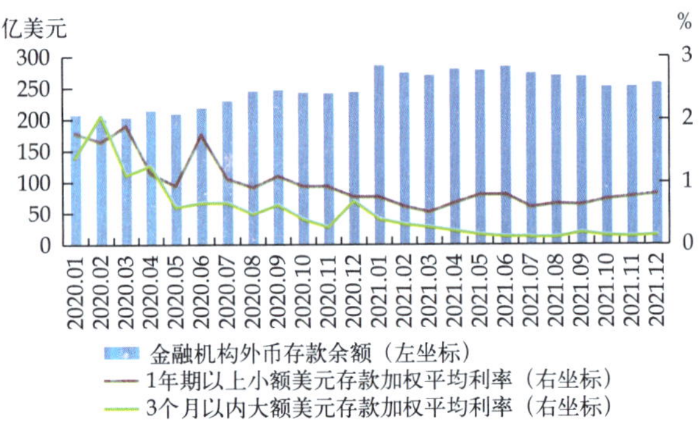

图 4　2020—2021 年重庆市金融机构外币存款余额及外币存款利率

（数据来源：中国人民银行重庆营业管理部）

6. 信贷风险处于较低水平，法人银行运行总体稳健。2021 年，全市银行业加大不良贷款处置力度，截至 2021 年末，全市银行业不良贷款率为 1.07%。法人银行平均资本充足率 14.01%，同比提升 0.45 个百分点，不良贷款率、拨备覆盖率等指标均较上年末有所改善。

7. 银行业优化服务模式，提升服务实体经济精准性、系统性。2021 年，在人民银行重庆营管部指导下，全市银行机构配合搭建线上线下综合融资服务平台，开展常态化、各区县全覆盖的融资对接行动，创新信贷产品，融资信贷保障力度持续加大，支付结算、外汇服务等基础金融服务更加便利。

专栏 1　深入推进民营小微企业和个体工商户金融服务能力提升　全力助力稳企业保就业

民营小微企业和个体工商户是重庆经济发展中最为活跃的力量，是经济行稳致远的基石。2021 年，人民银行重庆营管部联合各市级部门强化顶层设计和部署实施，以开展中小微企业金融服务能力提升工程及“贷动小生意、服务大民生”金融支持个体工商户发展专项行动为抓手，持续提升民营小微企业和个体工商户等市场主体金融服务水平，全力推进金融支持稳企业保就业，为全市经济复苏和高质量发展营造了良好的金融环境。

一是建立三项工作机制。联合 10 个市级部门制订重庆市金融服务中小微企业能力提升行动方案，建立部门协调机制，共同实施 33 条具体举措；组织辖内人民银行各级支行对各区县融资服务工作“分片包干”，搭建市区联动机制；建立对金融机构政策落实情况的按月通报督导机制。

二是优化三项政策安排。优化货币政策工具支持，指导银行建设央行再贷款示范基地 34 个、推出“央行再贷款、再贴现 +”专属信贷产品 68 款。实施中小微企业和个体工商户纾困帮扶专项行动，推动人民银行总行 3000 亿元支小再贷款政策迅速落地重庆，累计发放 150 亿元。加强通报督导、推动信用贷款产品创新，延续实施好两项直达工具，全市银行机构累计发放普惠小微信用贷款 57.4 万户、1060.4 亿元，新发放户数、金额同比分别增长 82.8%、83.8%。2021 年，人民银行重庆营管部通过再贷款再贴现、两项直达实体经济货币政策工具等，累计向实体经济注入 726 亿元低成本资金，同比增长 62%，惠及市场主体 16.3 万户。优化融资配套政策，联合市财政局等部门完善政府性融资担保政策措施，推动创新“央行再贷款 + 见担即贷、见贷即担”、首贷担保等服务产品和模式。积极拓宽融资渠道，建立银行间市场发债项目储备库动态更新机制，依托“长江渝融通”系统推进融资对接，指导法人银行用好专项金融债、扩大信贷投放。

三是搭建三个平台。搭建“民营小微企业和个体工商户首贷续贷中心”线上服务平台，一键实现融资需求提交、金融政策和产品查询、问题反馈等功能，为 2040 户小微企业等市场主体通过线上扫码发放贷款 40.4 亿元。搭建“长江渝融通”货币信贷大数据系统平台，依托该系统建立与行业主管部门常态化政银企融资对接机制，收集企业名单 3.44 万户，推动金融机构为 1.05 万户发放贷款 3085.3 亿元。搭建“1+2+N 普惠金融到村”线上服务平台，让村民和农业经营主体足不出村享受融资、再贷款政策支持等各类综合金融服务，已在 9 个区县上线。

四是开展七项行动。开展“2021 年融资对接区县行”专项行动，在全市 33 个区县成功举办政银企融资对接会 39 场，现场签订放款、意向性授信、债券承销等协议金额 2213 亿元。开展“1+5+N 民营小微企业和个体工商户金融服务港湾建设”行动，“1”是指在各区县标准化打造一批民营小微企业和个体工商户首贷续贷中心 + 金融服务港湾 + 线上服务平台；“5”是指发挥基层金融治理、政策宣传直达、信贷培育对接、综合金融服务、问题反馈解决5大核心功能；“N”是指首贷续贷中心和金融服务港湾开展货币政策工具直达行动、首贷信用贷培育行动、信用体系建设行动、小微企业简易开户、巩固降本让利成效专项行动、中小微企业供应链融资专项行动等N项行动。目前，人民银行重庆营管部已指导辖内银行网点建成金融服务港湾166个，为6523家小微企业和个体工商户发放贷款53.4亿元。开展金融支持个体工商户专项行动，组织人民银行各级支行联合当地市场监管部门、金融机构加强走访对接、政策宣传、问题解决，为3344户暂不符合条件的个体工商户等市场主体建立信贷培育台账。开展小微企业金融服务“三张清单”专项行动，指导银行编制授权、授信、尽职免责“三张清单”，推动小微金融服务“减环节、减材料、减时间”。开展信贷产品和服务创新行动，推动银行创新103款随借随还产品、100余款信用贷款产品，推广供应链票据和链上融资。开展银行账户服务优化专项行动，推动小微企业账户开户便利化、降低费率。开展企业跨境投融资服务优化行动，开通重点业务绿色通道，支持符合条件企业参与贸易收支便利化试点，推广跨境金融区块链服务平台应用场景。

在系列政策措施的支持下，小微市场主体融资呈现“量增、面扩、价降”。2021年末全市普惠小微贷款余额3939.1亿元，同比增长30.7%；支持小微经营主体68.3万户，同比增长23.8%；2021年全年新发放普惠小微首贷户数13.4万户，12月普惠小微贷款利率为5.63%，同比下降0.24个百分点。

8. 人民币跨境使用稳步推广，便利化改革惠及面扩大。2021年，全市超1900家企业发生了人民币跨境实际收付，较上年增加126家；全市经常项目和直接投资人民币实际收付金额合计1520.9亿元，同比增长15.4%；与“一带一路”沿线66个国家和地区发生人民币实际收付，较上年增加16个国家和地区，累计收付金额397.3亿元，同比增长14.3%。全市银行业深入园区、企业加强政策宣讲和对接服务，推动更高水平贸易投资人民币结算便利化试点扩大至全市，2021年银行机构按便利化试点办理跨境人民币相关结算业务3963笔、金额850.7亿元。

（二）证券业稳健发展，市场交易活跃

2021年，重庆市证券业发展步伐加快，证券交易活跃度提升，实体经济运用资本市场融资力度增强。

1. 市场交易活跃度提升，主要证券机构稳健运行。2021年，受股票及基金市场火热带动，全市股票投资者户数、累计交易金额同比分别增长12%、40.3%。证券、期货、基金等机构运行总体保持稳健，其中法人证券机构2021年分类评价为A类，连续三年实现评级提升。

2. 资本市场主体持续增加，融资总量稳健增长。2021年，全市新增6家上市公司，沪深两市上市公司总数增至63家。区域性股权市场不断扩容，在重庆股份转让中心挂牌托管企业数量达1907家，较上年增加130家。全年非金融企业境内股票融资增量为135.4亿元，同比多增近三成。

3. 资本市场服务实体能力持续增强。2021年，重庆市与深交所签署的战略合作框架协议加快落地生效，上交所资本市场服务重庆基地不断创新发展，全方位、多层次的资本市场服务体系逐渐形成。法人证券机构累计为本地企业实现融资93亿元，同比增长19%，期货公司开展“保险＋期货”项目110个，较上年大幅增加78个，风险管理子公司直接服务实体企业254家次、金额32.2亿元。

表 3　2021 年重庆市证券业基本情况

项目	数量
总部设在辖内的证券公司数（家）	1
总部设在辖内的基金公司数（家）	1
总部设在辖内的期货公司数（家）	4
年末国内上市公司数（家）	63
当年国内股票（A 股）筹资（亿元）	173
当年发行 H 股筹资（亿元）	0
当年国内债券筹资（亿元）	156
其中：短期融资券筹资额（亿元）	128
中期票据筹资额（亿元）	225

数据来源：重庆证监局、中国人民银行重庆营业管理部。

注：当年国内股票（A 股）筹资额指非金融企业境内股票融资。

（三）保险业稳步发展，风险保障和服务实体功能持续增强

2021 年，全市保险业稳步发展，风险保障水平持续提升，在应对疫情、自然灾害等领域对实体经济支持力度不断增强的同时，自身偿付能力持续处于较好水平。

1. 行业规模持续扩大，人身险保费收入占据主导。2021 年，重庆市保险机构总资产达 2401.6 亿元，同比增长 13.1%，高于全国 2 个百分点。人身险保费收入仍是全市保费收入主要支撑，全年人身险收入接近 700 亿元，占全市保费收入的 72%。非车险领域逐步规范背景下，财产险保费收入有所下降。

2. 保险赔付支出稳定增长，风险保障能力持续提升。2021 年，重庆市保险业累计为全市社会经济发展提供风险保障 1060.8 万亿元，全年保险赔付支出 305.6 亿元，其中，为应对新冠肺炎疫情、自然灾害等，财产险赔付支出同比增速达 12.8%，较上年进一步提升 2.4 个百分点。全年保险机构各种保险责任准备金 3124.2 亿元，同比增长 16.3%，偿付充足率继续保持高于全国。

3. 保险服务实体和社会水平不断优化。2021 年，重庆率先探索养老保险“第三支柱”试点，推动专属商业养老保险落地重庆，创新推出“重庆渝快保”产品保障方案，实现城市定制型医疗保险一站式结算。深化交通管理体系建设，“警保联动”合作保险机构扩展六倍。推动安责险、食安险、巨灾保险承保扩面，规范学平险良性发展，社会安全保障体系建设持续深化。强化保险业对乡村振兴支持力度，全年农业保险赔付支出同比增长 89.3%，综合赔付率 107.6%，同比上升 28 个百分点，为 106.15 万户次农业种养殖户提供风险保障 519.2 亿元。

表 4　2021 年重庆市保险业基本情况

项目	数量
总部设在辖内的保险公司数（家）	5
其中：财产险经营主体（家）	3
寿险经营主体（家）	2
保险公司分支机构（家）	60
其中：财产险公司分支机构（家）	27
寿险公司分支机构（家）	33
保费收入（中外资，亿元）	969.5
其中：财产险保费收入（中外资，亿元）	271.7
人身险保费收入（中外资，亿元）	697.8
各类赔款给付（中外资，亿元）	305.6

数据来源：重庆银保监局。

（四）融资总量合理增长，金融市场稳健运行

2021 年，重庆各融资渠道畅通高效，金融市场在保持稳健运行的同时，持续加大改革创新力度。

1. 社会融资规模合理增长，信贷融资发挥主力作用。2021 年，全市社会融资规模增量为 7020 亿元。其中，向实体经济发放的贷款占全部社会融资规模增量的七成以上，是资金供给的主渠道。直接融资渠道畅通，全市非金融企业通过各类市场发行债券总额同比增长近三成，其中，全市非金融企业通过银行间市场发行债务融资工具近 1600 亿元，同比增长 42.1%。

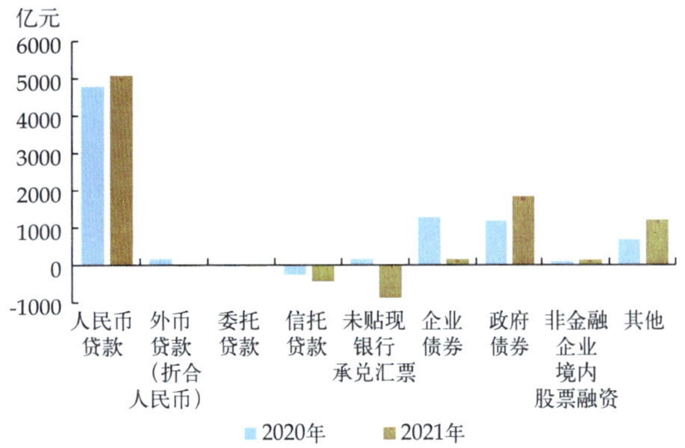

图 5　2020 年、2021 年重庆市社会融资规模分布结构

（数据来源：中国人民银行重庆营业管理部）

2. 货币市场利率稳中有升。2021 年，全市同业拆借累计成交额同比下降 23.6%，主要受个别体量较大银行同业拆借业务放缓影响。银行对债券质押式回购更加青睐，全年成交额同比增长 14.6%，而债券买断式回购成交额则同比下降 38.5%。全年市场利率保持稳中有升，同业拆借、债券质押式回购加权平均利率分别较上年回升 0.43 个和 0.36 个百分点。

3. 票据业务持续增长，贴现利率稳中有降。2021 年，全市票据贴现余额同比增长 41%，银行承兑余额则略有回落。全年市场利率总体呈现逐季度下降态势，12 月全市票据直贴、转贴利率分别较上年回落 1.19 个和 0.7 个百分点。

4. 结售汇总量平稳增长，黄金市场交易量持续上升。2021 年，重庆市出口形势向好，收汇快速增长，全年外币涉外收入 834 亿美元，同比增长 33.8%，叠加人民币汇率走势变化，市场主体结汇增多，全市全年结售汇总量增长 13.3%，结汇顺差 38 亿美元，顺逆差维持基本平衡格局。珠宝首饰等需求较上年有所恢复，加之机构黄金延期合约等代理业务发展较快，全年全市黄金市场业务成交额同比增长 92.4%，首破 800 亿元。

5. 绿色金融不断创新发展。人民银行重庆营管部持续完善“长江绿融通”大数据系统，服务碳减排支持工具精准投放。全辖 71 家金融机构率先披露气候与环境信息，实现“环境信息披露”银行全覆盖。2021 年末，全市绿色信贷余额突破 3800 亿元，同比增长 35.6%，高于各项贷款增速 23.6 个百分点；全年发行绿色债券 406.5 亿元，同比增长 53.7%，其中，银行间市场绿色债券发行人和发行规模同比实现“双倍增”，某农商行成功发行中西部首单助力碳达峰碳中和目标的绿色金融债券，全市银行间市场“碳中和”主题债券占绿色债券的比重接近 50%。

6. 金融对外改革开放稳步推进。2021 年，重庆外汇管理改革创新试点和便利化政策落地见效，有效支持内陆开放高地建设。开展合格境内有限合伙人（QDLP）试点。通过贸易外汇收支便利化试点累计便利 45.7 亿美元结算。创新政银风险分担机制，推动高新技术企业外债便利化试点在两江新区、高新区落地。外籍人才个人外汇业务便利化试点业务规模居全国前列。深入宣传贯彻汇率风险中性原则，切实提升银企汇率风险管理水平，全市外汇衍生业务签约笔数增长 1.2 倍，服务企业数量增长 1.1 倍。在跨境金融区块链服务平台上线运行 6 个应用场景，累计帮助企业融资与结算 242.5 亿美元。

7. 金融支持成渝双城经济圈建设各项举措加快落地。《成渝共建西部金融中心规划》正式出台，川渝两地人民银行、外汇管理部门联合制定金融支持川渝毗邻地区跨省域示范区发展指导意见。成渝金融管理服务一体化程度持续提高，跨境融资异地业务管理协作机制成功搭建，跨地区外债便利化试点在成渝落地。

表 5　2021 年重庆市金融机构票据业务量统计

单位：亿元

季度	银行承兑汇票承兑		贴现			
			银行承兑汇票		商业承兑汇票	
	余额	累计发生额	余额	累计发生额	余额	累计发生额
1	2456.2	1091.8	1379.0	2850.4	62.8	137.0
2	2427.6	2256.3	1754.7	6394.4	55.1	328.5
3	2355.5	3214.1	2084.8	10476.0	54.3	463.8
4	2446.6	4281.7	2258.1	14651.6	65.7	604.5

数据来源：中国人民银行重庆营业管理部。

表 6　2021 年重庆市金融机构票据贴现、转贴现利率

单位：%

季度	贴现		转贴现	
	银行承兑汇票	商业承兑汇票	票据买断	票据回购
1	3.33	4.50	3.13	2.29
2	2.86	4.46	2.74	2.24
3	2.55	4.23	2.40	2.35
4	2.11	4.29	2.09	2.35

数据来源：中国人民银行重庆营业管理部。

（五）防范风险和服务民生齐头并进，金融生态持续优化

2021 年，人民银行重庆营管部积极发挥金融委办公室地方协调机制作用，在重大金融风险防范、不良资产处置、金融消费权益保护等领域增强了工作合力。全年存量高风险法人机构全部摘帽，大型问题企业司法重整成功。全国首批企业信用报告自助查询成功试点。小微企业简易开户服务全国首批试点快速落地落细，便利市场主体 1.7 万户，提前达到国务院营商环境创新试点要求。支付手续费减费让利政策全面落实，全年惠企利民超亿元。

二、经济运行情况

2021 年，重庆坚决贯彻落实党中央、国务院决策部署，坚持稳中求进总基调，经济发展保持良好态势，高质量发展取得新成效，实现“十四五”良好开局。地区生产总值达到 2.79 万亿元，同比增长 8.3%，第一、第二、第三产业比重总体合理，为 6.9∶40.1∶53.0。

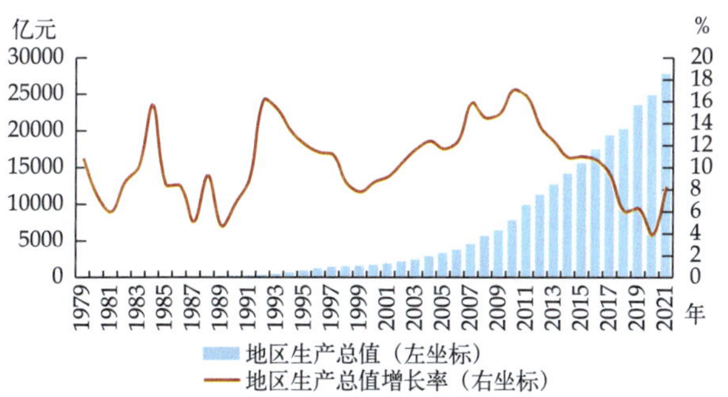

图 6　1979—2021 年重庆市地区生产总值及其增长率

（数据来源：重庆市统计局）

（一）三大需求稳步复苏，经济实现稳健增长

2021 年，重庆市投资、消费稳步复苏，外贸较快增长，疫情以来，三大需求总体保持回升势头。

1. 投资平稳恢复，制造业和社会领域投资较快增长。 2021 年，重庆市固定资产投资同比增长 6.1%，两年平均增长 5%。得益于“两新一重”项目建设加快推进，基建投资增长 7.4%，两年平均增长 8.5%。工业投资增长 9.1%，两年平均增长 7.4%，其中制造业投资同比增长 10.6%，高出整体投资增速 4.5 个百分点；社会领域投资增长 32.8%，高出整体投资增速 26.7 个百分点，保障和改善民生投入加大。

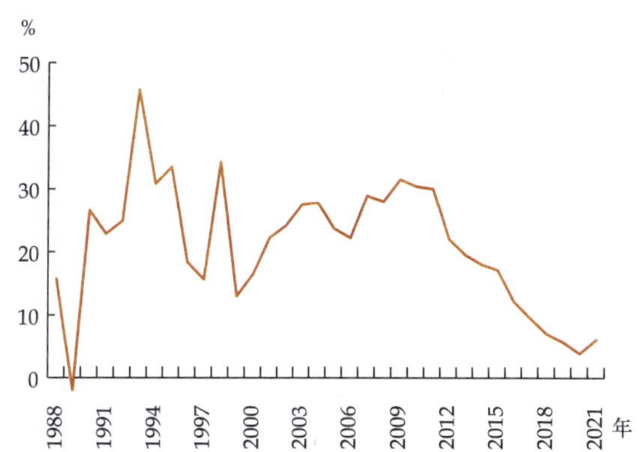

图 7　1988—2021 年重庆市固定资产投资（不含农户）增长率

（数据来源：重庆市统计局）

2. 消费市场稳健复苏，线上消费发展较快。 2021 年，全市实现社会消费品零售总额 13967.67 亿元，同比增长 18.5%，两年平均增长 9.6%。限额以上餐饮企业通过公共网络实现的餐费收入增长 39.7%，两年平均增长 33.7%，继续保持较快增长水平。民生类消费支撑有力，粮油食品类、饮料类、烟酒类和中西药品类等基础民生和基本生活类商品零售额合计拉动全市限额以上单位零售额增长 3.7 个百分点。

图 8　1989—2021 年重庆市社会消费品零售总额及其增长率

（数据来源：重庆市统计局）

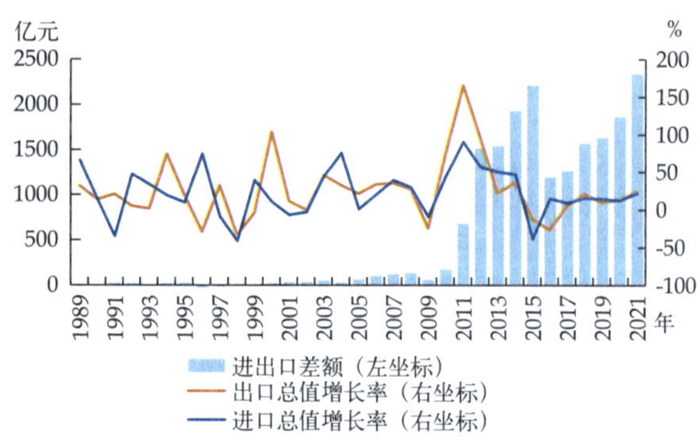

图 9　1989—2021 年重庆市外贸进出口变动情况

（数据来源：重庆市统计局）

3. 进出口再创历史新高，对外开放稳步扩大。在集成电路、手机、平板电脑等电子产品进出口带动下，2021 年全市外贸进出口总值 8000.6 亿元，同比增长 22.8%，高于全国外贸增速 1.4 个百分点，延续 2018 年以来的两位数增长态势。外贸企业活跃度增强，民营企业对外贸增长贡献突出；贸易多元化成效明显，对东盟、欧盟、美国及“一带一路”沿线国家和地区进出口分别增长 15.2%、19.5%、11.4% 和 26%。实现成渝两地跨关区通关“无缝对接”，重庆中欧班列、长江黄金水道、西部陆海新通道 3 条国际物流通道“Y”字形节点优势发挥明显。

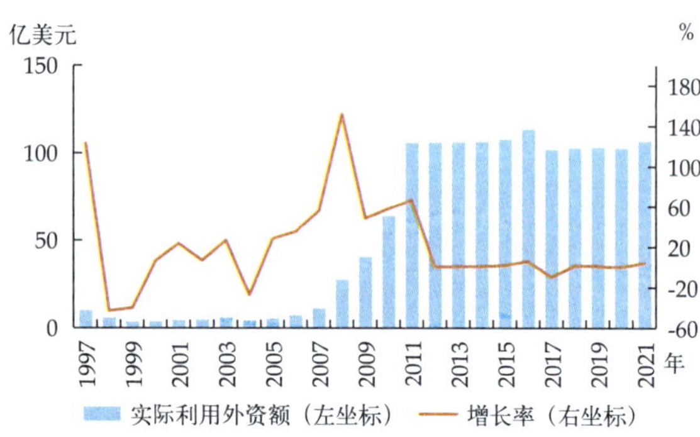

图 10　1997—2021 年重庆市实际利用外资额及其增长率

（数据来源：重庆市统计局）

专栏 2　重庆多措并举释放消费潜力　推动消费市场回稳向好

2021 年，重庆以国际消费中心城市培育建设为引领，以提振消费稳定经济增长为目标，以“巴渝新消费”等行动为抓手，多措并举推动消费扩容提质，全市消费市场持续回稳向好。

一是优化消费场景，推动消费提质升级。推进“两江四岸”整体提升、中央商务区提档升级、寸滩国际新城高标准建设，引进国际知名品牌首店 169 家，打造国际消费核心承载区。丰富光环购物公园等“网红”新地标，提升磁器口、洪崖洞等街区，推出来福士“横天摩天轮”等“城市之巅”多元化消费地标，建成山城巷、十八梯等“后街支巷”特色消费场景，错位发展巴渝消费特色区。

二是升级消费内容，做响特色消费品牌。延长旅游景区、文创园区、博物馆和美术馆等场所开放时间，释放夜间消费潜力。依托“两江四岸”核心区等打造“立体山城”“光影江城”“魅力桥都”等“不夜重庆”地标名片，建成洪崖洞、南山壹华里等夜间消费地标，举行两江四岸夜市“开灯仪式”，丰富夜间消费载体。升级打造 2021“不夜重庆生活节”，举办中国（重庆）夜间经济发展高峰论坛，开展150余场主题配套活动，带动商家销售额增长近30%。重庆连续两年位列“中国十大夜经济影响力城市”榜首。

三是加强数字赋能，促进新型消费发展。建设智慧商圈10个，试点建设智慧菜场30个，推进传统商贸企业数字化转型，发展网上商超、云家政、云旅游等“互联网＋社会服务”消费业态，打造产地直播基地和C2M超级工厂，组织100余场线上促销和直播带货活动，营造数字消费新场景、新模式。

四是开展主题促销，激发消费市场活力。挖掘重庆特色消费资源，举办第十三届中国（重庆）火锅美食文化节、首届“巴山蜀水·运动川渝”体育旅游休闲消费季等近700场主题活动。立足区域消费特色，组织汉丰湖电音节、中国武陵文旅峰会等1000余场特色促销活动。聚焦大宗商品消费顶梁柱作用，举办“爱尚重庆”汽车消费展、汽车消费节、汽车下乡及家电以旧换新等促销活动，2021年，全市限额以上单位汽车类商品零售额增长13%，家电销售增长17.4%。

五是优化金融服务，促进提升消费便利。支持设立专门化消费类金融机构、提供专业化金融服务，全市已成立3家消费金融公司、1家汽车金融公司。鼓励金融机构依托实际消费场景，运用大数据、云计算等技术，提供线上线下“一站式”消费金融服务，某城市商业银行推出场景类分期贷、线上抵质押贷等数字化贷款产品体系，并通过智慧营销平台开展精准服务。支持金融机构围绕成渝地区双城经济圈建设、乡村振兴等重大战略提供优惠金融服务，某农商行推出“川渝无界卡”特色银联贷记卡，在川渝地区商旅、消费等方面配置多重权益。

六是加大政策统筹，做好消费服务保障。围绕建设国际消费中心城市、加快发展新型消费、培育发展“巴渝新消费”、加快夜间经济发展等领域出台系列文件，明确促进消费提质扩容的目标任务、政策措施。联合四川探索推进富有巴蜀特色的国际消费目的地建设，形成政策合力。

在各类举措支持下，2021年重庆市社会消费品零售总额两年平均增长9.6%；新型消费势头向好，服务类、接触类消费稳步回暖，餐饮收入增长28.5%，两年平均增长13.2%；县乡消费加快恢复，乡村零售增长23.2%，两年平均增长13%。

（二）三次产业稳健发展，新动能引领带动作用明显

2021年，重庆市三次产业稳中有增，增加值同比分别增长7.8%、7.3%和9.0%，两年平均增长6.2%、6.0%和5.9%。数字化、智能化、高端化等推动全市产业新旧动能加速转换。

1. 乡村振兴深入实施，脱贫成果有效巩固。 2021年，全市粮食产量创近十三年新高，生猪产能恢复至正常年份水平。奉节脐橙通过国家地理标志商标、中国驰名商标认定，涪陵榨菜畅销全球53个国家和地区，“巴味渝珍”授权农产品累计达到637个，农产品加工业产值、网络零售额分别增长15.8%、17.5%。“一县一策”支持4个国家级乡村振兴重点帮扶县发展，启动农村人居环境整治提升五年行动，新完成农村公路安防工程4011公里，改造农村危房5097户。

2. 工业生产总体稳定，新兴动能支撑有力。 2021年，在汽车、电子信息和材料等支柱产业拉动下，重庆市规模以上工业增加值、工业企业利润同比分别增长10.7%、40.8%。扎实推进产业转型升级，产业链稳定性和竞争力增强，高技术制造业和战略性新兴产业增加值分别增长18.1%、18.2%，占全市规上工业增加值的比重分别达到19.1%和28.9%。汽车产业实现“整车＋零部件”双提升，电子信息产业加快补链成群，医药产业集群逐步成型，装备、材料、

消费品产业转型步伐加快。

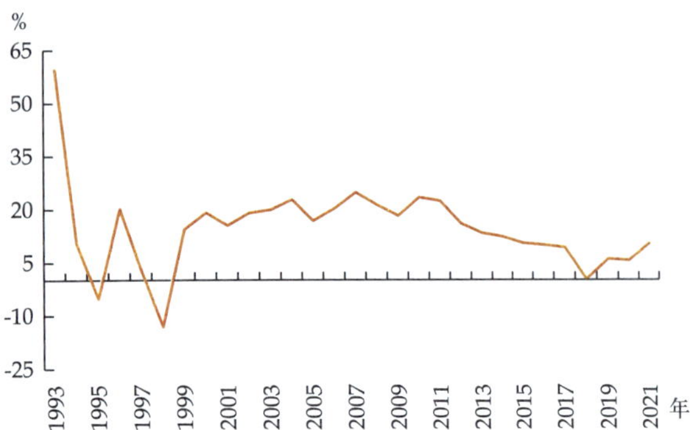

图 11　1993—2021 年重庆市规模以上工业增加值增长率

（数据来源：重庆市统计局）

3. 现代服务业增势良好。2021 年，全市服务业增加值同比增长 9.0%，两年平均增长 5.9%。全年新建开通 5G 基站 2.4 万个，落地中国农业银行数字化风控中心和一批金融科技总部，国家金融科技认证中心加快建设；中欧班列（成渝）开行量占全国比例超过 30%，进出口整体通关时间较 2017 年压缩 60% 以上；大数据、软件服务业、数字内容 3 个规模以上数字服务业的主要产业领域增长强劲，拉动全市规上数字服务业增加值增长 20.9 个百分点；研发设计、检验检测等新兴服务业蓬勃发展。

（三）居民消费价格总体平稳，居民收入恢复性增长

1. 居民消费价格总体平稳。2021 年，全市居民消费价格上涨 0.3%。八大类商品“五涨三降”，衣着、居住、生活用品及服务、交通和通信、教育文化和娱乐价格分别上涨 1.4%、0.4%、0.7%、4.7% 和 1.7%，食品烟酒、医疗保健、其他用品和服务价格分别下降 2.2%、0.4% 和 2.7%。其中，主要受猪肉价格下降影响，食品价格下降 4.4%。

2. 工业生产者价格持续上涨。2021 年，受国际大宗商品价格上涨影响，全市工业生产者出厂价格同比上涨 3.2%，工业生产者购进价格同比上涨 7.2%。

3. 居民收入持续增长，城乡居民人均收入比继续缩小。2021 年，全市居民人均可支配收入同比增长 9.7%，两年平均增长 8.1%。其中，城镇常住居民人均可支配收入同比增长 8.7%，两年平均增长 7.1%；农村常住居民人均可支配收入同比增长 10.6%，两年平均增长 9.4%。全年城乡居民收入比为 2.40，比上年同期缩小 0.05。

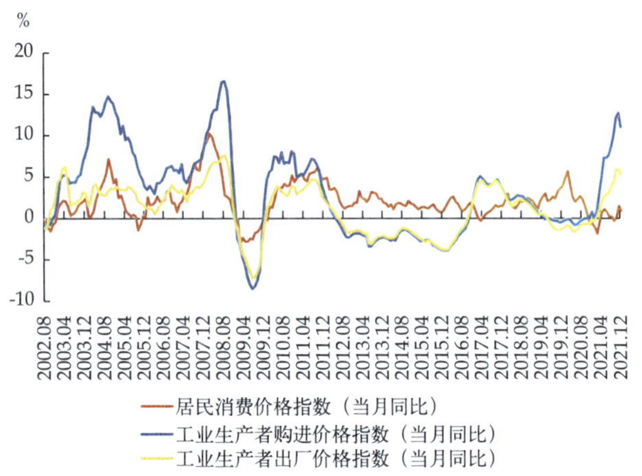

图 12　2002—2021 年重庆市居民消费价格指数和工业生产者价格指数变动趋势

（数据来源：重庆市统计局）

（四）一般公共预算收入同比增长，地方政府债券发力支持地方经济发展

2021 年，随着社会经济持续复苏，全市共实现一般公共预算收入 2285.4 亿元，同比增长 9.1%，一般公共预算支出 4835.1 亿元，同比下降 1.2%，全年财政运行整体呈现“收增支稳”态势，且收支缺口较上年有所减小，支出仍持续重点保障社保和就业、教育等民生领域。全年发行地方政府债券 2517.63 亿元，同比增长 47.5%，其中新增债券发行 1341 亿元，对重大基建项目和民生工程形成有力支持。

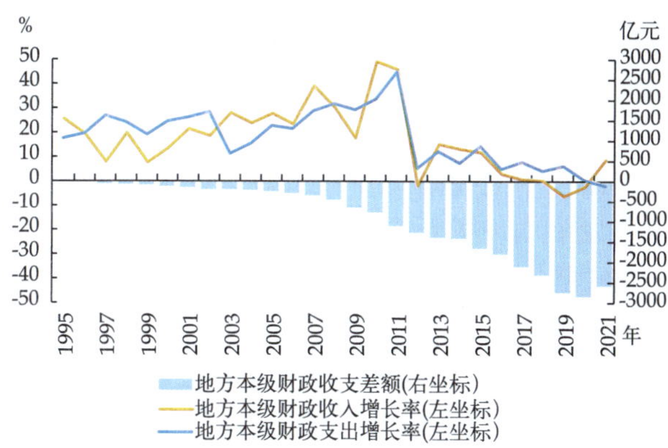

图 13　1995—2021 年重庆市财政收支状况

（数据来源：重庆市统计局）

（五）生态环境保护扎实推进

2021 年，重庆全面落实《中华人民共和国长江保护法》，山清水秀美丽之地加快建设。河长制、林长制全面推行，实施“两岸青山·千里林带”建设 32 万亩，国土绿化营造林 510 万亩，全市森林覆盖率达到 54.5%；长江经济带废弃露天矿山生态修复全面完成，长江禁捕退捕成果持续巩固，渝北、北碚入选“两山”实践创新基地，重庆山水林田湖草工程试点入选中国特色生态修复案例，广阳岛生态修复主体完工、入选全国生态修复典型案例。开展提升污水“三率”专项行动和“散乱污”企业整治，建设改造城镇排水管网 1900 公里、新增日污水处理能力 27.5 万吨。全面淘汰锰行业落后产能，长江干流重庆段水质保持为优，74 个国考断面水质优良比例达到 98.6%，空气优良天数达到 326 天，其中优的天数 146 天，土壤环境质量稳步提升，能耗“双控”进度总体符合国家下达目标要求。

（六）主要行业分析

1. 房地产市场稳健运行。随着房地产市场逐步恢复正常，全市房地产市场交易情况呈现量价平稳回升的态势。2021 年，全市商品房销售面积同比增长 0.9%，交易价格也小幅回升。房地产开发投资有所放缓，两年平均增速下降 1%。

全市金融机构坚持“房子是用来住的，不是用来炒的”定位，严格落实各项住房信贷政策，更多满足购房者首套及改善性住房需求，全年个人住房贷款增速维持在合理区间，有效保障住房消费者合法权益，加大对住房租赁金融支持力度，有序对接房地产企业合理融资需求，促进房地产业良性循环和健康发展。

2. 文化旅游行业复苏回暖，金融稳保有力有效。2021 年，重庆严格加强疫情防控，有序推进文化和旅游市场平稳复苏，文化和旅游产业增加值分别增长约 8.3% 和 9.2%，接待游客人次、旅游总收入稳步向疫情前常态水平回归。假日经济带动作用明显，春节档电影票房跻身全国城市票房前十，“五一”、端午接待游客数量基本恢复至 2019 年同期水平。红色文旅项目提档升级，“踏寻红岩足迹 感悟红岩精神”等 4 条红色旅游线路入选全国“建党百年红色旅游百条精品线路”。城市新地标呈现新亮点，老旧厂房改造升级并串联多个景点形成工业遗迹精品旅游路线，吸引数万人次参观。渝东南武陵山区城镇群文旅融合取得进展，脱贫攻坚成果有效巩固，新增 3 个 AAAA 级景区，旅游总收入 841 亿元。

金融有效支持文化旅游行业回暖。人民银行重庆营管部和市文旅委联合制发《重庆市银行业金融机构支持文化产业和旅游产业高质量发展政策措施》，发挥文化旅游产业金融支持政策合力。依托人民银行重庆营管部开发的“长江渝融通”大数据平台，建立常态化文化旅游项目和企业对接机制，开展融资对接专项活动，共同引导金融机构为市级重大旅游项目提供精准融资支持。金融机构在旅游景点成立文旅特色支行，为文旅企业及个体经营者提供专属金融服务，打造“文旅 + 金融”深度融合示范点；打造线上智慧服务平台，为核心景区以及旅游产业链上的吃、住、行、游、购、娱等经营主体提供一揽子综合金融服务；针对不同类型、不同生命周期的旅游项目、企业和个体经营者，联动创投基金、支持用好公开市场债务融资工具、创新全产业链信贷产品体系，满足多样化融资需求；加强财政金融互动，建立与政府性融资担保公司合作机制，共同加大对文旅行业信贷支持。2021 年末，全市文化、体育和娱乐业贷款余额同比增长 13.8%；金融机构为市级重大旅游项目放款近百亿元。

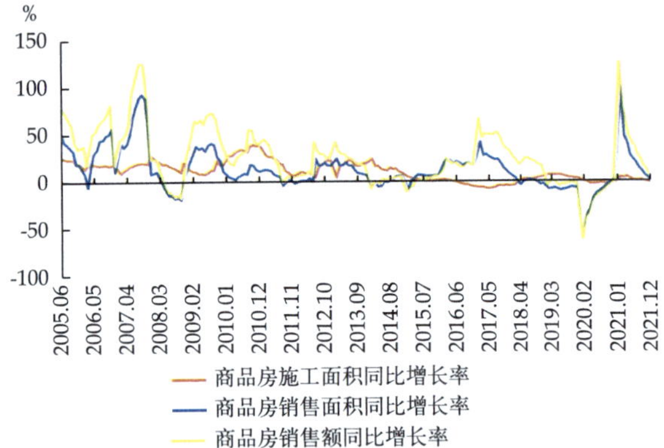

图 14　2005—2021 年重庆市商品房施工和销售变动趋势

（数据来源：重庆市统计局）

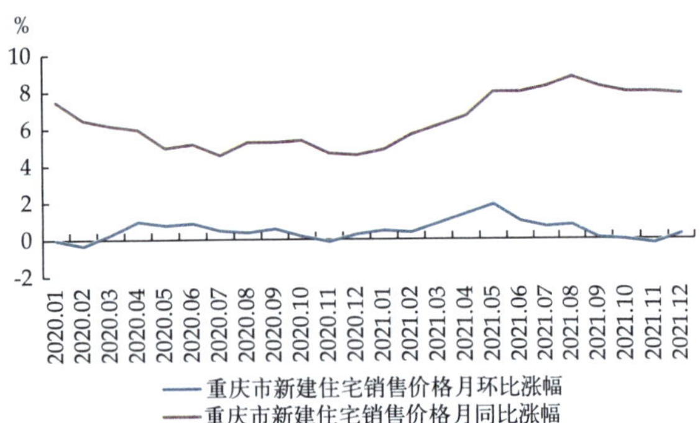

图 15　2020—2021 年重庆市新建住宅销售价格变动趋势

（数据来源：重庆市统计局）

三、预测与展望

2022 年是“十四五”承上启下的关键一年，党的二十大即将召开。站在新的历史节点，重庆将完整、准确、全面贯彻新发展理念，积极融入新发展格局，推动高质量发展，保持平稳健康的经济环境，推动成渝地区双城经济圈建设向纵深发展，深入推动科技创新，加快建设具有全国影响力的科技创新中心，努力在推进新时代西部大开发中发挥支撑作用、在共建“一带一路”中发挥带动作用、在推进长江经济带绿色发展中发挥示范作用。但需求收缩、供给冲击、预期转弱三重压力也将给重庆经济发展带来不确定性。

在投资方面，适度超前开展基础设施投资、市级重大项目、共建成渝地区双城经济圈 2022 年重大项目将为投资增长提供支撑。在消费方面，抓住国际消费中心城市培育建设契机，加快培育品质消费、激发县乡消费、培育新型消费，将进一步巩固消费回暖势头，但疫情防控叠加居民收入、债务压力等因素，仍将对消费增长产生制约。在外贸方面，中新互联互通项目、自贸试验区等开放平台能级提升，高质量实施 RCEP 行动计划、陆海新通道战略等，将支持全市出口保持韧性，但疫苗普及背景下海外产业链供应链进一步复苏，可能对出口竞争力产生影响。在物价方面，预计猪肉等食品价格上涨将带动 CPI 温和上涨，PPI 随着全球通货膨胀压力放缓将趋于下行。

2022 年，重庆金融业将坚持稳字当头、稳中求进，为推动全市经济高质量发展营造适宜的金融环境。认真落实稳健的货币政策，发挥好货币政策工具总量和结构双重功能，增强信贷总量增长稳定性、促进信贷结构稳步优化。推广建设“1+5+N 金融服务港湾和首贷续贷中心”“1+2+N 普惠金融到村”基地，聚焦民营小微企业和个体工商户、制造业和科技创新、绿色发展、乡村振兴等重点领域，深入开展金融服务能力提升专项行动，提高金融服务覆盖面、可得性、便利度。进一步释放利率市场化改革红利，促进降低企业综合融资成本。做好问题企业、债券违约、非法金融活动等重点领域金融风险防范和处置。抓住对内对外扩大改革开放契机，加快推进西部金融中心建设，持续推进绿色金融、科创金融、金融科技、外汇服务和跨境人民币等领域改革发展。

中国人民银行重庆营业管理部货币政策分析小组
总　　纂：马天禄　李　铀
统　　稿：王　红　李　响
执　　笔：王志益　吴恒宇　汪慧敏　李研妮　舒　铖　田　苗
提供材料：邓翊平　黎　齐　首余恒　贺　涛　赵俐佳　钱东平　王迪迪　沈　略　邹芳莉

附录：

（一）2021年重庆市经济金融大事记

3月，发布《铁路提（运）单融资技术指南》（T/CQJR 003-2021），支持铁路提（运）单融资业务常态化标准化发展。

3月16日，全国首单乡村振兴票据在渝落地，精准对接重庆“三农”领域融资需求。

4月，重庆市服务业扩大开放试点获批。

5月17日，中共重庆市第五届委员会第十次全体会议通过《中共重庆市委关于深入推动科技创新支撑引领高质量发展的决定》。

7月5日，重庆正式启动合格境内有限合伙人（QDLP）试点，获得50亿美元试点额度。

7月，重庆市首家“1+5+N民营小微企业和个体工商户金融服务港湾”挂牌试点运行，并向全市推广，共建成首贷续贷中心34个、金融服务港湾166家。

8月，印发《关于金融支持巩固拓展脱贫攻坚成果 全面推进乡村振兴的实施意见》，持续加大涉农金融供给。“1+2+N普惠金融到村”基地覆盖全市近五成行政村。

11月，重庆入选首批6个开展营商环境创新试点城市。

12月，《成渝共建西部金融中心规划》正式印发，规划明确2025年西部金融中心初步建成、2035年西部金融中心地位更加巩固的战略目标。

2021年，国家出台《成渝地区双城经济圈建设规划纲要》，重庆市政府联合四川省政府，聚焦毗邻地区打造十大区域合作平台，川渝两地人民银行、外汇管理部门联合印发《关于金融支持川渝毗邻地区跨省域示范区发展的指导意见》。

2021年，重庆加快建设国家数字经济创新发展试验区和新一代人工智能创新发展试验区，成功举办中国—上合组织数字经济产业论坛、2021年智博会。

（二）2021 年重庆市主要经济金融指标

表 1　2021 年重庆市主要存贷款指标

	项目	1月	2月	3月	4月	5月	6月	7月	8月	9月	10月	11月	12月
本外币	金融机构各项存款余额（亿元）	44103.6	44829.9	44252.3	44548.9	44735.1	45821.9	45524.6	45959.4	45764.8	45772.8	45823.9	45908.0
	其中：住户存款	20521.4	21643.6	21956.7	21490.3	21403.9	21807.9	21587.9	21640.6	21982.3	21767.3	21902.3	22316.0
	非金融企业存款	13075.3	12454.7	12600.4	12473.3	12408.6	13096.5	12621.7	12685.5	12794.8	12276.5	12353.9	12902.5
	各项存款余额比上月增加（亿元）	1249.2	726.3	-577.6	296.6	186.2	1086.7	-297.2	434.8	-194.6	8.0	51.1	84.1
	金融机构各项存款同比增长（%）	10.4	12.4	7.9	7.0	7.1	8.1	7.1	6.9	6.1	6.6	5.7	7.1
	金融机构各项贷款余额（亿元）	42715.2	43123.7	43821.6	44189.5	44520.4	45331.7	45441.5	45860.5	46316.9	46310.9	46692.3	46927.6
	其中：短期	7716.9	7677.3	7796.2	7863.3	7890.0	8119.3	8140.5	8234.6	8269.4	8277.4	8353.1	8264.3
	中长期	32331.2	32771.2	33276.7	33513.2	33697.2	33971.0	34110.0	34276.5	34447.8	34514.3	34633.1	34698.6
	票据融资	1338.9	1303.4	1336.8	1371.2	1448.5	1699.0	1622.9	1775.4	2020.0	1932.1	2073.9	2278.7
	各项贷款余额比上月增加（亿元）	806.3	408.6	697.9	367.9	330.9	811.3	109.8	419.0	456.4	-6.1	381.4	235.4
	其中：短期	265.8	-39.6	118.9	67.2	26.7	229.3	21.1	94.1	34.8	8.0	75.7	-88.8
	中长期	691.2	440.0	505.6	236.5	184.0	273.7	139.0	166.5	171.2	66.5	118.9	65.5
	票据融资	-175.3	-35.5	33.4	34.4	77.3	250.4	-76.1	152.5	244.6	-87.8	141.8	204.8
	金融机构各项贷款同比增长（%）	13.1	13.4	13.3	13.0	12.2	13.5	13.1	12.9	12.8	12.3	12.3	12.0
	其中：短期	16.1	13.7	10.6	10.2	7.4	9.1	10.0	9.6	9.2	9.3	11.1	10.9
	中长期	13.5	14.8	15.3	14.8	14.6	14.4	13.7	12.9	11.7	11.0	10.1	9.7
	票据融资	-12.6	-15.9	-16.6	-17.0	-17.4	4.7	0.7	12.3	38.3	36.9	48.6	50.5
	建筑业贷款余额（亿元）	1584.0	1622.0	1647.0	1654.0	1643.0	1683.0	1711.0	1727.0	1758.0	1772.0	1786.0	1741.0
	房地产业贷款余额（亿元）	2303.0	2305.0	2306.0	2262.0	2207.0	2136.0	2068.0	2035.0	2001.0	1946.0	1907.0	1859.0
	建筑业贷款同比增长（%）	1.6	3.8	3.8	1.6	-0.3	1.1	3.2	3.4	6.6	7.5	8.5	6.0
	房地产业贷款同比增长（%）	-3.9	-5.0	-7.3	-7.8	-9.8	-11.5	-14.6	-15.8	-16.7	-17.6	-17.7	-18.0
人民币	金融机构各项存款余额（亿元）	42259.1	43061.3	42483.2	42744.1	42969.1	43993.5	43762.6	44221.3	44032.2	44169.0	44219.1	44270.2
	其中：住户存款	20443.8	21565.7	21877.9	21413.5	21329.1	21732.0	21512.2	21565.3	21907.5	21693.7	21827.5	22239.9
	非金融企业存款	11322.8	10779.6	10925.4	10769.3	10733.8	11360.5	10952.1	11037.2	11150.5	10760.8	10837.9	11358.2
	各项存款余额比上月增加（亿元）	988.9	802.2	-578.1	260.8	225.1	1024.4	-230.9	458.7	-189.0	136.8	50.1	51.1
	其中：住户存款	234.0	1122.0	312.2	-464.5	-84.3	402.9	-219.8	53.1	342.2	-213.8	133.8	412.4
	非金融企业存款	383.6	-543.1	145.7	-156.0	-35.5	626.7	-408.4	85.1	113.4	-389.8	77.1	520.2
	各项存款同比增长（%）	9.7	11.9	7.4	6.6	6.7	7.7	7.0	7.0	6.2	6.9	5.9	7.3
	其中：住户存款	6.5	13.0	13.1	11.5	10.7	10.4	9.9	9.5	9.5	9.6	9.8	10.1
	非金融企业存款	15.4	10.9	1.6	-3.5	-4.4	-0.4	-2.0	-1.7	-1.7	-4.3	-4.0	3.8
	金融机构各项贷款余额（亿元）	41704.6	42156.1	42841.4	43244.8	43633.1	44410.5	44564.7	44975.6	45457.7	45482.8	45844.1	46043.2
	其中：个人消费贷款	14577.8	14679.5	14833.3	15003.4	15174.5	15342.4	15473.7	15575.0	15663.7	15770.1	15965.7	16017.5
	票据融资	1338.9	1303.4	1336.8	1371.2	1448.5	1699.0	1622.9	1775.4	2020.0	1932.1	2073.9	2278.7
	各项贷款余额比上月增加（亿元）	744.0	451.5	685.3	403.5	388.3	777.4	154.3	410.9	482.1	25.1	361.2	199.1
	其中：个人消费贷款	344.8	101.7	153.8	170.1	171.1	167.9	131.3	101.2	88.8	106.4	195.5	51.8
	票据融资	-175.3	-35.5	33.4	34.4	77.3	250.4	-76.1	152.5	244.6	-87.8	141.8	204.8
	金融机构各项贷款同比增长（%）	13.1	13.6	13.8	13.7	13.5	14.7	14.3	14.1	14.1	13.4	13.2	12.4
	其中：个人消费贷款	17.5	18.6	18.7	18.9	18.7	18.1	17.3	16.3	14.9	14.2	13.6	12.5
	票据融资	-12.6	-15.9	-16.5	-17.0	-17.4	4.7	0.7	12.3	38.3	36.9	48.6	50.5
外币	金融机构外币存款余额（亿美元）	285.0	273.3	269.2	279.1	277.3	283.0	272.8	268.7	267.1	251.0	251.6	256.9
	金融机构外币存款同比增长（%）	37.9	36.4	33.0	30.7	33.0	30.1	19.2	10.1	8.6	3.8	4.5	5.8
	金融机构外币贷款余额（亿美元）	156.2	149.5	149.2	146.1	139.3	142.6	135.7	136.8	132.5	129.6	133.0	138.7
	金融机构外币贷款同比增长（%）	21.2	16.1	1.9	-4.5	-18.9	-16.4	-21.1	-23.6	-25.3	-24.9	-18.9	-4.6

数据来源：中国人民银行重庆营业管理部。

表 2　2001—2021 年重庆市各类价格指数

单位：%

时间		居民消费价格指数		农业生产资料价格指数		工业生产者购进价格指数		工业生产者出厂价格指数	
		当月同比	累计同比	当月同比	累计同比	当月同比	累计同比	当月同比	累计同比
2001		—	1.7	—	—	—	—	—	-1.9
2002		—	-0.4	—	—	—	-0.9	—	-2.4
2003		—	0.6	—	—	—	4.9	—	0.6
2004		—	3.7	—	—	—	12.9	—	3.9
2005		—	0.8	—	—	—	8.2	—	3.0
2006		—	2.4	—	—	—	4.8	—	3.2
2007		—	4.7	—	—	—	6.2	—	3.5
2008		—	5.6	—	—	—	12.2	—	5.8
2009		—	-1.6	—	—	—	-5.0	—	-4.5
2010		—	3.2	—	—	—	6.9	—	3.1
2011		—	5.3	—	—	—	5.7	—	3.8
2012		—	2.6	—	—	—	-0.5	—	-0.1
2013		—	2.7	—	—	—	-2.4	—	-2.0
2014		—	1.8	—	—	—	-1.9	—	-1.7
2015		—	1.3	—	—	—	-2.9	—	-2.8
2016		—	1.8	—	—	—	-1.6	—	-1.4
2017		—	1.0	—	—	—	4.4	—	4.1
2018		—	2.0	—	—	—	2.5	—	2.1
2019		—	2.7	—	—	—	0.1	—	-0.2
2020		—	2.3	—	—	—	-0.1	—	-0.9
2021		—	0.3	—	—	—	7.2	—	3.2
2020	1	—	—	—	—	—	—	—	—
	2	5.8	5.3	—	—	0.0	0.0	-0.7	-0.9
	3	4.2	5.0	—	—	0.0	0.0	-0.9	-0.9
	4	2.7	4.4	—	—	-0.4	-0.1	-1.5	-1.1
	5	2.1	3.9	—	—	-0.7	-0.2	-1.6	-1.2
	6	2.4	3.7	—	—	-0.6	-0.3	-1.2	-1.2
	7	2.8	3.5	—	—	-0.3	-0.3	-0.8	-1.1
	8	2.4	3.4	—	—	-0.1	-0.3	-0.6	-1.1
	9	1.6	3.2	—	—	0.1	-0.2	-0.6	-1.0
	10	0.5	2.9	—	—	0.1	-0.2	-0.6	-1.0
	11	-0.6	2.6	—	—	0.2	-0.2	-0.5	-0.9
	12	-0.5	2.3	—	—	0.9	-0.1	-0.1	-0.9
2021	1	—	—	—	—	—	—	—	—
	2	-1.8	-1.4	—	—	1.1	0.5	0.2	0.0
	3	-0.3	-1.0	—	—	3.1	1.4	1.1	0.4
	4	0.9	-0.6	—	—	5.1	2.3	2.2	0.8
	5	1.2	-0.2	—	—	7.4	3.3	2.8	1.2
	6	0.9	0.0	—	—	7.4	4.0	3.0	1.5
	7	0.3	0.0	—	—	7.7	4.5	3.3	1.8
	8	0.3	0.1	—	—	8.7	5.0	4.0	2.1
	9	-0.2	0.0	—	—	10.1	5.6	4.5	2.3
	10	0.2	0.1	—	—	12.2	6.3	6.0	2.7
	11	1.6	0.2	—	—	12.8	6.9	6.0	3.0
	12	1.0	0.3	—	—	11.1	7.2	5.4	3.2

数据来源：重庆市统计局。

表 3　2021 年重庆市主要经济指标

项目	1月	2月	3月	4月	5月	6月	7月	8月	9月	10月	11月	12月
	绝对值（自年初累计）											
地区生产总值（亿元）	—	—	5995.3	—	—	12903.4	—	—	19951.9	—	—	27894.0
第一产业	—	—	344.6	—	—	684.5	—	—	1332.4	—	—	1922.0
第二产业	—	—	2152.3	—	—	5090.5	—	—	7888.3	—	—	11184.9
第三产业	—	—	3498.4	—	—	7128.4	—	—	10731.1	—	—	14787.1
工业增加值（亿元）	—	—	—	—	—	—	—	—	—	—	—	—
固定资产投资（亿元）	—	—	—	—	—	—	—	—	—	—	—	—
房地产开发投资	—	442.9	881.8	1268.4	1664.0	2167.2	2474.6	2843.8	3291.0	3546.7	3957.6	4355.0
社会消费品零售总额（亿元）	—	2255.3	3378.8	4431.3	5641.4	6893.0	8054.4	9174.8	10302.1	11552.8	12746.6	13967.7
外贸进出口总额（亿元）	—	1161.7	1802.4	2459.1	3047.7	3766.0	4424.5	5076.8	5770.3	6435.3	7204.0	8000.6
进口	—	439.1	679.2	924.2	1147.3	1444.7	1661.1	1876.0	2114.1	2319.0	2573.8	2832.3
出口	—	722.6	1123.2	1534.9	1900.4	2321.3	2763.4	3200.8	3656.2	4116.2	4631.1	5168.3
进出口差额（出口－进口）	—	283.5	443.9	610.8	753.1	876.7	1102.3	1324.7	1542.1	1797.2	2057.4	2336.1
实际利用外资（亿美元）	—	4.6	18.4	28.2	37.2	48.2	55.2	63.6	73.7	80.4	90.0	106.7
地方财政收支差额（亿元）	—	-370.8	-558.0	-605.7	-723.0	-1077.6	-1125.4	-1322.8	-1667.7	-1723.0	-1970.1	-2549.7
地方财政收入	—	405.8	565.7	840.9	998.2	1215.0	1418.2	1534.4	1675.8	1905.6	2025.2	2285.5
地方财政支出	—	776.5	1123.7	1446.6	1721.2	2292.6	2543.6	2857.2	3343.5	3628.6	3995.3	4835.1
城镇登记失业率（%）（季度）	—	—	4.6	—	—	3.9	—	—	3.1	—	—	2.9
	同比累计增长率（%）											
地区生产总值	—	—	18.4	—	—	12.8	—	—	9.9	—	—	8.3
第一产业	—	—	10.5	—	—	8.9	—	—	8.3	—	—	7.8
第二产业	—	—	24.7	—	—	13.2	—	—	9.7	—	—	7.3
第三产业	—	—	15.5	—	—	12.9	—	—	10.3	—	—	9.0
工业增加值	—	56.7	35.4	26.6	22.1	19.0	17.3	15.8	14.2	13.0	11.9	10.7
固定资产投资	—	52.4	13.8	12.8	10.4	9.3	9.2	8.9	8.4	7.1	6.5	6.1
房地产开发投资	—	54.8	15.3	13.9	8.0	1.1	-0.7	0.1	0.2	-2.1	-0.4	0.1
社会消费品零售总额	—	48.5	41.7	36.6	32.1	29.9	27.9	25.4	23.7	22.2	20.3	18.5
外贸进出口总额	—	70.3	60.4	48.3	39.9	37.6	31.6	29.4	27.0	25.0	24.0	22.8
进口	—	47.6	40.2	40.7	35.6	37.5	32.3	30.1	25.7	23.5	24.1	21.7
出口	—	87.8	75.7	53.2	42.6	37.7	31.1	28.9	27.7	25.8	23.9	23.4
实际利用外资	—	33.6	35.9	26.4	27.2	20.1	18.6	11.8	11.1	9.4	8.3	3.8
地方财政收入	—	24.1	23.6	20.0	16.5	15.3	13.0	10.2	10.9	10.4	8.1	9.1
地方财政支出	—	37.3	12.7	8.8	6.8	5.8	4.4	4.3	2.0	2.3	1.2	-1.2

数据来源：重庆市统计局。

四川省金融运行报告（2022）

中国人民银行成都分行货币政策分析小组

[内容摘要] 2021年是“十四五”规划开局之年，也是全面建设社会主义现代化四川新征程开启之年。面对复杂严峻的外部环境和疫情灾情冲击影响，四川省以习近平新时代中国特色社会主义思想为指导，坚持稳中求进工作总基调，把握新发展阶段、贯彻新发展理念、融入新发展格局，统筹推进疫情防控和经济社会发展，扎实做好“六稳”“六保”工作，经济恢复稳中加固、稳中提质，实现了“十四五”良好开局。全年地区生产总值首超5万亿元，同比增长8.2%，增速高于全国平均水平0.1个百分点。四川省金融业对实体经济发展和稳企业保就业的支撑作用持续稳固，全年全省社会融资规模新增1.4万亿元。

全省经济运行稳中向好，区域协调发展稳步推进。一是供给需求协同并进。农业生产稳定提高，第一产业增加值增长7.0%，国家级现代农业园区总数位居全国第一。工业运行稳中提质，规模以上工业增加值增长9.8%，规模以上工业企业利润总额增长34.3%。现代服务业加快发展，服务业增加值达2.8万亿元。投资支撑持续有力，全社会固定资产投资增长10.1%，较上年同期提高0.2个百分点。消费潜力加快释放，社会消费品零售总额增长15.9%，高于全国平均水平3.4个百分点。稳外资促外贸增势良好，进出口总额创历史新高，世界500强企业落川达377家。二是区域发展新格局呈现新亮点。成渝地区双城经济圈建设成势见效，形成“1+4+7”[①]政策体系，合作共建重大项目开工率达97%；成都极核主干功能不断强化，经济总量近2万亿元；干支联动五区协同竞相发展，成都平原、川南、川东北和攀西经济区经济总量分别增长8.5%、8.6%、7.6%和7.6%，川西北生态示范区绿色发展特色鲜明。三是新动能持续增强。高新技术产业较快增长，规模以上高技术产业增加值增长19.4%，高于规模以上工业增速9.6个百分点；信息传输、软件和信息技术服务业同比增长22.2%，高于服务业增加值增速13.3个百分点。四是民生领域稳定向好。城镇调查失业率控制在预期目标内，“稳就业”效果明显；全年居民消费价格指数（CPI）同比上涨0.3%，为2003年以来的最低水平；城乡居民收入差距进一步缩小，农村居民人均可支配收入同比增长10.3%，高于城镇居民增速2个百分点。

全省金融运行总体稳健，支持实体经济有力有效。一是银行业、证券业和保险业稳健运行。银行业本外币资产和负债总额同比分别增长8.7%和8.6%，增速均高于全国平均水平；不良贷款整体实现“双降”；多层次市场融资功能有效发挥，全省累计实现直接融资达7926.4亿元；保险保障功能持续发挥，“险资入川”投资规模扩大至4200亿元。二是融资总量稳定增长。全省本外币各项贷款余额同比增长13.1%，高于全国平均水平1.8个百分点。银行间市场债务融资工具发行量同比增长18.7%。三是信贷结构稳步优化。金融支持制造业高质量发展取得积极成效，全省制造业中长期贷款余额较年初新增491.5亿元；启动实施科创金融服务“星

---

① “1+4+7”政策体系：“1”是指四川省委关于深入贯彻习近平总书记重要讲话精神，加快推动成渝地区双城经济圈建设的决定；“4”是指围绕“具有全国影响力的重要经济中心、科技创新中心、改革开放新高地、高品质生活宜居地”战略定位制定的4个实施意见；“7”是指聚焦加强交通基础设施建设等7项重点任务制订的专项规划或行动方案。

辰计划2021—2023”，出台新版“财政金融互动政策”激励措施20条，科技型中小企业贷款余额同比增长25.8%，专精特新“小巨人”企业贷款覆盖率达70%。重点项目融资保障有力，700个省级重点项目融资余额5350亿元。金融支持稳企业保就业效果明显，全省普惠小微贷款余额同比增长22.9%，高于各项贷款增速9.8个百分点；贷款覆盖面稳步扩大，全省普惠小微有贷款余额户数同比增长18.4%；两项直达实体经济的货币政策工具快速落地，2021年全省普惠小微贷款延期率和信用贷款占比分别达到42.5%和31.8%，有效缓解企业资金压力。金融支持巩固脱贫攻坚成果同乡村振兴有效衔接稳步推进，全年新增涉农贷款占全部新增贷款的20.7%。金融支持绿色低碳转型发展精准有力，全省绿色贷款余额较年初新增1619.6亿元。四是融资成本稳中有降。充分发挥LPR改革效能，引导贷款利率整体下行，2021年全省各金融机构企业贷款加权平均利率4.98%，为近五年来最低水平。五是金融改革纵深推进。金融支持成渝地区双城经济圈建设加快推动，《成渝共建西部金融中心规划》《四川省“十四五”金融业发展和改革规划》相继出台，两地银行机构共向67个跨区域共建重大项目授信2514.8亿元。四川自贸区加快建设，贸易外汇收支便利化试点深入推进，资本项目收入支付便利化业务占比提升至93%。跨境人民币业务增量扩面明显，全年与67个“一带一路”沿线国家和地区实现的跨境人民币交易额同比增长52%，全省开展跨境人民币业务企业比上年增加279户。

2022年，四川省将坚持稳中求进工作总基调，完整、准确、全面贯彻新发展理念，积极融入和服务新发展格局，坚持以供给侧结构性改革为主线，聚焦“抓项目促投资稳增长”工作重点，统筹推进农业“10+3”、工业“5+1”、服务业“4+6”协调发展，全面深化改革开放，推动高质量发展，迎接党的二十大胜利召开。四川省金融业将认真贯彻执行稳健货币政策灵活适度的要求，发挥好货币政策工具的总量和结构双重功能，实现总量稳、结构优、成本降的较好组合，加大科技创新、绿色发展、乡村振兴、制造业高质量发展的金融支持力度，持续改善普惠金融服务，不断提高金融服务实体经济能力。持续深化区域金融改革，深入推进金融支持成渝地区双城经济圈建设，巩固防范化解金融风险攻坚战成果，为促进四川省经济高质量发展营造良好的货币金融环境。

第一部分　全省经济金融情况

一、金融运行情况

2021年，面对复杂严峻的外部环境和疫情灾情的冲击影响，四川省金融业认真贯彻落实稳健的货币政策要灵活精准、合理适度的要求，全面深化金融支持稳企业保就业，有力支持实体经济恢复发展。四川金融运行总体平稳，货币信贷和社会融资规模稳定增长，融资结构稳步优化，多层次资本市场不断健全，金融风险防范和化解成效明显，区域金融改革不断深化，金融服务实体经济质效进一步提升。

（一）银行业稳健运行，信贷支持实体经济力度进一步加强

2021年，四川银行业金融机构经营总体稳健，资产负债平稳增长，稳健货币政策有效落实，经济社会重点领域和民营、小微企业等薄弱环节金融服务持续深化，绿色低碳、科创等高质

量发展领域金融支持力度持续加强。

1. 银行业组织体系较为完善，银行机构改革持续深化。2021 年末，四川银行业金融机构数量共计 224 家，其中，省外机构一级分支机构 51 家，法人机构 173 家。全省银行业金融机构网点 1.4 万个，同比增加 45 个，全部从业人员 18.9 万人。县域农信社改革稳步推进，中江联社等 5 家信用联社转制农商行；宜宾、绵阳、乐山三地城区农商行改制完成。

2. 银行业规模平稳增长，资本补充力度加大。2021 年末，四川银行业金融机构资产总额 12.4 万亿元，同比增长 8.7%；负债总额 11.9 万亿元，同比增长 8.6%。全省中小法人银行机构资本充足率 14.1%。3 家地方法人银行获批在银行间市场发行 150 亿元二级资本补充工具，已发行 90 亿元。地方财政运用专项债券为 21 家法人机构补充资本 114 亿元，四成地方法人银行资本充足率较上年同期提升。

3. 各项存款稳定增长，增速呈现结构分化。2021 年末，四川银行业金融机构本外币各项存款余额 10 万亿元，较年初增加 8241.5 亿元；余额同比增长 9.0%。分部门看，非银行业金融机构存款和住户存款增速较快，同比分别增长 16.7%、11.2%，分别高于各项存款增速 7.7 个和 2.2 个百分点；非金融企业存款和广义政府类存款同比分别增长 7.6%、3.2%。分币种看，人民币各项存款余额同比增长 9.2%，外币各项存款余额同比下降 1.3%。

表 1　2021 年四川省银行业金融机构情况

机构类别	营业网点			法人机构（个）
	机构个数（个）	从业人数（人）	资产总额（亿元）	
一、大型商业银行	3409	64110	45940	0
二、国家开发银行和政策性银行	115	4627	11024	0
三、股份制商业银行	539	17520	9450	0
四、城市商业银行	1000	24227	22283	12
五、城市信用社	0	0	0	0
六、小型农村金融机构	5775	46010	23544	95
七、财务公司	6	273	1462	4
八、信托公司	2	1057	217	2
九、邮政储蓄银行	3066	24415	7579	0
十、外资银行	23	716	399	0
十一、新型农村金融机构	304	4449	825	56
十二、其他	8	2509	793	4
合　计	14247	189913	123518	173

续表

数据来源：四川银保监局。

注：营业网点不包括国家开发银行和政策性银行、大型商业银行、股份制银行等金融机构总部数据；大型商业银行包括中国工商银行、中国农业银行、中国银行、中国建设银行和交通银行；小型农村金融机构包括农村商业银行、农村合作银行和农村信用社；新型农村金融机构包括村镇银行、贷款公司、农村资金互助社；其他包含民营银行、金融租赁公司、汽车金融公司、货币经纪公司、消费金融公司等。

4. 各项贷款合理增长，信贷结构进一步优化。2021 年末，四川银行业金融机构本外币各项贷款余额 8.03 万亿元，较年初增加 9314.8 亿元，同比多增 782.6 亿元；余额同比增长 13.1%。金融支持制造业高质量发展取得积极成效，2021 年末制造业贷款余额 5006.4 亿元，较年初增加 328.6 亿元，余额同比增长 7.1%，其中制造业中长期贷款余额较年初新增 491.5 亿元；全省启动实施科创金融服务“星辰计划 2021—2023”，出台新版“财政金融互动政策”激励措施 20 条，科技型中小企业贷款余额同比增长 25.8%，专精特新“小巨人”企业贷款覆盖率达到 70%。重点项目融资保障有力，2021 年末，全省累计向 700 个省级重点项目授信 1.7 万亿元，融资余额 5350 亿元。金融支持巩固脱贫攻坚成果同乡村振兴有效衔接稳步推进，全年新增涉农贷款 1925.3 亿元，占全部新增贷款的 20.7%。金融支持绿色低碳转型发展效果明显，2021 年末，全省绿色贷款余额较年初新增 1619.6 亿元。

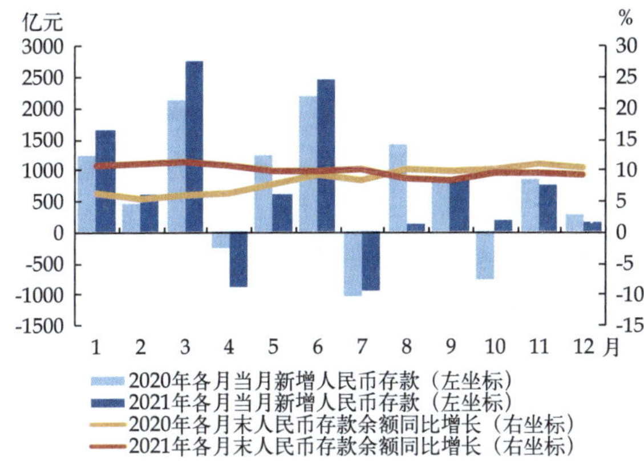

图 1　2020—2021 年四川省金融机构人民币存款增长变化

（数据来源：中国人民银行成都分行）

5. 金融支持稳企业保就业效果明显，薄弱环节金融服务提质增量。人民银行成都分行深化金融支持稳企业保就业，确定 2021 年为金融机构“中小微企业金融服务能力提升年”，实施“民营小微企业金融服务工作计划”“贷动小生意，服务大民生”专项金融服务行动，深入基层“访店、访企、访园区”，虚心向企业“问需、问计、问困难”，主动向市场主体“送产品、送服务、送政策”，积极促进融资对接，中小微企业和个体工商户融资实现“量增、面扩”。2021 年末，全省普惠小微贷款余额同比增长 22.9%，高于各项贷款增速 9.8 个百分点，其中，个体工商户和小微企业主贷款余额同比增长 17.4%，高于各项贷款增速 4.3 个百分点。贷款覆盖面稳步扩大，2021 年末，全省普惠小微有贷款余额户数同比增长 18.4%。两项直达实体货币政策工具快速落地，2021 年全省普惠小微贷款延期率和信用贷款占比分别达到 42.5% 和 31.8%，有效缓解企业资金压力。

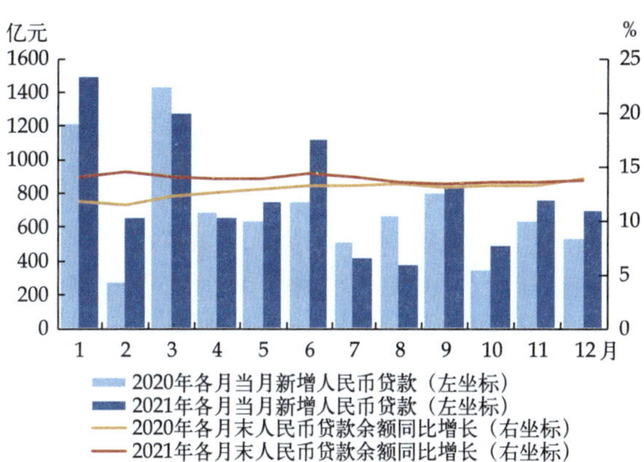

图 2　2020—2021 年四川省金融机构人民币贷款增长变化

（数据来源：中国人民银行成都分行）

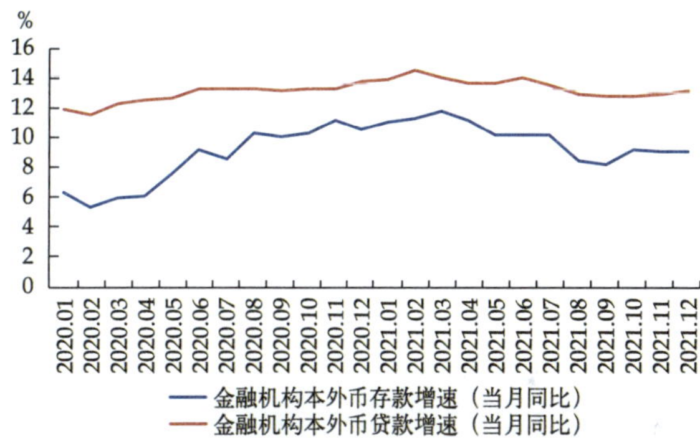

图 3　2020—2021 年四川省金融机构本外币存贷款增速变化

（数据来源：中国人民银行成都分行）

专栏 1　四川制造业融资增长稳中有进

2021 年，人民银行成都分行聚焦金融支持四川经济高质量发展，围绕四川“5+1”现代产业体系，大力疏通货币信贷传导，金融支持全省制造业发展的方式和手段不断丰富。为更加全面准确反映全省制造业金融支持情况，参照社会融资规模统计口径，对制造业融资情况进行统计。2021 年末，全省制造业融资余额为 9282 亿元，同比增长 10.8%，分别较 2019 年、2020 年加快 2.0 个和 2.1 个百分点，增速稳中有进，且快于制造业投资两年平均增速 0.8 个百分点，制造业融资增长稳中有进，与制造业投资增速基本匹配。

一、制造业融资支撑总体稳固，结构稳中趋优

一是表内贷款支撑有力。年末，全省实际投向制造业的贷款余额达到5897亿元，同比增长10.3%，较疫情前加快2.2个百分点；占制造业融资余额的比重为63.5%，较疫情前提高4.4个百分点，是最稳定的融资方式之一。

二是表外融资止跌企稳。年末，制造业表外融资余额为1027亿元，同比增长4.9%，较2020年负增长的情况明显改善。其中，银行承兑汇票余额704亿元，增长15.1%，制造业委托贷款和信托贷款压降幅度缩小。

三是直接融资增长加快。年末，制造业股票和债券融资余额1439亿元和919亿元，同比分别增长14.5%和15.7%，较疫情前加快12.1个和0.8个百分点。从增量看，制造业股票和债券分别新增183亿元和125亿元，是继表内贷款之后的第二大和第三大新增资金来源。

二、大力疏通货币信贷传导，多措并举加大制造业贷款支持力度

一是强化跨周期调节，稳定制造业信贷投放。鼓励地方法人金融机构充分运用二级资本债、永续债、地方政府专项债等方式补充资本，支持发行同业存单和大额存单，缓解资本约束和流动性约束压力，提高信贷投放能力。年末，地方法人金融机构实际投向制造业贷款余额1421亿元，同比增长15.8%，较疫情前加快3.1个百分点。

二是深化财金互动，发挥“几家抬”合力。充分运用财政金融互动，推动出台财政贴息、奖补以及政府性融资担保等支持政策。制定并推广“制惠贷”“园保贷”“科创贷”等信贷产品，引导金融机构加大制造业信贷投放。指导全省金融机构广泛开展“访企、访店、访园区”活动，主动向企业“送政策、送产品、送服务”，进一步加强制造业融资保障。年末，全省制造业单项冠军、“专精特新”重点中小企业、“转企升规”重点培育企业等3.7万户重点对接支持名单中，共有2.9万户企业获得银行授信，获贷率达到79.1%，已发放贷款3932亿元。

三是加强统筹协调，积极引导各类金融资源支持全省制造业发展。创新开展综合金融服务，统筹运用信贷、理财、产业基金、投行并购等多种金融工具及其多样化的组合，为条件较好的制造业企业引进战略伙伴或基金，满足制造业企业多元化多层次金融服务需求。鼓励大型制造企业充分发挥主体信用评级优势，“带资入川”“上贷下用”，统筹做好融资工作。鼓励银行积极参与平台公司转型，共同助力制造业发展。

6. 货币政策工具管理运用持续优化，支持实体经济的精准性有效性不断提高。2021年末，四川再贷款再贴现余额1010亿元，其中再贷款和再贴现余额同比分别增长3.6%和19.8%。金融机构运用支小、支农再贷款资金发放的贷款加权平均利率较其他资金发放的同类贷款利率分别低1.53个和1.07个百分点；运用再贴现资金办理的票据贴现平均利率低于其同期同档次贴现加权平均利率0.15个百分点。符合条件的金融机构分别共发放17亿元碳减排贷款和1亿元煤炭清洁高效利用领域贷款，碳减排贷款对应的年碳减排量为43.7万吨。2021年两次下调存款准备金率为四川辖内法人金融机构累计释放资金约356亿元，为法人机构支农助小提供了有力资金支持。

7. 存款利率基本稳定，LPR改革引导贷款利率明显下行。持续深入推进LPR改革在四川落地，以落实市场化改革促进降低贷款实际利率。2021年全年全省各金融机构企业贷款加权平均利率4.98%，为近五年来最低水平。12月，全省各金融机构人民币贷款（不含个人住房贷款）加权平均利率5.48%，同比下降0.06个百分点。票据贴现加权平均利率2.23%，同比下降1.08个百分点。普惠小微贷款利率5.33%，同比下降0.13个百分点。人民币存款利率基本稳定，地方法人银行利率定价能力逐步提高。12月，全省金融机构定期存款加权平均利率2.30%，同比下降0.12个百分点。2021年，四川省共有93家金融机构被评为全国利率定价自律机制基础成员，10家金融机构被评为观察成员。

表2 2021年四川省金融机构人民币贷款各利率区间占比

单位：%

项目		1月	2月	3月	4月	5月	6月
合计		100.0	100.0	100.0	100.0	100.0	100.0
LPR减点		20.6	20.6	15.3	17.6	18.0	18.2
LPR		5.5	6.1	8.1	7.2	7.1	7.8
LPR加点	小计	73.9	73.3	76.7	75.3	74.9	74.0
	(LPR，LPR+0.5%)	17.9	17.8	17.3	17.1	17.4	17.6
	[LPR+0.5%，LPR+1.5%)	21.2	20.6	24.6	21.8	23.4	25.1
	[LPR+1.5%，LPR+3%)	15.9	17.3	18.4	19.5	16.8	17.8
	[LPR+3%，LPR+5%)	14.0	11.7	11.4	10.9	11.3	9.4
	LPR+5%及以上	4.9	5.9	4.9	5.9	6.0	4.1
项目		7月	8月	9月	10月	11月	12月
合计		100.0	100.0	100.0	100.0	100.0	100.0
LPR减点		15.9	15.9	18.7	19.3	20.4	19.4
LPR		6.4	6.1	5.5	5.8	6.1	5.3
LPR加点	小计	77.7	78.0	75.8	74.9	73.5	75.3
	(LPR，LPR+0.5%)	15.0	17.1	16.9	17.6	15.5	16.7
	[LPR+0.5%，LPR+1.5%)	26.4	24.8	25.4	22.8	20.2	20.1
	[LPR+1.5%，LPR+3%)	18.3	16.8	17.7	16.3	20.0	19.9
	[LPR+3%，LPR+5%)	11.5	12.3	10.1	10.9	10.9	13.3
	LPR+5%及以上	6.5	7.0	5.7	7.3	6.9	5.4

数据来源：中国人民银行成都分行。

8.资产质量持续改善，中小法人银行抵御风险能力增强。四川银行机构积极抵御经济下行压力和新冠肺炎疫情冲击，加大不良贷款处置力度。2021年末，全省不良贷款余额同比下降5.1%，不良贷款率较年初下降0.3个百分点。中小法人机构拨备和流动性水平明显改善，贷款损失准备余额较年初增长22.1%，拨备覆盖率199.4%，较年初上升24.2个百分点；流动性比率较年初上升7.2个百分点。

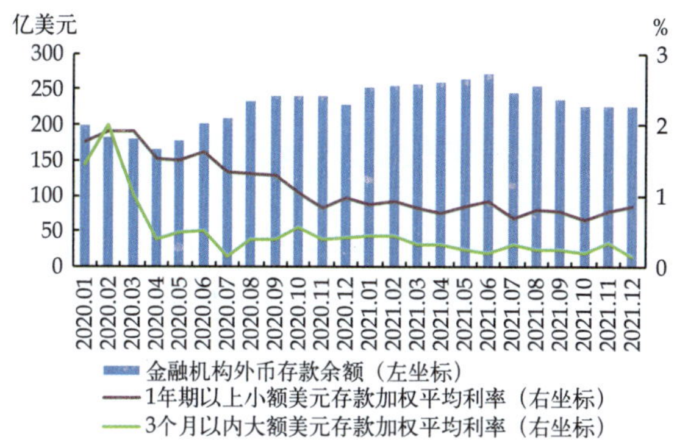

图4 2020—2021年四川省金融机构外币存款余额及外币存款利率

（数据来源：中国人民银行成都分行）

9.跨境人民币业务增量扩面，结售汇增幅明显。2021年，全省跨境人民币结算金额1723.3亿元，同比增长26.2%。全年共与67个"一带一路"沿线国家和地区实现跨境人民币交易732亿元，同比增长52%。2021年末，全省共有3111家企业开展跨境人民币业务，比2020年增加279户；13家跨国企业集团开办跨境双向人民币资金池，资金池应计所有者权益合计1163.3亿元，境内外成员企业合计129家。指导四川省自律机制修订发布跨境人民币结算优质企业便利化服务方案，将企业入选的业务规模门槛由2年1000万元放宽至3年1000万元，优质企业家数由77家扩大至468家，截至2021年末，自贸区的银行机构采用便利化方式为优质企业办理跨境人民币结算超140亿元。2021年，全省银行结售汇总额559.4亿美元，同比增长40.3%，全年实现结售汇顺差94.5亿美元，同比增长333.2%。

（二）多层次资本市场不断优化，证券业融资功能持续提升

2021年，四川证券业保持平稳健康发展，资本市场融资规模保持较快增长，有力地支持了四川经济恢复发展。

1. 证券期货基金机构平稳发展。2021 年末，四川省共有法人证券公司 4 家、法人基金公司 1 家（筹建中）、法人期货公司 3 家、证券期货分支机构 549 家。经备案的私募基金管理人 447 家，管理人数量、管理基金规模在中西部领先。证券公司市场交易额 21.4 万亿元，同比增长 18%；期货公司市场交易额 16.5 万亿元，同比增长 32%。

2. 资本市场融资增长较快，有力支持实体经济恢复发展。2021 年，四川辖内非金融企业和金融机构在资本市场实现直接融资 7926.4 亿元，同比增长 19.8%。其中，股权融资 433.2 亿元；债券融资 7493.3 亿元，同比增长 22.5%。持续深入实施"五千五百"上市行动计划，资本市场主体带动作用增强，全年首发上市公司 19 家，创近五年新高。

表 3　2021 年四川省证券业基本情况

项目	数量
总部设在辖内的证券公司数（家）	4
总部设在辖内的基金公司数（家）	1
总部设在辖内的期货公司数（家）	3
年末国内上市公司数（家）	156
当年国内股票（A 股）筹资（亿元）	259
当年发行 H 股筹资（亿元）	0
当年国内债券筹资（亿元）	7493
其中：短期融资券筹资额（亿元）	120
中期票据筹资额（亿元）	1203

数据来源：四川证监局。

注：当年国内股票（A 股）筹资额指非金融企业境内股票融资。国内债券筹资指交易所债券市场债券和银行间市场直接债务融资工具筹资额。

（三）保险业稳步发展，风险保障功能有效发挥

1. 保险市场主体不断丰富。2021 年末，四川省已开业保险公司 101 家。按业务性质分，产险公司 43 家、寿险公司 58 家。全省共有保险公司法人机构 4 家，其中，经营财产险 2 家、经营人身险 2 家。

2. 保险业务稳步增长。2021 年，全省共实现原保险保费收入 2204.9 亿元，同比增长 3.1%，保费规模全国排名第七，保费增速全国排名第十八。全省赔付支出 793 亿元，同比增长 17.4%。全省保险公司共提供风险保障 667.6 万亿元，同比增长 197.6%。全省保险公司总资产 5127.9 亿元，同比增长 11.5%。共管理保户储金及投资款 1241.7 亿元，同比增长 0.2%。

3. 保险服务体系改革持续深化，助力农业保险和养老保障发展。2021 年，四川省财政厅、农业农村厅和四川银保监局联合印发《四川省 2021 年度三大粮食作物完全成本保险工作实施方案》，推动在全省 40 个试点县承保落地，促进全省政策性农业保险由保农业生产部分成本逐步向保总成本、保收入转变。农险保险赔付"一卡通"工程顺利推进，已累计通过社保卡支付农险赔款超过 10 万户次，支付成功率 99.2%，农险赔付准确性和时效性大幅提升。养老理财试点工作稳妥推进，工银理财养老理财产品已在成都面向消费者发售。

表 4　2021 年四川省保险业基本情况

项目	数量
总部设在辖内的保险公司数（家）	4
其中：财产险经营主体（家）	2
寿险经营主体（家）	2
保险公司分支机构（家）	102
其中：财产险公司分支机构（家）	44
寿险公司分支机构（家）	58
保费收入（中外资，亿元）	2204.9
其中：财产险保费收入（中外资，亿元）	654.0
人身险保费收入（中外资，亿元）	1550.9
各类赔款给付（中外资，亿元）	793.0

数据来源：四川银保监局。

（四）金融市场运行平稳，银行间市场融资较快发展

1. 社会融资规模总量稳定增长。2021 年，四川省社会融资规模较年初增加 14306.5 亿元。其中，人民币各项贷款增量占社会融资规模的比重为 66.0%，直接融资占社会融资规模的比重为 16.9%。债券融资占直接融资的比重为 90.1%。政府债券净融资增长明显，全年政府债新增 2415.4 亿元，同比多增 250.6 亿元，占社会融资规模的比重为 16.9%，较上年提升 1.8 个百分点。表外业务降幅加大，委托、信托贷款和未贴现银行承兑汇票较年初共下降 1030.6 亿元，同比多降 883.7 亿元。

2. 银行间市场债务融资工具发行再创新高。2021 年，四川共有 114 家非金融企业在银行间债券市场发行 328 只债务融资工具，金额共计 2605.0 亿元，同比增长 18.7%，发行总量首次突破 2500 亿元。银行间市场债务融资工具余额 5264 亿元，同比增长 21.8%。部分法人银行获批发行绿色金融债券和小微金融债券。12 月末，全省金融债券存续余额达 485.9 亿元，同比增长 19.4%。

3. 货币市场运行总体平稳。2021 年，货币市场的四川成员累计成交 48.8 万亿元，同比增长 5.4%。其中，银行间市场债券回购交易稳步增长，全年累计成交 33.1 万亿元，同比增长 14.6%。全省法人机构债券交易正、逆回购杠杆率超标机构风险得到有效控制。同业拆借累计成交 6.0 万亿元，同比增长 11.6%。2021 年，货币市场净融入金额 3.2 万亿元，同比下降 18.0%。市场利率呈震荡上行态势，第一至第四季度全省市场成员同业拆借市场加权平均利率分别为 2.04%、2.08%、2.10% 和 2.09%。

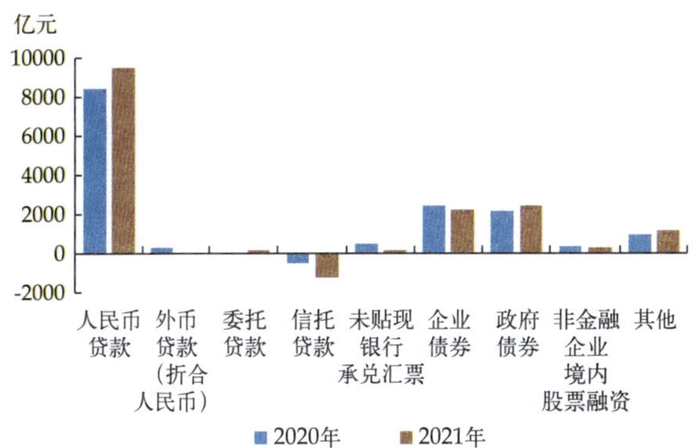

图 5　2020—2021 年四川省社会融资规模分布结构

（数据来源：中国人民银行成都分行）

4. 票据规模有所增长，贴现利率趋于下降。2021 年，全省金融机构累计签发银行承兑汇票 5123.2 亿元，同比增加 713.7 亿元；累计签发商业承兑汇票 39.8 亿元，同比增加 14.9 亿元。累计办理银行承兑汇票贴现 8220.4 亿元，同比增加 2110.5 亿元，办理商业承兑汇票贴现 384.5 亿元，同比减少 49.9 亿元。票据贴现利率有所下降。12 月金融机构贴现加权平均利率为 2.23%，较年初下降 108 个基点。

表 5　2021 年四川省金融机构票据业务量统计

单位：亿元

季度	银行承兑汇票承兑		贴现			
			银行承兑汇票		商业承兑汇票	
	余额	累计发生额	余额	累计发生额	余额	累计发生额
1	3236.9	1359.9	1436.4	2407.4	78.0	79.6
2	3361.3	2694.6	1408.5	4165.8	194.3	235.2
3	3542.3	3986.6	1473.1	5695.9	176.3	302.9
4	3576.2	5123.2	1642.3	8220.4	177.2	383.4

数据来源：中国人民银行成都分行。

表 6　2021 年四川省金融机构票据贴现、转贴现利率

单位：%

季度	贴现		转贴现	
	银行承兑汇票	商业承兑汇票	票据买断	票据回购
1	3.31	4.70	3.14	2.46
2	2.84	4.42	2.63	2.13
3	2.51	3.86	2.36	2.33
4	2.26	4.14	1.86	2.26

数据来源：中国人民银行成都分行。

（五）金融改革扎实推进，创新发展成效明显

1. 金融服务成渝地区双城经济圈建设成势见效。2021 年，川渝两省市形成“1+4+7”体系，出台《成渝共建西部金融中心规划》，共建西部金融中心工作迈入新阶段；制订“十四五”金融业发展与改革规划，双城经济圈金融服务“四张清单”有序实施。两地人民银行、外汇管理部门联合制定《金融支持川渝毗邻地区跨省域示范区发展的指导意见》《外汇管理服务成渝地区双城经济圈建设的指导意见》，强化政策协同，川渝毗邻地区金融发展实现良好开局。2021 年川渝两地实施合作共建的 67 个重大项目完成年度投资 1030.9 亿元。两地人民银行会同相关部门积极推动两地金融服务同城化，联合打造“川渝金融信用信息综合服务专区”，实现川渝小微企业信用信息共享。创设跨境区块链“数字成渝号”场景，实现川渝税款缴库“同城化、电子化、标准化”并推广至全国，两地 42 家商业银行上线跨省电子缴库业务，累计办理业务 5856 笔、金额 3.6 亿元，初步搭建起金融稳定、反洗钱、外汇管理、支付结算、安全保卫等多领域的金融风险联防联控机制。

2. 金融支持全面创新改革试验工作不断取得积极成效。2021 年，四川启动科创金融服务“星辰计划”，开展“知识产权入园惠企”系列活动，合力推动科创金融服务提质增效。运用支小再贷款和再贴现工具推动金融机构定向加大对科创企业支持，2021 年，全省累计办理再贴现“科票通”业务 100.99 亿元。启动“天府科创贷”试点，建立省级科创贷款风险补偿资金池。有效发挥创投机构“孵化”作用，四川省设立 5 只科创产业基金，已投资项目约 160 亿元。推动商业银行设立专营机构，协同科创基金开展“投贷联动”金融服务，2021 年末全省有贷科创企业 6729 户、贷款余额 2445.2 亿元，同比增长 22.6%。创新“高新技术产业园区运营平台发债＋委托贷款＋股权投资”的双创债务融资模式，累计为 136 户科技企业提供 125.1 亿元资金支持。天府股交中心设立“科技金融板”，四川在科创板上市企业达 11 家，位居中西部第一。探索建立银企对接平台，成都“盈创动力”“绵阳科金云”等平台提供一站式综合金融服务，累计为 8100 家科技企业提供债权融资 535 亿元，助推 80 余家企业改制上市。“天府信用通”平台累计促成包括科创企业在内的 6 万笔、金额 5238.5 亿元融资。成都市建成全国首个基于区块链技术的知识产权融资服务平台，并在成德眉资地区推广。基于股权、知识产权、订单、仓单、应收账款的信贷产品创新达 63 款，绵阳市探索出的“科研仪器设备共享贷”纳入国务院第三批全创改革经验，推广开展投贷联动试点。

3. 推广成都农村金融服务综合改革经验更好地服务乡村振兴。2021 年，成都市农村金融服务综合改革经验在成都全域和四川省内逐步推广。“农贷通”平台与成都市企业公共信用信息系统、公民信息系统实现自动对接与数据同步，累计归集涉农主体各类信息 13 万余条，村站累计采集入库新型经营主体信用信息近 5000 户。2021 年末，平台累计发布金融产品 897 个，注册用户 9.1 万户，通过平台发放贷款 2.3 万笔、金额 358.5 亿元，服务范围已扩大至全省；“农贷通”平台有效整合政策资源服务“三农”的案例被编入《中国普惠金融典型案例》。财政金融政策合力进一步发挥，乡村振兴农业产业发展贷款风险补偿金设立范围扩大到成都市级和 8 个区县，基金规模 2.5 亿元，市级风险资金撬动贷款比例达 29 倍。农村金融产品创新继续深化，农村承包土地经营权抵押贷款、“土地经营权＋”抵押融资产品持续推广。农村金融服务模式创新不断推进，新型农业经营主体金融服务主办行制度运用面拓宽，成都市银行机构对 5 个现代农业园区“整园授信”25 亿元，对 583 个村“整村授信”31.8 亿元。

专栏2　乡村振兴金融服务的四川实践

四川是农业大省，乡村地域广、面积大、人口多。2021年末，四川第一产业增加值5661.9亿元，居全国第二位。受地理区位等多重因素影响，四川省也曾是全国脱贫攻坚任务最繁重的省份之一，在2013年底有88个贫困县、1.15万个贫困村、625万建档立卡贫困人口。针对四川贫困"面宽、量大、程度深"的特征和四川农业大省的实际情况，四川金融系统始终把金融支持脱贫攻坚和乡村振兴作为最大的政治责任、最大的民生工程、最大的发展机遇，为四川脱贫攻坚战取得全面胜利和全面推进乡村振兴提供了有力有效的金融支撑。

加强工作协调联动，形成"大金融"工作机制。在脱贫攻坚时期，四川省委省政府将金融扶贫纳入全省"10+N"扶贫专项统筹推进，人民银行成都分行会同扶贫、农业、金融监管等部门组成的四川省金融助推脱贫攻坚工作协调小组，建立起了省市县三级党委政府部门与金融密切互动的工作机制和政策支撑体系。"三农"工作重心转向全面推进乡村振兴后，四川省委农村工作领导小组印发了《关于金融服务乡村振兴的意见》，人民银行成都分行会同四川省农业农村厅等部门建立金融服务乡村振兴联席会议制度，联合印发《关于金融支持巩固拓展脱贫攻坚成果、全面推进乡村振兴的意见》等政策文件，着力构建"分工明确、协同有力、务实高效"的金融服务乡村振兴工作格局。

构建"五位一体"激励约束机制，引导金融资源有序流向农业农村。运用货币政策工具加强引导。发挥支农再贷款（含扶贫再贷款）的资金投向和利率双引导作用，创新央行再贷款"+小额信贷""+产业贷款""+示范基地"等多种模式，引导银行机构用好央行结构性货币政策工具支持脱贫攻坚和乡村振兴。建立完善贷款风险补偿机制。针对脱贫攻坚，四川率先在有脱贫攻坚任务的县全部建立扶贫小额信贷风险基金全覆盖。针对乡村振兴金融服务，成立了四川省农业融资担保公司，实施乡村振兴农业产业贷款风险补偿金制度，构建多元化、市场化的农业农村融资担保体系。深入推进金融科技运用。启动金融科技赋能乡村振兴示范工程，围绕当前四川农村金融痛难点和地域特征推动实施29个特色项目，以金融科技带动农村金融模式创新，提升金融机构服务乡村振兴能力。

精准对接"四个领域"金融服务需求，不断提升"三农"金融服务质效。精准对接农户以及脱贫户金融服务需求，建立"分片包干、整村推进"工作推进模式和金融帮扶到村到户联络员制度，逐村落实金融机构对建档立卡贫困户的评级、授信和放贷责任。进入巩固脱贫攻坚成果过渡期后，及时将扶贫人口小额信贷调整为脱贫人口小额信贷，45.52%有劳动能力的脱贫户（建档立卡贫困户）获得小额信贷支持。精准对接农村地区产业发展融资需求，建立四川产业带动经营主体名录库、新型农业经营主体金融服务主办行制度，开展现代农业园区金融综合服务示范区创建，探索推广"政担银企户"五方联动助推精准扶贫模式。截至2021年末，四川"10+3"现代农业产业贷款同比增长13.9%。精准对接农村地区基础设施改善补短板融资需求，指导金融机构建立易地扶贫搬迁项目审批绿色通道，加大对农村地区基础设施建设的金融支持力度，截至2021年末，项目精准扶贫贷款余额2474.7亿元。建立农业农村领域重点项目融资一对一辅导制度，加大对乡村建设行动、高标准农田建设等的金融支持。截至2021年末，四川农田基本建设贷款同比增长21.6%，高于同期各项贷款增速8.5个百分点。

4. 绿色金融改革创新向纵深推进。2021年，全省加快构建适应“双碳”目标的绿色金融体制机制，金融机构绿色金融能力建设取得进展，金融机构环境信息披露试点工作稳慎推进。绿色债券规模持续扩大，发行全国首批碳中和债。2021年末，四川绿色贷款余额6807.8亿元、清洁能源贷款余额2043.5亿元，同比分别增长31.8%和18.0%，高于各项贷款增速18.7个和4.9个百分点。全省绿色债券余额387亿元，9家企业在银行间市场发行10只绿色债券62.6亿元，同比增长39.0%。绿色金融产品和服务创新持续推动。在全国首创碳减排票据再贴现专项支持计划（“川碳快贴”），2021年末，四川省共办理“川碳快贴”639笔、金额38.5亿元，对应年碳减排量96.1万吨，贴现加权平均利率低于同期全省平均水平48个基点。两项减碳工具有效落地，四川省17亿元碳减排贷款和1亿元煤炭高效清洁利用领域贷款获得第一批审核通过。依托金融科技赋能，推动绿色金融服务平台“绿蓉融”与四川金融信用信息综合服务平台“天府信用通”完成对接，优化绿色企业和项目线上融资“一站式”绿色金融服务，2021年末已认证绿色企业150户、项目52个。

5. 四川自贸区金融改革持续稳步推进。2021年，全省贸易便利化试点银行、企业数分别扩展至5家和34家，办理试点业务7698笔、金额56.6亿美元，试点银企数量居全国前列。探索建立“资本项目收入支付便利化白名单”制度，全省资本项目收入支付便利化业务占比提升至93%。金融机构先后开立基于多式联运“一单制”单据的跨境人民币国际信用证，为四川进口企业提供金融支持。优化境外银行卡刷卡消费环境，出台《成都市关于提升涉外支付服务工作的方案》，通过设立冬奥会、大运会专设窗口，开通账户服务“绿色通道”，做好相关账户全生命周期服务和安全管理。成功推动成都市“远期结售汇业务免保证金、免担保费”“外汇衍生品履约资金支持”两项汇率避险支持政策落地，两项政策惠及成都市4000多家中小微外贸企业，约占全省外贸企业总数的82%。

（六）金融生态环境建设持续深化，金融基础设施不断完善

1. 信用体系建设持续推进。推动省级国有金融控股集团牵头组建法人运营机构，推进天府信用通平台实体化运营，2021年末，平台累计对外提供查询417.9万次，促成融资对接6万笔、金额5335.0亿元。中征应收账款融资实现四川全线上政采贷“零”突破，促成应收账款融资连续五年“超千亿”。完善农村三信评定体系，试点新型农业经营主体专项信用提升工程，全省累计评定信用户1107.7万户、信用村1.6万个、信用乡镇1364个，信用省级示范家庭农场2078户、信用省级示范专合社2249户。健全农村信用救助机制，全省累计锁定信用救助农户数6.0万户，新型农业经营主体4496户。实施征信服务标准化、规范化建设，制定特殊困难群体征信服务流程，解决特殊困难群体身份验证难点。

2. 支付环境持续优化。2021年四川支付系统发生业务4.4亿笔、金额194.6万亿元，同比分别增长12.7%和6.0%。启动“惠企”行动，为2000余户小微企业提供简易开户，为小微企业和个体工商户减少手续费支出约3.6亿元。推进“惠老”行动，8184个银行网点设置老年人绿色通道，超九成银行网点配置适老基础设施，各银行提供上门服务业务办理3.1万人次，完成适老化移动支付产品改造300项。开展“惠旅”行动，向旅游产业链提供“全链条”支付结算服务，全省6204个景区支持云闪付优惠购票，28万张文旅主题卡累计加载权益近300项。落实“惠农”行动，围绕农民、农业、农村“三点”，打造支付服务生活、生产、生态“三链”，探索支付助力乡村振兴的实现路径。2021年末，四川村级行政区全覆盖持续巩固，农村地区电子银行客户数量突破1亿人次，累计发行乡村振兴卡146.5万张，规模较上年末扩大三倍。

3. 金融科技深入发展。银行营业网点服务标准化、制度化和规范化水平持续提升，全省

76家机构、3925个网点完成国家标准对标达标。“金融业机构信息共享系统”有效推广应用，系统使用量达114万人次，并将其纳入“我为群众办实事”实践活动，开展为民服务超过2万次。四川省内1210家金融机构和科技企业完成全球法人识别编码赋码。开展金融服务企业标准“领跑者”活动，4家机构、5项标准进入年度全国“领跑者”名单。金融科技创新监管工具由试点运行转向全面应用，已有三批次11个创新应用纳入运行测试。正式启动四川省金融科技赋能乡村振兴示范工程，29个项目被纳入建设范围。金融科技应用试点21个项目顺利通过验收，有力提升金融服务和公共服务质效。

4. 扎实推进金融消费权益保护工作。2021年，人民银行四川各级机构共接收消费者投诉1625件、咨询4790件。四川省支付结算纠纷人民调解委员会登记成立，全省各市州建立金融消费纠纷非诉解决机制，为消费者提供多元化的纠纷化解渠道，全年共完成调解3112起。深入开展“金融消费者权益日”“普及金融知识守住‘钱袋子’”“金融知识普及月”集中宣传活动。推动完善地方金融广告治理机制，联合多部门成立金融广告线索甄别专家组，做好金融广告监测、甄别和分类处置工作，全年推动处置违法违规金融广告线索54条。

二、经济运行情况

2021年，四川省有效应对复杂严峻的宏观环境和多重困难叠加的风险挑战，全省经济恢复稳中加固、稳中提质，呈现出总量上台阶、追赶超预期、供需增动力、区域添活力的发展态势。全省地区生产总值突破5万亿元大关，达到5.3万亿元，同比增长8.2%，增速高于全国平均水平。同时也要看到，外部环境更趋复杂严峻和不确定性，需求收缩、供给冲击、预期转弱三重压力在四川既有共性体现，也有特性反映。

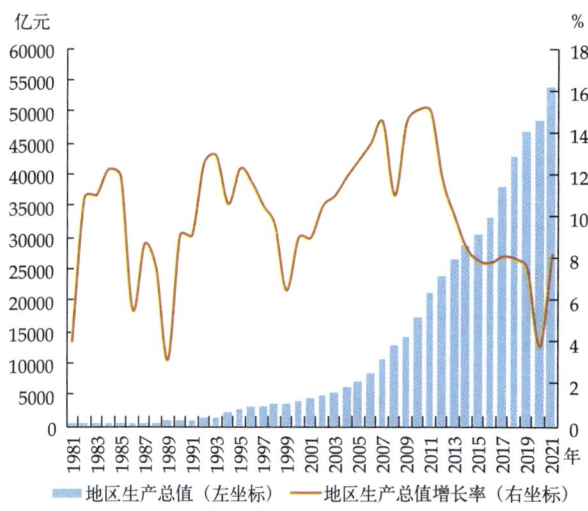

图6　1981—2021年四川省地区生产总值及其增长率

（数据来源：四川省统计局）

（一）内需稳步恢复，外需增长较快

2021年，全省统筹疫情防控和经济社会发展，扎实做好“六稳”“六保”工作，按照省委省政府“稳就业、促销费、扩内需、抓项目、重创新、畅循环、提质量”工作思路，经济发展稳中加固、稳中提质，投资、消费稳步回升，出口对经济拉动明显。

1. 投资稳中有进。2021年，全省全社会固定资产投资增长10.1%，较上年同期高0.2个百分点。投资结构进一步优化，从主要构成看，基建投资增长8.4%，同比回落3.2个百分点；制造业投资增长13.1%，同比上升6.1个百分点。从所有制情况看，民间投资增长8.9%，同比上升4.2个百分点。700个省级重点项目年度投资完成率达129.4%，天府国际机场建成投运，白鹤滩水电站4台机组投产发电，川藏铁路、成达万高铁等项目加快建设，四川时代动力电池等700个省级重大项目开工，是全省经济“稳投资”的重要支撑。

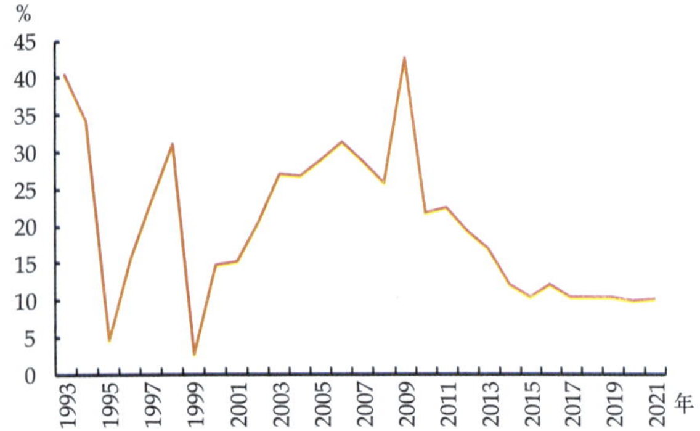

图 7　1993—2021 年四川省全社会固定资产投资及其增长率

（数据来源：四川省统计局）

2. 消费市场稳步恢复。2021 年，全省社会消费品零售总额 2.4 万亿元，同比增长 15.9%，高于全国平均水平 3.4 个百分点。从构成看，生活必需品消费平稳增长，限额以上单位粮油、食品类，服装、鞋帽、针纺织品类商品零售同比分别增长 15.0%、16.4%，均高于全国增速；消费升级相关产品增速加快，化妆品类、体育娱乐用品类、文化办公用品类和通信器材类等商品零售同比分别增长 16.4%、7.2%、22.3% 和 6.7%，两年平均增速均超过疫情前同期增长水平。餐饮消费市场加快恢复，省内餐饮收入同比增长 34.9%，高于全国 16.3 个百分点。互联网新业态带动新消费加快增长，限额以上企业（单位）通过互联网实现商品零售额同比增长 23.1%，高于限额以上商品零售增速 8.1 个百分点，限额以上网络餐饮收入同比增长 36.6%。乡村消费潜力加快释放，新增国家级电子商务进农村综合示范项目 15 个，累计覆盖 110 个县，位居全国第一，乡村消费品零售额同比增长 17.1%，高于城镇消费品零售额增速 1.5 个百分点。

3. 对外贸易创新高。2021 年，全省货物贸易进出口总值 9513.6 亿元，同比增长 17.6%，总量创历史新高。其中，出口 5708.7 亿元，增长 22.7%；进口 3804.9 亿元，增长 10.8%。外贸新动能显著增强，贸易结构更趋优化，一般贸易方式进出口 2366 亿元，增长 40.6%，加工贸易方式进出口 5107.5 亿元，下降 0.4%，保税物流方式进出口 1610.6 亿元，增长 44.8%。民营企业进出口额 2676.6 亿元，增长 44.8%，高于全省增速 27.1 个百分点。出口结构进一步优化，出口机电产品 4677.3 亿元，增长 14.5%，占比为 81.9%。出口劳动密集型产品 415 亿元，增长 104.6%，占比为 7.3%。进出口贸易伙伴更趋多元化，对美国、东盟、欧盟、我国台湾地区和香港地区进出口分别增长 17.5%、16%、13.2%、2.6% 和 20.5%；对“一带一路”沿线国家和地区进出口增长 20.4%，占比 31.1%，较上年提升 0.7 个百分点。加快外贸市场主体培育，新增落户世界 500 强企业 13 家、达 377 家；全年实际利用外资 115.4 亿美元，比上年上升 14.7%，外商直接投资 33.6 亿美元，增长 32%，增速高于全国 11.8 个百分点。

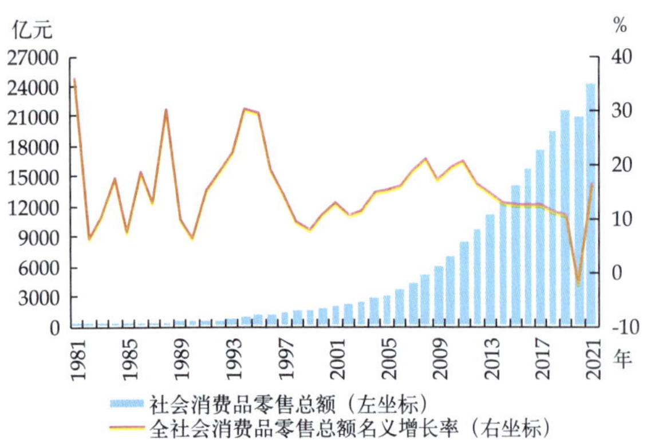

图 8　1981—2021 年四川省社会消费品零售总额及其增长率

（数据来源：四川省统计局）

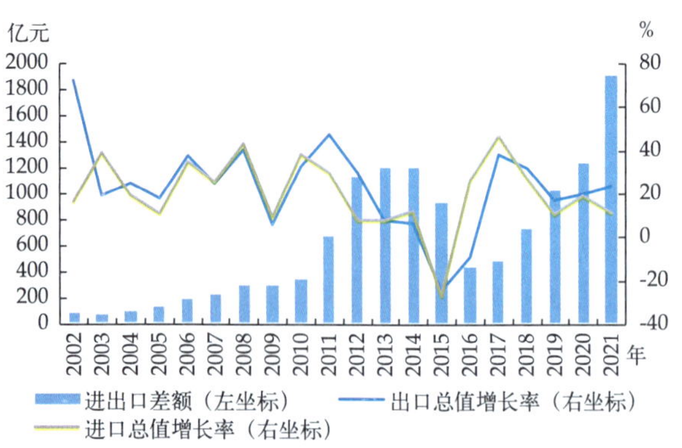

图 9　2002—2021 年四川省进出口变动情况

（数据来源：四川省统计局）

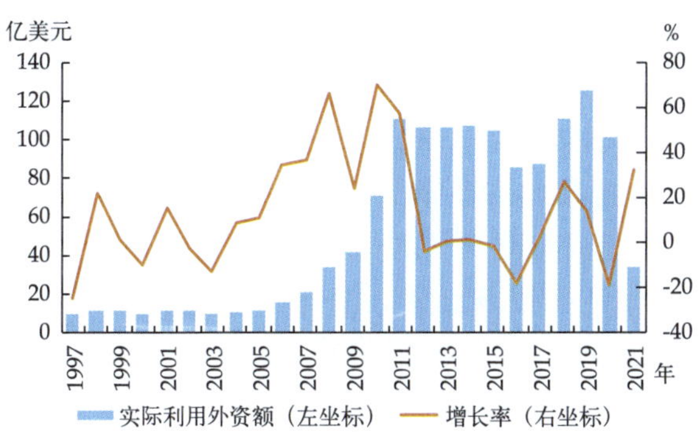

图 10　1997—2021 年四川省实际利用外资额及其增长率

（数据来源：四川省统计局）

（二）三次产业协同并进，高质量发展动力不断增强

2021 年三次产业稳中求进，三次产业占生产总值比重分别为 10.5%、37.0% 和 52.5%，分别下降 0.9 个、上升 0.8 个和 0.1 个百分点，实体经济发展态势较好。

1. 农业生产总体稳定。2021 年，全省第一产业增加值 5661.9 亿元，同比增长 7.0%。全省粮食产量 3582.1 万吨，同比增长 1.6%，连续十五年实现粮食产量增长。生猪产能恢复至常年水平，全年出栏生猪 6314.8 万头，同比增长 12.5%，保持全国第一。牛、羊、禽生产保持稳定，牛出栏 293.1 万头，羊出栏 1766.2 万头，家禽出栏 7.7 亿只。油、茶、果、菜等产量稳步提高，现代农业产业化稳步推进，国家级现代农业园区总数达 13 个，位居全国第一。

2. 工业运行稳中提质。2021 年，第二产业增加值 19901.4 亿元，同比增长 7.4%。其中，全省规上工业增加值同比增长 9.8%，比全国高 0.2 个百分点。分行业看，41 个大类行业中，31 个行业实现增长，行业增长面为 75.6%。重点产业支撑不断增强，计算机、通信和其他电子设备制造业增长 22.5%，石油和天然气开采业增长 21.4%，电力热力生产和供应业增长 14.7%，非金属矿物制品业增长 10.8%，酒、饮料和精制茶制造业增长 10.5%，医药制造业增长 10.3%，增速均高于全省平均增速，拉动规模以上工业增长 6.9 个百分点。工业企业营收利润稳步向好，全省规模以上工业企业实现营业收入 5.3 万亿元，同比增长 15.0%；规模以上工业企业实现利润总额 4359 亿元，同比增长 34.3%，增速与全国持平。分行业看，41 个大类行业中 37 个利润实现增长，行业增长面为 90.2%。

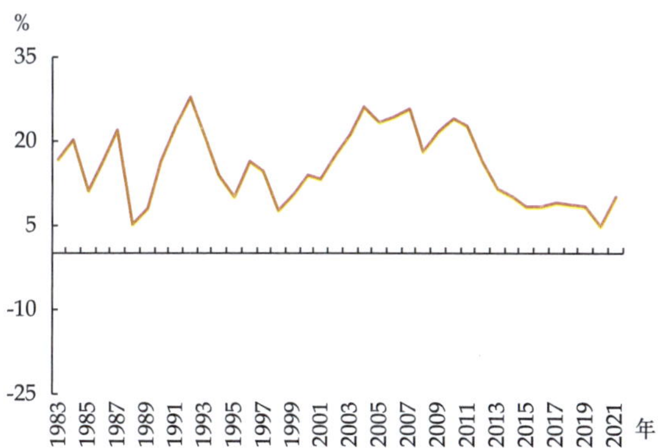

图 11　1983—2021 年四川省规模以上工业增加值实际增长率

（数据来源：四川省统计局）

3. 第三产业保持较快增长。2021 年，全省第三产业实现增加值 28287.6 亿元，同比增长 8.9%。其中住宿和餐饮业增长 17.8%，交通运输、仓储和邮政业增长 9.6%，批发和零售业增长 11.6%，金融业增长 5.3%，房地产业增长 3.5%，租赁和商务服务业增长 9.4%。以新技术为引领的相关服务业快速增长，信息传输、软件和信息技术服务业同比增长 22.2%，高于服务业增加值增速 13.3 个百分点。建设国家数字经济创新发展试验区，建成 5G 基站 6.6 万个，认定首批 12 家省级数字化转型促进中心，培育近 40 个省级工业互联网平台，推动 29 万家企业上云，新增国家级智能制造优秀场景 6 个、智能制造示范工厂 2 个，数字经济核心产业增加值达 4012 亿元，增长 18% 左右。

4. 新动能引领高质量发展作用持续增强。全省继续以供给侧结构性改革为主线，大力推动经济转型升级，新动能加快培育，新经济加速增长，为制造业高质量发展和“强工业”持续注入强劲动力。2021 年，全省规模以上高技术产业增加值增长 19.4%，增速比规模以上工业增速高 9.6 个百分点。五大现代产业增加值增长 10.9%，增速高于规模以上工业增速 1.1 个百分点，其中电子信息业、能源化工业增长加快，增速分别为 23.7% 和 11.6%。“强工业”十二大行动和稳链强链行动有效开展，制造业优质企业培育持续推进，新增国家级专精特新“小巨人”企业 133 家，制造业单项冠军企业（产品）5 家。

5. 生态环境保护和绿色发展共同推进。持续打好蓝天、碧水、净土保卫战，大气环境质量明显改善，全省优良天数率达 89.5%；水生态环境质量逐年改善，203 个国考断面水质优良率达 96.1%；土壤环境质量总体保持稳定。污染防治有力有效，八一水电站整改实现销号验收，长江经济带小水电整改任务基本完成。生态保护修复深入实施，建立长江、黄河流域跨省横向生态保护补偿机制，森林覆盖率达 40.2%。绿色低碳发展有序推进，在全国率先试行环评预审制；全国优质清洁能源基地和国家清洁能源示范省加快建设，乌东德、白鹤滩等重大水电工程建成发电，清洁能源装机和发电量占比分别达 85.3%、86.6%，水电总装机 8947 万千瓦。

（三）物价总体稳定，居民收入稳步提升

1. 居民消费价格低位运行。2021 年，全省 CPI 累计同比上涨 0.3%，为 2003 年以来的最低水平；低于全国 0.6 个百分点，较上年同期低 2.9 个百分点。受基数效应影响，全年 CPI 运行呈现先降低后小幅回升的态势。从结构看，两大类价格水平同比下跌，其中食品烟酒类累计同比下降 2.0%，主要受猪肉价格下降拖累，衣着同比下降 0.2%。居住、生活用品服务、教育文化娱乐及其他用品服务类价格累计小幅上涨，交通通信、医疗保健价格上涨较快，涨幅分别为 4.1% 和 1.9%。

2. 工业生产价格涨幅较大。2021 年，全省 PPI 累计同比上涨 5.9%，低于全国 2.2 个百分点，较上年上升 7.1 个百分点。受海外供应链紧张、国内外大宗商品涨价影响，全年 PPI 运行呈现逐月上扬态势，在国内“保供稳价”措施下，全省电煤电力供应保障有力，煤炭价格回落，供应链情况改善，没有出现拉闸限电情况。从结构看，生产资料价格大幅上涨，累计增长 7.3%，生活资料价格累计增长 2.3%。

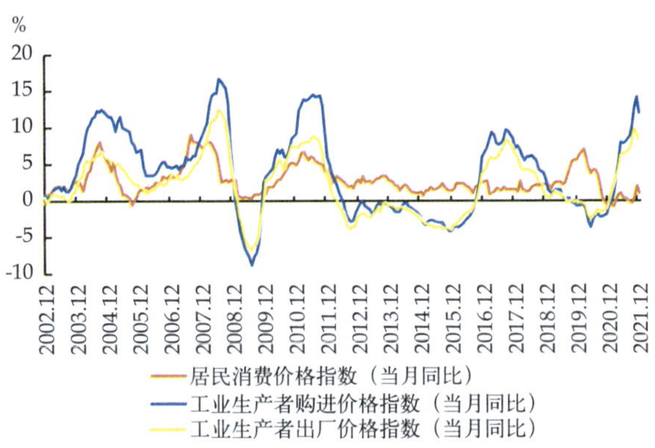

图 12　2002—2021 年四川省居民消费价格指数和工业生产者价格指数变动趋势

（数据来源：四川省统计局）

3. 城乡居民收入稳步恢复。2021 年，全省居民人均可支配收入 29080 元，同比增长 9.6%，工资性收入 14392 元，同比增长 10.4%。其中城镇居民人均可支配收入 41444 元，同比增长 8.3%。农村居民人均可支配收入 17575 元，同比增长 10.3%，高于城镇居民增速 2.0 个百分点，城乡收入比为 2.4，城乡居民收入差距进一步缩小。

（四）财政收支稳步增长，支出结构不断优化

1. 财政收入稳定增长。2021 年，全省实现地方一般公共预算收入 4773.3 亿元，增长 12.0%，两年平均增长 8.3%，高于疫情前同期水平，其中税收收入 3334.8 亿元，同比增长 12.4%。

2. 支出保持适度强度。2021 年，全省一般公共预算支出 1.1 万亿元，同比增长 9.0%，其

中一般公共预算民生支出7350亿元，民生支出占比为65.5%，比上年提高0.2个百分点，积极的财政政策落实落地，推动经济加固提质，新增减税降费约400亿元。财政支出在防控新冠肺炎疫情、做好“六稳”“六保”工作、实施“一干多支”发展战略、促进高质量发展动力转换、保障和改善民生、支持共同富裕基础等方面发挥坚实引领作用。

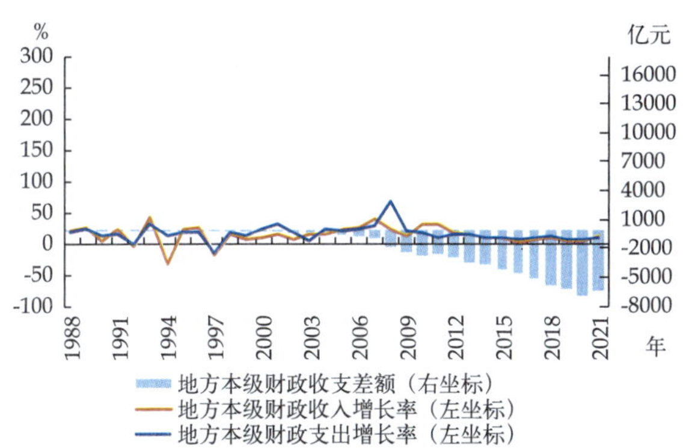

图13　1988—2021年四川省财政收支状况

（数据来源：四川省统计局）

3. 加强政府债务管理。2021年，全省坚决遏制隐性债务增量，妥善处置和化解存量，控制在国务院核定限额内，债务风险总体可控，地方政府债务余额1.5万亿元。债务重点投向市政和产业园区基础设施、交通基础设施、社会事业、保障性安居工程、农林水利等方面。

（五）房地产市场总体稳定，差别化住房信贷政策有效执行

2021年全省房地产市场总体保持平稳，主要指标有升有降，房地产金融审慎管理有效实施，更好满足购房者合理住房需求，促进房地产市场健康发展和良性循环。

1. 房地产市场总体保持平稳。

（1）房地产开发投资上升。2021年，全省房地产开发投资7831.9亿元，同比增长7.1%，高于全国增速2.7个百分点，总量居全国第六位。其中住宅投资5767.3亿元、占73.6%，同比增长8.2%。

（2）新房、二手房交易分化。2021年，全省商品住宅销售面积10912.1万平方米，同比增长0.1%。二手住宅销售面积3370.8万平方米，同比下降8.0%。

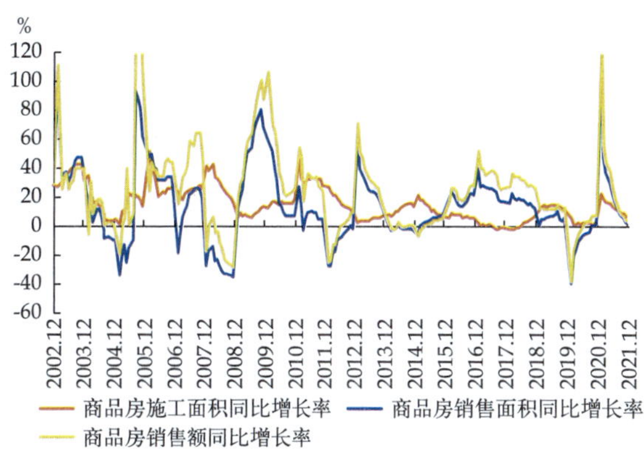

图14　2002—2021年四川省商品房施工和销售变动趋势

（数据来源：中国人民银行成都分行）

2. 差别化住房信贷政策有效执行。2021年末，全省个人住房贷款余额1.6万亿元，同比增长12.3%。2021年，全省首套房贷款金额占比91%；首套房贷款平均首付比例较二套房贷款低18个百分点，首套房贷款平均利率较二套房贷款低22个基点。

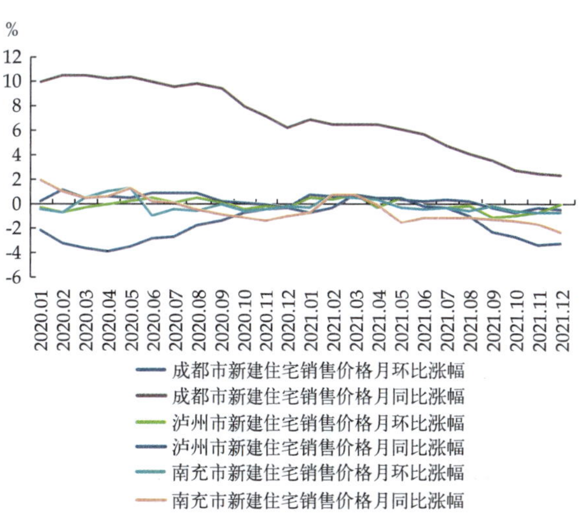

图15　2020—2021年四川省主要城市新建住宅销售价格变动趋势

（数据来源：中国人民银行成都分行）

第二部分 “一干多支 五区协同”金融发展情况

2021 年，在成渝地区双城经济圈建设和四川省委省政府“一干多支、五区协同”“四向拓展、全域开放”等重大战略和全省高质量发展要求指引下，全省围绕“一极两中心两地”战略规划，成德眉资同城化加快推进，极核主干功能不断强化，干支联动五区协同竞相发展。

金融作为重要的要素保障，持续保持对实体经济的稳固支撑，紧密围绕“一干多支”重点领域和薄弱环节，优化信贷结构，创新金融产品，提升金融服务质效，加快绿色低碳转型，促进全省各区域经济协同健康发展。

一、各区域金融运行情况

（一）各区域存款增速有所分化

从总量看，成都市本外币各项存款总量领先全省，2021 年末成都市本外币各项存款余额 4.8 万亿元。从余额增速看，成都市各项存款增速领跑全省，2021 年同比增长 9.9%；川南经济区、环成都平原经济区和川东北经济区本外币各项存款同比增速紧随其后，分别为 9.3%、9.1% 和 8.0%，其中，遂宁市本外币各项存款增速最快，同比增长 12.6%。

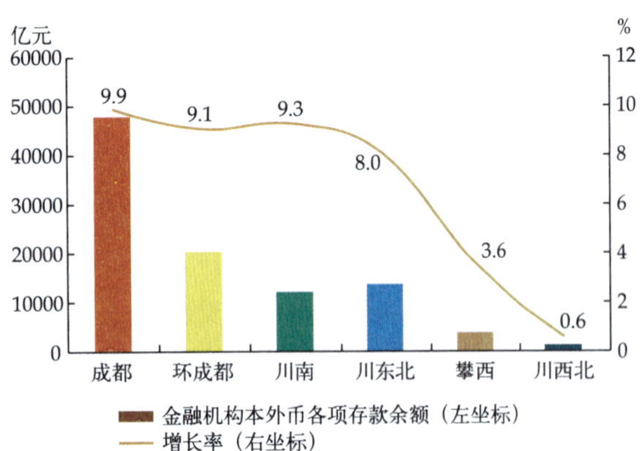

图 16 2021 年四川省各及其增长率

（数据来源：中国人民银行成都分行）

（二）贷款对经济支持力度加大

1. 贷款总量稳步增长。2021 年末，成都市本外币贷款余额 4.6 万亿元，促进成都“主干”引领辐射作用发挥；成德眉资本外币贷款余额 5.2 万亿元，占成都平原经济区的 86.8%，占全省的 64.8%，极核作用突出。从余额增速看，川南经济区本外币贷款余额增速继续领先全省，2021 年末同比增长 15.9%。其中，宜宾市本外币各项贷款同比增速最快，达 21.6%。川东北经济区、成都平原经济区和川西北生态示范区本外币各项贷款同比分别增长 13.2%、13.1% 和 7.3%。

2. 信贷结构持续优化。各经济区进一步加大对社会薄弱环节支持力度。2021 年末，攀西经济区普惠小微贷款增速较快，同比增长 31.3%，成都平原经济区普惠小微贷款余额 4979.9 亿元，余额继续领先全省；成都平原经济区、川南经济区普惠小微贷款增速相对较快，同比分别增长 25.4%、21.7%；川东北经济区、川西北生态示范区普惠小微贷款余额同比分别增长 14.0%、10.1%，均高于地区本外币各项贷款余额同比增速。

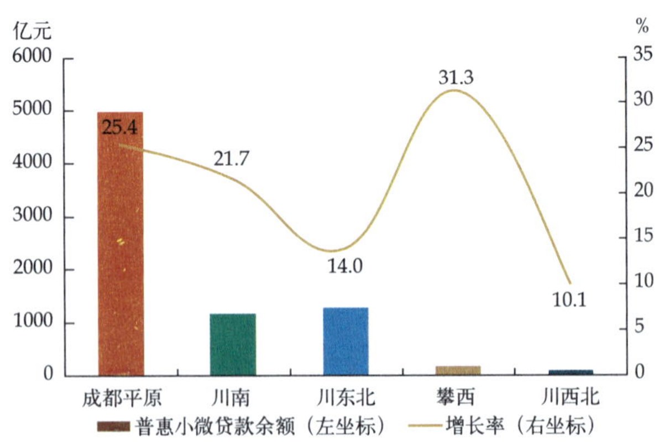

图 17 2021 年四川省各经济区普惠小微贷款余额及其增长率

（数据来源：中国人民银行成都分行）

二、金融支持区域协同发展情况

全省区域协同发展机制持续健全，天府新区、成德眉资同城化和成都都市圈发展的金融要素保障进一步增强。组织实施五大片区“十四五”发展规划，落实202项重点任务，金融支持成都国家中心城市和7个区域中心城市建设提质增效，区域协同发展格局加快形成。

（一）支持成都建设国家中心城市

1. 绿色金融改革先行先试。绿色金融改革试验区申建工作稳步推进，天府新区申报国家气候投融资试点。设立省内首批“碳中和”网点，3家法人银行机构在全省首批完成环境信息披露报告试编制工作。在四川省绿色金融改革试验区（成都市新都区）建立全省首个地方绿色金融标准，发布金融机构绿色金融公约。2021年末，成都市绿色贷款较年初新增1065.4亿元，同比多增543.9亿元。

2. 金融支持制造业高质量发展力度逐步加大。成都市通过构建12个产业生态圈、20个重点产业链，生物医药、轨道交通装备入选国家战略性新兴产业集群。深入开展“科创金融服务星辰计划”、新经济“双百企业”融资专员计划，发布成都市新经济金融产品服务包3.0版，围绕成都“5+5+1”现代产业体系，开展“成都工业金融服务援企功能区行”活动，金融支持力度持续加大。2021年末，成都市制造业中长期贷款较年初新增338.3亿元，同比多增125.9亿元。信息传输、软件和信息技术服务业贷款较年初新增45.5亿元，同比多增33.3亿元，推动新经济新动能加速成势。

3. 科技金融融合发展。成都联合绵阳市申建国家科创金融改革试验区。“盈创动力”“科创通”等特色融资模式进一步推广，创新推出投贷联动政策性金融产品“股债通”。基于区块链技术的知识产权融资服务平台纳入《成渝地区双城经济圈规划纲要》等多个战略规划。2021年末，通过平台累计完成137笔、金额6.3亿元的知识产权质押融资。根据2021年度天府金融指数科技金融子指数得分，成都得分32.84分，排名全国第八。

4. 加快推进成都农村金融改革向金融服务乡村振兴升级。现代农业园区金融综合服务创新示范区建设深入开展，新型农业经营主体主办行制度持续完善，为2600户主体确定金融服务主办行，累计发放贷款181亿元、余额151亿元。“农贷通”平台案例被编入《中国普惠金融典型案例》，平台应用范围扩大到全省。天府金融指数中成都农村金融指数连续四年排名全国第一。

（二）支持成都平原经济区协同发展

全面落实省委省政府高质量发展决策部署，围绕成德眉资“极核”作用，干支联动发展持续推进，金融支持成都新经济发展，优化环成都经济圈产业布局，促进全省产业转型升级和跨区域协调联动。

1. 成德眉资同城化加快推进。成都市牵头推动协同建设科创金融对接平台、共建共享农贷通平台、成德眉资经济金融共享平台第一批7个项目均达到预期目标。成都“农贷通”平台提档升级为“农贷通·四川农村金融保险服务平台”，截至2021年12月末，“农贷通”平台已在德眉资三市实现放款。德阳市建设政银企大数据金融综合服务平台，实现32类政务数据共享，融资7.3亿元。眉山市6家法人银行机构加入“农信银清算系统”，实现柜面个人客户通存通兑。资阳市不动产登记中心和16家银行机构已接入成都“银政通”平台，并成功办理195笔成都不动产抵押登记异地查询业务，10笔抵押注销线上直办业务，为个体工商户和小微企业主办理经营性抵押贷款9520万元。“依托‘银政通’平台实现不动产抵押登记在银行网点同城通办”被选为同城化推广案例（全国领先类）。464个“三带”建设项目加快实施，成都都市圈环线高速公路全线通车。2021年末，银行机构累计为157个同城化重大骨干支撑性工程项目授信2301亿元，贷款518亿元。

2. 支持区域成员重点项目建设。围绕全省重点项目建设，引导金融机构加大对基础设施、民生工程及社会事业、生态建设和环境保护等重点项目建设的金融支持力度。2021年末，成都市金融机构为全市重大项目建设授信7755.8亿元，贷款余额5106.3亿元；成德眉资金融机构为32个同城化重大项目建设授信2301.1亿元，贷款余额515.8亿元，促进区域协同发展。

3. 知识产权质押融资进一步推广。眉山市持续推动知识产权质押融资扩面增量，2021年累计发放专利权质押贷款1500万元。德阳市深入推进知识产权融资“德阳模式”。2021年末累计发放专利权组合贷款66户、金额10.9亿元，商标权组合贷款21户、金额4.4亿元。遂宁市推广知识产权质押融资在线办理，知识产权融资效率显著提升，2021年末累计发放知识产权质押贷款6522万元。

4. 科技和金融结合试点持续深化。绵阳市出台《金融支持科创企业全生命周期发展十条措施（试行）》，创新金融支持科技型企业新模式，促进科技与金融深度融合。2021年末，绵阳市9家金融机构成立科技金融专营机构14个，贷款余额529.1亿元，较年初新增124.9亿元，同比多增73亿元。德阳市实施“融资增量、产品创新、机构联动、渠道拓展、信用增进”五大工程，搭建“区内区外联通、线上线下打通、供给需求融通”三维通道，全面提升金融服务科创企业能力水平。

5. 金融支持晶硅光伏产业发展取得一定成效。乐山市出台《乐山市创新绿色金融服务体系支持“中国绿色硅谷”建设工作方案》，推动成（都）乐（山）眉（山）晶硅光伏产业一体化发展，多家银行向辖内晶硅光伏企业授信融资30亿元。

（三）支持川南经济区重点领域发展

川南四市深化金融创新，重要领域和薄弱环节的金融支持力度持续加大。宜宾市发行首单双创专项债务融资工具15亿元，拓宽企业融资渠道，支持三江新区双创类企业发展；设立支持个体工商户发展风险补偿资金，开发全省首只针对个体工商户的无抵押担保产品“支个保”，首单个体工商户担保贷款已顺利落地；创新“科技便利贴”等7个科技金融产品，获评省科协重大金融创新产品。内江市“科创贷”、知识产权质押融资余额分别为5047.5万元、1240万元，分别较年初新增4697.5万元、750万元。泸州市发行20亿元小微企业金融债券，带动泸州市普惠小微贷款余额同比增长25.1%。自贡市重点项目、绿色信贷快速增长，2021年，全市银行机构累计向自贡恐龙文化产业园等49个省市重点项目发放中长期贷款101亿元，同比多增19.4亿元；绿色贷款余额同比增长74.7%，基础设施绿色升级贷款、清洁能源产业贷款分别较年初新增24.5亿元、2.9亿元，同比多增18.4亿元、3.1亿元。

（四）支持川东北经济区和攀西经济区转型升级振兴发展

1. 金融支持产业低碳转型深入推进。广元市发放全省首笔可再生能源补贴确权贷款5000万元；依托企业建立“碳账户”，创新推出全省法人银行系统首个“碳账户”优惠贷产品，并发放贷款990万元。达州市出台《关于以实现碳达峰碳中和目标为引领　加快建设万达开天然气锂钾综合利用集聚区的决定》，推动达州产业发展绿色低碳转型。2021年末，达州市绿色贷款余额116.4亿元，比年初增加22.3亿元，同比增长23.7%，高于各项贷款增速8.8个百分点。南充市推动银行机构创新32个绿色金融产品，满足绿色企业多样性融资需求，2021年末，南充绿色贷款余额较年初新增37.3亿元，同比多增14.3亿元。广安市推动辖内企业积极参与碳市场交易，完成广安首笔上海环境能源交易所CCER碳交易。攀枝花市推动金融机构通过实施“债转股”“租赁+信用证”等模式专项支持高碳企业绿色低碳转型；创新办理碳减排票据再贴现3375.6万元，帮助企业实现碳减排1323吨。

2. 特色产业支持力度持续增强。攀枝花市围绕钢铁钒钛等重点产业，成功打造“电子付款承诺函＋银行保理融资”等线上供应链金融新模式，持续推动应收账款质押融资业务扩面增量，2021年，应收账款质押融资89笔、金额30.3亿元，较上年增加57笔、金额7亿元；推动银行机构积极参与核心企业供应链金融服务体系建设，攀钢供应链金融平台率先在全省接入全国供应链票据平台。达州市深化现代农业园区金融综合服务创新示范区建设，累计向88个县级以上现代农业园区发放贷款48.1亿元，有力支持达州市乡村振兴产业发展。

（五）加大川西北生态示范区金融支持巩固脱贫攻坚成果同乡村振兴有效衔接

1.金融支持巩固拓展脱贫攻坚成果同乡村振兴有效衔接扎实有力。凉山州围绕“四个不摘”，持续加大对脱贫人口、边缘易致贫人口以及产业带动主体、易地搬迁安置区后续发展的投入力度。2021年末，全州涉农贷款余额1018.7亿元，同比增长14.2%，高于全省平均水平6.3个百分点；脱贫人口小额信贷余额20亿元，居全省第一位。甘孜州继续发挥“分片包干、整村推进”和“银行—村组双向联络员”工作机制作用，2021年新发放脱贫人口小额信贷1051户、金额4686万元，实现县域新增100%全覆盖；设立防止返贫致贫专项基金2565万元，“防贫保”投保0.5万户，实现县域100%全覆盖。

2.乡村振兴深入推进。阿坝州以省州级现代农业园区为重点，打造金融支持乡村振兴基地，运用“央行再贷款＋财政贴息＋基地”模式撬动地方法人金融机构加大对基地的支持力度。2021年末，成功创建101个基地，累计发放贷款22.5亿元；推动整村分级授信，对全州所有行政村开展“ABCD信用村＋星级信用户”网格化信用增信工作，实现农户授信额度与行政村和农户的信用情况“双挂钩”。2021年末，阿坝州已评定A级信用村151个，星级信用农户4.4万户；在全州试点铺开“牦牛e贷”“金猪贷”“羌李贷”等金融产品，“保险＋信贷”“农担＋信贷”等创新模式得到推广。凉山州开展新型农业经营主体“金融合作联盟”模式试点，组建乡村振兴金融服务团队，为联盟成员提供个性化融资方案，2021年末，全州产业带动贷款余额71.6亿元，同比增长12.7%，118个现代农业园区实现100%“银园”对接，新型农业经营主体贷款余额26.5亿元，较年初新增20.5亿元。甘孜州加大对“乡村＋基地”“乡村＋景区”等产村融合发展项目的金融支持，2021年末，旅游类贷款项目余额56.2亿元，同比增长14.5%。

第三部分　预测与展望

2022年将召开党的二十大，做好经济金融工作意义重大。随着“一带一路”建设、长江经济带发展、新时代西部大开发、成渝地区双城经济圈建设、西部陆海新通道建设等国家重大区域战略的政策红利、改革红利、发展红利不断释放，四川经济高质量发展迎来重大政策机遇和有利条件。同时也要看到，疫情变化不确定性仍然存在，外部环境更趋复杂严峻，经济恢复基础尚不牢固，发展不平衡不充分问题仍然突出，需求收缩、供给冲击、预期转弱三重压力凸显，产业链循环不畅，供应链瓶颈短期内难以彻底缓释，新旧动能转换面临阵痛，四川向高质量发展迈进仍存在困难和挑战。金融业整体水平与发达地区差距较为明显，资本市场有待进一步深化，金融风险防控还需持续关注。

2022年，面对发展机遇和挑战，四川将以习近平新时代中国特色社会主义思想为指导，深入贯彻落实党的十九大、十九届历次全会及中央经济工作会议精神，坚持稳中求进工作总基调，完整、准确、全面贯彻新发展理念，积极融入和服务新发展格局，坚持以供给侧结构性改革为主线，聚焦“抓项目促投资稳增长”工作重点，统筹推进农业“10+3”、工业“5+1”、服务业“4+6”协调发展，全面深化改革开放，持续推进高质量发展，推动治蜀兴川再上新台阶，迎接党的二十大胜利召开。四川金融业将认真贯彻执行稳健货币政策灵活适度的要求，发挥好货币政策工具的总量和结构双重功能，实现总量稳、结构优、成本降的较好组合，加大科技创新、绿色发展、乡村振兴、制造业高质量发展的金融支持力度，持续改善普惠金融服务，不断提高金融服务实体经济能力。持续深化区域金融改革，深入推进金融支持成渝地区双城经济圈建设，巩固防范化解金融风险攻坚战成果，为促进四川经济高质量发展营造良好的货币金融环境。

中国人民银行成都分行货币政策分析小组
总　　纂：严宝玉　王永强
统　　稿：杨宇焰　温茹春　王鲁滨　陈　鹏
执　　笔：霍　帅　郑敏闽　冯诗杰　李华伟　胡荣兴　罗大为　宋晓丹　倪　源　黄薪丹
王　婷　杜佳欣　王　博　李　鑫　王大波　周　林　黄语书　许　可　刘贵辉
陈　银　黄静雅　张　怡　高　翼　陈　杨
提供材料：李　娅　卿山岭
提供区域金融分析系统（RFAS）数据分析支持：邹肇辉

附录：

（一）2021 年四川省经济金融大事记

2 月 9 日，四川机场集团、雅砻江水电开发公司顺利发行全国银行间市场首批碳中和债，为全国首批六单中仅有的 2 家地方企业。

4 月 13 日，人民银行成都分行印发了《四川省科技创新金融服务星辰计划（2021—2023）》，扎实推动成渝双城经济圈科技创新中心建设。

5 月 10 日，人民银行成都分行印发《四川省碳减排票据再贴现专项支持计划》，指导金融机构运用央行再贴现资金加大对碳减排企业的融资支持。

7 月 26 日，人民银行成都分行等四部门联合印发《关于开展“‘贷’动小生意，服务大民生”金融支持个体工商户发展专项活动的通知》，进一步促进个体工商户金融服务质效提升。

10 月 20 日，中共中央、国务院印发《成渝地区双城经济圈建设规划纲要》，标志着成渝地区双城经济圈这一重大国家战略正式进入全面建设阶段，提出推动成渝地区形成有实力、有特色的双城经济圈，打造带动全国高质量发展的重要增长极和新的动力源。

10 月 19 日，四川省政府办公厅印发《关于深入实施财政金融互动政策的通知》，明确将支持做优做强金融产业、推动金融支持重点领域重点产业发展、支持普惠金融发展、健全融资服务配套体系、促进直接融资发展。

11 月 26 日，四川省人民政府印发《四川省“十四五”金融业发展和改革规划》，提出了四川省“十四五”时期金融业发展和改革的主要目标、重点任务和重要举措。

12 月 6 日，四川成都 A 股上市公司突破 100 家，正式步入“A 股百家军团”，成为继北京、上海、深圳、杭州、广州等城市之后，全国第十个上市公司数量过百城市，位居中西部第一。

12 月 24 日，中国人民银行、国家发展改革委、财政部、中国银行保险监督管理委员会、中国证券监督管理委员会、国家外汇管理局、重庆市人民政府、四川省人民政府发布关于《成渝共建西部金融中心规划》，明确到 2025 年，西部金融中心初步建成，到 2035 年，西部金融中心地位更加巩固。

12 月 28 日，2021 年四川省“5+1”产业金融推进会暨重点工业融资推介活动在成都举行，旨在引导金融机构加大对“5+1”产业的支持，助力产业转型升级。

2021 年，四川实现地区生产总值 53850.8 亿元，站上 5 万亿元新台阶。

（二）2021 年四川省主要经济金融指标

表 1　2021 年四川省主要存贷款指标

	项目	1 月	2 月	3 月	4 月	5 月	6 月	7 月	8 月	9 月	10 月	11 月	12 月
本外币	金融机构各项存款余额（亿元）	93610.7	94238.9	97039.1	96122.8	96730.5	99260.5	98145.7	98354.1	99073.7	99183.8	99928.2	100077.3
	其中：住户存款	50016.6	52744.2	54018.6	52722.9	52709.2	53882.2	53188.1	53406.3	54608.8	53765.4	54106.3	55063.8
	非金融企业存款	22975.2	21947.3	23101.4	23319.8	22946.3	24253.2	23721.5	23936.9	23594.4	23234.7	24110.3	24401.5
	各项存款余额比上月增加（亿元）	1775.0	628.1	2800.3	-916.3	607.7	2530.5	-1115.3	208.4	719.6	110.2	744.4	149.1
	金融机构各项存款同比增长（%）	10.9	11.2	11.7	11.1	10.1	10.1	10.1	8.4	8.1	9.2	9.0	9.0
	金融机构各项贷款余额（亿元）	72575.6	73223.6	74579.8	75105.3	75798.5	76999.7	77304.8	77655.8	78489.4	78910.5	79674.6	80340.4
	其中：短期	13068.0	12955.6	13326.8	13188.2	13286.8	13839.2	13688.8	13683.1	13843.6	13807.8	13928.1	14080.1
	中长期	56558.4	57385.7	58429.3	58990.1	59529.3	60307.4	60655.3	61055.9	61701.4	62093.1	62610.2	63061.8
	票据融资	2179.5	2118.3	1934.6	2050.4	2115.9	2071.5	2107.4	2172.6	2184.3	2234.6	2303.0	2336.9
	各项贷款余额比上月增加（亿元）	1549.6	648.0	1356.2	525.6	693.1	1201.2	305.3	350.8	833.6	421.1	764.1	665.9
	其中：短期	238.0	-112.4	371.2	-138.6	98.6	552.4	-150.4	-5.7	160.5	-35.8	120.3	152.0
	中长期	1321.8	827.3	1043.6	560.8	539.2	778.1	347.9	400.6	645.5	391.7	517.1	451.6
	票据融资	68.4	-61.2	-183.7	115.8	65.5	-44.5	36.0	65.2	11.7	50.3	68.3	33.9
	金融机构各项贷款同比增长（%）	13.8	14.4	14.0	13.6	13.6	13.9	13.5	12.8	12.7	12.7	12.9	13.1
	其中：短期	15.7	14.5	12.3	11.1	10.1	11.7	10.2	8.7	8.3	7.9	7.8	9.7
	中长期	14.7	16.0	16.1	15.8	15.6	15.7	15.3	15.1	14.6	14.5	14.4	14.2
	票据融资	-5.7	-6.3	-15.4	-13.6	-8.9	-5.6	-3.6	-4.0	1.0	6.9	8.3	10.7
	建筑业贷款余额（亿元）	2655.0	2728.3	2853.0	2896.1	2930.7	3000.9	3000.0	3065.3	3113.2	3168.3	3197.1	3203.1
	房地产业贷款余额（亿元）	4439.1	4478.7	4511.4	4537.4	4567.0	4500.6	4473.0	4404.6	4401.2	4382.5	4373.8	4276.1
	建筑业贷款同比增长（%）	1.6	5.0	7.6	9.1	10.9	12.3	11.7	13.6	14.0	17.1	19.0	25.1
	房地产业贷款同比增长（%）	6.4	6.6	5.6	5.2	4.6	3.9	2.9	0.5	-0.2	-0.8	-0.2	-1.5
人民币	金融机构各项存款余额（亿元）	91985.6	92596.3	95343.0	94448.4	95052.4	97507.9	96568.9	96709.6	97549.7	97735.1	98483.3	98645.1
	其中：住户存款	49798.4	52524.6	53798.2	52507.2	52498.1	53668.5	52974.8	53194.4	54397.8	53557.0	53895.0	54849.2
	非金融企业存款	21642.6	20593.8	21691.0	21907.2	21522.8	22747.2	22392.2	22554.5	22334.0	22025.0	22906.6	23215.9
	各项存款余额比上月增加（亿元）	1635.1	610.8	2746.7	-894.6	604.0	2455.5	-939.0	140.7	840.2	185.4	748.1	161.9
	其中：住户存款	509.1	2726.3	1273.6	-1291.0	-9.1	1170.4	-693.7	219.5	1203.5	-840.8	338.0	954.2
	非金融企业存款	167.3	-1048.8	1097.2	216.2	-384.3	1224.4	-355.0	162.3	-220.5	-309.0	881.6	309.2
	各项存款同比增长（%）	10.8	10.9	11.4	10.7	9.8	9.9	10.1	8.5	8.4	9.5	9.3	9.2
	其中：住户存款	8.1	13.9	14.4	13.2	13.1	12.3	12.1	11.9	11.2	11.3	11.4	11.3
	非金融企业存款	19.2	14.2	10.6	9.5	7.0	8.8	9.9	9.0	5.2	5.5	8.1	8.1
	金融机构各项贷款余额（亿元）	70992.8	71647.0	72919.7	73569.6	74309.4	75423.2	75837.5	76211.5	77036.0	77518.8	78272.1	78963.9
	其中：个人消费贷款	18297.5	18408.5	18751.6	18893.1	19090.2	19289.8	19437.7	19601.1	19782.0	19886.9	20205.1	20342.0
	票据融资	2179.5	2118.3	1934.6	2050.4	2115.9	2071.5	2107.4	2172.6	2184.3	2234.6	2303.0	2336.9
	各项贷款余额比上月增加（亿元）	1487.9	654.2	1272.7	649.9	739.8	1113.7	414.4	374.0	824.5	482.8	753.3	691.8
	其中：个人消费贷款	325.0	111.0	343.1	141.5	197.1	199.6	147.9	163.4	180.9	104.9	318.1	136.9
	票据融资	68.4	-61.2	-183.7	115.8	65.5	-44.5	36.0	65.2	11.7	50.3	68.3	33.9
	金融机构各项贷款同比增长（%）	14.0	14.5	14.0	13.8	13.8	14.2	14.0	13.4	13.3	13.4	13.5	13.6
	其中：个人消费贷款	13.7	14.5	14.6	14.0	13.7	13.5	13.2	13.0	12.9	12.7	13.2	13.2
	票据融资	-5.7	-6.3	-15.4	-13.6	-8.9	-5.6	-3.6	-4.0	1.0	6.9	8.3	10.7
外币	金融机构外币存款余额（亿美元）	251.2	253.8	258.1	258.9	263.5	271.3	244.1	254.3	235.0	226.7	226.5	224.6
	金融机构外币存款同比增长（%）	25.7	39.1	43.1	56.1	48.7	34.2	16.4	8.7	-1.9	-5.9	-5.3	-1.3
	金融机构外币贷款余额（亿美元）	244.6	243.6	252.6	237.5	233.8	244.0	227.1	223.3	224.1	217.8	219.8	215.9
	金融机构外币贷款同比增长（%）	13.7	19.1	23.5	15.2	16.2	10.7	0.7	-5.4	-6.9	-12.2	-10.8	7.4

数据来源：中国人民银行成都分行。

表2　2001—2021年四川省各类价格指数

单位：%

时间		居民消费价格指数		工业生产者购进价格指数		工业生产者出厂价格指数	
		当月同比	累计同比	当月同比	累计同比	当月同比	累计同比
2001		—	2.1	—	0.2	—	1.5
2002		—	-0.3	—	-0.9	—	-2.3
2003		—	1.7	—	1.6	—	0.5
2004		—	4.9	—	10.3	—	5.4
2005		—	1.7	—	9.3	—	4.0
2006		—	2.3	—	4.3	—	1.9
2007		—	5.9	—	5.7	—	3.9
2008		—	5.1	—	12.4	—	9.3
2009		—	0.8	—	-4.7	—	-3.5
2010		—	3.2	—	6.1	—	5.0
2011		—	5.3	—	12.6	—	7.3
2012		—	2.5	—	0.0	—	-1.4
2013		—	2.8	—	-0.8	—	-1.3
2014		—	1.6	—	-1.3	—	-1.3
2015		—	1.5	—	-3.3	—	-3.6
2016		—	1.9	—	-1.2	—	-1.1
2017		—	1.4	—	8.3	—	6.5
2018		—	1.7	—	5.3	—	3.6
2019		—	3.2	—	0.6	—	0.4
2020		—	3.2	—	-1.9	—	-1.2
2021		—	0.3	—	7.5	—	5.9
2020	1	6.1	6.1	-0.7	-0.7	-0.3	-0.3
	2	6.9	6.5	-0.6	-0.7	-0.4	-0.3
	3	5.7	6.2	-1.3	-0.9	-0.8	-0.5
	4	4.4	5.8	-2.9	-1.4	-1.9	-0.8
	5	3.6	5.3	-3.7	-1.8	-2.5	-1.2
	6	4.1	5.1	-2.8	-2.0	-2.1	-1.3
	7	4.1	5.0	-2.1	-2.0	-1.9	-1.4
	8	3.4	4.8	-1.9	-2.0	-1.2	-1.4
	9	1.9	4.5	-2.2	-2.0	-1.3	-1.4
	10	0.2	4.0	-2.3	-2.0	-1.5	-1.4
	11	-0.8	3.6	-1.9	-2.0	-1.0	-1.3
	12	-0.2	3.2	-0.5	-1.9	0.0	-1.2
2021	1	-0.7	-0.7	-0.2	-0.2	1.1	1.1
	2	-0.9	-0.8	1.0	0.4	2.1	1.6
	3	0.1	-0.5	3.3	1.4	3.3	2.1
	4	0.8	-0.2	5.1	2.3	4.3	2.4
	5	0.9	0.0	7.9	3.4	6.1	3.1
	6	0.2	0.1	7.8	4.1	6.4	3.7
	7	0.3	0.1	8.0	4.7	6.5	4.1
	8	-0.3	0.1	8.8	5.2	6.9	4.4
	9	-0.4	0.0	10.3	5.8	7.7	4.8
	10	0.5	0.1	12.7	6.5	9.7	5.3
	11	2.0	0.2	14.1	7.2	9.5	5.7
	12	1.0	0.3	11.9	7.5	8.4	5.9

数据来源：四川省统计局、《中国经济景气月报》。

表 3　2021 年四川省主要经济指标

项目	1 月	2 月	3 月	4 月	5 月	6 月	7 月	8 月	9 月	10 月	11 月	12 月
	绝对值（自年初累计）											
地区生产总值（亿元）	—	—	11859.2	—	—	25232.4	—	—	38998.7	—	—	53850.8
第一产业	—	—	888.6	—	—	2062.7	—	—	4477.0	—	—	5661.9
第二产业	—	—	4153.8	—	—	9272.8	—	—	13983.6	—	—	19901.4
第三产业	—	—	6816.9	—	—	13896.9	—	—	20538.1	—	—	28287.6
工业增加值（亿元）	—	—	3449.0	—	—	7379.0	—	—	10979.1	—	—	—
固定资产投资（亿元）	—	—	—	—	—	—	—	—	—	—	—	—
房地产开发投资	—	922.8	1641.7	2312.9	2992.6	3869.8	4507.2	5221.0	5920.1	6607.5	7242.1	7831.9
社会消费品零售总额（亿元）	—	3570.3	5628.4	7590.9	9642.9	11684.6	13642.9	15440.6	17381.7	19630.1	21779.9	24133.2
外贸进出口总额（亿元）	—	1250.6	1967.1	2662.5	3407.9	4189.5	5019.7	5817.4	6692.1	7542.4	8538.6	9513.6
进口	—	532.7	866.1	1146.0	1467.5	1811.0	2129.2	2435.0	2779.5	3068.9	3455.7	3804.9
出口	—	717.9	1101.0	1516.5	1940.4	2378.0	2890.5	3382.4	3912.6	4473.5	5082.9	5708.7
进出口差额（出口－进口）	—	185.2	234.9	370.5	472.9	567.0	761.3	947.4	1133.1	1404.6	1627.2	1903.8
实际利用外资（亿美元）	—	—	—	—	—	—	—	—	—	—	—	—
地方财政收支差额（亿元）	—	-681.5	-1347.0	-1737.6	-2026.8	-3034.4	-3311.5	-3799.2	-4542.5	-4936.1	-5377.8	-6442.3
地方财政收入	—	804.1	1239.2	1614.8	2079.8	2577.8	2925.9	3216.6	3614.3	3969.9	4344.5	4773.3
地方财政支出	—	1485.6	2586.3	3352.4	4106.6	5612.2	6237.4	7015.8	8156.8	8906.0	9722.3	11215.6
城镇登记失业率（%）（季度）	—	—	3.6	—	—	3.6	—	—	3.6	—	—	3.6
	同比累计增长率（%）											
地区生产总值	—	—	15.8	—	—	12.1	—	—	9.3	—	—	8.2
第一产业	—	—	10.3	—	—	8.0	—	—	7.2	—	—	7.0
第二产业	—	—	14.1	—	—	10.2	—	—	9.2	—	—	7.4
第三产业	—	—	17.6	—	—	14.1	—	—	9.8	—	—	8.9
工业增加值	—	16.4	15.5	14.1	12.8	12.1	11.6	11.2	10.7	10.2	10.0	9.8
固定资产投资	—	22.7	17.8	14.1	11.2	10.3	9.6	9.5	8.1	7.5	6.6	4.9
房地产开发投资	—	37.2	23.2	18.6	16.4	15.2	14.2	12.7	10.8	9.9	8.8	7.1
社会消费品零售总额	—	28.1	29.9	27.9	25.4	23.7	22.3	20.0	18.9	18.0	16.7	15.9
外贸进出口总额	—	29.0	25.6	18.7	14.9	16.1	15.3	14.5	14.4	14.0	16.2	17.6
进口	—	47.3	40.7	30.0	21.4	21.0	19.5	18.4	18.1	18.5	20.4	22.7
出口	—	10.4	10.5	6.4	7.2	10.3	10.1	9.4	9.4	8.0	10.5	10.8
实际利用外资	—	—	—	—	—	—	—	—	—	—	—	—
地方财政收入	—	21.4	25.4	24.8	22.8	21.9	19.0	18.6	17.6	14.6	13.8	12.0
地方财政支出	—	19.5	13.6	14.8	16.0	15.1	12.8	8.4	8.1	8.0	8.1	9.0

数据来源：四川省统计局。

贵州省金融运行报告（2022）

中国人民银行贵阳中心支行货币政策分析小组

［内容摘要］2021 年，贵州省坚决贯彻落实习近平总书记视察贵州重要讲话精神，坚持稳中求进工作总基调，按照“一二三四”总体思路[①]，全力围绕“在新时代西部大开发上闯新路，在乡村振兴上开新局，在实施数字经济战略上抢新机，在生态文明建设上出新绩”的“四新”要求，主攻新型工业化、新型城镇化、农业现代化、旅游产业化，统筹疫情防控和经济社会发展，呈现出“经济发展稳中有进、发展动能加快转换、数字经济加速突破、生态优势持续巩固、民生福祉不断增进”的良好态势，全省地区生产总值 1.96 万亿元，同比增长 8.1%，两年平均增长 6.3%。重点领域发展成效显著。

一是三大需求结构持续优化。第一、第二产业投资增速均为两位数。重点领域投资扩大，高新技术制造业投资增长 78.5%，工业投资增长 19.7%；居民消费加快恢复，全省社会消费品零售总额同比增长 13.7%，其中升级类商品消费快速增长；外贸进出口同比增长 19.7%，民营企业进出口占主导，市场主体活力增强，重点地区进出口增长迅速。二是产业结构加快调整。三次产业增加值两年平均分别增长 7.0%、6.8% 和 5.7%，均高于全国平均水平。工业经济占比达 27.3%，对经济增长的支撑作用明显增强，“四化”项目积极推进。三是物价总体平稳，就业民生保障有力，居民收入稳步提升。CPI 同比温和上涨。财政支出主要用于节能环保、教育等民生方面，居民收入和就业稳步提升，居民人均可支配收入 23996 元，同比名义增长 10.1%，城镇新增就业人数 64.8 万人。四是供给侧结构性改革成果进一步推进。“三去一降一补”步伐加快，积极利用市场化方式有效降低燃煤发电成本，取得积极成效。五是生态环境优势巩固提升。深入开展污染防治攻坚行动，有力推进磷化工、电解锰等行业污染综合治理，启动实施一体化保护和修复工程，空气、水质等指标持续向好，森林覆盖率达 62.1%，优良生态环境成为贵州省最大的发展和竞争优势。

2021 年，贵州省金融系统紧紧围绕党中央、国务院和省委、省政府决策部署，聚焦高质量发展要求，认真落实稳健货币政策，有力巩固金融风险防范化解成果，深入推进金融改革创新，积极改进金融管理和服务，为促进地方经济社会高质量发展提供坚实的金融保障。

一是银行业稳健运行，支持实体经济力度加大。银行业资产负债平稳增长，同比分别增长 8.6% 和 8.7%。货币信贷保持合理增长，年末全省金融机构本外币各项贷款余额同比增长 11.1%；发挥两项直达实体经济的货币政策工具和新增 3000 亿元支小再贷款等结构性货币政策工具作用，全年再贷款再贴现限额使用率达 95.7%。金融支持实体经济发展效果显著，信贷结构持续优化。普惠小微贷款实现“量增、价降、面扩”；制造业中长期贷款保持快速增长；涉农贷款较年初增加 1628.6 亿元；严格落实房地产金融审慎管理制度，房地产贷款平稳增长。二是贷款利率持续下行，负债端成本稳定。LPR 改革潜力持续释放，金融机构 LPR 嵌入内部资金转移定价（FTP）机制不断完善，存款利率管理持续优化，市场利率自律机制积极发挥作用，

① “一二三四”总体思路：“一”是指以高质量发展统揽全局，“二”是指牢牢守好发展和生态两条底线，“三”是指深入实施乡村振兴、大数据、大生态三大战略行动，“四”是指大力推动新型工业化、新型城镇化、农业现代化、旅游产业化（以下简称“四化”）。

负债端成本有所降低，有效带动贷款利率持续下行。全省企业贷款加权平均利率较上年下降20个基点，其中普惠小微贷款加权平均利率较上年下降98个基点。三是社会融资结构进一步调整，金融债券发行量增长明显。表外融资同比减少，表内贷款新增占据主导，股票融资同比多增，政府债券融资同比少增，企业境外发债同比下降。金融机构票据贴现发生额增长较快，应收账款融资服务平台等金融基础设施作用持续发挥，知识产权等新型抵（质）押融资业务有序发展。全省地方法人金融机构在银行间债券市场发行金融债券较前两年平均发行量增长3.7倍。四是防范化解金融风险取得关键进展，金融风险总体可控。金融委办公室地方协调机制（贵州省）运行更加规范高效，全省国有企业债券风险监测预警机制建立，地方法人金融机构主要监管指标持续改善，不良贷款率持续下降，流动性保持合理充裕，资本充足水平稳步提升。五是金融改革创新加快推进，金融生态环境建设持续深化。初步构建起贵州绿色金融发展“五大支柱”，金融机构开展碳核算工作，碳排放权质押贷款成功落地。积极申报普惠金融改革试验区，建立完善科技企业融资服务对接机制，积极推动科技金融发展。不断完善支付环境建设，助力农村支付服务环境提档升级。优化信用报告查询服务，构建覆盖“省＋市＋县”三级政务服务中心征信查询代理点布局。实现市州调解组织全覆盖，扎实开展“蒲公英”金融志愿服务行动。

2021年，贵州省实现了“十四五”良好开局，金融运行整体呈现良好态势，同时也面临需求收缩、供给冲击、预期转弱的三重压力，受自身结构性、体制性、周期性问题制约，贵州部分领域高质量发展仍存在一定困难。2022年，在《国务院关于支持贵州在新时代西部大开发上闯新路的意见》指引下，贵州省将深入实施乡村振兴、大数据、大生态三大战略行动，紧紧围绕“四新”，主攻“四化”，推动实现高质量发展。全省金融系统将坚持稳中求进工作总基调，发挥好货币政策工具的总量和结构双重功能，保持信贷总量增长的稳定性，继续优化“六稳”“六保”金融服务，加大对实体经济的金融支持力度，促进降低企业综合融资成本，持之以恒防范化解重大金融风险，持续深化绿色金融、普惠金融、科技金融改革创新，为贵州省高质量发展营造适宜的货币金融环境。

一、金融运行情况

2021年，贵州省金融运行整体呈现“总量稳步增长、结构持续优化、利率稳中有降、风险总体收敛”的良好态势。稳健货币政策灵活精准、合理适度。注重发挥结构性货币政策工具作用，推进绿色金融、普惠金融、科技金融，结合贵州实际，聚焦乡村振兴、大数据、大生态三大战略行动，围绕“在新时代西部大开发上闯新路，在乡村振兴上开新局，在实施数字经济战略上抢新机，在生态文明建设上出新绩”的“四新”要求，主攻新型工业化、新型城镇化、农业现代化和旅游产业化（以下简称“四化”），加大对实体经济的支持力度。

（一）银行业稳健运行，支持实体经济力度加大

1. 银行业金融机构平稳发展。2021年末，全省银行业资产和负债总额分别为47786.5亿元和45565.3亿元，同比分别增长8.6%和8.7%，核心资本充足率13.7%，实现营业收入1313.2亿元，同比增长6.6%。渤海银行贵阳分行开业。

表 1　2021 年贵州省银行业金融机构情况

机构类别	营业网点			法人机构（个）
	机构个数（个）	从业人数（人）	资产总额（亿元）	
一、大型商业银行	2013	26665	15033	0
二、国家开发银行和政策性银行	73	1894	6803	0
三、股份制商业银行	127	3601	2834	0
四、城市商业银行	535	11936	11004	2
五、城市信用社	0	0	0	0
六、小型农村金融机构	2295	24888	9141	84
七、财务公司	2	101	1660	3
八、信托公司	0	394	289	1
九、外资银行	1	10	2	0
十、新型农村金融机构	177	5146	714	84
十一、其他	3	238	306	1
合　计	5226	74873	47786	175

数据来源：贵州银保监局。

注：营业网点不包括国家开发银行和政策性银行、大型商业银行、股份制银行等金融机构总部数据；大型商业银行包括中国工商银行、中国农业银行、中国银行、中国建设银行、交通银行和邮政储蓄银行；小型农村金融机构包括农村商业银行、农村合作银行和农村信用社；新型农村金融机构包括村镇银行；其他包含金融租赁公司、金融资产管理公司等。

2. 各项存款稳中有升，住户存款拉动效果明显。2021 年末，全省金融机构各项存款余额突破 3 万亿元大关，本外币各项存款余额 30123.4 亿元，同比增长 6.4%。其中，人民币各项存款余额 30048.1 亿元，同比增长 6.3%。分部门看，住户存款增长较快，同比增长 11.3%，同比多增 205.6 亿元；非金融企业存款有所下降，同比下降 3.3%；受非银同业存单增加影响，非银行业金融机构存款同比增长 16.6%。

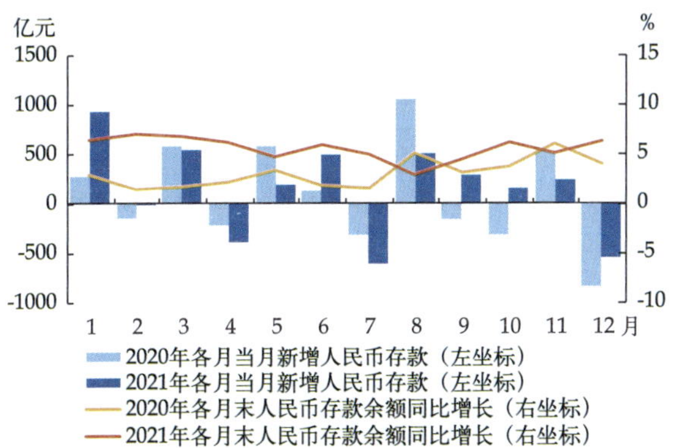

图 1　2020—2021 年贵州省金融机构人民币存款增长变化

（数据来源：中国人民银行贵阳中心支行）

3. 各项贷款平稳较快增长，对实体经济支持力度加大。2021 年末，全省金融机构本外币各项贷款余额 35890.2 亿元，同比增长 11.1%。其中，人民币各项贷款余额 35829.4 亿元，同比增长 11.2%。七成以上新增贷款投向企（事）业单位。个人消费贷款余额同比增长 12.8%，消费需求持续释放。

充分发挥货币政策工具的引导作用，用好两项直达实体经济的货币政策工具和新增 3000 亿元支小再贷款等结构性货币政策工具，金融支持实体经济发展效果显著，信贷结构持续优化。全年累计办理支农、支小再贷款和再贴现合计 553.0 亿元，再贷款再贴现限额使用率达 95.7%。支持地方法人金融机构实施贷款延期还本付息 382.8 亿元，发放普惠小微信用贷款 362.7 亿元，推动普惠小微贷款实现“量增、价降、面扩”。年末，普惠口径小微贷款余额同比增长 20.4%，普惠小微贷款加权平均利率 6.13%，较上年下降 98 个基点，支持普惠小微经营主体 82.7 万户，同比增长 16.1%。推动碳减排支持工具落地生效，全省获审核通过的首批碳减排项目贷款金额 9.1 亿元，支持碳减排项目 18 个，带动绿色贷款较快增长。强化对经济社会发展的重点领域和薄弱环节的金融支持，制造业中长期贷款保持快速增长。巩固拓展脱贫攻坚成果同乡村振兴有效衔接，建立厅际联席会议制度，推动国有大行下沉服务重心，持续加大对“三农”领域的资源倾斜，涉农贷款余额较年初增加 1628.6 亿元。

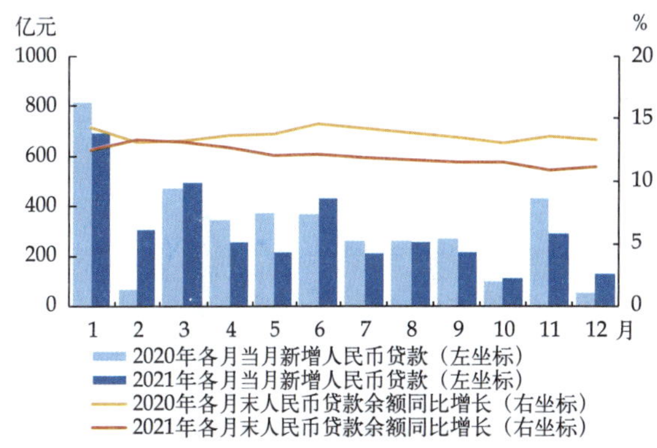

图 2　2020—2021 年贵州省金融机构人民币贷款增长变化

（数据来源：中国人民银行贵阳中心支行）

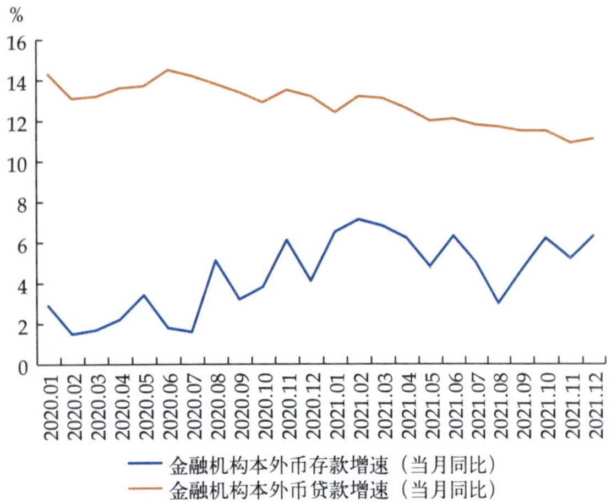

图 3　2020—2021 年贵州省金融机构本外币存贷款增速变化

（数据来源：中国人民银行贵阳中心支行）

4. 表外融资规模减少。随着资管新规等监管政策深入实施，表外业务逐渐回归表内。年末，贵州省委托贷款、信托贷款和未贴现的银行承兑汇票等表外融资减少 612.7 亿元，同比少增 1025.1 亿元。其中，信托贷款减少 418.5 亿元，同比少增 1299.4 亿元；委托贷款减少 274.4 亿元，同比多减 129.2 亿元；未贴现银行承兑汇票增加 80.2 亿元，同比多增 403.5 亿元（上年为负值）。

5. 贷款利率持续下行，银行负债成本有所降低。LPR 改革效能持续发挥，金融机构 LPR 嵌入内部资金转移定价（FTP）机制不断完善，贵州省贷款利率持续下行。2021 年，全省贷款加权平均利率 5.79%，较上年下降 20 个基点；企业贷款加权平均利率 5.20%，较上年下降 20 个基点。其中，小微企业和普惠小微企业贷款加权平均利率较上年分别下降 36 个和 98 个基点。同时，存款利率管理持续优化，市场利率自律机制积极发挥作用，存款利率自律管理和异地存款管理不断加强，有效维护存款利率竞争秩序。存款期限结构回归合理，银行负债成本有所降低。

表 2　2021 年贵州省金融机构人民币贷款各利率区间占比

单位：%

项目		1 月	2 月	3 月	4 月	5 月	6 月
合计		100.0	100.0	100.0	100.0	100.0	100.0
LPR 减点		8.3	7.6	8.6	4.9	8.7	5.5
LPR		6.2	8.2	8.2	7.2	7.6	12.2
LPR 加点	小计	85.6	84.2	83.3	88.0	83.7	82.3
	(LPR，LPR+0.5%)	26.7	12.7	14.7	15.7	13.5	19.3
	[LPR+0.5%，LPR+1.5%)	21.7	19.8	23.2	21.9	18.0	18.5
	[LPR+1.5%，LPR+3%)	12.1	18.6	15.6	18.1	16.2	18.3
	[LPR+3%，LPR+5%)	14.3	19.8	17.6	19.7	23.8	16.9
	LPR+5% 及以上	10.8	13.2	12.2	12.7	12.3	9.2
项目		7 月	8 月	9 月	10 月	11 月	12 月
合计		100.0	100.0	100.0	100.0	100.0	100.0
LPR 减点		8.0	13.3	3.9	6.5	12.4	10.0
LPR		9.4	12.0	9.8	11.8	13.8	7.6
LPR 加点	小计	82.6	74.8	86.3	81.7	73.8	82.4
	(LPR，LPR+0.5%)	17.5	13.8	13.2	18.1	11.0	14.9
	[LPR+0.5%，LPR+1.5%)	20.4	15.8	21.7	15.0	18.3	20.4
	[LPR+1.5%，LPR+3%)	15.4	14.5	22.6	19.6	17.2	21.1
	[LPR+3%，LPR+5%)	17.9	16.9	18.6	17.0	16.5	16.5
	LPR+5% 及以上	11.3	13.8	10.3	12.0	10.8	9.4

数据来源：中国人民银行贵阳中心支行。

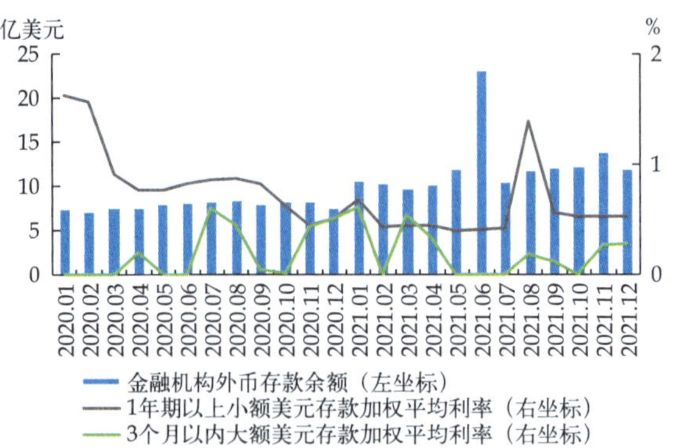

注：当月未发生业务，加权平均利率标注为零。

图 4　2020—2021 年贵州省金融机构外币存款余额及外币存款利率

（数据来源：中国人民银行贵阳中心支行）

6. 地方法人金融机构资产质量持续改善。为防范化解金融风险，各地方法人金融机构积极主动作为，多措并举压降不良贷款，主要监管指标持续改善，金融风险总体可控。年末，全省地方法人金融机构不良贷款率较上年下降0.3个百分点。全年流动性保持合理充裕，年末，流动性比率76.1%，较上年上升2个百分点。资本充足水平稳步提升，年末，全省地方法人金融机构资本充足率较上年上升0.9个百分点。

7. 涉外经济金融支持持续加大。全年银行代客涉外收付款总额851.2亿元，同比增长4.0%。跨境人民币支持实体经济发展实现结算量和占比“双提升”。跨境人民币实际收付198.3亿元，同比增长6.7%，其中，与实体经济密切相关的经常项目和直接投资项下实际收付同比增长15.7%。人民币实际收付占本外币实际收付的23.3%，较上年上升1.7个百分点，其中，经常项目和直接投资项下实际收付占本外币实际收付的11.7%，较上年上升0.7个百分点。全省160家金融机构网点办理跨境人民币业务，较上年增加10家。28个县开办跨境人民币业务，12个县实现跨境人民币业务零突破。

专栏1　创新开展金融支持个体工商户“五苗行动”　助力“贷动小生意 服务大民生”

2021年6月，人民银行贵阳中心支行在全省范围内启动金融支持个体工商户惠苗政策大集中、育苗产品进万户、助苗着床普知识、护苗成长促发展、扶苗诊疗解难题“五苗行动”，进一步聚焦受疫情影响较大的住宿餐饮、商贸零售、文化旅游等行业，强化对普惠小微市场主体的金融支持，全面营造金融“贷动”个体工商户发展的良好氛围。2021年末，全省个体工商户经营性贷款余额1111.7亿元，授信户数76.5万户，较5月末行动实施以来增加73.1亿元和6.7万户。全年普惠小微贷款加权平均利率6.13%，为近5年来最低水平。

一、“三个明确”实现惠苗政策“大集中”

一是制订一个方案明确标准。明确活动时间表、路线图，细化工作方法和措施，为落实专项行动指明方向，勾画重点。二是制作一份手册明确产品。梳理创业担保贷款、脱贫人口小额信贷等惠民金融政策，收集300余款个体工商户信贷融资产品，制作成手册，在线上线下进行宣传。三是指定一批人员明确职责。建立专项行动联络员制度，明确各金融机构安排专人负责个体工商户活动宣传和解答工作。

二、“三个运用”实现育苗产品“进万户”

一是强化货币政策工具运用。确保两项直达实体经济的货币政策工具及3000亿元支小再贷款精准滴灌。活动开展以来，地方法人金融机构累计为7.8万户个体工商户贷款办理延期还本付息233.8亿元，为75.3万户个体工商户发放信用贷款764.3亿元。3000亿元支小再贷款新增额度30亿元全部发放完毕，撬动地方法人金融机构向5002户小微企业发放贷款46.3亿元，向2.2万户个体工商户、小微企业主发放贷款53.2亿元。二是创新线上信贷产品运用。针对个体工商户“短、小、急、频”特点，指导金融机构创新推出“金纽带个体工商户小额信用贷款”“富民快贷”等数字化金融产品。三是推广“集群”场景模式运用。引导金融机构运用大数据深挖客户信息，围绕遵义白酒、织金竹荪等特色产业制订20余个融资方案。

三、“三个行动”实现助苗着床“普知识”

一是开展“蒲公英”金融志愿服务行动。开展实地走访，深入了解普惠小微市场主体在获得金融支持方面存在的问题与困难，面对面讲解政策产品。二是开展“百万大走访”

行动。引导金融机构“地毯式”走访调研，深入一线，将金融政策送上门。三是开展“金融知识进乡村”行动。推动国有大行下沉服务重心，用“扫街”方式将金融政策带进乡村、带给农户。累计走访个体工商户45.5万户。

四、“三个强化”实现护苗成长“促发展”

一是强化政银企对接。构建金融支持个体工商户跨部门合作框架，依托税务信息、经营数据等筛查整理出优质个体工商户名单，向金融机构推送，促成融资对接。20.6万户名单内个体工商户获得贷款319.1亿元。二是强化金融服务能力。设立105个“首贷服务中心”，组建“首贷服务顾问团队”，构建起“无贷户—首贷户—长期客户”递进式金融支持路径。全年个体工商户新增首次授信户数12.5万户，同比增长16.6%。三是强化贷后跟踪回访。推动金融机构建立贷后回访制度，累计回访17.0万户个体工商户，持续做好金融服务和风险防范。

五、“三个建立”实现扶苗诊疗“解难题”

一是建立信用信息共享平台。推动地方政府搭建信用信息融资服务平台，整合归集社保、市场监管、税务等数据，为个体工商户提供有益增信补充。共采集77.8万户企业（含个体工商户）、1138万条信用信息。二是建立创业贷款快速审批机制。通过“一站式”服务、合理免除反担保等方式简化创业担保贷款审批程序，做好个体工商户等群体的创业就业金融支持。年末个体工商户创业担保贷款余额实现明显增长。三是建立整村授信制度。对个体工商户、新型农业经营主体等推广整村授信，实现全面建档评级授信。共创建信用组13.1万个，信用村1.3万个，占比分别达81.7%和83.7%。

（二）证券业稳步发展，资本市场服务实体经济功能持续增强

1. 证券机构持续稳健经营。年末，贵州省证券经营机构128家，其中法人机构2家、分公司29家、营业部97家；期货经营机构11家；私募基金管理人（已登记）84家；独立基金销售机构3家。证券行业从业人数1824人，期货行业从业人数68人，基金行业从业人数997人。证券投资资金账户228.3万户，客户资产4448.8亿元，累计实现证券交易额49291.5亿元，同比增长39.0%。

表3　2021年贵州省证券业基本情况

项目	数量
总部设在辖内的证券公司数（家）	2
总部设在辖内的基金公司数（家）	0
总部设在辖内的期货公司数（家）	0
年末国内上市公司数（家）	33
当年国内股票（A股）筹资（亿元）	205
当年发行H股筹资（亿元）	0
当年国内债券筹资（亿元）	614
其中：短期融资券筹资额（亿元）	5
中期票据筹资额（亿元）	126

续表

数据来源：中国人民银行贵阳中心支行、贵州证监局、贵州省发展和改革委员会。

注：当年国内股票（A股）筹资额指非金融企业境内股票融资。

2. 证券市场融资规模平稳增长。2021年，辖内上市公司在证券市场累计融资2057.0亿元，其中，3户企业成功上市，上市公司首发融资17.0亿元，上市公司再融资187.6亿元，公司债融资459.4亿元，发行非金融企业债务融资工具307.9亿元，资产证券化产品融资1177.7亿元，区域性股权市场融资215.0亿元。

3. 金融债券发行量增长明显。2021年，贵州省地方法人金融机构在银行间债券市场发行金融债券104.5亿元，较前两年平均发行量增长3.7倍。其中，小微金融债40亿元，绿色金融债50亿元，资本补充债14.5亿元。

（三）保险业运行总体平稳，业务增长有所放缓

1. 保费收入下降。保险业全年实现保费收入496.3亿元，同比下降2.5%。其中，人身险公司保费收入247.9亿元，同比下降2.9%；财产险公司保费收入248.3亿元，同比下降2.0%。

表4　2021年贵州省保险业基本情况

项目	数量
总部设在辖内的保险公司数（家）	1
其中：财产险经营主体（家）	0
寿险经营主体（家）	1
保险公司分支机构（家）	34
其中：财产险公司分支机构（家）	22
寿险公司分支机构（家）	12
保费收入（中外资，亿元）	496.3
其中：财产险保费收入（中外资，亿元）	214.7
人身险保费收入（中外资，亿元）	281.6
各类赔款给付（中外资，亿元）	207.0

数据来源：贵州银保监局。

2. 行业整体保障能力持续增强。保费收入下降的同时，保险金额仍达到68.4万亿元，同比增长8.4%，赔付支出207.0亿元，同比增长6.6%。其中，车险赔付支出106.4亿元，同比增长11.8%；健康险赔付支出36.2亿元，同比增长7.9%；意外伤害险赔付支出6.1亿元，同比增长12.8%。

3. 保险市场总体风险可控。财产险公司综合费用率29.0%，综合赔付率65.5%，综合成本率94.5%，均低于全国平均水平。人身险公司法人机构偿付能力充足率、核心偿付能力充足率均高于监管标准；保险机构给付支出平稳有序，退保风险总体可控。各类给付支出30.5亿元，同比下降10.6%；退保率3.4%，退保支付有序进行。

（四）社会融资规模进一步增加，融资创新不断丰富

1. 社会融资规模进一步增加，跨境融资持续开展。2021年，贵州省社会融资规模新增4583.5亿元。表外融资减少、企业债券融资和非金融企业境内股票融资增加，贷款新增占比进一步上升至78.6%。本外币贷款新增3600.6亿元，同比少增196.0亿元。企业债券融资同比少增669.8亿元，非金融企业境内股票融资同比多增111.5亿元。政府债券融资同比少增149.0亿元。持续开展境外融资，跨境贷款收支总额198.7亿元，企业境外发债收支总额14.4亿元。

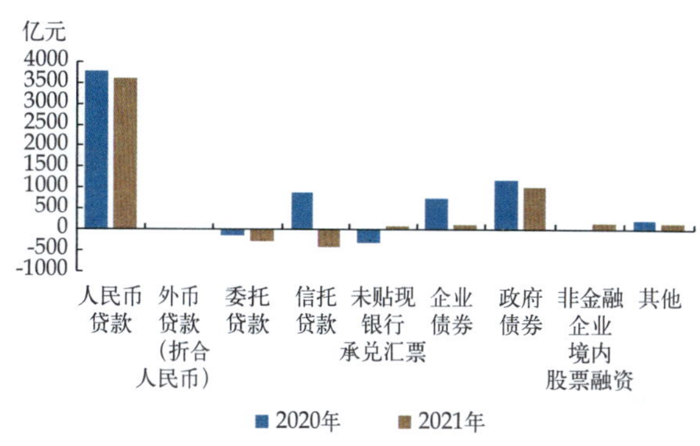

图5　2020—2021年贵州省社会融资规模分布结构

（数据来源：中国人民银行贵阳中心支行）

2. 票据融资规模较快增长，多渠道支持实体经济。2021年，全省金融机构票据贴现持续增长，年末余额同比增长37.5%。应收账款融资服务平台等金融基础设施作用持续发挥，全年促成应收账款融资1196.4亿元，其中，中小微企业融资占比达84.5%。知识产权等新型抵质押融资业务有序发展，2021年全省金融机构累计发放知识产权质押贷款13.8亿元。

（五）聚焦战略融入，稳步推进金融改革创新

积极推动贵州省政府将绿色金融、普惠金融、科技金融作为全省金融改革创新重要工作，努力探索贵州经验。积极发挥贵安新区绿色金融改革创新试验区先行先试作用，承办生态文明贵阳国际论坛绿色金融主题论坛，探索推动金融机构绿色金融评价结果纳入政府政策性奖

补范围，开展环境信息披露并实现各类型金融机构全覆盖，碳排放权抵押贷款成功落地。目前，已初步构建起贵州绿色金融发展“五大支柱”。成立金融系统助力毕节市普惠金融改革试验区申建工作专班，积极推进申报工作。大力推动建立完善科技企业融资服务对接机制，有序组织金融机构推进11个金融数据综合应用试点建设。

（六）金融生态环境建设持续深化

1. 社会信用体系建设持续推进。制订《贵州省“十四五”社会信用体系建设规划》等系列制度文件，进一步建立健全社会信用体系建设工作机制，协同推进地方诚信建设。深入开展金融生态环境测评，改善地方信用环境。加快地方企业征信平台建设，强化涉企信息共享，推动建成“贵州省大数据综合金融服务平台”，通过接口方式完成信息资源调用，实现全省382.9万户市场主体全覆盖。全省开展农村信用工程建设，截至2021年末，已为767.5万农户建立信用档案，建档面达100%，信用村和信用乡镇覆盖率分别为83.7%、81.2%。持续扩大金融信用信息基础数据库覆盖面，已实现200家银行业金融机构信贷数据全覆盖，全年提供企业信用报告查询19.5万次。

2. 支付服务实体经济能力进一步加强。积极推动小微企业支付手续费减费让利，全省支付市场服务主体累计减费让利3.4亿元，惠及小微企业和个体工商户101.5万户。持续做好移动支付便民工作，进一步推动移动支付在全省便民支付领域广泛应用，并向县、农村地区纵深发展。全省云闪付累计新增219.8万户，移动支付累计交易1.4亿笔、金额105.9亿元。推动辖内乡村振兴主题卡发放，年内新增46.6万张，累计发行112.9万张。推动农村支付服务环境提档升级，持续完善农村地区银行卡受理环境，嵌入社保、医保等其他便民功能，打造“支付服务+政务信息+电子商务”为一体的综合性农村金融服务站点。年末，全省有服务点23303个，累计交易2981.0万笔，金额289.4亿元；全年开立单位银行结算账户25.5万户，个人银行结算账户1933.0万户。

3. 金融消费权益保护工作有效推进。打造让金融消费者满意的“暖心热线”，全年咨询投诉办结率100%；实现全省市州县调解组织全覆盖，成功调解金融纠纷639件；统筹推动金融广告治理，处置涉嫌违法违规金融营销宣传线索119条；规范开展2020年度金融消费者权益保护评估，督促金融机构依法合规经营；开展2021年消费者金融素养问卷调查，有针对性地开展金融知识普及宣传；深化金融教育阵地化建设，推动“蒲公英”金融志愿服务与社区网格化管理相结合，开展“蒲絮飞扬红土地”系列活动，打通金融知识精准普及与金融纠纷化解“最后一公里”。

二、经济运行情况

2021年，贵州省经济运行继续保持稳中加固、稳中提质、稳中趋优的良好态势，地区生产总值19586.4亿元，同比增长8.1%，两年平均增长6.3%，高于全国平均水平1.2个百分点。产业结构加快调整，有效需求持续扩大，发展质量稳步提升。“四化”领域取得明显成效，生态优势持续巩固，民生福祉不断增进。

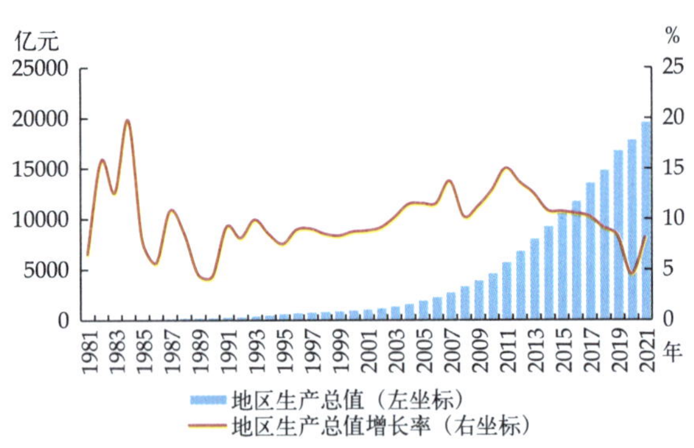

图6 1981—2021年贵州省地区生产总值及其增长率

（数据来源：《中国经济景气月报》、贵州省统计局）

（一）需求结构持续优化，重点领域增长明显

1. 投资结构调整优化，工业投资较快增长。 2021 年，全省固定资产投资同比下降 3.1%，其中，第一、第二产业投资同比分别增长 33.1% 和 19.6%，第三产业投资同比下降 10.7%。分投资领域看，新兴领域投资继续扩张。全省高新技术制造业投资同比增长 78.5%，主要是锂离子电池制造和生态环保产业投资增长。民间投资占比达 42.7%。全省着力引导投资重心向实体经济转移，工业投资同比增长 19.7%。

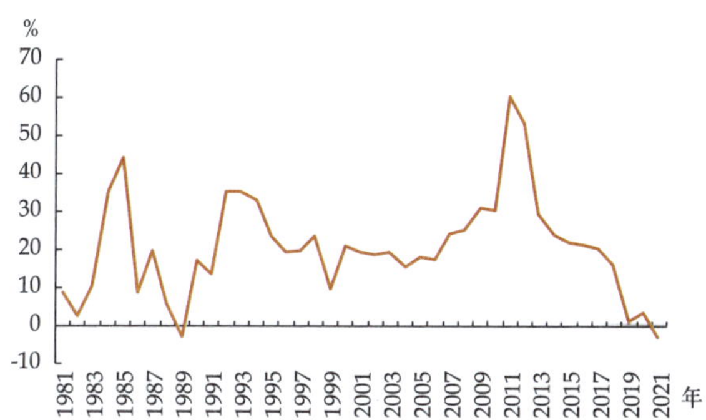

图 7　1981—2021 年贵州省固定资产投资（不含农户）增长率

（数据来源：《中国经济景气月报》、贵州省统计局）

2. 市场销售加快恢复，居民生活消费较快增长。 2021 年，开展“多彩贵州暖心消费季”等促消费活动，全省社会消费品零售总额同比增长 13.7%，高于全国平均水平 1.2 个百分点。限额以上消费品零售额同比增长 11%，其中，城镇消费品零售额增长 11.2%，乡村消费品零售额增长 7.2%。限额以上单位通过公共网络实现的商品零售额同比增长 14.2%。分行业看，批发业和餐饮业增长最为明显，同比分别增长 38.5% 和 32.3%。升级类商品消费增长快速，新能源汽车类、化妆品类、金银珠宝类消费品均增长 40% 以上。

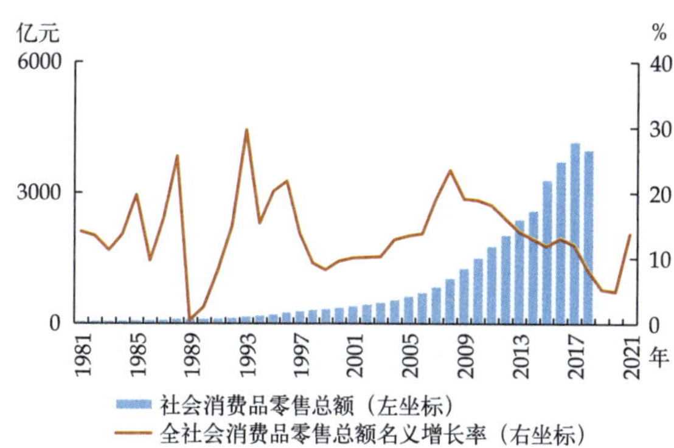

图 8　1981—2021 年贵州省社会消费品零售总额及其增长率

（数据来源：《中国经济景气月报》、贵州省统计局）

3. 外贸进出口呈现良好发展态势，外商投资结构优化。 2021 年，贵州省外贸进出口总额 654.2 亿元，同比增长 19.7%。其中，出口总额 487.1 亿元，同比增长 13.0%；进口总额 167.1 亿元，同比增长 44.6%。民营企业进出口占比五成以上，市场主体活力增强；国有企业进出口和外商投资企业进出口增长较快，同比分别增长 38.8% 和 36.0%。全省对“一带一路”沿线国家和地区 RCEP 成员国进出口同比分别增长 26.4% 和 30.6%，发展势头强劲。全省直接利用外商投资 2.4 亿美元，新设外商投资企业 144 个。中国香港和新加坡是贵州省利用外资主要来源地。外商投资主要集中在信息传输、软件和信息技术服务业，房地产及电力、热力、燃气及水生产和供应业。

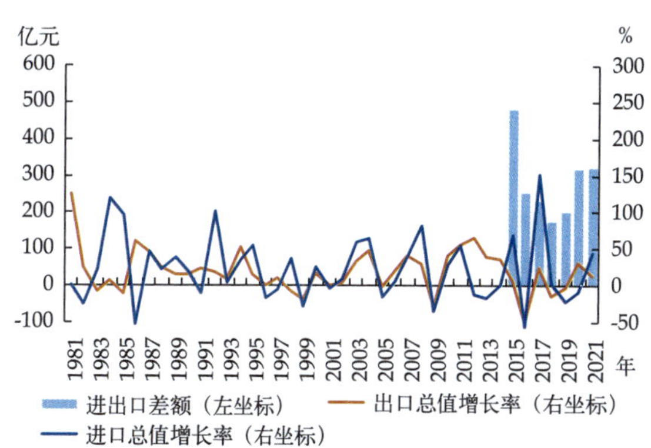

图 9　1981—2021 年贵州省外贸进出口变动情况

（数据来源：《中国经济景气月报》、贵州省统计局）

（二）三次产业协同发展，发展质量稳步提升

2021年，贵州省经济继续保持稳定恢复的良好态势，三次产业增加值同比分别增长7.7%、9.4%和7.3%，两年平均增速均高于全国平均水平，比重调整为13.9∶35.7∶50.4。工业经济占比达27.3%，对经济增长的支撑作用明显增强。“四化”领域取得明显成效。

1. 农业现代化成效显著，助推乡村振兴有效衔接。2021年，全省农林牧渔业总产值4692.0亿元，同比增长9.2%，其中畜牧业总产值和渔业总产值均实现两位数增长。粮食总产量1094.9万吨，粮食生产超额完成国家下达任务。在确保粮食安全前提下，继续大力调整农业结构，因地制宜发展林下经济，着力发展茶叶、食用菌、蔬菜等12个农业特色优势产业。建成高标准农田268万亩，农产品加工转化率超过55%。

2. 新型工业化加快推进支撑工业生产增速加快。2021年，全省工业经济实现持续较快发展，总体稳中向好，“压舱石”作用进一步体现。规模以上工业增加值同比增长12.9%，19个重点监测的工业行业中，12个行业实现增长，8个行业增长达到两位数。大力实施工业倍增行动，着力促进十大工业产业做大做强，加快推动产业集群发展，十大工业产业总产值达1.5万亿元，百亿级开发区达39个，新增规模以上工业企业700余户。酒、煤、电、烟四个行业支柱作用愈加突出，对全省规模以上工业增长的贡献超八成。全力以赴实施数字经济战略，推进绿色经济倍增计划。实施龙头企业、规模以上企业培育计划，引进宁德时代等一批龙头企业，加快发展大数据产业，中石化50万吨/年聚乙醇酸（PGA）等项目开工建设，恒力（贵阳）产业园一期等项目建成投产，大数据科创城启动建设，苹果、华为数据中心正式投运，华为云全球总部落地贵州。

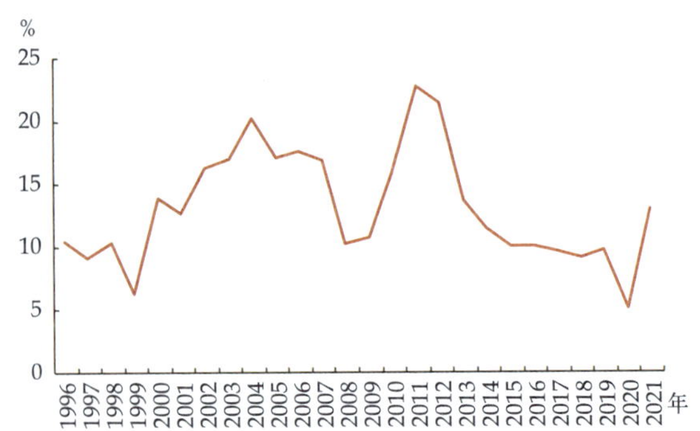

注：2013年以后的规模以上工业统计口径为全部年主营业务收入2000万元及以上的工业企业，之前年度为500万元及以上口径。

图10 1996—2021年贵州省规模以上工业增加值实际增长率

（数据来源：《中国经济景气月报》、贵州省统计局）

3. 旅游产业化提质增效，引领服务业增速企稳回升。2021年，全省服务业增加值同比增长7.3%。旅游产业稳定恢复，旅游接待人数达到6.5亿人次，旅游收入实现6642.2亿元，同比增长15%以上，新增营业收入超亿元旅游企业11家，旅游市场主体达12万家，旅游及相关产业增加值突破1000亿元。在旅游产业引领下，全省服务业创新发展十大工程深入实施，互联网和相关服务、软件和信息技术服务业等部分规模以上服务业营业收入保持强劲增势；“引金入黔”“险资入黔”有序推进，新增1家银行和1家保险公司开业。

4.“三去一降一补”深入推进，夯实供给侧结构性改革成果。2021年，去产能步伐加快，全省煤矿51处、产能945万吨/年，符合国家煤炭行业去产能验收标准要求。去库存有序推进，大中型企业产成品存货天数同比减少0.5天，应收账款平均回收期同比减少7.2天。降本减负持续开展，企业用地、用工、用电、用水、用气和信贷等要素保障不断强化，城镇水电气暖行业各类不合理收费全面清理取消，社会物流总费用与地区生产总值比重下降到15%。补短板力度加大，加快卫生养老教育服务设施供给，

新型城镇化重点任务落地落实，助推常住人口城镇化率达到 55% 左右。

5. 生态文明建设力度加大，巩固提升生态环境优势。2021 年，深入开展污染防治攻坚行动，空气、水质等指标持续向好，中心城市环境空气质量平均优良天数比率达 98.4%、全省 119 个地表水国考断面水质优良比例保持 100%。有力推进磷化工、电解锰等行业污染综合治理，磷石膏利用处置实现产消平衡。启动实施武陵山区水林田湖草沙一体化保护和修复工程。强化能耗“双控”，坚决遏制“两高”项目盲目发展。强化河（湖）长制，推行林长制，开展“贵州生态日”巡河、巡林系列活动。森林覆盖率达 62.1%。

（三）物价水平总体保持稳定，要素市场化配置改革深入推进

2021 年，全省物价水平总体保持稳定，CPI 同比温和上涨，工业生产者购进价格指数（IPI）、工业生产者出厂价格指数（PPI）同比上涨。

1. 居民消费价格温和上涨。2021 年，全省居民消费价格指数同比上涨 0.1%。8 个大类商品消费价格“4 升 3 降 1 持平”，交通通信价格上涨 3.9%，教育文化娱乐上涨 1.3%，医疗保健上涨 0.4%，其他用品和服务上涨 0.2%，生活用品及服务下降 0.3%，衣着下降 0.7%，食品烟酒下降 2.3%，居住保持持平。分月看，前 3 个月受上年同期基础较高影响，CPI 同比下降；随着高基数效应逐渐减弱，4 月同比由降转涨；6 月起，在猪肉等价格下降带动下，涨幅逐月回落，8 月降至负增长；10 月，受特殊天气、上游价格持续上涨及低基期等因素叠加影响，CPI 同比涨幅再次回升；11 月上涨 1.7%；12 月回落至 0.8%。

2. 工业生产价格上涨。2021 年，工业生产者购进价格指数、工业生产者出厂价格指数分别上涨 12%、6.5%。工业品购销价格“剪刀差”增至 2011 年以来的高位，企业生产制造成本上升，盈利空间不断被挤压，生产压力增大。

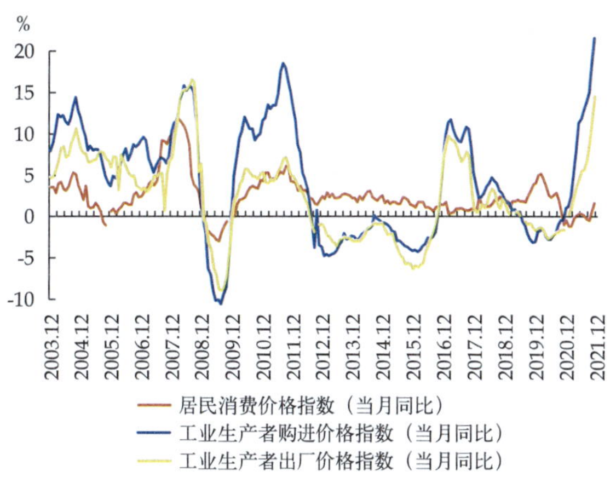

图 11　2003—2021 年贵州省居民消费价格指数和工业生产者价格指数变动趋势

（数据来源：《中国经济景气月报》、贵州省统计局）

3. 居民收入稳步提升，就业民生保障有力。2021 年，全省城镇新增就业人数 64.8 万人，同比增长 5.0%。居民人均可支配收入 23996 元，同比名义增长 10.1%，增速较上年上升 3.2 个百分点。其中，城镇常住居民人均可支配收入同比名义增长 8.6%，农村常住居民人均可支配收入同比名义增长 10.4%。全省工伤保险参保人数同比增长 14.3%。

4. 要素市场化改革深入推进。2021 年，深化电价市场化改革，完善输配电价体系，建立健全水、电、天然气差别化价格政策体系，推进农业水价综合改革。积极构建以新能源为主体的新型电力系统。年末贵州电网统调新能源装机占比 25.6%，新能源发电量同比增长 20.9%。积极利用市场化方式有效降低燃煤发电成本，出台水利工程供水价格改革政策，有效保障冬春电力供应。全省通过电力用户上调交易电价疏导燃煤发电成本 10.2 亿元，电力市场化交易累计完成电量占省内售电量的 49.1%，为全省工业企业降低用电成本 52.7 亿元。

（四）地方公共预算收入增速回升，重点保障民生领域

2021 年，全省地方一般公共预算收入 1969.5 亿元，同比增收 182.7 亿元，完成年度

调整预算的108.6%。全省各级财政坚决落实“过紧日子”要求，持续压减非急需非刚性支出，将有限的资金向民生领域聚集。地方一般公共预算支出5590.2亿元，减支149.4亿元。九项民生类重点支出完成3913.4亿元，占比高达70%，其中，节能环保支出、教育支出同比分别增长9.2%和5.1%。地方政府债务新增和置换工作稳步推进，债务率持续下降，公开发行地方债入库2275.8亿元，同比减少246.8亿元。

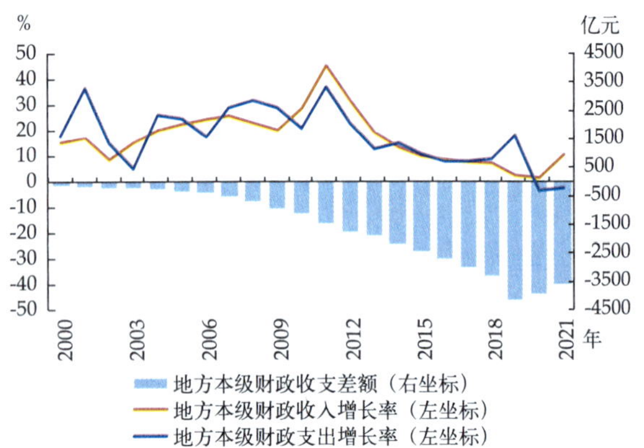

图12　2000—2021年贵州省财政收支状况

（数据来源：《中国经济景气月报》、贵州省统计局）

图13　2005—2021年贵州省商品房施工和销售变动趋势

（数据来源：《中国经济景气月报》、贵州省统计局）

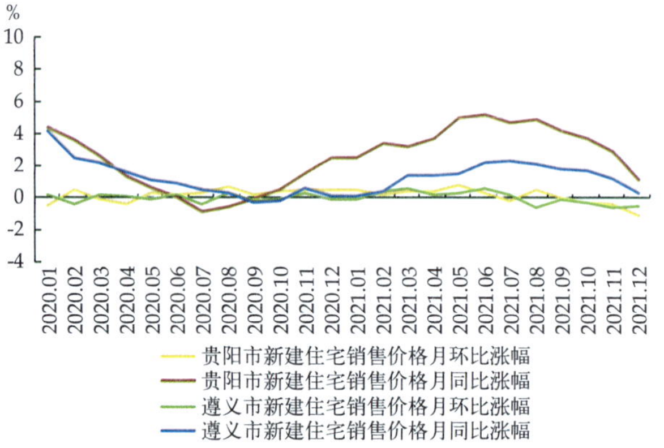

图14　2020—2021年贵州省主要城市新建住宅销售价格变动趋势

（数据来源：《中国经济景气月报》、贵州省统计局）

（五）房地产市场总体稳定，新兴产业加快发展

1.房地产开发投资下降，房地产贷款平稳增长。2021年，全省完成房地产开发投资3383.1亿元，同比下降1.0%。其中，住宅完成投资2624.9亿元，同比增长2.0%。商品房施工面积增长，库存规模有所减少。年末全省商品房施工面积28749.9万平方米，同比增长6.8%。全省新建商品房销售面积和销售额均同比增长0.6%，全省主要城市中，贵阳市、遵义市新建商品住宅销售价格指数同比分别上涨1.1%和0.3%。商品房可售面积同比增长1.8%；去化周期较上年减少1.3个月。年末，房地产贷款余额8664.8亿元，同比增长6.9%。其中，个人住房贷款余额同比增长12.5%。

2.新能源电池及材料产业发展提速，金融支持制造业力度增强。2021年，新能源电池及材料产业是贵州省委、省政府推进新型工业化、壮大新兴产业、培育新增长点的主攻方向。贵州省出台《关于推进锂电池材料产业高质量发展的指导意见》，着力构建“一核两区”的发展格局，构建完善的新能源电池及材料产业生态体系，助力实现工业倍增，促进工业经济高质量发展。2021年，全省锂离子电池制造业投资增长179.8%。同时，金融助力制造业发展成效显著，印发信贷政策指引，持续加快推进金融对制造业的支撑作用。年末全省制造业贷款余额同比增长31.4%。

专栏 2　贵州省连续 7 年开展贵州省金融生态环境测评取得良好成效

近年来，为优化贵州省金融生态环境，夯实信用建设基础，中国人民银行贵阳中心支行主动担当，积极作为，联合相关部门创新工作机制，连续 7 年开展金融生态环境测评。测评结果显示，贵州省金融生态环境有效改善，普惠金融、社会信用环境等主要指标持续优化。

一、主要做法

（一）强组织，高位谋划金融生态环境建设工作

一是推动高位部署。推动省政府出台《贵州省社会信用体系建设规划纲要》，提出“以信用为核心的金融生态环境建设”目标，将“金融生态环境建设与测评”工作纳入全面深化改革任务，明确任务组织架构。二是建立联动机制。联合多部门成立贵州省金融生态环境测评领导小组，由省政府领导任组长，组织和指导全省测评工作，形成全省上下联动、高效运转的指挥体系和责任落实体系。三是创建评价标准。联合印发《贵州省金融生态环境测评暂行办法》，明确测评对象、目标与方法，确保测评规范有序实施。

（二）抓关键，创建金融生态环境指标体系

一是开展测评指标专题论证。成立专项工作组和“测评工作咨询专家组”，围绕指标科学性、有效性、可得性，开展调研、咨询会、论证会 27 次。二是创建测评指标体系。立足贵州实际和特点，构建由经济发展环境、社会信用环境、普惠金融和金融生态满意度四大类 34 项指标组成的测评体系，并根据实际逐年修订调整。三是建立测评管理系统。联合相关部门组织推进系统开发与测试，确保数据可分级录入、逻辑模型可校验，推动建立精准高效的金融生态环境测评系统，为科学测评金融生态环境提供技术支撑。

（三）促落实，有效推进金融生态环境测评与运用

一是扎实开展测评结果分析和研判。基于客观分析，以发现问题为导向，组织撰写测评报告；建立测评报告和结果通报前多部门联合审议机制，确保报告内容准确客观；联合省地方金融监管局、省发展改革委持续发布测评报告与结果，增强报告影响力。二是强化测评成果运用。针对指标项中的薄弱环节，各级人民银行向各级党政专题汇报和召开专题会议 180 次，帮助找准本地金融生态环境建设中的短板和不足，推动出台文件制度 82 项。信用信息共享平台建设全省实现从无到有，其中，人民银行安顺市中心支行牵头建立的信息平台获肯定，并在黔南州、黔东南州推广应用。引导金融机构将测评结果作为重要参考，持续优化信贷资源配置，创新小微快贷、富硒诚信贷等 30 余项金融产品和服务。

二、主要成效

（一）测评“导向器”作用明显发挥，引导信用环境不断改善

农村信用工程成果显著，实现全省农户信用建档全覆盖，信用村、信用乡镇数量逐年提升。金融法治环境有效改善，在最近一个评价年度中，全省金融机构清收机关单位拖欠贷款比例较 2015 年上升 27.8 个百分点。金融信用状况持续向好，金融机构不良贷款率逐年下降。

（二）测评“提升器”效果不断深化，促进金融服务实体经济质效提升

持续改善金融生态环境，为当地金融高效活跃发展创造有利条件。其中，金融支持精准扶贫方面，扶贫再贷款实现 66 个国定贫困县和 16 个深度贫困县全覆盖。金融支持稳企业保就业方面，全省普惠小微贷款快速增

长，小微贷款利率水平近年持续下降，小微经营主体持续增长。金融基础设施建设方面，信用报告自助查询机布放实现全省县域全覆盖，农村助农取款点实现全省行政村全覆盖。

（三）测评“助推器”效应积极显现，助力经济高质量发展

经过近年努力，贵州金融生态环境测评工作取得良好成效，金融生态环境逐年改善，2020年度综合得分80分以上的市州、县域数量较2015年分别增加6个、32个，助推全省经济发展呈良好态势，形成了可复制可推广可借鉴的经验模式。

三、预测与展望

2021年，贵州省实现了“十四五”良好开局，金融运行整体呈现良好态势，同时也面临需求收缩、供给冲击、预期转弱的三重压力，受自身结构性、体制性、周期性问题制约，贵州部分领域高质量发展仍存在一定困难。2022年，在《国务院关于支持贵州在新时代西部大开发上闯新路的意见》指引下，贵州省将深入实施乡村振兴、大数据、大生态三大战略行动，紧紧围绕“四新”，主攻“四化”，推动实现高质量发展。全省金融系统将坚持稳中求进工作总基调，发挥好货币政策工具的总量和结构双重功能，保持信贷总量增长的稳定性，继续优化“六稳”“六保”金融服务，加大对实体经济的金融支持力度，促进降低企业综合融资成本，持之以恒防范化解重大金融风险，持续深化绿色金融、普惠金融、科技金融改革创新，为贵州省经济发展营造适宜的货币金融环境。

中国人民银行贵阳中心支行货币政策分析小组

总　　纂：文洪武　孙　涌　邓　浩

统　　稿：李家鸽　向　明　杨　丽　孔艳彦

执　　笔：莫　鹍　刘　爽　颜　寅　叶　茜　张小龙　许　熠　党月婷　蒋　竹　李　睿　周　睿　黄　荣

提供材料：李　曦　王　哲　王乾飞　李雪华　路　音　于　闯　陈文艳　黄天培　宋　涛　徐振鑫　肖　霞　刘世波　余　勇　李良元　薛　飞　艾攀宇　李　茜　张　珣　江飞艳　龙　杰　王　肖

附录：

（一）贵州省经济金融大事记

2月，习近平总书记视察贵州，要求贵州要守好发展和生态两条底线，在新时代西部大开发上闯新路，在乡村振兴上开新局，在实施数字经济战略上抢新机，在生态文明建设上出新绩。

4月，贵州省委、省政府作出“强省会”行动部署，实施“强省会”五年行动，贵阳贵安一体化发展迈出坚实步伐。

5月，2021年中国国际大数据产业博览会在贵阳举行。

7月，以绿色金融助推实现碳达峰碳中和目标为主题的2021年生态文明贵阳国际论坛绿色金融主题论坛在贵阳举行。

9月，贵州省各项存款余额首次突破3万亿元关口。

2021年，贵州省实施建设国内一流营商环境三年行动计划，打造“贵人服务”品牌；《贵州省优化营商环境条例》发布，自2022年1月1日起施行。营商环境持续改善，省级政府网上政务服务能力连续五年位居全国前三，新设立市场主体同比增长超过20%。

2021年，贵州获批建设全国一体化算力网络国家（贵州）枢纽节点，贵阳大数据科创城启动建设，华为云全球总部落地贵州，中国人民银行贵安数据中心项目正式落地建设。

2021年，贵州20个脱贫县列为国家乡村振兴重点帮扶县，人民银行贵阳中心支行等七部门联合建立贵州省金融支持巩固拓展脱贫攻坚成果同乡村振兴有效衔接厅际联席会议制度。

2021年，全省交通基础设施实现新突破，高速公路通车里程突破8000公里，贵阳龙洞堡机场三期工程建成，乌江水运全线复航。

2021年，《贵州省国民经济和社会发展第十四个五年规划和2035年远景目标纲要》《贵州省“十四五”金融改革发展规划》发布。

（二）贵州省主要经济金融指标

表 1　2021 年贵州省主要存贷款指标

	项目	1 月	2 月	3 月	4 月	5 月	6 月	7 月	8 月	9 月	10 月	11 月	12 月
本外币	金融机构各项存款余额（亿元）	29273.3	29271.6	29810.3	29418.6	29619.2	30188.0	29490.5	29998.9	30285.0	30436.1	30686.1	30123.4
	其中：住户存款	13014.1	13738.1	13940.4	13628.5	13643.3	14068.3	13787.4	13875.3	14181.7	13941.0	14070.7	14232.4
	非金融企业存款	8704.4	8259.4	8708.7	8544.0	8574.5	8764.0	8366.5	8366.5	8365.0	8114.9	8413.6	8316.0
	各项存款余额比上月增加（亿元）	948.7	-1.7	538.7	-391.7	200.6	568.8	-697.5	508.4	286.1	151.1	250.0	-562.7
	金融机构各项存款同比增长（%）	6.5	7.1	6.8	6.2	4.8	6.3	5.0	3.0	4.6	6.2	5.2	6.4
	金融机构各项贷款余额（亿元）	32994.5	33297.2	33794.4	34044.2	34256.4	34689.2	34901.5	35157.8	35371.0	35478.3	35760.6	35890.2
	其中：短期	5447.7	5472.8	5582.4	5568.4	5595.9	5717.2	5731.4	5773.0	5821.2	5803.5	5890.0	5860.0
	中长期	26693.4	27009.3	27433.8	27655.5	27870.6	28210.0	28401.0	28607.4	28825.7	28923.3	29132.6	29271.0
	票据融资	551.1	511.3	473.6	512.0	483.1	448.7	449.1	456.7	410.4	437.7	432.6	456.5
	各项贷款余额比上月增加（亿元）	695.1	302.7	497.2	249.7	212.2	432.8	212.2	256.3	213.2	107.3	282.3	129.6
	其中：短期	77.7	25.1	109.6	-14.0	27.5	121.3	14.3	41.5	48.2	-17.6	86.5	-30.0
	中长期	565.0	315.8	424.5	221.7	215.1	339.4	191.1	206.4	218.2	97.7	209.2	138.4
	票据融资	44.1	-39.8	-37.7	38.4	-29.0	-34.4	0.4	7.6	-46.3	27.3	-5.1	23.9
	金融机构各项贷款同比增长（%）	12.4	13.2	13.1	12.6	12.0	12.1	11.8	11.7	11.5	11.5	10.9	11.1
	其中：短期	14.2	14.1	11.8	9.6	9.1	9.8	10.2	7.9	7.7	7.7	8.3	9.1
	中长期	11.7	12.5	12.9	12.7	12.1	12.3	11.9	12.2	12.2	12.2	11.5	12.0
	票据融资	46.8	73.8	61.9	68.9	58.3	38.9	36.1	44.1	23.5	22.5	8.5	-10.0
	建筑业贷款余额（亿元）	1709.5	1763.7	1778.9	1789.0	1777.7	1790.8	1817.1	1821.1	1793.9	1750.6	1717.0	1670.4
	房地产业贷款余额（亿元）	1273.0	1279.9	1298.2	1292.0	1280.6	1275.9	1279.7	1272.5	1278.9	1265.8	1252.7	1239.4
	建筑业贷款同比增长（%）	4.3	6.5	6.2	6.4	4.6	3.5	4.2	3.8	2.1	0.5	-1.9	-2.8
	房地产业贷款同比增长（%）	-3.8	-3.9	-3.9	-5.3	-5.3	-3.6	-3.2	-3.4	-2.4	-3.0	-3.7	-1.8
人民币	金融机构各项存款余额（亿元）	29205.6	29206.1	29747.5	29354.2	29544.0	30039.4	29424.3	29923.6	30208.0	30359.1	30598.5	30048.1
	其中：住户存款	12991.7	13715.4	13917.3	13606.6	13622.0	14046.5	13765.6	13853.7	14160.1	13920.0	14049.5	14210.9
	非金融企业存款	8683.3	8239.6	8686.6	8518.4	8537.3	8659.2	8339.5	8335.3	8333.7	8082.3	8378.7	8284.7
	各项存款余额比上月增加（亿元）	929.3	0.5	541.4	-393.3	189.8	495.4	-615.1	499.3	284.4	151.1	239.4	-550.4
	其中：住户存款	223.6	723.7	202.0	-310.8	15.5	424.5	-280.9	88.2	306.4	-240.1	129.5	161.4
	非金融企业存款	127.7	-443.8	447.0	-168.1	18.9	121.9	-319.6	-4.2	-1.6	-251.4	296.4	-94.0
	各项存款同比增长（%）	6.4	7.0	6.8	6.2	4.7	6.0	5.0	2.9	4.5	6.2	5.1	6.3
	其中：住户存款	6.3	12.9	11.8	11.3	11.5	12.1	11.5	11.6	10.5	10.9	11.0	11.3
	非金融企业存款	11.4	6.2	6.1	5.5	3.2	5.7	5.8	0.8	-3.0	-4.6	-4.2	-3.3
	金融机构各项贷款余额（亿元）	32930.1	33232.7	33727.9	33980.2	34192.0	34622.6	34832.4	35085.7	35300.6	35411.2	35701.4	35829.4
	其中：个人消费贷款	6969.2	7001.2	7111.6	7179.9	7256.6	7334.3	7407.6	7491.8	7547.9	7603.9	7701.8	7733.2
	票据融资	551.1	511.3	473.6	512.0	483.1	448.7	449.1	456.7	410.4	437.7	432.6	456.5
	各项贷款余额比上月增加（亿元）	694.3	302.7	495.2	252.3	211.8	430.6	209.8	253.3	214.9	110.6	290.2	128.0
	其中：个人消费贷款	108.4	32.0	110.4	68.3	76.7	77.8	73.3	84.1	56.2	56.0	97.9	31.4
	票据融资	44.1	-39.8	-37.7	38.4	-29.0	-34.4	0.4	7.6	-46.3	27.3	-5.1	23.9
	金融机构各项贷款同比增长（%）	12.5	13.3	13.2	12.7	12.1	12.1	11.9	11.8	11.5	11.5	10.9	11.2
	其中：个人消费贷款	15.9	16.4	16.0	15.1	14.4	13.7	13.2	13.1	12.9	12.8	12.6	12.8
	票据融资	46.8	73.8	61.9	68.9	58.3	38.9	36.1	44.1	23.5	22.5	8.5	-10.0
外币	金融机构外币存款余额（亿美元）	10.5	10.1	9.6	10.0	11.8	23.0	10.2	11.6	11.9	12.0	13.7	11.8
	金融机构外币存款同比增长（%）	44.9	46.3	30.8	35.4	51.0	189.6	27.0	42.2	51.7	48.4	70.0	59.5
	金融机构外币贷款余额（亿美元）	10.0	10.0	10.1	9.9	10.1	10.3	10.7	11.1	10.9	10.5	9.3	9.5
	金融机构外币贷款同比增长（%）	-19.1	-20.9	-14.8	-18.4	-8.9	-9.3	-6.4	-3.1	3.3	1.0	-6.0	-2.2

数据来源：中国人民银行贵阳中心支行。

表 2　2001—2021 年贵州省各类价格指数

单位：%

时间	居民消费价格指数		农业生产资料价格指数		工业生产者购进价格指数		工业生产者出厂价格指数	
	当月同比	累计同比	当月同比	累计同比	当月同比	累计同比	当月同比	累计同比
2001	—	1.8	—	-0.6	—	0.2	—	2.2
2002	—	-1.0	—	0.6	—	-2.4	—	-1.1
2003	—	1.2	—	4.1	—	6.0	—	3.4
2004	—	4.0	—	9.0	—	12.0	—	8.0
2005	—	1.0	—	10.2	—	7.4	—	7.2
2006	—	1.7	—	5.4	—	7.3	—	4.3
2007	—	6.4	—	5.1	—	7.5	—	5.0
2008	—	7.6	—	13.4	—	12.5	—	12.4
2009	—	-1.3	—	-3.8	—	-6.5	—	-4.9
2010	—	2.9	—	1.1	—	9.8	—	4.7
2011	—	5.1	—	11.1	—	15.0	—	5.4
2012	—	2.7	—	0.7	—	2.3	—	1.0
2013	—	2.5	—	-1.0	—	-3.6	—	-2.6
2014	—	2.4	—	-1.0	—	-1.4	—	-1.7
2015	—	1.8	—	3.1	—	-2.5	—	-3.9
2016	—	1.4	—	3.0	—	-1.5	—	-2.1
2017	—	0.9	—	-1.2	—	9.7	—	7.2
2018	—	1.8	—	-1.2	—	3.4	—	1.8
2019	—	2.4	—	3.2	—	-0.6	—	-0.2
2020		2.6	—	12.2	—	-1.4	—	-1.7
2021	—	0.1	—	—	—	12.0	—	6.5
2020　1	5.1	5.1	5.6	5.6	-1.8	-1.8	-1.3	-1.3
2	5.3	5.2	6.2	5.9	-1.6	-1.7	-1.2	-1.2
3	4.6	5.0	10.7	7.5	-1.5	-1.6	-1.5	-1.3
4	3.8	4.7	12.5	8.8	-2.3	-1.8	-2.3	-1.5
5	2.7	4.3	13.7	9.8	-2.7	-2.0	-2.6	-1.7
6	2.4	4.0	14.1	10.5	-2.7	-2.1	-2.4	-1.9
7	2.7	3.8	15.4	11.2	-2.2	-2.1	-2.1	-1.9
8	3.0	3.7	15.9	11.8	-1.9	-2.1	-1.9	-1.9
9	2.1	3.5	16.1	12.3	-0.9	-2.0	-1.7	-1.9
10	0.7	3.2	13.1	12.3	-0.4	-1.8	-1.5	-1.8
11	-0.9	2.8	12.3	12.3	-0.4	-1.8	-1.5	-1.8
12	-0.4	2.6	10.8	12.2	1.1	-1.4	0.0	-1.7
2021　1	-1.1	-1.1	—	—	1.3	1.3	0.4	0.4
2	-1.1	-1.1	—	—	2.4	1.9	1.1	0.7
3	-0.2	-0.8	—	—	5.3	3.0	2.5	1.3
4	0.2	-0.6	—	—	8.1	4.3	3.8	1.9
5	0.4	-0.4	—	—	11.4	5.7	4.6	2.5
6	0.4	-0.3	—	—	11.9	6.7	5.7	3.0
7	0.2	-0.2	—	—	13.0	7.6	5.8	3.4
8	-0.2	-0.2	—	—	13.9	8.4	6.8	3.8
9	-0.4	-0.2	—	—	15.1	9.1	9.1	4.4
10	0.4	-0.2	—	—	18.7	10.1	11.8	5.1
11	1.7	0.0	—	—	21.7	11.1	14.7	6.0
12	0.8	0.1	—	—	21.2	12.0	11.7	6.5

数据来源：《中国经济景气月报》、贵州省统计局。

表 3　2021 年贵州省主要经济指标

项目	1 月	2 月	3 月	4 月	5 月	6 月	7 月	8 月	9 月	10 月	11 月	12 月
	绝对值（自年初累计）											
地区生产总值（亿元）	—	—	4336.5	—	—	9075.5	—	—	13985.5	—	—	19586.4
第一产业	—	—	463.0	—	—	1055.0	—	—	1993.7	—	—	2730.9
第二产业	—	—	1490.3	—	—	3214.5	—	—	4833.8	—	—	6984.7
第三产业	—	—	2383.2	—	—	4806.0	—	—	7158.0	—	—	9870.8
工业增加值（亿元）	—	—	—	—	—	—	—	—	—	—	—	—
固定资产投资（亿元）	—	—	—	—	—	—	—	—	—	—	—	—
房地产开发投资	—	—	—	—	—	—	—	—	—	—	—	—
社会消费品零售总额（亿元）	—	—	—	—	—	—	—	—	—	—	—	—
外贸进出口总额（亿元）	—	83.5	139.2	198.3	267.1	326.1	370.1	414.6	465.3	512.1	569.6	654.2
进口	—	20.5	35.0	46.7	60.7	73.7	85.6	94.1	109.0	123.2	140.4	167.1
出口	—	63.1	104.1	151.7	206.4	252.4	284.6	320.5	356.3	388.9	429.2	487.1
进出口差额（出口－进口）	—	42.6	69.1	105.0	145.7	178.6	199.0	226.4	247.3	265.7	288.8	320.1
实际利用外资（亿美元）	—	0.5	0.5	0.9	1.3	1.3	1.4	1.4	1.5	2.2	2.2	2.4
地方财政收支差额（亿元）	-89.1	-419.8	-802.1	-931.4	-1086.3	-1568.3	-1736.5	-1956.2	-2361.2	-2439.4	-2765.1	-3620.6
地方财政收入	216.6	337.2	450.8	628.7	775.6	1020.8	1158.9	1267.5	1399.0	1571.2	1692.2	1969.5
地方财政支出	305.7	757.1	1252.9	1560.0	1861.9	2589.0	2895.4	3223.7	3760.2	4010.6	4457.3	5590.2
城镇登记失业率（%）（季度）	—	—	—	—	—	—	—	—	—	—	—	—
	同比累计增长率（%）											
地区生产总值	—	—	16.1	—	—	12.1	—	—	8.7	—	—	8.1
第一产业	—	—	6.5	—	—	7.0	—	—	7.7	—	—	7.7
第二产业	—	—	20.2	—	—	13.6	—	—	9.2	—	—	9.4
第三产业	—	—	15.7	—	—	12.3	—	—	8.6	—	—	7.3
工业增加值	—	27.6	21.6	19.3	18.0	15.2	13.9	12.9	11.7	11.5	12.1	12.9
固定资产投资	—	53.8	33.0	24.1	15.3	3.4	-4.4	-7.3	-9.4	-8.5	-3.6	-3.1
房地产开发投资	—	45.5	22.9	21.9	14.6	1.8	-5.6	-3.5	-3.0	-2.7	-1.2	-1.0
社会消费品零售总额	—	—	40.3	—	—	25.7	—	—	16.1	—	—	13.7
外贸进出口总额	—	90.8	85.7	75.3	76.2	69.7	46.7	33.2	22.6	19.8	18.5	19.7
进口	—	73.4	115.2	112.5	119.8	118.4	95.8	74.9	61.3	58.9	42.4	44.6
出口	—	97.3	77.5	66.4	66.4	59.3	36.5	24.4	14.3	11.2	12.3	13.0
实际利用外资	—	57.3	—	—	—	—	—	—	—	-49.7	—	—
地方财政收入	3.2	8.6	10.1	11.5	12.9	10.7	10.1	10.7	10.8	9.8	8.1	10.2
地方财政支出	-23.5	10.8	10.5	5.3	3.9	10.2	5.2	-1.2	-2.6	-5.6	-3.3	-2.6

数据来源：《中国经济景气月报》、贵州省统计局。

云南省金融运行报告（2022）

中国人民银行昆明中心支行货币政策分析小组

［内容摘要］2021年，云南省坚持以习近平新时代中国特色社会主义思想为指导，全面贯彻落实党的十九大和十九届历次全会精神，科学统筹疫情防控和经济社会发展，经济延续稳中加固的态势，高质量发展步伐持续加快。全年地区生产总值2.7万亿元，同比增长7.3%，两年平均增速高于全国。一是内需潜力持续释放，经济稳步回升向好。全省固定资产投资同比增长4.0%；社会消费品零售总额同比增长9.6%；进出口总额同比增长16.8%，其中，出口额、进口额分别增长16.3%、17.3%。二是三次产业协同发展，新旧动能加快转换。第一产业增加值同比增长8.4%，全年粮食总产量首次跃上1900万吨大关；全年规模以上工业增加值同比增长8.8%，其中，高技术制造业增加值、装备制造业增加值同比分别增长34.9%、32.7%；服务业增加值同比增长7.7%，全年接待游客数和实现旅游总收入分别恢复至2019年的80%和68%。三是供给侧结构性改革有力推进，市场主体更趋多元化。“数字云南”建设加快；全省高速公路里程突破1万公里，中老铁路运营开局良好，中缅印度洋新通道海公铁联运成功试运；新登记市场主体75.4万户，同比增长12.7%，其中包括17户国家级专精特新“小巨人”企业。四是财政收支整体平衡，民生领域稳定向好。全省地方一般公共预算收入同比增长7.6%，一般公共预算支出同口径增长3.1%，民生支出占比74%；城镇新增就业53.3万人，城镇调查失业率平均值与全国持平，较上年同期有所下降。

全省金融运行总体平稳，多层次资本市场稳步发展，金融对实体经济的支持力度进一步加大，为全省经济高质量发展营造了适宜的货币金融环境。一是银行业发展稳中向好，货币信贷运行平稳。银行业金融机构资产和负债总额均同比增长6.2%，不良贷款实现“双降”；全省本外币各项存款、各项贷款同比分别增长2.4%、11.2%，全省社会融资规模累计新增4782.5亿元，规模增长与全省经济发展基本匹配。二是融资结构持续优化，融资成本进一步下降。对重点领域和薄弱环节的支持力度持续加大，制造业中长期贷款增长29%，普惠口径小微贷款余额和授信户数同比分别增长25.1%和20.5%，绿色贷款余额同比增长21.1%；贷款利率稳中有降，全省人民币一般贷款加权平均利率较上年下降0.1个百分点。三是证券业稳健发展，多层次资本市场建设有效推进。全年辖内上市公司股票累计交易额同比增长11.1%；2021年末，全省共有上市公司41家，全年累计融资额同比增长53.7%。四是保险业平稳发展，风险保障机制作用显现。2021年，全省保险业保费收入同比下降1.7%，赔付支出同比增长4.6%；云南专属农业及涉农保险产品588个，实现农业保险129个县区全覆盖，脱贫地区优势特色农产品保险品种全年新增115个。五是金融生态环境不断优化，金融基础设施更趋完善。稳步推进云南省征信平台建设。全省支付系统覆盖率进一步提高，全年累计建设惠农业务点15017个，其中普惠金融服务站7610个。积极打造“满天星”“滇游记”金融消费者权益服务品牌，全省15个州市中支建立起金融纠纷多元化解机制。

2021年，云南省经济保持稳定恢复态势，历史性地解决了绝对贫困问题，高质量跨越式发展迈出坚实步伐。但同时也要看到，支撑云南高质量发展的基础还不牢固，开放型经济体制改革仍需深化。2022年，云南省将以习近平新时代中国特色社会主义思想为指导，全面贯彻落实党的十九大、十九届历次全会和中央经济工作会议精神，以推动高质量发展为主题，坚持稳字当头、稳中求进，科学统筹疫情防控和经济社会发展，继续做好“六稳”“六保”工作，持续改善民生，不断巩固夯实全面建成小康社会成果，保持经济运行在合理区间，保持社会大局稳定，以实际行动迎接党的二十大胜利召开。全省金融部门将贯彻执行好稳健的货币政策，发挥好货币政策工具的总量和结构双重功能，加大对小微企业、科技创新、绿色发展、新型基础设施建设、乡村振兴、文旅产业等领域的支持力度，维护金融安全，牢牢守住不发生区域性金融风险的底线，为推动云南主动融入和服务新发展格局营造适宜的货币金融环境。

一、金融运行情况

2021 年，云南省金融运行总体平稳，社会融资规模增长与全省经济发展基本匹配，稳健的货币政策精准有效，货币政策工具高效运用，多层次资本市场稳步发展，进一步加大对实体经济的支持力度，为全省高质量发展、科学统筹疫情防控和经济社会发展营造了适宜的货币金融环境。

（一）银行业发展稳中向好，金融支持重点突出

1. 资产负债规模稳步增长，盈利能力维持稳定。2021 年末，云南省银行业金融机构资产总额 5.1 万亿元，同比增长 6.2%；负债总额 4.9 万亿元，同比增长 6.2%，增速较上年末分别下降 2.6 个和 2.8 个百分点；全年实现净利润 382.4 亿元，资产利润率为 1.6%；净息差、净利差分别较上年收窄 0.1 个百分点，盈利能力基本稳定。

表 1　2021 年云南省银行业金融机构情况

机构类别	营业网点			法人机构（个）
	机构个数（个）	从业人数（人）	资产总额（亿元）	
一、大型商业银行	1552	33024	17246	0
二、国家开发银行和政策性银行	89	2102	7579	0
三、股份制商业银行	380	8667	5021	0
四、城市商业银行	246	6483	5276	3
五、城市信用社	0	0	0	0
六、小型农村金融机构	2197	24890	11694	133
七、财务公司	5	127	363	3
八、信托公司	1	113	48	1
九、邮政储蓄银行	864	3279	1916	0
十、外资银行	7	96	102	0
十一、新型农村金融机构	399	5197	577	278
十二、其他	5	210	1294	1
合　计	5745	84188	51115	419

数据来源：云南银保监局。

注：营业网点不包括国家开发银行和政策性银行、大型商业银行、股份制银行等金融机构总部数据；大型商业银行包括中国工商银行、中国农业银行、中国银行、中国建设银行和交通银行；小型农村金融机构包括农村商业银行、农村合作银行和农村信用社；新型农村金融机构包括村镇银行、贷款公司、农村资金互助社和小额贷款公司；其他包含金融租赁公司、汽车金融公司、货币经纪公司、消费金融公司等。

2. 存款低位运行，增长呈现结构分化。2021 年末，全省本外币各项存款余额 36520 亿元，同比增长 2.4%，增速较上年末下降 5.7 个百分点，较年初增加 687.2 亿元，同比少增 1800.3 亿元。其中，住户存款同比增长 9%，高于各项存款增速 6.6 个百分点，对存款拉动作用明显。非金融企业存款同比下降 5.2%，增速较上年末下降 12.1 个百分点。外币存款余额同比增长 11.8%，高于上年同期 15 个百分点。

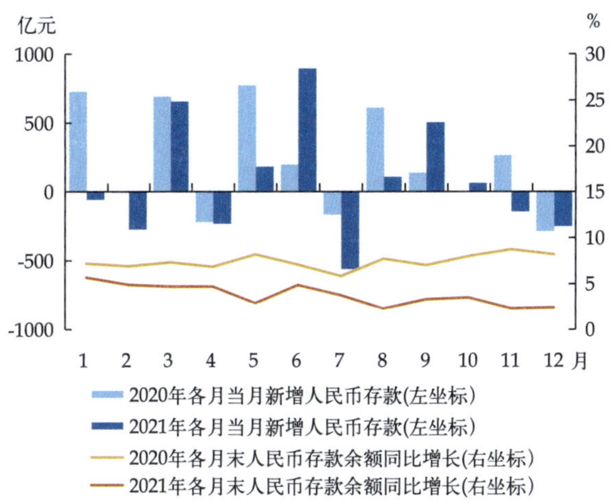

图 1　2020—2021 年云南省金融机构人民币存款增长变化

（数据来源：中国人民银行昆明中心支行）

3. 贷款平稳增长，信贷结构持续优化。 2021 年末，全省本外币各项贷款余额 38977.9 亿元，同比增长 11.2%，较年初增加 3925.8 亿元，同比多增 438.7 亿元。基础设施补短板保障有力，2021 年末，全省三大基础设施建设领域[①]贷款余额同比增长 13.7%，高于各项贷款增速 2.5 个百分点。信贷资金加快投向重点领域，2021 年末，制造业中长期贷款余额 880.1 亿元，同比增长 29.1%。薄弱环节金融支持不断改善，2021 年末，全省小微型企业贷款余额同比增长 13.2%，高于全省各项贷款增速 2 个百分点，普惠口径小微贷款余额和授信户数同比分别增长 25.1% 和 20.5%；全年累计发放创业担保贷款 153.7 亿元，带动（吸纳）就业人员 24 万人。金融支持“三农”力度不减，涉农贷款同比增长 12.5%，高于各项贷款增速 1.3 个百分点。绿色金融发展向好，绿色贷款较年初增加 697.8 亿元。

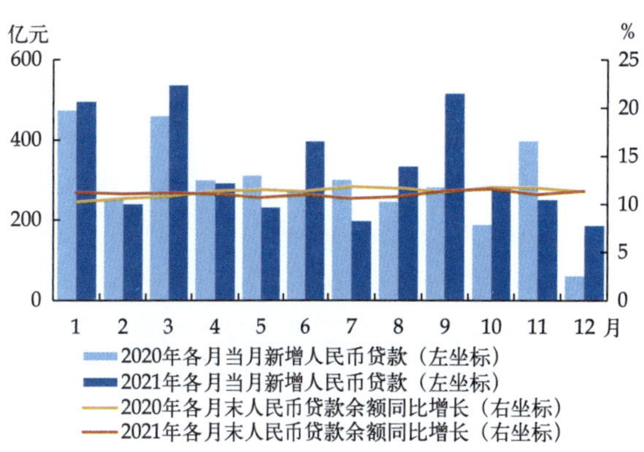

图 2　2020—2021 年云南省金融机构人民币贷款增长变化

（数据来源：中国人民银行昆明中心支行）

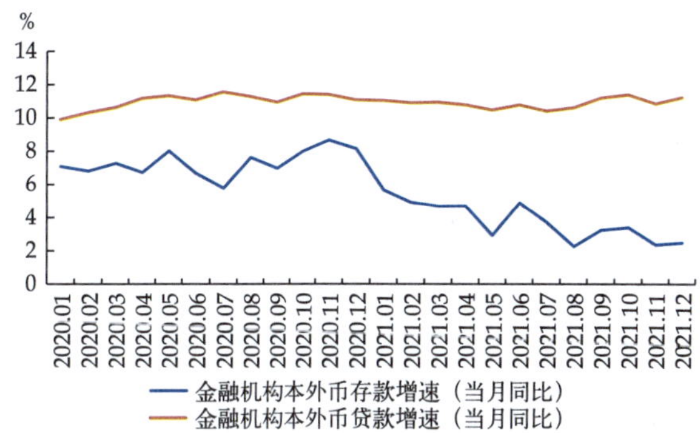

图 3　2020—2021 年云南省金融机构本外币存贷款增速变化

（数据来源：中国人民银行昆明中心支行）

4. 表外业务进一步规范，理财产品较快发展。 金融机构资产管理业务更为规范，委托贷款余额 1971 亿元，同比减少 99.4 亿元，信托贷款余额 820.4 亿元，同比减少 344.9 亿元。全省金融机构发行的同业存单余额 269.7 亿元，同比减少 178.3 亿元。2021 年末，全省银行业金融机构净值型理财产品余额 3035 亿元。

① 三大基础设施行业包括电力、热力、燃气及水生产和供应业，交通运输、仓储和邮政业，水利、环境和公共设施管理业。

5. 存款利率稳中有降，贷款利率稳中有降。 深入推进LPR改革，持续释放LPR改革效能。2021年，全省银行业金融机构人民币一般贷款加权平均利率为5.05%，较上年下降0.1个百分点。其中，企业贷款利率持续下行，全省企业贷款加权平均利率为4.75%，较上年下降0.01个百分点；小微企业贷款加权平均利率4.96%，较上年下降0.13个百分点；普惠口径小微贷款加权平均利率为5.77%，较上年下降0.1个百分点。全省活期存款加权平均利率为0.32%，定期存款加权平均利率为2.38%。

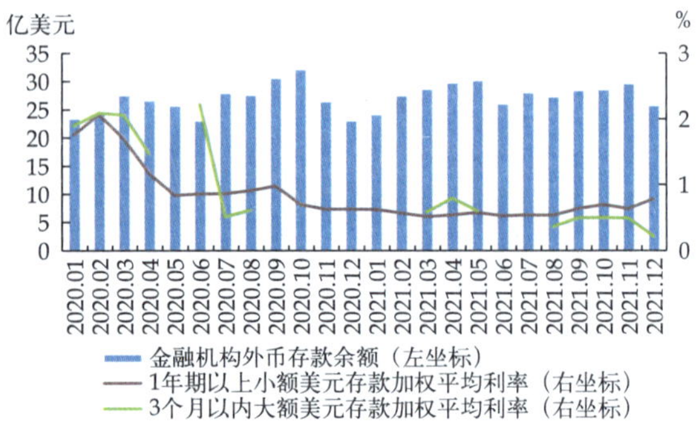

图4　2020—2021年云南省金融机构外币存款余额及外币存款利率

（数据来源：中国人民银行昆明中心支行）

表2　2021年云南省金融机构人民币贷款各利率区间占比

单位：%

项目		1月	2月	3月	4月	5月	6月
合计		100.0	100.0	100.0	100.0	100.0	100.0
LPR减点		15.2	9.7	11.1	12.1	14.9	14.5
LPR		15.1	14.2	13.5	14.5	13.2	11.1
LPR加点	小计	69.8	76.1	75.4	73.4	71.9	74.4
	(LPR，LPR+0.5%)	12.4	20.0	18.9	15.3	15.6	18.8
	[LPR+0.5%，LPR+1.5%)	25.2	28.5	29.5	24.5	24.7	24.2
	[LPR+1.5%，LPR+3%)	23.5	18.7	19.6	23.3	23.9	23.5
	[LPR+3%，LPR+5%)	7.8	7.7	6.6	9.5	6.9	7.1
	LPR+5%及以上	0.8	1.3	0.8	0.9	0.9	0.9
项目		7月	8月	9月	10月	11月	12月
合计		100.0	100.0	100.0	100.0	100.0	100.0
LPR减点		9.7	15.9	15.4	9.8	15.5	19.5
LPR		17.9	14.5	10.6	9.3	7.8	8.3
LPR加点	小计	72.4	69.6	74.0	80.9	76.7	72.2
	(LPR，LPR+0.5%)	12.6	11.7	14.3	15.6	15.4	16.2
	[LPR+0.5%，LPR+1.5%)	24.1	27.3	29.1	26.4	29.7	25.8
	[LPR+1.5%，LPR+3%)	27.0	22.9	21.9	26.3	24.1	21.5
	[LPR+3%，LPR+5%)	7.7	6.5	7.7	11.6	6.4	7.9
	LPR+5%及以上	1.0	1.2	1.0	1.1	1.1	0.8

数据来源：中国人民银行昆明中心支行。

6. 不良贷款实现“双降”，风险抵御能力持续增强。 2021年，云南省银行业金融机构加大不良贷款处置和拨备计提力度，不良贷款余额和不良贷款率实现“双降”。2021年末，全省不良贷款余额564.4亿元，较年初减少42.5亿元；不良贷款率1.5%，较年初下降0.3个百分点。银行业金融机构拨备覆盖率较年初提高59.1个百分点。流动性保持合理充裕。2021年末，全省法人机构流动性比例56.1%，同比提升2.1个百分点，超额备付金率6.2%。地方法人机构资本充足率较上年提升0.1个百分点；杠杆率7.4%，保持在合理区间。

7. 跨境人民币业务稳定发展，积极支持自贸区建设。 2021年，全省跨境人民币收付金额696亿元，同比增长5.1%。2010年6月试点以来，全省跨境人民币累计收付金额达6581.6亿元，累计参与结算企业4500余家，境外地域覆盖面扩大至106个国家和地区，其中“一带一路”沿线国家和地区40个。2021年，云南自贸试验区内银行跨境人民币收付金额216.7亿元，开展更高水平贸易投资便利化业务收付金额20.7亿元，以金融服务创新带动人民币跨境使用。

专栏1　“四位一体”助力沿边民族地区乡村振兴

2021年，人民银行昆明中心支行深入贯彻落实习近平总书记给云南省沧源县边境村老支书们的回信精神，以服务沿边民族地区乡村振兴为支点，积极构建“四位一体”服务机制，有效支持边疆繁荣、助力沿边25个少数民族共同发展。

深耕普惠金融，支持各族群众共享金融服务。一是改善支付服务环境。实现沿边地区支付服务网全覆盖。创新边民互市电子化结算模式，助推边民互市贸易稳健发展。推出“乡村振兴贷记卡”，填补信用卡服务空白，满足边民生活生产等多领域资金支付需求。2021年末，沿边州市共为62.8万农户发放乡村振兴贷记卡171.7万张。二是推进特色乡村信用体系建设。在红河州试点创建“党建+信用”示范村，推动信用建设和乡村基层党建融合发展。创新整族授信模式，为独龙族、怒族、基诺族等6个云南特有少数民族的2.1万农户全部建立信用档案。三是加强金融消费者权益保护。推广“普通话+少数民族语”双语宣传，进村入户向各族群众讲解金融政策。在沧源县率先构建诉前联动纠纷解决合作机制，探索建立金融纠纷多元化解机制，让各族群众便捷、安全、放心地享受金融服务。

赋能乡村产业，支持沿边地区兴业富农。一是促进农业产业发展。结合沿边区位特点和自然禀赋，引导金融机构加大对肉牛、烤烟、茶叶、花卉、咖啡、康养等特色农业支持力度，提高县域经济发展水平。2021年末，沿边州市农业贷款余额874.6亿元，同比增长12%，高于同期全省贷款平均增速0.7个百分点。二是支持农户生产经营。推动完善财政贴息等配套政策，加快发展农户小额信贷，有效缓解村民缺少抵押担保难题，有序满足沿边村民融资需求。2021年末，沿边州市农户贷款余额1341.6亿元，同比增长18.6%，高于同期全省贷款平均增速7.4个百分点。三是丰富农村融资途径。引导创新金融产品和服务方式，先后引入茶叶存货抵押缓解茶企担保不足难题，发展“保险+期货”价格指数为胶农种植橡胶提供价格保障，推广供应链票据缓解产业链上下游企业占款压力，有效满足沿边地区多样化融资需求。

助力乡村建设，支持沿边乡村改善生产生活环境。一是支持村民幸福安居。围绕“生态宜居”总要求，为村民危房改造、厕卫修整等提供一次授信、循环使用、随贷随还、优惠利率的专属产品，推动改善人居条件。2021年末，沿边州市共发放安居贷36亿元。二是助力补齐发展短板。构建“贷款+”融资模式，支持沿边乡村基础设施建设。怒江州通过“贷款+社会资本”为高速公路建设融资43亿元，结束了全州无高速公路的历史。三是打造乡村建设样板。推动“融资”“融智”深度融合，为乡村建设提供规划制定、项目辅导、融资支持在内的综合金融服务。国家开发银行云南省分行协助腾冲市政府规划乡村建设项目14个，并配套信贷支持30亿元；红河州围绕基础设施建设、农业企业、农户三类主体，为打造田园综合体制订一体化金融服务方案。

组织金融戍边，维护边疆和谐稳定。一是支持沿边地区疫情防控。制定贷款“应延尽延”、维护公众征信权益、保障正常金融服务等十条专属措施，统筹支持疫情防控和经济社会发展。全年组织逾10万人次金融系统干部职工参与核酸检测、疫苗接种等志愿工作，全力支持瑞丽市等沿边地区共筑疫情防控安全线。二是促进边疆地区社会稳定。建立跨境反假货币工作中心，开展打击假币违法犯罪专项行动。依法依规强化“背包客”资金风险监测分析，配合打击治理跨境犯罪、跨境赌博和电信诈骗。统筹推进沿边地区反假币、反电诈、反洗钱工作，有效保障边民财产安全。三是筑牢跨境结算安全网。创新建设云南省境外边民银行账户信息平台，通过推进边境贸易结算阳光化，助力打击地下钱庄和跨境犯罪行为，切实维护国家金融安全。

（二）证券业稳健发展，多层次资本市场建设有效推进

1. 机构数量稳定，市场交易保持活跃。 2021年末，云南省共有2家法人证券公司、2家法人期货公司，数量与上年持平。2021年，全省证券市场累计交易额39175.7亿元，同比增长11.1%，期货市场累计交易额40327.1亿元，同比增长21.3%。在中国证券投资基金协会登记的私募基金管理人80家，备案基金167只，基金规模1137亿元。2021年末，云南省获批天然橡胶、白糖"保险＋期货"专项支持资金5250万元，保障现货产量17.6万吨。

表3　2021年云南省证券业基本情况

项目	数量
总部设在辖内的证券公司数（家）	2
总部设在辖内的基金公司数（家）	—
总部设在辖内的期货公司数（家）	2
年末国内上市公司数（家）	41
当年国内股票（A股）筹资（亿元）	165
当年发行H股筹资（亿元）	—
当年国内债券筹资（亿元）	1312
其中：短期融资券筹资额（亿元）	250
中期票据筹资额（亿元）	1063

数据来源：云南证监局。

2. 融资渠道有效拓展，服务实体保障有力。 2021年末，全省共有上市公司41家，同比增加4家，其中，沪市17家、深市23家、北交所1家。总股本681.9亿股，总市值10964亿元，上市公司全年累计融资164.8亿元。全年通过交易所市场发行公司债券20只，金额124.5亿元；发行资产证券化产品11只，金额33.2亿元。全省存续公司债券107只，金额960.7亿元；存续资产证券化产品88只，金额252.2亿元。

3. 多层次资本市场稳步发展，基础设施建设持续完善。 2021年末，全省共有新三板挂牌公司63家，其中创新层15家，年内新增3家；基础层48家；做市挂牌交易6家；集合竞价交易57家。新三板市场累计融资0.1亿元，挂牌公司呈现逐层递进发展的良好态势。2021年9月末，云南省股权交易中心开业运营，年末，共有挂牌企业15家、展示企业3家、托管企业39家。同时，沪深交易所依托股交中心设立云南基地，开展深入合作。

（三）保险业平稳发展，风险保障机制作用显现

1. 保险市场体系逐步完善，保障能力持续增强。 2021年末，全省共有法人保险机构1家，省级分公司44家，其中，财产保险省级分公司28家、人身保险省级分公司16家。全省保险业累计实现保险保费收入690.2亿元，同比减少1.7%；赔付支出286亿元，同比增长4.6%。其中，财产险公司累计实现保费收入317.3亿元，同比减少6.3%；人身险公司累计实现保费收入372.9亿元，同比增长2.5%。

表4　2021年云南省保险业基本情况

项目	数量
总部设在辖内的保险公司数（家）	1
其中：财产险经营主体（家）	1
寿险经营主体（家）	—
保险公司分支机构（家）	44
其中：财产险公司分支机构（家）	28
寿险公司分支机构（家）	16
保费收入（中外资，亿元）	760.3
其中：财产险保费收入（中外资，亿元）	320.1
人身险保费收入（中外资，亿元）	440.2
各类赔款给付（中外资，亿元）	300.2

数据来源：云南银保监局。

2. 农业生产风险保障持续优化，支持乡村振兴稳定器作用凸显。 2021年末，全省专属农业及涉农保险产品588个，实现农业保险全省129个县区全覆盖。农业保险全年累计为809.7万户次农业生产经营者提供风险保障1607亿元，农户从农业保险赔款中直接受益15.3亿元，受益农户216.6万户次。全省城乡居民大病保险对

建档立卡脱贫人口累计赔付金额为2.3亿元，惠及16.7万人次。落实特色农产品保险以奖代补政策，云南省脱贫地区优势特色农产品保险品种共计167个，较年初增加115个。

（四）融资结构持续优化，金融市场平稳运行

1. 社会融资规模同比少增，银行贷款及地方政府债券贡献度上升。2021年，全省社会融资规模累计新增4782.5亿元，同比少增1071.8亿元，降幅18.3%。分结构看，全省银行贷款①累计新增3856.5亿元，同比增长10%，融资贡献度较上年提高20.8个百分点，地方政府债券融资累计新增1348.6亿元，融资贡献度较上年提高1.5个百分点。表外融资②累计减少518.2亿元，同比多减278.8亿元；企业债券净融资减少410.7亿元，同比多减834.9亿元。

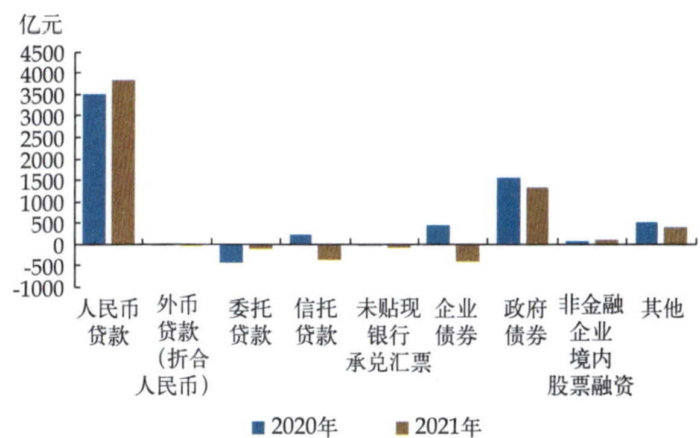

图5　2020—2021年云南省社会融资规模分布结构

（数据来源：中国人民银行昆明中心支行）

2. 债务融资工具发行总体平稳。2021年，全省共发行165只债务融资工具，累计募集资金1401.2亿元，涉及28家企业。全省企业发行绿色债券117亿元，投向清洁交通、清洁能源、污染防治等领域。

3. 银行间市场交易活跃。2021年，全省地方法人金融机构及非法人产品在银行间市场累计交易110949.5亿元。其中，同业拆借业务累计发生3381.9亿元、债券回购业务累计发生99740.7亿元、现券买卖业务累计发生7722.2亿元、债券借贷业务标的债券券面总额累计104.7亿元。

4. 票据承兑量总体平稳，贴现业务稳步增长。2021年，云南省票据承兑金额2210.4亿元，同比增长4.6%，其中，银行承兑汇票是最主要的品种，金额1748.3亿元，同比增长10.4%；商业承兑汇票金额462.1亿元，同比下降12.8%。全省票据累计贴现13075.6亿元，同比增长1.7%。

表5　2021年云南省金融机构票据业务量统计

单位：亿元

季度	银行承兑汇票承兑		贴现			
			银行承兑汇票		商业承兑汇票	
	余额	累计发生额	余额	累计发生额	余额	累计发生额
1	893.3	376.4	2845.2	3086.5	77.5	62.2
2	965.2	812.4	3129.1	6316.3	73.7	142.9
3	921.5	1258.8	3186.4	9561.6	79.6	199.7
4	1010.7	1748.3	3394.0	12818.1	103.3	257.5

数据来源：中国人民银行昆明中心支行。

表6　2021年云南省金融机构票据贴现、转贴现利率

单位：%

季度	贴现		转贴现	
	银行承兑汇票	商业承兑汇票	票据买断	票据回购
1	3.41	4.08	2.94	2.46
2	3.12	4.04	2.68	2.28
3	2.95	4.03	2.49	2.20
4	2.75	4.01	2.27	2.17

数据来源：中国人民银行昆明中心支行。

①按社会融资规模统计口径计算，不含境外贷款及非居民贷款。

②含委托贷款、信托贷款、未贴现的银行承兑汇票。

（五）稳步推动业务创新，自贸试验区金融服务水平持续提升

中国（云南）自由贸易试验区形成39项全国首创经验案例，新增2个国家外贸转型升级基地，国际贸易“单一窗口”实现口岸全覆盖。外汇管理“证照分离”改革试点平稳推进，全年准入6家自贸区银行开办结售汇业务。货物贸易电子单证审核条件进一步放宽，适用主体扩大20%以上。自贸区贸易便利化持续推进，按照“展业三原则”便利企业经常项目外汇收入业务，全年为654家市场主体办理便利化业务13834笔，业务规模48.1亿美元。全省企业货物贸易业务报告网上办理达90%，70%的企业贸易退汇登记业务可直接在银行办理。跨境人民币结算优质企业便利化业务持续推进，2021年，自贸区共发生1224笔跨境人民币贸易投资便利化结算业务，金额合计20.7亿元。

（六）金融生态环境不断优化，金融基础设施更趋完善

1. 信用体系建设持续推进，社会信用环境进一步优化。增加征信供给，稳步推进“信息查询＋信用评价＋贷款融资＋风险预警＋政策扶持”的云南省征信平台建设。增设征信代理查询网点93个，全国企业征信自助查询试点落地云南。平稳承接动产和权利担保统一登记，全年新增登记7.7万笔、查询8.3万笔。应收账款融资服务平台全年新增开通用户24887户，促成融资1071.1亿元，同比增长27.5%。深入推进农村信用体系建设助力乡村振兴，年末全省已创建信用村6009个、信用乡（镇）599个，德钦县创建成为“信用县”。

2. 支付体系稳健运行，便民服务水平不断提升。2021年，全省支付系统覆盖率进一步提高。昆明官渡沪农商村镇银行等16家村镇银行加入网上支付跨行清算系统，2021年末，12家村镇银行已完成接入，4家村镇银行正在等待总行批复。持续推进城乡移动支付场景应用多样化。2021年末，全省移动支付（银联二维码＋手机PAY）清算交易3098万笔。农村支付环境建设深入推进。2021年末，全省累计建设惠农业务点15017个，其中普惠金融服务站7610个。

表7　2020—2021年云南省支付体系建设情况表

年份	支付系统直接参与方（个）	支付系统间接参与方（个）	支付清算系统覆盖率（%）	当年大额支付系统处理业务数（万笔）	同比增长（%）
2020	5	2984	99.9	1479.5	-0.5
2021	5	3056	99.9	1402.5	-0.1

年份	当年大额支付系统业务金额（亿元）	同比增长（%）	当年小额支付系统处理业务数（万笔）	同比增长（%）	当年小额支付系统业务金额（亿元）	同比增长（%）
2020	50.0	-0.5	11931.5	0.3	4.8	2.5
2021	45.8	-8.3	13316.5	0.1	4.8	0.0

数据来源：中国人民银行昆明中心支行。

3. 打造特色金融消费者权益服务品牌，扎实推进金融纠纷多元化解机制建设。进一步畅通投诉咨询移动渠道，建立典型案例数据库，“12363”暖心热线服务质量不断提升。发挥“满天星”金融服务平台和“滇游记”金融知识品牌辐射作用，金融知识普及活动累计受众3100万余人次。多家金融教育示范基地落地运行，累计受众10万余人次。扎实推动云南省金融消费权益保护协会筹建，联动各地银保监、法院、司法等部门探索多元调解模式建设。全省15个州市中支建立起金融纠纷多元化解机制，近半数州市中支已入驻人民法院调解平台。

二、经济运行情况

2021年，云南省经济运行总体延续稳中加固的态势。全省地区生产总值为27146.8亿元，同比增长7.3%，两年平均增长5.6%。其中，第一产业增加值为3870.2亿元，同比增长8.4%；第二产业增加值为9589.4亿元，同比增长6.1%；第三产业增加值为13687.2亿元，同比增长7.7%；三次产业构成比为14.3：35.3：50.4。

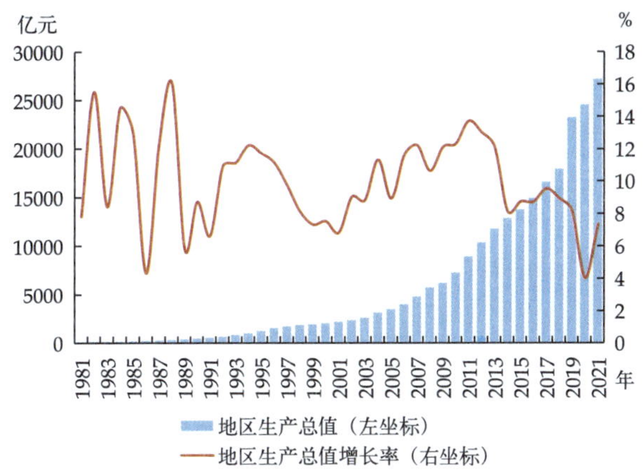

图 6　1981—2021 年云南省地区生产总值及其增长率

（数据来源：云南省统计局）

（一）内需潜力持续释放，外部需求保持稳定

1. 固定资产投资稳定增长，投资结构逐步优化。2021 年，全省固定资产投资（不含农户）同比增长 4.0%。分三次产业看，全省第一、第二、第三产业投资同比分别增长 30.0%、2.8% 和 2.1%。从重点领域看，全省民间固定资产投资同比增长 5.3%，对全省投资的贡献率为 58%，占全省投资的 44%。公共服务领域和高技术产业投资高速增长，卫生投资增长 34.7%，高技术产业投资增长 24.1%，其中高技术制造业投资增长 12.3%，高技术服务业投资增长 31.2%。

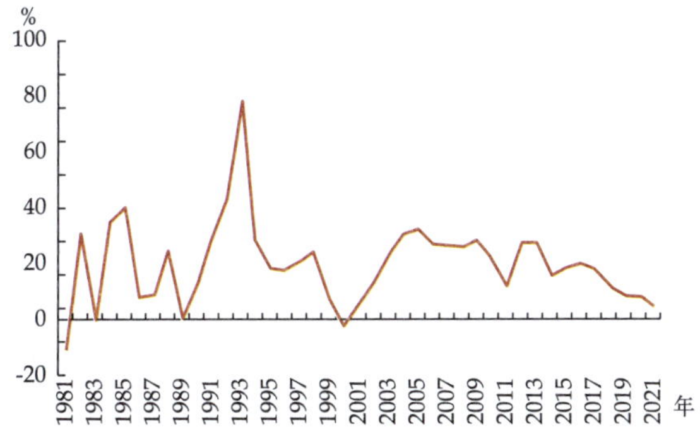

图 7　1981—2021 年云南省固定资产投资（不含农户）增长率

（数据来源：云南省统计局）

2. 市场消费稳步恢复，消费升级类产品增势较好。全年实现社会消费品零售总额 10731.8 亿元，同比增长 9.6%。从消费形态看，商品零售 9230.7 亿元，增长 8.6%；餐饮收入 1501.1 亿元，增长 16.4%。从消费品类来看，基本生活消费成为重要支撑，限额以上商贸单位饮料类、粮油食品类零售额分别增长 17.6%、17.4%；升级类商品消费较快增长，可穿戴智能设备、照相器材类商品零售额分别增长 86.4%、65.7%。从消费渠道看，线上消费保持较快增长，限额以上商贸单位通过公共网络实现的商品零售额比上年增长 37%。

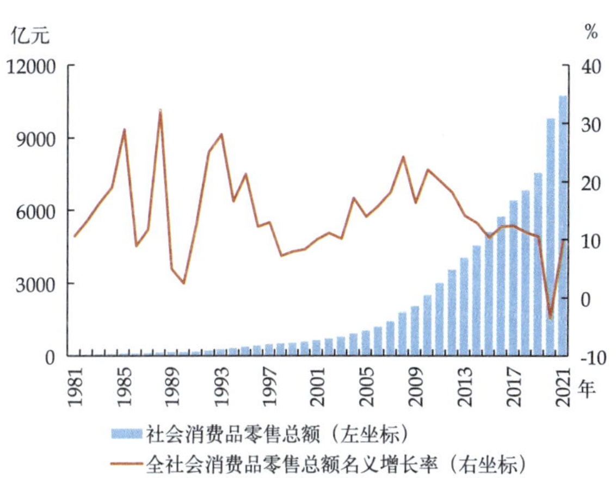

图 8　1981—2021 年云南省社会消费品零售总额及其增长率

（数据来源：云南省统计局）

3. 进出口贸易持续增长。全年全省完成进出口总额 3143.8 亿元，同比增长 16.8%，其中，出口 1766.8 亿元，同比增长 16.3%；进口 1377.1 亿元，同比增长 17.3%。从贸易对手看，云南对“一带一路”沿线国家和地区、RCEP 贸易伙伴分别进出口 1810 亿元、1407 亿元，同比分别增长 7.5%、5.1%。从贸易产品看，机电、劳动密集型产品出口增长明显，同比分别增长 25.2% 和 36.4%；农产品、原油、金属矿砂进口增长明显，同比分别增长 33.4%、17.7% 和 43.3%。

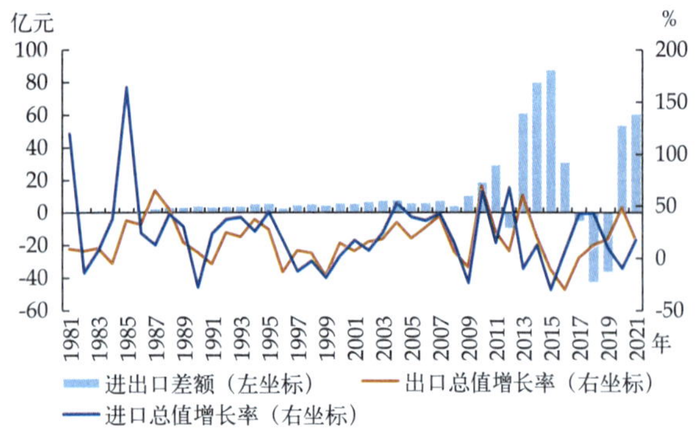

图 9　1981—2021 年云南省外贸进出口变动情况

（数据来源：云南省统计局、云南省商务厅）

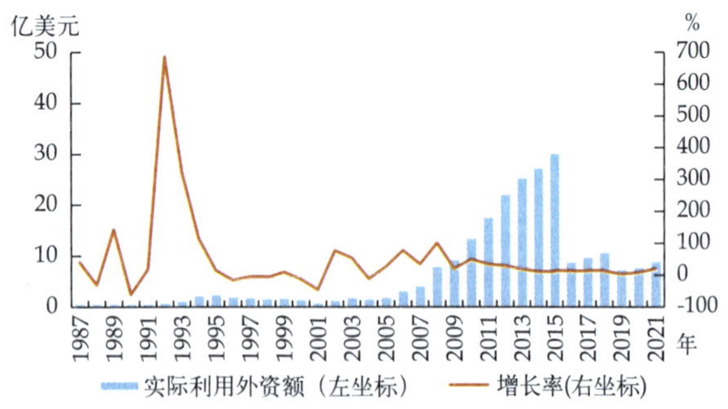

图 10　1987—2021 年云南省实际利用外资额及其增长率

（数据来源：云南省统计局、云南省商务厅）

（二）深化改革扩大开放，新旧动能加快转换

1. 农产品总产值增长提速，粮食产量再上新台阶。全省实现农林牧渔业总产值 6351.8 亿元，同比增长 10.4%，总产值增速为 1985 年以来最高。农业同比增长 8.1%，林业同比增长 5.5%，牧业同比增长 15.3%，渔业同比增长 2.7%，农林牧渔服务业同比增长 10.7%。全年粮食总产量 1930.3 万吨，为 1978 年有历史数据以来首次跃上 1900 万吨大关。

2. 工业生产平稳运行，高新制造业实现较快增长。全省规模以上工业增加值同比增长 8.8%。从三大门类看，采矿业增加值增长 10.7%，制造业增长 8.2%，电力、热力、燃气及水生产和供应业增长 11.1%。传统产业持续发力，有色金属冶炼和压延加工业增长 10.6%、黑色金属冶炼和压延加工业增长 6.3%，烟草制品业增长 4.3%。高新制造业实现较快增长，高技术制造业增加值增长 34.9%，占规模以上工业增加值的比重为 9.4%，占比较上年提高 2.8 个百分点。装备制造业增加值增长 32.7%，高于规模以上工业 23.9 个百分点，占规模以上工业增加值的比重为 8.4%，占比较上年提高 2.5 个百分点。规模以上工业企业利润总额增长 19.6%。

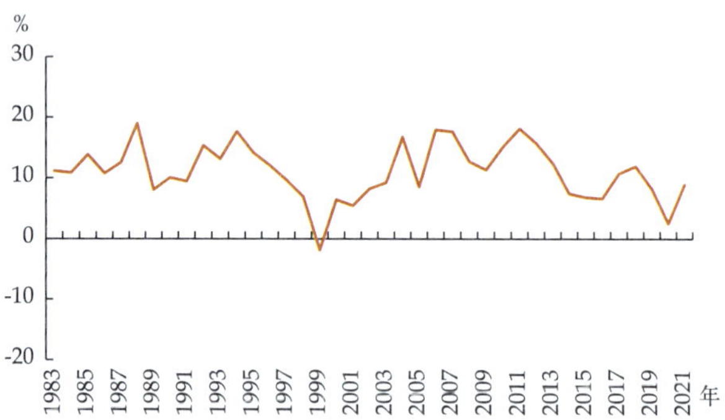

图 11　1983—2021 年云南省规模以上工业增加值增长率

（数据来源：云南省统计局）

3. 服务业平稳发展，现代服务业发展强劲。2021 年，全省服务业增加值 1.37 万亿元，同比增长 7.7%。其中，信息传输、软件和信息技术服务业收入同比增长 12.3%；科学研究和技术服务业收入同比增长 15.1%；邮政和电信业务总量同比分别增长 28.1% 和 26.3%；互联网和相关服务业、软件和信息技术服务业投资同比分别增长 131.6%、278.7%。旅游业逐步恢复，全年接待游客数和实现旅游总收入分别恢复至 2019 年的 80% 和 68%。

4. 供给侧结构性改革有力推进，市场主体更趋多元化

“数字云南”建设加快，昆明国际互联网数据专用通道获工业和信息化部批准建设，28 个“5G+ 智慧医疗”项目入选工业和信息化部、国家卫健委试点示范项目，项目总数居全国第九位、西部第二位。高速公路里程突破 1 万公里，中老铁路运营开局良好，中缅印度洋新通道海公铁联运成功试运。深化“放管服”改革，“一部手机办事通”可办事项达 1379 个，企业开办时间压缩至 1 个工作日。新登记市场主体 75.4 万户，总数达 411 万户，增长 12.7%，全省新增 17 户国家级专精特新“小巨人”企业，总数达到 52 户。

5. 以革命性举措抓保护治理，生态环境质量不断改善。联合国《生物多样性公约》缔约方大会第十五次会议（COP15）第一阶段会议成功举办，发布昆明宣言。全面打响湖泊革命攻坚战，开展九大高原湖泊“两线”划定[①]，六大水系出境跨界断面水质 100% 达标。新增 2 个国家生态文明建设示范县和 1 个“两山”实践创新基地。有效开展高黎贡山生物生态安全风险防范和保护、长江“十年禁渔”、赤水河流域生态环境保护治理等工作。新增营造林 488.6 万亩，完成历史遗留矿山生态修复 2.2 万亩。

（三）物价温和上涨，就业形势总体稳定

1. 居民消费价格温和上涨。2021 年，全省 CPI 同比上涨 0.2%，其中，食品价格下降 3.6%，非食品价格上涨 1.0%；消费品价格上涨 0.2%，服务价格上涨 0.2%。八大类商品和服务价格“四升三降一持平”：交通和通信、教育文化和娱乐、居住、医疗保健同比分别上涨 3.6%、0.7%、0.2% 和 0.1%，食品烟酒、生活用品及服务、衣着价格同比分别下降 1.6%、0.4% 和 0.3%。

2. 工业生产者价格涨幅高位回落。2021 年，全省工业生产者出厂价格同比上涨 10%。随着保供稳价政策效果持续显现，叠加原油、铁矿石等国际大宗商品价格逐步回落，原材料价格快速上涨势头得到遏制，全省工业生产者出厂价格继续回落。12 月，云南工业生产者出厂价同比上涨 13.4%，涨幅比上月回落 3.1 个百分点；购进价格同比上涨 13%，涨幅比上月回落 2.1 个百分点。其中，黑色金属矿采选业价格下降 28.5%，石油、煤炭及其他燃料加工业价格下降 7.9%，煤炭开采和洗选业价格下降 4.9%。

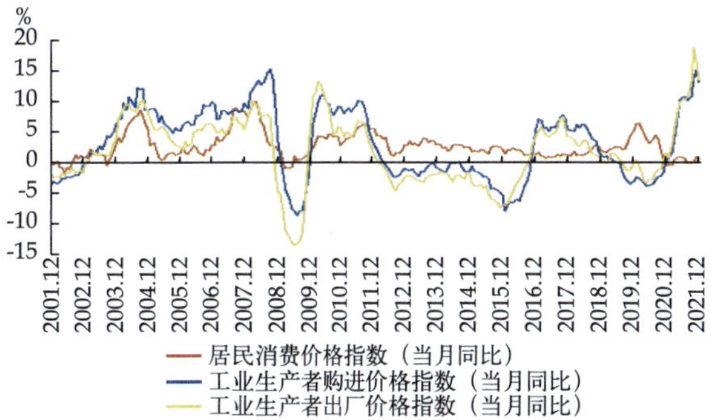

图 12　2001—2021 年云南省居民消费价格指数和工业生产者价格指数变动趋势

（数据来源：国家统计局云南调查总队）

3. 就业形势总体稳定，城乡收入差距进一步缩小。2021 年，全省实现城镇新增就业 53.3 万人，农村劳动力转移就业 1558.2 万人，城镇调查失业率平均值与全国持平，较上年平均值有所下降。2021 年，居民人均可支配收入 25666 元，同比增长 10.2%，高于经济增长 2.9 个百分点。其中，农村常住居民人均可支配收入 14197 元，同比增长 10.6%；城镇常住居民人均可支配收入 40905 元，同比增长 9.1%。城乡居民人均可支配收入比为 2.88，比上年缩小 0.04。居民人均消费支出 18851 元，同比增加 2059 元，增长 12.3%，增速较上年提高 5.9 个百分点。

（四）财政收支整体平衡，民生领域支持力度加大

1. 减税降费力度加大，财政收入增长提速。2021 年，全省地方一般公共预算收入完成 2278.2 亿元，同比增长 7.6%。其中，税收收入完成 1514.2 亿元，增长 4.2%；非税收入完成 764 亿元，增长 15.1%。新增减税降费 180 亿元，1690 亿元财政资金直达基层、惠企利民。

① “两线”指湖滨生态红线、湖泊生态黄线。

2. 财政支出有保有压，民生支出力度加大。2021 年，全省地方一般公共预算支出完成 6634.4 亿元，剔除政策性等不可比因素后，同口径增长 3.1%。全省民生支出占比 74%。“六稳”“六保”相关支出实现增长，社会保障和就业、卫生健康支出分别增长 1.9%、2.1%。

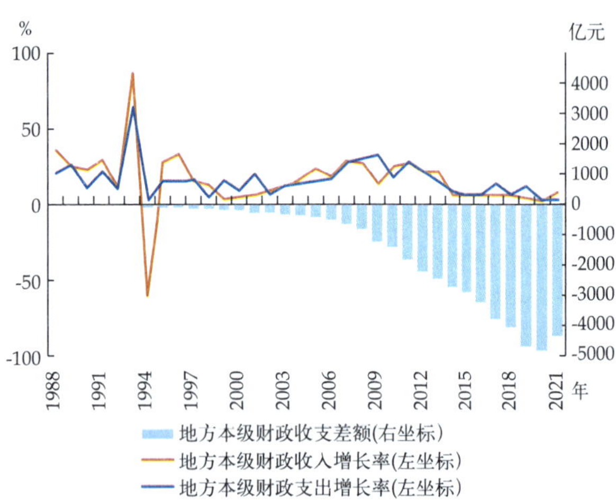

图 13　1988—2021 年云南省财政收支状况

（数据来源：云南省统计局、云南省财政厅）

（五）房地产市场运行平稳，绿色发展优势越发显现

1. 房地产市场总体稳定，房地产金融运行平稳。2021 年，云南省房地产开发投资同比下降 4.3%，其中，住宅投资同比下降 4.3%。全省商品房施工面积、竣工面积同比分别增长 13%、55.1%，新开工面积同比下降 14.3%。全年全省商品房销售面积、销售额同比分别下降 20.1% 和 25.4%。重点城市房价持续下降，2021 年 12 月，昆明市新建商品住宅销售价格同比下降 0.6%，环比下降 0.2%；大理市新建商品住宅销售价格同比下降 4.3%，环比下降 0.4%。2021 年末，云南省房地产贷款余额 9344 亿元，同比增长 6.5%。其中，个人住房贷款余额 6884 亿元，同比增长 12.2%。

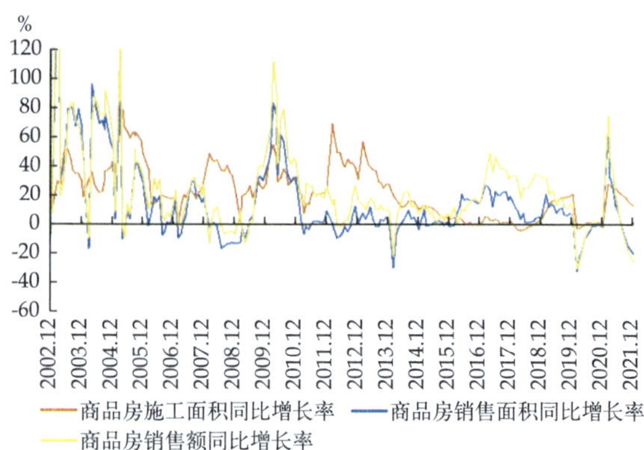

图 14　2002—2021 年云南省商品房施工和销售变动趋势

（数据来源：云南省统计局）

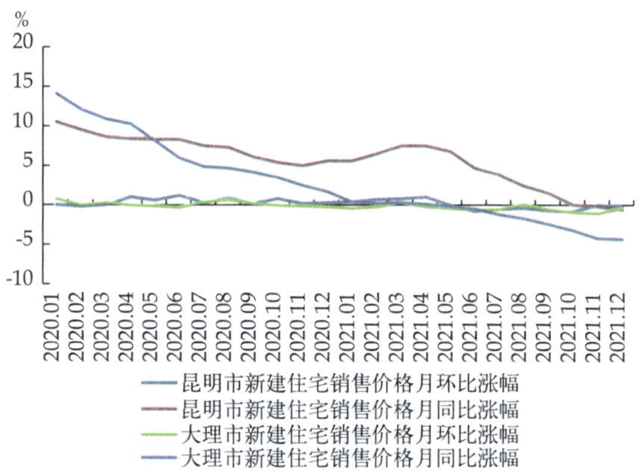

图 15　2020—2021 年云南省主要城市新建住宅销售价格变动趋势

（数据来源：云南省统计局）

2. 绿色发展优势越发显现。坚持不懈推动绿色低碳发展，全省产业发展加快转型，培育绿色发展动能。2021 年，全省绿色能源装机突破 9500 万千瓦，绿色发电量 3309.9 亿度，能源工业增加值同比增长 11.2%。绿色铝硅成长为新的千亿级产业，全省建成电解铝产能 537 万吨、多晶硅产能 5 万吨、单晶硅片产能 99GW、单晶硅棒产能 93GW、有机硅单体产能 20 万吨，全年绿色铝硅产值突破 1100 亿元。新认证登记绿色食品、有机农产品和农业品地理标志 1528 个，绿色食品重点产业综合产值同比增长 12%。

专栏 2　践行为民初心　征信服务惠民生

2021 年，中国人民银行昆明中心支行围绕社会信用体系建设目标，深入践行“征信为民”理念，持续提升征信服务助企惠民的可得性、精准性、有效性。

优化查询服务，提升征信服务可得性。一是规范服务窗口建设标准。规范和细化征信查询窗口的场所环境、设施摆放、引导标识、服务规范、信息安全等标准，实现全省 500 余个查询窗口规范化建设。二是完善征信服务流程。确保服务网点公示营业时间、收费价格、风险提示等信息，详细告知信用报告查询、异议处理的程序与要求，明确工作人员岗位职责与服务规范。三是优化查询网点布局。试点启动企业自助查询服务。积极推广网上查询服务，定期掌握查询设备的使用频率及区域需求，及时优化查询机网点布局，在商业中心、政务服务中心、公积金中心等重点区域和查询量大的乡镇增设征信代理查询网点 93 个。2021 年，全辖共计为个人和企业信息主体提供自助查询服务185.4 万次。

丰富运用场景，助力市场主体便捷融资。一是有序推广应收账款融资服务平台，拓宽中小微企业融资渠道，缓解企业占款压力。2021 年，全省应收账款融资服务平台新开通用户 2.5 万户，通过应收账款融资服务平台促成融资 2270 笔、1071 亿元，同比分别增长 43.0%、27.5%。二是贯彻落实国务院关于开展动产和权利担保统一登记的决定，会同省市场监管部门制发实施办法，细化登记操作流程、增设现场服务点，全面承接四类动产抵押登记，支持市场主体通过办理登记提高融资效率。2021 年，全省动产和权利担保统一登记系统新增登记 7.7 万笔、新增查询 8.3 万笔，同比分别增长 558.4%、54%。三是积极推进央行内部（企业）评级工作，巩固完善评级结果、合格信贷资产质押再贷款支持的信用链条，充分发挥央行内部（企业）评级的助融促融作用。截至 2021 年末，全省 165 家地方法人金融机构在评级系统中累计上传企业数 8817 家，累计已定级企业 7255 家。2021 年，全省人民银行分支机构共发放信贷资产质押再贷款 23.3 亿元，同比增长 844.1%，有效支持小微企业等市场主体发展。

健全农村信用体系，夯实乡村振兴信用基础。一是持续推进信用户、信用村、信用乡（镇）创建。截至 2021 年末，云南省已创建信用户超 700 万户、信用村 6009 个、信用乡（镇）599 个。二是加强涉农信用信息系统建设和使用。截至 2021 年末，全省已建成农村信用体系建设系统数据库 4 个，已建立农户信用档案 982.4 万份。三是改善边境地区和民族地区信用环境。认真贯彻落实习近平总书记给沧源县边境村老支书们的回信精神，在全省 25 个沿边县（市）深入开展农村信用体系建设，推动迪庆藏族自治州德钦县创建成为云南省首个“信用县”，为实现兴边富民提供良好信用环境。

培育信用文化，提高征信知识普及率。一是丰富载体扩大宣传覆盖面。组织开展“征信信息主体权益保护”“6·14 信用记录关爱日”“普及征信知识 共建诚信社会”“开学季征信课堂”等专题宣传活动，举办诚信文化道德讲堂、征信知识讲座，在全社会营造“学征信、懂征信、用征信”的浓厚氛围，推动提升全民信用意识。二是强化媒体运用拓宽宣传受众面。2021 年，全省组织制作征信知识宣传长图、短视频等 600 余条，发送短信近 70 万条，媒体刊载、播出近 300 次，公众浏览量达 40 多万次，有效运用融媒体技术宣传普及征信知识和诚信文化。三是结合地域特点开展特色宣传。深入边境口岸、少数民族村寨，用“普通话＋少数民族语”编写顺口溜、编排歌舞等形式开展特色宣传，打造具有云南特色的征信知识宣教模式。

三、预测与展望

2021 年，云南省经济保持稳定恢复态势，历史性地解决了绝对贫困问题，与全国同步全面建成小康社会，高质量跨越式发展迈出坚实步伐。但同时也要看到，支撑云南高质量发展的基础还不牢固，开放型经济体制改革仍需深化。2022 年，云南省将以习近平新时代中国特色社会主义思想为指导，全面贯彻落实党的十九大、十九届历次全会和中央经济工作会议精神，以推动高质量发展为主题，坚持稳字当头、稳中求进，科学统筹疫情防控和经济社会发展，着力稳定宏观经济大盘，在服务和融入新发展格局上展现新作为，在推动高质量发展上迈出新步伐，以实际行动迎接党的二十大胜利召开。全省金融部门将贯彻执行好稳健的货币政策灵活适度的要求，发挥好货币政策工具的总量和结构双重功能，加大对小微企业、科技创新、绿色发展、新型基础设施建设、乡村振兴、文旅产业等领域的支持力度，维护金融安全，牢牢守住不发生区域性金融风险的底线，为推动云南主动融入和服务新发展格局营造适宜的货币金融环境。

中国人民银行昆明中心支行货币政策分析小组
总　　纂：李　波　经　纬
统　　稿：杨　杰　金艳昭
执　　笔：刘婷婷　杨逸卉
提供材料：张　屿　王怡丰　丁彩伦　戴明爽　杨　缘　申　蕊　杨玉冰　和治臣　毛　颖
罗　曼　康晓虹　巴晶铝　徐　蒙

附录：

（一）2021年云南省经济金融大事记

2月9日，云南省人民政府印发《云南省国民经济和社会发展第十四个五年规划和二〇三五年远景目标纲要》。

3—6月，云南省委、省政府在全省16个州市召开现场办公会，综合研判当地发展现状，现场为各州市确定发展定位、描绘发展目标、找准发展路径。

5月18日，中国云南省与越南老街、河江、莱州、奠边省省委书记会晤机制正式启动并召开首次会议，与会多方就深化经贸合作、推动互联互通、促进边境和谐等深入交换了意见。

7月3日，云南省委、省政府印发《关于支持昆明高质量发展的若干意见》。

8月，人民银行昆明中心支行、云南省财政厅等九部门联合印发《关于云南省加快绿色金融发展的意见》，提出17条推动全省绿色发展的具体措施。

8月23日，人民银行昆明中心支行、云南省农业农村厅等六部门联合印发《关于金融支持云南省巩固拓展脱贫攻坚成果 全面推进乡村振兴的意见》，为全省金融机构做好新时代“三农”金融服务提供指引。

8月27日，中缅印度洋新通道（仰光—临沧—成都）海公铁联运首运成功，西部陆海新通道建设实现新突破。

9月23日，中国（云南）自由贸易区、中国（广东）自由贸易试验区深化合作协议签署。

10月11—15日，联合国《生物多样性公约》缔约方大会第十五次会议（COP15）第一阶段会议在昆明召开。

12月3日，中老铁路正式建成通车。

（二）2021 年云南省主要经济金融指标

表 1　2021 年云南省主要存贷款指标

	项目	1月	2月	3月	4月	5月	6月	7月	8月	9月	10月	11月	12月
本外币	金融机构各项存款余额（亿元）	35597.7	35344.8	36008.4	35777.2	35955.0	36822.8	36272.5	36372.8	36883.8	36941.5	36798.6	36520.0
	其中：住户存款	17697.0	18214.1	18695.8	18346.4	18346.6	18791.3	18465.2	18538.9	19194.1	18824.8	18933.4	19339.3
	非金融企业存款	8477.5	7956.1	8391.2	8327.0	8329.3	8598.9	8327.4	8433.0	8431.7	8104.4	8395.5	8290.7
	各项存款余额比上月增加（亿元）	-55.2	-252.8	663.5	-231.2	177.8	867.7	-550.3	100.3	510.9	57.7	-142.8	-278.6
	金融机构各项存款同比增长（%）	5.6	4.9	4.6	4.7	2.9	4.8	3.7	2.2	3.2	3.3	2.3	2.4
	金融机构各项贷款余额（亿元）	35551.7	35800.0	36332.8	36618.2	36857.8	37247.3	37453.7	37785.8	38293.7	38556.1	38805.4	38977.9
	其中：短期	6754.5	6771.1	6895.5	7000.0	7015.4	7084.4	7118.0	7158.4	7245.5	7290.8	7339.1	7383.3
	中长期	25573.1	25865.5	26255.9	26463.6	26604.9	26770.8	26996.7	27264.6	27499.3	27722.8	27825.2	27872.1
	票据融资	1745.5	1687.9	1706.1	1687.8	1729.8	1833.5	1776.6	1792.8	1899.6	1893.3	1966.7	2050.8
	各项贷款余额比上月增加（亿元）	499.6	248.3	532.7	285.4	239.6	389.5	206.4	332.1	507.9	262.4	249.3	172.5
	其中：短期	146.8	16.6	124.4	104.5	15.4	69.0	33.6	40.4	87.1	45.3	48.2	44.3
	中长期	432.5	292.3	390.4	207.6	141.3	165.9	225.9	267.9	234.7	223.4	102.4	46.9
	票据融资	-105.8	-57.6	18.2	-18.2	42.0	103.7	-56.9	16.2	106.8	-6.3	73.4	84.1
	金融机构各项贷款同比增长（%）	11.0	10.9	10.9	10.8	10.5	10.8	10.4	10.6	11.2	11.4	10.8	11.2
	其中：短期	11.0	9.1	6.8	7.6	7.0	6.6	7.3	8.5	10.0	11.1	11.0	11.7
	中长期	12.4	13.1	13.7	13.7	13.2	12.8	12.5	12.6	11.9	11.9	11.2	10.9
	票据融资	-6.4	-10.4	-9.5	-13.1	-10.8	-2.3	-6.0	-6.5	2.9	2.9	2.9	10.8
	建筑业贷款余额（亿元）	1099.1	1107.6	1144.1	1169.2	1188.1	1194.0	1165.1	1182.1	1181.8	1210.7	1214.9	1159.7
	房地产业贷款余额（亿元）	1626.7	1629.7	1615.2	1615.3	1602.3	1567.6	1536.8	1530.8	1515.7	1512.9	1499.0	1479.6
	建筑业贷款同比增长（%）	5.9	5.8	11.7	12.8	12.4	10.2	8.2	10.7	8.5	9.7	11.4	6.8
	房地产业贷款同比增长（%）	2.3	1.8	-1.0	-1.5	-2.2	-3.6	-5.3	-7.1	-7.3	-7.6	-8.1	-8.4
人民币	金融机构各项存款余额（亿元）	35443.0	35168.7	35821.9	35586.4	35764.5	36656.4	36093.1	36198.2	36701.4	36760.6	36611.5	36357.7
	其中：住户存款	17632.3	18148.0	18629.1	18281.4	18283.8	18727.2	18401.0	18475.0	19130.5	18762.2	18870.0	19275.0
	非金融企业存款	8419.8	7884.4	8309.9	8236.2	8240.8	8523.6	8242.7	8349.6	8350.8	8021.3	8313.1	8218.6
	各项存款余额比上月增加（亿元）	-61.3	-274.3	653.2	-235.5	178.1	891.8	-563.2	105.1	503.2	59.2	-149.1	-253.8
	其中：住户存款	-43.2	515.8	481.1	-347.7	2.4	443.4	-326.2	74.0	655.4	-368.3	107.8	405.0
	非金融企业存款	-268.9	-535.3	425.4	-73.6	4.5	282.8	-280.9	106.9	1.1	-329.4	291.8	-94.5
	各项存款同比增长（%）	5.7	4.9	4.7	4.7	2.9	4.8	3.7	2.3	3.3	3.5	2.3	2.4
	其中：住户存款	7.6	10.7	11.5	10.5	10.2	10.4	9.4	9.5	9.7	8.9	9.0	9.1
	非金融企业存款	8.0	0.3	-1.9	-1.9	-2.9	-3.7	-5.9	-5.2	-8.5	-9.5	-7.6	-5.4
	金融机构各项贷款余额（亿元）	35211.3	35448.8	35983.0	36273.1	36502.1	36896.6	37091.3	37423.2	37936.7	38213.8	38462.7	38646.5
	其中：个人消费贷款	8537.5	8593.2	8738.9	8820.0	8901.4	8988.7	9046.5	9117.8	9179.8	9243.9	9342.9	9377.4
	票据融资	1745.5	1687.9	1706.1	1687.8	1729.8	1833.5	1776.6	1792.8	1899.6	1893.3	1966.7	2050.8
	各项贷款余额比上月增加（亿元）	493.3	237.5	534.1	290.1	229.0	394.5	194.7	331.9	513.5	277.0	248.9	183.8
	其中：个人消费贷款	162.2	55.7	145.7	81.1	81.4	87.4	57.8	71.3	62.0	64.1	99.0	34.6
	票据融资	-105.8	-57.6	18.2	-18.2	42.0	103.7	-56.9	16.2	106.8	-6.3	73.4	84.1
	金融机构各项贷款同比增长（%）	11.2	11.1	11.1	11.0	10.7	10.9	10.5	10.7	11.3	11.5	11.0	11.3
	其中：个人消费贷款	20.0	20.4	19.8	18.9	18.0	16.7	15.4	14.5	13.6	13.3	12.8	12.0
	票据融资	-6.4	-10.4	-9.5	-13.1	-10.8	-2.3	-6.0	-6.5	2.9	2.9	2.9	10.8
外币	金融机构外币存款余额（亿美元）	23.9	27.2	28.4	29.5	29.9	25.8	27.8	27.0	28.1	28.3	29.3	25.5
	金融机构外币存款同比增长（%）	3.2	13.4	4.2	12.0	17.7	13.1	0.5	-1.2	-7.3	-11.1	12.2	11.8
	金融机构外币贷款余额（亿美元）	52.6	54.3	53.2	53.4	55.9	54.3	56.1	56.1	55.1	53.6	53.7	52.0
	金融机构外币贷款同比增长（%）	2.4	2.9	-0.6	-1.7	3.2	2.2	3.4	3.6	1.4	-0.3	-0.6	1.5

数据来源：中国人民银行昆明中心支行。

表 2　2001—2021 年云南省各类价格指数

单位：%

时间	居民消费价格指数		农业生产资料价格指数		工业生产者购进价格指数		工业生产者出厂价格指数	
	当月同比	累计同比	当月同比	累计同比	当月同比	累计同比	当月同比	累计同比
2001	—	-0.9	—	-3.4	—	-0.6	—	0.1
2002	—	-0.2	—	0.4	—	-2.4	—	-1.8
2003	—	1.2	—	1.9	—	2.7	—	1.4
2004	—	6.0	—	6.3	—	9.6	—	8.8
2005	—	1.4	—	5.9	—	6.5	—	4.5
2006	—	1.9	—	2.8	—	7.6	—	4.6
2007	—	5.9	—	7.0	—	8.2	—	5.7
2008	—	5.7	—	16.6	—	11.6	—	5.8
2009	—	0.4	—	-0.7	—	-5.0	—	-8.5
2010	—	3.7	—	1.4	—	9.0	—	8.8
2011	—	4.9	—	8.3	—	8.0	—	4.7
2012	—	2.7	—	4.6	—	-0.7	—	-2.1
2013	—	3.1	—	0.1	—	-1.2	—	-2.5
2014	—	2.4	—	-1.6	—	-1.0	—	-2.2
2015	—	1.9	—	1.1	—	-3.1	—	-5.1
2016	—	1.5	—	2.8	—	-4.1	—	-2.4
2017	—	0.9	—	0.4	—	6.2	—	5.2
2018	—	1.6	—	1.7	—	4.4	—	2.4
2019	—	2.5	—	3.9	—	-1.0	—	0.0
2020	—	3.6		6.7	—	-2.7	—	-1.4
2021								
2020　1	6.1	6.1	8.8	8.8	-2.5	-2.5	0.3	0.3
2	6.3	6.2	9.0	8.9	-2.7	-2.6	-0.7	-0.2
3	5.3	5.9	13.2	10.3	-3.0	-2.7	-1.6	-0.6
4	4.5	5.5	14.1	11.3	-3.5	-2.9	-3.2	-1.3
5	3.6	5.2	3.8	9.8	-4.0	-3.1	-3.3	-1.7
6	3.0	4.8	3.2	8.7	-3.8	-3.2	-2.9	-1.9
7	3.6	4.6	6.4	8.3	-3.6	-3.3	-2.7	-2.0
8	4.3	4.6	9.5	8.5	-2.9	-3.2	-1.7	-1.9
9	3.7	4.5	8.1	8.4	-2.4	-3.2	-1.3	-1.9
10	2.1	4.2	4.2	8.0	-2.3	-3.1	-1.2	-1.8
11	0.4	3.9	0.7	7.3	-1.7	-2.9	-0.1	-1.7
12	0.2	3.6	0.1	6.7	0.1	-2.7	1.4	-1.4
2021　1	-0.6	-0.6	—	—	0.6	0.6	0.7	0.7
2	-0.6	-0.6	—	—	1.5	1.0	3.1	1.9
3	0.3	-0.3	—	—	4.1	2.0	5.8	3.2
4	0.7	-0.1	—	—	7.1	3.3	8.2	4.4
5	0.8	0.1	—	—	10.2	4.6	9.9	5.5
6	0.7	0.2	—	—	10.5	5.6	10.1	6.2
7	0.4	0.2	—	—	10.7	6.3	10.3	6.8
8	-0.2	0.2	—	—	10.1	6.8	10.5	7.3
9	-0.3	0.1	—	—	10.6	7.2	13.1	7.9
10	0.0	0.1	—	—	13.7	7.8	18.8	9.0
11	0.8	0.2	—	—	15.1	8.5	16.5	9.6
12	0.4	0.2	—	—	13.0	8.9	13.4	10.0

数据来源：国家统计局云南调查总队。

表 3　2021 年云南省主要经济指标

项目	1 月	2 月	3 月	4 月	5 月	6 月	7 月	8 月	9 月	10 月	11 月	12 月
	绝对值（自年初累计）											
地区生产总值（亿元）	—	—	5958.6	—	—	12740.7	—	—	19607.8	—	—	27146.8
第一产业	—	—	566.2	—	—	1146.5	—	—	2168.2	—	—	3870.2
第二产业	—	—	1950.5	—	—	4496.3	—	—	6802.7	—	—	9589.4
第三产业	—	—	3441.9	—	—	7097.9	—	—	10636.8	—	—	13687.2
工业增加值（亿元）	—											
固定资产投资（亿元）	—											
房地产开发投资	—	396.3	889.5	1285.9	1698.2	2224.3	2565.5	2902.7	3263.8	3610.6	3970.4	4309.9
社会消费品零售总额（亿元）	—	1532.3	2498.1	3375.6	4204.5	5143.1	6009.3	6871.2	7828.6	8745.5	9703.4	10731.8
外贸进出口总额（亿元）	—	545.8	742.1	967.0	1213.7	1493.4	1743.7	1990.9	2241.1	2426.6	2742.9	3143.3
进口	—	182.3	300.0	427.7	542.0	672.5	803.1	930.2	1061.8	1152.2	1269.5	1377.1
出口	—	363.6	442.2	539.3	671.7	820.8	940.6	1060.6	1179.3	1274.4	1473.4	1766.7
进出口差额（出口　进口）	—	181.3	142.2	111.6	129.7	148.3	137.5	130.4	117.5	122.2	203.9	389.7
实际利用外资（亿美元）	—											8.8
地方财政收支差额（亿元）	—	-618.1	-1324.5	-1567.4	-1893.6	-2544.8	-2724.5	-2946.1	-3797.1	-3739.0	-3985.7	-4356.2
地方财政收入	—	384.4	548.5	756.8	901.2	1120.0	1295.8	1437.1	1642.3	1871.3	2022.5	2278.2
地方财政支出	—	1002.5	1873.0	2324.2	2794.8	3664.8	4020.3	4383.2	5439.4	5610.3	6008.2	6634.4
城镇登记失业率（%）（季度）	—	—		—	—		—	—		—	—	
	同比累计增长率（%）											
地区生产总值	—	—	15.3	—	—	12.0	—	—	8.9	—	—	7.3
第一产业	—	—	6.9	—	—	8.8	—	—	10.2	—	—	8.4
第二产业	—	—	17.2	—	—	12.8	—	—	8.6	—	—	6.1
第三产业	—	—	15.7	—	—	11.9	—	—	8.8	—	—	7.7
工业增加值	—	24.1	18.5	16.6	14.9	14.2	12.5	11.8	10.7	9.8	9.2	8.8
固定资产投资	—	50.2	23.7	17.8	15.5	14.4	11.4	9.8	8.2	7.1	5.4	4.0
房地产开发投资	—	63.3	18.6	18.2	17.2	13.7	11.2	7.5	3.3	0.9	-1.2	-4.3
社会消费品零售总额	—	23.1	24.6	22.4	19.3	17.4	15.7	13.4	12.1	10.9	10.5	9.6
外贸进出口总额	—	86.2	59.7	55.2	56.2	58.4	57.1	51.1	37.7	25.5	18.9	16.8
进口	—	-7.1	3.9	10.5	15.0	19.1	24.5	26.5	24.4	23.0	21.8	17.3
出口	—	275.6	151.4	128.8	119.6	116.8	102.3	82.1	52.4	27.8	16.5	16.3
实际利用外资	—											17.1
地方财政收入	—	7.0	11.1	10.0	15.8	13.0	10.0	9.5	5.6	6.1	5.8	7.6
地方财政支出	—	6.7	5.7	2.2	0.4	0.5	-0.4	-1.8	-0.9	-1.5	-1.4	3.1

数据来源：云南省统计局、云南省商务厅。

西藏自治区金融运行报告（2022）

中国人民银行拉萨中心支行货币政策分析小组

[内容摘要] 2021年，西藏金融系统坚持以习近平新时代中国特色社会主义思想为指导，坚决贯彻党中央、国务院决策部署，坚持稳中求进工作总基调，完整、准确、全面贯彻新发展理念，围绕西藏经济金融工作的着眼点和着力点，认真贯彻稳健的货币政策和西藏特殊优惠金融政策，统筹疫情防控和经济社会发展，全力支持助企纾困，创新推动绿色发展，统筹推动巩固拓展脱贫攻坚成果同乡村振兴有效衔接，有效防控金融风险，持续深化金融改革开放，金融服务西藏经济高质量发展各项工作取得较好成效。

从经济运行情况看，2021年，西藏全区各部门坚持稳中求进工作总基调，全面贯彻新发展理念，坚持以供给侧结构性改革为主线，扎实做好“六稳”工作，全面落实“六保”任务，切实兜牢风险底线，加大对重大投资项目、重要经济要素和薄弱环节的投入力度，经济增长持续向好。一是经济运行稳中有进，主要指标增速较高。2021年，西藏实现地区生产总值2080.2亿元，同比增长6.7%，城镇居民人均可支配收入同比增长13.0%，农牧民人均可支配收入同比增长16.0%。二是农业生产形势良好，乡村振兴深入推进。2021年，西藏粮食产量106.2万吨（薯类折粮），2015年以来连续七年稳定在100万吨以上，青稞、牲畜良种覆盖率分别达90%和32%以上。全年启动建设乡村振兴示范村100个，实施帮扶项目2126个，新型农村集体经济组织6172个，完成农村户厕改造4.7万座，创建美丽宜居示范村120个。三是工业生产加快，主要产品产量持续增长。2021年，规模以上工业增加值同比增长12.9%，两年平均增长11.2%。主要产品产量持续增长，铜金属产量同比增长87.5%，包装饮用水同比增长17.7%。四是城乡居民收入较快增长，物价指数保持平稳。2021年，城镇居民人均可支配收入46503元，同比增长13.0%；农村居民人均可支配收入16935元，同比增长16.0%；居民消费价格同比上涨0.9%，涨幅与全国平均水平持平，全年保持了温和缓涨态势。五是供给侧结构性改革扎实推进，新经济亮点频出。深入推进“放管服”改革，“一网三平台”[①]建成运营，五省[②]“跨省通办”上线运行。全年新增减税降费超41亿元，各类市场主体超过40万户，招商引资到位资金500亿元。规模以上工业企业、高新技术企业、科技型中小企业数量同比分别增长12.5%、18.0%和127.0%。数字经济实现增加值186.8亿元，同比增长18.7%，对经济增长的贡献率为24.8%。

从金融运行情况看，2021年，西藏金融运行总体呈现出“四稳、三升、一控”的特点，即社会融资规模平稳增长、本外币各项贷款稳定增长、本外币各项存款稳步增长、资本市场稳健运行；重点领域信贷支持力度提升、普惠金融发展质效提升、稳企业保就业金融服务能力提升；金融风险总体可控。一是融资规模平稳增长，存贷款总量合理适度。2021年末，西藏社会融资规模存量6958.2亿元，同比增长6.6%。西藏金融机构本外币各项存款余额5596.5亿元，同比增长3.2%；本外币各项贷款余额5135.3亿元，同比增长3.6%。二是信贷结构持续优化，重点领域信贷支持力度较大。2021年末，普惠小微企业贷款余额181.3亿元，同比增长

---

① “一网三平台”即“公共资源交易网、交易平台、服务平台和监督平台”。

② “五省”为重庆市、四川省、贵州省、云南省和西藏自治区。

40.8%；制造业领域贷款余额294.0亿元，同比增长8.6%；绿色贷款余额787.1亿元，同比增长9.7%；涉农贷款余额1540.1亿元，同比增长4.9%；已脱贫人口小额信贷余额21.1亿元，支持脱贫人口15.2万户；21个边境县贷款余额176.3亿元。三是LPR改革稳步推进，实体经济融资成本稳中有降。2021年1—12月，西藏金融机构人民币贷款加权平均利率2.2%，同比下降0.12个百分点，其中，企业贷款加权平均利率2.3%，同比下降0.08个百分点，企业融资成本进一步降低。四是银行业稳健经营，资产负债保持稳定。2021年末，西藏银行业金融机构营业网点748个，从业人员10216人。西藏银行业金融机构资产总额6351.7亿元，同比增长0.04%；负债总额6550.1亿元，同比增长1.1%。五是积极融入资本市场，债券规模较快增长。2021年末，西藏上市公司21家，总股本146.5亿股，流通股本64.6亿股；总市值2798.9亿元，流通市值1177.8亿元。西藏各类主体债券融资余额1120.4亿元，同比增长45.1%，其中，非金融企业债券融资余额361.1亿元，同比增长20.9%。六是证券业务规模持续扩大，保险保障功能增强。2021年末，西藏在基金业协会登记备案的私募基金管理机构192家，备案的私募基金1429只，在管基金净值3764.1亿元，管理人数量和管理基金规模在全国分别排名第二十一位和第九位。西藏保险业原保险保费收入累计40.0亿元，同比增长0.4%，赔付支出29.3亿元，同比增长32.3%。七是金融生态环境建设持续推进，金融服务水平持续提升。2021年，西藏已评定信用县47个（含人民银行评定的自治区级信用县21个）、信用乡（镇）584个、信用村5024个。根据评定结果，共发放“钻石卡”“金卡”“银卡”“铜卡”46万张，发证面达92%，四卡贷款余额273.6亿元。新增支付系统参与者14家，支付清算系统覆盖率进一步提升。全年新增各类智慧移动支付场景51个。人民银行各分支机构组织引导辖区各参与机构全年累计开展金融知识宣传活动8414次，金融消费者受众912万余人次，辖区人民银行受理投诉办结率100%、满意率100%，金融消费者权益保护成效显著。

2022年是实施“十四五”规划的关键之年，也是党的二十大召开之年。西藏金融系统将坚持以习近平新时代中国特色社会主义思想为指导，全面贯彻党的十九大和十九届历次全会精神，深入贯彻中央经济工作会议、中央第七次西藏工作座谈会精神及习近平总书记关于西藏工作的重要论述和新时代党的治藏方略，坚持稳中求进工作总基调，完整、准确、全面贯彻新发展理念，服务和融入新发展格局，全面深化改革开放，坚持创新驱动发展，推动高质量发展，以优化发展格局为切入点，以要素和设施建设为支撑，以制度机制为保障，统筹疫情防控和经济社会发展，统筹发展和安全，锚定“四件大事”“四个确保”，继续做好“六稳”“六保”工作，着力推进“四个创建”、努力做到“四个走在前列”①，保持经济运行在合理区间，保持平稳健康的经济环境，为西藏经济高质量发展提供有力有效的金融支持。

一、金融运行情况

2021年，西藏金融系统统筹推进疫情防控和经济社会发展工作，认真贯彻稳健的货币政策和西藏特殊优惠金融政策，助力西藏经济延续高质量的发展态势。金融运行总体平稳，资

①西藏自治区党委书记王君正在中国共产党西藏自治区第十次代表大会上的报告上提出：要锚定“四件大事”，着力推进“四个创建”、努力做到“四个走在前列”。其中，“四件大事”为稳定、发展、生态、强边四件大事；“四个确保”为确保国家安全和长治久安、确保人民生活水平不断提高、确保生态环境良好、确保边防巩固和边境安全；“四个创建”为着力创建全国民族团结进步模范区、高原经济高质量发展先行区、国家生态文明高地、国家固边兴边富民行动示范区；“四个走在前列”为民族团结进步、高原经济高质量发展、生态文明建设、固边兴边富民行动走在全国前列。

本市场总体向好，金融风险总体可控。

（一）银行业稳健运行，信贷资源配置持续优化

2021 年，西藏银行业金融机构坚持稳中求进工作总基调，扎实做好“六稳”工作，全面落实“六保”任务，巩固拓展脱贫攻坚成果同乡村振兴有效衔接，持续优化信贷结构，存贷款总量增长适度，贷款利率稳中有降，重点领域信贷投放有力，金融风险总体可控，银行业整体保持良好的运行态势。

1. 银行业稳健经营，资产负债保持稳定。 2021 年，西藏银行业金融机构数量不断增加，组织体系日趋完善。2021 年末，西藏银行业金融机构营业网点 748 个、从业人员 10216 人。

2. 存款增速回升，财政性存款增长较快。 2021 年末，西藏本外币各项存款余额 5596.5 亿元，同比增长 3.2%。分部门看，住户存款余额 1152.0 亿元，同比增长 6.5%；财政性存款余额 1519.1 亿元，同比增长 21.1%；非金融企业存款余额 1170.9 亿元，同比下降 7.4%；机关团体存款余额 1625.8 亿元，同比下降 4.8%。分期限看，活期存款及定期存款余额分别为 1594.9 亿元和 728.0 亿元，同比下降 0.5% 和 2.1%（见图 1）。

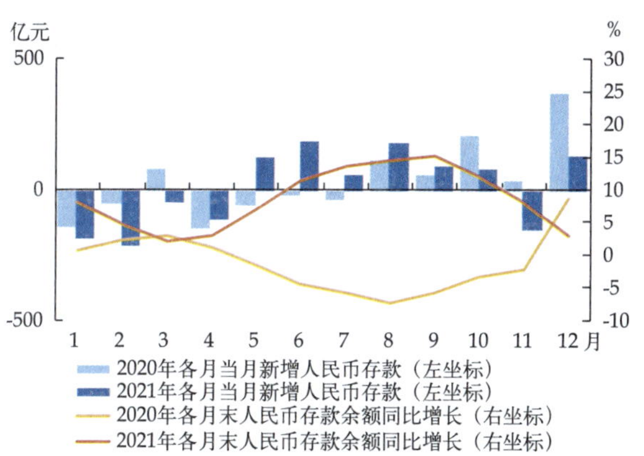

图 1　2020—2021 年西藏自治区金融机构人民币存款增长变化

（数据来源：中国人民银行拉萨中心支行）

3. 贷款总量合理适度，重点领域信贷投放力度加大。 2021 年末，西藏本外币各项贷款余额 5135.3 亿元，同比增长 3.6%。全年累计发放贷款 2233.5 亿元，与上年基本持平。信贷结构持续优化，重点领域信贷投放力度不断加大。其中，普惠小微企业贷款余额 181.3 亿元，同比增长 40.8%；制造业领域贷款余额 294.0 亿元，同比增长 8.6%；绿色贷款余额 787.1 亿元，同比增长 9.7%；涉农贷款余额 1540.1 亿元，同比增长 4.9%（见图 2）。

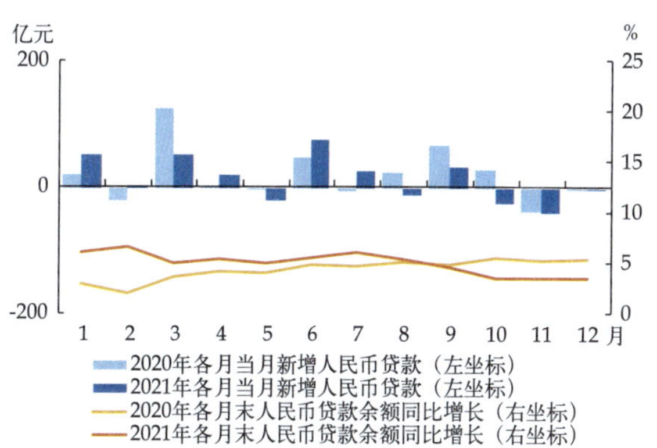

图 2　2020—2021 年西藏自治区金融机构人民币贷款增长变化

（数据来源：中国人民银行拉萨中心支行）

4. 货币市场成交量大幅增加。 2021 年，西藏货币市场成交共计 19056.7 亿元，同比增长 581.9%。其中，同业拆借成交 12.2 亿元，同比下降 92.4%；质押式回购成交 19253.7 亿元，同比增长 584.1%；买断式回购成交 424.4 亿元，2020 年未开展买断式回购。

5. 深化 LPR 改革，实体经济融资成本稳中有降。 持续深化利率市场化改革，发挥贷款市场报价利率的指导性作用，推动 LPR 在藏应用，促进银行业金融机构将 LPR 嵌入内部转移定价（FTP）体系，引导金融资源更多配置至民营小微企业，降低贷款实际利率水平。2021 年 1—12 月，西藏金融机构人民币贷款加权平均利率 2.2%，同比下降 0.12 个百分点；其中，企业贷款加权平均利率 2.3%，同比下降 0.08 个百分点，企业融资成本进一步降低（见表 1、图 3）。

表 1 2021 年西藏自治区金融机构人民币贷款各利率区间占比

单位：%

项目		1月	2月	3月	4月	5月	6月
合计		100.0	100.0	100.0	100.0	100.0	100.0
LPR 减点		100.0	100.0	100.0	100.0	100.0	100.0
LPR		0.0	0.0	0.0	0.0	0.0	0.0
LPR 加点	小计	0.0	0.0	0.0	0.0	0.0	0.0
	(LPR，LPR+0.5%)	0.0	0.0	0.0	0.0	0.0	0.0
	[LPR+0.5%，LPR+1.5%)	0.0	0.0	0.0	0.0	0.0	0.0
	[LPR+1.5%，LPR+3%)	0.0	0.0	0.0	0.0	0.0	0.0
	[LPR+3%，LPR+5%)	0.0	0.0	0.0	0.0	0.0	0.0
	LPR+5% 及以上	0.0	0.0	0.0	0.0	0.0	0.0
项目		7月	8月	9月	10月	11月	12月
合计		100.0	100.0	100.0	100.0	100.0	100.0
LPR 减点		100.0	100.0	100.0	100.0	100.0	100.0
LPR		0.0	0.0	0.0	0.0	0.0	0.0
LPR 加点	小计	0.0	0.0	0.0	0.0	0.0	0.0
	(LPR，LPR+0.5%)	0.0	0.0	0.0	0.0	0.0	0.0
	[LPR+0.5%，LPR+1.5%)	0.0	0.0	0.0	0.0	0.0	0.0
	[LPR+1.5%，LPR+3%)	0.0	0.0	0.0	0.0	0.0	0.0
	[LPR+3%，LPR+5%)	0.0	0.0	0.0	0.0	0.0	0.0
	LPR+5% 及以上	0.0	0.0	0.0	0.0	0.0	0.0

数据来源：中国人民银行拉萨中心支行。

图 3 2020—2021 年西藏自治区金融机构外币存款余额及外币存款利率

（数据来源：中国人民银行拉萨中心支行）

6. 银行资产质量总体稳健，金融风险总体可控。2021 年末，西藏银行业金融机构资产总额 6351.7 亿元，同比增长 0.04%，负债总额 6550.1 亿元，同比增长 1.1%。剔除西藏金租影响后，西藏银行业金融机构不良贷款余额 21.8 亿元，同比增长 4.5%；不良贷款率 0.5%，与上年同期持平。

7. 跨境人民币业务保持快速增长。西藏金融机构坚持“金融为民”理念和“本币优先”原则，以服务实体经济、提高贸易投资便利化水平为导向，充分发挥贴近市场主体的优势，主动对接企业需求，切实做好人民币跨境使用金融服务，提高市场主体使用人民币结算的便利感和体验感；加强与周边国家金融合作，持续推动人民币在周边和“一带一路”沿线国家和地区使用。2021 年，西藏跨境人民币收付金额合计 2.8 亿元，同比增长 206.6%。

专栏 1 西藏金融支持稳企业保就业成效显著

2021 年，西藏金融系统严格执行总行宏观调控政策，紧密结合地方实际，精准发力、靠前发力，稳步提升货币政策传导能力，统筹推进“调结构、促创新、惠民生、防风险”工作，加强信贷政策指导，引导金融机构调整信贷结构，深入实施金融服务能力提升工程，扎实做好稳企业保就业工作，不断加大对制造业、乡村振兴、科技及民营小微等重点领域和薄弱环节金融支持力度。

一、引导资源配置倾向普惠金融，逐步完善“敢贷、愿贷、能贷、会贷”机制

深度领会和贯彻《关于深入开展中小

微企业金融服务能力提升工程通知》（银发〔2021〕176号）精神，细化实化工作措施，制定出台《关于印发〈深入开展中小微企业金融服务能力提升工程的实施方案〉的通知》（拉银发〔2021〕89号），推动持续优化服务中小微企业的内部政策安排，进一步完善“敢贷、愿贷、能贷、会贷”机制，力争实现对中小微企业、个体工商户等经营主体信贷投放“应放尽放、当快则快”。

二、高效实施货币政策工具，加大中小微企业信贷支持

充分发挥货币政策工具牵引带动作用。2021年，累计发放支农支小再贷款4笔、金额7.2亿元，共支持西藏涉农、小微和民营企业(含个体工商户和小微企业主)590余家；累计发放再贴现13批次，共计165笔，金额合计5.0亿元，其中票面金额200万元以下的票据占比18.3%，涉农、小微和民营企业票据占比100%。

落实好两项直达实体经济政策工具。合理引导预期，督促金融机构在风险可控的前提下，对普惠小微企业贷款做到提前联系、主动告知、优先办理，落实延期还本付息和信用贷款支持工具。2021年累计发放普惠小微信用贷款99.7亿元、实施延期还本付息47.5亿元，共惠及1.9万户市场主体。

三、完善政银企对接机制，提升线上线下对接效率

持续深入开展“6+1+N”①融资清单对接工作。强化与地方政府部门沟通协作，适时调整“6+1+N”清单，补充绿色项目、高新数字产业项目、高端制造业、文旅企业等行业企业，按月跟踪督导西藏银行融资对接情况，提升融资对接率、信贷满足率。截至2021年末，“6+1+N”清单内覆盖西藏区市县三级28类行业企业、囊括5087家企业及项目，银企成功对接率达98.2%，指导金融机构成功对接4997个，累计为2052家企业提供信贷资金1034.5亿元。

开展多层次政银企融资对接活动。加强与地方党委政府沟通协作，共同举办百家成长型优选企业专题银企对接洽谈会；引导西藏辖区人民银行分支机构和银行业金融机构积极开展访企业问需求、政银企融资对接会、融资推介会等多样化融资对接活动。2021年，西藏辖区人民银行系统组织举办41期政银企融资对接会，覆盖3744家企业，满足企业信贷资金118.4亿元。

加大西藏小微客户融资服务平台②推广运用力度。引导银行业各金融机构安排专人负责定期提取平台融资申请，对普惠小微企业融资申请原则上要5日读取、15日之内反馈、30日之内办理。2021年末，平台入驻银行业金融机构15家，发布60多个特色金融产品，企业注册数量1820家，通过平台为804户企业发放贷款近20.4亿元，获贷率82.0%。

四、深化“放管服”改革，提升便企利民服务水平

巩固首贷服务中心工作成果。人民银行拉萨中心支行联合拉萨市相关部门完善首贷服务中心运行规程，规范服务中心运行、监测管理，积极推动有条件的地方建立首贷、续贷服务中心，为企业提供进“一门”办理

① “6+1+N”清单包括民营小微企业清单、绿色项目清单、招商引资清单、重点项目建设清单、旅游企业清单、新型农业经营主体清单6个清单，疫情防控重点保障企业清单，以及各地市自行建立的项目融资清单。

② 2019年12月，人民银行拉萨中心支行建立西藏自治区小微客户融资服务平台（http：//www.xzcredit.org.cn）。该融资平台具有线上信用信息和融资对接服务功能。企业可以直接通过互联网网站或微信小程序，使用统一社会信用代码注册，线上提交贷款申请资料，由银行对相关融资需求予以线上反馈。人民银行及时监测银企对接全过程，实现信贷供需全口径和信贷档案全覆盖。

贷款全流程服务，提高首贷服务中心、窗口和专柜的工作效率和成果。西藏首贷中心（窗口）已实现7个地市全覆盖，如山南中心支行实施“首贷培植行动”，通过“案例成果展示大赛”等方式激励银行业金融机构首贷培育主动性；2021年累计为3211户普惠小微主体提供首贷支持。

开展个体工商户专项对接行动。围绕“贷动小生意 服务大民生”活动，充分挖掘藏面、服饰、咖啡等客流量大、商圈集聚区潜在有效客户，通过降门槛、提额度、减成本等优惠措施促进个体工商户获得信贷。2021年，西藏区市县三级银行业金融机构开展50次专项对接行动，共对接3264户个体工商户，户均放贷46.6万元；2021年末，个体工商户贷款余额53.2亿元，同比增长45.6%。

开展科技创新企业融资对接活动。加强与西藏经信、科技等部门协调合作，鼓励银行业金融机构优化内部管理机制，培养行业分析和风险评估能力，开展产品服务创新，加大投贷联动、知识产权质押贷款、供应链金融等产品服务创新，加大对高新技术制造业、战略性新兴产业的信贷投放。2021年末，西藏信息传输、软件和信息技术服务业、科学研究和技术服务业贷款余额80.7亿元，同比增长29%。

（二）证券业经营稳健，各类业务健康发展

1. 证券机构稳步发展。2021年末，西藏共有2家证券法人机构、27家证券分支机构、1家期货营业部、1家独立基金销售机构、3家公募基金管理机构、192家私募基金管理机构。证券期货法人机构及分支机构在藏从业人数134人。

2. 基金业务规模持续扩大。2021年末，西藏在基金业协会登记备案的私募基金管理机构192家，备案的私募基金1429只，在管基金净值3764.12亿元。管理人数量和管理基金规模在全国分别排名第二十一位和第九位。

3. 上市公司稳健发展。2021年末，西藏共有上市公司21家，全部为A股上市公司，主要集中在医药制造、矿产采掘、食品饮料等行业；新三板挂牌公司12家。21家A股上市公司中，国有企业4家、民营企业17家；主板公司16家、创业板公司5家；上交所上市公司9家、深交所上市公司12家。

（三）保险业稳步发展，风险保障功能持续增强

1. 保险机构日益丰富。2021年末，西藏共有11家保险业分支机构，分别为8家财产险公司和3家寿险公司。法人保险公司1家，为珠峰财产保险股份有限公司。

2. 保险保障功能持续增强。2021年末，西藏保险业原保险保费收入累计40.0亿元，同比增长0.4%，低于全国平均水平4.6个百分点。其中财产险公司原保费收入33.5亿元，同比增长0.8%；寿险公司原保费收入6.5亿元，同比下降1.6%。赔付支出29.3亿元，同比增长32.3%。其中，财产险公司赔付支出28.4亿元，同比增长35.0%；寿险公司赔付支出0.9亿元，同比下降17.8%。

（四）融资规模持续增长，金融市场发展稳定

2021年，西藏社会融资规模持续增长，较好地支持了当地经济发展。金融市场发展稳定，

债券规模保持快速增长态势。

1. 融资规模持续增长，直接融资降幅较大。2021年末，西藏社会融资规模存量6958.2亿元，同比增长6.6%。全年社会融资规模增量430.9亿元，直接融资金额71.4亿元，同比下降59.2%（见图4）。

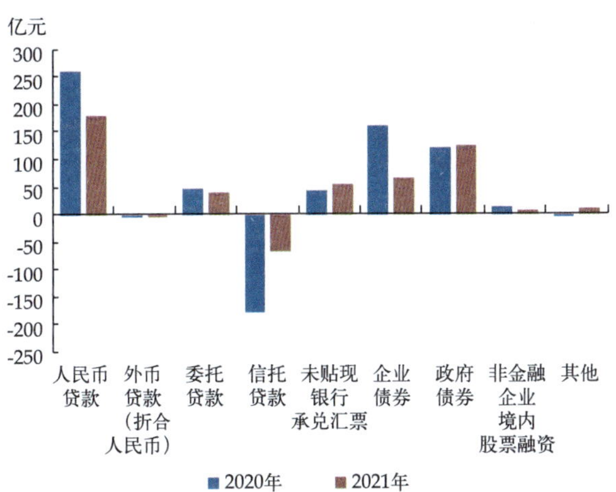

图4 2020—2021年西藏自治区社会融资规模分布结构

（数据来源：中国人民银行拉萨中心支行）

2. 积极融入资本市场，债券规模较快增长。2021年末，西藏21家A股上市公司总股本146.5亿股，流通股本64.6亿股；总市值2798.9亿元，流通市值1177.8亿元。上市公司在税收、扶贫、投资、解决就业等方面不断加大对西藏实体经济的支持力度。西藏各类主体债券融资余额1120.4亿元，同比增长45.1%。其中，非金融企业债券融资余额361.1亿元，同比增长20.9%。

（五）金融生态环境建设持续推进，金融服务能力不断提高

1. 农村信用体系建设与乡村振兴有效衔接。以“西藏中小微企业信用信息共享服务平台”为基础，推动信用信息共享。稳步开展西藏自治区级信用县评定工作，奠定农村良好金融生态环境基础。2021年，西藏已评定信用县47个（含人民银行评定的自治区级信用县21个）、信用乡（镇）584个、信用村5024个。根据评定结果，共发放“钻石”“金”“银”“铜卡”46万张，发证面达到92%；四卡贷款余额273.6亿元。

2. 支付服务体系进一步健全。2021年，西藏新增支付系统参与者14家，支付清算系统覆盖率进一步提升。累计发行银行卡1208.7万张。同比增长6.6%；其中在用借记卡发卡量1168.7万张、在用信用卡发卡量40万张，同比分别增长6.1%和20.9%。累计布放ATM终端2554台，布放POS机3.45万台。移动支付便民效用持续提升，积极助力“智慧城市”建设，全年新增各类智慧移动支付场景51个，其中，智慧交通场景20个、智慧教育场景8个、智慧医疗场景6个、智慧景区场景2个、公共事业缴费12个、商圈连锁3个。开展“公交、停车场移动支付”“银校通”“银医通”“支付+政务服务”等项目建设，全面优化用户在交通、医疗、学校、政务服务等方面的支付体验。

2021年，西藏移动支付客户数360.5万户、交易笔数1.5亿笔、金额4815亿元，同比分别增长19.2%、33.3%和9.5%。全年发生银行卡助农取款交易笔数89.9万笔、交易金额13.6亿元、查询36万笔，同比分别增长2.3%、17.5%和56.0%。建成综合服务站132个，较上年末新增37个。

3. 金融消费权益保护成效显著。2021年，西藏辖区人民银行各分支机构组织引导辖区各参与机构累计开展宣传活动8414次，金融消费者受众912万余人次，累计发放宣传资料296万余份，微信推送阅读量494万余次，媒体报道650次。2021年，辖区人民银行共受理投诉咨询197起，其中投诉137起，咨询60起，办结率100%，满意率100%。2021年，西藏首家金融教育示范基地成功揭牌。

二、经济运行情况

2021年，西藏经济发展态势良好，科学统筹疫情防控和经济社会发展，新冠肺炎疫情零输入、零感染，扎实做好“六稳”工作，全面落实“六保”任务，生产稳定有序，经济持续

增长，基础设施持续改善，易地搬迁后续帮扶持续深化，监测预警机制健全完善，乡村振兴深入实施，特色产业健康发展，固边强边有力推进。2021 年，西藏生产总值 2080.2 亿元，同比增长 6.7%（见图 5）。

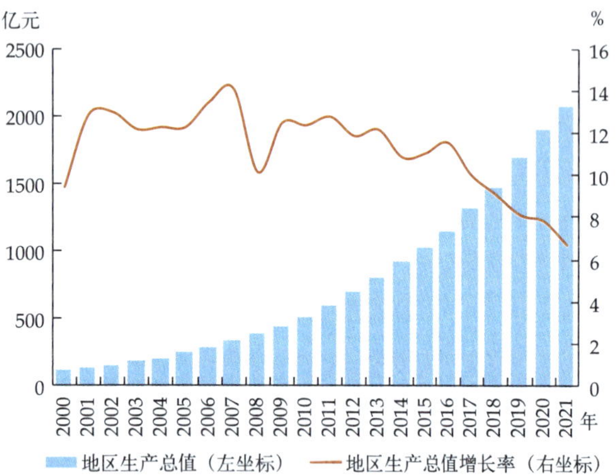

图 5　2000—2021 年西藏自治区地区生产总值及其增长率

（数据来源：西藏自治区统计局）

（一）需求总体平稳，结构持续优化

2021 年，西藏以项目建设为支撑，全面补齐基础设施短板，固定资产投资降幅收窄，民间投资由负转正；坚持保供给、畅流通、扩消费，提升消费对经济增长的拉动作用，消费市场规模扩大，刚需类商品增长加快。

1. 固定资产投资降幅收窄，民间投资占比提高。2021 年，西藏固定资产投资同比下降 14.2%，两年平均下降 4.9%。分产业看，第一产业投资同比增长 56.3%，第二产业投资同比下降 29.7%，第三产业投资同比下降 13.1%。从项目规模看，500 万 ~5000 万元项目完成投资同比增长 14.2%，5000 万元以上项目（含房地产）完成投资同比下降 20.5%。民间投资同比增长 0.7%，较 1—11 月加快 2.1 个百分点，实现由负转正，占固定资产投资比重由上年的 14.7% 提高到 17.3%，提高 2.6 个百分点（见图 6）。

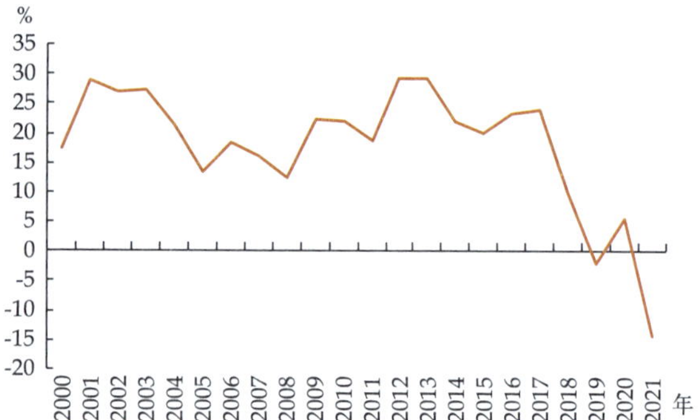

图 6　2000—2021 年西藏自治区固定资产投资（不含农牧户）增长率

（数据来源：西藏自治区统计局）

2. 消费市场加快回暖，刚需类商品增长较快。2021 年，西藏社会消费品零售总额 810.3 亿元，同比增长 8.7%，两年平均增长 2.4%。按经营单位所在地分，城镇消费品零售额 668.3 亿元，同比增长 8.7%；乡村消费品零售额 142.1 亿元，同比增长 8.6%。按消费类型分，餐饮收入 81.7 亿元，同比增长 19.2%；商品零售 728.6 亿元，同比增长 7.6%。限额以上消费品零售额 218.5 亿元，同比增长 1.3%。从限额以上商品零售类数据来看，粮油食品类、日用品类、石油及制品类等生活刚需类商品同比分别增长 16.1%、78.0% 和 28.6%（见图 7）。

图 7　2000—2021 年西藏自治区社会消费品零售总额及其增长率

（数据来源：西藏自治区统计局）

3. 货物贸易进出口总额大幅增长，实际利用外资大幅下降。2021 年，西藏货物贸易进出口总额40.2亿元，同比增长88.3%。其中，出口额22.5亿元，同比增长74.1%；进口额17.6亿元，同比增长1.1倍。实际利用外资金额8.5万美元，同比下降99.8%（见图8）。

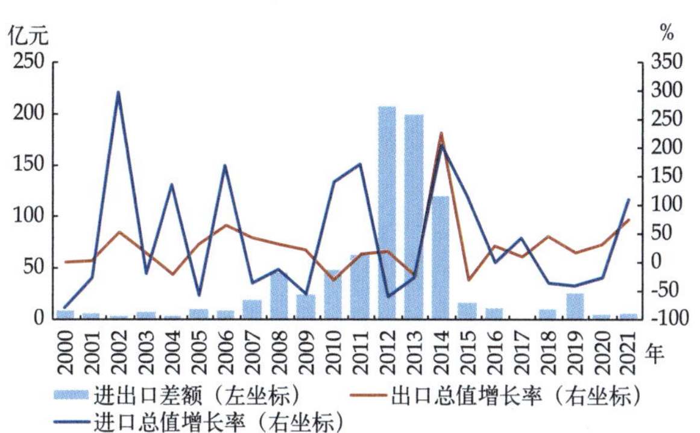

图8　2000—2021年西藏自治区外贸进出口变动情况

（数据来源：西藏自治区统计局、拉萨海关）

（二）产业结构不断优化，发展质量稳步提升

2021年，第一产业增加值164.1亿元，同比增长7.3%；第二产业增加值757.3亿元，同比下降0.9%；第三产业增加值1158.8亿元，同比增长11.8%。农业生产形势良好，工业生产持续增长，服务业持续恢复。

1. 农业生产小幅上涨，乡村振兴取得新进展。2021年，西藏粮食产量106.2万吨（薯类折粮），2015年以来连续七年稳定在100万吨以上，其中青稞产量80.1万吨。猪牛羊禽肉产量27.4万吨，同比下降2.2%；奶类产量53.7万吨，同比增长9.3%。年末牲畜存栏1692.5万头（只），同比增长2.1%；全年牲畜出栏453.8万头（只），同比下降3.0%。青稞、牲畜良种覆盖率分别达90%和32%以上。

乡村振兴深入实施。易地搬迁后续帮扶持续深化，监测预警机制健全完善，消除返贫风险4467户、18597人。启动建设乡村振兴示范村100个，实施帮扶项目2126个，新型农村集体经济组织6172个，完成农村户厕改造4.7万座，创建美丽宜居示范村120个。

2. 工业生产持续增长，电力生产能力显著提升。2021年，西藏规模以上工业增加值同比增长12.9%，两年平均增长11.2%。分经济类型看，国有控股企业同比增长58.6%，股份制企业同比增长13.7%，外商及港澳台企业同比增长3.5%；非公有工业同比增长2.4%。分三大门类看，采矿业同比增长35.1%，制造业同比增长1.2%，电力、热力、燃气及水生产和供应业同比增长6.0%。从主要产品产量来看，铜金属含量同比增长87.5%，包装饮用水同比增长17.7%，水泥同比下降12.7%。西藏全部发电量112.8亿千瓦时，同比增长29.5%；调出电量25.5亿千瓦时，同比增长40.8%（见图9）。

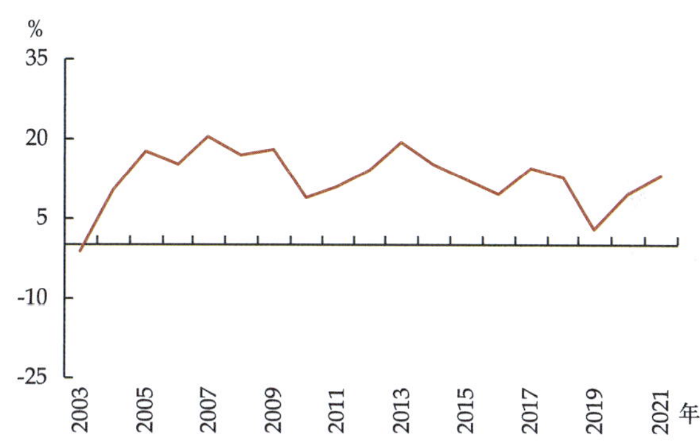

图9　2003—2021年西藏自治区规模以上工业增加值实际增长率

（数据来源：西藏自治区统计局）

3. 服务业持续恢复，交通运输、旅游业发展良好。2021年1—12月，西藏规模以上服务业企业营业收入208.7亿元，同比增长9.6%。21个行业大类中，15个行业实现正增长，增长面达71.4%。全年西藏接待国内外游客4153.4万人次，同比增长18.5%；实现旅游总收入441.9亿元，同比增长20.6%。实现客运量1371.8万人、旅客周转量95.3亿人公里，同比分别增长12.8%、11.7%；实现货运量4584.5万吨，同比增长12.0%，货物周转量150.5亿吨公里，同比下降4.1%。

4. 供给侧结构性改革扎实推进，新经济亮点频出。加强全方位监管，规范各类融资行为，坚决遏制非法集资蔓延势头，加强风险监测预警和监管合作，妥善处理风险案件，坚决守住不发生区域性金融风险的底线。“一网三平台”[①]建成运营，五省“跨省通办”上线运行。建成“纳税人缴费人之家”“税收驿站”，全年新增减税降费超41亿元，累计为2户煤电供热企业办理缓缴税费161万元，为399户制造业中小微企业办理缓缴税费4715万元。各类市场主体超过40万户，招商引资到位资金500亿元。

国家川藏铁路技术创新中心、西藏清洁能源创新发展中心挂牌成立。大古水电站投产发电，拉哇水电站成功截流，建成和在建电力装机1371万千瓦，外送电量25亿千瓦时。规模以上工业企业、高新技术企业和科技型中小企业数量同比分别增长12.5%、18%和127%。“地球第三极”区域公共品牌效应持续显现。数字经济实现增加值186.82亿元，同比增长18.7%，对经济增长的贡献率为24.8%。

5. 生态环境保持优良，固边强边有力推进。成功举办“环喜马拉雅”国际合作论坛生态环境保护专题研讨会，50%的国土空间划入“三线一单”[②]优先保护单元。发布第一批自治区级重要湿地名录，三江源国家公园唐北片区获批设立。新增3个国家级生态文明建设示范县(区)。推动减污降碳协同治理，污染防治攻坚保持全国“优秀”，蓝天、碧水、净土良好态势持续巩固。

624个边境小康村全部建成，派墨公路全线贯通，3个支线机场加快建设。边境县城全部建成标准化供水厂和生活垃圾填埋场。21个边境县定点帮扶开始实施，边境发展稳定进入新阶段。

（三）物价总水平持续平稳，人民生活日益改善

2021年，西藏城乡居民可支配收入明显提高，居民消费价格温和上涨，就业形势持续稳定，城乡居民生活质量显著向好。

1. 居民消费价格温和上涨。2021年，西藏居民消费价格同比上涨0.9%，涨幅与全国平均水平持平，全年保持了温和缓涨态势。

2. 工业生产者价格低位运行。2021年，全年西藏工业生产者出厂价格同比上涨1.5%。其中，生产资料价格上涨2.8%，生活资料价格同比下降3.8%（见图10）。

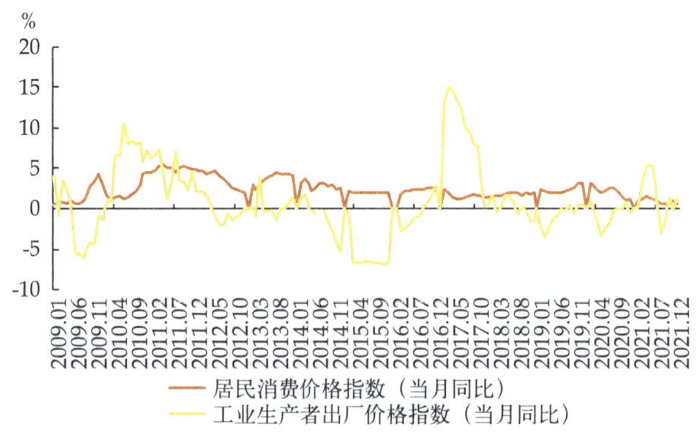

图10 2009—2021年西藏自治区居民消费价格指数和工业生产者价格指数变动趋势

（数据来源：西藏自治区统计局）

3. 城乡居民收入较快增长，就业形势持续稳定。2021年，西藏居民人均可支配收入24950元，同比增长14.7%，两年平均增长13.1%。其中，城镇居民人均可支配收入46503元，同比增长13.0%，两年平均增长11.5%；农村居民人均可支配收入16935元，同比增长16.0%，两年平均增长14.4%。城乡居民人均收入比值2.8，比上年缩小0.07。全年西藏应届高校毕业生就业人数2.9万人，总体就业率99.1%；农牧民转移就业人数69.3万人，转移就业收入58.1亿元；城镇新增就业5.2万人，城镇登记失业率控制在4%以内。

① “一网三平台”即“公共资源交易网，以及交易平台、服务平台和监督平台”。

② “三线一单”即“生态保护红线、环境质量底线、资源利用上线，以及生态环境准入清单”。

（四）财政收入保持稳定，财政支出倾向民生领域

2021 年，西藏实现一般公共预算收入 215.6 亿元，同比下降 2.4%；实现一般公共预算支出 2028.7 亿元，同比下降 8.1%。其中，1—8 月与人民群众生活密切相关的教育、文化旅游体育和传媒、社会保障和就业、卫生健康、城乡社区、农林水和住房保障等支出 675.9 亿元（见图 11）。

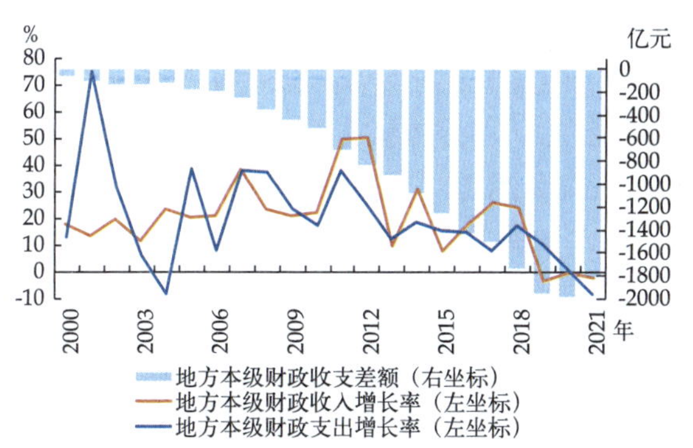

图 11　2000—2021 年西藏自治区地方财政收支状况

（数据来源：西藏自治区统计局、财政厅）

（五）房地产市场运行平稳，贷款稳步增长

2021 年，西藏房地产市场运行平稳，房地产金融宏观审慎管理工作持续加强。房地产开发投资规模大幅下降，销售面积及销售额增长较快，房地产贷款稳步增长。

1. 房地产开发投资规模大幅下降，新建商品房销售面积及销售额增长较快。2021 年，西藏房地产开发投资 142 亿元，同比下降 14.2%；商品房销售面积 140.8 万平方米，同比增长 51.0%；商品房销售额 121.7 亿元，同比增长 45.0%。

2. 房地产贷款稳步增长。2021 年，西藏房地产贷款余额 338.7 亿元，同比增长 6.7%。其中，房地产开发贷款 107.3 亿元，同比下降 20.3%；个人住房贷款余额 215.1 亿元，同比增长 28.1%。

专栏 2　出实招提质效　西藏绿色金融工作再上新台阶

2021 年，人民银行拉萨中心支行严格贯彻落实总行“三大功能”“五大支柱”① 绿色金融发展总体思路，积极引导在藏金融机构进一步提高政治站位，建立完善绿色金融考核激励机制，稳步增加绿色贷款投放，绿色金融发展取得显著效果。

一、主要做法

（一）夯实起跑点，加强绿色金融政策研究

人民银行拉萨中心支行把研究、贯彻落实绿色金融政策作为推动西藏绿色金融工作的立足点，修订完善《西藏自治区人民政府关于推动绿色金融发展的指导意见》，明确提出了西藏绿色金融的相关要求。结合西藏区情，起草《关于建立健全金融推动西藏绿色低碳循环发展经济的实施意见》，进一步推动构建符合西藏生态发展的绿色金融服务体系。

（二）把握关键点，建立健全绿色金融发展工作机制

整体推进西藏辖区人民银行分支机构绿

① “三大功能”主要是指充分发挥金融支持绿色发展的资源配置、风险管理和市场定价三大功能。“五大支柱”是指完善绿色金融标准体系、强化金融机构监管和信息披露要求、逐步完善激励约束机制、不断丰富绿色金融产品和市场体系、积极拓展绿色金融国际合作空间。

色金融工作，将绿色金融列为全年重点工作，全区一盘棋、上下一条心，有序推进绿色金融工作开展。持续做好绿色信贷评价。按季度对3家地方法人银行开展绿色信贷评价，将评价结果纳入央行评级及MPA评估，引导金融机构加强绿色贷款能力建设、建立健全绿色金融工作机制，补足工作短板。通过开展绿色信贷绩效评价，强化货币政策工具引导，鼓励在藏金融机构根据自身业务开展范畴和发展实际情况设立绿色金融事业部或绿色金融专营机构，配备资源、单独考核，提升绿色信贷服务能力。

（三）紧抓突破点，坚持工作推进与宣传交流"双提升"

人民银行拉萨中心支行及时汇总更新西藏"绿色清单"，实行动态管理，加强银企对接，进一步加大对绿色产业的信贷支持。建立绿色金融宣传交流机制。人民银行拉萨中心支行与金融机构建立了沟通交流机制，每半个月与金融机构开展以绿色金融为主题的点对点座谈，研讨绿色金融工作推进中的困难与问题，研究商定绿色项目库的建立调整，准确把握绿色金融发展方向。

（四）抓实落脚点，加大绿色重点领域的信贷支持

人民银行拉萨中心支行通过政策引导、调研指导、监测督导等方式，督促西藏银行业金融机构立足本地经济社会发展实际，按照"一行一策"的思路，积极加大绿色金融产品和服务创新，健全绿色金融产品体系，不断强化对绿色重点领域的信贷支持。

二、工作成效

西藏绿色金融发展质效明显提高。2021年末，西藏绿色贷款余额787.1亿元，同比增长9.7%，高于西藏本外币各项贷款增速6.1个百分点，占西藏本外币各项贷款余额的15.3%。按贷款投向划分，清洁能源贷款余额588.5亿元，占全部绿色贷款余额的74.8%；节能环保和生态环境贷款余额88.2亿元，占比11.2%；基础设施绿色升级贷款余额102.7亿元，占比13.1%。

三、努力方向

下一步，人民银行拉萨中心支行将紧紧围绕人民银行总行工作会议决策部署，坚持稳中求进工作总基调，完整、准确、全面贯彻新发展理念，认真贯彻落实绿色金融工作的相关要求，着力在贯彻落实中央优惠金融政策、完善绿色金融工作机制、推动绿色金融产品创新、加强调查研究、健全绿色金融基础设施和加大绿色信贷投放力度等方面下功夫，推动西藏绿色金融工作再上新台阶。

三、预测与展望

2022年是实施"十四五"规划的关键之年，也是党的二十大召开之年。西藏金融系统将坚持以习近平新时代中国特色社会主义思想为指导，全面贯彻党的十九大和十九届历次全会精神，深入贯彻中央经济工作会议、中央第七次西藏工作座谈会精神及习近平总书记关于西藏工作的重要论述和新时代党的治藏方略，坚持稳中求进工作总基调，完整、准确、全面贯彻新发展理念，服务和融入新发展格局，全面深化改革开放，坚持创新驱动发展，推动高质量发展，以优化发展格局为切入点，以要素和设施建设为支撑，以制度机制为保障，统筹疫情防控和经济社会发展，统筹发展和安全，锚定"四件大事""四个确保"，继续做好"六稳""六保"工作，着力推进"四个创建"、努力做到"四个走在前列"，保持经济运行在合理区间，保持平稳健康的经济环境，为西藏经济高质量发展提供有力有效的金融支持。

中国人民银行拉萨中心支行货币政策分析小组

总　　纂：王春桥　李玉福

统　　稿：贺　成　高松茂

执　　笔：申　霞　扎西顿珠　练　丹　其美玉珍

提供材料：刘　帅　罗晶晶　洛松加永　李迎军　王永峰　申继禄　夏　君　贡嘎央宗　伊毕热恒　陈孟星　杜虹霖

附录：

（一）西藏自治区经济金融大事记

3月5日，中国人民银行拉萨中心支行建立银行间市场债务融资工具发行人“一户一档”监测管理制度。

3月8日，中国建设银行波密县札木支行成立。

3月30日，中国人寿保险股份有限公司昌都市分公司成立。

7月14日，中国工商银行阿里分行成立。

7月19日，中国工商银行日喀则分行进入试营业阶段。

9月10日，珠峰财产保险股份有限公司昌都市中心支公司成立。

11月1日，西藏征信查询安全管理平台正式上线运行。

11月8日，西藏首家省级金融教育示范基地在日喀则市正式揭牌。

12月13日，东方财富证券阿里营业部正式开业。

（二）西藏自治区主要经济金融指标

表 1　2021 年西藏自治区主要存贷款指标

	项目	1月	2月	3月	4月	5月	6月	7月	8月	9月	10月	11月	12月
本外币	金融机构各项存款余额（亿元）	5240.2	5031.2	4989.4	4877.2	5007.9	5194.7	5253.5	5434.1	5528.6	5614.6	5466.4	5596.4
	其中：住户存款	1078.6	1078.6	1074.5	1070.5	1039.3	1064.7	1058.2	1081.6	1114.9	1075.2	1095.7	1152.0
	非金融企业存款	1180.6	1140.5	1194.0	1176.7	1142.2	1192.2	1168.1	1149.5	1179.6	1100.3	1097.9	1170.9
	各项存款余额比上月增加（亿元）	-183.3	-208.9	-41.8	-112.2	130.7	186.8	58.8	180.6	94.5	86.0	-148.1	130.0
	金融机构各项存款同比增长（%）	8.2	4.9	2.3	3.1	7.1	11.4	13.6	14.6	15.2	12.0	8.2	3.2
	金融机构各项贷款余额（亿元）	5010.4	5013.9	5067.7	5090.2	5070.9	5147.9	5175.2	5163.9	5197.5	5174.9	5136.5	5135.3
	其中：短期	576.7	577.7	585.0	598.3	606.8	605.7	595.2	590.0	587.2	590.5	595.7	614.1
	中长期	3825.0	3849.7	3930.0	3947.9	3916.0	3961.3	4010.5	4015.8	4039.6	4011.9	3980.8	3962.9
	票据融资	194.8	173.1	139.7	132.8	137.1	170.5	159.4	148.8	161.8	164.0	151.6	150.2
	各项贷款余额比上月增加（亿元）	53.3	3.5	53.8	22.5	-19.4	77.1	27.3	-11.4	33.7	-22.7	-38.3	-1.2
	其中：短期	8.3	1.0	7.3	13.3	8.4	-1.0	-10.5	-5.2	-2.8	3.3	5.1	18.4
	中长期	58.6	24.6	80.3	17.8	-31.8	45.3	49.3	5.3	23.8	-27.7	-31.1	-17.9
	票据融资	-13.0	-21.7	-33.4	-6.9	4.4	33.3	-11.1	-10.7	13.0	2.2	-12.4	-1.5
	金融机构各项贷款同比增长（%）	6.2	6.7	5.1	5.5	5.1	5.6	6.2	5.5	4.7	3.6	3.6	3.6
	其中：短期	44.5	41.0	28.5	27.3	27.1	15.3	11.6	7.1	1.9	4.2	4.1	8.0
	中长期	4.3	5.4	6.9	7.5	6.1	6.5	7.8	7.1	6.7	5.8	5.4	5.2
	票据融资	-8.0	-13.4	-46.1	-48.3	-68.0	-17.3	-18.0	-16.6	-12.6	-25.4	-21.6	-27.8
	建筑业贷款余额（亿元）	430.0	443.5	448.6	455.6	452.0	464.5	478.4	480.7	493.4	501.5	494.2	478.3
	房地产业贷款余额（亿元）	79.0	79.6	80.0	83.2	85.5	85.6	83.2	78.9	78.9	78.5	77.7	75.3
	建筑业贷款同比增长（%）	4.6	10.7	4.5	11.4	12.1	14.0	15.7	14.1	17.5	18.9	19.9	19.3
	房地产业贷款同比增长（%）	25.0	29.1	31.9	13.9	16.7	18.0	13.9	9.3	3.0	2.5	-1.9	-5.6
人民币	金融机构各项存款余额（亿元）	5235.1	5026.4	4984.3	4872.3	5001.6	5189.9	5248.8	5429.4	5523.9	5610.0	5460.0	5591.9
	其中：住户存款	1077.9	1077.9	1073.8	1069.8	1038.6	1064.0	1057.5	1080.9	1114.2	1074.5	1095.0	1151.3
	非金融企业存款	1176.4	1136.5	1189.7	1172.7	1136.7	1188.2	1164.2	1145.5	1175.7	1096.4	1092.3	1167.1
	各项存款余额比上月增加（亿元）	-183.0	-208.8	-42.0	-112.0	129.2	188.3	58.9	180.6	94.5	86.1	-149.9	131.8
	其中：住户存款	-2.9	-0.1	-4.1	-4.0	-31.2	25.3	-6.5	23.4	33.3	-39.7	20.5	56.3
	非金融企业存款	-82.1	-39.9	53.2	-17.0	-36.0	51.5	-24.0	-18.6	30.2	-79.3	-4.1	74.8
	各项存款同比增长（%）	8.2	5.0	2.3	3.1	7.1	11.5	13.6	14.6	15.2	12.1	8.3	3.2
	其中：住户存款	10.2	10.7	9.9	12.3	10.6	9.6	9.1	11.2	7.0	5.2	6.4	6.5
	非金融企业存款	13.5	9.6	4.5	4.5	-2.0	-1.8	2.7	-2.8	-5.1	-11.3	-12.1	-7.3
	金融机构各项贷款余额（亿元）	5010.2	5013.7	5067.5	5090.0	5070.7	5147.8	5175.0	5163.7	5197.4	5174.7	5136.4	5135.1
	其中：个人消费贷款	514.7	517.6	529.2	535.7	540.1	547.7	555.8	559.4	567.6	570.2	571.7	572.5
	票据融资	194.8	173.1	139.7	132.8	137.1	170.5	159.4	148.8	161.8	164.0	151.6	150.2
	各项贷款余额比上月增加（亿元）	53.3	3.5	53.8	22.5	-19.4	77.1	27.3	-11.4	33.7	-22.7	-38.3	-1.2
	其中：个人消费贷款	12.2	2.9	11.6	6.5	4.4	7.6	8.0	3.6	8.2	2.6	1.6	0.8
	票据融资	-13.0	-21.7	-33.4	-6.9	4.4	33.3	-11.1	-10.7	13.0	2.2	-12.4	-1.5
	金融机构各项贷款同比增长（%）	6.2	6.7	5.1	5.5	5.1	5.6	6.2	5.5	4.7	3.6	3.6	3.6
	其中：个人消费贷款	26.4	28.3	28.1	27.4	25.9	24.5	22.9	21.3	20.4	16.7	14.9	13.9
	票据融资	-8.0	-13.4	-46.1	-48.3	-40.2	-17.3	-18.0	-16.6	-12.6	-25.4	-21.6	-27.8
外币	金融机构外币存款余额（亿美元）	0.8	0.8	0.8	0.7	1.0	0.7	0.7	0.7	0.7	0.7	1.0	0.7
	金融机构外币存款同比增长（%）	3.1	-39.2	0.6	-2.2	31.0	-1.2	-11.5	-11.3	-11.8	-31.0	-4.1	-12.7
	金融机构外币贷款余额（亿美元）	0.0	0.0	0.0	0.0	0.0	0.0	0.0	0.0	0.0	0.0	0.0	0.0
	金融机构外币贷款同比增长（%）	-9.1	-10.7	-8.7	-8.1	31.0	-6.7	-5.2	-4.1	-6.7	-6.3	-6.5	-6.0

数据来源：中国人民银行拉萨中心支行。

表 2　2001—2021 年西藏自治区各类价格指数

单位：%

时间		居民消费价格指数		农业生产资料价格指数		工业生产者购进价格指数		工业生产者出厂价格指数	
		当月同比	累计同比	当月同比	累计同比	当月同比	累计同比	当月同比	累计同比
2001		—	—	—	—	—	—	—	—
2002		—	—	—	—	—	—	—	—
2003		—	—	—	—	—	—	—	—
2004		—	—	—	—	—	—	—	—
2005		—	—	—	—	—	—	—	—
2006		—	—	—	—	—	—	—	—
2007		—	—	—	—	—	—	—	—
2008		—	—	—	—	—	—	—	—
2009		—	—	—	—	—	—	—	—
2010		—	—	—	—	—	—	—	—
2011		—	—	—	—	—	—	—	—
2012		—	—	—	—	—	—	—	—
2013		—	—	—	—	—	—	—	—
2014		—	—	—	—	—	—	—	—
2015		—	2.0	—	-0.3	—	—	—	-6.8
2016		3.0	2.5	1.9	0.4	—	—	16.2	2.9
2017		1.3	1.6	0.6	1.6	—	—	0.3	10.0
2018		2.0	1.7	0.7	1.0	—	—	-1.4	0.1
2019		3.1	—	0.2	—	—	—	0.6	—
2020		1.2	2.2	—	-0.4	—	—	-0.4	-0.6
2021									
2020	1	—	—	—	—	—	—	—	—
	2	3.1	3.0	—	—	—	—	0.8	1.1
	3	2.8	3.0	—	—	—	—	0.4	0.9
	4	2.4	2.8	—	—	—	—	-1.7	0.2
	5	2.0	2.7	—	—	—	—	-3.3	-0.5
	6	2.1	2.6	—	—	—	—	-2.5	-0.8
	7	2.5	2.6	—	—	—	—	-1.9	-1.0
	8	2.5	2.6	—	—	—	—	-0.3	-0.9
	9	2.1	2.5	—	—	—	—	0.0	-0.8
	10	1.5	2.4	—	—	—	—	0.0	-0.7
	11	0.9	2.3	—	—	—	—	0.7	-0.6
	12	1.2	2.2	—	-0.4	—	—	-0.4	-0.6
2021	1								
	2	1.0	0.9	—	—	—	—	0.2	0.2
	3	1.2	1.0	—	—	—	—	3.6	1.3
	4	1.6	1.1	—	—	—	—	5.3	2.3
	5	1.4	1.2	—	—	—	—	5.5	2.9
	6	1.1	1.2	—	—	—	—	5.2	3.3
	7	0.9	1.1	—	—	—	—	0.8	2.9
	8	0.5	1.1	—	—	—	—	-2.9	2.2
	9	0.5	1.0	—	—	—	—	-1.4	1.8
	10	0.5	1.0	—	—	—	—	1.3	1.7
	11	0.9	0.9	—	—	—	—	-0.3	1.5
	12	0.5	0.9	—	—	—	—	1.3	1.5

数据来源：《中国经济景气月报》、西藏自治区统计局。

表 3　2021 年西藏自治区主要经济指标

项目	1 月	2 月	3 月	4 月	5 月	6 月	7 月	8 月	9 月	10 月	11 月	12 月
	绝对值（自年初累计）											
地区生产总值（亿元）	—	—	475.7	—	—	926.1	—	—	1440.4	—	—	2080.2
第一产业	—	—	16.3	—	—	47.0	—	—	98.6	—	—	164.1
第二产业	—	—	166.5	—	—	336.9	—	—	537.3	—	—	757.3
第三产业	—	—	293.0	—	—	542.1	—	—	804.5	—	—	1158.8
工业增加值（亿元）	—	—	—	—	—	—	—	—	—	—	—	—
固定资产投资（亿元）	—	—	—	—	—	—	—	—	—	—	—	—
房地产开发投资	—	—	—	—	—	—	—	—	—	—	—	—
社会消费品零售总额（亿元）	—	119.8	181.2	234.0	290.0	346.3	410.5	477.8	558.8	651.6	725.7	810.3
外贸进出口总额（亿元）	—	2.5	10.3	12.6	14.6	19.8	21.8	23.6	26.1	33.3	36.5	40.2
进口	—	0.8	7.3	7.5	7.6	11.1	11.6	11.9	12.2	16.5	17.1	17.6
出口	—	1.6	3.0	5.1	7.0	8.8	10.2	11.7	13.9	16.8	19.4	22.5
进出口差额（出口－进口）	—	0.8	-4.2	-2.4	-0.6	-2.3	-1.4	-0.2	1.7	0.3	2.3	4.9
实际利用外资（亿美元）	—	—	—	—	—	—	—	—	—	—	—	—
地方财政收支差额（亿元）	—	-186.4	-425.9	-522.0	-562.5	-797.2	-958.4	-1115.9	-1297.8	-1395.2	-1549.8	-1813.1
地方财政收入	—	42.7	53.8	71.9	86.8	100.3	120.0	132.9	149.6	167.0	186.0	216.0
地方财政支出	—	229.1	479.7	594.0	649.3	897.6	1078.4	1248.9	1447.4	1562.3	1735.8	2029.0
城镇登记失业率（%）（季度）	—											
	同比累计增长率（%）											
地区生产总值	—	—	17.5	—	—	9.1	—	—	7.2	—	—	6.7
第一产业	—	—	1.8	—	—	2.0	—	—	5.9	—	—	7.3
第二产业	—	—	22.6	—	—	4.1	—	—	1.1	—	—	-0.9
第三产业	—	—	15.7	—	—	13.0	—	—	11.6	—	—	11.8
工业增加值	—	25.3	27.6	25.9	22.8	21.1	18.2	14.9	13.8	13.5	13.2	12.9
固定资产投资	—	23.0	25.5	-4.0	-7.3	-1.6	-7.1	-11.8	-19.2	-20.1	-17.1	-14.2
房地产开发投资	—	59.2	49.6	28.3	9.9	23.6	22.2	9.8	-1.4	-6.6	-11.9	—
社会消费品零售总额	—	29.3	29.1	21.4	15.6	13.0	11.8	9.8	8.6	8.8	9.1	8.7
外贸进出口总额	—	-49.6	90.5	114.4	103.2	140.5	133.5	125.1	124.1	132.5	94.3	88.3
进口	—	-47.9	282.5	257.9	209.4	294.6	288.7	252.1	180.4	203.9	119.9	110.2
出口	—	-50.4	-13.5	35.1	48.0	61.3	60.5	64.8	90.5	88.9	76.3	74.1
实际利用外资	—	—	—	—	—	—	—	—	—	—	—	—
地方财政收入	—	7.6	7.3	10.4	6.7	1.1	2.1	-3.2	-0.9	-0.8	1.2	-2.4
地方财政支出	—	-4.2	5.0	8.2	3.2	2.0	2.3	3.2	-0.6	-0.9	-1.4	-8.1

数据来源：西藏自治区统计局、拉萨海关、国家外汇管理局西藏自治区分局。

陕西省金融运行报告（2022）

中国人民银行西安分行货币政策分析小组

[内容摘要] 2021年，面对严峻复杂的国内外环境、罕见汛情以及严重疫情的多重冲击，陕西省坚持以习近平新时代中国特色社会主义思想为指导，深入贯彻习近平总书记来陕西考察重要讲话重要指示精神，紧紧围绕谱写陕西高质量发展新篇章目标，统筹推进疫情防控和经济社会发展，扎实做好"六稳"工作，全面落实"六保"任务，全年经济呈现持续恢复、结构向善、动能蓄积、质效提升的良好态势，高质量发展取得新成效，实现了"十四五"良好开局。金融运行总体稳健，支持实体经济力度保持稳固，货币信贷合理稳定增长，金融市场整体运行平稳，区域金融改革开放更具活力，金融生态环境持续优化，金融服务水平有效提升，为陕西经济"十四五"良好开局创造了适宜的货币金融环境。

2021年，陕西省地区生产总值同比增长6.5%，投资、消费缓中趋稳，外贸进出口持续向好，产业结构持续优化，三次产业协调发展。一是投资增速缓中趋稳，投资结构持续优化。全省固定资产投资（不含农户）同比下降3.0%，两年平均增长0.5%；高技术制造业投资增长6.9%，工业企业技术改造投资增长8.4%；民间投资增长3.7%，占全部投资的51.4%，占比较上年提高3.4个百分点。二是消费市场平稳恢复，新兴消费稳定增长。社会消费品零售总额同比增长6.7%，两年平均增长0.2%；限额以上企业（单位）通过公共网络实现商品销售785.6亿元，同比增长9.0%，两年平均增长18.9%。三是外贸进出口持续向好，实际利用外资较快增长。进出口总值同比增长25.9%，高于全国4.5个百分点。其中，出口同比增长33.0%，进口同比增长18.6%，实现贸易顺差374.4亿元。实际利用外资102.5亿美元，同比增长21.4%，主要投向制造业企业。四是产业结构持续优化，三次产业协调发展。农业生产基本稳定，农林牧渔业增加值同比增长6.2%。工业生产稳中加固，工业结构不断改善，规模以上工业增加值同比增长7.6%，其中，高技术制造业增长17.1%，装备制造业增长12.8%。服务业保持较快增长，同比增长7.3%，高于地区生产总值增速0.8个百分点。五是供给侧结构性改革持续深化，创新驱动能力提升。全力推进秦创原创新驱动总平台建设，115项科技成果落地转化并注册企业，科技型中小企业数量增长38.6%，高新技术企业数量增长32.3%，技术合同成交额增长33.2%。持续发挥企业创新主体作用，规模以上工业企业研发活动覆盖率、研发投入强度增幅超过前四年总和。六是地方财政收入较快增长，重点领域支出得到有效保障。地方财政收入2775.3亿元，增长22.9%，完成年初预算的117.1%。财政支出6069.4亿元，同比增长2.3%，疫情防控等各项重点支出得到有力保障。

2021年陕西省金融运行总体稳健，支持实体经济力度保持稳固。一是存贷款总量稳步增长，增速均高于全国平均水平。人民币各项存款余额5.4万亿元，同比增长10.3%，高于全国1.0个百分点，较年初新增5039.9亿元，同比多增175.0亿元。人民币各项贷款余额4.4万亿元，同比增长13.2%，高于全国1.6个百分点，较年初新增5148.3亿元，同比多增356.0亿元。二是重点领域信贷资金保障有力，信贷结构持续优化。金融支持制造业高质量发展成效显著，主要金融机构制造业中长期贷款余额同比增长28.7%；小微企业"融资难"得到缓解、受惠面持续扩大，普惠小微贷款余额同比增长34.6%，支持普惠小微经营主体50.8万户；金融支持绿色发展步伐加快，绿色贷款余额同比增长34.1%。三是货币政策工具引导作用显现，小微企业贷款利率明显下降。全年企业贷款加权平均利率为4.59%，其中，小微企业贷款加权平均利率为5.19%，较上年下降0.10个百分点。LPR改革、货币政策工具的有效运用对降低小微企业贷款利率发挥了重要作用。四是区域金融改革持续深化，金融环境进一步优化。陕西省成功发行地方政府专项债46亿元，用于补充21家农村金融机构资本金。稳妥有序推进数字人民币试点工作，累计流通交易1528.3万笔、金额57.7亿元。五是金融机构资产质量持续改善，经营能力不断增强。地方法人金融机构不良率同比下降0.2个百分点，资本充足率同比上升0.4个百分点，流动性比率同比上升13.7个百分点，拨备覆盖率同比上升2.6个百分点。六是证券业和保险业稳健运行，多层次资本市场健康发展。证券期货机构业务规模持续增长，市场交易持续活跃，上市公司经营良好；保险业平稳运行，业务结构持续优化，保险保障和服务功能有效发挥。

2022年是党的二十大召开之年。我国经济长期向好的基本面没有改变，陕西省高质量发展的大趋势没有改变，加之国家一系列重大战略、一整套调控政策、一揽子工作举措正在发力见效，蕴含着重大机遇。同时也要看到，当前国内外形势更趋复杂严峻，国内经济面临需求收缩、供给冲击、预期转弱三重压力，疫情的不稳定、不确定性影响依然存在，促进全省经济健康稳定增长仍需付出艰苦努力。2022年，陕西省将坚持以习近平新时代中国特色社会主义思想为指导，深入学习贯彻习近平总书记来陕西考察重要讲话重要指示精神，坚持稳中求进工作总基调，完整、准确、全面贯彻新发展理念，服务和融入新发展格局，全面深化改革开放，坚持创新驱动发展，坚持以供给侧结构性改革为主线，保持经济运行在合理区间，谱写陕西高质量发展新篇章。人民银行西安分行将精准落实稳健的货币政策，发挥好货币政策工具的总量和结构双重功能，引导市场主体积极稳妥运用金融市场工具，持续加大对小微企业、绿色产业和乡村振兴等重点领域的金融支持力度，持续推动金融风险防范化解，不断深化金融改革开放，全面提升金融服务与管理水平，为陕西经济高质量发展提供有力的金融保障，以实际行动迎接党的二十大胜利召开。

一、金融运行情况

2021年，陕西省金融业坚持稳健的货币政策灵活精准、合理适度，货币信贷合理稳定增长，支持实体经济力度保持稳固，金融市场整体运行平稳，多层次资本市场发展取得新进展，保险保障功能进一步发挥，区域金融改革开放更具活力，金融生态环境持续优化，金融服务水平有效提升，金融风险防范化解取得明显成效。

（一）银行业稳健运行，支持实体经济力度稳固

2021年，陕西省银行业认真落实稳健货币政策，持续加大对重点领域和薄弱环节的金融支持力度，不断提升金融服务能力，有效防范金融风险，扎实推进金融改革，为陕西经济“十四五”开好局、起好步创造了良好的货币金融环境。

1. 银行业资产负债规模稳步增长，资产质量持续改善。2021年末，陕西省银行业金融机构资产总额6.9万亿元，同比增长10.9%；负债总额6.7万亿元，同比增长10.8%；实现利润569.6亿元，同比减少2.0%；拨备覆盖率218.8%，同比上升8.0个百分点。全省银行业金融机构不良贷款率同比下降0.06个百分点，2021年全年基本稳定在全国平均水平以下，关注类贷款率同比下降0.4个百分点，逾期90天以上贷款占不良贷款比例同比下降3.8个百分点。

表 1　2021 年陕西省银行业金融机构情况

机构类别	营业网点			法人机构（个）
	机构个数（个）	从业人数（人）	资产总额（亿元）	
一、大型商业银行	1892	40035	24042	0
二、国家开发银行和政策性银行	84	2244	7358	0
三、股份制商业银行	471	11002	9186	0
四、城市商业银行	540	9752	9164	2
五、小型农村金融机构	2854	31073	12653	97
六、财务公司	7	375	1430	4
七、信托公司	3	1938	321	3
八、邮政储蓄银行	1257	10723	4238	0
九、外资银行	10	256	134	0
十、新型农村金融机构	44	1928	274	42
十一、其他	2	397	454	2
合　计	7164	109723	69255	150

数据来源：陕西银保监局。

注：营业网点不包括国家开发银行和政策性银行、大型商业银行、股份制银行等金融机构总部数据；大型商业银行包括中国工商银行、中国农业银行、中国银行、中国建设银行和交通银行；小型农村金融机构包括农村商业银行、农村合作银行和农村信用社；新型农村金融机构包括村镇银行；其他包含汽车金融公司、消费金融公司等。

2. 存款保持稳定增长，非金融企业存款明显多增。截至 2021 年末，陕西省金融机构本外币各项存款余额 54625.1 亿元，同比增长 10.5%。人民币各项存款余额 54130.1 亿元，同比增长 10.3%，高于全国 1.0 个百分点，增速居全国第四位，较上年末上升 8 位。全年人民币各项存款新增 5039.9 亿元，同比多增 175.0 亿元。从存款主体看，住户存款保持平稳增长，非金融企业存款增速较快。截至 2021 年末，陕西省住户存款余额 29177.3 亿元，同比增长 10.6%，全年新增 2792.4 亿元，同比少增 287.4 亿元。非金融企业存款余额 15641.6 亿元，同比增长 11.6%，高于各项存款增速 1.3 个百分点；全年新增 1620.3 亿元，同比多增 416.8 亿元。

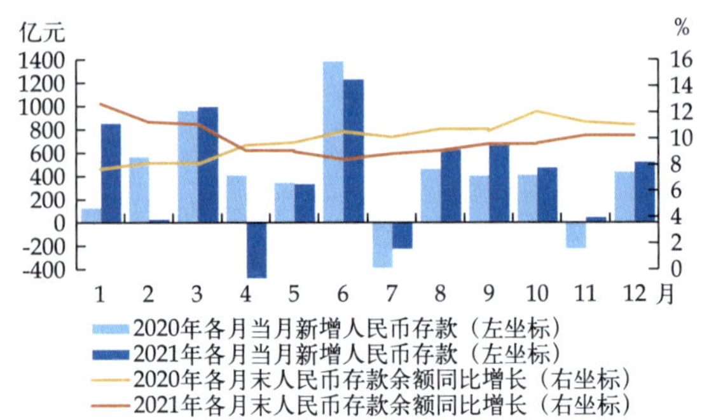

图 1　2020—2021 年陕西省金融机构人民币存款增长变化

（数据来源：中国人民银行西安分行）

3. 贷款对实体经济的支持力度保持稳固，信贷结构进一步优化。截至 2021 年末，陕西省金融机构本外币各项贷款余额 44379.3 亿元，同比增长 13.3%。人民币各项贷款余额 44053.8 亿元，同比增长 13.2%，高于全国 1.6 个百分点，增速居全国第七位，较上年末上升 2 位。全年人民币各项贷款新增 5148.3 亿元，同比多增 356.0 亿元。从承贷主体看，企（事）业单位贷款和住户贷款均实现同比多增。截至 2021 年末，企（事）业单位贷款余额同比增长 11.8%，全年新增 3185.3 亿元，同比多增 194.8 亿元；住户贷款余额同比增长 16.6%，全年新增 1958.9 亿元，同比多增 152.0 亿元。从贷款期限看，贷款新增以中长期为主，中长期贷款全年新增 3862.1 亿元，占各项贷款新增额的 75.0%。

货币信贷政策引导作用显现，重点领域和薄弱环节金融支持力度进一步增强。综合运用各种货币政策工具，累计办理再贷款再贴现超千亿元，重点支持民营、小微、涉农、科技和绿色企业；落实存款准备金率下调政策，释放资金 158.8 亿元，主要投向小微、涉农领域，有效发挥了货币政策工具支持地方产业结构调整和经济转型发展的重要作用。金融支持制造业高质量发展成效显著，截至 2021 年末，全省制造业贷款增长 14.0%，较上年提高 1.4 个百分点；主要金融机构制造业中长期贷款余额 2048.6 亿元，同比增长 28.7%，比全部产业中长期贷款增速高 16.9 个百分点。小微企业融资难问题得到缓解、受惠面持续扩大，截至 2021 年末，全省普惠小微贷款余额2915.4亿元，同比增长34.6%，全省金融机构支持普惠小微经营主体50.8万户，较上年末增加12.6万户。金融支持乡村振兴力度加大，截至2021年末，全省涉农贷款余额8948.6亿元，同比增长11.8%，较上年提高1.1个百分点。金融支持绿色发展步伐加快，截至2021年末，全省绿色贷款余额3700.5亿元，同比增长34.1%，较上年提高17.0个百分点。

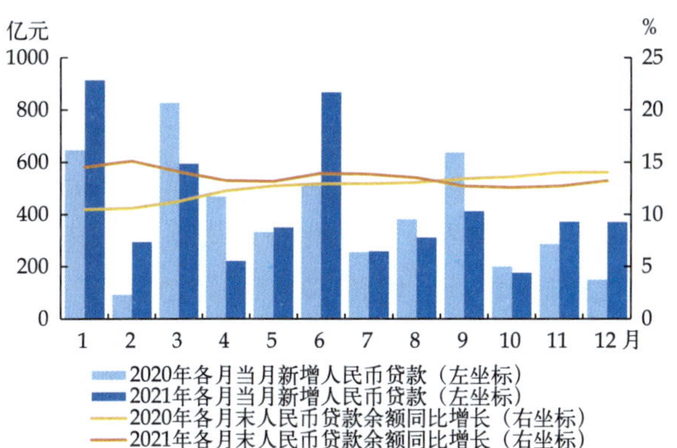

图2　2020—2021年陕西省金融机构人民币贷款增长变化

（数据来源：中国人民银行西安分行）

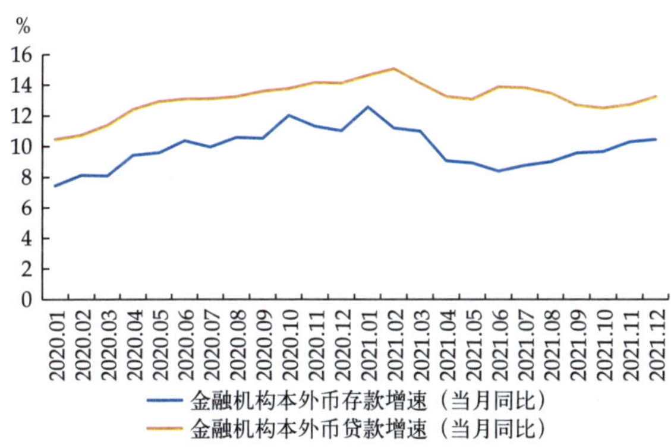

图3　2020—2021年陕西省金融机构本外币存贷款增速变化

（数据来源：中国人民银行西安分行）

4. 表外融资持续下降，延续调整态势。2021年，陕西省金融机构表外融资减少1659.1亿元，同比多减608.8亿元。其中，2021年以来，受资管新规过渡期即将结束影响，信托公司融资类业务不断压降，陕西省信托贷款规模大幅减少1268.7亿元，同比多减202.7亿元；全省票据融资增加458.0亿元，同比多增近600亿元，导致全省未贴现的银行承兑汇票减少218.0亿元，同比多减481.0亿元；全省委托贷款减少172.4亿元，同比少减74.9亿元。

5. 小微企业贷款利率明显下降，货币政策工具引导作用显著。2021年全年陕西省金融机构企业贷款加权平均利率为4.59%，其中，小微企业贷款加权平均利率为5.19%，较上年下降0.10个百分点。LPR改革、货币政策工具的有效运用对降低小微企业贷款利率发挥了重要作用。2021年，人民银行西安分行累计办理再贷款再贴现1011.7亿元，较上年增加200.8亿元，其中，通过再贴现支持的票据贴现加权平均利率为3.03%，相关金融机构借用再贷款发放的小微、涉农及民营企业贷款加权平均利率为5.09%，低于金融机构运用自有资金贷款利率1.40个百分点。

表2　2021年陕西省金融机构人民币贷款各利率区间占比

单位：%

项目		1月	2月	3月	4月	5月	6月
合计		100.0	100.0	100.0	100.0	100.0	100.0
LPR减点		28.6	26.4	23.9	26.6	27.1	25.1
LPR		8.5	8.8	10.0	8.5	11.4	11.3
LPR加点	小计	62.9	64.8	66.1	64.9	61.5	63.6
	(LPR，LPR+0.5%)	12.6	13.1	15.3	15.4	15.2	14.9
	[LPR+0.5%，LPR+1.5%)	20.9	21.5	17.8	19.4	18.6	18.9
	[LPR+1.5%，LPR+3%)	15.4	13.5	15.9	14.4	12.6	16.3
	[LPR+3%，LPR+5%)	9.5	11.0	11.8	11.1	9.5	9.4
	LPR+5%及以上	4.5	5.7	5.3	4.6	5.6	4.1
项目		7月	8月	9月	10月	11月	12月
合计		100.0	100.0	100.0	100.0	100.0	100.0
LPR减点		25.0	22.9	29.8	37.1	29.3	33.7
LPR		8.5	8.4	8.9	6.6	8.8	6.7
LPR加点	小计	66.5	68.7	61.3	56.3	61.9	59.6
	(LPR，LPR+0.5%)	15.9	17.6	13.4	14.7	16.4	14.2
	[LPR+0.5%，LPR+1.5%)	17.3	18.2	19.0	15.6	16.6	19.0
	[LPR+1.5%，LPR+3%)	15.0	14.9	15.9	12.3	14.9	15.1
	[LPR+3%，LPR+5%)	12.8	12.8	8.9	8.9	9.8	8.0
	LPR+5%及以上	5.5	5.2	4.1	4.8	4.2	3.3

数据来源：中国人民银行西安分行。

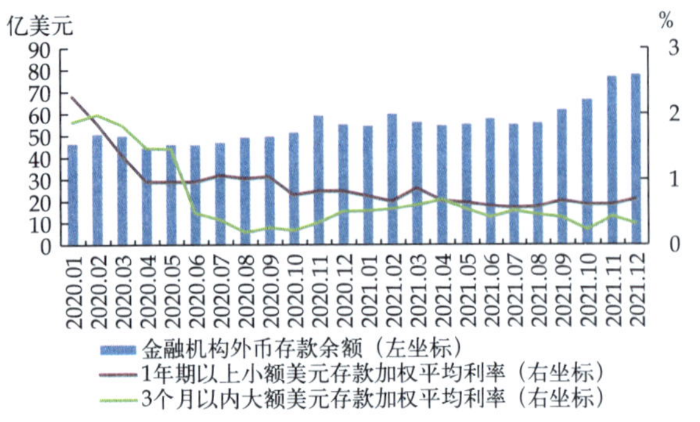

图 4 2020—2021 年陕西省金融机构外币存款余额及外币存款利率

（数据来源：中国人民银行西安分行）

6. 地方法人金融机构运营稳健，资产质量持续改善。截至 2021 年末，陕西省地方法人金融机构资产总额 2.2 万亿元，同比增长 14.9%；负债总额 2.0 万亿元，同比增长 15.4%，实现利润 118.8 亿元，同比增长 11.7%；不良贷款余额较年初增加 17.6 亿元，不良贷款率同比下降 0.2 个百分点，全年基本稳定在全国平均水平以下；关注类贷款率同比下降 1.9 个百分点，逾期 90 天贷款占不良贷款的比例低于 100%，拨备覆盖率 181.4%，同比上升 2.6 个百分点。2021 年地方法人银行业金融机构通过专项债、二级资本债等外源性方式累计补充资本 96 亿元，年末资本充足率 14.6%，同比上升 0.4 个百分点，流动性比例 87.1%，同比上升 13.7 个百分点。

7. 银行业金融机构改革持续深化，经营能力不断增强。2021 年，陕西省成功发行地方政府专项债 46 亿元，用于补充 21 家农村金融机构资本金，其中 1 家农商行使用 10 亿元、20 家县级农村信用社使用 36 亿元。2021 年，辖内地方法人金融机构成功发行 30 亿元永续债，20 亿元二级资本债券，全省法人银行业金融机构资本充足水平和服务实体经济能力大幅提升。截至 2021 年末，陕西省地方法人银行业金融机构各项存款同比增长 14.2%，各项贷款同比增长 16.0%，利润同比增长 11.7%。

8. 跨境人民币业务服务效能持续提高，辐射范围不断扩大。2021 年，陕西跨境人民币实现收付总额 412.2 亿元，同比下降 18.7%，占本外币跨境收付总额的 9.5%。交易笔数、境外参加行数显著提高，2021 年跨境人民币交易笔数达 15351 笔，同比增长 21.7%；跨境人民币境外参加行数达 871 家，同比增长 9.0%。陕西 2011 年 8 月启动跨境人民币业务以来，陕西跨境人民币收付累计实现 3886.1 亿元。服务企业、参与银行不断增加，省内 35 家银行的 300 家分支机构参与，服务 3714 家企业，惠及境外 2109 家银行，交易辐射境外 133 个国家和地区。周边和“一带一路”沿线国家和地区人民币使用持续扩大，与 23 个周边国家发生人民币跨境收付累计 919.3 亿元，占全省跨境人民币收付的 23.7%，高于全国平均水平约 4 个百分点；与 45 个“一带一路”沿线国家和地区发生人民币跨境收付累计 1355.0 亿元，占全省跨境人民币收付的 34.9%，超全国平均水平约 20 个百分点。

专栏 1 金融支持科技创新发展加快推进

金融支持科技创新是推动产业结构优化升级、实现经济高质量发展的重大举措。2021 年以来，人民银行西安分行通过完善政策体系、组织体系、市场体系和产品体系，推动陕西省科技企业融资环境取得明显改善。

一、完善政策体系。

一是印发《关于全力做好“十四五”开局金融服务 助力谱写陕西新时代追赶超越新篇章的指导意见》，指导各金融机构围绕产业链部署创新链、围绕创新链布局产业链，探索股权融资和信贷联动服务模式，积极开展订单质押、应收账款质押、保理、贴现等金融服务。二是针对陕西秦创原创新驱动平台，与省地方金融监管局等八部门联合印发

《关于金融支持秦创原创新驱动平台建设的若干措施》，通过加大信贷资源投入、加快创新资本形成、积极创新服务体系、努力塑造良好环境四个方面措施，加大对“秦创原创新驱动平台”建设的金融支持。三是联合省地方金融监管局等十一部门共同研究制订了《陕西省金融服务科创企业提质增效行动计划（2021—2023 年）》，提出发挥信贷主渠道作用、加大资本市场融资力度、优化融资担保体系、加强金融机构联动、强化融资服务支撑、加强保障措施六大类 18 条措施，大力提升金融服务水平，促进科技型企业创新发展。

二、完善组织体系

一是设立专营机构提升科创金融服务。全省银行业金融机构设立科技支行超过 20 家,在秦创原区域内设立科技支行、首贷中心、专门对接平台、团队等专营机构超过 200 家。二是融资性担保机构作用不断显现。政府性融资担保机构实力不断提升，截至 2021 年末，陕西省政府性融资担保机构注册资本达 264.8 亿元；同时，融资担保机构在保余额逐年递增，截至 2021 年末，达到 528.3 亿元，较 2018 年增长近一倍。三是各类科创基金引导作用有效发挥。截至 2021 年末，陕西省地方政府设立的科创基金规模达 118.2 亿元，在投余额 111.4 亿元。

三、完善市场体系

陕西省金融机构积极支持科创企业直接融资，构建多元融资综合服务体系。一是积极支持科创企业债券融资。陕西省高新技术企业发行非金融企业债务融资工具 7 只，累计募集资金 49.5 亿元。二是推动各类投贷联动。部分金融机构搭建了业务撮合平台，为客户提供股权及债权撮合服务；与“秦创原孵化基金（秦创投）”联合上线“秦创贷”项目，为企业提供“投贷联动”的综合性金融服务。三是发挥区域性股权市场服务科技型中小企业的培育孵化作用，推动陕西省股权交易中心设立科技创新专板，注册用户 487 个，挂牌交易总股数 1.3 亿股，累计交易金额 3720.1 万元。

四、完善产品体系

一是积极开展产品创新，满足各类型企业融资需求。各机构设立了“陕科贷”“知产贷”“瞪羚贷”“秦创科技贷”“秦创贷”“秦科贷”等产品，为科创企业提供低成本资金支持。截至 2021 年末，陕西省知识产权质押贷款余额 68.6 亿元，较上年增长 33.3%。二是西安分行开发“供链融通 + 再贴迅联”系统，支持资金供需双方高效对接，创立银担贴、链信贴、秦创原票链通等产品，拓宽供应链上下游企业融资渠道。截至 2021 年末，系统接入金融机构 14 家、企业 1900 家，覆盖高端装备制造、技术服务等行业，成交金额 25.07 亿元。三是发挥结构性货币政策工具引导作用。借助商业汇票、供应链票据等载体，引入政府性担保机构等资源，实现信息互通、信用共享、授信共用，系统性地解决科创产业链融资难题。2021 年“科创票链通”已支持创新链核心企业 20 余家，链属小微企业近 200 家，推动银行支持科创企业票据融资超过 45 亿元。

在上述政策的推动下，陕西省科技企业融资环境取得明显改善。一是科技企业贷款规模持续增长。2018 年以来，高技术产业贷款余额持续增长，高技术制造业、服务业贷款余额年均增长率分别达到 15.8%、13.5%。二是科技企业融资普惠性不断提升。截至 2021 年末，高新技术企业贷款户均余额 2424.1 万元，较 2018 年降低 13.2%，有贷户数 4167 户，较 2018 年增长 106.2%。三是中长期资金支持逐步加强。2018 年以来，除计算机、通信和其他电子设备制造外，其他高技术产业中长期贷款年均增长率均超过 10%。

（二）证券业平稳发展，市场交易持续活跃

2021 年，陕西省证券期货机构业务规模持续增长，盈利水平稳中有降。上市公司经营良好，市值稳步增长。

1. 资产规模持续增长，盈利水平稳中有降。 截至 2021 年末，陕西省共有法人证券公司、期货公司各 3 家、法人基金公司 1 家、证券分公司 60 家、证券营业部 248 家。3 家法人证券公司总资产 1343.7 亿元，同比增长 40.0%；实现营业收入 68.9 亿元，同比下降 0.9%；净利润 20.7 亿元，同比增长 2.0%。3 家法人期货公司总资产 94.8 亿元，同比增长 25.5%；营业收入、净利润分别为 6.7 亿元、0.6 亿元，同比分别下降 10.4%、41.1%。

2. 市场交易持续活跃，上市公司经营良好。 2021 年，陕西省累计代理证券交易额 8.8 万亿元，同比增长 9.5%。截至 2021 年末，陕西省内上市公司 66 家，总市值 1.6 万亿元，同比增长 26.4%。全省上市公司股票市场融资 235.3 亿元。

表 3　2021 年陕西省证券业基本情况

项目	数量
总部设在辖内的证券公司数（家）	3
总部设在辖内的基金公司数（家）	1
总部设在辖内的期货公司数（家）	3
年末国内上市公司数（家）	66
当年国内股票（A 股）筹资（亿元）	235.3
当年发行 H 股筹资（亿元）	0.0
当年国内债券筹资（亿元）	2879.1
其中：短期融资券筹资额（亿元）	664.7
中期票据筹资额（亿元）	1062.8

数据来源：陕西证监局、中国人民银行西安分行、陕西省发展改革委。

（三）保险业平稳增长，服务经济社会功能有效发挥

2021 年，陕西省保险业平稳增长，业务结构持续优化，保险保障和服务功能有效发挥。

1. 保险业务平稳增长，风险保障功能有效发挥。 2021 年，陕西省拥有法人保险业机构 2 家，省级分公司 70 家。保险行业总资产 2737.5 亿元，同比增长 12.3%。全年实现保费收入 1169.2 亿元，同比增长 6.0%。全省保险业共提供各类风险保障 83.4 万亿元，各类赔款给付 375.8 亿元，同比分别增长 21.6%、13.1%，风险保障功能得到有效发挥。

2. 保险业务结构持续优化，民生保障功能持续发挥。 2021 年，全省财产险公司非车险保费收入 72.0 亿元，同比增长 7.2%；人身险原保险保费收入 769.3 亿元，同比增长 3.0%，其中普通寿险业务占比 47.3%，同比提高 2.9 个百分点。2021 年，全省农业保险保费收入 22.0 亿元，同比增长 22.3%；支付农业赔款 18.9 亿元，同比增长 45.7%，为陕西省乡村振兴和农业高质量发展提供了有效保障。

表 4　2021 年陕西省保险业基本情况

项目	数量
总部设在辖内的保险公司数（家）	2
其中：财产险经营主体（家）	1
寿险经营主体（家）	1
保险公司分支机构（家）	3068
其中：财产险公司分支机构（家）	1512
寿险公司分支机构（家）	1556
保费收入（中外资，亿元）	1169.2
其中：财产险保费收入（中外资，亿元）	257.5
人身险保费收入（中外资，亿元）	911.7
各类赔款给付（中外资，亿元）	375.8

数据来源：陕西银保监局。

（四）金融市场整体运行平稳，支持实体经济质效不断提升

2021 年，陕西省社会融资增量稳步增长，信贷仍为主要融资渠道，地方政府债券对社会融资规模增长的贡献度加大。受上年债券发行高基数及政策调整等因素影响，全年非金融企业债券发行节奏趋缓，碳中和、革命老区、乡

村振兴等重点领域创新债券实现突破。全省金融机构在货币市场的交易量大幅提升，票据业务保持稳定增长，金融市场整体运行平稳。

1. 社会融资规模稳步增长，信贷仍为主要融资渠道。2021 年，陕西省社会融资增量 6204.2 亿元，同比少增 202.8 亿元。其中，表内信贷增加 5203.5 亿元，占社会融资规模的比重达 83.9%，较好地支撑了全省社会融资规模增长。地方政府债券和非金融企业境内股票融资明显多增，增量分别为 1262.0 亿元和 133.8 亿元，同比分别多增 379.3 亿元和 22.2 亿元。受多种因素影响，非金融企业债券净融资 935.1 亿元，同比少增 363.5 亿元。全省信托贷款大幅下降带动表外融资继续收缩，全年减少 1659.1 亿元，同比多减 608.8 亿元。

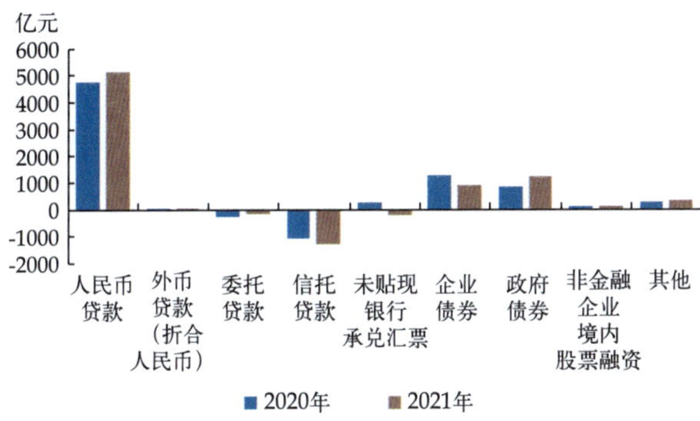

图 5　2020—2021 年陕西省社会融资规模分布结构

（数据来源：中国人民银行西安分行）

2. 债券市场创新品种实现突破，支持实体经济质效不断提升。2021 年，辖内城商行发行无固定期限资本债券 30 亿元，实现陕西省法人银行永续债突破。陕西省企业聚焦绿色发展、供应链金融、乡村振兴、能源保供等重点领域，成功发行供应链资产支持票据、“革命老区 + 乡村振兴”双贴标债券、能源保供用途债等创新产品，进一步拓宽融资渠道。其中，2 家企业分别发行全国首批乡村振兴票据、可持续发展挂钩债券。

3. 货币市场活跃度大幅提升，票据业务保持稳定增长。2021 年，陕西省金融机构通过全国银行间拆借市场累计成交 7405.1 亿元，同比增长 190.2%，整体净融出 1275.3 亿元。银行间债券回购累计成交 15.3 万亿元，同比增长 20.8%，整体净融入 2.7 万亿元。2021 年末，陕西省银行承兑汇票余额 2801.0 亿元，同比增长 9.3%；贴现余额 2841.3 亿元，同比增长 20.4%，金融机构票据贴现和转贴现利率呈窄幅波动，整体保持平稳。

表 5　2021 年陕西省金融机构票据业务量统计

单位：亿元

季度	银行承兑汇票承兑		贴现			
			银行承兑汇票		商业承兑汇票	
	余额	累计发生额	余额	累计发生额	余额	累计发生额
1	2884.5	1206.2	2316.7	547.7	60.4	61.3
2	2985.9	2650.9	2512.1	1098.4	37.6	107.5
3	3045.9	3859.3	2612.1	1712.8	41.0	210.1
4	2801.0	4711.0	2760.6	2698.8	80.7	276.6

数据来源：中国人民银行西安分行。

表 6　2021 年陕西省金融机构票据贴现、转贴现利率

单位：%

季度	贴现		转贴现	
	银行承兑汇票	商业承兑汇票	票据买断	票据回购
1	3.32	4.32	3.22	2.56
2	2.97	4.29	2.75	2.46
3	2.61	4.20	2.38	2.42
4	2.37	4.23	2.18	2.39

数据来源：中国人民银行西安分行。

（五）区域金融改革开放更具活力，多项试点获批落地

铜川市宜君县农村普惠金融综合示范区建设围绕“创新金融产品、普及金融教育、完善基础设施”三大主题，形成了农村普惠金融发展“宜君模式”，示范区建设顺利完成各项试点任务并结项。开展中欧班列“长安号”产业链相关企业外债便利化额度和“一带一路”对

外承包工程企业国内外汇贷款结汇两项试点，截至2021年末，累计办理业务金额1015万美元。推动跨境金融区块链服务平台中欧班列“长安号”应用场景试点运行，截至2021年末，试点银行为企业提供资金支持21.4亿元人民币。稳妥有序推进数字人民币试点工作，数字人民币在文化旅游、民生服务、大学校园、商业连锁、示范街区、普惠金融等领域广泛应用。截至2021年末，流通交易1528.3万笔、金额57.7亿元。按照中国人民银行总行工作要求，制定印发《陕西省银行业金融机构（法人）绿色金融评价实施细则》，启动开展绿色金融评价工作，评价结果纳入央行金融机构评级。

（六）金融生态环境持续优化，金融服务水平有效提升

1. 支付清算体系不断完善，基础金融服务能力显著增强。2021年，陕西省持续加大支付体系建设力度，不断优化基础金融服务功能，保障支付清算系统安全稳定运行，强化银行结算账户管理能力，规范支付服务市场秩序，提升移动支付便民服务水平，加快支付服务普惠进程，陕西省支付市场健康、有序发展。

表7　2020—2021年陕西省支付体系建设情况

年份	支付系统直接参与方（个）	支付系统间接参与方（个）	支付清算系统覆盖率（%）	当年大额支付系统处理业务数（万笔）		同比增长（%）
2020	5.0	5843.0	97.0	1903.9		-53.2
2021	5.0	5880.0	97.0	1885.1		-1.0
年份	当年大额支付系统业务金额（亿元）	同比增长（%）	当年小额支付系统处理业务数（万笔）	同比增长（%）	当年小额支付系统业务金额（亿元）	同比增长（%）
2020	774928.7	2.9	17750.9	52.3	54396.8	184.3
2021	892249.8	15.2	23871.5	34.5	64810.2	19.1

数据来源：中国人民银行西安分行。

2. 社会信用体系不断完善，征信服务实体经济功能有效发挥。截至2021年末，陕西省136.2万户企业和3177万自然人信息纳入国家金融信用信息基础数据库，在全省布设征信查询网点308个，个人自助查询机352台，企业自助查询机12台，群众征信报告查询的便捷性、安全性和满意度不断提高。加强地方征信平台建设，引导商业银行以“征信+”、供应链融资等方式，助力小微企业和农村经济发展。大力推进信用示范工程建设，创建信用村、镇3977个、信用建设示范县4个、社会信用体系建设示范区1个，发挥信用示范效应。开展征信市场专项治理，累计规范整治企业166家，规范扩大征信有效供给。征信知识宣传教育深入推进，信息主体合法权益得到有效保障。

3. 有效维护金融消费者合法权益，提升社会公众金融素养。通过与机构对话、应知应会测试、现场培训等方式督促金融机构贯彻落实《中国人民银行金融消费者权益保护实施办法》，全面提升老年人、残疾人金融消费权益保护水平。打造让人民群众满意的12363“暖心热线”，开展12363投诉满意度回访和应急演练。深入推进金融纠纷多元化解机制建设，中国金融消费纠纷调解网和人民法院在线调解平台“总对总”对接工作在辖区有效开展。与证监部门联合开展“教育基地共建”活动，有效推动金融知识纳入国民教育体系建设。

二、经济运行情况

2021年，面对严峻复杂的国内外环境、罕见汛情以及严重疫情的多重冲击，陕西省扎实做好“六稳”工作、全面落实“六保”任务，经济呈现持续恢复、结构向善、动能蓄积、质效提升的良好态势。全年实现地区生产总值29801.0亿元，较上年增长6.5%，高于上年4.3个百分点，两年平均增长4.3%。三次产业的结构为8.1∶46.3∶45.6。2021年，陕西省居民人均可支配收入28568元，同比名义增长8.9%，实际增长7.3%，高于GDP增速0.8个百分点。2021年，全省城镇新增就业44.6万人，超额完成全年40万人的目标任务，居民就业保持稳定。

图 6　1981—2021 年陕西省地区生产总值及其增长率

（数据来源：《陕西统计年鉴》、陕西省统计局）

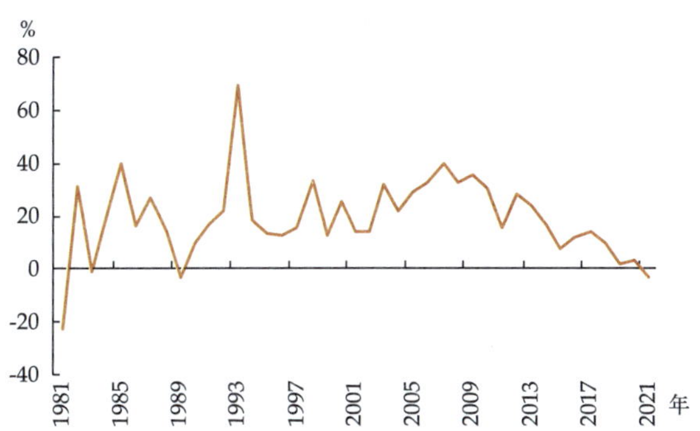

图 7　1981—2021 年陕西省固定资产投资（不含农户）增长率

（数据来源：《陕西统计年鉴》、陕西省统计局）

（一）投资消费缓中趋稳，外贸进出口持续向好

2021 年，新冠肺炎疫情形势总体平稳，随着“六稳”“六保”政策效果不断显现，陕西经济逐渐恢复，需求端总体呈向好发展态势。从结构看，投资增速趋稳，结构持续优化；消费市场平稳恢复，新兴消费稳定增长；进出口保持较快增长。

1. 投资增速缓中趋稳，投资结构持续优化。2021 年，全省固定资产投资（不含农户）同比下降 3.0%，两年平均增长 0.5%。分产业看，第一产业投资比上年增长 1.3%，两年平均增长 2.9%；第二产业投资增长 4.6%，两年平均增长 2.2%；第三产业投资下降 6.1%，两年平均下降 0.4%。从重点领域看，工业投资占比提高，转型升级持续推进。全省工业投资同比增长 4.8%，占全部投资的 27.0%，占比较上年提高 2.0 个百分点。其中，高技术制造业投资增长 6.9%，工业企业技术改造投资增长 8.4%。民间投资占比提升，内生动力较强。全省民间投资增长 3.7%，两年平均增长 5.3%，占全部投资的 51.4%，占比较上年提高 3.4 个百分点。房地产开发投资增长趋缓，全省房地产开发投资同比增长 0.8%，两年平均增长 6.7%。

2. 消费市场平稳恢复，新兴消费稳定增长。2021 年，全省实现社会消费品零售总额 10250.5 亿元，同比增长 6.7%，两年平均增长 0.2%。其中，限额以上单位消费品零售额 4984.2 亿元，增长 4.3%，两年平均下降 0.5%。按消费形态分，餐饮收入 1148.8 亿元，增长 17.4%，两年平均增长 1.7%；商品零售 9101.7 亿元，增长 5.5%，两年平均零增长。在商品零售中，限额以上单位实现商品零售额 4684.4 亿元，比上年增长 3.5%，两年平均下降 0.6%。新兴消费稳定增长。2021 年，限额以上单位通过公共网络实现的商品销售 785.6 亿元，比上年增长 9.0%，两年平均增长 18.9%；占限额以上单位消费品零售额的 15.8%，占比较上年提高 0.7 个百分点。

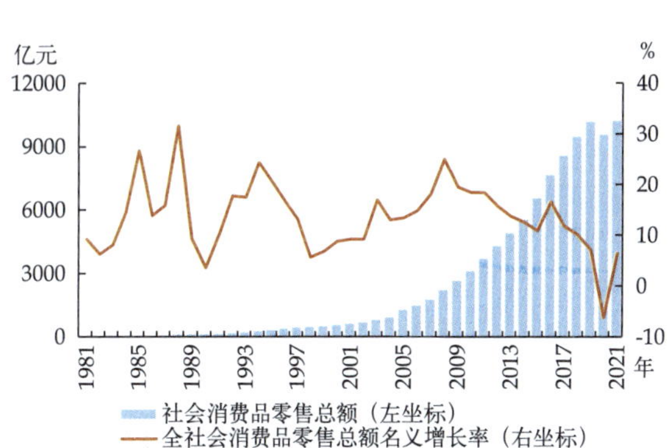

图 8　1981—2021 年陕西省社会消费品零售总额及其增长率

（数据来源：《陕西统计年鉴》、陕西省统计局）

3. 外贸进出口持续向好，实际利用外资较快增长。2021 年，随着我国统筹推进疫情防控和经济社会发展，国民经济持续恢复，陕西省外贸、外资均保持稳定增长。全年进出口总值 4757.8 亿元人民币，同比增长 25.9%，高于全国 4.5 个百分点。其中，出口 2566.1 亿元，同比增长 33.0%，进口 2191.7 亿元，同比增长 18.6%，贸易顺差 374.4 亿元，同比增长 329.4%。韩国为陕西省最大贸易伙伴，占全省进出口总额的 21.3%。2021 年，陕西省实际利用外资 102.5 亿美元，同比增长 21.4%，高于全国 1.2 个百分点。从行业看，制造业实际利用外资 54.7 亿美元，占全部行业的 53.3%，居行业首位。

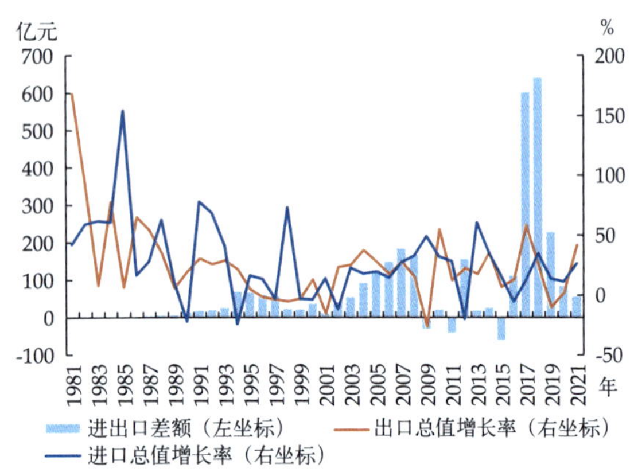

图 9　1981—2021 年陕西省外贸进出口变动情况

（数据来源：《陕西统计年鉴》、陕西省统计局）

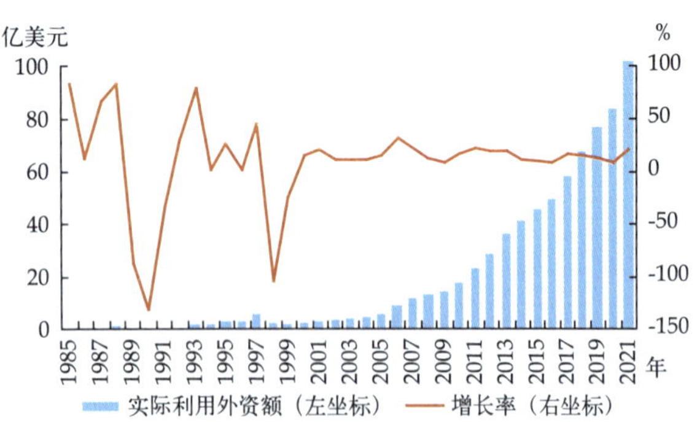

图 10　1985—2021 年陕西省实际利用外资额及其增长率

（数据来源：《陕西统计年鉴》、陕西省统计局）

（二）产业结构持续优化，三次产业协调发展

2021 年，陕西省产业结构持续优化，三次产业协调发展。全省第一产业增加值增长 6.3%，占地区生产总值比重 8.1%；第二产业增加值增长 5.6%，占全省地区生产总值的 46.3%；第三产业增加值增长 7.3%，占全省地区生产总值的 45.6%。2021 年，陕西省非公有制增加值占地区生产总值的 51.4%，较上年提高 0.3 个百分点。

1. 农业生产基本稳定，畜牧业形势向好。2021 年，全省农林牧渔业增加值比上年增长 6.2%，两年平均增长 4.7%。粮食播种面积 4506.5 万亩，比上年增长 0.1%；粮食总产量 1270.4 万吨，下降 0.4%；全年蔬菜及食用菌产量 2012.8 万吨，比上年增长 2.8%；园林水果 1896.5 万吨，增长 4.9%；猪牛羊禽肉产量 127.4 万吨，增长 19.7%。截至 2021 年末，生猪存栏数 885.3 万头，增长 4.2%。

2. 工业生产稳中加固，工业结构不断改善。2021 年，全省规模以上工业增加值比上年增长 7.6%，两年平均增长 4.2%。从主要行业看，规模以上能源工业增加值增长 6.5%，两年平均增长 4.4%，其中，煤炭开采和洗选业增长 5.2%，两年平均增长 5.3%。非能源工业增加值增长 8.3%，两年平均增长 4.0%，其中，电气机械和器材制造业增长 23.8%，两年平均增长 20.1%；计算机、通信和其他电子设备制造业增长 20.1%，两年平均增长 28.5%。工业结构不断改善，2021 年，全省高技术制造业增加值增长 17.1%，两年平均增长 16.6%；装备制造业增长 12.8%，两年平均增长 13.7%，均好于全部工业平均水平。

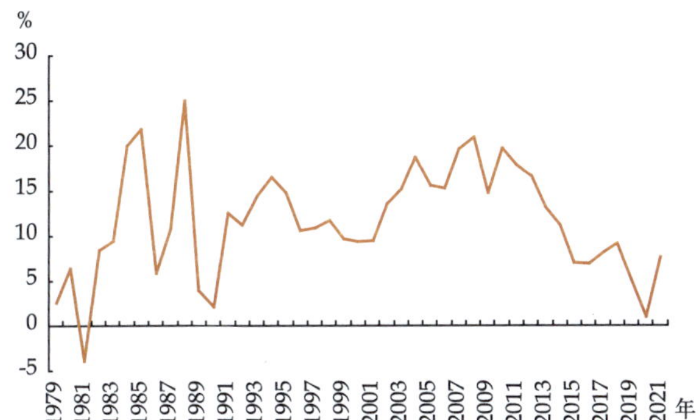

图 11　1979—2021 年陕西省规模以上工业增加值增长率

（数据来源：《陕西统计年鉴》、陕西省统计局）

3. 服务业较快增长，现代服务业增势良好。 2021 年，全省第三产业增加值同比增长 7.3%，增速高于地区生产总值增速 0.8 个百分点，占地区生产总值的比重为 45.6%。住宿和餐饮业在疫情后有序恢复，增加值同比增长 8.0%。现代服务业增势良好，信息传输、软件和信息技术服务业增加值同比增长 13.9%，交通运输、仓储和邮政业增加值同比增长 7.6%，有力拉动服务业增长。

4. 供给侧结构性改革持续深化，创新驱动能力提升。 2021 年，陕西省全力推进秦创原创新驱动总平台建设，设立规模 20 亿元的科创母基金，115 项科技成果落地转化并注册企业，科技型中小企业增长 38.6%，高新技术企业增长 32.3%，技术合同成交额增长 33.2%。全省高技术制造业增加值同比增长 17.1%，高于规模以上工业 9.5 个百分点。在西安众迪锂电池、爱生无人机、西安航天城等项目带动下，高技术产业投资较快增长。工业新产品高速增长，智能手机增长 37.6%，工业机器人、新能源汽车、太阳能电池和电子元件分别增长 1.9 倍、3.6 倍、1.8 倍和 4.4 倍。持续发挥企业创新主体作用，规模以上工业企业研发活动覆盖率、研发投入强度增幅超过前四年总和。

5. 系统开展污染治理，生态环境显著改善。 2021 年，陕西省积极落实“双碳”目标要求，建成投运国能锦界电厂二氧化碳捕集与封存全流程示范项目，63 家发电企业纳入全国碳排放权交易市场；加快建设大型风电光伏基地项目和风电光伏保障性并网项目，可再生能源发电装机占比达到 33.2%。试点开展黄河流域入河排污口排查，完成黄河干流 105 个问题排污口整治。大气环境质量实现突破性改善，10 个国考城市 PM2.5 平均浓度 35 微克 / 立方米，较国考目标改善 17%，优良天数平均 295.4 天，达到“十三五”以来最好水平。全省河流总体水质由良转优，111 个国控断面 Ⅰ—Ⅲ类优良水质比例达到 91%，高于全国平均水平 6.1 个百分点。秦岭生态环境质量持续向好，综合评价优良等级面积达到 96% 以上，90% 以上的野生动植物物种得到保护。固体废物污染环境防治深入推进，城市生活垃圾分类覆盖率达 82.6%。

（三）消费价格温和上涨，劳动力成本平稳上升

2021 年，陕西省居民消费价格温和上涨。年初以来，受能源、原材料价格上涨影响，全省生产价格快速上涨，随着保供稳价政策效果不断显现，第四季度生产价格涨幅回落。劳动力成本平稳上升，居民收入稳步增长。

1. 居民消费价格温和上涨。 2021 年，陕西省 CPI 同比上涨 1.5%，其中，食品烟酒价格上涨 1.4%，衣着上涨 0.5%，居住上涨 1.9%，生活用品及服务上涨 0.3%，交通通信上涨 2.9%，教育文化娱乐上涨 2.9%，医疗保健下降 0.7%。在食品烟酒价格中，粮食价格上涨 3.7%，鲜菜价格上涨 8.6%，畜肉类价格下降 14.4%。

2. 工业生产者价格涨幅高位回落。 2021 年，陕西省工业生产者出厂价格（PPI）同比上涨 16.9%。2021 年初以来，受能源、原材料价格上涨影响，全省生产价格快速上涨，随着保供稳价等政策措施效果不断显现，11 月以来出厂价格涨幅回落，12 月同比上涨 21.4%，涨幅连续两个月回落，环比下降 3.3%。全年工业生产者购进价格同比上涨 16.3%，11 月以来涨幅连续两个月回落。

图 12　2009—2021 年陕西省居民消费价格指数和工业生产者价格指数变动趋势

（数据来源：《陕西统计年鉴》、陕西省统计局）

3. 劳动力成本平稳上升。2021 年，陕西省居民人均工资性收入 15228 元，同比增加 1184 元，同比增长 8.4%，占可支配收入的比重为 53.3%。农民工月均收入水平 4535 元，同比增长 10.9%。全省城镇新增就业 44.6 万人，超额完成全年 40 万人的目标任务，居民就业保持稳定。

（四）地方财政收入较快增长，财政支出基本稳定

2021 年，陕西省地方财政收入 2775.3 亿元，同比增长 22.9%，增速较上年提升 24.2 个百分点，完成年初预算的 117.1%。其中地方税收收入 2236.9 亿元，同比增长 27.7%，增速较上年提升 32.8 个百分点；非税收入 538.4 亿元，同比增长 6.6%。分税种看，国内增值税收入 824.9 亿元，同比增长 21.8%；企业所得税收入 339.5 亿元，同比增长 39%；资源税收入 373.1 亿元，同比增长 58.5%；契税收入 143.3 亿元，同比增长 26.2%；个人所得税收入 105.1 亿元，同比增长 24.8%，以上 5 个税种合计增收 431.1 亿元，占全省地方税收增量的 88.9%。2021 年，陕西省财政支出 6069.4 亿元，同比增长 2.3%。各项重点支出得到有力保障，支持疫情防控，卫生健康支出增长 10.8%；保障第十四届全国运动会经费和体育场馆建设，文化旅游体育与传媒支出增长 14.8%；支持公办学校建设，教育支出增长 2.6%。

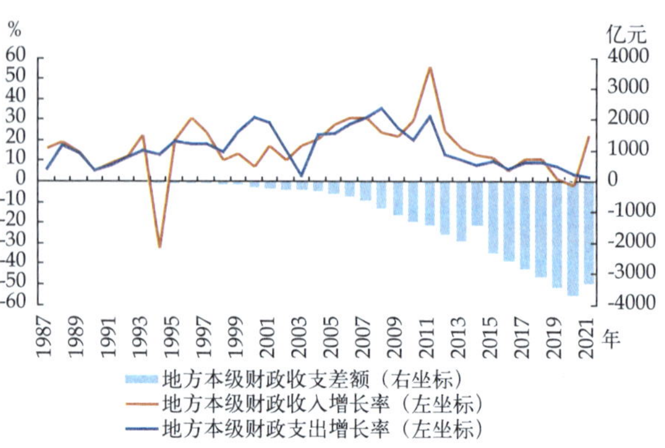

图 13　1987—2021 年陕西省财政收支状况

（数据来源：《陕西统计年鉴》、陕西省统计局）

（五）房地产市场平稳发展，金融支持种业发展成效显著

1. 房地产市场平稳运行，房地产信贷稳健增长。2021 年，陕西省坚持“房住不炒”定位，围绕“稳地价、稳房价、稳预期”目标，保持房地产市场总体平稳运行。房屋施工、新开工、竣工面积企稳回升，房地产调控取得积极成效。房地产贷款稳健增长，地方法人银行业金融机构集中度有序压降。

房地产开发投资增长趋缓。2021 年，全省房地产开发投资 4441.0 亿元，同比增长 0.8%，两年平均增长 6.7%。商品房销售面积 4260.1 万平方米，同比下降 4.3%，两年平均下降 1.6%。商品房销售额 4146.3 亿元，同比下降 5.2%，两年平均增长 2.3%。

房屋施工面积企稳回升。2021 年，全省房屋施工面积 29978 万平方米，同比增长 5.7%，较上年提高 3.4 个百分点；本年新开工面积 5970 万平方米，同比增长 3.0%，较上年提高 12.9 个百分点；房屋竣工面积 1770 万平方米，同比增长 1.4%，较上年提高 3.4 个百分点。

房地产市场价格涨幅回落。2021 年上半年，西安市密集出台了限售、限购、二手房成交参考价格等一系列房地产调控政策，下半年政策效果逐步显现。12 月，西安市新建住宅价格指

数同比上涨6.3%，涨幅较上月下降1.1个百分点，环比下降0.5%，近72个月首次出现下降；二手房价格指数同比上涨5.6%，涨幅较上月下降0.4个百分点，环比下降0.3%。

房地产开发企业到位资金保持增长。2021年，全省房地产开发企业到位资金5403.0亿元，同比增长2.8%，其中，个人按揭贷款592.0亿元，同比增长6.5%，较2020年上涨15.9个百分点。

房地产信贷平稳有序投放。截至2021年末，全省房地产贷款余额12070.0亿元，同比增长8.9%，其中，第四季度房地产贷款新增199.0亿元，较第三季度多增27.0亿元。个人住房贷款稳健增长。截至2021年末，全省个人住房贷款余额8770.0亿元，同比增长15.2%。2021年，全省投放的个人住房贷款中，首套房贷款占比91.6%，非首套房贷款占比8.4%，刚需自住需求得到优先支持。

房地产贷款集中度有序压降。截至2021年末，全省房地产贷款占比超出管理要求的地方法人银行业金融机构数量较年初减少8家，平均占比较年初下降3.7个百分点；个人住房贷款占比超出管理要求的地方法人银行业金融机构数量较年初减少3家，平均占比较年初下降3.2个百分点。

图14　2010—2021年陕西省商品房施工和销售变动趋势

（数据来源：《陕西统计年鉴》、陕西省统计局）

2. 陕西省杨凌示范区育种技术全国领先，金融服务种业发展质效显著提升。陕西省杨凌示范区已累计审定动植物新品种762个，与生物育种相关的各类科研平台达20多个，当地种业企业在小麦、玉米、油菜、马铃薯等单品作物上有一定市场占有率和竞争力，种子年交易总额约8亿元，占陕西省年交易额的近二分之一，年示范推广面积逾亿亩，已成为西部地区最大的农牧良种集散地。

2021年，人民银行西安分行以金融支持种业发展为着力点，强化支农支小再贷款工具运用，积极引导杨凌示范区加大对种业信贷投放力度。一是强化信贷政策引导。推动人民银行杨凌支行印发《关于建立和完善金融服务种业发展工作机制的通知》《杨凌示范区金融服务现代种业发展的实施意见》，拟定《关于金融支持种业发展的若干措施》，从工作规划、政策引导、机制搭建、奖补激励、风险补偿等层面为金融服务种业发展提供保障。二是建立工作机制。指导人民银行杨凌支行牵头，建立杨凌金融服务种业工作专班，配套实施种业企业名录机制、金融顾问服务机制和常态化监测督导机制三项工作机制，促进杨凌种业企业和银行融资对接，给予种业企业“融资 + 融智”全方位服务，对监测发现问题进行实时督导，通过电话回访、入企走访调研和不定期通报等方式推进落实。三是创新金融产品与服务。推动建立银担合作模式，创新信贷产品“种银贷”。杨凌示范区某农商行运用支农再贷款为种业企业发放贷款3000万元，并探索开展双向订单融资产品创新。截至2021年末，杨凌示范区种业全产业链累计信贷投放4.3亿元，区内金融服务种业发展质效显著提升。

专栏2 碳减排支持工具助力陕西经济绿色发展

2021年，人民银行宣布推出碳减排支持工具，重点支持清洁能源、节能环保、碳减排技术等领域发展，助力实现“双碳”目标。总行创新设立碳减排支持工具以来，人民银行西安分行积极协调推动碳减排支持工具在陕西辖内落地见效，助力陕西经济绿色发展。

一、加强协调发挥合力，积极推动碳减排支持工具落实落细

一是加强政策引导。联合省发展改革委等六部门印发《关于金融支持陕西省绿色发展 助推实现碳达峰碳中和目标的指导意见》，完善政策支持。同时，对辖内金融机构做好碳减排支持工具的政策解读，发挥工具支持陕西省绿色发展质效。二是优化金融服务。在人民银行西安分行引导下，某国有大型银行陕西省分行将碳减排项目纳入“绿色通道”，保障优先审批；某股份制银行西安分行对辖内全体经营地单位开展碳减排支持工具专项培训，提高政策运用能力与金融支持力度。三是强化信息对接。联合省发展改革委、省工信厅等部门梳理《国家级绿色工厂名单》等名单，推送金融机构，促进精准对接，支持经济绿色转型、低碳发展。

二、完善组织体系和产品体系，增强金融服务能力

一是完善专项机制，成立工作专班。如某政策性银行陕西省分行成立生态环保专项工作小组及服务绿色低碳循环发展专项小组，统筹绿色低碳循环发展相关工作；某国有大型银行陕西省分行成立碳减排支持工具和支持煤炭清洁高效利用专项再贷款业务专班，把握政策工具，推动政策落实。某股份制银行西安分行设立“碳达峰、碳中和”领导小组，推动政策工具落实。二是针对碳减排支持工具开展产品创新，促进工具落实。如某国有大型银行陕西省分行积极探索可再生能源补贴确权贷款等“双碳”目标下的碳减排产品，开发清洁贷，专门支持光伏、水务、垃圾处理等行业项下的企业新建、改造、购置等方面的固定资产投资。

三、优化激励机制和风险分担机制，提升政策实施效果

一是引导辖内金融机构完善激励政策，促进碳减排支持工具运用。如某政策性银行陕西省分行设立碳减排支持工具和支持煤炭清洁高效利用再贷款专项FTP曲线，对内部资金转移价格按年限给予不同程度的优惠；某股份制银行西安分行根据业务期限不同，执行阶梯式补贴方案，1年及以内80个基点/年，1~3年90个基点/年，3年及以上100个基点/年，补贴最长不超过3年。二是构建支持碳减排支持工具发展的风险分担机制，并引导金融机构完善体制建设，促进工具运用。如某国有大型银行陕西省分行加强风险管理，合理设置担保方式和风险缓释措施；某股份制银行西安分行依照《对公制造业、民营企业、绿色金融、战略性新兴产业等实体经济重点领域授信尽职免责管理办法（1.0版，2020年）》，鼓励在合规尽职的前提下积极、健康地发展绿色信贷业务，促进碳减排支持工具运用。

在以上政策措施的推动下，碳减排支持工具在陕西平稳落地，带动陕西经济绿色发展。截至2021年末，碳减排支持工具支持辖内清洁能源领域项目64个，贷款金额71.2亿元，加权平均利率为4.15%，带动的年度碳减排量为153.8万吨二氧化碳当量，有力地支持了陕西经济绿色低碳发展。其中，风力发电设施建设和运营项目31个，贷款金额27.9亿元；太阳能利用设施建设和运营项目24个，贷款金额38.5亿元；生物质能源利用设施建设和运营项目6个，贷款金额1.9亿元；抽水蓄能电站建设和运营项目2个，贷款金额2.5亿元；地热能利用设施建设和运营项目1个，贷款金额0.5亿元。在碳减排支持工具的牵引带动下，陕西省绿色贷款保持快速增长，2021年末全省绿色贷款余额3700.5亿元，增速达34.1%。

三、预测与展望

2021年，面对改革发展稳定的繁重任务、新情况新挑战交织的严峻考验以及新冠肺炎疫情的多轮冲击，陕西省坚持稳中求进工作总基调，按照把握新发展阶段、贯彻新发展理念、构建新发展格局的要求，统筹疫情防控和经济社会发展，统筹发展和安全，全力做好“六稳”“六保”工作，一体推进高质量发展、高品质生活、高效能治理，基本完成全年经济社会发展主要目标任务。

2022年，陕西省将坚持以习近平新时代中国特色社会主义思想为指导，深入学习贯彻习近平总书记来陕西考察重要讲话重要指示精神，坚持稳中求进工作总基调，完整、准确、全面贯彻新发展理念，服务和融入新发展格局，全面深化改革开放，坚持创新驱动发展，坚持以供给侧结构性改革为主线，保持经济运行在合理区间，谱写陕西高质量发展新篇章。

开展项目攻坚战扩大有效投资，培育新兴增长点促进消费提振。在投资方面，陕西省将适度超前布局基础设施建设，全面加快重大项目建设进度，引进重点企业和项目。在消费方面，将实施促进消费增长三年行动计划，大力发展消费新业态新模式，支持西安创建国际消费中心城市，加强县域商业体系建设，提升农村电子商务服务体系。

构筑创新驱动发展优势，加快产业结构转型升级。陕西省将深入实施秦创原建设三年行动计划，提升秦创原平台牵引力；深入实施“链长制”，大力开展延链补链强链行动，壮大重点产业；推进煤炭高效清洁利用，大力发展光伏、风能、生物质能等可再生能源；加大对5G网络、新一代互联网、物联网等重点领域投资力度，发展数字经济核心产业，全面促进数字技术与实体经济联动发展。

坚持扩大开放，全力服务和融入新发展格局。陕西省将提速中欧班列（西安）集结中心建设，深度融入全球港航体系、物流网络，强化港产港贸港城融合发展，建好临空经济示范区，打造“一带一路”重要枢纽集散中心。加快建设上合组织农业技术交流培训示范基地，促进医疗健康、数字贸易、现代农业、金融服务等产业集聚发展。

坚持稳固农业、振兴乡村，全力夯实“三农”工作基本盘。陕西省将保障粮食和重要农产品生产供给，巩固拓展脱贫攻坚成果，全面推进乡村振兴，深入推进农业全产业链建设，促进农村第一、第二、第三产业融合发展，确保农业稳产增产、农民稳步增收、农村稳定安宁。

2022年，人民银行西安分行将坚持以习近平新时代中国特色社会主义思想为指导，全面贯彻党的十九大、十九届历次全会和中央经济工作会议精神，认真落实中国人民银行、国家外汇管理局工作会议要求，坚持稳中求进工作总基调，完整、准确、全面贯彻新发展理念，统筹金融发展和安全，有效对接区域发展战略，聚焦“六稳”“六保”工作持续发力，全面提升履职效能，为全省经济高质量发展提供有力的金融保障。

中国人民银行西安分行货币政策分析小组

总　　纂：魏革军　李霄峻

统　　稿：赵小虎　申建文　李　冕　唐海涛

执　　笔：唐海涛　李　冕　孙　姣　李　超　马　悦　常博闻　冯　伟　刘　婷　胡佳妍
李　姜　刘　琪　王　宇　南　雁　师　月　王　蓉　雷梦菲　冯逸超　姚　远
刘佳珍　王　越　张左扬　张怡萍　王　莹　梁砺波

附录：

（一）2021 年陕西省经济金融大事记

2 月 10 日，陕西省政府印发《陕西省国民经济和社会发展第十四个五年规划和二〇三五年远景目标纲要》。

2 月 26 日，陕西自贸试验区能源金贸区功能区与中国银行陕西省分行签订《自贸试验区金融协同创新合作协议》。

3 月 8 日，人民银行西安分行联合陕西省农业农村厅、陕西银保监局印发《陕西省县域金融支持乡村振兴指数评价工作实施方案》。

4 月 22 日，陕西省政府与国家开发投资集团有限公司签署战略合作协议。

5 月 11—15 日，第五届丝绸之路国际博览会暨中国东西部合作与投资贸易洽谈会在西安市召开。

5 月 14 日，陕西省政府与中国光大集团签署战略合作框架协议。

5 月 31 日，陕西省政府与国家开发银行举行座谈并签署合作备忘录。

9 月 15—27 日，中华人民共和国第十四届运动会在陕西省举办。中共中央总书记、国家主席、中央军委主席习近平出席开幕式并宣布运动会开幕，中共中央政治局常委、国务院总理李克强出席闭幕式并宣布运动会闭幕。

10 月 18—20 日，2021 欧亚经济论坛以线上线下结合方式在西安举办。全国政协副主席巴特尔出席开幕式并发表主旨演讲。

10 月 22—26 日，第 28 届中国杨凌农业高新科技成果博览会在杨凌举办。

（二）2021 年陕西省主要经济金融指标

表 1 2021 年陕西省主要存贷款指标

	项目	1 月	2 月	3 月	4 月	5 月	6 月	7 月	8 月	9 月	10 月	11 月	12 月
本外币	金融机构各项存款余额（亿元）	50292.2	50337.5	51311.5	50818.3	51148.7	52396.2	52151.1	52777.8	53501.9	53995.2	54101.3	54625.1
	其中：住户存款	26869.1	27741.4	28244.9	27846.4	27874.6	28503.6	28209.9	28269.4	28752.5	28521.1	28748.2	29298.3
	非金融企业存款	14144.6	13671.4	14224.6	14303.6	14252.8	14783.1	14566.5	14868.4	15031.1	15225.8	15427.3	15996.1
	各项存款余额比上月增加（亿元）	843.6	45.3	974.0	-493.2	330.4	1247.5	-245.1	626.7	724.1	493.3	106.2	523.7
	金融机构各项存款同比增长（%）	12.6	11.2	11.0	9.1	8.9	8.4	8.8	9.0	9.6	9.7	10.3	10.5
	金融机构各项贷款余额（亿元）	40099.0	40394.7	41030.0	41245.6	41585.9	42461.3	42721.8	43032.1	43453.2	43613.9	44003.9	44379.3
	其中：短期	7151.9	7119.1	7399.6	7336.1	7371.6	7493.8	7512.5	7491.8	7655.6	7723.4	7865.6	7853.8
	中长期	30475.4	30837.3	31281.8	31556.7	31845.8	32425.1	32618.8	32961.9	33156.4	33226.5	33423.4	33619.9
	票据融资	2438.6	2405.2	2316.7	2321.6	2337.8	2512.1	2558.7	2546.7	2612.1	2634.6	2686.1	2760.6
	各项贷款余额比上月增加（亿元）	913.3	295.7	635.2	215.7	340.3	875.4	260.4	310.3	421.2	160.6	390.0	375.4
	其中：短期	85.0	-32.9	280.6	-63.5	35.6	122.2	18.7	-20.7	163.9	67.8	142.1	-11.7
	中长期	697.5	361.9	444.5	274.9	289.1	579.2	193.7	343.2	194.5	70.1	196.9	196.4
	票据融资	136.0	-33.4	-88.5	4.9	16.2	174.3	46.6	-12.1	65.4	22.5	51.5	74.6
	金融机构各项贷款同比增长（%）	14.6	15.1	14.1	13.3	13.1	13.9	13.8	13.5	12.7	12.5	12.7	13.3
	其中：短期	7.3	6.2	8.0	6.4	5.6	6.7	6.6	5.1	5.2	6.9	9.0	11.1
	中长期	17.9	18.5	18.1	17.5	17.4	17.3	16.7	16.4	15.1	14.2	13.4	12.9
	票据融资	0.3	2.5	-10.1	-11.3	-11.1	-2.6	3.1	4.6	7.2	9.9	15.9	19.9
	建筑业贷款余额（亿元）	1422.9	1471.2	1524.1	1587.8	1649.4	1682.2	1714.5	1722.3	1774.9	1773.0	1835.4	1858.7
	房地产业贷款余额（亿元）	2300.8	2327.1	2340.4	2327.9	2311.9	2269.0	2286.5	2275.4	2245.7	2214.8	2183.9	2165.4
	建筑业贷款同比增长（%）	16.8	18.6	17.6	22.3	26.6	23.7	25.8	24.0	27.3	24.9	30.3	36.6
	房地产业贷款同比增长（%）	7.7	7.8	7.5	5.3	4.0	1.0	0.9	0.1	-2.8	-3.6	-4.9	-4.1
人民币	金融机构各项存款余额（亿元）	49941.3	49951.4	50945.2	50467.1	50798.6	52025.3	51796.7	52418.3	53102.8	53572.5	53613.0	54130.1
	其中：住户存款	26750.1	27621.3	28123.5	27727.8	27758.8	28385.9	28091.1	28269.4	28634.2	28404.5	28629.4	29177.3
	非金融企业存款	13931.8	13422.7	13998.8	14090.7	14037.8	14550.9	14348.9	14645.8	14771.9	14942.4	15077.1	15641.6
	各项存款余额比上月增加（亿元）	851.0	10.1	993.8	-478.0	331.4	1226.7	-228.6	621.6	684.5	469.7	40.5	517.1
	其中：住户存款	365.2	871.2	502.2	-395.8	31.1	627.0	-294.7	59.8	483.3	-229.8	225.0	547.9
	非金融企业存款	-89.6	-509.0	576.1	91.8	-52.9	513.1	-202.0	296.9	126.1	170.5	134.7	564.5
	各项存款同比增长（%）	12.6	11.2	11.1	9.0	9.0	8.4	8.8	9.0	9.5	9.6	10.2	10.3
	其中：住户存款	9.9	13.5	13.4	12.5	12.1	12.3	11.1	11.0	10.9	10.7	10.6	10.6
	非金融企业存款	18.2	10.2	10.7	7.8	5.6	6.8	6.4	6.0	6.1	7.2	9.5	11.6
	金融机构各项贷款余额（亿元）	39819.2	40113.3	40707.2	40929.1	41278.5	42145.5	42404.9	42716.7	43130.8	43307.8	43681.0	44053.7
	其中：个人消费贷款	9631.7	9728.5	9902.0	10033.9	10182.8	10308.1	10398.2	10515.3	10649.1	10764.8	10890.2	10950.3
	票据融资	2438.6	2405.2	2316.7	2321.6	2337.8	2512.1	2558.7	2546.7	2612.1	2634.6	2686.1	2760.6
	各项贷款余额比上月增加（亿元）	913.8	294.1	593.9	221.8	349.5	867.0	259.3	311.9	414.1	177.0	373.2	372.7
	其中：个人消费贷款	229.7	96.7	173.5	132.0	148.8	125.3	90.1	117.2	133.8	115.7	125.4	60.1
	票据融资	136.0	-33.4	-88.5	4.9	16.2	174.3	46.6	-12.1	65.4	22.5	51.5	74.6
	金融机构各项贷款同比增长（%）	14.6	15.1	14.1	13.2	13.2	13.9	13.9	13.5	12.7	12.6	12.7	13.2
	其中：个人消费贷款	20.7	22.6	23.0	22.5	22.4	21.5	20.3	19.7	19.0	18.7	17.7	16.5
	票据融资	0.3	2.5	-10.1	-11.3	-11.1	-2.6	3.1	4.6	7.2	9.9	15.9	19.9
外币	金融机构外币存款余额（亿美元）	54.2	59.7	55.8	54.3	55.0	57.4	54.9	55.6	61.5	66.1	76.6	77.6
	金融机构外币存款同比增长（%）	17.6	18.2	12.0	23.0	19.9	25.8	17.6	13.4	24.7	29.1	29.9	41.3
	金融机构外币贷款余额（亿美元）	43.2	43.5	49.1	49.0	48.3	48.9	49.1	48.8	49.7	47.9	50.6	51.1
	金融机构外币贷款同比增长（%）	35.0	20.2	25.2	28.1	15.8	18.6	19.4	13.4	15.3	8.8	18.1	18.9

数据来源：中国人民银行西安分行调查统计处。

表 2　2001—2021 年陕西省各类价格指数

单位：%

时间		居民消费价格指数		农业生产资料价格指数		工业生产者购进价格指数		工业生产者出厂价格指数	
		当月同比	累计同比	当月同比	累计同比	当月同比	累计同比	当月同比	累计同比
2001		—	1.0	—	1.9	—	0.5	—	0.4
2002		—	-1.1	—	0.8	—	-1.2	—	0.7
2003		—	1.7	—	2.3	—	4.8	—	5.7
2004		—	3.1	—	11.6	—	10.4	—	7.3
2005		—	1.2	—	7.2	—	7.5	—	10.4
2006		—	1.5	—	0.7	—	6.7	—	9.6
2007		—	5.2	—	8.3	—	6.3	—	2.9
2008		—	6.4	—	22.0	—	11.2	—	8.4
2009		—	0.5	—	-4.2	—	-1.6	—	-3.9
2010		—	4.0	—	5.3	—	9.7	—	8.7
2011		—	5.7	—	10.3	—	9.6	—	7.2
2012		—	2.8	—	5.4	—	0.0	—	0.8
2013		—	3.1	—	2.6	—	-0.7	—	-2.7
2014		—	1.6	—	0.9	—	-1.5	—	-2.9
2015		—	1.0	—	0.5	—	-4.8	—	-9.2
2016		—	1.3	—	-0.3	—	-4.1	—	-2.4
2017		—	1.6	—	2.1	—	6.4	—	10.8
2018		—	2.1	—	3.8	—	4.2	—	5.4
2019		—	2.9	—	3.3	—	0.3	—	0.8
2020		—	2.5	—	4.6	—	-2.4	—	-4.9
2021		—	1.5	—	—	—	16.3	—	16.9
2020	1	4.9	4.9	—	—	0.7	0.7	1.1	1.1
	2	5.3	5.1	—	—	0.2	0.4	-0.8	0.1
	3	3.9	4.7	—	—	-1.9	-0.3	-4.3	-1.3
	4	2.8	4.3	—	—	-4.7	-1.4	-8.6	-3.2
	5	2.2	3.8	—	—	-6.1	-2.4	-10.4	-4.7
	6	2.5	3.6	—	—	-4.4	-2.7	-8.2	-5.2
	7	2.5	3.5	—	—	-3.0	-2.8	-5.9	-5.3
	8	2.8	3.4	—	—	-3.0	-2.8	-5.7	-5.4
	9	2.0	3.2	—	—	-2.4	-2.8	-5.2	-5.3
	10	0.7	3.0	—	—	-2.5	-2.7	-5.5	-5.4
	11	-0.1	2.7	—	—	-1.8	-2.6	-3.3	-5.2
	12	0.7	2.5	—	—	-0.1	-2.4	-2.1	-4.9
2021	1	0.3	0.3	—	—	2.2	2.2	-0.3	-0.3
	2	0.2	0.2	—	—	3.2	2.7	1.9	0.8
	3	0.8	0.4	—	—	5.3	3.6	5.5	2.3
	4	1.4	0.7	—	—	9.2	5.0	11.4	4.5
	5	1.9	0.9	—	—	16.2	7.1	17.5	7.0
	6	1.4	1.0	—	—	16.8	8.7	17.0	8.6
	7	1.6	1.1	—	—	18.1	10.1	19.6	10.1
	8	1.2	1.1	—	—	20.5	11.4	20.5	11.4
	9	1.4	1.1	—	—	24.8	12.8	25.9	13.0
	10	2.2	1.2	—	—	35.1	15.1	36.0	15.3
	11	2.7	1.4	—	—	26.1	16.1	27.6	16.5
	12	2.4	1.5	—	—	18.4	16.3	21.4	16.9

数据来源：《中国经济景气月报》、陕西省统计局。

表 3　2021 年陕西省主要经济指标

项目	1月	2月	3月	4月	5月	6月	7月	8月	9月	10月	11月	12月
	绝对值（自年初累计）											
地区生产总值（亿元）	—	—	6352.8	—	—	13542.6	—	—	21193.2	—	—	29801.0
第一产业	—	—	240.8	—	—	668.8	—	—	1228.5	—	—	2409.4
第二产业	—	—	2895.4	—	—	6362.7	—	—	9944.9	—	—	13802.5
第三产业	—	—	3216.6	—	—	6511.1	—	—	10019.8	—	—	13589.1
工业增加值（亿元）	—	—	—	—	—	—	—	—	—	—	—	—
固定资产投资（亿元）	—	—	—	—	—	—	—	—	—	—	—	—
房地产开发投资	—	283.4	642.2	965.6	1401.1	2022.2	2386.4	2825.2	3244.6	3652.6	4122.6	4441.0
社会消费品零售总额（亿元）	—	—	2529.5	—	—	4974.9	—	—	7415.8	—	—	10250.5
外贸进出口总额（亿元）	—	615.7	978.1	1371.4	1798.2	2229.8	2653.5	3098.6	3503.9	3901.5	4356.1	4757.8
进口	—	300.8	487.5	695.6	908.9	1107.6	1291.4	1469.0	1646.2	1809.8	2003.2	2191.7
出口	—	314.9	490.6	675.8	889.3	1122.2	1362.1	1629.6	1857.7	2091.7	2352.9	2566.1
进出口差额（出口－进口）	—	14.1	3.0	-19.8	-19.6	14.6	70.7	160.5	211.5	281.9	349.7	374.4
实际利用外资（亿美元）	—	18.9	27.4	39.5	44.0	52.7	58.6	67.2	76.8	83.3	92.1	102.5
地方财政收支差额（亿元）	—	-230.5	-721.7	-894.7	-1087.9	-1639.3	-1767.8	-1931.3	-2311.6	-2369.5	-2688.0	-3294.2
地方财政收入	—	531.8	719.6	999.8	1227.6	1439.1	1755.7	1951.1	2171.3	2447.8	2606.3	2775.3
地方财政支出	—	762.3	1441.3	1894.5	2315.5	3078.3	3523.5	3882.4	4482.9	4817.3	5294.3	6069.4
城镇登记失业率（%）（季度）	—	—	—	—	—	—	—	—	—	—	—	3.5
	同比累计增长率（%）											
地区生产总值	—	—	15.4	—	—	10.2	—	—	7.0	—	—	6.5
第一产业	—	—	6.9	—	—	5.5	—	—	5.5	—	—	6.3
第二产业	—	—	18.0	—	—	10.6	—	—	5.7	—	—	5.6
第三产业	—	—	13.8	—	—	10.3	—	—	8.4	—	—	7.3
工业增加值	—	25.4	18.9	15.6	13.5	11.6	10.5	9.7	7.2	7.1	7.5	7.6
固定资产投资	—	45.0	30.0	21.1	17.4	10.0	5.8	2.2	-3.1	-3.6	-2.6	-3.0
房地产开发投资	—	47.6	23.8	17.6	17.5	11.9	10.8	10.3	4.7	4.2	3.8	0.8
社会消费品零售总额	—	—	37.2	—	—	22.8	—	—	12.0	—	—	6.7
外贸进出口总额	—	8.1	13.4	15.7	20.2	24.1	25.1	25.9	25.4	26.5	26.7	25.9
进口	—	2.4	9.2	11.6	18.2	21.0	20.1	18.6	18.4	19.0	19.1	18.6
出口	—	14.2	18.0	20.4	22.2	27.3	30.3	33.3	32.4	33.9	34.0	33.0
实际利用外资	—	25.5	20.3	47.3	21.9	10.5	14.8	17.8	6.9	7.4	15.4	21.4
地方财政收入	—	34.7	33.1	33.0	32.7	29.9	30.6	30.8	29.6	27.3	26.1	23.0
地方财政支出	—	10.9	14.7	10.5	7.8	6.4	6.5	4.3	2.4	3.0	3.7	2.4

数据来源：陕西省统计局《经济要情》、陕西省商务厅。

甘肃省金融运行报告（2022）

中国人民银行兰州中心支行货币政策分析小组

[内容摘要] 2021年，面对严峻复杂的发展环境和交织叠加的风险挑战，甘肃省坚持以习近平新时代中国特色社会主义思想为指导，深入贯彻党的十九大和十九届历次全会精神，全面落实习近平总书记对甘肃重要指示要求，坚持稳中求进工作总基调，完整、准确、全面贯彻新发展理念，积极融入新发展格局，着力推动高质量发展，实现"十四五"良好开局。全省地区生产总值首次突破一万亿元，达到10243.3亿元，增长6.9%。

甘肃省经济运行主要呈现以下特征：一是三大需求稳定恢复，投资潜力不断释放。固定资产投资同比增长11.1%，制造业投资、高技术制造业投资等重点领域投资持续改善，同比分别增长15.5%、39.7%；消费市场稳步恢复，社会消费品零售总额达4037.1亿元，同比增长11.1%，线上消费新业态加速培育，网络零售额增长24.8%；贸易市场更加多元化，进出口总额同比上升28.4%，出口增速由负转正，对"一带一路"国家和地区进出口总额增长30.5%。二是产业结构优化调整，供给侧结构性改革持续推进。农业生产稳步向好，粮食总产量1231.5万吨，超额完成目标任务。工业生产稳定增长，规模以上工业增加值同比增长8.9%。增长动能加快转换，规模以上工业战略性新兴产业、高技术产业和装备制造业增加值分别比上年增长18.8%、38.2%和15.8%。文化旅游实现融合发展，文旅产业影响力持续提升，全年接待国内外游客2.8亿人次，实现旅游综合收入1842.4亿元，同比分别增长29.7%和26.6%，兰州、张掖、酒泉列入国家级文化和旅游消费试点城市。全面实施黄河国家战略，"双碳"工作稳步推进。首批19家电力企业纳入全国碳市场交易。三是物价运行平稳，就业形势稳定。居民消费价格同比上涨0.9%，较上年回落1.1个百分点。就业形势稳定，城镇新增就业33.3万人，城镇登记失业率为3.4%。四是财政收入破千亿元，民生福祉持续增进。一般公共预算收入增长14.6%。财政收入质量持续改善，其中税收收入667.4亿元，增长17.5%，占一般公共预算收入的比重为66.6%，较上年提高1.7个百分点。财政资金向"六稳""六保"倾斜，卫生健康、科学技术和社会保障和就业等支出分别增长5.4%、7.9%和1.4%。

2021年，甘肃省金融系统认真落实稳健货币政策灵活精准、合理适度的要求，聚焦实体经济发展的重点领域和薄弱环节，加大信贷投放，融资结构持续优化，融资成本稳中有降，金融服务实体经济质效不断提升。总体来看，甘肃省金融运行主要呈现以下特点：一是信贷总量平稳增长，融资成本持续下降。年末本外币各项贷款余额23905亿元，同比增长7.9%，全年新增贷款1745.9亿元。LPR改革潜力持续释放，促进企业贷款利率稳中有降，贷款利率处于历史较低水平。12月新发放企业贷款加权平均利率为5.2%，同比下降8个基点。二是融资结构不断优化，金融稳企纾困效果不断显现。涉农、小微企业和制造业中长期贷款同比分别多增389.7亿元、150.9亿元和125.5亿元，专精特新"小巨人"企业获贷率超过80%。开展"贷动陇原 兴商助农"为民办实事专项行动，累计召开各类融资对接会500余场，发放小微企业、个体工商户等贷款近300亿元，惠及近4万户市场主体。落实好两项直达实体经济的货币政策工具，累计对1105亿元到期贷款办理延期，支持市场主体15.8万户，提升稳企纾困实效。三是企业发债平稳，上市公司稳中向好。辖内企业在银行间市场发行债务融资工具315亿元，发行规模与上年基本持平。辖内上市企业发展稳中向好，总市值同比增长25.7%。保险业总资产、保费收入和赔付支出同比分别增长11.6%、1.6%和4.0%。车险综合改革成效明显，“降价、增保、提质”目标顺利实现。

2022年，甘肃省金融系统将以习近平新时代中国特色社会主义思想为指导，全面贯彻党的十九大和十九届历次全会及中央经济工作会议精神，坚持稳字当头、稳中求进，准确把握稳健货币政策灵活适度的导向要求，保持货币信贷总量稳定增长，促进信贷结构稳步优化，引导企业综合融资成本稳中有降，扎实做好“六稳”工作、全面落实“六保”任务，稳步化解重点领域金融风险，大力推进金融改革创新，全面提升金融服务质量，为稳定全省经济大盘、保持经济运行在合理区间营造适宜的货币金融环境。

一、金融运行情况

2021年，甘肃省金融业运行稳健，金融总量保持持续增长，融资结构不断优化，融资成本稳中有降，风险防控工作扎实推进，金融支持疫情防控和稳企业保就业取得积极成效，为全省经济高质量发展提供了适宜的货币金融环境。

（一）银行业稳健运行，服务实体经济能力明显提升

1. 资产负债规模稳步增长。2021年末，甘肃省银行业资产总额3.4万亿元，同比增长8.3%；负债总额3.2万亿元，同比增长8.3%。2021年，甘肃省银行业金融机构累计实现净利润143.9亿元，同比增长6.8%，增幅较上年提高19.9个百分点。

表1　2021年甘肃省金融机构情况

机构类别	营业网点			法人机构（个）
	机构个数（个）	从业人数（人）	资产总额（亿元）	
一、大型商业银行	1296	26554	8854	0
二、国家开发银行和政策性银行	64	1788	5828	0
三、股份制商业银行	124	3193	1859	0
四、城市商业银行	380	8428	7524	2
五、城市信用社	0	0	0	0
六、小型农村金融机构	2131	19472	6795	85
七、财务公司	3	100	250	3
八、信托公司	1	889	217	1
九、邮政储蓄银行	567	5849	1200	0
十、外资银行	0	0	0	0
十一、新型农村金融机构	89	1179	222	27
十二、其他	2	154	773	2
合　计	4657	67799	33522	120

数据来源：甘肃银保监局。

注：营业网点不包括国家开发银行和政策性银行、大型商业银行、股份制商业银行等金融机构总部数据；大型商业银行包括中国工商银行、中国农业银行、中国银行、中国建设银行和交通银行；小型农村金融机构包括农村商业银行、农村合作银行和农村信用社等；新型农村金融机构包括村镇银行、农村资金互助社；其他包含金融租赁公司。

2. 存款增速稳步回升，政府类存款拉动明显。2021年末，全省金融机构各项存款余额2.3万亿元，同比增长7.7%，比上年提高1.5个百分点。全年新增各项存款1621.9亿元，同比多增397.7亿元。从结构看，企业存款持续少增，增速下降2.9%，降幅较上年同期扩大2.6个百分点；住户存款增长平稳，同比增长9.0%；政府类存款余额为3603亿元，同比增长9.1%，带动各项存款增长1.4个百分点。

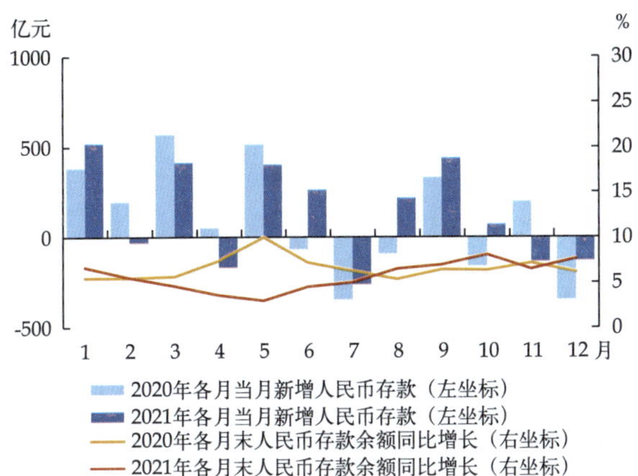

图 1　2020—2021 年甘肃省金融机构人民币存款增长变化

（数据来源：中国人民银行兰州中心支行）

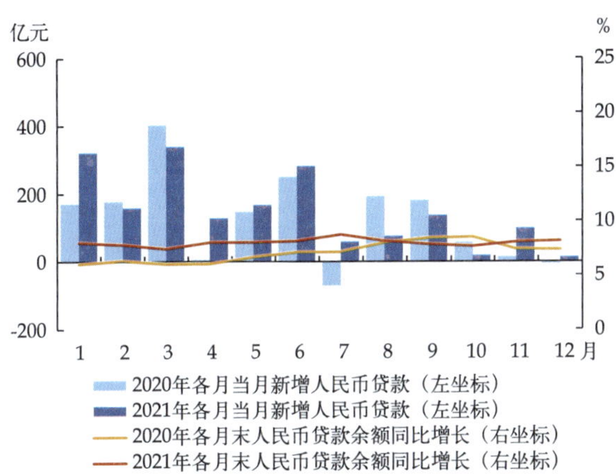

图 2　2020—2021 年甘肃省金融机构人民币贷款增长变化

（数据来源：中国人民银行兰州中心支行）

3. 贷款保持平稳增长，信贷结构持续优化。 2021 年末，甘肃省金融机构本外币各项贷款余额 2.4 亿元，同比增长 7.9%，增速较上年末提高 0.7 个百分点，全年新增贷款 1745.9 亿元，创 2018 年以来新高。信贷结构持续优化，重点领域和薄弱环节融资状况进一步改善，涉农、小微企业和制造业中长期贷款余额同比分别增长 5.0%、5.4% 和 28.9%。房地产贷款同比增长 7.4%，较上年同期下降 5.6 个百分点。

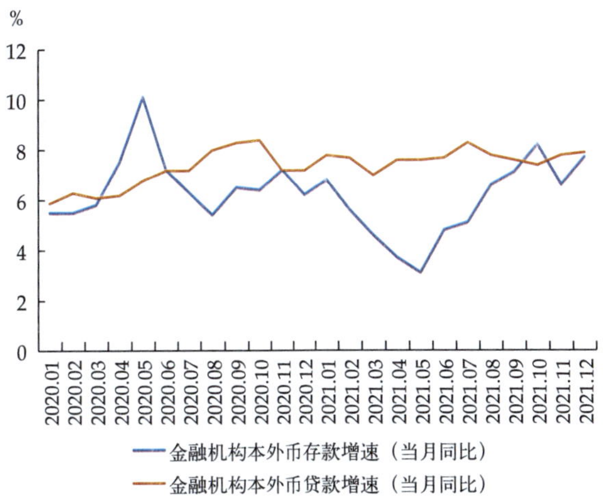

图 3　2020—2021 年甘肃省金融机构本外币存贷款增速变化

（数据来源：中国人民银行兰州中心支行）

4. 表外融资同比多降，信托贷款下降较多。 2021 年，甘肃省金融机构表外融资（委托贷款、信托贷款和未贴现银行承兑汇票净额）合计减少 846.9 亿元，同比多降 1791.6 亿元。其中信托贷款下降 787.8 亿元，同比多降 1698.4 亿元。

表 2　2021 年甘肃省金融机构人民币贷款各利率区间占比

单位：%

项目		1 月	2 月	3 月	4 月	5 月	6 月
合计		100.0	100.0	100.0	100.0	100.0	100.0
LPR 减点		12.8	16.7	13.8	14.5	12.8	9.6
LPR		12.6	9.9	8.6	8.6	11.5	7.2
LPR 加点	小计	74.6	73.4	77.5	76.9	75.6	83.2
	(LPR，LPR+0.5%)	24.1	16.8	18.7	12.2	14.7	20.2
	[LPR+0.5%，LPR+1.5%)	15.6	19.6	16.0	17.1	19.5	20.6
	[LPR+1.5%，LPR+3%)	11.9	11.2	17.1	16.6	16.8	16.2
	[LPR+3%，LPR+5%)	19.4	21.0	22.2	26.4	19.8	22.4
	LPR+5% 及以上	3.5	4.8	3.6	4.5	5.0	3.7
项目		7 月	8 月	9 月	10 月	11 月	12 月
合计		100.0	100.0	100.0	100.0	100.0	100.0
LPR 减点		12.3	16.7	16.1	10.6	20.4	14.8
LPR		6.0	9.2	8.8	5.6	6.4	5.2

续表

项目		7月	8月	9月	10月	11月	12月
LPR加点	小计	81.6	74.0	75.1	83.9	73.2	80.1
	(LPR，LPR+0.5%)	19.2	17.1	13.8	19.1	15.2	15.8
	[LPR+0.5%，LPR+1.5%)	17.5	17.7	18.5	18.2	18.8	17.9
	[LPR+1.5%，LPR+3%)	18.8	14.1	16.9	19.1	21.3	20.5
	[LPR+3%，LPR+5%)	22.1	20.5	21.0	22.8	14.8	20.9
	LPR+5% 及以上	4.0	4.7	4.9	4.6	3.1	5.0

5. 贷款利率处于历史较低水平。持续深化贷款市场报价利率改革，组织开展内部资金转移定价（FTP）机制建设试点，推动8家农合机构初步建立了内嵌LPR的FTP机制，利率传导渠道进一步畅通，贷款市场报价利率改革潜力持续释放，促进企业贷款利率稳中有降。2021年12月，全省新发放企业贷款利率为5.2%，同比下降8个基点，其中新发放小微企业贷款利率为5.6%，同比下降35个基点。切实加强存款利率管理，落实好存款利率自律上限优化政策，促进存款市场有序竞争，保持银行负债成本基本稳定，为推动金融机构继续向实体经济让利腾挪空间。

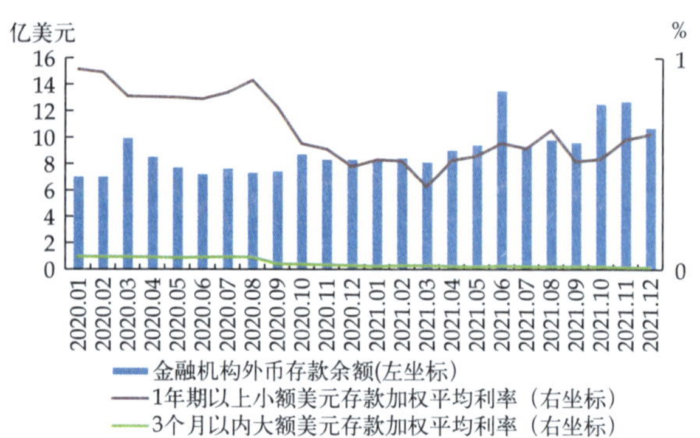

图4　2020—2021年甘肃省金融机构外币存款余额及外币存款利率

（数据来源：中国人民银行兰州中心支行）

6. 重点领域跨境人民币业务规模和覆盖面有效扩大。2021年，全省人民币跨境收付总额91.6亿元，其中，经常项目和直接投资人民币跨境收付额快速增加，同比增长18.5%，增速同比提高80个百分点，占同期本外币跨境收付额的比例为9.0%。全年办理跨境人民币业务的企业300户，其中，新增办理业务的企业74户，市场主体覆盖面持续扩大。

专栏1　金融支持区域协调发展政策在甘肃有效落地

2021年，人民银行兰州中心支行紧紧围绕党中央、国务院重大决策部署和总行各项工作安排，把落实金融支持区域协调发展政策作为支持甘肃高质量发展的难得机遇和重要抓手，取得了“两升一降一优一稳”的积极效果。在金融有力支持下，甘肃实现了6.9%的经济增长，GDP首次突破万亿元大关。

一、多措并举增强信贷总量增长的稳定性

准确把握稳健货币政策灵活精准、合理适度的导向要求，加强窗口指导和信贷调节，积极引导政策性银行和国有大行落实区域协调倾斜支持政策，指导法人机构用好信贷调控激励政策和降准释放资金，有效扩大对基础设施、支柱产业、重要项目的信贷投放，以信贷总量的稳定增长支撑了“产业兴省、工业强省”等发展战略顺利实施和预期目标全面实现。

二、充分发挥信贷政策结构引导作用

制定全年信贷政策工作指引和供应链金融、乡村振兴、新型农业经营主体、抗疫纾困等一揽子支持措施，推动全省金融助力高质量发展大会召开并印发16条金融措施，先后在兰州、天水组织召开信贷结构优化调整、支持制造业高质量发展等专项推进会，深入实施中小微企业金融服务能力提升工程和“贷动陇原 兴商助农”为民办实事专项行动，落实好两项直达政策工具延续政策，不断改善重点领域、薄弱环节金融服务，提升稳企纾困实效。

三、持续释放贷款市场报价利率改革红利

制订全省农合系统FTP机制三年建设规划，选择8家农合机构开展试点，推动运用LPR进一步完善内部转移定价，增强贷款定价与LPR的联动性，引导贷款利率稳中有降。两次召开全省市场利率定价自律机制会议，指导省、市两级自律机制开展存款市场利率专项巡查，约谈、通报相关银行，与银保监局建立监管协调机制，加强存款利率管理，促进降低银行负债成本，为企业贷款利率下降腾挪了空间。

四、有效维护辖内市场稳健运行

建立完善涵盖主承销商、各市州中心支行、政府部门、发债企业在内的监测机制，维护辖内银行间债券市场稳健运行。积极配合省、市两级政府防范化解债务风险，构建起涵盖主承销商、人民银行市州中心支行、相关政府部门、发债企业在内的三项监测机制。严格落实差别化住房信贷政策，稳妥实施房地产集中度管理，引导银行及时满足居民首套自住房等合理信贷需求，全面整改不合规贷款，配合做好出险房企风险化解。

货币及信贷政策在甘肃的落实取得了积极成效，突出表现为“两升一降一优一稳”：信贷增速稳步回升。2021年，甘肃省各项贷款余额2.4万亿元，同比增长7.9%，增速较上年提升0.7个百分点。全年新增各项贷款1745.9亿元，创2018年以来新高。货币政策工具使用显著提升。2000亿元区域协调再贷款划拨甘肃额度已全部投放使用，再贷款限额使用率和政策覆盖面分别为86.6%和89.3%，较年初提升6.4个和24.1个百分点，牵引带动地方法人机构贷款新增710.3亿元，占全省比重超过四成。贷款利率降至历史低位。2021年1—12月，全省金融机构新发放各项贷款、企业贷款加权平均利率为5.6%、5.0%，分别同比下降24个和14个基点，处于历史较低水平。信贷结构进一步优化。1—12月，全省涉农、小微企业和制造业中长期贷款同比分别多增389.7亿元、150.9亿元和125.5亿元，“专精特新”小巨人企业获贷率超过80%。房地产贷款增速和新增占比较上年末下降5.2个和15.4个百分点。金融市场稳健运行。1—12月，全省企业在银行间市场发行债务融资工具315亿元，与上年基本持平。

（二）证券业运行平稳，上市企业发展稳中向好

1. 证券经营机构发展势头良好。2021年，甘肃省共有1家法人证券公司和110家证券分支机构。证券资金账户302.7万户，同比增长4.0%；客户托管资产总额2094.2亿元，同比增长7.8%。全年累计实现证券交易额、营业收入分别为18827.2亿元、11.9亿元，同比分别增长16.3%、7.1%。

2. 法人机构抗风险能力较强。2021年，甘肃法人证券公司华龙证券资产总额283亿元，同比增长2.6%；净资产为152亿元，同比增长4%；净资本为110.7亿元，同比增长5.2%。法人期货公司华龙期货资产总额10.7亿元，同比增长9.1%；净资产为5.7亿元，同比增长0.6%；净资本为3亿元，同比下降0.1%。法人机构各项风险控制指标均优于监管要求，抗风险能力较好。

3. 上市企业发展稳中向好。2021年，甘肃省共有A股上市公司33家，总股本482.6亿股，同比增长1.7%；总市值3146.3亿元，同比增长25.7%，全年累计融资64.3亿元。28家新三板挂牌公司累计融资0.6亿元。

表 3　2021 年甘肃省证券业基本情况

项目	数量
总部设在辖内的证券公司数（家）	1
总部设在辖内的基金公司数（家）	0
总部设在辖内的期货公司数（家）	1
年末国内上市公司数（家）	33
当年国内股票（A 股）筹资（亿元）	64
当年发行 H 股筹资（亿元）	0
当年国内债券筹资（亿元）	39
其中：短期融资券筹资额（亿元）	13
中期票据筹资额（亿元）	36

数据来源：甘肃证监局。
注：当年国内股票（A 股）筹资额指非金融企业境内股票融资。

表 4　2021 年甘肃省保险业基本情况

项目	数量
总部设在辖内的保险公司数（家）	1
其中：财产险经营主体（家）	1
寿险经营主体（家）	0
保险公司分支机构（家）	31
其中：财产险公司分支机构（家）	19
寿险公司分支机构（家）	12
保费收入（中外资，亿元）	490.3
其中：财产险保费收入（中外资，亿元）	131.0
人身险保费收入（中外资，亿元）	359.3
各类赔款给付（中外资，亿元）	174.6

数据来源：甘肃银保监局。

（三）保险市场发展良好，保险保障功能有效发挥

1. 业务规模增速放缓。2021 年，甘肃省保险业资产总额 1309.0 亿元，较年初增长 11.6%，其中，产险公司资产总额 143.5 亿元，较年初增长 3.1%；人身险公司资产总额 1167.4 亿元，较年初增长 12.7%。2021 年保险业累计实现原保费收入 490.3 亿元，同比增长 1.6%。累计实现赔付支出 174.6 亿元，同比增长 4.0%。

2. 人身险保费结构持续优化。2021 年，全省人身险公司累计实现原保险保费收入 359.3 亿元，同比增长 5.4%。保障型险种占比不断上升，普通寿险实现原保险保费收入同比增长 8.29%，占人身险保费比重较上年同期上升 1.98 个百分点。人身险公司累计实现赔付支出 79.6 亿元，同比下降 6.6%。

3. 车险综合改革成效明显。车险综合改革正式实施以来，车险“降价、增保、提质”的目标顺利实现。全省车均保费为 1725.5 元，同比下降 21.7%。交强险和三责险平均保额分别提高 7.8 万元和 50.1 万元。车险综合费率、业务管理费率和手续费率同比分别下降 29.2 个、17.3 个和 57.4 个百分点，业务管理费率和手续费率实现双降。

（四）金融市场稳健发展，应收账款融资业务取得新突破

1. 银行间债券市场发行规模与上年基本持平。2021 年，甘肃省企业在银行间债券市场累计发行非金融企业债务融资工具 315 亿元，同比下降 0.4%，其中发行乡村振兴专项票据 30 亿元。全年非金融企业债务融资工具加权平均利率为 4.2%，同比上升 3 个基点。全省有 1 家金融机构发行金融债 16 亿元，较上年同期有所下降。

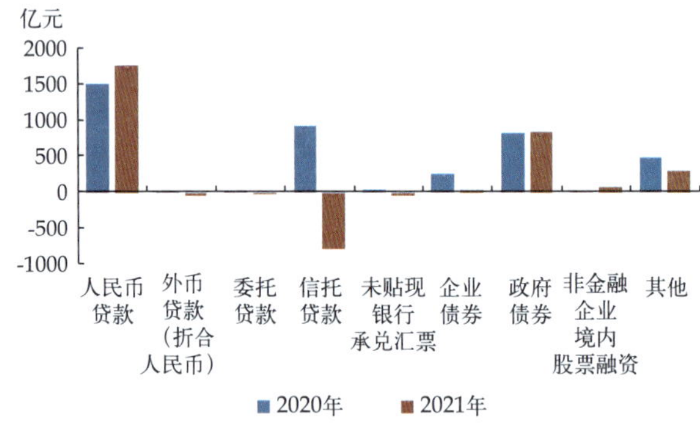

图 5　2020—2021 年甘肃省社会融资规模分布结构

（数据来源：中国人民银行兰州中心支行）

2. 同业拆借市场交易价升量跌。2021 年，甘肃省同业拆借市场成员累计发生同业拆借 688 笔，成交金额 2005.2 亿元，同比下降 57.0%。其中，

拆入金额1641.1亿元，拆出金额364.1亿元，净融入资金1277亿元。从拆借利率看，全年各品种加权平均拆借利率2.5%，同比上升71个基点。

3. 票据业务规模有所下降。2021年，甘肃省银行业金融机构累计签发银行承兑汇票1068.8亿元，同比下降7.7%。票据贴现和转贴现利率有升有降，全年票据贴现加权平均利率为2.7%，同比下降20个基点；票据转贴现加权平均利率为2.4%，同比上升13个基点。

4. 应收账款融资业务取得新突破。2021年，甘肃省中征应收账款融资业务平台新增注册用户122户，线上线下完成应收账款融资80笔、金额42.9亿元，其中核心企业对接线上业务模式29笔、金额1.0亿元。

表5　2021年甘肃省金融机构票据业务量统计

单位：亿元

季度	银行承兑汇票承兑		贴现			
			银行承兑汇票		商业承兑汇票	
	余额	累计发生额	余额	累计发生额	余额	累计发生额
1	722.5	246.3	879.9	526.0	2.7	9.1
2	712.9	515.4	924.9	1330.8	3.7	15.6
3	728.5	783.5	976.2	2220.0	6.0	24.8
4	769.7	1068.8	975.7	2929.3	9.3	35.9

数据来源：中国人民银行兰州中心支行。

表6　2021年甘肃省金融机构票据贴现、转贴现利率

单位：%

季度	贴现		转贴现	
	银行承兑汇票	商业承兑汇票	票据买断	票据回购
1	3.19	4.38	3.21	2.39
2	2.86	4.82	2.82	2.26
3	2.50	4.36	2.49	2.31
4	2.34	3.59	2.40	2.30

数据来源：中国人民银行兰州中心支行。

（五）普惠金融服务体系持续发展，金融生态环境不断优化

1. 普惠金融持续发展。推动支付手续费“应降尽降”，2021年全省减免支付手续费6.4亿元。制定老年人支付服务便利化实施意见，省内95%以上的银行机构完成手机银行适老化改造。有序推进跨省异地缴税，全省电子缴税占比高达99.7%。深入推进人民币发行库、无库县域现金调剂中心、现金服务示范区、农村地区便民现金服务点、现金服务信息平台“五位一体”现金服务体系建设，共设立现金调剂中心23个。

2. 地方征信平台建设进一步加强。2021年，“陇信通”平台功能和应用场景进一步拓展，支持中小微企业融资取得新成效。中征平台核心企业对接数字证书模式实现了“银行机构系统对接、全流程线上业务落地”两个突破。

3. 金融消费权益保护工作不断完善。2021年全年接听的7048个投诉咨询电话均得到有效办理，投诉咨询热线功能更加有效发挥。大力推进金融消费纠纷多元化解机制落地见效，指导、推动辖内65个县（区）建立金融纠纷调解室或工作站，全年共调解案件2473笔，为金融消费者提供了专业高效的金融纠纷诉前化解渠道。

表7　2020—2021年甘肃省支付体系建设情况

年份	支付系统直接参与方（个）	支付系统间接参与方（个）	支付清算系统覆盖率（%）	当年大额支付系统处理业务数（万笔）	同比增长（%）
2020	3	4068	100.0	1012.1	-49.9
2021	3	3997	100.0	831.2	-17.9

年份	当年大额支付系统业务金额（亿元）	同比增长（%）	当年小额支付系统处理业务数（万笔）	同比增长（%）	当年小额支付系统业务金额（亿元）	同比增长（%）
2020	366622.8	-15.8	7219.2	20.5	25618.8	174.6
2021	383282.4	4.5	8066.1	11.7	26495.8	3.4

数据来源：人民银行兰州中心支行。

二、经济运行情况

2021年，甘肃省经济稳中有进、稳步提质，全年实现地区生产总值10243.3亿元，首次突破万亿元，同比增长6.9%。产业结构持续优化，三次产业增加值占生产总值比重分别为13.3%、33.8%和52.8%。

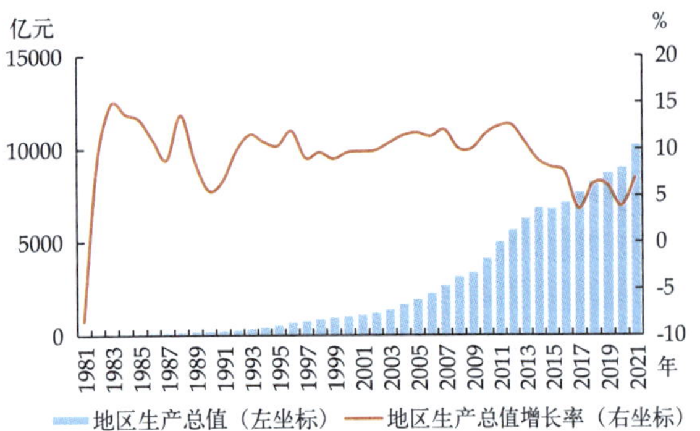

图 6　1981—2021 年甘肃省地区生产总值及其增长率

（数据来源：甘肃省统计局）

（一）三大需求稳定恢复，投资潜力不断释放

1. 投资保持较快增长，重点领域投资持续改善。2021 年，甘肃省固定资产投资同比增长 11.1%，两年平均增长 9.5%，比全国高 5.6 个百分点。分产业看，第一产业投资下降 3.1%，第二产业投资增长 39.9%，第三产业投资增长 6.1%。重点领域投资持续改善，其中民间投资累计同比增长 16.1%、制造业投资累计同比增长 15.5%。高技术制造业投资增长 39.7%，均高于投资平均增速 5.0 个、4.4 个和 28.6 个百分点。新建续建亿元以上项目 1075 个，208 个省列重大项目完成投资 2059 亿元。

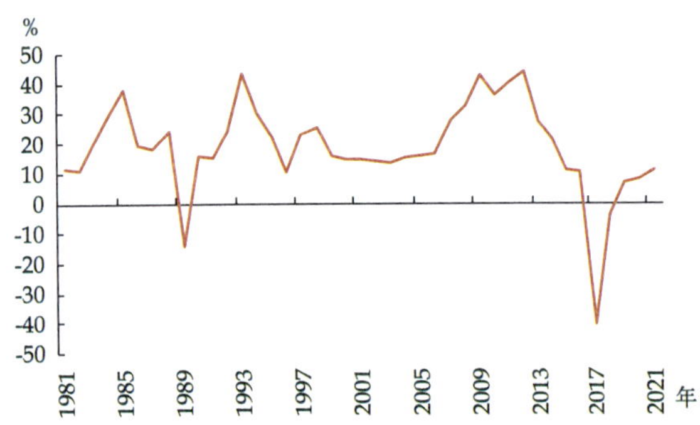

图 7　1981—2021 年甘肃省固定资产投资（不含农户）增长率

（数据来源：甘肃省统计局）

2. 消费市场稳步恢复，消费结构持续改善。社会消费品零售总额 4037.1 亿元，同比增长 11.1%，两年平均增长 4.5%，高于全国 0.6 个百分点。消费结构持续改善，基本生活类消费增势较好，日用品类、饮料类和粮油食品类商品零售额分别增长 26.7%、23.0% 和 14.1%；升级类消费需求持续释放，书报杂志类、金银珠宝类和文化办公用品类零售额分别增长 54.1%、38.4% 和 9.7%；线上消费新业态加速培育，全年限额以上批零住餐业通过公共网络实现零售额增长 24.8%。

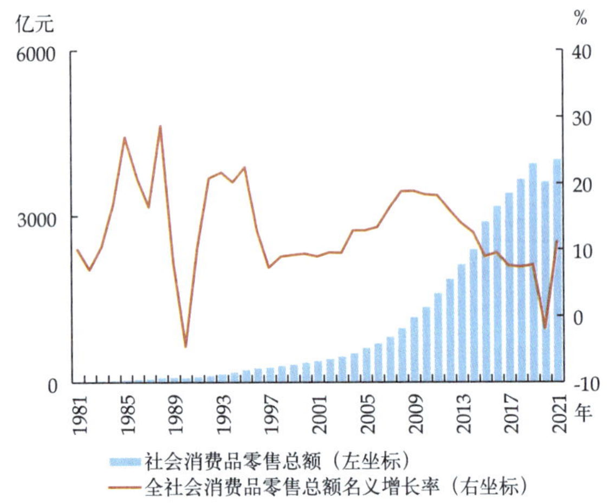

图 8　1981—2021 年甘肃省社会消费品零售总额及其增长率

（数据来源：甘肃省统计局）

3. 进出口总额同比上升，对外贸易保持平稳增长。2021 年，甘肃省实现进出口总额 490.9 亿元，同比增长 28.4%。其中，出口额 96.9 亿元，同比增长 13.2%，增速由负转正；进口额 394 亿元，同比增长 32.7%。贸易市场更加多元化，开行中欧班列义乌—兰州—莫斯科、武威—第比利斯新线路，发运国际货运班列 498 列 1.7 万车，对“一带一路”沿线国家和地区进出口总额增长 30.5%，兰州新区综合保税区进出口总额同比增长 1.4 倍。

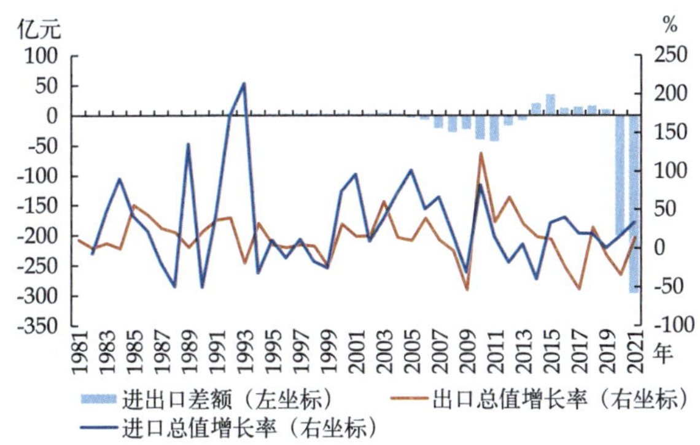

图 9　1981—2021 年甘肃省外贸进出口变动情况

（数据来源：甘肃省统计局）

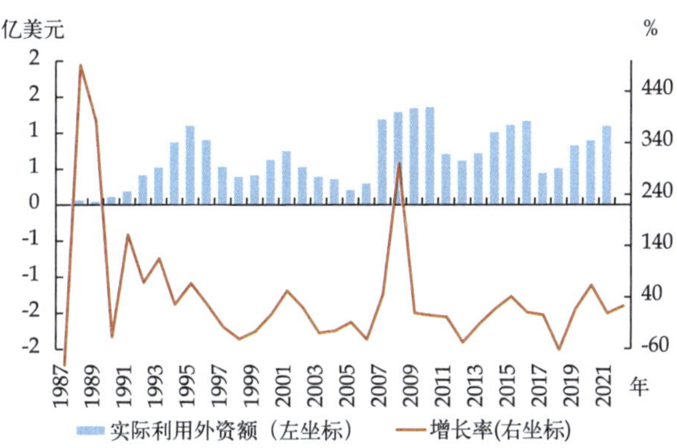

图 10　1987—2021 年甘肃省实际利用外资额及其增长率

（数据来源：甘肃省统计局）

（二）产业结构优化调整，供给侧结构性改革持续推进

1. 农业生产稳步向好，乡村振兴势头良好。 2021 年，甘肃省粮食种植面积 267.7 万公顷，粮食总产量 1231.5 万吨，比上年增长 2.4%，超额完成目标任务。启动实施现代丝路寒旱农业优势特色产业三年倍增行动，建成绿色标准化种养基地 786 个，新增农业龙头企业 139 家，6 个农村产业融合发展示范园得到国家认定。“甘味”农产品品牌影响力进一步扩大。

2. 工业经济稳定增长，新产业增势强劲。 2021 年，甘肃省规模以上工业增加值同比增长 8.9%，两年平均增长 7.7%，比全国高 1.6 个百分点。增长动能加快转换，规模以上工业战略性新兴产业、高技术产业和装备制造业增加值分别比上年增长 18.8%、38.2% 和 15.8%。酒泉建成千万千瓦级风电基地，酒钢集团锌镁铝产品实现我国在高耐蚀领域产品零的突破。

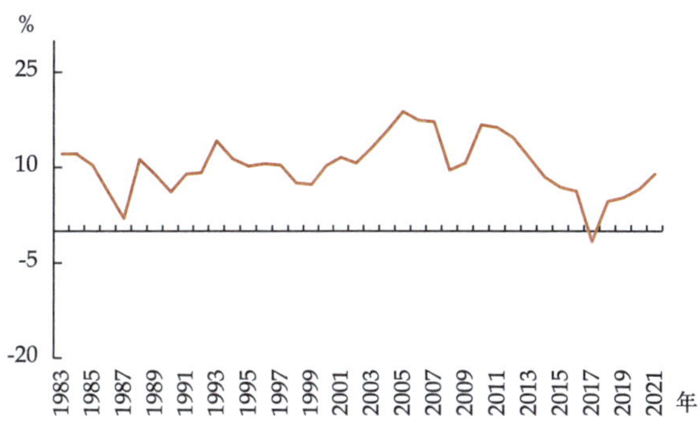

图 11　1983—2021 年甘肃省规模以上工业增加值增长率

（数据来源：甘肃省统计局）

3. 第三产业逐步回暖，旅游业亮点突出。 2021 年，甘肃省第三产业增加值 5412 亿元，同比增长 6.5%。文化旅游实现融合发展，文旅产业影响力持续提升。全年接待国内外游客 2.8 亿人次，实现旅游综合收入 1842 亿元，分别增长 29.7% 和 26.6%。兰州、张掖、酒泉列入国家级文化和旅游消费试点城市，新增 11 个国家 AAAA 级旅游景区。

4. 供给侧结构性改革持续深化，重点改革任务加快落实。 2021 年，甘肃省开展“千企调研纾困”行动，着力化解涉企历史遗留问题，为中小微企业清收欠款 1.5 亿元，新增减税降费 105 亿元左右。数字政府加快建设，成立省大数据管理局和大数据中心，构建“12345+N”数字政府应用体系，建成数字政府运营指挥中心。省市县三级政务服务事项网上可办率达 90% 以上，省级 86.8% 的行政许可事项实现全程网上办理。

5. “美丽甘肃”建设迈出新步伐。 2021 年，甘肃省全面实施黄河国家战略，构建完成黄河流域生态保护和高质量发展“1+N+X”规划体系，与四川签订黄河流域横向生态补偿协议，与陕西、宁夏、青海、内蒙古签订河流联防联控联治合作协议。“双碳”工作稳步推进，建立碳达峰碳中和工作机制，推进碳排放数据核算，对七大行业重点控排单位开展碳排放核查，首批19家电力企业纳入全国碳市场交易。

（三）物价运行平稳，就业形势稳定

1. 居民消费价格温和上涨。2021年，甘肃省居民消费价格同比上涨0.9%，涨幅与全国持平，低于上年1.1个百分点。从消费领域分类看，食品烟酒类价格上涨0.3%，高于全国0.6个百分点；医疗保健类上涨0.2%，低于全国0.2个百分点。

2. 工业生产者价格高位运行。受经济持续恢复、国际大宗商品价格上涨、上年同期低基数等因素影响，工业生产者价格高位运行，工业生产者出厂价格和购进价格分别上涨16.4%和18.1%。

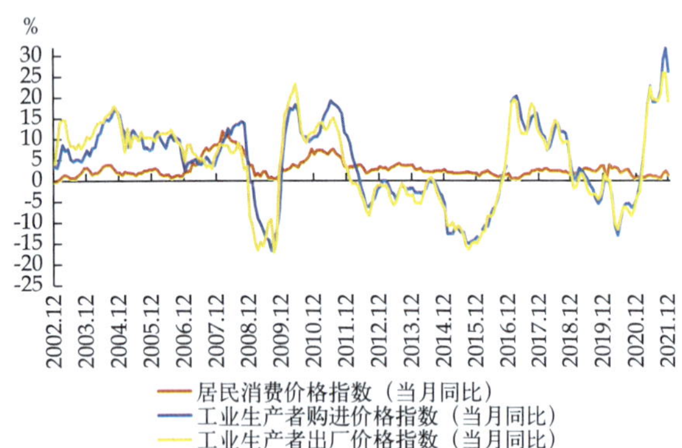

图12　2002—2021年甘肃省居民消费指数价格和工业生产者价格指数变动趋势

（数据来源：甘肃省统计局）

（四）财政收入破千亿元，民生福祉持续增进

2021年，甘肃省一般公共预算收入1001.8亿元，首次突破千亿元，同比增长14.6%。财政收入质量持续改善，其中税收收入667.4亿元，增长17.5%，占一般公共预算收入的比重为66.6%，较上年提高1.7个百分点；非税收入334.4亿元，增长9.1%，增速较上年下降3.4个百分点。一般公共预算支出同口径增长3.9%，支出结构逐步优化财政资金向“六稳”“六保”倾斜，卫生健康、科学技术、社会保障和就业等支出分别增长5.4%、7.9%和1.4%。

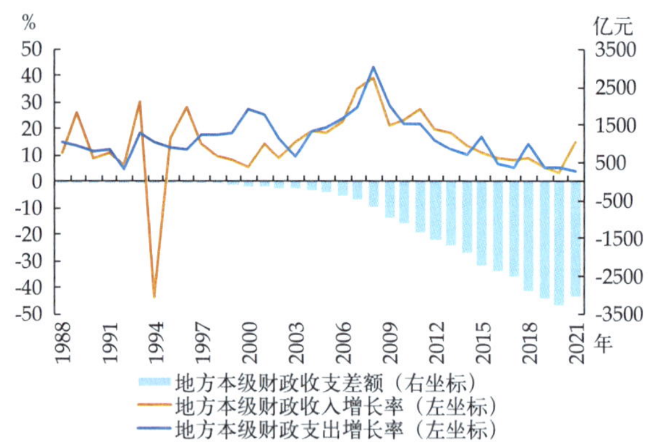

图13　1988—2021年甘肃省财政收支状况

（数据来源：甘肃省统计局）

（五）房地产市场总体运行平稳，房地产集中度管理政策执行效果良好

1. 房地产开发投资平稳增长，商品房销售增长较快。2021年全省共完成房地产投资1525.9亿元，同比增长12.6%。全年住宅施工、新开工面积增速分别为19.3%和-2.6%。全省商品房实现销售面积2224.1万平方米，同比增长13.0%，其中住宅销售面积2118.4万平方米，增长13.7%。

2. 房地产金融市场保持平稳，房地产集中度管理政策执行效果良好。2021年末，全省房地产贷款余额4857.3亿元，同比增长7.4%，较上年末下降5.6个百分点。其中，个人住房贷款同比增长15.2%，较年初新增365.8亿元，同比少增114.4亿元。房地产贷款集中度管理政策实施以来，甘肃省房地产贷款集中度总体平稳，房贷资金在机构间、区域间、信贷结构上更趋均衡和优化。

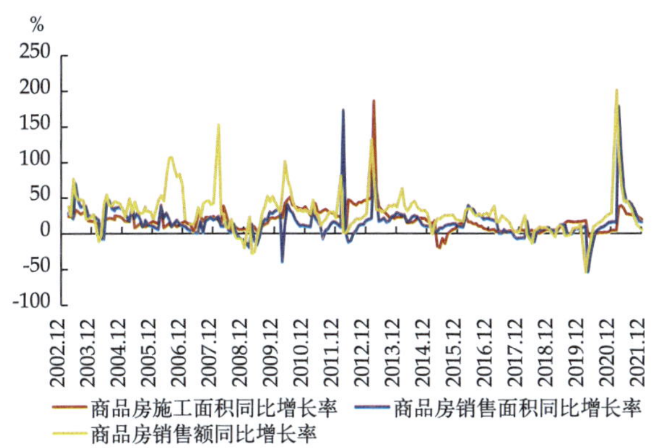

图 14　2002—2021 年甘肃省商品房施工和销售变动趋势

（数据来源：甘肃省统计局）

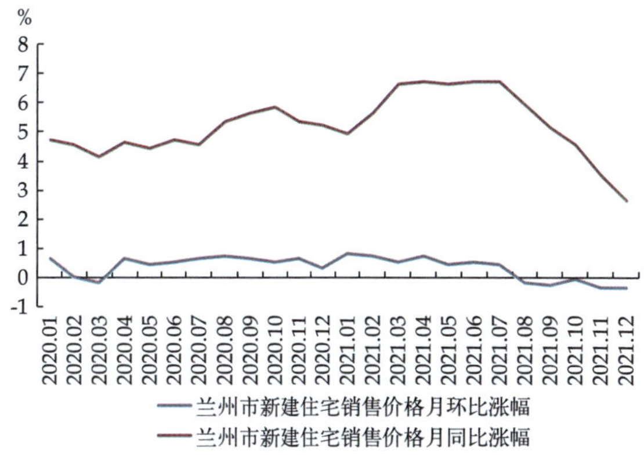

图 15　2020—2021 年兰州市新建住宅销售价格变动趋势

（数据来源：甘肃省统计局）

专栏 2　甘肃金融“四链同构”　助力新型农业经营主体发展壮大

2021 年，人民银行兰州中心支行聚焦新型农业经营主体，协调多部门联合实施工作协同链、产品供应链、利益联结链、风险防御链“四链同构”，推动金融、财政、产业政策嵌入农业产业链，构筑覆盖新型农业经营主体的乡村振兴金融服务网。截至 2021 年 12 月末，全省农村企业及各类组织贷款余额 2817.8 亿元，占涉农贷款近四成，较年初新增 167.4 亿元。

一、夯实工作协同链，整合政策资金资源

立足新型农业经营主体根植的乡村环境，从资金支持、信息互通、基础设施建设等重点环节加大部门协同。强化金融财政联动。省财政积极筹措资金建立现代丝路寒旱农业发展投资基金，出台财政衔接推进乡村振兴补助资金管理办法，将年度到县资金 50% 以上用于支持优势特色产业发展，有效撬动信贷资金投放。促进信息互联互通。牵头五部门出台《强化新型农业经营主体金融服务 巩固拓展脱贫攻坚成果 全面推进乡村振兴的意见》，推动省农担公司搭建甘肃省新型农业经营主体数据平台，对新型农业经营主体建档立卡，汇聚税务、市场监管、司法等信息，推送示范类名录，指导金融机构精准对接，强化经营主体管理服务。深化农村基础设施建设。依托“乡村振兴主题卡”等特色产品，探索“支付 + 政务服务”“支付 + 电商”“支付 + 信贷”等助农服务新模式，便利新型农业经营主体支付结算等服务。指导甘肃征信公司上线“陇信通”平台，打造集首贷中心、金融产品、政策支持等多个模块于一体的线上融资对接平台，服务涉农小微企业等经营主体，目前已入驻金融机构 130 多家，促成融资 260 多亿元，较年初增长近 23 倍。其中，首贷企业 822 户、金额 94.7 亿元。

二、丰富产品供应链，提升金融服务质效

以 39 个国家和省级乡村振兴重点帮扶县中的 410 户新型农业经营主体为样本，深入调研重点地区新型农业经营主体融资情况。围绕其对低成本、便利化、快捷性的融资诉求，推动辖内金融机构探索融资新模式。央行资金引领。以“再贷款 +”模式放大“银政保担企农协同效应”，如庆阳合水县联社立足当地肉牛产业发展，充分运用支农再贷款资金，推出了“再贷款＋旺畜宝＋农业担保＋农业保险＋财政贴息＋新型农业经营主体(农户)”金融支持产业振兴模式。额度15万元以下以信用方式发放，15万元以上由省农担公司担保，担保费率仅0.5%，县财政全额贴息，促进当地肉牛产业贷款利率下降超400个基点。供应链金融助力。牵头八部门制定印发《关于甘肃省供应链金融发展的意见》，指导各金融机构积极对接农业产业链核心企业，制订专属供应链金融服务方案，以订单、应收账款、预付款、存货质押等多种融资形式，形成服务马铃薯产业链的“蓝天”模式、生猪产业链的“仔猪育肥宝”产品、百合产业链的“金百合链易融”模式，带动全省特色产业贷款累计投放312.9亿元。金融科技赋能。指导各银行机构强化与税务、工商等部门的信息对接，充分利用大数据、云计算，创新推出“惠农E贷”“陇盈快贷”“E捷贷”等一次授信、随借随还线上产品以及“菌菇贷”等纯信用线上产品，有效满足农业生产经营主体季节性短期资金需求。

三、深化利益联结链，紧密多维互利机制

注重引导金融机构聚焦构建多种利益联结机制，多次召开新型农业经营主体座谈会，充分发挥乡村振兴金融服务评估导向激励作用，督促金融机构完善利益联结机制，激发富民长效机制。深化订单合同型利益联结。推动农行甘肃省分行建立“银行让利、企业订单收购带动、农户受益”利益联结机制，将产业主体带动能力作为贷款授信、用信和落实优惠政策的必要条件，打造“龙头企业＋农户”“专业合作社＋农户”等金融服务模式，投放贷款18.4亿元，促进农产品产销对接；深化服务协作型利益联结。推动中行甘肃省分行等机构依托正大集团，在庆阳西峰地区采取“银行信贷支持、龙头企业引领、合作社组团发展、农户入社多元增收”方式，以“保底分红＋土地收益＋务工薪酬＋效益分红”的利益联结模式，创办生猪养殖合作社100个，吸纳带动农户5230户。深化产业联合体利益联结。推动农发行甘肃省分行立足庆阳环县肉羊产业发展，通过“统贷统还、统购统销、封闭运行”集约管理发展肉羊产业。该模式已在6个已脱贫县投放贷款8亿元，支持合作社403个，带动3.3万人稳定脱贫。

四、筑牢风险防御链，发挥增信分险功能

加强与财政、银保监等部门合作，推动提升担保、保险、期货保障功能，为新型农业经营主体生产、经营、融资增信分险。完善担保机制。财政等部门推动省金控出资，地方政府按照1∶3的比例配套筹集资金，县区设立风险补偿金，实现了省市县政策性融资担保全覆盖，探索形成了“银行信贷＋政策性担保”双轮驱动的特色产业发展模式。加大保险投入。推动保险机构探索覆盖特色产业发展全链条各环节风险点的保险方案，市县开办“一县一(多)品”特色品种80多个，有效降低新型农业经营主体发展特色产业风险。全省已实现签单保费超18亿元，直接惠及农户170多万户。增强期货作用。以静宁、秦安苹果为突破口，指导人保财险甘肃分公司、太平洋保险甘肃分公司与期货公司合作，积极对接郑州商品交易所，在两县创新实施“保险＋期货”试点，有效帮助多个参保果农规避了苹果现货价格波动风险。

三、预测与展望

2022 年，百年变局加速演进，国内外环境更趋复杂严峻，疫情仍是最大不确定因素，经济发展面临需求收缩、供给冲击、预期转弱三重压力，但我国经济稳中向好、长期向好的基本面不会改变。甘肃正处于国家重大战略机遇和自身发展势能增强的交汇叠加期，预计 2022 年甘肃经济发展将持续向好，经济金融发展协调性、适配性将进一步提升。

甘肃省金融系统将以习近平新时代中国特色社会主义思想为指导，全面贯彻党的十九大和十九届历次全会及中央经济工作会议精神，坚持稳字当头、稳中求进，准确把握稳健货币政策灵活适度的导向要求，保持货币信贷总量稳定增长，促进信贷结构稳步优化，引导企业综合融资成本稳中有降，扎实做好“六稳”工作、全面落实“六保”任务，稳步化解重点领域金融风险，大力推进金融改革创新，全面提升金融服务质量，为稳定全省经济大盘、保持经济运行在合理区间营造适宜的货币金融环境。

中国人民银行兰州中心支行货币政策分析小组

总　　纂：张庆昉　束　华

统　　稿：聂　蕾　杨小亮　常　晔　王　昊

执　　笔：王　琪　陈　涛　王　峰

提供材料：李　静　王文婷　马建平　王　琼　冯　丽　田震坤　马哲光　陈之鑫　谢晓娜
任墨香　于加鹏　范胜申　任保君　解　静　景小娟　刘怀旭

附录：

（一）2021年甘肃省经济金融大事记

4月17日，甘肃省碳金融与绿色发展实验室正式成立。

4月20日，甘肃省首单乡村振兴债务融资工具成功发行。

5月21日，甘肃首笔“新农信贷直通车”业务成功落地。

6月29日，甘肃省中小企业信用信息综合金融服务平台——“陇信通”平台正式上线运行。

7月27日，甘肃省首批活体畜禽抵押贷款在甘肃合水落地。

8月31日，甘肃首笔银行平台供应链票据业务成功落地。

9月1日，全国首笔全流程线上应收账款数字证书确权业务在甘肃省成功落地。

11月4日，人民银行兰州中心支行联合甘肃银保监局发布疫情稳企纾困15条，精准助力民营小微企业高质量发展。

11月19日，甘肃省信用保障基金成立。

12月10日，资本项目数字化服务试点业务落地甘肃省。

（二）2021 年甘肃省主要经济金融指标

表 1　2021 年甘肃省主要存贷款指标

	项目	1 月	2 月	3 月	4 月	5 月	6 月	7 月	8 月	9 月	10 月	11 月	12 月
本外币	金融机构各项存款余额（亿元）	21512.9	21485.3	21895.9	21736.0	22140.0	22429.1	22143.7	22362.5	22800.2	22887.9	22756.4	22614.6
	其中：住户存款	12649.3	12952.0	13126.9	12984.7	12949.2	13139.0	13088.5	13128.2	13321.7	13253.9	13370.9	13580.2
	非金融企业存款	5096.7	4865.5	5028.3	4937.2	5031.8	5244.1	4982.7	5002.8	4990.9	4969.0	4972.4	4776.8
	各项存款余额比上月增加（亿元）	520.2	-27.6	410.6	-160.0	404.0	289.2	-285.5	218.8	437.7	87.6	-131.5	-141.8
	金融机构各项存款同比增长（%）	6.8	5.6	4.6	3.7	3.1	4.8	5.1	6.6	7.1	8.2	6.6	7.7
	金融机构各项贷款余额（亿元）	22475.6	22636.1	22957.8	23083.3	23243.0	23526.7	23580.0	23655.4	23793.3	23807.7	23897.5	23905.3
	其中：短期	5340.4	5341.5	5357.8	5322.3	5332.5	5336.1	5318.0	5305.9	5322.1	5267.9	5261.1	5275.5
	中长期	15471.2	15670.2	15989.8	16110.6	16225.7	16478.8	16490.9	16587.3	16644.2	16703.3	16821.1	16761.9
	票据融资	934.3	891.5	873.4	890.3	882.8	921.2	954.3	937.1	974.6	991.0	964.5	977.4
	各项贷款余额比上月增加（亿元）	316.2	160.5	321.7	125.6	159.6	283.7	53.4	75.4	137.9	14.4	89.8	7.8
	其中：短期	8.8	1.1	16.3	-35.5	10.3	3.6	-18.1	-12.2	16.2	-54.2	-6.9	14.5
	中长期	315.4	199.1	319.5	120.8	115.2	253.1	12.1	96.5	56.9	59.2	117.8	-59.2
	票据融资	-7.4	-42.9	-18.1	16.9	-7.5	38.4	33.1	-17.2	37.6	16.4	-26.5	12.9
	金融机构各项贷款同比增长（%）	7.8	7.7	7.0	7.6	7.6	7.7	8.3	7.8	7.6	7.4	7.8	7.9
	其中：短期	-0.1	-1.7	-4.9	-4.8	-4.1	-4.3	-4.1	-4.2	-4.1	-4.0	-3.5	-1.1
	中长期	12.0	12.2	13.1	13.4	12.6	12.8	13.1	12.3	10.9	10.9	11.5	10.6
	票据融资	-4.5	-3.5	-11.3	-8.2	-8.1	-7.9	-3.0	-4.6	5.5	2.5	-0.4	3.8
	建筑业贷款余额（亿元）	1028.0	1061.1	1100.9	1102.7	1128.1	1157.7	1166.4	1174.5	1208.8	1213.1	1237.5	1230.7
	房地产业贷款余额（亿元）	1164.3	1174.6	1178.8	1177.5	1173.7	1163.2	1149.7	1142.0	1134.8	1132.5	1129.9	1103.2
	建筑业贷款同比增长（%）	10.5	13.4	15.4	15.2	17.9	18.6	19.1	22.9	22.5	21.5	24.5	24.3
	房地产业贷款同比增长（%）	7.1	7.1	7.6	7.3	7.3	6.6	1.8	-1.0	-4.3	-4.7	-4.1	-5.1
人民币	金融机构各项存款余额（亿元）	21459.0	21431.2	21842.8	21677.9	22080.1	22341.6	22083.8	22299.3	22737.9	22808.3	22675.2	22546.4
	其中：住户存款	12615.5	12917.2	13091.3	12950.3	12916.3	13104.6	13053.6	13093.1	13286.8	13219.7	13335.9	13544.6
	非金融企业存款	5082.2	4851.4	5016.5	4924.2	5015.0	5206.6	4973.2	4990.8	4980.1	4940.0	4942.4	4759.5
	各项存款余额比上月增加（亿元）	520.7	-27.8	411.6	-164.9	402.2	261.5	-257.9	215.5	438.6	70.4	-133.1	-128.8
	其中：住户存款	195.9	301.7	174.1	-141.0	-34.1	188.4	-51.0	39.5	193.7	-67.1	116.2	208.7
	非金融企业存款	176.4	-230.8	165.1	-92.3	90.8	191.6	-233.5	17.6	-10.7	-40.2	2.5	-182.9
	各项存款同比增长（%）	6.8	5.6	4.7	3.7	3.1	4.6	5.1	6.6	7.0	8.2	6.5	7.7
	其中：住户存款	8.7	11.5	10.9	10.6	10.0	9.9	8.8	8.5	8.7	8.6	8.8	9.1
	非金融企业存款	7.1	-1.7	-4.2	-9.6	-8.8	-5.4	-4.0	-2.4	-4.7	-2.8	-3.6	-3.1
	金融机构各项贷款余额（亿元）	22257.6	22416.9	22756.0	22884.3	23051.3	23332.3	23390.7	23465.9	23601.7	23619.5	23717.8	23730.4
	其中：个人消费贷款	3450.3	3484.4	3575.1	3636.4	3695.0	3771.4	3810.9	3852.1	3876.4	3868.1	3909.5	3940.6
	票据融资	934.3	891.5	873.4	890.3	882.8	921.2	954.3	937.1	974.6	991.0	964.5	977.4
	各项贷款余额比上月增加（亿元）	322.0	159.3	339.1	128.3	167.0	281.0	58.5	75.2	135.8	17.8	98.4	12.6
	其中：个人消费贷款	94.8	34.1	90.7	61.3	58.6	76.4	38.8	41.9	24.2	-8.3	41.4	31.2
	票据融资	-7.4	-42.9	-18.1	16.9	-7.5	38.4	33.1	-17.2	37.6	16.4	-26.5	12.9
	金融机构各项贷款同比增长（%）	8.1	7.9	7.5	8.1	8.1	8.2	8.8	8.2	7.9	7.7	8.1	8.2
	其中：个人消费贷款	26.8	28.1	27.8	26.7	27.1	26.6	25.3	24.1	21.7	19.9	18.0	17.1
	票据融资	-4.5	-3.5	-11.3	-8.2	-8.1	-7.9	-3.0	-4.6	5.5	2.5	-0.4	3.8
外币	金融机构外币存款余额（亿美元）	8.3	8.4	8.1	9.0	9.4	13.5	9.3	9.8	9.6	12.5	12.7	10.7
	金融机构外币存款同比增长（%）	18.6	19.9	-18.3	5.6	22.3	88.9	22.7	33.2	29.8	43.9	53.1	28.2
	金融机构外币贷款余额（亿美元）	33.7	33.9	30.7	30.8	30.1	30.1	29.3	29.3	29.6	29.5	28.2	27.4
	金融机构外币贷款同比增长（%）	-5.8	-6.5	-21.9	-22.0	-21.8	-22.6	-21.8	-20.5	-15.6	-17.3	-17.6	-20.0

数据来源：人民银行兰州中心支行。

表 2　2001—2021 年甘肃省各类价格指数

单位：%

时间	居民消费价格指数		农业生产资料价格指数		工业生产者购进价格指数		工业生产者出厂价格指数	
	当月同比	累计同比	当月同比	累计同比	当月同比	累计同比	当月同比	累计同比
2001	—	4.0	—	-1.4	—	1.4	—	-1.5
2002	—	0.0	—	0.4	—	-1.6	—	-2.1
2003	—	1.1	—	1.8	—	5.6	—	10.0
2004	—	2.3	—	7.4	—	12.5	—	14.3
2005	—	1.7	—	9.0	—	9.9	—	9.6
2006	—	1.3	—	4.4	—	8.8	—	9.5
2007	—	5.5	—	7.1	—	4.3	—	5.5
2008	—	8.2	—	14.7	—	10.2	—	4.9
2009	—	1.3	—	-1.0	—	-8.9	—	-9.0
2010	—	4.1	—	1.7	—	14.4	—	15.0
2011	—	5.9	—	7.6	—	15.1	—	11.0
2012	—	2.7	—	5.2	—	-1.3	—	-3.2
2013	—	3.3	—	2.4	—	-2.0	—	-3.0
2014	—	2.1	—	2.5	—	2.4	—	3.3
2015	—	1.6	—	-1.4	—	-13.0	—	-13.0
2016	—	1.3	—	-0.1	—	-5.4	—	-5.1
2017	—	1.4	—	—	—	15.5	—	14.5
2018	—	2.0	—	4.2	—	9.8	—	9.5
2019	—	2.3	—	1.1	—	-1.0	—	-1.7
2020	—	2.0	—	0.7	—	-5.9	—	-6.1
2021	—	0.9	—		—	18.1	—	16.4
2020　1	—	—	—	—	—	—	—	—
2	3.6	3.5	0.9	1.2	-0.6	1.0	0.0	2.1
3	2.7	3.3	0.6	1.0	-4.2	-0.8	-5.0	-0.3
4	3.0	2.3	-0.3	0.7	-11.0	-3.3	-10.4	-2.9
5	2.7	1.5	-0.5	0.5	-13.3	-5.4	-11.8	-4.7
6	1.6	2.5	-0.5	0.3	-9.7	-6.1	-9.1	-5.4
7	2.0	2.4	-0.1	0.2	-6.5	-6.1	-6.5	-5.6
8	2.4	2.4	—	—	-5.7	-6.1	-6.6	-5.7
9	2.2	2.4	2.1	0.7	-5.6	-6.0	-7.5	-5.9
10	1.1	2.3	1.3	0.7	-6.6	-6.1	-8.5	-6.2
11	0.3	2.1	0.6	0.7	-6.0	-6.1	-7.0	-6.3
12	0.8	2.0	—	0.7	-4.2	-5.9	-4.0	-6.1
2021　1	0.4	0.4	—	—	-0.8	-0.8	-2.8	-2.8
2	0.5	0.4	—	—	3.8	1.5	2.8	0.0
3	0.6	0.5	—	—	10.6	4.5	11.0	3.5
4	1.0	0.6	—	—	18.3	7.7	17.7	6.8
5	1.1	0.7	—	—	22.6	10.5	22.3	9.8
6	0.8	0.7	—	—	18.6	11.8	19.4	11.3
7	0.9	0.8	—	—	18.7	12.8	19.2	12.4
8	0.5	0.7	—	—	19.3	13.6	19.0	13.3
9	0.4	0.7	—	—	21.6	14.5	20.6	14.1
10	1.5	0.8	—	—	29.0	16.0	25.7	15.2
11	2.1	0.9	—	—	31.6	17.4	25.6	16.2
12	1.1	0.9	—	—	26.0	18.1	18.8	16.4

数据来源：《中国经济景气月报》、甘肃省统计局。

表 3　2021 年甘肃省主要经济指标

项目	1月	2月	3月	4月	5月	6月	7月	8月	9月	10月	11月	12月
	绝对值（自年初累计）											
地区生产总值（亿元）	—	—	2207.1	—	—	4748.2	—	—	7401.0	—	—	10243.3
第一产业	—	—	164.8	—	—	337.7	—	—	1041.7	—	—	1364.7
第二产业	—	—	692.0	—	—	1613.2	—	—	2453.2	—	—	3466.6
第三产业	—	—	1350.3	—	—	2797.3	—	—	3906.1	—	—	5412.0
工业增加值（亿元）	—	—	—	—	—	—	—	—	—	—	—	—
固定资产投资（亿元）	—	—	—	—	—	—	—	—	—	—	—	—
房地产开发投资	—	—	—	—	—	—	—	—	—	—	—	—
社会消费品零售总额（亿元）	—	674.6	1034.7	1368.2	1703.9	2030.9	2353.6	2680.5	3024.7	3362.4	3675.2	4037.1
外贸进出口总额（亿元）	—	86.3	130.6	186.7	217.8	255.0	296.0	332.0	378.3	403.2	458.8	490.9
进口	—	72.3	109.9	159.2	183.6	213.8	248.2	277.0	315.4	329.8	373.4	394.0
出口	—	14.0	20.7	27.5	34.2	41.2	47.8	55.0	62.9	73.4	85.4	96.9
进出口差额（出口－进口）	—	-58.3	-89.2	-131.7	-149.4	-172.6	-200.4	-222.0	-252.5	-256.4	-288.0	-297.1
实际利用外资（亿美元）	—	—	—	—	—	—	—	—	—	—	—	1.1
地方财政收支差额（亿元）	—	-445.4	-787.6	-955.7	-1142.8	-1593.6	-1744.7	-1940.3	-2268.2	-2388.8	-2641.6	-3024.1
地方财政收入	—	152.9	221.0	302.9	389.9	472.8	555.7	620.4	695.0	778.1	864.5	1001.8
地方财政支出	—	598.3	1008.6	1258.6	1532.7	2066.4	2300.4	2560.7	2963.2	3166.9	3506.1	4025.9
城镇登记失业率（%）（季度）	—	—	3.3	—	—	—	—	—	—	—	—	—
	同比累计增长率（%）											
地区生产总值	—	—	13.2	—	—	10.5	—	—	8.5	—	—	6.9
第一产业	—	—	7.4	—	—	11.6	—	—	9.8	—	—	10.1
第二产业	—	—	15.9	—	—	9.9	—	—	9.1	—	—	6.4
第三产业	—	—	12.6	—	—	10.7	—	—	7.9	—	—	6.5
工业增加值	—	17.0	15.5	13.2	11.5	11.4	10.9	10.5	9.8	9.4	8.7	8.9
固定资产投资	—	28.8	30.1	26.1	22.0	18.2	16.0	14.2	13.5	12.0	11.6	11.1
房地产开发投资	—	23.1	25.3	19.7	19.5	18.9	18.5	18.2	17.9	16.1	14.6	12.6
社会消费品零售总额	—	34.3	34.0	31.2	27.3	24.8	22.6	20.3	18.0	15.4	12.3	11.1
外贸进出口总额	—	57.8	54.1	60.8	50.9	48.6	42.6	42.5	36.2	30.1	34.0	28.4
进口	—	67.3	70.7	78.1	67.2	62.5	55.4	55.0	46.2	36.6	40.7	32.7
出口	—	22.0	1.7	2.8	-0.8	3.0	-0.1	1.3	1.4	7.5	10.8	13.2
实际利用外资	—	—	—	—	—	—	—	—	—	—	—	22.3
地方财政收入	—	12.8	20.4	20.4	18.4	17.4	14.5	14.3	13.2	12.5	11.2	14.6
地方财政支出	—	3.2	4.6	1.9	-0.3	3.6	0.4	1.4	1.1	-0.6	0.1	3.9

数据来源：甘肃省统计局。

青海省金融运行报告（2022）

中国人民银行西宁中心支行货币政策分析小组

［内容摘要］2021年，青海省坚持以习近平新时代中国特色社会主义思想为指导，认真贯彻党中央、国务院重大决策部署和习近平总书记考察青海重要讲话精神，立足新发展阶段，贯彻新发展理念，融入新发展格局，深入推进生态保护优先、推动高质量发展、创造高品质生活的“一优两高”战略，统筹推进疫情防控和经济社会发展，全省主要经济目标较好实现，地区生产总值、地方一般预算收入和居民人均可支配收入同比分别增长5.7%、11.4%和7.8%。金融业坚持服务实体经济、聚焦重点领域和薄弱环节，落实稳健的货币政策和“六稳”“六保”金融支持措施，深化金融改革，防控金融风险，为青海省经济社会高质量发展营造了良好的货币金融环境。全年社会融资规模270.9亿元，同比增长131.5%。金融机构本外币各项存款余额6737.1亿元，同比增长6.7%，金融机构本外币各项贷款余额6856.4亿元，同比增长3.6%。

经济运行呈现以下特点：一是生态文明高地建设开局良好。35个国考断面水质优良比例达到100%，三大江河出省境断面水质保持Ⅱ类及以上，湟水河达到Ⅲ类；三江源国家公园正式设立，黄南藏族自治州被命名为国家生态文明建设示范区，贵德、河南两县选入国家“绿水青山就是金山银山”实践创新基地。二是产业“四地”①建设扎实推进。盐湖产业高纯氧化镁晶体材料技术瓶颈得到突破；“绿电7月在青海”活动成功开展，刷新并保持全清洁能源供电世界纪录，清洁能源装机占比90.8%；生态旅游7条线路入选全国“十大黄河旅游带”精品线路；绿色有机农牧业取得实效，化肥农药减量增效占总播种面积三分之一以上；牦牛藏羊质量安全追溯规模超过400万头。三是经济运行保持在合理区间。规模以上工业增加值同比增长9.2%，近八成工业行业实现盈利，有色金属、油气化工等行业持续作出贡献，装备制造业保持高速增长，年产万吨级碳纤维生产基地投产；西互一级扩能、西宁南绕城东延等公路建成通车，西成铁路、西宁机场三期等一批重大工程加快推进，民间投资占比超过四成；消费在恢复中实现较快增长，进出口贸易快速回升，财政保障发展能力增强。四是乡村振兴战略稳步推进。在39个乡镇225个村启动乡村振兴试点示范，以优势特色产业集群为主体的产业发展格局初步形成，绿色有机农畜产品输出地特色农畜业发展持续向好；打造西宁市、格尔木市、玉树市、同仁市、祁连县5个高原美丽城市和环湖地区城镇带的“5+1”试点工作有序推进，300个高原美丽乡村建设结出硕果。五是人民生活品质稳步提升。城镇新增就业6.3万人，农牧区劳动力转移就业110.5万人次，高校毕业生总体就业率达90%。全省20.8万脱贫群众和边缘易致贫群众实现稳定就业；居民收入增速高于经济增速，农村居民收入增速高于城镇居民收入增速。

金融运行呈现以下特点：一是信贷投向重点突出。信贷总量恢复性增长，信贷结构持续优化。乡村振兴、普惠小微企业、民生领域、绿色产业等领域贷款保持较快增长。贷款实际利率稳中有降，全省新发放一般贷款加权平均利率同比下降19个基点，较LPR改革前下降96个BP。二是金融改革稳步推进。青海省小微企业信用融资服务中心正式上线，线上放款34.6亿元，平台被授予青海省改革创新项目奖。农村信用社改革进展顺利，全面完成农村信用社改制组建

① 习近平总书记在青海考察时指出，要立足高原特有资源禀赋，积极培育新兴产业加快建设世界级盐湖产业基地，打造国家清洁能源产业高地、国际生态旅游目的地、绿色有机畜牧产品输出地。

农村商业银行。三是结构性货币政策工具精准滴灌。累计投放支小再贷款24亿元，支农再贷款28.9亿元，办理再贴现114.6亿元。实施两项直达实体经济货币政策工具以来，金融机构累计为2972户企业166.2亿元贷款实施延期；累计发放普惠小微企业信用贷款101.8亿元，支持普惠小微信用主体超过7万户。发行15亿元普通金融债和53亿元非金融企业债务融资工具。四是绿色金融彰显成效。运用"再贴现+绿色票据贴现"模式开展碳减排专项再贴现，办理绿色票据再贴现20.1亿元。第一批央行碳减排支持工具资金落地，发放碳减排贷款51亿元，带动碳减排量141万吨二氧化碳当量。设立4家绿色金融事业部和4家绿色支行，绿色信贷占比23.7%，高于全国平均水平15.7个百分点。五是保险保障力持续增强。全国首个"城乡居民基本医保经办+大病保险+医疗救助"一体化服务模式覆盖452.2万城乡居民。普惠型意外险"惠民保"项目成功落地赔付413.5万元。46%的县推广"防贫保"，为临贫易贫人群提供托底保障，惠及32.2万人，累计赔付2500万元。六是金融风险有序化解。运用"1+3"[①]"631"[②]"债委会+联合授信"等工作机制，推动相关企业债务风险有序处置。综合运用早期纠正、实施存款保险差别费率等手段有效化解高风险机构风险。

2022年，青海省将以习近平新时代中国特色社会主义思想为指导，全面贯彻党的十九大和十九届历次会议精神，深入贯彻习近平总书记考察青海重要讲话精神，坚持稳中求进工作总基调，完整、准确、全面贯彻新发展理念，更好地融入和服务新发展格局，全面深化改革开放，以供给侧结构性改革为主线，统筹疫情防控和经济社会发展，继续做好"六稳""六保"工作，聚力打造生态文明高地，加快建设产业"四地"，奋力推进"一优两高"，保持经济运行在合理区间。青海省金融系统将全面贯彻落实中央经济工作会议精神，聚焦服务实体经济，推进普惠金融示范区建设提档升级，持续优化金融供给，强化科技赋能和产品创新，增强信贷总量增长的稳定性，加大对乡村振兴、小微企业、科技创新和绿色发展的支持，为青海省经济社会发展营造适宜的货币金融环境，以实际行动迎接党的二十大胜利召开。

一、金融运行情况

2021年，青海省金融业落实稳健货币政策，坚持稳中求进工作总基调，以金融供给侧结构性改革为主线，强化宏观政策跨周期调节，着力提升金融服务水平，为青海省经济社会健康稳定发展营造了适宜的货币金融环境。

（一）银行业稳健运行，金融支持经济能力增强

1. 银行业稳健运行。2021年末，青海省银行业金融机构资产总额9744.5亿元，同比增长7.7%。银行业金融机构在加快线上化建设同时，合理布局金融网点，从业人数同比增长1.2%。全省现有村镇银行5家、农村资金互助社1家、小额贷款公司65家。农村信用社全部改制为农村商业银行。

表1　2021年青海省银行业金融机构情况

机构类别	营业网点			法人机构（个）
	机构个数（个）	从业人数（人）	资产总额（亿元）	
一、大型商业银行	400	9146	3912	0
二、国家开发银行和政策性银行	25	606	2076	0
三、股份制商业银行	34	1259	685	0
四、城市商业银行	84	1780	1058	1
五、城市信用社	0	0	0	0
六、小型农村金融机构	364	4629	1206	30
七、财务公司	1	46	112	1

① "1+3"工作机制是1个办法和3项制度。1个办法即基层央行债务融资工具监测办法，3项制度即省政府负责制度、部门配合制度和企业报告制度。

② 建立"631"非金融企业债务融资工具风险监测机制：至少每6个月对辖区发债企业开展1次风险排查；至少提前3个月书面提示债券到期日并摸底企业风险情况及债券偿付资金安排；至少提前1个月电话提示债券到期时间并落实债券兑付资金到位情况。

续表

机构类别	营业网点			法人机构（个）
	机构个数（个）	从业人数（人）	资产总额（亿元）	
八、信托公司	1	694	274	1
九、邮政储蓄银行	183	1033	403	0
十、外资银行	0	0	0	0
十一、新型农村金融机构	9	188	17	6
十二、其他	0	0	0	0
合　计	1116	19381	9744	39

数据来源：青海银保监局。

注：营业网点不包括国家开发银行和政策性银行、大型商业银行、股份制银行等金融机构总部数据；大型商业银行包括中国工商银行、中国农业银行、中国银行、中国建设银行和交通银行；小型农村金融机构包括农村商业银行、农村合作银行和农村信用社；新型农村金融机构包括村镇银行、贷款公司、农村资金互助社；其他包含金融租赁公司、汽车金融公司、货币经纪公司、消费金融公司等。

2. 存款平稳增长。2021年末，青海省金融机构本外币存款余额6737.1亿元，同比增长6.7%。分部门看，住户存款、非金融企业存款、机关团体存款和财政性存款余额同比分别增长9%、0.4%、3.9%和22%。分期限看，活期存款同比增长3.8%、定期存款同比增长13.4%，大额存单余额470亿元，同比增长14.6%。

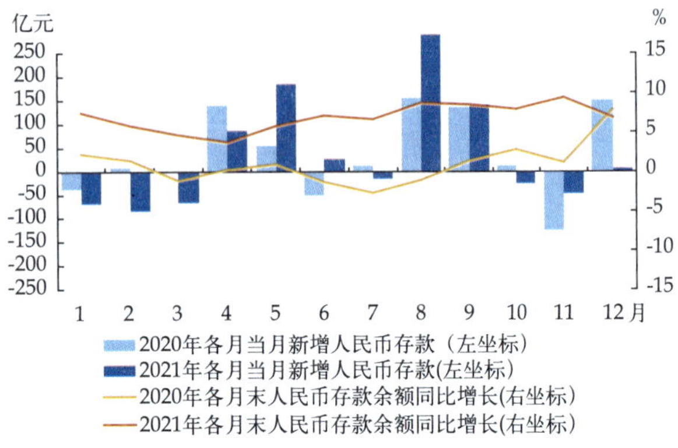

图1　2020—2021年青海省金融机构人民币存款增长变化

（数据来源：中国人民银行西宁中心支行）

3. 信贷推动经济发展能力增强。全省信贷增速自7月转正后，呈现稳步回升态势，年末青海省本外币贷款余额6856.4亿元，同比增长3.6%。普惠小微企业贷款、绿色贷款和农林牧渔业贷款同比分别增长11.4%、9.8%和25.7%；绿色信贷占比23.7%，高于全国平均水平15.7个百分点。中征应收账款融资平台促成融资612.6亿元，新增49.3亿元。

货币政策工具精准滴灌作用明显，累计发放再贷款52.7亿元，办理再贴现114.6亿元，累计展期扶贫再贷款93.5亿元，推出“再贷款+”专属信贷产品10余种，开通绿色票据再贴现通道，累计办理绿色票据再贴现20.1亿元；两项货币政策直达工具精准到位，对地方法人投放的26.6亿元普惠小微贷款给予1.7亿元政策激励。辖内金融机构对166.2亿元到期贷款本息实施延期。央行资金精准支持普惠小微企业、个体工商户、新型农村经营主体等各类市场主体7.5万户。

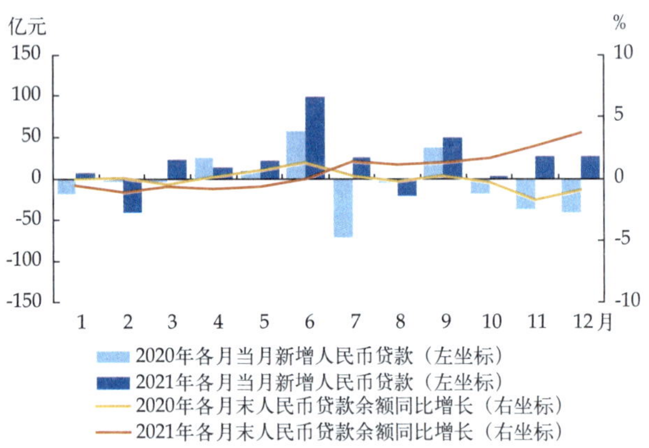

图2　2020—2021年青海省金融机构人民币贷款增长变化

（数据来源：中国人民银行西宁中心支行）

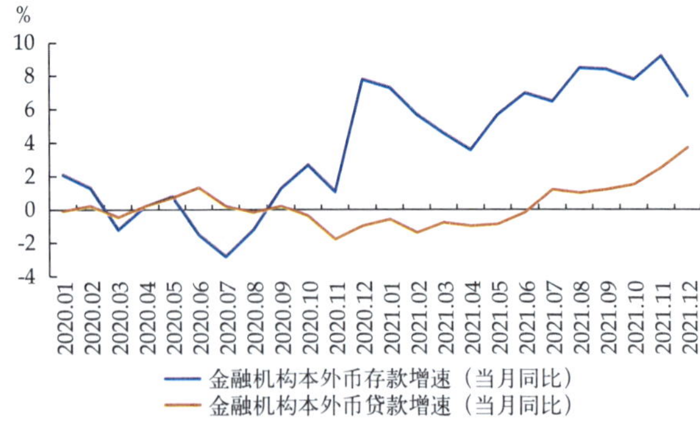

图3　2020—2021年青海省金融机构本外币存贷款增速变化

（数据来源：中国人民银行西宁中心支行）

4. 利率市场化改革落地深化。地方法人金融机构和小额贷款公司全部完成明示贷款年化利率，85% 的地方法人银行建立了 FTP 系统并内嵌 LPR。LPR 改革红利持续释放，全省新发放一般贷款加权平均利率同比下降 19 个基点，较 LPR 改革前下降 96 个基点。优化存款利率自律上限取得成效，金融机构负债端成本稳中有降，12 月省内金融机构新发生定期整存整取存款加权平均利率较 2021 年 5 月下降 38 个基点。

表 2　2021 年青海省金融机构人民币贷款各利率区间占比

单位：%

项目		1 月	2 月	3 月	4 月	5 月	6 月
合计		100.0	100.0	100.0	100.0	100.0	100.0
LPR 减点		32.5	39.6	32.6	38.3	38.7	46.0
LPR		3.0	3.5	8.0	1.3	3.4	3.6
LPR 加点	小计	64.6	56.9	59.4	60.4	57.9	50.4
	(LPR，LPR+0.5%)	17.6	10.4	6.7	12.5	9.4	13.6
	[LPR+0.5%，LPR+1.5%)	22.4	23.2	27.5	21.6	19.4	16.5
	[LPR+1.5%，LPR+3%)	16.9	15.9	17.2	19.6	23.0	13.8
	[LPR+3%，LPR+5%)	5.6	6.9	6.0	6.3	5.5	4.9
	LPR+5% 及以上	2.0	0.5	2.0	0.5	0.6	1.6
项目		7 月	8 月	9 月	10 月	11 月	12 月
合计		100.0	100.0	100.0	100.0	100.0	100.0
LPR 减点		20.7	23.0	37.9	32.4	34.4	48.4
LPR		5.1	8.9	6.5	5.7	5.7	6.4
LPR 加点	小计	74.2	68.2	55.6	61.9	59.9	45.2
	(LPR，LPR+0.5%)	15.5	13.4	11.7	7.2	8.2	8.8
	[LPR+0.5%，LPR+1.5%)	22.5	28.5	18.6	19.8	22.7	16.2
	[LPR+1.5%，LPR+3%)	22.8	20.5	18.9	25.1	22.1	16.1
	[LPR+3%，LPR+5%)	12.7	5.0	5.7	8.7	6.2	3.8
	LPR+5% 及以上	0.7	0.8	0.8	1.0	0.7	0.3

数据来源：中国人民银行西宁中心支行。

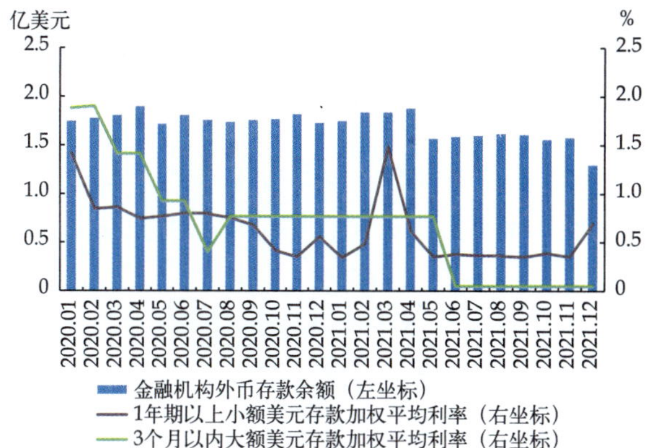

图 4　2020—2021 年青海省金融机构外币存款余额及外币存款利率

（数据来源：中国人民银行西宁中心支行）

5. 金融机构资产质量持续改善。2021 年末，青海省金融机构不良贷款余额 165.1 亿元，同比减少 41.2 亿元，不良贷款率 2.4%，同比下降 0.7 个百分点。关注、次级和可疑贷款同比分别减少 117.4 亿元、17.7 亿元和 16.4 亿元；逾期 90 天以上贷款余额 149.1 亿元，同比减少 11.8 亿元。

6. 地方法人金融机构实力提升。2021 年末，青海省地方法人银行资产总额 2230.3 亿元，同比增长 2%；负债总额 2040.1 亿元，同比增长 1.6%。资本充足率为 14.3%，同比上升 0.5 个百分点；不良贷款率 3.2%，同比下降 0.1 个百分点。地方法人银行前瞻性计提贷款损失拨备，主动应对资产质量下行影响，贷款损失准备余额 74.7 亿元，同比增长 12.8%；拨备覆盖率 173.7%，同比提高 19.7 个百分点。

7. 跨境人民币业务稳步增长。2021 年全省经常项下和直接投资项下跨境人民币收付总额 7.2 亿元，同比增长 9.9%，增速较上年提高 11.9 个百分点。经常项下和直接投资项下跨境人民币结算量占跨境结算总量的 21.6%，较上年提高 6.5 个百分点。全年跨境人民币收付总额 33.8 亿元，“一带一路”沿线国家和地区跨境人民币结算额为 4.9 亿元，同比增长 125.2%。2011 年试点以来，全省累计办理跨境人民币结算 460 亿元。

专栏1 缓解小微企业融资难题的“青海实践”

为有效缓解小微企业融资难、融资贵矛盾，积极应对新冠肺炎疫情对小微企业造成的严重冲击，扎实做好“六稳”“六保”工作，在青海省委省政府的高度重视和推动下，人民银行西宁中心支行联合省发展改革委创新打造了“青海省小微企业信用融资服务中心平台”（以下简称“青信融”平台）。“青信融”平台以“科技支撑、数据驱动、生态赋能”为框架，构建信息归集、融资增信、政策支持、融资对接和融资评价“五位一体、闭环运行”的小微企业金融服务生态圈。截至2021年末，“青信融”平台入驻小微企业2.8万家、金融机构40家，撮合融资业务3000多笔，放款突破34亿元，其中信用贷款占比27%，高于全省普惠小微信用贷款9.4个百分点，通过平台申请贷款利率最低至3.85%，初步探索出缓解小微企业融资难、融资贵、融资慢的“青海方案”，被列为青海省重大金融基础设施建设项目和深化改革重点任务，被评为第二届青海省改革创新奖创新项目和全国中小企业融资综合信用服务特色平台。

一、创新信息归集方式，挖掘数据信息价值

依托青海省公共信用信息“基础数据库”，有效归集工商、税务等多部门54项涉企公共信用信息2300多万条，为青海13.2万户小微企业全部建立信用档案，实现企业登记注册、不动产、公积金、纳税、司法、用电、红黑名单等涉企公共信用信息“应归尽归”。通过信用信息交互共享，打通“信息向信用、信用向信贷、数据向生产要素”转化通道，充分激发公共信用信息经济价值和惠民利企效能，助力小微企业“能贷即贷”，服务银行“敢贷、愿贷、会贷”。

二、创新信用增进机制，提升小微企业信用水平

推动协调省属七部门联合出台《青海省小微企业信用融资服务中心平台信用贷款风险补偿资金管理办法》，设立首期1.4亿元风险补偿资金，用于平台发放首贷、信用贷风险防控，积极发挥财政资金引导撬动作用。健全市场增信机制，引入保险机构8家、担保公司6家，上线保险、担保市场化增信产品28项，通过政府增信与市场增信“双驱动”，完善多元化、多层次、全方位、全周期风险缓释机制。

三、创新政策传导渠道，整合政策资源合力

聚焦“放管服”改革，促进政府和有效市场深度融合，为政府职能部门设置管理员账户，支持政府部门在“青信融”平台线上发布和解读政策、受理业务申请、跟踪评价政策实施效果，促进财政奖补、金融惠民、产业扶持等政策形成合力，直达小微市场主体。平台已上线35个政策文件、64条支持措施，涉及支持资金4.14亿元。开设央行政策工具专栏，精准监测央行“两项直达工具”落实情况，引导金融机构运用再贷款、再贴现发放信用贷款。

四、创新融资业务模式，探索“一网通办”路径

通过优化银企对接机制，促进融资服务降本增效，开发智能推荐模型，加强融资供需精准匹配。目前平台联通560多家银行营业网点，提供“政采贷”“拉面贷”等信贷产品320多项，基本满足了小微企业多样化融资需求。创新开展平台信贷“一网通办”试点，支持银行信贷系统与平台互联互通，探索融资业务“一站式、不见面、网上办”

实践路径，将线上线下信贷“两张皮”缝制成平台“一张网”，实现让“数据多跑路、企业少跑腿”。“一网通办”试点银行办理业务62笔，发放贷款9945万元。

五、创新融资评价手段，优化金融生态环境

“青信融”平台建立全方位、立体化、多层次的信用融资综合评价指标体系，支持政银企开展常态化互评互促，对评价高的金融机构和企业给予正向激励，促进融资环境不断优化。动态展示青海信用创评“热地图”，实现58.55万户信用户、2230家新型农村经营组织信用创评线上动态管理，有力推进信用普惠提质升级。

下一步，人民银行西宁中心支行将按照统一部署，将“青信融”平台作为创建普惠金融改革试验区的重要抓手，拓展应用场景，完善数据共享机制，建立健全运营管理长效机制，不断优化升级“五位一体”功能，推动“青信融”平台向“改革、生态、增信、征信”平台纵深发展。

（二）证券交易平稳，资本市场稳健运行

1. 证券交易平稳。青海省1家法人证券公司全年累计代理交易额3147.7亿元，同比下降8.2%；实现营业收入4.65亿元，同比增长4.5%。辖区中金期货累计代理交易额1.2亿元，同比增长12%，实现营业收入1.2亿元，同比增长2%。辖区分支机构累计代理交易额3653.2亿元，同比增长28.1%。

2. 资本市场稳健运行。2021年，青海企业通过多层次资本市场融资74.1亿元，同比下降76.8%，其中，公司债21.1亿元，非金融企业债务融资工具53亿元。青海省境内上市公司11家，总股数163亿股，同比下降2.1%；股票总市值3507.6亿元，同比增长159.4%。辖区共有私募基金管理人13家，管理基金36只，实缴规模129.3亿元。

表3　2021年青海省证券业基本情况

项目	数量
总部设在辖内的证券公司数（家）	1
总部设在辖内的基金公司数（家）	0
总部设在辖内的期货公司数（家）	1
年末国内上市公司数（家）	11
当年国内股票（A股）筹资（亿元）	9
当年发行H股筹资（亿元）	0
当年国内债券筹资（亿元）	74
其中：短期融资券筹资额（亿元）	25
中期票据筹资额（亿元）	28

续表

数据来源：青海证监局。

注：当年国内股票（A股）筹资额指非金融企业境内股票融资。

（三）保险业平稳运行，保障功能有效发挥

1. 保险业务平稳增长。青海省保险公司资产总额265.9亿元，同比增长11.8%。实现保费收入106.9亿元，同比增长3.1%；财产险和人寿险收入同比分别增长2.9%和4.5%。各项保险赔付支出38.6亿元，同比增长11.1%；财产险赔付同比增长14.8%，人寿险赔付同比减少3.5%。

2. 聚焦民生发挥保障功能。“城乡居民基本医保经办+大病保险+医疗救助”一体化服务模式覆盖452.2万城乡居民。普惠型意外险“惠民保”项目成功落地赔付413.5万元。46%的县推广“防贫保”，为临贫易贫人群提供托底保障，惠及32.2万人，累计赔付2500万元。车险综合改革“降价、增保、提质”效果明显，累计为消费者节省保费支出4.4亿元，为各道路参与方提供风险保障2600亿元。创新推出降雪量气象

指数、草原干旱指数、“仔猪贷”、生猪成本价格保险和期货价格保险等险种，推动小麦、青稞等主要粮食作物完全成本保险、收入保险产品研发和试点。

表 4　2021 年青海省保险业基本情况

项目	数量
总部设在辖内的保险公司数（家）	0
其中：财产险经营主体（家）	0
寿险经营主体（家）	0
保险公司分支机构（家）	370
其中：财产险公司分支机构（家）	252
寿险公司分支机构（家）	118
保费收入（中外资，亿元）	106.9
其中：财产险保费收入（中外资，亿元）	50.8
人身险保费收入（中外资，亿元）	56.1
各类赔款给付（中外资，亿元）	38.8

数据来源：青海银保监局。

（四）融资规模高位增长，金融市场平稳运行

1. 社会融资规模高位增长。2021 年，青海省社会融资规模增量 270.9 亿元，同比增长 131.5%。其中，人民币贷款、委托贷款同比分别多增 293.5 亿元和 41.9 亿元，地方政府债同比多增 4.4 亿元。

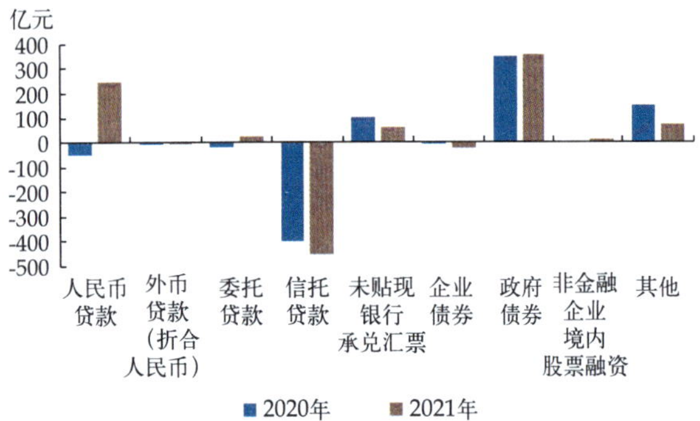

图 5　2020—2021 年青海省社会融资规模分布结构

（数据来源：中国人民银行西宁中心支行）

2. 债券融资支持力度增强。2021 年，青海银行成功发行 15 亿元普通金融债。3 家非金融企业在银行间债券市场发行债务融资工具 12 只，合计金额 53 亿元，同比增长 55.8%。

3. 货币市场业务回升。2021 年，青海省地方法人金融机构银行间市场交易量共计 18191.8 亿元，同比增长 27.3%。其中：同业拆借累计成交 532.6 亿元，同比增长 129.4%；质押式回购累计成交 12387.4 亿元，同比增长 8.3%；买断式回购累计成交 8.8 亿元，同比下降 96.6%；现券交易量 5263 亿元，同比增长 122.7%。

4. 票据业务平稳增长。2021 年末，青海省票据融资余额 844.7 亿元，占本外币贷款比重 12.3%，较上年同期下降 1 个百分点。金融机构累计签发银行承兑汇票 330.5 亿元，同比增长 11.7%。小微企业累计签发银行承兑汇票 88.39 亿元，同比增长 16.8%。

表 5　2021 年青海省金融机构票据业务量统计

单位：亿元

季度	银行承兑汇票承兑		贴现			
			银行承兑汇票		商业承兑汇票	
	余额	累计发生额	余额	累计发生额	余额	累计发生额
1	240.5	77.7	757.9	366.0	18.5	4.0
2	233.0	149.9	737.5	828.0	14.5	21.2
3	237.8	241.9	738.9	1317.6	5.8	24.4
4	265.7	330.5	831.4	1787.3	13.3	34.4

数据来源：中国人民银行西宁中心支行。

表 6　2021 年青海省金融机构票据贴现、转贴现利率

单位：%

季度	贴现		转贴现	
	银行承兑汇票	商业承兑汇票	票据买断	票据回购
1	3.50	4.26	2.48	2.59
2	2.96	4.99	2.75	2.99
3	2.69	3.61	2.43	2.99
4	2.44	4.52	1.96	2.99

数据来源：中国人民银行西宁中心支行。

（五）金融服务功能有效发挥，惠民工程提档升级

1. 金融生态健康发展。川滇甘青四省10个藏族自治州人民银行系统农村信用体系建设联盟形成，玉树藏族自治州治多县成为全省首家不良贷款额、不良贷款率“双零信用县”。运用“三联评、三联动”等10余种信用创评方法创评10个省级信用县（区）、281个信用乡（镇）、3099个信用村、59.4万信用户、2463家信用新型农村经营组织。开展包村金融及整村授信拓展信用建设，924个脱贫贫困村建立包村金融服务。深入开展信用修复工程，累计对小微企业信用修复1404户，重获贷款36亿元。建立由省委书记、省长双牵头的青海省财政金融风险防范化解工作领导小组，构建和完善债务风险防控机制，凝聚多部门合力，重点企业债务风险得到有序化解。

2. 惠民工程提档升级。全省银行网点全面推行小微企业简易开户服务，实现1天内开立账户。9月30日降费政策实施以来，累计为青海省11.8万户小微企业和个体工商户降费让利2200万元。建立集惠农服务E终端、CRS自助存取款机和电子宣传屏幕等功能的“四维服务驿站”，实现征信查询机依托“服务驿站”进村庄、“反诈拒赌”进农户。设立惠农金融服务点8380个，完成7个驿站、60个中心、264个站的升级改建。近800个规模较大服务点实现百度地图导航应用。巩固深化3个移动支付引领县（市）建设成果，建成县域商圈11个，县域累计注册用户53万户，同比增长21%，支付活动用户近7万户。电子支付客户达1900万户，网上支付和电话支付额同比分别增长10.4%和27.3%。

3. 金融消费者权益协调推进。人民银行及金融监管部门建立省级层面消保工作监管协作机制，辖区金融消费权益保护工作实现“共建共治、求同存异、取长补短、上下联动”。受理金融消费者投诉284笔，咨询1045笔，办结率达100%。审核挂牌6家省级、5家地市级金融教育示范基地。

二、经济运行情况

2021年，青海省推动经济高质量发展，扎实推进“一优两高”，整体保持平稳运行。全年实现生产总值3346.6亿元，同比增长5.7%。第一、第二、第三产业增加值分别增长4.5%、6.5%和5.4%，三次产业比重为10.5%、39.8%和49.7%，产业结构保持稳定。

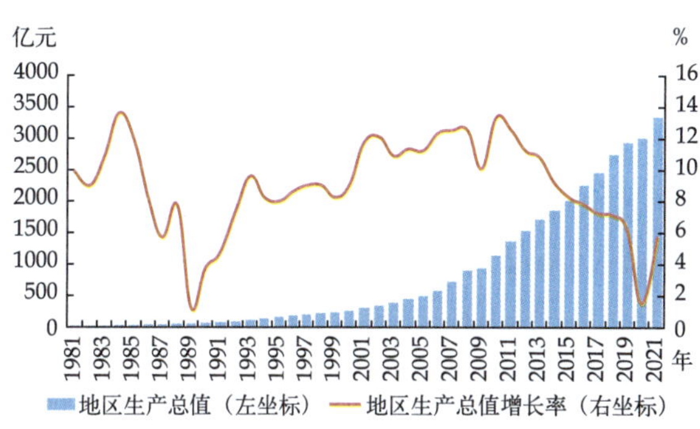

图6　1981—2021年青海省地区生产总值及其增长率

（数据来源：青海统计局）

（一）投资结构优化，需求稳步回升

1. 制造业和民间投资主导固定资产投资。2021年，青海省固定资产投资同比下降2.9%，第一、第二产业投资分别下降16%和9%，第三产业投资增长0.9%。制造业投资快速增长，同比增长13.1%，占工业投资的24%，比重同比提高4.7个百分点；其中，高技术制造业投资增长1.3倍。民间投资增势强劲，同比增长17.9%，占全省固定资产投资的37.6%，比重同比提高6.6个百分点。

图 7　1981—2021 年青海省固定资产投资（不含农户）增长率

（数据来源：青海统计局）

2. 消费需求逐步恢复。2021 年，青海省实现社会消费品零售总额 947.8 亿元，同比增长 8%。城镇和乡村消费品零售额同比分别增长 7.7% 和 9.4%，新增限额以上商贸企业 67 家。限额以上批发和零售业 21 个大类商品中 10 个类别实现增长。其中，文化办公用品、体育娱乐用品、金银珠宝、石油及制品类同比分别增长 51.9%、33.1%、16.2% 和 13.7%。全省限额以上批发零售业通过公共网络实现商品零售额同比增长 12.8%。

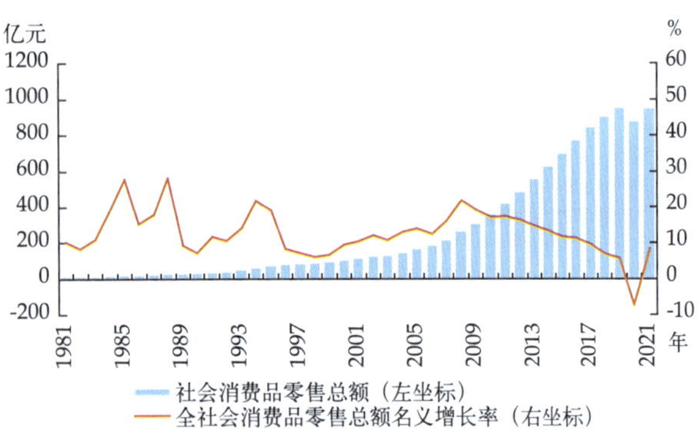

图 8　1981—2021 年青海省社会消费品零售总额及其增长率

（数据来源：青海统计局）

3. 对外贸易增势良好。2021 年，青海省货物贸易进出口总值 31.3 亿元，同比增长 36.4%。出口和进口总额同比分别增长 38.9% 和 33.6%。民营企业进出口总值 19.6 亿元，同比增长 54%，占青海外贸总值的 62.6%，外贸增长贡献率达 82.1%。进出口贸易往来中，南非、秘鲁、日本、欧盟和东盟为青海省前五大贸易伙伴，同比分别增长 1005.5%、195.1%、33.1%、42.8% 和 33.7%。RCEP 成员国进、出口规模占全省进、出口规模的 24.7% 和 16.8%。

全年新设立外商投资企业 16 家，注册资本 18.1 亿美元，合同利用外资 9.9 亿美元。对外承包工程完成营业额 2 亿美元，同比增长 13.6%。

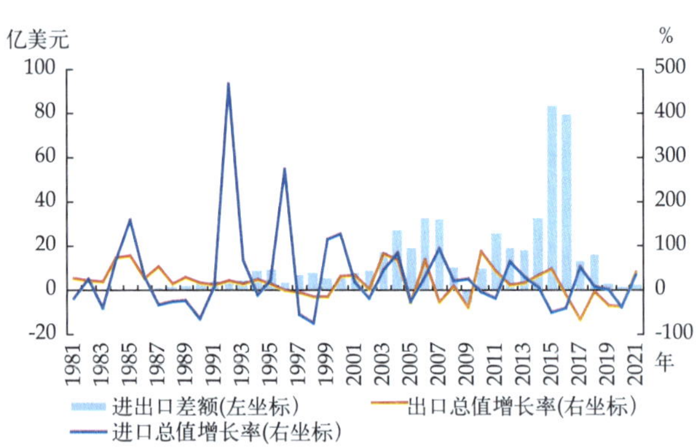

图 9　1981—2021 年青海省外贸进出口变动情况

（数据来源：青海统计局）

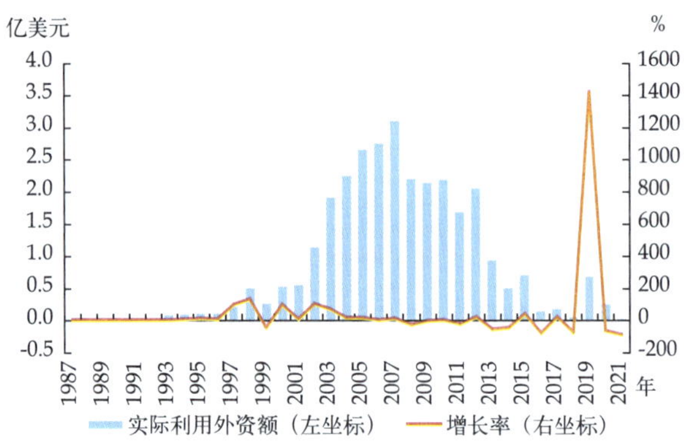

图 10　1987—2021 年青海省实际利用外资额及其增长率

（数据来源：青海统计局）

（二）供给结构改善，内生动力增强

1. 农牧业生产稳中向好。完善乡村振兴配套政策，对 25 个县进行重点帮扶，在 39 个乡镇 225 个村启动乡村振兴试点示范。农牧区优势特色产业集群初步形成，绿色有机农畜产业发展持续向好。全省农作物播种面积453.6万亩，同比增长4.3%；粮食产量109.1万吨，同比增长1.6%，连续14年粮食破百万吨。经济作物播种面积421.6万亩，同比下降0.1%。蔬菜和食用菌产量150.1万吨，连续四年稳定在150万吨以上。生猪产能持续恢复，出栏数同比增长61.1%。牛羊养殖总体平稳，出栏数同比增长6%。猪牛羊禽肉产量39.9万吨，同比增长8.6%。水产品产量1.9万吨，同比增长3.8%；园林水果1.5万吨，同比增长3.3%。

2. 工业生产稳定增长。2021年青海省规模以上工业增加值同比增长9.2%，国有控股、股份制、外商和中国港澳台投资企业同比分别增长7.1%、8.5%和29.6%。优势产业发展凸显，盐湖化工、新材料、新能源、装备制造和高技术制造业增加值同比分别增长37%、55.3%、31.9%、40.1%和43.3%。单晶硅、光纤、碳酸锂产量同比分别增长293.6%、91%和25.4%。煤炭稳产稳供，原煤产量同比增长1.6%；电力供需总体平稳，发电量887.1亿千瓦时，同比增长1.1%；原油、天然气生产总体平稳，原油产量同比增长2.4%，天然气产量62亿立方米。

规模以上工业行业近八成实现盈利，企业产销率达98.2%，实现利润增长2.5倍。每百元营业收入中的成本和费用同比分别减少4.8元和2.1元，资产负债率下降3.7个百分点。

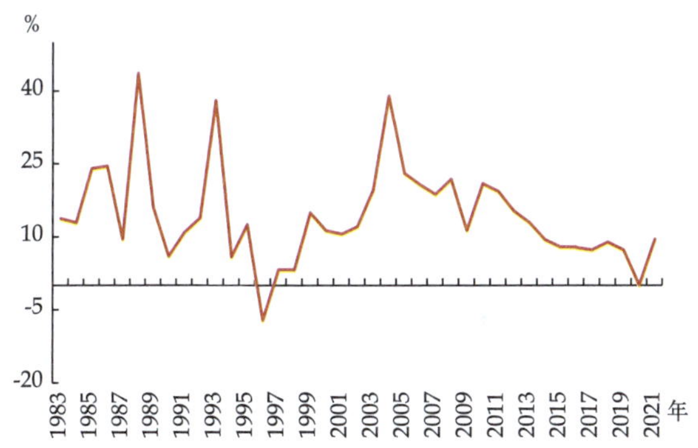

图11　1981—2021年青海省规模以上工业增加值增长率

（数据来源：青海统计局）

3. 服务业企稳回升。货物运输量同比增长24.3%，公路和铁路货运量呈现增长态势，同比分别增长30%和8.1%。客运量下降34.4%，其中，铁路客运量增长7.8%，公路客运量下降52%。全省接待游客3973.4万人次，同比增长20%，实现旅游收入349.9亿元，同比增长20.7%。电信业务增长24.2%，移动互联网接入流量增长29.4%。5G移动电话用户达到238万户。邮政业务量增长56.3%，其中快递业务量增长56.3%。

4. 新兴产业发展迅速。盐湖产业高纯氧化镁晶体材料技术实现突破，碳酸镁示范线建成投运，钾肥、碳酸锂产量稳步提升。数字技术赋能产业转型升级，建成全清洁能源大数据产业示范基地，累计17户企业通过国家两化融合管理体系贯标认定，78家工业企业接入工业互联网安全态势感知平台。西宁国际互联网数据专用通道开通，首台根镜像服务器上线运行，数字经济规模达到739.6亿元，占地区生产总值的24.6%。国家清洁能源产业高地初步形成，新能源分布式调相机群在海南藏族自治州建成投运，青海电网成为全国清洁能源、新能源装机占比最高省域电网，风电、太阳能等新能源装机占全省发电装机的61.1%。

5. 生态文明建设成效显现。35个国考断面水质优良比例达到100%，长江、黄河、澜沧江出省境断面水质保持在Ⅱ类及以上，湟水河省境断面平均水质稳定在Ⅲ类。全省空气质量优良天数比例达到95.6%。三江源国家公园成立，黄南藏族自治州被命名为国家生态文明建设示范区，贵德、河南两县选入国家“绿水青山就是金山银山”实践创新基地。新增国土绿化面积515.2万亩，荒漠化、沙土化土地呈“双缩减”态势。

（三）物价走势趋缓，社会保障能力提升

1. 居民消费价格总体回落。2021年，青海省居民消费价格总水平同比上涨1.3%，涨幅同比回落1.3个百分点。

2. 生产者出厂价格大幅上升。2021年，青

海省工业生产者出厂价格同比上升14.5%，生产者购进价格同比上升11.1%。

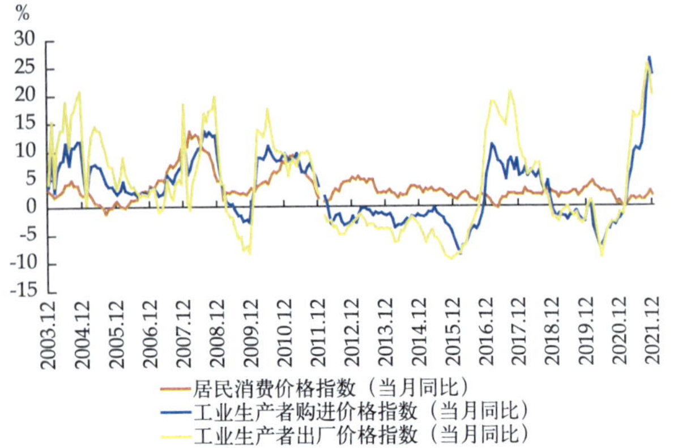

图12　2003—2021年青海省居民消费价格指数和工业生产者价格指数变动趋势

（数据来源：青海统计局）

3. 社会保障能力不减。开展“就业援助月”“春风行动”等多种专项服务，发放就业补助金6.2亿元，组织职业技能培训10.5万人次，城镇新增就业6.3万人，城镇登记失业率1.8%，同比下降0.3个百分点。农牧区劳动力转移就业110.5万人次。高校毕业生总体就业率达到90%。全省20.8万人脱贫群众和边缘易致贫群众实现稳定就业，高于国家目标16.2个百分点。全体居民人均可支配收入25915元，同比增长7.8%。城镇居民和农村居民人均可支配收入分别增长6.3%和10.2%。全体居民人均消费支出19020元，同比增长4%。

（四）财政收支稳步增长，民生保障投入持续增强

2021年，青海省一般公共预算收入514.6亿元，同比增长11.4%。其中，地方一般公共预算收入328.8亿元，增长10.3%，增值税收入增长4.8%，企业所得税、个人所得税分别增长15.6%和18.9%。民生保障支出保持增长。全省一般公共预算支出1853.8亿元，同比下降4.1%。财政民生支出不减，灾害防治、公共安全、卫生健康、教育等方面的支出分别增长11.6%、10.1%、1.9%和1.6%。

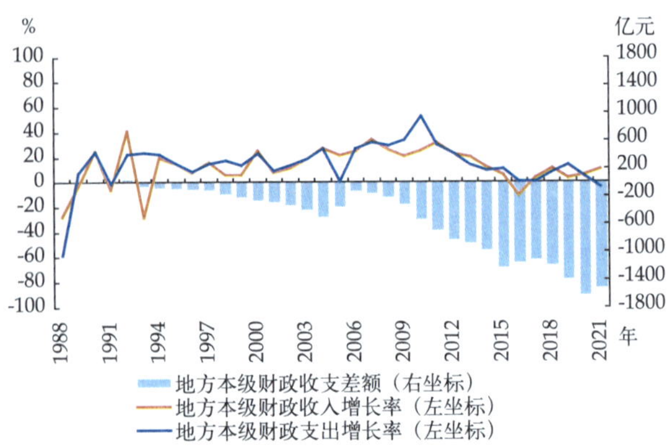

图13　1988—2021年青海省财政收支状况

（数据来源：青海统计局）

（五）房地产市场平稳运行，生态旅游特色显现

1. 房地产市场总体平稳。全省房地产开发投资完成442.5亿元，同比增长5%。房屋施工面积同比增长15.5%，新开工面积同比下降14.3%，商品房销售面积同比下降17.8%。改造老旧小区5.15万套、棚户区2649万套。西宁市新建住房和二手住房销售价格同比分别增长3.7%和2.1%。

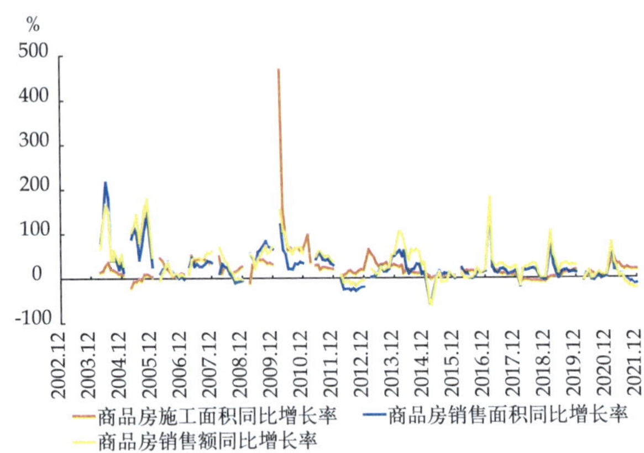

图14　2002—2021年青海省商品房施工和销售变动趋势

（数据来源：青海统计局）

房地产贷款稳步增长。2021年末，房地产贷款余额986.6亿元，同比增长3.5%，占金融机构全部贷款的14.2%。其中，房地产开发贷款

余额371亿元，同比下降17.4%，个人住房贷款余额545.2亿元，同比增长23.6%。全省个人住房贷款首套房平均首付比例39%，较上年同期提高3.3个百分点。

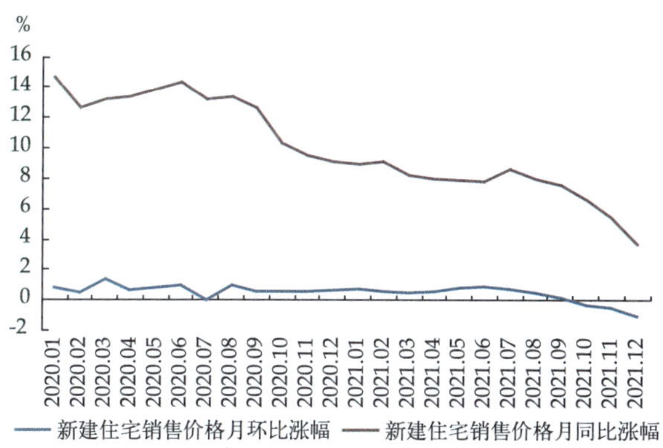

图15　2020—2021年西宁市新建住宅销售价格变动趋势

（数据来源：青海统计局）

2. 生态旅游特色显现。以国际视野、生态视野、文化视野建立国际生态旅游目的地。推出精品线路200条，7条入选全国“十大黄河旅游带”精品线路，金银滩—原子城景区入选国家AAAAA级旅游景区创建名单。全省接待游客3973.4万人次，实现旅游收入349.9亿元，同比增长均超过20%。乡村绿色旅游资源不断丰富，形成了一大批特色乡村旅游示范点和特色品牌，成为助推乡村振兴战略的动能。全省形成乡村旅游点2325个，培育全国乡村旅游重点乡镇3个、重点村33个，省级乡村旅游重点村180个，乡村旅游从业人员3.7万人。全年乡村旅游接待游客2300万人次，实现旅游收入31.2亿元。

（六）强化区域合作，兰西城市群建设顺畅推进

在甘肃和青海两省签订“1+3+10”合作协议的基础上，西宁市、海东市和兰州市交通运输部门签署交通运输一体化、城市群建设公共交通互联互通、交通运输行政执法等合作框架协议，两省城市间、部门间合作推进机制不断完善，城市群建设顺畅衔接，推动两省合作向纵深发展。兰州市和西宁市签订《兰州—西宁城市群人力资源合作协议书》，就全面建立两市人力资源市场协作伙伴关系、建立就业服务共享机制等13个方面达成合作共识。5月，西宁—兰州科技成果转移转化对接会在西宁科技大市场成功举办，双方共促成合作签约项目13项协议，总资金2715万元。9月，兰州、西宁两地医保互认合作协议签约仪式举行，为两地参保群众就医提供了方便。加强在商务领域合作方面，青、甘两省签订《对外开放专项合作行动计划》和《重大发展平台攻坚共享专项合作行动计划》，实现两省班列承运企业拼箱集货，共开运11列铁海联运班列和13列中欧班列。

专栏2　青海清洁能源产业发展成效显著

青海省着眼全国能源结构转型，发挥清洁能源“风生水起”“风光无限”独特优势，着力打造国家清洁能源高地。

一、持续发力，清洁能源高地形成

2021年，青海省和国家能源局共同研制打造国家清洁能源产业高地行动方案。国家首批1亿千瓦装机大型光伏基地建设中，1090万千瓦项目落地青海；拉西瓦水电站4号机组正式投运，黄河装机规模最大水电站实现全容量并网发电。“绿电7月在青海”活动成功开展、刷新并保持全清洁能源供电世界纪录。11月16日、17日，青海电网新能源发电出力达到1045万千瓦和1061万千瓦，较历史峰值提升5.1%和6.7%。全省风

电、太阳能等新能源装机占61.1%，清洁能源发电量占全部发电量的83.1%。青海电网成为全国清洁能源、新能源装机占比最高省域电网。

二、光伏脱贫，走清洁振兴乡村之路

充分利用光照资源禀赋优势，助推乡村振兴。2015年，探索建立“企业全额投资、贫困县落实用地、贫困户直接收益”模式，试点建设15万千瓦分布式光伏扶贫电站；2017年创新“政府投资、企业筹资、银行融资”方式，打造10万千瓦商业光伏电站与扶贫工作结合新模式；2018年优化整合，成功打造30个联村电站；2021年启动32个县（区）屋顶分布式光伏开发。五年间，光伏扶贫工程在全省39个贫困县实现全覆盖，累计建成使用31个村级光伏帮扶电站，建成光伏扶贫项目73.7万千瓦，年发电产值8.8亿元，扶贫收益5.7亿元，带动7.7万户、28.3万人农牧区人口稳定增收。

三、数据监测，探索碳排放计算新路径

5月21日，青海“电力高频数据碳排放”智能监测分析平台完成上线，实现碳排放日频度监测和月频度分析，开创了中国大规模微观个体碳排放实时监测先河。依托该平台能够查询重点企业能耗数据和家庭碳排放量。平台涵盖青海8个市州，包含工业、交通、餐饮等七大产业，覆盖炼钢、钾肥、水泥等五大重点行业，同步实现对全省52个区县160万个用电客户碳排放结构测算及分析。

四、技术赋能，助推清洁能源发展

赋能独特清洁能源技术优势，开展新一代调度支持系统试点升级等多个电网关键技术攻关。世界最大规模新能源分布式调相机群在海南藏族自治州建成投运，国内首条量产规模200兆瓦高效IBC电池及组件生产线建成，电池转换效率从2016年的18.3%提升到24.1%，钙钛矿晶硅叠层电池研发转换效率达到28.08%，跻身国际先进行列。依托电池效率提升M6大尺寸硅片的应用，单片电池的发电功率提高约10%。黄河水电公司建成18个国内一流的创新研发平台，电子级多晶硅年产能达到3300吨；建成全国首条组件回收中试线，闭环形成多晶硅、硅片、电池、组件、支架、光伏电站规划设计及建设、运行维护、检测评价及组件回收的垂直一体化光伏全产业链。通过“光伏＋生态产业”发展推进光伏空间资源利用，打造青海清洁能源发展新格局。

五、绿色金融，助力能源行业低碳转型

青海省深耕绿色金融，守护绿水青山。2021年，全省绿色信贷余额1627.5亿元，占各项贷款比重23.7%，高于全国平均水平15.7个百分点，其中清洁能源产业占64.8%。累计发行绿色金融债16.7亿元。首笔碳减排票据再贴现业务成功办理，累计办理绿色票据再贴现20.1亿元。第一批央行碳减排支持工具资金落地，发放碳减排贷款51亿元，带动碳减排量141万吨二氧化碳当量。银行业金融机构清洁能源产业贷款加权平均利率低于同期LPR约70个基点。

三、预测与展望

2022年，青海省将以习近平新时代中国特色社会主义思想为指导，全面贯彻党的十九大和十九届历次全会精神，深入贯彻习近平总书记考察青海重要讲话精神，坚持稳中求进工作总基调，完整、准确、全面贯彻新发展理念，更好融入和服务新发展格局，坚持以供给侧结构性改革为主线，统筹疫情防控和经济社会发展，继续做好“六稳”“六保”工作，聚力打造生态文明高地，加快建设产业“四地”，奋力推进“一优两高”，保持经济运行在合理区间。青海金融系统将全面贯彻落实中央经济工作会议和金融工作相关会议精神，聚焦服务实体经济，推进普惠金融示范区建设提档升级，持续优化金融供给，强化科技赋能和产品创新，增强信贷增长的稳定性，加大对乡村振兴、小微企业、科技创新和绿色发展的支持，为青海省金融发展提供稳定有效的金融保障，以实际行动迎接党的二十大胜利召开。

中国人民银行西宁中心支行货币政策分析小组

总　　纂： 马　骏

统　　稿： 马建斌　冶晓东

执　　笔： 邵　辉　莫　彬　常洪昌　王　蕾　苏迎春　周　娜

提供材料： 马启军　吴金昌　李　卿　江雯雯　李坤鹏　邸小宁　刘文苗　袁俊霞　侍晶晶　韩　妍　梁浩南　李得彪　李婧婷　祁　俭　唐莉玲　刘　涛　刘　丹　樊纪相　孔芳媛　宋　蔚　尹　明

附录：

（一）青海省经济金融大事记

5月15日，六五环境日国家主场活动碳中和公益行动在青海西宁纳家山绿化基地启动。生态环境部副部长赵英民致辞，副省长刘涛发表倡议讲话并宣布启动。

5月27日，省部共建青海国家清洁能源示范省第一次协调推进工作会议在北京召开。省长、省部共建协调推进工作组组长信长星，国家能源局局长、工作组组长章建华分别讲话。

6月4日，青海银行业保险业绿色金融工作推进会在西宁召开。省委常委、副省长王黎明出席会议并讲话。

6月5日，由生态环境部、中央文明办、青海省人民政府共同举办的“坚定不移走高质量发展之路”暨六五环境日国家主场活动“生态文明志愿同行”论坛在西宁举行。形成《青海共识》，发布《青海倡议》。

6月24日，省委省政府举办全省重大项目集中开工仪式。在西宁大学项目现场，省委书记、省人大常委会主任王建军宣布开工。

6月25日，青海省小微企业信用融资服务中心平台（“青信融”）正式上线运行。

7月22日，第22届中国·青海绿色发展投资贸易洽谈会在西宁隆重开幕，举办2021中国·青海绿色金融论坛和2021中国·青海绿色金融论坛金融支持青海高质量发展座谈会。

8月10日，青海省财政金融风险防范化解工作领导小组第一次会议在西宁召开。省委书记、省财政金融风险防范化解工作领导小组组长王建军出席会议并讲话。

11月27日，由青海省人民政府主办、以“聚力打造国家清洁能源产业高地”为主题的2021“一带一路”清洁能源发展论坛在西宁举办。全国人大常委会副委员长丁仲礼致辞并宣布开幕，国家能源局党组书记、局长章建华通过视频致辞，省委书记王建军致辞。

12月15日，青海、陕西、宁夏、甘肃、西藏西部五省（区）中尼贸易陆路通道合作建设推进会在西宁市召开，五省（区）商务部门共同签署《推进中尼贸易陆路通道合作建设协议书》。

（二）2021 年青海省主要经济金融指标

表 1　2021 年青海省主要存贷款指标

	项目	1月	2月	3月	4月	5月	6月	7月	8月	9月	10月	11月	12月
本外币	金融机构各项存款余额（亿元）	6246.7	6164.3	6097.8	6183.5	6365.2	6392.5	6376.3	6664.7	6805.2	6779.7	6732.6	6737.1
	其中：住户存款	2723.0	2753.2	2787.4	2754.6	2745.2	2799.6	2781.7	2799.2	2854.7	2836.7	2875.9	2974.4
	非金融企业存款	1277.7	1242.8	1264.3	1357.7	1341.6	1325.4	1307.4	1293.9	1349.5	1330.0	1346.8	1375.2
	各项存款余额比上月增加（亿元）	-67.3	-82.4	-66.5	85.7	181.7	27.2	-16.2	288.5	140.5	-25.5	-47.2	4.5
	金融机构各项存款同比增长（%）	7.3	5.7	4.6	3.6	5.7	7.0	6.5	8.5	8.4	7.8	9.2	6.7
	金融机构各项贷款余额（亿元）	6628.7	6588.9	6612.8	6626.0	6647.1	6747.1	6773.0	6752.2	6802.2	6805.1	6832.3	6856.4
	其中：短期	1142.2	1115.0	1143.4	1155.6	1180.3	1223.0	1237.3	1196.2	1226.6	1239.7	1205.0	1178.0
	中长期	4620.5	4637.7	4658.0	4706.4	4710.8	4737.1	4761.0	4789.2	4796.8	4808.9	4807.2	4804.0
	票据融资	825.4	795.5	769.7	722.8	715.7	746.3	734.0	726.1	739.1	717.2	781.2	839.3
	各项贷款余额比上月增加（亿元）	7.9	-39.8	23.9	13.2	21.1	100.0	25.9	-20.8	50.0	2.9	27.2	24.2
	其中：短期	27.9	-27.2	28.5	12.1	24.7	42.7	14.3	-41.1	30.4	13.1	-34.7	-27.0
	中长期	35.7	17.2	20.3	48.4	4.4	26.2	24.0	28.2	7.6	12.0	-1.7	-3.2
	票据融资	-55.3	-29.8	-25.9	-46.9	-7.1	30.7	-12.3	-7.9	13.0	-21.9	64.0	58.1
	金融机构各项贷款同比增长（%）	-0.6	-1.4	-0.8	-1.0	-0.9	-0.2	1.2	1.0	1.2	1.5	2.5	3.6
	其中：短期	-1.1	-3.3	-1.9	2.2	2.5	3.1	4.8	2.2	1.8	1.9	3.2	5.7
	中长期	1.2	1.4	2.9	3.8	5.0	4.3	5.4	5.5	5.6	5.7	5.7	4.8
	票据融资	-8.1	-10.6	-16.4	-25.9	-29.5	-24.2	-22.3	-21.7	-20.5	-19.3	-13.3	-4.7
	建筑业贷款余额（亿元）	109.2	113.9	117.7	119.3	119.8	119.1	117.6	107.9	109.3	109.4	96.3	90.9
	房地产业贷款余额（亿元）	254.4	232.2	233.6	241.4	238.9	239.8	241.5	243.4	238.4	229.6	220.7	218.9
	建筑业贷款同比增长（%）	-31.1	-28.6	9.7	12.7	17.1	15.6	12.1	-0.4	2.7	6.3	-6.4	-7.6
	房地产业贷款同比增长（%）	-6.6	-14.1	-13.7	-8.2	-7.5	-7.2	-7.4	-6.1	-5.8	-10.5	-11.4	-14.0
人民币	金融机构各项存款余额（亿元）	6235.4	6152.4	6085.7	6171.4	6355.2	6382.2	6365.9	6654.3	6794.8	6769.7	6722.5	6728.8
	其中：住户存款	2716.3	2746.0	2780.0	2747.7	2738.7	2792.9	2775.0	2792.5	2848.0	2830.2	2869.3	2967.8
	非金融企业存款	1276.3	1241.3	1262.7	1355.3	1340.6	1324.4	1306.9	1292.7	1349.0	1329.4	1346.2	1374.7
	各项存款余额比上月增加（亿元）	-67.4	-83.0	-66.7	85.7	183.8	27.0	-16.3	288.3	140.5	-25.0	-47.2	6.3
	其中：住户存款	-5.6	29.7	34.1	-32.3	-9.1	54.2	-17.9	17.5	55.6	-17.9	39.2	98.5
	非金融企业存款	-92.8	-34.9	21.4	92.5	-14.6	-16.2	-17.5	-14.2	56.3	-19.6	16.8	28.5
	各项存款同比增长（%）	7.3	5.7	4.6	3.6	5.7	7.1	6.6	8.6	8.5	7.9	9.3	6.8
	其中：住户存款	7.2	8.7	9.2	8.9	8.1	8.6	8.1	8.5	7.5	8.3	9.3	9.0
	非金融企业存款	1.4	-1.9	-3.6	2.7	-3.5	-4.9	-5.0	-8.0	-4.9	-3.4	0.6	0.4
	金融机构各项贷款余额（亿元）	6586.2	6546.4	6569.8	6583.3	6605.4	6705.1	6731.1	6710.2	6760.2	6763.7	6791.5	6818.4
	其中：个人消费贷款	778.5	786.4	811.9	837.6	870.8	887.9	898.7	904.6	913.5	914.9	918.1	909.1
	票据融资	825.4	795.5	769.7	722.8	715.7	746.3	734.0	726.1	739.1	717.2	781.2	839.3
	各项贷款余额比上月增加（亿元）	8.0	-39.8	23.4	13.5	22.1	99.7	26.0	-20.9	50.0	3.5	27.8	26.9
	其中：个人消费贷款	18.6	7.9	25.5	25.7	33.3	17.1	10.9	5.9	8.9	1.4	3.2	-9.1
	票据融资	-55.3	-29.8	-25.9	-46.9	-7.1	30.7	-12.3	-7.9	13.0	-21.9	64.0	58.1
	金融机构各项贷款同比增长（%）	-0.5	-1.1	-0.7	-0.9	-0.7	-0.1	1.4	1.1	1.3	1.6	2.6	3.7
	其中：个人消费贷款	24.7	26.9	26.7	28.0	30.4	30.8	31.2	29.8	28.8	27.1	24.6	19.6
	票据融资	-8.1	-10.6	-16.4	-25.9	-29.5	-24.2	-22.3	-21.7	-20.5	-19.3	-13.3	-4.7
外币	金融机构外币存款余额（亿美元）	1.8	1.8	1.8	1.9	1.6	1.6	1.6	1.6	1.6	1.6	1.6	1.3
	金融机构外币存款同比增长（%）	0.0	3.4	1.7	-1.1	-8.7	-12.2	-9.1	-6.9	-8.5	-11.9	-13.2	-24.9
	金融机构外币贷款余额（亿美元）	6.6	6.6	6.6	6.6	6.6	6.5	6.5	6.5	6.5	6.5	6.4	6.0
	金融机构外币贷款同比增长（%）	-8.5	-26.7	-8.4	-12.9	-13.1	-13.8	-14.2	-14.2	-11.5	-7.6	-5.6	-8.7

数据来源：中国人民银行西宁中心支行。

表 2　2001—2021 年青海省各类价格指数

单位：%

时间		居民消费价格指数		农业生产资料价格指数		工业生产者购进价格指数		工业生产者出厂价格指数	
		当月同比	累计同比	当月同比	累计同比	当月同比	累计同比	当月同比	累计同比
2001		—	2.6	—	-0.4	—	-0.9	—	-6.3
2002		—	2.3	—	-0.2	—	2.7	—	-2.4
2003		—	2.0	—	1.1	—	1.8	—	5.5
2004		—	3.2	—	9.2	—	8.5	—	11.2
2005		—	0.8	—	6.5	—	5.3	—	10.2
2006		—	1.6	—	2.1	—	2.8	—	9.5
2007		—	6.6	—	8.1	—	4.4	—	4.2
2008		—	9.9	—	24.2	—	10.4	—	7.6
2009		—	2.6	—	0.4	—	-0.2	—	-8.7
2010		—	5.4	—	3.5	—	8.6	—	9.4
2011		—	6.1	—	12.4	—	7.0	—	7.4
2012		—	3.1	—	8.7	—	-1.4	—	-3.1
2013		—	3.9	—	4.3	—	-1.2	—	-3.0
2014		—	2.8	—	-0.2	—	-2.4	—	-3.9
2015		—	2.6	—	0.8	—	-2.3	—	-6.9
2016		—	1.8	—	1.5	—	-3.8	—	-1.5
2017		—	1.5	—	2.4	—	8.0	—	16.7
2018		—	2.5	—	2.1	—	4.5	—	4.8
2019		3.4	2.5	9.4	3.5	-0.4	-1.8	-0.2	-1.5
2020		1.0	2.6	3.8	9.0	-2.1	-3.9	-0.9	-3.4
2021		2.0	1.3	—	—	23.6	11.5	19.9	14.5
2020	1	4.1	4.1	9.9	9.9	0.6	0.6	1.2	1.2
	2	4.5	4.3	8.4	9.1	-3.7	-1.6	0.2	0.7
	3	3.7	4.1	8.3	8.8	-5.0	-2.7	-2.9	0.5
	4	3.2	3.9	10.6	9.3	-7.1	-3.8	-7.0	-2.1
	5	2.7	3.6	11.2	9.7	-7.0	-4.4	-9.1	-3.5
	6	2.9	3.5	11.8	10.0	-6.2	-4.7	-6.8	-4.1
	7	2.6	3.4	12.4	10.4	-4.1	-4.6	-4.1	-4.1
	8	2.6	3.3	11.8	10.6	-4.1	-4.6	-3.4	-4.0
	9	2.6	3.2	9.7	10.5	-2.7	-4.4	-2.7	-3.9
	10	1.4	3.0	8.1	10.2	-3.3	-4.3	-2.9	-3.8
	11	0.5	2.8	3.3	9.5	-2.4	-4.1	-2.2	-3.6
	12	1.0	2.6	3.8	9.0	-2.1	-3.9	-0.9	-3.4
2021	1	0.1	0.1	—	—	-0.9	-0.9	-1.4	-1.4
	2	0.0	0.1	—	—	0.4	-0.2	1.1	-0.2
	3	0.7	0.3	—	—	4.0	1.2	6.8	2.1
	4	1.5	0.6	—	—	6.7	2.5	12.1	4.5
	5	1.6	0.8	—	—	9.6	3.9	16.8	6.9
	6	1.2	0.8	—	—	10.4	5.0	15.9	8.4
	7	1.6	0.9	—	—	10.0	5.7	16.2	9.5
	8	1.3	1.0	—	—	11.1	6.4	17.3	10.5
	9	1.2	1.0	—	—	14.3	7.2	20.9	11.6
	10	2.0	1.1	—	—	23.1	8.8	25.4	13.0
	11	2.8	1.3	—	—	26.2	10.4	23.9	14.0
	12	2.0	1.3	—	—	23.6	11.5	19.9	14.5

数据来源：《中国经济景气月报》、青海省统计局。

表 3　2021 年青海省主要经济指标

项目	1 月	2 月	3 月	4 月	5 月	6 月	7 月	8 月	9 月	10 月	11 月	12 月
绝对值（自年初累计）												
地区生产总值（亿元）	—	—	743.9	—	—	1557.4	—	—	2401.8	—	—	3346.6
第一产业	—	—	29.9	—	—	56.6	—	—	183.0	—	—	352.7
第二产业	—	—	289.8	—	—	633.9	—	—	948.3	—	—	1332.6
第三产业	—	—	424.2	—	—	866.9	—	—	1270.6	—	—	1661.4
工业增加值（亿元）	—	18.5	4.7	6.1	6.1	5.3	6.5	2.2	8.0	10.4	16.2	10.3
固定资产投资（亿元）	—	—	—	—	—	—	—	—	—	—	—	—
房地产开发投资	—	0.3	25.4	77.9	129.2	201.4	258.1	310.1	360.5	404.9	438.3	442.5
社会消费品零售总额（亿元）	—	139.3	209.2	276.0	360.7	437.0	522.4	610.5	695.9	790.9	857.7	947.8
外贸进出口总额（亿元）	—	6.2	7.9	9.9	11.4	14.8	16.2	18.3	20.5	24.9	27.2	31.3
进口	—	4.6	5.1	6.1	6.6	7.9	7.5	9.4	10.8	12.9	13.3	14.3
出口	—	1.6	2.8	3.8	4.8	6.9	7.7	8.9	9.7	12.0	13.9	17.0
进出口差额（出口 − 进口）	—	-3.0	-2.3	-2.3	-1.8	-1.0	0.2	-0.5	-1.1	-0.9	0.6	2.7
实际利用外资（亿美元）	—	—	—	—	—	—	—	—	—	—	—	0.0
地方财政收支差额（亿元）	—	-154.3	-319.5	-414.1	-549.1	-769.1	-797.4	-883.1	-1050.1	-1104.6	-1221.1	-1525.0
地方财政收入	—	54.6	80.7	114.8	142.0	167.9	204.7	225.0	250.7	280.5	302.3	328.8
地方财政支出	—	208.9	400.1	528.9	691.1	937.0	1002.1	1108.1	1300.8	1385.1	1523.4	1853.8
城镇登记失业率（%）（季度）	—	—	—	—	—	—	—	—	—	—	—	1.8
同比累计增长率（%）												
地区生产总值	—	—	12.8	—	—	9.1	—	—	6.7	—	—	5.7
第一产业	—	—	4.3	—	—	4.5	—	—	4.6	—	—	4.5
第二产业	—	—	13.5	—	—	9.2	—	—	7.1	—	—	6.5
第三产业	—	—	13.0	—	—	9.3	—	—	6.7	—	—	5.4
工业增加值	—	18.5	13.1	11.1	10.1	9.3	8.9	8.0	8.0	8.3	9.0	9.2
固定资产投资	—	21.5	18.1	6.8	3.4	-1.5	-4.8	-8.2	-7.8	-6.1	-3.6	-2.9
房地产开发投资	—	162.7	53.3	54.5	35.5	17.2	12.4	10.7	10.0	7.5	7.1	5.0
社会消费品零售总额	—	34.0	28.2	21.4	16.9	14.9	13.4	11.5	10.5	9.6	8.4	8.0
外贸进出口总额	—	100.0	83.3	88.8	92.7	120.0	81.2	55.8	30.2	38.6	33.5	36.4
进口	—	149.1	169.3	180.0	180.0	210.0	130.0	63.7	38.6	46.3	43.6	33.6
出口	—	27.5	16.0	24.4	34.8	64.4	47.4	48.3	21.9	31.3	15.1	38.9
实际利用外资	—	—	—	—	—	—	—	—	—	—	—	-87.3
地方财政收入	—	20.1	22.3	15.6	17.1	15.0	16.3	15.2	14.5	12.4	12.0	10.3
地方财政支出	—	1.6	9.0	9.3	7.9	8.8	1.9	-2.1	-3.9	-5.1	-4.7	-4.1

数据来源：青海省统计局。

宁夏回族自治区金融运行报告（2022）

中国人民银行银川中心支行货币政策分析小组

[内容摘要] 2021年，宁夏回族自治区深入学习习近平总书记视察宁夏重要讲话精神，坚决贯彻落实党中央、国务院决策部署，以建设黄河流域生态保护和高质量发展先行区为统揽，坚持稳中求进工作总基调，积极融入新发展格局，扎实做好“六稳”工作，全面落实“六保”任务，经济运行呈现总体平稳、稳中有进的发展态势。全年实现地区生产总值4522.3亿元，同比增长6.7%，两年平均增长5.3%。宁夏金融系统完整、准确、全面贯彻新发展理念，落实稳健货币政策灵活精准、合理适度的要求，坚持服务实体经济导向，不断提升金融服务质效，有效防控区域性金融风险，为宁夏经济高质量发展提供了适宜的货币金融环境。2021年末，宁夏本外币各项贷款余额8461.3亿元，同比增长6.0%。

从经济运行看，主要经济指标保持稳定增长，发展活力持续增强，转型升级积极推进，质量效益明显改善，高质量发展取得新成效，实现“十四五”良好开局。一是三大需求稳定恢复，进出口增势强劲。2021年，宁夏固定资产投资（不含农户）同比增长2.2%，其中民间投资占比由上年的56.9%提高到57.4%。全年实现社会消费品零售总额1335.1亿元，同比增长2.6%，其中城镇消费品零售额同比增长2.8%。全年实现外贸进出口总额214.0亿元，同比增长73.4%。二是产业结构持续优化，质量效益明显改善。2021年，宁夏第一、第二、第三产业增加值同比分别增长4.7%、6.6%和7.1%，三次产业结构由上年的8.6：41.0：50.4调整为8.1：44.7：47.2，第二产业比重上升3.7个百分点。粮食生产实现“十八连丰”，特色优势产业占农业总产值比重达到88%。规模以上工业增加值同比增长8.0%。服务业增加值同比增长7.1%。三是物价运行平稳，就业形势总体向好。2021年，宁夏居民消费价格同比上涨1.4%，涨幅比上年收窄0.1个百分点。全体居民人均可支配收入27904元，同比增长8.4%；城乡居民人均可支配收入比值为2.50，较上年缩小0.07。城镇新增就业8.2万人，农村劳动力转移就业81.3万人，城镇登记失业率为4.13%。四是财政收入快速增长，民生支出保障有力。2021年，宁夏地方一般公共预算收入460.0亿元，同比增长9.7%，创“十三五”以来新高。一般公共预算支出1428.3亿元，同口径增长3.7%（按市县级财政国库集中支付结余列支同比口径）。其中，教育、社会保障和就业、卫生健康等民生支出1085亿元，占财政支出的75.7%，同比提高0.5个百分点。五是供给侧结构性改革不断深化，科技强区战略有效实施。全年规模以上工业原煤产量8632.9万吨，同比增长5.9%，工业发电量2081.9亿千瓦时，同比增长10.4%。压减“两高”项目39个，减少能耗1725万吨标准煤。全社会研究与试验发展经费投入强度达到1.6%，登记技术合同3127项，技术合同成交额25亿元。

从金融运行看，银行业、证券业和保险业运行稳健，金融生态环境持续改善，风险攻坚战取得重要成果，金融服务实体经济效率和水平不断提升。一是贷款规模稳步扩大，信贷投向重点突出。2021年末，宁夏人民币各项贷款余额8284.3亿元，同比增长6.5%。其中，涉农贷款余额同比增长10.6%、小微企业贷款余额同比增长14.5%，均明显高于各项贷款增速。二是深化贸易投资便利化，跨境收支大幅增长。2021年，宁夏跨境人民币累计收付金额36.7亿元，同比增长25.9%，其中与“一带一路”沿线17个国家和地区跨境收付12.4亿元。宁夏跨境收支总额37.1亿美元，同比增长18.8%。三是管好用足政策工具，精准支持普惠领域。落实人民银行总行两次下调金融机构存款准备金率政策，释放金融机构中长期资金68.8亿元。积极落实3000亿元支小再贷款政策，延续实施两项直达实体经济货币政策工具，办理宁夏首批绿色票据再贴现业务。2021年末，宁夏再贷款再贴现余额142.8亿元，同比增长29.9%。四是证券交易较为活跃，企业上市再获突破。2021年，宁夏上市企业股票、基金、债券及其他证券交易额14053.1亿元，同比增长10.3%；期货交易额11295.5亿元，同比增长29.2%。宁夏企业共发行信用类债券30.4亿元。五是保险业发展良好，保障功能进一步发挥。2021年，宁夏保险业累计实现保费收入211.1亿元，同比增长0.2%；保险累计赔付支出73.0亿元，同比增长10.5%。商业保险一站式结算取得突破，城市定制型商业保险规范发展，宁夏首单新材料保险落地，关税保险试点持续推进。六是金融改革持续深入，金融体系不断丰富。永宁、惠农和青铜峡农村商业银行先后挂牌，全面完成农信社改制。英大泰和财险、中国长城资管、平安银行相继在宁开业。七是金融基础设施日益健全，金融生态环境持续向好。吴忠市“融信通”平台累计促成融资47.3亿元。借助银联云闪付平台，银川市、吴忠市共计发放消费券1530万元。实现跨省异地电子缴税，破解跨省经营纳税人“两头跑”缴税难题。36家地方法人银行发布了适合老年人等特殊群体使用的“大字版”手机银行App。金融纠纷多元化解机制建设不断加快，设立了11家金融纠纷调解组织。八是切实守牢风险底线，金融风险整体可控。银行体系流动性合理充裕，不良贷款余额和不良贷款率实现“双降”，地方法人银行机构资本充足率同比提高1.1个百分点，重点领域风险处置有序推进。

2022年是党的二十大召开之年，是实施“十四五”规划承上启下的关键之年。宁夏将以习近平新时代中国特色社会主义思想为指导，坚持稳中求进工作总基调，坚持以供给侧结构性改革为主线，坚持高效统筹疫情防控和经济社会发展，加快推进黄河流域生态保护和高质量发展先行区建设。宁夏金融系统将坚持稳字当头、稳中求进，认真落实稳健货币政策灵活适度的要求，发挥好货币政策工具的总量和结构双重功能，推动“信贷总量稳步增长、信贷结构稳步优化、融资成本稳中有降”，守住不发生区域性金融风险的底线，为宁夏经济高质量发展提供强有力金融支撑。

一、金融运行情况

2021年，宁夏金融系统以习近平新时代中国特色社会主义思想为指导，坚决贯彻落实党中央、国务院决策部署，完整、准确、全面贯彻新发展理念，落实稳健货币政策要灵活精准、合理适度的要求，坚持服务实体经济导向，不断提升金融服务质效，有效防控金融风险，为宁夏经济高质量发展提供了适宜的货币金融环境。

（一）银行业运行稳健，信贷结构持续优化

1. 银行资产规模扩大，盈利能力有所弱化。 2021年末，宁夏银行业金融机构（不包括小贷公司）资产总额1.08万亿元，同比增长4.8%，其中地方法人银行机构同比增长4.3%；负债总额1.04万亿元，同比增长4.3%，其中地方法人银行机构同比增长3.8%；资产利润率同比降低0.3个百分点，其中地方法人银行机构与上年基本持平。2021年末，宁夏银行业金融机构共有机构数1398个，从业人员2.4万人。

表 1　2021 年宁夏回族自治区银行业金融机构情况

机构类别	营业网点			法人机构（个）
	机构个数（个）	从业人数（人）	资产总额（亿元）	
一、大型商业银行	458	10099	3315	0
二、国家开发银行和政策性银行	16	600	1877	0
三、股份制商业银行	49	1586	714	0
四、城市商业银行	153	3129	2334	2
五、城市信用社				
六、小型农村金融机构	381	5359	1895	20
七、财务公司	1	26	73	1
八、信托公司				
九、邮政储蓄银行	194	1202	322	0
十、外资银行				
十一、新型农村金融机构	146	2352	339	86
十二、其他				
合　计	1398	24353	10870	109

数据来源：中国人民银行银川中心支行。

注：营业网点不包括国家开发银行和政策性银行、大型商业银行、股份制银行等金融机构总部数据；大型商业银行包括中国工商银行、中国农业银行、中国银行、中国建设银行和交通银行；小型农村金融机构包括农村商业银行、农村合作银行和农村信用社；新型农村金融机构包括村镇银行、贷款公司、农村资金互助社和小额贷款公司；其他包含金融租赁公司、汽车金融公司、货币经纪公司、消费金融公司等。

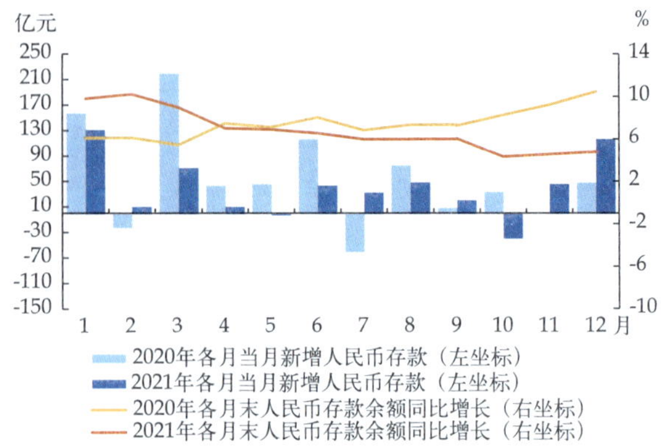

图 1　2020—2021 年宁夏回族自治区金融机构人民币存款增长变化

（数据来源：中国人民银行银川中心支行）

2. 各项存款小幅增长，住户存款增长较快。

2021 年末，宁夏本外币存款余额 7483.6 亿元，同比增长 4.9%。人民币存款余额 7465.8 亿元，同比增长 4.8%；全年新增存款 344.5 亿元；其中地方法人银行机构存款余额 3335.3 亿元，同比增长 4.3%。分部门看，企业存款余额 1463.0 亿元，同比减少 2.4%；住户存款余额 4269.3 亿元，同比增长 8.3%。

3. 贷款规模稳步扩大，信贷投向重点突出。

2021 年末，宁夏本外币各项贷款余额 8461.3 亿元，同比增长 6.0%。人民币各项贷款余额 8284.3 亿元，同比增长 6.5%，剔除互联网贷款因素，全年新增人民币贷款 638 亿元。分部门看，企事业单位贷款余额 5546.1 亿元，同比增长 6.7%；个人贷款余额 2738.2 亿元，同比增长 5.9%。分期限看，中长期贷款余额 5317.6 亿元，同比增长 7.9%；短期贷款余额 2090.6 亿元，同比下降 0.8%；票据融资余额 862.8 亿元，同比增长 17.9%。分投向看，信贷助农、信用助农、金融科技助农和基础金融服务助农四大行动取得积极成效，涉农贷款余额 2621.9 亿元，同比增长 10.6%；中小微企业金融服务能力进一步提升，小微企业贷款余额 2078.5 亿元，同比增长 14.5%；绿色金融加快发展，绿色贷款余额 917.4 亿元，其中清洁能源产业贷款余额 643.1 亿元，占比 70.1%；支持经济转型发展力度加大，自治区 9 个重点产业[①]贷款余额 1828 亿元。

① 枸杞、葡萄酒、奶产业、肉牛和滩羊、电子信息、新型材料、绿色食品、清洁能源及文化旅游 9 个产业。

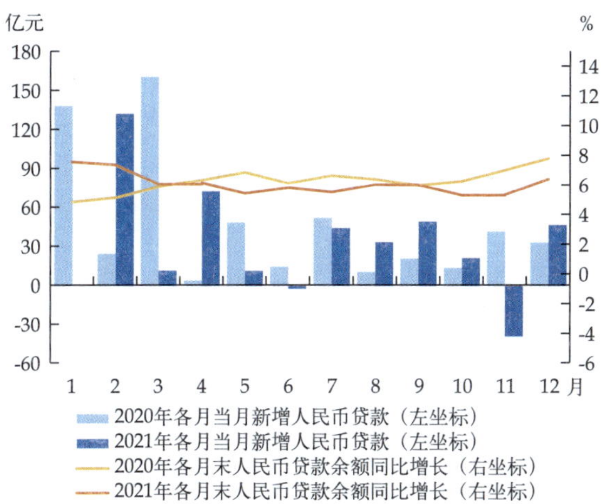

图 2 2020—2021 年宁夏回族自治区金融机构人民币贷款增长变化

（数据来源：中国人民银行银川中心支行）

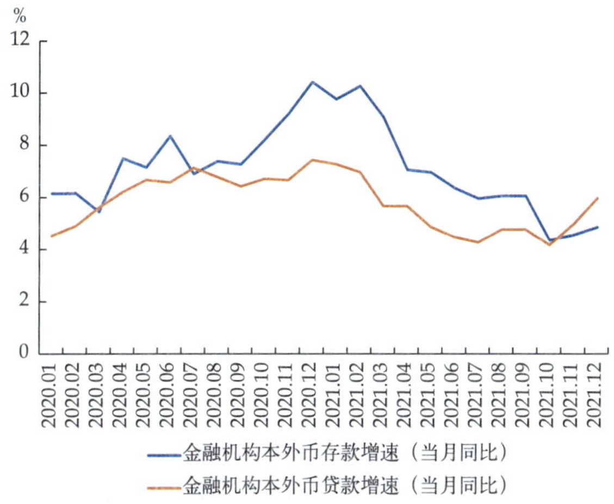

图 3 2020—2021 年宁夏回族自治区金融机构本外币存贷款增速变化

（数据来源：中国人民银行银川中心支行）

4. 表外业务增长较快，债券投资保持增长。2021 年末，宁夏银行业金融机构表外业务余额 4079.7 亿元，同比增长 13.3%。其中，担保类业务余额同比增长 19.6%，承诺类业务余额同比增长 23.6%，金融资产服务类业务余额同比增长 2.0%。2021 年末，各项贷款占银行机构资产总额的 79.6%，同比提高 1.1 个百分点；债券投资较年初增加 154.5 亿元，股权及其他投资较年初减少 53.3 亿元。

表 2 2021 年宁夏回族自治区金融机构人民币贷款各利率区间占比

单位：%

项目		1 月	2 月	3 月	4 月	5 月	6 月
合计		100.0	100.0	100.0	100.0	100.0	100.0
LPR 减点		18.0	20.3	21.3	21.2	22.3	19.3
LPR		7.0	6.4	6.7	8.5	6.6	5.0
LPR 加点	小计	75.0	73.3	71.9	70.2	71.0	75.8
	(LPR，LPR+0.5%)	8.8	7.0	8.4	5.7	8.3	7.1
	[LPR+0.5%，LPR+1.5%)	13.5	16.8	14.6	14.4	18.6	30.5
	[LPR+1.5%，LPR+3%)	21.6	16.2	18.5	19.1	19.2	19.0
	[LPR+3%，LPR+5%)	14.0	14.3	16.5	16.3	16.5	13.0
	LPR+5% 及以上	17.1	19.1	13.9	14.7	8.5	6.3
项目		7 月	8 月	9 月	10 月	11 月	12 月
合计		100.0	100.0	100.0	100.0	100.0	100.0
LPR 减点		19.6	20.9	19.7	19.2	20.9	19.8
LPR		8.2	7.9	9.0	10.2	10.0	9.1
LPR 加点	小计	72.2	71.2	71.4	70.7	69.1	71.0
	(LPR，LPR+0.5%)	7.7	8.9	9.2	9.1	8.3	8.9
	[LPR+0.5%，LPR+1.5%)	18.8	18.9	16.4	16.2	24.1	16.7
	[LPR+1.5%，LPR+3%)	23.5	20.5	24.6	23.3	17.9	25.2
	[LPR+3%，LPR+5%)	13.9	14.6	13.5	14.2	11.1	12.4
	LPR+5% 及以上	8.2	8.4	7.7	7.8	7.7	7.9

数据来源：中国人民银行银川中心支行。

5. 存款管理不断加强，LPR 改革持续推进。加强存款利率监管，停办异地存款和周期付息型存款产品，存款市场竞争秩序得到有效维护。2021 年 12 月，宁夏定期存款加权平均利率为 2.28%，同比下降 0.02 个百分点。金融机构将 LPR 纳入内部资金转移定价（FTP）收益率曲线，增强 LPR 在内外部定价中的基准作用，持续释放利率市场化改革红利。2021 年 12 月，宁夏企业贷款加权平均利率为 4.95%，较年初下降 0.07 个百分点，其中小微企业贷款利率较年初下降 0.10 个百分点。

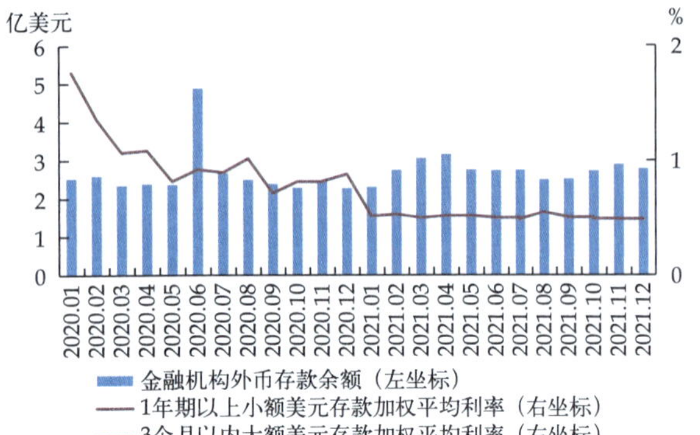

图4　2020—2021年宁夏回族自治区金融机构外币存款余额及外币存款利率

（数据来源：中国人民银行银川中心支行）

6. 风险处置有序推进，金融风险整体可控。严格贷款质量分类，加大不良贷款处置力度，有效应对不良贷款反弹，宁夏银行业金融机构不良贷款余额和不良贷款率实现"双降"。建立常备借贷便利"白名单"，强化流动性监测，压实流动性管理主体责任，保持银行体系流动性合理充裕。地方法人银行多渠道补充资本，做实资产质量，年末资本充足率同比提高1.1个百分点。

7. 金融改革持续深入，金融体系不断丰富。永宁、惠农和青铜峡农村商业银行先后挂牌，全面完成农信社改制。英大泰和财险、中国长城资管、平安银行相继在宁开业。"三农金融事业部"改革持续推进，服务"三农"能力进一步提升。2021年末，"三农金融事业部"贷款余额243.3亿元，同比增长10.6%。

8. 深化贸易投资便利化，跨境收支大幅增长。开展更高水平贸易投资便利化试点，不断提升跨境人民币业务服务实体经济水平。2021年，宁夏跨境人民币累计收付金额36.7亿元，同比增长25.9%。其中，与"一带一路"沿线17个国家和地区跨境收付12.4亿元，与9个东盟国家跨境收付11.3亿元。持续优化外汇金融服务，支持宁夏内陆开放型经济试验区建设。2021年，宁夏跨境收支总额37.1亿美元，同比增长18.8%。其中，货物贸易跨境收支占全部跨境资金的74.3%，服务贸易跨境收支占全部跨境资金的6.4%，直接投资跨境收支占全部跨境资金的10.2%。

9. 管好用足政策工具，精准支持普惠领域。落实人民银行总行两次下调金融机构存款准备金率政策，释放金融机构中长期资金68.8亿元。按季度开展宏观审慎评估工作，发挥逆周期调节和结构优化作用。加大货币政策工具使用力度，积极落实3000亿元支小再贷款政策，实现再贴现券款对付结算，办理宁夏首批绿色票据再贴现业务。2021年末，宁夏再贷款再贴现余额142.8亿元，同比增长29.9%。延续实施两项直达实体经济货币政策工具，扎实做好稳企纾困工作。2021年，宁夏银行业金融机构对111.9亿元到期普惠小微贷款办理延期还本，累计投放普惠小微信用贷款181.2亿元。

专栏1　动产融资工作取得积极成效

2021年，人民银行银川中心支行贯彻落实党中央、国务院决策部署，以动产和权利担保统一登记制度改革为契机，依托动产融资统一登记公示系统和中征应收账款融资服务平台，会同有关部门围绕政策、服务、环境等关键领域，采取多种措施助力企业动产融资发展，有力地支持了稳企业保就业工作。

强化工作协同，推动动产和权利担保统一登记制度改革落地见效。会同相关部门印发《关于推动落实动产和权利担保统一登记促进金融更好服务实体经济的实施方案》，进一步加强政策协同，细化过渡期登记查询服务，发挥动产融资统一登记系统在提升动产担保交易透明度、减轻企业负担、激发市场主体创新活力方面的作用。2021年，宁夏各类经济主体发生动产和权利担保登记8174笔、查询7143笔，按可比口径，同比分别增长281.7%、272.0%；新增企业、个人及个体工商户等担保人3429家。

加大政策引导，提升动产和担保权利质押融资便利性。综合运用再贷款、再贴现等结构性货币政策工具，引导金融机构扩大涉农、小微和民营等领域信贷投放。联合印发《关于促进宁夏供应链金融发展的意见》，发展特色化供应链金融服务，提升供应链上下游中小微企业融资便利程度。指导金融机构依托金融科技手段，有效对接动产融资统一登记公示系统和应收账款融资服务平台，积极开通线上审批放款通道，完善线上融资授信审批流程，打通供应链的物流、信息流和资金流，满足中小供应商“小额、多单、快速”融资需求。基于线上受理审批模式，金融机构最快3天开立企业银行账户并发放贷款，信贷支持直达县域供应商企业，拓宽金融服务覆盖面成效明显。2021年，宁夏应收账款融资服务平台支持企业融资65.4亿元，同比增长42.7%，其中小微企业融资占比95.8%，融资金额同比增长91.2%。

深化信息共享，实现政府采购合同线上信用融资全覆盖。在自治区本级试点的基础上，联合自治区财政厅整合共享区市县三级政府采购合同信息，依托应收账款融资服务平台搭建信息共享桥梁，为宁夏各级政府采购项目中标供应商提供线上快速融资通道，破解部分小微供应商首贷难题，提高小微企业应收账款周转效率。2021年，宁夏17个区市县财政的采购项目实现融资，58家中小供应商获得融资1.6亿元，同比增长70.1%。

完善工作机制，持续释放政策红利。及时跟进金融机构动产融资业务开展情况，适时召开工作推进会，分析工作中面临的问题，压实工作责任。组织开展动产融资业务推广、培训、调研走访等活动，引导金融机构建立健全动产融资业务推动机制，优化内部资源配置和激励措施，提升服务能力。加大宣传引导，通过微信公众号、宁夏税务服务平台、《金融时报》等媒介发布信息，举办专题新闻发布会，组织金融机构宣讲推介，积极扩大动产融资政策知晓度。

（二）证券交易较为活跃，直接融资同比减少

1. 证券机构保持稳定，期货交易增长强劲。2021年末，宁夏共有16家证券分公司、42家证券营业部，其中33家证券营业部具备期货IB业务资格；共有48家基金代销机构、5家期货分公司和1家期货营业部。2021年，宁夏投资者开设证券账户259.3万户，同比增长7.9%，A股、B股、基金、债券及其他证券交易额14053.1亿元，同比增长10.3%；销售开放式基金184.4亿元，同比减少4.8%，其中认购额52.7亿元，申购额131.7亿元；期货成交量1591.0万手，交易额11295.5亿元，同比分别增长30.3%和29.2%。

表3　2021年宁夏回族自治区证券业基本情况

项目	数量
总部设在辖内的证券公司数（家）	0
总部设在辖内的基金公司数（家）	0
总部设在辖内的期货公司数（家）	0
年末国内上市公司数（家）	16
当年国内股票（A股）筹资（亿元）	2.1
当年发行H股筹资（亿元）	0.0
当年国内债券筹资（亿元）	30.4
其中：短期融资券筹资额（亿元）	13.4
中期票据筹资额（亿元）	5.0

数据来源：宁夏证监局。

2. 企业上市再获突破，债券融资有所减少。 宁夏大力推动实施企业上市“明珠计划”，积极培育多层次资本市场，拓宽优质企业融资渠道。2021 年末，宁夏共有 16 家上市公司，其中，沪市 6 家、深市 9 家、北交所 1 家；总股本 213.9 亿股，同比增长 3.7%，其中流通股本同比增长 2.8%；总市值 2126.1 亿元，其中流通市值 1130.7 亿元。2021 年，1 家企业在深交所上市，2 家企业实现“脱星摘帽”。目前，宁夏有上市辅导备案企业 8 家，后备企业近 40 家，挂牌上市企业梯队已经形成。2021 年末，宁夏共有全国中小企业股份转让系统挂牌公司 41 家，存续私募基金 103 只、金额 191.4 亿元，同比减少 34 只、金额 65.1 亿元。宁夏企业共发行信用类债券 30.4 亿元。

（三）保险业发展良好，保障功能进一步发挥

1. 保险机构实力增强，保险市场规模扩大。 2021 年末，宁夏共有保险法人公司 1 家，财产保险省级分公司 11 家，人身保险省级分公司 13 家。宁夏保险业资产总额 614.0 亿元，同比增长 12.2%。2021 年，宁夏保险业累计实现保费收入 211.1 亿元，同比增长 0.2%。其中，财产险保费收入 65.4 亿元，同比减少 3.7%；人身险保费收入 145.8 亿元，同比增长 2.1%。保险累计赔付支出 73.0 亿元，同比增长 10.5%。其中，财产险赔付支出 45.8 亿元，同比增长 19.4%；人身险赔付支出 27.2 亿元，同比减少 1.9%。

表 4　2021 年宁夏回族自治区保险业基本情况

项目	数量
总部设在辖内的保险公司数（家）	1
其中：财产险经营主体（家）	1
寿险经营主体（家）	0
保险公司分支机构（家）	24
其中：财产险公司分支机构（家）	11
寿险公司分支机构（家）	13
保费收入（中外资，亿元）	211.1
其中：财产险保费收入（中外资，亿元）	65.3
人身险保费收入（中外资，亿元）	145.8
各类赔款给付（中外资，亿元）	73.0

数据来源：宁夏银保监局。

2. 保险服务日益拓展，保障水平不断提高。 宁夏积极引导保险创新，提升保险服务实体经济的效能，经济“减震器”和社会“稳定器”的功能进一步凸显。商业健康保险一站式结算取得突破，实现商业保险与社会医疗保险的无缝对接。城市定制型商业保险规范发展，为居民提供稳定、专业、规范的定制医疗保险服务。首单新材料保险落地，为 1 家企业提供 1.4 亿元的新材料质量、责任综合风险保障。车险综合改革全面实施，累计让利超 16 亿元。关税保险试点持续推进，担保税款超 1.3 亿元人民币，提高了货物通关效率、降低了企业成本。

（四）社融规模同比少增，金融市场运行平稳

1. 社融规模增量同比少增，信贷支撑作用强化。 2021 年，宁夏社会融资规模增量为 392.5 亿元，同比少增 478.0 亿元。其中，人民币贷款新增 503.4 亿元，同比少增 72.5 亿元，占同期社融增量的 128.3%；地方政府债券净增 60.0 亿元，同比少增 138.2 亿元，占同期社融增量的 15.3%；非金融企业债券和股票净融资减少 36.9 亿元。

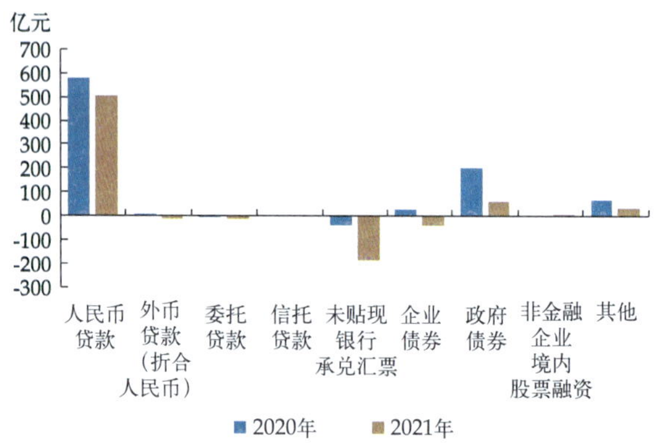

图 5　2020—2021 年宁夏回族自治区社会融资规模分布情况

（数据来源：中国人民银行银川中心支行）

2. 货币市场交易量缩价升，资金流向转为净融出。 2021 年，宁夏银行间市场成员货币市场交易量同比减少 7.5%，资金流向多年来首次

由净融入转为净融出，其中债券回购成交量同比减少4.9%，质押式回购占货币市场交易量的98.9%；债券回购加权平均利率2.01%，同比上升0.37个百分点。同业拆借交易量同比减少74.8%，资金流向以拆出为主，加权平均利率2.40%，同比上升0.65个百分点。

3. 票据融资余额增长较快，贴现利率逐季下降。2021年，宁夏累计签发银行承兑汇票597.7亿元，同比增长0.5%；年末银行承兑汇票余额484.8亿元，同比减少10.4%。票据融资累计发生2960.9亿元，同比增长1.2%；年末票据融资余额862.8亿元，同比增长17.9%，增速较上年末提高7.4个百分点。2021年第四季度，银行承兑汇票贴现利率2.74%，较第一季度下降0.87个百分点；买断式票据转贴现利率2.35%，较第一季度下降0.78个百分点。

表5　2021年宁夏回族自治区金融机构票据业务量统计

单位：亿元

季度	银行承兑汇票承兑		贴现			
			银行承兑汇票		商业承兑汇票	
	余额	累计发生额	余额	累计发生额	余额	累计发生额
1	525.0	164.8	712.7	656.1	5.0	5.3
2	485.7	305.2	769.7	1418.3	7.5	37.0
3	477.6	463.1	823.0	2209.0	3.2	79.1
4	484.8	597.7	852.2	2870.5	10.6	90.4

数据来源：中国人民银行银川中心支行。

表6　2021年宁夏回族自治区金融机构票据贴现、转贴现利率

单位：%

季度	贴现		转贴现	
	银行承兑汇票	商业承兑汇票	票据买断	票据回购
1	3.61	4.77	3.13	2.87
2	3.15	4.72	2.76	2.74
3	2.84	4.05	2.47	2.74
4	2.74	3.62	2.35	2.65

数据来源：中国人民银行银川中心支行。

4. 外汇市场交易平稳增长，黄金市场交易减少。2021年，宁夏银行间外汇市场成员成交量同比增长7.1%，其中卖出美元占全部成交量的93.5%。宁夏银行业金融机构黄金市场业务累计成交额同比减少69.1亿元，代理个人上海黄金交易所黄金交易、人民币账户黄金交易和实物黄金成交额占全部成交额的84.4%，其中，代理个人上海黄金交易所黄金成交额同比减少40.0亿元，人民币账户金累计成交额同比减少30.2亿元，实物黄金累计成交额同比增加2.3亿元。

（五）金融基础设施日益健全，金融生态环境持续向好

1. 持续完善信用体系，不断优化营商环境。拓展吴忠市“融信通”平台应用，累计促成融资47.3亿元。在平罗县探索开展新型农业经营主体信用等级综合评价试点，累计为首批66家A级以上主体授信3.2亿元。依法依规落实联合激励惩戒措施，推动构建诚信长效机制。探索开展“信用报告线上查询示范村”试点，有效提升征信查询服务的可得性和便利性。全年对外提供征信查询服务73.1万次。

2. 深化支付便民工程，全力支持稳企纾困。借助云闪付平台，宁夏银川市、吴忠市共计发放消费券1530万元，覆盖近11万户商户，带动消费1亿元以上。在有效防范风险的前提下，银行机构有效优化开户流程，实现“应开尽开、只跑一次、一天办结、即开即用”。严格落实降费要求，帮助企业纾困减负。截至2021年末，累计减免手续费支出超过2亿元。

3. 推进国库信息化建设，拓宽为民服务广度。实现跨省异地电子缴税，破解跨省经营纳税人“两头跑”缴税难题，缴税时间由1周缩短至1天，累计办理业务4.75亿元。开展国库直接支付便民“直通车”，拨付财政补助资金近2000万元。深入推进“国债下乡”，县域地区累计销售储蓄国债3.7亿元。

4. 优化现金流通环境，提升现金服务水平。推广人民币流通非现场监管系统，完善整

治拒收人民币和反假货币工作长效机制，推动拒收现金行为投诉量和假币收缴张数及金额逐年下降。严格落实现金投放回笼消毒措施，确保公众用上放心钱。全面落实全额清分工作措施，持续提高流通中人民币整洁度。积极提升“适老化”现金服务的针对性和有效性，不断增强广大群众对现金服务的获得感和满意度。

5. 加大金融科技应用，赋能普惠金融发展。建立宁夏金融科技创新监管工作机制，“基于人工智能的肉牛养殖农户信贷服务”项目、“基于大数据技术的普惠信贷服务”项目，正式进入金融科技创新监管工具测试运行。部分银行机构利用大数据技术构筑“信用共同体”，大幅扩大涉农信贷服务覆盖面。宁夏36家地方法人银行发布了适合老年人等特殊群体使用的“大字版”手机银行App。

6. 不断强化部门协作，保护金融消费者权益。推进金融纠纷多元化解机制建设，设立了11家金融纠纷调解组织。持续打造让金融消费者满意的12363“暖心热线”，及时妥善处理金融消费者投诉咨询。着力提升辖内消费者金融素养，创建3家自治区级金融教育示范基地。建立金融营销宣传行为协同监管工作机制，全年甄别、处理11条疑似违法违规金融广告线索。

二、经济运行情况

2021年，宁夏深入学习习近平总书记视察宁夏重要讲话精神，坚决贯彻落实党中央、国务院决策部署，以建设黄河流域生态保护和高质量发展先行区为统揽，坚持稳中求进工作总基调，积极融入新发展格局，科学统筹疫情防控和经济社会发展，扎实做好“六稳”工作，全面落实“六保”任务，经济运行呈现总体平稳、稳中有进的发展态势，实现“十四五”良好开局。全年实现地区生产总值4522.3亿元，同比增长6.7%，两年平均增长5.3%。

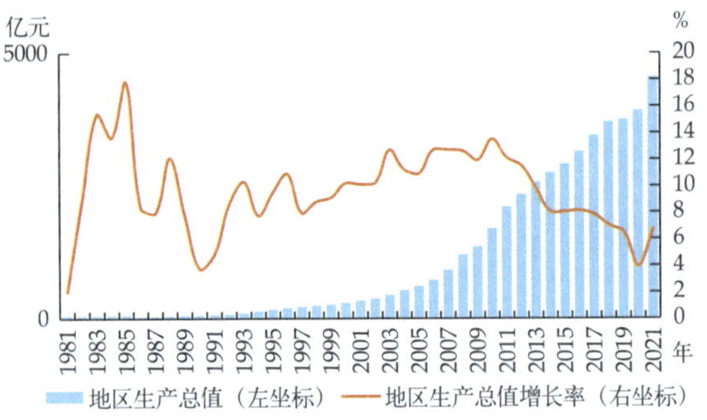

图6　1981—2021年宁夏回族自治区地区生产总值及其增长率

（数据来源：《宁夏统计年鉴》、宁夏回族自治区统计局）

（一）三大需求稳定恢复，进出口增势强劲

1. 投资规模稳步扩大，投资质量不断提升。组织重大项目集中开工，压实项目“谋、建、服、管、督、评”责任，全力以赴扩大有效投资。2021年，宁夏固定资产投资（不含农户）同比增长2.2%，增速较上年回落1.8个百分点，其中第一产业投资同比增长45.7%，第二产业投资同比下降1.5%，第三产业投资同比增长2.0%。投资结构持续改善，工业技术改造投资同比增长12.2%，占工业投资的比重由上年的25.0%提高到28.5%；高耗能行业投资占投资的比重由上年的30.6%下降到26.6%。1133个重点项目全面实施，银昆高速、城乡供水一体化等加快建设或建成投运。民间投资占比由上年的56.9%提高到57.4%。

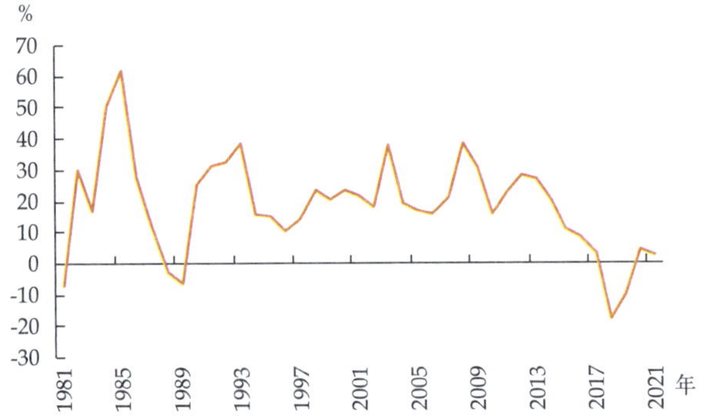

图7　1981—2021年宁夏回族自治区固定资产投资（不含农户）增长率

（数据来源：《宁夏统计年鉴》、宁夏回族自治区统计局）

2. 消费市场加快复苏，部分领域增势良好。坚持传统消费与培育新型消费并重、扩大商品消费与促进服务消费并重、注重线上消费与拓展线下消费“三个并重”工作思路，不断增强消费对经济增长的拉动作用。2021 年，宁夏实现社会消费品零售总额 1335.1 亿元，同比增长 2.6%，其中城镇消费品零售额同比增长 2.8%，乡村消费品零售额同比增长 0.8%。限额以上商品零售中，石油及制品类同比增长 21.1%，新能源汽车同比增长 2.8 倍，家用电器和音像器材类同比增长 12.5%，饮料类同比增长 12.3%，书报杂志类同比增长 12.1%。

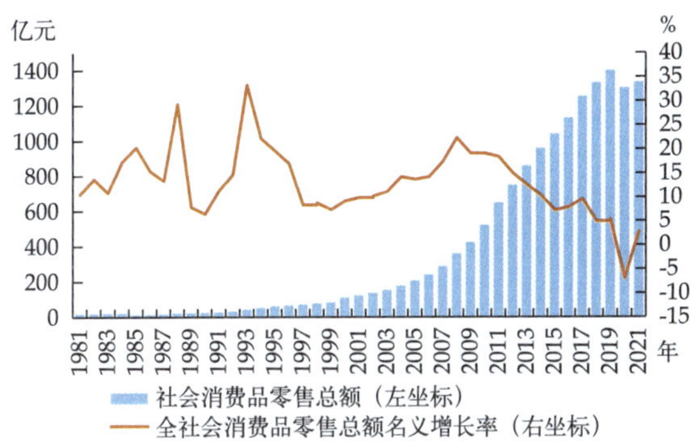

图 8　1981—2021 年宁夏回族自治区社会消费品零售总额及其增长率

（数据来源：《宁夏统计年鉴》、宁夏回族自治区统计局）

3. 对外贸易大幅增长，实际利用外资量质齐增。主动对接西部大开发、“一带一路”倡议等规划，不断完善对外开放政策体系，以更高水平开放促进宁夏内陆开放型经济试验区建设。2021 年，宁夏实现外贸进出口总额 214.0 亿元，同比增长 73.4%。其中，出口同比增长 101.7%；进口同比增长 6.8%。从重点出口产品看，机电产品同比增长 122.0%，基本有机化学品同比增长 61.4%，医药材及药品同比增长 17.4%。实际利用外资量质齐增，全年新设外商直接投资企业 29 家，同比增长 31.8%，实际利用外资 2.9 亿美元，同比增长 7.5%。其中，信息传输、软件和信息技术服务业实际利用外资同比增长 12.5%。

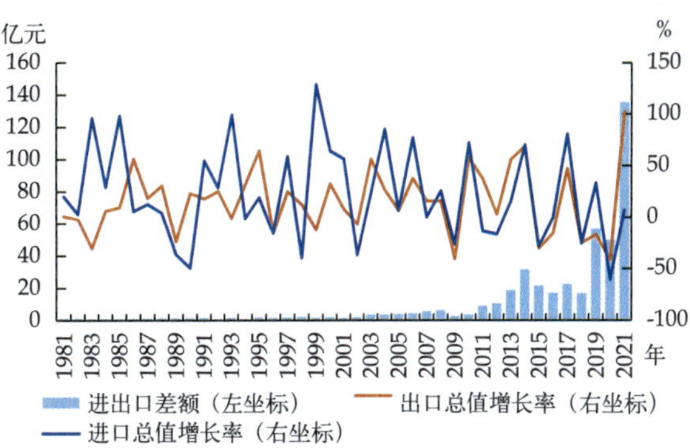

图 9　1981—2021 年宁夏回族自治区外贸进出口变动情况

（数据来源：《宁夏统计年鉴》、宁夏回族自治区统计局）

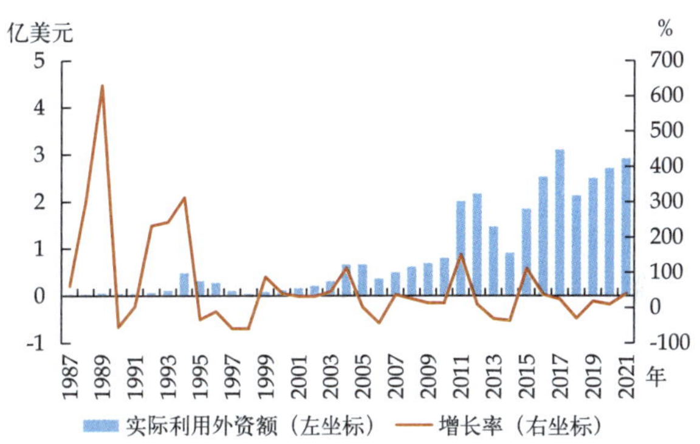

图 10　1987—2021 年宁夏回族自治区实际利用外资额情况

（数据来源：《宁夏统计年鉴》、宁夏回族自治区统计局）

（二）产业结构持续优化，质量效益明显改善

2021 年，宁夏第一、第二、第三产业增加值同比分别增长 4.7%、6.6%、7.1%，三次产业结构由上年的 8.6 : 41.0 : 50.4 调整为 8.1 : 44.7 : 47.2，第二产业比重上升 3.7 个百分点。

1. 农业生产保持稳定，特色产业优势显著。以国家农业绿色发展先行区建设为抓手，大力发展重点特色农业产业，持续巩固脱贫攻坚成果，全面推进乡村振兴。2021 年，宁夏实现农林牧渔业总产值 757.7 亿元，同比增长 4.8%，特色优势产业占农业总产值的比重达到 88%。全年粮食总产量 368.4 万吨，实现“十八连丰”。获批建设国家葡萄及葡萄酒产业开放发展综合试验区，葡萄、枸杞种植面积分别增加3.3万亩、8.0万亩。新（扩）建规模化奶牛场53家，奶牛存栏增长17.2%。肉牛规模化养殖比例达到48%。新增培育特色优质农产品品牌466个，创建国家级农业产业强镇4个、产业集群1个，农产品加工转化率达到70%。

2. 工业生产快速发展，新兴动能茁壮成长。全力推进数字化转型，实施工业“结构改造、智能改造、技术改造、绿色改造”，提升工业产业层次。2021年，宁夏规模以上工业增加值同比增长8.0%，其中重工业增加值同比增长7.6%，轻工业增加值同比增长12.8%。分行业看，高技术制造业增加值同比增长22.5%，装备制造业增加值同比增长12.7%，可再生能源发电量485.0亿千瓦时，同比增长37.7%。新增国家高新技术企业67家，小巨人企业、农高企、科技型中小企业等270家，创新型示范企业20家，“专精特新”中小企业162家。精密铸造、仪器仪表、电工电气、数控机床等行业两化融合发展指数达到60。2021年，宁夏规模以上工业实现利润总额462.6亿元，比上年增长1.1倍。

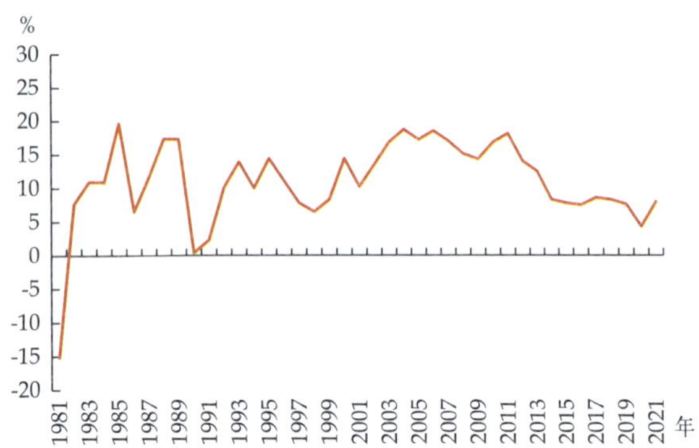

图11　1981—2021年宁夏回族自治区规模以上工业增加值增长率

（数据来源：《宁夏统计年鉴》、宁夏回族自治区统计局）

3. 服务业较快增长，转型升级态势明显。2021年，宁夏服务业增加值2136.3亿元，同比增长7.1%，两年平均增长5.4%，对经济增长贡献率达到53.3%。互联网经济快速成长，网上零售额302.8亿元，同比增长46.0%，其中实物商品网上零售额83.5亿元，同比增长30.4%。快递业务量同比增长38.9%，电信业务总量同比增长32.6%，互联网宽带接入用户同比增长11.2%。培育工业互联网平台40余个，实现600余家工业企业上云、千台工业设备联网，电子信息制造业、软件和信息技术服务业发展迅速，增速均超过20%。

4. 供给侧结构性改革不断深化，科技强区战略有效实施。出台“能源保供18条”，扎实推进煤炭增产、电力增供、油气保供，全年规模以上工业原煤产量8632.9万吨，同比增长5.9%，工业发电量2081.9亿千瓦时，同比增长10.4%。严控“两高”项目盲目上马，压减“两高”项目39个，减少能耗1725万吨标准煤。有效落实“稳增长24条”等降本增效政策措施，降低实体经济成本130亿元以上。提升企业创新能力，优化科技创新平台布局，深化东西部科技合作机制，全社会研究与试验发展经费投入强度达到1.6%，登记技术合同3127项，技术合同成交额25亿元。严格落实“四个不摘”要求，建立健全防止返贫动态监测和帮扶机制，累计监测对象5.0万人，其中81.6%已基本消除返贫风险。

5. 深入开展“四权”改革，环境治理成效明显。开展用水权、土地权、排污权、山林权“四权”改革，运用市场化手段，提高资源使用效率。持续打好污染防治攻坚战，空气质量优良天数比例达83.8%，PM2.5平均浓度下降18.2%。统筹推进饮用水水源、黑臭水体、工业废水、农田退水、城乡污水“五水共治”，地表水国控断面水质优良比例达80%。大力实施黄河流域支流、重点湖泊、排水沟、黑臭水体治理工程，黄河干流宁夏段水质连续五年保持Ⅱ类进Ⅱ类出。严格落实禁伐、禁垦、禁采、禁牧“四禁”规定，水土流失实现了总体逆转，治理率达到58%，贺兰山生态环境综合治理入选全国生态修复十大典型案例。

（三）生产价格涨幅扩大，就业形势平稳向好

1. 消费价格温和上涨，生产价格大幅上涨。

2021 年，宁夏居民消费价格同比上涨 1.4%。分类别看，食品烟酒价格同比上涨 1.5%，生活用品价格及服务价格同比上涨 0.7%，交通和通信同比上涨 4.1%，教育文化价格和娱乐价格同比上涨 1.5%，医疗保健同比上涨 1.7%，衣着价格同比下降 1.0%。宁夏工业生产者出厂价格和工业生产者购进价格同比分别上涨 19.9% 和 20.8%，涨幅均明显扩大，分别较上年提高 23.0 个和 26.1 个百分点。

图 12　2011—2021 年宁夏回族自治区居民消费价格指数和工业生产者价格指数变动趋势

（数据来源：《宁夏统计年鉴》、国家统计局宁夏调查总队）

2. 实施四大提升行动，全面完成就业目标。推进百万人移民致富提升、城乡居民收入提升、基础教育质量提升、全民健康水平提升"四大提升行动"，增强群众获得感幸福感。2021 年，宁夏全体居民人均可支配收入 27904 元，同比增长 8.4%，较上年加快 3.0 个百分点。其中，城镇常住居民人均可支配收入 38291 元，同比增长 7.2%；农村常住居民人均可支配收入 15337 元，同比增长 10.4%。城乡居民人均可支配收入比值为 2.50，较上年缩小 0.07。宁夏城镇新增就业 8.2 万人，同比增长 11.6%，完成全年目标任务的 113.2%，农村劳动力转移就业 81.3 万人，同比增长 1.3%。年末城镇登记失业率为 4.13%。

（四）财政收入快速增长，民生支出保障有力

不断完善现代财政制度，压降一般性支出，保障民生领域支出，支持重点工程顺利实施，发挥财政政策引领作用。2021 年，宁夏地方一般公共预算收入 460.0 亿元，同比增长 9.7%，创"十三五"以来新高，其中税收收入 300.7 亿元，同比增长 14.0%，占地方一般公共预算收入的 65.4%，同比提高了 2.5 个百分点。一般公共预算支出 1428.3 亿元，同口径增长 3.7%。其中，教育、社会保障和就业、卫生健康、节能环保、农林水等民生支出 1085 亿元，占财政支出的 75.7%，同比提高 0.5 个百分点。

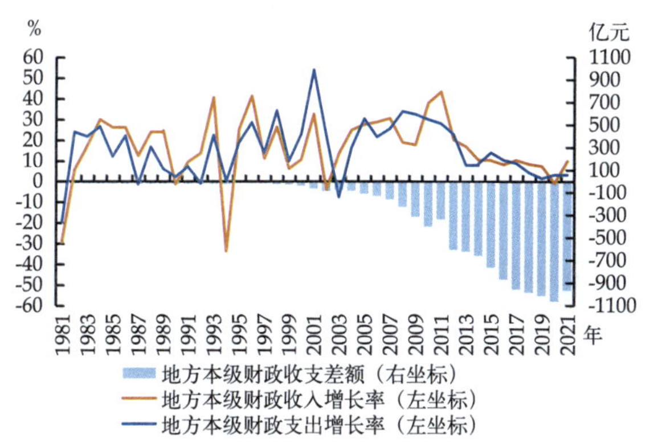

图 13　1981—2021 年宁夏回族自治区财政收支状况

（数据来源：《宁夏统计年鉴》、宁夏回族自治区统计局）

专栏 2　创新开展农村普惠金融综合服务点"固原模式"建设

近年来，人民银行银川中心支行聚焦金融支持脱贫攻坚与乡村振兴的有效衔接，大力开展农村普惠金融综合服务点建设，探索形成了"政府主导、人行推动、银行参与、村委支持"的金融服务乡村振兴"固原模式"。截至 2021 年末，固原市在助农取款服务点行

政村全覆盖的基础上，建立农村普惠金融综合服务点526个；全年共办理各项业务35.9万笔、金额2.4亿元。

聚焦金融为民，推动规范发展。一是加强制度建设。推动出台《固原市金融扶贫示范村建设方案》等文件，进一步明确农村普惠金融综合服务点“八有十具备”建设标准，即有办公场地、办公设备、办公经费、规章制度、业务流程、服务人员、服务台账、宣传资料，具备融资服务平台、小额取现、转账汇款、信息查询、便民缴费、保费收缴、网上购物、农产品销售、金融知识宣传、金融风险防范功能。二是健全工作机制。成立农村普惠金融综合服务点建设领导小组，建立联络员会议和催办督办制度，及时研究解决服务站建设过程中存在的问题。明确农村普惠金融综合服务点建设各方职责，市县(区)政府实施整体规划、政策引导和激励奖惩，人民银行和银保监局在固机构进行监督指导，涉农银行全面负责服务站工作人员业务指导培训及资金清算。三是统一建设标准。将农村普惠金融综合服务点统一规划建设在行政村村部，指导涉农银行制定“六统一”标准，逐级推动农村普惠金融综合服务点规范化、标准化建设。选聘综合素质高、服务意识强、工作时间稳定的村会计、村文书以及村委班子成员群体，担任服务站业务人员，确保高效稳定运行。

丰富业务功能，着力提质增效。一是拓展电商服务。积极对接电商平台，逐步形成“服务站+农民合作社+电商+龙头企业+网店”的服务模式，进一步缩短农产品交易时空距离，有效增加农民收入。二是开展授信服务。结合整村授信政策，充分发挥行政村人缘地缘血缘优势，高效、准确收集农户信贷需求，及时开展信用初评，高质量提供贷款用信、还款、查询等服务，解决农村金融服务信息不对称、贷款难等问题。2021年末，固原市涉农银行依托农村普惠金融综合服务点，累计为农户授信2.11亿元。三是加强宣传服务。联合涉农银行、保险公司、公安机关，精心打造“金融知识讲习堂”“金融夜校”，大力开展支付结算、金融理财、防范非法集资等知识宣讲，不断增强农民群众金融素养，防范农村地区各类金融风险。2021年，累计开展各类宣讲36场（次），覆盖农民群众近10万人。

加大补偿激励，激活发展动力。一是政府部门给予资金激励。建立健全利益补偿机制，将农村普惠金融综合服务点建设运行经费纳入年度财政预算，同时对涉农银行给予资金补助。截至2021年末，政府累计为固原市农村普惠金融综合服务点补助资金992万元。二是金融管理部门给予政策激励。人民银行固原市中心支行对农村普惠金融综合服务点建设成效显著的涉农银行，在再贷款等方面给予政策支持。三是涉农银行给予补贴激励。涉农银行根据评级结果，对业务量达标的农村普惠金融综合服务点，按照每人每月300~1000元标准给予保底服务费补贴，同时根据业务类型给予每笔0.5元或1元的业务补贴。2021年，固原市涉农银行累计为农村普惠金融综合服务点发放补贴近百万元。

（五）房地产市场平稳发展，光伏产业集群初步构建

1. 房地产市场平稳发展。新建住宅价格涨幅回落。2021年，宁夏房地产开发投资额同比增长7.8%，较上年提高0.3个百分点。其中，住宅开发投资同比增长11.6%。宁夏房屋施工面积同比增长0.8%，较上年提高7.1个百分点。新建商品房销售面积和销售额同比分别下降7.4%、3.3%。商品房待售面积增长3.5%，增幅较上年回落0.2个百分点。2021年，银川市新建住宅价格逐月回落，年末同比上涨6.7%，涨

幅较年初回落7.2个百分点。

图14　2011—2021年宁夏回族自治区商品房施工和销售变动趋势

（数据来源：宁夏统计局）

房地产贷款增速放缓。2021年末，宁夏房地产贷款余额1768.0亿元，同比增长13.0%，较上年末放缓3.6个百分点。其中，开发贷款余额同比增长1.0%，购房贷款余额同比增长18.5%。2021年末，宁夏个人住房贷款余额同比增长21.6%，较上年末放缓9.8个百分点。

因城施策房地产调控政策有效执行。2021年8月23日，银川市相关部门印发了《关于促进我市房地产平稳健康发展的通知》，加大住宅用地供应，建立房地价联动机制。

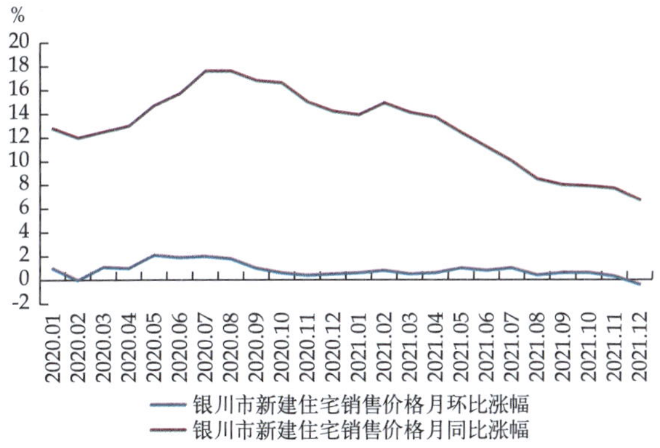

图15　2020—2021年银川市新建商品住宅销售价格变动趋势

（数据来源：国家统计局网站）

2. 光伏产业集群初步构建。宁夏地势海拔高、日照时间长、辐射强度高，具有丰富的太阳能资源。2012年，宁夏被确定为新能源综合示范区，是国家“西电东送”网架枢纽和重要的新能源电力外送基地。2020年，宁夏将清洁能源产业确定为自治区9个重点产业之一，聚焦光伏、风电、氢能等领域，定位高水平建设国家新能源综合示范区。2021年，国家发展改革委、国家能源局出台17条政策措施，支持宁夏能源转型发展。目前，宁夏光伏制造业布局基本覆盖单晶硅料、硅片、电池材料、光伏玻璃等。其中，单晶硅棒、硅片和电池片产能分别占全国产能的25%、11%和7.5%，已成为全国重要的光伏材料生产基地。2021年，推进实施16个光伏发电项目，总投资67.7亿元；宁夏单体规模最大、投资规模最大的200万千瓦光伏项目开工建设。

为满足宁夏光伏产业发展融资需求，宁夏出台《关于绿色金融支持清洁能源产业高质量发展的实施意见》，优化产业发展环境。2021年末，宁夏光伏产业贷款余额204.7亿元。

三、预测与展望

目前，宁夏经济呈现总体平稳、稳中有进的良好态势，但也面临疫情持续影响以及需求收缩、供给冲击、预期转弱三重压力，经济发展困难挑战明显增多。2022年，是党的二十大召开之年，是实施“十四五”规划承上启下的关键之年。宁夏将以习近平新时代中国特色社会主义思想为指导，全面贯彻新发展理念，主动融入新发展格局，坚持稳中求进工作总基调，坚持以供给侧结构性改革为主线，坚持统筹疫情防控和经济社会发展，加快推进黄河流域生态保护和高质量发展先行区建设。

宁夏金融系统将认真贯彻党中央、国务院决策部署，坚持稳字当头、稳中求进，认真落实稳健货币政策灵活适度的要求，发挥好货币政策工具的总量和结构双重功能，推动“信贷总量稳步增长、信贷结构稳步优化、融资成本稳中有降”，守住不发生区域性金融风险的底线，为宁夏经济高质量发展提供强有力的金融支撑。

中国人民银行银川中心支行货币政策分析小组

总　　纂：闫先东　姚景超

统　　稿：王立军　王　青　李　斌　马晓栋

执　　笔：祁永忠　刘江帆　周金东　李　鹏　丁　辉　宋　渊　孙世全　李　响　牛立华

提供材料：韩银莹　张昀芊　柳　莹　田　晨　李长升　张　彧　丁　慧　李海洋　白纪年
马志昂　王进会　行　颖　晏小红　任高芳　常军卫　刘　力　陈苗苗　王　谦
李　印　冯建宝　马俊鹏　马　飞　张迎春　欧小山　金泽芬　杨丽艳　贺妍秋

附录：

（一）2021 年宁夏回族自治区经济金融大事记

1 月 25 日，国家发展改革委批复同意注册发行 45 亿元优质企业债券。

4 月 20 日，“国家级太阳能电解水制氢综合示范项目”在宁夏正式投产，成为目前全球最大的电解水制氢项目。

5 月 31 日，人民银行银川中心支行印发《关于优化调整信贷结构 支持建设黄河流域生态保护和高质量发展先行区的意见》，推动金融机构积极支持宁夏建设先行区、融入新发展格局。

6 月 10 日，宁夏首批 3 家金融教育示范基地建成运行，积极探索构建金融知识普及长效机制。

7 月 10 日，中国首家葡萄酒综合试验区——宁夏国家葡萄及葡萄酒产业开放发展综合实验区正式挂牌成立。

8 月 19 日，第五届中阿博览会在银川开幕，习近平总书记发来贺信。

9 月 22 日，宁夏成立“自治区财政金融风险防范化解领导小组”，持续强化财政金融风险的组织领导和推动实施。

10 月 21 日，宁夏新增 1 家股份制银行，进一步丰富金融体系。

11 月 15 日，宁夏企业在北京证券交易所首批上市。

12 月 31 日，宁夏农信社改制工作圆满收官。

（二）2021年宁夏回族自治区主要经济金融指标

表1 2021年宁夏回族自治区主要存贷款指标

	项目	1月	2月	3月	4月	5月	6月	7月	8月	9月	10月	11月	12月
本外币	金融机构各项存款余额（亿元）	7269.9	7276.7	7437.4	7350.8	7391.8	7493.6	7391.0	7471.5	7484.7	7400.2	7417.0	7483.6
	其中：住户存款	4013.8	4081.8	4154.2	4102.6	4086.7	4165.9	4139.2	4159.8	4247.6	4209.0	4230.1	4279.8
	非金融企业存款	1479.2	1492.0	1568.9	1504.7	1518.9	1533.6	1478.2	1486.1	1461.8	1446.8	1448.5	1469.6
	各项存款余额比上月增加（亿元）	133.6	6.9	160.7	-86.6	41.0	101.8	-102.6	80.5	13.1	-84.5	16.8	66.6
	金融机构各项存款同比增长（%）	9.8	10.3	9.1	7.1	7.0	6.4	6.0	6.1	6.1	4.4	4.6	4.9
	金融机构各项贷款余额（亿元）	8112.6	8124.2	8199.6	8208.3	8203.1	8232.4	8265.8	8315.8	8338.6	8297.2	8343.3	8461.3
	其中：短期	2148.7	2146.7	2170.6	2116.0	2105.1	2147.8	2130.5	2116.7	2133.3	2095.2	2071.4	2091.1
	中长期	5042.8	5073.5	5123.1	5151.8	5150.5	5121.4	5133.3	5175.0	5195.2	5205.5	5257.5	5326.4
	票据融资	737.2	719.9	717.8	751.8	760.8	777.2	819.3	841.2	826.2	815.2	833.4	862.8
	各项贷款余额比上月增加（亿元）	130.7	11.6	75.5	8.7	-5.2	29.3	33.4	50.0	22.8	-41.3	46.1	117.9
	其中：短期	40.7	-2.1	23.9	-54.6	-10.9	42.7	-17.3	-13.8	16.6	-38.2	-23.7	19.7
	中长期	85.9	30.7	49.5	28.8	-1.3	-29.2	11.9	41.7	20.2	10.3	51.9	68.9
	票据融资	5.5	-17.2	-2.2	34.0	9.1	16.3	42.1	21.9	-15.0	-11.0	18.2	29.5
	金融机构各项贷款同比增长（%）	7.3	7.0	5.7	5.7	4.9	4.5	4.3	4.8	4.8	4.2	5.0	6.0
	其中：短期	8.5	9.0	5.6	3.2	1.2	1.7	1.4	0.5	0.6	-0.6	-1.6	-0.8
	中长期	8.2	9.0	9.8	10.5	10.2	9.0	8.1	8.0	7.8	6.7	6.9	7.5
	票据融资	-0.1	-7.5	-15.0	-11.9	-12.0	-5.2	-1.0	6.4	6.9	10.2	12.9	17.9
	建筑业贷款余额（亿元）	91.0	92.2	97.4	96.6	93.1	91.4	90.4	89.3	88.0	86.6	86.3	85.0
	房地产业贷款余额（亿元）	274.5	274.0	272.8	268.6	271.6	274.2	276.6	276.1	284.1	281.3	280.7	289.6
	建筑业贷款同比增长（%）	13.1	14.8	17.4	18.5	12.2	2.9	0.7	-1.5	-6.4	-7.4	-7.8	-7.2
	房地产业贷款同比增长（%）	-2.6	-2.8	-3.9	-4.3	-2.8	0.8	2.1	2.1	1.5	1.4	2.0	4.7
人民币	金融机构各项存款余额（亿元）	7254.8	7258.8	7417.3	7330.3	7374.2	7475.8	7373.2	7455.3	7468.2	7382.7	7398.4	7465.8
	其中：住户存款	4003.9	4071.7	4143.8	4092.5	4077.1	4155.8	4129.0	4149.6	4237.5	4199.0	4219.8	4269.3
	非金融企业存款	1474.6	1484.9	1559.6	1494.7	1511.3	1526.3	1470.8	1480.3	1455.9	1439.7	1440.6	1463.0
	各项存款余额比上月增加（亿元）	133.5	4.0	158.4	-87.0	43.9	101.6	-102.7	82.2	12.9	-85.6	15.8	67.4
	其中：住户存款	60.0	67.8	72.2	-51.3	-15.5	78.7	-26.9	20.7	87.9	-38.5	20.8	49.5
	非金融企业存款	-24.2	10.2	74.8	-65.0	16.6	15.0	-55.5	9.5	-24.4	-16.2	0.9	22.3
	各项存款同比增长（%）	9.9	10.3	9.0	7.1	7.0	6.6	6.1	6.1	6.1	4.4	4.6	4.8
	其中：住户存款	12.2	14.4	13.6	13.0	11.7	11.1	10.2	9.8	8.6	8.6	8.8	8.3
	非金融企业存款	10.3	9.9	9.1	3.7	5.1	2.1	2.3	-0.1	0.1	0.9	-1.6	-2.4
	金融机构各项贷款余额（亿元）	7915.2	7926.9	7999.6	8011.3	8009.1	8053.6	8087.4	8136.9	8158.3	8119.6	8166.5	8284.3
	其中：个人消费贷款	1640.9	1649.8	1668.8	1672.9	1668.5	1673.8	1673.4	1681.2	1693.1	1704.2	1717.9	1729.5
	票据融资	737.2	719.9	717.8	751.8	760.8	777.2	819.3	841.1	826.2	815.2	833.4	862.8
	各项贷款余额比上月增加（亿元）	132.6	11.7	72.7	11.6	-2.1	44.5	33.7	49.5	21.5	-38.7	46.9	117.8
	其中：个人消费贷款	42.7	8.9	19.0	4.1	-4.4	5.3	-0.4	7.8	11.9	11.2	13.6	11.6
	票据融资	5.5	-17.2	-2.2	34.0	9.1	16.3	42.1	21.9	-15.0	-11.0	18.2	29.5
	金融机构各项贷款同比增长（%）	7.6	7.4	6.1	6.2	5.5	5.9	5.6	6.1	6.0	5.4	5.4	6.5
	其中：个人消费贷款	16.9	17.8	19.0	19.1	18.4	16.5	14.2	12.8	11.6	9.8	8.2	8.2
	票据融资	-0.1	-7.5	-15.0	-11.9	-12.0	-5.2	-1.0	6.4	6.9	10.2	12.9	17.9
外币	金融机构外币存款余额（亿美元）	2.3	2.8	3.1	3.2	2.8	2.8	2.8	2.5	2.5	2.7	2.9	2.8
	金融机构外币存款同比增长（%）	-8.5	6.0	30.2	32.1	16.4	-43.8	2.9		8.5	18.9	17.3	22.5
	金融机构外币贷款余额（亿美元）	30.5	30.5	30.4	30.5	30.5	27.7	27.6	27.7	27.8	27.8	27.7	27.8
	金融机构外币贷款同比增长（%）	1.0	1.0	1.3	-3.6	-3.6	-27.3	-27.5	-27.4	-28.0	-28.0	-9.3	-9.1

数据来源：中国人民银行银川中心支行。

表 2　2001—2021 年宁夏回族自治区各类价格指数

单位：%

时间	居民消费价格指数		农业生产资料价格指数		工业生产者购进价格指数		工业生产者出厂价格指数	
	当月同比	累计同比	当月同比	累计同比	当月同比	累计同比	当月同比	累计同比
2001	—	1.6	—	2.0	—	2.5	—	0.3
2002	—	-0.6	—	3.5	—	-2.2	—	-0.3
2003	—	1.7	—	-0.6	—	6.8	—	5.6
2004	—	3.7	—	13.5	—	17.3	—	11.2
2005	—	1.5	—	9.3	—	9.7	—	6.2
2006	—	1.9	—	0.8	—	8.5	—	6.2
2007	—	5.4	—	12.2	—	7.1	—	3.7
2008	—	8.5	—	26.2	—	21.8	—	12.9
2009	—	0.7	—	-3.7	—	-5.3	—	-6.1
2010	—	4.1	—	4.4	—	14.1	—	9.1
2011	—	6.3	—	14.0	—	12.8	—	9.5
2012	—	2.0	—	7.6	—	-0.5	—	-2.6
2013	—	3.4	—	1.6	—	-3.0	—	-4.0
2014	—	1.9	—	-3.1	—	-3.0	—	-3.7
2015	—	1.1	—	-1.3	—	-7.9	—	-6.3
2016	—	1.5	—	-1.7	—	-3.1	—	-0.9
2017	—	1.6	—	3.1	—	12.9	—	12.1
2018	—	2.3	—	5.6	—	6.5	—	7.3
2019	—	2.1	—	4.0	—	-2.5	—	-0.6
2020	—	1.5	—	3.8	—	-5.3	—	-3.1
2021	—	1.4	—	—	—	20.8	—	19.9
2020　1	3.0	3.0	4.4	4.4	-3.0	-3.0	-1.2	-1.2
2	3.0	3.0	4.3	4.4	-3.9	-3.5	-2.1	-1.7
3	2.5	2.8	3.0	3.9	-6.0	-4.3	-4.0	-2.4
4	1.9	2.6	3.5	3.8	-8.5	-5.3	-5.7	-3.2
5	1.1	2.3	3.6	3.7	-9.0	-6.1	-5.3	-3.7
6	0.9	2.0	4.3	3.8	-7.9	-6.4	-4.8	-3.8
7	1.2	1.9	5.0	4.0	-6.2	-6.3	-4.6	-4.0
8	1.9	1.9	4.2	4.0	-5.7	-6.3	-4.4	-4.0
9	1.9	1.9	3.2	3.9	-5.0	-6.1	-3.8	-4.0
10	0.9	1.8	3.3	3.9	-4.3	-5.9	-3.0	-3.9
11	0.0	1.6	2.7	3.8	-2.9	-5.7	-0.4	-3.6
12	0.5	1.5	3.6	3.8	-1.5	-5.3	1.9	-3.1
2021　1	-0.4	-0.4	—	—	-1.1	-1.1	5.5	5.5
2	-0.7	-0.5	—	—	3.2	1.0	8.0	6.8
3	0.3	-0.3	—	—	9.3	3.7	10.1	7.9
4	1.6	0.2	—	—	15.2	6.4	12.1	8.9
5	2.0	0.5	—	—	20.1	9.0	16.1	10.3
6	1.8	0.7	—	—	21.3	11.0	17.1	11.4
7	1.9	0.9	—	—	23.8	12.8	19.1	12.5
8	1.8	1.0	—	—	26.2	14.4	22.9	13.8
9	1.4	1.0	—	—	29.5	16.1	30.5	15.7
10	2.3	1.2	—	—	36.1	18.0	39.6	18.0
11	3.0	1.3	33.1	19.4	37.4	19.8	33.1	19.4
12	2.3	1.4	—	—	31.0	20.8	25.3	19.9

数据来源：国家统计局宁夏调查总队。

表 3　2021 年宁夏回族自治区主要经济指标

项目	1 月	2 月	3 月	4 月	5 月	6 月	7 月	8 月	9 月	10 月	11 月	12 月
	绝对值（自年初累计）											
地区生产总值（亿元）	—	—	952.5	—	—	2028.8	—	—	3180.6	—	—	4522.3
第一产业	—	—	44.2	—	—	85.1	—	—	235.5	—	—	364.5
第二产业	—	—	399.0	—	—	883.0	—	—	1370.1	—	—	2021.6
第三产业	—	—	509.3	—	—	1060.7	—	—	1575.1	—	—	2136.3
工业增加值（亿元）	—	—	—	—	—	—	—	—	—	—	—	—
固定资产投资（亿元）	—	—	—	—	—	—	—	—	—	—	—	—
房地产开发投资	—	11.9	54.6	102.0	151.2	223.8	273.6	309.0	354.8	392.9	441.3	467.0
社会消费品零售总额（亿元）	—	228.7	342.6	439.2	540.1	640.4	756.6	870.9	996.1	1119.5	1225.1	1335.1
外贸进出口总额（亿元）	—	21.3	32.9	44.6	58.6	73.5	87.4	104.3	119.9	141.4	176.1	214.0
进口	—	8.0	10.2	12.2	15.7	19.9	21.6	25.1	28.4	30.7	34.2	39.2
出口	—	13.4	22.6	32.4	42.9	53.6	65.8	79.2	91.4	110.7	141.9	174.8
进出口差额（出口－进口）	—	5.4	12.4	20.2	27.2	33.7	44.2	54.1	63.0	80.0	107.8	135.6
实际利用外资（亿美元）	—	0.1	0.1	1.0	1.4	1.7	2.0	2.8	2.8	2.9	2.9	2.9
地方财政收支差额（亿元）	—	-186.4	-312.9	-371.2	-435.7	-544.1	-583.7	-652.5	-762.5	-789.0	-846.6	-968.3
地方财政收入	—	71.0	112.5	154.0	188.5	233.8	282.4	311.5	344.9	381.0	415.9	460.0
地方财政支出	—	257.4	425.4	525.2	624.1	777.9	866.1	964.0	1107.3	1170.0	1262.5	1428.3
城镇登记失业率（%）（季度）	—	—	4.0	4.0	3.9	3.9	3.8	3.9	3.9	—	—	4.1
	同比累计增长率（%）											
地区生产总值	—	—	15.7	—	—	11.2	—	—	8.4	—	—	6.7
第一产业	—	—	12.9	—	—	8.1	—	—	4.2	—	—	4.7
第二产业	—	—	15.3	—	—	10.6	—	—	9.4	—	—	6.6
第三产业	—	—	16.2	—	—	11.9	—	—	8.2	—	—	7.1
工业增加值	—	18.4	14.8	13.9	13.0	11.7	12.2	11.3	10.2	9.2	8.8	8.0
固定资产投资	—	57.6	16.5	11.2	9.8	5.5	3.0	0.5	-2.1	-3.0	0.2	2.2
房地产开发投资	—	121.9	59.1	38.8	31.0	24.4	23.0	15.3	9.6	6.8	8.2	7.8
社会消费品零售总额	—	22.8	22.9	17.8	14.0	11.7	10.6	8.5	7.6	5.8	3.7	2.6
外贸进出口总额	—	8.2	8.1	12.6	17.8	25.6	30.5	33.1	34.8	37.3	54.8	73.4
进口	—	15.8	13.8	13.1	15.1	20.2	16.5	7.6	4.2	-1.9	-1.0	6.8
出口	—	4.1	5.7	12.4	18.8	27.8	35.9	44.0	48.4	54.5	79.2	101.7
实际利用外资	—	26.3	55.9	77.4	54.9	37.9	30.1	15.2	4.2	7.2	7.5	7.5
地方财政收入	—	8.7	11.2	13.9	17.7	22.4	23.7	21.8	18.6	16.0	13.9	9.7
地方财政支出	—	-10.3	0.4	-1.8	-3.1	2.3	-0.4	-0.6	-1.9	-3.6	-4.2	3.7

数据来源：宁夏回族自治区统计局、宁夏回族自治区人力资源和社会保障厅。

新疆维吾尔自治区金融运行报告（2022）

中国人民银行乌鲁木齐中心支行货币政策分析小组

[内容摘要] 2021 年，新疆维吾尔自治区坚持以习近平新时代中国特色社会主义思想为指导，完整准确贯彻新时代党的治疆方略，牢牢扭住社会稳定和长治久安总目标，坚持稳中求进工作总基调，统筹稳增长、促改革、调结构、惠民生、防风险、保稳定，持续做好“六稳”“六保”工作，社会大局持续稳定，经济持续健康发展，实现了“十四五”良好开局。全年实现地区生产总值 1.6 万亿元，同比增长 7%；人均地区生产总值 61737 元，同比增长 7%。新疆金融业认真贯彻执行稳健的货币政策，金融运行平稳，主要金融指标保持良好增长态势，优结构、降成本取得积极成效，服务实体经济质量进一步提高。2021 年末，社会融资规模存量 3.9 万亿元，同比增长 12.7%，增速比全国高 2.4 个百分点。本外币各项贷款余额 2.6 万亿元，同比增长 11.4%，增速与上年同期基本持平，为新疆经济高质量发展营造了良好的货币金融环境。

新疆经济增长稳中向好，产业发展提质增效，人民生活持续改善，物价总体保持稳定。一是内外需求平稳增长，需求结构不断改善。投资保持较快增长，结构持续优化，固定资产投资同比增长 15%，两年平均增长 15.6%。其中，第三产业投资拉动有力，占固定资产投资的 60.6%。制造业和高技术产业投资力度加大，同比分别增长 36.9% 和 23.4%。消费需求改善，新型消费快速增长。社会消费品零售总额同比增长 17.0%，居民人均消费支出同比增长 12.1%，网络零售额同比增长 41.3%。外贸进出口小幅增长，对外开放水平持续提升。进出口总值同比增长 5.8%，与“一带一路”沿线国家和地区进出口总值同比增长 11.5%，占新疆外贸总值的 87.3%。二是三次产业发展全面提质，产业转型取得积极成效。第二产业增加值占比提高 2.8 个百分点，第三产业对经济增长的贡献率为 50.5%。农业生产持续增长，主要农产品实现丰收。粮食总产量创五年新高，棉花产量连续四年稳定在 500 万吨以上，在全国棉花产量中占比达 89.5%，比上年提高 2.2 个百分点。工业生产保持稳定，能源生产保供有力。工业增加值同比增长 8.8%，中小微型企业增加值同比增长 12.7%，增速比上年提高 4.4 个百分点。保供稳价工作扎实有力，原煤产量同比增长 18.3%，外送电量同比增长 20.7%，为全国能源供应作出重要贡献。第三产业平稳恢复，旅游兴疆战略快速推进。服务业增加值同比增长 6.9%，对新疆经济增长的贡献率达 50.5%，成为推动经济增长的主要动力。新疆 A A A A 级、A A A A A 级景区累计接待国内外游客 8543.9 万人次，增长 2.2 倍。供给侧结构性改革深入推进，发展动力活力不断增强。2021 年新疆 18 家企业被认定为国家专精特新“小巨人”企业，累计达到 34 家。“疆企上云”企业达 2 万多家。新增高新技术企业 409 家，累计突破 1000 家。新疆单位工业增加值能耗由上年上升 0.5% 转为下降 0.47%。三是居民消费价格温和上涨，就业形势稳中向好。居民消费价格指数同比上涨 1.2%，涨幅比上年回落 0.3 个百分点。新疆城镇新增就业 47.7 万人，完成全年目标任务的 103.8%。农村富余劳动力转移就业 317.4 万人，完成全年目标任务的 115.4%。居民人均可支配收入 26075 元，同比增长 9.4%。四是财政收入平稳增长。一般公共预算收入同比增长 9.6%，一般公共预算支出同比下降 2.7%，财政自给率提升。五是房地产行业运行平稳，建材行业加速转型。2021 年，新疆房地产开发投资同比增长 19.1%，增速比上年提高 1.7 个百分点。商品房销售面积同比增长 22.1%，增速比上年提高 8.2 个百分点。新疆建材行业绿色转型发展迅速，成为新疆工业绿色化改造的典型。

新疆金融平稳运行，社会融资规模合理增长，金融风险总体可控，证券、保险融资及风险保障功能有效发挥，金融服务实体经济质效进一步提升。一是融资总量合理增长。2021年新疆社会融资规模增量4316.7亿元，同比多增55.5亿元。其中，本外币贷款、政府债券增量占比分别为57.8%和32.1%。债券市场融资持续推进，公司信用类债券累计发行量与上年持平，乡村振兴票据、绿色金融债券等债务融资工具实现首发。二是各项贷款继续保持较快增长，结构进一步优化。2021年末，新疆本外币各项贷款余额2.6万亿元，比年初增加2602.7亿元，同比多增222.5亿元，同比增长11.4%，增速与上年末基本持平。信贷结构方面，小微企业支持力度加大，基础设施保障有力，制造业结构持续优化，涉农贷款较快增长。人民银行乌鲁木齐中心支行充分发挥货币政策工具精准滴灌功能，实施小微企业“首贷户”拓增、“三张清单”全覆盖、银行内部考核优化三项重点工程，年末普惠小微贷款同比增长32.6%，比各贷款增速高21.2个百分点；强化政策引领，改善涉农主体金融服务环境，打造金融支农样板工程，确保金融助力巩固脱贫攻坚成果和乡村振兴有效衔接，年末涉农贷款同比增长18.3%，比上年末高3.8个百分点。三是持续深化利率市场化改革，推动企业贷款利率稳步下行。通过存款利率自律上限确定方式调整、将LPR内嵌至内部资金转移定价疏通利率传导机制等方式，推动实际贷款利率下行。2021年，新疆企业贷款加权平均利率4.57%，同比下降0.01个百分点，其中，小微企业贷款加权平均利率同比下降0.16个百分点。四是采取有效措施防范化解金融风险。2021年末，新疆银行业不良贷款率1.23%，同比下降0.07个百分点，资产质量有所改善，风险整体可控。五是金融改革试点不断深化，金融生态环境建设加快推进。2021年，哈密市、昌吉回族自治州和克拉玛依市绿色金融改革试验区绿色项目库在库项目持续增加；昌吉回族自治州率先落地“工业碳账户”并完成首批21家试点企业碳核算。推动农村信用体系建设，将信用建设与乡村振兴有机结合。金融消费权益保障能力提升，新疆首家省级金融消费纠纷调解组持牌落地。六是证券业保持平稳发展，期货业经营效益下滑。新疆证券分公司及以上机构32家，比上年增加2家；上市公司共58家，比上年减少1家；期货经营机构13家，与上年持平，期货经营机构净利润0.03亿元。新疆股权交易中心成立“专精特新”专板，进一步加大新疆“专精特新”企业培育力度。七是保险市场稳步发展，改革发展持续推进。2021年末，新疆保险主体机构共有34家，累计提供风险保障47.2万亿元，同比增长22.4%，麦盖提县红枣“保险＋期货”县域覆盖新项目正式被批准立项，昌吉回族自治州棉花“价格保险＋期货”试点工作顺利开展。

展望2022年，新疆经济社会发展面临的机遇和挑战并存。新疆将坚持稳中求进工作总基调，全面深化改革，坚持创新驱动发展，坚持以人民为中心推动高质量发展，突出抓好培育壮大优势产业，实施扩大内需战略，全面推进乡村振兴等工作，为新疆经济稳定增长提供坚实保障。人民银行乌鲁木齐中心支行将坚定聚焦落实新时代党的治疆方略，认真贯彻稳健的货币政策灵活适度的要求，发挥好货币政策工具的总量和结构双重功能，继续做好“六稳”“六保”工作，引导金融机构加大对实体经济特别是小微企业、科技创新、绿色发展、乡村振兴的支持力度，坚守金融安全稳定底线，为实现新疆社会稳定和长治久安总目标营造良好的货币金融环境。

一、金融运行情况

2021年，新疆维吾尔自治区金融业平稳运行，社会融资规模合理增长，融资成本稳中有降，金融风险总体可控。证券、保险融资及风险保障功能有效发挥，金融改革试点不断深化，金融生态环境建设加快推进，金融服务实体经济质效进一步提升。

（一）银行业高质量发展，服务实体经济质效稳步提升

2021年，新疆银行业金融机构积极贯彻落实稳健的货币政策，货币信贷保持较快增长，信贷结构持续优化，企业融资成本下行，不良贷款率小幅下降，跨境人民币业务总量稳步增长。

1. 银行业人员总量保持稳定，资产负债规模稳步提升。2021年末，新疆法人银行业机构124家，从业人员6.5万人，均与上年基本持平。银行业资产、负债总额同比分别增长7.3%、7.5%。金融机构主动降低贷款利率，让利实体经济，加大不良贷款核销力度，全年实现净利润302.1亿元，同比下降1.8%。

表1　2021年新疆维吾尔自治区银行业金融机构情况

机构类别	营业网点			法人机构（个）
	机构个数（个）	从业人数（人）	资产总额（亿元）	
一、大型商业银行	1153	29440	13447	0
二、国家开发银行和政策性银行	75	2418	6851	0
三、股份制商业银行	113	3558	2211	0
四、城市商业银行	207	6217	7329	6
五、城市信用社	0	0		0
六、小型农村金融机构	1145	14967	6051	84
七、财务公司	0	77	240	2
八、信托公司	0	319	148	2
九、邮政储蓄银行	635	5835	1277	0
十、外资银行	0	35	13	0
十一、新型农村金融机构	132	2357	560	29
十二、其他	0	268	649	1
合　计	3460	65491	38776	124

数据来源：新疆维吾尔自治区银保监局。

注：营业网点不包括国家开发银行和政策性银行、大型商业银行、股份制银行等金融机构总部数据；大型商业银行包括中国工商银行、中国农业银行、中国银行、中国建设银行和交通银行；小型农村金融机构包括农村商业银行、农村合作银行和农村信用社；新型农村金融机构包括村镇银行、贷款公司、农村资金互助社和小额贷款公司；其他包含金融租赁公司、汽车金融公司、货币经纪公司、消费金融公司等。

2. 存款低位运行，住户存款是主要支撑。2021年末，新疆本外币各项存款余额2.7万亿元，比年初增加1341.6亿元，同比多增186.7亿元，同比增长6.8%，增速比上年末高0.4个百分点。其中，住户存款比年初增加1341.6亿元，占全部存款增量的79.1%，是拉动存款增长的主要因素；非金融企业存款比年初增加330.1亿元，占全部存款增量的19.5%，此外，机关团体、财政性存款分别比年初减少69.1亿元、15.4亿元。

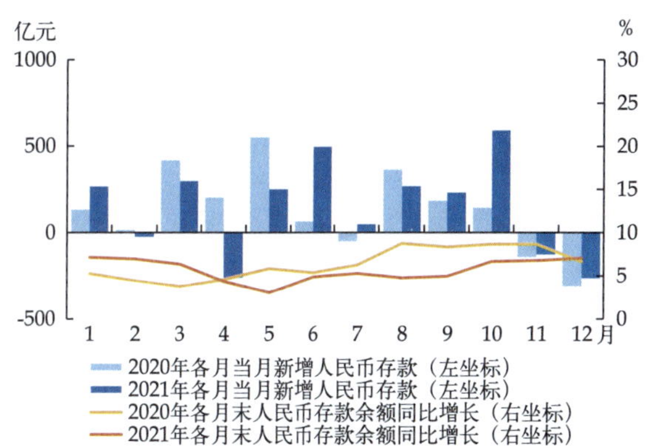

图1　2020—2021年新疆维吾尔自治区金融机构人民币存款增长

（数据来源：中国人民银行乌鲁木齐中心支行）

3. 各项贷款保持较快增长，结构进一步优化。2021年末，新疆本外币各项贷款余额2.6万亿元，比年初增加2602.7亿元，同比多增222.5亿元；余额同比增长11.4%，增速与上年末基本持平。信贷结构方面，小微企业支持力度加大，基础设施保障有力，制造业贷款结构持续优化，涉农贷款高速增长。人民银行加大再贷款资金精准滴灌作用，全年支农支小再贷款余额同比多增42亿元，再贴现累放额是上年同期的2倍，通过实施“首贷户”拓增、“三张清单”全覆盖、银行内部考核优化三项重点工程，普惠小微贷款同比增长32.6%，增速比各项贷款高21.2个百分点；基础设施建设中长期贷款同比增长18.3%，增速比各项贷款高6.9个百分点；加大对制造业转型发展支持力度，制造业“两高”行业中长期贷款占制造业中长期贷款比重54.4%，比上年末下降1.8个百分点；通过强化政策引领，改善涉农主体金融服务环境，助力巩固脱贫攻坚和乡村振兴有效衔接，

涉农贷款同比增长18.3%，增速比上年末高3.8个百分点。

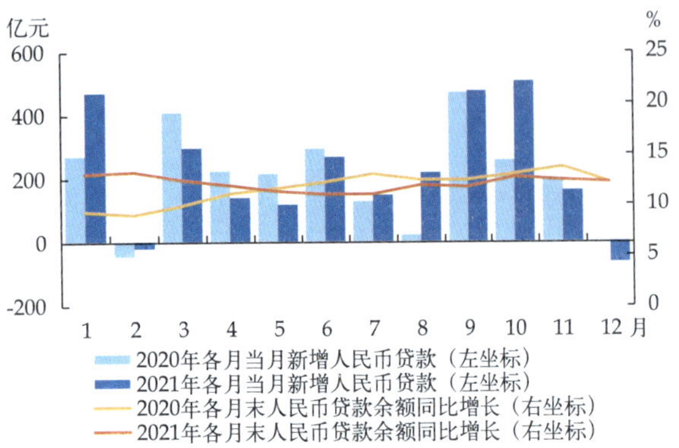

图2　2020—2021年新疆维吾尔自治区金融机构人民币贷款增长

（数据来源：中国人民银行乌鲁木齐中心支行）

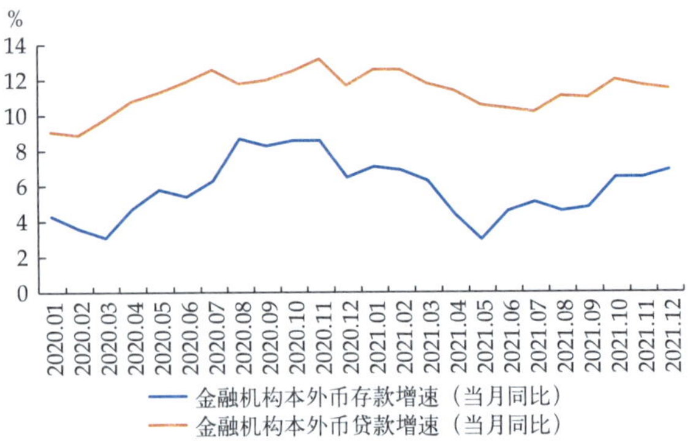

图3　2020—2021年新疆维吾尔自治区金融机构本外币存贷款增速变化

（数据来源：中国人民银行乌鲁木齐中心支行）

专栏1　统筹谋划 突出重点　金融服务新型农业经营主体质效全面提升

新疆是全国整区域实施乡村振兴重点帮扶县政策的省份。2021年，中国人民银行乌鲁木齐中心支行牵头抓总，紧扣新型农业经营主体这一关键，分层推进、打通阻点、完善机制，金融对产业振兴支持效果显著。截至2021年末，新疆涉农贷款余额同比增长18.3%，比新疆各项贷款增速高6.9个百分点；新型农业经营主体贷款余额632.9亿元，带动就业47.3万人。

一、瞄准差异化定位，分层落实精准支持政策

结合新疆实际，坚持抓两头带中间，全区县市分为20个示范引领县、38个加快发展县、35个巩固提升县，分类全面推进巩固拓展脱贫攻坚成果与乡村振兴有效衔接，一是开展“示范引领提升工程”，鼓励经济发展水平高、产业基础好的20个示范引领县创新金融产品和服务，形成“政策性金融＋旅游＋乡村振兴”、“银行＋公司＋合作社＋农户”、产业化龙头企业“一链一策”供应链金融等模式。二是在35个巩固提升县中，选择和田地区两县打造“金融助力培育新型农业经营主体样板工程”，加快贷款产品落地，完善配套风险补偿及贴息机制，服务新型农业经营主体发展。截至2021年末，两县涉农贷款增速超20%，高于全疆涉农贷款增速2个百分点以上。两县新型农业经营主体贷款余额近2亿元，覆盖主体484户，首贷户逾五成。

二、坚持问题导向，打通金融帮扶难点堵点

一是针对担保不足难题，中国人民银行乌鲁木齐中心支行联合新疆政策性农担公司制定银担合作10条措施，持续完善地方、兵团两套农担融资机制。2021年，新疆农担公司新增担保项目33732笔，担保金额91.5亿元，净资产放大7.2倍。二是针对信息不对称难题，中国人民银行乌鲁木齐中心支行搭建涉农信贷产品展示平台，联合自治区农业农村厅推送1779家自治区级以上新型农业经营主体认定名单，开展信贷直通车活动，撬动金融机构对接新型农业经营主体12462家。三是针对抵押物不足难题，新疆金融机构利用科技手段开展活畜抵押贷款，用好用活两权抵押贷款（农村承包土地经营权抵押贷款、农民住房财产权抵押贷款），探索开展农垦国有农用地使用权、林权、农机具、农机购置补贴确权等抵质押贷款，不断丰富新型农业经营主体融资产品。

三、完善保障机制，形成共同推进良好格局

一是建立定期研判、统计监测、督办考核机制，确保各项举措落到实处、各项工作有序推进。二是对全疆564家金融机构服务乡村振兴工作开展评估，督促提升工作质效。三是及时宣传各类金融支持新农政策、工具及经验做法，营造金融支持乡村产业振兴发展的良好氛围。

4. 表外融资持续压降，未贴现银行承兑汇票和委托贷款同比少增明显。随着资管新规过渡期结束，表外融资整体明显收缩。2021年末，新疆金融机构表外融资①存量余额1754.9亿元，同比增长1.2%，比上年末低31.6个百分点，占社会融资规模存量的4.5%。全年表外融资增加20.9亿元，同比少增407.1亿元。其中，未贴现银行承兑汇票和委托贷款是下拉表外融资的主要因素，同比分别少增153.7亿元和253.0亿元。

5. 持续深化利率市场化改革，推动贷款利率稳步下行。落实存款利率监管要求，加强地方法人银行异地存款管理，指导金融机构按照自律约定，将存款利率自律上限由存款基准利率上浮改为加点确定，银行长期负债成本下降明显。2021年，新疆定期存款加权平均利率2.28%，同比下降0.03个百分点。2021年12月，新疆2年期、3年期和5年期定期存款加权平均利率较存款利率自律上限确定方式调整前的5月分别下降0.17个、0.40个和0.32个百分点。发挥LPR改革效能，推动金融机构运用LPR定价，将LPR内嵌至内部资金转移定价，进一步疏通利率传导机制，支农支小再贷款利率下调0.25个百分点，1年期LPR下行0.05个百分点，推动实际贷款利率继续下行。2021年，新疆企业贷款加权平均利率为4.57%，同比下降0.01个百分点。其中，小微企业贷款加权平均利率同比下降0.16个百分点。

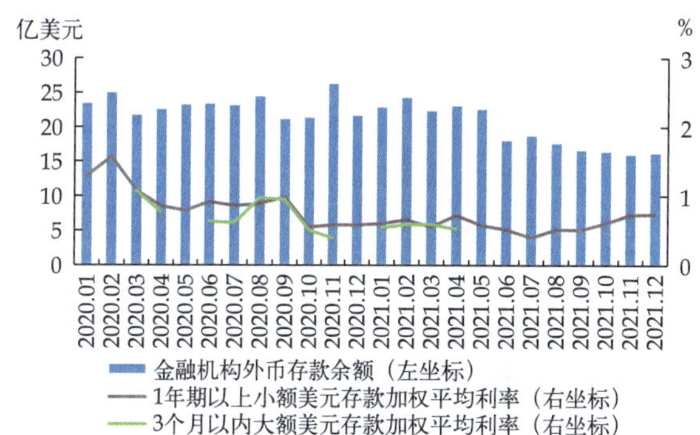

图4　2020—2021年新疆维吾尔自治区金融机构外币存款余额及外币存款利率

（数据来源：中国人民银行乌鲁木齐中心支行）

表2　2021年新疆维吾尔自治区金融机构人民币贷款各利率区间占比

单位：%

项目		1月	2月	3月	4月	5月	6月
合计		100.0	100.0	100.0	100.0	100.0	100.0
LPR减点		11.6	15.7	12.7	12.6	18.0	19.0
LPR		15.2	20.1	15.4	13.4	13.5	15.6
LPR加点	小计	73.2	64.2	71.9	74.0	68.5	65.3
	(LPR，LPR+0.5%)	18.8	13.6	17.3	15.7	19.1	18.1
	[LPR+0.5%，LPR+1.5%)	17.8	17.8	19.7	18.4	16.8	18.0
	[LPR+1.5%，LPR+3%)	15.0	10.9	12.1	16.0	11.9	13.3
	[LPR+3%，LPR+5%)	12.3	10.0	11.2	11.8	9.3	7.7
	LPR+5%及以上	9.3	11.8	11.6	12.1	11.4	8.2

①表外融资包含委托贷款、信托贷款和未贴现的银行承兑汇票。

续表

项目		7月	8月	9月	10月	11月	12月
合计		100.0	100.0	100.0	100.0	100.0	100.0
LPR减点		14.4	14.5	25.4	29.1	21.8	19.6
LPR		14.9	12.9	17.5	17.0	13.2	8.9
LPR加点	小计	70.7	72.6	57.1	53.9	65.0	71.5
	(LPR，LPR+0.5%)	14.1	14.8	14.9	11.1	14.2	15.0
	[LPR+0.5%，LPR+1.5%)	22.9	23.4	15.6	14.1	15.9	17.7
	[LPR+1.5%，LPR+3%)	11.0	11.9	11.3	12.7	12.2	12.3
	[LPR+3%，LPR+5%)	10.1	10.8	7.9	9.6	10.1	14.5
	LPR+5%及以上	12.7	11.8	7.4	6.4	12.5	12.0

数据来源：中国人民银行乌鲁木齐中心支行。

6. 不良贷款率小幅下降，风险水平总体可控。2021年，新疆银行业持续稳定健康发展，资产负债稳步增长，资产质量有所改善，风险整体可控。2021年末，新疆银行业不良贷款余额324.8亿元，比年初增加18.7亿元；不良贷款率1.23%，同比下降0.07个百分点。新疆银行业金融机构采取有效措施防范化解金融风险，不良贷款处置力度加大，法人银行累计处置不良贷款219.7亿元，比上年增加42.9亿元。

7. 银行业改革不断深化，农村金融机构改制持续推进。2021年，新疆银行业金融机构普惠金融、三农事业部持续大力开展乡村振兴金融产品和服务模式创新，积极推动“三农”和县域业务数字化转型，深入实施“深耕乡村”工作。农村信用社改革持续深化，年内共有2家农村信用社成功改制为农商行。

8. 跨境人民币业务总量稳步增长，服务经济质效提升。2021年，新疆跨境人民币收付额492.7亿元，同比增长19.7%。其中，人民币向西“走出去”步伐加快，与新疆周边国家人民币跨境收付金额39.8亿元，同比增长71.6%。各试点银行累计为新疆企业办理融资项下人民币跨境收付316.0亿元，同比增长11.0%。交通银行合作中心支行首笔上海自贸区债券投资业务成功落地，促进霍尔果斯合作中心跨境人民币创新业务多元发展。

（二）证券业保持平稳发展，上市公司总市值大幅增长

2021年，新疆证券市场平稳发展，资产负债稳步增长，上市公司规模减少，企业培育力度加大，期货业经营收益下滑。

1. 证券业机构小幅增加，资产负债较快增长。2021年末，新疆证券分公司及以上机构32家，比上年增加2家。其中，法人子公司2家、证券分公司30家。证券机构营业部共有92家，比上年减少6家。2家法人证券公司资产总额196.52亿元，同比增长19.3%，负债总额99.9亿元，同比增长21.5%。

2. 上市公司数量有所减少，总市值大幅提升。2021年末，新疆上市公司共58家，比上年减少1家。总股本1118.1亿股，同比增长12.1%；总市值9507.4亿元，同比增长56.8%。2021年，新疆股权交易中心成立“专精特新”专板，加大新疆“专精特新”企业培育力度，目前，新疆共有51家公司在新三板挂牌。

3. 期货经营机构数量保持不变，经营效益下滑。2021年末，新疆期货经营机构13家，其中，法人期货机构2家、期货分公司6家、期货公司营业部5家，分别比上年持平、增加1家、减少1家。2021年新疆期货经营机构资产总规模55.2亿元，实现手续费收入0.82亿元，同比增长67.3%，净利润0.03亿元，同比呈下降趋势。

表3　2021年新疆维吾尔自治区证券业基本情况

项目	数量
总部设在辖内的证券公司数（家）	2
总部设在辖内的基金公司数（家）	—
总部设在辖内的期货公司数（家）	2
年末国内上市公司数（家）	58
当年国内股票（A股）筹资（亿元）	—
当年发行H股筹资（亿元）	—
当年国内债券筹资（亿元）	—
其中：短期融资券筹资额（亿元）	—
中期票据筹资额（亿元）	—

数据来源：新疆维吾尔自治区证监局。

（三）保险市场稳步发展，改革发展持续推进

1. 保险业实力不断增强。2021 年末，新疆保险主体机构共有 34 家（包含两家法人财产保险公司），其中，财产险公司 20 家、人身险公司 14 家。分支机构 2032 家，比上年增加 77 家。从业人员 15.0 万人，比上年增加 1.7 万人。保险业资产规模 1713.9 亿元，同比增长 11.3%，其中，财产险公司资产、人身险公司资产同比分别增长 0.9%、12.8%。

表 4　2021 年新疆维吾尔自治区保险业基本情况

项目	数量
总部设在辖内的保险公司数（家）	0
其中：财产险经营主体（家）	0
寿险经营主体（家）	0
保险公司分支机构（家）	34
其中：财产险公司分支机构（家）	20
寿险公司分支机构（家）	14
保费收入（中外资，亿元）	687.2
其中：财产险保费收入（中外资，亿元）	275.1
人身险保费收入（中外资，亿元）	412.1
各类赔款给付（中外资，亿元）	288.1

数据来源：新疆维吾尔自治区银保监局。

2. 保险保障能力持续提升。2021 年，新疆基本养老、事业、工商三项社会保险参保 2019.77 万人次，比上年增加 55.76 人次，基本医疗保险参保率保持在 95% 以上。新疆保险机构累计提供风险保障 47.18 万亿元，同比增长 22.4%。保险业赔付支出 288.1 亿元，同比增长 14%，赔付力度持续加大。其中，财产险、人身险公司赔付支出同比分别增长 16.3%、8.9%。自治区工商联与某保险公司签署战略合作协议，积极支持企业“走出去”。

3. 保险业改革创新持续推进。车险综合改革深入推进，“降价、增保、提质”的阶段性目标效果明显。2021 年末，汽车车均保费 2325 元，投保交强险和商业险的车辆占比达到 61.6%，同比上升 16.4 个百分点。保险产品多元化发展，如昌吉回族自治州开展棉花“价格保险 + 期货”试点工作，预计承保棉花面积 35 万亩、籽棉 13 万吨，为当地植棉者提供棉价下跌风险保障约 9 亿元，探索完善棉花生产国内支持保护的保险路径。麦盖提县红枣“保险 + 期货”县域覆盖新项目正式批准立项。

（四）社会融资规模稳定增长，金融市场平稳运行

2021 年，新疆社会融资规模保持合理增长，融资结构持续改善，债券市场发行减速，货币市场交易量收缩。

1. 社会融资规模稳定增长，本外币贷款和政府债券为主要支撑。2021 年末，新疆社会融资规模存量 3.9 万亿元，同比增长 12.7%。全年社会融资规模增量 4316.7 亿元，同比多增 55.5 亿元。其中，本外币贷款、政府债券增量占比分别为 57.8%、32.1%。委托、信托贷款和未贴现的银行承兑汇票等表外间接融资增长趋缓，增加 20.9 亿元，同比少增 407.1 亿元。直接融资规模增加 199.71 亿元，同比多增 28.3 亿元。

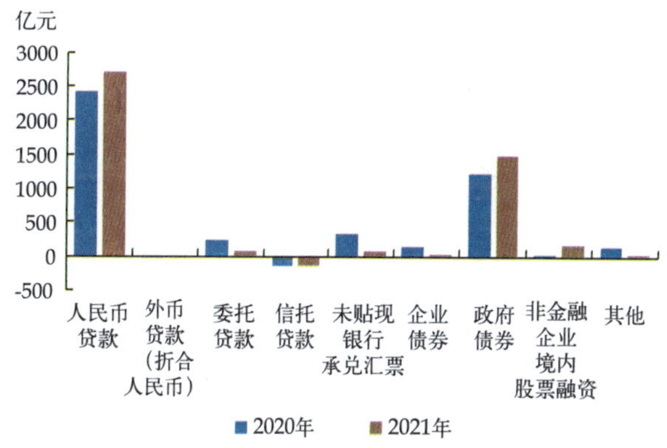

图 5　2020—2021 年新疆维吾尔自治区社会融资规模分布结构

（数据来源：中国人民银行乌鲁木齐中心支行）

2. 公司信用类债券发行平稳，债券产品主体不断丰富。2021 年，新疆积极做好债券市场风险防范工作，各金融监管部门合力加强风险预警防控，全年全疆未发生债券违约风险。全疆公司信用类债券发行 944.9 亿元，同比增长

2.2%，其中，发行债务融资工具560亿元，公司债382.8亿元，企业债25亿元。债务融资工具发行规模同比下滑，辖内企业累计发行债务融资工具101单560亿元，同比下降17.3%；加权平均利率为4.28%，比上年高0.21个百分点。债券品种方面，某集团发行新疆首单乡村振兴票据10亿元，某农商银行成功发行新疆农信系统首只绿色金融债券。

3. 货币市场交易量收缩，资金利率波动上行。2021年，新疆货币市场累计成交7.5万亿元，同比下降18.6%，资金呈净融出态势。其中，质押式回购7.3万亿元，占成交额的97.6%，同比下降18.8%，年末加权利率2.06%，比上年末上升0.75个百分点。2021年，辖内金融机构在银行间市场累计发生信用拆借322笔704.2亿元，同比上升1.8%。

（五）绿色金融改革创新试验区成效显著

2021年金融机构加大对风光电等清洁能源建设支持力度，新疆首批获得工具支持的碳减排贷款121亿元、煤炭清洁高效利用贷款0.4亿元，金额居全国前列。其中，在“一个核心”“双轮驱动”“三大布局”[①]的经济绿色改造发展框架下，哈密市、昌吉回族自治州和克拉玛依市绿色金融改革试验区实现银行业金融机构绿色专营机构全覆盖，共有绿色专营机构（绿色支行、绿色金融事业部、绿色柜台）62家，非银行业绿色专营机构8家。新疆三地试验区绿色信贷余额549.5亿元，同比增长17.5%。2021年末，绿色项目库在库项目共2129个，其中，纯绿项目888个、总投资11813.7亿元、融资需求7907.1亿元，覆盖范围由三地试验区扩展到全疆。某城市商业银行完成环境风险压力测试，实现新疆银行机构环境风险压力测试“零”的突破。昌吉绿色金融改革试验区率先落地“工业碳账户”并完成首批21家试点企业碳核算。

（六）金融基础设施建设加快推进，金融生态环境持续改善

1. 因地制宜推动农村信用体系建设。按照“政府+市场”双轮驱动模式，将信用建设与乡村振兴有机结合，推动涉农信息系统建设，农户信息采集覆盖率不断扩展。依托农村产权交易中心探索新型农业经营主体信用体系建设市场化运作模式，综合服务平台覆盖1100多个行政村，用户达40万户，13037个农村经济主体进行资金预约申请。

2. 移动支付便民工程建设深入推进。聚焦重点便民支付场景建设，2021年新疆银行业统一标准的移动支付场景进一步拓宽，辖内所有地市公交、地铁基本实现移动支付功能全覆盖，基础公共服务领域和便民服务场景基本覆盖。创新开展“移动支付+旅游”“移动支付+特色农产品”示范场景建设工作。2021年末，新疆137个旅游景点实现线上支付、69个景区完成线下改造，346款农产品上线移动支付平台，线上农产品上线2个月销售额达50余万元。农村支付环境建设深入推进，助农取款服务得到有效巩固，新疆行政村级支付服务实现全覆盖，升级建成农村金融综合示范站326个，乡村振兴主题卡累计发放94.3万张，同比多增85.4万张。

3. 金融消费权益保障能力提升。新疆首家省级金融消费纠纷调解组持牌落地，“一站式”金融纠纷解决、“双绿色通道”诉调对接等多元化解模式有效运行，区、地、县三级22家金融纠纷调解组织全年共调解纠纷1221件，调解成功1175件，调解成功率96.2%。打造12363“暖心热线”，2021年新疆辖区全年累计接收金融消费者投诉121笔，同比下降33.1%，群众满意度100%。首支金融行业志愿服务队伍下沉南北疆边远牧区村落，金融知识惠及“最远一家人”。

---

① “一个核心”“双轮驱动”“三大布局”：以绿色低碳技术作为经济绿色发展的“一个核心”，实施传统产业绿色化改造和新型绿色产业培育的“双轮驱动”战略，并以城市化地区、农产品主产区及生态功能区“三大布局”作为绿色经济的主要载体。

表 5　2020—2021 年新疆维吾尔自治区支付体系建设情况表

年份	支付系统直接参与方（个）	支付系统间接参与方（个）	支付清算系统覆盖率（%）	当年大额支付系统处理业务数（万笔）		同比增长（%）
2020	7	3112	100.0	992.8		-56.0
2021	7	3128	100.0	1030.2		0.0
年份	当年大额支付系统业务金额（亿元）	同比增长（%）	当年小额支付系统处理业务数（万笔）	同比增长（%）	当年小额支付系统业务金额（亿元）	同比增长（%）
2020	425094.6	-1.8	9136.2	11.1	41008.4	92.0
2021	396445.3	-6.7	10477.0	14.7	45728.1	11.5

数据来源：中国人民银行乌鲁木齐中心支行。

二、经济运行情况

2021 年，新疆维吾尔自治区完整准确贯彻新时代党的治疆方略，贯彻新发展理念，统筹疫情防控和经济社会发展，经济运行总体稳中向好、好于预期，综合实力显著增强，产业发展提质增效，就业物价基本稳定，人民生活持续改善，实现"十四五"良好开局。新疆地区生产总值（GDP）15983.7 亿元，同比增长 7%，两年平均增长 5.2%；三次产业结构为 14.8 ∶ 37.3 ∶ 47.9；人均地区生产总值 61737 元，同比增长 7%。

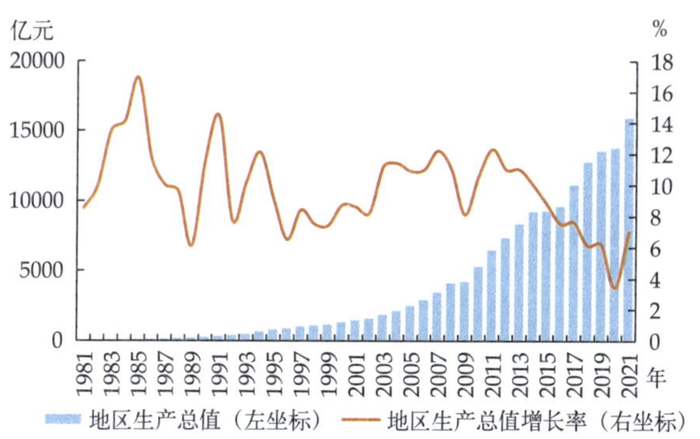

图 6　1981—2021 年新疆维吾尔自治区地区生产总值及其增长率

（数据来源：新疆维吾尔自治区统计局）

（一）内外需求平稳增长，需求结构不断改善

2021 年，新疆内外需求动力提升，消费平稳恢复，投资较快增长，投资结构不断优化，对外开放质量提高，有利因素不断增多，为经济高质量发展奠定坚实基础。

1. 投资保持较快增长，结构持续优化。从增速看，2021 年，新疆固定资产投资 8200 亿元，同比增长 15%，两年平均增长 15.6%，其中，第一、第二、第三产业投资分别增长 38.1%、11.4% 和 15%。从结构看，第三产业投资拉动有力，第三产业投资占固定资产投资比重达到 60.6%。制造业和高技术产业投资力度加大，分别增长 36.9% 和 23.4%。投资主体更趋多元化。民间投资增长 29.7%，增速比上年提高 17.8 个百分点，占固定资产投资比重 38.1%。

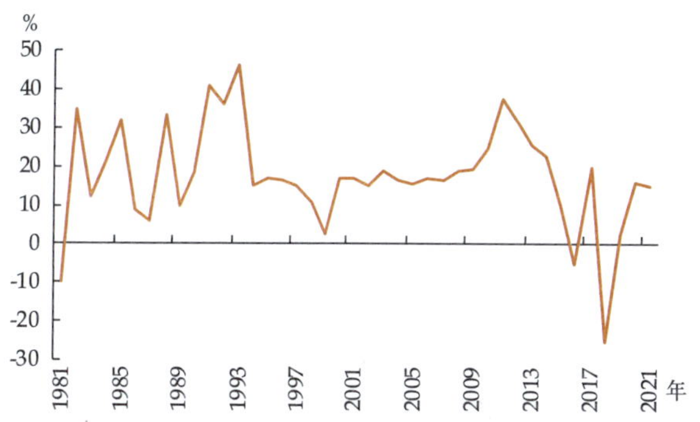

图 7　1981—2021 年新疆维吾尔自治区固定资产投资（不含农户）增长率

（数据来源：新疆维吾尔自治区统计局）

2. 消费需求改善，新型消费快速增长。2021 年，新疆社会消费品零售总额 3584 亿元，同比增长 17%，两年平均下降 0.5%。城乡市场同步增长，城镇、乡村消费品零售额分别增长 17.1% 和 16.8%。居民人均消费支出 18961 元，增长 12.1%。其中，农村居民人均消费支出 12821 亿元，增长 19%，增速高于城镇 6.9 个百分点。业态融合推动网络零售额增长 41.3%，增速比上年提高 13.7 个百分点。住宿业营业额

增长 15.1%，餐饮业营业额增长 27.3%。基本生活类商品稳步增长，消费升级类商品增长较快。限额以上粮油食品类、饮料类和服装鞋帽针纺织品类零售额分别增长 12.8%、10.6% 和 12.5%。化妆品类、金银珠宝、中西药品类和汽车类零售额分别增长 27.9%、69.9%、20.1% 和 16.8%。

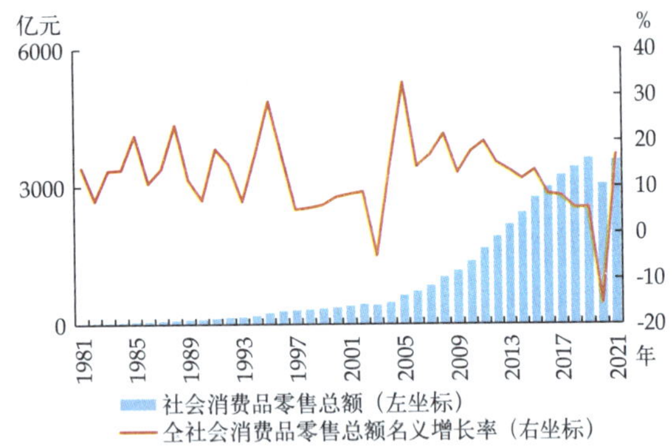

图 8　1981—2021 年新疆维吾尔自治区社会消费品零售总额及其增长率

（数据来源：新疆维吾尔自治区统计局）

3. 外贸进出口小幅增长，对外开放水平持续提升。2021 年，新疆进出口总值 1569.1 亿元，同比增长 5.8%。其中，出口 1272.8 亿元，增长 15.9%；进口 296.3 亿元，下降 23.1%。进出口顺差为 976.5 亿元。外贸结构逐步优化，高新技术产品出口值同比增长 22.3%。丝绸之路经济带核心区建设迈出重要步伐。与“一带一路”沿线国家和地区进出口总值为 1369.3 亿元，增长 11.5%，占新疆外贸总值的 87.3%。霍尔果斯、阿拉山口口岸过货能力显著提升，过境中欧（中亚）班列 12210 列，增长 21.5%，新疆始发中欧（中亚）班列 1185 列，增长 7.3%。塔城重点开发开放试验区启动建设，已开工 45 个重点项目，完成投资 26.4 亿元。大力推进跨境电子商务发展，2021 年，新疆跨境电商进出口 20.7 亿元，增长 1.5 倍。新疆实际利用外资 2.4 亿美元，增长 9.5%。其中，采矿业实际利用外资 1.6 亿美元，增长 1.3 倍。新疆实际对外投资 4.4 亿美元，下降 8.4%。

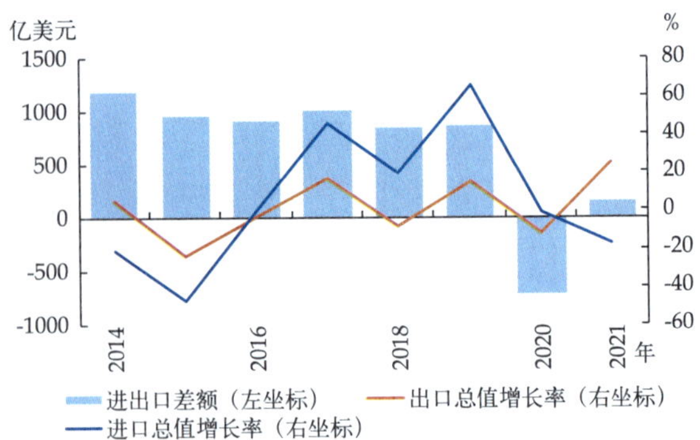

图 9　2014—2021 年新疆维吾尔自治区外贸进出口变动情况

（数据来源：乌鲁木齐海关）

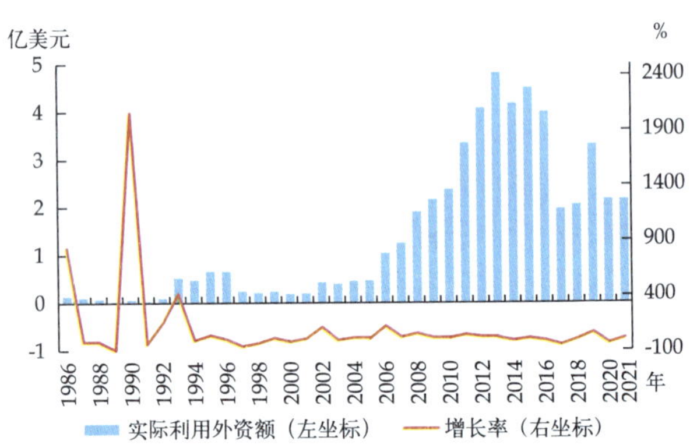

图 10　1986—2021 年新疆实际利用外资额及其增长率

（数据来源：新疆维吾尔自治区统计局）

（二）三次产业发展全面提质，产业转型取得积极成效

2021 年，新疆三次产业结构由上年的 14.3：34.5：51.2 调整为 14.8：37.3：47.9，第二产业占比提高 2.8 个百分点。三次产业分别拉动地区生产总值增长 1.1 个、2.3 个和 3.6 个百分点，对经济增长的贡献率分别为 16.3%、33.2% 和 50.5%。

1. 农业生产持续增长，主要农产品实现丰收。2021 年，新疆第一产业增加值 2356.1 亿元，同比增长 7.9%，两年平均增长 6.1%，平均增速比 2019 年提高 0.8 个百分点。粮食生产再获丰收，总产量达到 347.2 亿斤，增长 9.6%，产量创五年新高。棉花产量占全国比重接近九成，产量为512.9万吨，占全国棉花产量的89.5%，比上年提高2.2个百分点，产量连续四年稳定在500万吨以上。棉花机采率达到83%。畜牧业生产快速增长，猪牛羊禽肉、牛奶和禽蛋产量分别增长16.1%、5.8%和2%。全力推进农业产业化，新增国家级优势特色产业集群2个、国家级现代农业产业园2个、农业现代化示范区3个、国家级农业产业化龙头企业16家。

2. 工业生产保持稳定，能源生产保供有力。 2021年，新疆规模以上工业增加值4560亿元，同比增长8.8%，两年平均增长7.8%，平均增速高于2019年3.1个百分点。工业40个行业大类中，26个行业增加值实现增长，8个行业增速提高，11个行业增速由负转正，1个行业降幅收窄。中小微型企业增加值增长12.7%，增速比上年提高4.4个百分点。全力保障煤炭油气安全生产供应，原油、天然气产量分别增长2.6%和4.8%。原煤产量增长18.3%，增速比上年提高9个百分点。外送电量增长20.7%，占新疆电力供应总量的24.7%，为全国能源供应作出重要贡献。

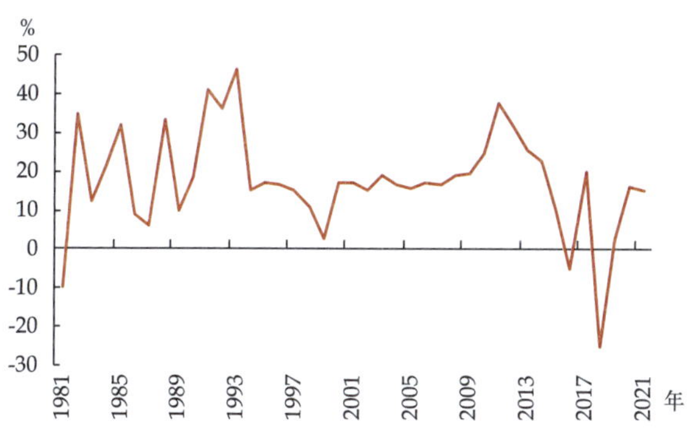

图11　1981—2021年新疆维吾尔自治区规模以上工业增加值增长率

（数据来源：新疆维吾尔自治区统计局）

3. 第三产业平稳恢复，旅游兴疆战略快速推进。 2021年，新疆服务业增加值7660.2亿元，同比增长6.9%，增速比上年提高6.7个百分点，两年平均增长3.5%。服务业对新疆经济增长的贡献率达到50.5%，成为推动经济增长的主要动力。其中，批发和零售业、交通运输仓储和邮政业、住宿和餐饮业增加值同比分别增长9.2%、14.5%和15.1%，增速均由负转正。深入实施旅游兴疆战略，新疆139家ＡＡＡＡ级、ＡＡＡＡＡ级景区累计接待国内外游客8543.9万人次，增长2.2倍，两年平均增长19.6%。新增2家国家ＡＡＡＡＡ级景区，累计达到16家。创建了一批国家和自治区级的旅游休闲街区、乡村旅游重点村和ＡＡＡＡ级旅游景区。

4. 供给侧结构性改革深入推进，发展动力活力不断增强。 2021年，新疆18家企业被认定为国家专精特新“小巨人”企业，累计达到34家。加快推进数字产业化、产业数字化，“疆企上云”达2万多家。设立高新技术企业发展专项基金，新增高新技术企业409家，累计突破1000家。实施促进专利转化专项计划，授权专利增长58.3%，发布新疆地方标准115项。深化国资国企改革，国企改革三年行动任务完成率超出全国目标25个百分点，国有企业资产总额突破3亿元大关，主要经济指标均创历史最好水平。持续深化“放管服”改革，营商环境持续改善。推进线上政务服务事项“一网通办”“跨省通办”，一般企业开办时间压缩至3个工作日内，登记注册时间压缩至1个工作日内。新疆私营企业总数39.8万户，增长10.8%，个体工商户164.9万户，增长5.8%。规模以上工业企业每百元营业收入中的营业成本75.9元，比上年减少5.7元。基础设施建设补短板力度加大。新疆新增高速（一级）公路超过1800公里，总里程突破9400公里，新增通高速（一级）公路的县市11个，总数达到91个。新建改建农村公路9000多公里。北疆首条沙漠高速公路阿勒泰至乌鲁木齐高速公路建成投运。环塔里木盆地高速公路圈基本建成。

5. 污染防治和生态建设不断加强，生态环境质量持续改善。 2021年，新疆坚决守住生态环境红线底线，认真落实严禁“三高”项目进新疆要求，严格执行能源、矿产资源开发自治区政府“一支笔”审批制度，强化能耗双控，积极推进冬季清洁取暖。“煤改电”（一期）

工程全面完成，南疆89.2万户农牧民用上了清洁能源。乌鲁木齐市入选我国北方地区冬季清洁取暖项目和海绵城市建设示范项目。新疆空气质量优良天数比例达到74.6%，地表水达到或好于Ⅲ类水体比例达到94.5%，完成国家年度目标任务。新疆单位工业增加值能耗由上年增长0.5%转为下降0.47%。新疆清洁能源装机达到4600.1万千瓦，占总装机量的40%。新能源发电占比达到19.8%。不断加强生态环境保护和建设。恢复湖泊湿地面积226.5万亩，完成造林265万亩，草原修复治理634万亩，退耕还林57万亩，荒漠化和沙化土地面积首次实现“双缩减”。

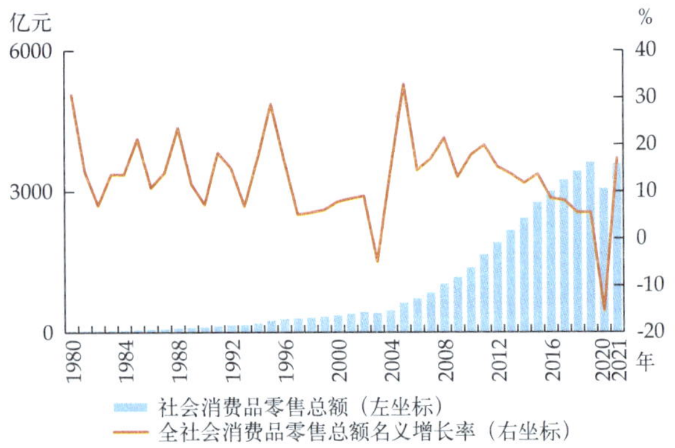

图12　1980—2021年新疆维吾尔自治区居民消费价格和生产者价格变动趋势

（数据来源：新疆维吾尔自治区统计局）

（三）居民消费价格温和上涨，工业生产者价格大幅上升

1. 重要民生商品供应充足，居民消费价格涨幅回落。2021年，新疆居民消费价格同比上涨1.2%，涨幅比上年回落0.3个百分点。其中，城市上涨1.3%，农村上涨1.2%。全疆农业实现丰收，粮食等重要民生商品供给保障有力，新增1968个粮油应急供应网点，推动食品价格涨幅明显回落，为居民消费价格稳定提供了坚实基础。分类别看，八大类商品消费价格呈现“六涨二降”。其中，交通和通信上涨4.5%，衣着上涨2%，涨幅相对较高，其他商品涨幅均低于2%。食品烟酒上涨0.7%，涨幅比上年回落3.8个百分点。

2. 工业生产者出厂价格大幅上涨。2021年，受国际大宗商品价格输入性上涨、国内市场需求稳定释放等因素影响，新疆工业生产者出厂价格同比上涨19.4%，涨幅比上年高27.8个百分点；工业生产者购进价格同比上涨15%，涨幅比上年高21.6个百分点。新疆工业结构中原油、煤炭、有色、黑色金属等大宗原材料商品占比较高，2021年工业生产者出厂价格涨幅明显高于购进价格，扭转了工业长期“高进低出”的低盈利状态，推动工业效益明显好转。

（四）就业形势稳中向好，城乡居民收入增长较快

2021年，新疆城镇新增就业47.7万人，完成全年目标任务的103.8%。农村富余劳动力转移就业317.4万人，完成全年目标任务的115.4%。区属应届高校毕业生已落实毕业去向人数9.3万人，落实率96.4%。城镇登记失业率为2.2%，比上年低1.1个百分点，城镇调查失业率控制在5.5%的全年预期目标以内。新疆居民人均可支配收入26075元，同比增长9.4%。其中，城镇居民人均可支配收入37642元，同比增长8%；农村居民人均可支配收入15575元，同比增长10.8%。

（五）财政收入平稳增长，财政支出小幅下降

2021年，新疆一般公共预算收入增速回升，全年收入1618.6亿元，同比增长9.6%，两年平均增长1.3%。其中，随着企业经营效益改善，税收收入增长20.1%，非税收入下降7.3%。基金预算收入增长2.5%，增速比上年回落9.6个百分点。一般公共预算支出5309.2亿元，同比下降2.7%，两年平均增长0.4%。其中，城乡社区支出增长29.6%，交通运输支出增长22.9%。2021年，新疆地方政府债券累计发行1931亿元，

增长 17.6%。其中，新增债券发行 1183 亿元，下降 9%。

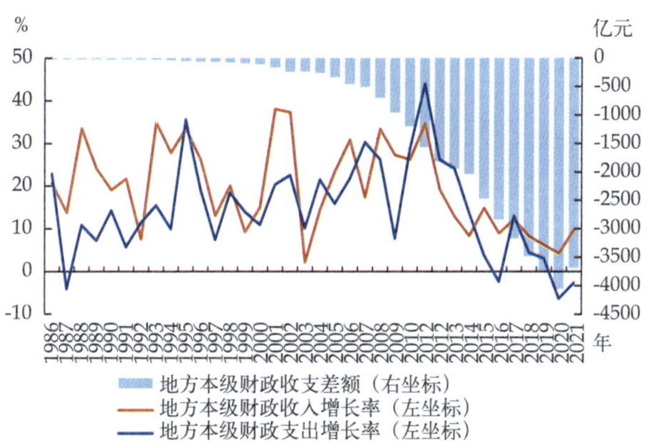

图 13 1986—2021 年新疆维吾尔自治区财政收支状况

（数据来源：新疆维吾尔自治区统计局）

（六）房地产行业运行平稳，建材行业加速转型

1. 房地产市场平稳发展，房地产贷款增长稳中趋缓。新疆坚持“房住不炒”定位，保障好群众住房需求。房地产开发投资和销售均保持较快增长，全年走势呈现前高后低特征。上半年，房地产市场回暖，投资和销售大幅上涨。下半年，受调控政策效果逐步显现、个别房企风险事件等因素影响，房地产投资和销售边际放缓。2021 年，新疆完成房地产开发投资 1501.4 亿元，同比增长 19.1%，增速比上年提高 1.7 个百分点。房屋施工面积 16454.4 万平方米，增长 15.3%，增速比上年提高 5.3 个百分点。

房地产销售良好。2021 年，新疆商品房销售面积 2398.6 万平方米，同比增长 22.1%，增速比上年提高 8.2 个百分点。商品房销售额 1376.9 亿元，增长 20.2%，增速比上年提高 9.4 个百分点。2021 年 12 月，乌鲁木齐市新建商品房住宅价格同比增长 2.8%，二手住宅价格同比下降 1.5%。

房地产贷款增速稳中有降。2021 年末，新疆房地产贷款余额 4399.6 亿元，比年初增加 284.5 亿元，同比增长 7%，增速比上年末低 0.7 个百分点。其中，房地产开发贷款比年初减少 54.5 亿元，同比下降 3.5%；个人购房贷款比年初增加 332.7 亿元，同比增长 13%。

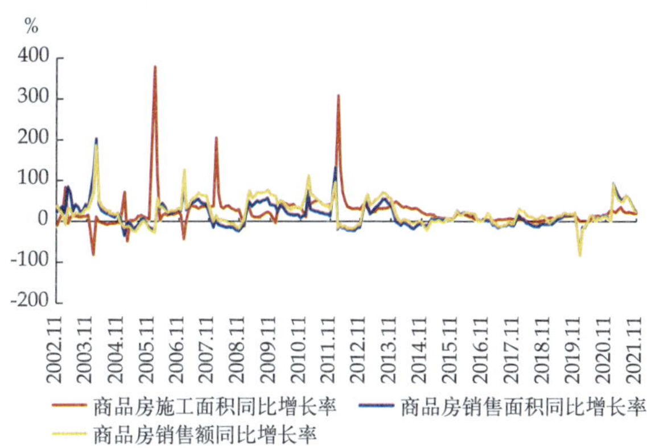

图 14 2002—2021 年新疆维吾尔自治区商品房施工和销售变动趋势

（数据来源：新疆维吾尔自治区统计局）

2. 新疆绿色建材产业发展提速，助推建材行业转型升级。新疆建材行业所需原材料资源丰富，在“双碳”目标和节能降耗背景下，新疆建材行业绿色转型发展迅速，成为新疆工业绿色化改造的典型。2021 年，新疆加快绿色建材产品认证，加大对绿色建材示范企业培育力度，推动建材行业向高质量发展转变。截至 2021 年末，新疆有 7 家水泥企业被评为全国水泥行业能效“领跑者”或“入围企业”，14 家建材企业被评为国家或自治区绿色工厂，5 家企业建材产品被评为国家级或自治区级绿色产品，1 家水泥用石灰岩矿山被评为国家绿色矿山。2021 年 5 月，国家实施绿色建材产品业务“评价”转“认证”，新疆已有 3 家企业的产品取得绿色建材产品认证。另外，新疆建材行业消纳危固废资源综合利用水平显著提升，拥有 100% 电石渣水泥熟料生产线 14 条，年处置电石渣能力 1053 万吨，处置能力位居全国第一。6 家企业投产或在建水泥窑协同处置工业危废项目，年协同处置能力达 51 万吨。受绿色建材发展推动，2021 年，新疆建材行业效益明显改善。1—11 月，建材行业所属的非金属矿物制品业实现利润 269 亿元，在新疆 10 个主要工业行业中排名第一。

专栏2 坚持改革转型 金融支持新疆能源结构转型步伐加快

在国家“碳达峰碳中和”战略布局下，新疆金融业以“绿色引领”“经济金融融合发展”理念为引领，以三个绿色金融改革创新试验区为切入点，金融支持能源结构转型特别是清洁能源行业力度不断加大。

一、强化政策激励，营造良好金融支持环境

2016年人民银行等七部门明确绿色金融要支持清洁能源产业以来，人民银行乌鲁木齐中心支行多次出台相关政策文件，例如，2017年新疆绿金试验区细则中强化细化了绿色支持清洁能源产业要求；2018年出台货币政策工具支持试验区绿色经济发展细则，灵活运用再贷款再贴现等政策工具，引导金融机构扩大绿色贷款投放；2019年起对法人银行实施绿色金融业绩评价，促进清洁能源等领域的信贷投放；等等。2021年人民银行总行创设碳减排直达工具后，新疆金融机构积极跟进，新疆首批获得工具支持的碳减排贷款121亿元、煤炭清洁高效利用贷款0.4亿元，金额居全国前列。

二、坚持分类施策，推进能源优势转化

以新疆哈密市、昌吉回族自治州和克拉玛依市等绿色金融改革创新试验区为突破点，在绿色金融组织体系、标准体系、产品服务等领域先行先试，因地制宜支持能源结构转型和经济绿色发展。例如，克拉玛依市作为我国重要的石油石化基地、新疆重点建设的新型工业化城市，金融重点支持传统能源产业链绿色化改造和发展，通过“绿色票据认定＋企业清单制管理＋央行资金直达”的绿色再贴现，累计支持近50余家石油石化中小微企业绿色融资需求。哈密市煤炭、风能资源和光热资源丰富，金融通过融资租赁等方式帮助风电企业破解补贴不到位、偿贷压力大等难题。昌吉回族自治州是新疆高耗能工业基地和疆电外送基地，金融通过“1+3+N”模式（搭建“1”套机制，打造绿色金融项目平台、绿色金融交流平台、绿色金融数据平台“3”大平台，创新绿色供应链金融模式、“农村土地经营权抵押＋政府增信”模式等“N”种融资模式）支持绿色农业、绿色旅游、绿色城镇化发展。

三、达成推动转型共识，加大信贷投放，新疆能源转型成果显著

在三个试验区的示范引领下，新疆金融机构绿色金融业务能力显著增强，对于支持新疆能源结构转型和清洁能源产业发展的共识更加深入，普遍建立相关内部政策，对能源结构转型及清洁能源等领域的绿色贷款业务给予定价优惠、额度支持和评审便利，等等。例如，某银行要求确保清洁能源产业贷款“两个不低于”，某银行绿色贷款业务可不受存贷比、风险资产、所在区域等限制，某银行对2021年新投放的光伏、风电项目给予内部转移价格（FTP）价差返还等。截至2021年末，新疆清洁能源产业贷款1580.7亿元，占绿色贷款余额的54.5%。其中，风力、太阳能发电装备制造贷款余额同比分别增长82倍和14.4%，风力发电、太阳能利用设施建设和运营贷款同比分别增长20.5%和32.1%。在金融有力支持下，新疆清洁能源装机占总装机量的40%，风电、光伏产业呈现持续向好发展势头。

三、预测与展望

2022年，新疆经济社会发展面临的机遇和挑战并存。从机遇看，我国已转向高质量发展阶段，制度优势明显，经济韧性强，长期向好的基本面不会改变。党中央高度重视新疆工作，确立了新时代党的治疆方略，新疆发展具有一系列难得的重大机遇和特殊优势。从挑战看，世界百年未有之大变局加速演进、全球疫情反弹扰动经济复苏进程、美联储货币政策收紧步伐加快，我国发展的外部环境更趋复杂严峻和不确定，经济发展面临需求收缩、供给冲击、预期转弱三重压力。新疆反恐维稳斗争形势依然严峻复杂，新疆经济发展中产业结构偏重、生态环境约束趋紧、高层次高技能人才短缺等瓶颈制约依然突出。

面对机遇和挑战，2022 年新疆将坚持稳中求进工作总基调，全面深化改革，坚持创新驱动发展，坚持以人民为中心推动高质量发展，突出抓好培育壮大优势产业，实施扩大内需战略，持续巩固拓展脱贫攻坚成果，全面推进乡村振兴，深化“放管服”，加快推进丝绸之路经济带核心区建设等 10 个方面的工作，为新疆经济稳定增长提供坚实保障。随着各项政策措施落地见效，预计新疆经济增速将趋稳，并保持在合理区间，投资将延续较快增长势头，消费增速将继续回升，进出口增长有望继续回暖，物价保持总体稳定。

从金融方面看，人民银行乌鲁木齐中心支行将坚定聚焦落实新时代党的治疆方略，坚持稳中求进工作总基调，认真贯彻稳健的货币政策要灵活适度的要求，保持流动性合理充裕，发挥好货币政策工具的总量和结构双重功能，继续做好“六稳”“六保”工作，引导金融机构加大对实体经济特别是小微企业、科技创新、绿色发展、乡村振兴的支持力度，加强对丝绸之路经济带核心区建设的支撑力度，持续增强金融风险防范化解能力，坚守金融安全稳定底线，为实现新疆社会稳定和长治久安总目标营造良好的货币金融环境。

中国人民银行乌鲁木齐中心支行货币政策分析小组

总　　纂：王新平　许　可

统　　稿：张志超　温　波

执　　笔：郭　海　李嘉钰

提供材料：王坤衍　徐晓静　汪　雨　王　欢　马玉慧　陈　锐　李　宁　李玉梅　韦　洁
赵　莹　胡乐乐　姚栋梅　谢　仪　刘凯伦　袁　菊　洪　健　李永翠　马　红
李文全　王　哲　马昊文

附录：

（一）2021 年新疆维吾尔自治区经济金融大事记

5 月 30 日，自治区乡村振兴局正式挂牌成立。9 月 25 日，人民银行乌鲁木齐中心支行牵头印发《关于新疆金融支持巩固拓展脱贫攻坚成果 全面推进乡村振兴的实施意见》。

6 月 3 日，《新疆维吾尔自治区国民经济和社会发展第十四个五年规划和 2035 年远景目标纲要》发布。

7 月 19—21 日，第八次全国对口支援新疆工作会议在阿克苏召开。

8 月 24 日，以“构建丝路商贸平台 助推经济合作共赢”为主题的 2021 年线上（中国）亚欧商品贸易博览会开幕。

9 月 13 日，人民银行乌鲁木齐中心支行牵头出台《落实第三次中央新疆工作座谈会精神的金融行动方案》，明确 30 项重点任务。

12 月 30 日，总长 887.55 公里、位于新疆巴州境内的 G0612 线若羌至民丰高速、G0711 线尉犁至新疆生产建设兵团第二师 35 团、35 团至若羌三条高速公路同时开通，标志着新疆塔里木盆地高速公路环线基本形成。

12 月 31 日，新疆生产建设兵团再担保有限公司揭牌成立。

2021 年，新疆全面完成农村集体产权制度改革，有序推进农村土地经营权流转和适度规模经营，完成 85 个县（市）农业水平价格调整。

2021 年，新疆积极推动国有资本布局优化和结构调整，重组和组建新国投集团、农牧投集团、新矿投资集团，国有企业资产总值突破 3 万亿元大关，主要经济指标均创历史最高水平。

（二）2021年新疆维吾尔自治区主要经济金融指标

表1　2021年新疆维吾尔自治区主要存贷款指标

	项目	1月	2月	3月	4月	5月	6月	7月	8月	9月	10月	11月	12月
本外币	金融机构各项存款余额（亿元）	25232.6	25214.3	25498.9	25237.2	25479.8	25944.6	25994.0	26252.5	26473.6	27059.5	26927.5	26662.1
	其中：住户存款	11953.0	12060.0	12197.2	11967.4	11903.2	12122.5	12031.5	12070.7	12296.1	12781.5	13018.6	13276.9
	非金融企业存款	5954.7	5852.1	6077.0	5928.5	5957.5	6231.4	6180.8	6451.6	6864.7	6722.0	6672.7	6533.7
	各项存款余额比上月增加（亿元）	267.5	-18.2	284.5	-261.6	242.6	464.8	49.5	258.4	221.2	585.9	-132.0	-265.4
	金融机构各项存款同比增长（%）	7.0	6.8	6.2	4.3	2.9	4.5	5.0	4.5	4.7	6.4	6.4	6.8
	金融机构各项贷款余额（亿元）	23367.5	23345.8	23638.4	23774.4	23871.1	24141.3	24235.1	24454.3	24934.6	25433.7	25576.4	25508.6
	其中：短期	5951.8	5974.1	6119.9	6061.2	6019.2	6040.3	5965.9	6001.2	6270.9	6718.9	6818.1	6728.8
	中长期	14363.3	14344.3	14636.8	14800.9	14964.8	15205.5	15344.5	15529.2	15752.2	15800.8	15853.0	15937.8
	票据融资	1991.8	1948.6	1802.0	1821.9	1786.5	1785.9	1877.5	1874.5	1872.0	1881.5	1891.3	1835.9
	各项贷款余额比上月增加（亿元）	461.7	-21.7	292.5	136.0	96.7	270.2	93.8	219.2	480.3	499.1	142.7	-67.8
	其中：短期	46.3	22.3	145.9	-58.7	-42.0	21.0	-74.4	35.4	269.6	448.0	99.2	-89.3
	中长期	259.1	-19.1	292.5	164.1	163.9	240.8	139.0	184.7	223.0	48.6	52.3	84.8
	票据融资	155.4	-43.2	-146.6	19.9	-35.4	-0.6	91.6	-3.1	-2.5	9.5	9.8	-55.4
	金融机构各项贷款同比增长（%）	12.5	12.5	11.7	11.3	10.5	10.3	10.1	11.0	10.9	11.9	11.6	11.4
	其中：短期	15.8	15.2	13.0	11.4	11.0	8.3	9.1	10.4	8.9	13.9	15.1	14.0
	中长期	15.3	15.3	16.2	16.1	15.6	15.4	15.0	15.6	14.6	14.1	13.1	13.0
	票据融资	-8.1	-7.1	-14.8	-15.5	-18.6	-14.8	-13.1	-10.4	-2.9	-1.1	-1.0	0.0
	建筑业贷款余额（亿元）	672.4	698.4	723.2	728.2	736.0	744.4	739.9	744.6	760.2	760.8	764.5	752.1
	房地产业贷款余额（亿元）	1123.4	1125.6	1127.4	1114.6	1108.4	1102.7	1096.8	1108.9	1103.1	1086.9	1074.7	1082.7
	建筑业贷款同比增长（%）	15.7	20.8	20.1	22.9	19.7	15.6	18.6	16.9	17.8	18.9	18.4	15.4
	房地产业贷款同比增长（%）	13.5	13.7	12.9	10.7	7.6	6.0	4.7	7.4	3.9	2.9	2.0	2.8
人民币	金融机构各项存款余额（亿元）	25085.9	25058.6	25353.2	25089.4	25337.0	25828.7	25874.2	26139.1	26366.8	26955.6	26826.2	26559.4
	其中：住户存款	11917.0	12022.7	12159.9	11931.7	11869.1	12087.7	11996.5	12035.7	12261.1	12747.1	12983.5	13241.3
	非金融企业存款	5897.3	5792.1	6016.1	5869.8	5906.1	6197.2	6136.9	6413.2	6828.1	6687.9	6639.6	6500.3
	各项存款余额比上月增加（亿元）	261.3	-27.3	294.6	-263.9	247.6	491.7	45.5	264.9	227.7	588.7	-129.3	-266.8
	其中：住户存款	18.5	105.7	137.2	-228.2	-62.6	218.5	-91.2	39.2	225.4	486.0	236.4	257.7
	非金融企业存款	-253.0	-105.2	224.0	-146.3	36.2	291.1	-60.2	276.3	414.8	-140.2	-48.3	-139.3
	各项存款同比增长（%）	7.1	6.9	6.3	4.3	3.0	4.8	5.2	4.7	4.9	6.6	6.7	7.0
	其中：住户存款	13.5	15.0	13.6	11.9	12.2	11.2	10.7	10.4	8.5	11.1	12.0	11.3
	非金融企业存款	9.2	8.5	6.3	0.0	-4.7	-3.3	-3.6	0.3	1.2	3.3	3.1	2.7
	金融机构各项贷款余额（亿元）	22845.6	22823.1	23117.3	23255.8	23372.5	23638.6	23785.6	24002.2	24475.5	24979.2	25140.5	25074.0
	其中：个人消费贷款	3212.4	3262.9	3352.6	3418.2	3467.5	3528.9	3567.0	3591.7	3607.3	3579.1	3577.5	3591.4
	票据融资	1991.8	1948.6	1802.0	1821.9	1786.5	1785.9	1877.5	1874.5	1872.0	1881.5	1891.3	1835.9
	各项贷款余额比上月增加（亿元）	468.0	-22.5	294.2	138.5	116.8	266.1	147.0	216.7	473.2	503.7	161.3	-66.5
	其中：个人消费贷款	76.0	50.5	89.7	65.6	49.3	61.4	38.1	24.7	15.6	-28.3	-1.6	13.9
	票据融资	155.4	-43.2	-146.6	19.9	-35.4	-0.6	91.6	-3.1	-2.5	9.5	9.8	-55.4
	金融机构各项贷款同比增长（%）	12.9	13.1	12.3	11.8	11.2	10.9	10.9	11.8	11.6	12.6	12.3	12.0
	其中：个人消费贷款	17.1	20.3	22.3	22.4	22.5	22.2	22.4	23.8	21.5	18.9	17.0	14.5
	票据融资	-8.1	-7.1	-14.8	-15.5	-18.6	-14.8	-13.1	-10.4	-2.9	-1.1	-1.0	0.0
外币	金融机构外币存款余额（亿美元）	22.7	24.1	22.2	22.9	22.4	17.9	18.5	17.5	16.5	16.3	15.9	16.1
	金融机构外币存款同比增长（%）	-2.7	-2.9	2.4	2.0	-3.1	-22.7	-19.4	-28.0	-21.7	-23.2	-39.1	-25.1
	金融机构外币贷款余额（亿美元）	80.7	80.8	79.3	80.2	78.3	77.8	69.6	69.9	70.8	71.1	68.3	68.2
	金融机构外币贷款同比增长（%）	0.8	-0.7	-1.2	2.7	-4.6	-4.9	-15.0	-15.5	-13.0	-13.1	-16.5	-15.8

数据来源：中国人民银行乌鲁木齐中心支行。

表 2　2001—2021 年新疆维吾尔自治区各类价格指数

单位：%

时间		居民消费价格指数		农业生产资料价格指数		工业生产者购进价格指数		工业生产者出厂价格指数	
		当月同比	累计同比	当月同比	累计同比	当月同比	累计同比	当月同比	累计同比
2001		—	4.0	—	3.0	—	-1.0	—	-3.7
2002		—	-0.6	—	-0.4	—	-5.1	—	-2.6
2003		—	0.4	—	1.1	—	14.8	—	15.1
2004		—	2.7	—	7.3	—	18.3	—	16.4
2005		—	0.7	—	5.3	—	10.8	—	16.6
2006		—	1.3	—	2.5	—	11.1	—	14.4
2007		—	5.5	—	6.2	—	3.8	—	6.3
2008		—	8.1	—	12.3	—	17.7	—	16.4
2009		—	0.7	—	-0.5	—	-9.4	—	-14.5
2010		—	4.3	—	3.1	—	23.9	—	25.2
2011		—	5.9	—	6.6	—	18.0	—	14.9
2012		—	3.8	—	6.2	—	-2.1	—	-3.0
2013		—	3.9	—	2.6	—	-2.2	—	-3.6
2014		—	2.1	—	-2.3	—	-2.5	—	-3.8
2015		—	0.6	—	-1.4	—	-15.7	—	-17.6
2016		—	1.4	—	-1.8	—	-4.3	—	-5.2
2017		—	2.2	—	0.8	—	12.8	—	13.8
2018		—	2.0	—	4.9	—	9.3	—	11.3
2019		—	1.9	—	2.6	—	0.0	—	-1.4
2020		—	1.5	—	6.2	—	-6.6	—	-8.3
2021		—	1.2	—	—	—	15.0	—	19.4
2020	1	3.7	3.7	5.3	5.3	0.3	0.3	3.7	3.7
	2	3.1	3.4	5.0	5.1	0.0	0.1	0.1	1.9
	3	2.4	3.1	6.7	5.7	-2.3	-0.7	-6.7	-1.0
	4	1.7	2.7	9.8	6.7	-8.6	-2.7	-14.5	-4.5
	5	0.9	2.4	8.0	7.0	-12.9	-4.7	-17.9	-7.3
	6	1.3	2.2	7.6	7.1	-11.9	-6.0	-13.7	-8.3
	7	1.5	2.1	7.6	7.2	-9.0	-6.4	-9.3	-8.5
	8	1.5	2.0	7.4	7.2	-8.1	-6.6	-8.6	-8.5
	9	0.9	1.9	6.4	7.1	-7.6	-6.7	-8.7	-8.5
	10	0.5	1.7	4.5	6.8	-7.6	-6.7	-9.5	-8.6
	11	0.2	1.6	3.2	6.5	-6.6	-6.7	-8.6	-8.6
	12	0.7	1.5	3.3	6.2	-5.0	-6.6	-6.2	-8.4
2021	1	0.2	0.2	—	—	-2.4	-2.4	-2.9	-2.9
	2	0.3	0.3	—	—	-0.6	-1.5	0.7	-1.1
	3	1.2	0.6	—	13.7	3.3	0.1	9.1	2.2
	4	1.7	0.8	—	—	10.7	2.6	17.6	5.8
	5	2.2	1.1	—	—	15.4	5.1	22.9	9.0
	6	1.9	1.2	—	—	17.0	7.0	21.4	11.0
	7	1.8	1.3	—	—	17.1	8.4	20.9	12.4
	8	1.0	1.3	—	—	18.3	9.6	22.5	13.7
	9	0.5	1.2	—	—	20.3	10.8	26.0	15.0
	10	1.2	1.2	—	—	25.3	12.2	34.8	17.0
	11	1.8	1.3	—	—	29.7	13.8	35.8	18.7
	12	1.1	1.2	—	—	27.8	15.0	26.8	19.4

数据来源：《中国经济景气月报》、新疆维吾尔自治区统计局。

表 3　2021 年新疆维吾尔自治区主要经济指标

项目	1 月	2 月	3 月	4 月	5 月	6 月	7 月	8 月	9 月	10 月	11 月	12 月
	绝对值（自年初累计）											
地区生产总值（亿元）	—	—	3402.5	—	—	7328.9	—	—	11396.1	—	—	15983.7
第一产业	—	—	125.9	—	—	519.2	—	—	1484.4	—	—	2356.1
第二产业	—	—	1316.7	—	—	2819.3	—	—	4204.7	—	—	5967.4
第三产业	—	—	1959.9	—	—	3990.4	—	—	5707.0	—	—	7660.2
工业增加值（亿元）	—	—	—	—	—	—	—	—	—	—	—	—
固定资产投资（亿元）	—	—	—	—	—	—	—	—	—	—	—	—
房地产开发投资	—	16.3	59.5	162.2	309.7	532.8	753.8	940.6	1180.9	1359.6	1471.4	1501.4
社会消费品零售总额（亿元）	—	501.5	758.7	1006.0	1291.1	1609.8	1914.8	2270.8	2561.2	2904.6	3242.3	3584.6
外贸进出口总额（亿元）	—	26.2	42.2	60.0	79.3	101.5	129.3	150.5	171.2	187.9	212.9	243.0
进口	—	6.2	10.1	15.0	19.7	24.2	29.1	32.3	35.8	38.5	42.3	45.9
出口	—	20.1	32.1	45.0	59.6	77.3	100.2	118.2	135.3	149.4	170.6	197.1
进出口差额（出口－进口）	—	13.9	22.1	30.1	40.0	53.1	71.2	86.0	99.5	110.9	128.3	151.3
实际利用外资（亿美元）	—	—	0.1	0.1	0.3	0.3	1.5	0.9	2.0	2.0	2.1	2.4
地方财政收支差额（亿元）	—	-472.4	-838.9	-1109.1	-1543.8	-1964.9	-2243.2	-2622.6	-2961.8	-3108.5	-3404.4	-3690.6
地方财政收入	—	219.7	314.7	488.2	624.4	772.6	925.6	1043.0	1172.9	1359.1	1477.5	1618.6
地方财政支出	—	692.1	1153.6	1597.3	2168.2	2737.4	3168.9	3665.5	4134.6	4467.6	4881.9	5309.2
城镇登记失业率（%）（季度）	—	—	—	—	—	—	—	—	—	—	—	—
	同比累计增长率（%）											
地区生产总值	—	—	12.1	—	—	9.9	—	—	8.8	—	—	7.0
第一产业	—	—	3.2	—	—	3.8	—	—	6.9	—	—	7.9
第二产业	—	—	16.8	—	—	10.5	—	—	10.4	—	—	6.7
第三产业	—	—	9.9	—	—	10.3	—	—	8.2	—	—	6.9
工业增加值	—	19.6	16.3	14.1	12.6	11.4	10.6	11.4	10.8	10.2	9.4	8.8
固定资产投资	—	22.9	29.0	32.3	29.1	25.6	20.9	25.3	23.2	17.7	16.3	15.0
房地产开发投资	—	97.6	76.0	87.6	76.1	66.7	49.6	52.5	40.0	27.6	21.2	19.1
社会消费品零售总额	—	54.9	46.3	34.3	26.0	19.8	20.0	28.5	24.6	20.6	18.6	17.0
外贸进出口总额	—	-8.7	8.2	17.8	26.0	28.8	23.9	19.0	11.6	4.2	6.3	13.7
进口	—	-39.4	-32.8	-27.4	-24.9	-22.3	-17.5	-20.8	-19.9	-20.8	-18.4	-17.3
出口	—	8.2	33.8	48.5	62.3	62.3	45.0	38.0	24.5	13.4	14.9	24.5
实际利用外资	—	—	1270.0	-49.7	-35.6	-73.1	-40.4	29.5	29.7	29.6	33.7	9.5
地方财政收入	—	30.5	30.9	21.8	20.8	16.8	18.9	23.9	24.0	21.3	16.4	9.6
地方财政支出	—	40.6	-0.2	-7.1	1.4	1.9	3.4	8.1	5.2	-0.5	-0.7	-2.7

数据来源：新疆维吾尔自治区统计局。

深圳市金融运行报告（2022）

中国人民银行深圳市中心支行货币政策分析小组

[内容摘要]2021年，面对复杂严峻的国际环境和国内疫情多点散发等多重考验，深圳市按照党中央、国务院统一部署，坚持以习近平新时代中国特色社会主义思想为指导，全面贯彻党的十九大、十九届历次全会和中央经济工作会议精神，抢抓“双区”驱动和“双区”[①]叠加的黄金发展机遇，坚持稳中求进工作总基调，紧扣“三新一高”，深入贯彻实施“1+10+10”[②]的工作安排，科学统筹疫情防控和经济社会发展，全力以赴抓好经济和社会发展的各项重大工作任务，构建新发展格局迈出新步伐，推动深圳先行示范区建设取得重大进展，为“十四五”开好局、起好步打下坚实基础。

深圳经济持续稳定恢复，高质量发展取得新成效。2021年，深圳经济继续保持较快增长，发展韧性不断增强。全年实现地区生产总值30664.85亿元，同比增长6.7%，两年平均增长4.9%。一是内需潜力持续释放，外需保持较快增长。固定资产投资保持增长，工业投资同比增长27.1%。网上零售高速增长带动消费稳定恢复，社会消费品零售总额同比增长9.6%。进出口规模创新高，同比增长16.2%。物价水平温和上涨。居民消费价格指数（CPI）同比上涨0.9%；工业生产者出厂价格指数（PPI）同比上涨1.9%。二是产业结构持续优化，为高质量发展提供重要支撑。第三产业贡献不断提高，增加值同比增长7.8%。以信息传输软件和信息技术服务业、科学研究和技术服务业等为代表的高端服务业营业收入增速分别达18.1%和11.3%。三是新技术、新产业、新业态蓬勃发展，发展动能更加强劲。高技术产品产量快速增长，新能源汽车、工业机器人等制造业增加值分别增长173.9%和60.5%。行业布局持续向高端制造转型，经济发展含金量持续提升。四是减税降费增强市场主体活力，财政支出重点保民生促创新。全年累计为市场主体新增减税降费703亿元。九大类民生领域支出同比增长12.6%，占支出比重的七成。全年科技创新支出增长12.5%，产业发展支出增长40.0%。五是持续放大数字赋能效应，推动产业转型升级。数字经济彰显强大活力，核心产业占GDP比重约三成，成为推动经济高质量发展不可或缺的重要引擎。

金融运行平稳有序，金融服务实体经济能力持续提升。2021年，深圳金融业落实稳健的货币政策灵活精准、合理适度的要求，持续加强重点领域金融支持，激发市场主体活力，发挥资本市场功能，为深圳经济高质量发展营造了适宜的货币金融环境。一是金融支持实体经济质效提升。2021年末，全市本外币各项存款余额11.3万亿元，同比增长10.4%；本外币各项贷款余额7.7万亿元，同比增长13.6%。社会融资规模全年增加1.2万亿元，支持实体经济力度保持稳固。有效发挥结构性货币政策工具的支持作用，增强精准性和直达性。持续开展金融支持稳企业保就业工作，进一步提升对中小微企业、制造业、科技创新、绿色发展等重点领域的金融支持力度，实现信贷支持“增量、降价、提质、扩面”。2021年末，全市普惠小微贷款、

① “双区”指粤港澳大湾区和社会主义先行示范区。

② “1”是指深圳的使命和任务，第一个“10”是指深圳在“十四五”时期乃至更长时期需要持续推进的十方面重点工作，第二个“10”是指深圳2021年经济社会发展要重点做好的十方面工作。

制造业中长期贷款、绿色贷款余额同比增速均高于各项贷款增速。LPR改革红利持续释放，贷款利率稳中有降。2021年12月全市新发放企业贷款加权平均利率同比下降0.17个百分点。二是银行、证券、保险等金融机构经营稳健。银行业金融机构资产规模平稳增长，2021年末资产总额11.3万亿元，同比增长7.8%；银行业全年净利润较2020年有所下降，资产质量总体保持稳健。全市证券期货业资源配置能力进一步增强，2021年末资产管理规模15.0万亿元，占全国的四分之一；机构经营规模和业绩稳步提升，法人证券公司总资产2.7万亿元、全年实现营业收入1246.5亿元；法人基金公司家数仅次于上海、北京，法人期货公司盈利能力进一步提高。保险业务结构不断优化，2021年末法人机构数量位居全国大中城市第三，全年保费收入同比增长4.2%。三是金融市场运行平稳。多层次资本市场稳步发展，直接融资功能持续提升。证券市场放量上行，深港通交易持续活跃。资产管理行业规范发展，业务规模持续扩大。票据业务平稳增长，贴现利率持续下行，再贴现带动效应显著。跨境人民币收付规模再创历史新高，人民币连续两年成为深港间第一大跨境支付货币。

区域金融改革创新和对外开放再上新台阶，金融生态环境建设呈现新亮点。2021年，深圳金融业全力支持“双区”建设，推动区域金融改革开放向纵深推进，金融服务和管理水平不断提升。一是推进绿色金融发展。支持深圳市政府在香港顺利发行国内首只离岸人民币地方政府债券及绿色债券，组织指导辖内银行在碳信息披露方面先行先试，积极开展绿色信贷银企对接，推动辖内企业绿色债券发行增量扩面。二是率先开展多项外汇和跨境领域试点。推动粤港澳大湾区“跨境理财通”业务试点落地，账户总数、跨境收付金额、双方向投资产品交易额等多项指标占全部试点业务比重超三分之一。全国首批落地本外币合一银行结算账户体系试点和跨国公司本外币一体化资金池试点，开展资本项目数字化服务试点，跨境贸易投融资便利度不断提升。三是推进征信服务高质量发展。推动深圳地方征信平台正式上线运行，集央行征信、地方征信、互联网征信为一体的征信服务体系初步形成。增设个人征信查询网点，大力推进线上查询渠道建设。持续引导金融机构合理调整“四类群体”①征信数据上报规则，保障受疫情影响的征信主体权益。四是优化支付服务。降低支付手续费让利实体经济，2021年累计为446.9万户小微企业、个体工商户让利18.4亿元。推动银行网点支付服务适老化，消除支付领域“数字鸿沟”。五是持续优化人民币流通环境。有效规范社会主体现金收付，深入开展大额现金管理试点。数字人民币试点场景持续扩容。六是国库经理水平稳步提升。开通跨省异地电子缴税业务，试运行海关退税全流程电子化，大幅提升业务办理便捷度。七是创新开展金融消费权益保护工作。开展集中性金融知识普及活动，推动金融知识普及深入基层。指导金融机构运用大数据创新开展金融消费权益保护“精准教育”。

展望2022年，深圳将坚持以习近平新时代中国特色社会主义思想为指导，坚定扛起新时代历史使命，充分发挥“双区”驱动、“双区”叠加、“双改”②示范效应，把政策红利有效转化为实践成果，推动深圳高质量发展迈上新台阶，努力为全国发展大局作出深圳贡献。但需要看到，在宏观经济面临需求收缩、供给冲击和预期转弱三重压力背景下，出口和投资的驱动力减弱，接触式消费和服务受到疫情反复冲击，可能对深圳经济增长造成一定影响。面对上述

① 包括因感染新冠肺炎病毒住院治疗或隔离人员、因疫情防控需要隔离观察但未住院的隔离人员、受疫情影响未能及时还款的疫情防控工作人员、受疫情影响暂时失去收入来源的个人和企业。

② “双改”指深圳综合改革试点和全面深化前海合作区改革开放。

挑战，深圳将深入实施扩大内需战略，促进消费持续恢复，适度超前开展基础设施投资，积极扩大“新基建”投资，巩固增强外贸优势，着力以综合改革试点牵引全面深化改革开放，不断提升发展内生动力，以政策举措的确定性有效应对外部环境的不确定性，保持经济运行在合理区间。人民银行深圳市中心支行将坚持稳字当头、稳中求进的工作总基调，有效落实稳健的货币政策灵活适度的要求，注重充分发力、精准发力、靠前发力，保持货币信贷总量稳定增长。发挥好货币政策工具的总量和结构双重功能，加强信贷政策引导，持续加大对深圳“20+8”产业集群①重点领域的金融支持力度，促进信贷结构稳步优化。常态化开展深入社区政银企对接专项行动，大力推进首贷户培育专项工作，推动建立金融服务小微企业敢贷愿贷能贷会贷长效机制，持续提升小微企业金融服务能力。持续深化金融改革开放，稳步扩大金融创新试点。牢牢守住不发生区域性金融风险的底线，维护辖区金融稳定。聚焦“双区”建设，不断完善金融服务，持续优化营商环境，为加快构建新发展格局持续提供高水平的金融支持与服务。

一、金融运行情况

2021 年，深圳金融业落实稳健的货币政策灵活精准、合理适度的要求，持续加强重点领域金融支持，激发市场主体活力，发挥资本市场功能，为深圳经济高质量发展营造了适宜的货币金融环境。聚焦“双区”建设，区域金融改革创新和对外开放多项试点工作先行示范效应显著，金融服务和管理水平进一步提升，金融业呈现平稳发展的良好态势。金融业实现增加值 4739 亿元，同比增长 7.6%。

（一）银行业稳健运行，有力支持实体经济

2021 年，深圳银行业把握稳中求进工作总基调，全力支持深圳加快构建新发展格局。全年各项贷款平稳增长，信贷结构持续优化，企业综合融资成本稳中有降，服务实体经济的效率和水平进一步提升。

1. 银行业资产规模保持增长，净利润同比下降。截至 2021 年末，辖内银行业总资产 11.3 万亿元，同比增长 7.8%，资产规模居全国大中城市第三位。受部分银行业务调整、贷款利率下行以及拨备增加的影响，银行业利润较 2020 年有所下滑。2021 年全年实现净利润 1055.2 亿元。

表 1　2021 年深圳市银行业金融机构情况

机构类别	营业网点			法人机构（个）
	机构个数（个）	从业人数（人）	资产总额（亿元）	
一、大型商业银行	711	24416	40580	0
二、国家开发银行和政策性银行	3	352	5074	0
三、股份制商业银行	566	28153	36806	2
四、城市商业银行	176	5968	8108	0
五、城市信用社	0	0	0	0
六、小型农村金融机构	222	3915	5063	1
七、财务公司	10	480	1691	9
八、信托公司	2	1292	644	2
九、邮政储蓄银行	146	1783	1199	0
十、外资银行	93	5551	4086	5
十一、新型农村金融机构	59	1542	510	10
十二、其他	5	7515	8935	5
合　计	1993	80967	112696	34

数据来源：深圳银保监局。

注：营业网点不包括国家开发银行和政策性银行、大型商业银行、股份制银行等金融机构总部数据；大型商业银行包括中国工商银行、中国农业银行、中国银行、中国建设银行和交通银行；小型农村金融机构包括农村商业银行、农村合作银行和农村信用社；新型农村金融机构包括村镇银行、贷款公司和农村资金互助社；其他包含民营银行、金融租赁公司、汽车金融公司、货币经纪公司、消费金融公司等。

① 包括七大战略性新兴产业（20 大产业集群）和八大未来产业，如网络与通信、半导体与集成电路、超高清视频显示、智能终端、智能传感器、软件与信息服务、新能源、高端医疗器械、生物医药等。

2. 各项存款增速震荡下行，非银金融机构存款增长明显放缓。2021 年末，深圳市本外币各项存款余额 11.3 万亿元，同比增长 10.4%，增速较 2020 年末下降 10.9 个百分点；较年初增加 1.1 万亿元，同比少增 7323 亿元。从结构上看，受上年高基数因素影响，各类存款增速均回落。住户存款增长 9.5%，增速下降 7.1 个百分点；非金融企业存款同比增长 10.9%，增速下降 9.2 个百分点；非银金融机构存款同比增长 12.1%，增速下降 28.8 个百分点。

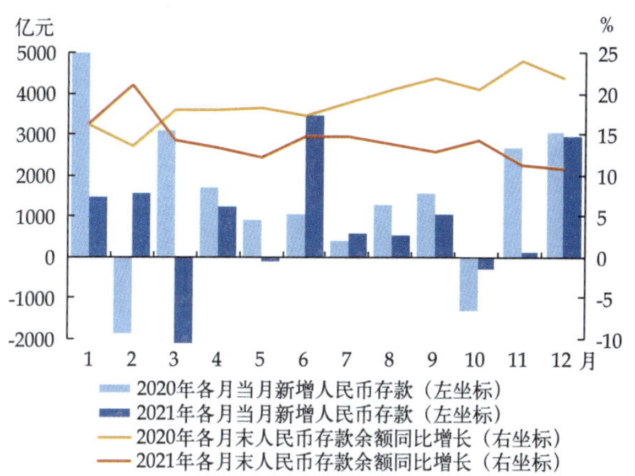

图 1　2020—2021 年深圳市金融机构人民币存款增长变化

（数据来源：中国人民银行深圳市中心支行）

3. 各项贷款平稳增长，信贷结构持续优化。2021 年，人民银行综合运用多种货币政策工具，引导金融机构信贷平稳增长。2021 年末，深圳市本外币各项贷款余额 7.7 万亿元，同比增长 13.6%，增速较 2020 年末下降 0.8 个百分点。分部门来看，企业部门贷款增长较快，余额同比增长 16.2%；其中，企业中长期贷款较年初增加 4159.4 亿元。住户贷款同比增长 10.7%。金融服务实体经济质效进一步提升，小微企业、制造业、科技创新、绿色发展等重点领域金融支持力度显著增强。2021 年末，普惠小微贷款、制造业中长期贷款和绿色贷款余额分别为 1.2 万亿元、4091.4 亿元和 4485.0 亿元，同比增速均高于各项贷款增速。

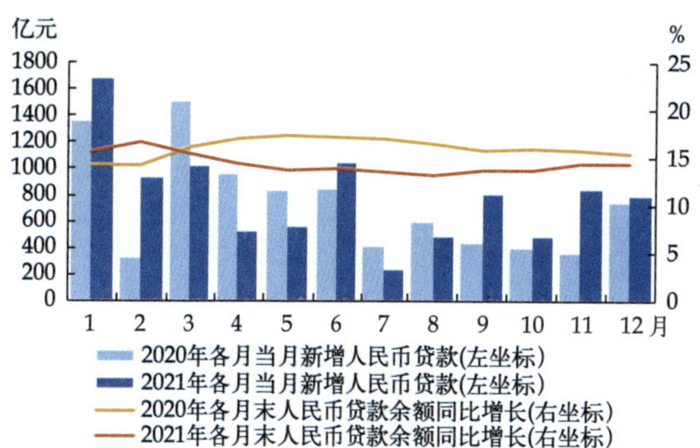

图 2　2020—2021 年深圳市金融机构人民币贷款增长变化

（数据来源：中国人民银行深圳市中心支行）

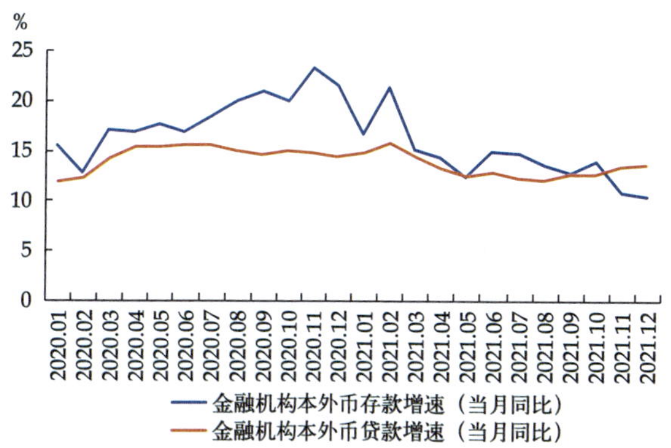

图 3　2020—2021 年深圳市金融机构本外币存贷款增速变化

（数据来源：中国人民银行深圳市中心支行）

4. 贷款市场报价利率改革红利持续释放，贷款利率稳中有降。2021 年 12 月，深圳市金融机构活期存款加权平均利率为 0.31%，同比下降 0.01 个百分点；定期存款加权平均利率为 2.32%，同比上升 0.14 个百分点。持续推动中小金融机构提升定价能力，辖内 17 家地方法人银行已有 14 家将 LPR 嵌入 FTP 曲线。利率政策传导进一步畅通，贷款市场报价利率改革红利充分惠及实体经济。2021 年 12 月，深圳市新发放一般贷款加权平均利率（不含微众银行）为 5.23%，同比下降 0.03 个百分点；新发放企业贷款加权平均利率（不含微众银行）为 4.44%，同比下降 0.17 个百分点。市场利率定价自律机制发挥积极作用，强化存款利率自律管理，优化调整存款利率报价方式，推动辖内133家小额贷款公司完成贷款产品明示年化利率工作，保护金融消费者合法权益。

表2　2021年深圳市金融机构人民币贷款各利率区间占比

单位：%

项目		1月	2月	3月	4月	5月	6月
合计		100.0	100.0	100.0	100.0	100.0	100.0
LPR减点		19.9	19.5	20.6	16.6	20.9	25.1
LPR		6.0	5.9	4.9	3.9	2.8	4.2
LPR加点	小计	74.2	74.6	74.5	79.5	76.3	70.7
	(LPR，LPR+0.5%)	12.6	11.1	13.9	12.5	14.2	9.5
	[LPR+0.5%，LPR+1.5%)	24.2	25.1	22.7	24.2	21.8	25.5
	[LPR+1.5%，LPR+3%)	11.8	8.6	9.8	11.5	10.3	8.3
	[LPR+3%，LPR+5%)	4.2	4.4	4.6	4.3	3.8	4.1
	LPR+5%及以上	21.4	25.3	23.4	27.0	26.2	23.3
项目		7月	8月	9月	10月	11月	12月
合计		100.0	100.0	100.0	100.0	100.0	100.0
LPR减点		17.0	18.9	18.0	17.7	19.8	21.0
LPR		3.5	3.5	4.4	3.1	2.8	4.1
LPR加点	小计	79.5	77.6	77.7	79.2	77.4	74.9
	(LPR，LPR+0.5%)	8.8	8.6	10.2	9.7	12.3	12.2
	[LPR+0.5%，LPR+1.5%)	23.1	20.9	23.0	21.1	19.4	23.3
	[LPR+1.5%，LPR+3%)	10.7	11.1	9.8	9.3	8.4	9.0
	[LPR+3%，LPR+5%)	5.8	6.0	6.2	4.7	5.4	5.1
	LPR+5%及以上	31.2	31.0	28.4	34.5	32.0	25.4

数据来源：中国人民银行深圳市中心支行。

图4　2020—2021年深圳市金融机构外币存款余额及外币存款利率

（数据来源：中国人民银行深圳市中心支行）

5. 银行资产质量总体保持稳健，地方法人银行经营风险可控。2021年末，深圳银行业不良贷款余额1195.3亿元，比年初增加171.8亿元，同比少增93.1亿元；不良贷款率为1.52%，比年初上升0.04个百分点。地方法人银行经营风险和流动性风险降低。2021年末，地方法人银行资本充足率为14.46%，较上年末上升0.75个百分点；不良贷款率为0.99%，较上年末下降0.16个百分点。

6. 跨境人民币收付规模再创历史新高。2021年，深圳市人民币跨境收付总额首次突破3万亿元，达3.1万亿元，同比增长25.7%。人民币占深圳跨境本外币收支的47.5%，同比提升1.2个百分点，其中深港两地跨境本外币收支中人民币占比超过五成，人民币连续两年成为深港间第一大跨境支付货币。

（二）证券业经营总体稳健，业务规模稳步增长

2021年，深圳辖区证券基金期货经营机构持续发挥行业优势，积极激发市场动能，服务地方经济高质量发展。

1. 机构经营总体稳健，各项指标位居全国前列。截至2021年末，辖区22家证券公司总资产2.7万亿元，全年实现营业收入1246.5亿元、净利润504.9亿元，同比分别上升12.9%和21.9%。辖内法人基金公司31家，家数仅次于上海、北京，全年实现营业收入447.2亿元、净利润116.4亿元，同比分别增长49.6%、42.8%。14家法人期货公司总资产2159.5亿元，全年实现营业收入53.3亿元、净利润16.2亿元，同比分别增长39.7%和27.0%。

表3　2021年深圳市证券业基本情况

项目	数量
总部设在辖内的证券公司数（家）	22
总部设在辖内的基金公司数（家）	31
总部设在辖内的期货公司数（家）	14
年末国内上市公司数（家）	372

续表

项目	数量
当年国内股票（A股）筹资（亿元）	1047.5
当年发行H股筹资（亿元）	361.1
当年国内债券筹资（亿元）	4461.2
其中：短期融资券筹资额（亿元）	64.5
中期票据筹资额（亿元）	1179.2

数据来源：深圳证监局、中国人民银行深圳市中心支行。

2. 证券市场放量上涨，深港通活跃度稳步提升。2021年，深圳证券交易延续“放量上涨”态势，但增长幅度较2020年有所回落。深证综指2021年末报收于2530.14，较年初上涨8.6%。深交所2021年全年累计股票成交金额144.0万亿元，同比增长17.2%。深港通交易活跃度稳步提升，外资增持境内市场股票热情较高。其中，深股通2021年全年交易额14.9万亿元，较2020年同比增长24.0%；港股通2021年全年交易额4.8万亿港元，较2020年同比增长89.8%。

3. 资产管理行业规范健康发展，业务规模持续扩大。2021年末，深圳证券期货业务资产管理总规模15.0万亿元（含券商资管、期货资管、公募基金非公募业务和私募机构资管业务等），规模占全国的四分之一。其中，公募基金资产规模为6.7万亿元，同比增长29.5%。辖内基金公司非公募业务规模为3.6万亿元，同比增长22.4%。辖内私募基金管理人4308家，实缴规模2.3万亿元，同比增长15.1%。

（三）保险业务结构不断优化，社会保障功能持续增强

截至2021年末，深圳共有保险法人机构27家。全年实现保费收入1426.5亿元，同比增长4.2%。财产险保费433.1亿元，同比增长7.4%，其中，非车险由2020年负增长转为正增长。人身险保费911.8亿元，同比增长2.9%，其中，健康险保持较快增长态势，同比增长8.1%。

表4　2021年深圳市保险业基本情况

项目	数量
总部设在辖内的保险公司数（家）	27
其中：财产险经营主体（家）	11
寿险经营主体（家）	8
保险公司分支机构（家）	80
其中：财产险公司分支机构（家）	35
寿险公司分支机构（家）	45
保费收入（中外资，亿元）	1426.0
其中：财产险保费收入（中外资，亿元）	433.0
人身险保费收入（中外资，亿元）	933.0
各类赔款给付（中外资，亿元）	466.1

数据来源：深圳银保监局。

（四）社会融资规模增量回落，金融市场平稳发展

2021年，深圳社会融资规模增量同比少增，票据业务平稳增长，资本市场直接融资功能稳步提升，黄金市场交易量持续低位运行，企业融资环境进一步改善。

1. 社会融资规模增量同比少增，支持实体经济力度依旧稳固。2021年，深圳社会融资规模增量1.2万亿元，同比少增1604.3亿元，但较2019年仍多增2473.7亿元，表明支持实体经济力度依旧稳固。表外融资收缩是社会融资规模增量不及上年的主要原因。其中，信托贷款全年净减少1319.8亿元，未贴现的银行承兑汇票全年净减少554.3亿元。表内融资平稳增长。其中，人民币贷款新增9170.9亿元，同比多增608.3亿元，占社会融资规模增量的75.5%。企业债券融资新增2444.4亿元，同比少增809.8亿元。全年政府债券新增945.5亿元，同比多增169.2亿元。

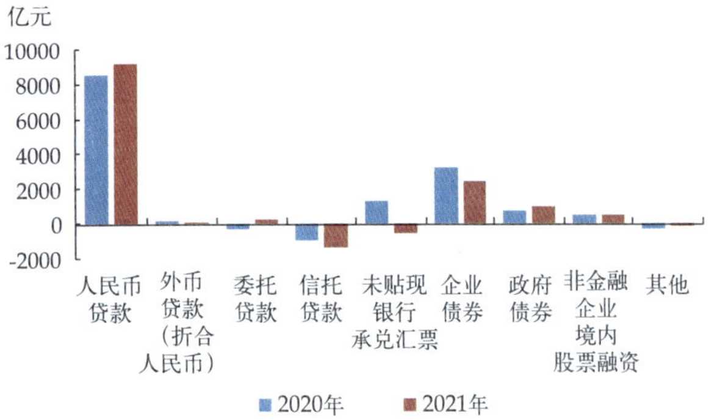

图5　2020—2021年深圳市社会融资规模分布结构

（数据来源：中国人民银行深圳市中心支行）

2. 票据业务平稳增长，贴现利率持续下行。 2021年，银行承兑汇票累计发生额7838.9亿元，同比增长13.9%；企业票据贴现累计发生额7654.2亿元，同比增长23.1%。市场流动性总体充裕，票据贴现利率持续下行。2021年，票据贴现业务加权平均利率为2.73%，同比下降0.13个百分点。其中，央行再贴现有效带动票据贴现利率下行。深圳市金融机构运用人民银行再贴现工具办理的票据贴现业务加权平均利率为2.62%，较同期票据市场贴现利率低0.11个百分点。

表5　2021年深圳市金融机构票据业务量统计

单位：亿元

季度	银行承兑汇票承兑		贴现			
			银行承兑汇票		商业承兑汇票	
	余额	累计发生额	余额	累计发生额	余额	累计发生额
1	3838.0	1418.7	2629.6	1428.7	341.4	148.4
2	3978.9	3588.1	2804.8	3334.4	553.5	291.1
3	4559.0	5713.8	2919.7	5135.8	728.6	474.0

续表

季度	银行承兑汇票承兑		贴现			
			银行承兑汇票		商业承兑汇票	
	余额	累计发生额	余额	累计发生额	余额	累计发生额
4	4831.6	7838.9	3055.5	7173.1	727.8	573.2

数据来源：中国人民银行深圳市中心支行。

表6　2021年深圳市金融机构票据贴现、转贴现利率

单位：%

季度	贴现		转贴现	
	银行承兑汇票	商业承兑汇票	票据买断	票据回购
1	3.31	4.38	3.12	3.28
2	2.81	4.09	2.89	3.04
3	2.45	3.94	2.70	2.90
4	2.10	3.90	2.20	2.92

数据来源：中国人民银行深圳市中心支行。

3. 多层次资本市场稳步发展，直接融资功能持续提升。 截至2021年末，深圳共有境内上市公司372家，较2020年末增加39家，上市公司总市值9.2万亿元。辖内企业全年国内股票（A股）筹资1047.5亿元，同比下降16.1%；发行H股筹资361.1亿元。银行间债券市场筹资4461.2亿元，同比增长24.8%。其中，短期融资券筹资额64.5亿元，中期票据筹资额1179.2亿元。

4. 黄金市场交易持续低位运行，实物交割量大幅回升。 2021年，上海黄金交易所深圳会员黄金交易3835.0吨，同比下降54.8%，占全国比重11.0%；夜市交易78.1万吨，同比下降67.3%，占全国比重54.6%。黄金珠宝市场回暖，深圳会员黄金交割量428.0吨，同比上升62.9%，占全国比重22.9%。

专栏1　解难题　补短板　提升市场主体融资获得感

2021年以来，中国人民银行深圳市中心支行持续抓好金融支持保市场主体工作，加强重点领域和薄弱环节金融支持，解“首贷”难题，补融资短板，助力市场主体“个转企”“小

升规”“规做精”，为高质量发展筑牢坚实的微观基础。

一是深耕社区，继续做好稳企业保就业和服务实体经济各项工作。联合11个行政区、指导29家银行常态化开展深入社区稳企业保就业专项行动，持续为中小微企业和个体工商户解难纾困，拓展首贷、信用贷取得显著成效。专项行动开展以来至2021年12月末，组织商业银行走访对接企业超16万家。已有5.8万家企业获得授信1303.0亿元，其中，首贷企业家数占比14.6%，信用贷款家数占比38.7%。专项行动开展一年多以来，深圳中心支行稳企业保就业工作成效获高度认可，参加中国人民银行金融支持保市场主体系列新闻发布会（第六场）做经验分享，并作为深圳入选优化营商环境“广东品牌”的十大案例之一在广东卫视进行宣传报道。

二是啃“硬骨头”，增强中小微企业首贷获得感。联合深圳银保监局、市财政局等五部门出台《深圳市小微企业首贷户培育专项工作方案（2021—2023年）》，从监管激励引导、配套政策支持、信贷资金支持、企业辅导培育等方面开展“小微企业首贷户培育专项行动”，该项行动已被列入深圳市优化营商环境十大提升市场主体获得感专项行动。推动相关部门相继在盐田、福田、龙华、宝安四个区设立首贷服务中心，通过“线下窗口＋线上平台”模式，定点对接社区企业首贷需求。2021年，辖内银行累计向11.88万户普惠小微企业发放首贷1086.36亿元。

三是补齐短板，推动金融政策和服务不断下沉。深入开展“贷动小生意 服务大民生”金融支持个体工商户发展专项行动，联合市场监管、人力资源和社会保障等部门调研摸清个体工商户底数，“对症下药”制订活动方案。瞄准个体工商户政策和服务触达难问题，开展进店入户大走访、支持政策大联动、服务能力大提升、金融知识大普及“四大行动”，推动深化个体工商户金融服务。编发个体工商户信贷产品手册，联合深圳市个体私营企业协会等面向全市600余户个体户开展线上直播政策宣讲会，帮助市场主体了解、会用金融支持政策。截至2021年12月末，深圳市个体工商户授信户数超过34万户，同比增长83.4%。

四是创新渠道，提升政策覆盖广度和深度。2021年国庆节前后，中国人民银行深圳市中心支行联合11个区政府、29家商业银行开展为期一个月的阵列式宣传，集中亮出“深入社区稳企业保就业”成绩单，新华社、《人民日报》、《经济日报》、三大证券报等[①]多家媒体转载报道超过580篇，得到各界广泛关注。

（五）聚焦“双区”建设，区域金融改革创新和对外开放成效凸显

2021年，深圳金融业全力支持“双区”建设，推动区域金融改革创新和对外开放向纵深推进，多项试点工作先行示范效应显著。

1. 推进绿色金融发展，助力碳达峰碳中和。一是组织指导辖内招商银行总行、兴业银行深圳分行开展环境信息披露试点工作，在碳信息披露等方面先行先试。二是协助地方财政在香港顺利发行国内首只离岸人民币地方政府债券及绿色债券，协调保障发债资金跨境调拨及资金收付。三是积极推进绿色项目银企对接，推动绿色债券市场增量扩面。2021年，深圳金融

① 《中国证券报》《上海证券报》《证券时报》。

机构绿色贷款余额同比增长28.6%。辖内非金融企业在银行间市场发行绿色债券153.1亿元，核电项目碳中和债、租赁行业碳中和主体信用债、市属国企碳中和债落地银行间市场。

2. 推动粤港澳大湾区“跨境理财通”业务试点成效显著。截至2021年末，深圳20家试点银行累计开立“跨境理财通”业务相关账户7453个，占内地试点地区（大湾区9市）账户总数的33.8%；跨境收付金额1.9亿元，占全部试点规模的38.6%；双方向投资产品交易额1.0亿元，占全部试点交易额的37.9%。

3. 率先落地外汇领域多项创新试点，跨境贸易、投融资便利度不断提升。一是落地本外币一体化资金池试点。截至12月末，首批5家试点企业共办理资金池业务5665笔、金额171.9亿美元，为企业节省财务成本约4000万元。二是启动本外币合一银行结算账户体系试点。截至2021年末，深圳辖内开立单位账户8464户，累计人民币资金收付812.5亿元、外币资金收付43.9亿美元，预计节省财务管理成本1489万元。三是开展资本项目数字化服务试点，切实做到“让数据多跑路，让企业少跑腿”。港澳居民代理见证开户业务规模领先，截至12月末，试点总金额占大湾区跨境代理见证业务总金额90.7%。四是全国首创“银行＋外综服企业”模式，拓展银行跨境电商结算，助力9万多家企业提升跨境收付效率。人民币“跨境电商直通车”业务全年收款918.9亿元，为电商节约手续费1.4亿元。

4. 稳妥推进创新监管试点，推动科技赋能金融服务。推动两批共8个金融科技创新监管项目测试运行，涵盖区块链、大数据、云计算、人工智能等新兴信息技术，覆盖支付、信贷融资、征信、供应链金融和跨境人民币收款等金融应用场景，并率先完成全流程闭环测试。推动深港金融科技监管沙盒联网落地实施。

5. 持续优化数字人民币受理环境，数字人民币生态体系日趋完善。持续扩容试点场景，全国首笔香港居民数字人民币缴税在前海落地。

（六）金融生态环境持续优化，金融服务和金融管理质效不断提升

2021年，深圳持续加强金融生态环境建设，不断提升金融服务与管理水平，助力优化营商环境。

一是初步建成集央行征信、地方征信、互联网征信为一体的征信服务体系，推进征信服务高质量发展。推动深圳地方征信平台正式上线运行，实现对深圳市380多万家商事主体全覆盖。有序推动“四类机构”和网贷机构接入征信系统，扩大征信系统覆盖面。增设个人征信查询网点，大力推进线上查询渠道建设，实现“足不出户查征信”。持续引导金融机构合理调整“四类群体”征信数据上报规则，保障受疫情影响的征信主体权益。二是优化支付服务，加大力度减费让利。降低支付手续费让利实体经济，通过科技手段解决小微企业划型识别难的问题，确保降费政策“应降尽降”“应享尽享”。2021年累计为446.9万家小微企业、个体工商户让利18.4亿元。推动银行网点支付服务适老化，推出App“长辈模式”，消除支付领域“数字鸿沟”。三是持续优化人民币流通环境。有效规范社会主体现金收付，累计组织拒收现金宣传活动759场，上门走访1.3万余次，检查经营主体超过3.6万户。深入开展大额现金管理试点。持续开展硬币自循环进社区行动。四是国库经理水平稳步提升。开通跨省异地电子缴税业务，大幅提升业务办理便利性，支持33个省（市）的异地纳税人办理实时扣税和银行端缴税业务42427笔、金额234.0亿元。试运行海关退税全流程电子化，提升退库凭证和审批资料流转效率，退库处理时间缩短7~10个工作日。五是创新开展金融消费权益保护工作。示范引领开展集中性金融知识普及活动，以普惠金融重点人群需求为导向，推动金融知识普及深入基层，惠及乡村。指导金融机构运用大数据向客户精准投放教育或提示内容，初步形成事前预防、事中干预、事后警示的闭环教育机制。

表 7　2020—2021 年深圳市支付体系建设情况

年份	支付系统直接参与方（个）	支付系统间接参与方（个）	支付清算系统覆盖率（%）	当年大额支付系统处理业务数（万笔）	同比增长（%）
2020	11	1890	94.8	4923.7	-64.6
2021	11	1928	96.7	4862.2	-1.3

年份	当年大额支付系统业务金额（亿元）	同比增长（%）	当年小额支付系统处理业务数（万笔）	同比增长（%）	当年小额支付系统业务金额（亿元）	同比增长（%）
2020	7232303	15.0	47323.2	19.2	199852.5	125.8
2021	8754585	21.1	56673.5	19.8	225002.4	12.6

数据来源：中国人民银行深圳市中心支行。

二、经济运行情况

2021 年，深圳在高质量发展的引领下，经济增速保持较快增长，发展韧性不断增强，经济循环更加畅通。2021 年全市地区生产总值 30664.85 亿元，同比增长 6.7%，两年平均增长 4.9%。产业结构持续优化，第三产业主导优势进一步扩大，三次产业结构由上年同期的 0.1∶37.8∶62.1 调整为 2021 年的 0.1∶37.0∶62.9。

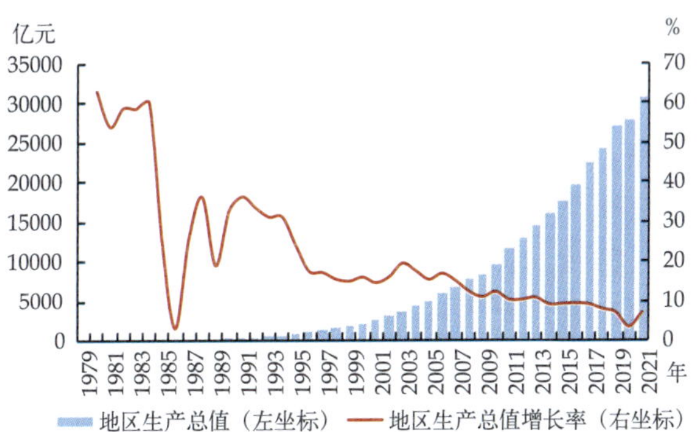

图 6　1979—2021 年深圳市地区生产总值及其增长率

（数据来源：深圳市统计局）

（一）内需潜力持续释放，外需保持较快增长

2021 年，面对严峻复杂的国际环境和国内疫情多点散发等多重考验，深圳坚持稳中求进总基调，经济呈现稳定恢复态势，投资质量稳步提升，消费升级新趋势凸显，进出口快速增长，高质量发展取得新成效。

1. 投资保持增长态势，增添经济发展后劲。 2021 年，全市固定资产投资较上年增长 3.7%，两年平均增长 5.9%。分领域看，工业投资同比增长 27.1%，制造业投资同比增长 22.5%。分行业看，计算机及办公设备制造业投资、电子及通信设备制造投资分别增长 34.3%、21.9%；交通运输、仓储和邮政业投资同比增长 35.5%；科学研究和技术服务业投资同比增长 89.4%。社会民生领域投资保持较高增速，其中，教育投资、卫生和社会工作投资同比分别增长 39.2%、18.6%。

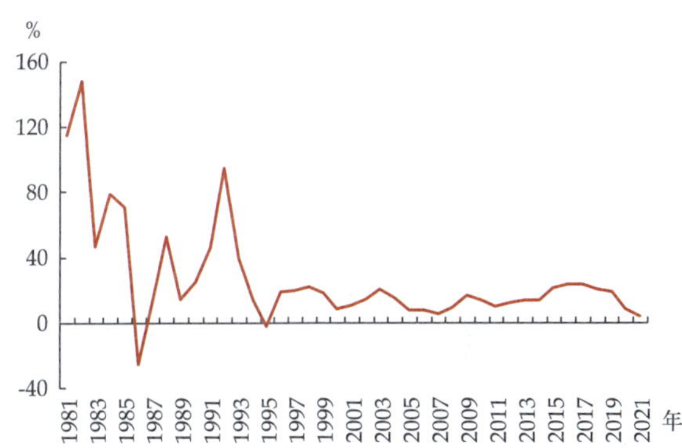

图 7　1981—2021 年深圳市固定资产投资（不含农户）增长率

（数据来源：深圳市统计局）

2. 消费需求稳定复苏，消费信心日益增强。 2021 年，社会消费品零售总额 9498.12 亿元，同比增长 9.6%。网上零售持续高速增长，限额以上单位网络零售额同比增长 44.3%。消费升级新趋势凸显，限额以上单位金银珠宝类、通信器材类、文化办公用品类和汽车类商品零售额同比分别增长 55.2%、49.4%、20.4% 和 10.8%。

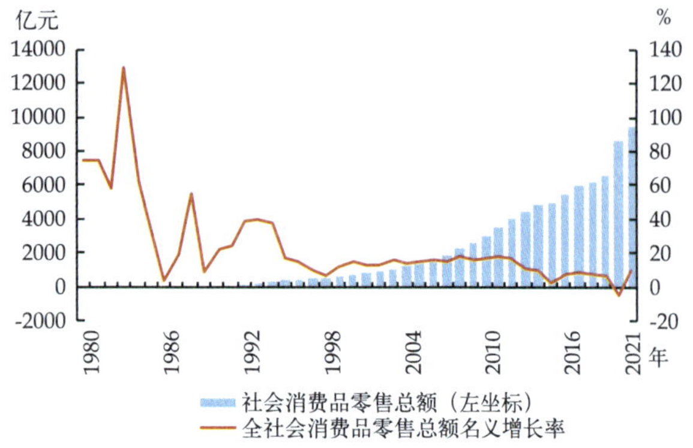

图 8　1980—2021 年深圳市社会消费品零售总额及其增长率

（数据来源：深圳市统计局）

3. 货物进出口快速增长，贸易结构进一步优化。2021 年，深圳市进出口总额 3.5 万亿元，同比增长 16.2%，高于 2020 年增速 13.8 个百分点。其中，出口总额 1.9 万亿元，增长 13.5%；进口总额 1.6 万亿元，增长 19.5%。贸易伙伴多元共进，对 RCEP 成员国、“一带一路”沿线国家和地区、中东欧国家分别进出口 9354.9 亿元、7755.5 亿元和 622.7 亿元，规模均为历年新高，合计拉动整体进出口 5.1 个百分点。民营企业稳居主体地位，进出口规模占全市比重首次突破六成。消费类电子电器产品出口增长明显，机电产品出口占比高达 80.2%。一般贸易进出口规模持续提升，占比近五成。

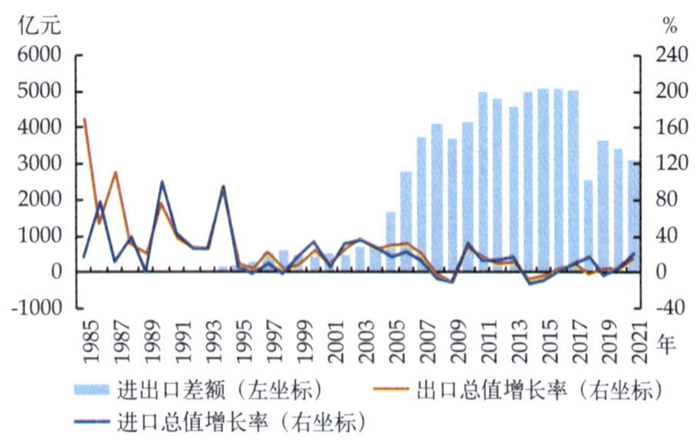

图 9　1985—2021 年深圳市外贸进出口变动情况

（数据来源：深圳市统计局）

4. 外商投资量增质优，推动高水平对外开放。深圳充分发挥“双区”驱动、“双区”叠加效应，巩固利用外资传统优势，稳住外资基本盘，推动利用外资高质量发展。全年设立外商投资企业近 6000 个，同比增长超 30%；实际利用外资 109.7 亿美元，同比增长 26.3%，创历史新高。召开 2021 年深圳全球招商大会，合计洽谈签约项目超 260 个，涉及投资总额超 8200 亿元。积极推进《深圳经济特区外商投资条例》制定，全力营造更加透明、稳定、可预期的外商投资环境。

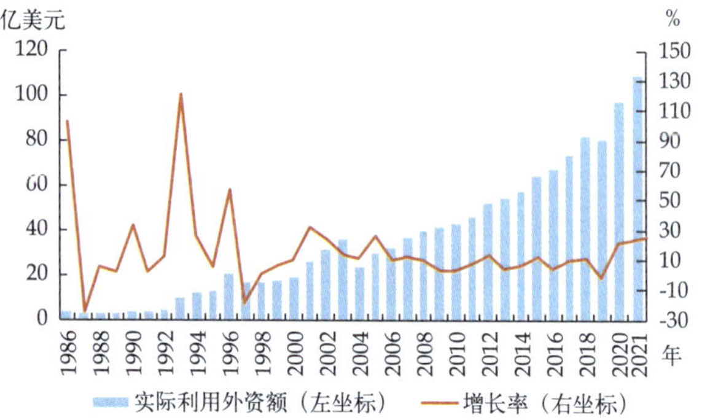

图 10　1986—2021 年深圳市实际利用外资额及其增长率

（数据来源：深圳市统计局）

（二）践行创新和绿色低碳发展理念，引领高质量发展战略

1. 工业生产稳定恢复，工业企业利润显著回升。2021 年，全市规模以上工业增加值同比增长 4.7%，超八成工业行业实现正增长。行业布局持续向高端制造、绿色低碳转型，全年高端制造业用电占比超三成，逐渐代替了金属制品、塑胶制品等高能耗污染企业，成为工业支柱。计算机、通信和其他电子设备制造业、通用设备制造业、医药制造业等高附加值行业用电同比分别增长 16.9%、11.0% 和 17.0%。全市规模以上工业实现利润总额 3403.54 亿元，同比增长 23.7%。

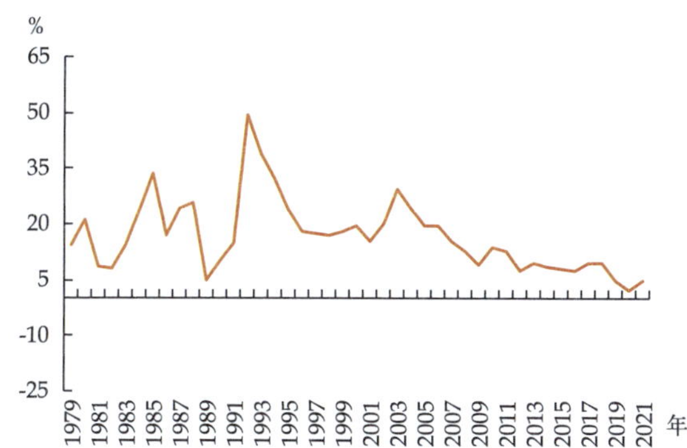

图 11　1979—2021 年深圳市规模以上工业增加值实际增长率

（数据来源：深圳市统计局）

2. 服务业保持良好发展态势，高端服务业成为经济高质量发展的重要支撑。2021 年，全市第三产业增加值 19299.67 亿元，同比增长 7.8%。全年规模以上服务业营业收入同比增长 19.9%。其中，信息传输、软件和信息技术服务业营业收入同比增长 18.1%；租赁和商务服务业同比增长 20.3%；科学研究和技术服务业同比增长 11.3%。交通运输稳定增长，全市货运量同比增长 6.0%，港口集装箱吞吐量同比增长 8.4%，铁路客运量同比增长 7.6%。

3. 强化创新发展动能，夯实高质量发展基础。不断夯实“基础研究 + 技术攻关 + 成果产业化 + 科技金融 + 人才支撑”全过程创新生态链。高标准建设大湾区综合性国家科学中心和鹏程实验室。集中财力支持实施关键核心技术攻坚，2021 年累计支持产业链关键共性技术攻关重点项目 130 余个，投入资金 11.5 亿元。实施科技成果产业化加速行动，全年技术合同成交额 1627 亿元，同比增长 57%，创历史新高。积极创建国家科创金融改革创新试验区，设立全国首只 100 亿元规模的天使投资引导基金，累计投资 399 个天使项目，培育潜在的独角兽企业 32 家。着力重构优化人才政策体系，目前深圳人才总量超过 600 万，其中科技人才占比约为三分之一。2021 年，新增国家高新技术企业 2000 余家，总量超过 2 万家。全力打造具有全球影响力的科技和产业创新高地。

4. 坚持绿色发展理念，高质量建设低碳城市。健全生态建设和环境保护制度，发布《深圳市 2020 年度生态系统生产总值（GEP）核算报告》。高效能助推绿色低碳，启动第一批 28 个近零碳排放区试点项目建设，碳排放强度降至全国平均水平的五分之一。水生态环境全面提质，全市 21 个地表水国考断面水质全部达到国家地表水 IV 类及以上标准，水质优良河段比例由 11.9% 增至 50%。“深圳蓝”招牌持续擦亮，全年 PM2.5 平均浓度为 18 微克 / 立方米，创有监测数据以来新低。

（三）物价指数总体平稳，居民收入稳步增加

1. 居民消费价格温和上涨，工业品价格持续上涨。2021 年，深圳 CPI 同比上涨 0.9%，涨幅较 2020 年收窄 1.4 个百分点。汽油和餐馆餐饮等价格上涨拉动 CPI 上行。受国际大宗商品价格走高以及部分能源及重要原材料供给偏紧影响，全年工业品出厂价格指数（PPI）同比上涨 1.9%，涨幅较上年扩大 2.9 个百分点。

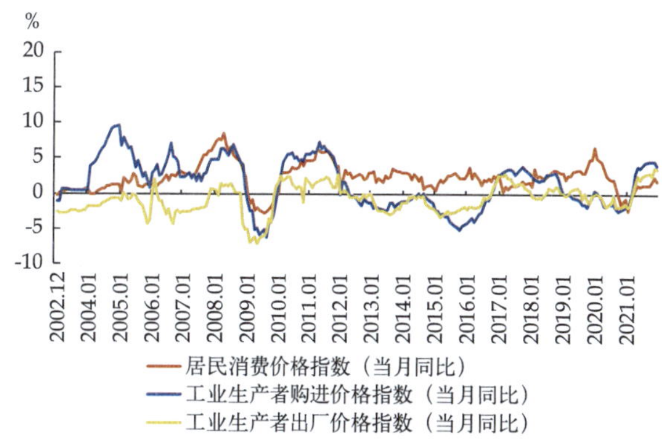

图 12　2002—2021 年深圳市居民消费价格指数和工业生产者价格指数变动趋势

（数据来源：国家统计局深圳调查队）

2. 就业形势总体稳定，居民人均可支配收入稳定增长。2021 年，全市城镇新增就业 18.7 万人，城镇登记失业率 2.24%，保持在较低水平。全市最低工资标准 2200 元，非全日制就业劳动者最低工资标准为 20.3 元 / 小时，与 2020 年持

平。居民人均可支配收入 70847 元，同比增长 9.2%，较 2020 年提高 5.4 个百分点。

（四）积极的财政政策提质增效，着力促进经济社会高质量发展

1. 财政收入量质齐升，减税降费增强市场主体活力。2021 年，深圳地方一般公共预算收入完成 4257.8 亿元，同比增长 10.4%，两年平均增长 6.2%；其中税收收入同比增长 11.8%。财税结构整体呈现高质量分布格局，第三产业税收占全市税收的比重超八成，先进制造业税收占第二产业税收比重超六成、现代服务业占第三产业税收超八成。落实减税降费政策，全年累计为市场主体新增减负 703 亿元。

2. 财政支出结构不断优化，重点保民生支出、促创新发展。2021 年，深圳一般公共预算支出 4570.2 亿元，同比增长 9.4%，增幅比 2020 年提高 17.6 个百分点。持续保障和改善民生。九大类民生领域支出 3197.3 亿元，同比增长 12.6%，占财政支出比重的七成。精准支持培育产业集群。全年科技创新支出增长 12.5%，产业发展支出增长 40.0%，重点投向基础研究、关键核心攻关、重大科技项目以及推动制造业、重点工业企业提质增效等方面，持续增强经济发展动力和后劲。发挥财政金融支持政策效用。创新政府分担风险机制，以财政增信累计撬动银行贷款 216.1 亿元、扶持中小微企业 2.6 万家。释放银行贷款风险补偿资金池政策红利，累计入池贷款超 8800 亿元，惠及 20.8 万户市场主体。

3. 地方债有力支持民生事业发展，有效拉动固定资产投资。2021 年，深圳发行地方政府债券 529 亿元，债券资金主要投向高中建设、轨道交通、污水垃圾处理、卫生健康等重点领域。创新地方政府举债机制，填补离岸地方债发行空白，成功在香港发行 50 亿元离岸人民币地方政府债券，其中绿色债券 39 亿元，助力粤港澳大湾区建设和“碳达峰、碳中和”战略。

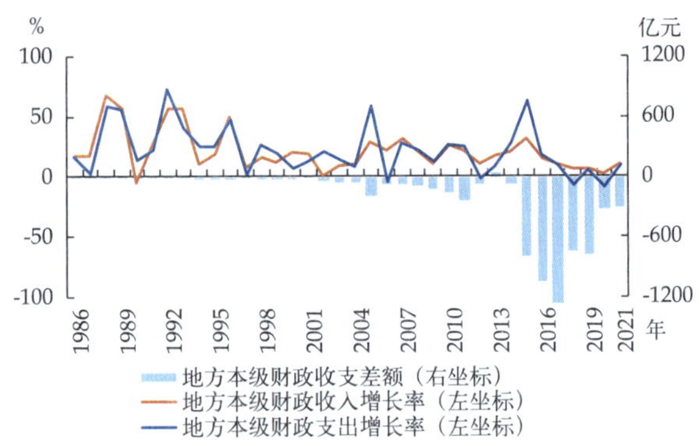

图 13　1986—2021 年深圳市财政收支状况

（数据来源：深圳市财政局）

（五）持续发力数字经济，为高质量发展插上“数字翅膀”

1. 夯实数字基础设施，保障数字经济行稳致远。2021 年，深圳累计建成 5G 基站 5 万多个，每万人拥有 5G 基站数达到 28.5 个，率先实现 5G 独立组网全覆盖；持续推进多功能智能杆建设，累计建设 1.5 万根，创新场景应用，已打造 30 多种应用场景；大力发展信息技术应用创新产业，发展生态合作伙伴 432 家；着力打造政策精准直达企业服务平台“深 i 企”，平台注册用户数和注册企业数双双成功突破 100 万户，累计联通数据超 3 亿条，接入 7800 余项政务服务事项，累计办理企业诉求超过 7300 余件。

2. 数字与实体融合发展，助力推动构建新发展格局。强化工业互联网创新应用，支持“5G+工业互联网”创新示范应用，推动 5G 应用从外围辅助环节向核心生产环节渗透。引导工业设计企业通过上云、共享等方式提升数字化应用深度。加快新业态新模式发展。借助 5G、物联网、人工智能等智能交互技术，大力发展远程办公、在线展览展示、生鲜电商零售等具有“在线、智能、交互”特征的新业态新模式。2021 年，深圳数字经济核心产业增加值占 GDP 比重约三成，规模和质量均位居全国大中城市前列。

3. 紧扣数字经济发展战略，加快数字贸易创新发展。强化电子商务创新示范载体、空间建设。加大龙头企业扶持力度，形成“领头雁”

示范效应，已建成国家电子商务示范基地3个，获评数字商务企业7家，参评国家电子商务示范企业11家。积极打造数字贸易国际枢纽港，支持搭建数字贸易交易促进平台。2021年，全市网上零售额12080.8亿元，同比增长12.5%，占广东省网上零售额的36.2%。全市可数字化服务贸易进口额合计502.5亿美元，同比增长24.9%，占服务贸易进口额的50.7%。

（六）房地产长效管理机制有效落实

2021年，深圳继续坚持“房住不炒”定位，严格落实因城施策房地产长效管理机制，推动银行持续优化信贷结构，促进房地产市场平稳健康发展。

1. 住宅供给力度持续加大，去化周期下降。 2021年全年住宅类商品房累计批准预售595.9万平方米，较上年增加90.0万平方米。截至2021年末，住宅类商品房去库存周期同比下降1.5个月。

2. 住房市场成交明显降温。 2021年共计成交住宅100139套，同比下降35.81%。根据国家统计局公布的“70个大中城市住宅销售价格变动情况”，2021年12月，深圳新建商品住宅销售价格同比上涨3.3%，二手住宅销售价格同比上涨0.6%。

3. 房地产贷款平稳增长，首付比上升。 截至2021年末，深圳房地产贷款余额23004.33亿元，同比增长6.4%。2021年，个人住房贷款平均首付比为45.2%，同比增长2个百分点，个人住房贷款中超九成用于支持首套房。

专栏2　粤港澳大湾区“跨境理财通”业务试点落地

粤港澳大湾区是我国经济最发达、开放程度最高的地区之一，香港、澳门与广东文化同源、人缘相亲，三地经贸活动、人员往来非常密切。当前，内地理财产品收益率对港澳居民有较大的吸引力，内地居民也希望多元化配置境外资产，大湾区居民跨境配置理财产品的需求比较强烈。《粤港澳大湾区发展规划纲要》（以下简称《纲要》）提出，扩大香港与内地居民和机构进行跨境投资的空间，稳步扩大两地居民投资对方金融产品的渠道。

为落实《纲要》的部署要求，在中国人民银行的统筹指导下，中国人民银行广州分行、中国人民银行深圳市中心支行发挥牵头作用，加强与内地和港澳监管部门沟通协调，深入开展调查研究，充分征求市场主体意见，对“跨境理财通”的业务思路和政策框架反复进行论证、修订和完善，最终形成《粤港澳大湾区“跨境理财通”业务试点实施细则》，于2021年9月10日对外发布，正式启动试点。“跨境理财通”试点坚持市场驱动，在宏观审慎和资金闭环管理的框架下，支持大湾区居民跨境购买对方银行销售的投资产品，进行跨境资产配置。

试点业务的开展，有利于落实国家建设粤港澳大湾区的战略部署，有利于深化粤港澳金融合作，打造大湾区优质生活圈，有利于促进大湾区居民个人跨境投资便利化，有利于促进我国金融市场对外开放。

截至2021年末，深圳20家试点银行累计开立“跨境理财通”业务南向和北向账户合计7453个，占内地试点地区（大湾区9市）账户总数的33.8%；跨境收付金额合计1.88亿元，占全部试点规模的38.6%；双方向投资产品交易额合计0.99亿元，占全部试点交易额的37.9%。

三、预测与展望

2022年是党的二十大召开之年，也是实施“十四五”规划承上启下的关键之年。深圳将坚持以习近平新时代中国特色社会主义思想为指导，坚定扛起新时代历史使命，充分发挥“双区”驱动、“双区”叠加、“双改”示范效应，把政策红利有效转化为实践成果，推动深圳高质量发展迈上新台阶，建设好中国特色社会主义先行示范区，创建社会主义现代化强国的城市范例，努力为全国发展大局作出深圳贡献。

需要看到，在当前宏观经济面临需求收缩、供给冲击和预期转弱三重压力背景下，深圳经济金融运行仍面临复杂严峻的内外部风险挑战。从外部来看，主要经济体财政刺激政策退潮、主要央行超宽松货币政策转向，外需可能走弱，叠加“缺芯少柜”问题仍旧突出，原材料价格居高不下，深圳出口韧性面临考验。从内部来看，消费复苏动能不足，房地产投资短期恢复面临较大压力，其他领域投资短期难以完全补位替代，经济下行压力加大。财政增收的制约因素依然存在，财政预算紧约束、紧平衡特征更加凸显。区域金融风险防控压力有所增加。

面对上述挑战，深圳将坚持稳中求进工作总基调，完整、准确、全面贯彻新发展理念，加快构建新发展格局，推动高质量发展，坚持以供给侧结构性改革为主线，统筹疫情防控和经济社会发展，统筹发展和安全，持续改善民生，以政策举措的确定性有效应对外部环境的不确定性，保持经济运行在合理区间。深入实施扩大内需战略，促进消费持续恢复，适度超前开展基础设施投资，积极扩大“新基建”投资，为新产品新技术新业态迭代提供应用场景，巩固增强外贸优势，不断提升发展内生动力。着力以综合改革试点牵引全面深化改革开放，落实放宽市场准入特别措施的意见。坚持创新驱动发展，充分发挥全过程创新生态链整体效应，强化战略科技力量，促进创新链、产业链、人才链、教育链深度协同，建设具有全球影响力的科技和产业创新高地。进一步做强战略性新兴产业集群，加大以先进制造业为主的工业投资力度，构建面向未来的现代产业体系。

中国人民银行深圳市中心支行将深入贯彻党的十九大、十九届历次全会和中央经济工作会议精神，认真落实总行工作部署和深圳市委市政府工作要求，稳字当头、稳中求进，认真贯彻落实稳健的货币政策，保持货币信贷总量稳定增长，发挥货币政策工具的总量和结构双重功能，加强信贷政策引导，持续加大对科技创新、绿色发展、高端制造业、新兴未来产业等重点领域的金融支持力度。常态化开展深入社区政银企对接专项行动，大力推进首贷户培育专项工作，推动建立金融服务小微企业敢贷、愿贷、能贷、会贷长效机制，持续提升小微企业金融服务能力。持续深化金融改革开放，稳步扩大跨境理财通、本外币一体化资金池、本外币合一银行账户等金融创新试点。落实房地产长效机制，促进房地产市场平稳健康发展。稳妥有序防范化解金融风险，牢牢守住不发生区域性金融风险的底线，维护辖内金融稳定。聚焦“双区”建设，不断完善金融服务，持续优化营商环境，为加快构建新发展格局持续提供高水平的金融支持与服务。

中国人民银行深圳市中心支行货币政策分析小组

总　　纂：邢毓静　冯子兴

统　　稿：吴　燕　庞春阳

执　　笔：蓝　天　肖　晶　赵勇惠

提供材料：姜雨杉　吴文君　张东波　马　媛　杨　璇　阳中林　黄日画　刁宇琦　苏昱宇　周　晗　张冬琴　毛　博　李泽杰

附录

（一）2021年深圳市经济金融大事记

3月1日，《深圳经济特区个人破产条例》正式实施，系中国首部个人破产法规。

4月6日，深交所主板与中小板合并正式实施。

6月16日，深圳征信服务有限公司成立。

7月14日，金融机构环境信息披露试点在深圳落地，全国首个投融资活动碳足迹环境信息报告公开发布。

7月21日，中国人民银行深圳市中心支行和深圳银保监局联合深圳市财政局、深圳市工信局、深圳市地方金融监管局、深圳市国资委等部门印发《深圳市小微企业首贷户培育专项工作方案（2021—2023年）》。

8月2日，深圳发布国内首只反映绿色金融产业发展的股票指数——国证香蜜湖绿色金融指数。

9月6日，中共中央、国务院发布《全面深化前海深港现代服务业合作区改革开放方案》。

9月10日，中国人民银行广州分行、深圳市中心支行，广东、深圳银保监局，广东、深圳证监局联合发布《粤港澳大湾区“跨境理财通”业务试点实施细则》。10月19日，粤港澳大湾区“跨境理财通”首批业务正式落地。

10月12日，深圳市在香港成功发行国内首只离岸人民币地方政府债券，发行规模50亿元人民币。

12月31日，中国人民银行深圳市中心支行发布《关于金融支持深圳乡村振兴的实施意见》。

（二）深圳市主要经济金融指标

表 1　2021 年深圳市主要存贷款指标

	项目	1 月	2 月	3 月	4 月	5 月	6 月	7 月	8 月	9 月	10 月	11 月	12 月
本外币	金融机构各项存款余额（亿元）	103542.9	105442.2	103551.0	104909.1	104449.5	107921.3	108265.5	108832.8	109863.7	109609.1	109666.1	112545.2
	其中：住户存款	19514.2	19428.1	20245.6	19922.9	19998.8	20677.1	20000.7	19812.0	20430.2	19798.4	19972.8	20834.1
	非金融企业存款	50569.2	51323.4	49921.4	50510.3	48895.3	51581.0	51863.3	52522.5	52341.2	52194.9	52348.4	54174.8
	各项存款余额比上月增加（亿元）	1630.0	1899.3	-1891.2	1358.0	-459.6	3471.9	344.1	567.3	1030.9	-254.6	56.9	2879.1
	金融机构各项存款同比增长（%）	16.6	21.2	15.1	14.3	12.5	14.8	14.6	13.6	12.8	14.0	10.8	10.4
	金融机构各项贷款余额（亿元）	69694.9	70667.5	71662.4	72061.9	72537.6	73641.2	73871.3	74365.7	75134.1	75580.9	76391.0	77240.8
	其中：短期	3862.8	3852.7	3890.6	3855.5	3851.4	3864.7	3886.0	3910.0	3961.3	3981.0	3982.5	4040.7
	中长期	22330.1	22569.2	22858.7	23019.0	23122.3	23303.3	23409.9	23495.7	23698.6	23807.8	23980.8	24187.5
	票据融资	2021.6	1956.0	1934.3	1899.6	1959.8	2011.1	2081.0	2202.0	2278.7	2338.8	2699.4	2974.6
	各项贷款余额比上月增加（亿元）	1673.2	972.6	994.9	399.5	475.7	1103.5	230.2	494.4	768.4	446.8	810.0	849.8
	其中：短期	157.2	-10.1	37.9	-35.1	-4.1	13.3	21.3	23.9	51.3	19.6	1.5	58.2
	中长期	528.7	239.1	289.5	160.2	103.4	181.0	106.6	85.7	203.0	109.1	173.0	206.7
	票据融资	104.2	-65.6	-21.7	-34.7	60.2	51.3	69.8	121.1	76.7	60.1	360.7	275.1
	金融机构各项贷款同比增长（%）	14.8	15.8	14.5	13.2	12.4	12.7	12.3	12.1	12.5	12.7	13.4	13.6
	其中：短期	33.4	34.1	31.2	27.4	24.4	21.0	18.0	16.5	13.6	13.8	10.1	9.0
	中长期	13.1	13.8	14.1	14.0	13.7	13.6	13.3	12.9	12.3	11.6	11.1	10.9
	票据融资	-14.7	-14.5	-19.6	-19.0	-19.4	-13.7	-8.6	-4.3	10.0	16.1	46.4	55.1
	建筑业贷款余额（亿元）	1901.6	1977.4	2035.4	2098.2	2116.1	2098.3	2070.5	2111.8	2137.3	2171.0	2173.6	2204.7
	房地产业贷款余额（亿元）	9492.0	9649.4	9722.6	9662.3	9620.8	9639.1	9573.9	9540.7	9609.5	9717.2	9758.3	9647.3
	建筑业贷款同比增长（%）	20.1	22.4	20.5	23.1	20.2	17.3	17.3	16.9	14.9	16.2	17.1	17.6
	房地产业贷款同比增长（%）	23.1	20.3	17.8	13.7	12.1	10.4	8.8	7.2	6.8	7.4	7.4	5.6
人民币	金融机构各项存款余额（亿元）	98430.9	100001.9	97901.0	99113.9	98985.2	102458.1	103030.7	103566.3	104588.2	104276.2	104409.8	107345.3
	其中：住户存款	19210.1	19123.2	19938.1	19620.7	19702.8	20375.4	19700.2	19512.5	20131.2	19504.4	19674.9	20532.3
	非金融企业存款	48281.8	49023.8	47734.5	48224.6	46718.9	49352.7	49781.8	50381.4	50107.7	49799.2	49848.2	51687.8
	各项存款余额比上月增加（亿元）	1440.3	1571.0	-2100.9	1212.9	-128.7	3472.9	572.6	535.6	1021.9	-312.0	133.6	2935.4
	其中：住户存款	482.5	-86.9	814.9	-317.4	82.1	672.6	-675.2	-187.6	618.6	-626.8	170.5	857.4
	非金融企业存款	1730.8	742.0	-1289.3	490.2	-1505.8	2633.8	429.1	599.6	-273.8	-308.5	49.0	1839.5
	各项存款同比增长（%）	16.5	21.0	14.2	13.4	12.1	14.7	14.8	13.8	13.0	14.3	11.2	10.7
	其中：住户存款	17.9	21.5	19.7	17.3	15.9	15.3	13.4	11.6	12.0	9.5	7.6	9.7
	非金融企业存款	13.0	23.8	16.9	15.2	11.2	13.4	16.9	14.6	10.5	12.1	12.6	10.9
	金融机构各项贷款余额（亿元）	66302.2	67224.3	68231.3	68741.4	69285.8	70316.2	70540.9	71017.5	71815.9	72286.0	73124.9	73913.0
	其中：个人消费贷款	19263.0	19304.1	19343.9	19412.2	19455.4	19527.2	19623.1	19664.0	19799.6	19922.1	20033.4	20164.0
	票据融资	2021.6	1956.0	1934.3	1899.6	1959.8	2011.1	2081.0	2202.0	2278.7	2338.8	2699.4	2974.6
	各项贷款余额比上月增加（亿元）	1672.1	922.1	1006.9	510.1	544.4	1030.4	224.7	476.6	798.4	470.1	838.9	788.2
	其中：个人消费贷款	253.7	41.1	39.8	68.3	43.3	71.7	95.9	40.9	135.6	122.5	111.3	130.6
	票据融资	104.2	-65.6	-21.7	-34.7	60.2	51.3	69.8	121.1	76.7	60.1	360.7	275.1
	金融机构各项贷款同比增长（%）	15.6	16.6	15.3	14.4	13.7	13.9	13.5	13.2	13.7	13.7	14.4	14.4
	其中：个人消费贷款	9.3	9.1	8.2	8.2	7.6	7.4	7.1	6.8	6.6	6.6	6.3	6.1
	票据融资	-14.7	-14.5	-19.6	-19.0	-19.4	-13.7	-8.6	-4.3	10.0	16.1	46.4	55.1
外币	金融机构外币存款余额（亿美元）	790.0	840.7	859.8	896.1	858.1	845.7	810.3	814.3	813.4	834.5	823.9	815.6
	金融机构外币存款同比增长（%）	26.8	35.0	42.1	45.2	34.3	29.5	20.5	15.5	15.2	13.8	7.5	8.1
	金融机构外币贷款余额（亿美元）	524.3	532.1	522.1	513.4	510.6	514.7	515.5	517.7	511.7	515.6	512.0	521.9
	金融机构外币贷款同比增长（%）	6.8	10.2	7.2	1.3	0.6	2.2	-0.3	-1.2	-3.2	-1.7	-3.1	0.4

数据来源：中国人民银行深圳市中心支行。

表 2　2001—2021 年深圳市各类价格指数

单位：%

时间		居民消费价格指数		农业生产资料价格指数		工业生产者购进价格指数		工业生产者出厂价格指数	
		当月同比	累计同比	当月同比	累计同比	当月同比	累计同比	当月同比	累计同比
2001		—	-2.2	—	—	—	—	—	-3.7
2002		—	1.2	—	—	—	-1.0	—	-6.2
2003		—	0.7	—	—	—	0.5	—	-2.3
2004		—	1.3	—	—	—	9.7	—	-0.5
2005		—	1.6	—	—	—	5.1	—	-1.3
2006		—	2.2	—	—	—	4.2	—	-1.8
2007		—	4.1	—	—	—	2.9	—	-1.6
2008		—	5.9	—	—	—	5.3	—	-0.4
2009		—	-1.3	—	—	—	-3.7	—	-4.7
2010		—	3.5	—	—	—	4.7	—	1.6
2011		—	5.4	—	—	—	5.9	—	1.8
2012		—	2.8	—	—	—	0.0	—	-0.1
2013		—	2.7	—	—	—	-1.7	—	-2.0
2014		—	2.0	—	—	—	-0.4	—	-0.9
2015		—	2.2	—	—	—	-3.5	—	-2.4
2016		—	2.0	—	—	—	-1.7	—	-0.7
2017		—	1.4	—	—	—	3.4	—	1.8
2018		—	2.8	—	—	—	2.4	—	0.2
2019		—	3.4	—	—	—	-0.6	—	0.0
2020		—	2.3	—	—	—	-1.2	—	-1.0
2021		—	0.9	—	—	—	3.0	—	1.9
2020	1	6.7	6.7	—	—	0.6	0.6	-0.1	-0.1
	2	5.2	6.0	—	—	0.4	0.5	0.3	0.1
	3	4.5	5.5	—	—	-0.6	0.2	-0.3	-0.1
	4	3.7	5.0	—	—	-1.5	-0.2	-1.2	-0.3
	5	2.7	4.6	—	—	-1.6	-0.5	-1.7	-0.6
	6	2.3	4.2	—	—	-1.4	-0.7	-1.4	-0.7
	7	2.1	3.9	—	—	-1.3	-0.8	-1.1	-0.8
	8	2.1	3.7	—	—	-1.3	-0.8	-0.2	-0.7
	9	1.0	3.4	—	—	-1.9	-1.0	-1.7	-0.8
	10	-0.1	3.0	—	—	-2.2	-1.1	-1.6	-0.9
	11	-1.3	2.6	—	—	-2.1	-1.2	-1.6	-1.0
	12	-0.6	2.3	—	—	-1.7	-1.2	-1.4	-1.0
2021	1			—	—				
	2	-0.6	-1.5	—	—	-0.9	-1.3	-1.3	-1.4
	3	0.1	-0.9	—	—	0.8	-0.6	0.3	-0.9
	4	0.7	-0.5	—	—	3.0	0.3	1.6	-0.3
	5	1.4	-0.1	—	—	4.1	1.0	2.7	0.3
	6	1.1	0.1	—	—	3.9	1.5	2.2	0.6
	7	1.4	0.3	—	—	4.3	1.9	2.6	0.9
	8	1.3	0.4	—	—	4.6	2.2	2.8	1.2
	9	1.4	0.5	—	—	4.8	2.5	3.0	1.4
	10	2.0	0.7	—	—	4.8	2.7	2.7	1.5
	11	2.5	0.8	—	—	4.7	2.9	3.9	1.7
	12	2.0	0.9	—	—	4.3	3.0	3.6	1.9

数据来源：国家统计局深圳调查队、深圳市统计局。

表 3　2021 年深圳市主要经济指标

项目	1 月	2 月	3 月	4 月	5 月	6 月	7 月	8 月	9 月	10 月	11 月	12 月
	绝对值（自年初累计）											
地区生产总值（亿元）	—	—	6867.5	—	—	14324.5	—	—	21791.2	—	—	30664.9
第一产业	—	—	5.7	—	—	12.1	—	—	19.0	—	—	26.6
第二产业	—	—	2295.8	—	—	5058.6	—	—	7876.2	—	—	11338.6
第三产业	—	—	4566.1	—	—	9253.8	—	—	13896.0	—	—	19299.7
工业增加值（亿元）	—	1349.4	2153.9	2862.6	3540.6	4526.9	5268.7	6087.1	7069.8	7898.3	8922.7	9352.9
固定资产投资（亿元）	—	707.6	1158.1	1848.6	2481.8	3213.1	3850.3	4493.5	5232.0	6027.2	7089.2	8251.4
房地产开发投资	—	—	496.8	785.9	1039.2	1304.8	1558.6	1809.2	2101.0	2394.5	2700.3	3014.3
社会消费品零售总额（亿元）	—	1482.1	2140.9	2856.7	3704.4	4485.1	5302.9	6150.0	6959.0	7776.0	8641.7	9498.1
外贸进出口总额（亿元）	—	4914.2	7620.1	10478.3	13212.8	15928.3	18743.3	21809.7	25107.5	28066.4	31579.5	35435.6
进口	—	2123.9	3434.5	4800.7	6128.3	7394.4	8674.6	10113.5	11606.1	12896.0	14476.0	16172.2
出口	—	2790.3	4185.6	5677.6	7084.5	8534.0	10068.7	11696.2	13501.5	15170.3	17103.5	19263.4
进出口差额（出口－进口）	—	666.4	751.1	876.9	956.2	1139.6	1394.1	1582.7	1895.4	2274.3	2627.4	3091.3
实际利用外资（亿美元）	—	94431.0	159772.0	254600.0	317280.0	525132.0	581324.0	630223.0	758389.0	880363.0	984537.0	1096468.0
地方财政收支差额（亿元）	—	221.2	-82.6	115.6	192.1	88.8	217.4	123.4	-125.1	-13.8	-169.3	-312.5
地方财政收入	—	793.3	1041.2	1499.0	1834.9	2352.5	2758.1	2974.5	3196.4	3581.4	3871.2	4257.8
地方财政支出	—	572.1	1123.8	1383.4	1642.8	2263.7	2540.7	2851.1	3321.5	3595.2	4040.5	4570.2
城镇登记失业率（%）（季度）	—	—	2.2	—	—	2.0	—	—	2.2	—	—	2.2
	同比累计增长率（%）											
地区生产总值	—	—	17.1	—	—	9.7	—	—	7.1	—	—	6.7
第一产业	—	—	5.9	—	—	1.0	—	—	-1.2	—	—	5.1
第二产业	—	—	21.7	—	—	8.3	—	—	5.1	—	—	4.9
第三产业	—	—	14.8	—	—	10.5	—	—	8.3	—	—	7.8
工业增加值	—	41.3	24.0	17.9	12.4	8.3	7.0	6.4	4.8	5.1	4.8	4.7
固定资产投资	—	46.2	24.8	24.4	12.5	-0.4	-1.3	-2.4	-5.2	-3.1	-0.6	3.7
房地产开发投资	—	35.8	10.9	9.0	-1.4	-12.9	-15.2	-15.3	-17.8	-15.3	-16.4	-15.4
社会消费品零售总额	—	37.6	39.6	33.9	28.2	23.2	20.1	17.4	15.1	13.4	11.8	9.6
外贸进出口总额	—	41.8	32.4	27.0	22.3	19.3	16.4	15.9	15.2	14.9	15.1	16.2
进口	—	25.1	21.1	20.1	21.4	19.2	18.8	19.6	17.2	17.1	18.2	19.5
出口	—	57.7	43.4	33.5	23.1	19.4	14.4	12.9	13.5	13.2	12.6	13.5
实际利用外资	—	17.8	30.4	28.1	26.6	22.6	19.2	15.2	21.0	24.8	25.6	26.3
地方财政收入	—	12.1	15.0	18.5	17.0	15.8	14.2	12.5	7.9	6.6	8.5	10.4
地方财政支出	—	20.1	16.6	4.7	5.8	14.4	14.2	14.8	7.3	7.9	9.3	9.4

数据来源：深圳市统计局、深圳市人力资源与社会保障局。